新政策下财会操作实务丛书

企业会计

操作实务大全

QIYE KUAIJI
CAOZUO SHIWU DAQUAN

贺志东　主编

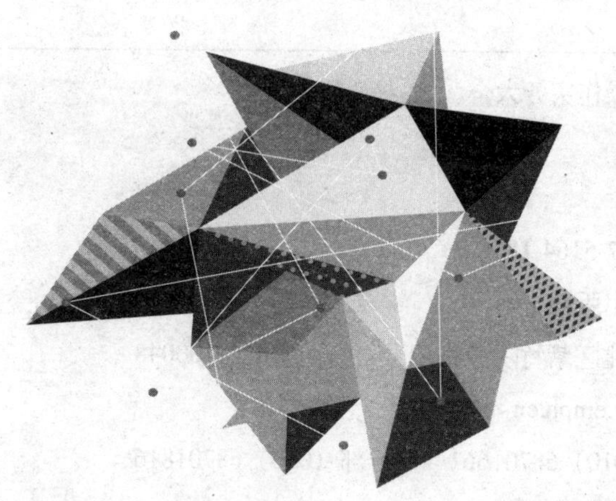

图书在版编目（CIP）数据

企业会计操作实务大全 / 贺志东主编. —北京：企业管理出版社，2018.10

ISBN 978-7-5164-1810-9

Ⅰ. ①企… Ⅱ. ①贺… Ⅲ. ①企业会计

Ⅳ. ①F275.2

中国版本图书馆 CIP 数据核字 (2018) 第 243886 号

书　　名：企业会计操作实务大全

主　　编：贺志东

责任编辑：蒋舒娟

书　　号：ISBN 978-7-5164-1810-9

出版发行：企业管理出版社

地　　址：北京市海淀区紫竹院南路17号　　　邮编：100048

网　　址：http://www.emph.cn

电　　话：编辑部（010）68701661　发行部（010）68701816

电子信箱：26814134 @qq.com

印　　刷：三河市荣展印务有限公司

经　　销：新华书店

规　　格：185毫米 ×260毫米　16开本　42.5印张　1150千字

版　　次：2018年10月第1版　2018年10月第1次印刷

定　　价：138元

前言

财务会计是指通过对企业已经完成的资金运动全面系统的核算与监督，以为外部与企业有经济利害关系的投资人、债权人和政府有关部门提供企业的财务状况与盈利能力等经济信息为主要目标而进行的经济管理活动。

财务会计的目标是向财务会计报告使用者提供与企业财务状况、经营成果和现金流量等有关的会计信息，反映企业管理层受托责任履行情况，有助于财务会计报告使用者做出经济决策。

本书系统、深入地传授企业财务会计方面的实际操作知识和技巧。本书由全国著名财会、审计、税务专家贺志东同志主持编写。全书共22章，内容涉及财务会计综述，货币资金及应收、预付项目会计，存货会计，投资性房地产会计，固定资产会计，无形资产会计，负债会计，所有者权益会计，收入会计，成本和费用会计，利润会计，财务会计报告，资产负债表日后事项会计，关联方披露，外币折算会计，人力资源会计，企业合并与长期股权投资会计，或有事项会计，租赁会计，债务重组会计，非货币性资产交换会计，会计政策、会计估计变更和差错更正，等等。读者细读这本书，将获益匪浅、少走弯路，众多财税问题迎刃而解，大幅提升财税技能和竞争力。

本书适合企业的负责人和其他经营管理人员、财会人员、内部审计人员，企业管理、税务、国家审计、银行业监管部门相关人员，以及会计师事务所等专业化的企业服务机构从业人士、会计理论和教育工作者等阅读。

本书具有以下特色：

(1) 系统、深入，注重细节，力戒原理性空洞说教；

(2) 具有极强的操作性、实用性；

(3) 本书依据最新有效的企业会计准则、企业财务通则、审计准则、内控规范、税法等编写；

(4) 通俗易懂，逐一介绍各个知识点；

(5) 条理清晰，查检便捷；

(6) 案例丰富；

(7) 具有专业性、权威性、创造性。

在本书编写过程中，作者参考和借鉴了国内外一些相关文献资料。本书的出版得到了企业管理出版社以及智董集团旗下中华第一财税网（又名“智董网”，www.tax.org.cn）的大力支持和帮助，在此深表谢意!

囿于学识、科研经费，且编写时间有限，书中难免有不足之处，敬请读者批评指正，以便今后再版时修订（E-mail:jianyi@tax.org.cn）。

目录

第一章
财务会计综述

财务会计是指通过对企业已经完成的资金运动全面系统的核算与监督，以为外部与企业有经济利害关系的投资人、债权人和政府有关部门提供企业的财务状况与盈利能力等经济信息为主要目标而进行的经济管理活动。

财务会计的目标是向财务会计报告（又称财务报告，下同）使用者提供与企业财务状况、经营成果和现金流量等有关的会计信息，反映企业管理层受托责任履行情况，有助于财务会计报告使用者做出经济决策。

企业应当以权责发生制为基础进行会计确认、计量和报告。

第一节 会计组织

一、会计机构设置

会计机构在企业组织结构中属于内部机构层面的设置，是一个单位内部组织和从事会计工作的职能部门，同时也是会计制度的主要执行机构。

设置会计机构是做好会计工作的组织保证，也是保证会计制度实施的基本条件，对提高会计工作质量、发挥会计职能、加强会计管理等，具有重要意义。

《中华人民共和国会计法》（以下简称《会计法》）明确规定：各单位应当根据会计业务的需要，设置会计机构，或者在有关机构中设置会计人员并指定会计主管人员；不具备设置条件的，应当委托经批准设立从事会计代理记账业务的中介机构代理记账。

企业会计机构的主要任务包括组织会计核算、实施会计监督、制订本单位会计制度和会计政策、参与本单位管理等。为完成这些任务，实现会计管理目标，会计机构内部应进行合理分工，设置责任岗位，配备会计人员。

（一）会计机构的分类

会计机构，一般指专门主管会计工作、组织会计核算、办理会计事务的机构。按设置目的和工作性质的不同，会计机构可分为三类：主管会计工作的国家权力机关、行政或事业单位的会计机构（或非营利性主体的会计机构）企业单位的会计机构（或营利性主体的会计机构）。

1. 企业单位的会计机构

企业是自主经营、自负盈亏、独立核算的营利性组织。企业单位会计机构的主要职责包括组织会计核算、进行会计监督、制订本单位的内部会计制度和会计政策、参与本单位各种计划的制订和考核、进行会计分析、实施会计控制等。

2. 主管会计工作的国家权力机关

《会计法》规定：国务院财政部门主管全国的会计工作。县级以上地方各级人民政府财政部门管理本行政区域内的会计工作。

国家各级管理部门分别设置会计司、会计处、会计科等。我国会计行政管理体制实行“统一领导、分级管理”的原则。

我国实行国家统一的会计制度，国家统一会计制度由财政部会计司具体负责制定和解释。为此，财政部会计司还成立了“会计准则委员会”，为企业会计准则的研究与制定提供咨询。会计司的其他部门还负责相关会计制度的建设工作。省、自治区、直辖市的人大及财政厅（局）在与国家会计规范不相抵触的情况下，可制定地方性会计法规。

我国财政部门除负责制定会计规范外，还负责管理和监督企事业单位的会计机构和会计人员。例如，对会计人员的资格管理和后续教育、会计人员专业技术资格考试、会计工作达标升级、会计师事务所的监督管理、会计知识竞赛等。

3. 行政或事业单位的会计机构

行政或事业单位设置的会计机构，不仅要满足对经费收支及时进行核算和报告的要求，同时也要遵循内部控制原则，保证单位预算资金的安全与合理地使用。这类会计机构的主要任务包括：组织、指导、监督所属单位的会计工作；审核、汇总所属单位上报的会计报表；核算本单位和上、下级之间缴、拨款；进行会计分析等。对于营利性活动较多的事业单位，其会计机构的设置可比照企业单位进行。

（二）会计机构设置的基本方式

从核算角度看，会计工作可分为集中核算和非集中核算两种形式。

集中核算是将整个单位的会计工作全部集中在会计部门进行。如图1-1所示，集中核算形式下，单位内部的其他职能部门和下属业务单元只对其发生的经济业务填制或取得原始凭证或原始凭证汇总表，定期送交会计部门集中核算。这一核算方式便于减少核算的中间环节，提高工作效率。但如果企业职能部门机构庞大，生产复杂，则会计部门工作量就会增加，工作效率反而会降低。集中核算一般适合于中小型单位。

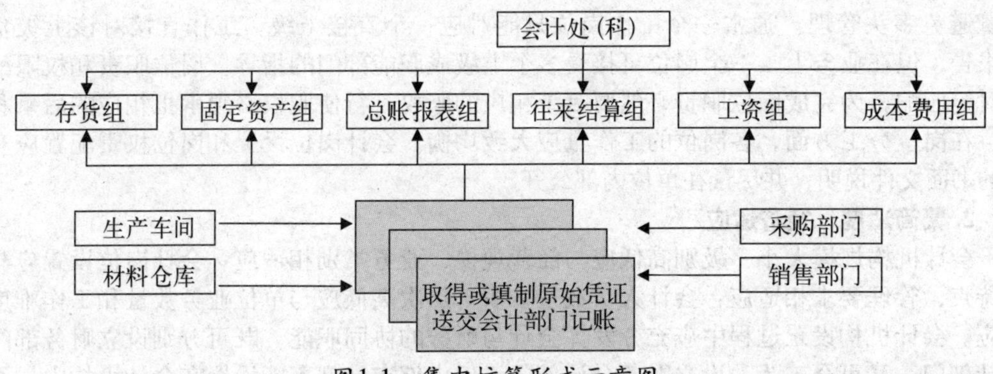

图1-1 集中核算形式示意图

非集中核算是将会计核算的部分工作分散在单位内部其他职能部门及所属业务单元进行。如图1-2所示，非集中核算形式下，其他职能部门及下属业务单元在会计部门的统一组织下各自进行一定业务的明细分类核算，定期将明细核算资料送交会计部门进行审核和对账。这种核算组织形式有利于下属各职能部门和各业务单元及时利用核算资料，进行日常考核与分析，及时解决本部门出现的各种实际问题。但该核算组织形式层次多，可能会影响会计核算质量。非集中核算形式一般适用于大型企业。

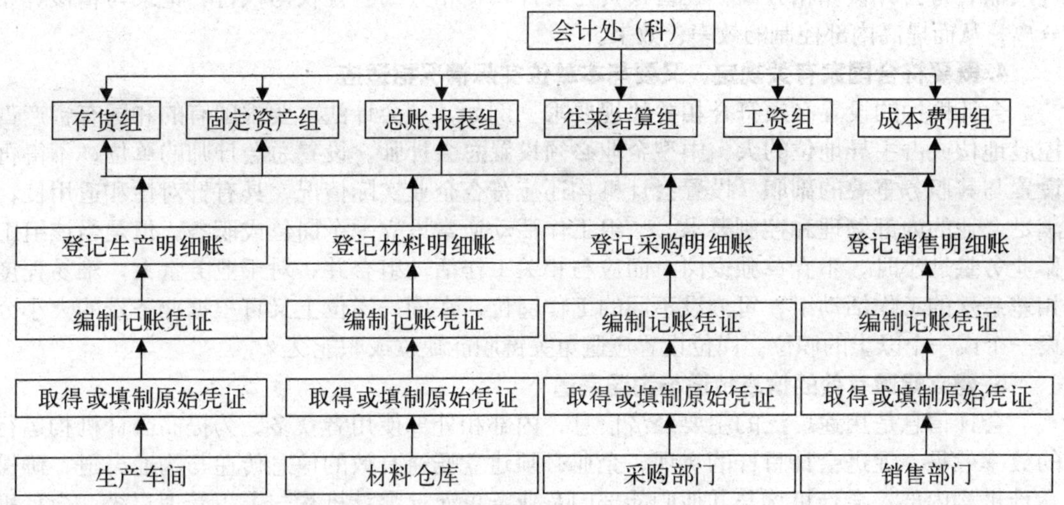

图1-2 非集中核算形式示意图

注意的是不论采用哪种核算组织形式，企业对外的现金往来、债权债务、工资费用、固定资产等都应由会计部门集中办理。会计机构的设置应与单位采取的会计核算组织形式相适应。对应集中核算和非集中核算，会计机构的设置也有集中设置和非集中设置之分。集中设置是将会计工作全部集中在单位一级的会计机构，内部各职能部门和业务单元不设置会计机构和会计人员。非集中设置，也称分级设置，除了在单位一级设置会计机构外，在下属业务单元也相应设置会计机构，配备会计人员，办理本级别范围内相应的会计业务。

（三）会计机构设置的基本原则

1. 职能分解和岗位设置要科学合理，权责划分应匹配

企业应根据管理和控制要求，将会计机构应承担的职能逐层分解，并加以适当归类，在此基础上设置会计工作岗位，划分岗位职责、权限、分工和任职要求，确立报告关系，尽量避免多头管理。通常一个工作岗位只能对应一个直接上级，工作直接对该上级负责和报告。但在业务上，一个岗位可接受多个上级或职能部门的指导。岗位职责和权限配置应对等匹配，为完成岗位职责必然要赋予相应的职权，行使职权必须承担相应的后果和责任。在岗位分工方面，各岗位的工作量应大致均衡。会计岗位设置和岗位权责配置应有正式的书面文件说明，并尽量在单位内部公开。

2. 繁简适度，经济适应

会计机构规模大小、级别高低应与经营规模、业务类别相适应；会计岗位设置应与业务特点、管理要求相适应；会计人员数量多少、层次高低应与单位业务数量和工作难度相适应。会计机构设置过程中应充分发挥会计与财务的协同职能，既可分别设立财务部门和会计部门，又可合二为一设立财务会计部门。但内部审计部不能设置在会计机构内，否则会削弱内部审计的独立性和权威性。

3. 符合内部控制要求，坚持不相容职务相分离

内部控制是为合理保证企业经营管理合法合规、资产安全、财务报告及相关信息真实完整、经营的效益效果、促进企业实现发展战略等目标而实施的政策、程序和管理活动。设置会计机构必须符合内部控制要求，坚持不相容岗位相分离，会计机构内部各岗位应有明确的权责配置和具体工作要求，实行岗位责任制，做到分工协作、相互制约和监督。不相容职务主要包括授权批准、业务主办、会计记录、财产保管、稽核检查等，企业应确保资产保管与会计核算相分离、经营权责与会计权责相分离、授权与执行、记录与稽核等相分离，从而提高内部控制的效率、效果。

4. 既要符合国家有关规定，又要与本单位实际情况相适应

会计机构的设置必须符合相关法规要求。例如，《会计法》要求国有的和国有资产占控股地位或占主导地位的大、中型企业必须设置总会计师。设置总会计师的单位，不得再设置与其职务重叠的副职。设置会计机构还应符合企业实际情况，具有针对性和适用性，满足企业的内部管理和控制要求。一组工作活动通常设立一个岗位或职务，但是当该组工作业务量过小时，不宜单独设岗，而应与相关工作活动组合并；对于业务量大，难易程度相差悬殊的工作活动组，可分设不同的工作岗位，在同一岗位上又可根据业务量的大小分设一个或一个以上的职位。岗位设置应避免关键职能缺位或职能交叉。

5. 建立畅通有效的信息传递与沟通渠道

会计信息是用途广泛的主要经济信息，内部和外部使用者众多。为提高会计机构运行的效率效果，促进会计目标的实现，企业必须建立畅通有效的信息传递与沟通渠道，确保会计机构内部、会计机构与其他职能部门及业务单元、会计机构与上下管理层级、会计机构与外部利益相关方之间能够及时有效地进行信息收集、传递和沟通。会计机构内部应提供员工履职所需的相关信息。

6. 保持适当的动态调整，适应内外环境变化的需要

会计组织系统的设计实际上是一个动态过程，在会计机构运行过程中，随着企业内部或外部经营环境的变化，可能出现原有设置不能满足新形式、新情况的需要，这就要求企业定期或不定期地对原有会计组织系统进行修正，使之不断健全与完善。例如，由于市场竞争加剧，企业调整了发展战略，可能涉及会计机构的调整，以支持新的发展战略实施。再如，企业决定实施全面预算管理，在现有会计组织框架内无法完成管理要求，需要重新设置全面预算管理组织结构，如预算管理委员会、预算管理办公室等。

（四）小型企业会计机构的设置

小型企业经营规模小，生产工艺和管理方法简单，在经营管理上一般采用简单的“直线式”组织结构，即厂部—车间—班组—岗位。如图1-3所示，小型企业的管理职能主要集中在厂部，而会计只是厂部管理组织中的岗位设置，会计机构内部不必下设职能小组，只是对从事会计工作的人员做些岗位分工，如出纳、总账、明细账会计等，会计主管既可单设也可兼总账会计。有些小型企业甚至不单独设置会计机构，而是在本单位有关机构（如办公室或行政科）中设置专职的会计人员，并指定会计主管人员。小型企业会计机构虽然不设内部职能小组，甚至只设人员不设机构，但在运行过程中仍应遵循基本的会计操作规程，应特别注意下面几点。

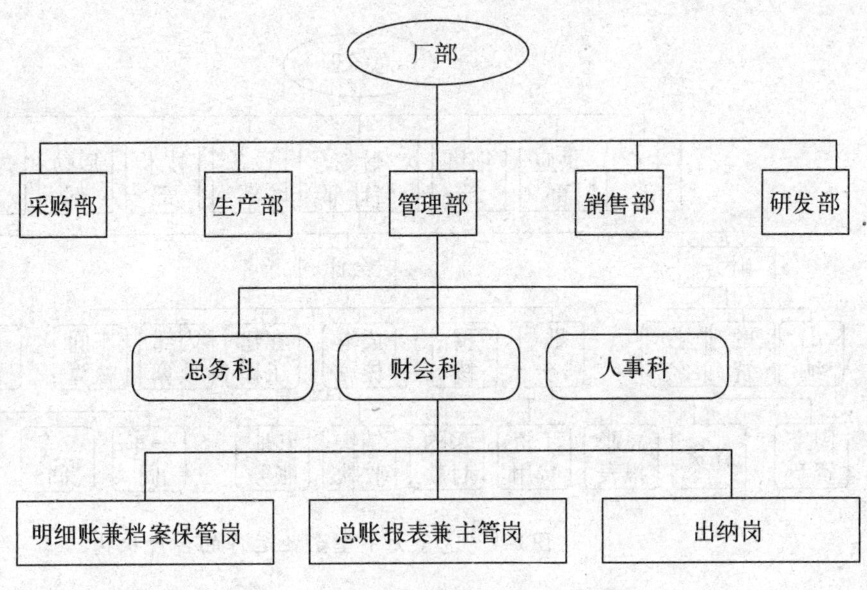

图1-3 小型企业的会计机构示意图

1) 出纳与其他岗位的会计应分别由专人任职，明确职责范围，贯彻内部牵制原则。

2) 根据生产经营情况和工艺流程，设定会计凭证的传递程序，按规范计量、记录，保证会计资料的真实、完整。

3) 要经常进行对账工作，保证账证、账账、账实、账表相符，提高会计信息质量。

4) 要由熟悉会计业务的人担任会计主管，监督会计工作的正常进行。

5) 配备必要的出纳、会计代职人员，以保证出纳或会计缺岗较长时，会计工作能继续进行。

(五) 大中型企业会计机构的设置

大中型企业经济活动复杂，经济关系点多面广，管理组织结构通常采用“直线一职能式”，即将供、产、销各经营环节的人、财、物的管理由各职能部门分别负责，各职能部门下设职能组，深入生产经营的各个环节。各职能部门既有一条纵深的管理路线，又有各职能部门间横向的业务联系，从而形成企业经营管理的网络。在这种体系下，财务与会计既可作为两个职能部门分设，也可作为一个职能部门合设。不管是合设还是分设，都应对财务和会计进行分工，各负其责。

图1-4、图1-5、图1-6分别列示了几种适合大中型企业会计机构设置的组织框架图。

大中型企业会计机构的设置具有如下特点。

1) 会计机构较为庞大且层次较多，一般应设置总会计师。

2) 会计与财务工作通常分设为两套班子，人员也可以有重叠或交叉。

3) 会计机构内部分工较细，通常设置出纳、会计核算、成本管理、稽核检查、内部结算、预算管理、纳税事务、档案管理、制度管理等科室或工作岗位。

4) 会计系统是企业管理和内部控制的基础与手段，会计机构在内部控制和价值管理中扮演着重要角色，发挥着重要作用。

5) 由于大中型企业组织结构的复杂性，建立畅通有效的信息传递与沟通渠道至关重要。

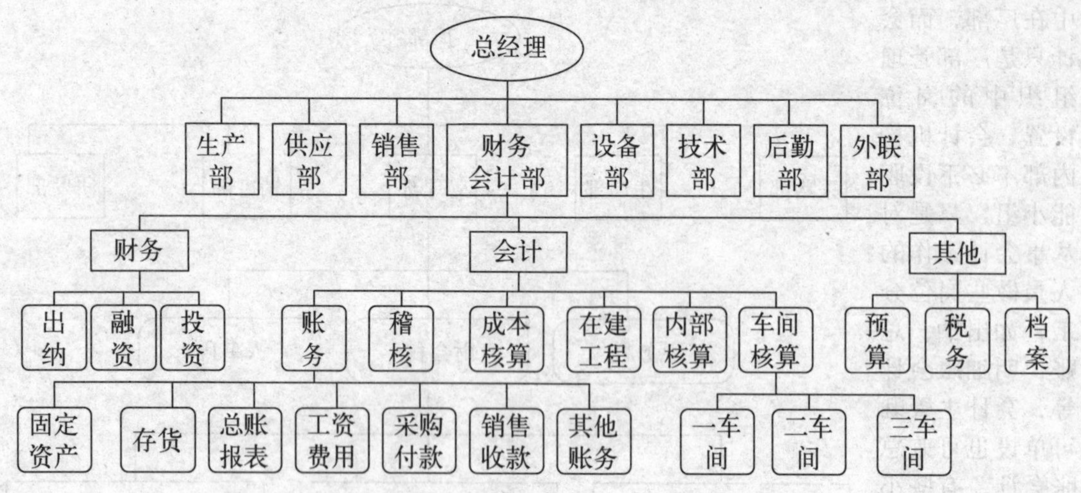

图1-4　适合大中型企业运作的会计机构

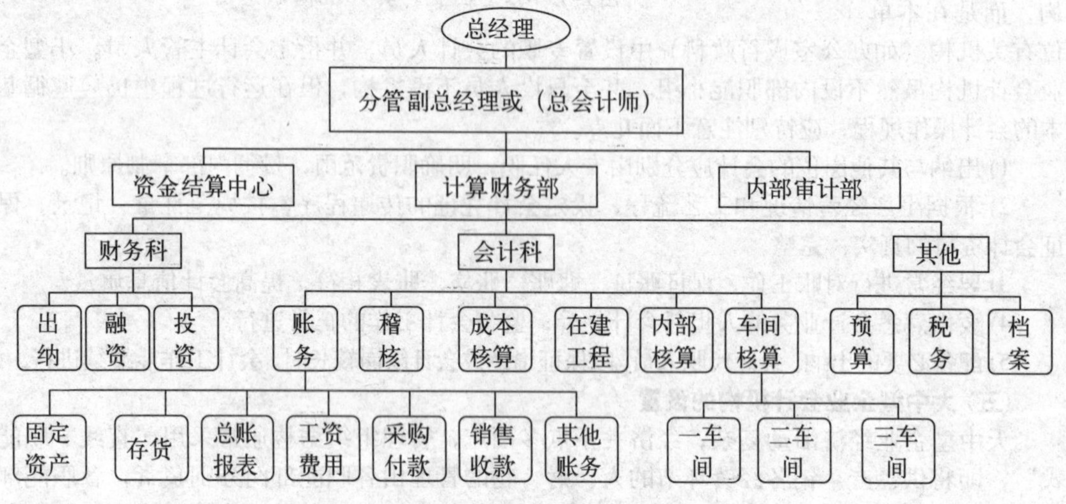

图1-5　适合大中型企业运作的会计机构

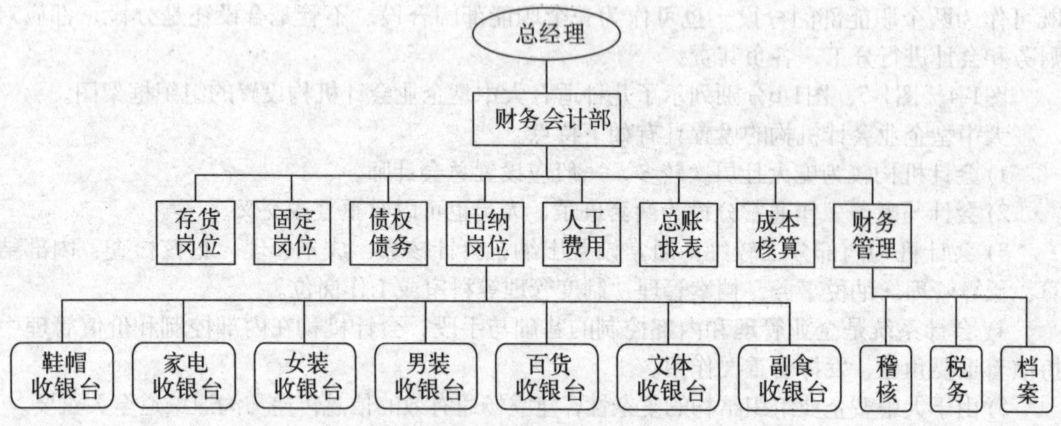

图1-6　适合大中型商业零售企业运作的会计机构

(六) 集团公司会计机构的设置（见图1-7）

集团公司是由母公司、子公司、参股公司及其他成员共同组成的企业法人联合体。集团公司通常拥有众多的生产、经营机构，一般都经营着规模庞大的资产，管辖着众多的生产经营单位，并且在许多其他企业中拥有自己的权益。

集团公司中的控股子公司是独立法人单位，集团公司通过控股权参与其管理，子公司的生产经营和管理活动相对独立，其会计机构的设置可参照上述独立企业的设置要求。集团总部可实行会计委派制，向子公司派驻总会计师或会计机构负责人，以加强对子公司的会计监管及管理控制。关于集团公司总部及其分公司、分支机构会计机构的设置如图1-7所示，与大中型企业有相似之处，也有不同之处。总部一般设计划财务部、内部审计部、制度法规部等职能部门，由总会计师或分管副总经理领导。在计划财务部下设会计、财务、预算、税务、稽核等职能科室，履行集团总部的会计核算、投资理财、纳税事务、合并报表编制、内部结算等职责。在各产品分公司、各经营分公司、各地区分支机构中设置相应的财会室，负责本业务单元的财务与会计工作，及时上报相关数据，并在业务上接受总部计划财务部的指导和监督。

集团公司会计机构运作的关键之一是要强调政策的一致性，如统一核算体制、统一考核标准、统一记账币值、统一会计政策等，使各分公司及分支机构的会计资料具有可比性。

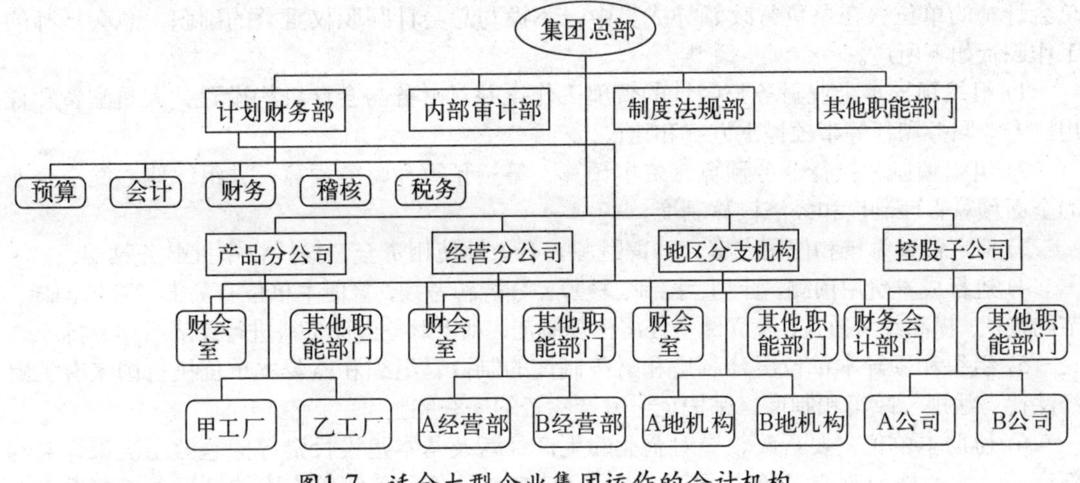

图1-7 适合大型企业集团运作的会计机构

二、会计岗位设置和会计人员配备

会计人员是从事财务会计工作的人员，也是会计制度的主要执行者。关于会计人员的组织设计主要涉及划分会计岗位、明确岗位权责、配备合格人员、提升员工素质、培养职业道德等问题。配备合格人员是确保会计工作质量的前提，对合格人员的评价至少应考察其业务胜任能力和职业道德水准两个方面。关键岗位员工要对其自身权责有清楚的认识，有足够的胜任能力去履行权责，并建立关键岗位员工轮换制度或强制休假制度。

(一) 会计工作岗位划分

会计岗位划分是在会计机构内部，根据管理和控制要求、企业规模、工作量大小等，对会计工作进行合理的分工和组合，使会计机构内部形成若干相对独立的工作小组，专门负责某类经济业务的处理。合理划分会计工作岗位不仅有利于建立岗位责任制，使会计工作有条不紊地进行，而且有利于强化内部控制，做到相互制约、相互监督，防范错弊。

会计工作岗位可一人一岗、一人多岗或一岗多人，但应符合内部牵制要求，坚持不相容职务相分离。出纳不得兼任稽核、会计档案保管以及收入、费用、债权债务等涉及货币资金收支明细账目的登记工作；会计工作应有计划地实行会计人员岗位轮换制度，以促使会计人员全面熟悉业务，不断提高业务素质。

常见的会计工作岗位设置有：总会计师、会计机构负责人或会计主管（如果会计与财务机构分设，还应设置财务主管）、出纳、稽核、总账报表、税务、合并报表、内部结算、存货明细账、固定资产明细账、债权债务明细账、薪酬明细账、成本费用明细账、采购明细账、销售明细账等。

开展会计电算化和管理会计的单位，可根据需要设置相应的工作岗位，也可与其他岗位相结合设立。

（二）会计岗位权责配置

会计工作岗位权责配置应均衡，权力和责任相匹配，并通过正式文件对各岗位的职权范围、工作内容、任职要求、责任后果、报告路径等做出具体规定。在会计机构运行过程中应实行岗位责任制，会计工作岗位责任制应按“事事有人管、人人有专责、办事有标准、工作有检查、结果有考核”的原则来设计，以确保会计工作任务的完成。

1. 总会计师岗位

《会计法》规定国有的和国有资产占控股地位或者主导地位的大中型企业必须设置总会计师。其他大中型企事业单位也可设置总会计师职务。《总会计师条例》规定：凡设置总会计师的单位，在单位行政领导成员中，不设与总会计师职权重叠的副职。总会计师的工作职责如下所述。

1) 组织领导本企业财务与会计的管理工作，并对财务与会计机构设置、人员配备和任用、专业职务聘任等事项提出方案和建议。

2) 组织编制和执行业务预算、资本预算、筹资预算和财务预算，并组织建立健全企业的全面预算管理制度和经济核算制度。

3) 拟定资金筹措和使用方案，开辟财源，有效地使用资金，按授权审批财务收支。

4) 进行成本费用预测、计划、控制、核算、分析和考核，督促本单位有关部门降低消耗、节约费用、提高经济效益，建立健全经济核算制度，利用财务会计资料进行经济活动分析。

5) 组织和领导本单位会计制度和财务制度的制订，组织和监督本单位执行国家有关财经法律、法规、政策和制度，保护企业财产物资的安全完整。

6) 协助本单位主要行政领导对企业的生产经营及基本建设投资等问题做出决策，参与新产品开发、技术改造、科技研究、商品（劳务）价格和薪酬等方案的制订，参与重大经济合同的研究、审查。

7) 审核对外报送的财务报告，审核后签名并盖章。

8) 领导交办的其他与财务、会计有关的管理工作。

2. 会计机构负责人或会计主管岗位

1) 具体领导本单位财务会计工作。

2) 参与组织制订本单位的各项会计管理制度，并督促贯彻执行。

3) 参与预测、决策、业绩评价、内部控制等生产经营管理活动。

4) 参与拟定或审核经济合同、协议及其他经济文件。

5) 负责向本单位领导和职工代表大会报告财务状况和经营成果，审查对外提供的财务报告，审查后签名并盖章。

6) 负责会计人员的考核，参与研究会计人员的任用和调整工作。

7) 若会计与财务机构分设，应协调与财务主管的关系和业务衔接。

8) 单位安排的其他工作。

3. 财务主管岗位

1) 具体负责本单位的资金筹集、投资、利润分配等工作。

2) 参与组织本单位各项财务制度的制订，按期编制财务成本计划、信贷计划并监督贯彻执行。

3) 会同有关部门组织对单位各项资金的核定工作，多渠道筹措资金，降低资金成本，提高资金使用效率并及时完成税利上缴等任务。

4) 定期开展经济活动分析，找出管理中的薄弱环节，提出改善经济管理的建议和措施，挖掘增收节支的潜力。

5) 负责财务人员的考核，参与财务人员的任用和调整工作，协调与会计主管的关系和业务衔接。

4. 出纳岗位

1) 办理现金收付和银行结算业务。

2) 登记现金和银行存款日记账，编制日报表，及时清查未达账项。

3) 保管库存现金和各种有价证券，有关印鉴、空白收据和支票。

4) 定期核对外埠存款和在途货币资金，并督促有关人员办理结算。

5) 不得兼管收入、费用、债权、债务账簿的登记工作及稽核工作、会计档案保管工作。

5. 稽核岗位

1) 根据计划、预算及其他文件审查经济交易及其他相关事项。

2) 审查各项财务收支。

3) 审查成本费用的管控情况。

6. 采购明细账岗位

1) 审查材料采购计划、合同、手续，控制材料采购成本。

2) 审核材料采购凭证，分别按材料采购地点、类别、品种、规格、保管地点、供货单位、采购成本等进行登记；对在途材料要督促清理催收；对已验收入库尚未付款的材料，月终应估价入账。

3) 逐笔登记采购明细账。

4) 定期组织仓库实物盘点，核对材料总账和明细账，保证账实、账账相符。

7. 销售明细账岗位

1) 审查销售业务的有关凭证，促进销售合同履行，分析销售计划的完成情况。

2) 审查销售发票并按编号顺序登记，正确计算销售收入、销售成本、费用、税金。

3) 逐笔登记销售明细账。

4) 经常核对产成品、发出商品账户的余额和实际库存，保证账账、账实相符。

8. 债权债务明细账岗位

1) 及时登记应收账款等债权明细账。

2) 及时登记应付账款等债务明细账。

3) 经常对账，确保账账、账实相符，积极参与催收欠款。

4) 及时办理债权和债务的结算手续，认真审核有关发票、账单等结算凭证，防止出错。

9. 薪酬明细账岗位

1) 会同人力资源部门拟定工资、保险、年金计划，监督工资基金的使用。

2) 审核发放工资、奖金，负责工资分配的核算。

3) 负责职工福利费、工会经费和职工教育经费。

10. 固定资产明细账岗位

1) 建立健全固定资产管理与核算实施办法，编制固定资产目录，负责固定资产明细核算。

2) 参与核定固定资产需用量，参与编制固定资产更新改造和大修理计划。

3) 计提固定资产折旧。

4) 定期清查盘点固定资产，分析固定资产的使用效果。

5) 核算无形资产及长期待摊费用。

11. 成本费用明细账岗位

1) 拟订成本核算办法，编制成本、费用计划；加强成本管理的基础工作，实行责任成本，指标分解、归口分级落实，促进成本计划实现。

2) 正确归集和分配生产费用，计算产品成本。

3) 登记成本费用明细账，编制成本、费用报表，进行成本、费用的分析和考核。

4) 加强在产品和自制半成品的管理和核算。

12. 总账报表岗位

1) 登记总账。

2) 编制财务报表。

3) 管理会计凭证、账簿、报表等档案。

（三）会计人员配备

1. 会计人员配备的一般要求

会计岗位应配备合格的会计人员，会计人员是否合格至少应从业务胜任能力和职业道德水准两个方面进行考量。业务胜任能力不仅要满足其形式上的任职资格，更应关注其教育背景、知识结构、工作经验、操作能力、团队精神、沟通技巧、创新意识等。不断提高会计人员综合素质，是做好各项会计工作的关键因素。会计人员素质控制可通过招聘制度、行为手册、职业培训、考核奖惩、诚信档案、道德培育等渠道实施。

配备会计人员应坚持不相容职务相分离。任何一个人不得包办任何一项业务的全过程，例如，材料物资的请购、审批、采购、验收和结算等工作必须由不同的人担任；钱、账、物应分管；出纳不得兼任稽核、会计档案保管和收入、支出、债权债务明细账的登记工作；会计核算岗位人员不得兼管出纳的现金收付、有价证券保管等工作；严禁一人保管支付款项所需的全部印章，财务专用章由专人保管，银行印鉴私章必须由持有人自行保管。

配备会计人员应实行回避制度。单位领导的直系亲属不得担任本单位会计机构负责人、会计主管人员；会计机构负责人、会计主管人员的直系亲属不得在本单位会计机构中担任出纳工作。

会计工作，特别是关键岗位应定期或不定期进行岗位轮换。岗位轮换不仅能提高会计人员的业务素质和技术水平，还是加强会计监督的必要措施之一，能够减少因长期占据某一岗位可能发生的舞弊和差错情况。岗位轮换还是加强会计人员相互协作、增进了解、团结进取的有效途径。实行岗位轮换后，所有会计人员必须尽快熟悉本职工作，原岗位人员必须对继任者给予必要的业务指导，以促进各岗位工作平稳过渡。

配备会计人员还需要确定所需会计人员的数量，确定会计人员数量的主要依据是岗位工作量。例如，某单位的材料采购、收发业务每天最高可达180次，最低约120次，日均工作量160次左右。经测算，包括对有关原始凭证的填制和审核、记账凭证的编制、材料采购凭证的计算和有关账簿的登记等具体工作，一名会计一天最多可处理80笔材料采购业务，则材料核算岗位至少应配备两名会计人员，才能保证材料核算任务的及时完成。

会计岗位具有层次结构，各岗位要配备相应的专门人才。普通岗位配备高层次人才，可能造成人才浪费，高层次岗位配备低层次会计人员，无法满足工作需要。会计人员配备应力求做到人尽其才、才尽其用、力所能及。

2. 会计机构负责人或会计主管人员的配备

会计机构负责人或会计主管人员，应具备会计师以上专业技术职务资格或从事会计工作三年以上，能够独立组织和领导单位会计工作，正确处理较为复杂的经济业务。分管财会工作的行政领导应熟悉或精通财会业务，大、中型企事业单位的财会负责人可适当配备一至两名副职。小型企事业单位的财会负责人一人即可，不必再设副职。

《会计基础工作规范》要求会计机构负责人或会计主管人员应具备的基本条件为：坚持原则，廉洁奉公；具有会计专业技术资格；主管一个单位或单位内一个重要方面的财务会计工作时间不少于两年；熟悉国家财经法律、法规、规章和方针、政策，掌握本行业业务管理的有关知识；有较强的组织能力；身体状况能够适应本职工作的要求。

3. 总会计师的配备

根据《总会计师条例》规定，总会计师应由本单位主要行政领导提名，主管部门任命或聘任。总会计师应由具有高级会计师任职资格的人担任，总会计师一般不宜设副职，以免权责不相称或权责分不清。总会计师必须具备的任职条件为：坚持社会主义方向，积极为社会主义建设和改革开放服务；坚持原则，廉洁奉公；取得会计师任职资格后，主管一个单位或单位内一个重要方面的财务会计工作时间不少于三年；有较高的理论政策水平，熟悉国家财经法律、法规、方针、政策和制度，掌握现代化管理的有关知识；具备本行业的基本业务知识，熟悉行业情况，有较强的组织领导能力；身体健康，能胜任本职工作。

（四）会计人员职业道德

会计人员职业道德是会计人员在从事会计工作、履行会计行为、行使岗位职权时，在思想和行动上所应遵守的道德标准。道德是法规的补充，是一种潜在的约束力，会计人员具备良好的职业道德，对维护正常的经济秩序至关重要。

1. 依法办事

会计人员应熟悉财经法律、法规和国家统一会计制度，并结合会计工作进行适当地宣传，按规定的程序和要求开展会计工作，保证所提供的会计信息合法、真实、准确、及时、完整。会计人员更要坚持法规，依法办事，不违法乱纪、以权谋私，而且还要敢于、善于运用法律法规赋予的职业权利，尽职尽责，勇于承担职业责任，履行职业义务。

会计人员如遇利益冲突，首先要对发生的事件做出“是”“非”判断，坚持依法办事，对法律负责，维护有关各方的利益。如果遇到自己无法独立解决的事务，可与最直接的上级一起研究解决办法。若仍无法解决，可在通知直接上级的情况下，请教更高一级的管理层。若有迹象表明，上级已卷入冲突，会计人员必须和更高一级的管理层商讨该问题。

2. 廉洁自律

廉洁自律是会计人员的基本品质，是会计职业道德的内在要求，它不仅要求会计人员清正廉明，秉公执业，不收受贿赂、不贪污钱财；还要求会计人员能够自觉地按一定的标准，进行自我约束、自我控制，使自己的言行和思想达到至善至美。“吃了人家的嘴软，拿了人家的手短”。会计人员必须既廉洁又自律，二者不可偏废。

自律的核心是要用道德观念自觉地抵制自己的不良欲望。能自律的人，才能保持清醒的头脑，把持住自我，不迷失方向；而不能自律的人则容易丧失警惕，终将成为权、财的奴隶。整天与钱财打交道的会计人员，经常会受到钱、权的诱惑，若会计人员职业道德观念不强，自律意识薄弱，很容易走向犯罪的深渊。

3. 诚实守信

诚实守信是做人的基本准则，也是公民道德规范的主要内容。诚实要求言行跟内心思想一致，不弄虚作假、不欺上瞒下，做老实人、说老实话、办老实事，言行一致，表里如一，光明正大。守是指遵循、依照。信即信用、信任、真实可靠。守信就是遵守自己所做出的承诺，注重信用。人无信不立，国无信不强。

市场经济是“信用经济”“契约经济”，注重诚实守信。市场经济越发达，职业越社会化，道德信誉就越重要。会计人员应以诚信为本、操守为重，坚持准则，不作假账，牢固树立守信光荣、失信可耻的理念。

4. 敬业爱岗

敬业要求会计人员对其所从事的会计职业要有正确的认识和恭敬的态度，并用这种严肃恭敬的态度，认真对待本职工作，将身心与本职工作融为一体，以从事会计工作为荣，敬重会计工作，具有献身于会计工作的决心。爱岗要求会计人员热爱本职工作，安心本职岗位，为做好本职工作尽心尽力、尽职尽责。会计人员要忠于职守，对自己应承担的责任和义务要表现出高度的责任感和义务感。爱岗和敬业，互为前提，相互支持，相辅相成。

5. 提高技能

会计工作对从业人员的业务素质有很高的要求。会计人员应具有相应的专业胜任能力，包括一定的经济理论基础、政策法规知识、业务技术知识、操作能力水平和文字表达功底等。会计人员应热爱本职工作，努力钻研业务，使自己的知识和技能适应所从事工作的要求。专业技能的提高和学习不是一劳永逸之事，必须不间断地学习、研究、充实和提高。为此，会计人员应定期参加会计人员继续教育，更新知识，积极进取，提高业务素质。

6. 客观公正

会计人员办理会计事务应实事求是、客观公正。客观要求会计人员在处理会计事务时必须以实际发生的交易或事项为依据，如实反映企业的财务状况、经营成果和现金流量情况，不掺杂个人主观意愿，不为单位领导的意见所左右，既不夸大也不缩小事实或影响。公正要求会计人员应保持相对的独立性，具备正直、诚实的品质，不偏不倚地对待有关利益各方。客观公正是会计人员必须具备的行为品德，是会计职业道德规范的灵魂。客观公正，不只是一种工作态度，更是会计人员追求的一种境界，通过不断提高专业技能，正确理解、把握并严格执行会计准则和会计制度，不断消除非客观、非公正因素的影响，做到最大限度的客观公正。

7. 保守秘密

保守秘密是会计职业道德规范的基本要求。在市场经济中，秘密可带来经济利益，而会计人员因职业特点经常接触到单位和客户的一些秘密。会计人员应保守本单位的商业秘密，不能将从业过程中所获得的信息为己所用，或泄露给第三者以牟取私利。

保守秘密一方面要求会计人员保守企业自身的商业秘密，另一方面要求会计人员不得以不道德的手段去获取他人的秘密。泄露商业秘密，不仅是一种不道德的行为，而且属于违法行为，一旦查出，泄密的会计人员将承担法律责任。除法律规定和单位领导人同意外，会计人员不能私自向外界提供或泄露单位的会计信息。

8. 文明服务

搞好服务要求会计人员具有文明的服务态度、强烈的服务意识和优良的服务质量。会计的功能是服务性的，会计一般处于助手地位，发挥参谋作用。摆正会计配角的位置丝毫不会削弱会计在单位管理中的重要性。会计人员应熟悉本单位的生产经营和业务管理情况，运用掌握的会计信息和会计方法，为改善单位内部管理、提高经济效益服务。

会计人员要树立强烈的服务意识，管钱管账是自己的工作职责，参与管理是自己的义务，为管理者、投资者、债权人、社会公众等服务是自己的职责，是自己的义务。文明服务要求会计人员态度温和、语言文明、尊重同事、尊重事实、谦虚谨慎、彬彬有礼、团结协作、互相支持。

第二节 会计信息质量要求

会计信息质量要求是对企业财务报告中所提供会计信息质量的基本要求，是使财务报告中所提供会计信息对投资者等使用者决策有用应具备的基本特征，它主要包括可靠性、相关性、可理解性、可比性、实质重于形式、重要性、谨慎性和及时性等。

一、可靠性

可靠性要求企业应当以实际发生的交易或者事项为依据进行确认、计量和报告，如实反映符合确认和计量要求的各项会计要素及其他相关信息，保证会计信息真实可靠、内容完整。

会计信息要有用，必须以可靠为基础，如果财务报告所提供的会计信息是不可靠的，就会误导使用者做出错误的决策，甚至导致损失。为了贯彻可靠性要求，企业应当做到三点。

1) 以实际发生的交易或者事项为依据进行确认、计量，将符合会计要素定义及其确认条件的资产、负债、所有者权益、收入、费用和利润等如实反映在财务报表中，不得根据虚构的、没有发生的或者尚未发生的交易或者事项进行确认、计量和报告。

2) 在符合重要性和成本效益原则的前提下，保证会计信息的完整性，包括应当编报的报表及其附注内容等，不能随意遗漏或者减少应予披露的信息，与使用者决策相关的有用信息都应当充分披露。

3) 财务报告中的会计信息应当是中立的，无偏的。如果企业为了达到事先设定的结果或效果，通过选择或列示财务报告中的有关会计信息以影响决策和判断的，这就不是中立的。

二、相关性

相关性要求企业提供的会计信息应当与投资者等财务报告使用者的经济决策需要相关，有助于投资者等财务报告使用者对企业过去、现在或者未来的情况做出评价或者预测。

会计信息是否有用，是否具有价值，关键是看其与使用者的决策需要是否相关，是否有助于决策或者提高决策水平。相关的会计信息应当能够有助于使用者评价企业过去的决策，证实或者修正过去的有关预测，因而具有反馈价值。相关的会计信息还应当具有预测价值，有助于使用者根据财务报告所提供的会计信息预测企业未来的财务状况、经营成果和现金流量。例如区分收入和利得、费用和损失，区分流动资产和非流动资产、流动负债和非流动负债以及适度引入公允价值等，都可以提高会计信息的预测价值，进而提升会计信息的相关性。

会计信息质量的相关性要求，需要企业在确认、计量和报告会计信息的过程中，充分考虑使用者的决策模式和信息需要。但是，相关性是以可靠性为基础的，两者之间并不矛盾，不应将两者对立起来。也就是说，会计信息在可靠性前提下，尽可能地做到相关性，以满足投资者等财务报告使用者的决策需要。

三、可理解性

可理解性要求企业提供的会计信息应当清晰明了，便于投资者等财务报告使用者理解和使用。企业编制财务报告、提供会计信息的目的在于使用，而要使使用者有效地使用会计信息，应当能让其了解会计信息的内涵，弄懂会计信息的内容，这就要求财务报告所提供的会计信息应当清晰明了，易于理解。只有这样，才能提高会计信息的有用性，实现财务报告的目标，满足向投资者等财务报告使用者提供决策有用信息的要求。

会计信息毕竟是一种专业性较强的信息产品，在强调会计信息的可理解性要求的同时，还应假定使用者具有一定的有关企业经营活动和会计方面的知识，并且愿意付出努力去研究这些信息。对于某些复杂的信息，如交易本身较为复杂或者会计处理较为复杂，但其对使用者的经济决策相关的，企业就应当在财务报告中予以充分披露。

四、可比性

可比性要求企业提供的会计信息应当相互可比，主要包括两层含义。

1. 同一企业不同时期可比

为了便于投资者等财务报告使用者了解企业财务状况、经营成果和现金流量的变化趋势，比较企业在不同时期的财务报告信息，全面、客观地评价过去、预测未来，从而做出决策。会计信息质量的可比性要求同一企业不同时期发生的相同或者相似的交易或者事项，应当采用一致的会计政策，不得随意变更。但是，满足会计信息可比性要求，并非表明企业不得变更会计政策，如果按照规定或者在会计政策变更后可以提供更可靠、更相关的会计信息的，可以变更会计政策。有关会计政策变更的情况，应当在附注中予以说明。

2. 不同企业相同会计期间可比

为了便于投资者等财务报告使用者评价不同企业的财务状况、经营成果和现金流量及其变动情况，会计信息质量的可比性要求不同企业同一会计期间发生的相同或者相似的交易或者事项，应当采用规定的会计政策，确保会计信息口径一致、相互可比，以使不同企业按照一致的确认、计量和报告要求提供有关会计信息。

五、实质重于形式

实质重于形式要求企业应当按照交易或者事项的经济实质进行会计确认、计量和报告，不仅仅以交易或者事项的法律形式为依据。企业发生的交易或事项在多数情况下，其经济实质和法律形式是一致的。但在有些情况下，会出现不一致。例如，以融资租赁方式租入的资产，虽然从法律形式来讲企业并不拥有其所有权，但是由于租赁合同中规定的租赁期相当长，接近于该资产的使用寿命；租赁期结束时承租企业有优先购买该资产的选择权；在租赁期内承租企业有权支配资产并从中受益等，因此，从其经济实质来看，企业能够控制融资租入资产所创造的未来经济利益，在会计确认、计量和报告上就应当将以融资租赁方式租入的资产视为企业的资产，列入企业的资产负债表。

六、重要性

重要性要求企业提供的会计信息应当反映与企业财务状况、经营成果和现金流量有关的所有重要交易或者事项。在实务中，如果会计信息的省略或者错报会影响投资者等财务报告使用者据此做出决策的，该信息就具有重要性。重要性的应用需要依赖职业判断，企业应当根据其所处环境和实际情况，从项目的性质和金额大小两方面加以判断。

七、谨慎性

谨慎性要求企业对交易或者事项进行会计确认、计量和报告应当保持应有的谨慎，不应高估资产或者收益、低估负债或者费用。

在市场经济环境下，企业的生产经营活动面临着许多风险和不确定性，如应收款项的可收回性、固定资产的使用寿命、无形资产的使用寿命、售出存货可能发生的退货或者返修等。会计信息质量的谨慎性要求，需要企业在面临不确定性因素的情况下做出职业判断时，应当保持应有的谨慎，充分估计到各种风险和损失，既不高估资产或者收益，也不低估负债或者费用。例如，要求企业对可能发生的资产减值损失计提资产减值准备、对售出商品可能发生的保修义务等确认预计负债等，就体现了会计信息质量的谨慎性要求。

谨慎性的应用也不允许企业设置秘密准备，如果企业故意低估资产或者收益，或者故意高估负债或者费用，将不符合会计信息的可靠性和相关性要求，损害会计信息质量，扭曲企业实际的财务状况和经营成果，从而误导使用者的决策，这是不符合会计准则要求的。

八、及时性

及时性要求企业对于已经发生的交易或者事项，应当及时确认、计量和报告，不得提前或者延后。会计信息的价值在于帮助所有者或者其他方面做出经济决策，具有时效性。即使是可靠、相关的会计信息，如果不及时提供，就失去了时效性，对于使用者的效用就大大降低，甚至不再具有实际意义。在会计确认、计量和报告过程中贯彻及时性，一是要求及时收集会计信息，即在经济交易或者事项发生后，及时收集整理各种原始单据或者凭证；二是要求及时处理会计信息，即按照会计准则的规定，及时对经济交易或者事项进行确认或者计量，并编制财务报告；三是要求及时传递会计信息，即按照国家规定的有关时限，及时地将编制的财务报告传递给财务报告使用者，便于其及时使用和决策。

在实务中，为了及时提供会计信息，可能需要在有关交易或者事项的信息全部获得之前进行会计处理，这样就满足了会计信息的及时性要求，但可能会影响会计信息的可靠性；反之，如果企业等到与交易或者事项有关的全部信息获得之后再进行会计处理，这样的信息披露可能会由于时效性问题，对于投资者等财务报告使用者决策的有用性将大大降低。这就需要在及时性和可靠性之间权衡，以投资者等财务报告使用者的经济决策需要为判断标准。

第三节 会计要素与会计等式

一、会计要素概述

会计要素是指会计对象是由哪些部分所构成的，是会计对象按经济特征所做的最基本分类，也是会计核算对象的具体化。

企业会计要素分为六大类，即资产、负债、所有者权益、收入、费用和利润。其中，资产、负债和所有者权益三项会计要素反映企业的财务状况；收入、费用和利润三项会计要素反映企业的经营成果。其中，前三个要素反映价值运动的相对静止状态，叫作静态要素；后三个要素反映价值运动的显著变动状态，叫作动态要素。

事业单位会计要素分为五大类，即资产、负债、净资产、收入和支出。

（一）会计要素的一般特征

1. 会计要素不能与经济概念等同

我们把引起价值运动而又必须由会计加以计算、记录的一切经济业务称作会计事项。会计事项和会计要素的关系如图1-8所示。

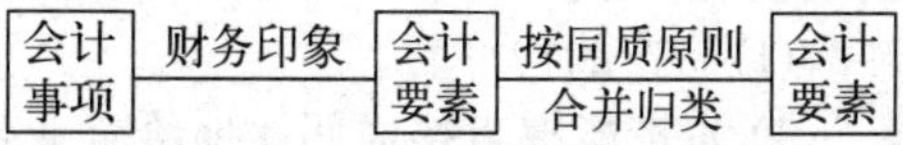

会计事项 —财务印象— 会计要素 —按同质原则合并归类— 会计要素

图1-8 会计事项和会计要素的关系

也就是说，会计要素是对会计事项从财务的角度进行抽象。例如，某工业企业销售一批产品，当月尚未收回货款。发生的这笔经济业务引起了价值的运动（产品已经卖出去了），会计必须予以反映，所以它是该公司的一个会计事项。将产品销售出去，必然使得企业的销售收入增加；货款尚未收回，企业应收回的货款也应该增加。因此，上述这个会计事项至少引起“主营业务收入”和“应收账款”两个会计项目的变化。“主营业务收入”是企业在销售商品的业务中实现的收入，所以它可以和“其他业务收入”等一起按同质原则列入“收入”要素。“应收账款”是法律赋予企业的一种可收回账款的权利，所以它可以和其他有形资产及无形资产一起，按同质原则列入“资产”要素。

会计要素是对会计事项的财务抽象，与经济概念不完全一致。经济概念是对现实世界经济事实所做的抽象，经济概念是通过对各种经济事实进行高度概括和总结后得出来的。当然，为了便于会计信息使用者的理解，会计要素或会计项目应尽可能和经济概念一致。例如，材料、现金、固定资产等会计项目便与经济现象和事实基本吻合。

2. 会计要素依存于会计主体假设

会计主体假设是对会计内容及会计工作的空间范围所做的限定。会计主体不同，对同一会计事项所涉及的会计要素也就不同。例如，甲企业将产品销售给乙企业，货款尚未收回，乙企业将甲企业的产品作为劳动对象。甲企业在这一会计事项中涉及“主营业务收入”收入要素和“应收账款”资产要素。乙企业在这一会计事项中，则将涉及“应付账款”负债要素和“原材料”资产要素。会计主体的类别不同，会计要素也不尽相同。

3. 会计要素是会计记录、报告和核算方法的基本依据

会计项目是会计事项的财务印象，会计要素是对会计项目按同质原则所进行的合并与归类。会计要素的逆向再分类，会计项目是设置账户的依据，而账户是会计记录的主要工具，会计要素是构建财务报表的材料。如资产负债表等静态报表的构建材料主要是资产、负债和所有者权益等静态要素；而利润表等动态报表的构建材料主要是收入、费用和利润等动态要素。会计要素也是会计核算方法的决定因素之一。例如，特定会计要素的数量关系表现为

期初余额±本期变化额=期末余额

这种数量关系正是账户基本结构的决定因素。例如，各要素间的数量关系还决定着会计报表的结构，资产负债表便是按“资产=负债+所有者权益”来设计的。

（二）反映企业财务状况的会计要素

财务状况是指企业一定日期的资产及权益情况，是资金运动相对静止状态时的表现。财务状况的好坏能够在一定程度上表明企业的持续经营能力。反映财务状况的会计要素包括资产、负债、所有者权益三项。

1. 资产

企业从事生产经营活动必须具备一定的物质资源，或者说物质条件。在市场经济条件下，这些必要的物质条件表现为货币资金、厂房场地、机器设备、原材料等。这些货币资金、厂房场地、机器设备、原料材料等称为资产，它们是企业从事生产经营活动的物质基础。除此之外，资产还包括不具有物质形态、但有助于生产经营活动进行的专利权、商标权等无形资产，还包括对其他单位的投资。

资产是指过去的交易或者事项形成的、由企业拥有或者控制的、预期会给企业带来经济利益的资源。

(1) 资产的特征

1) 资产能够直接或间接地给企业带来经济利益。资产定义中所指的“预期会给企业带来经济利益”，是指直接或者间接导致现金和现金等价物流入企业的潜力。其中，经济利益是指直接或间接地流入企业的现金或现金等价物。资产导致经济利益流入企业的方式多

种多样，例如，单独或与其他资产组合为企业带来经济利益；以资产交换其他资产；以资产偿还债务等。资产之所以成为资产，就在于其能够为企业带来经济利益。如果某项目不能给企业带来经济利益，那么就不能确认为企业的资产。例如，货币资金可以用于购买所需要的商品或用于利润分配；厂房场地、机器设备、原材料等可以用于生产经营过程，制造商品或提供劳务，出售后收回货款，货款即为企业所获得的经济利益。

2) 资产都是为企业所拥有的，或者即使不为企业所拥有，也是企业所控制的。资产定义中所指的“由企业拥有或者控制”，是指企业享有某项资源的所有权，或者虽然不享有某项资源的所有权，但该资源能被企业所控制。企业拥有资产，就能够排他性地从资产中获取经济利益。有些资产虽然不为企业所拥有，但是企业能够支配这些资产，因此同样能够排他性地从资产中获取经济利益。例如，以融资租赁方式租入的固定资产能使企业从中受益，应视为企业的资产。如果企业不能拥有或控制资产所能带来的经济利益，那么就不能作为企业的资产。例如，对于以经营租赁方式租入的固定资产来说，由于企业不能控制它并从中受益，所以，以经营租赁方式租入的固定资产不应视为企业的资产。

3) 资产是由过去的交易或事项形成的。资产定义中所指的“企业过去的交易或者事项”，包括购买、生产、建造行为或其他交易或者事项。预期在未来发生的交易或者事项不形成资产。资产必须是现实的资产，而不能是预期的资产。只有过去发生的交易或事项才能增加或减少企业的资产，而不能根据谈判中的交易或计划中的经济业务来确认资产。例如，已经发生的固定资产购买交易会形成企业的资产，而计划中的固定资产购买交易则不会形成企业的资产。

(2) 资产的分类

1) 按照流动性分类，资产可以分为流动资产和非流动资产。

①流动资产。资产满足下列条件之一的，应当归类为流动资产：预计在一个正常营业周期中变现、出售或耗用；主要为交易目的而持有；预计在资产负债表日起一年内（含一年）变现；在资产负债表日起一年内，交换其他资产或清偿负债的能力不受限制的现金或现金等价物。流动资产主要包括现金、银行存款、短期投资、应收及预付款、存货等。

②非流动资产。流动资产以外的资产应当归类为非流动资产。非流动资产主要包括长期股权投资、固定资产、无形资产等。

2) 按照有无实物形态分类，资产可以分为有形资产和无形资产。

存货、固定资产等属于有形资产，因为它们具有物质实体；货币资金、应收款项、交易性金融资产、长期股权投资、长期债权投资、专利权、商标权等属于无形资产，因为它们没有物质实体，而是表现为某种法定权利或技术。

一般来说，通常将无形资产作狭义的理解，仅将专利权、商标权等不具有物质形态，能够为企业带来超额利润的资产称为无形资产。

(3) 资产的确认条件

符合资产定义的资源，在同时满足以下条件时，才能确认为资产。

1) 与该资源有关的经济利益很可能流入企业。

这里讲的“很可能”，是指发生的可能性超过50%的概率。对于资产而言，其预期会给企业带来经济利益，所以，在确认资产时，只有当其包含的经济利益流入企业的可能性超过50%，并同时满足其他确认条件，企业才能加以确认；否则，不能将其确认为资产。例如，对于公司因销售业务而形成的应收款项而言，如果公司所销售的商品完全满足合同要求，同时没有其他例外情况发生，公司能够在未来某一时日完全收回款项。也就是说，公司因销售业务而形成的应收款项所包含的经济利益很可能流入企业，满足会计要素确认的第一个条件。

2) 该资源的成本或者价值能够可靠地计量。

会计工作就是要以货币计量的形式，在财务报表中反映企业的财务状况和经营成果，因此，能否可靠地计量是会计要素确认的一个基本前提。如果与资源有关的经济利益能够可靠地计量，并同时满足会计要素确认的其他条件，就可以在会计报表中加以确认；否则，企业不应加以确认。也就是说，如果与资产有关的经济利益不能够可靠地计量，就无法在资产负债表中作为资产列示。在考虑资源确认条件时要求与该资源有关的经济利益能够可靠地计量，并不意味着不需要进行估计。例如，对于无形资产项目中的自创商誉而言，由于企业在自创商誉过程中发生的支出难以计量，因而不能作为企业的无形资产予以确认。

(4) 列示

符合资产定义和资产确认条件的项目，应当列入资产负债表；符合资产定义、但不符合资产确认条件的项目，不应当列入资产负债表。

2. 负债

负债是指企业过去的交易或者事项形成的、预期会导致经济利益流出企业的现时义务。

(1) 负债的特征

1) 负债是企业承担的现时义务。现时义务是指企业在现行条件下已承担的义务。现时义务包括法定义务和推定义务。法定义务通常是企业在经济管理和经济协调中，依照经济法律、法规的规定必须履行的责任。如企业与其他企业签订购货合同产生的义务，就属于法定义务。推定义务通常是指企业在特定情况下产生或推断出的责任。

负债是企业的现时义务，也就是说，负债作为企业的一种义务，是由企业过去的交易或事项形成的现在已承担的义务。如银行借款是因为企业接受了银行贷款而形成的，如果企业没有接受银行贷款，则不会发生银行借款这项负债；应付账款是因为企业采用信用方式购买商品或接受劳务而形成的，在购买商品或接受劳务发生之前，相应的应付账款并不存在。

2) 负债的清偿预期会导致经济利益流出企业。清偿负债导致经济利益流出企业的形式多种多样，如用现金偿还或以实物资产偿还；以提供劳务偿还；部分转移资产部分提供劳务偿还；将负债转为所有者权益，如将国有企业对金融机构的债务转为金融机构拥有的所有者权益。企业不能或很少可以回避现时义务。如果企业能够回避该项义务，则不能确认为企业的负债。

3) 负债是由过去的交易或事项形成的。作为现时义务，负债是过去已经发生的交易或事项所产生的结果，是现实的义务。只有过去发生的交易或事项才能增加或减少企业的负债，未来发生的交易或者事项形成的义务，不属于现时义务，不应当确认为负债。

(2) 负债的分类

按照流动性分类，负债可以分为流动负债和非流动负债。

1) 流动负债。负债满足下列条件之一的，应当归类为流动负债：预计在一个正常营业周期中清偿；主要为交易目的而持有；在资产负债表日起一年内到期应予以清偿；企业无权自主地将清偿推迟至资产负债表日后一年以上。

通常情况下，流动负债包括短期借款、应付票据、应付账款、预收账款、应付职工薪酬—工资、应付职工薪酬—福利费、应付股利、应交税费、其他暂收应付款项和一年内到期的长期借款等。

2) 非流动负债。流动负债以外的负债，应当归类为非流动负债，包括长期借款、应付债券、长期应付款等。

3) 两种特别指出的情况。

①对于在资产负债表日起一年内到期的负债，企业预计能够自主地将清偿义务展期至资产负债表日起一年以上的，应当归类为非流动负债；不能自主地将清偿义务展期的，即

使在资产负债表日后、财务报表批准报出日前签订了重新安排清偿计划协议，该项负债仍应归类为流动负债。

②企业在资产负债表日或之前违反了长期借款协议，导致贷款人可随时要求清偿的负债，应当归类为流动负债。贷款人在资产负债表日或之前同意提供在资产负债表日起一年以上的宽限期，企业能够在此期限内改正违约行为，且贷款人不能要求随时清偿的，该项负债应当归类为非流动负债。

(3) 负债的确认条件

符合负债定义的义务，在同时满足以下条件时，才能确认为负债。

1) 与该义务有关的经济利益很可能流出企业。对于负债而言，其预期会导致经济利益流出企业，所以，在确认负债时，只有当其包含的经济利益流出企业的可能性超过50%，并同时满足其他确认条件，企业才能加以确认；否则，不能将其确认为负债。

2) 未来流出的经济利益的金额能够可靠地计量。如果与义务有关的经济利益能够可靠地计量，并同时满足会计要素确认的其他条件，就可以在财务报表中加以确认；否则，企业不应加以确认。

例如，ABC公司涉及一起诉讼案。根据以往的审判结果判断，公司很可能败诉，相关的赔偿金额也可以估算出一个范围，此时，就可以认为该公司因未决诉讼承担的现时义务的金额能够可靠地估计。但是，如果公司不能对相关的赔偿金额做出可靠的估计，即使公司因未决诉讼承担的现时义务满足负债确认的其他条件，也不能作为企业的负债予以确认。

(4) 列示

符合负债定义和负债确认条件的项目，应当列入资产负债表；符合负债定义、但不符合负债确认条件的项目，不应当列入资产负债表。

3. 所有者权益

所有者权益是指企业资产扣除负债后由所有者享有的剩余权益。公司的所有者权益又称为股东权益。所有者权益在性质上体现为所有者对企业资产的剩余权益，在数量上也就体现为资产和负债的计量。

(1) 所有者权益的特征

1）除非发生减资、清算，企业不需要偿还所有者权益。

2）企业清算时，只有在清偿所有的负债后，所有者权益才返还给所有者。

3）所有者凭借所有者权益能够参与利润的分配。

(2) 所有者权益的来源

所有者权益的来源包括所有者投入的资本、直接计入所有者权益的利得和损失、留存收益。

直接计入所有者权益的利得和损失，是指不应计入当期损益、会导致所有者权益发生增减变动的、与所有者投入资本或者向所有者分配利润无关的利得或者损失。利得是指由企业非日常活动所形成的、会导致所有者权益增加的、与所有者投入资本无关的经济利益的流入。损失是指由企业非日常活动所发生的、会导致所有者权益减少的、与向所有者分配利润无关的经济利益的流出。

所有者权益和负债既具有一定的共同点，又具有一定的区别。其共同点主要在于两者均为企业资产的来源。其不同点则主要表现在两个方面：一是负债体现的是企业与债权人的关系，企业应当按期偿还负债，而所有者权益体现的是企业的产权关系，即企业的净资产归谁所有，一般无须偿还；二是债权人不能控制或参与企业财务和经营政策的制订，也无权分享企业的净利润或无须分担其净亏损，而所有者则有权控制或参与企业财务和经营政策的制订，并能分享企业的净利润或需要分担其净亏损。

资产、负债和所有者权益三项会计要素，均是企业资金运动的静态表现。只有当企业的资金在某一时点处于静止不动的状态时，才能核算与控制企业的资产、负债和所有者权益，并通过编制资产负债表而反映企业在一定会计日期的财务状况。

(三) 反映企业经营成果的会计要素

企业经营成果是企业资金运动的动态表现，经营成果的好坏可以在一定程度上反映企业的经营管理水平与盈利能力。企业只有持续不断地获取满意的经营成果，才能得以生存和发展。反映企业经营成果的会计要素为收入、费用和利润。

1. 收入

收入是指企业在日常活动中形成的、会导致所有者权益增加的、与所有者投入资本无关的经济利益的总流入。

(1) 收入的特征

1) 收入是从企业的日常活动中产生，而不是从偶发的交易或事项中产生。日常活动是企业为完成其经营目标而从事的所有活动，以及与之相关的其他活动，例如商业企业从事商品销售活动、金融企业从事贷款活动、工业企业制造和销售产品等。企业所进行的有些活动并不是经常发生的，例如工业企业出售作为原材料的存货，此时，虽然不是经常发生的，但因与日常活动有关，也属于收入。但是，有些交易或事项虽然也能为企业带来经济利益，但由于不属于企业的日常经营活动，所以，其流入的经济利益不属于收入，如工业企业出售固定资产净收益。

2) 收入可能表现为企业资产的增加，或负债的减少，或二者兼而有之。收入为企业带来经济利益的形式多种多样，既可能表现为资产的增加，如增加银行存款、形成应收款项；也可能表现为负债的减少，如减少预收账款；还可能表现为二者的组合，如销售实现时，部分冲减预收的货款，部分增加银行存款。

3) 收入会导致企业所有者权益的增加。企业取得收入能导致所有者权益的增加。但是，收入与相关的成本费用相配比后，则可能增加所有者权益，也可能减少所有者权益。由于收入是经济利益的总流入，所以，收入会导致所有者权益的增加。

4) 收入只包括本企业经济利益的总流入。企业所有者向企业投入资本导致的经济利益的总流入，一方面增加企业的资产，另一方面增加企业的所有者权益，因此，不增加企业的所有者权益，不能作为本企业的收入。同样的道理，企业为第三方或者客户代收的款项，如增值税、代收利息等，一方面增加企业的资产，另一方面增加企业的负债，因此，不增加企业的所有者权益，也不属于本企业的经济利益，不能作为本企业的收入。

(2) 收入的分类

1) 按照企业所从事日常活动的性质，收入有三种来源：一是销售商品，取得现金或者形成应收款项；二是提供劳务；三是让渡资产使用权，主要表现为对外贷款、对外投资或者对外出租等。

2) 按照日常活动在企业所处的地位，收入可分为主营业务收入和其他业务收入。主营业务收入是企业为完成其经营目标而从事的日常活动中的主要项目，如工商企业的销售商品、银行的贷款和办理结算等。其他业务收入是主营业务以外的其他日常活动，如工业企业销售材料、提供非工业性劳务等。

(3) 收入的确认条件

收入只有在经济利益很可能流入从而导致企业资产增加或者负债减少、且经济利益的流入额能够可靠计量时才能予以确认。

1) 经济利益很可能流入企业。经济利益是否很可能流入是判断收入能否确认的一个基本条件。如果经济利益不可能流入企业，或者流入企业的可能性小于不能流入企业的可能性，则收入不能加以确认。经济利益能够流入企业，必将导致企业资产增加或者负债减少，即导致企业资产增加或者负债减少的情形，基本上可以认定为经济利益能够流入。

企业在判断价款收回的可能性时，应进行定性分析，当确定价款收回的可能性大于不能收回的可能性时，即认为价款能够收回。在实务中，企业售出的商品符合合同或协议规定的要求，并已将发票账单交付买方，买方也承诺付款，即表明销售商品的价款能够收回。

2) 经济利益流入额能够可靠计量。收入能否可靠计量，是确认收入的基本前提。例如，企业在销售商品时，售价通常已经确定。但销售过程中由于某种不确定因素，也有可能出现售价变动的情况，则新的售价未确定前不应确认收入。

(4) 列示

符合费用定义和费用确认条件的项目，应当列入利润表。

2. 费用

费用是指企业在日常活动中发生的、会导致所有者权益减少的、与向所有者分配利润无关的经济利益的总流出。

(1) 费用的特征

1) 费用是企业在日常活动中发生的经济利益的流出，而不是从偶发的交易或事项中发生的经济利益的流出。商业企业从事商品采购活动、金融企业从事存款业务、工业企业采购原材料等所发生的经济利益的流出，属于费用。但是，有些交易或事项虽然也能使企业发生经济利益的流出，但由于不属于企业的日常经营活动，所以，其经济利益的流出不属于费用而是损失，如工业企业出售固定资产。

2) 费用可能表现为资产的减少，或负债的增加，或二者兼而有之。费用的发生形式多种多样，既可能表现为资产的减少，如购买原材料支付现金、制造产品耗用存货；也可能表现为负债的增加，如负担长期借款利息；还可能是二者的组合，如购买原材料支付部分现金，同时承担债务。

3) 费用会导致所有者权益的减少。企业发生费用会导致所有者权益的减少，但是，会导致所有者权益减少的经济利益的总流出却不一定属于费用。例如，企业向所有者分配利润，一方面减少企业的所有者权益，另一方面减少企业的资产或增加企业的负债，因此，不属于费用。

(2) 费用的分类

按照费用与收入的关系，费用可以分为营业成本和期间费用。营业成本是指销售商品或提供劳务的成本。营业成本按照其销售商品或提供劳务在企业日常活动中所处地位可以分为主营业务成本和其他业务成本。期间费用包括管理费用、销售费用和财务费用。管理费用是企业行政管理部门为组织和管理生产经营活动而发生的各种费用；销售费用是企业在销售商品、提供劳务等日常活动中发生的除营业成本以外的各项费用以及专设销售机构的各项经费；财务费用是企业筹集生产经营所需资金而发生的费用。

(3) 费用的确认条件

费用只有在经济利益很可能流出从而导致企业资产减少或者负债增加、且经济利益的流出额能够可靠计量时才能予以确认。

1) 经济利益是否很可能流出企业，是费用确认的基本条件。如果经济利益很可能流出企业，则在满足其他条件时才能确认费用；如果经济利益不是很可能流出企业，或者费用流出企业的可能性小于不能流出企业的可能性，则即使满足其他确认条件，也不能确认费用。

2) 流出企业的经济利益只有在能够可靠计量时，才有可能确认并在利润表中加以列示；如果流出企业的经济利益不能够可靠计量，则无法在利润表中加以列示。

企业为生产产品、提供劳务等发生的可归属于产品成本、劳务成本等的费用，应当在确认产品销售收入、劳务收入等时，将已销售产品、已提供劳务的成本等计入当期损益。企业发生的支出不产生经济利益的，或者即使能够产生经济利益但不符合或者不再符合资产确认条件的，应当在发生时确认为费用，计入当期损益。企业发生的交易或者事项导致其承担了一项负债而又不确认为一项资产的，应当在发生时确认为费用，计入当期损益。

(4) 列示

符合费用定义和费用确认条件的项目，应当列入利润表。

3. 利润

利润是指企业在一定会计期间的经营成果。利润包括收入减去费用后的净额、直接计入当期利润的利得和损失等。直接计入当期利润的利得和损失，是指应当计入当期损益、会导致所有者权益发生增减变动的、与所有者投入资本或者向所有者分配利润无关的利得或者损失。

利润金额的计量取决于收入和费用、直接计入当期利润的利得和损失金额的计量。

利润项目应当列入利润表。通常，在不考虑其他因素的情况下，企业在一定会计期间实现的利润越多，说明企业的经营成果越好。

(1) 利润的特征

1) 利润的形成主要依赖于收入和费用的发生，因而利润不属于一项独立的会计要素，但利润项目应当列入企业的利润表。

2) 由于会计的确认基础为权责发生制，所以实现利润并不完全等同于取得货币资金。

3) 利润的本质属于企业的所有者权益。

4) 利润应当进行分配，如为亏损则应当予以弥补。

(2) 利润的层次

利润按其来源及列报程序，可以分为四个层次。

1) 主营业务利润是指企业在主要的生产经营活动中所实现的利润，它是主营业务收入与主营业务成本、营业税金及附加相抵以后的差额。

2) 营业利润是指企业的主营业务利润加上其他业务利润，再减去期间费用后的差额。其中，其他业务利润是指企业在主要生产经营活动以外的其他业务中所产生的利润，它等于其他业务收入减去其他业务成本后的差额。

应当指出，如果企业不再区分主营业务收入和其他业务收入，则不必计算主营业务利润，而应当直接确定营业利润，同时，使利润的层次减少为三个。

3) 利润总额。企业在确认一定时期的利润总额时不需考虑当期的所得税费用。因此，利润总额也称为税前利润。

4) 净利润，是指企业的利润总额减去所得税后的差额，即企业的税后利润。其中，所得税是指企业按规定计算当期应交所得税时计入当期的所得税费用。

收入、费用和利润三项会计要素，均属于时期要素或动态要素。也就是说，收入、费用和利润是企业资金运动在一定会计时期的动态表现，三者结合起来并通过编制利润表可以反映企业在一定会计时期的经营成果。

二、会计要素之间的关系

会计等式是指运用数学方程的原理来描述会计对象各要素之间数量关系的一种表达方式，通常也称为会计恒等式或会计平衡公式。

(一) 静态会计要素之间的关系——静态会计等式

1. 资产和权益的静态平衡关系

任何企业要从事其生产经营活动，就必须拥有或控制一定数量的资金，具体表现为现金、银行存款、房屋建筑物和机器设备等资产。企业的资产不会凭空形成，一定有其相应的提供者。企业创建之初的资产，一般需要由企业的投资者来提供。随着生产经营活动的不断进行和企业规模的扩大，投资者向企业提供的资金往往不再能完全满足生产经营活动的需求。这时，企业就需要通过向债权人举借债务的方式获取资产，如向银行或其他金融机构取得借款、按照商业信用方式向供应商赊欠货款等。

企业的全部资产均来源于资产的提供者，而资产的提供者无非有两种：一是企业的投资者，即企业的所有者；二是企业的债权人，如银行或其他金融机构等。投资者和债权人为企业提供资产之后，理应对企业的资产具有相应的要求权。这种对企业资产的要求权，在会计上称为权益。其中，债权人具有的权益，即债权人权益，被称为负债；投资者具有的权益，则称为所有者权益。

由此看出，企业资金运动在某一时点处于相对静止状态时，资产与权益实质上是同一价值的两个方面。从数量上看，企业在某一时点的资产有多少，债权人和所有者具有的权益就一定为多少。这就是说，企业在任何一个时点的资产总额与权益总额必然相等。这种等量关系反映了企业资金运动的静态表现，因而称为静态会计等式，也称基本会计等式。该等式可用公式表达为

资产＝权益

＝债权人权益＋所有者权益

＝负债＋所有者权益

静态会计等式在不同的情况下可以有不同的表现形式。例如，按照所有者权益的概念，该等式通常表达为“资产－负债＝所有者权益”，或者是“资产－负债＝净资产”。再如，在股份有限公司，该等式通常表现为“资产＝负债＋股东权益”；在个人独资公司则通常表现为“资产＝负债＋业主权益”。无论采用哪种表现形式，其代表的经济含义均相同。

静态会计等式既能体现资产、负债和所有者权益三项会计要素之间在一定日期所存在的数量关系，又能表明企业在一定日期所拥有或者控制的资源，以及债权人和所有者对企业资产所具有的要求权的基本情况。运用这一等式，企业可以进行复式记账和试算平衡，以便反映资金运动的来龙去脉，检查会计记录是否正确；同时，也能据以编制资产负债表，反映企业在特定日期的财务状况。例如，智董公司和贵琛公司均系制造企业，两者的经营规模基本相同。201×年12月31日，智董公司的资产总额为1000000元，负债总额为200000元，所有者权益总额为800000元；同日，贵琛公司的资产总额也为1000000元，但负债总额高达900000元，所有者权益总额仅为100000元。假定不考虑其他因素，则智董公司201×年12月31日的财务状况显然要好于贵琛公司。

【例1-1】智董机械厂2016年3月31日的资产与权益的状况如表1-1所示。

表1-1说明，智董机械厂2016年3月31日拥有的资产总额为500000元，这些资产表现为各种不同的形态。对于500000元资产，债权人的权益为20000元，所有者的权益为480000元。权益总额为500000元，与资产总额500000元保持着平衡关系。

表1-1　智董机械厂2016年3月31日的资产与权益表

资产项目	金额	权益项目	金额
现金	5000	负债：	
银行存款	48000	银行借款	15000
应收账款	7000	应付账款	5000
原材料	60000	所有者权益：	
在产品	30000	实收资本—甲	300000
产成品	50000	未分配利润	180000
固定资产	300000		
资产合计	500000	权益合计	500000

2. 资产和权益的动态平衡关系

资产总额和权益总额在某一时刻是相等的。但是，企业在生产经营过程中，有时只有资产内部发生变化，有时只有权益内部发生变化，有时资产和权益同时发生变化。发生变化以后，企业的资产总额和权益总额是否仍然相等呢？这需要进一步说明。一个企业在生产经营过程中发生的会计事项是非常繁多的，内容各不相同。但是，从它们对资产、负债和所有者权益所引起的变化来看，不外乎以下四大类九小种。

经济业务的发生引起等式两边会计要素变动的方式可以总结归纳为以下四种类型。

(1) 经济业务的发生引起等式两边金额同时增加，增加金额相等，变动后等式仍保持平衡。

【例1-2】智董公司收到所有者追加的投资500000元，款项存入银行。

这项经济业务使银行存款增加了500000元，即等式左边的资产增加了500000元，同时等式右边的所有者权益也增加500000元，因此并没有改变等式的平衡关系。

(2) 经济业务的发生引起等式两边金额同时减少，减少金额相等，变动后等式仍保持平衡

【例1-3】智董公司用银行存款归还所欠B企业的货款20000元。

这项经济业务使企业的银行存款即资产减少了20000元，同时应付账款即负债也减少了20000元，也就是说等式两边同时减少20000元，等式依然成立。

(3) 经济业务的发生引起等式左边即资产内部的项目此增彼减，增减的金额相同，变动后资产的总额不变，等式仍保持平衡

【例1-4】1月15日，智董公司用银行存款80000元购买一台生产设备，设备已交付使用。

这项经济业务使企业的固定资产增加了80000元，但同时银行存款减少了80000元，也就是说企业的资产内部发生增减变动，但资产总额不变。

(4) 经济业务的发生引起等式右边负债内部项目此增彼减，或所有者权益内部项目此增彼减，或负债与所有者权益项目之间的此增彼减，增减的金额相同，变动后等式右边总额不变，等式仍保持平衡

【例1-5】智董公司向银行借入100000元直接用于归还拖欠的货款。

这项经济业务使企业的应付账款减少了100000元，同时短期借款增加了100000元，即企业的负债内部发生增减变动，但负债总额不变。

【例1-6】智董公司经批准同意以资本公积10000000元转增实收资本。

这项经济业务使企业的资本公积减少了10000000元，同时实收资本增加了10000000元，即企业的所有者权益内部发生增减变动，但所有者权益总额不变。

在实际工作中，企业每天发生的经济业务要复杂得多，但无论其引起会计要素如何变动，都不会破坏资产与权益的恒等关系（亦即会计等式的平衡）。

(1) 一项资产增加，另一项资产减少

【例1-7】4月2日，智董机械厂（以下业务均为该厂4月份发生的业务）开出支票从银行提取现金3000元。

这一会计事项的发生使企业的一项资产——现金增加3000元，同时又使得企业的另一项资产——银行存款减少3000元。企业4月1日各项资产和负债、所有者权益状况与3月31日相同。所以，发生该项经济业务以后，企业的资产总额仍为500000元，负债和所有者权益的合计数仍为500000元，平衡关系仍然成立。

发生的此类业务使得某些资产增加，而另一些资产减少，资产的增加额等于资产的减少额。所以，此类业务发生，不会影响资产总额等于权益总额的平衡关系，即不会影响“资产＝负债＋所有者权益”的平衡关系。

(2) 一项负债增加，另一项负债减少

【例1-8】4月3日，智董机械厂再向银行借款3500元直接归还前欠继来工厂的货款。

这一会计事项的发生使得企业的一项负债——银行借款增加3500元，同时又使得企业的另一项负债——应付账款减少3500元。发生此项业务以后，企业的资产总额为500000元，负债和所有者权益合计数仍为500000元，没有影响其平衡关系。

此类业务的发生使得企业的某些负债增加，而另一些负债减少，负债的增加数和负债的减少数相等，故发生此类业务后和发生此类业务前相比较，负债总额相同。而此类业务的发生并未涉及资产和所有者权益项目的变化。所以，此类业务的发生不会影响“资产＝负债＋所有者权益”的平衡关系。

(3) 一项所有者权益增加，另一项所有者权益减少

【例1-9】4月6日，智董机械厂的甲投资者将一部分投资180000元转让给企业的乙投资者。

甲投资者将其投资转让给乙投资者，使得甲投资者的权益减少180000元，同时乙投资者的权益增加180000元。发生此类业务以后。企业的资产总额为500000元，负债和所有者权益的合计数为500000元，平衡关系没有受到影响。

此类业务的发生使得企业一部分所有者的权益增加，而另一部分所有者的权益减少，增减金额相等，故此类业务发生后与此类业务发生前相比较，所有者权益总额相同。此类业务的发生并没有影响资产和负债。因此，此类业务的发生不会影响“资产＝负债＋所有者权益”的平衡关系。

(4) 负债增加，所有者权益减少

【例1-10】4月17日，经过研究，决定给投资者分配利润80000元，暂时尚未分发。

对于智董机械厂来说，决定分配给投资者的利润尚未分发，增加了企业的负债——应付利润80000元，同时减少了所有者权益——未分配利润80000元。发生此类业务后，企业的资产总额为500000元，负债和所有者权益的合计数为500000元，平衡关系未被破坏。

此类业务的发生使得企业的负债增加，而所有者权益减少，增减金额相等，故发生此类业务以后和以前相比较，负债和所有者权益的合计数相同，此类业务并没有对企业的资产产生影响。所以，此类业务的发生不会影响“资产＝负债＋所有者权益”的平衡关系。

(5) 负债减少，所有者权益增加

【例1-11】4月18日，智董机械厂将所欠丙顾客的债务14000元转为股本。

丙顾客将其债权转为股权，会使企业所有者权益增加，与此同时，所欠丙顾客的债务已了结，表示企业的负债减少。发生此类业务以后，企业的资产总额为500000元，负债和所有者权益的合计数仍为500000元，平衡关系仍然成立。

此类业务的发生使得企业的负债减少，所有者权益增加，增减金额相等。所以，相比较此类业务发生前后，负债和所有者权益的合计数相同，此类业务并未涉及企业的资产。所以，此类业务的发生也不会影响“资产＝负债＋所有者权益”的平衡关系。

(6) 资产增加，负债增加

【例1-12】4月19日，智董机械厂向惠勤公司购入20000元材料，款项未付（所有购入材料和销售产品的业务均未涉及增值税）。

购入材料使得企业的资产——材料增加20000元，同时企业的负债——欠惠勤公司的货款也增加了20000元。这一变化的结果，使得企业的资产总额由4月18日的500000元变为520000元，同时也使得企业的负债和所有者权益的合计数由500000元变成520000元。可见，平衡关系仍未打破。

此类业务的发生使得企业的资产和负债都有所增加，但增加金额相等，而此类业务又没有涉及所有者权益。所以，发生此类业务以后，“资产＝负债＋所有者权益”的平衡关系仍得以维持。

(7) 资产增加，所有者权益增加

【例1-13】4月23日，甲投资者向智董机械厂投资一台固定资产，价值为130000元。

甲投资者投入固定资产，无疑会使企业的资产——固定资产增加130000元，同时甲对企业的投资增加，会使得甲这个所有者的权益增加。投入固定资产后，企业的资产总额由4月19日的520000元变成650000元，负债和所有者权益的合计数也由4月19日的520000元变成650000元。平衡关系依然存在。

此类业务的发生使得企业的资产和所有者权益都有所增加，增加的金额相等，而此类业务又没有涉及负债。所以，此类业务的发生不会影响"资产＝负债＋所有者权益"的平衡关系。

(8) 资产减少，负债减少

【例1-14】4月26日，智董机械厂以银行存款归还银行借款2000元。

银行借款得以清偿，显然减少企业的银行借款2000元；银行借款是以企业在银行的存款来归还的，所以同时又会使得企业的银行存款减少2000元。银行借款被归还以后，企业的资产总额由4月23日的650000元变成648000元，负债和所有者权益的合计数也由650000元变成648000元。平衡关系仍然存在。

此类业务的发生使企业的资产和负债都有所减少，减少的金额相等，而此类业务并没有涉及所有者权益。因此，此类业务的发生不会破坏"资产＝负债＋所有者权益"的平衡关系。

(9) 资产减少，所有者权益减少

【例1-15】4月28日，经协商，甲投资者撤走智董机械厂的新设备一台，价值18000元，作为减少对企业的投资。

将设备撤走，会减少企业的资产——固定资产18000元；撤走设备的同时，甲投资者对企业的投资也减少了18000元，也就是减少了甲这个所有者的权益。

此笔业务发生后，企业的资产总额由4月26日的648000元变为630000元，负债和所有者权益也由648000元变为630000元。平衡关系没有受到影响。

上述九类业务又可以归为两大类：不影响总额变动的业务和影响总额变动、但不影响平衡关系的业务。

如前述五类业务属于第一类。这些业务的发生，不会影响到资产总额和权益总额。企业发生这五笔业务以前资产总额和权益总额为500000万元，到4月18日发生了五笔业务以后，企业的资产总额和权益总额依然为500000元，便可以充分说明这一点。后四类业务属于第二类。这些业务的发生会使得资产总额和权益总额发生变化，但是发生变化以后，资产总额仍然等于权益总额。企业发生这些业务以前的资产总额和权益总额（即18日的余额）均为500000元，发生了四笔业务以后，资产总额和负债总额都变成了630000元（即4月28日的余额）。

每笔业务发生以后，资产、负债和所有者权益项目的余额，以及所有业务发生后各个具体项目的增减变动及结余情况，见表1-2、表1-3所示。

表1-2　资产负债权益余额表

年		业务号	资产余额	权益余额		
月	日			负债	所有者权益	合计
4	1		500000	20000	480000	500000
	2	1	500000	20000	480000	500000
	3	2	500000	20000	480000	500000

续表

年		业务号	资产余额	权益余额		
月	日			负债	所有者权益	合计
	6	3	500000	20000	480000	500000
	17	4	500000	100000	400000	500000
	18	5	500000	86000	414000	500000
	19	6	520000	106000	414000	500000
	23	7	650000	106000	544000	650000
	26	8	648000	104000	544000	648000
	28	9	630000	104000	526000	630000

表1-3 具体项目的增减变动及结余

资产项目	期初金额	变动情况		变化结果	权益项目	期初金额	变动情况		变化结果
		增	减				增	减	
现金	5000	3000		8000	负债				
银行存款	48000		5000	43000	短期借款	15000	3500	16000	2500
应收账款	7000			7000	应付账款	5000	20000	3500	21500
原材料	60000	20000		80000	应付利润		80000		80000
在产品	30000			30000	所有者权益				
产成品	50000			50000	本（甲）	300000	144000	198000	246000
固定资产	300000	130000	18000	412000	股本（乙）		180000		180000
					未分利润	180000		80000	100000
资产合计	500000	153000	23000	630000	权益合计	500000	427500	297500	630000

引起资产、负债和所有者权益三个静态要素发生变化的会计事项有前述九类，并且也只可能是这九类（复杂的经济业务可分解成这九类当中的两类或两类以上）。

（二）动态会计要素之间的关系——动态会计等式

在每一个会计期间（如一个会计年度），企业的资产、负债和所有者权益是会发生变动的。以工业企业为例，影响这些变动的原因主要有：企业由于开展生产经营活动而使用资产所发生的投入；在生产和销售产品时所发生的产出。由于企业在主要生产经营活动中的投入可转为费用（成本），而其产出则称为收入。把收入和费用进行配比，其差额反映了企业在一定期间内的生产经营成果，即纯收入，也称为利润，收入不足抵补费用的部分就变成亏损。这样，在收入、费用和利润三个会计基本要素之间又形成另一个具有特定数量关系的公式为

收入－费用＝利润（或亏损）⑤

上述公式侧重反映了价值运动的动态表现，体现了收入、费用和利润三项会计要素之间的数量关系。由于这三项会计要素均是企业资金运动在同一会计期间的动态表现，所以由其构成的会计等式通常称为动态会计等式。运用这一等式，企业可以编制利润表，反映企业在一定会计时期的经营成果。如果收入大于费用，经营成果表现为利润；如果收入小于费用，经营成果表现为亏损。

例如，智董公司201×年实现收入6000000元，发生费用4000000元，其经营成果为利润

为2000000元；同年，贵琛公司实现收入1100000元，发生费用1600000元，其经营成果为亏损500000元。假定不考虑其他因素，则智董公司201×年的经营成果显然优于贵琛公司。

由于收入最终会导致企业所有者权益的增加，费用最终会导致企业所有者权益的减少，利润在未分配以前其本质属于企业的所有者权益。因此，企业在一定会计期间内的动态会计等式通常也可以用如下公式来表示：

资产＝负债＋所有者权益＋（收入－费用）

＝负债＋所有者权益＋利润

这一会计等式揭示了企业各项会计要素之间的关系，从而反映了企业资金运动在一定会计时期内的全貌。该等式表明，当企业发生收入时，资产随之增加或负债随之减少，因此所有者权益必定增加；当企业发生费用时，资产随之减少或负债随之增加，因此所有者权益一定减少。由于收入与费用之间的差额为利润，企业实现利润会引起所有者权益的增加；反之，企业发生亏损会引起所有者权益的减少。因此，在一定会计时期内，会计等式左右两边的金额仍然保持相等。应当注意，对于会计等式的这种表达方式，一定要从其中所表达的经济意义上去理解，切不可只重其表而不看其里。

总之，企业各项会计要素之间所体现的会计平衡等式具有一定的恒等性，这既是资金运动规律的具体化表现，又可通过企业的会计事项予以证明。

为了规范企业会计确认、计量和报告行为，保证会计信息质量，根据《中华人民共和国会计法》和其他有关法律、行政法规，2006年2月15日，中华人民共和国财政部对《企业会计准则》（财政部令第5号）进行了修订。修订后的《企业会计准则——基本准则》（由部务会议讨论通过，以中华人民共和国财政部令第33号文件予以公布，自2007年1月1日起在上市公司范围内施行，鼓励其他企业执行。执行新的会计准则的企业不再执行原准则、《企业会计制度》《金融企业会计制度》、各项专业核算方法和问题解答。新《企业会计准则—基本准则》除修改了六大会计要素的定义之外，还吸收了国际会计准则中的合理内容。在“所有者权益”“利润”要素中引入国际会计准则中的“利得”和“损失”概念。

从国际上来看，不少国家是将其作为独立的会计要素的，即“利得”和“损失”。由于我国《企业财务会计报告条例》规定了会计要素只有六项，但这两个概念又非常重要，所以在新企业会计准则中将其在“所有者权益”“利润”要素中加以体现。

利润与收入和费用关系用公式表示出来为

利润＝收入－费用＋直接计入当期利润的利得和损失等

利得是指由企业非日常活动所形成的、会导致所有者权益增加的、与所有者投入资本无关的经济利益的流入。损失是指由企业非日常活动所发生的、会导致所有者权益减少的、与向所有者分配利润无关的经济利益的流出。应该注意的是，利得和损失有两个去向，即作为资本公积直接反映在资产负债表中或作为非经常损益反映在利润表中。

直接计入所有者权益的利得和损失，是指不应计入当期损益、会导致所有者权益发生增减变动的、与所有者投入资本或者向所有者分配利润无关的利得或者损失，如资产评估增值，反映在资本公积中。

直接计入当期利润的利得和损失，是指应当计入当期损益、会导致所有者权益发生增减变动的、与所有者投入资本或者向所有者分配利润无关的利得或者损失，如处置固定资产收益，计入营业外收入。

（三）静态会计要素与动态会计要素之间的关系

对于特定企业而言，只要生产经营活动能够持续进行，其资金运动就永远不会终止，即资金运动的静止状态是相对的、暂时的、有条件的，资金的显著变动才是绝对的。从会计期间来看，企业的资金运动总是沿着“期初相对静止－期内显著变动－期末相对静止”

这一程序不断重复地交替进行。因此，会计上通常所说的资金运动的静态表现和动态表现，只是对资金运动状态所做的一种人为的划分。其目的主要是为了在会计分期和货币计量的前提条件下，一方面运用资产、负债和所有者权益三项会计要素及其构成的静态会计等式按期编制资产负债表，以便反映企业在特定日期（通常为年初和期末）的财务状况；另一方面运用收入、费用和利润三项要素及其构成的动态会计等式按期编制利润表，以便反映企业在一定会计时期（通常为月、季、半年、年）的经营成果。在会计核算达到此种目的以后，还应当结合资金运动的实际情况，将资金运动的相对静止状态与显著变动状态有机地统一起来，以便充分揭示六项会计要素之间存在的内在关系。

会计的动态要素是会计要素在显著变动时所呈现的状态，而静态要素又是引起这种显著变动的原因或变化的结果，它们之间是相互联系的。例如，收入的发生必然伴随着资产的增加或负债的减少，资产增加或负债减少是发生收入的原因；费用的发生必然伴随着资产的减少或负债的增加，减少资产或增加负债是发生费用的结果。而某一时期实现的利润不仅是本期收入减去费用的一个差额，而且表现为期末净资产（净资产为资产减负债后的余额）大于期初净资产的一个顺差；亏损则相反。本期实现的利润或亏损在分配之前，又是所有者权益的组成部分。所以，我们将会计静态要素和动态要素之间的这种关系用公式表示为

资产＝负债＋所有者权益　②

↑

收入－费用＝利润　⑤

也就是：

资产＝负债＋【所有者权益＋（收入－费用）】⑥

还可以变换为

资产－负债＝所有者权益＋利润　⑦

资产＋费用＝负债＋所有者权益＋收入　⑧

公式⑥、⑦、⑧是公式②和公式⑤的综合反映。其间的会计基本要素展示了会计内容的各个组成部分在企业生产经营活动中的变动情况及其变动结果。由此可见，这三个关系既勾画出了价值运动的动态，又反映了价值运动的静态。

三、会计事项及其种类

企业在生产经营过程中发生的经济活动各种各样。其中，大多数经济活动能够引起会计要素的增减变动，应当进行会计核算与控制，如接受投资、购置设备、购销商品、支付工资等；只有少数经济活动不会引起会计要素的增减变动，无法进行会计核算和控制，如商务谈判、签订购销合同等。会计上通常将企业在生产经营过程中发生的、能够引起会计要素增减变动的经济活动称为会计事项。为方便起见，人们在学习与工作中，常常将会计事项称为经济业务。

会计事项按其是否与企业外部有关，可分为外部会计事项和内部会计事项两大类。其中，外部会计事项是指企业对外发生经济往来产生的各项经济交易或者事项，包括企业与投资者、债权人、供应商、客户、职工和政府及其部门等外部各经济组织或个人之间发生的经济交易或者事项，如企业接受投资者投资、从银行取得借款、购买材料、销售商品、向国家缴纳税金等；内部会计事项是指发生在企业内部各有关部门之间的各项经济交易或者事项，如企业向所属部门拨款、为职工发放工资、支付职工差旅费、向车间发出原材料等。

（一）会计事项的种类及其对会计等式的影响

由于社会再生产活动的复杂性，不同企业所发生的会计事项并不相同。就同一企业而言，其不同会计时期所发生的会计事项也各有所异。但是，企业的会计事项无论多么复杂和千变万化，其引起的企业资金运动及其会计要素无论怎样增减变动，在一定会计日期企

业的资产总额总是等于权益总额。也就是说，任何会计事项的发生都不会破坏会计等式的恒等性。这是因为，企业所有的会计事项归纳起来，不外乎为四大类九小类。

为便于理解，下面将以智董公司201×年1月份发生的会计事项为例，分别说明各类会计事项对会计等式的影响。假设智董公司201×年1月1日的资产总额为1000000元，负债总额为200000元，所有者权益总额为800000元。

1. 引起资产内部此增彼减的会计事项

企业在生产经营过程中发生的会计事项，有时只会引起资产要素内部此项资产增加、彼项资产减少，并不涉及其他会计要素的变动，如企业将现金存入银行、从银行提取现金、以银行存款购买材料等业务均属于此类会计事项。

【例1-16】1月2日，智董公司从银行存款中提取现金20000元。

这项会计事项的发生，引起智董公司资产内部的银行存款项目减少20000元，同时又引起现金项目增加20000元，但资产总额并没有变动。因此，智董公司资金总额保持不变，会计等式左右两边的金额仍然均为年初的1000000元。其对会计等式的影响可表示为（金额单位为元，下同）

$$
\begin{array}{l}
\text{资产}=\text{负债}+\text{所有者权益} \\
\underline{1000000=200000+800000} \\
-20000 \\
+20000 \\
\underline{1000000=200000+800000}
\end{array}
$$

由此看出，经济业务发生后，如果引起资产内部此增彼减，则增加与减少的金额必定相等，企业资金总额没有变动，会计等式的左右两边仍然保持平衡。

2. 引起权益内部此增彼减的会计事项

企业在生产经营过程中发生的会计事项，有时只会引起权益内部此增彼减，并不影响其他会计要素的变动。由于权益包括负债和所有者权益两项会计要素，因而这类会计事项也可进一步划分为四小类。

(1) 引起负债内部此增彼减的会计事项

这类会计事项，一般是企业按照会计准则的要求，在会计核算中将一项负债转化为另一项新的负债，它并没有使负债的总额变动，如在一定条件下，企业将应付账款和应付票据相互进行转化、企业向银行取得借款直接归还所欠购货款等业务，均属于此类会计事项。

【例1-17】1月5日，智董公司承兑过的一张面值为30000元的不带息应付票据到期，但因资金不足而无力支付，遂按规定将其转为应付账款。

这项会计事项的发生，引起智董公司负债内部的应付账款项目增加30000元，同时又引起应付票据项目减少30000元，但负债总额没有变动。因此，资金总额保持不变，会计等式左右两边的金额仍然均为年初的1000000元。其对会计等式的影响可表示为

$$
\begin{array}{r}
\text{资产}=\text{负债}+\text{所有者权益} \\
\underline{1000000=200000+800000} \\
+30000 \\
-30000 \\
\underline{1000000=200000+800000}
\end{array}
$$

由此看出，经济业务发生后，如果引起负债内部此增彼减，则增加与减少的金额必定相等，企业资金总额不会变动，会计等式左右两边的平衡关系仍然存在。

(2) 引起所有者权益内部此增彼减的会计事项

企业在生产经营过程中，为了扩大规模，有时会发生将资本公积、盈余公积转增资本

的业务。如果企业实现利润，通常也会按照规定从净利润中提取盈余公积。这些业务的发生仅会引起所有者权益内部的增减变动，并不会影响其他各项会计要素。

【例1-18】1月10日，智董公司将资本公积100000元转作资本，并按规定办妥相关手续。

这项会计事项的发生，引起智董公司所有者权益内部的实收资本项目增加100000元，同时又引起资本公积项目减少100000元，但所有者权益总额没有变动。因此，资金总额保持不变，仍为年初的1000000元，会计等式左右两边也仍然保持平衡。其对会计等式的影响可表示为：

$$\begin{array}{r}
\text{资产}=\text{负债}+\text{所有者权益}\\
\underline{1000000=200000+800000}\\
+10000\\
-10000\\
\underline{1000000=200000+800000}
\end{array}$$

由此看出，经济业务发生后，如果引起所有者权益内部此增彼减，则增加与减少的金额必定相等，企业资金总额不会变动，会计等式左右两边的平衡关系也不会受到破坏。

(3) 引起负债增加但所有者权益减少的会计事项

这类会计事项在企业的生产经营过程中比较少见，一般需要在符合有关规定并经有关部门批准以后才能发生，如企业以取得的借款直接向投资者支付退资等。

【例1-19】1月20日，智董公司经批准向银行取得为期六个月的借款60000元，并直接支付给某投资者，以减少其投资额。

这项会计事项的发生，引起智董公司负债中的短期借款项目增加60000元，同时又引起所有者权益中的实收资本项目减少60000元，从而使企业的资金结构发生了变化，但会计等式右边的权益总额并没有变动。因此，资金总额保持不变，仍为年初的1000000元，会计等式左右两边的金额也仍然相等。其对会计等式的影响可表示为

$$\begin{array}{r}
\text{资产}=\text{负债}+\text{所有者权益}\\
\underline{1000000=200000+800000}\\
+60000-60000\\
\underline{1000000=260000+740000}
\end{array}$$

由此看出，经济业务发生后，如果引起负债项目增加但所有者权益项目减少，则增加与减少的金额必定相等，企业资金总额不会变动，会计等式左右两边的平衡关系仍然不会受到破坏。

(4) 引起负债减少但所有者权益增加的会计事项

企业在生产经营过程中，有时会发生将负债转为所有者权益的会计事项，如国家拨款项目完成后按规定将专项应付款转为资本公积等。这类会计事项的发生，能够引起负债的减少，同时引起所有者权益的增加。

【例1-20】1月21日，智董公司完成国家拨款项目，按规定将专项应付款40000元转为资本公积。

这项会计事项的发生，引起智董公司负债中的专项应付款项目减少40000元，同时引起所有者权益中的资本公积项目增加40000元，从而使企业的资金结构发生了变化，但会计等式右边的权益总额并没有变动。因此，资金总额保持不变，仍为年初的1000000元，会计等式左右两边的金额也仍然相等。其对会计等式的影响可表示为

$$\begin{array}{r}
\text{资产}=\text{负债}+\text{所有者权益}\\
\underline{1000000=260000+740000}\\
-40000+40000
\end{array}$$

$$\underline{1000000 = 220000 + 780000}$$

由此看出，经济业务发生后，如果引起负债减少而所有者权益增加，则增加与减少的金额必定相等，企业资金总额保持不变，会计等式左右两边的平衡关系也不会受到破坏。

3. 引起资产和权益同增的会计事项

资金进入企业时，往往会引起资产和权益的同增。由于权益包括负债和所有者权益两部分，因此，这类会计事项又可以进一步划分为两小类。

(1) 引起资产和负债同增的会计事项

企业在生产经营过程中，为了扩大经营规模、改变经营方向或者补充流动资金等，有时会发生向银行或者其他金融机构取得借款、向社会公众发行债券、从供应方赊购材料等会计事项。这些会计事项的发生，能够引起企业资产和负债的同时增加，而且增加的金额相等。

【例1-21】1月23日，智董公司向某银行取得为期半年的借款50000元，直接存入银行。

这项会计事项的发生，引起智董公司资产中的银行存款增加了50000元，同时也引起负债中的短期借款增加了50000元，从而使会计等式左右两边的金额均增加了50000元，资金总额由年初的1000000元增加为1050000元，但会计等式左右两边的平衡关系仍然存在。其对会计等式的影响可表示为

资产＝负债＋所有者权益

$$\underline{1000000 = 220000 + 780000}$$
$$+50000 \quad +50000$$
$$\underline{1050000 = 270000 + 780000}$$

由此看出，经济业务发生后，如果引起资产和负债同增，则同增的金额必定相等，企业资金总额有所增加，但会计等式的平衡关系并不会受到破坏。

(2) 引起资产和所有者权益同增的会计事项

企业在初创时期，往往会发生投资者投入资本的会计事项。随着企业生产经营活动的不断进行，有时也会发生投资者追加投入资本的会计事项，如股份有限公司发行新股等。这些会计事项的发生，能够引起企业资产和所有者权益的同时增加，而且增加的金额相等。

【例1-22】1月25日，智董公司接受某投资者投入的资金180000元，直接存入银行。

这项会计事项的发生，引起智董公司资产中的银行存款增加了180000元，同时也引起所有者权益中的实收资本增加了180000元。因此，会计等式左右两边均增加180000元，资金总额由1月23日的1050000元增加为1230000元，但没有破坏会计等式的恒等性。其对会计等式的影响可表示为

资产＝负债＋所有者权益

$$\underline{1050000 = 270000 + 780000}$$
$$+180000 \qquad\qquad +180000$$
$$\underline{1230000 = 270000 + 960000}$$

由此看出，经济业务发生后，如果引起资产和所有者权益同增，则同增的金额必定相等，企业资金总额有所增加，但会计等式的平衡关系并不会受到破坏。

4. 引起资产和权益同减的会计事项

资金退出企业时，往往会引起资产和权益的同减。由于权益包括负债和所有者权益两部分，因此，这类会计事项又可以进一步划分为两小类。

(1) 引起资产和负债同减的会计事项

企业在生产经营过程中，有时会发生向银行或者其他金融机构归还借款、向供货方清偿所欠货款和向税务部门缴纳有关税金等会计事项。这些会计事项的发生，一方面能够引起企业资产的减少，另一方面能够引起企业负债的减少，而且资产与负债减少的金额相等。

【例1-23】1月26日，智董公司以银行存款70000元归还所欠贵琛公司的应付账款。

这项会计事项的发生，引起智董公司资产中的银行存款减少了70000元，同时也引起负债中的应付账款减少了70000元。因此，会计等式左右两边均减少70000 元，资金总额由1月25日的1230000元减少为1160000元，但没有破坏会计等式的恒等性。其对会计等式的影响可表示为：

$$
\begin{array}{l}
\text{资产}=\text{负债}+\text{所有者权益} \\
\underline{1230000=270000+960000} \\
-70000\quad -70000 \\
\underline{1160000=200000+960000}
\end{array}
$$

由此看出，经济业务发生后，如果引起资产和负债同减，则同减的金额必定相等，企业资金总额有所减少，但会计等式左右两边的平衡关系仍然不会受到破坏。

(2) 引起资产和所有者权益同减的会计事项

这类会计事项在企业的生产经营过程中比较少见，一般需要在符合有关规定并经有关部门批准后才能发生，如当企业因亏损严重或资本过剩等原因而需要减少注册资本时，通常应当按照规定办理减资手续并以银行存款或其他资产向投资者退资。

【例1-24】1月27日，智董公司按规定以银行存款80000元退回某投资者的投资。

这项会计事项的发生，引起智董公司资产中的银行存款减少了80000元，同时也引起所有者权益中的实收资本减少了80000元。因此，会计等式左右两边均减少80000元，资金总额由1月26日的1160000元减少为1080000元，但没有破坏会计等式的恒等性。其对会计等式的影响可表示为

$$
\begin{array}{l}
\text{资产}=\text{负债}+\text{所有者权益} \\
\underline{1160000=200000+960000} \\
+80000\qquad\qquad -80000 \\
\underline{1080000=200000+880000}
\end{array}
$$

由此看出，经济业务发生后，如果引起资产和所有者权益同减，则同减的金额必定相等，企业资金总额有所减少，但会计等式左右两边的平衡关系并不会受到破坏。

综上所述，所得出的结论如下所述。

1）企业任何会计事项的发生，无论引起会计要素发生怎样的增减变动，均不会破坏会计等式的平衡关系，即会计等式具有恒等性。

2）有些会计事项的发生，不仅不会破坏会计等式的平衡关系，而且能够使企业的资金总额保持不变，如上述【例1-16】至【例1-20】所代表的五类会计事项。

3）有些会计事项的发生，虽然不会破坏会计等式的平衡关系，却会引起资金总额有所增加或减少，如上述【例1-21】至【例1-24】所代表的四类会计事项。

上述所列举的经济业务，均属于较为简单的会计事项。即使企业发生较为复杂的会计事项，仍然不会破坏会计等式的平衡关系。这是因为，一笔复杂的会计事项往往属于上述一类或几类会计事项的综合，其对会计等式的影响结果并不会超出上述类型。对此，我们不妨继续以智董公司的会计事项为例进行说明。

【例1-25】1月28日，智董公司向鑫裕公司购买原材料一批并已验收入库，该批原材料的全部价款为150000元（假定不考虑相关税费）。智董公司当即以银行存款100000元支付部分价款，其余50000元在事先征得鑫裕公司同意后暂欠。

这项会计事项的发生，引起智董公司资产中的原材料增加150000元，同时又引起资产中的银行存款减少100000元以及负债中的应付账款增加50000元。但是，如果将所购材料分解为100000元和50000元两部分，就不难发现，前一部分属于资产内部此增彼减的会计事

项，且增减金额均为100000元；后一部分则属于资产和负债同增的会计事项，且同增金额均为50000元。这就是说，该项会计事项属于“资产内部此增彼减”和“资产与负债同增”两类会计事项的综合。

最终影响结果为智董公司的资金总额由1月27日的1080000元增加为1130000元，但并没有破坏会计等式的平衡关系。其对会计等式的影响可表示为

资产＝负债＋所有者权益

1080000＝200000＋880000

＋150000 ＋50000

1130000＝250000＋880000

【例1-26】1月29日，智董公司向怡平公司购买机器一台并立即交付使用，机器价值为60000元；同时向怡平公司购买一项价值为20000元的专利权。全部款项均以银行存款当即支付。

这项会计事项的发生，引起智董公司资产中的固定资产增加60000元、无形资产增加20000元，同时又引起资产中的银行存款减少80000元。其实质仍属于“资产内部此增彼减”的会计事项。

最终结果为智董公司的资金总额仍保持1月28日的1130000元。其对会计等式的影响可表示为

资产＝负债＋所有者权益

1000000＝200000＋800000

＋60000

＋20000

－80000

1130000＝250000＋880000

需要说明的是，上述【例1-16】至【例1-26】列举的经济业务，均直接涉及资产、负债和所有者权益三项会计要素。即使企业发生的会计事项也涉及收入、费用和利润三项会计要素，但仍然不会破坏会计等式的平衡关系。这是因为，收入的发生可以导致资产的增加或负债的减少，或二者兼而有之，最终会导致所有者权益的增加。费用的发生可以导致资产的减少或负债的增加，或二者兼而有之，最终会导致所有者权益的减少。利润作为收入与费用相抵的结果，其本质属于所有者权益。对此，仍然可以用智董公司1月份的会计事项为例进行说明。

【例1-27】201×年1月份，智董公司销售商品的总售价为1600000元。其中，已收回货款并存入银行的为1100000元，尚未收回货款的为500000元。假定智董公司于月末一次集中反映商品销售收入（不考虑相关税费）。

这项会计事项的发生，引起智董公司的营业收入增加1600000元，同时引起资产中的银行存款增加1100000元、应收账款增加500000元，从而导致动态会计等式左右两边的金额均增加1600000元，资金总额由1月29日的1130000元增加为2730000元，但动态会计等式左右两边的平衡关系仍然存在。就其本质而言，仍属于“资产和所有者权益同增”的会计事项。其对动态会计等式的影响可表示为

资产＝负债＋所有者权益＋收入－费用

1130000＝250000＋880000

＋1100000 ＋1600000

＋ 500000

2730000＝250000＋880000＋1600000

【例1-28】201×年1月份，智董公司销售商品的总成本为1300000元。假定智董公司于月末一次集中结转商品销售成本（不考虑相关税费）。

这项会计事项的发生，引起智董公司费用中的营业成本增加1300000元，同时引起资产中的库存商品减少1300000元，从而导致动态会计等式左右两边的金额均减少1300000元，资金总额由1月31日反映商品销售收入后的2730000元减少为1430000元，但动态会计等式左右两边的平衡关系仍然存在。就其本质而言，仍属于“资产和所有者权益同减”的会计事项。其对动态会计等式的影响可表示为

资产＝负债＋所有者权益＋收入－费用

2730000＝250000＋880000＋1600000

－1300000　　　　　　　　　　　－1300000

1430000＝250000＋880000＋1600000－1300000

如果将【例1-27】和【例1-28】结合起来，则智董公司201×年1月份实现的利润为300000元，即1600000－1300000＝300000元。该会计事项最终引起智董公司的资产总额增加300000元，利润增加300000元，月末资金总额由1月29日的1130000元增加为1430000元。就其本质而言，仍属于“资产和所有者权益同增”的会计事项。其对动态会计等式的影响可表示为

资产＝负债＋所有者权益＋利润

1130000＝250000＋880000

＋300000　　　　　　　　＋300000

1430000＝250000＋880000＋300000

上述13个例题中智董公司201×年1月份发生的经济业务及其对会计等式的影响充分地证明：企业任何经济业务的发生，都既不会破坏静态会计等式“资产＝负债＋所有者权益”，也不会破坏动态会计等式“资产＝负债＋所有者权益＋收入－费用”或“资产＝负债＋所有者权益＋利润”。

（二）会计事项对基本会计方程的影响

一个企业的所有资产和权益（负债和资本）经常随着它在经营中所进行的各种经济活动而不断发生变化。但不论它们怎样变化，总不会破坏会计方程式的平衡关系。也就是说，不论企业的经济活动会使它的资产与权益（负债和资本）发生怎样的变化，它在一定时日所有的资产总额必定等于它的权益（负债和资本）总额。

第四节　会计计量

会计计量是指根据一定的计量标准和计量方法，在资产负债表和利润表中确认和列示会计要素而确定其金额的过程。

会计计量基础又称会计计量属性，是指用货币对会计要素进行计量时的标准。根据《企业会计准则——基本准则》的规定，会计计量属性主要有历史成本、重置成本、可变现净值、现值和公允价值。

一、会计计量要求

《企业会计准则——基本准则》第四十一条规定，企业在将符合确认条件的会计要素登记入账并列报于会计报表及其附注（又称财务报表，下同）时，应当按照规定的会计计量属性进行计量，确定其金额。

《企业会计准则——基本准则》第四十三条规定，企业在对会计要素进行计量时，一般应当采用历史成本，采用重置成本、可变现净值、现值、公允价值计量的，应当保证所确定的会计要素金额能够取得并可靠计量。

二、会计计量属性的种类

（一）历史成本

历史成本又称原始成本，是指以取得资产时实际发生的成本作为资产的入账价值。一般情况下，资产的历史成本越高，资产的原始价值就越大；反之，资产的原始价值就越小，二者在质和量的内涵上是一致的。

在历史成本计量下，资产按照购置时支付的现金或者现金等价物的金额，或者按照购置资产时所付出的对价的公允价值计量。负债按照因承担现时义务而实际收到的款项或者资产的金额，或者承担现时义务的合同金额，或者按照日常活动中为偿还负债预期需要支付的现金或者现金等价物的金额计量。

（二）重置成本

重置成本是指企业重新取得与其所拥有的某项资产相同或与其功能相当的资产需要支付的现金或现金等价物。重置成本适用的前提是资产处于在用状态，一方面反映资产已经投入使用，另一方面反映资产能够继续使用，对所有者具有使用价值。

一般情况下，重置成本可分为复原重置成本和更新重置成本。复原重置成本是指运用原来相同的材料、建筑或制造标准、设计、格式及技术等，以现行市价复原购建原来某项全新资产所发生的支出。更新重置成本是指利用新型材料，并根据现代标准、设计及格式，以现行市价生产或建造具有相等功能的全新资产所发生的支出。

在重置成本计量下，资产按照现在购买相同或者相似资产所需支付的现金或者现金等价物的金额计量。负债按照现在偿付该项债务所需支付的现金或者现金等价物的金额计量。

（三）可变现净值

可变现净值是指在日常活动中，存货的估计售价减去至完工时估计将要发生的成本、估计的销售费用以及相关税费后的金额。

在可变现净值计量下，资产按照其正常对外销售所能收到现金或者现金等价物的金额扣减该资产至完工时估计将要发生的成本、估计的销售费用以及相关税费后的金额计量。

（四）现值

现值是指资产或负债形成的未来现金流量的折现价值。

在现值计量下，资产按照预计从其持续使用和最终处置中所产生的未来净现金流入量的折现金额计量。负债按照预计期限内需要偿还的未来净现金流出量的折现金额计量。

（五）公允价值

在公允价值计量下，资产和负债按照市场参与者在计量日发生的有序交易中，出售资产所能收到或者转移负债所需支付的价格计量。

三、各种会计计量属性的关系

在各种会计计量属性中，历史成本通常反映的是资产或者负债过去的价值，而重置成本、可变现净值、现值以及公允价值通常反映的是资产或者负债的现时成本或者现时价值，是与历史成本相对应的计量属性。当然这种关系也并不是绝对的。例如，资产或者负债的历史成本有时就是根据交易时有关资产或者负债的公允价值确定的。在非货币性资产交换中，如果交换具有商业实质，且换入、换出资产的公允价值能够可靠计量，换入资产入账成本的确定应当以换出资产的公允价值为基础，除非有确凿证据表明换入资产的公允价值更加可靠；在非同一控制下的企业合并交易中，合并成本也是以购买方在购买日为取得对被购买方的控制权而付出的资产、发生或承担的负债等的公允价值确定的。另外，公允价值相对于历史成本而言，具有很强的时间概念，也就是说，当前环境下某项资产或负债的历史成本可能是过去环境下该项资产或负债的公允价值，而当前环境下某项资产或负债的公允价值也许就是未来环境下该项资产或负债的历史成本。

四、会计计量属性的应用原则

《企业会计准则——基本准则》规定，企业在对会计要素进行计量时，一般应当采用历史成本，采用重置成本、可变现净值、现值、公允价值计量的，应当保证所确定的会计要素金额能够取得并可靠计量。

在企业会计准则体系建设中适度、谨慎地引入公允价值这一计量属性，是因为随着我国资本市场的发展，股权分置改革的基本完成，越来越多的股票、债券、基金等金融产品在交易所挂牌上市，使得这类金融资产的交易已经形成了较为活跃的市场，因此，我国已经具备了引入公允价值的条件。在这种情况下，引入公允价值，更能反映企业的实际情况，对投资者等财务报告使用者的决策更加有用，而且也正因如此，我国准则才实现了与国际财务报告准则的趋同。在引入公允价值过程中，我国充分考虑了国际财务报告准则中公允价值应用的三个级次，即：

1) 资产或负债等存在活跃市场的，活跃市场中的报价应当用于确定其公允价值。

2) 资产或负债等不存在活跃市场的，参考熟悉情况并自愿交易的各方最近进行的市场交易中使用的价格或参照实质上相同或相似的其他资产或负债等的市场价格确定其公允价值。

3) 资产或负债等不存在活跃市场，且不满足上述两个条件的，应当采用估值技术等确定其公允价值。

我国引入公允价值是适度、谨慎和有条件的。原因是考虑到我国尚属新兴的市场经济国家，如果不加限制地引入公允价值，有可能出现公允价值计量不可靠，甚至借机人为操纵利润的现象。因此，在投资性房地产和生物资产等具体准则中规定，只有存在活跃市场、公允价值能够取得并可靠计量的情况下，才能采用公允价值计量。

第五节 会计循环

一、概述

(一) 会计循环的概述

会计循环是指企业会计人员根据日常经济业务，按照会计准则要求，采取专门的会计方法，将零散、复杂的会计资料加工成满足会计信息使用者需要的信息处理过程。

之所以称为会计循环，是因为在会计期间假设的前提下，会计人员在某一会计期间内处理会计事项均是按照比较固定并依次继起的几个步骤来完成的，下一个会计期间又是按照第一个会计期间的那些步骤来处理会计事项，提供会计信息的。

（二）会计循环的步骤

1. 记账（编制会计分录）

记账是对原始凭证所记录的经济业务进行分析，并根据原始凭证确定借贷方的账户名称和金额，编制记账凭证，登记各种日记账。这一步骤在西方国家被称为“分录簿”。

经济业务由原始凭证记载与反映，原始凭证即原始记录，具体说明各项经济业务的发生和完成情况，是记账的主要依据。也正因为如此，原始凭证必须经过审核，这是保证会计记录的真实和正确、充分发挥会计监督作用的重要环节。财务工作人员在收到各种原始凭证时，必须注意审核凭证是否真实、合法、合规、完整与正确。

在实际工作中，会计分录是通过编制记账凭证加以确定的，记账凭证一般有收款凭证、付款凭证和转账凭证三种。企业一般应根据不同的经济业务分别编制不同种类的记账凭证。如果把记账凭证顺序连接起来则类似普通日记账。在我国，企业通常不设普通日记账，仅设现金和银行存款等特种日记账。

2. 过账（登记账簿）

过账又称为登记账簿，是指将经济业务记入日记账后，还要将每笔分录转抄到有关的总分类账中去（可汇总转抄）。

过账时，总分类账户和明细分类账户应进行平行登记。在我国，这一步骤就是将记账凭证的记录全部过入相应的总分类账户和明细分类账户。

过账的目的是为了归类核算和监督各种资金占用、资金来源、费用成本和收入成果的增减变动情况，并为编制会计报表做好资料准备。因为在日记账中，每一项业务的记录都要涉及两个或更多的总分类账户，不能从中清楚地看出每一总分类账户的变化情况。所以，为了便于系统地了解各种资产、负债、所有者权益、收入、费用和利润的增减变化情况，就有必要将日记账中的会计分录转抄到有关的总分类账户中去。

3. 调整前试算平衡

试算平衡是在会计期末当全部会计分录都已经过到总分类账和明细分类账后，利用借贷平衡原理，通过汇总、计算和比较来检查账户记录的正确性与完整性。

在会计实务中，这一工作是通过编制试算平衡表来进行的。

调整前试算平衡，就是在期末账项调整之前所进行的试算。

根据借贷记账法的原则，根据每一笔经济业务做成的会计分录，借贷方的发生额都相等。所以，一定会计期间的全部经济业务做成的会计分录过账后，如果记账没有差错，那么所有账户的借方发生额合计必然等于其贷方发生额合计。因此，我们就可以利用借贷记账法的这一规律来检查账户记录的正确性。试算平衡表的原理就是依据下列两个反映借贷记账法原理的公式设计的：

所有账户本期借方发生额合计数 = 所有账户本期贷方发生额合计数

所有账户期末借方发生余额合计数 = 所有账户期末贷方发生余额合计数

当本期日常发生的经济业务都过入了相关总分类账产后，应该根据账户的记录，分析计算出各分类账户和明细账户的余额，并将其逐一列入工作底稿的“调整前试算表”栏内，借方余额列借方，贷方余额列贷方，进行第一次试算。

4. 调账（账项调整）

账项调整就是把那些影响两个或两个以上会计期间的经济业务在会计期末进行调整。

按照配比原则，账簿的日常记录并不能确切地反映全部费用发生和收入取得的真实情况，有些费用和收入的归属期间也未得到妥善解决。所以，企业应当进行调整，把已发生而且应当属于本期的收入和费用，不管其是否实际收到货币资产或实际支付资金，全部都计为本期的收入和本期的费用，使本期的收入和本期的费用能在归属期一致的基础上进行配比，以便正确地确定本期产品的生产成本、本期的利润或亏损以及本期期末的资产负债状况。

企业在会计期末进行的账项调整是通过编制调整分录（对账户的日常记录进行补充或校对而编制的会计分录）来进行的，其目的是为了正确地计算本期的利润或亏损。

做好期末的账项调整工作是非常重要的。调整时，可利用工作底稿的“调整”栏，分别做出各项调整分录，不用直接在账簿中进行。

5. 调整后试算平衡

就一个完整的会计循环来看，至少要进行两次试算：第一次是在对本期（日常）所发生的全部经济业务做出分录并据以入账后进行，即前述的调整前试算平衡；第二次是在期末编制调整分录并过入有关账户后进行的，即调整后试算平衡。

因此，在账项调整后，还要编制调整后的试算平衡表，完成工作底稿的编制。

6. 编制会计报表

完成了上述工作后，就可以根据工作底稿提供的有关资料编制会计报表了。目前，我国要求企业编制的会计报表包括资产负债表、利润表和现金流量表等。除此之外，企业还可以根据自身管理的需要，编制各种管理用报表。

7. 结账并试算

结账是指在把一定时期（月度、季度、年度）内所发生的全部经济业务登记入账的基础上，在期末按照规定的方法计算出该期账簿记录的发生额合计数和余额，并将其余额结转入下期或者转入新账并且做出结账标志的程序和方法。

在将所有结账分录都过入有关总分类账户后，还要根据各分类账户的余额编制结账后的试算平衡表，进行第三次试算。

8. 编制转回分录

通常，一个会计循环完成后，随后需要周而复始地进入下一个会计期间记录经济业务。但是，为了简化下一会计期间日常经济业务的记录，有些企业往往在下一会计循环的开始增加了“编制转回分录”的步骤。

编制转回分录是在开始记录下一会计期间的经济业务之前，先把上一会计期间最后一天编制的应计项目的调整分录转回，即做一笔相反的分录冲回。

转回分录所用的账户和金额与调整分录相同，只是分录的借贷方向与调整分录相反。也就是说，调整分录时记借方的账户在转回分录时要记贷方，记贷方的账户在转回分录时要记借方。

在每一个会计期间，企业都应按照上述步骤实施工作，本期的终结就是下期的开始，企业会计循环的每个步骤都是以相同的“频率”出现的。当然，在实际的工作过程中，会计循环具有一定的灵活性，有些步骤可以简化。通常，根据原始凭证记载的经济业务编制会计分录并将其登入日记账、过入总分类账是在各个会计期间内进行的；进行试算、账项调整、编制工作底稿和编制会计报表则通常是按月进行的；而结账工作则通常是在每一个会计年度结束时进行的。但在我国，也有一些企业月底就结清过渡性账户，以便按月核算损益。

二、编制会计分录

（一）会计事项（也称交易事项或经济业务）

会计事项也叫交易事项或经济业务。会计人员需要处理的不是企业发生的所有事项，而仅仅指交易事项，即会计事项。

会计上所称的交易，其含义与通常的交易略有不同。就会计观点而言，凡足以使企业资产、负债和所有者权益发生增减变化的事项或行为称为会计交易事项。

例如，企业销售产品一批收到现金，一方面引起企业现金资产增加，另一方面引起企业收入（所有者权益）增加。同时，一方面会引起企业产成品资产减少，另一方面引起企业成本费用增加（所有者权益减少）。这种事项当然属于交易事项。

假如企业因火灾烧毁房屋一栋，虽然从一般意义上讲不属于交易行为，但就企业本身来说已引起损失之发生而减少了企业资产。所以，就会计观点而言，它属于会计交易事项。

相反，如果企业与他人订立购货合同或与外单位签订销货合同，虽然从一般意义上讲是一种交易行为，但是此种事项并未引起企业资产、负债和所有者权益发生变化。就会计观点而言，它不属于会计交易事项。

1. 特点

会计上的交易事项，即会计事项，其特点是：能够以货币计量的经济事项；能引起企业（会计主体）资产、负债、所有者权益增减变动的经济事项。

2. 分类

会计交易事项（即会计事项）可按不同的标准分为不同的种类。

(1) 按交易事项发生的地点不同分为对外交易事项和对内交易事项

1) 对外交易事项是指企业发生此笔业务与企业外部单位或个人有关，如销售产品、购入材料一类交易事项。

2) 对内交易事项是指企业发生此笔业务与企业外部单位或个人无关，仅与企业内部单位或个人有关，如职工借支、车间领用材料一类交易事项。

(2) 按交易内容的繁简可分为简单交易事项和复杂交易事项

简单交易事项发生只涉及企业两个会计科目，而复杂交易事项的发生会涉及企业两个以上的会计科目。

(二) 会计分录

会计分录是会计人员根据企业经济业务发生所取得的审核无误的原始凭证，按照复式记账规则，指明应借、应贷会计科目及其金额的一种记录。

编制会计分录是会计循环的第一步骤，也是最基本、最重要的一个环节。它的正确与否不仅直接影响会计循环的其他环节，而且会影响最后提供的会计信息的质量。因此，及时收集会计资料，严格审核会计凭证，认真分析业务内容，正确编制会计分录，对提供及时的、完整的、高质量的会计信息具有重要意义。

1. 分类

会计分录根据会计事项的繁简不同，可分为简单会计分录和复合会计分录。

简单会计分录是指会计事项发生只需要在两个账户中进行反映的记录。

复合会计分录是指会计事项发生需要在两个以上的账户中进行反映的记录。

2. 编制会计分录需要注意的问题

1) 每笔经济业务均需编制一个会计分录。在实际工作中，为了简化手续，减少记账工作量，也可以在同类经济业务加以汇总的基础上，编一个会计分录。

2) 从理论上讲，会计分录只能编制一借一贷、一借多贷、多借一贷的会计分录，不能编制多借多贷的会计分录，因为多借多贷的会计分录难以反映会计账户的对应关系。但是，随着经济业务的不断复杂化，在实际工作中也允许编制多借多贷的会计分录，以简化会计核算手续。

3) 会计分录的正确书写应该是先借后贷，并且借贷符号、账户名称（会计科目）及其金额都应错开，以保持借贷账户清晰明了。“借”的符号、会计科目、金额均应分别在“贷”的符号、会计科目、金额前一个字。借贷符号后均带“：”（冒号）。在一借多贷或多借一贷的会计分录中可写多个“贷”或“借”，也可只写第一个“贷”或“借”，后面的“贷”或“借”可省略。

(三) 分录簿的格式和登记

对于企业发生的经济业务，在取得原始凭证后，按会计分录的形式记录下来，以便作为过账的依据。在实际工作中，编制会计分录是在记账凭证中进行的。会计分录簿是一种最初记录会计分录的序时簿记，一般适用于小型企业和会计教学。

分录簿又称为日记账，它是一种序时记录簿。分录簿主要用来对企业日常发生的经济业务，按照业务发生的先后顺序，指出其应借及应贷会计科目、金额以及记载其发生日期与必要说明的初步记录，故又称原始记录簿。

1. 在分录簿中进行登记的主要作用

(1) 通过分录簿可以减少记账的错误

企业的会计事项如果不通过分录簿而直接记入各有关账户，就很有可能发生漏记或重记的错误，使用分录簿以后，便可以使这类错误减少到最低限度。这是因为每笔会计事项应借、应贷的账户记在一起，即使存在某些错误，发现问题也极为容易。

(2) 通过分录簿可以了解会计事项的概貌

分录簿中的每笔分录，除了应借、应贷的账户外，还记有简要的说明。这些简要说明都已提供了每笔会计事项的概貌，便于了解企业的经营情况和经营过程。

(3) 分录簿便于日后查考

分录簿是按照会计事项发生日期的顺序所做的会计记录，如果企业需查阅过去某一日或某一期间发生的经济业务，只需查阅分录簿便能得到所需资料。

2. 分录簿的格式

由于分录簿具有以上三个作用，所以经济业务发生后，首先就要记入分录簿。分录簿的格式见表1-4。

表1-4　分录簿的格式

2016年		序号	摘要	会计科目	借方金额	贷方金额
月	日					
5	1		开出支票提取现金	库存现金	1000	
				银行存款		1000
5	2		以银行存款购料，余款暂欠	原材料	50000	
				银行存款		40000
				应付账款		10000
5	8		销售产品一批，收到部分款项，余款暂欠	银行存款	60000	
				应收账款	40000	
				销售收入		100000

第一栏为年、月、日。该日期为编制会计分录之日期，有时与原始凭证的填制日期相同，有时在原始凭证填制日期之后，大部分情况是后者。

第二栏为序号。该栏标明的序号是经济业务的顺序号，也可以说是记账凭证的编号。

第三栏为摘要。分录簿的摘要是会计分录的补充说明，目的是使有关人员对交易事项有更清晰的了解。摘要栏要求用简洁明了、高度概括的文字，扼要注明每笔业务的内容事实和完成过程。

第四栏为账户名称（会计科目）。会计分录的应借、应贷科目既要列明总账科目，又要列明明细账科目（有明细科目的账户）。如果一个总账科目有几个明细科目，只需写一个总账科目。

第五栏为借方金额，第六栏为贷方金额。在简单会计分录中，借、贷各有一相等之金额。如果为复合会计分录，则借方金额之和必定等于贷方金额之和。

必须注意，在登记分录簿时，如果某一项最后剩余部分不够记载一笔会计事项的全部分录，可以任其空白，而将该分录全部记入下一页，切不可将它分记在前后两页上。

为了保持会计反映、控制的连续性，分录簿的第一页登记完毕，需要转入第二页时，应将借方、贷方金额分别加总，记入第一页的最后一行，并在摘要栏内写上“转次页”；在第二页首行的摘要栏内写上“承前页”。每日登记完毕应将借方、贷方金额加计总数，检查双方金额是否平衡。

序时账簿从“分录簿”开始，后来发展到特种日记账、普通日记账、多栏式日记账。在现代会计实践中，为了减少核算工作的重复劳动，一般采用以会计分录为主要内容的“记账凭证”，按照经济业务内容分类，根据经济业务发生的先后顺序、依次排列、装订成册，用“记账凭证”代替分录簿的序时记录。

在我国的会计实务中，会计分录一般都是列示在专门的记账凭证中。但在西方会计实务界，人们普遍采用“分录簿”，即我们通常所说的普通日记账来列示会计分录。

三、过账

下文主要介绍总分类账户和明细分类账户的平行过账。

（一）同时设置总分类账户和明细分类账户的原因

同时设置总分类账户和明细分类账户主要是为了满足经营管理的要求。经营管理者要求会计人员一方面要提供会计要素各项目的综合总括资料，另一方面也要提供会计要素各项目的详细具体资料。综合总括资料可以通过总分类账户来提供，详细具体的资料可以通过明细账户来提供。例如，“原材料”总分类账户可以提供企业在占用原材料方面的资金数额，用以反映原材料方面占用的资金是否过多，是否超过了预定限额，以便控制原材料方面占用的资金，使其保持在合理的范围之内。但是，只了解原材料占用的总额还不够，还需要了解各种原材料的占用情况。在实际工作中也可能出现原材料占用总额在合理的数额之内，而个别原材料存在超储积压的情况，或者原材料总额超过了规定的限额，而个别原材料不足的情况。这些情况只有通过明细分类账户才能反映出来。

（二）总分类账户和明细分类账户的关系

总分类账户是其所属明细分类账户的综合账户，对所属明细分类账户起着统驭作用；明细分类账户是有关总分类账户指标的具体化和必要补充，对有关总分类账户起着辅助和补充作用，它是有关总分类账户的从属账户。总分类账户和明细分类账户都是根据同一会计事项，为说明同一经济指标，相互补充地提供既总括综合又详细具体的会计信息。

总分类账户和明细分类账户也存在着一定的区别。总分类账户与明细分类账户除在设置的依据、提供的指标详细程度不同外，在使用量度上也有不同点。

由于总分类账户是按照一级会计科目设置的，主要提供综合总括资料，因此主要采用货币量度，只反映金额，不反映数量。由于明细分类账户是按照明细科目设置的，主要提供详细具体资料，因此除了采用货币量度外，还要采用实物量度或劳动工时量度，如原材料的明细账户既要反映金额又要反映数量。正因为总分类账户和明细分类账户提供的指标详细程度不同，采用的量度单位不同，因而这两种账户的格式也有差别。总分类账户的格式是借、贷、余三栏式，明细分类账户的格式既有借、贷、余三栏式，又有数量金额栏式、多栏式。

（三）总分类账户和明细分类账户平行过账的要点

1. 同时过入

对于企业发生的与总分类账户和明细分类账户有关的经济业务（不是所有的业务都涉及明细分类账户），一方面要过入有关总分类账户，另一方面要随即过入该总分类账户的所属明细分类账户中。

2. 方向相同

对于企业发生的与总分类账户和明细分类账户有关的经济业务，在过入总分类账户和明细分类账户时，所记入账户的方向应保持一致。即总分类账户过入借方，其所属明细分类账户也应过入借方；总分类账户过入贷方，其所属明细分类账户也应过入贷方。

3. 金额相等

对于企业发生的与总分类账户和明细分类账户有关的经济业务，在过入总分类账户和明细分类账户时，总分类账户的金额应该与过入其所属明细分类账户的金额之和相等。

如果严格地按照以上三个要点进行总分类账户和明细分类账户过账，其过账结果必然会出现以下四组等量关系：

各总分类账户＝其所属明细分类账户的期初余额之和

各总分类账户的本期借方发生额＝其所属明细分类账户本期借方发生额之和

各总分类账户的本期贷方发生额＝其所属明细分类账户本期贷方发生额之和

各总分类账户的期末余额＝其所属明细分类账户的期末余额之和

对于会计来说，这四组等量关系具有非常重要的意义，有利于错账的查找，从而保证总分类账户和明细分类账户记录的正确。

编制的会计分录，经审核无误后，就可以过账了。在实际工作中，过账之前，账户中若上月末有余额，即为本月月初余额，应先予以登记，然后再根据会计分录在账簿中按账户进行登记。

四、期末账项调整前试算平衡

期末账项调整之前，要进行第一次试算，即调整前试算。

通过试算，如果发现借方合计数与贷方合计数不相等，则说明肯定发生了差错，应及时找出原因并加以更正。通过试算，如果借方、贷方两栏的发生额和余额合计数相等，则说明账户的记录基本正确，但并不能保证其绝对正确。由于试算平衡表的局限性，有些记账差错并不能通过试算平衡予以发现。这种差错主要包括如下几类：某个会计分录被整个漏记；某个会计分录被整个重记；在编制会计分录或登记账户时颠倒了记账方向或用错了账户名称；借贷双方发生差错的金额刚好相等。

会计人员在平时记账和过账的过程中，要养成良好的习惯，不要马虎潦草以致试算无法平衡。而且，除了进行试算平衡，还要对一切会计记录定期或不定期地及时进行复核，以保证会计数据的正确性。

(一) 试算平衡的方法

1) 检查试算平衡表本身有无差错，容易出现的差错是在数字“加总”时错漏了金额，应将各栏的金额加以核对并再次加总计算。

2) 检查总分类账上的有关账户的金额是否都已试算平衡。容易发生差错的是漏抄了个别账户的金额，因此要逐一进行核对。

3) 检查所有账户的发生额和余额在转抄入试算平衡表时是否抄错。

4) 检查并重复计算每一个账户的发生额合计数和期末余额。

1. 试算平衡一般采用本期发生额试算平衡和余额试算平衡两种方法

1) 本期发生额试算平衡是依据借贷复式记账法的记账规则“有借必有贷，借贷必相等”的原理为依据进行试算平衡的。因为每一笔会计事项都必须在两个或两个以上的账户中以借贷相等金额进行登记，也就是说每笔会计分录的借方金额和贷方金额相等，那么，无论多少笔会计事项的借方金额之和肯定等于其贷方金额之和。其试算平衡公式为

所有账户本期借方发生额之和＝所有账户本期贷方发生额之和

2) 余额试算平衡是依据会计的平衡式，即“资产＝负债＋所有者权益”为依据进行试算平衡的。因为在任何一个时点上，企业的资产、负债、所有者权益的余额都满足这一会计平衡式，所以，利用此平衡式可随时检查资产、负债、所有者权益账户的余额是否符合这一平衡公式。其试算平衡公式为

所有账户借方余额之和＝所有账户贷方余额之和

2. 试算平衡表上发生不平衡的一般原因

如果没有发生错误，则所编成的以上两种试算平衡表都会平衡。也就是说，如果以上试算平衡结果不平衡的话，说明在过账程序中或编制会计分录时发生了错误，必须及时查明原因。

1) 所编试算平衡表中各金额栏加算的错误。这要求加总时认真、细心，在确定无误的前提下再查找其他原因。

2) 编制试算平衡表过程中的错误。例如，编表写错数字，错记金额和借、贷方向，或漏列某一账户的发生额或余额。

3) 各分类账户的余额计算错误。

4) 过账时的错误。如，在根据分录簿过入分类账时，就将借、贷的方向或金额记错了，或者某一账项根本就被漏掉或重复过账。

3. 纠正试算平衡表错误的一般步骤

1) 重新加总试算平衡表中借、贷栏或余额栏的金额，并复核合计数，检查本表的加总工作是否有错误。

2) 按照试算平衡表中所列账户的名称和金额，逐一与分类账户所记的本期发生额或余额核对。重点注意是否有抄错的数字或漏列的金额，是否将借、贷方向填错了。如资产账户的余额是否填入表中的贷方，负债和所有者权益账户余额是否填入表中的借方。

3) 将分类账户所列的期初余额和上期资产负债表相核对。重点注意是否有抄错的数字或漏掉的账户余额，并检查各账户借、贷方本期发生额的汇总及其余额是否有错误。

4) 按分类账户的记录，逐笔与分录簿相核对。重点注意各账项或借、贷方向是否有过账错误，是否有遗漏或重复过账的账项。

(二) 试算平衡表的格式和编制

试算平衡表的格式有两种：本期发生额试算平衡表和余额试算平衡表。

本期发生额试算平衡表是根据各分类账户借方、贷方本期发生额合计数编制而成的（见表1-5）。

余额试算平衡表是根据各分类账户在试算时结出的借方余额之和与贷方余额之和编制而成的（见表1-6）。

试算平衡表可以采用上下单列式或左右双列式。上下单列式，账户名称先列资产账户（含成本费用账户），后列负债账户，最后列权益账户（含收入账户）。左右双列式，资产账户（含成本费用账户）列左边，负债账户、权益账户（含收入账户）列右边。两种试算平衡方法中，余额试算平衡方法应用最广，因其所列数字较少，便于计算，且报表的编制也是以此种试算平衡表为依据的。任何一种试算平衡表的表首都必须填注标题，说明编制单位

表1-5 智董公司本期发生额试算平衡表

2016年6月28日

账户名称	借方发生额	贷方发生额
银行存款	5000	9800
应收账款		5000
原材料	7500	26500
生产成本	26500	
短期借款	1800	
应付账款	6500	6000
合计	47300	47300

名称、表格名称和编表日期。

试算平衡表的数字是从各总分类账户中获得的，因此在编制试算平衡表之前，必须先计算各账户于试算之日止的本期借、贷方发生额和余额，然后再将各账户名称及其金额抄录于试算平衡表内。所经过的程序可分两项说明。

表1-6 智董公司余额试算平衡表

2016年6月28日

账户名称	试算时借方发生额	试算时贷方发生额
现金	1500	
银行存款	39500	
应收账款	5000	
原材料	118500	
生产成本	36500	
产成品	5000	
固定资产	500000	
累计折旧		50000
短期借款		0
应付账款		6000
实收资本		600000
资本公积		50000
合计	706000	706000

1. 分类账金额的计算

第一步，加计各账户借、贷双方金额，求出总和，用铅笔记于各账户最末一项“金额”之下。由于这是临时汇总于试算时的本期发生额，不需用钢笔填写，只需用铅笔填写。

第二步，将各分类账户借方发生总金额、贷方发生总金额及期初余额结出在试算时各账户的余额。其计算公式为

试算时账户借方余额 = 期初借方余额 + 本期于试算时借方发生额合计 − 本期于试算时贷方发生额合计

试算时账户贷方余额 = 期初贷方余额 + 本期于试算时贷方发生额合计 − 本期于试算时借方发生额合计

将计算出来的结果用铅笔记于各分类账户余额栏最末一项“金额”之下。为了减少计算工作量，有些账户本月发生业务较少甚至没有发生业务的可以不必汇总和结余额。

2. 填制试算平衡表的步骤

第一步，填写单位名称、表格名称、编表日期。

第二步，将各分类账户的名称按资产、负债、所有者权益的先后顺序填入表内。

第三步，将各分类账户所得借、贷总额或余额填入表中相应账户名称的借、贷或余额栏，最后分别以本期发生额试算平衡公式或余额试算平衡公式加总，检查是否平衡。

【例1-29】智董公司账项调整前的试算平衡见表1-7。

表1-7 智董公司账项调整前的试算平衡表

会计科目	期初余额		本期发生额		期末余额	
	借方	贷方	借方	贷方	借方	贷方
现金	1500		2200	1800	1900	
银行存款	9000		175300	89000	95300	
应收账款	40000		70200	35000	75200	
其他应收款	5000		800	800	5000	
原材料	15000		65000	50000	30000	
库存商品	60000			45000	15000	
固定资产	45000		300000		345000	
短期借款		14000	25000	146000		135000

续表

会计科目	期初余额		本期发生额		期末余额	
	借方	贷方	借方	贷方	借方	贷方
应付账款		10500	36000	76050		50550
应交税费		19000	43050	10200	13850	
生产成本	48000		50000		98000	
实收资本		180000		300000		480000
营业收入				60000		60000
营业成本			45000		45000	
管理费用			1300		1300	
合计	223500	223500	813850	813850	725550	725550

五、调账

为了正确计算本期的利润或亏损，企业在期末结账之前，必须通过编制调整分录对某些账项进行必要的调整，使本期的收入和费用能在归属期一致的基础上进行配比。

为了正确确定某一会计期间的经营成果，为会计信息使用者提供有用的会计信息，在编制财务报表之前，就一些有关账项进行适当的或必要的调整，就叫作调账。

账项之调整必须先编制会计分录，然后过入有关账户，以使账面记录正确。在日记簿中为调账所编制的会计分录称为调整分录。

(一) 调账的内容

1. 应收、应付账项的调整

(1) 应计收入

那些在本期已经赚得，即收入在本期已经实现，但尚未入账的经营收入。应收收入是企业的一项债权资产。

(2) 应计费用

那些在本期已经发生，即属于取得本期收入而应付的代价，但尚未入账的费用。应计费用也叫预提费用，是企业的一项负债。

2. 递延事项，即预收、预付事项的调整

(1) 预收收入的分摊

那些在收入赚得或实现之前就已收到货币款项并予以入账，但必须在后期提供产品或劳务或按期分摊的经营收入。预收收入也叫预收账款，是企业的一项负债。

(2) 预付费用

那些在费用发生之前就已经支付并入了账，但必须在后期按期分摊的成本。预付费用也叫待摊费用，列入企业的资产项目。

3. 坏账与折旧事项的调整

坏账与折旧事项类似于应计费用的调整，因为坏账与折旧是企业重要的会计事项，将其归于第三类单独介绍。

4. 对账后的账项调整

对账是指企业定期对财产物质、往来款项、货币资金进行核对，核查账实、账账以及账证是否相符的方法。如果发现不符，就必须在期末进行调整，以保证会计账簿记录与实存相符。

(二) 应计收入的调整

应收收入是指那些在会计期间终了时已经获得或实现但尚未收到款项和未入账的经营

收入。例如，应收出租包装物收入，应收企业长期投资或短期投资收益，以及应收银行存款利息收入和应收出租固定资产收入。

【例1-30】智董公司按季度收取其对外租赁的写字楼的租金30000元，第四季度的收款时间是季度末，10月该公司应收取的租金为10000元，但实际尚未收到。在10月这是一笔应计收入，该笔分录为

借：其他应收款　　10000

　贷：其他业务收入—经营租赁收入　　10000

如果会计期末不做上述调整就编制会计报表，对于10月来说，就会因为漏记了这笔业务而虚减利润10000元。

【例1-31】智董公司出租包装物一批，按合同每月应收到租金收入200元。企业将包装物出租给承租单位，按合同规定承租单位每月应支付包装物租金200元给出租单位，租期为一年。如果到月终承租单位将200元租金按时付给出租单位，出租单位在月终不存在应计收入调整问题。如果到月终出租单位尚未收到承租单位的本月租金收入200元，出租单位于月终应做应收收入调整分录如下：

借：应收收入（其他应收款）　　200

　贷：其他业务收　　200

如果租约合同规定在租期到后一次支付租金，则出租单位在租约期间每月终都应编制此种调整分录。通过调整分录确认收入实现，同时形成应收款资产。

为了反映应收收入的情况，需设置“应收收入”账户，该账户借方记录已经提供产品或劳务但尚未收到货款的各种收入；贷方记录在后期收到的应收收入款；余额在借方反映期末结存尚未收到的应收收入。如果是企业主要经营业务的应收收入，可用“应收账款”代替“应收收入”账户。如果是企业其他业务的应收收入，可用“其他应收款”账户代替“应收收入”账户。注意该账户属于资产类账户。

（三）应计费用的调整

应计费用是指本期已经发生或已经受益，按受益原则应由本期负担，但由于尚未实际支付，而还没有入账的费用。如期末应付而未付职工工资，应付而未付的房屋租金、水电费、银行借款利息以及应付而未付的职工福利费一类费用。对于这些费用，如果在会计期间终了时不予调整，就会严重影响成本和收入的配合，以及期末所编制的收益表和资产负债表。

为了反映应计费用的情况，需设置 “应付职工薪酬—工资”“其他应付款”和“应付职工薪酬—福利费”等账户。该类账户的贷方记录应由本期成本负担但尚未实际支付的费用；借方记录实际支付，预先计入成本已提取的费用；余额在贷方，反映期末结存已经从成本中提取，尚未支付的费用。该类账户属负债类账户。

（四）收入分摊的调整

企业的经营收入有时候是在它们获得以前就入账了。这种情况的发生多是由于企业尚未提供产品和劳务时，或者企业依照合同规定事前开具账单交给顾客时，即先行收到了现金。也就是说，企业在这种情况下所收到的现金还不是已经获得的收入，而只是一种预收性质的经营收入。这种预收的经营收入，在会计上称为递延收入或预收收入。预收收入是指已经收到款项入账但不应该归属于本期，而应于以后提供产品或劳务的会计期间才能获得（确认）的各项收入，如预收销货款、预收出租包装物租金一类收入。

预收销货款是指尚未向购货方提供商品或劳务，而购货方已预付的款项。预收出租包装物租金是按照包装物租用合同，由租用单位预先交付的款项。虽然这些款项已经收到，但按应予归属的标准判断，它还不能作为本期经营收入，而只能作为一种预收款登记入账。一项预收收入的发生，标志着企业承担了一项义务或债务，该项债务到期应由企业提

供一定的产品或劳务偿还。

对于预收的收入，如果所需提供的商品或劳务是在本期内全部完成，从而获得它的全部收入的，自然可以在该会计事项发生时作为本期的收益，直接记入有关经营收入账户。但是，如果所需提供的商品或劳务不能在本期内全部完成，而要在以后各期完成，则其收到的预收款就不应全部作为本期的收益，而应按照各期提供商品或劳务的情况逐渐转化为正常的经营收入。正因为如此，各会计期期末应根据各会计期提供的商品或劳务情况进行调整。

为了反映预收收入增减变动情况，需设置“预收收入”账户。该账户的贷方记录尚未提供产品或劳务，预先从购货单位收取的款项；借方记录以后各期按提供的产品或劳务比例逐渐转化为正常经营收入的款项；余额在贷方，反映期末结存预先收到尚未提供产品或劳务的货款。在实际工作中一般用“预收账款”账户代替“预收收入”账户。该账户属于负债类账户。

【例1-32】智董公司预收购货单位的一批货款10000元存入银行。编制会计分录为：

借：银行存款　　10000

　贷：预收账款　　10000

　　（预收收入或递延收入）

此会计事项发生，一方面使企业存款增加，另一方面使企业负债增加。尽管企业收到的是预收收入，但实际上未实现其收入，只能形成负债，待以后提供商品或劳务时，才转化成实际的收入。

（五）成本分摊的调整

应由本期负担的费用与预付后期的费用，因受会计期间的限制，两者性质迥然不同。有些费用其受益期只是发生费用付出的会计期间，这些费用自然归属于发生支出的会计期间，属于本期应负担的费用，即本期费用。有些费用其受益期会延续几个会计期间，对本期而言，此种费用是为下期垫付的费用，称为预付费用或待摊费用。如果费用的受益期延续在一年之内的费用叫作待摊费用。待摊费用是已经支付应由本期和以后各期（但不超过一年）分摊的费用。如果费用的受益期延续在一年以上的费用，则叫长期待摊费用。

【例1-33】企业发生固定资产修理费7200元，以银行存款支付，需在近两年内分期摊销，其会计分录为：

借：长期待摊费用　　7200

　贷：银行存款　　7200

（六）折旧费的调整

固定资产中除土地一项以外，其他固定资产，如房屋、建筑物、机器设备，由于物质上或经济上的原因，终有不堪使用或不便使用之时，而丧失其原有价值或减低原有价值。此种损失因与使用各期有关，不能由任何一个会计期间单独负担。例如，智董公司购买设备一台，价值50000元，估计可以使用10年，其全部成本既不应视为第一年的损耗，因为除第一年外，其余9年使用期也应分摊；当然亦不能视为最后一年的损耗，因为过去的9年已享有其效益，并非只在最后一年使用。为了合理地把固定资产由于使用或其他原因引起其损耗的价值补偿回来，必须将其损耗的价值分期摊入成本。因此，固定资产分摊于各使用期间，由各期分摊的固定资产价值损耗，称为折旧费。

为了反映固定资产价值的损耗，即折旧情况，需设置“累计折旧”账户。该账户贷方记录各期摊入成本的应提固定资产折旧额，即各期固定资产的损失价值；借方记录因固定资产调出、报废等原因，离开企业而转销的已提折旧额；余额在贷方，反映期末累计已提固定资产折旧额。该账户是“固定资产”账户的抵减账户，该账户的贷方余额与“固定资产”账户借方余额比较，能反映出企业固定资产的新旧程度。

固定资产应摊转于成本的全部数额叫应提折旧额。固定资产应提折旧额有时等于固定资产的原值，有时等于固定资产原值减预计净残值。固定资产原值是指取得某项固定资产时所支付的一切货币资金代价。预计净残值是指固定资产报废时预计残值收入减去预计清理费之差额（净额）。计算各期应提取折旧费数额的方法很多，有直线折旧法（也叫平均使用年限法）和加速折旧法两大种类。现以直线折旧法为例，计算如下：

固定资产应提折旧总额＝原值－（预计残值－预计清理费）

每年应提折旧额＝原值－预计残值＋预计清理费/预计使用年限

每月应提折旧额＝每年应提折旧额÷12

【例1-34】智董公司7月份所有固定资产应计提的折旧为18000元，则该笔分录为：

借：管理费用　　18000

　贷：累计折旧　　18000

如果在会计期末不做上述调整就编制会计报表，对于7月份来说，就会因为漏记了这笔业务而虚增利润18000元。

（七）坏账的调整

由于坏账是按应收账款一定比例估算的，不仅实际发生的坏账数额无法事先确定，究竟哪些客户的账款收不回来也难以推断，提取的坏账准备如果直接冲减应收账款自然不便，且欠合理。所以，会计人员在调整分录中，均不直接贷记“应收账款”科目，而改用专设“坏账准备”账户进行反映。“坏账准备”账户的性质是“应收账款”账户的备抵账户。该账户贷方记录按规定标准分期从成本中提取的坏账准备金，借方记录后期实际发生的坏账注销数额，余额在贷方表示期末结存已经提取尚未注销的坏账准备。

【例1-35】智董公司期末“应收账款”余额为300000元，按3‰提取本月坏账准备。其调整分录为：

借：管理费用　　900

　贷：坏账准备　　900

以上介绍的期末调整账项共有六种。

①应收未收收入的调整，是资产与收入的记载。

②应付未付费用的调整，是费用与负债的记载。

③预付费用的调整，是资产与费用的划分。

④预收收入的调整，是负债与收入的划分。

⑤坏账的调整是无法收回账款的调整。

⑥折旧的调整是固定资产成本的分摊。

以上所有调整事项都需登记入会计分录簿，然后过入总分类账户和明细分类账户。调整会计分录的特点是，一方面涉及资产负债表的相关项目，另一方面涉及利润表的相关项目，但不涉及现金和银行存款。

六、调整后试算

在期末账项调整后，还要进行第二次试算，即调整后试算。实务工作中，会计人员在进行调整前试算、账项调整和调整后试算等工作时，工作量比较大，而且涉及科目多，数据分散，容易出现错误，特别是两次试算工作，一旦试算不平，必须找出错误并改正，这种改正不但工作量大，而且还影响记录和账表的整洁。因此，在实际工作中，许多会计人员喜欢把两次试算、账项调整和编表等工作先集中在一张表上进行，以节省工作量和简化账务处理，而这张表就是工作底稿。

常用的五组十栏式工作底稿的格式如表1-8（智董公司工作底稿）所示。

表1-8 智董公司工作底稿

2016年8月31日

会计科目	调整前试算表		调整		调整后试算表		利润表		资产负债表	
	借方	贷方	借方	贷方	借方	贷方	借方	贷方	借方	贷方
现金	1900				1900				1900	
银行存款	95300				95300				95300	
应收账款	75200				75200				75200	
其他应收款	5000				5000				5000	
原材料	30000				30000				30000	
库存商品	15000				15000				15000	
固定资产	345000				345000				345000	
累计折旧				1000		1000				1000
短期借款		135000				135000				135000
应付账款		50550				50550				50550
应交税费	13850				13850				13850	
应计利息				400		400				400
生产成本	98000				98000				98000	
实收资本		480000				480000				480000
营业收入		60000				60000		60000		
营业成本	45000				45000		45000			
管理费用	1300		1000		2300		2300			
财务费用			400		400		400			
合计	725550	725550	1400	1400	726950	726950				
本期利润							1230			12300
合计							60000	60000	679250	679250

备注：*在试算平衡表中为了使借贷方平衡的利润调整数

工作底稿虽然不是正式的会计记录文件，不能替代正式的会计记录，但在会计核算工作中却具有非常重要的意义。通过工作底稿的编制，不仅能为期末编制各种会计报表提供正确的数据资料，减少错账，保持账表整洁；而且还可供人们在同一表格中了解企业在一定会计期间的财务状况和生产经营情况。工作底稿的基本编制方法如下所述。

1) 表头：工作底稿的表头应该写明企业名称、工作底稿字样及日期。

2) "调整前试算表"组：将账项调整前各总分类账的余额一一移入借方栏或贷方栏，然后加总验证借贷总额，借贷方合计数应该相等。

3) "调整"组：将调整分录按对应科目一一填入该栏内，调整所需科目若未出现在试算表的科目中，可加列于试算表合计数之下的行次中，最后，调整组的借贷总额合计数也应该相等。

4) "调整后试算表"组：将调整前试算表栏的金额与调整栏的金额按同方向相加、反方向相减的原则，算出调整后余额列入该组，其借贷总额仍应维持平衡。

5) "利润表"组：根据调整后试算表，将属于利润表的各个金额按原借贷方向移入该组中，然后加总借贷总额并比较两者大小，若贷方大于借方，即为利润，应将此差额一一写在借方栏内以示结平，反之则为亏损，应直接将其列入贷方栏内以便结平。

6）"资产负债表"组：调整后试算表中未列入利润表的项目，应分辨账户性质，按原借贷方向，全部移入该组中；然后，将利润表中本期利润数改变借贷方向，作为平衡数列入资产负债表约同一行上，至此，该组借贷总额也应相等。

七、编制会计报表

会计的基本目标是向相关的信息使用者提供决策有用的信息，这一目标在实际工作中是通过编制会计报表来实现的。会计报表可以根据总账各科目调整后的余额编制，也可以根据编好的工作底稿直接编制。

【例1-36】现依据智董公司的信息和上述工作底稿的内容，编制资产负债表和利润表。

资产负债表是反映企业某一时点财务状况的报表。根据上述工作底稿中的资产负债表栏内容，可编制资产负债表如下（见表1-9）。

表1-9 资产负债表

2016年8月31日

资产	金额	负债及所有者权益	金额
现金	1 900	负债	
银行存款	95300	短期借款	135000
应收账款	75200	应付账款	50550
其他应收款	5000	应交税费	(13850)
存货	143000	应计利息	400
固定资产	345000	负债合计	17210
累计折旧	1000	所有者权益	
固定资产净额	344000	实收资本	480000
资产合计		未分配利润	12300
累计折旧	664400	负债及所有者权益合计	664400

利润表是反映企业在某一会计期间内经营活动成果的报表。根据上述工作底稿编制的利润表如下，如表1-10所示。

表1-10 利润表

2016年8月

营业收入	60000	
收入合计		60000
营业成本	45000	
销售费用		
管理费用	2300	
财务费用	400	
费用合计		47700
本期利润		12300

八、结账

结账是在会计期末将各账户余额结清或结转下期，使各个账户的记录暂时告一段落的过程。结账又包括虚账户的结清和实账户的结清。

由于采用的结账方法不同，使结账工作和编制报表工作的先后次序不同。如果收入、费用账户的结转每月采取表结法，年终一次结账，则每月会计循环就只有：编制会计分录—过账—试算平衡—调账—编制财务报表五个环节。五个环节重复循环，年终加入结账环节。这样，编制报表工作就在结账之前进行。如果收入、费用账户的结转每月采取账结法，则每月会计循环就有：编制会计分录—过账—试算平衡—调账—结账—编制财务报表。这样，编制财务报表工作就在结账之后进行。无论采用账结法，还是表结法，有些结账工作总是按月进行，即在编制财务报表之前进行，如存货账户之间的结转、费用账户之间的结转。因此，先介绍结账，后介绍财务报表是符合会计循环的循环顺序的。

会计循环的编制会计分录、过账与试算三个环节属于平时的账务处理，期末的会计循环环节，除期末调账以外，还有期末结账和编制财务报表两项重要工作。分类账经过调整以后，所列数字均已正确，即可一方面加以结算，表示会计期间的结束，一方面据以编制财务报表，提交会计的完工产品。账户结算是在年度终了时，分别计算各账户的余额，然后结平借贷或结转下期，在记载上告一段落。账户有虚账和实账之分，两者的结算方法不同。虚账的结算必须将一切收入账户与费用账户的余额汇转一处，以便比较，要求算出本期的纯收益；同时结平各期账户，以便划清各期记载，分别计算各期收益。实账（有余额的账户）的结账，要将其余额结转下年。结转的方法是，将有余额的账户的余额直接记入新账的余额栏内，不需要编制记账凭证，也不必将余额再记入本年账户的借方或贷方，使本年有余额的账户的余额变为零。因为既然年末是有余额的账户，其余额应当如实地在账户中加以反映，否则容易混淆有余额的账户与没有余额的账户。于期末结转或结算各账户的过程叫作结账。

（一）虚账户的结清

虚账户是指于期末结账后一般没有余额的各收入、费用账户。大部分损益账户都属于虚账户。设置收入与费用这些虚账的目的在于使收入的来源与费用的内容，在账册上有详细的表示。收入的发生应由企业所有者享有。费用的发生应由企业所有者负担。收入的实现和费用的发生，本可直接记入所有者权益账户的贷方或借方，作为所有者权益的增加或减少，但是为了使会计信息使用者（经营管理者和投资者等）了解收入与费用增减变动的详细情况，于平时分别列账反映，到期末，按照各项目的有关数字加总以后，即应全结清，以供下期重新记载之用。虚账的结清，应先就日记簿作成结账分录，再根据分录过账，达到余额转销而账户结平的目的。故结账分录，是将虚账的余额转入另一账户的分录。

为了正确地反映企业收入的实现和费用的发生以及企业利润的形成情况，需要设置收入账户、费用账户和利润账户。

收入账户包括“主营业务收入”“其他业务收入”“投资收益”“营业外收入”等。费用账户包括“主营业务成本”“经营费用”“营业税金及附加”“其他业务成本”“管理费用”“财务费用”“营业外支出”。利润账户包括“本年利润”和“利润分配”。各种不同收入的实现分别于平时在相应的收入账户贷方登记；各种不同费用的发生分别于平时在相应的费用账户借方登记；年终结清收入和费用账户时，在“本年利润”账户归集，即将所有收入账户的本期贷方发生额从其借方转入“本年利润”账户的贷方；将所有费用账户的本期借方发生额从其贷方转入“本年利润”账户的借方。这样，使所有收入、费用账户全部结清，余额为0，同时确定出本年实现的利润总额。“本年利润”账户，如有贷方余额，则为本年实现的盈利总额；如为借方余额，则为本年实现的亏损总额。将其余额从其相反方向转入“利润分配”账户，即表示企业所有者权益的增减数额。因此，所有收入账户、费用账户和“本年利润”账户均是过渡性账户，也称为虚账户。

结清虚账户的程序如下所述。

第一，计算出各个虚账户的余额。一般来讲，凡收入账户，其贷方总额大于借方总额，正常余额在贷方；凡是费用账户，其借方总额大于贷方总额，正常余额在借方。

第二，编制结账分录。为了结清虚账户，应该设置“本年利润”账户，以归集当期收入、费用账户的余额。收入账户为贷方余额，结账时应该借记各项收入账户，贷记“本年利润”账户；费用账户为借方余额，结账时应该借记“本年利润”账户，贷记各类费用账户。将此结账分录过到“本年利润”账户后，借贷双方金额抵减，差额就是净利润或净亏损。年终，再将利润转入“利润分配—未分配利润”账户中，西方会计中称为留存收益。分录为：借记“本年利润”账户，贷记“利润分配—未分配利润”账户。

【例1-37】现将前例智董公司所登记的总分类账中有关的虚账户结清：

(1) 结清收入类账户

借：营业收入　　60000

　贷：本年利润　　60000

(2) 结清费用类账户

借：本年利润　　47700

　贷：营业成本　　45000

　　　管理费用　　2300

　　　财务费用　　400

(3) 年终，将净利润结转到“利润分配—未分配利润”账户。本例中为2006年8月实现的利润，暂不结转。年终结转的分录为：

借：本年利润　　××××

　贷：利润分配—未分配利润　　××××

最后，根据上述结账分录记入有关总分类账后，所有收入、费用账户借贷金额持平，余额均为零，划线结平虚账户。下一会计年度开始，重新开设收入、费用等账户，记录新的会计年度的经营成果。

(二) 实账的结转

实账户又称为永久性账户，是指会计期末一般都有余额并应随着经营活动的延续而递延到下一个会计期间的账户。资产负债表账户都是实账户。实账户的结转是计算出各账户的本期发生额及期末余额，并加以划线结束，将期末余额结转到下一会计期间。

此种账户期末总是有余额，其余额代表当时实际存在的财物与权利，不能像虚账那样转销，应将其余额转入下期，使各账户在下期期初有一余额，以供继续处理。由于实账结转是在同一个账户中进行的，因此不需要编制会计分录，只需将其借贷双方分别加计总数，并算出每个账户的借方或贷方余额。在年月日栏注明结账日期（12月31日），摘要栏内注明“结转下期”。将余额转入下期新开设的会计账簿中时，于月初在年月日栏注明下期开始日期（1月1日），并在摘要栏内注明“上年结转”或“期初结存”字样，并登记余额数字在原属方向，即上期末余额在借方的，登入下期账户借方，上期末余额在贷方的，登入下期账户的贷方。

九、结账后试算

结账以后，还可以编制结账后的试算平衡表，以验证结账工作及余额的正确性。由于结账后只有实账户的余额，而实账户又都是资产负债表账户，因此，结账后的试算平衡表实际上就相当于资产负债表，所以在此不再赘述。

十、编制转回分录

为了简化下一个会计期间日常经济业务的记录，避免记账人员因疏忽而产生错误，有些企业还往往在下一个会计循环开始前编制转回分录。转回分录所用的账户和金额与调整分录相同，只是分录的借贷方向与调整分录相反。

【例1-38】智董公司将本期已经发生的利息费用调整入账，调整分录为：

借：财务费用　　400

贷：应计利息 400

那么在下一个会计期间开始时编制的转回分录为：

借：应计利息 400

贷：财务费用 400

经过这一分录转回后，在实际支付利息时就不必追根溯源地去找当初调整时的记录，只需要像常规支付利息那样编制正常分录即可，该笔分录为：

借：财务费用 400

贷：银行存款（现金） 400

编制转回分录是一个任选的步骤，在我国已很少使用。在一个会计期间开始时，可以不将上一会计期末的调整分录编制转回分录，也可以只编制某些调整分录的转回分录，目的在于使以后经常发生的经济业务由于编制转回分录后在会计处理时能够更加方便和简捷。

第六节 会计记账方法

《企业会计准则——基本准则》第十一条规定：企业应当采用借贷记账法记账。

一、会计科目

会计工作的基本任务就是反映资产、负债等会计要素的信息。为了全面了解企业的财务状况和经营成果，还需要对这些资产、负债等加以细化，以具体了解其内部的组成情况。例如，对于货币资金而言，库存现金、银行存款、其他货币资金各有多少；对于存货而言，原材料、低值易耗品、自制半成品、库存商品、包装物、委托加工物资等各有多少。因此，在具体的会计核算工作中，需要对会计要素的内容进行分类核算，这些分类核算的项目就是会计科目。

会计科目是指在企业会计核算中，为了分析、反映和监督各种经济业务，而对会计核算对象的具体内容进行分类核算的项目。设置会计科目是会计核算的一种专门方法。

企业单位的资金运动总是体现在资金的增减变化之中，通过设置会计科目，可以把资金的增减变化分门别类地予以反映，保证各单位能取得经济管理所需的会计核算资料，并可以为编制会计报表、进行会计分析和会计检查提供客观、真实、可靠的资料。为了保证会计核算资料在全国范围内口径统一，便于国家经济宏观调控部门对会计资料的综合汇总和分析利用，会计科目的名称、编号、核算内容和科目对应关系都由国家统一规定，各企业、单位必须按照国家统一规定的会计科目来设置账户，对其各项经济业务进行日常核算，以正确、全面、系统反映各企业、单位的生产经营活动。

（一）会计科目的设置原则

1) 会计科目的设置要保持会计指标体系的完整和统一，要在会计要素的基础上对会计对象的具体内容做进一步分类，达到既能全面而概括地反映企业资金运动情况，满足国家宏观经济管理的要求和有关各方了解企业财务状况和经营成果的需要，又要适合企业经营活动的特点，满足企业内部经营管理的需要。

2) 会计科目的设置要讲究实用，以便清晰地提供经营管理上所需要的资料。

3) 会计科目的含义要简单明了，能确切地表达其所要反映的经济业务。同时，会计科目应保持相对稳定。

(二) 会计科目的分类

会计科目的分类是按照不同的标准对会计科目的归类。在实际工作中，对会计科目的分类一般有两种方法。

1. 按列入的会计报表分类

会计科目表中的科目，根据期末时列入会计报表的种类，主要分为资产负债表科目和利润表科目。资产负债科目主要包括资产类、负债类和所有者权益三种，它们分别与资产负债表中这三类项目对应。此外，成本类科目的“生产成本”和“制造费用”，如果有期末余额，也将作为“存货”项目的一部分列入资产负债表。因此，它们也属于资产负债表科目。利润表科目包括会计科目中的所有损益类科目。

2. 按其经济内容分类

每个会计科目核算的经济内容是不同的，据此，会计科目可以分为六类，即资产类、负债类、共同类、所有者权益类、成本类和损益类。这种分类，对于正确使用会计科目、运用复式记账法有着重要意义。

二、会计账户

账户是根据会计科目设置的，具有一定格式和结构，用于分类反映会计要素各项目增减变动情况及其结果的载体。根据一级会计科目设置的账户，称为总分类账户；根据明细会计科目设置的账户，称为明细分类账户。

(一) 账户的结构

为反映经济业务的具体内容，账户除了要有明确的核算内容外，还要有一定的结构。账户在结构上一般分为两个基本部分，用以分别记录资产、负债和所有者权益的增减数。在实际工作中，通常把账户分为左、右两方，一方登记增加，一方登记减少。账户的这种结构可用“T”字形账户表示。

在账户登记中，账户的左、右两方，具体到哪一方登记增加，哪一方登记减少，则要视所记录经济业务和账户的性质。登记本期增加的金额，称为本期增加额；登记本期减少的金额，称为本期减少额；增减相抵后的差额，称为余额。其余额按照时间的不同，分为期初余额和期末余额。基本关系可表示为

期末余额 = 期初余额 + 本期增加额 − 本期减少额

在借贷记账法下，把账户的左方称为借方，右方称为贷方，但到底是“借方”登记增加，还是“贷方”登记增加，则要根据在借贷记账法下账户所反映的经济内容来确定。其一般规则如下所述。

1) 资产的增加数记入左方（借方），减少数记入右方（贷方）

2) 负债的增加数记入右方（贷方），减少数记入左方（借方）

3) 所有者权益增加数记入右方（贷方），减少数记入左方（借方）。

(二) 账户与会计科目的关系

1. 会计科目与会计账户的区别

会计科目是对会计核算对象的具体内容进行分类核算的项目，只有分类的名称，没有一定的格式，不能把发生的经济业务连续、系统地记录下来。会计账户不仅有名称，而且有一定的结构（格式），能把发生的经济业务系统地记录下来，具有反映和监督资金增减变化的独特作用。

2. 会计科目与会计账户的联系

会计科目和会计账户是分门别类地反映企业资金变化的经济内容，会计账户是根据会计科目来设置的，会计科目的名称就是会计账户名称，会计科目规定的核算内容就是会计账户应记录反映的内容。在实际工作中，会计科目和会计账户往往是相互通用的。

(三) 账户的分类

1. 按照账户所反映的会计要素的具体内容进行分类

按照账户所反映的会计要素的具体内容进行分类，账户可以分为资产类、负债类、所有者权益类、共同类、成本类和损益类。

2. 按照账户所提供信息的详细程度及其统驭关系进行分类

按照账户所提供信息的详细程度及其统驭关系，可以分为总分类账户和明细分类账户。总分类账户用来对会计要素具体内容进行总括分类，提供总括信息；明细分类账户用来对总分类账户做进一步分类，提供更详细、更具体的会计信息。

(1) 总分类账户

总分类账户又称一级账户，是指按照各项资产、负债以及所有者权益分别设置的，仅以货币计量单位进行登记，用来提供总括核算资料的账户。利用总分类账户提供各种总括核算资料，可概括地了解一个单位的各项资产与负债及所有者权益的增减情况及其结果。但是，总分类账户并不能提供关于各项资产、负债及所有者权益的增减变动情况及其结果的详细资料，因此，各单位在设置总分类账户的同时，还应当根据实际需要，在某些总分类账户的统驭之下，分别设置若干明细分类账户。

(2) 明细分类账户

明细分类账户是指根据总分类账户核算内容的具体分类，分别设置地、用来提供详细核算资料的账户。例如，为了具体了解各种商品收、发、结存情况，企业有必要在“库存商品”总分类账户下，按照商品的品种设置明细分类账户。在明细分类账户中，除了以货币计量单位进行金额核算外，还要用实物计量单位进行数量核算，以便通过提供数量方面的资料，对总分类账户进行必要的补充。

(3) 总分类账户与明细分类账户的关系

总分类账户是所属明细分类账户的统驭账户，对所属明细分类账户起着控制作用。明细分类账户则是某一总分类账户的从属账户，对其所隶属的总分类账户起着辅助作用。某一总分类账户及其所属明细分类账户的核算内容是相同的，它们所提供的核算资料的详细程度是不同的。因此，总分类账户与明细分类账户应当平行登记。

平行登记要遵循如下要点。

1) 对于每一项经济业务，一方面要记入有关总分类账户，另一方面要记入它所属的一个或几个明细分类账户。

2) 在某一总分类账户及其所属的明细分类账户中登记经济业务时，方向必须相同，即在总分类账户中记入借方，在其所属的明细分类账户中也应记入借方；在总分类账户中记入贷方，在其所属的明细分类账户中也应记入贷方。

3) 记入某一总分类账户的金额必须与记入其所属的一个或几个明细分类账户的金额合计数相等。

三、会计记账方法

(一) 复式记账法

复式记账法是指根据资产与负债和所有者权益的平衡原理，对于每一项经济业务所引起的资金运动，都必须用相等的金额同时在两个或两个以上的相互联系的账户中进行全面登记的一种科学的记账方法。

由于科目分类、记账符号、记账规则和试算平衡等方面有所不同，可以将复式记账法分为不同种类，如图1-9所示。

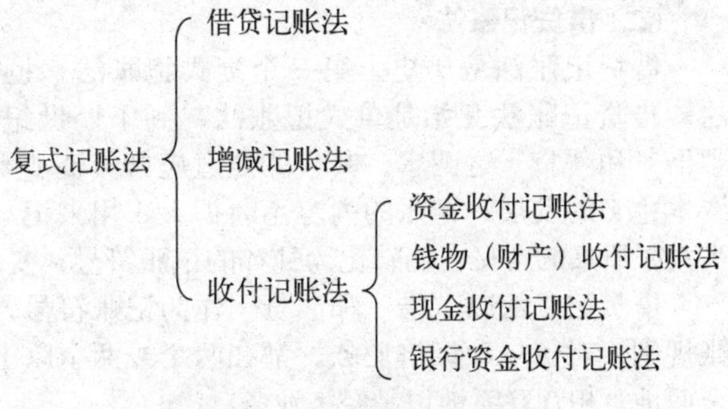

图1-9 复式记账法的种类

1. 复式记账法的优点

复式记账法是从单式记账法发展而来的。单式记账法是一种比较原始的、不完整的记账方法，它是就经济业务的单方面或一个方面来记账。最早的单式簿记是以现金为主体来进行的。采用单式记账方法，账户设置要求不严格，记录比较简单，账务处理不严密，内容不完整，各账户之间的记录互不联系，也没有明显的平衡关系。

复式记账法克服了单式记账法的缺点，扩大了记账法的应用领域，提高了记账质量。其优点表现在三个方面。

1) 设置了较完整的会计科目，各个会计科目固定了一定的经济内容，明确了账户的用途和结构，使会计科目系统化。

2) 对发生的每一项经济业务，都要将相同的金额在两个或两个以上相互联系的账户中按规定的会计科目，并以分类的形式进行登记，显示出它们的对应关系。

3) 使用复式记账法可使经济业务的本期发生额和期末结余额均能自行保持平衡关系，保证了会计记录的正确性。所以，记账方法从单式发展到复式，是会计方法上一个重大进步。使用复式记账法，能够保证会计在反映、监督和分析经济业务的发生更加合理化和科学化，促使会计管理更好地发挥它应有的职能使用。

2. 复式记账法的基本内容

复式记账法以“资产＝负债＋所有者权益”的平衡公式作为其理论依据。按照这个平衡原理，任何一项经济业务的发生，都会引起资金运用和来源或者它们两者之间内部关系发生增减变化，这种变化，通过两个或两个以上的账户（科目），以相同的金额，相互联系地全面地反映出来。

采用复式记账法，首先，必须制订会计科目，然后，根据会计科目开设相应的账户，这样才能把发生的每一项经济业务，以相等的金额，记入两个或两个以上相互关联的账户中。

采用复式记账法时，对所有的账户都要固定记账方向，表示这个方向的记号，就是记账符号。如企业资产增加记在这个方向，负债和所有者权益减少记在那个方向等，都要事先确定记账符号，才能进行复式记账。

采用复式记账时，必须根据资金增减变化的客观规律制订记账规则，以便每发生一项经济业务，都按照记账规则去记账。填制记账凭证、登记账簿和编制报表都必须严格遵守记账规则，以取得正确的会计资料。

会计分录，又称记账公式，是指经济业务所运用的账户、记账方向（即记账符号，如收付、借贷、增减等）和入账金额的一种记录。编制会计分录是对经济业务的发生或完成进行反映和监督的一种形式，也是保证记账正确的重要手段。由于各种记账方法的记账符号、记账规则不同，因此，编制会计分录的表达方式也不同。

会计分录始终保持平衡关系是复式记账法的基本要求。平衡关系可用公式表示为

资产类所有账户借方余额合计＝负债类所有账户贷方余额合计＋所有者权益类所有账户贷方余额合计。

通过平衡公式的计算，就可以根据经济业务所编制的分录和入账金额进行发生额和余额的试算平衡，以检查会计记录是否正确无误。

（二）借贷记账法

借贷记账法是历史上第一个复式记账法，也是当前世界各国普遍使用的一种记账方法。借贷记账法开始是单式记账法，到了15世纪逐步形成比较完备的复式记账法。采用“借”和“贷”这两字，其目的是适应借贷资本家记录其货币的存入和支出的需要。随着资本主义的发展，记账的内容不断扩大，用来记录各种经济业务，“借”“贷”也就逐渐失去了原来的含义，而转化为纯粹的记账符号，变成了会计上的专用术语。

借贷记账法以“借”和“贷”作为记账符号，以“有借必有贷，借贷必相等”作为记账规则，对每一项经济业务，都在两个或两个以上账户中，以相等的金额、相反的方向，全面地、相互联系地记录经济业务。

1. 借贷记账法的基本原理

(1) 理论依据

借贷记账法一般以“资产＝负债＋所有者权益”平衡公式为理论基础。这种资金平衡关系是借贷记账法进行记账的必然结果。

(2) 账户结构

在借贷记账法下，任何账户都分为借、贷两方，一方登记数额的增加，另一方登记数额的减少。在资产类账户中，习惯上用借方登记它的增加数，贷方登记它的减少数，而在负债及所有者权益中，则用贷方登记它的增加数，借方登记它的减少数。在资产类账户中，其减少额不可能大于它的期初余额与本期增加额之和，所以期末如有余额，必定在借方。而在负债及所有者权益账户中，其增加额与期初余额之和，通常要大于本期减少数，所以，期末如有余额，必定在贷方。资产类账户和负债及所有者权益类账户期末余额计算公式为

资产类账户余额＝期初余额＋本期借方发生额－本期贷方发生额

负债及所有者权益类账户余额＝期初余额＋本期贷方发生额－本期借方发生额

(3) 记账规则

采用借贷记账法，对每一项经济业务，不论其是只涉及资产或负债与所有者权益的方面的账户，还是同时涉及资产和负债与所有者权益两方面的账户，都必须记入一个账户的借方和另一个账户的贷方，而且记入借方与记入贷方的数额必须相等。因此，借贷记账法的记账规则可概括为：有借必有贷，借贷必相等。

【例1-39】智董公司销售一批商品，收入实现，货款尚未收回，形成应收账款。对于这笔销售业务，如果其符合会计要素的确认标准，那么，智董公司一方面要在借方记录资产类账户“应收账款”的增加，另一方面要在贷方记录收入类账户“主营业务收入”的增加；与此同时，为反映这批收入的费用，还要在借方记录损益类账户“主营业务成本”的增加，并在贷方记录资产类账户“库存商品”的减少。

以上对某项经济业务标明其应借应贷账户及其金额的记录，我们将其称为会计分录。

按照所涉及账户的多少，会计分录分为简单会计分录和复合会计分录。简单会计分录是指只涉及一个账户借方和另一个账户贷方的会计分录，即一借一贷的会计分录；复合会计分录是指由两个以上（不含两个）对应账户所组成的会计分录，即一借多贷或一贷多借的会计分录。通常情况下，复合会计分录可以分解为若干个简单会计分录。

2. 借贷记账法的试算平衡

(1) 试算平衡的定义

试算平衡是指根据资产、负债和所有者权益的会计等式以及借贷记账法的记账规则，检查所有账户记录是否正确。它是通过编制总分类账户试算平衡表来进行的。

(2) 试算平衡的分类

试算平衡有发生额试算平衡法和余额试算平衡法。

1）发生额试算平衡法是根据本期所有账户借方发生额合计等于贷方发生额合计的恒等关系，检查本期发生额记录是否正确的方法。

计算公式为：全部账户本期借方发生额合计＝全部账户本期贷方发生额合计

2）余额试算平衡法是根据本期所有账户借方余额合计与贷方余额合计的恒等关系，检查本期账户记录是否正确的方法。根据余额时间的不同，又分为期初余额平衡与期末余额平衡两种。期初余额平衡是期初所有账户借方余额合计与贷方余额合计相等。期末余额平衡是期末所有账户借方余额合计与贷方余额合计相等。

计算公式为

全部账户的借方期初余额合计＝全部账户的贷方期初余额合计

全部账户的借方期末余额合计＝全部账户的贷方期末余额合计

第七节 会计基本假设（前提）

会计基本假设是指一般在会计实践中长期奉行，不需证明便为人们所接受的前提条件。财务会计要在一定的假设条件下才能确认、计量、记录和报告会计信息，所以会计假设也称为会计核算的基本前提。

我国会计基本准则明确了四个基本假设，即会计主体、持续经营、会计分期和货币计量。

一、会计主体

《企业会计准则——基本准则》第五条规定：企业应当对其本身发生的交易或者事项进行会计确认、计量和报告。

会计主体又称为会计实体、会计个体，是指会计信息所反映的特定单位，它规范了会计工作的空间范围。

在会计主体前提下，企业应当对其本身发生的交易或者事项进行会计确认、计量和报告。会计主体基本前提，为会计人员在日常的会计核算中对各项交易或事项做出正确判断、对会计处理方法和会计处理程序做出正确选择提供了依据。

二、持续经营

《企业会计准则——基本准则》第六条规定：企业会计确认、计量和报告应当以持续经营为前提。

持续经营是指在可以预见的将来，企业将会按当前的规模和状态继续经营下去，不会停业，也不会大规模削减业务。在持续经营前提下，企业会计确认、

三、会计分期

《企业会计准则——基本准则》第七条规定：企业应当划分会计期间，分期结算账目和编制财务会计报告。会计期间分为年度和中期。中期是指短于一个完整的会计年度的报告期间。

会计分期又称会计期间，是指将一个企业持续经营的生产经营活动划分为一个个连续的、长短相同的期间。

在会计分期前提下，会计应当划分会计期间，分期结算账目和编制财务会计报告。会计期间分为年度、半年度、季度和月度。年度、半年度、季度和月度均按公历起讫日期确定。半年度、季度和月度均称为会计中期。中期是指短于一个完整的会计年度的报告期间。

会计分期的目的是，将持续经营的生产经营活动划分成连续、相等的期间，据以结算盈亏，按期编报财务会计报告，从而及时向各方面提供有关企业财务状况、经营成果和现金流量的信息。

四、货币计量

《企业会计准则——基本准则》第八条规定：企业会计应当以货币计量。

货币计量是指会计主体在会计核算过程中采用货币作为计量单位，计量、记录和报告会计主体的生产经营活动。

记账本位币是指企业经营所处的主要经济环境中的货币。

在货币计量前提下，企业会计应当以货币计量。在我国，企业会计通常应当以人民币为记账本位币。业务收支以人民币以外的货币为主的企业，可以选定其中一种货币作为记账本位币，但是编报的财务会计报告应当折算为人民币。在境外设立的中国企业向国内报送的财务会计报告，应当折算为人民币。

(1) 企业在选定记账本位币时，应当考虑这些因素

1) 该货币主要影响商品和劳务的销售价格，通常以该货币进行商品和劳务的计价和结算。

2) 该货币主要影响商品和劳务所需人工、材料和其他费用，通常以该货币进行上述费用的计价和结算；

3) 融资活动获得的货币以及保存从经营活动中收取款项所使用的货币。

(2) 企业在选定境外经营的记账本位币时，应当考虑这些因素

1) 境外经营对其所从事的活动是否拥有很强的自主性。

2) 境外经营活动中与企业的交易是否在境外经营活动中占有较大比重。

3) 境外经营活动产生的现金流量是否直接影响企业的现金流量、是否可以随时汇回。

4) 境外经营活动产生的现金流量是否足以偿还其现有债务和可预期的债务。

境外经营是指企业在境外的子公司、合营企业、联营企业、分支机构。在境内的子公司、合营企业、联营企业、分支机构，采用不同于企业记账本位币的，也视同境外经营。

第八节 会计凭证

会计凭证是记录经济业务，明确经济责任，在法律上具有证明效力，作为记账依据的书面证明。按填制程序和用途的不同，会计凭证分为原始凭证和记账凭证两大类。

一切会计记录都必须有真凭实据，这是保证会计核算资料具有真实性、客观性和可验证性的关键。经济业务发生后，取得或填制原始凭证并据此编制记账凭证，是会计核算工作的重要内容和基础环节，也是证明经济业务发生情况的原始资料，对加强会计监督和内部控制具有重要意义。

一、会计凭证设计的原则

填制和审核会计凭证是会计工作的起点和基础，也是有效实施内部会计控制、确保会计信息质量的重要环节。因此，科学地设计会计凭证，正确填制和审核会计凭证，是进行会计核算、实施会计监督、强化会计管理的重要内容。

会计凭证设计的质量如何对整个会计制度设计的质量有很大影响。由于各企业单位的生产经营规模、特点和管理要求不同，会计凭证设计不会完全相同，但应遵循一些共同的基本原则。

1. 会计凭证的设计，要能完整、全面、详细地反映经济业务情况

会计凭证是会计核算的基本依据，必须能够提供完整、详细的第一手资料。因此，设计会计凭证就要求能把经济业务发生的时间、地点、内容、条件、责任等基本情况都记载下来，为会计核算的后续步骤打下良好的基础。

2. 会计凭证的设计，要满足企业加强会计核算和经济管理的需要，体现内部控制要求

设计的会计凭证要便于进行各种核算、控制、分析和检查，便于明确各经办部门、人员职责的履行情况。设计会计凭证，特别是设计原始凭证时，通过设计经办人员签名把各自的职责加以明确，同时把制证、审批、执行和复核人员的权限加以分割，以便相互制约、相互验证，这就促使各有关经办人员认真履行自己的职责，严格手续，相互督促，从而减少差错，防止舞弊，贯彻内部控制制度。

3. 会计凭证的设计，要具有相对统一的用途和标准格式，填制要求尽可能简单明了，具有可操作性

根据凭证适用范围不同，要规定相对统一的格式，以便识别和填制，促使凭证格式设计标准化。根据业务需要设计不同的原始凭证，不同凭证的用途要明确，不要轻易变更。各种凭证的填制要求应尽可能简单明了，具有可操作性，以免影响工作效率。

二、原始凭证的设计

原始凭证是经济业务发生时最初取得或填制，记录经济业务的发生和完成情况，借以明确经济责任，并具有法律效力的凭证，它是会计信息处理的最基础的资料。

(一) 原始凭证的种类

1. 按取得来源分类，原始凭证可分为外来原始凭证和自制原始凭证

1) 外来原始凭证是指在经济业务发生时从外单位取得的凭证，如购货发票、付款收据等。

2) 自制原始凭证是由企业内部有关部门和经办人员在经济业务发生或完成时自行填制的凭证，还可分为自制对外原始凭证，如销货发票、收款收据等；自制对内凭证，如领料单、各种成本费用分配凭证等。

2. 按用途分类，原始凭证可分为通知凭证、执行凭证、转账手续凭证、联合凭证和套写凭证

1) 通知凭证是关于进行某项经济业务的通知或指示的凭证，如调拨单、出库通知单等。

2) 执行凭证是具体经办某项业务的凭证，如商品、材料、产品入库单，销售发票等。

3) 转账手续凭证是为进行内部转账手续或指明数据计算过程所必须具备的凭证，如各种费用分配表、成本计算单等。

4) 联合凭证是一种同时具备上述两种以上用途的凭证，如限额领料单、工资计算表等。

5) 套写凭证是兼具原始凭证和记账凭证双重功能的会计凭证，如银行的各种票据、注明会计分录的各种费用分配表等。

3. 按记录经济业务次数和时限分类，原始凭证可分为一次凭证和累计凭证

1) 一次凭证是只使用一次、只记录一笔业务的凭证，如一次性领料单。

2) 累计凭证可在一定期限内（如一个月）多次使用，即在同一凭证上连续多次记录同一业务，如限额领料单。

4. 按包括的业务量和法律效力分类，原始凭证可分为直接凭证、汇总凭证和分割凭证

1) 直接凭证是在业务执行过程中直接取得或填制的凭证，如领料单、外来的进货发票等。

2) 汇总凭证是根据若干同类的原始凭证定期汇总编制的凭证，如收料汇总表、耗用材料汇总表等。

3) 分割凭证是几个单位联合采购物资，其有关运杂费凭证一般是共同的，由主办单位按协议标准进行分配所填制的费用分割通知单。

5. 按格式适用性分类，原始凭证可分为通用凭证和专用凭证

1) 通用凭证是对不同单位、不同行业、不同部门、不同地区普遍适用的凭证，例如销货发票、收款收据等。

2) 专用凭证是只适用于本企业单位专门业务的凭证。

(二) 原始凭证设计的基本任务

1. 规划原始凭证的种类

规划原始凭证的种类，首先必须明确企业经济业务活动的种类以及各种经济业务活动之间的联系，然后根据经济业务活动内容确立设计的原始凭证的种类，使各种凭证构成一个有机的系统，不重不漏，相互配合。

2. 设计原始凭证的格式

根据业务需要，具体设计每一种原始凭证的格式。有的是采用全社会通用的格式，如现金支票、转账支票、增值税专用发票等凭证，不需自行设计格式。对于本单位的专用凭证，应根据实际需要，设计合理、适用的格式。

3. 规定原始凭证的流转程序

原始凭证流转程序是指凭证从填制取得起，经审核、办理业务手续、整理，直到会计部门记账、装订、保管等凭证处理和运行的全部过程。规定原始凭证的流转程序，是原始凭证设计的一项重要任务。只有规定科学合理的凭证流转程序，才能充分发挥原始凭证在会计管理中的作用。凭证流传程序设计包括三方面的内容：凭证流转的路线，包括流经的环节以及各环节的先后顺序；凭证在各环节的时限，确定的依据是各环节的工作量的大小；确定各环节之间凭证交接手续。

(三) 原始凭证格式设计的内容和要点

1. 原始凭证格式设计的基本内容

原始凭证种类很多，不同类型的原始凭证反映的具体内容有所不同，但它们都必须具备一些共同的基本内容。

(1) 反映业务活动内容的要素

反映业务活动内容的要素具体包括：凭证的名称；填制的日期；业务执行的日期或时间；接受单位名称或个人名称（通常叫抬头）及地址；基本业务内容、业务计量，如数量、单位、单价、金额和合计金额（包括大、小写金额）。

(2) 反映业务执行责任的要素

①填制单位的公章，如外来原始凭证或对外原始凭证的单位公章。

②凭证有关人员的签章，如凭证填制人、审核人、业务部门责任人、单位负责人以及业务经手人（领料人、发料人、收款人等）的签章。

③凭证的编号。

④凭证编制的依据。有些凭证是根据有关附件填制或汇总的，须注明附件的号码、件数等。转账手续凭证，如费用分配表，还要注明分配标准的计量依据；需经过审批的业务凭证，还应注明审批意见和审批人的签章，以明确责任。

设计反映业务活动内容的要素，主要是为了利于全面详细地反映经济业务活动情况。设计反映业务执行责任的要素，主要是为了加强对经济业务活动的控制与监督。

通常，设计自制原始凭证的内容时，应考虑下列问题：该类经济业务发生时需要记录哪些信息；处理该业务需要哪些手续；据以编制记账凭证或记账需要哪些信息；根据原始凭证登记明细账需要哪些信息；审核原始凭证时需要哪些信息。

2. 原始凭证格式设计的要点

(1) 反映经济业务全貌，并突出重点

栏目拟定要做到全面、准确，易于填制。全面是说项目能全面反映特定的经济业务的内容；准确是指每个项目含义明确；易于填制，要求尽量设计可量化的项目，如数量、单价、金额……不能量化的项目，要求设计规范，便于填制。一张原始凭证上全部项目排列的设计，要求突出重点，反映项目之间的内在联系，与业务处理和凭证流转程序相适应。

(2) 尺寸规格大小适中

一张原始凭证尺寸规格大小要适中，尽量与记账凭证尺寸相当，以便于记账凭证的整理与装订。

(3) 纸质厚薄与颜色合理，线条粗细协调

一张原始凭证所用的纸质厚薄与颜色的设计，要根据原始凭证反映的经济业务的内容来具体确定。如现金支票等重要凭证的纸质要好，如多联复写的原始凭证，要求纸质有韧性而且薄。一张原始凭证上线条粗细与颜色设计，从美观上要求线条粗细协调、均匀，从作用上看，通常粗线条用于重点项目和凭证外框线，线条的颜色应与纸色相区别。

(4) 一式多联的凭证，应有区分

多联复写原始凭证各联要用不同颜色的纸或不同颜色的油墨印制，以便区别，并在各联注明各联的用途，如存根联、发票联、记账联等。

(四) 主要原始凭证的设计与样本

1. 货币资金业务原始凭证的设计与样本

货币资金业务原始凭证主要包括：企业通过银行办理的收付结算凭证、企业通过现金办理的收付结算凭证，以及办理银行收付结算的内部申请等原始凭证。第一种凭证是外来凭证，是银行设计的专门凭证，后两种是企业内部设计的凭证。企业设计货币资金原始凭证时尤其要注意：经济业务说明、资金金额大小写、有关责任人齐全的签章，如果是涉及外单位的资金往来，要在原始凭证中要求加盖外单位的公章和财务章。货币资金业务原始凭证的样本如表1-11至表1-15所示。

1) 付款申请单一般设计一式两联：存根联，请款部门留存；记账联，作为会计人员记账的依据。

表1-11 付款申请单

年 月 日　　　　编号：

请款部门	款项说明		付款计划号	
收款单位			付款期限	
支付方式	□现金 □转账（户名：银行及账号：）			
付款金额（大写）币 万仟佰 拾元 角 分（￥ ）				
业务	□无合同预付款	□有合同预付款	（合同号：）	
性质	□未结算付款	□已结算到期付款	□已结算提前付款	

部门主管（签章）： 出纳（签章）： 审核（签章）： 经办（签章）：

2) 收款收据一般设计一式三联：存根联，作为存根备查；收据联，交给付款人；记账联，作为会计人员记账的依据。

表1-12　收款收据

年　月　日　　　　　　　　　　　　　　　　　　编号：

交款单位（或付款人）		交款方式	
收款事由			
交款金额（大写）	币 佰 拾 万 仟 佰 拾 元 角 分（¥　）		

收款单位（章）：　财务主管（签章）：　出纳（签章）：
审核（签章）：　经办（签章）：

3) 借款申请单一般设计一式两联：记账联，作为会计人员记账的依据；核销联，在借款人报账后退还借款人。

表1-13　借款申请单

年　月　日　　　　　　　　　　　　　　　　　　编号：

借款人（签章）	所属部门		部门代码	
借支金额（大写）币　万 仟 佰 拾 元 角 分（¥　）				
借支原因				
借款人所在部门负责人意见	年 月 日	财会部门负责人意见	年 月 日	
支付方式	□现金　□转账（户名：银行及账号：）			
会计核定	□核定限额内　□超出限额	账面借款余额	¥	
	币　万 仟 佰 拾 元 角 分（¥　）			

会计：　出纳：　制单：

4) 差旅费报销单一般只设计一联，由报销人填写，并经相关管理者审核批准。

表1-14　差旅费报销单

年　月　日　　　　　　　　　　　　　　　　　附单据　张

所属部门			姓名			出差事由			
日期		起止地址	交通费	住宿费	杂费	备注	出差补贴		小计
起	止						天数	金额	
金额合计（大写）币 仟 佰 拾 元 角 分（¥　）。									
预支金额		应交回金额			应补付金额				
报销人（签章）：			审核人（签章）：						

5) 内部缴款单一般设计一式三联：存根联，留作存根备查；记账联，作为会计人员记账的依据；交缴款单位。

表1-15　内部缴款单

缴款单位：　　　　　　　　年　月　日　　　　　　　　编号：

款项类别	张数	金额
1.现金 2.转账支票 3.银行送款回单		
合计金额（大写）　（¥　）		

出纳（签章）：　审核（签章）：　缴款员（签章）：

2. 采购业务原始凭证的设计与样本

采购业务涉及请购、采购计划、进行采购、验收入库等环节。涉及这类业务的原始凭证有请购单、月度采购计划表、材料采购成本计算单、材料（商品）入库单等。在设计这类凭证时尤其要注意的是，要有所采购物资的名称、规格、数量、价格等内容，并应设计经办人的签章栏，便于查明责任，明确购销关系。另外，此类凭证涉及的部门相对较多，在设计时，应将各联用不同的颜色区分开来。采购业务原始凭证的样本如表1-16至表1-19所示。

1) 月度采购计划表一般只设计一联，由采购部门人员填写，并经部门经理审核批准。

表1-16　月度采购计划表

年　月　　　　　　　　第____页/共____页

序号	物资名称	库存量	计划采购量	标准用量	预计用料日期	备注
编制人： 年 月 日　　核准人： 年 月 日						

请购单一般设计一式两联：送采购部门；请购部门留存。

表1-17　请购单

年 月 日　　　　　　　　编号：

<table>
<tr><td>请购部门</td><td></td><td colspan="2">物资名称</td><td colspan="2"></td></tr>
<tr><td>类型及规格</td><td>单位</td><td>数量</td><td>需用日期</td><td>请购原因及用途</td><td>备注</td></tr>
<tr><td></td><td></td><td></td><td></td><td></td><td></td></tr>
<tr><td colspan="4">请购部门填制</td><td colspan="2">采购部门填制</td></tr>
<tr><td colspan="4">经办人：　请购主管：　核准人：
年 月 日　年 月 日　年 月 日</td><td colspan="2">接收人：　编制订单人：
年 月 日　年 月 日</td></tr>
</table>

2) 材料采购成本计算单一般只设计一联。

表1-18　材料采购成本计算单

材料名称：　　　　年 月 日　　　　编号：

规格型号	买价	采购费用	增值税（进项）	合计	备注

会计主管（签章）：　　审核（签章）：　　制单（签章）：

3) 验收交接入库单一般设计一式四联：验收员留存联；报销联；记账联；仓库留存联。

表1-19　验收交接入库单

收料仓库：　　　　年 月 日

<table>
<tr><td colspan="2" rowspan="2">供应单位</td><td rowspan="2"></td><td>发票号码</td><td></td><td colspan="2">运单号</td><td></td><td></td></tr>
<tr><td colspan="2">车　号</td><td colspan="2"></td><td></td><td></td></tr>
<tr><td rowspan="3">品名</td><td rowspan="3">规格</td><td rowspan="3">单位
原发</td><td colspan="2">数量</td><td colspan="4">金额</td></tr>
<tr><td colspan="2">实际</td><td colspan="2">计划</td><td></td><td></td></tr>
<tr><td>实发</td><td>单价</td><td>金额</td><td>单价</td><td>金额</td><td></td></tr>
<tr><td></td><td></td><td></td><td></td><td></td><td></td><td></td><td></td><td></td></tr>
<tr><td>附注</td><td colspan="8"></td></tr>
</table>

验收员：　　　　仓库保管员：

3. 存货业务原始凭证的设计与样本

存货业务涉及存货的收入、存储、发出和盘点等环节。涉及这类业务的原始凭证有领料单、限额领料单、产品入库单、退货单、收发料汇总表、存货盘点报告表等。设计这些凭证时，必须与企业的生产经营特点相结合，满足内部各个部门管理的需要。存货业务原始凭证的样本如表1-20至表1-25所示。

1) 领料单是材料的主要出库凭证，一般设计一式三联：仓库记账联；材料核算联；用料单位留存联。

表1-20 领料单

领料单位：　　　　　　　　发料日期：　年　月　日　　　　　　　　仓库编号：

<table>
<tr><td rowspan="2">材料名称</td><td rowspan="2">规格</td><td rowspan="2">单位</td><td colspan="2">数量</td><td colspan="2">计划价格</td><td rowspan="2">用途</td></tr>
<tr><td>请发</td><td>实领</td><td>单价</td><td>金额</td></tr>
<tr><td>备注</td><td colspan="7"></td></tr>
</table>

材料员：　　　　　发料员：　　　　　领料人：

2) 产品入库单一般设计一式三联：生产部门留存联；仓库留存联；记账联，交会计部门。

表1-21 产品入库单

车间：　　班组：　　　　　　　　年　月　日　　　　　　　　编号：

产品名称	规格	鉴定等级	计量单位	交库数	实收数	单位成本	总成本

制单人：　　　　交库人：　　　　仓库验收人：　　　　记账人

3) 限额领料单适用于经常领用并有消耗定额的材料，用于记录在规定限额和有效期间（通常为一个月）内多次领用的材料。一般设计一式三联：领料部门留存联；仓库留存联；记账联，交会计部门。

表1-22 限额领料单

年　月

领料部门：　　　　　　　　编号：　　　　　　　　材料名称：

用途（或订单号）：　　　　　　　　　　　　　　　发料仓库：

<table>
<tr><td rowspan="2">材料编号</td><td colspan="2" rowspan="2">规格型号</td><td rowspan="2">计量单位</td><td rowspan="2">领用限额数量</td><td colspan="5">实际领用</td></tr>
<tr><td colspan="2">单价</td><td>金额</td><td></td><td></td></tr>
<tr><td></td><td colspan="2"></td><td></td><td></td><td colspan="2"></td><td></td><td></td><td></td></tr>
<tr><td rowspan="2">领用日期</td><td colspan="2">请领</td><td colspan="3">实发</td><td colspan="3">退回</td><td rowspan="2">限额结余</td></tr>
<tr><td>数量</td><td>领料单位负责人签章</td><td>数量</td><td>发料人签章</td><td>领料人签章</td><td>数量</td><td>发料人签章</td><td>领料人签章</td></tr>
<tr><td></td><td></td><td></td><td></td><td></td><td></td><td></td><td></td><td></td><td></td></tr>
<tr><td></td><td></td><td></td><td></td><td></td><td></td><td></td><td></td><td></td><td></td></tr>
</table>

生产计划部门负责人：　　　　供应部门负责人：　　　　仓库负责人：

4) 退货单一般设计一式五联：采购部门留存联；交供应单位联（由会计部门按合同计算赔偿金后，与“代垫运费清单”一起寄供应单位）；记账联，交会计部门；仓库留存联；交运输部门联，以便据以发运货物。

表1-23 ××公司退货单

单位名称： 年 月 日 编号：

<table>
<tr><td>发票号码</td><td colspan="3"></td><td>合同号码</td><td></td></tr>
<tr><td>货物名簿及规格</td><td>发票数量</td><td>退货数量</td><td>单价</td><td>退货总金额</td><td>退货原因</td></tr>
<tr><td></td><td></td><td></td><td></td><td></td><td></td></tr>
<tr><td colspan="6">备注：</td></tr>
<tr><td>发运日期：

年 月 日</td><td>运输经办人：

年 月 日</td><td colspan="2">编制人：

年 月 日</td><td colspan="2">单位盖章：

年 月 日</td></tr>
</table>

5) 商品进销存日报表一般设计一式两联：部门留存联；记账联，交会计部门。

表1-24 商品进销存日报表

编报部门： 年 月 日 编号：

<table>
<tr><td colspan="3">收入项目</td><td colspan="3">付出项目</td></tr>
<tr><td>项目
昨日结存
本日进货
本日调入
提价增值
盘点溢余</td><td>本日数</td><td>本月累计数</td><td>项目
本日销货
本日调出
降价减值
盘存短缺
本日结存</td><td>本日数</td><td>本月累计数</td></tr>
<tr><td>合计</td><td></td><td></td><td>合计</td><td></td><td></td></tr>
<tr><td colspan="6">进销差价：本日增加 本日减少 本日余额
本月销售计划 累计完成 *附单据 张</td></tr>
</table>

实物负责人（签章）： 审核（签章）： 制表（签章）：

6) 存货盘盈盘亏报告单一般设计一式三联：清查小组留存联；使用（保管）部门存查联；记账联，交会计部门。

表1-25 存货盘盈盘亏报告单

年 月 日 编号：

<table>
<tr><td rowspan="2">存货编号</td><td rowspan="2">存货名称及规格</td><td rowspan="2">计量单位</td><td colspan="2">数量</td><td rowspan="2">计划单价</td><td colspan="2">盘盈</td><td colspan="2">盘亏</td><td rowspan="2">材料成本差异（%）</td><td rowspan="2">盘亏原因</td></tr>
<tr><td>账面</td><td>实盘</td><td>数量</td><td>金额</td><td>数量</td><td>金额</td></tr>
<tr><td></td><td></td><td></td><td></td><td></td><td></td><td></td><td></td><td></td><td></td><td></td><td></td></tr>
<tr><td></td><td></td><td></td><td></td><td></td><td></td><td></td><td></td><td></td><td></td><td></td><td></td></tr>
</table>

盘点负责人（签章）： 盘点经手人（签章）：

4. 固定资产业务原始凭证的设计与样本

固定资产业务主要涉及固定资产的取得、折旧计提、报废、盘点等，为分别反映固定资产各项业务的发生及完成情况，需要设计固定资产验收单、固定资产折旧计算表、固定资产内部转移单、固定资产报废单、固定资产盘盈盘亏报告单等原始凭证。由于固定资产业务比较复杂，需要在凭证上反映的内容较多，因此，在设计这类凭证时需要与固定资产管理部门共同协商，满足固定资产管理的需要。固定资产业务原始凭证见表1-26至表1-31所示。

1) 固定资产验收单主要用于投资者投入或企业购进不需要安装的固定资产业务，一般设计一式两联：验收部门留存联；记账联，交会计部门。

表1-26 固定资产验收单

使用部门：　　　　　　　　年　月　日　　　　　　　　编号：

固定资产名称		结构规格		计量单位	
来源					
原始价值		记账凭证	年　月　日　证号：		
资产情况及附属设备					
存放地点		保管人			

质检部门：　　　　　财会部门：

2) 固定资产内部转移单一般设计一式四联：调出部门存查联；调入部门存查联；固定资产管理部门留存联；记账联，交会计部门。

表1-27 固定资产内部转移单

年　月　日

调出部门：

调入部门：　　　　　编号：

固定资产名称		编号		规格及型号	
转移原因：		附属设备	名称	规格及型号	数量
调出部门（签章） 年　月　日	调入部门（签章） 年　月　日	管理部门（签章） 年　月　日	财会部门（签章） 年　月　日		

3) 固定资产报废申报单一般设计一式三联：使用部门留存联；固定资产管理部门存查联；记账联，交会计部门。

表1-28 固定资产报废申请单

年　月　日

申报单位：　　　　　　　　　　　　　固定资产编号：

固定资产名称		出厂时间		出厂编号	
规格及型号		交付使用时间		计量单位	
制造企业		预计使用年限		使用部门	
原价（元）		已使用年数		净值（元）	
已提折旧（元）				残值（元）	

报废原因：

报告人：

年　月　日

固定资产管理部门意见	年　月　日	主管领导意见	年　月　日

4) 固定资产盘盈盘亏报告单一般设计一式三联：清查小组留存联；使用（保管）部门存查联；记账联，交会计部门。

表1-29 固定资产盘盈盘亏报告单

年 月 日 编号：

固定资产编号	名称及规格	计量单位	数量		盘盈		盘亏			毁损			盘亏原因
			账面	实盘	数量	金额	数量	原价	已提折旧	数量	原价	已提折旧	

盘点负责人（签章）： 盘点经手人（签章）：

5) 固定资产登记卡一般设计一式三联：设备管理部门存查联；设备使用部门留存联；会计部门存查联。

表1-30 固定资产登记卡（正面）

编号

固定资产名称		编号		规格型号		
建造日期		附属设备	名称	规格型号	数量	金额
验收日期						
验收凭证号码						
原值		使用记录	日期	使用部门	存放单位	管理部门
其中：安装费						
预计残值						
预计清理费用						
预计使用年限						
月折旧额		原值变动记录	日期	凭证字号	增加	减少
月分类折旧率						
投入使用日期						

表1-31 固定资产登记卡（反面）

折旧记录			停用记录			恢复使用记录	
年度	本年计提	累计提取	日期	凭证字号	原因	日期	凭证字号

大修理记录				报废清理记录			
日期	凭证字号	摘要	金额	清理日期		报废清理原因	
				累计折旧额		批准文号	
				清理费用		实际使用年限	
				残值变现收入			
备注：						设卡日期	
						注销卡片日期	
						卡片登记人	

5. 成本核算业务原始凭证的设计与样本

成本核算业务主要涉及生产费用的发生和分配，以及生产产品等业务，为了正确计算成本，往往需要设计材料费用分配表、工薪费用分配表、制造费用分配表、废品报告单、产品成本计算单等。这些凭证中绝大多数都是要企业根据自身的生产特点自行设计，在业务发生或费用分配时由成本核算人员填制。成本核算业务原始凭证的样本如表1-32至表1-34所示。

1) 材料费用分配表主要对某会计期间所耗材料按其用途和方向进行分配，由成本核算人员根据领料凭证先行编制材料发出汇总表，然后在月底进行材料费用分配后编制而成。一般设计一式一联，为套写凭证，即兼具原始凭证和记账凭证双重功能，注明了会计分录。

表1-32 材料费用分配表

年 月 日　　　　编号：

应借科目		成本或费用项目	直接计入	分配计入	材料费用合计
总账科目	明细科目				
合计					

会计主管（签章）：　　复核（签章）：　　制单（签章）：

2) 制造费用分配表主要反映车间管理部门为组织管理生产而发生的各种间接费用的分配情况，由成本核算人员根据车间的制造费用情况按一定的分配标准分配计入各产品成本。一般设计一式一联，为套写凭证，即兼具原始凭证和记账凭证双重功能，注明了会计分录。

表1-33 制造费用分配表

年 月 日　　　　编号：

应借科目		分配标准	分配率	分配金额
总账科目	明细科目			
合计				

会计主管（签章）：　　复核（签章）：　　制单（签章）：

产品成本计算单是按产品名称计算企业各种完工产品成本的常用原始凭证，一般设计一式一联。

表1-34 产品成本计算单

产品名称：　　年 月 日　　完工产品产量：

项目	直接材料	直接人工	制造费用	合计
期初在产品成本				
本期发生生产费用				
生产费用累计				
完工产品成本				
完工产品单位成本				
月末在产品成本				

成本核算员（签章）：　　会计主管（签章）：　　制单（签章）：

6. 销售业务原始凭证的设计与样本

销售业务涉及产品销售、代垫运费、销货退回等方面，原始凭证主要包括发票、代垫运杂费清单、提货单、销货退回收款单及销货日报表等。其中，发票因销售方式不同和销售者所具备的纳税人类别不同，其内容和格式也有较大差别，一般不由基层单位自行设计，而要向税务机关购买相应的发票。只有在极个别的情况下，如分期付款方式销售商品的发票，经批准可由企业自行设计。销售业务原始凭证的样本如表1-35至表1-37所示。

1) 分期付款发票一般设计一式三联：交款凭证联，在未交款前，此联作为购货人分期交款的凭证；每期交款及出纳员盖“收讫”章后，则作为收据。销售部门留存联。记账联，交会计部门。

表1-35　分期付款发票

年　月　日　　　　No: 1700231

购货单位（或姓名）	结算方式			
单位（或家庭）地址	开，1银行及账号			

本发票所列分期付款有关内容，购货人完全同意，并承诺遵守不误。

购货单位（或个人）签章　　　　年　月　日

商品名称及规格	购买数量		分期付款时间表	
生产厂家	单价		第三期	付款日期：
附属设备		（大写）		金额：
购买时付款额（%）	全部货款	（小写）	第二期	付款日期：
分期付款协议：				金额：
			第一期	付款日期：
			（购货时）	金额：

2) 代垫运杂费清单一般设计一式三联：交购货单位联，加盖公章后，随同运输单位开具的货物运输收费单交购货单位；销售部门存查联；记账联，交会计部门。

表1-36　代垫运杂费清单

购货单位：　　　　年　月　日　　　　编号：

商品类别及名称		发票号		计量单位		数量	
承运单位		运单号		托运日期		起讫地点	

代垫费项目	凭证张数	金额	备注
合计			
注：本凭证无销货单位公章无效			

业务负责人（签章）：　　　会计主管（签章）：　　　制单（签章）

3) 提货单往往是企业采用提货制商品交接方式对外销售时需要采用的，一般设计一式四联：仓库留存联；销售部门存查联；门卫放行联；记账联，交会计部门。

表1-37　提货单

购货单位名称：　　　　年　月　日　　　　编号：

合同号码		发票号码		
包装形式				
产品名称及规格	计量单位	数量	重量	附件名称及重量

销售部门负责人（签章）：　　　提货人（签章）：　　　仓库（签章）：

三、记账凭证的设计

记账凭证是会计人员根据审核后的原始凭证，确定会计分录并作为记账依据的会计凭证。

记账凭证的主要作用是对原始凭证所反映的经济内容进行简明扼要的说明，同时确定会计科目和金额，以便作为记账的依据。

(一) 记账凭证的种类

1. 按反映经济业务的方式分类，记账凭证分为单式记账凭证和复式记账凭证

(1) 单式记账凭证

是在一张凭证上只记录一个会计科目的记账凭证。一笔经济业务涉及几个会计科目，就填制几张记账凭证。

(2) 复式记账凭证

是在一张凭证上至少登记两个互相对应的会计科目的记账凭证。复式记账凭证按其适用范围的不同，又可分为通用记账凭证和专用记账凭证两种。

1）通用记账凭证是指适用于所有经济业务的复式记账凭证。企业采用通用复式记账凭证时，对各项经济业务都使用统一格式的记账凭证，一般一笔业务编制一张。

2）专用记账凭证是指只适用于某一类经济业务的复式记账凭证。按其反映经济业务的内容不同，专用记账凭证又分为收款凭证、付款凭证和转账凭证三类。收款凭证是专门用以反映货币资金收入业务的记账凭证。付款凭证是专门用以反映货币资金支出业务的记账凭证。转账凭证是用以反映与货币资金收付无关的转账业务的记账凭证。

2. 按其是否经过汇总分类，记账凭证分为非汇总记账凭证和汇总记账凭证

(1) 非汇总记账凭证

未经过汇总，根据原始凭证编制的记账凭证均为非汇总记账凭证。

(2) 汇总记账凭证

是将某一期间的记账凭证按一定的依据加以汇总而填制的记账凭证。按汇总方式的不同，又可分为分类汇总记账凭证和全部汇总记账凭证两种。分类汇总记账凭证是定期根据收款凭证、付款凭证、转账凭证分别汇总编制汇总收款凭证、汇总付款凭证、汇总转账凭证。全部汇总记账凭证是将一定时期内编制的记账凭证全部汇总在一张记账凭证汇总表（即科目汇总表）上。

(二) 记账凭证设计的基本任务

1. 确定记账凭证的种类

(1) 确定单式或复式记账凭证，是在具体设计记账凭证格式之前必须解决的基本设计问题

应结合被设计单位的经济活动情况、会计核算情况以及各种可供选择的不同记账凭证的优缺点及适用范围等综合加以考虑。

(2) 确定设计记账凭证的具体种类

一个企业到底设计几种记账凭证，没有一个绝对的标准，基本原则仍是要适合单位的具体情况，有利于会计核算工作。确定设计记账凭证的种类，就复式记账凭证而言，通常有下列三种方式。

1) 只设计一种通用的记账凭证。

2) 设计收款凭证、付款凭证、转账凭证三种。

3) 设计现金收款凭证、现金付款凭证、银行存款收款凭证、银行存款付款凭证、转账凭证五种。如果采用科目汇总表核算形式和汇总记账凭证核算形式，还需设计相应的汇总记账凭证。

2. 设计记账凭证的基本项目

尽管采用的记账凭证种类不同，所设计的记账凭证的格式也有所不同，但记账凭证

的基本项目是相同的。其基本项目包括：记账凭证的名称（如××公司转账凭证），填制日期，经济业务简要说明，应记会计科目（包括一级、二级和明细科目），记账方向及金额，记账符号，凭证编号，附件张数（即所附原始凭证的张数，反映数据的来源），以及填制、审核、出纳、记账和会计主管人员的签章等。

3. 设计每一种记账凭证的具体格式

记账凭证的格式设计是记账凭证设计中的关键环节，其设计的合理与否会直接影响记账凭证的填写、汇总和记账。根据确定的记账凭证种类，设计记账凭证格式时，要做到基本内容完整、重点内容突出，各栏目排列合理，行次适当，既要便于填写和记账，也要便于复核、查账和审计。

4. 规定记账凭证的用途和管理制度

对各种记账凭证的用途、使用方法以及注意事项等应做出明确的规定，以确保各种记账凭证的合理使用。而且，由于记账凭证是对原始凭证内容的分类整理和会计加工，反映了经济业务发生后对企业的影响，因此，也是重要的会计资料，必须建立完善的管理制度。

（三）记账凭证设计的基本要求

1) 记账凭证设计应清晰反映会计分录，保证会计信息原始数据得到正确合理的分类存储。

2) 记账凭证设计应符合会计审核和内部控制的基本要求。

3) 记账凭证设计应对原始凭证起到控制和索引作用。

（四）主要记账凭证设计样本的比较

1. 单式记账凭证与复式记账凭证样本的比较

表1-38是借贷复式记账凭证通常设计样本，表1-39、表1-40是借贷单式记账凭证通常设计样本。

表1-38 记账凭证

年 月 第 号

摘要	科目	子细目	借方金额	贷方金额
合计				

财会主管： 记账： 出纳： 复核： 制单：

表1-39 借项记账凭证

借方科目：	年 月 日 第 号		
二级或明细科目	摘要	账页	金额
对方科目：	合计		

财会主管： 记账： 出纳： 复核： 制单：

表1-40 贷项记账凭证

贷方科目：	年 月 日 第 号		
二级或明细科目	摘要	账页	金额
对方科目：	合计		

财会主管： 记账： 出纳： 复核： 制单：

单式记账凭证的优点是便于按科目汇总，有利于分工填制和记账。其局限性在于未在一张凭证上反映经济业务的全貌，出现差错时不易查找，而且在人工记账时编制记账凭证的工作量较大，且这种设计记账凭证使用数量多，原始凭证依附不便。复式记账凭证的优点在于能够清晰地反映经济业务的全貌和资金运动的来龙去脉，便于检查和审核。其局限性在于不便于人工记账的分工，复式记账凭证汇总也没有单式记账凭证方便。

2. 几种借贷复式记账凭证样本的比较

表1-41至表1-52等12张记账凭证，均属借贷复式记账凭证的设计样本。

表1-41至表1-44是某厂设计使用的借贷复式记账凭证，共四种，一种收款凭证，一种付款凭证，两种转账凭证。其设计特点是：收款凭证增设了“缴款人（单位）”“交款人签章”栏和金额大写及事由；付款凭证增设了“受款人（单位）”“领款人签章”栏和金额大写及用途。这样，对收付款业务的反映更全面详细，便于审核与监督。

表1-41　收款凭证（红色）出纳编号：

缴款人（单位）：　　　收款时间：　年　月　日

金额（大写）：拾　万　仟　佰　拾　元　角　分

事由：

应记借方的账户		✓	应记贷方的账户		✓	金额								交款人签章
一级账户	明细账户		一级账户	明细账户		十	万	千	百	十	元	角	分	

附单据　张

主管：　出纳：　稽核：　审核：　填证：

表1-42　付款凭证（蓝色）出纳编号：

受款人（单位）：　　　付款时间：　年　月　日

金额（大写）：拾　万　仟　佰　拾　元　角　分

事由：

应记借方的账户		✓	应记贷方的账户		✓	金额								领款人签章
一级账户	明细账户		一级账户	明细账户		十	万	千	百	十	元	角	分	

附单据　张

主管：　出纳：　稽核：　审核：　填证：

表1-43　借方转账凭证（黑色）

年　月　日　　　凭证编号（　）____

应记借方的账户		✓	应记贷方的账户		✓	摘要	金额							
一级账户	明细账户		一级账户	明细账户			十	万	千	百	十	元	角	分

附单据　张

主管：　稽核：　审核：　填证：

表1-44 贷方转账凭证（黑色）

年 月 日 凭证编号（ ）____

应记借方的账户		✓	应记贷方的账户		✓	摘要	金额							
一级账户	明细账户		一级账户	明细账户			十	万	千	百	十	元	角	分

附单据 张

主管： 稽核： 审核： 填证：

表1-45至表1-47是某厂设计使用的借贷复式记账凭证，共三种，一种收款凭证、一种付款凭证和一种转账凭证。其设计特点是：收款凭证设计有“交款人”栏，付款凭证设计有“收款人”栏，转账凭证不分借项、贷项。这样设计重点突出，简明扼要。

表1-45 收款记账凭证（红色）

借方科目： 年 月 日 凭证编号：____

经济业务简要说明	贷方科目		记账	金额							
	一级科目	明细科目		十	万	千	百	十	元	角	分
交款人：	合计										

附单据 张

财会科长： 审核： 出纳： 制单：

表1-46 付款记账凭证（蓝色）

贷方科目： 年 月 日 凭证编号：

经济业务简要说明	借方科目		记账	金额							
	一级科目	明细科目		十	万	千	百	十	元	角	分
收款人：	合计										

附单据 张

财会科长： 审核： 出纳： 制单：

表1-47 转账记账凭证（黑色）

年 月 日 凭证编号：____

借方科目		贷方科目		记账	金额							
一级科目	明细科目	一级科目	明细科目		十	万	千	百	十	元	角	分
简要说明：												

附单据 张

财会科长： 审核： 制单：

表1-48是收（付）款凭证设计样本，表1-49至表1-52是转账凭证设计样本。表1-48与表1-45、表1-46属于同一种设计类型，但不同的是：前者“金额”栏分“一级科目”“二级科

目（明细）”两栏；后者“贷方科目”栏分“一级科目”“明细科目”两小栏。表1-49与表1-50相比较，后者是“摘要”栏居中，借项、贷项分列两边；前者是借项、贷项分列两边，设双“摘要”栏，区别于表1-50的会计科目分设“总账科目”“子目”两小栏，对于会计科目的反映更清楚。表1-51与表1-52相比较，前者对金额的反映较为详细具体，突出金额；后者对会计科目的反映较为详细具体，突出会计科目。

表1-48　（企业名称）收（付）款凭证

借（贷）方科目　　　　年　月　日　　　　字第　号

摘 要	贷（借）方科目	金额		✓
		一级科目	二级科目（明细）	
合 计				

附件　张

会计主管：　记账：　出纳：　审核：　填制：

表1-49　（企业名称）转账凭证

总号：　　　　年　月　日　　　　分号：

摘要	总账科目及子目	金额	✓	摘要	总账科目及子目	金额	✓
合 计							

附件　张

会计主管：　记账：　复核：　填制：

表1-50　（企业名称）转账凭证

年　月　日　　　　第　号

借方				摘要	贷方			
总账科目	子目	金额	✓		总账科目	子目	金额	✓
				合计				

附件　张

会计主管：　记账：　填制：

表1-51　（企业名称）转账凭证

年　月　日　　　　字第　号

摘要	会计科目	借方金额		贷方金额		✓
		一级	二级或明细	一级	二级或明细	
合计						

附件　张

会计主管：　记账：　审核：　填制：

表1-52 （企业名称）转账凭证

年 月 日 字第 号

摘要	借方科目		贷方科目		金额	✓	
	一级	二级或明细科目	一级	二级或明细科目			附件 张
合计							

会计主管： 记账： 审核： 填制：

3. 几种汇总记账凭证样本的比较

表1-53至表1-57是借贷记账法下的汇总记账凭证的设计样本。其中表1-53、表1-54、表1-55三种汇总记账凭证是配套使用的，其特点在于：对于收款凭证、付款凭证、转账凭证要分别汇总并编制汇总收款凭证、汇总付款凭证、汇总转账凭证；在汇总凭证之中要反映会计科目的对应关系，以便反映经济业务的来龙去脉。

表1-53 汇总收款凭证

借方科目：库存现金 201×年12月

贷方科目	金额				总账页数	
	1日至10日 凭证1～30号	1日至10日 凭证1～30号	1日至10日 凭证1～30号	合计	借方	贷方
其他应收款	80			80	95	10
主营业务收入	600	20		620	95	200
其他业务收入		50	100	150	95	180
合计	680	70	100	850		

表1-54 汇总付款凭证

贷方科目：银行存款 201×年12月

借方科目	金额				总账页数	
	1日至10日 凭证1～30号	1日至10日 凭证1～30号	1日至10日 凭证1～30号	合计	借方	贷方
应付账款	10000	5000		15000	100	190
材料采购	20000	10000	20000	50000	260	190
固定资产	20700			20700	30	190
合计	50700	15000	20000	85700		

表1-55 汇总转账凭证

贷方科目：原材料 201×年12月 第15号

借方科目	金额				总账页数	
	1日至10日 凭证1～30号	1日至10日 凭证1～30号	1日至10日 凭证1-30号	合计	借方	贷方
生产成本	5000	10000	5000	20000	12	24
制造费用			2000	2000	20	24
管理费用		1000	3000	4000	30	24
合计	5000	11000	10000	26000		

表1-56的设计与表1-57的设计具有相同点，都是按一定时间汇总科目的借贷发生额，不反映会计科目之间的关系。两者区别在于表1-57的汇总期短，可以1天、3天、5天、10天汇总一次，填一张科目汇总表。表1-56的汇总期长，表中每旬汇总一次，全月合计，每月汇总填制一张记账凭证汇总表，既可依据其数据每旬登记一次总账，也可每月登记一次总账。

表1-56　记账凭证汇总表

年　月　　第×号

会计科目	1～10日		11～20日		21～30日		合计		总账页数
	借方	贷方	借方	贷方	借方	贷方	借方	贷方	
合计									

表1-57　科目汇总表

年　月　日至　日　　汇字　号

会计科目	借方发生额	贷方发生额	✓	记账凭证起止号
合计				

会计主管：　　记账：　　复核：　　制表：

四、会计凭证传递程序和管理制度的设计

（一）会计凭证传递程序的设计

会计凭证的传递程序是指会计凭证从填制或取得起到归档为止，在本单位内各有关部门之间按规定的时间、路线传递和处理的程序。

会计凭证传递程序设计的基本内容包括：规定合理的传递路线，规定合理的传递时间，以及规定会计凭证在传递过程中的衔接手续。

会计凭证传递程序设计的基本要点如下所述。

1）会计凭证传递程序应根据各项经济业务的特点，结合本单位各部门和人员的分工情况加以制定，满足内部控制的要求。

2）会计凭证传递程序设计既要保证会计凭证经过必要的环节进行处理和审核，又要尽量避免会计凭证经过不必要的环节，做到既有利于会计反映和监督，又要减少不必要的劳动。

3）会计凭证传递程序设计应结合业务处理的程序，可绘制成流程图表，使有关人员能够按流程图表准确地传递凭证，也便于分析、追踪和监督业务处理的过程。

（二）会计凭证管理制度的设计

会计凭证管理制度的设计主要包括原始凭证处理规则、记账凭证处理规则以及会计凭证保管制度的设计。

1. 原始凭证处理规则的设计

原始凭证处理规则设计的基本要求是：要保证会计部门及时、完整地收集有关原始凭证，严格、有效地审核其真实性、全面性以及合法合规情况。其设计内容包括：企业原始凭证的范围；有效原始凭证的内容；原始凭证的取得及填制要求；原始凭证审核处理要求。

2. 记账凭证处理规则的设计

记账凭证处理规则设计的基本要求是：要保证全面反映经济业务全貌和资金的来龙去

脉，并联系原始记录和账簿记录，加强会计内部控制。其设计内容主要包括：记账凭证的编制依据；记账凭证必须具备的基本内容；记账凭证的填制要求；记账凭证审核处理要求。

3. 会计凭证保管制度的设计

会计凭证保管制度设计的基本要求是：要保证会计凭证保管措施得当，便于本单位随时检查和调用，也便于上级领导机关和审计机关检查和评价。其设计内容主要包括：会计凭证保管的基本要求；会计凭证的保管期限，凭证保管期满才能销毁；确定会计凭证的保管人员，非保管人员不得私自接触归档的凭证等。

第九节　会计账簿的登记

一、会计账簿的概念和种类

（一）会计账簿的概念

会计账簿简称账簿，又叫账册，是指以会计凭证为依据，全面、系统和连续地记录、反映企业经济活动的，具有一定格式的簿籍。它是由许多具有专门格式的账页组成的。设置和登记账簿是会计核算的一种专门方法。

通过账簿的登记，对各项经济业务进行序时、分类地记录，既可提供总括的核算资料，又可提供明细的核算资料，全面系统地反映资金的增减变化。同时，还可为编制会计报表提供主要依据。

各单位应当按照国家统一会计制度的规定和会计业务的需要设置会计账簿。实行会计电算化的单位，用计算机打印的会计账簿必须连续编号，经审核无误后装订成册，并由记账人员和会计机构负责人、会计主管人员签字或者盖章。实行会计电算化的单位，总账和明细账应当定期打印。发生收款和付款业务的，在输入收款凭证和付款凭证的当天必须打印出现金日记账和银行存款日记账，并与库存现金核对无误。

在设置账簿时，应遵循这些原则：全面、系统地反映和监督经济活动情况；适应本单位的生产经营特点和核算要求；满足国民经济宏观管理的需要；简便实用。

（二）会计账簿的种类

账簿可以按其用途、账页格式和外形特征等不同标准进行分类。

1. 按用途分类

1) 序时账簿又称日记账，它是按照经济业务发生或完成时间的先后顺序逐日逐笔进行登记的账簿。序时账簿可以用来核算和监督某一类型经济业务或全部经济业务的发生或完成情况。用来记录全部业务的日记账称为普通日记账；用来记录某一类型经济业务的日记账称为特种日记账，如记录现金收付业务及其结存情况的现金日记账，记录银行存款收付业务及其结存情况的银行存款日记账，以及专门记录转账业务的转账日记账。在我国，大多数企业一般只设现金日记账和银行存款日记账，而不设置转账日记账和普通日记账。

2) 分类账簿是对全部经济业务按照会计要素的具体类别而设置的分类账户进行登记的账簿。按照总分类账户分类登记经济业务的是总分类账簿，简称总账。按照明细分类账户分类登记经济业务的是明细分类账簿，简称明细账。总分类账提供总括的会计信息，明细分类账提供详细的会计信息，两者相辅相成，互为补充。

分类账簿可以分别反映和监督各项资产、负债、所有者权益、收入、费用和利润的增减变动情况及其结果。分类账簿提供的核算信息是编制会计报表的主要依据。

分类账簿和序时账簿的作用不同。序时账簿能提供连续系统的信息，反映企业资金运动的全貌；分类账簿则是按照经营与决策的需要而设置的账户，归集并汇总各类信息，反映资金运动的各种状态、形式及其构成。

小型经济单位，业务简单，总分类账户不多，为简化工作，可以把序时账簿与分类账簿结合起来，设置联合账簿。

3) 备查账簿（或称辅助登记簿），简称备查簿，是对某些在序时账簿和分类账簿等主要账簿中都不予登记或登记不够详细的经济业务进行补充登记时使用的账簿。例如，租入固定资产备查簿，是用来登记那些以经营租赁方式租入、不属于本企业财产、不能记入本企业固定资产账户的机器设备；应收票据贴现备查簿是用来登记本企业已经贴现的应收票据，由于尚存在着票据付款人到期不能支付票据款项而使本企业产生连带责任的可能性（即负有支付票据款项的连带义务），而这些应收票据已不能在企业的序时账簿或分类账簿中反映，所以要备查登记。

备查账簿与序时账簿和分类账簿相比，存在两点不同之处：一是登记依据可能不需要记账凭证，甚至不需要一般意义上的原始凭证；二是账簿的格式和登记方法不同，备查账簿的主要栏目不记录金额，它更注重用文字来表述某项经济业务的发生情况。例如，租入固定资产登记簿，它登记的依据主要就是租赁合同与企业内部使用单位收到设备的证明。这两者在企业一般经济业务的核算中，不能充当正式原始凭证，只能作为原始凭证的附件（如作为支付租金的依据）。

2. 按账页格式分类

1) 两栏式账簿只有借方和贷方两个基本金额栏目的账簿。普通日记账和转账日记账一般采用两栏式。

2) 三栏式账簿是设有借方、贷方和余额三个基本栏目的账簿。各种日记账、总分类账以及资本、债权、债务明细账都可采用三栏式账簿。三栏式账簿又分为设对方科目和不设对方科目两种。区别是在摘要栏和借方科目栏之间是否有一栏“对方科目”。有“对方科目”栏的，称为设对方科目的三栏式账簿；不设“对方科目”栏的，称为不设对方科目的三栏式账簿，也称为一般三栏式账簿。

3) 多栏式账簿是在账簿的两个基本栏目借方和贷方按需要分设若干专栏的账簿。如多栏式日记账、多栏式明细账。但是，专栏设置在借方，还是设在贷方，或是两方同时设专栏，设多少专栏，则根据需要确定。收入、费用明细账一般均采用这种格式的账簿。

4) 数量金额式账簿的借方、贷方和余额三个栏目内，都分设数量、单价和金额三小栏，借以反映财产物资的实物数量和价值量。如原材料、库存商品、产成品等明细账一般都采用数量金额式账簿。

3. 按外形特征分类

1) 订本账是启用之前就已将账页装订在一起，并对账页连续编号的账簿。订本账的优点是能避免账页散失和防止抽换账页。缺点是不能准确地为各账户预留账页，预留太多，造成浪费；预留太少，影响连续登记。这种账簿一般适用于总分类账、现金日记账、银行存款日记账。

2) 活页账是在账簿登记完毕之前并不固定装订在一起，而是装在活页账夹中。当账簿登记完毕之后（通常是一个会计一年度结束之后），才将账页予以装订，加具封面，并给各账页连续编号。这类账簿的优点是记账时可根据实际需要，随时将空白账页装入账簿，或抽去不需要的账页，便于分工记账。缺点是如果管理不善，可能会造成账页散失或故意抽换账页。各种明细分类账一般采用活页账形式。

3) 卡片账是将账户所需格式印刷在硬卡上。严格说，卡片账也是一种活页账，只不过它不是装在活页账夹中，而是装在卡片箱内。在我国，企业一般只对固定资产的核算采用卡片账形式。因为固定资产在长期使用中其实物形态不变，又可能经常转移使用部门，设置卡片账便于随同实物转移。少数企业在材料核算中也使用材料卡片。

二、会计账簿的主要内容与登记要求

(一) 账簿的主要内容

在实际工作中，账簿的格式是多种多样的，不同格式的账簿所包括的具体内容也不尽相同。但各种账簿都应具备以下基本要素。

1) 封面：主要标明账簿的名称，如总分类账、各种明细账、现金日记账、银行存款门记账等。

2) 扉页：主要列明科目索引、账簿启用和经管人员一览表（活页账、卡片账在装订成册后，填列账簿启用和经管人员一览表），格式参见表1-58。

表1-58 账簿启用和经管人员一览表

账簿名称：　　单位名称：

账簿编号：　　账簿册数：

账簿页数：　　启用日期：

会计主管：　　记账人员：

移交日期			移交人		接管日期			接管人		会计主管	
年	月	日	姓名	签章	年	月	日	姓名	签章	姓名	签章

3) 账页是账簿用来记录具体经济业务的载体，其格式因记录经济业务内容的不同而有所不同，但基本内容应包括：账户的名称（总分类账户、二级账户或明细账户）；登记账户的日期栏；凭证种类和号数栏；摘要栏（简要说明所记录经济业务的内容）；金额栏（记录经济业务引起账户发生额或余额增减变动的数额）；总页次和分户页次。

(二) 账簿的登记要求

1. 准确完整

登记会计账簿时，应当将会计凭证日期、编号、业务内容摘要、金额和其他有关资料逐项记入账内，做到数字准确、摘要清楚、登记及时、字迹工整。每一项会计事项，一方面要记入有关的总账，另一方面要记入该总账所属的明细账。账簿记录中的日期，应该填写记账凭证上的日期；以自制原始凭证，如收料单、领料单等作为记账依据的，账簿记录中的日期应按有关自制凭证上的日期填列。

2. 注明记账符号

账簿登记完毕，应在记账凭证上签名或盖章，并在记账凭证的“过账”栏内注明账簿页数或画对勾，表示记账完毕，避免重记、漏记。

3. 书写留空

账簿中书写的文字和数字上面要留有适当的空格，不要写满格，一般应占格距的二分之一。这样，一旦发生登记错误时，能比较容易地进行更正，同时也方便查账工作。

4. 正常记账使用蓝黑墨水

为了保持账簿记录的持久性，防止涂改，登记账簿必须使用蓝黑墨水或碳素墨水并用钢笔书写，不得使用圆珠笔（银行的复写账簿除外）或者铅笔书写。

5. 特殊记账使用红墨水

可以使用红色墨水记账的情况包括：按照红字冲账的记账凭证，冲销错误记录；在不设借贷等栏的多栏式账页中，登记减少数；在三栏式账户的余额栏前，如未印明余额方向的，在余额栏内登记负数余额；根据国家统一的会计制度规定可以用红字登记的其他会计记录。会计中的红字表示负数，因此，除上述情况外，不得用红色墨水登记账簿。

6. 顺序连续登记

记账时，必须按账户页次逐页逐行登记，不得隔页、跳行。如发生隔页、跳行现象，应在空页、空行处用红色墨水画对角线注销，或者注明“此页空白”或“此行空白”字样，并由记账人员和会计机构负责人（会计主管人员）签章。

7. 结出余额

凡需要结出余额的账户，结出余额后，应当在“借或贷”栏目内注明“借”或“贷”字样，以示余额的方向；对于没有余额的账户，应在“借或贷”栏内写“平”字，并在“余额”栏用“Q”表示。现金日记账和银行存款日记账必须逐日结出余额。

8. 过次承前

每一账页登记完毕时，应当结出本页发生额合计及余额，在该账页最末一行“摘要”栏注明“转次页”或“过次页”，并将这一金额记入下一页第一行有关金额栏内，在该行“摘要”栏注明“承前页”，以保持账簿记录的连续性，便于对账和结账。

9. 不得刮擦涂改

如发生账簿记录错误，不得刮、擦、挖补或用褪色药水更改字迹，而应采用规定的方法更正。

（三）会计账簿的格式和登记方法

1. 日记账的格式和登记方法

日记账是按照经济业务发生或完成的时间先后顺序逐笔进行登记的账簿。设置日记账的目的是使经济业务的时间顺序清晰地反映在账簿记录中。日记账按其所核算和监督经济业务的范围，可分为特种日记账和普通日记账。特种日记账核算和监督某一类型经济业务的发生和完成情况，普通日记账核算和监督全部经济业务的发生和完成情况。

(1) 特种日记账——现金日记账

现金日记账是用来核算和监督库存现金每天的收入、支出和结存情况的账簿。由出纳人员根据同现金收付有关的记账凭证，按时间顺序逐日逐笔进行登记，即根据现金收款凭证和与现金有关的银行存款付款凭证（从银行提取现金的业务）登记现金收入，根据现金付款凭证登记现金支出；并根据“上日余额+本日收入−本日支出=本日余额”的公式，逐日结出现金余额，与库存现金实存数核对，以检查每日现金收付是否有误。

现金日记账的格式有三栏式和多栏式两种。三栏式现金日记账设借方、贷方和余额三个基本的金额栏目，一般将其分别称为收入、支出和结余。在金额栏与摘要栏之间常常插入“对方科目”，以便记账时标明现金收入的来源科目和现金支出的用途科目。三栏式现金口记账的格式见表1-59。

多栏式现金日记账是在三栏式现金日记账基础上发展起来的。这种日记账的借方（收入）和贷方（支出）金额栏都按对方科目设专栏，也就是按收入的来源和支出的用途设专栏。这种格式在月末结账时，可以结出各收入来源专栏和支出用途专栏的合计数，便于对现金收支的合理性、合法性进行审核分析，便于检查财务收支计划的执行情况。其全月发生额还可以作为登记总账的依据。多栏式现金日记账的格式见表1-60。

表1-59 现金日记账（三栏式）

年		凭证号	摘要	对方科目	收入	支出	结余
月	日						

表1-60 现金日记账（多栏式）

年		凭证号	摘要	收入				支出				结余
				应贷科目				应借科目				
月	日			银行存款	主营业务收入	……	合计	其他应收款	管理费用	……	合计	

表1-60所示的多栏式现金日记账，如果借、贷两方对应的科目太多会形成账页过长，不便于保管和记账。因此，实际工作中，如果要设多栏式现金日记账，一般常把现金收入业务和支出业务分设“库存现金收入日记账”和“库存现金支出日记账”两本账，分别见表1-61和表1-62。其中，库存现金收入日记账按对应的贷方科目设置专栏，另设“支出合计”栏和“结余”栏；库存现金支出日记账则只按支出的对方科目设专栏，不设“收入合计”栏和“结余”栏。这种借贷方分设的多栏式日记账的登记方法：是先根据有关现金收入业务的记账凭证登记库存现金收入日记账，根据有关现金支出业务的记账凭证登记库存现金支出日记账，每日营业终了，根据库存现金支出日记账结计的支出合计数，一笔转入库存现金收入日记账的“支出合计”栏中，并结出当日余额。

表1-61 现金收入日记账

年		凭证号	摘要	对方科目				支出合计	结余
月	日			银行存款	主营业务收入	……	收入合计		

表1-62 现金支出日记账

年		凭证号	摘要	借方科目					
月	日			银行存款	其他应收款	管理费用	制造费用	……	支出合计

为了保证现金日记账的安全和完整，无论采用三栏式还是多栏式现金日记账，都必须使用订本账。

(2) 特种日记账——银行存款日记账

银行存款日记账是用来核算和监督银行存款每日的收入、支出和结余情况的账簿。

银行存款日记账应按企业在银行开立的账户和币种分别设置，每个银行账户设置一本日记账。由出纳员根据与银行存款收付业务有关的记账凭证，按时间先后顺序逐日逐笔进行登记。根据银行存款收款凭证和有关的现金付款凭证（库存现金存入银行的业务）登记银行存款收入栏，根据银行存款付款凭证登记其支出栏，每日结出存款余额。

银行存款日记账的格式与现金日记账相同，可以采用三栏式，也可以采用多栏式；多栏式可以将收入和支出的核算在一本账上进行，也可以分设“银行存款收入日记账”和“银行存款支出日记账”。银行存款日记账的登记方法与现金日记账相同，不再重复。

银行存款日记账的格式可参见表1-59、表1-60、表1-61和表1-62。但不管是三栏式还是多栏式，都应在适当位置增加一栏“结算凭证”，以便记账时标明每笔业务的结算凭证及编号，便于与银行核对账目。

(3) 特种日记账——转账日记账

转账日记账是根据转账凭证逐日逐笔顺序登记的账簿，其格式如表1-63。我国使用这种日记账的不多。

表1-63　转账日记账

年		凭证号	摘要	借方		贷方	
月	日			一级科目	金额	一级科目	金额

(4) 普通日记账

普通日记账是用来序时登记全部经济业务的账簿，又称为分录簿。一般只设借方和贷方两个金额栏次，以满足编制会计分录的需要，普通日记账可采用表1-63所示转账日记账的格式，也可采用表1-64所示的格式。这两种格式实际上并无本质区别，只是后一种格式的借贷方账户名称并没有分开，因此在采用后一种格式时，登记经济业务所涉及的账户名称要分两行（或多行）排列，先借后贷，借贷方账户要错开。

对于规模较小、经济业务不多的企业，使用普通日记账程序简便，也可以满足业务需要，其优点有三点。

1) 便于了解企业在一定时间内发生的所有经济业务的全貌。

2) 把每一经济业务的应借应贷账户的名称、金额汇于一处，并有该项业务的摘要可供查考，可以比较容易地发现记账差错。

3) 通过全月发生额合计，可以进行试算平衡。

使用普通日记账的缺点是：记账时不便于分工合作；无法了解某一特定账户的发生额及余额的变化情况；过账的工作量大。

如果企业规模较大、业务量较多且较复杂，就不宜设置普通日记账。

编制普通日记账时，可根据经济业务直接登记，然后再将普通日记账过入分类账。因此，设普通日记账一般可不再做记账凭证。

表1-64　普通日记账

年		摘要	账户名称	记账	借方	贷方
月	日					

2. 总分类账的格式和登记方法

总分类账是按照总分类账户分类登记以提供总括会计信息的账簿。总账中的账页是按总账科目（一级科目）开设的总分类账户。应用总分类账，可以全面、系统、综合地反映企业所有的经济活动情况，可以为编制会计报表提供所需的资料。因此，每一企业都应设置总分类账。

总分类账最常用的格式为三栏式，设置借方、贷方和余额三个基本金额栏目，表1-65为设“对方科目”的三栏式总分类账，表1-66为一般三栏式总分类账。

也有采用多栏式设置总分类账的。多栏式总账一般是将一个企业使用的全部总账账户合设在一张账页上。很显然，如果企业总账账户较多则会造成账页过长，不便保管和记账，因此现在一般很少采用。

总分类账的记账依据和登记方法取决于企业采用的账务处理程序，既可以根据记账凭证逐笔登记，也可以根据经过汇总的科目汇总表或汇总记账凭证等登记。

表1-65　总分类账（设对方科目三栏式）

年		凭证号	摘要	对方科目	借方科目	贷方科目	借或贷	余额
月	日							

表1-66　总分类账（一般三栏式）

账户名称：

年		凭证号	摘要	借方金额	贷方金额	借或贷	余额
月	日						

3. 明细分类账的格式和登记方法

明细分类账是根据二级账户或明细账户开设账页，分类、连续地登记经济业务以提供明细核算资料的账簿。明细分类账是总分类账的明细记录，它是按照总分类账的核算内容，按照更加详细的分类，反映某一具体类别经济活动的财务收支情况，它对总分类账起补充说明的作用，它所提供的资料也是编制会计报表的重要依据。

不同类型经济业务的明细分类账，可根据管理需要，依据记账凭证、原始凭证或汇总原始凭证逐日逐笔或定期汇总登记。固定资产、债权、债务等明细账应逐日逐笔登记；库存商品、原材料收发明细账以及收入、费用明细账可以逐笔登记，也可定期汇总登记。库存现金、银行存款账户由于已设置了日记账，不必再设明细账，其日记账实质上也是一种明细账。

明细账的格式有三栏式、多栏式、数量金额式和横线登记式（或称平行式）等多种。

1) 三栏式明细分类账是设有借方、贷方和余额三个栏目，用以分类核算各项经济业务，提供详细核算资料的账簿，其格式与三栏式总账格式相同。表1-66也可以用作明细账。

三栏式明细账适用于只进行金额核算的账户，如应收账款、应付账款、应交税费等往来结算账户。

2) 多栏式明细分类账将属于同一个总账科目的各个明细科目合并在一张账页上进行登记，即在这种格式账页的借方或贷方金额栏内按照明细项目设若干专栏。这种格式适用于成本费用类科目的明细核算。

在实际工作中，成本费用类科目的明细账，可以只按借方发生额设置专栏，贷方发生额由于每月发生的笔数很少，可以在借方直接用红字冲记。这类明细账也可以在借方设专栏的情况下，贷方设一总的金额栏，再设一余额栏。这两种多栏式明细账的格式分别如表1-67和表1-68所示。

表1-67 管理费用明细分类账（一）

年		凭证号	摘要	借方							
月	日			工资及福利费	办公费	差旅费	折旧费	修理费	工会经费	……	合计

表1-68 管理费用明细分类账（二）

年		凭证号	摘要	借方								贷方	余额
月	日			工资及福利费	办公费	差旅费	折旧费	修理费	工会经费	……	合计		

3) 数量金额式明细分类账适用于既要进行金额核算又要进行数量核算的账户，如原材料、库存商品等存货账户，其借方（收入）、贷方（发出）和余额（结存）都分别设有数量、单价和金额三个专栏。格式见表1-69。

表1-69 库存商品明细分类账

类别： 库存商品编号：

品名或规格： 储备定额：

存放地点： 计量单位：

年		证号	摘要	收入			发出			结存		
月	日			数量	单价	金额	数量	单价	金额	数量	单价	金额

采用数量金额式明细分类账提供了企业有关财产物资的数量和金额收、发、存的详细资料，从而能加强财产物资的实物管理和使用监督，可以保证这些财产物资的安全完整。

4) 横线登记式明细分类账实际上也是一种多栏式明细账，其登记方法是采用横线登记，即将每一相关的业务登记在一行，从而可依据每一行各个栏目的登记是否齐全来判断该项业务的进展情况。这种明细账适用于登记材料采购业务、应收票据和一次性备用金业务。下面以“其他应收款”账户的备用金明细账为例来说明该类明细账的登记方法。

例如，智董公司××年3月发生以下有关业务：3月5日职工李明借款500元，3月7日张三借款600元，3月26日张三报销600元，上述业务记账之后，有关备用金明细账的内容见表1-70。

表1-70 备用金分类账

X×年		凭证号	摘要	借方			X×年		凭证号	摘要	贷方			余额
月	日			原借	补付	合计	月	日			报销	退	合计	
3	5	6	李明	500		500								
3	7	10	张三	600		600	3	26	90	报销	600		600	0

三、结账与对账

(一) 结账

结账是一项将账簿记录定期结算清楚的账务工作。在一定时期结束时（如月末、季末或年末），为了编制会计报表，需要进行结账。结账的内容通常包括两个方面：一是结清各种损益类账户，并据以计算确定本期利润；二是结清各资产、负债和所有者权益账户，分别结出本期发生额合计和余额。

1. 结账的程序

1) 将本期发生的经济业务全部登记入账，并保证其正确性。

2) 根据权责发生制的要求，调整有关账项，合理确定本期应计的收入和应计的费用。具体包括两类：

①应计收入和应计费用的调整。应计收入是指那些已在本期实现、因款项未收而未登记入账的收入。企业发生的应计收入，主要是本期已经发生且符合收入确认标准，但尚未收到相应款项的商品或劳务。对于这类调整事项，应确认为本期收入，借记“应收账款”等科目，贷记“主营业务收入”等科目；待以后收妥款项时，借记“库存现金”“银行存款”等科目，贷记“应收账款”等科目。

应计费用是指那些已在本期发生、因款项未付而未登记入账的费用。企业发生的应计费用，本期已经受益，如应付未付的借款利息等。由于这些费用已经发生，应当在本期确认为费用，借记“管理费用”“财务费用”等科目，贷记“应付利息”等科目；待以后支付款项时，借记“应付利息”等科目，贷记“库存现金”“银行存款”等科目。

②收入分摊和成本分摊的调整。收入分摊是指企业已经收取有关款项，但未完成或未全部完成销售商品或提供劳务，需在期末按本期已完成的比例，分摊确认本期已实现收入的金额，并调整以前预收款项时形成的负债。如企业销售商品预收定金、提供劳务预收佣金。在收到预收收入时，应借记“银行存款”等科目，贷记“预收账款”等科目；在以后提供商品或劳务、确认本期收入时，进行期末账项调整，借记“预收账款”等科目，贷记“主营业务收入”等科目。

成本分摊是指企业的支出已经发生、能使若干个会计期间受益，为正确计算各个会计期间的盈亏，将这些支出在其受益的会计期间进行分配，如企业已经支出，但应由本期和以后各期负担的预付账款，应借记“预付账款”等科目，贷记“银行存款”等科目。在会计期末进行账项调整时，借记“制造费用”等科目，贷记“预付账款”等科目。

3) 将损益类科目转入“本年利润”科目，结平所有损益类科目。

4) 结算出资产、负债和所有者权益类科目的本期发生额和余额，并结转下期。

2. 结账的方法

1) 对不需按月结计本期发生额的账户，如各项应收应付款明细账和各项财产物资明细账等，每次记账以后，都要随时结出余额，每月最后一笔余额即为月末余额。也就是说，月末余额就是本月最后一笔经济业务记录的同一行内余额。月末结账时，只需要在最后一笔经济业务记录之下通栏划单红线，不需要再结计一次余额。

2) 库存现金、银行存款日记账和需要按月结计发生额的收入、费用等明细账，每月结账时，要在最后一笔经济业务记录下面通栏划单红线，结出本月发生额和余额，在摘要栏内注明“本月合计”字样，在下面通栏划单红线。

3) 需要结计本年累计发生额的某些明细账户，每月结账时，应在“本月合计”行下结出自年初起至本月末止的累计发生额，登记在月份发生额下面，在摘要栏内注明“本年累计”字样，并在下面通栏划单红线。12月末的“本年累计”就是全年累计发生额，全年累计发生额下通栏划双红线。

4) 总账账户平时只需结出月末余额：年终结账时，为了总括地反映全年各项资金运动情况的全貌，核对账目要将所有总账账户结出全年发生额和年末余额，在摘要栏内注明“本年合计”字样，并在合计数下通栏划双红线。

年度终了结账时，有余额的账户，要将其余额结转下年，并在摘要栏注明“结转下年”字样；在下一会计年度新建有关会计账户的第一行余额栏内填写上年结转的余额，并在摘要栏注明“上年结转”字样。即将有余额的账户的余额直接记入新账余额栏内，不需要编制记账凭证，也不必将余额再记入本年账户的借方或贷方，使本年有余额的账户的余额变为零。因为既然年末是有余额的账户，其余额应当如实地在账户中加以反映，否则容易混淆有余额的账户和没有余额的账户之间的区别。

(二) 对账

1. 账证相符

账簿是根据经过审核之后的会计凭证登记的，但实际工作中仍然可能发生账证不符的情况。因此，记完账后，要将账簿记录与会计凭证进行核对，核对账簿记录与原始凭证、记账凭证的时间、凭证字号、内容、金额等是否一致，记账方向是否相符，做到账证相符。

会计期末，如果发现账证不符，还有必要重新进行账证核对，但这时的账证核对是通过试算平衡发现记账错误之后再按一定的线索进行。

2. 账账核对

各个会计账簿是一个有机的整体，既有分工，又有衔接，总的目的就是为了全面、系统、综合地反映企事业单位的经济活动与财务收支情况。各种账簿之间的这种衔接依存关系就是常说的钩稽关系。利用这种关系，可以通过账簿的相互核对发现记账工作是否有误。一旦发现错误，就应立即更正，做到账账相符。

账簿之间的核对包括以下内容：

1) 核对总分类账簿的记录。按照“资产＝负债＋所有者权益”这一会计等式和“有借必有贷、借贷必相等”的记账规律，总分类账簿各账户的期初余额、本期发生额和期末余额之间存在对应的平衡关系，各账户的期末借方余额合计和贷方余额合计也存在平衡关系。通过这种等式和平衡关系，可以检查总账记录是否正确、完整。这项核对工作通常采用编制“总分类账户本期发生额和余额对照表”（简称“试算平衡表”）来完成，其格式见表1-71。

2) 总分类账簿与所属明细分类账簿核对。总分类账各账户的期末余额应与其所属的各明细分类账的期末余额之和核对相符。

3) 总分类账簿与序时账簿核对。我国企事业单位必须设置现金日记账和银行存款日记账。现金日记账必须每天与库存现金核对相符，银行存款日记账也必须定期与银行对账。在此基础上，还应检查库存现金总账和银行存款总账的期末余额，与现金日记账和银行存款日记账的期末余额是否相符。

4) 明细分类账簿之间的核对。例如，会计部门有关实物资产的明细账与财产物资保管部门或使用部门的明细账定期核对，以检查其余额是否相符。核对的方法一般是由财产物资保管部门或使用部门定期编制收发结存汇总表报会计部门核对。

表1-71　总分类账户本期发生额和余额对照表

（试算平衡表）

年　月

账户名称	期初余额		本期发生额		期末余额	
	借方	贷方	借方	贷方	借方	贷方
库存现金 银行存款 应收账款 库存商品 ……						
合计						

3. 账实核对

账实核对是指各项财产物资、债权债务等账面余额与实有数额之间的核对。账实核对的内容主要如下所述。

①现金日记账账面余额与库存现金数额是否相符。

②银行存款日记账账面余额与银行对账单的余额是否相符。

③各项财产物资明细账账面余额与财产物资的实有数额是否相符。

④有关债权债务明细账账面余额与对方单位的账面记录是否相符等。

造成账实不符的原因是多方面的，如财产物资保管过程中发生的自然损耗；财产收发过程中由于计量或检验不准，造成多收或少收的差错；由于管理不善、制度不严造成的财产损坏、丢失、被盗；在账簿记录中发生的重记、漏记、错记；由于有关凭证未到，形成未达账项，造成结算双方账实不符；以及发生意外灾害等。因此需要通过定期的财产清查来弥补漏洞，保证会计信息真实可靠，提高企业管理水平。

四、错账的查找与更正方法

（一）错账查找的方法

在记账过程中，可能发生各种各样的差错，产生错账，如重记、漏记、数字颠倒、数字错位、数字记错、科目记错、借贷方向记反（反向）等，从而影响会计信息的准确性，应及时找出差错，并予以更正。

1. 差数法

差数法是指按照错账的差数查找错账的方法。例如，在记账过程中只登记了会计分录的借方或贷方，漏记了另一方，从而形成试算平衡中借方合计与贷方合计不等。其表现形式是：借方金额遗漏使该金额在贷方超出；贷方金额遗漏使该金额在借方超出。对于这样的差错，可由会计人员通过回忆和与相关金额的记账核对来查找。

2. 尾数法

对于发生的角、分的差错可以只查找小数部分，以提高查错的效率。

3. 除2法

除2法是指以差数除以2来查找错账的方法。当某个借方金额错记入贷方（或相反）时，出现错账的差数表现为错误的2倍，将此差数用2去除，得出的商即是反向的金额。例如，应记入“原材料—甲材料”科目借方的4000元误记入贷方，则该明细科目的期末余额将小于其总分类科目期末余额8000元，被2除的商4000元即为贷方反向的金额。同理，如果借方总额大于贷方600元，即应查找有无300元的贷方金额误记入借方。如非此类错误，则应另寻差错的原因。

4. 除9法

除9法是指以差数除以9来查找错数的方法。适用于三种情况。

1) 将数字写小。如将400写为40，错误数字小于正确数字9倍。查找的方法是：以差数除以9后得出的商即为写错的数字，商乘以10即为正确的数字。差数360（即400－40）除以9，商40即为错数，扩大10倍后即可得出正确的数字400。

2) 将数字写大。如将50写为500，错误数字大于正确数字9倍。查找的方法是：以差数除以9后得出的商为正确的数字，商乘以10后所得的积为错误数字。差数450（即500－50）除以9后，所得的商50为正确数字，50乘以10（即500）为错误数字。

3) 邻数颠倒。如将78写为87，将96写为69，将36写为63等。颠倒的两个数字之差最小为1，最大为8（即9－1）。查找的方法是：将差数除以9，得出的商连续加11，直到找出颠倒的数字为止。如将78记为87，其差数为9。查找此错误的方法，将差数除9得1，连加11后可能的结果为12.23.34.45.56.67.78.89。当发现账簿记录中出现上述数字（本例为78）时，则有可能正是颠倒的数字。

（二）错账更正方法

1. 划线更正法

在结账前发现账簿记录有文字或数字错误，而记账凭证没有错误，可以采用划线更正法。更正时，可在错误的文字或数字上画一条红线，在红线的上方填写正确的文字或数字，并由记账及相关人员在更正处盖章，以明确责任。但应注意：更正时不得只划销错误数字。应将全部数字划销，并保持原有数字清晰可辨，以便审查。

2. 红字更正法

红字更正法适用于两种情况。

1) 记账后发现记账凭证中的应借、应贷会计科目有错误，从而引起记账错误。更正的方法是：用红字填写一张与原记账凭证完全相同的记账凭证，以示注销原记账凭证，然后用蓝字填写一张正确的记账凭证，并据以记账。

【例1-40】智董公司生产车间生产产品直接耗用材料一批，价值2000元。该公司会计分录误作为：

借：制造费用　　2000

　贷：原材料　　2000

该公司更正时，应当用红字编制一张与原记账凭证完全相同的记账凭证，以示注销原记账凭证（以下分录中，□内数字表示红字）：

借：制造费用　　[2000]

　贷：原材料　　[2000]

然后用蓝字编制一张正确的记账凭证并记账，分录为：

借：生产成本　　2000

　贷：原材料　　2000

2) 记账后发现记账凭证和账簿记录中应借、应贷会计科目无误，只是所记金额大于应记金额。更正的方法是：按多记的金额用红字编制一张与原记账凭证应借、应贷科目完全相同的记账凭证，以冲销多记的金额，并据以记账。

【例1-41】承【例1-40】，科目选用无误，但金额误记为20000元，则该公司的更正会计分录为：

借：生产成本　　　　　　　　　　　　　　　　　　　　　18000（红字）
　贷：原材料　　　　　　　　　　　　　　　　　　　　　18000（红字）

3. 补充登记法（又称补充更正法）

记账后发现记账凭证和账簿记录中应借、应贷会计科目无误，只是所记金额小于应记金额。更正的方法是：按少记的金额用蓝字编制一张与原记账凭证应借、应贷科目完全相同的记账凭证，以补充少记的金额，并据以记账。

【例1-42】承【例1-41】，金额误记为200元，则该公司的更正会计分录为：

借：生产成本　　　　　　　　　　　　　　　　　　　　　1800
　贷：原材料　　　　　　　　　　　　　　　　　　　　　1800

五、账簿的更换与保管

(一) 账簿的更换

账簿的使用，以每一会计年度为期限。在新年度开始时，除库存材料、固定资产等财产物资明细账可在年终结账后转给下年度使用以外，其他各种账簿必须一律建立新账，不能连年使用旧账。旧账户的年终余额均应转至相应的新账户中，结转的方法可以是不直接冲换旧账余额，将其编入决算报表，新年度根据决算报表有关数字记入新账，也可以在旧账户年终余额的摘要栏内加盖"结转下年"戳记以示冲转。无论哪种方法，都应在新账户的第一行摘要栏内注明"上年结转"或"年初余额"字样，并在余额栏记入上年余额。新旧账户之间的转让余额，无须编制记账凭证。

(二) 账簿的保管

会计账簿与会计凭证一样是重要的经济档案，必须按照会计制度统一规定的保存年限妥善保管，不得丢失和任意销毁。保管期满后，还要按规定的审批程序报经批准以后，才能销毁。

为了保证账簿的安全、完整和便于查阅，会计人员在使用各种活页或卡片账簿时，应注意平时按每一账户分别编分页号，年终账务结束后，按照账户顺序整理，抽去空白账页，连同账簿"经管人员一览表"和"账户目录"一起装订成册，并编总页号，加上封面，与各种订本账一起统一编号，归档保管。

第十节 会计控制

内部会计控制是单位为加强对会计工作的有效管理而制订的各种组织、分工、程序、方法、标准、守则和规程等。它由一系列具体的控制环节和控制措施组成的，其基本目的在于保证会计信息的真实可靠性，保护企业财产的安全完整性。

制订内部会计控制时，一般要考虑四点要求。

1) 各项经济业务均需按管理部门的授权进行。

2) 所有发生的经济业务都应及时做出相应的会计记录。

3) 未经管理部门授权，任何人都不得擅自动用企业的资产。

4) 应该定期或不定期地进行财务检查，发现问题，及时处理。

内部会计控制主要包括货币资金控制、销售与收款控制、采购与付款控制、仓储管理控制、固定资产控制、成本与费用控制、投资控制、筹资控制等。

一、货币资金内部会计控制的重点

货币资金内部控制通常包括支付程序、现金管理、银行存款与支票管理、监督检查等内容。

(一) 支付程序

1. 支付申请

单位有关部门或个人用款时，应当提前向审批人提交货币资金支付申请，注明使用人、款项的用途、金额、用款日期、支付方式等内容，并附有效相关文件（如经济合同副本、可行性研究报告、董事会决议、会议通知等）。

2. 支付审批

审批人应根据其职责、权限对支付申请进行审批。对不符合规定的货币资金支付申请，审批人应当拒绝批准。

3. 支付复核

财务部应当对批准后的货币资金支付申请进行复核，复核货币资金支付申请的批准范围、权限是否正确，手续及相关文件是否齐备，支付方式、支付单位是否妥当等。复核无误后，交由出纳人员办理支付手续。

4. 办理支付

出纳人员应当根据复核无误的支付申请，按规定办理货币资金支付手续，及时登记相关账簿。

(二) 现金管理

1) 库存现金实行限额管理，按银行有关规定执行，出纳应严格控制。超限额的现金，应及时送存银行，以保证现金安全完整。

2) 实行权、账、钱分管，审批人、出纳、记账人员应实行岗位分离。

3) 严格按现金开支范围支付现金，不属于现金开支范围的业务必须通过银行办理转账结算。

4) 出纳人员必须做到日清月结，随时清点库存现金，不得挪用现金和以白条抵库。

5) 现金收入不得用于直接支付单位自身的支出，因特殊情况需坐支现金的，应事先报经开户银行审查批准。

6) 财务部门必须定期或不定期对库存现金进行抽查，以保证现金账实相符。发现不符，及时查明原因，做出处理。

(三) 银行存款与支票管理

1) 必须严格按照《支付结算办法》等国家有关规定，加强银行账户的管理，严格按照规定开立账户，办理存款、取款和结算。所有银行存款户的开设与终止需有单位负责人的正式批准手续。

2) 银行账户只供本公司经营业务收支结算使用，严禁出借账户供外单位或个人使用，严禁为外单位或个人代收代支、转账套现。

3) 领用支票要填写“支票申请单”，注明用途和预计使用金额，按规定审批权限审批。

4) 支票领取人不得擅自将支票转借、改变用途，由此造成单位经济损失的，由经办人负责赔偿全部损失。

5) 必须严格遵守银行结算纪律，不准签发没有资金保证的票据或远期支票，套取银行信用；不准签发、取得和转让没有真实交易和债权债务的票据，套取银行和他人资金；不准无理拒绝付款，任意占用他人资金；不准违反规定开立和使用银行账户。

6) 已签发的支票如果不慎丢失，丢失人应立即报告财务部门向开户行申请挂失止付。

7) 定期核对银行账户，编制银行存款余额调节表，使银行存款账面余额与银行对账单调节相符。如调节不符，应查明原因，及时处理。

(四) 监督检查

1) 货币资金业务相关岗位及人员的设置情况：重点检查是否存在货币资金业务不相容职务混岗的现象。

2) 货币资金授权批准制度的执行情况：重点检查货币资金支出的授权批准手续是否健全，是否存在越权审批行为。

3) 支付款项印章的保管情况：重点检查是否存在办理付款业务所需的全部印章交由一人保管的现象。

4) 票据的保管情况：重点检查票据的购买、领用、保管手续是否健全，票据保管是否存在漏洞。

对监督检查过程中发现的货币资金内部会计控制中的薄弱环节，财务部门应当及时采取措施，加以纠正和完善。

二、销售与收款内部会计控制的要点

1) 销售业务通常应包括接受订单、批准赊销、开具发货票、仓库发货、发运、确认销售与记录应收账款、催收货款等环节。销售业务的全过程不得由一个部门完全办理，相关部门之间应该相互牵制。

2) 销售部门收到客户的订货要求后，应该依据公司的一般授权（制度授权）与特别授权，及时决定是否接受订单。一般授权是指公司董事会或经理办公会议授权销售部门对销售金额一定范围内（如5000元以下）的常规业务自行决定是否同意客户赊销或折扣与折让的权力。特别授权是指针对非常规业务和超过一般授权限制的常规业务，销售部门不能自行决定而需特别报请经理办公会议或董事会决定是否同意客户赊销或折扣与折让的权力。

3) 对于没有受理的订单，销售部门应该向客户说明原因。对于接受的订单，销售部门应该填制销售单通知单，并要求顾客在收款部门办理款项结算手续。

4) 销售业务必须尽可能签订合同。对于重要的销售合同，应要求财务部参加会签。对非合同销售及门市销售要建立经常的检查制度。

5) 收款部门在收到货款或收到批准部门的赊销批准后，应填制内部发货票，内部发货票中的品名、数量、单价、金额以及付款方式，应与销售合同的内容一致，并经专人复核。

6) 仓储部门只有在收到经批准的发货单，并将发货单与客户的提货单核对无误后，才能进行发货。

7) 对于销售退回，销售部门必须及时查明原因；收到退回的货物必须办理入库手续；所有单证必须经有关负责人批准签字后才可办理销账和退款手续。

8) 财务部门在确认收入、应收款项或货币资金等之前，应进行以下必要的检查：

①销售收入的确认必须符合企业会计准则的要求。

②与销售有关的原始凭证（如合同、销售单、发货票、货运文件等）是否齐全、是否合法。

③相关凭证（如合同、销售单、发货票、货运文件等）的内容是否一致；如不一致，应查明原因。

④是否有批准部门批准赊销或折扣与折让的书面文件或收款部门的收款凭据。

⑤其他有关人员在单证上的签字是否齐全。

⑥发票的折扣是否与合同、销售单的要求一致；销售数量、价格、加总合计、税金的计算等是否正确。

9) 财务部门应该定期编制应收账款、应收票据明细表和账龄分析表，并报送本单位销售部门核对与确认。

10) 财务部门应定期向赊购公司寄发应收账款对账单，并根据客户的回函定期与应收账款明细账相核对。如有差异，应交销售部门查明原因，及时处理。销售部门应将差异原因及处理结果报告财务部门。

三、采购与付款内部会计控制的要点

1) 采购业务必须经过请购、批准、订货（或采购）验收、货款结算等环节。采购业务的全过程不得由一个部门完全办理，相关部门之间应该相互牵制。

2) 计划部门应该根据生产经营的需要，依据公司的一般授权（制度授权）与特别授权，向采购部门发出采购通知单。采购通知单同时应报送财务部门作为将来付款的依据。

3) 采购部门根据采购通知单，填制订购单，订购单应正确填写所需物品的名称、规格、数量、价格、时间、厂商名称和地址等，预先予以编号，并经被授权的采购员签字。订购单同时应致送仓储部门作为将来验收的依据。

4) 物资的采购，要尽可能与供应公司签订合同。重大合同应提请财务部门会签。合同一经签订，必须及时将合同副本送财务部备案。

5) 批量物资采购，应采取竞价方式确定供应商，以保证供货的质量、及时性和经济性。

6) 采购物资到达之后，采购部门要及时通知仓储部门验收入库。仓储部门要严格按订购单上要求的名称、规格、数量、质量、到货时间等进行验收。

7) 物资验收后，仓储部门应填制验收单。验收单应及时送交财务部门进行记账。

8) 对采购业务进行财务监督与付款，是财务部门的职责。财务部门应该根据采购通知单、采购合同、验收单等有效的付款文件，确认负债或支付货款。在确认负债或支付货款之前，应进行以下检查：

①与采购有关的原始凭证（如采购通知单、采购合同、订购单、验收单、发票、货运文件等）是否齐全、是否合法。

②相关凭证（如合同、验收单、订购单、发票、货运文件等）的内容是否一致；如不一致，应了解原因。

③是否有公司负责人批准签字的付款通知单。

④其他有关人员在单证上的签字是否齐全。

⑤发票的折扣是否与合同要求相符；采购数量、价格、加总合计、税金的计算等是否正确。

9) 除了不足转账起点金额的采购可以支付现金外，购货款必须通过银行办理转账。任何部门和个人不得以任何借口，以现金或现金支票支付货款。

10) 财务部门应及时取得供货商对账单，并定期与应付账款明细账相核对。如有差异，应查明原因，及时处理。

四、仓储管理内部会计控制的要点

1) 仓储管理包括验收、储存、发货等环节。保证物资的品质完好与安全完整，是仓储部门的责任。依据仓储管理的特点，仓储管理可以实行仓库保管员专人负责制。

2) 采购物资到达公司之后，仓储部门要及时进行验收工作。仓储部门要严格按订购单上要求的名称、规格、数量、质量、到货时间等进行验收。

3) 物资验收入库后，仓储部门应填制验收单。

4) 物资验收入库时，仓库保管员必须依据其物理特点进行适当的分类管理。

5) 仓储部门必须严格出库管理。仓库保管员只有在收到经批准的发货单，并将发货单与客户的提货单核对无误后，才能进行发货。

6) 对于销售退回的物资，仓储部门应该依据有效的批准文件，及时办理退货入库手续。

7) 仓库保管员应该对其所保管的物资经常进行安全检查、定期盘点（至少每季一次），并主动与财务部进行核对，防止物资霉烂变质、毁损丢失。

8) 财务部门应该不定期对仓库保管的物资进行抽查，发现账实不符，应交有关部门查明原因，及时处理。

9) 下列情况造成的物资损失，由仓储部门及仓库保管员负责赔偿：

①未按规定程序分类保管物资而使物资霉烂变质的或降低品质的。

②未按规定程序保管物资而使物资毁损丢失的。

③未按规定程序进行发货造成公司损失的。

④其他不能说明原因的物资损失。

五、成本与费用内部会计控制的要点

1) 生产必须依计划进行，领用材料必须办理领料手续。

2) 只有依据计划部门下达的“生产通知单”，仓储部门才能发料。

3) 月末，应对材料耗用民政部进行盘点，未用完的材料应办理退料或“假退料”手续。

4) 必须按成本计算对象对耗用材料进行适应的分配。

5) 应该对费用开支实行总额控制，超过费用总额的开支，原则上不予报销。费用总额的控制标准在单位年度预算中确定。

6) 制订并实施健全有效的费用预算与控制标准是单位财务部门的职责。各单位必须建立费用核准制，严格费用开支的审批，特别是预算外的开支，必须履行特殊的审批手续。

7) 所有费用单据只有经过书面核准才能进行报销。

8) 必须制订并严格执行费用开支范围。

9) 财务部门在办理各项报销手续时，应该进行如下复核：

①成本、费用的开支是否合理、合法，有无相关人员的批准签字。

②成本、费用的开支是否超出开支标准或预算范围；超标准或超范围开支是否经特别授权。

③相关的原始发票是否真实；计算是否正确。

六、固定资产内部会计控制的要点

1) 固定资产的购置必须经过请购、批准、订购、验收、货款结算等环节。购置业务的全过程不得由一个部门完全办理，相关部门之间应该相互牵制。

2) 固定资产的购置必须按照预算进行。每年第四季度，各单位财务部门应该会同设备管理部门编制本单位下年度的固定资产预算计划，固定资产预算经董事会批准后生效。各公司遵照执行。

3) 设备使用部门应该根据经营管理的需要，提前向设备管理部门提出请购申请；请购申请应明确填写请购理由、设备名称、数量、规格、预计金额、需用日期等要求。

4) 设备管理部门收到请购单后，应该根据固定资产预算及批准权限，处理请购申请；超越设备管理部门权限的，设备管理部门应及时报请有权批准的部门进行处理。

5) 固定资产的购置由单位设备管理部门或采购部门负责。请购单被批准后，设备管理部门或采购部门应填制订购单，订购单应正确填写所需物品的名称、规格、数量、价格、时间、厂商名称和地址等，预先予以编号，并经被授权的采购员签字。

6) 固定资产的采购，需要预付款项的，必须与供应单位签订合同。合同一经签订，必须及时将合同副本送财务部备案。

7) 固定资产的批量采购，采取竞价方式确定供应商，以保证供货质量、及时性和经济性。

8) 购置的固定资产到达之后，设备管理部门要及时通知设备验收部门进行验收。设备管理部门及验收部门要严格按订购单上要求进行验收，并填制验收单。

9) 需要安装的固定资产，设备管理部门要及时组织固定资产的安装与调试工作。

10) 固定资产达到可使用状态后，设备管理部门应该及时将固定资产移交给设备使用部门。移交时，应填制设备移交清单。

11) 设备管理部门应对固定资产实行卡片管理。固定资产卡片必须详细记录固定资产的使用单位或使用人、存放地点、固定资产名称、取得方式、原值、预计使用年限、已使用年限、已提折旧等。

12) 固定资产维修应纳入预算。因管理不善或使用不当等人为责任而引起的固定资产维修，设备管理部门应查明原因，分清责任，进行相应处理。

13) 固定资产至少每年盘点一次，由设备管理部门会同财务部门进行。

14) 固定资产的内部转移、出售转让、投资转出和报废清理，应该办理申请、审批、调拨（清理）记账等相关手续。

15) 固定资产的毁损和非正常报废，应由设备管理部门查明原因，分清责任，进行相应处理。

16) 财务部门在进行会计处理时，应进行以下检查。

①与购置固定资产有关的原始凭证（如合同、验收单、订购单、发票、货运文件等）是否齐全、是否合法。

②相关凭证（如调拨申请单、内部转移清单等）的内容是否一致。

③其他有关人员在单证上的签字是否齐全。

17) 各单位应当根据具体固定资产的性质和消耗方式，合理确定固定资产的预计使用年限和预计净残值，并根据科技发展、环境及其他因素，合理选择固定资产的折旧方法。固定资产的预计使用年限、预计净残值和折旧方法一经确定，不得随意变更。如需变更，应报集团公司财务部批准。

18) 固定资产增减变动要及时进行会计处理。对未使用、不需用固定资产要及时办理封存手续。清理报废的固定资产残值应及时入账，实物要妥加保管和统一处理。

19) 财务部门应依据固定资产明细账，定期与设备管理部门进行对账，做到账、卡、物相符。

七、投资管理内部会计控制的要点

1) 投资业务通常经过立项申请、可行性分析、董事会决议、投入资本、会计记录、投资监督、收益计算、投资收回等环节。

2) 立项申请由投资管理部门负责。立项申请报送董事会前，投资管理部门应及时组织相关业务部门和财务部进行调查论证，提出可行性研究报告。未经董事会授权批准，投资管理部门不得擅自进行投资。

3) 董事会应及时对立项申请（投资可行性研究报告）进行论证。董事会形成的投资决议应当以书面文件的形式予以记录，并对这些书面文件进行编号控制，以便日后备查。

4) 投资项目获董事会批准后，财务部门应依据董事会决议、投资计划书，协助有关部门办理财产转移手续，进行相应的会计处理。财务部门进行会计处理时，应进行以下检查。

①与投资项目有关的文件（如董事会决议、投资合同、国有资产管理部门批文、资产评估证明、财产转移清单等）是否齐全、是否合法。

②相关文件、账单（如投资计划书、财产转移清单等）的内容是否一致。

③其他有关部门和人员在单证上的签字是否齐全。

5) 财务部门应该加强对投资收益的核算与管理。对于收到的利息、股利要及时入账。

6) 财务部门、内审部门应该定期对投资项目的投资金额、投资进度、资金投向、投资效益等情况进行检查，并向董事会提出书面报告。

八、筹资管理内部会计控制的要点

1) 筹资业务通常经过立项申请、可行性分析、董事会决议、借入款项、会计记录、借款使用监督、归还借款等环节。

2) 筹资业务由单位财务部门统一管理。各业务部门应该根据本单位的经营管理需要，向财务部门提出立项申请。

3) 财务部门收到立项申请后，应依据其管理权限及时组织相关业务部门调查论证，提出可行性研究报告，并报董事会审批。未经董事会批准，财务部门及其他各部门均不得擅自向对外筹资（银行借款）。

4) 董事会应及时对筹资项目可行性研究报告进行论证。董事会形成的决议应当以书面文件的形式予以记录，并对这些书面文件进行编号控制，以便日后备查。

5) 筹资项目获董事会批准后，财务部门应该依据董事会决议，与银行签订借款合同，编制借款计划书，办理银行借款手续，并进行相应的会计处理。

6) 财务部门在进行会计处理时，应进行以下检查。

①与银行借款有关的文件（如董事会决议、借款合同、银行进账单等）是否齐全、是否合法。

②相关文件、账单（如借款申请、银行借款合同）的内容是否一致；如不一致，应查明原因，并进行相关处理。

③其他有关部门和人员在单证上的签字是否齐全。

7）财务部门应该加强对借款费用资本化的核算与管理。

8）银行借款必须按期及时归还，不能如期归还的，资金使用部门必须提前向财务部门提出延期还款申请。财务部应及时向银行提出延期申请，办理延期手续。

9）单位财务部门、内审部门应该定期对各公司筹资项目的资金投向、投资效益等情况进行检查，并向董事会提出书面报告。

第十一节 会计规范

一、会计规范基础知识

(一) 会计规范的特征

1. 公认性

会计规范作为从事会计职业或进行会计工作所需依据的一种客观标准，应该得到大多数人的承认，不管这种承认是自发的还是强制的，也不管这种规范是成文的还是惯例的，离开了公认的基础，也就无所谓规范了。

2. 相对统一性

会计规范对一定范围的时间、空间下的不同会计主体的会计行为具有相对统一的约束作用，作为相对统一的依据规范着全部会计活动。

3. 相对稳定性

会计规范一经形成实施，在一定时期内应该保持相对稳定，不能随意更改。当然，随着社会经济环境的变化以及会计实践与理论的发展变化，必然会引起会计规范的相应调整，从而使会计规范能够适应环境的变化，依然保持对会计的有效约束作用。

4. 层次性

会计规范自身构成了具有一定层次结构的完整约束体系，可以在不同层次上规范会计行为。例如，有国家立法机关以法律形式制定的会计规范，也有国家政府部门以行政法规形式制定的会计规范，还有会计职业界在会计实践中自发形成的会计规范等。

5. 倾向性

会计规范对于调整经济利益关系具有直接的影响，为此总是与特定的社会经济制度相联系，与特定的社会经济发展水平相联系，不可避免地带有某种倾向性。

(二) 会计规范体系的构成

1. 从内容看，会计规范可以分为会计工作组织机构规范、会计人员素质规范、会计信息生成与质量规范以及为会计监督和控制提供标准的规范等四类

1) 会计工作组织机构规范主要是对会计工作机构的设置与运行给予约束的规定。在现代社会中，一个单位会计工作的完成与会计信息的提供通常需要一个群体，这个群体的组合及其成员的分工协作需要有一定的标准，为此而产生了会计工作组织机构规范的需求。对会计组织机构的规范包括：机构、工作岗位的设置，以及相应的任务、要求，为完成一定会计任务的权限范围、授权程序、任免事项等。

2) 会计人员素质规范是对会计人员的业务水平与道德品质给予约束的规定。对会计人员素质衡量通常通过专业考试、业绩评价、工作考核及履历审查和学历鉴定等多种手段来进行。为了使这些工作逐步实现规范化，现代社会创立了一系列资格审定的程序与方法，通过资格审定授予相应的职称或资格。会计师考试制度、会计师的职业道德准则、我国会计法律法规中关于会计人员的职责与权限规定等都属于这类规范。

3) 会计信息生成与质量规范主要是对会计信息生成的原则、程序、方法以及质量的约束。会计准则或会计制度就属于这类规范。这类规范通常表现为两种形式：一种是硬性规定；另一种是有多项方法可供选择，规范则给出一个具体的选择标准。

4) 为会计监督和控制提供标准的规范包括国家的各种税法、财政、财务法规，以及与会计工作有关的其他经济法规等。这种规范不同于前三种规范，它具有双重性，即对于当事人来说是行为准则，对于会计人员来说是评价标准，同时也是行为标准。

2. 从实际作用方式看，会计规范可以分为会计法律规范、会计职业道德规范与会计惯例三类

1) 会计法律规范是国家政权以法律法规形式制定的调整会计关系的行为规范，是一种以法律力量保证施行的强制型会计规范。

2) 会计职业道德规范是由会计职业界自发形成的调整会计关系的行为规范，是一种以道德力量引导执行的舆论约束型会计规范。会计职业道德规范与会计法律规范具有密切的联系，会计职业道德规范的一些内容通过提炼可能为会计法律规范所吸收，从而成为会计法律规范的组成部分。

3) 会计惯例遍及整个会计系统，涉及会计计量、确认、记录和报告的各个方面。会计惯例一方面会被抽象为会计理论，另一方面又会受会计理论研究的影响。例如，会计根据资产取得日的原始交易价格入账的习惯做法形成了历史成本原则，而在历史成本原则的制约下又产生了资产计价的许多方法。会计惯例始终经历着一个从自发的、分散的渐进演变过程，进入人为的、有组织的扬弃过程，会计准则就是经过人为筛选的会计惯例，或者说，是人为制定的标准会计惯例。

3. 从制约动力看，会计规范可以分为强制性规范、内化性规范与他律和自律结合的规范等三类

1) 强制性会计规范是借助于外来力强制推行的，又可称他律性会计规范。在我国这类规范有两种：一是借助于国家机器来强制推行的会计法律、法规及其他有关规定；另一是借助单位的行政力量来强制贯彻推行的有关单位管理制度，如财务会计制度、内部会计控制制度等。

2) 内化性会计规范是由外在的要求转化为会计人员的内在意识目标，通过会计人员的自律来起作用的规范，又可称之为自律性会计规范。这类规范一般具有内在逻辑的合理性，会计人员能理解为什么要如此做。

3) 他律与自律结合的会计规范是既有他律因素在起作用，又受到某种自律因素影响的会计规范。会计职业道德规范就属于此类会计规范。通常这类会计规范标准的宽容度较大，规范化程度也就低于前两类会计规范。

4. 从形成和来源方式看，会计规范可以分为在会计实践中自发形成的与人们通过一定形式制订的两类

1) 自发形成的会计规范是在长期实践中逐步形成的各种会计惯例、规则，它是非强制性的，一般与具体的技术方法有关，如账户结构中左借右贷这种不成文的规则。自发形成的会计规范一般是非条理化的，缺乏严格的体系，但并非是非理性化的。

2) 人们有意识地制订的会计规范通常是在自发形成的惯例基础上经过归纳、提炼、抽象、引申后形成的，其条理性、严谨性、清晰性、权威性等方面要高于自发形成的规范，也就具有更强的可操作性。会计法规、会计准则或会计制度都属于人们通过各种形式制订的会计规范。从主要来源看，这些通过一定形式制订的会计规范可以由会计学者、专家归纳制订，也可以由会计专业团体或作为会计主体的单位制订，还可以由国家立法机构、执行机构及授权机构制定。

(三) 我国的会计规范

我国的会计规范可以分成不同的层次，最高层次的会计规范体现于国家颁布的一系列法律文件中，例如《宪法》《会计法》《注册会计师法》《审计法》《公司法》《证券法》等法律法规都直接或间接地对会计做出了规范。《会计法》是直接规范会计业务和会计行为的最高法律规范，是会计工作的根本大法；其他法律则从不同角度部分或间接地对会计工作做出规定和要求，对会计行为造成影响，也是会计规范的组成部分。各个单位及其会计人员在从事会计工作时都应该遵循这些规范。

第二个层次的会计规范是一些与会计工作有关的法律和规章。这个层次中比较重要的会计规范是《企业会计准则》《独立审计准则》。

就会计核算和会计报表的编报而言，《企业会计准则》始终是极其重要的会计规范。从性质上看，会计准则是约束和规范财务会计行为指导财务报表编制的规范。《企业会计准则》在现代社会中具有三个重要作用，一是开展财务会计核算和编制会计报表的技术规范；二是证券市场准入的重要规则；三是协调经济利益的一种机制。2006年颁布了新修订和制定的《企业会计准则——基本准则》和38号企业会计准则（具体会计准则），这个准则体系的颁布基本实现了我国会计与国际会计准则和国际财务报告准则的趋同。

第三个层次的会计规范是在国家会计法律和法规、会计准则和规则，以及信息披露准则等指导下，由企业根据自身的经营管理需要而制订的适用于本企业内部财务与会计管理的工作规范和管理制度。这些规范和制度在不同企业之间具有较大的差异，但是它们在保证会计工作质量方面的作用是相同的。

二、会计法律

会计法律是由国家政权以法律形式调整会计关系的行为规范。我国会计法律是由全国人民代表大会及其常务委员会制定的，如《中华人民共和国会计法》（下称《会计法》）《注册会计师法》以及《公司法》第八章关于公司财务、会计的规定等。

(一)《会计法》

1.《会计法》的调整对象

会计法是指调整会计法律关系的法律，有广义和狭义之分。广义的会计法是指国家颁布的有关会计方面的法律、法规和规章的总称，狭义的会计法是专指全国人民代表大会常务委员会通过的《会计法》。此处所述的是狭义的会计法。

2.《会计法》的基本原则

1) 根据《会计法》的规定，单位办理会计事务必须依照《会计法》的规定进行。无论如何，单位在进行独立核算，独立记载经济业务，独立办理会计事务时，必须依照《会计法》的规定进行。

2) 根据《会计法》的规定，国家机关、社会团体、公司、企业、事业单位和其他组织都必须依法设置账簿，并保证其真实性、完整。会计账簿是重要的会计信息，它既是编制会计报表的主要依据，同时也是审计工作的重要依据，因此，各单位必须依法设置会计账簿。

3) 根据《会计法》的规定，单位负责人既要对本单位的会计工作担负责任，同时还要对本单位保存和提供的会计资料的真实性、完整性担负责任。对本单位的会计工作负责，是指对本单位的会计工作负领导责任，即要领导本单位的会计机构、会计人员和其他有关人员认真执行《会计法》，按照国家规定组织好本单位的会计工作，支持本单位的会计机构和会计人员依法独立开展会计工作，并保障会计人员的职权不受侵犯。对本单位的会计资料的真实性和完整性负责，即要保证本单位的会计资料不存在弄虚作假、隐瞒等情况。

4) 会计机构和会计人员应依照《会计法》的规定进行会计核算，实行会计监督。任何单位或者个人不得以任何方式授意、指使、强令会计机构、会计人员，伪造、变造会计凭证、会计账簿和其他会计资料，提供虚假财务会计报告。任何单位或者个人不得对依法履行职责、抵制违反本法规定行为的会计人员实行打击报复。

5) 对认真执行会计法，忠于职守，坚持原则，做出显著成绩的会计人员，给予精神的或物质的奖励

（二）《中华人民共和国公司法》

2005年10月27日中华人民共和国主席令第四十二号公布，《中华人民共和国公司法》自2006年1月1日起施行。

关于公司财务、会计的规定具体见《中华人民共和国公司法》“第八章　公司财务、会计”。

（三）《中华人民共和国注册会计师法》

《注册会计师法》是有关注册会计师工作的一部单行法，于1993年10月31日经第八届全国人民代表大会常务委员会第四次会议通过，于1994年1月1日施行。《注册会计师法》由“总则”“考试和注册”“业务范围和规则”“会计师事务所”“注册会计师协会”“法律责任”与“附则”七章构成，计四十六条。

三、会计行政法规

会计行政法规是根据会计法律制定的，是对会计法律的具体化或对某个方面的补充，一般称为条例，具体可分为全国性会计行政法规和地方性会计行政法规两类。

全国性会计行政法规是指由国务院制定发布或由国务院有关部门制定，经国务院批准发布的会计规范性文件，如《企业财务会计报告条例》《总会计师条例》等。全国性会计行政法规的制定以《会计法》为依据。

地方性会计行政法规是指由有权立法的地方人民代表大会及其常务委员会依据宪法和国家法律与法规的规定，根据法律和法规授权以及地方管理的需要制定与发布，仅在本行政区域内实施，在本行政区域内有效的有关会计方面的规范性文件，如《河北省会计条例》（1995年12月26日河北省第八届人大常委会第18次会议通过并发布）等。

（一）《企业财务会计报告条例》

《企业财务会计报告条例》由国务院于2000年6月21日发布，自2001年1月1日起实施。《企业财务会计报告条例》由“总则”“财务会计报告的构成”“财务会计报告的编

制”“财务会计报告的对外提供”“法律责任”与“附则”六章构成，计四十六条。

（二）《总会计师条例》

《总会计师条例》由国务院于1990年12月31，日发布、自发布之日起实施。《总会计师条例》由“总则”“总会计师的职责”“总会计师的权限”“任免与奖惩”与“附则”五章构成，计二十三条。

四、会计规章

会计规章是依据会计法律与会计行政法规，因某一项会计工作的规范需要而制定的，具体也可分为全国性的会计规章与地方性的会计规章两类。

全国性的会计规章是由财政部或国务院其他各部、委，依据会计法律及会计法规的规定所制定颁布的在全国具有法律效力的有关会计方面的规范性文件，如《企业会计准则》《会计基础工作规范》《会计档案管理办法》等。

地方性的会计规章是由地方人民政府根据法律、法规授权，结合本地实际情况所制定的、仅在本行政区域内具有法律效力的规范性文件。

依据目前的规定，地方性法规与地方性规章的制定，仅限于各省级人大与政府，各省会级市人大与政府，以及经国家批准的较大城市的人大与政府，其他地方人大与政府尚没有此权力。

（一）会计准则

会计准则是就各单位发生的经济业务的会计处理方法和会计核算程序做出的规定，为各单位的会计核算行为提供规范。会计准则的产生与完善是社会经济环境变化的结果。

我国的会计准则是随着经济体制的由计划经济向市场经济转化、资本市场的建立以及会计的国际趋同而产生并逐渐形成完善的体系。我国的《企业会计准则》制定开始于20世纪80年代末期，于1992年11月30日由财政部正式发布了《企业会计准则——基本准则》，在1997年5月至2002年1月先后发布了16项具体会计准则。而后，财政部对已发布的企业会计准则进行了修订，同时制定了22项新的具体会计准则，于2006年2月15日正式发布，表明我国的企业会计准则体系已经形成。

从世界各国的会计准则制定情况来看，会计准则或者由国家权力机关所制定，或者由权威性的会计团体所制订。由国家权力机关制定的会计准则成为国家的行政法规或规章，其施行具有强制性；由权威性的会计团体制订的会计准则，其实施虽不具有强制性，但仍具有普遍的指导意义和很强的约束力。目前中国、德国、日本等国家的会计准则由国家政府机构制定发布，具有法律效力；美国等国家的会计准则由具有权威性的机构（如美国财务会计准则委员会）制订颁布，并受到政府或其他权威机构（如美国证券交易委员会）的支持，得到广泛的认可。

会计准则具有六个方面的特征。一是规范性。由于确立了会计准则，会计人员在进行会计核算时就有了一个共同遵循的标准，各个单位的会计核算可在同一标准的基础上进行，全国甚至全世界的会计核算均执行同一衡量的尺度，从而使会计核算行为达到了规范化，所提供的会计信息具有广泛的一致性和可比性，促进了会计信息质量的提高。二是权威性。会计准则的制定、发布和实施都是通过一定的权威机构进行的，从而成为会计核算必须遵守的规范和处理会计业务的标准。三是公认性。会计准则要有效地付诸实践，必须得到理论界和实务界的普遍认可和接受。四是理论与实践相融合性。会计准则是指导会计实践的理论依据，同时，会计准则又是会计理论与会计实践相结合的产物。五是整体性。会计准则是由相互联系又相互制约的具有一定层次的若干准则所构成的一个规范会计核算的完整体系。六是发展性。会计准则是在一定社会经济环境下形成与发展起来的，虽然具有相对稳定性，但仍受制于社会经济环境的变化。

企业会计准则根据其对会计核算工作的指导关系，又可以分为基本准则和具体准则两个层次。基本准则也称指导性准则，主要是对企业会计核算的基本前提、一般原则、会计要素的确认与计量以及财务会计报告做出规定，是进行企业会计核算必须共同遵守的基本要求，体现了企业会计核算的基本规律，具有覆盖面广、概括性高的特点，在整个企业会计准则体系中属于第一层次，是所有具体准则的基础，为具体准则的制定提供理论上的依据。具体准则也称应用性准则，是根据基本准则的要求，对各项经济业务的会计处理原则、程序和方法所做的具体规定，具有针对性强、便于操作的特点。

我国的38项具体会计准则中属于以前制定、这次重新修订的有16项（其中5项属于再次修订），新制定的为22项。

（二）《会计基础工作规范》

《会计基础工作规范》是在财政部于1984年4月发布的《会计人员工作规则》基础上修订，并于1996年6月17日重新发布的一项重要会计规章，对会计基础工作方面的有关内容做出了较为系统的规定。《会计基础工作规范》由“总则”“会计机构和会计人员”“会计核算”“会计监督”“内部会计管理制度”与“附则”六章构成，计一百零一条。

《会计基础工作规范》的制定目的是为了加强会计基础工作，建立规范的会计工作秩序，提高会计工作水平；制定依据是《会计法》。适用范围是国家机关、社会团体、企业、事业单位、个体工商户和其他组织。

《会计基础工作规范》规定的内容包括：会计基础工作的管理，会计机构的设置和会计人员的配备与聘用，会计岗位设置，会计职业道德，会计工作交接，会计核算一般要求，会计凭证填制，会计账簿登记，财务会计报告编制与对外报送，会计监督，包括内部会计管理体系、会计人员岗位责任制度、账务处理程序制度、内部牵制制度、稽核制度、原始记录管理制度、定额管理制度、计量验收制度、财产清查制度、财务收支审批制度、成本核算制度、财务会计分析制度在内的单位内部会计管理制度等。

第二章

货币资金及应收、预付项目

货币资金，从本质上讲属于金融资产范围，它是指企业在生产经营过程中停留在货币形态的那部分资金，它是企业流动资产的重要组成部分，是企业资产中流动性较强的一种资产。在企业全部资产中，货币资金有着特殊的作用，它是企业从事各种生产经营活动所必备的重要资源，企业只有保持一定数量的货币资金，才能保证生产经营活动的正常进行，因此，它受到企业内外各方信息使用者的密切关注。

货币资金按存放地点和用途不同，可以分为库存现金、银行存款和其他货币资金。

第一节 库存现金

一、库存现金的管理与控制

现金是货币资金的重要组成部分，也是企业流动性最强的一项资产。现金有广义与狭义之分，狭义的现金仅指库存现金，广义的现金包括库存现金、银行存款以及其他可以普遍接受的流通手段，如银行本票、银行汇票、保付支票、个人支票、邮政汇票、旅行支票。但是，企业持有的金融市场的各种基金、存款证以及其他类似的短期有价证券等项目不能包括在现金范围之内，如欠款客户出具的远期支票（作为企业的应收票据）、各种借据和职工借支的差旅费（应收账款或其他应收款）、邮票（企业应作为办公用品）等。

现金具有货币性、通用性、流动性等特征。

(一) 现金的使用范围

按《中华人民共和国现金管理暂行条例》规定，现金的开支范围如下所述。

①支付给职工的工资、津贴。

②支付给个人的劳务报酬。

③颁发给个人的科学技术、文化艺术、体育等各种奖金。

④各种劳保、福利费用以及国家规定的对个人的其他支出。

⑤向个人收购农副产品和其他物资的价款。

⑥出差人员预借的差旅费。

⑦结算起点（1000元）以下的零星开支。

⑧中国人民银行确定支付现金的其他支出。

(二) 现金的限额管理

库存限额一般是根据企业的规模以及日现金付出量和企业与银行的距离远近等因素，由开户银行与企业共同商定，一般不超过3～5天正常现金开支需要量，边远地区最高不得超过15天的现金开支需要量。

(三) 现金的内部控制

1. 实行职能分开原则，建立内部控制制度

按内部控制制度的要求，应将业务责任在两个以上的个人或部门之间分配，这样可以加强责任人之间的内部牵制，防止舞弊行为的发生。要做到：会计职能与经营职能相分离，严禁业务人员接触会计资料；会计职能与资产保管职能相分离，会计记录与资产的保管不能由同一人来完成；业务授权与相关的资产保管要分离，负责付款审批的财务人员和负责现金管理的出纳人员应严格分离，“管钱的不能管账”。

2. 现金收付的交易必须要有合法的原始凭证

现金的流动性最强，很容易造成工作失误甚至犯罪，因此，现金收付的交易必须要有合法的原始凭证，业务处理完毕，有关凭证应加盖“现金收讫”“现金付讫”印章。

3. 贯彻“九不准”的规定

会计人员在实际工作中，不准“坐支”现金；不准“白条抵库”；不准私人借用公款；不准单位之间套换现金；不准假造用途套取现金；不准将单位收入的现金以个人名义存储；不准用银行账户代其他单位和个人存取现金；不准保留账外现金；不准以票证代替人民币。

4. 建立收据和发票的领用制度

按有关票据管理的规定，现金收发必须以合法的票据为依据。企业应有专人领取或购买票据，有专人开具和保管票据。

5. 企业的出纳人员应定期进行轮换，不得一人长期从事出纳工作

同性质工作的相关人员应定期轮换岗位，一是为了防止某些人在一个工作岗位上时间过长而产生渎职倾向，二是为了便于在轮岗的人员交接过程中，及时发现可能存在的问题。

二、库存现金的会计处理

(一) 现金日常收支的会计处理

企业会计人员要设置并登记库存现金日记账及总分类账，认真记录库存现金的增减及结存情况。

【例2-1】201×年6月5日，智董公司职工温二报销差旅费3500元，温二出差前于6月2日借款3000元。则：

暂借差旅费时：

借：其他应收款—温二　　3000

　贷：库存现金　　3000

报销差旅费时：

借：管理费用　　3500

　贷：其他应收款—温二　　3000

　　　库存现金　　500

(二) 备用金的核算

备用金是指企业预付给职工和内部有关单位用作差旅费、零星采购和零星开支，事后需要报销的款项。备用金业务在企业日常现金收支业务中占有很大比重，因此，对于备用金的预借和报销，既要有利于企业各项业务的正常进行，又要建立必要的手续制度。

备用金的管理办法一般有两种：一是随借随用、用后报销制度，适用于不经常使用备用金的单位和个人；二是定额备用金制度，适用于经常使用备用金的单位和个人。

定额备用金制度的特点是对经常使用备用金的部门或单位，分别规定一个备用金定额。按定额拨付现金时，记入“其他应收款”科目的借方和“库存现金”的贷方，报销时，财会部门根据报销单据付给现金，补足用掉数额，使备用金仍然保持原有的定额数，报销的金额直接记入有关科目的借方和“库存现金”科目的贷方，不需要通过“其他应收款”科目核算。企业也可以单独设置“备用金”科目进行核算。

【例2-2】智董公司备用金实行定额备用金制度，201×年6月发生如下经济业务：

(1) 核定保管部门备用金定额5000元，用现金拨付：

借：其他应收款—保管部门　　5000

　贷：库存现金　　5000

(2) 本月中旬，保管部门报销，共计支出4500元：

借：管理费用　　4500

　贷：库存现金　　4500

(3) 会计部门因需要决定取消定额备用金制度，保管部门持尚未报销的开支凭证3000元及余款2000元，到会计部门办理注销手续：

借：管理费用　　3000

　　库存现金　　2000

　贷：其他应收款—保管部门　　5000

(三) 现金的清查

为了保护现金的安全完整，做到账实相符，必须做好现金的清查盘点工作。

现金清查的基本方法是清点库存现金，并将现金实存数与库存现金日记账上的余额进行核对，检查两者是否相等。清查现金时，应有出纳人员在场，清查结果应填制“现金盘点报告单”，注明实存数和账面余额，如发现账实不符，应及时查明原因，报主管负责人或上级部门进行处理。

现金清查的会计处理，要设置“待处理财产损溢—待处理流动资产损溢”科目，该科目的借方登记现金的盘亏及查明原因后盘盈的转销，贷方登记现金的盘盈及查明原因后盘亏的转销。

【例2-3】智董公司201×年6月15日对库存现金进行清查，发现短少200元。

(1) 未查明原因前。

借：待处理财产损溢—待处理流动资产损溢　　200

贷：库存现金　　　　　　　　　　　　　　　　200

(2) 查明原因，系出纳人员责任，应由其赔偿。

借：其他应收款—某出纳人员　　　　　　　　　200

贷：待处理财产损溢—待处理流动资产损溢　　　200

【例2-4】智董公司201×年6月30日对库存现金进行清查，发现溢余300元。

(1) 未查明原因前。

借：库存现金　　　　　　　　　　　　　　　300

贷：待处理财产损溢—待处理流动资产损溢　　　300

(2) 现金溢余原因不明，经批准转做营业外收入。

借：待处理财产损溢—待处理流动资产损溢　　　300

贷：营业外收入　　　　　　　　　　　　　　300

第二节 银行存款

一、银行存款账户开立和使用的有关规定

银行存款是指存放在本地银行的那部分货币资金。企业收入的一切款项，除保留库存现金限额之外，都必须送存银行。企业必须到当地银行开设银行存款账户，必须遵守银行结算纪律。

银行存款账户有四个，即基本存款账户、一般存款账户、临时存款账户、专用存款账户。任何企业必须设立基本存款账户，该账户主要用于办理日常转账结算和现金收支，如发放工资、奖金等。一般存款账户是企业在基本存款账户以外的银行借款转存以及与基本存款账户的企业不在同一地点的附属非独立核算的单位的账户，该账户可以办理转账和存入现金，但不能支取现金。临时存款账户是企业因临时经营活动需要而开立的账户，该账户可以办理转账结算和其他符合国家现金管理规定的现金收付。专用存款账户是企业因特殊用途需要而开立的账户。

为了加强对银行存款账户的管理，企、事业单位基本存款账户要实行开户许可证制度，必须凭中国人民银行当地分支机构核发的开户许可证办理，企、事业单位不得为还贷、还债和套取现金而多头开立基本存款账户。

一个企业只能在一家银行开立一个基本存款账户，不得在同一家银行的几个分支机构开立一般存款账户。企业收入的一切款项，除国家另有规定外，均必须当日解缴银行，一切支出，除允许用现金支付外，均应通过银行转账。

按《银行账户管理办法》规定，企业要合法使用银行账户，不准出租出借银行账户；不准签发空头支票和远期支票，以套取银行信用；不得签发、取得和转让没有真实交易和债权债务的票据以套取银行和他人的资金；不准无理拒付款项、任意占用他人资金；不准违反规定开立和使用账户。

企业与银行之间的货币资金收付，可以有多种结算方式，主要有支票、银行汇票、商

业汇票、银行本票、汇兑、托收承付、委托收款、信用证等结算方式。

二、银行存款收付业务的会计处理

企业会计人员要设置银行存款日记账及总分类账，记录银行存款的增减及结存变化情况。出纳人员要根据银行存款收付业务有关凭证，逐笔登记银行存款日记账，并负责银行存款及现金的实际收付；会计人员还要设立“银行存款”账户，进行其总分类核算。

【例2-5】智董公司201×年6月5日销售甲商品，有关票据上列明：商品货款100000元，增值税销项税16000元，款项已全部收存银行。

借：银行存款　　116000

　贷：主营业务收入　　100000

　　　应交税费—应交增值税（销项税额）　　16000

三、银行存款的清查

银行存款的清查，主要是由出纳人员定期将银行存款日记账与银行对账单进行逐笔核对，若两者相符，说明双方记账无误；若两者余额不等，则要分情况进行处理。

首先要检查是否存在未达账项。未达账项是指由于银行结算凭证在企业与银行之间传递存在时间上的先后，造成一方已经入账而另一方尚未入账的款项，包括四种情况，即企业已收款记账而银行尚未收款记账、企业已付款记账而银行尚未付款记账、银行已收款记账而企业尚未收款记账、银行已付款记账而企业尚未付款记账。

若无未达账项，说明双方记账肯定有误，要查明原因，进行处理；若存在未达账项，应编制“银行存款余额调节表”，如果调节表余额相符，说明双方记账是正确的，银行存款日记账余额与银行对账单余额不符的原因是由未达账项造成的；如果调节表余额不符，则说明双方记账肯定有误，应查明原因，进行处理。

若银行存款清查结果账实不符，应编制“银行存款清查报告单”，会计部门根据此报告单，进行相应的会计处理。银行存款清查的会计处理，可以比照库存现金清查结果的处理办法，也要设置“待处理财产损溢—待处理流动资产损溢”科目，该科目的借方登记银行存款的盘亏及查明原因后盘盈的转销，贷方登记银行存款的盘盈及查明原因后盘亏的转销。

第三节 其他货币资金

一、其他货币资金的内容

其他货币资金是指除现金、银行存款之外的货币资金，包括外埠存款、银行汇票存款、银行本票存款、信用卡存款、信用证保证金存款及存出投资款等。

外埠存款是指企业到外地进行临时或零星采购时，汇往采购地银行开立采购专户的款项。银行汇票存款是指企业为取得银行汇票按照规定存入银行的款项。银行本票存款是指企业为取得银行本票按照规定存入银行的款项。信用卡存款是指企业为取得信用卡按照规定存入银行的款项；信用证保证金存款是指企业为取得信用证按照规定存入银行的款项。存出投资款是指企业已存入证券公司但尚未进行短期投资的款项。

二、其他货币资金的核算

为了总括反映企业其他货币资金的增减变动和结余情况，在会计上应设置“其他货币资金”科目进行其他货币资金的总分类核算，并按其组成内容分设明细科目进行明细分类核算。

1. 外埠存款的核算

【例2-6】智董公司201×年6月1日将款项100000元汇往广州开立采购专户。

借：其他货币资金—外埠存款　　100000
　贷：银行存款　　100000

201×年6月20日，企业会计部门收到采购员寄来的采购材料有关发票，内列：材料价款80000元，增值税进项税额12800元。

借：在途物资　　80000
　　应交税费—应交增值税（进项税额）　　12800
　贷：其他货币资金—外埠存款　　92800

201×年6月28日，外地采购业务结束，采购员将剩余资金转回本地银行。

借：银行存款　　6400
　贷：其他货币资金—外埠存款　　6400

2. 银行汇票存款的核算

【例2-7】智董公司于201×年6月10日将款项50000元交存银行，并填妥“银行汇票委托书”，银行受理完毕。

借：其他货币资金—银行汇票　　50000
　贷：银行存款　　50000

201×年6月11日，公司用银行签发的银行汇票支付采购材料价款40000元，增值税进项税额6400元。

借：在途物资　　40000
　　应交税费—应交增值税（进项税额）　　6400
　贷：其他货币资金—银行汇票　　46400

201×年6月12日，银行退回剩余款项3200元。

借：银行存款　　3200
　贷：其他货币资金—银行汇票　　3200

银行本票存款等其他货币资金的核算，可以比照以上会计处理方法进行。

第四节　应收票据

一、应收票据的种类

应收票据属于企业金融资产范畴，是指企业因销售商品或提供劳务而持有的尚未到期的商业票据，是一项债权凭证。票据包括支票、本票、汇票，但是，会计上作为应收票据核算的仅指商业汇票。

商业汇票是指由出票人签发的，委托付款人在指定日期无条件支付确定金额给收款人或持票人的票据。商业汇票按承兑人不同分为商业承兑汇票和银行承兑汇票；按是否计息可分为不带息商业汇票和带息商业汇票。

我国目前主要使用不带息商业汇票。不带息商业汇票是指商业汇票到期时，承兑人只按票面金额（即面值）向收款人或被背书人支付款项的汇票。带息商业汇票是指商业汇票到期时，承兑人必须按票面金额加上应计利息向收款人或背书人支付票款的票据。

我国商业票据的期限一般较短（6个月），应收票据一般按其面值计价，但对于带息的应收票据，按照现行制度的规定，应于期末（指中期期末和年度终了）按应收票据的票面价值和确定的利率计提利息，计提的利息应增加应收票据的账面价值。

相对于应收账款来讲，应收票据（尤其是银行承兑汇票）发生坏账的风险比较小，因此，一般不对应收票据计提坏账准备，超过承兑期收不回的应收票据应转作应收账款，对应收账款计提坏账准备。

二、不带息应收票据

不带息应收票据的到期价值等于应收票据的面值。企业应当设立“应收票据”科目核算应收票据的票面金额，收到应收票据时，借记“应收票据”科目，贷记“应收账款”“主营业务收入”等科目。应收票据到期收回票据金额，借记“银行存款”科目，贷记“应收票据”科目。商业承兑汇票到期，承兑人违约拒付或无力偿还票款，收款企业应将到期票据的票面金额转入“应收账款”科目。

【例2-8】201×年6月10日，智董公司向贵琛公司销售产品一批，货款为100000元，尚未收到，已办妥托收手续，适用增值税税率为16%，编制会计分录如下：

借：应收账款　　116000
　贷：主营业务收入　　100000
　　　应交税费—应交增值税（销项税额）　　16000

10日后，智董公司收到贵琛公司寄来一份3个月的商业承兑汇票，面值为116000元，抵付产品货款。智董公司编制会计分录如下：

借：应收票据　　116000
　贷：应收账款　　116000

3个月后，应收票据到期，收回票面金额116000元存入银行，编制会计分录如下：

借：银行存款　　116000
　贷：应收票据　　116000

如果该票据到期，贵琛公司无力偿还票款，智董公司应将到期票据的票面金额转入“应收账款”科目。

借：应收账款　　116000
　贷：应收票据　　116000

三、带息应收票据

带息应收票据是指根据票面金额和票面利息率计算到期利息的票据。

1. 利息的计算

到期利息＝应收票据面值×利率×时间

带息应收票据到期值＝应收票据面值×（1＋利率×时间）

注意：上式中，利率一般指年利率，即票据所规定的利率；时间（期限）是指签发日至到期日的时间间隔（有效期）。

票据的期限有两种表示方法，即按日表示和按月表示。

按日表示是指应从出票日起按实际日历天数计算，“算头不算尾”或“算尾不算头”。例如，一张出票日为5月6日、面值为100000元、利率为10%、期限为90天的商业汇票，则“算尾不算头”到期日为8月4日，即5月25天（5月6日不计入）、6月30天、7月31天、8月4天（8月4日计入），共计90天。“算头不算尾”到期日为8月3日，即5月26天（5月6日计入）、6月30天、7月31天、8月3天（8月4日不计入），共计90天。

到期值＝100000＋100000×10%÷360×90＝102500（元）

按月表示是指应以到期月份中与出票日相同的那一天为到期日，而不论各月份实际日历天数为多少。

2. 带息应收票据的会计处理

【例2-9】智董公司201×年9月1日销售一批产品给贵琛公司，货已发出，发票上注明的销售收入为100000元，增值税税额为16000元。收到贵琛公司交来的商业承兑汇票一张，期限为6个月，票面利率为10%。

(1) 收到票据时。

借：应收票据　116000

　贷：主营业务收入　100000

　　　应交税费—应交增值税（销项税额）　16000

(2) 年度终了（201×年12月31日），计提票据利息。

票据利息＝116000×10%÷12×4＝3866.67（元）

借：应收票据　3866.67

　贷：财务费用　3866.67

为简化起见，企业一般在编制中期财务报告和年终财务报告时，对带息应收票据计提利息，并将计提的利息增加应收票据的账面价值，冲减当期财务费用。

(3) 票据到期收回货款。

收款金额＝116000×（1＋10%÷12×6）＝121800（元）

次年计提的票据利息＝116000×10%÷12×2＝1933.33（元）

借：银行存款　121800

　贷：应收票据　119866.67

　　　财务费用　1933.33

四、应收票据贴现

应收票据贴现是指持票人将未到期的票据背书后转让给银行，由银行按票据的到期值扣除贴现日至票据到期日的利息后，将余额付给企业的一种融资行为，是企业与贴现银行之间就票据权利所做的一种转让。贴现业务中，企业付给银行的利息称为贴现利息，简称贴息，所用的利息率称为贴现率，它不一定等于市场利率，但总高于票据票面利息率。

1. 带息票据

票据到期值＝票据面值＋票据面值×票面利率×期限

贴现利息＝票据到期值×贴现率×贴现期

贴现所得＝票据到期值－贴现利息

【例2-10】智董公司销售商品一批，含税价款23200元，收到贵琛公司201×年8月20日签发的、面值为23200元、年利率为10%、11月26日到期的商业汇票一张。智董公司因资金紧张，于201×年9月25日持票向银行申请贴现，贴现利率为12%。则票据期限98天，已实现36天，则：

贴现期＝98－36＝62（天）

（“算头不算尾”：9月6天、10月31天、11月25天）

票据到期值＝23200＋23200×10%÷360×98＝23831.56（元）

贴现利息＝23831.56×12%÷360×62＝492.52（元）

贴现所得＝23831.56－492.52＝23339.04（元）

其相应的会计处理如下所示。

(1) 销售商品取得票据时。

借：应收票据　　23200

　贷：主营业务收入　　20000

　　　应交税费—应交增值税（销项税额）　　3200

(2) 确认贴现日前应计提票据利息：

借：应收票据　　232（已实现利息＝23200×10%÷360×36）

　贷：财务费用　　232

(3) 收到贴现款时。

借：银行存款　　23339.04（贴现所得）

　　财务费用　　92.96

　贷：应收票据　　23432（账面价值）

注：本例已实现利息收入232元，票据账面价值＝23200＋232＝23432（元），贴现所得为23339.04元，贴现损失为92.96元（23432－23339.04）。

2. 不带息票据

贴现利息＝票据到期值×贴现率×贴现期

贴现所得＝票据到期值－贴现利息

注：式中“票据到期值”即票据面值。

【例2-11】承上例，若为不带息票据，贴现利率为12%，则：

贴现利息＝23200×12%÷360×62＝479.47（元）

贴现所得＝23200－479.47＝22720.53（元）

相应的会计处理如下所示。

(1) 销售商品取得票据时。

借：应收票据　　23200

　贷：主营业务收入　　20000

　　　应交税费—应交增值税（销项税额）　　3200

(2) 收到贴现款时。

借：银行存款　　22720.53（贴现所得）

　　财务费用　　479.47（两者差额）

　贷：应收票据　　23200（账面价值）

第五节 应收账款

一、应收账款的确认

应收账款也属于企业金融资产范畴，是指企业在正常经营活动中，因销售商品、提供劳务而形成的债权，是标志营业收入的新获资产。

应收账款的确认与收入的确认标准密切相关。按照收入确认标准，企业在销售商品时，如果同时符合四个条件，即确认为收入：企业已将商品所有权上的主要风险和报酬转移给买方；企业既没有保留通常与所有权相联系的继续管理权，也没有对已售出的商品实施控制；与交易相关的经济利益能够流入企业；相关的收入和成本能够可靠地计量。由于大多数商品的销售在交易发生时就具备了这些条件，因此，应收账款应于收入实现时确认。

二、应收账款的计价

一般情况下，应收账款应根据实际发生的交易价格确认应收账款的入账价值，包括发票金额和代垫运费及包装费两部分，但实务中若有商业折扣、现金折扣、销售退回、销售折让等因素，应加以考虑。

1. 商业折扣

商业折扣是指在销售商品或提供劳务时，从价目表的报价中扣减的一定数额，通常以百分比表示，如5%、10%等。对于商业折扣，会计部门按扣除商业折扣以后的实际售价金额入账，而对商业折扣不做单独反映。

2. 现金折扣

现金折扣即销货企业为鼓励顾客在一定期限内及早偿还货款而从发票价格中让渡给顾客的一定数额的款项，如2/10、1/20、n/30。

在有现金折扣的条件下，应收账款的入账价值有两种确认方法，总价法和净价法。

1) 总价法按扣除现金折扣前的发票总金额确认收入和应收账款数额。这种方法是假设顾客一般都得不到现金折扣，如果顾客在折扣期内付款而获得现金折扣，则作为“财务费用”，同时冲减应收账款数额。

2) 净价法按扣除现金折扣之后的净额确认收入和应收账款数额。这种方法是假设顾客一般都会得到现金折扣，如果顾客超过折扣期付款而丧失了现金折扣，则作冲减“财务费用”处理。

从理论上说，净价法较总价法更为合理，但在实务中，若用净价法，对每一笔应收账款需详细分析是否享受现金折扣，工作量太大，故会计制度规定，实务中一般采用总价法。

三、应收账款的账务处理

(一) 在无商业折扣的情况下，应按应收账款的全部金额入账

【例2-12】智董公司201×年6月10日赊销给贵琛公司商品一批，货款80000元，增值税销项税额12800元，代垫运杂费1400元，则会计处理如下：

借：应收账款　　94200
　贷：主营业务收入　　80000
　　　应交税费—应交增值税（销项税额）　　12800
　　　银行存款　　1400

(二) 在有商业折扣情况下，应按扣除商业折扣后的金额入账

【例2-13】承上例，若该公司在赊销给贵琛公司商品时，商品价目表上列明商品价款总计85000元，商业折扣额为5000元，其他资料相同，则会计处理如下：

借：应收账款　　94200
　贷：主营业务收入　　80000
　　　应交税费—应交增值税（销项税额）　　12800
　　　银行存款　　1400

(三) 在有现金折扣的情况下，应按总价法或净价法处理

【例2-14】智董公司销售商品100000元，规定的现金折扣条件为2/10，n/30，适用的增值

税税率为16%，商品交付并办妥托收手续。

1. 总价法

销售商品时，编制会计分录如下：

借：应收账款　　116000
　贷：主营业务收入　　100000
　　　应交税费—应交增值税（销项税额）　　16000

收到货款时，根据购货企业是否得到现金折扣的情况入账。如果上述货款在10天内收到，编制会计分录如下：

借：银行存款　　114000
　　财务费用　　2000
　贷：应收账款　　116000

如果超过了现金折扣的最后期限，则编制会计分录如下：

借：银行存款　　116000
　贷：应收账款　　116000

2. 净价法

销售商品时，编制会计分录如下：

借：应收账款　　114000
　贷：主营业务收入　　98000
　　　应交税费—应交增值税（销项税额）　　－16000

收到货款时，根据购货企业是否得到现金折扣的情况入账。如果上述货款在10天内收到，编制会计分录如下：

借：银行存款　　114000
　贷：应收账款　　114000

如果超过了现金折扣的最后期限，则编制会计分录如下：

借：银行存款　　116000
　贷：应收账款　　114000
　　　财务费用　　2000

四、坏账

"坏账"又称"呆账"，是指无法收回的应收款项，由于发生坏账而产生的损失，称为"坏账损失"。

(一) 坏账的确认

一般情况下，符合下列条件之一的应收账款，确认为坏账。

1) 债务人破产，以其破产财产清偿后仍无法收回的部分。

2) 债务人死亡，以其遗产财产清偿后仍无法收回的部分。

3) 债务人逾期为履行偿债义务超过三年，确实不能收回的应收款项。

(二) 坏账损失的会计处理

坏账的核算方法一般有两种：直接转销法和备抵法。

1. 直接转销法

直接转销法是在实际发生坏账时，确认坏账损失，计入当期损益，同时注销该笔应收款项。

【例2-15】智董公司欠贵琛公司的账款5600元已超过三年，屡催无效，断定无法收回，则应对该客户的应收账款作坏账损失处理。贵琛公司编制会计分录如下：

借：管理费用　　5600
　贷：应收账款—智董公司　　5600

如果已冲销的应收账款以后又收回时，应编制如下会计分录：

借：应收账款—智董公司　　5600

　贷：管理费用　　5600

同时

借：银行存款　　5600

　贷：应收账款—智董公司　　5600

直接转销法的优点是账务处理简单，但是，这种方法忽视了坏账损失与赊销业务的联系，在转销坏账损失的前期，对于坏账的情况不做任何处理，显然不符合权责发生制及收入与费用相配比的会计原则，而且核销手续繁杂，致使企业发生大量陈账、呆账、长年挂账，得不到及时处理，虚增了利润，也夸大了前期资产负债表上应收款项的可实现价值。

2. 备抵法

(1) 备抵法的含义

备抵法即每期按一定方法估计坏账损失，计入当期损益，同时形成一笔坏账准备，待实际发生坏账时再冲销坏账准备和应收账款的一种方法。采用这种方法，一方面按期估计坏账损失计入资产减值损失，另一方面设置“坏账准备”科目，待实际发生坏账时冲销坏账准备和应收款项金额，使资产负债表上的应收款项反映扣减估计坏账后的净值。

备抵法克服了直接转销法的缺点，其优点有：一是预计不能收回的应收款项作为坏账损失及时计入当期损益，避免企业虚增利润；二是在报表上列示应收款项净额，使报表阅读者更能了解企业真实的财务状况；三是使应收款项实际占用资金接近实际，消除了虚列的应收款项，有利于加快企业资金周转，提高企业经济效益。备抵法完全符合收入与费用相配比原则和权责发生制原则。

备抵法的关键是估计坏账损失，计提坏账准备。计提坏账准备的方法由企业自行确定，企业按规定政策、方法、计提比例等计提坏账准备，计提方法一旦确定，不得随意变更。

(2) 坏账准备的计提范围

坏账准备的计提范围包括应收账款、其他应收款，企业的预付账款如确实表明不符合预付账款性质，或因供货单位破产、撤销等原因已无望再收到所购物资的，应将原计入预付账款的金额转入“其他应收款”，并计提坏账准备，除此之外，企业的应收票据以及其他不符合条件的预付账款不得计提坏账准备。下列情况之一的不能全额计提坏账准备。

1) 当年发生的应收账款。

2) 与关联方发生的应收账款，特别是母子公司交易或事项产生的应收账款。

3) 计划对应收款项进行重组。

4) 其他已逾期，但无确凿证据表明不能收回的应收款项。

(3) 坏账准备的计提及会计处理方法

坏账准备的计提方法主要有应收账款余额百分比法、账龄分析法及销货百分比法三种。

1）应收账款余额百分比法是指根据会计期末应收账款的余额和估计的坏账率，估计坏账损失，计提坏账准备的一种方法。

【例2-16】智董公司年末应收账款的余额为1000000元，提取坏账准备的比例为1%。第二年发生了坏账损失6000元，其中，甲单位1000元，乙单位5000元，年末应收账款为1200000元。第三年，已冲销的上年乙单位应收账款5000元又收回，期末应收账款1300000元。编制会计分录如下：

第一年提取坏账准备10000元（1000000×1%）。

借：资产减值损失—计提的坏账准备　　10000

　贷：坏账准备　　10000

第二年冲销坏账准备。

借：坏账准备 6000

贷：应收账款—甲单位 1000

—乙单位 5000

第二年年末按应收账款的余额计算提取坏账准备。

坏账准备余额＝1200000×1%＝12000（元）

应提的坏账准备＝12000－4000＝8000（元）

借：资产减值损失—计提的坏账准备 8000

贷：坏账准备 8000

第三年，上年已冲销的乙单位应收账款5000元又收回入账。

借：应收账款—乙单位 5000

贷：坏账准备 5000

同时

借：银行存款 5000

贷：应收账款—乙单位 5000

第三年年末按应收账款的余额计算提取坏账准备。

坏账准备余额＝1300000×1%＝13000（元）

应提的坏账准备＝13000－(12000＋5000)＝－4000（元）

注："坏账准备"科目余额应为13000元，但在期末提取坏账准备前，"坏账准备"科目已有贷方余额17000元，即期初贷方余额12000元加上收回的已冲销坏账5000元，超过了应提坏账准备数，所以，应冲回多提坏账准备4000元。

借：坏账准备 4000

贷：资产减值损失—计提的坏账准备 4000

2）账龄分析法是指根据应收账款账龄的长短来估计坏账的一种方法。账龄指的是顾客所欠账款的时间。采用这种方法，企业要编制账龄分析表，据此确定坏账准备金额。

【例2-17】智董公司201×年12月31日应收账款账龄分析表及坏账损失估计表见表2-1、表2-2。假设该公司估计坏账损失以前，"坏账准备"科目有贷方余额3000元，则应计提坏账准备4150元（7150－3000）。

表2-1 应收账款账龄分析表 单位：元

客户名称	应收账款余额	尚未到期	过期1个月	过期2个月	过期3个月	过期3个月以上
甲	200000	110000	30000		20000	40000
乙	100000	60000		20000	20000	
丙	300000	200000	50000	30000	10000	10000
合计	600000	370000	80000	50000	50000	50000

表2-2 坏账损失估计表 单位：元

应收账款账龄	应收账款余额	估计损失率（%）	估计损失金额
尚未到期	370000	0.5	1850
过期1个月	80000	1	800
过期2个月	50000	2	1000
过期3个月	50000	3	1500
过期3个月以上	50000	4	2000
合计	600000		7150

借：资产减值损失—计提的坏账准备　　4150
　贷：坏账准备　　4150

若该公司估计坏账损失以前，“坏账准备”科目有借方余额3000元，则应计提坏账准备10150元（7150＋3000）。

借：资产减值损失—计提的坏账准备　　10150
　贷：坏账准备　　10150

3）销货百分比法是指以赊销金额的一定百分比作为估计坏账的一种方法。

【例2-18】智董公司201×年全年赊销金额为1000000元，根据以往资料和经验，估计坏账损失率为2%，则做如下会计处理：

借：资产减值损失—计提的坏账准备　　20000（1000000×2%）
　贷：坏账准备　　20000

五、其他应收款项

（一）预付账款

预付账款是指企业按购货或劳务合同规定预付给供货单位或提供劳务方的款项。

为了加强对预付账款的管理，一般应单独设置会计科目进行核算，预付账款不多的企业，也可以将预付的账款记入“应付账款”科目的借方，但在编制会计报表时，仍然要将“预付账款”和“应付账款”的金额分开报告。

预付账款按实际付出的金额入账。会计期末，预付账款按历史成本反映。

企业按购货合同的规定预付货款时，按预付金额借记“预付账款”科目，贷记“银行存款”科目。企业收到预订的货物时，应根据发票账单等列明的应计入购入货物成本的金额，借记“原材料”“库存商品”等科目，按专用发票上注明的增值税税额，借记“应交税费—应交增值税（进项税额）”科目，按应付的金额，贷记“预付账款”科目。补付货款时，借记“预付账款”科目，贷记“银行存款”科目。退回多付的款项，借记“银行存款”科目，贷记“预付账款”科目。

（二）其他应收款

其他应收项目是指企业发生的非购销活动的应收债权，即除应收票据、应收账款、预付账款等以外的其他各种应收、暂付款项。

其他应收、暂付款项主要包括：应收的各种赔款、罚款；应收出租包装物押金；应向职工收取的各种垫付款项；备用金；存出保证金（如租入包装物支付的押金）；预付款项存入；其他各种应收、暂付款项。对于这类应收项目，通常与应收账款和预付账款分开，如企业发生的各种赔款、存出保证金、备用金以及应向职工收取的各种垫付款项等，将这类项目单独归类，以便会计报表的使用者把这些项目与由于购销业务而发生的应收项目识别清楚。

企业应当定期或者至少于每年年度终了对其他应收款进行检查，预计其可能发生的坏账损失，并计提坏账准备。对于不能收回的其他应收款应查明原因，追究责任。对确实无法收回的，按照企业的管理权限，经股东大会或董事会，或经理（厂长）会议或类似机构批准作为坏账损失，冲减提取的坏账准备。

其他应收款的会计核算，主要通过“其他应收款”科目进行相应的会计处理。

第三章
存货

第一节 综合知识

存货是指企业在日常活动中持有以备出售的产成品或商品、处在生产过程中的在产品、在生产过程或提供劳务过程中消耗的材料和物料等。

一、存货的性质

存货是一种有形资产，其物质实体在企业日常生产经营活动中不断被销售或耗用，并不断被重置，因而存货属于一项流动资产，具有较强的变现能力和较大的流动性。

一项资产是否属于存货，主要取决于其在生产经营过程中的用途或起的作用，而不是物质实体。作为存货，必须是用于日常经营活动，持有存货的目的是直接出售或进一步加工后出售，而不是自用或消耗。若不是用于日常经营活动而持有的，如工业企业自行建造工程而储备的工程物资，就不能作为企业的存货看待。又例如，同样一台设备，对生产设备的企业来说是存货，而对用该设备生产商品的企业来说是固定资产。

二、存货的确认条件、范围

企业在确认某项资产是否作为存货时，首先要视其是否符合存货的概念，在此前提下，应同时满足两个条件。

（一）与该存货有关的经济利益很可能流入企业

按会计准则规定，资产最重要的特征是预期会给企业带来经济利益，如果某一项物资预期不能为企业带来经济利益，就不能确认为企业的资产。存货作为企业的一项重要的流动资产，对其确认的关键是判断是否预期能给企业带来经济利益。例如，企业已经付款，但尚在运输途中的材料物资，其所包含的经济利益已经能够流入企业，应作为企业的存货。又例如，企业已经售出的产品，但其实物尚在企业仓库里，因其所有权已非企业所有，与其相关的经济利益已经不能流入企业，因而不能作为本企业的存货。

（二）该存货的成本能够可靠地计量

成本能够可靠地计量也是资产确认的一项基本条件。存货作为企业的一项重要资产，要予以确认，就必须能够对其成本进行可靠计量。例如，企业与供货方签订了购料合同，在材料购买活动尚未实际发生时，由于不能可靠确定其购料成本，因此，不能将购料合同中的材料作为企业的存货。

企业在判断有关物资是否属于本企业存货的范围时，应以本企业对存货是否具有法定所有权为依据，凡是在盘存日，法定所有权属于本企业的物资，无论其存放何处或处于何种状态，均应纳入本企业的存货范围；反之，不应列入企业的存货范围。

另外，在确认存货范围时，还应注意一些特殊问题。

1. 代销商品的归属问题

理论上，代销商品在出售以前，所有权属于委托方，应属于委托方的存货。对于受托方来说，除了要保证代销商品安全完整外，并不承担其他持有资产的风险，因此，不属于受托方的存货。

2. 在途存货问题

对于在途存货，购货方通常是按商品所有权是否转移来判定是否作为本企业的存货的。在目的地交货的情况下，购货方在应运货物运至其指定的地点时，确认为本企业的存货；在起运地交货的情况下，购货方应在销货方在起运地办理完货物发运手续后，确认为本企业的存货，并通过“在途物资”或“材料采购”科目核算。

3. 售后购回问题

售后购回是指销货方在销售商品的同时，承诺在未来一定期限内以约定的价格购回该批商品。售后购回交易的实质是销货方以商品向购货方融通资金，虽然商品的所有权已转移给了购货方，但销货方实质上仍然保留了所有权上的主要风险。因此，在售后购回交易方式下，销货方通常并不确认销售收入，所销售的商品仍应包括在销货方的存货中。

4. 分期收款销售问题

分期收款销售是指商品已经交付，但货款分期收回的一种销售方式。在该销售方式下，销售方在分期收款期限内为了保证账款如期收回，通常保留了商品的法定所有权，直至账款全部收回。但从该交易的经济实质来看，商品所有权上的主要风险和报酬已经转移给了购货方，销售已经成立。因此，销货方应按照应收合同或协议价款的公允价值确认销售收入，并相应地结转销售成本，所售商品应包括在购货方的存货中。

5. 附有销售退回条件的商品销售问题

附有销售退回条件的商品销售是指购买方依照有关协议有权退货的销售方式。确认标准为：对估计不会发生退货的部分，作为一般商品销售处理，售出的商品不再包括在销货方的存货之中；对估计可能发生退货的部分，以及不能合理确定退货可能性的发出商品，不确认销售收入，对已发出的商品仍应包括在销货方的存货之中，并通过“发出商品”科目核算。

6. 购货约定

购货约定是指购销双方就未来某一时日进行的商品交易所做的事先约定。对购货方来说，由于目前尚未发生实际的购货行为，因此，约定未来将购入的商品不能作为存货入账，也不确认有关的负债和费用。

三、存货的分类

存货分布于企业生产经营的各个环节，而且种类繁多、用途各异，为了加强存货的管理与核算，有必要对企业的存货进行适当分类。

(一) 按取得方式分类

存货按取得方式可以分为外购存货、自制存货、委托加工存货、投资者投入的存货、接受捐赠取得的存货、接受抵债取得的存货、非货币性交易换入的存货、盘盈的存货等。

(二) 按经济用途分类

1) 原材料是指在生产过程中经过加工改变其形态或性质并构成产品实体的各种原料及主要材料、辅助材料、外购半成品（外购件）、修理用备件（备品备件）、包装材料、燃料等。

2) 在产品是指仍处于生产过程中、尚未完工入库的生产物资，包括正处于各个生产工序尚未制造完工的在产品，以及虽已制造完工但尚未检验或虽已检验但尚未办理入库手续的产成品。

3) 半成品是指经过一定生产过程并经检验合格交付半成品仓库保管，但尚未最终制造完成、仍需进一步加工的中间产品。半成品不包括从一个生产车间转给另一个生产车间继续加工的自制半成品以及不能单独计价的自制半成品。

4) 产成品是指已经完成全部生产过程并验收入库，可以按照合同规定的条件送交订货单位，或者可以作为商品对外销售的产品。企业接受外来原材料加工制造的代制品和为外单位加工修理的代修品，制造和修理完成验收入库后，应视同企业的产成品。

5) 商品是指可供销售的各种产品及商品。工业企业的商品包括用本企业自备原材料生产的产成品和对外销售的半成品等；商品流通企业的商品包括外购或委托加工完成验收入库用于销售的各种商品。

6) 周转材料是指企业能够多次使用、逐渐转移其价值，但仍保持原有形态、不确认为固定资产的材料，如包装物和低值易耗品。其中，包装物是指为了包装本企业商品而储备的各种包装容器，如桶、箱、瓶、坛、袋等；低值易耗品是指单位价值相对较低、使用期限相对较短，或在使用过程中容易损坏，因而不能列入固定资产的各种用具物品，如工具、管理用具、玻璃器皿、劳动保护用品，以及在经营过程中周转使用的包装容器等。

7) 委托代销商品是指企业委托其他单位代销的商品，其所有权在商品售出前仍属于委托方，因此，属于委托方的存货。

8) 委托加工物资是指企业委托其他单位进行加工的物资，委托加工物资的所有权仍属于委托企业，因此，作为委托方的存货。

(三) 按存放地点分类

1) 库存存货是指已经购进或生产完工并经验收入库的各种原材料、包装物、低值易耗品、半成品、产成品以及商品。

2) 在途存货是指已经取得所有权但尚在运输途中或虽已运抵企业但尚未验收入库的各种材料物资及商品。

3) 在制存货是指正处入本企业各生产工序加工制造过程中的在产品，以及委托外单位加工但尚未完工的材料物资。

4) 发出存货是指已发运给购货方但货物所有权并未同时转移，因而仍应作为销货方存货的发出商品、分期收款发出商品、委托代销商品等。

四、存货的盘存方法

(一) 实地盘存制

1. 实地盘存制的基本原理

实地盘存制也称定期盘存制，是指在会计期末对企业全部存货进行实地盘点，以确定期末存货的结存数量，然后分别乘以各项存货的盘存单价，计算出期末存货的总金额，计入各有关存货项目，倒挤出本期已耗用或已销售的存货成本。这种方法的实质就是“盘存计销”或“以存计耗”。基本计算公式为

期初存货＋本期购货＝本期耗用或销售存货＋期末存货

本期耗用或销货成本＝期初存货成本＋本期购货成本－期末存货成本

其中，期末存货成本＝期末存货数量×存货单价

期末存货数量＝盘存数量－已销未提数量＋已提未销数量

上述公式中，期初存货成本和本期购货成本均可从账簿记录中取得，关键问题是确定期末存货成本，而要确定期末存货成本，则首先必须确定期末存货的实际数量。

2. 实地盘存制的优缺点及适用范围

1) 实地盘存制的主要优点：平时对销售或发出的结存数量可以不做明细记录；存货只需分成大类或根本不分类，并据以设置明细账，进行存货计价；简便易行。

2) 实地盘存制的主要缺点：不能随时反映存货收入、发出和结存的动态，管理不严密；由于以存计销或以存计耗，倒挤销货成本，易掩盖管理上存在的问题；适用范围有限，它只适用于定期结转销货成本，而不能随时结转销货成本；实地盘存费时费力，且易出错。

3) 实地盘存制的适用范围是：价值较低、进出频繁的存货。

(二) 永续盘存制

1. 永续盘存制的基本原理

永续盘存制也称账面盘存制，是指根据企业存货的品名、规格、等级等分别设置相应的明细账，逐笔逐日登记存货的收、发数量及金额，并随时结算出存货结存数量及金额的一种盘存方法。在存货保管无误的情况下，存货账户的结存金额应该与实际库存相符。在连续经营前提下，企业存货结存金额始终都能从账簿记录中取得，故该方法因此而得名。

2. 永续盘存制的优缺点及适用范围

1) 永续盘存制的主要优点：在存货明细账上，可以随时反映出每种存货的收、发、存情况，从而有利于存货管理；存货明细账的结存数量，可通过盘点随时与实存数量相核对，以保证账实相符。

2) 永续盘存制的主要缺点：存货明细记录工作量较大，而且由于自然和人为的原因，也可能发生账实不符，故采用永续盘存制的单位，仍需对财产物资进行实地盘点。在实际工作中，大多数单位均采用永续盘存制。

第二节 存货的计价

一、存货的初始计价

存货的初始计价是指企业取得存货时的价值计量。

存货应当按照成本进行初始计量。存货成本包括采购成本、加工成本和其他成本。

通过购买取得的存货，如原材料、商品、低值易耗品等，按采购成本计价；通过加

工制成的存货，如产成品、半成品、在产品、委托加工物资等，按所耗材料存货的采购成本、加工成本以及按照一定方法分配的制造费用计价；另外，使存货达到目前场所和状态所发生的其他成本也应计入存货成本。

(一) 存货采购成本

存货采购成本是指在采购过程中所发生的支出，主要包括买价款、相关税费、运输费、装卸费、保险费以及其他可归属于存货采购成本的费用。

对于采购过程中发生的物资毁损、短缺等，合理损耗部分应当计入存货的采购成本，其他损耗不得计入存货成本；购入的货物需要经过挑选整理才能使用的，在挑选整理过程中发生的挑选整理费也应当计入存货的采购成本；为简化起见，采购人员的差旅费以及存货的市内运费，不计入存货采购成本。相关税费是指按规定应当计入存货采购成本的税金，如不能抵扣的增值税、消费税、进口关税、资源税等。

需要说明的是，商品流通企业在采购商品过程中发生的运输费、装卸费、保险费以及其他可直接归属于存货采购成本的费用等进货费用，应当计入存货采购成本，也可以先进行归集，期末根据所购商品的存销情况进行分摊：对于已售商品的进货费用，计入当期主营业务成本；对于未售商品的进货费用，计入期末存货成本。商品流通企业采购商品的进货费用金额较小的，也可以在发生时直接计入当期销售费用。

(二) 存货加工成本

存货加工成本也可产品加工成本，包括直接加工费用和间接加工费用。直接加工费用是指在产品的加工过程中直接作用于产品加工过程的费用，如直接人工费、燃料及动力费、其他直接费；间接加工费即制造费用，是指为组织和管理产品生产而发生的费用。

直接人工费指直接从事产品生产的生产工人工资及福利费。若企业只生产一种产品，则生产工人工资及福利费直接计入该产品成本；若企业同时生产多种产品，则生产工人工资及福利费应采用一定方法分配计入各产品成本。如果是计时工资，可按工时比例进行分配；如果是计件工资，则直接计入各产品成本。

燃料及动力费、其他直接费计入产品成本的方式与直接人工费相同。

间接加工费，即制造费用，包括生产部门管理人员工资及福利费、折旧费、修理费、办公费、水电费、机物料消耗、劳动保护费、季节性和修理期间的停工费等。应按合理的方法分配计入各产品成本。

(三) 其他成本

其他成本是指除采购成本、加工成本以外的，使存货达到目前场所和状态所发生的其他支出。

需要说明的是，非正常消耗的直接材料、直接人工和制造费用、仓储费用、不能归属于使存货达到目前场所和状态的其他支出等，不计入存货成本，应于发生时确认为当期损益。

投资者投入存货的成本，按照投资合同或协议约定的价值确定存货成本，约定价值不公允的，应以公允价值作为存货成本。

有些存货，需要经过相当长的时间购建或生产才能达到预定可使用或者可销售状态，如造船厂的船舶，要达到可销售状态需要较长时间，按会计准则规定，其借款费用可予以资本化，计入存货成本，在资本化期间内，每一会计期间内的借款费用资本化金额的确定，参照《企业会计准则第17号——借款费用》。

以债务重组方式取得的存货，应当对受让的存货按公允价值入账，重组债权的账面余额与受让存货的公允价值之间的差额，先冲减已计提的存货减值准备，不足部分计入当期损益。详情参照《企业会计准则第12号——债务重组》。

通过非货币性交易方式取得的存货，应当按换出资产的公允价值或账面价值减去可抵扣的增值税进项税额后的差额，加上支付的补价和应支付的相关税费，减去收到的补价，作为换入存货的成本。详情参照《企业会计准则第7号——非货币性资产交换》。

盘盈的存货，按相同或类似存货的市场重置价格作为存货的成本。

二、发出存货的计价

(一) 存货成本流转的假设

存货流入减去存货流出等于期末存货，即下期期初存货，用下期期初存货加上下期存货流入减去下期存货流出，等于下期期末存货……以此向后循环，就形成了存货流转。

存货流转包括实物流转和成本流转两部分。从理论上讲，存货的实物流转和成本流转应该一致。但是，在实际工作中，由于存货品种繁多，流进流出数量很大，而且同一存货因不同时间、地点、方式取得而单位成本各异，很难保证存货的成本流转与实物流转完全一致。因此，会计上一般采用的简化处理方法是，按照一个假定的成本流转方式来确定发出存货的成本，而不强求存货的成本流转与实物流转相一致，即成本的流转顺序与实物的流转顺序可以分离，只要按不同的成本流转顺序确定已发出存货的成本和库存存货的成本即可，这样，就出现了存货成本的流转假设。

采用某种成本流转的假设，在期末存货与发出存货之间分配成本，就产生了不同的存货成本分配方法，即发出存货的计价方法。

(二) 发出存货的计价方法

1. 先进先出法

先进先出法是以先入库的存货先发出这样一种存货实物流转假设为前提，对先发出的存货按先入库的存货单价计价，后发出的存货按后入库的存货单价计价，据以确定本期发出存货和期末结存存货成本的一种方法。

【例3-1】智董公司201×年甲种存货明细账如表3-1所示。

在明细账中，采用先进先出法计算发出存货和期末存货的成本。例如11日发出甲种存货800千克，其成本为300×50＋500×60＝15000＋30000＝45000（元），依此类推。

表3-1 存货明细账

存货类别：　　　　　计量单位：千克

存货编号：　　　　　最高存量：

存货名称及规格：甲　最低存量：

201×年		凭证	摘要	收入			发出			结存		
月	日	编号		数量	单价	金额	数量	单价	金额	5数量	单价	金额
1	1		期初余额							300	50	15000
	10		购入	900	60	54000				300 900	50 60	15000 54000
	11		发出				300 500	50 60	15000 30000	400	60	24000
	18		购入	600	70	42000				400 600	60 70	24000 42000
	20		发出				400 4100	60 70	24000 28000	200	70	14000
	23		购入	200	80	16000				200 200	70 80	14000 16000
1	31		本月发生额 及余额	1700		112000	1600		97000	200 200	70 80	14000 16000

采用先进先出法，可以随时确定发出存货成本，从而保证了产品生产成本及销售成本计算的及时性，并且期末存货成本是按最近购货成本计算的，比较接近现行的市场价值。另外，这种方法也使企业不能随意挑选存货计价以调整当期利润。但是，该计价方法核算工作量比较大，对于存货进出比较频繁的企业更是如此，而且当物价上涨时，会高估企业当期利润和库存存货的价值；反之，会低估企业存货价值和当期利润。

2. 加权平均法

加权平均法也称全月一次加权平均法，是以本月全部存货数量为权数，计算本月存货的加权平均单价，据以确定本月发出存货成本和期末结存存货成本的方法。其计算公式为

加权平均单价＝（月初结存存货成本＋本月购进存货成本）÷（月初结存存货数量＋本月购进存货数量）

月末库存存货成本＝月末库存存货数量×加权平均单价

本月发出存货成本＝本月发出存货数量×加权平均单价

或＝期初存货成本＋本月购进存货成本－期末存货成本

由于加权平均单价的计算往往不能除尽，为了保证期末存货的数量、单位成本与总成本的一致性，一般采用倒挤法，即先求月末库存存货成本，然后倒减出本月发出存货成本，将计算尾差计入发出存货成本。

【例3-2】 承上例，智董公司201×年甲种存货明细账如表3-2所示。

表3-2 存货明细账

存货类别：　　　　　　计量单位：千克

存货编号：　　　　　　最高存量：

存货名称及规格：甲　　最低存量：

201×年		凭证	摘要	收入			发出			结存		
月	日	编号		数量	单价	金额	数量	单价	金额	数量	单价	金额
1	1		期初余额							300	50	15000
	10		购入	900	60	54000				1200		
	11		发出				800			400		
	18		购入	600	70	42000				1000		
	20		发出				800			200		
	23		购入	200	80	16000				400	63.5	25400
1	31		本月发生额及余额	1700		112000	1600		101600	400	63.5	25400

甲材料加权平均单价＝（300×50＋900×60＋600×70＋200×80）÷（300＋900＋600＋200）＝127000÷2000＝63.5（元/千克）

月末库存存货成本＝400×63.5＝25400（元）

本月发出存货成本＝127000－25400＝101600（元）

采用加权平均法，月末一次计算加权平均单价，比较简单，而且在市场价格上涨或下跌时所计算出来的单位成本平均化，对存货成本的分摊较为折中。但是，采用这种方法，平时存货明细账上只登记购入存货的数量、单价、金额以及发出存货和结存存货的数量，无法在账面上提供发出和结存存货的单价和金额，不利于加强对存货的管理。

3. 个别计价法

个别计价法也称个别认定法、具体辨认法、分批实际法，这一方法是假定存货的成本流转与实物流转相一致，按照各种存货，逐一辨认各批发出存货和期末存货所属的购进批次和生产批次，分别按其购入或生产时所确定的单位成本作为计算各批发出存货和期末存货成本的一种方法。其计算公式为

发出存货的实际成本＝各批（次）存货发出数量×该批次存货实际进货单价

【例3-3】 承【例3-1】资料，若该公司本月生产领用甲材料1600千克，经确认其中300千克属于期初购进入库、800千克属于10日购进入库、400千克属于18日购进入库、100千克属于23日购进入库，则本月发出材料成本计算为

发出材料实际成本＝300×50＋800×60＋400×70＋100×80＝99000（元）

这种方法能比较合理、准确地计算出发出存货和期末存货的成本，但采用该方法的前提是要有详细的存货收、发、存记录，需要对发出和结存存货的批次具体辨认，因而日常操作非常烦琐，所以，对于不能替代使用的存货、为特定项目专门购入或制造的存货以及提供的劳务，通常采用个别计价法确定发出存货的成本。

三、存货计价方法对企业财务状况和经营成果的影响

各种存货计价方法是因物价变动而产生的。若存货进价固定不变，不同存货计价方法将失去存在的必要。因此，各种存货计价方法对企业财务状况和经营成果及现金流量等方面的影响，也要以物价变动为背景。

1. 存货计价方法对损益计算有直接影响

如果期末存货计价过低，就会低估当期收益；反之，则会高估当期收益。如果期初存货计价过低，就会高估当期收益；反之，则会低估当期收益。但是，也应看到，在物价上涨的情况下，采用先进先出法，则以早期的低存货成本与现在的营业收入相配比，毛利虚计。若将算得的毛利全额以所得税、股利等形式分配尽的话，收回的成本因数额较低、难以重置相同数量的存货，致使企业不能按原有规模持续经营。

2. 存货计价方法会影响资产负债表有关项目的计算

如果期末存货计价不准确，就会使资产计价失真，不符合资产的定义；相反，资产负债表的相关项目才具有客观性。例如，在物价上涨的情况下，若采用先进先出法，期末存货均按后期进价计算，比较接近编表日的重置成本，使资产计价较为合理。

3. 存货计价方法对纳税和现金流量的影响

如果期末存货计价过低，就会低估当期收益，使企业少交所得税，增加现金流入量；反之，如果期末存货计价过高，就会高估当期收益，使企业多交所得税，增加现金流出量。

4. 存货计价方法对业绩评价的影响

某种存货计价方法的合适与否，还与企业管理人员业绩评价方法与奖励制度有关。不少企业按利润水平的高低来评价企业管理人员的业绩，并根据评估结果来奖励管理人员，此时，管理人员往往乐于采用先进先出法，因为这样会高估在任期的利润水平，从而多得“眼前利益”。当企业管理人员持有公司股份时，他们也会偏向于采用先进先出法，因为短期内利润水平较高，获利能力提高的话，股价会上扬，管理人员通过抛售所持股份获益。

第三节 存货收发的会计核算

一、按实际成本核算

在企业经营规模较小、原材料种类不多，而且材料收发业务频繁的情况下，企业可以按照实际成本计价方法组织原材料的收发核算，其特点是从材料的收、发凭证到材料明细分类核算和总分类核算，全部按实际成本计价。

（一）存货取得

1. 外购存货

企业外购的存货，由于距离采购地点远近不同、货款结算方式不同等原因，可能会导致存货入库与货款支付时间不一致，另外，还存在预付货款、现金折扣等情况，为此，需要根据具体情况，分别进行会计处理。

1) 存货验收入库和支付货款同时完成，在此情况下，企业应于支付货款或开出、承兑商业汇票，并且存货入库后，按发票账单等结算凭证确定的存货采购成本，借记“原材料”“库存商品”“周转材料”等科目，按增值税专用发票上注明的增值税税额，借记“应交税费—应交增值税（进项税额）”科目，按实际支付的款项或应付票据面值，贷记“银行存款”“应付票据”等科目。

【例3-4】智董公司购入一批原材料，增值税专用发票上注明：原材料价款60000元，增值税税额9600元。货款已通过银行存款支付，材料已验收入库。

借：原材料　　60000

应交税费—应交增值税（进项税额）　　9600

　贷：银行存款　　69600

2) 货款已付或已开出、承兑商业汇票但存货尚未运达或尚未验收入库，在此情况下，企业应予支付货款或开出、承兑商业汇票时，按发票账单等结算凭证确定的存货成本，借记“在途物资”科目，按增值税专用发票上注明的增值税税额，借记“应交税费—应交增值税（进项税额）”科目，按实际支付的款项或应付票据面值，贷记“银行存款”“应付票据”等科目；待存货运达企业并验收入库后，再根据有关验收凭证，借记“原材料”“库存商品”“周转材料”等科目，贷记“在途物资”科目。

【例3-5】智董公司购入一批材料，增值税专用发票上注明：材料价款100000元，增值税税额16000元，发货方代垫运费1000元。货款已通过银行转账支付，材料尚在运输途中。

①支付货款时。

借：在途物资　　101000

　　应交税费—应交增值税（进项税额）　　16000

　贷：银行存款　　117000

②材料运达企业并验收入库时。

借：原材料　　101000

贷：在途物资　　　　　　　　　　　　　　　　　　101000

3) 存货已运达企业并验收入库，但发票账单等结算凭证尚未到达，在此情况下，如果货款尚未支付，企业可先不做会计处理，待对方结算凭证到达后再作相应会计处理；如果到月末对方结算凭证仍未到达，为了全面反映企业资产及负债情况，应对收到的存货先估价入账，借记“原材料”“库存商品”“周转材料”等科目，贷记“应付账款”科目，下月初，再编制相同的红字记账凭证予以冲回，待对方结算凭证到达后，企业再作存货入库及支付货款的会计处理。

【例3-6】智董公司本月5日购入一批原材料，15日材料运达并验收入库，但到月末时对方结算凭证仍未到达，公司先估价50000元入账，次月6日，对方结算凭证到达，内列：材料价款50000元，代垫运费1200元，增值税税额8000元，企业审核无误，以银行存款支付相应款项。

①15日材料运达并验收入库时，不做会计处理。

②月末，对原材料估价入账。

借：原材料　　　　　　　　　　　　　　　　　　50000

　贷：应付账款　　　　　　　　　　　　　　　　50000

③次月1日，红字冲回。

借：原材料　　　　　　　　　　　　　　　　　　50000（红字）

　贷：应付账款　　　　　　　　　　　　　　　　50000（红字）

④次月6日，收到结算凭证并支付货款。

借：原材料　　　　　　　　　　　　　　　　　　51200

　　应交税费—应交增值税（进项税额）　　　　　8000

　贷：银行存款　　　　　　　　　　　　　　　　59200

4) 企业采用预付货款方式购入存货，在此情况下，企业应在预付货款时，按实际预付金额，借记“预付账款”科目，贷记“银行存款”科目，购入存货到达验收入库时，按结算凭证上注明的金额，分别借记“原材料”“库存商品”“周转材料”“应交税费—应交增值税（进项税额）”等科目，贷记“预付账款”科目；预付的货款不足，应补付货款，按补付金额，借记“预付账款”科目，贷记“银行存款”科目，若预付的金额有余，应按供货方退回的金额，借记“银行存款”科目，贷记“预付账款”科目。

【例3-7】智董公司本月8日向怡平公司预付货款50000元，采购一批原材料。20日，所购材料运达，并附相关结算凭证，内列：材料价款60000元，运费1500元，增值税税额9600元。公司审核无误，并以银行存款支付不足款项。

①8日，预付货款。

借：预付账款—怡平公司　　　　　　　　　　　　50000

　贷：银行存款　　　　　　　　　　　　　　　　50000

②20日，材料验收入库。

借：原材料　　　　　　　　　　　　　　　　　　61500

　　应交税费—应交增值税（进项税额）　　　　　9600

　贷：预付账款—怡平公司　　　　　　　　　　　71700

③补付货款。

借：预付账款—怡平公司　　　　　　　　　　　　21100

　贷：银行存款　　　　　　　　　　　　　　　　21100

5) 企业购货时有现金折扣条件，针对此情况，会计上有总价法和净价法两种处理方法。在我国会计实务中，由于使用现金折扣的并不普遍，故一般采用总价法进行会计处理。

【例3-8】智董公司从鑫裕公司购入一批材料，增值税专用发票上注明：材料价款200000

元，增值税税额32000元。货款未付，付款条件为2/10，n/30，材料已验收入库。

①智董公司采用总价法的会计处理：购进原材料时。

借：原材料　　200000

　　应交税费—应交增值税（进项税额）　　32000

　贷：应付账款—鑫裕公司　　232000

若10天内付款。

借：应付账款—鑫裕公司　　232000

　贷：银行存款　　228000

　　　财务费用　　4000

若超过10天付款。

借：应付账款—鑫裕公司　　232000

　贷：银行存款　　232000

②智董公司采用净价法的会计处理。

购进原材料时。

借：原材料　　196000

　　应交税费—应交增值税（进项税额）　　4000

　贷：应付账款—鑫裕公司　　230000

若10天内付款：

借：应付账款—鑫裕公司　　230000

　贷：银行存款　　230000

若超过10天付款。

借：应付账款—鑫裕公司　　230000

　　财务费用　　4000

　贷：银行存款　　234000

2. 自制存货

企业自制存货的成本由材料采购成本、加工成本和其他成本构成。其中，加工成本是指存货制造过程中发生的直接人工以及按照一定方法分配的制造费用。其他成本是指除采购成本、加工成本以外，为使存货达到目前场所和状态所发生的其他支出。存货制造过程中非正常消耗的直接材料、直接人工和制造费用，不包括在存货成本之中，应于发生时直接计入当期损益。企业自制并已验收入库的存货，按确定的实际成本，借记“原材料”“库存商品”“周转材料”等存货科目，贷记“生产成本”科目。

【例3-9】智董公司的基本生产车间制造完成一批产成品，实际生产成本为150000元。

借：库存商品　　150000

　贷：生产成本　　150000

3. 委托加工存货

委托加工存货的成本，一般包括加工过程中实际消耗的原材料或半成品成本、加工费、往返运杂费以及按规定应计入成本的税金等。

企业发出材料物资，委托外单位加工存货，按发出材料物资的实际成本，借记“委托加工物资”科目，贷记“原材料”“库存商品”等科目；支付的加工费、运杂费等，计入委托加工存货成本，借记“委托加工物资”科目，贷记“银行存款”科目；支付的应由受托加工方代收代缴的增值税，借记“应交税费—应交增值税（进项税额）”科目，贷记“银行存款”等科目；需要缴纳消费税的委托加工存货，由受托加工方代收代缴的消费税，应分别按以下情况处理。

1) 委托加工存货收回后直接用于销售，由受托加工方代收代缴的消费税计入委托加工存货成本，借记“委托加工物资”科目，贷记“银行存款”科目。

2) 委托加工存货收回后用于连续生产应税消费品，由受托加工方代收代缴的消费税按规定准予抵扣的，借记“应交税费—应交消费税”科目，贷记“银行存款”等科目。

委托加工存货加工完成并已验收入库，按“委托加工物资”科目累计的实际成本，借记“原材料”“库存商品”“周转材料”等科目，贷记“委托加工物资”科目。

【例3-10】智董公司委托智董公司加工一批A材料（系应税消费品），发出B材料实际成本为50000元，支付加工费22000元，支付增值税3520元，支付消费税8000元，加工A材料收回后用于连续生产。

发出B材料，委托智董公司加工A材料时。

借：委托加工物资　　50000
　贷：原材料—B材料　　50000

支付加工费和税金时。

借：委托加工物资　　22000
　贷：银行存款　　22000

借：应交税费—应交增值税（进项税额）　　3520
　　　　　　—应交消费税　　8000
　贷：银行存款　　11520

A材料加工完成，收回后验收入库时。

A材料实际成本＝50000＋22000＝72000（元）

借：原材料—A材料　　72000
　贷：委托加工物资　　72000

若加工A材料收回后直接用于销售，则：

拨付原材料及支付加工费的会计处理同上，支付税金时，则为

借：委托加工物资　　8000
　　应交税费—应交增值税（进项税额）　　3520
　贷：银行存款　　11520

A材料实际成本＝50000＋22000＋8000＝80000（元）

4. 投资者投入的存货

投资者投入的原材料，按投资合同或协议约定的价值，借记“原材料”“库存商品”“周转材料”等存货科目，按专用发票上注明的增值税税额，借记“应交税费—应交增值税（进项税额）”科目，按确定的出资额，贷记“实收资本”（或“股本”）科目，按其差额，贷记“资本公积”科目。

【例3-11】智董公司收到甲股东投入的原材料一批，原材料计税价格450000元，增值税专用发票上注明的税额为80000元，投资各方确认按该金额作为甲股东的投入资本，可折换为智董公司每股面值1元的普通股股票300000股。

借：原材料　　450000
　　应交税费—应交增值税（进项税额）　　80000
　贷：股本—甲股东　　300000
　　　资本公积—股本溢价　　230000

5. 接受捐赠取得的存货

企业接受捐赠取得的存货，应当分别按以下情况确定入账成本。

1）捐赠方提供了发票、协议等有关凭据的，按凭据上注明的金额加上应支付的相关税

费作为入账成本。

2）捐赠方没有提供有关凭据的，按以下顺序确定入账成本。

①同类或类似存货存在活跃市场的，按同类或类似存货的市场价格估计的金额，加上应支付的相关税费作为入账成本。

②同类或类似存货不存在活跃市场的，按该接受捐赠存货预计未来现金流量的现值，作为入账成本。

企业收到捐赠的存货时，按照确定的存货入账成本，借记“原材料”“库存商品”“周转材料”等科目，按实际支付或应付的相关税费，贷记“银行存款”“应交税费”等科目，按其差额，贷记“营业外收入—捐赠利得”科目。

【例3-12】智董公司接受捐赠一批商品，捐赠方提供的发票上标明的价值为300000元，另以银行存款支付运杂费2000元。

借：库存商品　　302000

　贷：银行存款　　2000

　　营业外收入—捐赠利得　　300000

关于以非货币性资产交换取得的存货、以债务重组方式取得的存货，参见后续章节叙述。

(二) 存货发出

材料发出的核算，是由企业财会部门在月末时根据月份内签收的各种发料凭证按照发出材料的用途进行分类汇总，编制发出材料汇总表，作为会计处理的依据，按照耗用材料的用途和部门，分别记入“生产成本”“制造费用”“在建工程”“其他业务成本”“管理费用”等科目，贷记“原材料”“库存商品”“周转材料”等科目。

【例3-13】智董公司201×年5月发出材料汇总表如表3-3所示。

表3-3　发出材料汇总表

201×年5月31日　　单位：元

领用部门	用途	材料类别			合计
		原料及主要材料	辅助材料	燃料	
生产	产品生产	95000	3000	2000	100000
车间	一般消耗		2500	1500	4000
厂部	一般消耗			2400	2400
销售科	销售	8000	2000		10000
合计		103000	7500	5900	116400

根据上表作会计处理如下：

借：生产成本　　100000

　　制造费用　　4000

　　管理费用　　2400

　　销售费用　　10000

　贷：原材料　　116400

(三) 按实际成本核算的优缺点

按实际成本进行材料等存货核算时，可以按照材料的品种、规格反映收入、发出和结存材料的实际成本，能在产品成本中反映出材料的实际费用，核算结果比较准确，而且总分类核算也较为简单。但是，材料收发实际成本的计算工作和材料收发凭证的计价工作比较繁重（例如，发出材料还需采用一定方法确定单价）；材料收发凭证计价和材料明细账的登记往往不及时，也不能反映材料采购及自制成本节约和超支的情况。因此，这种核算方法一般适用于规模较小、所用材料种类较少的企业。在规模较大的企业中，对于单位价值较高、耗用量大的主要原材料，也可以采用这种方法核算。

二、按计划成本核算

(一) 材料按计划成本核算的优缺点

按计划成本核算材料的优点主要表现在三个方面。

1）可以考核和分析材料供应成本计划的执行情况。因为通过“材料采购”总账科目和所属明细账的登记，可以反映各类外购材料的实际成本、计划成本和成本差异，据以考核和分析材料采购成本计划的执行情况。

2）有利于考核和分析各车间、部门的成本。由于各车间、部门发生的材料费用先按材料的实际消耗量和计划单位成本计算，然后调整所耗材料的成本差异，因而可以剔除材料单位成本变动对材料费用的影响，有利于分清各车间、部门的责任。

3）可以简化和加速材料核算和产品成本核算工作。按计划成本进行材料核算，既然简化了核算工作，就必须按照材料类别计算实际成本，调整发出材料的成本差异，因此，核算的准确性要差些。这种方法一般适用于材料品种、规格繁多，材料计划成本比较准确、稳定的企业。

(二) 计划成本法的基本原理

实际工作中，在企业材料的种类比较多、收发次数又比较频繁的情况下，如果采用按实际成本计价核算，核算工作量就比较大。为此，在我国一些大、中型制造企业里，材料也可以按计划成本计价核算，具体程序如下所述。

1) 企业应结合各种原材料的特点、实际采购成本等资料确定原材料的计划单位成本，单位成本一旦确定，在年度内一般不宜随便调整。

2) 另设置“材料采购”与“材料成本差异”两个主要账户。“材料采购”账户的借方登记购入材料的实际成本和结转入库材料实际成本小于计划成本的节约差异，贷方登记入库材料的计划成本和结转入库材料的实际成本大于计划成本的超支差异。期末借方余额表示在途材料的实际成本；“材料成本差异”的借方登记结转入库材料的超支差异额和结转发出材料应负担的节约差异额，贷方登记结转入库材料的节约差异额和结转发出材料应负担的超支差异额，期末余额如果在借方，表示库存材料的超支差异额，如果在贷方，表示库存材料的节约差异额。

3) 平时原材料的收发，均按计划成本入账，计划成本与实际成本之间的差异额分别记入“材料成本差异”账户的借方或贷方。

4) 月末将本月发出材料应负担的差异额进行分摊，随同本月发出材料的计划成本记入有关账户，将发出材料的计划成本调整为实际成本。发出材料应负担的差异额必须按月分摊，不得在季末或年末一次分摊。另外，对于发出材料应负担的成本差异，除委托外部加工物资而发出的材料可按上月（即月初）差异率计算外，都应使用当月差异率，除非当月差异率与月初差异率相差不大时，也可按月初差异率计算。材料成本差异率的计算公式为

本月材料成本差异率＝（月初库存材料成本差异额＋本月购入材料成本差异额）÷（月初库存材料计划成本额＋本月入库材料计划成本额）×100%

本月发出材料应负担的成本差异额＝发出材料的计划成本额×本月材料成本差异率

本月发出材料的实际成本＝发出材料的计划成本±发出材料应负担的成本差异额

(三) 材料按计划成本核算的会计处理

材料发出的总分类核算同实际成本核算一样，财会部门应根据签收的各种领料单，按其用途分类汇总，月末一次编制发出材料汇总表。由于汇总表反映的是发出材料的计划

成本，还需借助材料成本差异率调整为实际成本。所以，汇总表中既要反映材料的计划成本，也要反映其成本差异，作为编制记账凭证和登记总账的依据。

1. 存货取得

【例3-14】智董公司材料存货采用按计划成本计价核算，201×年1月发生如下经济业务。

1) 1月10日进货，支付材料货款200000元，运输费500元，材料进项税额32000元，该材料计划成本210000元。

借：材料采购　200500

　应交税费—应交增值税（进项税额）　32000

　贷：银行存款　232500

2) 1月12日该批材料验收入库。

①借：原材料　210000

　贷：材料采购　210000

②借：材料采购　9500

　贷：材料成本差异　9500

3) 1月20日进货，材料货款260000元，运输费1000元，增值税进项税额41600元，该材料计划成本245000元，开出商业承兑汇票支付价款200000元，其余暂欠。

借：材料采购　261000

　应交税费—应交增值税（进项税额）　41600

　贷：应付票据　200000

　　应付账款　102600

4) 1月22日第二批材料验收入库。

①借：原材料　245000

　贷：材料采购　245000

②借：材料成本差异　16000

　贷：材料采购　16000

在实际工作中，为简化起见，上述结转材料成本差异的会计分录，平时也可不必每入库一笔材料，就结转该笔入库材料的成本差异，而是汇总编制收料凭证汇总表，根据汇总表所登记的材料实际成本与计划成本总数，一笔编制结转材料成本差异的会计分录。

2. 存货发出

企业材料采用按计划成本计价核算，主要原因就是为了简化核算，所以，企业平时发出材料，只要登记发出数量，到月末按计划成本编制发出材料汇总表，根据汇总表作相应的会计处理。

【例3-15】智董公司本月发出材料汇总表如表3-4所示。

表3-4　发出材料汇总表　单位：元

领用单位	用途	原料及主要材料	辅助材料
生产车间	产品生产	800000	300000
	一般消耗	400000	200000
厂部	一般消耗	200000	100000
销售部门	服务销售	100000	
合计		1500000	600000

根据上述发出材料汇总表，做如下会计分录：

借：生产成本　1100000

制造费用　　600000
管理费用　　300000
销售费用　　100000
贷：原材料—原料及主要材料　　1500000
—辅助材料　　600000

三、存货的其他核算方法

(一) 毛利率法

毛利率法是指用前期实际（或本期计划、本期估计）毛利率乘以本期销售净额，估算本期销售毛利，进而估算本期发出存货成本和期末结存存货成本的一种方法。该方法的基本程序如下所述。

1) 确定前期实际（或本期计划、本期估计）毛利率。

毛利率＝（销售毛利÷销售净额）×100%

2) 估算本期销售成本。

销售净额＝销售收入－销售退回与折让

估计销售毛利＝销售净额×毛利率

本期销售成本＝本期销售净额－销售毛利

或＝本期销售净额×（1－毛利率）

3) 估算期末结存存货成本。

期末结存存货成本＝（期初存货成本＋本期购货成本）－本期销售成本

【例3-16】智董公司201×年7月初结存存货成本为800000元，本月购进存货成本为5000000元，本月销售收入为6500000元，销售退回与折让为20000元，上季度实际毛利率为30%，则

本月销售净额＝6500000－20000＝6480000（元）

本月销售毛利＝6480000×30%＝1944000（元）

本月销售成本＝6480000－1944000＝4536000（元）

或＝6480000×(1－30%)＝4536000（元）

月末结存存货成本＝(800000＋5000000)－4536000＝1264000（元）

采用毛利率法估算存货成本的关键在于确定一个合理的毛利率，如果毛利率不合理，则计算的结果会与实际出入较大。为此，若采用前期实际毛利率，则要求前后各期的毛利率大致相同；若采用本期估计毛利率，则要求根据存货采购成本、销售价格及结构等因素的变化情况，对毛利率不断修正。另外，如果企业存货品种繁多且毛利率差别较大，应按存货类别确定各类存货的毛利率，不能采用综合毛利率，据以估算存货成本。

毛利率法估算的存货成本不是对存货的准确计算，因此，企业一般应在季末采用先进先出法、加权平均法等方法，对结存存货成本进行一次准确计算，然后根据本季度期初结存存货成本和本期购进存货的成本，倒减出本季度发出存货的实际成本，据以调整采用毛利率法估算的发出存货成本。

(二) 零售价法

零售价法是指用成本占零售价的比例（即成本率）乘以期末存货的售价总额，估算期末存货成本，并据以计算本期发出存货成本的一种方法。其基本程序如下所述。

1) 计算成本占零售价的比例。

成本占零售价的比例＝（期初存货成本＋本期购货成本）÷（期初存货售价总额＋本期购货售价总额）×100%

2) 计算期末存货的售价总额。

期末存货售价总额＝本期可供销售存货的售价总额－本期已销存货的售价总额

3) 计算期末存货成本。

期末存货成本＝期末存货售价总额×成本占零售价的比例

4) 计算本期存货销售成本。

【例3-17】智董超市月初存货成本415000元，售价总额800000元；本月购货成本2000000元，售价总额2650000元；本月销售收入2800000元，则

成本占零售价的比例＝(415000＋2000000)÷(800000＋2650000)×100%

＝2415000÷3450000×100%＝70%

期末存货售价总额＝(800000＋2650000)－2800000＝650000（元）

期末存货成本＝650000×70%＝455000（元）

本期存货销售成本＝(415000＋2000000)－455000＝1960000（元）

零售价法是商品零售企业普遍采用的一种存货计价方法。因为零售企业商品品种、型号、规格、款式繁多，大部分交易为一手交钱一手交货，很难按实际成本或计划成本进行存货计价核算，这就为采用零售价法核算提供了可能。

在我国零售企业中普遍采用的售价金额核算法，其实是零售价法的一种具体会计处理方式。采用该方法，要求设置“商品进销差价”科目，单独核算商品售价与进价的差额，商品日常的进、销、存均按售价计算，期末，通过计算商品进销差价率，将商品进销差价在本期已销商品和结存商品之间进行分配，据以确定本期已销商品的成本和结存商品的成本。

第四节 存货的期末计价

一、成本与可变现净值孰低法

成本与可变现净值孰低法是指期末存货成本按成本与可变现净值两者之中的低者计价的一种方法。采用该方法，当期末存货的成本低于可变现净值时，存货仍按成本计价；当期末存货的成本高于可变现净值时，存货按可变现净值计价。

这里的“成本”，是指实际成本，即按先进先出法、加权平均法等存货计价方法，对发出存货及期末结存存货进行计价所确定的期末存货的账面价值。如果存货按计划成本计价核算，期末则应将存货计划成本调整为实际成本。

这里的“可变现净值”，也称“市价”，即期末存货的市价，它有不同的理解，如美国财务会计准则将市价解释为存货的重置成本，我国《企业会计准则》将市价解释为“可变现净值”，即在正常生产经营过程中，以存货的估计售价减去至完工估计将要发生的成本、估计的销售费用以及相关税费后的金额。

在美国，成本与可变现净值孰低法被称为成本与市价孰低法，其中市价是指重置价值，为了防止重置价值在特定时期波动异常，又为市价规定了上限和下限。其中上限为可变现净值，下限为可变现净值减去正常利润。只有在上下限之间的市价才可以与成本比较。

成本与可变现净值孰低法充分体现了谨慎性原则，它的目的是使存货始终符合资产定

义。因为当存货的可变现净值下跌至成本以下时，低于部分已不能为企业带来经济利益，由此所形成的损失已不符合资产的定义，因而，应将这部分损失从资产价值中抵销，列入当期损益。否则，当存货的可变现净值低于其成本价值时，若仍然以其历史成本计价，就会出现虚夸资产的现象，这对企业的生产经营来讲，显然是不稳健的。

二、存货可变现净值的确定

(一) 确定存货可变现净值应考虑的因素

1) 在确定存货的可变现净值时，应以取得的可靠证据为基础，如购销双方产品成本、售价等资料。

2) 在确定存货的可变现净值时，应考虑持有存货的目的。企业持有存货的目的有两个，即以备出售或以备耗用。目的不同，存货可变现净值的确定会有差异。

3) 在确定存货的可变现净值时，应考虑资产负债表日后事项的影响，这些事项应能够确定资产负债表日存货的存在状况。

(二) 预计售价的确定

在确定存货的可变现净值时，应合理估计售价、至完工尚未投入的制造成本、估计的销售费用和相关税金。其中，存货估计售价的确定对于计算存货可变现净值至关重要。

企业在确定存货的估计售价时，应以资产负债表日为基准。但是，如果当月存货价格变动较大，则应当以当月该存货平均销售价格或资产负债表日最近几次销售价格的平均数，作为确定估计售价的基础。此外，企业还应当按照以下原则确定存货的估计售价。

1）为执行销售合同或者劳务合同而持有的存货，通常应当以产成品或商品的合同价格作为其可变现价值的计量基础。

2）如果企业持有存货的数量多于销售合同订购数量，超出部分的存货可变现净值应当以产成品或商品的一般销售价格作为计量基础。

3）没有销售合同或者劳务合同约定的存货，其可变现价值应当以产成品或商品的一般销售价格或原材料的市场价格作为计量基础。

三、成本与可变现净值孰低法的会计处理原则

(一) 全额转销存货

存货有以下一项或若干情形的，应将存货账面价值全部转入当期损益。

①已霉烂变质的存货。

②已过期且无转让价值的存货。

③生产中已不再需用，且已无转让价值和使用价值的存货。

④其他足以证明已无转让价值和使用价值的存货。

(二) 计提存货跌价准备

存在下列情况之一者，应当计提存货跌价准备。

①市价持续下跌，并且在可预见的将来无回升的希望。

②企业使用该项原材料生产的产品的成本大于产品的销售价格。

③企业因产品更新换代，原有库存材料已不适应新产品的需求，而该原材料的市场价格又低于其账面成本。

④因企业所提供的产品或劳务过时或消费者偏好改变而使市场的需求发生变化，导致市场价格逐渐下跌。

⑤其他足以证明该项存货实质上已经发生减值的情形。

第四章

投资性房地产

第一节 投资性房地产的确认

投资性房地产，是指为赚取租金或资本增值，或两者兼有而持有的房地产。

投资性房地产应当能够单独计量和出售。

一、投资性房地产的范围

投资性房地产包括已出租的土地使用权、持有并准备增值后转让的土地使用权、已出租的建筑物。

1) 已出租的土地使用权和已出租的建筑物，是指以经营租赁方式出租的土地使用权和建筑物。其中，用于出租的土地使用权是指企业通过出让或转让方式取得的土地使用权；用于出租的建筑物是指企业拥有产权的建筑物。

2) 持有并准备增值后转让的土地使用权，是企业取得的、准备增值后转让的土地使用权。按照国家有关规定认定的闲置土地，不属于持有并准备增值后转让的土地使用权。

3) 某项房地产，部分用于赚取租金或资本增值、部分用于生产商品、提供劳务或经营管理，能够单独计量和出售的、用于赚取租金或资本增值的部分，确认为投资性房地产；不能够单独计量和出售的、用于赚取租金或资本增值的部分，不确认为投资性房地产。

4) 企业将建筑物出租，按租赁协议向承租人提供的相关辅助服务在整个协议中不重大的，如企业将办公楼出租并向承租人提供保安、维修等辅助服务，应当将该建筑物确认为投资性房地产。

企业拥有并自行经营的旅馆饭店，其经营目的主要是通过提供客房服务赚取服务收入，该旅馆饭店不确认为投资性房地产。

二、投资性房地产确认条件

投资性房地产同时满足两个条件的，才能予以确认：与该投资性房地产有关的经济利益很可能流入企业；该投资性房地产的成本能够可靠地计量。

该确认条件与企业的一般资产的确认条件相同，并无特别之处。

第二节 投资性房地产的初始计量

一、一般性原则

历史成本原则，即企业取得投资性房地产时，应当按照取得时的实际成本进行初始计量，这与普通资产的核算标准相同。

《企业会计准则第3号——投资性房地产》第七条规定："投资性房地产应当按照成本进行初始计量。"

二、不同取得渠道下，投资性房地产的初始计量

不同取得渠道下，投资性房地产的入账成本的构成有所不同。

(一) 外购投资性房地产的成本

外购投资性房地产的成本，包括购买价款、相关税费和可直接归属于该资产的其他支出。

【例4-1】为了拓展经营规模，智董商贸公司20×6年4月1日以银行存款方式购得位于繁华商业区的一层商务用楼，并当即进行招租。该层商务楼的买价为1250万元，相关税费60万元。

智董公司所购商务用楼符合投资性房地产的界定条件，应单独列于"投资性房地产"科目核算，其会计处理如下：

该商务楼的入账成本＝买价＋相关税费＝1250＋60＝1310（万元）。

账务处理如下。

借：投资性房地产　　　　1310

　贷：银行存款　　　　1310

（注：分录中的计量单位为万元，下同）

(二) 自行建造投资性房地产的成本

自行建造投资性房地产的成本，由建造该项资产达到预定可使用状态前所发生的必要支出构成。

【例4-2】20×7年2月，智董公司准备自行建造一幢厂房用于出租，为此购入工程物资一批，价款为1500000元，支付的增值税进项税额为240000元，款项以银行存款支付。2月至7月，工程先后领用工程物资1635000元（含增值税税额）；剩余工程物资转为该公司的存货，其所含的增值税进项税额可以抵扣；领用生产用原材料一批，价值为192000元，购进该批原材料时支付的增值税进项税额为30720元；辅助生产车间为工程提供有关劳务支出为

210000元；计提工程人员工资为394800元、计提工程人员福利费为55272元；7月底，工程达到预定可使用状态并交付使用。假定不考虑其他相关税费。

智董公司的会计处理如下：

1) 购入为工程准备的物资。

借：工程物资　　1740000

　贷：银行存款　　1740000

2) 工程领用物资。

借：在建工程—厂房　　1635000

　贷：工程物资　　1635000

3) 工程领用原材料。

借：在建工程—厂房　　222720

　贷：原材料　　192000

　　　应交税费—应交增值税（进项税额转出）　　30720

4) 辅助生产车间为工程提供劳务支出。

借：在建工程—厂房　　210000

　贷：生产成本—辅助生产成本　　210000

5) 计提工程人员工资、福利费。

借：在建工程—厂房　　450072

　贷：应付职工薪酬　　450072

6) 6月底，工程达到预定可使用状态并交付使用。

借：投资性房地产—厂房　　2519712

　贷：在建工程—厂房　　2519712

7) 剩余工程物资转作存货。

借：原材料　　103448.28

　　应交税费—应交增值税（进项税额）　　16551.72

　贷：工程物资　　120000

(三) 以其他方式取得的投资性房地产的成本

以其他方式取得的投资性房地产的成本，按照相关会计准则的规定确定。

【例4-3】智董公司是一家商贸企业，20×6年11月1日接受贵琛公司投入的土地使用权，该资产在贵琛公司的账面价值为1268万元，双方协议以评估价为投资价值确认标准，经评估，其公允价值为1568万元。智董公司取得该地皮后，拟于适当时机转让。

智董公司所接受的土地使用权符合投资性房地产的界定条件，应单独列于“投资性房地产”科目核算，其会计处理如下所述。

①该商务楼的入账成本：双方协议价为1568（万元）。

②账务处理如下：

借：投资性房地产　　1568

　贷：实收资本　　1568

三、与投资性房地产有关的后续支出

与投资性房地产有关的后续支出，满足《企业会计准则第3号——投资性房地产》第六条规定的确认条件的，应当计入投资性房地产成本；不满足《企业会计准则第3号——投资性房地产》第六条规定的确认条件的，应当在发生时计入当期损益。

【例4-4】智董公司20×6年1月1日开始对其出租用厂房改扩建，该投资性房地产采用成本计量模式，原价为3000万元，已提折旧1800万元。工程期为半年，于5月1日达到预定可使用状态。智董公司共支付了6300万元的工程款，残值回收6万元，款项均以银行存款方式结算。

会计分录如下：

①将厂房投入改扩建时

借：在建工程　　1200

　　累计折旧　　1800

　贷：投资性房地产　　3000

②支付改扩建工程款时

借：在建工程　　6300

　贷：银行存款　　6300

③回收残值时

借：银行存款　　6

　贷：在建工程　　6

④工程完工时

借：投资性房地产　　7494

　贷：在建工程　　7494

第三节 投资性房地产的后续计量

一、计量模式的选择

企业通常应当采用成本模式对投资性房地产进行后续计量，也可采用公允价值模式对投资性房地产进行后续计量。但同一企业只能采用一种模式对所有投资性房地产进行后续计量，不得同时采用两种计量模式。

二、成本模式

企业应当在资产负债表日采用成本模式对投资性房地产进行后续计量，但本准则第十条规定的除外。采用成本模式计量的建筑物的后续计量，适用《企业会计准则第4号——固定资产》。采用成本模式计量的土地使用权的后续计量，适用《企业会计准则第6号——无形资产》。

在成本模式下，应当按照《企业会计准则第4 号——固定资产》和《企业会计准则第6号——无形资产》的规定，对投资性房地产进行计量，计提折旧或摊销；存在减值迹象的，应当按照《企业会计准则第8 号——资产减值》的规定进行处理。

【例4-5】智董公司20×6年6月1日购入一幢办公楼，用于对外出租。该资产的买价为9000万元，相关税费60万元，预计使用寿命为40年，预计残值为63万元，预计清理费用3万元，智董公司采用直线法提取折旧。该办公楼的年租金为1200万元，于年末一次结清，自20×6年7月1 日开始出租。

智董公司所购办公楼符合投资性房地产的界定条件，应单独列于“投资性房地产”科目核算，其后续会计处理应参照《企业会计准则第4号——固定资产》的相关规定处理。具体如下所述。

1) 该投资性房地产的入账成本＝9000＋60＝9060（万元）。

2) 20×6年的摊销额＝[9060－(63－3)]÷40×6/12＝112.5（万元）。

3) 会计分录如下：

①收取租金时。

借：银行存款　　600

　贷：投资收益　　600

②提取当年折旧时。

借：投资收益　　112.5

　贷：累计折旧　　112.5

【例4-6】智董公司20×6年7月1日接受贵琛公司投入的一项土地使用权，双方协议价为34000万元。智董公司取得该土地后，拟于适当时机转让。该土地使用权的法定有效期为50年。

智董公司所接受的土地使用权符合投资性房地产的界定条件，应单独列于“投资性房地产”科目核算，其价值摊销应参照《企业会计准则第6号——无形资产》的相关规定进行处理。具体如下所述。

1) 该投资性房地产的入账成本：双方协议价＝34000（万元）。

2) 20×6年的摊销额＝34000÷50×6/12＝34（万元）。

3) 会计分录如下：

借：投资收益　　34

　贷：投资性房地产　　34

三、公允价值模式

只有存在确凿证据表明投资性房地产的公允价值能够持续可靠取得的，才可以采用公允价值模式计量。采用公允价值模式计量的投资性房地产，应当同时满足两个条件。

1) 投资性房地产所在地有活跃的房地产交易市场。所在地，通常是指投资性房地产所在的城市。对于大、中型城市，应当为投资性房地产所在的城区。

2) 企业能够从活跃的房地产交易市场上取得同类或类似房地产的市场价格及其他相关信息，从而对投资性房地产的公允价值做出合理的估计。同类或类似的房地产，对建筑物而言，是指所处地理位置和地理环境相同、性质相同、结构类型相同或相近、新旧程度相同或相近、可使用状况相同或相近的建筑物。对土地使用权而言，是指同一城区、同一位置区域、所处地理环境相同或相近、可使用状况相同或相近的土地。

采用公允价值模式计量的，不对投资性房地产计提折旧或进行摊销，应当以资产负债表日投资性房地产的公允价值为基础调整其账面价值，公允价值与原账面价值之间的差额计入当期损益。

【例4-7】20×6年12月31日，智董公司的某投资性房地产的公允价值为1368万元，此前，该投资性房地产的账面价值为1268万元。

智董公司的会计处理如下：

借：投资性房地产　　1000000

　贷：公允价值变动损益　　1000000

四、计量模式的变更（转换）

企业对投资性房地产的计量模式一经确定，不得随意变更。成本模式转为公允价值模式的，应当作为会计政策变更，按照《企业会计准则第28号——会计政策、会计估计变更和差错更正》处理。

已采用公允价值模式计量的投资性房地产，不得从公允价值模式转为成本模式。

第四节 投资性房地产的转换

一、转换的条件

企业有确凿证据表明房地产用途发生改变，满足下列条件之一的，应当将投资性房地产转换为其他资产或者将其他资产转换为投资性房地产：投资性房地产开始自用；作为存货的房地产，改为出租；自用土地使用权停止自用，用于赚取租金或资本增值；自用建筑物停止自用，改为出租。

二、转换日的确定

1) 投资性房地产开始自用，是指投资性房地产转为自用房地产。其转换日为房地产达到自用状态，企业开始将房地产用于生产商品、提供劳务或者经营管理的日期。

2) 作为存货的房地产改为出租，或者自用建筑物、自用土地使用权停止自用改为出租，其转换日为租赁期开始日。

三、在成本模式下的入账价值

在成本模式下，应当将房地产转换前的账面价值作为转换后的入账价值。

【例4-8】20×6年6月30日，智董公司因投资性房地产用途发生变化，决定将某投资性房地产转换为自用房地产。当日，该投资性房地产已计提累计折旧36万元，已计提减值准备15万元。假定该投资性房地产账面原价为105万元，不考虑其他因素。

智董公司的会计处理如下：

借：固定资产　　1050000

　贷：投资性房地产　　1050000

借：累计折旧　　360000

　贷：累计折旧　　360000

借：固定资产减值准备　　150000

　贷：投资性房地产减值准备　　150000

四、在公允价值模式下的入账价值

(一) 采用公允价值模式计量的投资性房地产转换为自用房地产

采用公允价值模式计量的投资性房地产转换为自用房地产时，应当以其转换当日的公允价值作为自用房地产的账面价值，公允价值与原账面价值的差额计入当期损益。

【例4-9】20×7年9月30日，鑫裕公司决定将某投资性房地产转换为自用的建筑物。该投资性房地产的账面余额为690万元，当日，该投资性房地产的公允价值为720万元。假定不考虑其他因素。

鑫裕公司的会计处理如下：

借：固定资产　　7200000

　贷：投资性房地产　　6900000

公允价值变动损益　　300000

(二) 自用房地产或存货转换为采用公允价值模式计量的投资性房地产

自用房地产或存货转换为采用公允价值模式计量的投资性房地产时，投资性房地产按照转换当日的公允价值计价，转换当日的公允价值小于原账面价值的，其差额计入当期损益；转换当日的公允价值大于原账面价值的，其差额计入所有者权益。

自用房地产或存货转换为采用公允价值模式计量的投资性房地产。

自用房地产或存货转换为采用公允价值模式计量的投资性房地产，该项投资性房地产应当按照转换日的公允价值计量。转换日的公允价值小于原账面价值的，其差额计入当期损益。转换日的公允价值大于原账面价值的，其差额作为资本公积（其他资本公积），计入所有者权益。处置该项投资性房地产时，原计入所有者权益的部分应当转入处置当期损益。

【例4-10】20×6年8月31日，贵琛公司决定将其持有作为库存商品核算的房地产作为投资性房地产，采用公允价值模式核算。当日，该库存商品的账面余额为30万元，已计提存货跌价准备6万元，公允价值为33万元。假定不考虑其他因素。

贵琛公司的会计处理如下：

借：投资性房地产	330000
存货跌价准备	60000
贷：库存商品	300000
资本公积	90000

五、自用房地产或存货转换为采用公允价值模式计量的投资性房地产

自用房地产或存货转换为采用公允价值模式计量的投资性房地产，投资性房地产应当按照转换当日的公允价值计量。

转换当日的公允价值小于原账面价值的，其差额作为投资损失，计入当期损益。

转换当日的公允价值大于原账面价值的，其差额作为资本公积（其他资本公积），计入所有者权益。处置该项投资性房地产时，原计入所有者权益的部分应当转入处置当期的投资收益。

第五节 投资性房地产的处置

一、投资性房地产的终止确认

当投资性房地产被处置，或者永久退出使用且预计不能从其处置中取得经济利益时，应当终止确认该项投资性房地产。

二、投资性房地产的处置收益

企业出售、转让、报废投资性房地产或者发生投资性房地产毁损，应当将处置收入扣除其账面价值和相关税费后的金额计入当期损益。

企业在出售采用公允价值模式计量的投资性房地产时，应当按照收到的款项，借记“银行存款”等科目，按照投资性房地产的账面原价，贷记“投资性房地产”科目，按照出售过程中发生的相关税费，贷记“应交税费”“其他应付款”等科目，按照借贷双方之间的差额，借记“营业外支出”科目或贷记“营业外收入”科目。

【例4-11】20×7年12月31日，智董公司决定将采用成本模式计量的某投资性房地产出售，收到出售价款36万元。当日，该投资性房地产账面原价132万元，已计提累计折旧60万元，已计提减值准备15万元，应交的相关税金9万元。假定不考虑其他因素。

贵琛公司的会计处理如下：

借：银行存款　　360000
　　累计折旧　　600000
　　固定资产减值准备　　150000
　　营业外支出　　300000
　贷：投资性房地产　　1320000
　　　应交税费　　90000

【例4-12】20×7年1月1日，智董公司决定将采用公允价值模式计量的某投资性房地产出售，收到出售价款87万元。当日，该投资性房地产账面余额为81万元，发生应交税费9万元。假定不考虑其他因素。

智董公司的会计处理如下：

借：银行存款　　870000
　　营业外支出　　30000
　贷：投资性房地产　　810000
　　　应交税费　　90000

【例4-13】20×7年5月31 日，智董公司某采用成本模式的投资性房地产经批准报废。该投资性房地产账面原价为560100元，已计提折旧531240元，已计提减值准备为7500元。在清理过程中，以银行存款支付清理费用15000元，残料变卖收入为19500元。假定不考虑其他税费。

智董公司的会计处理如下：

借：累计折旧　　531240
　　投资性房地产减值准备　　7500
　　银行存款　　19500
　　营业外支出　　16860
　贷：投资性房地产　　560100
　　　银行存款　　15000

第六节 会计科目及主要账务处理

一、投资性房地产

(一) 会计科目核算内容

本科目核算企业采用成本模式计量的投资性房地产的成本。

企业采用公允价值模式计量投资性房地产的，也通过本科目核算。

采用成本模式计量的投资性房地产的累计折旧或累计摊销，可以单独设置“投资性房地产累计折旧（摊销）”科目，比照“累计折旧”等科目进行处理。

采用成本模式计量的投资性房地产发生减值的，可以单独设置“投资性房地产减值准备”科目，比照“固定资产减值准备”等科目进行处理。

投资性房地产作为企业主营业务的，应通过“主营业务收入”和“主营业务成本”科目核算相关的损益。

本科目期末借方余额，反映企业采用成本模式计量的投资性房地产成本。企业采用公允价值模式计量的投资性房地产，反映投资性房地产的公允价值。

（二）明细核算

本科目可按投资性房地产类别和项目进行明细核算。

采用公允价值模式计量的投资性房地产，还应当分别“成本”和“公允价值变动”进行明细核算。

（三）采用成本模式计量投资性房地产的主要账务处理

1) 企业外购、自行建造等取得的投资性房地产，按应计入投资性房地产成本的金额，借记本科目，贷记“银行存款”“在建工程”等科目。

2) 将作为存货的房地产转换为投资性房地产的，应按其在转换日的账面余额，借记本科目，贷记“开发产品”等科目。已计提跌价准备的，还应同时结转跌价准备。

将自用的建筑物等转换为投资性房地产的，应按其在转换日的原价、累计折旧、减值准备等，分别转入本科目、“投资性房地产累计折旧（摊销）”“投资性房地产减值准备”科目。

3) 按期（月）对投资性房地产计提折旧或进行摊销，借记“其他业务成本”科目，贷记“投资性房地产累计折旧（摊销）”科目。取得的租金收入，借记“银行存款”等科目，贷记“其他业务收入”科目。

4) 将投资性房地产转为自用时，应按其在转换日的账面余额、累计折旧、减值准备等，分别转入“固定资产”“累计折旧”“固定资产减值准备”等科目。

5) 处置投资性房地产时，应按实际收到的金额，借记“银行存款”等科目，贷记“其他业务收入”科目。按该项投资性房地产的累计折旧或累计摊销，借记“投资性房地产累计折旧（摊销）”科目，按该项投资性房地产的账面余额，贷记本科目，按其差额，借记“其他业务成本”科目。已计提减值准备的，还应同时结转减值准备。

（四）采用公允价值模式计量投资性房地产的主要账务处理

1) 企业外购、自行建造等取得的投资性房地产，按应计入投资性房地产成本的金额，借记本科目（成本），贷记“银行存款”“在建工程”等科目。

2) 将作为存货的房地产转换为投资性房地产的，应按其在转换日的公允价值，借记本科目（成本），按其账面余额，贷记“开发产品”等科目，按其差额，贷记“资本公积—其他资本公积”科目或借记“公允价值变动损益”科目。已计提跌价准备的，还应同时结转跌价准备。

将自用的建筑物等转换为投资性房地产的，按其在转换日的公允价值，借记本科目（成本），按已计提的累计折旧等，借记“累计折旧”等科目，按其账面余额，贷记“固定资产”等科目，按其差额，贷记“资本公积—其他资本公积”科目或借记“公允价值变动损益”科目。已计提减值准备的，还应同时结转减值准备。

3) 资产负债表日，投资性房地产的公允价值高于其账面余额的差额，借记本科目（公允价值变动），贷记“公允价值变动损益”科目；公允价值低于其账面余额的差额做相反的会计分录。

取得的租金收入，借记“银行存款”等科目，贷记“其他业务收入”科目。

4) 将投资性房地产转为自用时，应按其在转换日的公允价值，借记“固定资产”等科目，按其账面余额，贷记本科目（成本、公允价值变动），按其差额，贷记或借记“公允价值变动损益”科目。

5) 处置投资性房地产时，应按实际收到的金额，借记“银行存款”等科目，贷记“其他业务收入”科目。按该项投资性房地产的账面余额，借记“其他业务成本”科目，贷记本科目（成本）贷记或借记本科目（公允价值变动）；同时，按该项投资性房地产的公允价值变动，借记或贷记“公允价值变动损益”科目，贷记或借记“其他业务收入”科目。按该项投资性房地产在转换日记入资本公积的金额，借记“资本公积—其他资本公积”科目，贷记“其他业务收入”科目。

二、资本公积

(一) 会计科目核算内容

本科目核算企业收到投资者出资额超出其在注册资本或股本中所占份额的部分。直接计入所有者权益的利得和损失，也通过本科目核算。

(二) 明细核算

本科目应当分别“资本溢价（股本溢价）”“其他资本公积”进行明细核算。

(三) 主要账务处理

自用房地产或存货转换为采用公允价值模式计量的投资性房地产，按照“投资性房地产”科目的相关规定进行处理，相应调整资本公积。

三、公允价值变动损益

(一) 会计科目核算内容

本科目核算企业交易性金融资产、交易性金融负债，以及采用公允价值模式计量的投资性房地产、衍生工具、套期保值业务等公允价值变动形成的应计入当期损益的利得或损失。

指定为以公允价值计量且其变动计入当期损益的金融资产或金融负债公允价值变动形成的应计入当期损益的利得或损失，也在本科目核算。

企业开展套期保值业务的，有效套期关系中套期工具或被套期项目的公允价值变动，也可以单独设置“6102 套期损益”科目核算。

(二) 明细核算

本科目可按交易性金融资产、交易性金融负债、投资性房地产等进行明细核算。

(三) 主要账务处理

1) 资产负债表日，企业应按交易性金融资产的公允价值高于其账面余额的差额，借记“交易性金融资产—公允价值变动”科目，贷记本科目；公允价值低于其账面余额的差额做相反的会计分录。

出售交易性金融资产时，应按实际收到的金额，借记“银行存款”“存放中央银行款项”等科目，按该金融资产的账面余额，贷记“交易性金融资产”科目，按其差额，借记或贷记“投资收益”科目。同时，将原计入该金融资产的公允价值变动转出，借记或贷记本科目，贷记或借记“投资收益”科目。

2) 资产负债表日，交易性金融负债的公允价值高于其账面余额的差额，借记本科目，贷记“交易性金融负债”等科目；公允价值低于其账面余额的差额做相反的会计分录。

处置交易性金融负债，应按该金融负债的账面余额，借记“交易性金融负债”科目，按实际支付的金额，贷记“银行存款”“存放中央银行款项”“结算备付金”等科目，按其差额，贷记或借记“投资收益”科目。同时，按该金融负债的公允价值变动，贷记或借记本科目，借记或贷记“投资收益”科目。

3) 采用公允价值模式计量的投资性房地产、衍生工具、套期工具、被套期项目等形成的公允价值变动，按照“投资性房地产”“衍生工具”“套期工具”“被套期项目”等科目的相关规定进行处理。

期末，应将本科目余额转入“本年利润”科目，结转后本科目无余额。

四、其他业务成本

本科目核算企业确认的除主营业务活动以外的其他经营活动所发生的支出，包括销售材料的成本、出租固定资产的折旧额、出租无形资产的摊销额、出租包装物的成本或摊销额等。

除主营业务活动以外的其他经营活动发生的相关税费，在“营业税金及附加”科目核算。

采用成本模式计量投资性房地产的，其投资性房地产计提的折旧额或摊销额，也通过本科目核算。

五、营业税金及附加

本科目核算企业经营活动发生的消费税、城市维护建设税、资源税和教育费附加等相关税费。房产税、车船税、土地使用税、印花税在“管理费用”科目核算，但与投资性房地产相关的房产税、土地使用税在本科目核算。

六、资产减值损失

(一) 会计科目核算内容

本科目核算企业计提各项资产减值准备所形成的损失。

(二) 明细核算

本科目可按资产减值损失的项目进行明细核算。

(三) 主要账务处理

企业的应收款项、存货、长期股权投资、持有至到期投资、固定资产、无形资产、贷款等资产发生减值的，按应减记的金额，借记本科目，贷记“坏账准备”“存货跌价准备”“长期股权投资减值准备”“持有至到期投资减值准备”“固定资产减值准备”“无形资产减值准备”“贷款损失准备”等科目。

在建工程、工程物资、生产性生物资产、商誉、抵债资产、损余物资、采用成本模式计量的投资性房地产等资产发生减值的，应当设置相应的减值准备科目，比照上述规定处理。

企业计提坏账准备、存货跌价准备、持有至到期投资减值准备、贷款损失准备等，相关资产的价值又得以恢复的，应在原已计提的减值准备金额内，按恢复增加的金额，借记“坏账准备”“存货跌价准备”“持有至到期投资减值准备”“贷款损失准备”等科目，贷记本科目。

期末，应将本科目余额转入“本年利润”科目，结转后本科目无余额。

第七节 在会计报表附注的披露

一、《企业会计准则第3号——投资性房地产》的规定

企业应当在附注中披露与投资性房地产有关的下列信息：

（一）投资性房地产的种类、金额和计量模式。

（二）采用成本模式的，投资性房地产的折旧或摊销，以及减值准备的计提情况。

（三）采用公允价值模式的，公允价值的确定依据和方法，以及公允价值变动对损益的影响。

（四）房地产转换情况、理由，以及对损益或所有者权益的影响。

（五）当期处置的投资性房地产及其对损益的影响。

二、《企业会计准则第30号——财务报表列报》应用指南的规定

一般企业报表投资性房地产附注：

（一）企业采用成本模式进行后续计量的，应当披露下列信息（见表4-1）。

表4-1

项 目	年初账面余额	本期增加额	本期减少额	期末账面余额
一、原价合计				
1.房屋、建筑物				
2.土地使用权				
二、累计折旧和累计摊销合计				
1.房屋、建筑物				
2.土地使用权				
三、投资性房地产减值准备累计金额合计				
1.房屋、建筑物				
2.土地使用权				
四、投资性房地产账面价值合计				
1.房屋、建筑物				
2.土地使用权				

（二）企业采用公允价值模式进行后续计量的，应当披露投资性房地产公允价值的确定依据及公允价值金额的增减变动情况。

（三）如有房地产转换的，应当说明房地产转换的原因及其影响。

第五章 固定资产

第一节 固定资产概述

固定资产是企业为生产商品、提供劳务、出租或经营管理而持有的，使用寿命超过一个会计年度的有形资产。

一、固定资产的特征和确认

(一) 固定资产的特征

1. 固定资产是为生产商品、提供劳务、出租或经营管理而持有

这意味着，持有固定资产的目的是服务于企业生产经营活动，而不是为了出售。如果持有某项资产的目的是出售，则该项资产应列为存货。其中“出租”的固定资产，是指用以出租的机器设备类固定资产，不包括以经营租赁方式出租的建筑物，已出租的建筑物属于企业的投资性房地产，不属于固定资产。

2. 固定资产使用寿命超过一个会计年度

固定资产的使用寿命，是指企业使用固定资产的预计期间，或者该固定资产所能生产产品或提供劳务的数量。通常情况下，固定资产的使用寿命是指使用固定资产的预计期间，如企业使用期限超过一年的房屋、建筑物、机器、机械、运输工具以及其他与生产、经营有关的设备、器具、工具等，均列入固定资产的范畴。对于某些机器设备或运输设备等固定资产，其使用寿命往往以该固定资产所能生产产品或提供劳务的数量来表示，例如，发电设备按其预计发电量估计使用寿命，汽车或飞机等按其预计行驶里程估计使用寿命。

3. 固定资产为有形资产

固定资产具有实物特征，这一特征将固定资产与无形资产、应收账款、其他应收款等区别开来。

(二) 固定资产的确认

固定资产的确认是指企业在何时和以多少金额将固定资产作为企业所拥有或控制的资源进行反映。《企业会计准则第4号——固定资产》规定，除了符合上述定义外，固定资产还应在同时满足以下两个条件时，才能加以确认：该固定资产所包含的经济利益很可能流入企业；该固定资产的成本能够可靠地计量。

由于企业的经营内容、经营规模等各不相同，企业在对固定资产确认时，应考虑企业的具体情形加以判断。例如，企业的环保设备和安全设备等资产，虽然不能直接为企业带来经济利益，却有助于企业从相关资产中获得经济利益，也应当确认为固定资产，但这类资产与相关资产的账面价值之和不能超过这两类资产可收回金额总额。备品备件和维修设备通常确认为存货，但符合固定资产定义和确认条件的，例如，（民用航空运输）企业的高价周转件等，应当确认为固定资产。此外，固定资产的各组成部分，如果各自具有不同的使用寿命或者以不同的方式为企业提供经济利益，从而适用不同的折旧率或折旧方法的，应当单独确认为固定资产。例如，飞机的引擎如果与飞机机身具有不同的使用寿命，适用不同折旧率或折旧方法，则企业应当将其确认为单项固定资产。

二、固定资产的分类

企业固定资产的种类繁多、规格不一，为了便于管理和核算，企业应根据自身具体情况对固定资产进行合理分类。

(一) 按固定资产的经济用途分类，分为生产经营用固定资产和非生产经营用固定资产

1) 生产经营用固定资产是指直接服务于企业生产经营活动的各种固定资产，如生产经营用的房屋、建筑物、机器设备、运输设备、动力传导设备、器具、工具等。

2) 非生产经营用固定资产是指不直接服务于企业生产经营活动的各种固定资产，如职工宿舍、食堂、浴室、理发室等福利部门使用的房屋、设备、器具、工具等。

按经济用途对固定资产进行分类，可以归类反映企业生产经营用固定资产和非生产经营用固定资产之间的组成与变化情况，借以考核和分析企业固定资产的利用情况，并根据实际需要加以调整，从而能够达到有效配置和充分利用固定资产的目的。

(二) 按固定资产的经济用途和使用情况综合分类

采用这一分类方法，可把企业的固定资产分为七大类。

1) 生产经营用固定资产。

2) 非生产经营用固定资产。

3) 租出固定资产是指在经营性租赁方式下出租给外单位使用的固定资产。

4) 不需用固定资产。

5) 未使用固定资产。

6) 土地是指过去已经估价单独入账的土地。因征地而支付的补偿费，应计入与土地有关的房屋、建筑物的价值内，不单独作为土地价值入账。

需注意的是，由于土地的所有权属于国家，企业只能取得土地的使用权，因此，企业不能将土地列入固定资产进行核算，对于取得的土地使用权，应作为一项无形资产进行处理。

7) 融资租入固定资产是指企业以融资租赁方式租入的固定资产，在租赁期内，应视同自有固定资产进行管理。

由于企业经营性质不同，经营规模各异，对固定资产的分类不可能完全一致，企业可以根据各自的具体情况和经营管理、会计核算的需要进行必要分类，制订适合本企业实际情况的固定资产目录和分类方法，作为固定资产核算的依据。

(三) 按固定资产的使用情况分类，分使用中固定资产、未使用固定资产和不需用固定资产

1）使用中固定资产是指正在使用的经营性和非经营性固定资产。

由于季节性经营或大修理等原因而暂时停用的固定资产、出租（指经营性租赁）给其他单位使用的固定资产以及内部替换使用的固定资产，也属于使用中固定资产。

2）未使用固定资产是指已经完工或者已经购建的尚未交付使用的新增固定资产以及因改建、扩建等原因暂停使用的固定资产，如企业购建的尚待安装的固定资产、经营任务变更停止使用的固定资产等。

3）不需用固定资产是指不适合本企业需要，准备出售处理的各种固定资产。

按固定资产的使用情况进行分类，有利于企业了解固定资产的使用情况及利用效率，从而能够促使企业合理地使用固定资产；同时也有助于企业合理地计提固定资产的折旧。

(四) 按固定资产的所有权分类，可分为自有固定资产和租入固定资产

1）自有固定资产是指企业拥有的可供企业自由支配使用的固定资产。

2）租入固定资产是指企业采用租赁的方式从其他单位租入的固定资产。

企业对租入固定资产依照租赁合同拥有使用权，同时负有支付租金的义务，但资产的所有权属于出租单位。租入固定资产可分为经营性租入固定资产和融资租入固定资产两类。

按固定资产的所有权分类，有利于企业了解获得固定资产的具体途径，从而能够促使企业尽快形成生产能力。例如，当企业资金不足时，可通过融资租赁方式迅速取得固定资产。

三、固定资产的计价

(一) 固定资产的计价基础

《企业会计准则第4号——固定资产》规定，固定资产应当按其成本进行初始计量。这里的成本，是指历史成本，即原始价值，也称为原价或原值。考虑到固定资产在使用过程中，随着时间的推移其价值由于损耗会逐渐减少，为了揭示固定资产的折余价值，会计实务中有时还需要以净值对固定资产进行计价。因此，固定资产的计价主要有两种方法。

1. 按历史成本计价

固定资产的历史成本是指企业购建某项固定资产达到预定可使用状态前所发生的一切合理、必要的支出。企业新购建固定资产的计价、确定计提折旧的依据等均采用这种计价方法。

按历史成本计价的优点在于有据可依，具有可核性和客观性，因为按这种计价方法确定的固定资产投入价值，均是实际发生并有支付凭据的支出。在我国会计实务中，对固定资产的计价通常采用按历史成本计价的方法。

需注意的是，由于某种原因而无法确定固定资产的原始价值时，可按重置完全价值或市场价格对固定资产进行计价。重置完全价值是指企业在当前的市场条件下，重新购置同样的固定资产所需的全部支出。重置完全价值的构成内容与原始价值的构成内容相同。

购买固定资产的价款超过正常信用条件延期支付，实质上具有融资性质，固定资产的成本以购买价款的现值为基础确定。固定资产购买价款的现值应当按照各期支付的购买价款选择恰当的折现率进行折现后的金额加以确定。折现率是反映当前市场货币时间价值和延期付款债务特定风险的利率，该折现率实质上是供货企业的必要报酬率。各期实际支付的价款与购买价款的现值之间的差额，符合《企业会计准则第17号——借款费用》中规定的资本化条件的，应当计入固定资产成本。

2. 按净值计价

固定资产净值亦称为折余价值，是指固定资产原始价值或重置完全价值减去已提折旧后的净额。按净值对固定资产计价主要用于计算固定资产盘盈、盘亏或毁损的溢余或损失等。

(二) 固定资产的价值构成

固定资产的价值构成是指固定资产价值所包括的范围。从理论上讲，它应包括企业为购建某项固定资产达到预定可使用状态前所发生的一切合理的、必要的支出。这些支出既有直接发生的，如购建固定资产的价款、运杂费、包装费和安装成本等；也有间接发生的，如应予以资本化的借款利息、外币借款折合差额以及应分摊的其他间接费用等。由于固定资产取得的来源渠道不同，其价值构成的具体内容也有所不同。

1. 外购的固定资产

其入账价值按买价、进口关税等相关税费以及为使固定资产达到预定可使用状态前所发生的可直接归属于该资产的其他支出（如场地整理费、运输费、装卸费、安装费和专业人员服务费等）确定。

如果企业以一笔款项购入多项没有单独标价的固定资产，应按各项固定资产公允价值的比例对总成本进行分配，以分别确定各项固定资产的入账价值。如果以一笔款项购入的多项资产中还包括固定资产以外的其他资产，也应按类似的方法予以处理。

2. 自行建造的固定资产

按建造该项资产达到预定可使用状态前所发生的必要支出（包括工程用物资成本、人工成本、缴纳的相关税费、应予以资本化的借款费用以及应分摊的间接费用等）作为入账价值。

3. 投资者投入的固定资产

在办理了固定资产移交手续之后，应按投资合同或协议约定的价值加上应支付的相关税费作为固定资产的入账价值，但合同或协议约定价值不公允的除外。

4. 融资租入的固定资产

按租赁开始日租赁资产公允价值与最低租赁付款额现值两者中较低者，加上初始直接费用作为入账价值。

5. 在原有基础上进行改建、扩建的固定资产

按原固定资产的账面价值，加上由于改建、扩建而使该项资产达到预定可使用状态前发生的支出，减去改建、扩建过程中发生的变价收入作为入账价值。

6. 接受捐赠的固定资产

接受捐赠的固定资产应按以下规定确定其入账价值。

1）捐赠方提供了有关凭据的，按凭据上标明的金额加上应支付的相关税费作为入账价值。

2）捐赠方没有提供有关凭据的，应按以下顺序确定其入账价值。

①同类或类似固定资产存在活跃市场的，按同类或类似固定资产的市场价格估计的金额，加上应支付的相关税费，作为入账价值。

②同类或类似固定资产不存在活跃市场的，按接受捐赠的固定资产的预计未来现金流量现值，作为入账价值。

③如接受捐赠的系旧的固定资产，按依据上述方法确定的新固定资产价值，减去按该项资产的新旧程度估计的价值损耗后的余额，作为入账价值。

7. 债务重组中取得的固定资产

按其公允价值加上应支付的相关税费作为入账价值。

8. 非货币性资产交换中取得的固定资产

若该项交换具有商业实质，且换入资产或换出资产的公允价值能够可靠地计量的，应按换出资产的公允价值加上应支付的相关税费作为入账价值。否则，应按换出资产的账面价值加上应支付的相关税费作为固定资产的入账价值。

9. 企业合并取得的固定资产

若为同一控制下的企业合并，应按被合并方该资产的原账面价值作为入账价值；若为非同一控制下的企业合并，则应按其公允价值作为入账价值。

10. 盘盈的固定资产

盘盈的固定资产按以下规定确定其入账价值。

1）同类或类似固定资产存在活跃市场的，按同类或类似固定资产的市场价格减去按该项资产的新旧程度估计的价值损耗后的余额，作为入账价值。

2）同类或类似固定资产不存在活跃市场的，按该项固定资产的预计未来现金流量现值，作为入账价值。

第二节 固定资产的取得

一、购入固定资产

企业的购入固定资产分为不需要安装的固定资产和需要安装的固定资产两种情形，应分别采用不同的方法进行核算。

(一) 不需要安装的固定资产购入

这类固定资产的入账价值包括买价、包装费、运杂费、保险费、专业人员服务费和相关税费（不含可抵扣的增值税进项税额）等。企业按应计入固定资产成本的金额，借记“固定资产”账户，贷记“银行存款”“其他应付款”“应付票据”等账户。

【例5-1】智董公司购入一台不需安装的生产用设备，发票上列明价款为80000元，增值税税款为12800元，发生运输费2000元，款项均以银行存款付清。根据以上资料，编制会计分录如下：

借：固定资产—××设备　　81860

　　应交税费—应交增值税（进项税额）　　12940　（12800＋2000×7%）

　贷：银行存款　　95600

智董公司购置设备的成本＝80000＋2000×(1－7%)＝81860（元）

如无特殊说明，本章例题中的企业均为增值税一般纳税人，其发生的购建固定资产的增值税进项税额均符合规定可以抵扣。

(二) 需要安装的固定资产购入

此类固定资产尚需经过设备安装过程，并发生各种安装成本。为了正确确定固定资产的入账价值，核算时，应先将支付的价款、相关税费以及安装成本记入“在建工程”账户，待设备安装完毕后，再将“在建工程”账户归集的成本转入“固定资产”账户。

【例5-2】承上例，假定智董公司购入的设备需要安装，且在安装过程中，领用了本企业原材料一批，价值3000元，购买该批原材料时支付的增值税进项税额为510元；支付安装工人的工资4000元，设备安装完毕后，投入使用。编制会计分录如下：

1) 购入设备时。

借：在建工程—××设备　　81860

　　应交税费—应交增值税（进项税额）　　12940（12800＋2000×7%）

　贷：银行存款　　94800

2) 领用本企业原材料、支付安装工人工资等费用时。

借：在建工程—××设备　　7000

　贷：原材料　　3000

　　　应付职工薪酬　　4000

3) 安装完毕达到预定可使用状态时。

借：固定资产—××设备　　88860

　贷：在建工程—××设备　　88860

(三) 具有融资性质的固定资产购入

企业购买固定资产通常在正常信用条件期限内付款，但也会发生超过正常信用条件购买固定资产的经济业务事项，如采用分期付款方式购买资产，且在合同中规定的付款期限比较长，超过了正常信用条件，通常在三年以上。在这种情况下，该类购货合同实质上具有融资性质，购入资产的成本不能以各期付款额之和确定，而应以各期付款额的现值之和确定。购入固定资产时，按购买价款的现值，借记"固定资产"或"在建工程"账户；按应支付的金额，贷记"长期应付款"账户；按其差额，借记"未确认融资费用"账户。各期实际支付的价款与购买价款的现值之间的差额，符合《企业会计准则第17号——借款费用》中规定的资本化条件的，应当计入固定资产成本，否则应当在信用期间内确认为财务费用，计入当期损益。

【例5-3】20×7年1月1日，智董公司与贵琛公司签订一项购货合同，智董公司从贵琛公司购入一台不需要安装的大型设备。合同约定，智董公司采用分期付款方式支付价款，该设备价款共计500000元，分五年平均支付，于每年12月31日支付100000元。假定未发生相关税费，折现率为10%。

1) 购买价款的现值为

100000×（P/A,10%,5）＝100000×3.7908＝379080（元）

20×7年1月1日智董公司的账务处理如下：

借：固定资产　　379080

　　未确认融资费用　　120920

　贷：长期应付款　　500000

2) 确定信用期间未确认融资费用的分摊额，参见表5-1。

表5-1　智董公司未确认融资费用分摊表

20×7年1月1日　　单位：元

日期	分期付款额	确认的融资费用	应付本金减少额	应付本金余额
①	②	③＝期初⑤×10%	④＝②-③	期末⑤＝期初⑤-④
20×7.1.1	100000			379080
20×7.12.31	100000	37908	62092	316988
20×8.12.31	100000	31698.80	68301.20	248686.80
20×9.12.31	100000	24868.68	75131.32	173555.48
2×10.12.31	100000	17355.55	82644.45	90911.03
2×11.12.31	100000	9088.97*	90911.03*	0
合计	500000	120920	379080	

*尾数调整：9088.97＝100000－90911.03，90911.03为期初应付本金余额。

3) 20×7年12月31日智董公司的账务处理如下所示。

借：财务费用　　37908

　贷：未确认融资费用　　37908

借：长期应付款　　100000

　贷：银行存款　　100000

以后各年年末账务处理方法同上。

(四) 存在弃置义务的固定资产购入

对于特殊行业的特定固定资产，确定其初始入账成本时，还应考虑弃置费用。弃置费用通常是根据国家法律和行政法规、国际公约等规定，企业承担的环境保护和生态恢复等义务所确定的支出，如核电站核设施等的弃置和恢复环境义务。弃置费用的金额与其现值比较，通常相差较大，需要考虑货币时间价值，对于这些特殊行业的特定固定资产，企业应当根据《企业会计准则第13号——或有事项》，按照现值计算确定应计入固定资产成本的金额和相应的预计负债。在固定资产的使用寿命内按照预计负债的摊余成本和实际利率计算确定的利息费用应i＋A财务费用。一般工商企业的固定资产发生的报废清理费用不属于弃置费用，应当在发生时作为固定资产处置费用处理。

【例5-4】2×11年1月1日，智董公司以银行存款1500000元购入一台含有放射性元素的仪器，预计使用寿命10年。根据法律规定，企业应在该项仪器使用期满后将其拆除，并对造成的污染进行整治，预计使用期满报废时特殊处置费用为400000元。假定折现率（即实际利率）为10%。

1) 购入固定资产的会计处理。

弃置费用的现值＝400000×（P/F，10%，10）＝400000×0.3855＝154200（元）

固定资产入账价值＝1500000＋154200＝1654200（元）

借：固定资产　　1654200

　贷：银行存款　　1500000

　　　预计负债　　154200

2) 计算2×11年应负担的利息（按实际利率法计算）。

借：财务费用　　15420　（154200×10%）

　贷：预计负债　　15420

3) 计算2×12年应负担的利息。

2×12年应负担的利息＝（154200＋15420）×10%＝16962（元）

借：财务费用　　16962

　贷：预计负债　　16962

以后会计年度的会计处理方法同上。

二、自行建造固定资产

自行建造的固定资产是指企业通过利用自有的人力、物力条件以自营建造（即自营工程）方式或出包给承包单位建造（出包工程）方式取得的固定资产。无论采用何种方式自行建造固定资产，企业均应设置"在建工程"账户进行核算。

(一) 自营工程

企业自营建造的固定资产，应按建造过程中发生的全部支出（包括直接材料、直接人工、其他与自营建造固定资产相关的支出以及在固定资产达到预定使用状态前发生的资本化利息等）作为入账价值。

企业自营工程主要通过设置"工程物资"和"在建工程"账户进行核算。"工程物资”账户用来核算在建工程的各种物资的实际成本；“在建工程”账户用来核算企业为工程所发生的实际支出。

企业购入工程所需的材料物资时，应按实际支付的买价、运输费、保险费等相关税费作为实际成本，并按照各种专项物资的种类进行明细核算。购买时，借记“工程物资”账户，贷记“银行存款”等账户。领用工程物资用于工程时，应按其实际成本，借记“在建工程—××工程”账户，贷记“工程物资”账户。领用本企业的商品产品用于工程时，应按其实际成本和应负担的增值税销项税额，借记“在建工程—××工程”账户，贷记“库存商品”“应交税费—应交增值税（销项税额）”账户。

领用本企业生产用的原材料用于工程时，应按其实际成本，借记“在建工程—××工程”账户，贷记“原材料”账户。

工程应负担的职工薪酬，应借记“在建工程—××工程”账户，贷记“应付职工薪酬”账户。贷记“应付职工薪酬”账户。

企业辅助生产车间为工程提供的水、电、设备安装、修理、运输等劳务，应按实际成本，借记“在建工程—××工程”账户，贷记“生产成本—辅助生产成本”账户。

工程发生的其他支出，应借记“在建工程—××工程”账户，贷记“银行存款”等账户。

自营建造的固定资产在交付使用前应负担的资本化利息，应借记“在建工程—××工程”账户，贷记“长期借款”“应付债券”等账户。

建设期间发生的工程物资盘亏、报废及毁损，减去残料价值以及保险公司、过失人等赔款后的净损失，计入所建工程项目的成本，借记“原材料”“其他应收款”“在建工程—××工程”等账户，贷记“工程物资”账户；盘盈的工程物资或处置净收益，冲减所建工程项目的成本，应借记“原材料”“银行存款”等账户，贷记“在建工程—××工程”账户。工程完工后发生的工程物资盘盈、盘亏、报废、毁损，计入当期“营业外收入”或“营业外支出”账户。

工程完工交付使用时，应按工程的实际成本，借记“固定资产”账户，贷记“在建工程—××工程”账户。

高危行业企业按照国家规定提取的安全生产费，应当计入相关产品的成本或当期损益，同时记入“专项储备”账户。企业使用提取的安全生产费形成固定资产的，应当通过“在建工程”账户归集所发生的支出，待安全项目完工达到预定可使用状态时确认为固定资产；同时，按照形成固定资产的成本冲减专项储备，并确认相同金额的累计折旧。该固定资产在以后期间不再计提折旧。

【例5-5】智董公司采用自营方式建造厂房一幢，购入为工程准备的各种物资300000元，支付的增值税税额为48000元，实际领用工程物资的成本为270000元，剩余工程物资转作企业存货。此外，建设期间还领用了企业生产用的原材料一批，实际成本为45000元，购买该批原材料时支付的增值税进项税额为7200元；工程应负担的工程人员薪酬为85500元，企业辅助生产车间为工程提供的有关劳务支出为15000元；工程应负担的长期借款利息为10000元；工程发生的其他支出为20000元，以银行存款支付。工程完工后立即交付使用。

根据上述资料，企业应做如下账务处理：

1) 购入工程物资。

借：工程物资　　300000

　　应交税费—应交增值税（进项税额）　　48000

　贷：银行存款　　351000

2) 领用工程物资。

借：在建工程—建筑工程（厂房）　　270000

贷：工程物资　　270000

3) 领用生产用的原材料用于工程。

借：在建工程—建筑工程（厂房）　　45000

贷：原材料　　45000

4) 应负担的工程人员薪酬。

借：在建工程—建筑工程（厂房）　　85500

贷：应付职工薪酬　　85500

5) 辅助生产车间为工程提供的劳务支出。

借：在建工程—建筑工程（厂房）　　15000

贷：生产成本—辅助生产成本　　15000

6) 工程应负担的长期借款利息。

借：在建工程—建筑工程（厂房）　　10000

贷：长期借款　　10000

7) 工程发生的其他支出。

借：在建工程—建筑工程（厂房）　　20000

贷：银行存款　　20000

8) 剩余工程物资转作企业存货。

借：原材料　　30000

贷：工程物资　　30000

9) 工程完工交付使用。

固定资产的入账价值＝270000＋45000＋85500＋15000＋10000＋20000＝445500（元）

借：固定资产　　445500

贷：在建工程—建筑工程（厂房）　　445500

在建设期间发生的，不能直接计入某项固定资产价值，而应由所建造固定资产共同负担的相关费用，包括为建造工程发生的管理费、征地费、可行性研究费、临时设施费、公证费、监理费、应负担的税金、符合资本化条件的借款费用、建设期间发生的工程物资盘亏、报废及毁损净损失，以及负荷联合试车费等，应记入“在建工程—待摊支出”账户。试车期间形成的产品或副产品对外销售或转为库存商品时，应借记“银行存款”“库存商品”等账户，贷记“在建工程—待摊支出”账户。在建工程达到预定可使用状态时，对发生的待摊支出应分配计算，计入各工程成本中。

在建工程若发生单项或单位工程报废或毁损，应将其实际成本扣除残料价值或变现收入和责任人或保险公司等赔款后的净损失部分，计入继续施工的工程成本，借记“在建工程—其他支出”账户，按残料入库价值或变现收入，借记“原材料”或“银行存款”等账户，按应收责任人或保险公司的赔款，借记“其他应收款”账户，按报废或毁损工程的实际成本，贷记“在建工程—××工程”账户；若是非常原因造成的报废或毁损，或在建工程项目全部报废或毁损，应将其净损失直接计入当期营业外支出。

所建造的固定资产已达到预定可使用状态，但尚未办理竣工决算的，应当自达到预定可使用状态之日起，按照工程预算、造价或工程实际成本等对固定资产进行估价，按估计的价值转入固定资产，并按规定计提折旧，待办理了竣工决算手续后再作调整，但不需要调整原已计提的折旧额。

(二) 出包工程

采用出包方式建造固定资产，企业要与建造承包商签订建造合同。企业是建造合同的甲方，负责筹集资金和组织管理工程建设，通常称为建设单位；建造承包商是建造合同的乙方，负责建筑安装工程施工任务。企业的新建、改建、扩建等建设项目，通常均采用出包方式。

企业以出包方式建造固定资产，其成本由建造该项固定资产达到预定可使用状态前所发生的必要支出构成，包括发生的建筑工程支出、安装工程支出以及需分摊计入各固定资产价值的待摊支出。建筑工程、安装工程支出，如人工费、材料费、机械使用费等由建造承包商核算；对发包企业而言，建筑工程支出、安装工程支出是构成在建工程成本的重要内容，发包企业按照合同规定的结算方式和工程进度定期与建造承包商办理工程价款结算，结算的工程价款计入在建工程成本。待摊支出是指在建设期间发生的，不能直接计入某项固定资产价值，而应由所建造固定资产共同负担的相关费用，包括为建造工程发生的管理费、征地费、可行性研究费、临时设施费、公证费、监理费、应负担的税金、符合资本化条件的借款费用、建设期间发生的工程物资盘亏、报废及毁损净损失，以及负荷联合试车费等。其中，征地费是指企业通过划拨方式取得建设用地发生的青苗补偿费、地上建筑物、附着物补偿费等。企业为建造固定资产通过出让方式取得土地使用权而支付的土地出让金不计入在建工程成本，应确认为无形资产（土地使用权）。

在出包方式下，企业应按与承包单位结算的工程价款作为工程成本，记入“在建工程”账户。当企业按合同规定预付承包单位的工程价款时，借记“在建工程—建筑工程-××工程”“在建工程—安装工程-××工程”账户，贷记“银行存款”等账户；工程完工收到承包单位账单，补付工程价款时，借记“在建工程”账户，贷记“银行存款”等账户；出包工程在竣工结算之前应负担的资本化利息等，也应计入工程成本，借记“在建工程”账户，贷记“长期借款”“应付债券”等账户。企业将需安装设备运抵现场安装时，借记“在建工程—在安装设备—××设备”账户，贷记“工程物资—××设备”账户；企业为建造固定资产发生的待摊支出，借记“在建工程—待摊支出”账户，贷记“银行存款”“应付职工薪酬”“长期借款”等账户。

在建工程达到预定可使用状态时，首先计算分配待摊支出，待摊支出的分配率可按下列公式计算：

$$待摊费用配率=\frac{累计发生的待摊费用}{建筑工程支出+安装工程支出+在安装设备支出}\times 100\%$$

××工程应分配的待摊支出=（××工程的建筑工程支出+安装工程支出+在安装设备支出）×分配率

其次，计算确定已完工的固定资产成本，公式为

房屋、建筑物等固定资产成本=建筑工程支出+应分摊的待摊支出

需要安装设备的成本=设备成本+为设备安装发生的基础、支座等建筑工程支出+安装工程支出+应分摊的待摊支出

最后，进行相应的会计处理，借记“固定资产”账户，贷记“在建工程—建筑工程”“在建工程—安装工程”“在建工程—待摊支出”等账户。

【例5-6】智董公司将一幢新建厂房的工程出包给怡平建筑工程公司承建，按合同规定先向怡平建筑工程公司预付工程价款300000元，此外，工程应负担的长期借款利息为10000元；工程完工后，收到怡平建筑工程公司的工程结算单据，补付工程价款129000元。工程完工经验收后交付使用。

根据上述资料，该公司应做账务处理如下：

1) 预付工程价款。

借：在建工程—建筑工程（厂房）　　300000

　贷：银行存款　　300000

2) 工程应负担的长期借款利息。

借：在建工程—建筑工程（厂房） 10000

贷：长期借款 10000

3) 补付工程价款。

借：在建工程—建筑工程（厂房） 129000

贷：银行存款 129000

4) 工程完工交付使用。

借：固定资产 439000

贷：在建工程—建筑工程（厂房） 439000

三、投资者投入固定资产

企业接受投资者投入的固定资产，应按投资合同或协议约定的价值加上应支付的相关税费作为固定资产的入账价值，但合同或协议约定价值不公允的除外。在投资合同或协议约定价值不公允的情况下，按照该项固定资产的公允价值作为入账价值。

四、接受捐赠固定资产

企业接受捐赠取得的固定资产，应当分别按以下情况确定其入账成本。

1) 捐赠方提供了发票、协议等有关凭据的，按凭据上注明的金额加上应支付的相关税费作为入账成本。

2) 捐赠方没有提供有关凭据的，按以下顺序确定入账成本。

①同类或类似固定资产存在活跃市场的，按同类或类似固定资产的市场价格估计的金额，加上应支付的相关税费作为入账成本。

②同类或类似固定资产不存在活跃市场的，按该接受捐赠固定资产预计未来现金流量的现值，作为入账成本。

企业收到捐赠的固定资产时，按照上述规定确定的入账成本，借记“固定资产”等账户；按实际支付或应付的相关税费，贷记“银行存款”“应交税费”等账户；按其差额，贷记“营业外收入—捐赠利得”账户。

【例5-7】智董公司接受贵琛公司捐赠的设备一台，估计九成新，该类设备的市场价格为80000元。智董公司在接受捐赠过程中以银行存款支付包装费、运输费共计2000元。

根据上述资料，智董公司应做如下账务处理：

借：固定资产 74000（$80000\times90\%+2000$）

贷：银行存款 2000

营业外收入—捐赠利得 72000

五、非货币性资产交换取得的固定资产

非货币性资产交换是指交易双方主要以存货、固定资产、无形资产和长期股权投资等非货币性资产进行的交换。该交换不涉及或只涉及少量的货币性资产（即补价）。

货币性资产是指企业将以固定或可确定的金额收取的资产，包括现金、银行存款、应收账款和应收票据以及准备持有至到期的债券投资等。货币性资产以外的资产为非货币性资产。以非货币性资产交换取得的资产的入账价值的确定是非货币性资产交换的确认和计量中的一个关键性问题，理论上应以换出资产的公允价值或换入资产的公允价值为基础加以确定，并且选择其中的更为可靠者。换出资产的账面价值与确定的公允价值之间的差额，应作为非货币性资产交换的利得和损失予以确认。这是国际上通行的做法。

我国《企业会计准则第7号——非货币性资产交换》规定，满足下列条件之一的，非货币性资产交换具有商业实质：

1）换入资产的未来现金流量在风险、时间和金额方面与换出资产显著不同。

2）换入资产与换出资产的预计未来现金流量现值不同，且其差额与换入资产和换出

资产的公允价值相比是重大的。非货币性资产交换具有商业实质且换入资产或换出资产公允价值能够可靠计量的，应当以换出资产的公允价值和应支付的相关税费作为换入资产的成本，除非有确凿证据表明换入资产的公允价值比换出资产公允价值更加可靠。涉及补价的，支付补价方和收到补价方应当分别情况处理。

①支付补价方：应当以换出资产的公允价值加上支付的补价和应支付的相关税费作为换入资产的成本（入账价值）；换入资产成本与换出资产账面价值加支付的补价、应支付的相关税费之和的差额应当计入当期损益（营业外收支）。

②收到补价方：应当以换出资产的公允价值减去补价再加上应支付的相关税费作为换入资产的成本（入账价值）；换入资产成本加收到的补价之和与换出资产账面价值加应支付的相关税费之和的差额应当计入当期损益（营业外收支）。

非货币性资产交换不具有商业实质，或者虽然具有商业实质但换入资产和换出资产的公允价值均不能可靠计量的，应当以换出资产账面价值为基础确定换入资产成本，无论是否支付补价，均不确认损益。涉及补价的，补价应作为确定换入资产成本的调整因素，收到补价方应当以换出资产的账面价值减去补价再加上应支付的相关税费作为换入资产的成本；支付补价方应当以换出资产的账面价值加上补价和应支付的相关税费作为换入资产的成本。

【例5-8】2×11年8月，智董公司以生产经营过程中使用的一台设备交换贵琛公司的一栋厂房。设备的账面原价为100000元，在交换日的累计折旧为15000元，公允价值为95000元。厂房的账面价值为110000元，在交换日的公允价值为95000元，计税价格等于公允价值。贵琛公司换入智董公司的设备作为固定资产使用。假设智董公司此前没有为该项设备计提资产减值准备，整个交易过程中，除支付设备拆除费1500元外没有发生其他相关税费。

智董公司的账务处理如下：

借：固定资产清理　85000
　　累计折旧　15000
　贷：固定资产—设备　100000
借：固定资产清理　1500
　贷：银行存款　1500
借：固定资产—厂房　95000
　贷：固定资产清理　86500
　　　营业外收入—非货币性资产交换利得　8500

六、债务重组取得的固定资产

债务重组是指在债务人发生财务困难的情况下，债权人按照其与债务人达成的协议或者法院的裁定做出让步的事项。

对债权人来说，债务人以固定资产清偿债务的，债权人应当对接受的固定资产按其公允价值加上应支付的相关税费入账，重组债权的账面价值（账面余额减去已计提的坏账准备）与接受的固定资产的公允价值之间的差额，确认为债务重组损失，计入营业外支出。

【例5-9】2×10年9月10日，智董公司销售一批商品给贵琛公司，含税价为2340000元。因贵琛公司发生财务困难，无法按合同规定偿还债务，2×11年9月10日，贵琛公司与智董公司协商进行债务重组。双方达成的债务重组协议内容如下：智董公司同意贵琛公司用其设备抵偿债务，抵债设备的账面原价为2100000元，累计折旧为300000元，该设备的公允价值为2000000元，抵债资产均已转让完毕。

假定智董公司已对该项债权计提坏账准备10000元，智董公司在接受抵债资产时，安装设备发生的安装成本为20000元，不考虑其他相关税费，则债权人智董公司的会计处理如下：

1) 结转债务重组损失。

借：在建工程—在安装设备　　2000000
　　坏账准备　　10000
　　营业外支出—债务重组损失　　330000
　贷：应收账款—贵琛公司　　2340000

2) 支付安装成本。

借：在建工程—在安装设备　　20000
　贷：银行存款　　20000

3) 安装完毕达到可使用状态。

借：固定资产—××设备　　2020000
　贷：在建工程—在安装设备　　2020000

第三节 固定资产折旧

一、固定资产折旧的性质

固定资产虽然在使用过程中始终保持其原有的实物形态不变，但由于有形损耗和无形损耗的存在，使得其使用价值或服务潜力随着时间的推移而逐渐下降，相应的，其价值也在逐渐减少。有形损耗是指固定资产在使用过程中由于使用和自然力的影响在使用价值和价值上的损耗。无形损耗是指由于技术进步而引起的固定资产价值上的损耗。由于企业使用固定资产产生的效益涉及几个会计年度（或几个营业周期），按照收入与其相关成本、费用相配比的原则，对于固定资产损耗的价值应在固定资产的使用寿命内采用系统、合理的方法进行分摊，并以折旧的形式在产品销售收入中得到补偿。

折旧是指在固定资产的使用寿命内，按照确定的方法对应计折旧额进行的系统分摊。其中，应计折旧额是指应当计提折旧的固定资产的原价扣除其预计净残值后的余额，如果已对固定资产计提减值准备的，还应当扣除已计提的固定资产减值准备累计金额。使用寿命是指企业使用固定资产的预计期间，有些固定资产的使用寿命也可以用该资产所能生产的产品或提供的劳务的数量来表示。

二、影响固定资产折旧的因素

固定资产折旧，即将固定资产损耗的价值转移到产品成本中或构成期间费用，然后通过产品销售，从销售收入中或营业利润中得到补偿。影响固定资产折旧的因素主要有五个方面。

(一) 计提固定资产折旧的基数

计提固定资产折旧的基数通常为固定资产的原始价值或固定资产的账面净值。通常，企业以固定资产的原价作为计提折旧的依据，选用双倍余额递减法的企业，以固定资产的账面净值作为计提折旧的依据。

(二) 固定资产的净残值

固定资产的净残值是指假定固定资产预计使用寿命已满并处于使用寿命终了时的预期状态，企业目前从该项资产处置中获得的扣除预计处置费用后的余额，同时要求企业至少于每年年度终了时对预计净残值进行复核。

(三) 固定资产的使用寿命

固定资产使用寿命的长短直接关系到各期应提折旧额的高低。企业在确定固定资产的使用寿命时，主要应当考虑下列因素：

1) 该资产的预计生产能力或实物产量，即企业对该资产的预计使用程度。

2) 该资产的有形损耗，如设备在使用中发生磨损、房屋建筑物受到自然侵蚀等。

3) 该资产的无形损耗，如因新技术的出现而使现有的资产技术水平相对陈旧、市场需求变化使产品过时等。

4) 有关资产使用的法律或者类似规定的限制，如对于融资租赁的固定资产，根据《企业会计准则第21号——租赁》规定，能够合理确定租赁期届满时将会取得租赁资产所有权的，应当在租赁资产使用寿命内计提折旧；如果无法合理确定租赁期届满时能够取得租赁资产所有权的，应当在租赁期与租赁资产使用寿命两者中较短的期间内计提折旧。

(四) 固定资产减值准备

固定资产减值准备指已计提的固定资产减值准备累计金额。固定资产计提减值准备后，应当在剩余使用寿命内根据调整后的固定资产账面价值（固定资产账面余额扣减累计折旧和累计减值准备后的金额）和预计净残值重新计算确定折旧率和折旧额。

(五) 计提折旧的方法

折旧方法的选用将直接影响应计折旧额在固定资产各使用年限之间的分配结果，从而影响各年的利润总额和应缴所得税。

企业应当根据固定资产的性质和使用情况，合理地确定固定资产的使用寿命和预计净残值，并根据与固定资产有关的经济利益的预期实现方式合理选择折旧方法。固定资产的使用寿命、预计净残值和折旧方法一经确定，不得随意变更。固定资产使用过程中所处经济环境、技术环境以及其他环境的变化也可能致使与固定资产有关的经济利益的预期实现方式发生重大改变。如果固定资产给企业带来经济利益的方式发生重大变化，企业也应相应改变固定资产折旧方法。

三、固定资产折旧的范围

企业在用的固定资产一般均应计提折旧，具体范围包括：房屋和建筑物；在用的机器设备、仪器仪表、运输工具、工具器具；季节性停用、大修理停用的固定资产；融资租入和以经营租赁方式租出的固定资产。

不计提折旧的固定资产包括：

房屋、建筑物以外的未使用、不需用固定资产；以经营租赁方式租入的固定资产；已提足折旧仍继续使用的固定资产；按规定单独作价作为固定资产入账的土地；改建、扩建中的固定资产。

企业一般应当按月提取折旧，在实际计提时，当月增加的固定资产，当月不提折旧，从下月起计提折旧；当月减少的固定资产，当月仍提折旧，从下月起停止计提折旧。固定资产应计折旧额提足后，不论能否继续使用，均不再提取折旧；提前报废的固定资产，也不再补提折旧，其未提足折旧的净损失计入营业外支出。

四、固定资产折旧的方法

固定资产折旧方法是将固定资产的应计折旧额在固定资产的使用寿命内分摊时所采用的具体计算方法。计提固定资产折旧的方法有很多，如年限平均法、工作量法、年数总和法和双倍余额递减法。

(一) 年限平均法

年限平均法又称直线法，是将固定资产的应计折旧额在固定资产的预计使用年限内均衡

地分摊到各期的一种方法。采用这种方法计算的每期折旧额均是等额的。其计算公式为

$$年折旧额=\frac{固定资产原值-(预计残值收入-预计清理费用)}{预计使用年限}$$

$$或=\frac{固定资产原值\times(1-预计净残值率)}{预计使用年限}$$

月折旧额＝年折旧额÷12

在实际工作中，固定资产折旧额通常是按事先确定的折旧率计算的。其计算公式为

$$年折旧额=\frac{年折旧额}{固定资产原值}\times100\%=\frac{1-预计净残值率}{预计使用年限}\times100\%$$

月折旧率＝年折旧率÷12

月折旧额＝固定资产原值×月折旧率

【例5-10】智董公司一幢厂房的原值为600000元，预计可使用20年，按照有关规定，该厂房报废时的预计净残值率为4%，则该厂房的折旧率和折旧额的计算为

$$年折旧额=\frac{1-4\%}{0}\times100\%=4.8\%$$

月折旧率＝4.8%÷12＝0.4%

月折旧额＝600000×0.4%＝2400（元）

固定资产的折旧率可按单项固定资产计算，也可按某类或全部固定资产计算，以分别确定个别折旧率、分类折旧率或综合折旧率，计算公式为

$$个别折旧率=\frac{某项固定资产的年折旧额}{该项固定资产原值}\times100\%$$

$$分类折旧率=\frac{某类固定资产年折旧额之和}{该类固定资产原值之和}\times100\%$$

$$综合折旧率=\frac{各项固定资产年折旧额之和}{各项固定资产原值之和}\times100\%$$

在计算分类折旧率时，应先把性质、结构和使用年限接近的固定资产归为一类，如将房屋、建筑物划分为一类，将机械、设备划分为一类等。采用分类折旧率计算固定资产折旧，其准确性较个别折旧率差，但较综合折旧率高。

采用年限平均法计提折旧简便易行，但该方法没有考虑固定资产在各期的使用情况及其所带来的经济利益。一般而言，固定资产在其使用前期工作效率相对较高，所带来的经济利益较多，而且发生的维修费也较少；在其使用后期，工作效率一般呈下降趋势，所带来的经济利益逐渐减少，而且发生的维修费也较多。因此，将固定资产的应计折旧额在各期平均分摊，便会出现固定资产各期的使用成本很不均衡，早期负担偏低，后期负担偏高的现象，这是不合理的。该种方法一般应在固定资产各期负荷程度基本相同的情况下使用。

(二) 工作量法

工作量法是根据固定资产实际完成的工作量计提折旧的一种方法。其计算公式为

$$某项固定资产单位工作量折旧额=\frac{该项固定资产原值-(1-预计净残值率)}{该项固定资产预计完成的总工作量}$$

某项固定资产月折旧额＝该项固定资产当月实际完成的工作量×该项固定资产单位工作量折旧额

上述的“工作量”，可用运输里程、机器工时或机器台班来表示。

【例5-11】智董公司有一辆运货卡车，原值为80000元，预计净残值率为4%，预计总行驶里程为400000千米，本月行驶5000千米，则该卡车的月折旧额计算为

$$单位工作量折旧额=\frac{8000\times(1-4\%)}{400000}=0.192（元/千米）$$

月折旧额＝5000×0.192＝960（元）

工作量法弥补了年限平均法不考虑固定资产使用程度的缺点，但忽视了固定资产的无形损耗，因而也不尽合理。该种方法通常适用于固定资产各期使用不均衡的情况。

(三) 加速折旧法

加速折旧法也称为快速折旧法或递减折旧法，是指在固定资产的使用前期多提折旧，后期少提折旧，以使固定资产的大部分成本在其使用前期尽快得到补偿，从而相对加快折旧速度的一种方法。加速折旧的计提方法有多种，常用的主要有两种。

1. 双倍余额递减法

双倍余额递减法是按固定资产账面净值和双倍直线折旧率计提折旧的方法，计算公式为

$$年折旧额=\frac{2}{预计使用年限}\times100\%$$

月折旧率＝年折旧率÷12

月折旧额＝固定资产账面净值×月折旧率

上述公式中的年折旧率是在直线法下，假定不考虑预计净残值时的年折旧率的两倍；计提折旧的基数尧固定资产账面净值，呈逐年递减的趋势。

需注意的是，采用双倍余额递减法计提折旧时，应当在固定资产折旧年限到期前两年内，将固定资产赔面净值扣除预计净残值后的余额（即未提足的应计折旧额部分）平均摊销。

【例5-12】智董公司某项固定资产的原值为12000元，预计净残值为600元，预计使用年限为5年。按双倍余额递减法计提折旧，每年的折旧额计算如下：

$$年折旧额=\frac{2}{5}\times100\%=40\%$$

第一年应提的折旧额＝12000×40%＝4800（元）

第二年应提的折旧额＝（12000－4800）×40%＝2880（元）

第三年应提的折旧额＝（7200－2880）×40%＝1728（元）

从第四年起改按年限平均法（直线法）计提折旧。

第四、第五年的年折旧额＝（4320－1728－600）÷2＝996（元）

2. 年数总和法

年数总和法又称合计年限法，是指根据固定资产的原值减去预计净残值后的净额和该年固定资产尚可使用年数占各年固定资产尚可使用年数总和的比重（即年折旧率）计提折旧的一种方法。其计算公式如下

$$年折旧额=\frac{该年固定资产尚可使用年数}{各年固定资产尚可使用年数总和}\times100\%$$

$$或=\frac{预计使用年限-已使用年限}{预计使用年限\times(预计使用年限+1)/2}\times100\%$$

月折旧率＝年折旧率÷12

月折旧额＝（固定资产原值－预计净残值）×月折旧率

上述公式中，年折旧率是变动的，它随固定资产使用寿命的缩短而逐年下降，但计提折旧的基数则是固定的，即始终为应计折旧总额。

【例5-13】 智董公司某项固定资产的原值为45200元，预计使用年限为五年，预计净残值为200元，采用年数总和法计算的各年折旧额如表5-2所示。

表5-2 固定资产折旧计算表（年数总和法）

年份	尚可使用年（年）	原值－净残（元）	年折旧率	年折旧（元）	累计折旧（元）
1	5	45000	5/15	15000	15000
2	4	45000	4/15	12000	27000
3	3	45000	3/15	9000	36000
4	2	45000	2/15	6000	42000
5	1	45000	1/15	3000	45000

在加速折旧法下，由于在固定资产使用的早期多提折旧，后期少提折旧，从而使固定资产成本能在预计的使用年限内从销售收入中加快得到补偿。采用加速折旧法的理论依据在于：

1) 符合配比原则。由于固定资产的使用效率及其所带来的经济利益是逐期递减的，因而其折旧也应逐期递减，使得各期的收入能与同期的折旧费合理地配比，各期的利润波动不大。

2) 能均衡各期固定资产的使用成本。通常，固定资产的磨损程度是随着使用时间的推移逐渐增加的，其发生的维修费也必将逐期增加。由于该方法下前期计提的折旧费较多而发生的维修费较少，后期计提的折旧费较少而发生的维修费较多，从而保持了各期负担的固定资产使用成本（折旧费与维修费之和）的均衡性。

3) 可降低无形损耗的风险。由于技术更新速度日益加快，固定资产使用的经济寿命将大大缩短，因而采用该方法可减少旧技术淘汰时所发生的损失。

4) 符合谨慎性原则。在税法允许的情况下，采用该方法，由于前期计提的折旧费较多；利润总额相应减少，从而能减少前期应缴纳的所得税，减少的税金可用于再投资。此外，在通货膨胀的情况下，用加速折旧法代替直线法，可以提高当期的成本、费用，使企业计算的净利润比较符合通货膨胀条件下的“真实收益”，在一定程度上可避免虚盈实亏的现象，这不仅有利于企业再生产，更主要的是有利于整个经济的稳定，或者能符合政府鼓励企业采用新技术和进行重投资的宏观经济目标。

五、固定资产折旧的会计处理

企业计提的固定资产折旧应设置“累计折旧”账户进行核算，该账户一般只进行总分类核算而不进行明细分类核算。若需查明某项固定资产的累计已提折旧，可根据该项固定资产卡片上的相关资料（如原值、年折旧率、预计使用年限、已使用年限等）计算求得。

企业按月计提的固定资产折旧，应根据固定资产的使用地点和用途，分别计入有关成本、费用，借记“制造费用”“管理费用”“销售费用”“在建工程”“其他业务成本”等账户，贷记“累计折旧”账户。

第四节 固定资产的后续支出

固定资产的后续支出是指固定资产投入使用以后发生的一些必要支出，如固定资产维修、改扩建等发生的支出。企业在发生这些支出时，需要确认这些支出应该是资本化还是费用化，确认的标准是这些支出是否符合固定资产的确认条件。

一、费用化的后续支出

费用化的后续支出是指与固定资产有关的修理费用等后续支出。固定资产的日常修理费用、大修理费用等支出只是确保固定资产保持良好的工作状态，一般不产生未来的经济利益，因此，通常不符合固定资产的确认条件，在发生时应直接计入当期损益。企业对固定资产进行修理、维护保养、较小幅度的质量改进等发生的支出，均属于费用化的后续支出。

固定资产的修理按其修理范围的大小和修理间隔时间的长短，可分为大修理和中小修理，中小修理也称为日常修理。

日常修理的特点是：修理范围小，修理次数多，间隔时间短，每次支出少。由于其每次发生的支出数额较小，为了简化核算工作，日常修理支出在发生时应直接计入当期成本、费用，按固定资产的用途，分别借记“制造费用”“管理费用”“销售费用”“其他业务成本”等账户，贷记“银行存款”等账户。

大修理的特点是：修理范围大，修理次数少，间隔时间长，每次支出多。由于其每次发生的支出数额较大，为了均衡各期的成本、费用，大修理支出可采用预提或待摊的方式进行核算。采用预提方式的，应当在两次大修理间隔期内各期均衡地预提预计发生的大修理支出，并计入有关成本、费用；采用待摊方式的，应当将发生的大修理支出在下一次大修理前平均摊销，计入有关成本、费用。

【例5-14】智董公司对生产设备每两年大修一次，对大修理支出采用待摊的方式进行核算。某年年初，该公司对生产设备进行修理，领用修理用备件及维修材料20000元，应付修理人员工资10000元，以银行存款支付其他支出6000元，则有关账务处理如下：

1) 实际发生修理支出时。

借：长期待摊费用	36000
贷：原材料	20000
应付职工薪酬	10000
银行存款	6000

2) 按月摊销修理支出时。

借：制造费用	1500
贷：长期待摊费用	1500

二、资本化的后续支出

资本化的后续支出是指与固定资产有关的、使可能流入企业的经济利益超过原先估计的那部分后续支出。如固定资产的改建、扩建、部件的换新、再安装及再组合等，其支出能导致企业未来经济利益的增加，应在发生时予以资本化，计入固定资产的账面价值。

固定资产的改建，亦称改良，是指为了提高固定资产的质量而采取的措施，其特点是：支出数额较大；固定资产的质量有显著的提高，如以自动装置代替非自动装置，或将设备的主要零件拆除，换上功能更佳、质量更好的不同类型零件等。固定资产的扩建是指为了提高固定资产的生产能力而采取的措施，其特点是：增加了新的实物；固定资产的性能有较大的改进，如增加房屋的楼层等。固定资产改扩建后，有些会因延长使用年限而提高了生产能力；有些则仅仅会提高产品质量、降低生产成本或增加生产能力而不延长使用年限。对于因改扩建而延长了使用年限的固定资产，应对其原使用年限和折旧率进行调整。

固定资产的改扩建支出属于资本性支出，应计入固定资产的账面价值。固定资产改建、扩建工程一般先通过“在建工程”账户进行核算：将该固定资产的原价、已计提的累计折旧和减值准备转销，将固定资产的账面价值转入在建工程，并停止计提折旧。在改建、扩建工程完工并达到预定可使用状态时，再从在建工程转为固定资产，并按重新确定的使用寿命、预计净残值和折旧方法计提折旧。

【例5-15】智董公司采用出包方式对一生产车间的厂房进行扩建，该厂房的原值为100000元，累计折旧为68400元，已提减值准备10000元，预计使用年限10年，已使用8年；以银行存款支付扩建工程款80000元，扩建中拆除部分的材料变价收入为3000元；厂房经过扩建后，延长了使用年限6年，预计净残值在原厂房的基础上提高到6000元，该厂房采用年限平均法计提折旧。

根据以上资料，该公司应做如下账务处理：

1) 厂房转入扩建，将其净值转入“在建工程”账户。

借：在建工程　　21600

　　累计折旧　　68400

　　固定资产减值准备　　10000

　贷：固定资产　　100000

2) 支付扩建工程款。

借：在建工程　　80000

　贷：银行存款　　80000

3) 拆除材料的变价收入。

借：银行存款　　3000

　贷：在建工程　　3000

4) 扩建工程完工，交付使用。

扩建后厂房价值＝21600＋80000－3000＝98600（元）

借：固定资产　　98600

　贷：在建工程　　98600

5) 扩建后第9年至第16年各年折旧额的计算。

年折旧额＝（98600-6000）/8＝11575（元）

各年计提固定资产折旧的会计分录为：

借：制造费用　　11575

　贷：累计折旧　　11575

第五节 固定资产处置

固定资产处置包括固定资产的出售、转让、报废或毁损、对外投资、非货币性资产交换、捐赠、抵债等。

《企业会计准则第4号——固定资产》规定，固定资产满足下列条件之一的，应当予以终止确认：该固定资产处于处置状态；该固定资产预期通过使用或处置不能产生经济利益。

企业因出售、报废或毁损、对外投资、捐赠、抵偿债务等原因减少的固定资产，应通过“固定资产清理”账户进行核算。由于固定资产的处置方式不同，其会计处理亦不尽相同。

一、固定资产出售的会计处理步骤

1) 将固定资产转入清理，注销其账面价值。企业出售的固定资产转入清理时，应按其账面价值，借记“固定资产清理”账户，按已计提的折旧，借记“累计折旧”账户，按已计提的减值准备，借记“固定资产减值准备”账户，按固定资产原值，贷记“固定资产”账户。

2) 收回出售价款。企业收回出售固定资产的价款时，应按实际收到的款项，借记“银行存款”账户，贷记“固定资产清理”账户。

3) 发生清理费用。在清理过程中发生的清理费用，如支付清理人员的工资等，应按其实际发生额，借记“固定资产清理”账户，贷记“应付职工薪酬”“银行存款”等账户。

4) 计算应缴纳的增值税。企业销售固定资产（如销售不动产），应按规定计算缴纳增值税，计算的增值税也应记入“固定资产清理”账户。按应缴纳的税金，借记“固定资产清理”账户，贷记“应交税费—应交增值税”账户。

5) 处理净损益。固定资产清理后发生的净收益，企业应区别不同的情况进行处理：属于筹建期间的，冲减长期待摊费用，借记“固定资产清理”账户，贷记“长期待摊费用”账户；属于生产经营期间的，计入当期损益，借记“固定资产清理”账户，贷记“营业外收入—处置非流动资产利得”账户。若清理后，发生净损失，企业也应区别不同的情况进行处理：属于筹建期间的，计入长期待摊费用，借记“长期待摊费用”账户，贷记“固定资产清理”账户；属于生产经营期间的，借记“营业外支出—处置非流动资产损失”账户，贷记“固定资产清理”账户。

二、固定资产报废

固定资产报废，按其形成原因可分为两类：一类是由于使用期限已满不再继续使用而形成的正常报废；另一类是由于技术进步或由于意外情况发生毁损而导致的提前报废。固定资产报废的会计处理，与出售基本相同，即将转入清理的固定资产账面价值、支付的清理费用等记入“固定资产清理”账户的借方；取得固定资产残料的变价收入或残料入库、应收保险公司及责任人的赔款等，应冲减清理支出，借记“银行存款”“原材料”“其他应收款”等账户，贷记“固定资产清理”账户，借方与贷方的差额即为固定资产清理净损益。净损益处理也同固定资产出售，但对于生产经营期间由于自然灾害等非正常原因造成的损失，应借记“营业外支出—非常损失”账户，贷记“固定资产清理”账户。

【例5-16】智董公司一栋厂房因自然灾害造成毁损而提前报废，其账面原值为50000元，累计折旧为18000元。在清理过程中，以银行存款支付清理费用1800元；拆除的残料一部分作价1000元入库，作为维修材料，另一部分变卖，取得收入1000元，存入银行；此外，应收保险公司赔款20000元。假定该公司未对厂房计提减值准备。

根据上述资料，该公司应做账务处理如下：

1) 将厂房转入清理，注销其账面价值。

借：固定资产清理　　32000
　　累计折旧　　18000
　贷：固定资产　　50000

2) 支付清理费用。

借：固定资产清理　　1800
　贷：银行存款　　1800

3) 残料入库以及收取变价收入。

借：原材料　　1000
　　银行存款　　1000
　贷：固定资产清理　　2000

4) 应收保险公司赔款。

借：其他应收款—××保险公司　　20000

　贷：固定资产清理　　20000

5) 结转净损失。

借：营业外支出—非常损失　　11800

　贷：固定资产清理　　11800

三、固定资产投资转出

在非同一控制下的企业控股合并中，企业投资转出的固定资产，应按其公允价值，借记“长期股权投资”账户，贷记“固定资产清理”账户；同时，按对其已计提的折旧，借记“累计折旧”账户，按对其已计提的减值准备，借记“固定资产减值准备”账户，按固定资产账面净值加上相关税费，借记“固定资产清理”账户，按固定资产账面原值，贷记“固定资产”账户，按应支付的相关税费，贷记“银行存款”“应交税费”等账户；最后，将固定资产清理的净损益转入“营业外收入”或“营业外支出”账户。在同一控制下的企业控股合并中，按照取得被合并方所有者权益账面价值的份额作为长期股权投资的初始投资成本，长期股权投资的初始投资成本与转让的固定资产账面价值之间的差额，应当调整资本公积（资本溢价或股本溢价）；资本公积（资本溢价或股本溢价）的余额不足冲减的，调整留存收益。

【例5-17】智董公司以设备对贵琛公司进行投资，取得贵琛公司60%的股权，取得该部分股权后能够控制贵琛公司的生产经营决策（假定为非同一控制下的企业合并）。设备的账面原值为500000元，累计折旧为50000元，该公司已对设备计提减值准备2000元。该设备的公允价值为550000元。

根据上述资料，该公司在合并日应做账务处理如下：

1) 将设备转入清理。

借：长期股权投资　　550000

　贷：固定资产清理　　550000

同时，

借：固定资产清理　　448000

　　累计折旧　　50000

　　固定资产减值准备　　2000

　贷：固定资产　　500000

2) 结转净收益。

借：固定资产清理　　102000

　贷：营业外收入　　102000

四、固定资产捐赠

捐赠转出的固定资产，应通过“固定资产清理”账户进行核算，清理净损失记入“营业外支出—捐赠支出”账户。

【例5-18】智董公司将一台机床捐赠给贵琛公司，其账面原值为100000元，已提折旧为19500元，已计提减值准备为1500元，以银行存款支付捐赠过程中发生的运杂费为2000元。

根据以上资料，智董公司应做账务处理如下：

1) 将机床转入清理，冲销其账面价值。

借：固定资产清理　　79000

　　累计折旧　　19500

　　固定资产减值准备　　1500

贷：固定资产 100000

2) 支付运杂费。

借：固定资产清理 2000

贷：银行存款 2000

3) 结转净损失。

借：营业外支出—捐赠支出 81000

贷：固定资产清理 81000

五、固定资产清查

为了保证固定资产账实相符，保证固定资产核算的真实性和完整性，企业应当定期或不定期地对固定资产进行盘点清查。一般来说，企业至少应在年度终了编制年度财务报告之前，对固定资产进行一次全面的清查。在清查过程中，对盘盈、盘亏的固定资产，应及时查明原因，编制固定资产盘点报告表，并按规定的管理权限报经企业有关部门或机构批准后，在期末结账前处理完毕。若在期末结账前尚未经批准的，企业也应当在对外提供财务报告时先进行处理，并在会计报表附注中加以说明；如果其后批准处理的金额与已处理的金额不一致，应按其差额调整会计报表相关项目的年初数。

固定资产的盘亏，应通过“待处理财产损溢—待处理固定资产损溢”账户进行核算。盘盈的固定资产，作为前期差错处理，应通过“以前年度损益调整”账户核算。

(一) 固定资产盘盈

对盘盈的固定资产，应按同类或类似固定资产的市场价格减去按该项资产的新旧程度估计的价值损耗后的余额，或该项固定资产的预计未来现金流量现值，借记“固定资产”账户，贷记“以前年度损益调整”账户。

【例5-19】智董公司在固定资产清查中，发现一台机床未入账，同类机床的市场价格为30000元，估计该机床八成新，尚可使用年限为五年。假定该公司按10%提取法定盈余公积，所得税税率为33%，未进行其他利润分配。

根据以上资料，智董公司应做账务处理如下：

1) 盘盈固定资产。

固定资产净值＝30000×80%＝24000（元）

借：固定资产 24000

贷：以前年度损益调整 24000

2) 计算应缴所得税。

借：以前年度损益调整 7920

贷：应交税费—应交所得税 7920

3) 结转“以前年度损益调整”账户。

借：以前年度损益调整 16080

贷：利润分配—未分配利润 16080

4) 补提盈余公积。

借：利润分配—未分配利润 1608

贷：盈余公积—法定盈余公积 1608

(二) 固定资产盘亏

固定资产盘亏是指在清查中发现账面上记载的某项固定资产，其实物已不存在。对于盘亏的固定资产，在报经批准处理前，应按其账面价值，借记“待处理财产损溢—待处理固定资产损溢”账户，按对其已计提的折旧，借记“累计折旧”账户，按对其已计提的减值准备，借记“固定资产减值准备”账户，按其账面原值，贷记“固定资产”账户。报经批准后，按可收回的保险赔偿或过失人赔偿，借记“其他应收款”账户，按应计入营业外支出的金额，借记“营业外支出—盘亏损失”账户，贷记“待处理财产损溢—待处理固定资产损溢”账户。

【例5-20】智董公司在清查中盘亏设备一台，其账面原值为80000元，已提折旧为30000元，对该设备已计提的减值准备为10000元。报经批准后，将盘亏设备的净值转做营业外支出。

根据以上资料，智董公司应做账务处理如下：

1) 盘亏固定资产。

借：待处理财产损溢—待处理固定资产损溢　　40000
　　累计折旧　　30000
　　固定资产减值准备　　10000
　贷：固定资产　　80000

2) 报经批准后。

借：营业外支出—盘亏损失　　40000
　贷：待处理财产损溢—待处理固定资产损溢　　40000

第六节 固定资产的减值

企业的固定资产在使用过程中，由于存在有形损耗（如自然磨损、损坏等），无形损耗（如技术陈旧等），或市价、市场利率等的变化，固定资产有时会发生减值。固定资产的减值是指固定资产的可收回金额低于其账面价值。固定资产可收回金额的估计，应当根据其公允价值减去处置费用后的净额与固定资产预计未来现金流量的现值两者之间较高者确定。在估计固定资产可收回金额时，原则上应当以单项固定资产为基础，如果企业难以对单项固定资产的可收回金额进行估计的，应当以该固定资产所属的资产组为基础确定资产组的可收回金额。当固定资产发生减值时，如果不予以确认，必然会导致资产账面价值的虚增，不能真实地反映资产的实际价值。因此，根据谨慎性原则和真实性原则，企业应当在固定资产存在减值迹象时，估计其可收回金额，然后将所估计的固定资产可收回金额与其账面价值相比较，以确定资产是否发生了减值。对于可收回金额低于账面价值的固定资产，应当计提减值准备，并计入当期损益（资产减值损失）。

企业应当在资产负债表日对固定资产进行检查，若存在下列可能发生减值的迹象，应当估计固定资产的可收回金额。

①固定资产市价在当期大幅度下跌，其跌幅明显高于因时间推移或正常使用而预计的下跌，并且预计在近期内不可能恢复。

②企业所处经营环境（如技术、市场、经济或法律环境）或者资产所处的市场在当期或者将在近期发生重大变化，从而对企业产生不利影响。

③同期市场利率或者其他市场投资报酬率在当期已经大幅度提高，从而影响企业计算固定资产预计未来现金流量现值的折现率，导致固定资产可收回金额大幅度降低。

④有证据表明固定资产已经陈旧过时或发生实体损坏等。

⑤固定资产已经或者将被闲置、终止使用或者计划提前处置。

⑥企业内部报告的证据表明固定资产的经济绩效已经低于或者将低于预期，如固定资产所创造的净现金流量或者实现的营业利润远远低于原来的预算或者预计金额。

⑦其他有可能表明资产已发生减值的迹象。

有确凿证据表明固定资产存在减值迹象的，应当在资产负债表日进行减值测试，估计固定资产的可收回金额。如果固定资产的可收回金额低于其账面价值，企业应当按固定资产可收回金额低于其账面价值的差额计提减值准备，借记“资产减值损失—固定资产减值损失”账户，贷记“固定资产减值准备”账户。固定资产减值损失一经确认，在以后会计期间不得转回。

【例5-21】智董公司于资产负债表日对固定资产进行减值测试，同时结合各种因素进行分析，得知A设备和B设备已发生减值，其计算结果如表5-3所示。

表5-3 固定资产减值准备计算表 单位：元

固定资产名称	原值	已提折旧	账面净值	可收回金额	差额
A设备	200000	40000	160000	150000	－10000
B设备	600000	100000	500000	420000	－80000
合计	800000	140000	660000	570000	－90000

根据上述资料，该公司应做账务处理如下：

借：资产减值损失—固定资产减值损失 90000

　贷：固定资产减值准备 90000

已计提减值准备的固定资产，应当按照该固定资产的账面价值（该项固定资产的原值扣除其累计折旧和减值准备后的净额）以及尚可使用年限重新计算确定折旧率和折旧额。

有确凿证据表明在建工程存在减值迹象的，应当在资产负债表日进行减值测试，估计其可收回金额。如果在建工程的可收回金额低于其账面价值，企业应当按其差额计提减值准备，借记“资产减值损失—在建工程减值损失”账户，贷记“在建工程减值准备”账户。该减值损失一经确认，在以后会计期间不得转回。

第六章

无形资产

第一节 无形资产概述

一、无形资产的特征及确认

无形资产是指企业拥有或者控制的没有实物形态的可辨认非货币性资产。

(一) 无形资产的特征

1. 不具有实物形态

无形资产一般表现为某种权利、某项技术或者是某种获取超额利润的综合能力，它们不像存货、固定资产等其他资产那样具有实物形态，它们是看不见、摸不着的，如专利权、非专利技术等。无形资产虽然没有实物形态，但却具有价值，它有助于提高企业的经济效益，能使企业获得高于同行业一般水平的盈利能力。不具有实物形态是无形资产区别于其他资产的显著特征，但是，并非所有不具有实物形态的资产都是无形资产，如企业的应收账款和预付账款等也没有实物形态，却不是无形资产。另外，需指出的是，某些无形资产的存在有赖于实物载体，如计算机软件需要存储在磁盘中，但这并没有改变无形资产本身不具有实物形态的特征。

2. 属于非货币性资产

属于非货币性资产，且不是流动资产，是无形资产的又一特征。无形资产由于没有发达的交易市场，一般不容易转化成现金，在持有过程中为企业带来未来经济利益的情况不确定，不属于以固定或可确定的金额收取的资产，属于非货币性资产。

3. 可辨认性

资产符合以下条件之一的，则认为其具有可辨认性。

1) 能够从企业中分离或者划分出来，并能单独用于出售或转让等，而不需要同时处置在同一获利活动中的其他资产，则说明无形资产可以辨认。某些情况下无形资产可能需要与有关的合同、资产或负债一起用于出售、转让、租赁等，这种情况下也视为可辨认无形资产。

2) 产生于合同性权利或其他法定权利，无论这些权利是否可以从企业或其他权利和义务中转移或者分离。

4. 不确定性

无形资产的经济价值在很大程度上受企业外部因素的影响，如相关新技术更新换代速度、利用无形资产所生产产品的市场接受程度等，其预期的获利能力不能准确地加以确定。

(二) 无形资产的确认

对无形资产进行确认，是计量和记录无形资产的前提。一项资产除了要符合无形资产的定义外，还必须同时满足以下两个条件，才能将其确认为无形资产。

1. 与该无形资产有关的经济利益很可能流入企业

作为无形资产确认的项目，必须具备产生的经济利益很可能流入企业这一条件。例如，企业拥有无形资产的法定所有权，或企业与他人签订了协议，使得企业的相关权利受到法律的保护，这样可以保证无形资产的预计未来经济利益能够流入企业。实务中，要确定无形资产创造的经济利益是否很可能流入企业，需要实施职业判断，即需要企业管理当局对无形资产在预计使用寿命内可能存在的各种因素做出最稳健的估计，在这一点上我国会计准则的规定与国际会计准则是相同的。

2. 该无形资产的成本能够可靠地计量

这是对资产进行确认的一项基本条件。如果无形资产的成本无法可靠地计量，那么其入账价值也就无法确定。例如，企业自创的商誉，以及企业内部产生的品牌、报刊名等，因其成本无法可靠地计量，其入账价值难以确定，因此不能作为企业的无形资产加以确认。

二、无形资产的分类

(一) 按其取得的来源不同进行分类

按其取得来源的不同，无形资产可分为购入的无形资产、自行研究开发的无形资产、投资者投入的无形资产、接受捐赠的无形资产、以非货币性资产交换取得的无形资产、债务重组取得的无形资产、政府补助取得的无形资产以及企业合并取得的无形资产等。

这种分类的目的主要是使无形资产的入账价值的确定更加准确和合理。因为不同来源取得的无形资产，其入账价值的构成不同。

(二) 按其使用寿命是否确定进行分类

按其使用寿命是否确定，无形资产可分为使用寿命有限的无形资产和使用寿命不确定的无形资产。这种分类的目的主要是合理地确定无形资产的摊销额。对于使用寿命有限的无形资产，其应摊销金额应当在使用寿命内系统合理地摊销。对于使用寿命不确定的无形资产不应摊销。

三、无形资产的内容

(一) 专利权

专利权是指国家专利主管机关依法授予发明创造专利申请人，对其发明创造在法定期限内所享有的专有权利，包括发明专利权、实用新型专利权和外观设计专利权。并不是所有的专利权都能给持有者带来经济利益，有的专利可能没有经济价值或只具有很小的经济价值；有的专利会被另外更有经济价值的专利所淘汰等。因此，企业不应将其所拥有的一切专利权予以资本化，作为无形资产核算。只有那些能够给企业带来较大经济价值，且企业为此花费了支出的专利才能作为无形资产核算。

(二) 非专利技术

非专利技术，也称专有技术，它是指不为外界所知、在生产经营活动中已采用了的、不享有法律保护的、可以带来经济效益的各种技术和诀窍。

非专利技术一般包括三类：一是工业专有技术，即在生产经营活动中已经采用，仅为少数人所掌握但不享有专利权或发明权的生产、装配、修理、工艺或加工方法等方面的技术知识；二是商业贸易专有技术，即具有保密性质的市场情报、原材料价格情报以及用户、竞争对手的情况和有关知识等；三是管理专有技术，即生产组织的经营方式、管理方法、培训职工方法等方面的保密知识。非专利技术可以用蓝图、配方、技术记录、操作方法的说明等具体资料表现出来，也可以通过向买方派出技术人员进行指导，或接受买方人员进行技术实习等手段来实现。非专利技术一般具有经济性、机密性和动态性等特点。

(三) 商标权

商标是用来辨认特定的商品或劳务的标记。商标权指专门在某类指定的商品或产品上使用特定的名称或图案的权利。商标权的内容包括独占使用权和禁止使用权两个方面。独占使用权是指商标权享有人在商标注册的范围内独家使用其商标的权利，这种权利是商标权具有独占性的法律表现。禁止使用权是指商标权享有人排除和禁止他人对商标使用权进行侵犯的权利，这种权利是商标具有排他性的法律表现。商标权的价值在于企业拥有信誉卓著的驰名商标，可以为企业带来超额利润，例如“可口可乐”“海尔”“麦当劳”等商标权，都是相关行业优质产品的代名词。

商标权以申请注册的时间先后为审批依据，而不以使用时间为审批依据，按照《中华人民共和国商标法》的规定，商标权的有效期限为10年，期满可申请延期。

(四) 著作权

著作权又称版权，是指作者对其创作的文学、科学和艺术作品依法享有的某些特殊权利。著作权包括作品署名权、发表权、修改权和保护作品完整权，还包括复制权、发行权、出租权、展览权、表演权、放映权、广播权、信息网络传播权、摄制权、改编权、翻译权、汇编权以及应当由著作权人享有的其他权利。非经作者和出版商（社）的共同授权，著作或艺术品不得私自翻印或复制。

(五) 特许权

特许权又称经营特许权、专营权，是指企业在某一地区经营或销售某种特定商品的权利或是一家企业接受另一家企业使用其商标、商号、技术秘密等的权利。特许权一般有两种形式：一种是由政府机构授权，准许企业使用或在一定地区享有经营某种业务的特权，如公共交通、电力、电信、自来水等专营权，烟草专卖权等；另一种指企业间依照签订的合同，有限期或无限期使用另一家企业的商标、专利、专有技术等的权利，如连锁店分店使用总店的名称等。

(六) 土地使用权

在我国，土地所有权归国家，任何企业或者个人对土地只有使用权而无所有权。企业取得土地使用权的方式主要有行政划拨取得、外购取得及投资者投资取得。

第二节 无形资产的初始计量

无形资产应当按成本进行初始计量，即应以取得无形资产并使之达到预定用途而发生的全部支出，作为无形资产的成本（入账价值）。对于不同来源取得的无形资产，其入账价值的构成不同。

根据无形资产取得来源的不同，可以通过判断流程图（见图6-1）描述其初始计量。

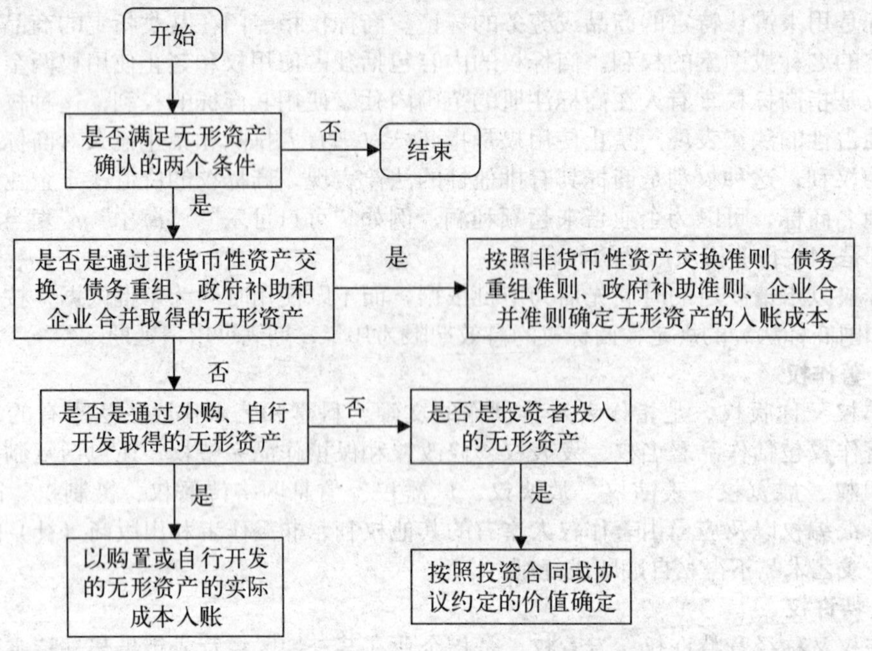

图6-1 无形资产初始计量判断流程图

一、购入的无形资产

(一) 一般无形资产的购入

购入的无形资产，其成本包括购买价款、相关税费以及直接归属于使该项资产达到预定用途所发生的其他支出。其中，其他支出包括使无形资产达到预定用途所发生的专业服务费用、测试无形资产是否能够正常发挥作用的费用等，但是不包括为引入新产品进行宣传发生的广告费、管理费用等，以及无形资产已经达到预定用途以后发生的费用。

购入无形资产的价款超过正常信用条件延期支付价款（如付款期在三年以上），实际上已具有融资性质，此时，无形资产的成本应为各期付款额的现值之和，购买价的现值与应付价款之间的差额作为未确认的融资费用，在付款期内按实际利率法确认为利息费用。

【例6-1】2×12年1月1日，智董公司从贵琛公司购入一项专利权，价款3000000元，另支付相关税费10000元，款项已通过银行转账支付。如果使用了该项专利权，智董公司预计其生产能力将比原来提高25%，销售利润率将增长20%。假设不涉及其他相关税费。

智董公司的账务处理如下：

借：无形资产—专利权　　　　3010000

　贷：银行存款　　　　3010000

【例6-2】智董公司2×09年1月1日从贵琛公司购买一项商标权，智董公司与贵琛公司协商采用分期付款方式支付款项。合同规定，该项商标权总计8000000元，每年年末付款2000000元，四年付清。假定不考虑其他相关税费，银行同期贷款利率为10%，其有关计算如下：

无形资产的现值

＝2000000×0.9091＋2000000×0.8264＋2000000×0.7513＋2000000×0.6830

＝6339600（元）

未确认融资费用＝8000000－6339600＝1660400（元）

未确认融资费用的分摊如表6-1所示。

表6-1　智董公司未确认融资费用分摊表

20×9年1月1日　　单位：元

日期	分期付款额	确认的融资费用	应付本金减少额	应付本金余额
①	②	③＝期初⑤×10%	④＝②－③	期末⑤＝期初⑤－④
2×09.1.1				6339600
2×09.12.31	2000000	633960	1366040	4973560
2×10.12.31	2000000	497356	1502644	3470916
2×11.12.31	2000000	347091.6	1652908.4	1818007.6
2×12.12.31	2000000	181992.4	1818007.6	0
合计	8000000	1660400	6339600	

智董公司账务处理如下：

购入无形资产时。

借：无形资产—商标权　　　　6339600

　　未确认融资费用　　　　1660400

　贷：长期应付款—贵琛公司　　　　8000000

第一年年末付款时。

借：长期应付款—贵琛公司　　　　2000000

　贷：银行存款　　　　2000000

借：财务费用　　　　633960

　贷：未确认融资费用　　　　633960

以后各年账务处理方法同第一年末。

（二）土地使用权的购入

企业购入的土地使用权通常应确认为无形资产，其入账价值为取得时所支付的价款及相关税费。土地使用权用于自行开发建造厂房等地上建筑物时，应作为无形资产单独进行核算，而不与地上建筑物合并计算成本，土地使用权与地上建筑物分别进行摊销和提取折旧，但下列情况除外：

1) 房地产开发企业取得的土地使用权用于建造对外出售的房屋建筑物，相关的土地使用权应当计入所建造的房屋建筑物成本。

2) 企业外购的房屋建筑物，如果实际支付的价款中包括土地以及建筑物的价值，则应当对支付的价款按照合理的方法（如公允价值比例）在土地和地上建筑物之间进行分配；如果确实无法在地上建筑物与土地使用权之间合理分配的，应当全都作为固定资产进行核算。

企业改变土地使用权的用途，将其用于出租或增值目的时，应将其转为投资性房地产。

【例6-3】2×12年1月1日，智董公司购入一块土地的使用权，以银行存款支付70000000元，欲在该土地上自行建造厂房。土地使用权的使用年限为50年，没有残值，采用直线法进行摊销。假定不考虑其他相关税费，则智董公司购入土地使用权的账务处理如下：

借：无形资产—土地使用权　　70000000

　贷：银行存款　　70000000

二、自行研究开发的无形资产

企业自行研究开发的项目，应区分为研究阶段和开发阶段，并分别进行核算。

（一）研究阶段和开发阶段

1. 研究阶段

内部研究开发项目的研究阶段是指为获取新的科学或技术知识并理解它们而进行的独创性的有计划调查，研究活动的例子包括：意欲获取知识而进行的活动；研究成果或其他知识的应用研究、评价和最终选择；材料、设备、产品、工序、系统或服务替代品的研究；新的或经改进的材料、设备、产品、工序、系统或服务的可能替代品的配制、设计、评价和最终选择。研究阶段的特点是计划性和探索性。

1）计划性。研究阶段是建立在有计划的调查基础上的，即研发项目已经董事会或者相关管理层的批准，并着手搜集相关资料、进行市场调查等。例如，某药品公司为研究开发某药品，经董事会或者相关管理层的批准，有计划地搜集相关资料’，进行市场调查，比较市场相关药品的药性、效用等。

2）探索性。研究阶段基本上是探索性的，为进一步的开发活动进行资料及相关方面的准备，这一阶段不会形成阶段性成果。

从研究活动的特点来看，其研究是否能在未来形成成果，即通过开发后是否会形成无形资产，有很大的不确定性，企业也无法证明其研究活动一定能够形成带来未来经济利益的无形资产，因此，研究阶段的有关支出在发生时应当费用化，计入当期损益。

2. 开发阶段

内部研究开发项目的开发阶段是指在进行商业性生产或使用前，将研究成果或其他知识应用于某项计划或设计，以生产出新的或具有实质性改进的材料、装置、产品等。开发活动的例子包括：生产前或使用前的原型和模型的设计、建造和测试；含新技术的工具、夹具、模具和冲模的设计；不具有商业性生产经济规模的试生产设施的设计、建造和运营；新的或经改造的材料、设备、产品、工序、系统或服务所选定的替代品的设计、建造和测试等。开发阶段的特点是具有针对性和形成成果的可能性较大。

1）具有针对性。开发阶段是建立在研究阶段基础上的，因而，对项目的开发具有针对性。

2）形成成果的可能性较大。进入开发阶段的研发项目往往形成成果的可能性较大。由于开发阶段相对于研究阶段更进一步，且很大程度上形成一项新产品或新技术的基本条件已经具备，此时如果企业能够证明满足无形资产的定义及相关确认条件，所发生的开发支出可资本化，确认为无形资产的成本。

如果企业确实无法区分研究阶段和开发阶段的支出，应将其所发生的研发支出全部费用化，计入当期损益。

（二）开发阶段有关支出资本化的条件

1. 完成该无形资产以使其能够使用或出售在技术上具有可行性

判断无形资产的开发在技术上是否具有可行性，企业应当以目前阶段的成果为基础，并提供相关证据和材料，证明企业进行开发所需的技术条件等已经具备，不存在技术上的障碍或其他不确定性。

2. 具有完成该无形资产并使用或出售的意图

企业开发某项产品或专利技术产品等，当研发项目形成成果以后，是对外出售还是为自己使用并从使用中获得经济利益，应当依管理当局的意图而定。因此，企业的管理当局应能够说明其持有拟开发无形资产的目的，并具有完成该项无形资产开发并使其能够使用或出售的可能性。

3. 无形资产产生经济利益的方式，包括能够证明运用该无形资产所生产的产品存在市场或无形资产自身存在市场，无形资产将在内部使用的，应当证明其有用性。

能为企业带来未来经济利益是确认一项无形资产的基本条件。就无形资产能够为企业带来未来经济利益的方式而言，主要有三种方式：一是如果有关的无形资产在形成以后主要是用于形成新产品或新工艺的，企业应对运用该无形资产所生产的产品市场情况进行估计，应能够证明所生产的产品存在市场，能够带来经济利益的流入；二是如果有关的无形资产开发以后主要是用于对外出售的，则企业应能够证明市场上存在对该类无形资产的需求，开发以后存在外在的市场可以出售并带来经济利益的流入；三是如果无形资产开发以后在企业内部使用的，则企业应能够证明在企业内部使用时对企业的有用性。

4. 有足够的技术、财务和其他资源支持，以完成该无形资产的开发，并有能力使用或出售该无形资产

这主要体现在四个方面。

1) 技术上的支持。必须有确凿证据证明企业继续开发该项无形资产有足够的技术支持和技术能力，这是继续进行开发活动的关键。

2) 财务和其他资源支持。这是能够完成该项无形资产开发的经济基础。

3) 能够证明企业在开发过程中所需的技术、财务和其他资源，以及企业获得这些资源的相关计划等，如果企业在开发过程中资金不足，是否有银行等金融机构愿意提供贷款的证明等。

4) 有能力使用或出售该无形资产以取得收益。

5. 归属于该无形资产开发阶段的支出能够可靠地计量

企业对于研究开发活动所发生的支出应单独核算。在企业同时从事多项研究开发活动的情况下，如果所发生的支出同时用于支持研究开发活动的，企业应按照一定的标准在各项研究与开发活动之间进行分配，无法明确分配的，应予以费用化，计入当期损益，不计入开发活动的成本。

(三) 内部开发的无形资产账务处理

我国会计准则规定，企业自行开发无形资产发生的研发支出，未满足资本化条件的，借记“研发支出—费用化支出”账户，满足资本化条件的，借记“研发支出—资本化支出”账户，贷记“原材料”“银行存款”“应付职工薪酬”等账户。研究开发项目达到预定用途形成无形资产的，应按“研发支出—资本化支出”账户的余额，借记“无形资产”账户，贷记“研发支出—资本化支出”账户。

【例6-4】2×11年1月1日，智董公司自行研究开发一项新产品专利技术，在研究开发过程中发生材料费5000000元、职工薪酬2000000元，以及其他费用3000000元，总计10000000元，其中，符合资本化条件的支出为6000000元，2×11年12月2日，该项技术又成功申请了国家专利，在申请专利过程中发生注册费23000元、聘请律师费5000元。该专利技术已经达到预定用途。

费用化支出＝4000000元

资本化支出＝6000000＋23000＋5000＝6028000（元）

发生相关费用时：

借：研发支出—费用化支出　　4000000

　　　　　　—资本化支出　　6028000

　贷：原材料　　5000000

　　　应付职工薪酬　　2000000

　　　银行存款　　3028000

该专利技术已经达到预定用途时：

借：管理费用　　4000000

　　无形资产　　6028000

　贷：研发支出—费用化支出　　4000000

　　　　　　　—资本化支出　　6028000

三、投资者投入的无形资产

投资者投入的无形资产，其入账价值应当按照投资合同或协议约定的价值确定，但是，在投资合同或协议约定价值不公允的情况下，应当按照无形资产的公允价值入账。无形资产的入账价值与折合资本额之间的差额，作为资本溢价，计入资本公积。

【例6-5】智董公司收到贵琛公司的一项非专利技术投资，根据甲乙双方签订的投资合同，此项专利权的价值为500000元，折合为公司股票100000股，每股面值1元，已办妥相关手续。

借：无形资产—非专利技术　　500000

　贷：股本　　100000　（100000×1）

　　　资本公积—股本溢价　　400000

四、通过非货币性资产交换取得的无形资产

企业通过非货币性资产交换取得的无形资产，如果非货币性资产交换具有商业实质且换入资产或换出资产的公允价值能够可靠计量的，在发生补价的情况下，支付补价方应当以换出资产的公允价值加上支付的补价（即换入无形资产的公允价值）和应支付的相关税费，作为换入无形资产的成本（入账价值）；收到补价方应当以换入无形资产的公允价值（或换出资产的公允价值减去补价）和应支付的相关税费，作为换入无形资产的成本。

非货币性资产交换不具有商业实质，或者虽然具有商业实质但换入资产和换出资产的公允价值均不能可靠计量的，应当以换出资产账面价值为基础确定换入资产成本，无论是否支付补价，均不确认损益。涉及补价的，收到补价方应当以换出资产的账面价值减去补价再加上应支付的相关税费作为换入资产的成本；支付补价方应当以换出资产的账面价值加上补价和应支付的相关税费作为换入资产的成本。

五、通过债务重组取得的无形资产

债务重组是指在债务人发生财务困难的情况下，债权人按照其与债务人达成的协议或者法院的裁定做出让步的事项。我国会计准则规定，企业通过债务重组取得的无形资产，其入账价值应按受让无形资产的公允价值加上应支付的相关税费来确定。重组债权的账面价值（账面余额减去已计提的坏账准备）与接受的无形资产的公允价值之间的差额，确认为债务重组损失，计入营业外支出。

【例6-6】智董公司于2×11年1月1日销售给贵琛公司一批材料，价值1170000元（包括应收取的增值税税额），按购销合同约定，贵琛公司应于2×11年11月30日前支付货款，但至2×12年1月31日贵琛公司尚未支付货款。由于贵琛公司发生财务困难，短期内不能支付货款。2×12年2月1日，与智董公司协商，智董公司同意贵琛公司以一项专利权偿还债务。该专利权的账面余额为1000000元，累计摊销额为200000元，该专利权的公允价值为900000

元。智董公司对该项应收账款已提坏账准备20000元，由于办理资产过户手续支付相关税费10000元。智董公司的账务处理如下：

借：无形资产　　910000　（900000＋10000）

　　坏账准备　　20000

　　营业外支出—债务重组损失　　250000

　贷：应收账款　　1170000

　　　银行存款　　10000

六、通过政府补助取得的无形资产

通过政府补助取得的无形资产成本，应按照公允价值计量；公允价值不能可靠取得的，按照名义金额计量。

第三节 无形资产的后续计量

无形资产的后续计量，是指对无形资产进行确认和初始计量后，在使用无形资产期间对该项无形资产所进行的计量。

对无形资产的后续计量原则上应以摊余成本计量，即应以成本减去累计摊销额和累计减值损失后的余额计量。使用寿命有限的无形资产，其应摊销金额应在使用寿命内进行系统合理的摊销；使用寿命不确定的无形资产不需要摊销，但至少应于每个会计期间进行减值测试。估计无形资产的使用寿命是确定无形资产的摊销额的前提和基础。

一、无形资产使用寿命的确定

企业应当于取得无形资产时分析判断其使用寿命。无形资产的使用寿命如为有限的，应当估计该使用寿命的年限或者构成使用寿命的产量等类似计量单位数量；无法预见无形资产为企业带来未来经济利益期限的，应当视为使用寿命不确定的无形资产。

(一) 估计无形资产使用寿命应考虑的因素

对无形资产使用寿命进行分析和判断时，通常需要考虑的因素有几个方面。

1) 该资产通常的产品寿命周期、可获得的类似资产使用寿命的信息。

2) 技术、工艺等方面的现实情况及对未来发展趋势的估计。

3) 以该资产生产的产品或提供服务的市场需求情况。

4) 现在或潜在的竞争者预期采取的行动。

5) 为维持该资产产生未来经济利益能力的预期维护支出，以及企业预计支付有关支出的能力。

6) 对该资产的控制期限，使用的法律或类似限制，如特许使用期间、租赁期间等。

7) 与企业持有的其他资产使用寿命的关联性等。

(二) 无形资产使用寿命的确定

1) 源自合同性权利或其他法定权利取得的无形资产，其使用寿命不应超过合同性权利或其他法定权利的期限。

2) 如果合同性权利或其他法定权利能够在到期时因续约等延续，当有证据表明企业续约不需要付出重大成本时，续约期才能够包括在使用寿命的估计中。例如，下列情况下，一般说明企业无须付出重大成本即可延续合同性权利或其他法定权利：有证据表明合同性权利或法定权利将被重新延续，如果在延续之前需要第三方同意，则还需要第三方提交同意的证据；有证据表明为获得重新延续所必需的所有条件将被满足，以及企业为延续持有无形资产付出的成本相对于预期从重新延续中流入企业的未来经济利益相比不具有重要性。如果企业在延续无形资产持有期间付出的成本与预期流入企业的未来经济利益相比具有重要性，则从本质上来看是企业获得了一项新的无形资产。

3) 没有明确的合同或法律规定的无形资产，企业应当综合各方面情况，如相关专家的论证或与同行业比较的情况以及企业的历史经验等，来确定无形资产为企业带来未来经济利益的期限。

4) 对于确实无法合理确定无形资产为企业带来经济利益期限的，应将其作为使用寿命不确定的无形资产。

（三）无形资产的使用寿命的复核

企业至少应当于每年年度终了，复核无形资产的使用寿命，如果有证据表明无形资产的使用寿命不同于以前的估计，则应改变其摊销年限，并按照会计估计变更处理。对于使用寿命不确定的无形资产，如果有证据表明无形资产的使用寿命是有限的，应当估计其使用寿命，并且将无形资产的应摊销金额在使用寿命内进行系统合理的摊销。

二、使用寿命有限的无形资产

使用寿命有限的无形资产，应该在其预计的使用寿命内采用系统合理的方法对应摊销金额进行摊销。其中应摊销金额是指无形资产的成本扣除残值后的金额，已计提减值准备的无形资产，还应扣除已计提的无形资产减值损失累计金额。

（一）摊销期和摊销方法

无形资产的摊销期自其可供使用时开始至不再作为无形资产确认时为止，即无形资产摊销的起始与停止日期为：当月增加的无形资产当月开始摊销，当月减少的无形资产当月不再摊销。在无形资产的摊销期（使用寿命）内，企业应根据预期消耗该项无形资产所产生的未来经济利益的方式选择摊销方法，系统合理地分摊其应摊销金额，摊销方法包括直线法、递减余额法、生产总量法等多种方法。目前，国际上普遍采用的主要是直线法。

（二）残值的确定

使用寿命有限的无形资产的残值一般为零，但下列两种情况除外。

1) 有第三方承诺在无形资产使用寿命结束时，愿意以一定的价格购买该项无形资产。

2) 存在活跃的市场，通过该市场可以得到无形资产使用寿命结束时的残值信息，并且从目前情况看，在无形资产使用寿命结束时，该市场还可能存在的情况下，可以预计无形资产的残值。

无形资产残值意味着在其经济寿命结束前企业预计将会处置该无形资产，并且从该处置中取得利益。估计无形资产残值应以资产处置时的可收回金额为基础，此时的可收回金额是指在预计出售日，出售一项使用寿命已满且处于类似使用状况下，同类无形资产预计的处置价格（扣除相关税费）。残值确定后，在持有无形资产的期间，至少应于每年年末复核，预计其残值与原估计金额不同的，应按照会计估计变更处理。如果无形资产的残值重新估计后高于其账面价值的，无形资产不再摊销，直至残值降至低于账面价值时再恢复摊销。

关于无形资产摊销的会计处理，我国会计准则借鉴了国际会计准则的做法。我国会计准则规定，无形资产的摊销金额一般应计入当期损益，但如果某项无形资产包含的经济利益是通过所生产的产品或其他资产实现的，无形资产的摊销金额可以计入产品或其他资产的成本中，即如果某项无形资产是专门用于生产某种产品的，其所包含的经济利益是通过转入到所生产的产品中体现的，无形资产的摊销费用应构成产品成本的一部分。

企业摊销无形资产时，不直接冲减无形资产的账面价值，而是类似于固定资产折旧的处理，单独设置“累计摊销”这一备抵账户，以反映因摊销而减少的无形资产价值。企业按月计提无形资产摊销额时，借记“管理费用”“其他业务成本”“生产成本”“制造费用”等账户，贷记“累计摊销”账户。“累计摊销”账户期末贷方余额，反映企业无形资产的累计摊销额。

【例6-7】智董公司从贵琛公司购入一项专利权，支付价款1200000元，款项已通过银行存款支付，该专利技术的使用寿命为10年，估计残值为0，采用直线法进行摊销。智董公司的账务处理如下：

购入专利权时。

借：无形资产—专利权　　1200000

　贷：银行存款　　1200000

按月摊销时。

借：管理费用　　10000

　贷：累计摊销　　10000

三、使用寿命不确定的无形资产

根据可获得的情况判断，若有确凿证据表明无法合理估计其使用寿命的无形资产，应作为使用寿命不确定的无形资产。对于使用寿命不确定的无形资产，在持有期间内不需要摊销，但应至少于每个会计期间进行减值测试。

四、无形资产的减值

企业应当在会计期末判断无形资产是否存在可能发生减值的迹象。若存在减值迹象，则表明无形资产可能发生了减值，应对无形资产的可收回金额进行估计。无形资产的可收回金额是指以下两项金额中较高者。

1) 无形资产的公允价值减去处置费用后的净额。

2) 预计从无形资产的持续使用和使用年限结束时的处置中产生的预计未来现金流量的现值。如果无形资产的账面价值超过其可收回金额，则应按超过部分确认无形资产减值损失，借记“资产减值损失”账户，贷记“无形资产减值准备”账户。

【例6-8】2×11年1月1日，智董公司外购非专利技术，实际支付的价款为1000000，智董公司无法估计非专利技术的使用寿命。2×12年12月31日，由于与非专利技术相关的经济因素发生不利变化，致使该无形资产发生减值损失。智董公司估计其可收回金额为350000元。假定不考虑其他相关税费。

智董公司编制会计分录如下：

2×11年1月1日购入非专利技术。

借：无形资产—非专利技术　　1000000

　贷：银行存款　　1000000

2×12年12月31日计提减值准备。

资产减值损失＝1000000-350000＝650000（元）

借：资产减值损失—无形资产减值损失　　650000

　贷：无形资产减值准备　　650000

第四节 无形资产的处置

当无形资产不需用或无法为企业带来未来经济利益时，企业应对无形资产进行处置。无形资产的处置包括出售、对外出租、对外捐赠、对外投资和报废等。

一、无形资产的出售

无形资产的出售是指将无形资产的所有权转让给他人。企业出售无形资产时，应将出售所得的价款扣除相关税费和该项无形资产账面价值后的差额，确认为当期损益。

企业出售无形资产时，应按实际收到的金额，借记“银行存款”等账户；按应缴纳的税费，贷记“应交税费”账户；按累计摊销额，借记“累计摊销”账户，原已计提减值准备的，借记“无形资产减值准备”账户；按无形资产的账面余额，贷记“无形资产”账户，并按其差额，贷记“营业外收入—处置非流动资产利得”账户或借记“营业外支出—处置非流动资产损失”账户。

二、无形资产的出租

无形资产出租是指企业将所拥有的无形资产的使用权让渡给他人，并收取租金，在满足《企业会计准则第14号——收入》规定的确认标准的情况下，应确认相关的收入及成本，并通过“其他业务收入”或“其他业务成本”账户核算。出租无形资产时，企业应按取得的租金收入，借记“银行存款”等账户，贷记“其他业务收入”等账户；摊销出租无形资产的成本并发生与转让有关的各种费用支出时，借记“其他业务成本”账户，贷记“累计摊销”账户。

三、无形资产的报废

如果无形资产预期不能为企业带来未来经济利益，如无形资产已被其他新技术所替代或超过法律保护期，不能再为企业带来未来经济利益，则不再符合无形资产的定义，应将其报废并予以转销。

无形资产报废时，应按其累计摊销额，借记“累计摊销”账户；原已计提减值准备的，借记“无形资产减值准备”账户；按其账面余额，贷记“无形资产”账户；按其差额，借记“营业外支出”账户。

【例6-9】智董公司的一项专利权，其账面余额为3000000元，摊销期限为10年，采用直线法进行摊销，已摊销了五年，假定该项专利权的残值为0，计提的减值准备为800000元，目前市场上已出现新的技术，用该项专利权生产的产品已没有市场，应将其予以转销。假定不考虑其他相关因素，智董公司的账务处理如下：

借：累计摊销　1500000
　　无形资产减值准备　800000
　　营业外支出—处置非流动资产损失　700000
　贷：无形资产—专利权　3000000

第七章

负债

第一节 流动负债

一、应付账款

(一) 应付账款的确认与计量

应付账款指因购买材料、商品或接受劳务供应等而发生的债务。这是买卖双方在购销活动中由于取得物资与支付货款在时间上不一致而产生的负债。

应付账款入账时间的确定，应以所购买物资的所有权转移或接受劳务已发生为标志。但在实际工作中，应区别两种情况分别处理。

1) 在物资和发票账单同时到达的情况下，要区分两种情况分别处理。如果物资验收入库的同时支付货款，则不通过“应付账款”科目核算；如果物资验收入库后仍未付款，则按发票账单登记入账。按发票账单登记入账主要是为了确认所购入的物资是否在质量、数量和品种上都与合同上定明的条件相符。

2) 在物资和发票账单不是同时到达的情况下，也要区分两种情况分别处理。在发票账单已到、物资未到的情况下，应当直接根据发票账单支付物资价款和运杂费，计入有关物资的成本和“应付账款”（未能及时支付货款时），不需要按照应付债务估计入账；在物资已到、发票账单未到也无法确定实际成本的情况下，在月度终了，需要按照所购物资和应付债务估计入账，待下月初作相反的会计分录予以冲回。

应付账款一般按应付金额入账，而不按到期应付金额的现值入账。如果购入的资产在形成一笔应付账款时是带有现金折扣的，应付账款入账金额按发票上记载的应付金额的总值（即不扣除折扣）确定。在这种方法下，应按发票上记载的全部应付金额，借记有关科目，贷记“应付账款”科目；现金折扣实际获得时，冲减财务费用。

应付账款一般在较短期限内支付，但有时应付账款由于债权单位撤销或其他原因而无法支付，无法支付的应付款项直接转入营业外收入。

（二）应付账款的核算

为了总括反映和监督企业因购买材料、商品和接受劳务供应等产生的债务及其偿还情况，企业应设置“应付账款”科目。该科目贷方登记企业购买材料、商品、接受劳务的应付而未付的款项；借方登记偿还的应付账款以及用商业汇票抵付的应付账款；期末贷方余额反映尚未支付的应付账款余额。该科目应按债权人设置明细账进行明细核算。

企业购入材料、商品等时，若货款尚未支付，根据有关凭证（发票账单、随货同行发票上记载的实际价款或暂估价值），借记“材料采购—在途物资”等科目，按可抵扣的增值税额，借记“应交税费—应交增值税（进项税额）”等科目，按应付的款项，贷记“应付账款”科目。

企业接受供应单位提供劳务而发生的应付未付款项，根据供应单位的发票账单，借记“生产成本”“管理费用”等科目，贷记“应付账款”科目。

企业开出承兑商业汇票抵付应付账款，借记“应付账款”科目，贷记“应付票据”科目。企业偿付应付款时，借记“应付账款”科目，贷记“银行存款”等科目。

企业的应付账款确实无法支付时，应按其账面余额，借记“应付账款”科目，贷记“营业外收入—其他”科目。

二、应付票据

应付票据是由出票人出票，委托付款人在指定日期无条件支付确定的金额给收款人或者持票人的票据。应付票据也是委托付款人允诺在一定时期内支付一定款额的书面证明。应付票据与应付账款不同，虽然都是由于交易而引起的流动负债，但应付账款是尚未结清的债务，而应付票据是一种期票，是延期付款的证明，有承诺付款的票据作为凭据。

为了反映企业购买材料、商品和接受劳务等而开出承兑商业汇票的情况，企业应设置“应付票据”科目。该科目贷方登记开出的商业汇票面值，借方登记支付票据的款项，期末贷方余额反映企业开出的尚未到期的应付票据的票面金额。

1) 企业开出承兑商业汇票或以承兑商业汇票抵付货款、应付账款时，借记“材料采购”“在途物资”“库存商品”“应付账款”“应交税费—应交增值税（进项税额）”等科目，贷记“应付票据”科目。

2) 支付银行承兑汇票的手续费，借记“财务费用”科目，贷记“银行存款”科目。收到银行支付到期票据的付款通知，借记“应付票据”科目，贷记“银行存款”科目。

3) 应付票据到期，如企业无力支付票款，按应付票据的账面余额，借记“应付票据”科目，贷记“应付账款”科目（如为银行承兑汇票，则贷记“短期借款”科目）。

企业应当设置“应付票据备查簿”，详细登记每一应付票据的种类、号数、签发日期、到期日、票面金额、票面利率、合同交易号、收款人姓名或单位名称，以及付款日期和金额等资料。应付票据到期结清时，应当在备查簿内逐笔注销。

【例7-1】智董公司（一般纳税企业）2×18年6月1日购入一批价格为30000元的商品（尚未验收入库），收到增值税专用发票一张，注明增值税额4800元；同时出具了一张期限为三个月的商业汇票。根据上述资料，智董公司应作如下会计处理：

2×18年6月1日购入商品时。

借：在途物资 30000
　　应交税费—应交增值税（进项税额） 4800
　贷：应付票据 34800

2×18年9月1日到期付款时。

借：应付票据 34800
　贷：银行存款 34800

如2×18年9月1日到期无力付款时。

该商业汇票如为商业承兑汇票，则

借：应付票据 34800
　贷：应付账款 34800

该商业汇票如为银行承兑汇票，则

借：应付票据 34800
　贷：短期借款 34800

三、应交税费

企业作为商品生产和经营者，必须按照国家规定履行纳税义务，对其经营所得依法缴纳各种税费。这些应交的税费按权责发生制原则确认、计提，在尚未缴纳之前暂时留在企业，形成一项负债。

为了总括地反映和监督企业应交税费的计算和缴纳情况，应设置“应交税费”科目，并按具体应交的税费项目设置明细科目进行明细核算。该科目的贷方登记应缴纳的各种税费，借方登记已缴纳的各种税费，期末贷方余额反映尚未缴纳的税费；期末如为借方余额，反映多交或尚未抵扣的税费。“应交税费”科目核算的税费项目包括增值税、消费税、资源税、土地增值税、城市维护建设税、房产税、城镇土地使用税、车船税、教育费附加、矿产资源补偿费、企业所得税、个人所得税等。印花税、耕地占用税、车辆购置税无须通过该科目核算。

（一）增值税

1. 一般纳税企业的账务处理

(1) 扣税和记账依据

按照《中华人民共和国增值税暂行条例》规定，一般纳税企业购进货物或接受应税劳务支付的增值税（以下简称“进项税额”），可以从销售货物或提供应税劳务按规定收取的增值税（以下简称“销项税额”）中抵扣。下列进项税额准予从销项税额中抵扣。

1) 从销售方取得的增值税专用发票上注明的增值税额。

2) 从海关取得的海关进口增值税专用缴款书上注明的增值税额。

3) 购进农产品除取得增值税专用发票或者海关进口增值税专用缴款书外，按照农产品收购发票或者销售发票上注明的农产品买价和13%的扣除率计算的进项税额。买价包括纳税人购进农产品在农产品收购发票或销售发票上注明的价款（含价外补贴）和按规定缴纳的烟叶税。

4) 购进或者销售货物以及在生产经营过程中支付运输费用的，按照运输费用结算单据（普通发票）上注明的运费金额和7%的扣除率计算的进项税额。纳税人所取得的运费结算单据上注明的运费金额所包括的具体明细内容必须符合税法的规定。

纳税人购进货物或者应税劳务，取得的增值税扣税凭证不符合法律、行政法规或者国务院税务主管部门有关规定的，其进项税额不得从销项税额中抵扣，只能计入购进货物或接受应税劳务的成本。

(2) 科目设置

一般纳税企业应交的增值税，在“应交税费”科目下设置“应交增值税”和“未交增值税”两个明细科目进行核算。

“应交增值税”明细科目的借方发生额，反映企业购进货物或接受应税劳务支付的进项税额、实际已缴纳的增值税额和月终转出的当月应交未交的增值税额。贷方发生额，反映企业销售货物或提供应税劳务收取的销项税额、出口企业收到的出口退税以及进项税额转出数和转出多交增值税；期末借方余额反映企业尚未抵扣的增值税。

“未交增值税”明细科目的借方发生额，反映企业月终转入的多交的增值税；贷方发生额，反映企业月终转入的当月发生的应交未交增值税；期末借方余额反映多交的增值税，贷方余额反映未交的增值税。

为了详细核算企业应缴纳增值税的计算和解缴、抵扣等情况，企业应在“应交增值税”明细科目下设置“进项税额”“已交税金”“减免税款”“出口抵减内销产品应纳税额”“转出未交增值税”“销项税额”“出口退税”“进项税额转出”“转出多交增值税”等专栏。

“进项税额”专栏记录企业购入货物或接受应税劳务而支付的、按规定准予从销项税额中抵扣的增值税额。企业购入货物或接受应税劳务支付的进项税额，用蓝字登记；退回所购货物应冲销的进项税额，用红字登记。

“已交税金”专栏记录企业本月已缴纳的增值税额。企业本月已缴纳的增值税额用蓝字登记；退回本月多交的增值税额用红字登记。

“减免税款”专栏记录企业按规定享受直接减免的增值税款。

“出口抵减内销产品应纳税额”专栏记录企业按规定的退税率计算的出口货物的当期抵免税额。

“转出未交增值税”专栏记录企业月终转出应交未交的增值税。月终，企业转出当月发生的应交未交的增值税额用蓝字登记。

“销项税额”专栏记录企业销售货物或提供应税劳务应收取的增值税额。企业销售货物或提供应税劳务应收取的销项税额，用蓝字登记；退回销售货物应冲销的销项税额，用红字登记。

“出口退税”专栏记录企业出口货物按规定计算的当期免抵退税额或按规定直接计算的应收出口退税额；出口货物办理退税后发生退货或者退关而补交已退的税款，用红字登记。

“进项税额转出”专栏记录企业的购进货物、在产品、产成品等发生非正常损失以及其他原因而不应从销项税额中抵扣，按规定转出的进项税额。

“转出多交增值税”专栏记录企业月终转出本月多交的增值税。月终，企业转出本月多交的增值税额用蓝字登记；收到退回本月多交的增值税额用红字登记。

根据《国家税务总局关于增值税日常稽查办法的通知》，增值税一般纳税人在税务机关对其增值税纳税情况进行检查后，凡涉及应交增值税账务调整的，应设立“应交税费—增值税检查调整”专门账户。凡检查后应调减账面进项税额或调增销项税额和进项税额转出的，借记有关科目，贷记“应交税费—增值税检查调整”；凡检查后应调增账面进项税额或调减销项税额和进项税额转出的，借记“应交税费—增值税检查调整”，贷记有关科目；全部调账事项入账后，应对该账户的余额进行处理，处理后，该账户无余额。

(3) 账务处理

1) 一般购销业务的账务处理。

①企业采购货物、接受应税劳务等要进行增值税进项税额的核算，即按增值税专用发票（或海关进口增值税专用缴款书）上注明的增值税额，借记“应交税费—应交增值税（进项税额）”科目，按发票上记载的应计入采购成本或加工修理等货物成本的金额，借记“材料采购”“在途物资”或“原材料”“库存商品”“生产成本”“管理费用”“委

托加工物资”等科目，按应付或实际支付的金额，贷记“应付账款”“应付票据”“银行存款”等科目。购入货物发生退货时作相反的会计分录。企业采购货物、接受应税劳务等取得的增值税专用发票或海关进口增值税专用缴款书上注明的增值税额最终能否申报抵扣，应按增值税法规的有关规定认证、审核。对于最终经认定不得申报抵扣的进项税额，应转入或直接计入购进货物或接受应税劳务的成本。

②企业销售货物或提供应税劳务等要进行增值税销项税额的核算，即按实现的营业收入（不含增值税）和应收增值税额，借记“应收账款”“应收票据”“银行存款”等科目，按实现的营业收入贷记“主营业务收入”“其他业务收入”等科目，按实现的营业收入和规定的税率计算出的应收增值税额，贷记“应交税费—应交增值税（销项税额）”科目。如发生销售退回和折让，则作相反的会计分录。

【例7-2】某一般纳税企业购入原材料一批，增值税专用发票上注明的原材料价款6000000元，增值税税额为960000。货款已经支付，材料已到达并验收入库。该公司当期销售产品不含税收入为12000000，货款尚未收到。假如该产品适用增值税税率为16%，不缴纳消费税。

根据上述经济业务，企业应做如下会计分录（该公司采用计划成本进行日常材料核算。原材料入库分录略）：

①借：材料采购　6000000

应交税费—应交增值税（进项税额）　960000

贷：银行存款　6960000

②销项税额＝12000000×16%＝1920000（元）

借：应收账款　13920000

贷：主营业务收入　12000000

应交税费—应交增值税（销项税额）　1920000

2）购入免税农产品的账务处理。购入免税农产品可以按买价和规定的扣除率计算进项税额，并准予从销项税额中扣除。这里的买价是指企业购进免税农产品支付给农业生产者的价款。按购进免税农产品使用的经主管税务机关批准的收购凭证上注明的金额（买价），扣除依规定的扣除率计算的进项税额，作为购进农产品的成本，借记“材料采购”“库存商品”等科目；按计算的进项税额，借记“应交税费—应交增值税（进项税额）”科目；按应付或实际支付的价款，贷记“银行存款”“应付账款”“应付票据”等科目。

3) 外购或销售货物支付运费金额的账务处理。根据规定，一般纳税企业外购货物所支付的运输费用及建设基金以及一般纳税企业销售货物所支付的运输费用（不包括代垫运费），可按取得的货物运输发票所列运费金额，依规定的扣除率计算进项税额予以抵扣。账务处理比照上述第二条进行。

4) 进货退回与进货折让的账务处理。企业购进货物后，由于各种原因，可能会发生全部退货、部分退货与进货折让等事项。对此，应分不同情况进行账务处理。

①企业进货后尚未入账就发生退货或折让的，无论货物是否入库，必须将取得的扣税凭证主动退还给销售方注销或重新开具。无须做任何会计处理。

②企业进货后已作会计处理，发生退货或索取折让时，若专用发票的发票联和抵扣联无法退还，企业必须向当地主管税务机关申请开具“进货退出或索取折让证明单”送交销售方，作为销售方开具红字专用发票的合法依据。企业收到销售方开来的红字专用发票时，按发票上注明的增值税额，红字借记“应交税费—应交增值税（进项税额）”科目，按发票上注明的价款，红字借记“原材料”等科目，按价税合计数，红字贷记“应付账款”“银行存款”等科目。

5) 购进的货物及相关的应税劳务、在产品、产成品及相关的应税劳务发生非正常损失，其进项税额应相应转入有关科目，借记“待处理财产损溢”等科目，贷记“应交税费—应交增值税（进项税额转出）”科目。属于转作待处理财产损失的部分，应与遭受非正常损失的购进货物及相关的应税劳务、在产品、产成品及相关的应税劳务成本一并处理。

6) 不予抵扣项目的账务处理。对于按规定不予抵扣的进项税额，账务处理方法不同。

①购入货物时即能认定其进项税额不能抵扣的，如购进国务院财政、税务主管部门规定的纳税人自用消费品，购入货物直接用于免税项目，或者直接用于非增值税应税项目，或者直接用于集体福利和个人消费的，其增值税专用发票上注明的增值税额，直接计入购入货物及接受应税劳务的成本。

②购入货物时不能直接认定其进项税额能否抵扣的，其增值税专用发票上注明的增值税额，记入“应交税费—应交增值税（进项税额）”科目，如果这部分购入货物以后用于按规定不得抵扣进项税额项目的，应将原已计入进项税额并已支付的增值税转入有关的承担者予以承担，通过“应交税费—应交增值税（进项税额转出）”科目转入有关的“在建工程”“生产成本”“管理费用”“待处理财产损溢”等科目。如无法准确划分不得抵扣的进项税额的，应按增值税法规规定的方法和公式进行计算。

上述后两条规定的购进货物的运费金额和销售免税货物的运费金额，不得计算进项税额。

【例7-3】某一般纳税企业购入一批材料，增值税专用发票上注明的增值税税额为192000元，材料价款为1200000。材料已入库，货款已经支付（假设该公司材料采用实际成本进行核算）。材料入库后，该公司将该批材料的一半用于厂房建设工程项目。根据该项经济业务，企业可做如下会计分录：

①材料入库

借：原材料　　1200000

　　应交税费—应交增值税（进项税额）　　192000

　贷：银行存款　　1392000

②工程领用材料

借：在建工程　　696000

　贷：应交税费—应交增值税（进项税额转出）　　96000

原材料　　600000

7) 视同销售的账务处理。在具体会计处理上，不同的视同销售行为采取不同的方法。

①企业将自产、委托加工或购买的货物用于非货币性资产交换、抵偿债务的，按换出资产的公允价值和规定的税率计算销项税额，并按非货币性资产交换和债务重组业务进行账务处理。

②企业将自产、委托加工的货物用于非增值税应税项目。按照视同销售计算出的销项税额和货物的成本，借记“在建工程”“生产成本”“管理费用”等科目，贷记“应交税费—应交增值税（销项税额）”“库存商品”等科目。

③企业将自产、委托加工或购买的货物无偿赠送其他单位或者个人，或用于实物折扣，根据按视同销售计算出的销项税额和货物的成本，借记“销售费用”“营业外支出”等科目，贷记“应交税费—应交增值税（销项税额）”“库存商品”等科目。

8) 出口货物的账务处理。

①实行“免、抵、退”办法的生产企业自营或委托外贸企业代理出口自产货物时，按规定计算的当期出口货物免抵退税不得免征和抵扣税额，计入出口货物成本，借记“主营业务成本”科目，贷记“应交税费—应交增值税（进项税额转出）”科目；按规定计算的当期免抵税额，借记“应交税费—应交增值税（出口抵减内销产品应纳税额）”科目，贷记“应交税费—应交增值税（出口退税）”科目；按规定计算的当期应退税额，借记“其

他应收款”科目，贷记“应交税费—应交增值税（出口退税）”科目；收到退回的税款，借记“银行存款”科目，贷记“其他应收款”科目。

如果企业在计算免抵退税不得免征和抵扣税额时，未考虑出口货物中所含的免税购进原材料价格，企业应在收到主管税务机关出具的《生产企业进料加工贸易免税证明》等资料后，按证明上注明的“不得抵扣税额抵减额”，用红字贷记“应交税费—应交增值税（进项税额转出）”科目，借记“主营业务成本”科目。

②未实行“免、抵、退”办法的企业出口货物时，按当期出口货物应收的款项，借记“应收账款”等科目，按规定计算的应收出口退税，借记“其他应收款”科目，按规定计算的不予退回的税金，借记“主营业务成本”科目，按当期出口货物实现的营业收入，贷记“主营业务收入”科目，按规定计算的增值税，贷记“应交税费—应交增值税（销项税额）”科目。收到退回的税款，借记“银行存款”科目，贷记“其他应收款”科目。

9) 上交增值税的账务处理。企业按规定期限申报缴纳的增值税，在收到银行退回的税收缴款书后，借记“应交税费—应交增值税（已交税金）”科目，贷记“银行存款”科目。

10) 月终未交和多交增值税的结转。月份终了，企业应将当月发生的应交未交增值税税额，借记“应交税费—应交增值税（转出未交增值税）”科目，贷记“应交税费—未交增值税”科目；或将当月多交的增值税税额，借记“应交税费—未交增值税”科目，贷记“应交税费—应交增值税（转出多交增值税）”科目。

未交增值税在以后月份上交时，借记“应交税费—未交增值税”科目，贷记“银行存款”科目；多交的增值税在以后月份退回或抵交当月应交增值税时，借记“银行存款”科目或“应交税费—应交增值税（已交税金）”科目，贷记“应交税费—未交增值税”科目。

11) 一般纳税人纳税辅导期内进项税额的账务处理。辅导期纳税人应在“应交税费”科目下增设“待抵扣进项税额”明细科目，核算尚未交叉稽核比对的专用发票抵扣联等增值税扣税凭证上注明或者计算的进项税额。

纳税人取得增值税扣税凭证后，借记“应交税费—待抵扣进项税额”科目，贷记相关科目；交叉稽核比对无误后，借记“应交税费—应交增值税（进项税额）”科目，贷记“应交税费—待抵扣进项税额”科目；经核实不得抵扣的进项税额，红字借记“应交税费—待抵扣进项税额”科目，红字贷记相关科目。

2. 小规模纳税企业的账务处理

小规模纳税企业仍然使用“应交税费—应交增值税”账户，仍沿用三栏式账户，不需要在“应交增值税”账户中设置专栏。

【例7-4】智董工业公司核定为小规模纳税企业，本期购入原材料，按照增值税专用发票上记载的原材料成本为1000000，支付的增值税额为160000，企业开出商业承兑汇票，材料尚未到达；该公司本期销售产品，含税价格为900000，货款尚未收到。根据上述经济业务，企业应做如下会计分录：

1) 购进货物。

借：材料采购　　　　1160000

　贷：应付票据　　　　1160000

2) 销售货物。

不含税价格＝900000÷(1＋3%)＝870000.38（元）

应交增值税＝873800×3%＝26290（元）

借：应收账款　　　　900000

　贷：主营业务收入　　　　873800

　　　应交税费—应交增值税　　　　26200

3) 上交本月应纳增值税26200元时。

借：应交税费—应交增值税　　26200

　贷：银行存款　　26200

3. 自2011年12月1日起，纳税人初次购买增值税税控系统专用设备（包括分开票机）支付的费用、纳税人缴纳的技术维护费，按规定可在增值税应纳税额中全额抵扣（抵减额为价税合计款），其账务处理可比照《营业税改征增值税试点有关企业会计处理规定》中的第四条进行

4. 营业税改征增值税试点有关企业会计处理规定

为配合营业税改征增值税试点工作，根据《财政部 国家税务总局关于印发〈营业税改征增值税试点方案〉的通知》（财税[2011]110号）等相关规定，财政部制定了《营业税改征增值税试点有关企业会计处理规定》（财会[2012]13号），现将相关内容介绍如下：

(1) 试点纳税人差额征税的会计处理

1) 一般纳税人的会计处理。

一般纳税人提供应税服务，试点期间按照营业税改征增值税有关规定允许从销售额中扣除其支付给非试点纳税人价款的，应在"应交税费—应交增值税"科目下增设"营改增抵减的销项税额"专栏，用于记录该公司因按规定扣减销售额而减少的销项税额；同时，"主营业务收入""主营业务成本"等相关科目应按经营业务的种类进行明细核算。

企业接受应税服务时，按规定允许扣减销售额而减少的销项税额，借记"应交税费—应交增值税（营改增抵减的销项税额）"科目，按实际支付或应付的金额与上述增值税额的差额，借记"主营业务成本"等科目，按实际支付或应付的金额，贷记"银行存款""应付账款"等科目。

对于期末一次性进行账务处理的企业，期末，按规定当期允许扣减销售额而减少的销项税额，借记"应交税费—应交增值税（营改增抵减的销项税额）"科目，贷记"主营业务成本"等科目。

2) 小规模纳税人的会计处理。

小规模纳税人提供应税服务，试点期间按照营业税改征增值税有关规定允许从销售额中扣除其支付给非试点纳税人价款的，按规定扣减销售额而减少的应交增值税应直接冲减"应交税费—应交增值税"科目。

企业接受应税服务时，按规定允许扣减销售额而减少的应交增值税，借记"应交税费—应交增值税"科目，按实际支付或应付的金额与上述增值税额的差额，借记"主营业务成本"等科目，按实际支付或应付的金额，贷记"银行存款""应付账款"等科目。

对于期末一次性进行账务处理的企业，期末，按规定当期允许扣减销售额而减少的应交增值税，借记"应交税费—应交增值税"科目，贷记"主营业务成本"等科目。

(2) 增值税期末留抵税额的会计处理

试点地区兼有应税服务的原增值税一般纳税人，截止到开始试点当月月初的增值税留抵税额按照营业税改征增值税有关规定不得从应税服务的销项税额中抵扣的，应在"应交税费"科目下增设"增值税留抵税额"明细科目。

开始试点当月月初，企业应按不得从应税服务的销项税额中抵扣的增值税留抵税额，借记"应交税费—增值税留抵税额"科目，贷记"应交税费—应交增值税（进项税额转出）"科目。待以后期间允许抵扣时，按允许抵扣的金额，借记"应交税费—应交增值税（进项税额）"科目，贷记"应交税费—增值税留抵税额"科目。

"应交税费—增值税留抵税额"科目期末余额应根据其流动性在资产负债表中的"其他流动资产"项目或"其他非流动资产"项目列示。

(3) 取得过渡性财政扶持资金的会计处理

试点纳税人在新老税制转换期间因实际税负增加而向财税部门申请取得财政扶持资金的，期末有确凿证据表明企业能够符合财政扶持政策规定的相关条件且预计能够收到财政扶持资金时，按应收的金额，借记“其他应收款”等科目，贷记“营业外收入”科目。待实际收到财政扶持资金时，按实际收到的金额，借记“银行存款”等科目，贷记“其他应收款”等科目。

(4) 增值税税控系统专用设备和技术维护费用抵减增值税额的会计处理

1) 增值税一般纳税人的会计处理。按税法有关规定，增值税一般纳税人初次购买增值税税控系统专用设备支付的费用以及缴纳的技术维护费允许在增值税应纳税额中全额抵减的，应在“应交税费—应交增值税”科目下增设“减免税款”专栏，用于记录该公司按规定抵减的增值税应纳税额。

企业购入增值税税控系统专用设备，按实际支付或应付的金额，借记“固定资产”科目，贷记“银行存款”“应付账款”等科目。按规定抵减的增值税应纳税额，借记“应交税费—应交增值税（减免税款）”科目，贷记“递延收益”科目。按期计提折旧，借记“管理费用”等科目，贷记“累计折旧”科目；同时，借记“递延收益”科目，贷记“管理费用”等科目。

企业发生技术维护费，按实际支付或应付的金额，借记“管理费用”等科目，贷记“银行存款”等科目。按规定抵减的增值税应纳税额，借记“应交税费—应交增值税（减免税款）”科目，贷记“管理费用”等科目。

2) 小规模纳税人的会计处理。按税法有关规定，小规模纳税人初次购买增值税税控系统专用设备支付的费用以及缴纳的技术维护费允许在增值税应纳税额中全额抵减的，按规定抵减的增值税应纳税额应直接冲减“应交税费—应交增值税”科目。

企业购入增值税税控系统专用设备，按实际支付或应付的金额，借记“固定资产”科目，贷记“银行存款”“应付账款”等科目。按规定抵减的增值税应纳税额，借记“应交税费—应交增值税”科目，贷记“递延收益”科目。按期计提折旧，借记“管理费用”等科目，贷记“累计折旧”科目；同时，借记“递延收益”科目，贷记“管理费用”等科目。

企业发生技术维护费，按实际支付或应付的金额，借记“管理费用”等科目，贷记“银行存款”等科目。按规定抵减的增值税应纳税额，借记“应交税费—应交增值税”科目，贷记“管理费用”等科目。

“应交税费—应交增值税”科目期末如为借方余额，应根据其流动性在资产负债表中的“其他流动资产”项目或“其他非流动资产”项目列示；如为贷方余额，应在资产负债表中的“应交税费”项目列示。

(二) 消费税

1. 科目设置

消费税实行价内征收，企业（包括有金银首饰批发、销售业务的企业）按规定应交的消费税，在“应交税费”科目下设置“应交消费税”明细科目核算。“应交消费税”明细科目的借方发生额反映企业实际缴纳的消费税和待抵扣的消费税；贷方发生额反映企业按规定应交的消费税；期末贷方余额反映尚未缴纳的消费税；期末借方余额反映多交或待抵扣的消费税。

2. 产品销售的账务处理

企业销售产品按规定计算出应缴纳的消费税，借记“营业税金及附加”等科目，贷记“应交税费—应交消费税”科目。退税时作相反的会计分录。

【例7-5】智董公司（一般纳税企业）当月销售摩托车10辆，每辆售价15000元（不含增值税），货款尚未收到，摩托车每辆成本5000元。适用消费税税率为10%。根据这项经济业务，公司应做如下会计分录：

应向购买方收取的增值税税额＝15000×10×16%＝24000（元）

应交消费税＝15000×10×10%＝15000（元）

借：应收账款　174000

　贷：主营业务收入　150000

　　应交税费—应交增值税（销项税额）　24000

借：营业税金及附加　15000

　贷：应交税费—应交消费税　15000

借：主营业务成本　50000

　贷：库存商品　50000

3. 将自产应税消费品用于非货币性资产交换、债务重组、在建工程、非应税项目、非生产机构、管理部门、提供劳务以及用于馈赠、赞助、集资、广告、样品、职工福利、奖励等方面的账务处理

企业对按规定计算的应交消费税，借记“固定资产”“在建工程”“营业外支出”“管理费用”“应付职工薪酬”“生产成本”“销售费用”等科目，贷记“应交税费—应交消费税”科目。

4. 包装物销售的会计处理

企业随同产品出售但单独计价的包装物，按规定应缴纳的消费税，借记“营业税金及附加”科目，贷记“应交税费—应交消费税”科目。

企业收取的除啤酒、黄酒以外酒类产品的包装物押金，按规定应缴纳的消费税，借记“营业税金及附加”科目，贷记“应交税费—应交消费税”科目；企业逾期未收回包装物不再退还的包装物押金和已收取一年以上的包装物押金，按规定应缴纳的消费税，借记“其他应付款”等科目，贷记“应交税费—应交消费税”科目。

5. 委托加工应税消费品和外购应税消费品的账务处理

(1) 委托加工的应税消费品

受托方将按规定计算的应扣税款金额借记“应收账款”“银行存款”等科目，贷记“应交税费—应交消费税”科目（受托加工或翻新改制金银首饰的企业除外）。委托方将委托加工应税消费品收回后，直接用于对外销售或用于其他方面的，委托方应将代收代缴的消费税计入委托加工的应税消费品成本，借记“委托加工物资”等科目，贷记“应付账款”“银行存款”等科目；用于连续生产应税消费品的，按规定准予抵扣的，委托方应按代收代缴的消费税款，借记“应交税费—应交消费税”科目，贷记“应付账款”“银行存款”等科目。

委托加工收回的应税消费品在连续生产应税消费品的过程中，如改变用途，应将改变用途的部分所负担的消费税从“应交消费税”科目的借方转出。

【例7-6】智董公司委托外单位加工材料（非金银首饰）一批，原材料价款为40000元，加工费用20000元，收到普通发票一张，由受托方代收代缴的消费税为3000元，材料已经加工完毕入库，加工费用已经支付。假如智董公司原材料按实际成本核算。根据上述资料，智董公司应做如下会计处理：

1) 如果委托方智董公司收回加工后的材料用于继续生产应税消费品。

借：委托加工物资　40000

　贷：原材料　40000

借：委托加工物资　20000

应交税费—应交消费税 3000
贷：银行存款 23000
借：原材料 60000
贷：委托加工物资 60000

2) 如果委托方智董公司收回加工后的材料直接对外销售。

借：委托加工物资 40000
贷：原材料 40000
借：委托加工物资 23000
贷：银行存款 23000
借：原材料 63000
贷：委托加工物资 63000

(2) 外购（含进口）应税消费品用于生产应税消费品

按所含税额，借记“应交税费—应交消费税”科目，贷记“银行存款”等科目；用于其他方面或直接对外销售的，不得抵扣，计入其成本。

外购（含进口）应税消费品在生产应税消费品的过程中，改变用途的，如用于非货币性资产交换、债务重组、在建工程等，应将改变用途的部分所负担的消费税从“应交税费—应交消费税”科目的借方转出。

(3) 因非货币性资产交换、债务重组而换入应税消费品的账务处理

比照上述规定执行。

(4) 纳税人用委托加工收回的或外购的已税珠宝玉石生产的改在零售环节征收消费税的金银首饰

在计税时一律不得扣除在委托加工或外购环节已纳的税款。

(5) 企业因受托加工或翻新改制金银首饰按规定应缴纳的消费税

于企业向委托方交货时，借记“营业税金及附加”科目，贷记“应交税费—应交消费税”科目。

6. 出口产品的账务处理

免征消费税的出口应税消费品分别以不同情况进行会计处理。

(1) 属于生产企业直接出口应税消费品或通过外贸企业出口应税消费品，按规定直接予以免税的，可不计算应交消费税。出口后如发生退关或退货，经所在地主管税务机关批准，可暂不办理补税，待其转为国内销售时，再计缴消费税。

(2) 通过外贸企业出口应税消费品时，如按规定实行先征后退办法的。

1) 属于委托外贸企业代理出口应税消费品的生产企业，应在计算消费税时，按应交消费税额，借记“应收账款”科目，贷记“应交税费—应交消费税”科目。应税消费品出口收到外贸企业退回的税金，借记“银行存款”科目，贷记“应收账款”科目。发生退关、退货而补交已退的消费税，作相反的会计分录。

代理出口应税消费品的外贸企业将应税消费品出口后，收到税务部门退回生产企业缴纳的消费税，借记“银行存款”科目，贷记“应付账款”科目。将此项税金退还企业时，借记“应付账款”科目，贷记“银行存款”科目。发生退关、退货而补交已退的消费税，借记“应收账款—应收生产企业消费税”科目，贷记“银行存款”科目，收到生产企业退还的税款，作相反的会计分录。

2) 属于企业将应税消费品销售给外贸企业，由外贸企业自营出口的，其缴纳的消费税视同一般销售业务处理。自营出口应税消费品的外贸企业，应在应税消费品报关出口后申请出口退税时，借记“其他应收款”科目，贷记“主营业务成本”科目。实际收到出口应

税消费品退回的税金，借记“银行存款”科目，贷记“其他应收款”科目。发生退关或退货而补交已退的消费税，作相反的会计分录。

7. 金银首饰零售业务等的账务处理

有金银首饰零售业务的以及采用以旧换新方式销售金银首饰的企业，在营业收入实现时，应交消费税额，借记“营业税金及附加”等科目，贷记“应交税费—应交消费税”科目。有金银首饰零售业务的企业因受托代销金银首饰按规定应缴纳的消费税，应分不同情况处理：以收取手续费方式代销金银首饰的，其应交的消费税，借记“营业税金及附加”等科目，贷记“应交税费—应交消费税”科目；以其他方式代销首饰的，其缴纳的消费税等，借记“营业税金及附加”等科目，贷记“应交税费—应交消费税”科目。

有金银首饰批发、零售业务的企业将金银首饰用于馈赠、赞助、广告、职工福利、奖励等方面的，应于移送时，按应缴纳的消费税，借记“营业外支出”“销售费用”等科目，贷记“应交税费—应交消费税”科目。

随同金银首饰出售但单独计价的包装物，按规定应缴纳的消费税，借记“营业税金及附加”科目，贷记“应交税费—应交消费税”科目。

8. 上交消费税及退税的账务处理

企业按期缴纳消费税时，借记“应交税费—应交消费税”科目，贷记“银行存款”科目。

(三) 资源税

企业按规定应交的资源税，在“应交税费”科目下设置“应交资源税”明细科目核算。“应交资源税”明细科目的借方发生额，反映企业已交的或按规定允许抵扣的资源税；贷方发生额，反映应交的资源税；期末借方余额反映多交或尚未抵扣的资源税，期末贷方余额反映尚未缴纳的资源税。

企业销售应税产品按规定应缴纳的资源税，借记“营业税金及附加”科目，贷记“应交税费—应交资源税”科目；企业自产自用或非货币性资产交换、抵偿债务、对外捐赠等转出应税产品应缴纳的资源税，借记“生产成本”“制造费用”等科目，贷记“应交税费—应交资源税”科目；企业收购未税矿产品，按实际支付的收购款，借记“材料采购”等科目，贷记“银行存款”等科目，按代扣代缴的资源税，借记“材料采购”等科目，货记“应交税费—应交资源税”科目。

企业外购液体盐加工固体盐的，在购入液体盐时，按所允许抵扣的资源税，借记“应交税费—应交资源税”科目，按外购价款扣除允许抵扣资源税后的数额，借记“材料采购”等科目，按应支付的全部价款，贷记“银行存款”“应付账款”等科目；企业加工成固体盐后，在销售时，按计算出的销售固体盐应交的资源税，借记“营业税金及附加”科目，贷记“应交税费—应交资源税”科目；将销售固体盐应纳资源税扣抵液体盐已纳资源税后的差额上交时，借记“应交税费—应交资源税”科目，贷记“银行存款”科目。

企业按规定上交资源税时，借记“应交税费—应交资源税”科目，贷记“银行存款”科目。

【例7-7】智董公司将自己开采的煤炭40000吨用于产品加工，每吨应交资源税5元，企业应做如下会计处理：

借：生产成本　　200000

　贷：应交税费—应交资源税　　200000

(四) 土地增值税

企业缴纳的土地增值税通过“应交税费—应交土地增值税”科目核算。

主营房地产业务的企业，应由当期营业收入负担的土地增值税，借记“营业税金及附加”科目，贷记“应交税费—应交土地增值税”科目。

兼营房地产业务的工业企业，应由当期营业收入负担的土地增值税，借记“营业税金及附加”科目，贷记“应交税费—应交土地增值税”科目。

企业在项目交付使用前转让房地产取得的收入，按税法规定预交的土地增值税，借记“应交税费—应交土地增值税”科目，贷记“银行存款”科目；待该房地产营业收入实现时，再按上述营业业务的会计处理方法进行处理。该项目全部交付使用后进行清算，收到退回多交的土地增值税，借记“银行存款”科目，贷记“应交税费—应交土地增值税”科目；补交的土地增值税作相反的会计分录。

企业转让土地使用权应交的土地增值税，若土地使用权连同地上建筑物及其他附着物一并在“固定资产”或“在建工程”等科目核算的，借记“固定资产清理”“在建工程”等科目，贷记“应交税费—应交土地增值税”科目；若土地使用权在“无形资产”科目核算的，按实际收到的金额，借记“银行存款”科目，按应交的土地增值税，贷记“应交税费—应交土地增值税”科目，同时冲销土地使用权账面价值，贷记“无形资产”科目，按其差额，借记“营业外支出”科目或贷记“营业外收入”科目。若涉及累计摊销的，还应进行相应的处理。

企业缴纳土地增值税时，借记“应交税费—应交土地增值税”科目，贷记“银行存款”科目。

(五) 其他税费的核算

1) 企业按规定应交的城市维护建设税，借记“营业税金及附加”科目，贷记“应交税费—应交城建税”科目；上交时，借记“应交税费—应交城市维护建设税”科目，贷记“银行存款”科目。

2) 企业按规定应交的房产税、土地使用税、车船税，借记“管理费用”科目，贷记“应交税费—应交房产税”“应交税费—应交土地使用税”“应交税费—应交车船税”科目；上交时，借记“应交税费—应交房产税”“应交税费—应交土地使用税”“应交税费—应交车船税”科目，贷记“银行存款”科目。

3) 企业按规定计算应代扣代缴的职工个人所得税，借记“应付职工薪酬”科目，贷记“应交税费—应交个人所得税”科目；上交时，借记“应交税费—应交个人所得税”科目，贷记“银行存款”科目。

4) 企业按规定计算应交的教育费附加、矿产资源补偿费，分别借记“营业税金及附加”“管理费用”等科目，贷记“应交税费—应交教育费附加”“应交税费—应交矿产资源补偿费”科目。上交时，借记“应交税费—应交教育费附加”“应交税费—应交矿产资源补偿费”科目，贷记“银行存款”等科目。

5) 企业缴纳的印花税，借记“管理费用”科目，贷记“银行存款”科目。企业按规定缴纳的耕地占用税，借记“在建工程”科目，贷记“银行存款”科目。企业购置应税车辆，按规定缴纳的车辆购置税，以及购置的减税、免税车辆改制后用途发生变化的，按规定应补交的车辆购置税，借记“固定资产”科目，贷记“银行存款”科目。

四、短期借款

短期借款是指企业向银行或其他金融机构等借入的期限在一年以下（含一年）的各种款项。短期借款应当按照借款本金和确定的利率按期计提利息，计入当期损益。

企业应设置“短期借款”科目核算借入的各种短期借款，贷方登记取得的各种短期借款，借方登记归还的各种借款，期末贷方余额反映企业尚未偿还的短期借款。该科目应按借款种类、贷款人和币种进行明细核算。

企业按规定借入的各种短期借款，借记“银行存款”科目，贷记“短期借款”科目。资产负债表日，应按用实际利率计算确定的短期借款利息的金额，借记“财务费用”等科目，贷记“银行存款”“应付利息”等科目。实际利率与合同约定的名义利率差异很小的，也可以采用合同约定的名义利率计算确定利息费用。企业归还借款本金时，借记“短期借款”科目，贷记“银行存款”科目。

在以应收债权取得质押借款的情况下，与应收债权有关的风险和报酬并未转移，企业自行承担应收债权可能产生的风险，企业应按照实际收到的款项，借记“银行存款”科目，按实际支付的手续费，借记“财务费用”科目，按银行贷款本金并考虑借款期限，贷记“短期借款”等科目。企业应设置备查簿，详细记录质押的应收债权的账面金额、质押期限及回款情况等。

企业在出售应收债权的过程中如附有追索权，即在有关应收债权到期无法从债务人处收回时，银行或其他单位有权力向出售应收债权的企业追偿，或按照协议约定，企业有义务按照约定金额自银行等金融机构回购应收债权，应收债权的坏账风险由售出应收债权的企业负担。在这种情况下，企业不应终止确认应收债权，而应按以应收债权为质押取得借款的会计处理原则进行处理。

五、预收账款

预收账款是指企业按照合同规定，向购货方预收的款项。这项负债要用以后的商品或劳务偿付。预收账款应按实际收到的金额入账。

为了核算企业的预收账款，在预收账款业务较多的企业，一般应设置“预收账款”科目。该科目贷方登记预收的款项以及购货单位补付的款项；借方登记销售实现时结转的款项和退回多收的余款。期末贷方余额反映企业向购货单位预收的款项；期末如为借方余额，反映企业应向购货单位补收的款项。该科目按购货单位设置明细账进行明细核算。

企业向购货单位预收款项时，借记“银行存款”等科目，贷记“预收账款”科目；销售实现时，按实现的收入和应交的增值税销项税额，借记“预收账款”科目，按实现的营业收入，贷记“主营业务收入”科目，按应交的增值税额，贷记“应交税费—应交增值税（销项税额）”科目。购货单位补付的款项，借记“银行存款”等科目，贷记“预收账款”科目；退回多付的款项，作相反的会计分录。

如果企业的预收账款业务不多，也可以不设“预收账款”科目，而是将预收的款项直接记入“应收账款”科目的贷方。

六、代销商品款

代销商品款是指企业接受代销商品的价款（包括代销国外商品的价款）。企业应设置“受托代销商品款”科目核算，并应按委托单位设置明细账进行明细核算。该科目的期末贷方余额反映企业尚未销售的接受代销商品的价款。

同时，企业应设置“受托代销商品”科目核算企业接受代销商品的进价（即接受价）或售价，并应按照委托单位设置明细账进行明细核算。该科目的期末借方余额反映企业尚未销售的接受代销商品的进价或售价。

企业收到受托代销商品时，采用进价核算的，按接收价，借记“受托代销商品”科目，贷记“受托代销商品款”科目。采用售价核算的，按售价，借记“受托代销商品”科目，按接收价，贷记“受托代销商品款”科目，按售价与接收价之间的差额，贷记“商品进销差价”科目。采取收取手续费方式代销的商品，售出受托代销商品后，按售价和应收的增值税额，借记“银行存款”“应收账款”等科目，按应交的增值税额，贷记“应交税费—应交增值税（销项税额）”科目，按应付委托单位的款项，贷记“应付账款—××委托代销单位”科目。收到委托单位开来的票据时，按可抵扣的增值税额，借记“应交税费—应交增值税（进项税额）”科目，贷记“应付账款—××委托代销单位”科目；同时，按接收价，借记“受托代销商品款”科目，按接收价或售价，贷记“受托代销商品”科目，按接收价与售价的差额，借记“商品进销差价”科目。计算代销手续费等收入时，借记“应付账款—××委托代销单位”科目，贷记“其他业务收入”科目。付款时，按实际支付给委托单位的代销款项，借记“应付账款—××委托代销单位”科目，贷记“银行存款”等科目。

不采取收取手续费方式代销的商品，售出受托代销商品后，按售价和应收的增值税，借记“银行存款”“应收账款”等科目，按实现的营业收入，贷记“主营业务收入”等科目，按应交的增值税额，贷记“应交税费—应交增值税（销项税额）”科目。结转营业成本时，采用进价核算的，按接收价，借记“主营业务成本”等科目，贷记“受托代销商品”科目，同时，按接收价，借记“受托代销商品款”科目，按收到的专用发票上注明的增值税额，借记“应交税费—应交增值税（进项税额）”科目，按应付委托单位的款项，贷记“应付账款—××委托代销单位”科目；采用售价核算的，按售价，借记“主营业务成本”等科目，贷记“受托代销商品”科目。同时，按接收价，借记“受托代销商品款”科目，按收到的专用发票上注明的增值税额，借记“应交税费—应交增值税（进项税额）”科目，贷记“应付账款—××委托代销单位”科目。月末应分摊已销代销商品的进销差价并调整当期的主营业务成本。

七、应付职工薪酬

(一) 应付职工薪酬的确认和计量

1) 企业在职工为其提供服务的会计期间，除解除劳动关系补偿（亦称辞退福利）全部计入当期费用以外，其他职工薪酬均应根据职工提供服务的受益对象，将应确认的职工薪酬（包括货币性薪酬和非货币性福利）计入相关资产成本或当期费用，同时确认为应付职工薪酬负债。其中，应由生产产品、提供劳务负担的职工薪酬，计入产品成本或劳务成本；应由在建工程、无形资产负担的职工薪酬，计入建造固定资产或无形资产成本；除此外的其他职工薪酬，计入当期损益。

2) 企业为职工缴纳的医疗保险费、养老保险费、失业保险费、工伤保险费、生育保险费等社会保险费和住房公积金，应当在职工为其提供服务的会计期间，根据工资总额的一定比例计算，并按照上述第1条的办法处理。

在企业应付给职工的各种薪酬中，国家有规定计提基础和计提比例的，应当按照国家规定的标准计提。国家没有规定计提基础和计提比例但应当在当期确认有关薪酬的，企业应当根据历史经验数据和实际情况合理预计。当期实际发生金额大于预计金额的，应当补提应付职工薪酬；当期实际发生金额小于预计金额的，应当冲回多提的应付职工薪酬。在资产负债表日至财务报告批准报出日期间，如有确凿证据表明需要调整资产负债表日原确认的应付职工薪酬的，应当按照《企业会计准则第29号——资产负债表日后事项》处理。

对于应在职工提供服务的会计期末以后一年以上支付的应付职工薪酬，企业应当选择与该应付职工薪酬期限和币种相匹配的国债或活跃市场上的高质量公司债券的市场收益率确定，以应付职工薪酬折现后金额，计入相关资产成本或当期费用；应付职工薪酬金额与其折现后金额相差不大的，也可以以未折现金额计入相关资产成本或当期费用。

3) 企业在职工劳动合同到期之前解除与职工的劳动关系，或者为鼓励职工自愿接受裁减而提出给予补偿的建议，同时满足下列条件的，应当确认因解除与职工的劳动关系给予补偿而产生的应付职工薪酬（预计负债），同时计入当期损益。

①企业已经制订正式的解除劳动关系计划或提出自愿裁减建议，并即将实施。

该计划或建议应包括拟解除劳动关系或裁减的职工所在部门、职位及数量；根据有关规定按工作类别或职位确定的解除劳动关系或裁减补偿金额；拟解除劳动关系或裁减的时间。正式的辞退计划或建议应当由企业与职工代表大会或工会组织达成一致意见后，经过董事会或类似权力机构批准。辞退工作一般应当在一年内实施完毕，但因付款程序等原因使部分付款推迟至一年后支付的，视为符合应付职工薪酬（辞退福利）的确认条件。

②企业不能单方面撤回解除劳动关系计划或裁减建议。

企业应严格按照正式的解除劳动关系计划条款的规定，根据拟解除劳动关系的职工数量、每一职位的补偿等，合理预计并计提解除职工劳动关系产生的应付职工薪酬，预计数与实际发生数差额较大的，应当在附注中披露产生差额较大的原因。

对于自愿接受裁减的建议，因接受裁减的职工数量不确定，企业应当预计将会接受裁减建议的职工数量，根据预计的职工数量和每一职位的辞退补偿等，按照《企业会计准则第13号——或有事项》规定，合理预计并计提应付职工薪酬。

职工虽然没有与企业解除劳动合同，但未来不再为企业带来经济利益，企业承诺提供实质上具有辞退福利性质的经济补偿，比照解除劳动关系补偿处理。

对于符合规定的应付职工薪酬（辞退福利）确认条件、实质性辞退工作在一年内完成、但付款时间超过一年的，企业应当以折现后的金额计量辞退福利。

(二) 应付职工薪酬的核算

企业应设置“应付职工薪酬”科目核算企业根据有关规定应付给职工的各种薪酬，贷方登记本月实际发生的应付职工薪酬总额，即应付职工薪酬的分配数，借方登记本月实际支付的各种应付职工薪酬，期末贷方余额反映企业应付未付的职工薪酬。该科目应当按照“工资”“职工福利”“社会保险费”“住房公积金”“工会经费”“职工教育经费”“非货币性福利”“辞退福利”“股份支付”等应付职工薪酬项目进行明细核算。

外商投资企业按规定从净利润中提取的职工奖励及福利基金，也在“应付职工薪酬”科目核算。外商投资企业按规定从净利润中提取的职工奖励及福利基金，借记“利润分配—提取的职工奖励及福利基金”科目，贷记“应付职工薪酬”科目。

1) 企业支付应付职工薪酬时，应做如下账务处理。

企业按照有关规定向职工支付工资、奖金、津贴、福利费等，借记“应付职工薪酬”科目，贷记“银行存款”“库存现金”等科目。

企业从应付职工薪酬中扣还的各种款项（代垫的家属药费、个人所得税等），借记“应付职工薪酬”科目，贷记“其他应收款”“应交税费—应交个人所得税”科目。

企业支付工会经费和职工教育经费用于工会活动和职工培训，借记“应付职工薪酬”科目，贷记“银行存款”等科目。

企业按照国家有关规定缴纳社会保险费和住房公积金，借记“应付职工薪酬”科目，贷记“银行存款”科目。

企业因解除与职工的劳动关系给予职工的补偿，借记“应付职工薪酬”科目，贷记“银行存款”“库存现金”等科目。

企业因租赁住房等资产供职工无偿使用所发生的租金支出，借记“应付职工薪酬”科目，贷记“银行存款”等科目。

2) 企业应当根据职工提供服务的受益对象，对发生的职工薪酬分以下情况进行处理。

生产部门人员的职工薪酬，借记“生产成本”“制造费用”“劳务成本”等科目，贷记“应付职工薪酬”科目。

管理部门人员的职工薪酬，借记“管理费用”科目，贷记“应付职工薪酬”科目。销售人员的职工薪酬，借记“销售费用”科目，贷记“应付职工薪酬”科目。

应由在建工程、研发支出负担的职工薪酬，借记“在建工程”“研发支出”，等科目，贷记“应付职工薪酬”科目。

因解除与职工的劳动关系给予的补偿，借记“管理费用”科目，贷记“应付职工薪酬”科目。

无偿向职工提供住房等固定资产使用的，按应计提的折旧额，借记“管理费用”“生产成本”“制造费用”等科目，贷记“应付职工薪酬”科目；同时，借记“应付职工薪酬”科目，贷记“累计折旧”科目。

租赁住房等资产供职工无偿使用的，每期应支付的租金，借记“管理费用”“生产成本”“制造费用”等科目，贷记“应付职工薪酬”科目。

(三) 非货币性福利的处理方法

1) 企业以其自产产品或外购商品作为非货币性福利发放给职工的，应当根据受益对象，按照该产品或商品的公允价值和相关税费，计入相关资产成本或当期损益，同时确认应付职工薪酬。

企业以其自产产品或外购商品发给职工作为职工薪酬的，借记“管理费用”“生产成本”“制造费用”等科目，贷记“应付职工薪酬”科目。

企业以其自产产品发放给职工的，按销售产品处理，借记“应付职工薪酬”科目，贷记“主营业务收入”科目，同时，还应结转产成品的成本。涉及增值税销项税额的，还应进行相应的处理。企业以外购商品发放给职工的，在借记“应付职工薪酬”科目的同时，应结转外购商品的成本，涉及增值税进项税额转出的，还应进行相应的处理。

2) 将企业拥有的住房等资产无偿提供给职工使用的，应当根据受益对象，将该住房每期应计提的折旧计入相关资产成本或费用，同时确认应付职工薪酬。租赁住房等资产供职工无偿使用的，应当根据受益对象，将每期应付的租金计入相关资产成本或费用，并确认应付职工薪酬。难以认定受益对象的非货币性福利，直接计入管理费用和应付职工薪酬。

3) 企业有时以低于取得成本的价格向职工提供商品或服务，其实质是企业向职工提供补贴。对此，企业应根据出售商品或服务合同条款的规定分别情况加以处理。如果合同规定职工在取得住房等商品或服务后至少应提供服务的年限，企业应将出售商品或服务的价格与其成本间的差额，作为长期待摊费用处理，在合同规定的服务年限内平均摊销，根据受益对象分别计入相关资产成本或当期损益；如果合同没有规定职工在取得住房等商品或服务后至少应提供服务的年限，则企业应将出售商品或服务的价格的成本的差额，作为对职工过去提供服务的一种补偿，直接计入向职工出售商品或服务当期的损益。

【例7-8】智董公司为一家家用电器制造企业，2×12年9月，为了能够在下一年度顺利实施转产，公司管理层制订了一项辞退计划，拟从2×13年1月1日起，以职工自愿方式辞退其平面直角系列彩电生产车间职工。辞退计划的详细内容均已与职工沟通，并达成一致意见。辞退计划已于当年12月10日经董事会正式批准，并将于下一个年度内实施完毕。计划的详细内容如表7-1所示。

表7-1 辞退计划

所属部门	职位	辞退数量（人）	工龄（年）	每人补偿（万元）
彩电车间	车间主任、副主任	10	1～10	15
			10～20	20
			20～30	25
	高级技工	50	1～10	10
			10～20	15
			20～30	20
	一般技工	100	1～10	5
			10～20	10
			20～30	15
合计		160		

假定车间主任、副主任级别的工龄在10～20年的职工，接受辞退的各种数量发生概率如表7-2所示。

表7-2 接受辞退的数量概率

接受辞退的职工数量	0	1	2	3	4	5	6	7	9	10
发生概率	0	3%	5%	5%	20%	15%	25%	8%	12%	7%

根据表7-1、表7-2可计算出车间主任、副主任级别的工龄在10～20年的职工，接受辞退的人数的最佳估计数为5.67人，公司应确认该职级年龄段的辞退福利金额为5.67×20＝113.4（万元），并作如下会计分录：

借：管理费用　　　　1134000

　贷：应付职工薪酬　　　　1134000

（四）以现金结算的股份支付形成的应付职工薪酬的核算

股份支付是指企业为获取职工和其他方提供服务而授予权益工具或者承担以权益工具为基础确定的负债的交易。股份支付分为以权益结算的股份支付和以现金结算的股份支付。

以现金结算的股份支付是指企业为获取服务承担以股份或其他权益工具（仅指企业自身权益工具）为基础计算确定的交付现金或其他资产义务的交易。

股份支付的确认和计量，应当以真实、完整、有效的股份支付协议为基础。

以现金结算的股份支付应当按照企业承担的以股份或其他权益工具为基础计算确定的负债的公允价值计量。

授予后立即可行权的以现金结算的股份支付，应当在授予日以企业承担负债的公允价值计入相关成本或费用，相应增加负债。

完成等待期内的服务或达到规定业绩条件以后才可行权的以现金结算的股份支付，在等待期内的每个资产负债表日，应当以对可行权情况的最佳估计为基础，按照企业承担负债的公允价值金额，将当期取得的服务计入成本或费用和相应的负债。

在资产负债表日，后续信息表明企业当期承担债务的公允价值与以前估计不同的，应当进行调整，并在可行权日调整至实际可行权水平。

企业在可行权日之后不再确认由换入服务引起的成本费用增加，但应当在相关负债结算前的每个资产负债表日以及结算日，对负债的公允价值重新计量，其变动计入当期损益（公允价值变动损益）。

企业对于以现金结算的股份支付形成的负债，应在“应付职工薪酬”科目下设置“股份支付”二级科目核算。

【例7-9】2×12年11月，贵琛公司董事会批准了一项股份支付协议。协议规定，2×13年1月1日，公司为其200名中层以上管理人员每人授予100份现金股票增值权，这些管理人员必须在该公司连续服务三年，即可自2×15年12月31日起根据股价的增长幅度可以行权获得现金。该股票增值权应在2×17年12月31日之前行使完毕。贵琛公司估计，该股票增值权在负债结算之前每一个资产负债表日以及结算日的公允价值和可行权后的每份股票增值权现金支出额如表7-3所示。

表7-3　　单位：元

年份	公允价值	支付现金
2×13	14	
2×14	15	
2×15	18	16
2×16	21	20
2×17		25

第一年有20名管理人员离开贵琛公司，贵琛公司估计三年中还将有15名管理人员离开；第二年又有10名管理人员离开公司，公司估计还将有10名管理人员离开；第三年又有15名管理人员离开。假定：第三年末有70人行使了股票增值权，第四年末有50人行使了股票增值权，第五年末剩余35人全部行使了股票增值权。

(1) 费用和应付职工薪酬计算过程见表7-4

表7-4 费用和应付职工薪酬计算过程表 单位：元

年份	负债计算(1)	支付现金(2)	当期费用(3)
2×13	（200－35）×100×14×1/3＝77000		77000
2×14	（200－40）×100×15×2/3＝160000		83000
2×15	（200－45－70）×100×18＝153000	70×100×16＝112000	105000
2×16	（200－45－70－50）×100×21＝73500	50×100×10＝100000	20500
2×17	73500－73500＝0	35×100×25＝87500	14000
总额		299500	299500

其中：本期(3)＝本期(1)－上期(1)＋本期(2)

(2) 会计处理

①2×13年1月1日授予日不做处理。

②2×13年12月31日。

借：管理费用　　77000

　贷：应付职工薪酬—股份支付　　77000

③2×14年12月31日。

借：管理费用　　83000

　贷：应付职工薪酬—股份支付　　83000

④2×15年12月31日。

借：管理费用　　105000

　贷：应付职工薪酬—股份支付　　105000

借：应付职工薪酬—股份支付　　112000

　贷：银行存款　　112000

⑤2×16年12月31日。

借：公允价值变动损益　　20500

　贷：应付职工薪酬—股份支付　　20500

借：应付职工薪酬—股份支付　　100000

　贷：银行存款　　100000

⑥2×17年12月31日。

借：公允价值变动损益　　14000

　贷：应付职工薪酬—股份支付　　14000

借：应付职工薪酬—股份支付　　87500

　贷：银行存款　　87500

八、应付利息和应付股利

1. 应付利息的核算

企业为核算其按照合同约定应支付的各类利息，如分期付息到期还本的长期借款、企业债券等应支付的利息，应设置“应付利息”科目，并按债权人进行明细核算。该科目期末贷方余额反映企业按照合同约定应支付但尚未支付的利息。

企业采用合同利率计算确定利息费用时，应按合同利率计算确定应付利息的金额，借记“在建工程”“制造费用”“财务费用”“研发支出”等科目，贷记“应付利息”科目。

企业采用实际利率计算确定利息费用时，应按摊余成本和实际利率计算确定的利息费用，借记“在建工程”“制造费用”“财务费用”“研发支出”等科目，按合同利率计算确定的应付未付利息的金额，贷记“应付利息”科目，按其差额，借记或贷记“长期借款—利息调整”等科目。

合同利率与实际利率差额较小的，也可以采用合同利率计算确定利息费用。实际支付利息时，借记“应付利息”科目，贷记“银行存款”等科目。

2. 应付股利的核算

企业为核算其分配的现金股利或利润，应设置“应付股利”科目，并按投资者进行明细核算。该科目期末贷方余额反映企业应付未付的现金股利或利润。

企业根据股东大会或类似机构审议批准的利润分配方案，按应支付的现金股利或利润，借记“利润分配”科目，贷记“应付股利”科目。实际支付现金股利或利润时，借记“应付股利”科目，贷记“银行存款”等科目。董事会或类似机构通过的利润分配方案中拟分配的现金股利或利润，不做账务处理，但应在报表附注中披露。

九、其他应付款

企业还会发生一些经营活动以外的其他各项应付、暂收其他单位或个人的款项，包括应付经营租入固定资产和包装物租金（含预付的租金）；存入保证金（如收取的包装物押金等）；应付、暂收所属单位、个人的款项。

企业应设置“其他应付款”科目核算应付、暂收其他单位或个人的款项，贷方登记应付或暂收其他单位或个人的款项，借方登记已经偿还给其他单位或个人的款项，期末贷方余额反映企业尚未支付的其他应付款项；期末余额如为借方余额，反映企业尚未收回的其他应收款项。本科目应按其他应付款的项目和对子单位（或个人）设置明细账，进行明细核算。

企业发生其他各种应付、暂收款项时，借记“银行存款”“管理费用”等科目，贷记“其他应付款”科目；支付的其他各种应付、暂收款项，借记“其他应付款”科目，贷记“银行存款”等科目。

【例7-10】智董公司出租包装物，收到押金5000元，存入银行。出租期满，对方单位退回包装物，智董公司退回押金。智董公司应做如下会计处理：

1) 智董公司收到押金时。

借：银行存款　　5000

　贷：其他应付款—存入保证金　　5000

2) 智董公司退回押金时。

借：其他应付款—存入保证金　　5000

　贷：银行存款　　5000

企业采用售后回购方式融资的，在发出商品等资产后，应按实际收到的金额，借记“银行存款”科目，按专用发票上注明的增值税税额，贷记“应交税费—应交增值税（销项税额）”科目，按其差额，贷记“其他应付款”科目。回购价格与原销售价格之间的差额，应在售后回购期间内按期计提利息费用，借记“财务费用”科目，贷记“其他应付款”科目。按照合同约定购回该项商品等时，应按回购商品等的价款，借记“其他应付款”科目，按可抵扣的增值税税额，借记“应交税费—应交增值税（进项税额）”科目，按实际支付的金额，贷记“银行存款”科目。

第二节 非流动负债

非流动负债也称长期负债，是指偿还期在一年或者在超过一年的一个营业周期以上的债务。

企业在生产经营过程中，由于扩建厂房、增加设备等原因往往需要大量长期资金。企业需要的长期资金，其来源主要有两种：一是由企业所有者投入新的资金，如股份公司可以增发股票由股东投入资金；二是举借长期债务。因此，非流动负债是企业向债权人筹集，可供长期使用的一种资金来源。非流动负债除了具有负债的一般特性外，还具有债务偿还期限长、债务金额大等特点。

目前我国企业的非流动负债主要包括向银行或其他金融机构借入的长期借款、发行的企业债券（或称公司债券）即应付债券、分期付款方式购入固定资产和无形资产发生的应付账款、融资租赁方式下的租赁固定资产的应付款等长期应付款、专项应付款以及递延所得税负债等。企业应对各种非流动负债分别加以核算，在资产负债表上分项列示。

一、长期借款

（一）长期借款概述

长期借款是指企业向银行或其他金融机构借入的期限在一年以上（不含一年）的各种借款，一般用于固定资产的购建、改扩建工程、大修理工程、对外投资以及为了保持长期经营能力等方面。它是企业长期负债的重要组成部分，必须加强管理与核算。

由于长期借款的使用关系到企业的生产经营规模和效益，企业除了要遵守有关的贷款规定、编制借款计划并要有不同形式的担保外，还应监督借款的使用、按期支付长期借款的利息以及按规定的期限归还借款本金等。因此，长期借款会计处理的基本要求是反映和监督企业长期借款的借入、借款利息的结算和借款本息的归还情况，促使企业遵守信贷纪律、提高信用等级，同时也要确保长期借款发挥效益。

（二）长期借款的核算

企业应通过“长期借款”科目，核算长期借款的借入、归还等情况。该科目可按照贷款单位和贷款种类设置明细账，分“本金”“利息调整”等进行明细核算。该科目的贷方登记长期借款本息的增加额，借方登记本息的减少额，贷方余额表示企业尚未偿还的长期借款。

1. 取得长期借款

企业借入长期借款，应按实际收到的金额，借记“银行存款”科目，贷记“长期借款—本金”科目；如存在差额，还应借记“长期借款—利息调整”科目。

2. 长期借款利息

长期借款利息费用应当在资产负债表日按照实际利率法计算确定，实际利率与合同利率差异较小的，也可以采用合同利率计算确定利息费用。长期借款计算确定的利息费用，应当按以下原则计入有关成本、费用：属于筹建期间的，计入管理费用；属于生产经营期间的，计入财务费用。如果长期借款用于购建固定资产的，在固定资产尚未达到预定可使用状态前，所发生的应当资本化的利息支出数，计入在建工程成本；固定资产达到预定可使用状态后发生的利息支出，以及按规定不予资本化的利息支出，计入财务费用。长期借款按合同利率计算确定的应付未付利息，记入“应付利息”科目，借记“在建工程”“制造费用”“财务费用”“研发支出”等科目，贷记“应付利息”科目。

3. 归还长期借款

企业归还长期借款的本金时，应按归还的金额，借记“长期借款—本金”科目，贷记“银行存款”科目；按归还的利息，借记“应付利息”科目，贷记“银行存款”科目。

二、应付债券

(一) 应付债券的种类

应付债券是企业举借长期债务而发行的一种书面凭证，是企业依照法定程序对外发行、约定在一定期限内还本付息的有价证券。发行债券是企业筹集长期资金的重要方式。应付债券有很多种类，可按不同的标准加以分类。按是否记名分为记名债券和不记名债券；按有无担保品分为抵押债券和信用债券；按可否转换为发行企业股票分为可转换债券和不可转换债券；按偿还本金的方式可分为一次还本债券和分期还本债券；按支付利息的方式可分为到期一次付息债券和分期付息债券。企业发行的偿还期超过一年以上的债券，构成一项非流动负债。

(二) 债券发行的账务处理

公司债券的发行方式有三种，即面值发行、溢价发行、折价发行。假设其他条件不变，债券的票面利率高于同期市场利率时，可按超过债券票面价值的价格发行，称为溢价发行。溢价是企业以后各期多付利息而事先得到的补偿；如果债券的票面利率低于同期市场利率，可按低于债券面值的价格发行，称为折价发行。折价是企业以后各期少付利息而预先给投资者的补偿。如果债券的票面利率与同期市场利率相同，可按票面价格发行，称为面值发行。溢价或折价是发行债券企业在债券存续期间内对利息费用的一种调整。

无论是按面值发行，还是溢价发行或折价发行，均按债券面值记入“应付债券”科目的“面值”明细科目，实际收到的款项与面值的差额，记入“利息调整”明细科目。企业发行债券时，按实际收到的款项，借记“银行存款”“库存现金”等科目，按债券票面价值，贷记“应付债券—面值”科目，按实际收到的款项与票面价值之间的差额，贷记或借记“应付债券—利息调整”科目。

(三) 应付债券利息费用的账务处理

对于分期付息、一次还本的债券，应按摊余成本和实际利率计算确定的债券利息费用，借记“在建工程”“制造费用”“财务费用”“研发支出”等科目，按票面利率计算确定的应付未付利息，贷记“应付利息”科目，按其差额，借记或贷记“应付债券—利息调整”科目。对于一次还本付息的债券，应于资产负债表日按摊余成本和实际利率计算确定的债券利息费用，借记“在建工程”“制造费用”“财务费用”“研发支出”等科目，按票面利率计算确定的应付未付利息，贷记“应付债券—应计利息”科目，按其差额，借记或贷记“应付债券—利息调整”科目。

实际利率与票面利率差异较小的，也可以采用票面利率计算确定利息费用。

(四) 应付债券偿还的账务处理

采用一次还本付息方式的，企业应于债券到期支付债券本息时，借记“应付债券—面值”“应付债券—应计利息”科目，贷记“银行存款”科目。采用分期付息、一次还本方式的，在每期支付利息时，借记“应付利息”科目，贷记“银行存款”科目；债券到期偿还本金并支付最后一期利息时，借记“应付债券—面值”“在建工程”“财务费用”“制造费用”等科目，贷记“银行存款”科目，按借贷双方之间的差额，借记或贷记“应付债券—利息调整”科目。

【例7-11】智董公司于2×12年1月1日折价发行了五年期面值为1250万元公司债券，发行价格为1000万元，票面利率为4.72%，按年付息，到期一次还本（交易费用略）。假定公司发行债券募集的资金专门用于建造一条生产线，生产线从2×12年1月1日开始建设，于2×14年底完工，达到预定可使用状态。根据上述经济业务，公司应做如下会计处理：

1) 2×12年1月1日发行债券时。

借：银行存款　　10000000

　　应付债券—利息调整　　2500000

　贷：应付债券—面值　　12500000

2) 计算利息费用。

公司每年应支付的利息为1250×4.72%＝59（万元）。假设该公司债券实际利率为R，由于$1000=59\times(1+R)^{-1}+59\times(1+R)^{-2}+59\times(1+R)^{-3}+59\times(1+R)^{-4}+(59+1250)\times(1+R)^{-5}$，由此计算得出R＝10%。

则每年折价摊销表如表7-5所示。

表7-5　年折价摊销表　　单位：万元

年份	期初公司债券余额（A）	实际利息费用（B）（按10%计算）	每年支付现金（C）	期末公司债券摊余成本（D＝A＋B-C）
2×12	1000	100	59	1041
2×13	1041	104	59	1086
2×14	1086	109	59	1136
2×15	1136	113	59	1190
2×16	1190	119	1250＋59	0

2×12年12月31日：

借：在建工程　　1000000

　贷：应付利息　　590000

　　　应付债券—利息调整　　410000

2×13年12月31日：

借：在建工程　　1040000

　贷：应付利息　　590000

　　　应付债券—利息调整　　450000

2×14年12月31日：

借：在建工程　　1090000

　贷：应付利息　　590000

　　　应付债券—利息调整　　500000

2×15年12月31日：

借：财务费用　　1130000

　贷：应付利息　　590000

　　　应付债券—利息调整　　540000

2×16年12月31日：

借：财务费用　　1190000

　贷：应付利息　　590000

应付债券—利息调整　　　　　　　　　　　　600000

3) 2×16年12月31日到期偿还本金。

借：应付债券—面值　　　　　　　　　　　　1250000

贷：银行存款　　　　　　　　　　　　　1250000

(五) 应付可转换公司债券的账务处理

我国发行可转换公司债券采取记名式无纸化发行方式，债券最短期限为三年，最长期限为五年。企业发行的可转换公司债券在“应付债券”科目下设置“可转换公司债券”明细科目核算。

可转换公司债券属于混合金融工具，对发行方而言，既有负债性质又有权益工具性质，应当在初始确认该金融工具时将负债和权益成分进行分拆。将负债成分确认为应付债券、将权益成分确认为资本公积。在分拆时，应当采用未来现金流量折现法确定负债成分的初始入账价值，再按该金融工具的发行价格扣除负债成分初始入账价值后的金额确定权益成分的初始入账价值。

发行可转换公司债券时，应按实际收到的金额，借记“银行存款”等科目，按该项可转换公司债券包含的负债成分的面值，贷记“应付债券—可转换公司债券（面值）”科目，按权益成分的公允价值，贷记“资本公积—其他资本公积”科目，按其差额，借记或贷记“应付债券—可转换公司债券（利息调整）”科目。

可转换公司债券在转换为股票之前，其所包含的负债成分，应当比照上述一般长期债券进行处理。

当可转换公司债券持有人行使转换权利，将其持有的债券转换为股票，按可转换公司债券的余额，借记“应付债券—可转换公司债券（面值、利息调整）”科目，按其权益成分的金额，借记“资本公积—其他资本公积”科目，按股票面值和转换的股数计算的股票面值总额，贷记“股本”科目，按其差额，贷记“资本公积—股本溢价”科目。如用现金支付不可转换股票的部分，还应贷记“银行存款”等科目。

未转换股份的可转换公司债券到期还本付息，应当比照上述一般长期债券进行处理。

三、长期应付款

长期应付款是指除长期借款和应付债券以外的其他各种长期应付款项，包括以分期付款方式购入固定资产和无形资产发生的应付账款、应付融资租入固定资产的租赁费等。为了核算企业各种长期应付款，应设置“长期应付款”科目，该科目应按其种类和债权人进行明细核算。该科目期末贷方余额，反映企业应付未付的长期应付款项。

(一) 具有融资性质的延期付款购买资产

企业购入有关资产超过正常信用条件延期支付价款，实质上具有融资性质的，应按购买价款的现值，借记“固定资产”“在建工程”“无形资产”“研发支出”等科目，按应支付的金额，贷记“长期应付款”科目，按其差额，借记“未确认融资费用”科目。

按期支付价款时，借记“长期应付款”科目，贷记“银行存款”科目。同时，企业应当采用实际利率法计算确定当期的利息费用，借记“财务费用”“在建工程”“研发支出”科目，贷记“未确认融资费用”科目。

【例7-12】智董公司2×12年1月1日以分期付款方式购入一台设备，总价款为1500000元，购货合同约定购买之日首付600000元，以后每年年末支付300000元，分三年于2×14年12月31日全部付清，假设银行同期贷款利率为10%。根据上述经济业务，公司应作会计处理如下：

1) 2×12年1月1日购入时。

分期应付款的应付本金＝每期分期付款300000元的年金现值＝300000×PVA（3，10%）＝300000×2.4869＝746070（元）【查表得知PVA（3，10%）＝2.4869】

总价款的现值＝600000＋746070＝1346070（元）

未确认融资费用＝1500000－1346070＝153930（元）

借：固定资产　　1346070

　　未确认融资费用　　153930

　贷：长期应付款　　900000

　　　银行存款　　600000

(2) 按期支付价款、分摊未确认融资费用

合同付款期内采用实际利率法分摊融资费用（见表7-6）。

表7-6　实际利率法下融资费用的分摊　　单位：元

日期	每期付款金额	确认的融资费用	应付本金减少额	应付本金余额
①	②	③＝期初⑤×10%	④＝②－③	期末⑤＝⑤－④
				746070
(1) 2×12.12.31	300000	74607	225393	520677
(2) 2×13.12.31	300000	52067.70	247932.30	272700.70
(3) 2×14.12.31	300000	27255.30	272744.70	0
合计	900000	153930	746070	

2×12年12月31日，支付第一期应付款：

借：长期应付款　　300000

　贷：银行存款　　300000

借：财务费用　　74607

　贷：未确认融资费用　　74607

2×13年12月31日，支付第二期应付款：

借：长期应付款　　300000

　贷：银行存款　　300000

借：财务费用　　52067.70

　贷：未确认融资费用　　52067.70

2×14年12月31日，支付第三期应付款：

借：长期应付款　　300000

　贷：银行存款　　300000

借：财务费用　　27255.30

　贷：未确认融资费用　　27255.30

(二) 应付融资租赁款

通过融资租赁方式租入固定资产是企业取得固定资产的重要途径。因融资租入固定资产而发生的应付融资租赁费，形成企业的一笔非流动负债。

企业融资租入固定资产时，应当在租赁开始日，按租赁开始日租赁资产公允价值与最低租赁付款额的现值两者中的较低者作为入账价值，借记“在建工程”或“固定资产”科目，按最低租赁付款额，贷记“长期应付款”，按发生的初始直接费用，贷记“银行存款”等科目，按其差额，借记“未确认融资费用”科目。按期支付融资租赁费时，借记“长期应付款”科目，贷记“银行存款”科目。同时，采用实际利率法计算确定的当期利息费用，借记“财务费用”或“在建工程”科目，贷记“未确认融资费用”科目。

企业在计算最低租赁付款额的现值时，如果能够取得出租人的租赁内含利率，应当采

用出租人的租赁内含利率作为折现率；否则，应当采用租赁合同规定的利率作为折现率。如果无法取得出租人的租赁内含利率且租赁合同没有规定利率的，应当采用同期银行贷款利率作为折现率。

企业采用实际利率法分摊未确认融资费用，应当根据租赁期开始日租入资产入账价值的不同情况，对未确认融资费用采用不同的分摊率：

1) 以出租人的租赁内含利率为折现率将最低租赁付款额折现，且以该现值作为租入资产入账价值的，应当将租赁内含利率作为未确认融资费用的分摊率。

2) 以合同规定利率为折现率将最低租赁付款额折现，且以该现值作为租入资产入账价值的，应当将合同规定利率作为未确认融资费用的分摊率。

3) 以银行同期贷款利率为折现率将最低租赁付款额折现，且以该现值作为租入资产入账价值的，应当将银行同期贷款利率作为未确认融资费用的分摊率。

4) 以租赁资产公允价值为入账价值的，应当重新计算分摊率。该分摊率是使最低租赁付款额的现值等于租赁资产公允价值的折现率。

四、专项应付款

专项应付款是指企业取得的国家指定为资本性投入的具有专项或特定用途的款项，如属于工程项目的资本性拨款等。该科目应当按照拨入资本性投资项目的种类进行明细核算。企业收到资本性拨款时，借记“银行存款”科目，贷记“专项应付款”科目。

将专项或特定用途的拨款用于工程项目，借记“在建工程”“公益性生物资产”等科目，贷记“银行存款”“应付职工薪酬”等科目。

工程项目完工，形成固定资产或公益性生物资产的部分，借记“专项应付款”科目，贷记“资本公积—资本溢价”科目；对未形成固定资产需要核销的部分，借记“专项应付款”科目，贷记“在建工程”等科目；拨款结余需要返还的，借记“专项应付款”科目，贷记“银行存款”科目。

企业因城镇整体规划、库区建设、棚户区改造、沉陷区治理等公共利益进行搬迁，收到政府从财政预算直接拨付的搬迁补偿款，应作为专项应付款处理。收到时借记“银行存款”科目，贷记“专项应付款”科目，其中：

1) 属于对企业在搬迁和重建过程中发生的固定资产和无形资产损失进行补偿的，应从“专项应付款”科目转入“递延收益”科目。待固定资产清理完毕时，再转入“固定资产清理”科目，借记“递延收益”科目，贷记“固定资产清理”科目；无形资产转销时转入“营业外支出”科目，借记“递延收益”科目，贷记“营业外支出”科目。

2) 属于对搬迁过程中的费用性支出和停工损失进行补偿的，应从“专项应付款”科目转入“递延收益”科目，并作为与收益相关的政府补助计入营业外收入，借记“递延收益”科目，贷记“营业外收入”科目。

3) 属于对搬迁后拟新建资产进行补偿的，应从“专项应付款”科目转入“递延收益”科目，并作为与资产相关的政府补助，在相关资产使用寿命内平均分摊，分期计入当期损益，借记“递延收益”科目，贷记“营业外收入”科目。相关资产在使用寿命结束时或结束前被处置（出售、转让、报废等），尚未分摊的“递延收益”科目余额应当一次性转入“营业外收入”科目。

4) 企业取得的搬迁补偿款扣除转入递延收益的金额后的结余，应当作为资本公积处理，借记“专项应付款”科目，贷记“资本公积”科目。

五、预计负债

(一) 或有事项及其特征

或有事项是指过去的交易或者事项形成的，其结果须由某些未来事项的发生或不发生才能决定的不确定事项。常见的或有事项主要包括：未决诉讼或仲裁、债务担保、产品质量保证（含产品安全保证）承诺、亏损合同、重组义务、环境污染整治、修改其他债务条件方式的债务重组等。

或有事项具有三个基本特征。

1) 由过去交易或事项形成，是指或有事项的现存状况是过去交易或事项引起的客观存在。例如，未决诉讼虽然是正在进行中的诉讼，但该诉讼是企业因过去的经济行为导致起诉其他单位或被其他单位起诉。这是现存的一种状况而不是未来将要发生的事项。未来可能发生的自然灾害、交通事故、经营亏损等，不属于或有事项。

2) 结果具有不确定性，是指或有事项的结果是否发生具有不确定性，或者或有事项的结果预计将会发生，但发生的具体时间或金额具有不确定性。例如，债务担保事项的担保方到期是否承担和履行连带责任，需要根据被担保方债务到期时能否按时还款加以确定。这一事项的结果在担保协议达成时具有不确定性。

3) 由未来事项决定，是指或有事项的结果只能由未来不确定事项的发生或不发生才能决定。例如，债务担保事项只有在被担保方到期无力还款时，企业（担保方）才履行连带责任。

（二）预计负债

1. 预计负债的确认

根据《企业会计准则第13号—或有事项》的规定，与或有事项相关的义务同时满足下列条件的，应当确认为预计负债：该义务是企业承担的现时义务；履行该义务很可能导致经济利益流出企业；该义务的金额能够可靠地计量。

“该义务是企业承担的现时义务”是指与或有事项相关的义务是在企业当前条件下已承担的义务，而非潜在义务。企业没有其他现实的选择，只能履行该义务，如法律要求企业履行、有关各方合理预期企业应当履行等。

“履行该义务很可能导致经济利益流出企业”是指履行与或有事项相关的现时义务时，导致经济利益流出企业的可能性超过50%。履行或有事项相关义务导致经济利益流出企业的可能性，通常应当结合下列情况加以判断：

结果的可能性	对应的概率区间
基本确定	大于95%但小于100%
很可能	大于50%但小于或等于95%
可能	大于5%但小于或等于50%
极小可能	大于0但小于或等于5%

“该义务的金额能够可靠地计量”是指与或有事项相关的现时义务的金额能够合理地估计。企业通常应当考虑下列情况，计量预计负债的金额：

1) 充分考虑与或有事项有关的风险和不确定性，在此基础上按照最佳估计数确定预计负债的金额。

2) 预计负债的金额通常等于未来应支付的金额，但未来应支付金额与其现值相差较大的，如油井或核电站的弃置费用等，应当按照未来应支付金额的现值确定。

3) 有确凿证据表明相关未来事项将会发生的，如未来技术进步、相关法规出台等，确定预计负债金额时应考虑相关未来事项的影响。

4) 确定预计负债的金额不应考虑预期处置相关资产形成的利得。

在实务中，企业应当注意两点：不应当就未来经营亏损确认预计负债；不应当确认或有负债和或有资产。

或有负债是指过去的交易或者事项形成的潜在义务，其存在须通过未来不确定事项的发生或不发生予以证实；或过去的交易或者事项形成的现时义务，履行该义务不是很可能导致经济利益流出企业或该义务的金额不能可靠计量。

或有资产是指过去的交易或者事项形成的潜在资产，其存在须通过未来不确定事项的发生或不发生予以证实。

2. 预计负债的计量

(1) 预计负债的初始计量

预计负债应当按照履行相关现时义务所需支出的最佳估计数进行初始计量。

最佳估计数的确定分两种情况考虑。

第一，如果所需支出存在一个连续范围（或区间，下同），且该范围内各种结果发生的可能性相同的，最佳估计数应当按照该范围内的中间值确定，即最佳估计数应按该范围的上、下限金额的平均数确定。例如：智董公司售出产品发生的保修费用为销售额的1%～1.5%之间，则最佳估计数的比例应为销售额的1.25%。

第二，在其他情况下，最佳估计数应按涉及的项目多少分别确定

1) 或有事项涉及单个项目的，按照最可能发生金额确定。例如，智董公司涉及一起诉讼，根据类似案件的经验以及公司所聘律师的意见判断，公司在该起诉讼中胜诉的可能性有30%，败诉的可能性有70%，如果败诉将要赔偿50万元，在这种情况下，该公司应确认的负债金额（最佳估计数）应为最可能发生金额50万元。

2) 或有事项涉及多个项目的，按照各种可能结果及相关概率计算确定。例如，智董公司本年销售甲产品5000万元，根据产品质量保证条款的规定，产品售出一年内，如发生正常质量问题，企业将负责免费修理。根据公司以往经验，如果出现小的质量问题则发生的修理费为销售额的2%，而出现较大的质量问题则发生的修理费为销售额的5%。据预测，本年度售出的产品中有85%不会发生质量问题，有10%将发生较小的质量问题，有5%将发生较大的质量问题。据此，本年度末该公司应确认的负债金额（最佳估计数）为$(5000 \times 2\%) \times 10\% + (5000 \times 5\%) \times 5\% = 22.5$（万元）。

当企业清偿预计负债所需支出全部或部分预期由第三方补偿的，补偿金额只有在基本确定能够收到时才能作为资产单独确认，而且确认的补偿金额不应当超过预计负债的账面价值。例如，发生交通事故等情况时，可以从保险公司获得合理的补偿；在某些索赔诉讼中，企业可以通过反诉的方式对索赔人或第三方另行提出赔偿要求；在债务担保业务中，企业履行担保义务的同时，通常可以向被担保企业提出额外追偿要求。

(2) 预计负债的后续计量

企业应当在资产负债表日对预计负债的账面价值复核。有确凿证据表明该账面价值不能真实反映当前最佳估计数的，应当按照当前最佳估计数对该账面价值进行调整。但属于会计差错的，应当根据会计政策、会计估计变更和会计差错更正准则进行处理。

企业对已经确认的预计负债在实际支出发生时，应当仅限于最初为之确定该预计负债的支出。也就是说，只有与该预计负债有关的支出才能冲减预计负债，否则将会混淆不同预计负债确认事项的影响。

3. 预计负债的会计处理

为了正确核算和披露预计负债，并区别于其他负债项目，企业应设置“预计负债”科目，该科目借方反映实际发生的费用以及预计负债的冲销额，如支付产品维修费用、因败诉而支付的赔偿款等；贷方反映确认的预计负债金额；期末贷方余额反映企业已预计尚未清偿的债务金额。同时企业应在“预计负债”科目下分别不同性质设置“预计产品质量保证损失”“预计未决诉讼损失”“预计担保损失”“预计重组损失”等明细科目明细核算。

(1) 产品质量保证

产品质量保证是企业为了树立信誉、扩大销售、提高市场竞争能力所采取的对于出

售的产品附有的各种各样的质量保证，如对售出产品实行“三包”，即包退、包换和包修等措施。由于产品的质量问题通常在所难免，所以伴随企业对售出产品的质量保证而发生的费用，如修理费用等，其发生的可能性是相当肯定的，其发生的金额往往也可以根据以往经验合理预计，所以产品质量保证通常可以确认为一项预计负债。通常可以在产品售出后，根据产品质量保证条款的规定、产品的销售额以及预计质量保证费用的最佳估计数确认产品质量保证负债金额，在确认时，应借记“销售费用—预计产品质量保证损失”科目，贷记“预计负债—预计产品质量保证损失”科目；平时，实际发生产品质量保证费用时，应借记“预计负债—预计产品质量保证损失”科目，贷记“银行存款”等科目。

产品质量保证负债核算时还应注意：如果发现保证费用的实际发生额与预计数相差较大，应及时调整预计比例；企业针对特定批次产品确认预计负债，在保修期结束时，应将“预计负债—预计产品质量保证损失”余额冲销，不留余额；已对其确认预计负债的产品，如企业不再生产，则应在相应的产品质量保证期满后，将“预计负债—预计产品质量保证损失”余额冲销，不留余额。

(2) 未决诉讼

企业在经营活动中经常会涉及经济诉讼、仲裁等案件，但这些审理中的诉讼、仲裁事项将对企业的财务状况和经营成果产生多大影响，企业因此要承担多大风险，具有不确定性。如果这些未决诉讼引起的相关义务符合预计负债确认条件、预计败诉的可能性属于“很可能”、要发生的诉讼等费用也能可靠预计，则企业应将预计要发生的支出确认为预计负债，借记“营业外支出”“管理费用”等科目，贷记“预计负债—预计未决诉讼损失”科目；因败诉实际支付诉讼等费用时，应借记“预计负债—预计未决诉讼损失”科目，贷记“银行存款”等科目。

(3) 对外担保事项

企业对外提供担保可能产生的负债，如果符合预计负债的确认条件，应当确认为预计负债。

1) 在担保涉及诉讼的情况下，如果企业已被判决败诉，则应当按照法院判决的应承担的损失金额，确认为预计负债，并计入当期营业外支出（不含诉讼费，实际发生的诉讼费应计入当期的“管理费用”，下同）；如果已判决败诉，但企业正在上诉，或者经上一级法院裁定暂缓执行，或者由上一级法院发回重审等，企业应当在资产负债表日，根据已有判决结果合理估计可能产生的损失金额，确认为预计负债，并计入当期营业外支出；如果法院尚未判决，企业应向其律师或法律顾问等咨询，估计败诉的可能性，以及败诉后可能发生的损失金额，并取得有关书面意见。如果败诉的可能性大于胜诉的可能性，并且损失金额能够合理估计的，应当在资产负债表日将预计担保损失金额，确认为预计负债，并计入当期营业外支出。

2) 企业当期实际发生的担保诉讼损失金额与已计提的相关预计负债之间的差额，应分情况处理。

①企业在前期资产负债表日，依据当时实际情况和所掌握的证据，合理预计了预计负债，应当将当期实际发生的担保诉讼损失金额与已计提的相关预计负债之间的差额，直接计入当期营业外支出或营业外收入。

②企业在前期资产负债表日，依据当时实际情况和所掌握的证据，本应当能够合理估计并确认和计量因担保诉讼所产生的损失，但企业所做的估计却与当时的事实严重不符（如未合理预计损失或不恰当地多计或少计损失），应当视为滥用会计估计，按照重大会计差错更正的方法进行会计处理。

③企业在前期资产负债表日，依据当时实际情况和所掌握的证据，确实无法合理确认和计量因担保诉讼所产生的损失，因而未确认预计负债的，则在该项损失实际发生的当期，直接计入当期营业外支出。

3) 资产负债表日后至财务报告批准报出日之间发生的需要调整或说明的担保诉讼事项，按照资产负债表日后事项准则的有关规定进行会计处理。

(4) 待执行合同变成亏损合同事项

待执行合同是指合同各方尚未履行任何合同义务，或部分地履行了同等义务的合同。企业与其他方签订的尚未履行或部分履行了同等义务的合同，如商品买卖合同、劳务合同、租赁合同等，均属于待执行合同。

亏损合同是指履行合同义务不可避免会发生的成本超过预期经济利益的合同。

根据《企业会计准则第13号—或有事项》的规定，待执行合同变成亏损合同的，该亏损合同产生的义务满足规定条件的，应当确认为预计负债。预计负债的计量反映了退出该合同的最低净成本，即履行该合同的成本与未能履行该合同而发生的补偿或处罚两者之中的较低者。

企业在履行合同义务过程中，如发生的成本预期将超过与合同相关的未来流入的经济利益的，待执行合同即变成了亏损合同，此时，如果与该合同相关的义务无须支付任何补偿即可撤销，通常不存在现时义务，不应确认预计负债。如果与该合同相关的义务不可撤销，企业就存在了现时义务，同时满足该义务很可能导致经济利益流出企业和金额能够可靠地计量的，通常应当确认预计负债。

例如，智董公司2×11年1月采用经营租赁方式租入生产线生产产品，租赁期三年，生产的产品预计每年均可获利。2×12年12月，市政规划要求公司迁址，加之宏观政策调整，该公司决定停产上述产品，原经营租赁合同为不可撤销合同，还要持续一年，生产线无法转租给其他单位。此时，该公司执行原经营租赁合同发生的费用很可能超过预期获得的经济利益，该租赁合同变为亏损合同，应当在2×12年12月31日根据未来期间（2×13年）应支付的租金确认预计负债。

待执行合同变成亏损合同时，企业拥有合同标的资产的，应当先对标的资产进行减值测试并按规定确认减值损失，如预计亏损超过该减值损失，应将超过部分确认为预计负债。企业没有合同标的资产的，亏损合同相关义务满足规定条件时，应当确认为预计负债。

(5) 重组事项

重组是指企业制订和控制的，将显著改变企业组织形式、经营范围或经营方式的计划实施行为。属于重组的事项主要包括：出售或终止企业的部分经营业务；对企业的组织结构进行较大调整；关闭企业的部分营业场所，或将营业活动由一个国家或地区迁移到其他国家或地区。

重组不同于企业合并和债务重组。重组通常是企业内部资源的调整和组合，谋求现有资产效能的最大化；企业合并是在不同企业之间的资本重组和规模扩张；债务重组是债权人对债务人做出让步，债务人减轻债务负担，债权人尽可能减少损失。

根据《企业会计准则第13号—或有事项》的规定，同时存在下列情况时，表明企业承担了重组义务：

1) 有详细、正式的重组计划，包括重组涉及的业务、主要地点、需要补偿的职工人数及其岗位性质、预计重组支出、计划实施时间等。

2) 该重组计划已对外公告，重组计划已开始实施，或已向受其影响的各方通告了该计划的主要内容，从而使各方形成了对该公司将实施重组的合理预期。

根据《企业会计准则第13号—或有事项》的规定，企业承担的重组义务满足规定条件的，应当确认为预计负债。

例如，智董公司董事会决定关闭一个事业部。如果有关决定尚未传达到受影响的各方，也未采取任何措施实施该项决定，表明该公司没有承担重组义务，不应确认预计负债；如果有关决定已经传达到受影响的各方，各方预期公司将关闭该事业部，通常表明公司开始承担重组义务，同时满足预计负债确认条件的，应当确认预计负债。

企业应当按照与重组有关的直接支出确定预计负债金额，计入当期损益。直接支出不包括留用职工岗前培训、市场推广、新系统和营销网络投入等支出。由于企业在计量预计负债时不应当考虑预期处置相关资产的利得或损失，在计量与重组义务相关的预计负债时，不考虑处置相关资产（厂房、店面，有时是一个事业部整体）可能形成的利得或损失，即使资产的出售构成重组的一部分也是如此。这些利得或损失应当单独确认。

第三节 借款费用

借款费用是指企业因借入资金所付出的代价，包括按照《企业会计准则第22号——金融工具确认和计量》规定的实际利率法计算确定的实际利息、费用（包括折价或者溢价的摊销和辅助费用）以及因外币借款而发生的汇兑差额等。

一、借款费用的内容

1. 因借款而发生的利息

包括企业向银行或者其他金融机构等借入资金发生的利息、发行公司债券发生的利息，以及为购建或者生产符合资本化条件的资产而发生的带息债务所承担的利息等。

2. 因借款而发生的折价或溢价的摊销

因借款而发生的折价或者溢价主要是指发行债券等所发生的折价或者溢价，发行债券中的折价或者溢价，其实质是对债券票面利息的调整（即将债券票面利率调整为实际利率），属于借款费用的范畴。

3. 因外币借款而发生的汇兑差额

因外币借款而发生的汇兑差额，是指由于汇率变动导致市场汇率与账面汇率出现差异，从而对外币借款本金及其利息的记账本位币金额所产生的影响金额。由于汇率的变化往往和利率的变化相连，它是企业外币借款所需承担的风险，因此，因外币借款相关汇率变化所导致的汇兑差额属于借款费用的有机组成部分。

4. 因借款而发生的辅助费用

因借款而发生的辅助费用，是指企业在借款过程中发生的诸如手续费、佣金、印刷费等费用，由于这些费用是因安排借款而发生的，也属于借入资金所付出的代价，是借款费用的构成部分。

二、借款费用的确认和计量

（一）应予资本化的资产范围和借款范围

借款费用应予资本化的资产范围是符合资本化条件的资产，指需要经过相当长时间的购建或者生产活动才能达到预定可使用或者可销售状态的固定资产、投资性房地产和存货等资产。应予资本化的借款范围包括专门借款和一般借款。专门借款是指为购建或者生产符合资本化条件的资产而专门借入的款项，通常签订有标明该用途的借款合同。一般借款是指除专门借款之外的借款。

（二）借款费用开始资本化时点的确定

借款费用必须同时满足以下三个条件，才能允许开始资本化，计入相关资产的成本。

1. 资产支出已经发生

资产支出包括为购建或生产符合资本化条件的资产而以支付现金、转移非现金资产和承担带息债务形式所发生的支出。支付现金是指用货币资金支付符合资本化条件的资产的购建或者生产支出。转移非现金资产是指企业将自己的非现金资产用于符合资本化条件的资产的购建或生产，如将自产产品用于固定资产建造。承担带息债务是指企业为了购建或者生产符合资本化条件的资产所需用物资等而承担带息应付款项（如带息应付票据），即企业以带息票据购入工程物资，在赊购日即认为资产支出已经发生，如为不带息票据，则应在实际支付票款时作为资产支出的发生日。如果企业委托其他单位建造固定资产，则企业向受托单位支付第一笔预付款或第一笔进度款时，即认为资产支出已经发生。

2. 借款费用已经发生

指企业已经发生了因购建或生产符合资本化条件的资产而专门借入款项的借款费用或者所占用的一般借款的借款费用。

3. 为使资产达到预定可使用或者可销售状态所必要的购建或者生产活动已经开始

是指符合资本化条件的资产的实体建造或生产工作已经开始，如主体设备的安装、厂房的实际开工建造等。不包括仅仅持有资产但没有发生为改变资产形态而进行实质上的建造或者生产活动的情况，如只购置了建筑用地但未发生有关房屋建造活动等。

（三）借款费用的具体确认原则

对于因专门借款和一般借款而发生的利息、折价或溢价的摊销确认原则为：在资本化期间，应当予以资本化，计入符合资本化条件的资产的成本。其他的借款利息、折价或溢价的摊销应当于发生当期确认为费用。

资本化期间是指从借款费用开始资本化时点到停止资本化时点的期间，借款费用暂停资本化的期间不包括在内。

汇兑差额确认原则为：在资本化期间内，外币专门借款本金及利息的汇兑差额，应当予以资本化，计入符合资本化条件的资产的成本。

辅助费用的确认原则为：专门借款发生的辅助费用，在所购建或者生产的符合资本化条件的资产达到预定可使用或者可销售状态之前发生的，应当在发生时根据其发生额予以资本化，计入符合资本化条件的资产的成本；在所购建或者生产的符合资本化条件的资产达到预定可使用或者可销售状态之后发生的，应当在发生时根据其发生额确认为费用，计入当期损益。上述资本化或计入当期损益的辅助费用的发生额，是指根据《企业会计准则第22号——金融工具确认和计量》，按照实际利率法所确定的金融负债交易费用对每期利息费用的调整额。一般借款发生的辅助费用，按照专门借款辅助费用的金额确定原则来处理的，在计算利息和摊销时一并考虑辅助费用的摊销，符合资本化条件的，发生时应当资本化。由于辅助费用的发生会导致相关借款实际利率的上升，从而需要对各期利息、费用做相应调整，因此，在确定相关借款辅助费用资本化金额时可以结合借款利息资本化金额一起计算。

（四）借款费用资本化金额的确定

企业每期应予资本化的借款费用金额，包括当期应予资本化的利息、借款折价或溢价的摊销、辅助费用和汇兑差额。

1. 利息资本化金额的确定

按规定，利息资本化金额仅限于资本化期间内。应予资本化的利息金额根据借款的类别不同分为专门借款和一般借款。

(1) 专门借款

为购建或者生产符合资本化条件的资产而借入专门借款的，应当以专门借款当期实际发生的利息费用，减去将尚未动用的借款资金存入银行取得的利息收入或进行暂时性投资取得的投资收益后的金额，确定为专门借款利息费用的资本化金额，在资本化期间，应当全部计入符合资本化条件的资产的成本，不计算借款资本化率。

(2) 一般借款

在借款费用资本化期间内，为购建或者生产符合资本化条件的资产而占用了一般借款的，应当根据累计资产支出超过专门借款部分的资产支出加权平均数乘以所占用一般借款的资本化率，计算确定一般借款应予资本化的利息金额。一般借款应予资本化的利息金额应当按照下列公式计算：

一般借款利息费用资本化金额 = 累计资产支出超过专门借款部分的资产支出加权平均数 × 所占用一般借款的资本化率

所占用一般借款的资本化率 = 所占用一般借款加权平均利率

= 所占用一般借款当期实际发生的利息之和 ÷ 所占用一般借款本金加权平均数

$$\text{所占用一般借款本金加权平均数} = \Sigma\left[\text{所占用每笔一般借款本金} \times \left(\text{每笔一般借款在当期所占用的天数} / \text{当期天数}\right)\right]$$

计算利息时，如果所涉及的借款存在折价或者溢价的，应当按照实际利率法确定每一会计期间应摊销的折价或者溢价金额，调整每期利息金额。在实际利率法下，企业应当按照期初借款余额乘以实际利率计算确定每期借款利息费用。实际利率是企业在借款期限内未来应支付的利息和本金折现为借款当前账面价值的利率。在资本化期间，每一会计期间的利息资本化金额，不应当超过当期相关借款实际发生的利息金额。

2. 借款辅助费用资本化金额的确定

应予资本化或计入当期损益的借款辅助费用的发生额，是根据《企业会计准则第22号——金融工具确认和计量》，按照实际利率法所确定的金融负债交易费用对每期利息费用的调整额。借款实际利率与合同利率差异较小的，也可以采用合同利率计算确定利息费用。专门借款与一般借款发生的辅助费用，均应按上述原则确定其发生额并进行处理。

3. 外币专门借款汇兑差额资本化金额的确定

汇兑差额的资本化金额为在资本化期间内外币专门借款本金及利息所发生的汇兑差额。

(五) 借款费用资本化的暂停

符合资本化条件的资产在购建或者生产过程中发生了非正常中断，且中断时间连续超过三个月的，应当暂停借款费用的资本化。在中断期间发生的借款费用应当确认为费用，计入当期损益，直至资产的购建或生产活动重新开始。如果中断是所购建或者生产的符合资本化条件的资产达到预定可使用或者可销售状态必要的程序，借款费用的资本化应当继续进行。

非正常中断通常是由于企业管理决策上的原因或者其他不可预见的原因等所导致的中断。例如，企业因与施工方发生了质量纠纷，或者工程、生产用料没有及时供应，或者资金周转发生了困难，或者施工、生产发生了安全事故，或者发生了与资产购建、生产有关的劳动纠纷等原因，导致资产购建或者生产活动发生中断，均属于非正常中断。

非正常中断与正常中断有显著不同。正常中断通常仅限于因购建或者生产符合资本化条件的资产达到预定可使用或者可销售状态所必要的程序，或者事先可预见的不可抗力因素导致的中断。例如，某些工程建造到一定阶段必须暂停下来进行质量或者安全检查，检查通过后才可继续下一阶段的建造工作，这类中断是在施工前可以预见的，而且是工程建造必须经过的程序，属于正常中断。某些地区的工程在建造过程中，由于可预见的不可抗力因素（如雨季或冰冻季节等原因）导致施工出现停顿，也属于正常中断。

(六) 借款费用资本化的停止

当所购建或生产符合化条件的资产达到预定可使用状态或者可销售状态时，应当停止其借款费用的资本化；以后发生的借款费用应当在发生时根据发生额确认为费用，计入当期损益。所购建或生产符合资本化条件的资产达到预定可使用状态或者可销售状态，可从下列几个方面判断：

1) 符合资本化条件的资产的实体建造（包括安装）或者生产工作已经全部完成或者实质上已经完成。

2) 所购建或者生产的符合资本化条件的资产与设计要求、合同规定或者生产要求相符或者基本相符，即使有极个别与设计、合同或者生产要求不相符的地方，也不影响其正常使用或者销售。

3) 继续发生在所购建或生产的符合资本化条件的资产上的支出金额很少或几乎不再发生。

购建或者生产符合资本化条件的资产需要试生产或者试运行的，在试生产结果表明资产能够正常生产出合格产品，或者试运行结果表明资产能够正常运转或者营业时，应当认为该资产已经达到预定可使用或者可销售状态。

如果购建或者生产的符合资本化条件的资产的各部分分别完工，且每部分在其他部分继续建造过程中可供使用或者可对外销售，且为使该部分资产达到预定可使用或可销售状态所必要的购建或者生产活动实质上已经完成的，应当停止与该部分资产相关的借款费用的资本化。购建或者生产的资产的各部分分别完工，但必须等到整体完工后才可使用或者可对外销售的，应当在该资产整体完工时停止借款费用的资本化。

三、借款费用的账务处理

企业发生的借款费用（包括利息、折溢价摊销、辅助费用、汇兑差额等），应按照规定，分别计入有关科目。

1) 属于筹建期间不应计入相关资产价值的借款费用，计入管理费用。

2) 属于经营期间不应计入相关资产价值的借款费用，计入财务费用。

3) 属于发生的与购建或者生产符合资本化条件的资产有关的借款费用，按规定在购建或者生产的资产达到预定可使用或者可销售状态前应予以资本化的，计入相关资产的成本，视资产的不同，分别记入“在建工程”“制造费用”“研发支出”等科目。

4) 购建或者生产符合资本化条件的资产达到预定可使用或者可销售状态后所发生的借款费用以及规定不能予以资本化的借款费用，计入财务费用。

第四节　债务重组

债务重组是指在债务人发生财务困难的情况下，债权人按照其与债务人达成的协议或者法院的裁定做出让步的事项。

详细内容见第二十章。

|第八章|

所有者权益

第一节　所有者权益概述

所有者权益是指企业资产扣除负债后由所有者享有的剩余权益。必须指出的是，在财务会计上把不能列为负债的要求权都归于业主权益，其中包括一些不完全具备企业所有者权利的项目，如优先股股权和少数股东权益。这些项目实际上是所有者权益和负债的混合体，或者是介于两者之间的另一类要求权。

一、所有者权益的分类

（一）按形成来源分类

可分为投入资本、直接计入所有者权益的利得和损失及留存收益。

1) 投入资本为所有者初始和追加投入的资本。

2) 直接计入所有者权益的利得和损失。利得是指由企业非日常活动形成的、会导致所有者权益增加的、与所有者投入资本无关的经济利益的流入。损失是指由企业非日常活动所发生的、会导致所有者权益减少的、与向投资者分配利润无关的经济利益的流出。

3) 留存收益是企业经营活动所得税后利润的留存部分。

（二）按投资主体分类

所有者权益按投资主体不同，可分为国家股、法人股、个人股及外资股四种。

1) 国家股为有权代表国家投资的政府部门或机构，以国有资产投入公司所形成的股份。

2) 法人股为企业法人以其依法可支配的资产投入公司形成的股份，或具有法人资格的事业单位和社会团体，以国家允许用于经营的资产，以向公司投资的形式形成的股份。

3) 个人股为社会个人或本公司内部职工，以个人合法财产投入公司形成的股份。

以上三种股份都为国内投资主体所拥有，简称A股。

4) 外资股为外国投资者以及我国香港、澳门、台湾地区投资者，以购买人民币特种股票形式，向公司投资形成的股份，又称B股。我国有些公司的股份已经开始在中国香港或境外地区或国家证券交易所公开上市流通，称为H股。

这种分类的主要目的在于反映在企业里不同性质的股份所占比重，以便于国家宏观调控。上述各种性质的股份持有者，对企业所有者权益享有同等的权利，即按持有的股份数比例分享所有者权益。

二、企业组织形式与所有者权益

(一) 企业组织形式及其对所有者权益分类的影响

1) 独资企业是指由单个出资者设立的企业。在独资企业，所有者权益属于业主一人所有，出资者对企业债务承担无限清偿责任，所以，通常称为“业主权益”。组建这类企业时，所有者投入的资本全部作为实收资本入账，这是独资企业投入资本会计处理的一个特点。由于投资者为单一所有者，因而也不会在增资时出现资本溢价问题。从法律上讲，独资企业通常没有法人资格，独资企业所拥有的资产和负债与业主个人另外拥有的资产和负债没有本质的区别，但在会计上仍把独资企业视为一个独立会计主体，单独予以处理。在独资企业中，所有者权益表现为所有者个人对企业的所有权，由于对所有者投入、撤出资本没有什么限制，并且除债权人以外没有其他优先求偿权，因而所有者权益不需分类。

2) 合伙企业是指两人以上按照协议投资、共同经营、共负盈亏的企业。与独资企业一样，合伙人对企业的负债负有无限连带责任。就这类企业而言，所有者权益应该按照出资合伙人分别设置账户，对各个合伙人的投资、提款和权益余额进行核算。合伙企业一般不是法人。由于合伙企业的出资人在两人以上，因此在增资时有可能出现资本溢价问题。合伙企业在筹资方面有很大的局限性，因此企业规模会受到较大的限制。另外，在合伙人变动时，企业会遇到比较棘手的问题。若处理不当，可能会导致合伙企业的解散。

3) 公司是依法成立的以营利为目的的企业法人。公司组织是社会化大生产的产物，是现代社会主要的、典型的组织形式。在我国，公司形式的企业有国有独资公司、有限责任公司和股份有限公司三种。在公司组织中，所有者权益属于一定数目的股东，也称股东权益。公司企业股东与债权人之间的产权关系比独资和合伙企业要复杂得多，公司股东权益分类的主要目的是更好地向股东提供有关他们权益变化情况的会计信息。

为了满足这一目的，股东权益的分类着重提供的信息包括：企业股东权益的来源；企业的法定资本；股利分配上的限制；结算分配上的限制。

(二) 企业组织形式对所有者权益计量的影响

企业组织形式不仅影响所有者权益的分类，而且还因组织形式的不同产生了不同的权益计量理论。不同的权益计量理论是从不同的视角描述企业的财务状况及经营成果的，现介绍具体的权益计量理论。

1. 业主权理论

业主权理论（Proprietary Theory）产生于最初对复式簿记的解释，即资产总额－负债总额＝业主权益。在这一会计等式中，业主居于中心地位。资产是业主拥有的一种经济资源，负债则是业主应承担的义务，业主权益代表所有者拥有的资产净值。在企业创立时，企业的资产净值等于业主的投资。企业在经营过程中，其净值就等于原始投入和所增投资额加累计净收益减业主提款和分派业主款。显而易见，业主权理论是一种净财富概念，即所有者（业主）拥有的净财富（净价值）。

业主权理论的基本立论是：会计主体与其终极所有者是一个完整且不可分割的整体。从产权理论看，业主权理论强调的是终极财产权，而不是法人财产权，业主权理论认为，会计主体充其量只是终极所有者财富的存在形式，会计主体是所有者的化身，会计主体的资产与终极所有者的资产没有本质的差别，会计主体的负债即为终极所有者的负债。会计主体的资产与负债之差代表终极所有者的净权益。会计主体的所有收益实质上是终极所有者财富的增加，同样，会计主体的所有支出，亦都可视为终极所有者财富的减少。至于终极所有者从会计主体获得的现金股利收入，并没有改变终极所有者的财富存量，而只是改变其财富的诸存空间。股票股利仅仅表示业主权益之间的内部转移，并不代表股东的收益。然而，债务利息和所得税在这一理论下被视为费用。

这一理论也得到经济学界的认同，经济学家通常都在统计上将会计上的利润作为企业家的总利润。依据此理论，收入为业主权益的增加，费用为业主权益的减少，收入超过费用而形成的净收益，直接记入业主权益账户之中，构成了业主财富的一部分，可见，总括收益观正是以此理论为基础的。

2. 实体理论（主体理论）

实体理论（Entity Theory）源于对复式记账的另一种解释，即以人格化的企业作为设置账户的依据。实体理论的基本理论是：会计主体与其终极所有者是相互分离、彼此独立存在的个体。从产权理论看，实体理论强调的是法人财产权，而不是终极财产权。实体理论认为一个会计实体的资产、负债、净资产、收入和费用以及形成这些要素的交易或事项都独立于终极所有者。

实体理论认为，会计实体是独立于业主和其他利益持有人的个人事务。它所依据的会计等式是资产＝负债＋所有者权益，也即资产＝权益。根据这一等式，所有者已不再是财务会计的唯一中心，而是与债权人处于同等地位。两者的区别在于，债权人的权益优先于所有者权益。依据实体理论，资产是会计实体自身获取经济利益的权利，负债是企业自身的特定义务，而企业净收益所反映的是会计主体的经营成果净额，会计实体的净收益并不等同于所有者的净收益。企业的净收益可分配给投资者本人，也可用于扩大投资，只有投资价值的增加或股利的发放，才使净收益成为所有者的财富来源。

第二节 实收资本

一、实收资本概述

实收资本是指企业按照章程规定或合同、协议约定，接受投资者投入企业的资本。

实收资本的构成比例即投资者的出资比例或股东的股权比例，是确定所有者在企业所有者权益中份额的基础，也是企业进行利润或股利分配的主要依据。

二、实收资本核算

(一) 股份有限公司的股本

1. 发起设立

股份有限公司在收到发起人的出资时，应借记“银行存款”等科目，贷记“股本”等科目。

【例8-1】智董公司是由A、B、C、D和E五个发起人共同发起、依法设立的股份有限公司，经核定的股本总额为50000000元，划分为50000000股，每股面值为1元。公司章程中规定的各发起人的出资比例和出资方式为：A占50%，全部以非货币资产出资，折合股份25000000股。A的出资包括固定资产和土地使用权，固定资产账面原价18000000元，经评估确认的价值为17000000元；经评估确认的土地使用权的价值为8500000元，上述财产已依法转入智董公司。B、C、D、E各占12.5%，全部以货币资金出资，有关出资已全部到位，存入银行。智董公司在收到上述各方出资时，应做如下会计分录：

借：固定资产　　17000000
　　无形资产—土地使用权　　8500000
　　银行存款　　25000000
　贷：股本—A　　25000000
　　　　—B　　6250000（5000000×12.5%）
　　　　—C　　6250000
　　　　—D　　6250000
　　　　—E　　6250000
　　资本公积　　500000

2. 募集设立

公司发行股票一般需要经过股东认购、实收股款、发行股票等阶段。公司在发行股票时，需要确定股票的发行价格。受发行时资本市场供求关系的影响，股票的发行价格可能有面值发行、溢价发行和折价发行，但我国不存在折价发行。发行有面值股票时，无论发行价格与面值是否一致，记入“股本”账户的金额总是股票面值。

(二) 一般企业的实收资本

为了对投入资本进行核算，除股份有限公司以外，其他各类企业应设置“实收资本”账户。“实收资本”账户属于所有者权益类账户，用来核算企业实际收到投资者投入的资本增减变动情况及结果。该账户的贷方登记实收资本的增加数额，借方登记实收资本的减少数额，期末余额在贷方，反映企业期末实收资本的实有数额。该账户应按投资者设置明细账，进行明细分类核算。

1. 接受现金资产投资

企业收到投资者以现金投入的资本时，借记“库存现金”或“银行存款”账户，按投资者在企业注册资本中所占的份额，贷记“实收资本”账户。对于实际投入的金额超过投资者在企业注册资本中所占份额的部分，应记入“资本公积”账户。

【例8-2】由A、B、C三位投资者出资，组建智董有限责任公司，注册资本为3000000元，A、B、C三位投资者持股比例分别为50%、30%和20%。按照公司章程的规定，A、B、C三位投资者投入的资本分别为1500000元、900000元和600000元。智董有限责任公司已如期收到各投资者的款项，在进行会计处理时，应编制如下会计分录：

借：银行存款　　3000000
　贷：实收资本—A　　1500000
　　　　　　—B　　900000
　　　　　　—C　　600000

2. 接受非现金资产投资

1) 接受投入固定资产。企业接受投资者作价投入的房屋、建筑物、机器设备等固定资产，应按照投资合同或协议约定的价值确定固定资产的价值，但投资合同或协议约定价值不公允的除外。在进行会计处理时，按照投资合同或协议约定的价值，借记“固定资产”账户，按投资者在企业注册资本中应享有的份额，贷记“实收资本”账户。如果投资合同或协议约定的价值大于投资者在企业注册资本中应享有的份额，应将其差额记入“资本公积”账户。

2) 接受投入材料物资。企业接受投资者作价投入的材料物资，应按照投资合同或协议约定的价值确定材料物资的价值，但投资合同或协议约定价值不公允的除外。在进行会计处理时，应按照投资合同或协议约定的价值，借记“原材料”账户，按增值税专用发票上注明的增值税税额，借记“应交税费—应交增值税（进项税额）”账户，按投资者在企业注册资本中应享有的份额，贷记“实收资本”账户，按其差额贷记“资本公积”账户。

【例8-3】智董公司于设立时接受贵琛公司作为资本投入的原材料一批，该批原材料投资合同约定的价值为200000元，增值税进项税额为32000元。贵琛公司已开具增值税专用发票。假设合同约定的价值与材料的公允价值相符，该进项税额允许抵扣，不考虑其他因素。该公司在进行会计处理时，应编制如下会计分录：

借：原材料　　200000
　　应交税费—应交增值税（进项税额）　　32000
　贷：实收资本—贵琛公司　　232000

3) 接受投入无形资产。企业接受投资者以无形资产方式投入的资本，应按照投资合同或协议约定的价值确定无形资产的价值，但投资合同或协议约定价值不公允的除外。在进行会计处理时，应按照投资合同或协议约定的价值，借记“无形资产”账户，按投资者在企业注册资本中应享有的份额，贷记“实收资本”账户。如果投资合同或协议约定的价值大于投资者在企业注册资本中应享有的份额，应将其差额记入“资本公积”账户。

第三节 资本公积

一、资本公积概述

(一) 资本公积的来源及用途

资本公积是保留在企业内部不予分配、来源于非经营因素的企业资本性积累，其权益属于投资者所有。从其形成来源看，它是投资者投入的资本金额中超过法定资本的部分，或是其他人投入的不形成实收资本的资产的转化形式，是一种特殊的所有者权益。它是企业抵御、防范经营和财务风险，充实资本的重要资金，对保护企业投资者和债权人的利益具有重要的意义。

按照2007年1月1日起实施的新《企业会计准则》的规定，资本公积是企业收到投资者出资额超出其在注册资本（或股本）中所占份额的部分，以及直接计入所有者权益的利得和损失等。资本公积包括资本溢价（或股本溢价）和直接计入所有者权益的利得和损失等。形成资本溢价（或股本溢价）的原因有溢价发行股票、投资者超额缴入资本等。直接计入所有者权益的利得和损失是指不应计入当期损益、会导致所有者权益发生增减变动的、与所有者投入资本或者向所有者分配利润无关的利得和损失，如企业的长期股权投资采用权益法核算时，因被投资单位除净损益以外所有者权益的其他变动，投资企业按应享有份额而增加或减少的资本公积。

资本公积主要用于转增资本，即在办理增资手续后用于资本公积转增实收资本，按所有者原有的比例增加投资人的实收资本。

(二) 资本公积与实收资本（或股本）的区别

1. 从来源和性质看

实收资本（或股本）是指投资者按照企业章程或合同、协议的约定，实际投入企业并依法进行注册的资本，它体现了企业所有者对企业的基本产权关系。资本公积是投资者的出资中超出其在注册资本中所占份额的部分，以及直接计入所有者权益的利得和损失，它不直接表明所有者对企业的基本产权关系。

2. 从用途看

实收资本（或股本）的构成比例是确定所有者参与企业财务经营决策的基础，也是企业进行利润分配或股利分配的依据，同时还是企业清算时确定所有者对净资产的要求权的依据。资本公积主要用来转增资本（或股本），它不体现各所有者的占有比例，也不能作为所有者参与企业财务经营决策或进行利润分配（或股利分配）的依据。

二、资本公积核算

企业应通过“资本公积”账户核算资本公积的增减变动情况，并分别通过“资本溢价（股本溢价）”“其他资本公积”账户进行明细核算。

【例8-4】智董公司接受某投资者的投资5000000元，其中4000000元作为实收资本，另1000000元作为资本公积。公司收到该投资者的投资后存入银行，手续已办妥。

借：银行存款　　5000000
　贷：实收资本　　4000000
　　资本公积—资本溢价　　1000000

第四节　留存收益

一、留存收益的性质与构成

(一) 留存收益的概念

留存收益（或称留存利润）是股东权益的另外一个组成部分，它是指企业从历年实现的利润中提取或形成的留存于企业的内部积累。

留存收益与投资者投入的资本同属于股东权益（资本），但它有别于投入资本。投入资本是投资者从外部投入公司的，它是股东权益的基本组成部分，而留存收益不是由投资者从外部投入的，而是从经营活动赚取的利润而来。公司经营得好坏直接关系到留存收益的大小，公司经营得好，利润表会表现出盈利，同时导致资产负债表的股东权益部分增加；而公司经营得差，利润表会表现出亏损，同时导致资产负债表的股东权益部分减少。可见，留存收益是资产负债表与利润表之间的桥梁。

(二) 留存收益的构成

留存收益是国际上较为流行的提法，在我国，与留存收益对应的概念是盈余公积和未分配利润。在后面的会计分录中，我们将根据实际情况直接采用盈余公积和未分配利润科目。盈余公积包括法定盈余公积、任意盈余公积，它们属于拨定的留存收益，而未分配利润属于未拨定的留存收益。

二、盈余公积

(一) 盈余公积的形成

企业要生存、要发展，必然要不断地扩大规模，向社会提供适销对路的产品或劳务，履行社会义务，承担社会责任。因此，有必要把税后利润的一部分留存企业，重新投入生产经营，参加周转。这部分留存于企业的利润，称为盈余公积，是从盈余中而来，属于企业的所有者。盈余公积包括法定盈余公积任意盈余公积。

1. 法定盈余公积

法定盈余公积即企业按《公司法》规定必须从税后利润中提取，留存于企业，用以扩大生产经营的资本。企业必须提取法定盈余公积，其目的是确保企业不断积累资本，固本培元，自我壮大实力。我国《公司法》规定，公司制企业的法定盈余公积按照税后利润的10%提取，计提的法定盈余公积累计金额达到注册资本的50%时，可以不再提取；非公司制企业可按照超过10%的比例提取。

2. 任意盈余公积

任意盈余公积是公司出于实际需要或采取审慎经营策略，从税后利润中提取的一部分留存利润。如果公司有优先股，必须在支付了优先股股利之后，才可提取任意盈余公积。

任意盈余公积和法定盈余公积的区别在于各自计提依据不同，法定盈余公积是以国家法律或法规为依据而提取的；任意盈余公积是企业自行决定提取，其数额也视经营情况而定。

提取任意盈余公积的原因很多，如可能需要偿还长期负债，或是为了控制本期股利的分派不致过多。总之，任意盈余公积是压低当年股利率的一种手段，是企业管理部门对发放股利施加的限制。可见，提取任意盈余公积的目的仅仅在于限制可供分派股利的留存利润，从而为企业积蓄财力，以供偿还长期债务之用，但它不会使留存利润发生增减变动。

(二) 盈余公积的用途

1. 弥补亏损

企业发生亏损时，应由企业自行弥补。弥补亏损的渠道主要有三条：一是用以后年度税前利润弥补。按照有关法规规定，企业发生亏损时，可以用以后五年内实现的税前会计利润弥补，也就是说税前利润弥补亏损的期限为五年。二是用以后年度税后利润弥补。企业发生的亏损经过五年期限未足额弥补的，应用所得税后的利润弥补。三是用盈余公积弥补。当企业发生的亏损在所得税后利润仍不足弥补的，可用提取盈余公积加以弥补。但是，用盈余公积弥补亏损时，应由董事会提议，并经股东大会批准后方可实施。

2. 转增资本

当企业提取的盈余公积累积比较多时，可以将盈余公积转增资本，但必须经过股东大会的批准。按照公司法的规定，用盈余公积转增资本后，留存的盈余公积不得少于注册资本的25%，而且，当将盈余公积转增资本时，要按照股东的原持股比例进行结转。

3. 发放现金股利或利润

根据有关规定，特殊情况下，当企业累积的盈余公积比较多，而未分配利润又比较少时，为维护企业形象，给投资者以合理的回报，对于符合规定条件的企业，可以用盈余公积分派现金股利或利润。盈余公积的提取实际上是企业当期实现的净利润向投资者分配的一种限制。提取盈余公积本身就属于利润分配的一部分，企业提取盈余公积相对应的资金，一经提取形成盈余公积后，在一般情况下不得用于向投资者分派股利或利润。企业提取的盈余公积，无论是用于弥补亏损，还是用于转增资本，都是在企业所有者权益内部结构的转换，并不引起企业所有者权益总额的变化。

(三) 盈余公积的会计处理

为了反映盈余公积的形成和使用情况，企业应设置“盈余公积”账户，该账户属于所有者权益账户，贷方登记按规定从净利润中提取而形成的盈余公积数额，借方登记企业将盈余公积用于弥补亏损、转增资本以及分派现金股利或利润的减少数额，期末贷方余额反映企业提取尚未转出的盈余公积数额。本账户应按其种类设置明细，分别进行明细核算。

1. 提取盈余公积

企业按照规定从净利润中提取各项盈余公积时，借记“利润分配”（提取法定盈余公积、提取任意盈余公积）科目，贷记“盈余公积”（法定盈余公积、任意盈余公积）科目。

2. 盈余公积补亏

企业用盈余公积弥补亏损，应当按照当期弥补亏损的数额，借记“盈余公积”科目，贷记“利润分配—盈余公积补亏”科目。

3. 盈余公积转增资本

一般企业用提取的盈余公积转增资本时，应按照批准的转增资本数额，借记“盈余公积”科目，贷记“实收资本”科目。

股份有限公司经过股东大会决议，用盈余公积派送红股转增股本时，应借记“盈余公积”，贷记“股本”科目。如果两者之间有差额，应贷记“股本溢价”科目。

4. 盈余公积分派现金股利或利润

企业经过股东大会或类似机构决议，用盈余公积分派现金股利或利润时，应当借记“盈余公积”科目，贷记“应付股利或应付利润”科目。

三、未分配利润

未分配利润是企业留待以后年度分配的结存利润，也是企业所有者权益的组成部分。

相对于所有者权益的其他部分来说，企业对于未分配利润的使用分配有较大的自主权。从数量上说，未分配利润是期初未分配利润，加上本期实现的净利润，减去提取的各种盈余公积和分出利润后的余额。未分配利润有两层含义：一是留待以后年度处理的利润；二是未指定特定用途的利润。

企业未分配利润应通过“利润分配”科目核算。年度终了，企业应将全年实现的净利润，自“本年利润”科目转入“利润分配—未分配利润”科目，并将“利润分配”科目下的其他有关明细科目的余额，转入“未分配利润”明细科目。结转后，“未分配利润”明细科目的贷方余额，就是累积未分配的利润数额。如出现借方余额，则表示累积未弥补的亏损数额。对于未弥补亏损，可以用以后年度实现的税前利润进行弥补，但弥补期限不得超过五年。

四、股利分派

股利是股息和红利的总称，它是指股东依靠其所拥有的公司股份从公司分得的利润，是董事会正式宣布从公司净利中分配给股东，作为给每一个股东对公司投资的一种报酬。其实质是公司财富中属于股东收益盈余的一部分。

我国《公司法》规定，税后利润在提取了法定盈余公积之后，余下的部分应先发放优先股股利，然后依董事会决定提取任意盈余公积，再余下的税后利润可向普通股股东分派普通股股利。在付清优先股股利之前，公司不得发放普通股股利。

(一) 分派股利的限制

股利以何种形式发放，取决于公司的股利决策，而股利政策是公司在利润再投资与回报投资者之间的一种权衡。股份公司在确定股利政策时，一般受到法律因素、契约因素、公司自身因素和股东因素等的限制。

1. 法律因素

一般来说，法律并不要求公司一定分配股利，但在某些情况下对公司发放股利做出了明确的规定。通常公司在考虑股利分配时必须遵循三个原则。

1) “无盈利、不分配”原则。股利只能来源于公司本年度的净利润或以前年度提取的留存收益，也就是说，公司股利的支付不能超过当期与过去的留存收益之和。

2) “不侵蚀资本”原则。公司不能动用公司资本支付股利。

3) “破产不分红”原则。公司破产时不能支付股利，或因支付股利导致公司破产时也不能分红。

2. 契约因素

债务契约是指债权人为了防止企业过度发放股利，影响其偿债能力、增加债务风险，而以契约的形式限制企业现金股利的分配。这种限制通常包括：规定年股股利的最高限额；规定除非公司的盈利达到某一水平，否则不得分配现金股利；规定企业的流动比率、利息保障数低于一定标准时，不得分配现金股利等。

3. 公司自身因素

公司自身因素的限制是指股份公司内部的各种因素及公司面临的各种环境、机会对其股利政策产生的制约，主要包括现金流量、筹资能力、投资机会等。

1) 现金流量。公司在分配现金股利时，必须考虑现金流量以及资产的流动性，过度分配现金股利会减少公司的现金持有量，影响未来的支付能力，甚至会使公司会出现财务困难。事实上，多数公司由于某种原因将大量的资金用于购置固定资产，扩大企业规模，普遍存在资产流动性较差的现象。这些公司为了保持应付各种意外情况的能力，往往采取低现金股利的策略。

2) 筹资能力。公司股利政策也受其筹资能力的限制。如果公司具有较强的筹资能力，随时能筹到所需的资金，那么就具有较强的股利发放能力，可采取较为宽松的股利政策；反之，公司筹资能力不强，就应采取紧缩的股利政策，少发放现金股利。

3) 投资机会。公司的股利政策应以其未来的投资要求为基础加以确定。当公司有较多的投资机会时，就应当考虑少发放现金股利，增加留存利润，用于再投资。这可以加速企业的发展，增加公司未来的收益，这种股利政策也易为股东所接受。公司在没有良好的投资机会时，往往倾向于多发放现金股利。

4. 股东因素

尽管最终的股利政策取决于多种因素，但避免股东不满是很重要的。如果股东对现有股利政策不满意，他就会出售其所持股份，外部集团掌握公司控制权的可能性就会增大。股东对公司的股利政策越不满，公司被外部集团接管的可能性越大。因此，财务经理有责任了解股东对股利的一般态度。具体来说，股东对股利的态度可概括为如下几种情况。

1) 追求稳定的收入，规避风险。有的股东依赖公司发放的现金股利维持生活，他们往往要求公司能够定期支付稳定的现金股利，反对留利过多。

2) 担心控制权稀释。有的大股东持股比例较高，对公司有一定的控制权，他们出于对公司控制权可能被稀释的担心，往往倾向于公司少分配现金股利，多留存利润。

3) 规避所得税。按照税法的规定，政府对企业征收企业所得税以后，还要对股东分得的股息、红利征收个人所得税。各国的税率有所不同，有的国家个人所得税采用累进税率，边际税率很高。高收入阶层的股东为了避税往往反对公司发放过多的现金股利；而低收入阶层的股东因个人税负较轻，可能会欢迎公司多分红利。

(二) 股利分派的有关日期

股份公司分配股利必须遵循规定的程序，一般是先由董事会提出分配预案，然后提交股东大会决议通过。股东大会上决议通过分配预案之后，要向股东宣布发放股利的方案，并确定股权登记日、除息日和股利发放日。这几个日期对分配股利是非常重要的。

1. 宣布股利日

宣布股利日就是股东大会决议通过并由董事会宣布发放股利的日期。它表明向股东支付股利的义务在这一天成立，也是公司在会计上登记有关股利负债的日期。宣布股利日后的股票就成为附息股票。在宣布股利分配方案的同时，要公布股权登记日、除息日和股利发放日。

2. 股权登记日

股权登记日是有权领取本期股利的股东资格登记截止日期。公司规定股权登记日，是为了确定股东能否领取股利的日期界限，因为股票是经常流动的，所以确定这个日期是非常必要的。凡是在股权登记日这一天登记在册的股东才享有领取股利的权利，在该日以后取得股票的股东则无权获取本次分配的股利。

3. 除息日

除息日就是除去股利的日期，即领取股利的权利与股票分开的日期。在T＋0交易制度下，股权登记日后的第一个交易日就是除息日。在除息日之前购买的股票，才能领取本次股利；在除息日当天或以后购买的股票，不能领取本次股利。对股份公司来说，账上无需作任何分录。

4. 股利发放日

股利发放日也称付息日，是将股利正式发放给股东的日期。在这一天，计算机交易系统通过中央结算登记系统将公司发放给股东的股利直接打入股东的资金账户，股东可以向其证券代理商领取股利。股份公司这时在会计上可冲销股利负债。

(三) 股利的种类

根据股利支付的形式，股份公司分配的股利一般包括现金股利、财产股利、负债股利、股票股利和清算股利等。

1. 现金股利

现金股利是指以现金形式发放给股东的股利。这是最常见的股利分配形式。现金股利的发放主要取决于是否有足够的现金、是否有董事会的决定。派发现金股利的直接后果是减少留存收益和现金。由于现金股利一经宣布，就成为公司对股东的偿付责任，因此，要即时在“应付股利”账户上反映。

【例8-5】智董公司某年度经股东大会审议，通过了向全体股东每股派发0.10元的现金股利分配方案。该公司总股数为5000万股。宣告派发现金股利时：

借：利润分配　　　　5000000

　　贷：应付股利　　　　5000000

2. 财产股利

财产股利是上市公司用现金以外的其他资产向股东分派的股息和红利。它可以是上市公司持有的其他公司的有价证券，也可以是实物。当公司有困难时，征得股东大会同意，可以实物形式向股东发放股利，这被称为实物股利。这种实物既可以是公司的产品，也可以是公司的资本财物。由于实物资产存在不同的计价方法，如账面价值或公允价值，对财产股利的计价目前存在较大的争议。

【例8-10】智董公司董事会决定以持有的某股票投资作为股利发放，该股票的账面价值为5000000元，股利宣告日的市场价值为5500000元。该公司应作如下会计分录：

3. 负债股利

负债股利是指公司通过建立一种负债，用债券或应付票据作为股利分派给股东。这些债券或应付票据既是公司支付的股利，又确定了股东对公司享有的独立债权。发放负债股利往往是因为公司已宣布发放股利但又面临现金不足的难题，从而采用的一种权宜之计。发放负债股利，一方面会相应地减少留存收益，另一方面会相应地增加负债。

4. 股票股利

股票股利是公司用增发的股票分派给股东的一种股利。被当作股利发放的股票又称为红股，俗称送股。股票股利既不影响企业的资产，也不影响企业的负债。同样，由于每个股东收到相同比例的股票，所以股东在企业中的股权比例保持不变。

公司发放股票股利的原因可能有以下几种。

1) 当公司需要现金扩展业务时，为了保留现金而发放股票股利，这样做既不减少公司的现金，又能使股东分享收益。

2) 发放股票股利增加了股份数，会使股票的每股市价有所下跌，有利于股票流通。

3) 为了避免股东被课征个人所得税

股票股利在大多数国家不被认为是一种所得，因此股东可免缴个人所得税。

股票股利会计处理的主要问题是计价。按股票面值入账还是按股票市价入账？是全部贷记“股本”账户，还是同时有一部分贷记“股本溢价”账户？有人认为，发放股票股利按所发股票面值入账，因为这样符合实际成本会计原则。有人主张，发放股票股利，股票应按市价计价，因为股票可以流通，随时可以抛售变现。股票股利在股东看来就好比无偿配股，基于这种考虑，在会计实务中一般都按面值从留存收益转入“股本”。具体会计分录是直接按股票面值借记“利润分配”科目，贷记“股本”科目。

5. 清算股利

公司如果在无留存收益的情况下，以现金或公司其他资产形式分配股利，称为清算股利。清算股利不是真正的股利，其实质是资本的返还。从股东的角度看，如果公司所分配的股利在于其投资后公司所实现的累积净利润，其超过的部分也归属于清算股利。公司分配清算股利时，借记“股本”科目，贷记“资产类”科目。

五、股票分割

股票分割，是通过成比例地降低股票面值而增加普通股的数量，它是一种将面额较大的股票转换成面额较小股票的行为。股票分割后，由于普通股数量增加，普通股面值相应降低。

(一) 股票分割与股票股利

股票分割与股票股利非常相似，两者都是增加股票数量，但不向股东分配资产，股东的持股比例保持不变，因而公司的资产总额、股东权益都保持不变。但两者有明显的区别，具体表现在：股票分割不影响公司的留存收益及股本总额，仅使每股面值降低；而股票股利将使股本总额扩大，公司留存收益减少，但每股面值不变。

(二) 股票分割的会计处理

股票分割时，虽然股票股数增加、面值变小，但股本的面值总额及其他股东权益并不因之发生任何增减变化，故不需要进行会计处理。但这并不是说股票分割完全不会对公司的财务数据产生影响，事实上，与股票股利相似，股票分割同样会使每股收益由于普通数量的增加而降低。

第九章

收入

收入是指企业在日常活动中形成的、会导致所有者权益增加的、与所有者投入资本无关的经济利益的总流入。

为保持我国企业会计准则与国际财务报告准则持续趋同，切实解决我国原先准则实施中存在的具体问题，进一步规范收入确认、计量和相关信息披露，财政部借鉴国际财务报告准则第15号，并结合我国实际情况，2017年7月5日修订发布了《企业会计准则第14号——收入》（本章以下简称“新收入准则”或“本准则”）。对于在境内外同时上市的企业以及在境外上市并采用国际财务报告准则或企业会计准则编制财务报告的企业，自2018年1月1日起执行新收入准则，这一要求与国际财务报告准则第15号的生效日期保持一致，以避免该类上市公司境内外报表出现差异。对于其他在境内上市的企业，要求自2020年1月1日起执行新收入准则，为这些企业预留两年的准备时间，以总结借鉴境外上市公司执行新收入准则的经验，确保所有上市公司高质量地执行新准则。对于执行企业会计准则的非上市企业，要求自2021年1月1日起执行新收入准则，为这些企业预留近三年的准备时间，以确保准则在该类企业得到平稳有效实施。对于条件具备、有意愿和有能力提前执行新收入准则的企业，允许其提前执行本准则。

本准则适用于所有与客户之间的合同，但下列各项除外：

（一）由《企业会计准则第2号——长期股权投资》《企业会计准则第22号——金融工具确认和计量》《企业会计准则第23号——金融资产转移》《企业会计准则第24号——套期会计》《企业会计准则第33号——合并财务报表》以及《企业会计准则第40号——合营安排》规范的金融工具及其他合同权利和义务，分别适用《企业会计准则第2号——长期股权投资》《企业会计准则第22号——金融工具确认和计量》《企业会计准则第23号——金融资产转移》《企业会计准则第24号——套期会计》《企业会计准则第33号——合并财务报表》以及《企业会计准则第40号——合营安排》。

（二）由《企业会计准则第21号——租赁》规范的租赁合同，适用《企业会计准则第21号——租赁》。

（三）由保险合同相关会计准则规范的保险合同，适用保险合同相关会计准则。

第一节 收入的确认

一、确认收入的时点

企业应当在履行了合同中的履约义务，即在客户取得相关商品控制权时确认收入。

取得相关商品控制权，是指能够主导该商品的使用并从中获得几乎全部的经济利益。

二、确认收入的条件

1) 当企业与客户之间的合同同时满足下列条件时，企业应当在客户取得相关商品控制权时确认收入。

①合同各方已批准该合同并承诺将履行各自义务。

②该合同明确了合同各方与所转让商品或提供劳务（以下简称“转让商品”）相关的权利和义务。

③该合同有明确的与所转让商品相关的支付条款。

④该合同具有商业实质，即履行该合同将改变企业未来现金流量的风险、时间分布或金额。

⑤企业因向客户转让商品而有权取得的对价很可能收回。

在合同开始日即满足上述条件的合同，企业在后续期间无须对其进行重新评估，除非有迹象表明相关事实和情况发生重大变化。合同开始日通常是指合同生效日。

2) 在合同开始日不符合本准则第五条规定的合同，企业应当对其进行持续评估，并在其满足本准则第五条规定时按照该条的规定进行会计处理。

对于不符合本准则第五条规定的合同，企业只有在不再负有向客户转让商品的剩余义务，且已向客户收取的对价无须退回时，才能将已收取的对价确认为收入；否则，应当将已收取的对价作为负债进行会计处理。没有商业实质的非货币性资产交换，不确认收入。

三、合并为一份合同时的会计处理

企业与同一客户（或该客户的关联方）同时订立或在相近时间内先后订立的两份或多份合同，在满足下列条件之一时，应当合并为一份合同进行会计处理（见图9-1）：

①该两份或多份合同基于同一商业目的而订立并构成一揽子交易。

②该两份或多份合同中的一份合同的对价金额取决于其他合同的定价或履行情况。

③该两份或多份合同中所承诺的商品（或每份合同中所承诺的部分商品）构成本准则第九条规定的单项履约义务。

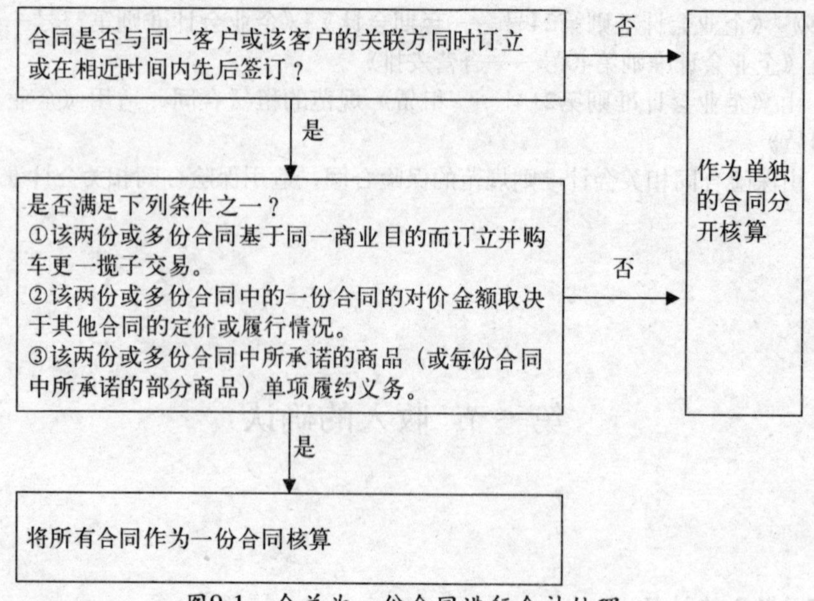

图9-1　合并为一份合同进行会计处理

四、合同变更的会计处理

合同变更是指经合同各方批准对原合同范围或价格做出的变更。

企业应当区分下列三种情形对合同变更分别进行会计处理。

1) 合同变更增加了可明确区分的商品及合同价款，且新增合同价款反映了新增商品单独售价的，应当将该合同变更部分作为一份单独的合同进行会计处理。

2) 合同变更不属于本准则第八条（一）规定的情形，且在合同变更日已转让的商品或已提供的服务（以下简称“已转让的商品”）与未转让的商品或未提供的服务（以下简称“未转让的商品”）之间可明确区分的，应当视为原合同终止，同时，将原合同未履约部分与合同变更部分合并为新合同进行会计处理。

3) 合同变更不属于本准则第八条（一）规定的情形，且在合同变更日已转让的商品与未转让的商品之间不可明确区分的，应当将该合同变更部分作为原合同的组成部分进行会计处理，由此产生的对已确认收入的影响，应当在合同变更日调整当期收入。

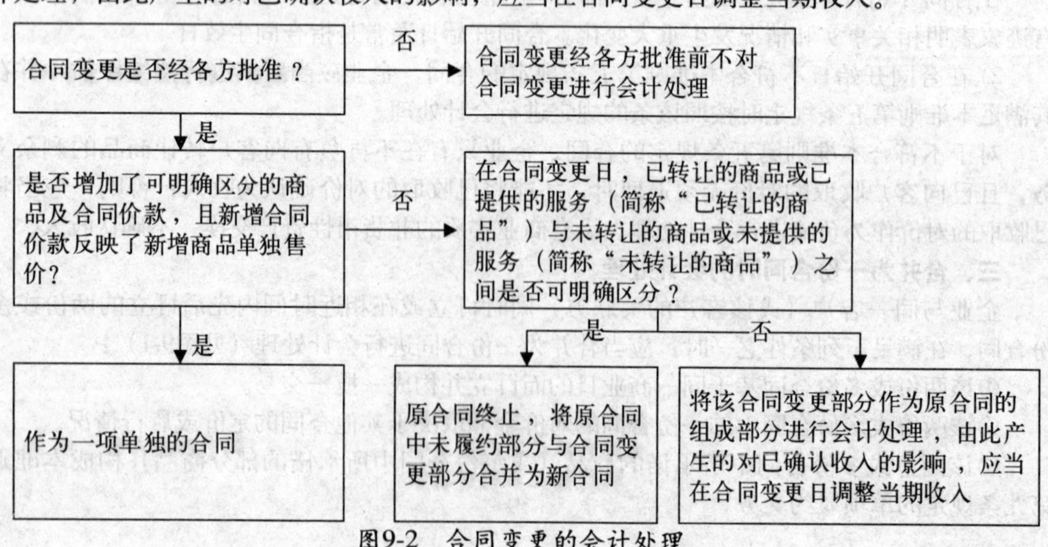

图9-2　合同变更的会计处理

五、"五步法"收入确认核心要求

合同开始日，企业应当对合同进行评估，识别该合同所包含的各单项履约义务，并确定各单项履约义务是在某一时段内履行，还是在某一时点履行，然后，在履行了各单项履约义务时分别确认收入。

履约义务是指合同中企业向客户转让可明确区分商品的承诺。履约义务既包括合同中明确的承诺，也包括由于企业已公开宣布的政策、特定声明或以往的习惯做法等导致合同订立时客户合理预期企业将履行的承诺。

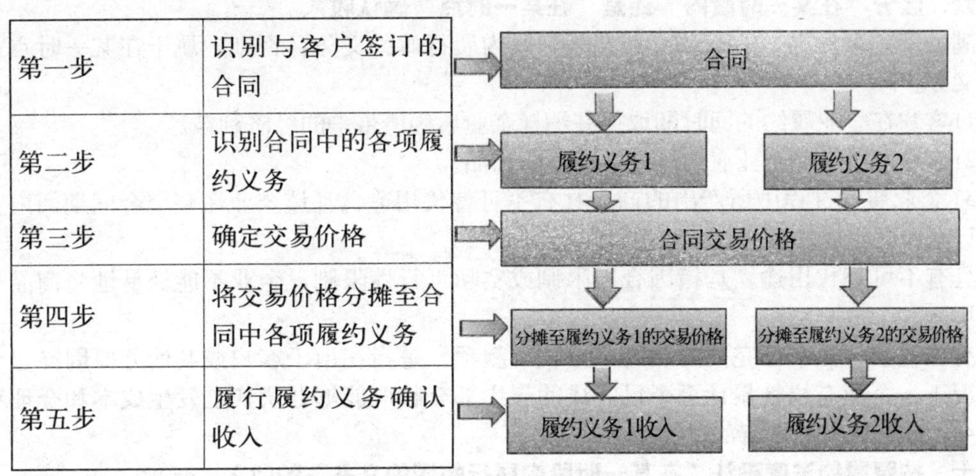

图9-3"五步法"确认收入的核心要求

步骤1：识别客户合同——合同是指双方或多方之间订立有法律约束力的权利义务的协议

新收入准则的要求适用于与客户议定的并符合特定标准的每一项合同。包括合同合并（将多份合同合并并将其作为一份合同进行会计处理）和合同变更（范围或价格或两者同时变更）。

步骤2：识别合同中的履约义务——合同包括向客户转让商品或服务的承诺

如果这些商品或服务可明确区分，则对应的承诺即为履约义务并且应当分别进行会计处理。如果客户能够从某项商品或服务本身、或从该商品或服务与其他易于获得资源一起使用中受益益，且企业向客户转让该商品或服务的承诺与合同中其他承诺可单独区分，则该商品或服务可明确区分。

步骤3：确定交易价格——交易价格是企业因向客户转让商品或服务而预期有权收取的对价金额

交易价格可以是固定的客户对价金额，但有时也可能包含可变对价或非现金对价。交易价格还应当就货币的时间价值影响（若合同中存在重大融资成分）及任何应付客户对价作出调整。如果对价是可变的，则企业应估计其因转让商品或服务而有权收取的对价金额。但包含可变对价的交易价格，应当不超过在相关不确定性消除时累计已确认收入极可能不会发生重大转回的金额。

步骤4：将交易价格分摊至合同中的履约义务——企业通常按照各单项履约义务所承诺商品的单独售价的相对比例，将交易价格分摊至各单项履约义务

如果单独售价无法直接观察，企业应对其做出估计。有时，交易价格包含仅与合同中一项或多项履约义务相关的折扣或可变对价金额。有关要求对企业何时应将折扣或可变对价分摊至合同中一项或多项（而非全部）履约义务做出了规定。

步骤5：在企业履行履约义务时（或履约过程中）确认收入——企业应在其通过向客户转让商品或服务履行履约义务时（或履约过程中），当客户取得对商品或服务的控制权时）确认收入。即“控制权转移”模型。

所确认的收入金额为分摊至履约义务的金额。履约义务可在某一时点（对于向客户转让商品的承诺而言较为常见）或在某一时段内（对于向客户转让服务的承诺而言较为常见）履行。对于在某一时段内履行的履约义务，企业应通过选择计量企业履约义务的履约进度的适当方法在一段时间内确认收入。

六、区分“在某一时段内”还是“在某一时点”确认收入

满足下列条件之一的，属于在某一时段内履行履约义务；否则，属于在某一时点履行履约义务。

1) 客户在企业履约的同时即取得并消耗企业履约所带来的经济利益。

2) 客户能够控制企业履约过程中在建的商品。

3) 企业履约过程中所产出的商品具有不可替代用途，且该企业在整个合同期间内有权就累计至今已完成的履约部分收取款项。

具有不可替代用途，是指因合同限制或实际可行性限制，企业不能轻易地将商品用于其他用途。

有权就累计至今已完成的履约部分收取款项，是指在由于客户或其他方原因终止合同的情况下，企业有权就累计至今已完成的履约部分收取能够补偿其已发生成本和合理利润的款项，并且该权利具有法律约束力。

七、按照履约进度确认“在某一时段内履行的履约义务”的收入

对于在某一时段内履行的履约义务，企业应当在该段时间内按照履约进度确认收入，但是，履约进度不能合理确定的除外。企业应当考虑商品的性质，采用产出法或投入法确定恰当的履约进度。

其中，产出法是根据已转移给客户的商品对于客户的价值确定履约进度；投入法是根据企业为履行履约义务的投入确定履约进度。对于类似情况下的类似履约义务，企业应当采用相同的方法确定履约进度。

当履约进度不能合理确定时，企业已经发生的成本预计能够得到补偿的，应当按照已经发生的成本金额确认收入，直到履约进度能够合理确定为止。

八、在客户取得相关商品控制权时点确认“在某一时点履行的履约义务”的收入

对于在某一时点履行的履约义务，企业应当在客户取得相关商品控制权时点确认收入。在判断客户是否已取得商品控制权时，企业应当考虑下列情况。

1) 企业就该商品享有现时收款权利，即客户就该商品负有现时付款义务。

2) 企业已将该商品的法定所有权转移给客户，即客户已拥有该商品的法定所有权。

3) 企业已将该商品实物转移给客户，即客户已实物占有该商品。

4) 企业已将该商品所有权上的主要风险和报酬转移给客户，即客户已取得该商品所有权上的主要风险和报酬。

5) 客户已接受该商品。

6) 其他表明客户已取得商品控制权的迹象。

第二节 收入的计量

企业应当按照分摊至各单项履约义务的交易价格计量收入。

交易价格是指企业因向客户转让商品而预期有权收取的对价金额。企业代第三方收取的款项以及企业预期将退还给客户的款项，应当作为负债进行会计处理，不计入交易价格。

一、交易价格的确定

企业应当根据合同条款，并结合其以往的习惯做法确定交易价格。

在确定交易价格时，企业应当考虑可变对价、合同中存在的重大融资成分、非现金对价、应付客户对价等因素的影响。

二、确定交易价格时考虑可变对价因素的影响

合同中存在可变对价的，企业应当按照期望值或最可能发生金额确定可变对价的最佳估计数，但包含可变对价的交易价格，应当不超过在相关不确定性消除时累计已确认收入极可能不会发生重大转回的金额。企业在评估累计已确认收入是否极可能不会发生重大转回时，应当同时考虑收入转回的可能性及其比重。

每一资产负债表日，企业应当重新估计应计入交易价格的可变对价金额。可变对价金额发生变动的，按照本准则第二十四条和第二十五条规定进行会计处理。

三、确定交易价格时考虑合同中存在的重大融资成分因素的影响

合同中存在重大融资成分的，企业应当按照假定客户在取得商品控制权时即以现金支付的应付金额确定交易价格。该交易价格与合同对价之间的差额，应当在合同期间内采用实际利率法摊销。

合同开始日，企业预计客户取得商品控制权与客户支付价款间隔不超过一年的，可以不考虑合同中存在的重大融资成分。

【例9-1】重大融资成分和退货权

1) 智董公司（主体）向贵琛公司（客户）销售一个产品，121元的价款须在交货后的24个月内支付。贵琛公司（客户）在合同开始时获得对该产品的控制。合同允许贵琛公司（客户）在90天内退回产品。该产品是一个新产品，且智董公司（主体）没有任何相关的产品退货历史证据或任何其他可获得的市场证据。

2) 该产品的现金售价为100元（代表在合同开始时若按相同条款和条件出售相同产品，于交货时贵琛公司（客户）须支付的金额）。智董公司（主体）就该产品发生的成本为80元。

3) 智董公司（主体）并未在将对产品的控制转移给贵琛公司（客户）时确认收入。这是因为存在退货权并且缺乏相关的历史证据，这意味着智董公司（主体）无法得出结论认为已确认的累计收入金额极可能不会发生重大转回。因此，智董公司（主体）在三个月后退货权失效时确认收入。

4) 该合同包含重大融资成分。这可由已承诺对价121元与商品转让给贵琛公司（客户）之日的现金售价100元之间的差额得到证明。

5) 该合同包含10%的隐含利率（即在24个月内将已承诺对价121元折现为现金售价100元的利率）。智董公司（主体）评价了该利率，并认为该利率与在合同开始时智董公司（主体）与其贵琛公司（客户）进行单独的融资交易所反映的折现率相一致。下述会计分录说明了智董公司（主体）如何对该合同进行会计处理。

①当产品转让给贵琛公司（客户）时见表9-1。

表9-1 产品转让给贵琛公司（客户）时

就收回被退回产品的权利确认的资产	80元
存货	80元

A. 本例并未考虑收回资产预计发生的成本。

B. 在贵琛公司（客户）具有退货权的三个月内，不确认任何利息，因为并未确认任何合同资产或应收款。

C. 当退货权失效（产品不会被退回）时见表9-2。

表9-2 退货权失效（产品不会被退回）时

应收款	100元
收入	100元
销售成本	80元
就收回被退回产品的权利确认的资产	80元

②所确认的应收款应根据《企业会计准则第14号——收入》进行计量。本例假设合同开始时的应收款公允价值与退货权失效时确认的应收款公允价值不存在重大差异。此外，本例未考虑对应收款减值的会计处理。

(6) 直至取得贵琛公司（客户）支付的现金付款之前，智董公司（主体）会根据《企业会计准则第14号——收入》确认利息收入。在根据《企业会计准则第14号——收入》确定实际利率时，智董公司（主体）会考虑剩余的合同存续期。

【例9-2】合同折现率反映单独的融资交易的利率

智董公司（主体）与贵琛公司（客户）订立一项销售设备的合同。对设备的控制在合同签订时转移给贵琛公司（客户）。合同规定的价格为1000000元加上5%的合同利率。合同价款分60个月支付，每月须支付18871元。

在评价包含重大融资成分的合同的折现率时，智董公司（主体）认为5%的合同利率反映在合同开始时智董公司（主体）与其贵琛公司（客户）进行单独的融资交易所使用的利率（即5%的合同利率反映贵琛公司（客户）的信用特征）。

该项融资符合市场条款意味着设备的现金售价为1000000元。该金额在对设备的控制转移给贵琛公司（客户）时确认为收入及应收贷款。智董公司（主体）按照《企业会计准则第14号——收入》对该应收款进行会计处理。

【例9-3】合同折现率并未反映单独的融资交易的利率

智董公司（主体）与贵琛公司（客户）订立一项销售设备的合同。对设备的控制在合同签订时转移给贵琛公司（客户）。合同规定的价格为1000000元加上5%的合同利率。合同价款分60个月支付，每月须支付18871元。

在评价包含重大融资成分的合同的折现率时，智董公司（主体）认为5%的合同利率显著低于在合同开始时智董公司（主体）与其贵琛公司（客户）进行单独融资交易所使用的12%利率（即，5%的合同利率并未反映贵琛公司（客户）的信用特征）。这表明现金售价低于1000000元。

智董公司（主体）通过使用反映贵琛公司（客户）信用特征的12%的利率调整反映合同付款额的已承诺对价金额来确定交易价格。据此，智董公司（主体）确定交易价格为848357元（60个月的每月分期付款额18871元按12%进行折现）。智董公司（主体）将该金额确认为收入及应收贷款。智董公司（主体）按照《企业会计准则第22号——金融工具确认和计量》对该应收贷款进行会计处理。

四、确定交易价格时考虑非现金对价因素的影响

客户支付非现金对价的，企业应当按照非现金对价的公允价值确定交易价格。非现金对价的公允价值不能合理估计的，企业应当参照其承诺向客户转让商品的单独售价间接确定交易价格。非现金对价的公允价值因对价形式以外的原因而发生变动的，应当作为可变对价，按照本准则第十六条规定进行会计处理。

单独售价是指企业向客户单独销售商品的价格。

【例9-4】获得非现金对价的权利

1) 智董公司（主体）与贵琛公司（客户）订立一项合同，约定在一年内每周向贵琛公司（客户）提供服务。合同于20×1年1月1日签订且相关工作立即开始。智董公司（主体）得出结论认为该服务是一项单一履约义务，因为智董公司（主体）提供实质上相同并且按相同模式转让的一系列可明确区分的服务（该服务在一段时间内向贵琛公司（客户）转让，并使用相同的方法来计量履约进度，即基于时间计量履约进度）。

2) 作为服务对价，贵琛公司（客户）承诺就每周的服务提供其100股普通股（即针对该合同共提供5200股股票）。合同条款规定股票必须在每周服务成功完成时交付。

3) 智董公司（主体）在每周服务完成后计量其履约义务的履约进度。为确定交易价格（及应确认的收入金额），智董公司（主体）计量在每周服务完成时取得的100股股票的公允价值。智董公司（主体）并未在收入中反映已收（或应收）股票公允价值的任何后续变动。

五、确定交易价格时考虑应付客户对价因素的影响

企业应付客户（或向客户购买本企业商品的第三方）对价的，应当将该应付对价冲减交易价格，并在确认相关收入与支付（或承诺支付）客户对价二者孰晚的时点冲减当期收入，但应付客户对价是为了向客户取得其他可明确区分商品的除外。

企业应付客户对价是为了向客户取得其他可明确区分商品的，应当采用与本企业其他采购相一致的方式确认所购买的商品。企业应付客户对价超过向客户取得可明确区分商品公允价值的，超过金额应当冲减交易价格。向客户取得的可明确区分商品公允价值不能合理估计的，企业应当将应付客户对价全额冲减交易价格。

【例9-5】应付给客户的对价

1) 某消费品制造商智董公司（主体）订立一项向一家全球大型连锁零售店贵琛公司（客户）销售商品的一年期合同。贵琛公司（客户）承诺在年内购买至少价值15000000元的产品。合同同时规定智董公司（主体）须在合同开始时向贵琛公司（客户）支付1500000元的不可返回款项。该笔1500000元的款项旨在就贵琛公司（客户）需更改货架以使其适合放置智董公司（主体）的产品向贵琛公司（客户）做出补偿。

2) 智董公司（主体）考虑了《企业会计准则第14号——收入》相关要求，并得出结论认为，向贵琛公司（客户）支付的该笔款项并非旨在取得贵琛公司（客户）向智董公司（主体）转让的可明确区分的商品或服务。这是因为智董公司（主体）并未取得对贵琛公司（客户）货架任何相关权利的控制。因此，智董公司（主体）确定，该1500000元的付款额为交易价格的抵减。

3) 智董公司（主体）应用《企业会计准则第14号——收入》相关要求并得出结论认为，该应付对价应在智董公司（主体）确认转让商品的收入时作为交易价格的抵减进行会计处理。因此，智董公司（主体）在向贵琛公司（客户）转让商品时，将每一商品的交易价格减少10%（1500000元÷ 15000000元）。因此，在智董公司（主体）向贵琛公司（客户）转让商品的第一个月，智董公司（主体）确认了1800000元的收入（发票金额2000000元，减去应付给客户的对价200000元）。

六、交易价格分摊至各单项履约义务

合同中包含两项或多项履约义务的，企业应当在合同开始日，按照各单项履约义务所承诺商品的单独售价的相对比例，将交易价格分摊至各单项履约义务。企业不得因合同开始日之后单独售价的变动而重新分摊交易价格。

【例9-6】分摊方法

1) 智董公司（主体）与贵琛公司（客户）订立一项合同，以100元的价格出售产品A、B和C。智董公司（主体）将在不同时点履行针对每项产品的履约义务。智董公司（主体）定期单独出售产品A，因此单独售价可直接观察。产品B和C的单独售价不可直接观察。

2) 由于产品B和C的单独售价不可直接观察，智董公司（主体）必须对其进行估计。为估计单独售价，智董公司（主体）针对产品B采用经调整的市场评估法，并针对产品C采用预计成本加毛利法。在作出相关估计时，智董公司（主体）最大限度地使用可观察的输入值。智董公司（主体）对单独售价的估计如表9-3所示。

表9-3　智董公司（主体）对单独售价的估计

产品	单独售价	方法
	元	
产品A	50	可直接观察
产品B	25	经调整的市场评估法
产品C	75	预计成本加毛利法
合计	150	

3) 由于单独售价之和（150元）超过所承诺的对价（100元），因此贵琛公司（客户）实际上是因购买一揽子商品的而获得了折扣。智董公司（主体）考虑了其是否有关于全部折扣归属于哪一项履约义务的可观察证据，且得出其并没有相关可观察证据的结论。相应地，将折扣在产品A、B和C之间按比例进行分摊。因此，该折扣的分摊和分摊后的交易价格如下表9-4所示。

表9-4　折扣的分摊和分摊后的交易价格

产品	元	分摊后的交易价格
产品A	33	（50元÷150元×100元）
产品B	17	（25元÷150元×100元）
产品C	50	（75元÷150元×100元）
合计	100	

七、商品单独售价的确定或估计

企业在类似环境下向类似客户单独销售商品的价格，应作为确定该商品单独售价的最佳证据。单独售价无法直接观察的，企业应当综合考虑其能够合理取得的全部相关信息，采用市场调整法、成本加成法、余值法等方法合理估计单独售价。在估计单独售价时，企业应当最大限度地采用可观察的输入值，并对类似的情况采用一致的估计方法。

1. 市场调整法

是指企业根据某商品或类似商品的市场售价考虑本企业的成本和毛利等进行适当调整后，确定其单独售价的方法。

2. 成本加成法

是指企业根据某商品的预计成本加上其合理毛利后的价格，确定其单独售价的方法。

3. 余值法

是指企业根据合同交易价格减去合同中其他商品可观察的单独售价后的余值，确定某商品单独售价的方法。

企业在商品近期售价波动幅度巨大，或者因未定价且未曾单独销售而使售价无法可靠确定时，可采用余值法估计其单独售价。

八、合同折扣

合同折扣是指合同中各单项履约义务所承诺商品的单独售价之和高于合同交易价格的

金额。对于合同折扣，企业应当在各单项履约义务之间按比例分摊。

有确凿证据表明合同折扣仅与合同中一项或多项（而非全部）履约义务相关的，企业应当将该合同折扣分摊至相关一项或多项履约义务。

合同折扣仅与合同中一项或多项（而非全部）履约义务相关，且企业采用余值法估计单独售价的，应当首先按照上述规定在该一项或多项（而非全部）履约义务之间分摊合同折扣，然后采用余值法估计单独售价。

【例9-7】 将折扣分摊至一项或多项履约义务

智董公司（主体）定期单独出售产品A、B和C，从而确定单独售价，如表9-5所示。

表9-5 单独售价

产品	单独售价（元）
产品A	40
产品B	55
产品C	45
合计	140

此外，智董公司（主体）定期以60元的价格将产品B和C一同出售。

1) 智董公司（主体）与贵琛公司（客户）订立一项合同，以100元的价格出售产品A、B和C。智董公司（主体）将在不同时点履行针对每项产品的履约义务。

2) 该合同包含针对整项交易的折扣40元，如按单独售价的相对比例分摊交易价格，这一折扣将按比例分摊至全部三项履约义务。但是，由于智董公司（主体）定期以60元的价格将产品B和C一同出售，且以40元的价格出售产品A，因此智董公司（主体）有证据证明应当将全部折扣分摊至转让产品B和C的承诺。

3) 如果智董公司（主体）在同一时点转移对产品B和C的控制，则智董公司（主体）在实务上可将该两个产品的转让作为单一履约义务进行会计处理。也就是说，智董公司（主体）可将60元的交易价格分摊至这项单一履约义务，并在产品B和C同时转让给贵琛公司（客户）时确认60元的收入。

4) 如果合同要求智董公司（主体）在不同时点转移对产品B和C的控制，则60元的分摊金额应单独分摊至转让产品B（单独售价为55元）和产品C（单独售价为45元）的承诺，具体如表9-6所示。

表9-6 分摊的交易价格

产品	已分摊的交易价格（元）
产品B	33（55元÷单独售价总额100元×60元）
产品C	27（45元÷单独售价总额100元×60元）
合计	60

【例9-8】适用余值法

智董公司（主体）定期单独出售产品A、B和C，从而确定单独售价如表9-7所示。

表9-7 单独售价

产品	单独售价（元）
产品A	40
产品B	55
产品C	45
合计	140

此外，智董公司（主体）定期以60元的价格将产品B和C一同出售。

1) 如同【例9-7】，智董公司（主体）与贵琛公司（客户）订立一项出售产品A、B和C的合同。合同同时包含转让产品D的承诺。合同的总对价为C U130。由于智董公司（主体）向不同贵琛公司（客户）出售产品D的价格差异范围较大（从15元至45元不等），因此产品D的单独售价可变程度极高。据此，智董公司（主体）决定采用余值法估计产品D的单独售价。

2) 在采用余值法估计产品D的单独售价前，智董公司（主体）确定是否应将折扣分摊至合同中的其他履约义务。

3) 如同【例9-7】，由于智董公司（主体）定期以60元的价格将产品B和C一同出售，且以40元的价格出售产品A，因此智董公司（主体）有可观察的证据证明应当将100元分摊至这三种产品，并将40元的折扣分摊至转让产品B和C的承诺。通过采用余值法，智董公司（主体）估计产品D的单独售价为30元，具体如表9-8所示。

4) 智董公司（主体）认为相应分摊至产品D的30元是在其可观察的售价范围（15～45元）之内。因此，相应的分摊（请参见上表）符合《企业会计准则第14号——收入》的分摊目标及《企业会计准则第14号——收入》相关要求。

表9-8 单独售价

产品	单独售价（元）	方法
产品A	40	直接可观察
产品B和C	60	直接可观察且有折扣
产品D	30	余值法
合计	130	

九、可变对价及可变对价的后续变动额

1) 对于可变对价及可变对价的后续变动额，企业应当按照本准则第二十条至第二十三条规定，将其分摊至与之相关的一项或多项履约义务，或者分摊至构成单项履约义务的一系列可明确区分商品中的一项或多项商品。

对于已履行的履约义务，其分摊的可变对价后续变动额应当调整变动当期的收入。

2) 合同变更之后发生可变对价后续变动的，企业应当区分下列三种情形分别进行会计处理。

①合同变更属于本准则第八条（一）规定情形的，企业应当判断可变对价后续变动与哪一项合同相关，并按照本准则第二十四条规定进行会计处理。

②合同变更属于本准则第八条（二）规定情形，且可变对价后续变动与合同变更前已承诺可变对价相关的，企业应当首先将该可变对价后续变动额以原合同开始日确定的基础进行分摊，然后再将分摊至合同变更日尚未履行履约义务的该可变对价后续变动额以新合同开始日确定的基础进行二次分摊。

③合同变更之后发生除本准则第二十五条（一）、（二）规定情形以外的可变对价后续变动的，企业应当将该可变对价后续变动额分摊至合同变更日尚未履行的履约义务。

第三节 合同成本

一、合同履约成本确认为一项资产

企业为履行合同发生的成本，不属于其他企业会计准则规范范围且同时满足下列条件的，应当作为合同履约成本确认为一项资产。

1) 该成本与一份当前或预期取得的合同直接相关，包括直接人工、直接材料、制造费用（或类似费用）、明确由客户承担的成本以及仅因该合同而发生的其他成本。

2) 该成本增加了企业未来用于履行履约义务的资源。

3) 该成本预期能够收回。

【例9-9】形成一项资产的成本

(1) 智董公司（主体）订立了一项为期五年的管理贵琛公司（客户）信息技术数据中心的服务合同。合同可随后每次续约一年。贵琛公司（客户）的平均服务期限为七年。智董公司（主体）在贵琛公司（客户）签署合同时向员工支付10000元的销售佣金。在提供服务之前，智董公司（主体）设计和构建了一个供智董公司（主体）内部使用的与贵琛公司（客户）系统相连接的技术平台。这一平台并不会转让给贵琛公司（客户），但将用于向贵琛公司（客户）交付服务。

取得合同的增量成本

2) 智董公司（主体）将取得合同的增量成本（即销售佣金）10000元确认为一项资产，因为智董公司（主体）预期将通过未来提供服务收取的费用收回这一成本。智董公司（主体）将该资产在七年内摊销，因为该资产涉及五年合同期内向贵琛公司（客户）转让的服务，且智董公司（主体）预期该合同随后将续约两次（每次续约一年）。

履行合同的成本

3) 构建技术平台发生的初始成本如表9-9所示。

表9-9 构建技术平台发生的初始成本

	元
设计服务	40000
硬件	120000
软件	90000
数据中心的迁移和测试	100000
成本合计	350000

4) 初始准备活动成本主要涉及履行合同但不是向贵琛公司（客户）转让商品或服务的活动。智董公司（主体）对初始准备活动的成本的会计处理如下所述。

①硬件成本，按照《企业会计准则第4号——固定资产》进行会计处理。

②软件成本，按照《企业会计准则第6号——无形资产》进行会计处理。

③数据中心的设计、迁移和测试成本，根据《企业会计准则第14号——收入》进行评估，以确定可否将履行合同的成本确认为一项资产。所确认的资产将在智董公司（主体）预期提供与数据中心相关服务的七年期间内（即五年合同期加上预期续约两次，每次一年）以系统化的方式进行摊销。

5) 除构建技术平台的初始成本外，智董公司（主体）同时委派两名主要负责向贵琛公司（客户）提供服务的员工。尽管这两名员工的成本在向贵琛公司（客户）提供服务时发生，智董公司（主体）得出结论认为这一项成本不产生或改良智董公司（主体）的资源。因此，这一项成本不符合《企业会计准则第14号——收入》相关条件故不可应用《企业会计准则第14号——收入》确认为一项资产。智董公司（主体）应在这两名员工的工资费用发生时确认相应的工资费用。

二、计入当期损益的支出

企业应当在下列支出发生时，将其计入当期损益。

①管理费用。

②非正常消耗的直接材料、直接人工和制造费用（或类似费用），这些支出为履行合同发生，但未反映在合同价格中。

③与履约义务中已履行部分相关的支出。

④无法在尚未履行的与已履行的履约义务之间区分的相关支出。

三、增量成本及其他支出

增量成本是指企业不取得合同就不会发生的成本（如销售佣金等）。

企业为取得合同发生的增量成本预期能够收回的，应当作为合同取得成本确认为一项资产；但是，该资产摊销期限不超过一年的，可以在发生时计入当期损益。

企业为取得合同发生的、除预期能够收回的增量成本之外的其他支出（如无论是否取得合同均会发生的差旅费等），应当在发生时计入当期损益，但是，明确由客户承担的除外。

【例9-10】取得合同的增量成本

1) 作为一家咨询服务提供商的智董公司（主体）赢取了向一家新贵琛公司（客户）提供咨询服务的竞标。智董公司（主体）为取得合同发生了下列成本（见表9-10）。

表9-10 取得合同的成本

	元
与尽职调查相关的外部法律费用	15000
提交建议书的差旅费用	25000
向销售员工支付的佣金	10000
已发生的成本合计	50000

2) 智董公司（主体）将向销售员工支付佣金而形成的取得合同的增量成本10000元确认为一项资产，因为智董公司（主体）预期将可通过未来的咨询服务费收回该成本。智董公司（主体）同时基于年度销售目标、智董公司（主体）的整体盈利情况及个人业绩来评估向销售主管酌情支付的年度奖金。智董公司（主体）未将向销售主管支付的奖金确认为一项资产，因为这些奖金并非取得合同的增量成本。奖金金额是酌情确定的且取决于其他因素（包括智董公司（主体）的盈利情况和个人业绩）。奖金并非可直接归属于可辨认的合同。

3) 智董公司（主体）认为外部法律费用和差旅费用无论是否取得合同均将发生。因此，这些成本在发生时确认为费用，除非其属于其他准则的范围（在这些情况下，适用其他准则的相关规定）。

四、与合同成本有关的资产的摊销

按照本准则第二十六条和第二十八条规定确认的资产（以下简称“与合同成本有关的资产”），应当采用与该资产相关的商品收入确认相同的基础进行摊销，计入当期损益。

五、与合同成本有关的资产的减值损失

1) 与合同成本有关的资产，其账面价值高于下列两项的差额的，超出部分应当计提减值准备，并确认为资产减值损失。

①企业因转让与该资产相关的商品预期能够取得的剩余对价。

②为转让该相关商品估计将要发生的成本。

以前期间减值的因素之后发生变化，使得上述1.减2.的差额高于该资产账面价值的，应当转回原已计提的资产减值准备，并计入当期损益，但转回后的资产账面价值不应超过假定不计提减值准备情况下该资产在转回日的账面价值。

2) 在确定与合同成本有关的资产的减值损失时，企业应当首先对按照其他相关企业会计准则确认的、与合同有关的其他资产确定减值损失；然后，按照本准则第三十条规定确定与合同成本有关的资产的减值损失。

企业按照《企业会计准则第8号——资产减值》测试相关资产组的减值情况时，应当将按照上述规定确定与合同成本有关的资产减值后的新账面价值计入相关资产组的账面价值。

第四节 特定交易的会计处理

一、附有销售退回条款的销售

对于附有销售退回条款的销售，企业应当在客户取得相关商品控制权时，按照因向客户转让商品而预期有权收取的对价金额（即不包含预期因销售退回将退还的金额）确认收入，按照预期因销售退回将退还的金额确认负债；同时，按照预期将退回商品转让时的账面价值，扣除收回该商品预计发生的成本（包括退回商品的价值减损）后的余额，确认为一项资产，按照所转让商品转让时的账面价值，扣除上述资产成本的净额结转成本。

每一资产负债表日，企业应当重新估计未来销售退回情况，如有变化，应当作为会计估计变更进行会计处理。

二、附有质量保证条款的销售

对于附有质量保证条款的销售，企业应当评估该质量保证是否在向客户保证所销售商品符合既定标准之外提供了一项单独的服务。企业提供额外服务的，应当作为单项履约义务，按照本准则规定进行会计处理；否则，质量保证责任应当按照《企业会计准则第13号——或有事项》规定进行会计处理。

在评估质量保证是否在向客户保证所销售商品符合既定标准之外提供了一项单独的服务时，企业应当考虑该质量保证是否为法定要求、质量保证期限以及企业承诺履行任务的性质等因素。客户能够选择单独购买质量保证的，该质量保证构成单项履约义务。

【例9-11】 质保

1) 某作为制造商的智董公司（主体）向其贵琛公司（客户）提供购买产品的质保。此项质保保证产品符合约定规格且自购买日起一年内能按承诺运行。这份合同同时为贵琛公司（客户）提供获得最多20小时有关如何操作产品的培训服务的权利（不收取额外费用）。

2) 智董公司（主体）评估合同中的商品和服务以确定其是否可明确区分并形成单独的履约义务。

3) 由于贵琛公司（客户）可以从单独使用该产品（不接受培训服务）及从将培训服务和智董公司（主体）已转让的产品一起使用中获益，因此，该产品及培训服务两者能够明确区分。智董公司（主体）定期单独出售产品未附加培训服务。

4) 智董公司（主体）接下来评估转让产品的承诺和提供培训服务的承诺是否可单独区分。智董公司（主体）并未提供将培训服务与产品进行整合的重大服务。培训服务及产品相互之间不会做出重大修订或定制。产品及培训服务相互之间并非高度依赖或高度关联。转让产品的承诺能够与之后提供培训服务的工作分开履行，并且智董公司（主体）可以向之前购买其产品的任何贵琛公司（客户）提供培训服务。因此，智董公司（主体）得出结论认为，转让产品的承诺和提供培训服务的承诺并非组合项目的投入，因此可单独区分。

5) 产品和培训服务两者均可明确区分并形成两项单独的履约义务。

6) 最后，智董公司（主体）评估提供质保的承诺并发现质保为贵琛公司（客户）提供产品按预期正常使用一年的保证。智董公司（主体）得出结论认为，质保不会向贵琛公司（客户）提供除这一保证之外的商品或服务，因此智董公司（主体）并未将其作为一项履约义务进行会计处理。智董公司（主体）按要求对该保证类质保进行会计处理。

7) 因此，智董公司（主体）将交易价格分摊至两项履约义务（产品和培训服务）并在这些履约义务得到履行时（或履约过程中）确认收入。

三、判断从事交易时的身份是主要责任人还是代理人后确认收入

企业应当根据其在向客户转让商品前是否拥有对该商品的控制权，来判断其从事交易时的身份是主要责任人还是代理人。企业在向客户转让商品前能够控制该商品的，该企业为主要责任人，应当按照已收或应收对价总额确认收入；否则，该企业为代理人，应当按照预期有权收取的佣金或手续费的金额确认收入，该金额应当按照已收或应收对价总额扣除应支付给其他相关方的价款后的净额，或者按照既定的佣金金额或比例等确定。

企业向客户转让商品前能够控制该商品的情形包括：

1) 企业自第三方取得商品或其他资产控制权后，再转让给客户。

2) 企业能够主导第三方代表本企业向客户提供服务。

3) 企业自第三方取得商品控制权后，通过提供重大的服务将该商品与其他商品整合成某组合产出转让给客户。

在具体判断向客户转让商品前是否拥有对该商品的控制权时，企业不应仅局限于合同的法律形式，而应当综合考虑所有相关事实和情况，这些事实和情况包括：

1) 企业承担向客户转让商品的主要责任。

2) 企业在转让商品之前或之后承担了该商品的存货风险。

3) 企业有权自主决定所交易商品的价格。

4) 其他相关事实和情况。

【例9-12】安排提供商品或服务（智董公司（主体）是代理人）

1) 智董公司（主体）经营一家网站以使贵琛公司（客户）能向一系列供应商购买商品，这些供应商直接向贵琛公司（客户）交付商品。根据智董公司（主体）与供应商订立的合同条款，当通过该网站购买商品时，智董公司（主体）有权获得相当于售价10%的佣金。智董公司（主体）网站协助供应商与贵琛公司（客户）之间按供应商所设定的价格进行支付。智董公司（主体）在处理订单之前要求贵琛公司（客户）付款，且所有订单均不可退款。智董公司（主体）在安排向贵琛公司（客户）提供产品之后没有进一步的义务。

2) 为确定智董公司（主体）的履约义务是由其本身提供特定商品〔即智董公司（主体）是当事人〕，还是安排供应商提供这些商品〔即智董公司（主体）是代理人〕，智董公司（主体）应识别向贵琛公司（客户）提供的特定商品或服务并评估在向贵琛公司（客户）转让商品或服务之前是否控制该商品或服务。

3) 智董公司（主体）经营的网站是一个供应商提供其商品及贵琛公司（客户）购买供应商所提供商品的市场平台。因此，智董公司（主体）认为使用网站向贵琛公司（客户）提供的特定商品是供应商提供的商品，且智董公司（主体）并未向贵琛公司（客户）承诺任何其他商品或服务。

4) 智董公司（主体）得出结论认为，在向使用网站订购商品的贵琛公司（客户）转让特定商品之前智董公司（主体）并未控制相关特定商品。对于向贵琛公司（客户）转让的商品，智董公司（主体）在任何时候均无能力主导其使用。例如，智董公司（主体）无法主导商品用于非贵琛公司（客户）方或阻止供应商向贵琛公司（客户）转让这些商品。智董公司（主体）并未控制用于履行贵琛公司（客户）使用网站所下订单的供应商的商品存货。

5) 在得出这一结论时，智董公司（主体）考虑了相关指标，智董公司（主体）认为，这些指标提供了在特定商品转让给贵琛公司（客户）之前智董公司（主体）并未控制这些商品的进一步证据。

①供应商对履行向贵琛公司（客户）提供商品的承诺承担主要责任。智董公司（主体）既无义务在供应商未向贵琛公司（客户）转让商品的情况下提供商品，亦不对商品的验收承担责任。

②智董公司（主体）在商品转让给贵琛公司（客户）之前或之后的任何时候均不承担存货风险。智董公司（主体）既未承诺在贵琛公司（客户）采购商品之前向供应商取得商品，亦不对任何受损或退还的商品承担责任。

③智董公司（主体）没有对供应商商品价格的自主定价权。销售价格由供应商设定。

6) 据此，智董公司（主体）得出结论认为其是代理人，且履约义务是安排供应商提供商品。智董公司（主体）在其履行安排供应商向贵琛公司（客户）提供商品的承诺时（在本例中，即贵琛公司（客户）购买商品时），按其有权获得的佣金金额确认收入。

【例9-13】 承诺提供商品或服务〔智董公司（主体）是当事人〕

1) 智董公司（主体）与贵琛公司（客户）订立一份针对具有独特规格的设备的合同。智董公司（主体）和贵琛公司（客户）制定设备的规格，并由智董公司（主体）同与其订立合同的供应商沟通来制造设备。智董公司（主体）同时安排供应商直接向贵琛公司（客户）交付设备。在向贵琛公司（客户）交付设备时，合同条款规定智董公司（主体）按智董公司（主体）与供应商就制造设备商定的价格向供应商进行支付。

2) 智董公司（主体）与贵琛公司（客户）议定售价，并且智董公司（主体）按商定的价格向贵琛公司（客户）开具发票，付款期为30天。智董公司（主体）的利润是基于与贵琛公司（客户）议定的售价和供应商收取的价格之间的差额。

3) 智董公司（主体）贵琛公司（客户）合同规定贵琛公司（客户）根据供应商提供的质保就设备的缺陷要求供应商做出修正。但是，智董公司（主体）须对因规格错误导致的设备修正承担责任。

4) 为确定智董公司（主体）的履约义务是由其本身提供特定商品或服务〔即智董公司（主体）是当事人〕，还是安排另一方提供这些商品或服务〔即智董公司（主体）是代理人〕，智董公司（主体）识别向贵琛公司（客户）提供的特定商品或服务并评估在向贵琛公司（客户）转让商品或服务之前是否控制该商品或服务。

5) 智董公司（主体）得出结论认为，其做出了向贵琛公司（客户）提供智董公司（主体）所设计的专门设备的承诺。尽管智董公司（主体）将设备的制造转包给供应商，但智董公司（主体）认为设备的设计和制造不可明确区分，因为两者不可单独区分（即存在单一履约义务）。智董公司（主体）对合同的总体管理承担责任（例如，通过确保制造服务符合规格），从而提供将这些项目整合到贵琛公司（客户）合同规定的组合产出（专门设备）的重大服务。此外，这些活动之间高度关联。如果在设备的制造过程中发现有必要对规格做出修订，智董公司（主体）有责任做出修订并向供应商进行沟通及确保所需的任何返工符合修订的规格。据此，智董公司（主体）识别出向贵琛公司（客户）提供的特定商品为专门设备。

6) 智董公司（主体）得出结论认为，其在专门设备转让给贵琛公司（客户）之前控制该设备智董公司（主体）提供生产该专门设备所需的重大整合服务，因而在专门设备转让给贵琛公司（客户）之前控制该设备。智董公司（主体）主导供应商制造服务的使用，将其作为形成组合产出（即专门设备）的投入。在得出智董公司（主体）在专门设备转让给贵琛公司（客户）之前控制该设备的结论时，智董公司（主体）还认为，虽然由供应商向贵琛公司（客户）交付专门设备，但供应商并无主导专门设备使用的能力〔即智董公司（主体）与供应商之间的合同条款使供应商无法基于其他目的使用专门设备或将该设备给其他贵琛公司（客户）使用〕。智董公司（主体）还因有权向贵琛公司（客户）收取合同对价而取得专门设备的剩余利益。

7) 因此，智董公司（主体）得出结论认为，其在该交易中是当事人。智董公司（主体）未考虑《企业会计准则第14号——收入》所列的指标，因为在没有考虑这些指标的情况下上述评价已足以得出结论。智董公司（主体）应按因交付专门设备而有权向贵琛公司（客户）收取的对价总额确认收入。

【例9-14】 智董公司（主体）在同一合同中既是当事人也是代理人

1) 智董公司（主体）出售协助贵琛公司（客户）更有效地针对空缺职位招聘潜在员工的服务。智董公司（主体）自行履行若干服务，如面试求职者和进行背景调查。作为与贵琛公司（客户）所订合同的一部分，贵琛公司（客户）同意取得访问有关求职者信息的第三方数据库的许可证。智董公司（主体）安排这项第三方的许可证，但贵琛公司（客户）

就该许可证与数据库提供商直接订立合同。作为智董公司（主体）向贵琛公司（客户）开具总体发票的一部分，智董公司（主体）代第三方数据库提供商收取费用。数据库提供商设定就许可证向贵琛公司（客户）收取的价格，并负责提供贵琛公司（客户）因服务故障或其他技术问题而可能有权取得的技术支持和信用。

2) 在确定智董公司（主体）是当事人还是代理人时，智董公司（主体）应当识别向贵琛公司（客户）提供的特定商品或服务并评估在向贵琛公司（客户）转让这些商品或服务之前是否控制这些商品或服务。

3) 本例中，假定基于对《企业会计准则第14号——收入》相关要求的评估，智董公司（主体）得出结论认为其招聘服务和数据库访问许可证两者可明确区分。相应地，存在两项向贵琛公司（客户）提供的特定商品或服务——访问第三方数据库及招聘服务。

4) 智董公司（主体）得出结论认为，在向贵琛公司（客户）提供数据库访问权限之前智董公司（主体）并未控制该访问权限。由于贵琛公司（客户）直接与数据库提供商订立了许可证相关合同，因此智董公司（主体）并未在任何时候都有能力主导许可证的使用。智董公司（主体）未控制对供应商数据库的访问。例如，智董公司（主体）无法向贵琛公司（客户）之外的其他方授予访问权限或阻止数据库提供商向贵琛公司（客户）提供访问权限。

5) 在得出这一结论时，智董公司（主体）还考虑了下列指标。智董公司（主体）认为，这些指标提供了在数据库访问权限提供给贵琛公司（客户）之前智董公司（主体）并未控制该访问权限的进一步证据。

①智董公司（主体）不对履行提供数据库访问服务的承诺承担责任。贵琛公司（客户）与第三方数据库提供商直接订立许可证合同，并且数据库提供商对数据库访问的可接受性承担责任（例如，通过提供技术支持或服务信用）。

②智董公司（主体）不承担存货风险，因为在贵琛公司（客户）与数据库提供商直接订立数据库访问合同之前智董公司（主体）未购买或承诺购买数据库访问权限。

③智董公司（主体）没有确定贵琛公司（客户）数据库访问价格的自主定价权，因为该价格由数据库提供商设定。

6) 因此，智董公司（主体）得出结论认为其对于第三方数据库服务而言是代理人。相反，智董公司（主体）得出结论认为其对于招聘服务而言是当事人，因为智董公司（主体）自行履行这些服务且不存在其他方参与向贵琛公司（客户）提供这类服务。

四、附有客户额外购买选择权的销售

对于附有客户额外购买选择权的销售，企业应当评估该选择权是否向客户提供了一项重大权利。企业提供重大权利的，应当作为单项履约义务，按照本准则第二十条至第二十四条规定将交易价格分摊至该履约义务，在客户未来行使购买选择权取得相关商品控制权时，或者该选择权失效时，确认相应的收入。客户额外购买选择权的单独售价无法直接观察的，企业应当综合考虑客户行使和不行使该选择权所能获得的折扣的差异、客户行使该选择权的可能性等全部相关信息后，予以合理估计。

客户虽然有额外购买商品选择权，但客户行使该选择权购买商品时的价格反映了这些商品单独售价的，不应被视为企业向该客户提供了一项重大权利。

【例9-15】向贵琛公司（客户）提供重大权利的选择权（折扣券）

1) 智董公司（主体）订立了一项以100元出售产品A的合同。作为该合同的一部分，智董公司（主体）向贵琛公司（客户）提供一张40%的折扣券，可以用于未来30天内不超过100元的任何购买。作为季节性促销的一部分，智董公司（主体）计划在未来30天内针对所有销售提供10%的折扣。该10%的折扣不得与40%的折扣券同时使用。

2) 由于所有贵琛公司（客户）在未来30日内购买时将享有10%的折扣，唯一向贵琛公司（客户）提供重大权利的折扣是10%之外的增量折扣（即额外30%的折扣）。智董公司（主体）将提供增量折扣的承诺作为销售产品A的合同中的一项履约义务进行会计处理。

3) 为了估计折扣券的单独售价，智董公司（主体）估计贵琛公司（客户）兑现折扣券的可能性为80%且每位贵琛公司（客户）将平均购买50元的额外产品。因此，智董公司（主体）估计折扣券的单独售价为12元（额外产品的平均购买价格50元×增量折扣30%×行使选择权的可能性80%）。产品A和折扣券的单独售价以及交易价格100元相应的分摊结果如表9-11所示。

表9-11 单独售价及交易价格的分摊结果

履约义务	单独售价
	元
产品A	100
折扣券	12
合计	112
	分摊后的交易价格
产品A	89（100元÷112元×100元）
折扣券	11（12元÷112元×100元）
合计	100

4) 智董公司（主体）将89元分摊至产品A并在控制转让时确认产品A的收入。智董公司（主体）将11元分摊至折扣券并在贵琛公司（客户）将折扣券兑现为商品或服务时或在折扣券到期时确认相应的收入。

五、向客户授予知识产权许可

企业向客户授予知识产权许可的，应当按照本准则第九条和第十条规定评估该知识产权许可是否构成单项履约义务，构成单项履约义务的，应当进一步确定其是在某一时段内履行还是在某一时点履行。

企业向客户授予知识产权许可，同时满足下列条件时，应当作为在某一时段内履行的履约义务确认相关收入；否则，应当作为在某一时点履行的履约义务确认相关收入：

1) 合同要求或客户能够合理预期企业将从事对该项知识产权有重大影响的活动。

2) 该活动对客户将产生有利或不利影响。

3) 该活动不会导致向客户转让某项商品。

企业向客户授予知识产权许可，并约定按客户实际销售或使用情况收取特许权使用费的，应当在下列两项孰晚的时点确认收入：

1) 客户后续销售或使用行为实际发生。

2) 企业履行相关履约义务。

六、售后回购交易

售后回购是指企业销售商品的同时承诺或有权选择日后再将该商品（包括相同或几乎相同的商品，或以该商品作为组成部分的商品）购回的销售方式。

对于售后回购交易，企业应当区分下列两种情形分别进行会计处理：

1) 企业因存在与客户的远期安排而负有回购义务或企业享有回购权利的，表明客户在销售时点并未取得相关商品控制权，企业应当作为租赁交易或融资交易进行相应的会计处理。其中，回购价格低于原售价的，应当视为租赁交易，按照《企业会计准则第21号——租赁》的相关规定进行会计处理；回购价格不低于原售价的，应当视为融资交易，在收到客户款项时确认金融负债，并将该款项和回购价格的差额在回购期间内确认为利息费用等。企业到期未行使回购权利的，应当在该回购权利到期时终止确认金融负债，同时确认收入。

2) 企业负有应客户要求回购商品义务的，应当在合同开始日评估客户是否具有行使该要求权的重大经济动因。客户具有行使该要求权重大经济动因的，企业应当将售后回购作为租赁交易或融资交易，按照本准则第三十八条（一）规定进行会计处理；否则，企业应当将其作为附有销售退回条款的销售交易，按照本准则第三十二条规定进行会计处理。

七、向客户预收销售商品款项

企业向客户预收销售商品款项的，应当首先将该款项确认为负债，待履行了相关履约义务时再转为收入。当企业预收款项无须退回，且客户可能会放弃其全部或部分合同权利时，企业预期将有权获得与客户所放弃的合同权利相关的金额的，应当按照客户行使合同权利的模式按比例将上述金额确认为收入；否则，企业只有在客户要求其履行剩余履约义务的可能性极低时，才能将上述负债的相关余额转为收入。

八、向客户收取无须退回的初始费

企业在合同开始（或接近合同开始）日向客户收取的无须退回的初始费（如俱乐部的入会费等）应当计入交易价格。企业应当评估该初始费是否与向客户转让已承诺的商品相关。该初始费与向客户转让已承诺的商品相关，并且该商品构成单项履约义务的，企业应当在转让该商品时，按照分摊至该商品的交易价格确认收入；该初始费与向客户转让已承诺的商品相关，但该商品不构成单项履约义务的，企业应当在包含该商品的单项履约义务履行时，按照分摊至该单项履约义务的交易价格确认收入；该初始费与向客户转让已承诺的商品不相关的，该初始费应当作为未来将转让商品的预收款，在未来转让该商品时确认为收入。

企业收取了无须退回的初始费且为履行合同应开展初始活动，但这些活动本身并没有向客户转让已承诺的商品的，该初始费与未来将转让的已承诺商品相关，应当在未来转让该商品时确认为收入，企业在确定履约进度时不应考虑这些初始活动；企业为该初始活动发生的支出应当按照本准则第二十六条和第二十七条规定确认为一项资产或计入当期损益。

第五节 收入的列报

一、在资产负债表中列示合同资产或合同负债

企业应当根据本企业履行履约义务与客户付款之间的关系在资产负债表中列示合同资产或合同负债。

合同资产是指企业已向客户转让商品而有权收取对价的权利，且该权利取决于时间流逝之外的其他因素。如企业向客户销售两项可明确区分的商品，企业因已交付其中一项商品而有权收取款项，但收取该款项还取决于企业交付另一项商品的，企业应当将该收款权利作为合同资产。

按照本准则确认的合同资产的减值的计量和列报应当按照《企业会计准则第22号——金融工具确认和计量》和《企业会计准则第37号——金融工具列报》的规定进行会计处理。

合同负债是指企业已收或应收客户对价而应向客户转让商品的义务。如企业在转让承诺的商品之前已收取的款项。

企业拥有的无条件（即仅取决于时间流逝）向客户收取对价的权利应当作为应收款项单独列示。

二、在附注中披露与收入有关的信息

1) 收入确认和计量所采用的会计政策、对于确定收入确认的时点和金额具有重大影响的判断以及这些判断的变更，包括确定履约进度的方法及采用该方法的原因、评估客户取得所转让商品控制权时点的相关判断，在确定交易价格、估计计入交易价格的可变对价、分摊交易价格以及计量预期将退还给客户的款项等类似义务时所采用的方法、输入值和假设等。

2) 与合同相关的下列信息：

①与本期确认收入相关的信息，包括与客户之间的合同产生的收入、该收入按主要类别（如商品类型、经营地区、市场或客户类型、合同类型、商品转让的时间、合同期限、销售渠道等）分解的信息以及该分解信息与每一报告分部的收入之间的关系等。

②与应收款项、合同资产和合同负债的账面价值相关的信息，包括与客户之间的合同产生的应收款项、合同资产和合同负债的期初和期末账面价值、对上述应收款项和合同资产确认的减值损失、在本期确认的包括在合同负债期初账面价值中的收入、前期已经履行（或部分履行）的履约义务在本期调整的收入、履行履约义务的时间与通常的付款时间之间的关系以及此类因素对合同资产和合同负债账面价值的影响的定量或定性信息、合同资产和合同负债的账面价值在本期内发生的重大变动情况等。

③与履约义务相关的信息，包括履约义务通常的履行时间、重要的支付条款、企业承诺转让的商品的性质（包括说明企业是否作为代理人）、企业承担的预期将退还给客户的款项等类似义务、质量保证的类型及相关义务等。

④与分摊至剩余履约义务的交易价格相关的信息，包括分摊至本期末尚未履行（或部分未履行）履约义务的交易价格总额、上述金额确认为收入的预计时间的定量或定性信息、未包括在交易价格的对价金额（如可变对价）等。

3) 与合同成本有关的资产相关的信息，包括确定该资产金额所做的判断、该资产的摊销方法、按该资产主要类别（如为取得合同发生的成本、为履行合同开展的初始活动发生的成本等）披露的期末账面价值以及本期确认的摊销及减值损失金额等。

4) 企业根据本准则第十七条规定因预计客户取得商品控制权与客户支付价款间隔未超过一年而未考虑合同中存在的重大融资成分，或者根据本准则第二十八条规定因合同取得成本的摊销期限未超过一年而将其在发生时计入当期损益的，应当披露该事实。

第十章

成本和费用

第一节 成本会计核算综合知识

一、成本会计综合知识

成本会计是企业财务会计的一个分支，它是以提高经济效益为目的，运用财务会计方法对企业生产经营管理中的成本及相关费用进行核算和监督的一种管理活动。成本会计的核心是成本核算。

(一) 成本会计的职能

成本会计的职能是指成本会计在企业的经营管理中所具有的客观功能。成本会计的基本职能是成本核算和成本监督。

成本核算是指对生产经营过程中实际发生的成本、费用进行记录、归集、计算、分配，做出有关的账务处理，并编制成本报表，为成本管理提供客观、真实的成本资料。成本核算贯穿于经济活动的全过程，要保证正确的成本核算，必须正确划分各种费用界限，做好各项成本核算的基础工作，并根据生产经营特点和管理要求采用适当的成本计算方法。

成本监督是指对成本核算的合法性、合理性和有效性进行审核和监督，使之符合成本会计的有关规范。成本核算过程就是成本监督的过程，成本监督是正确及时进行成本核算的依据和保证。

成本会计是成本管理的重要组成部分。现代成本管理应具有成本预测、决策、计划、控制、核算、分析、考核等七个方面的职能。其中，成本核算是进行成本管理的基础，其他职能则是在此基础上随着经济的发展和管理水平的提高逐步形成的，这些职能的发挥都离不开成本核算。

(二) 成本会计的对象

1. 企业成本会计的对象

成本会计是会计的一个分支，是以成本为对象的一种专业会计。要了解成本会计的对象和成本会计本身，都必须先了解什么是成本，成本包括哪一些内容。

产品的生产过程，同时也是生产的耗费过程。企业要生产产品，就要发生各种生产耗费。生产耗费包括生产资料中的劳动手段（如机器设备）和劳动对象（如原材料）的耗费，以及劳动力（如人工）等方面的耗费。企业在一定时期（例如一个月）内发生的、用货币额表现的生产耗费，称为企业生产费用。企业为生产一定种类、一定数量的产品所支出的各种生产费用的总和，就是这些产品的成本。

马克思主义的政治经济学指出：产品的价值由三个部分组成，即生产中消耗的生产资料的价值（c），劳动者为自己的劳动所创造的价值（v），以及劳动者为社会创造的价值（m）。产品成本是前两个部分价值之和（c+v）。因此，从理论上说，产品成本是企业在生产产品过程中已经耗费的、用货币额表现的生产资料的价值与相当于工资的劳动者为自己劳动所创造的价值的总和。这种成本称为理论成本。

在实际工作中，为了促使企业加强经济核算，减少生产损失，某些不形成产品价值的损失（如废品损失，季节性和修理期间的停工损失），也计入产品成本。此外，企业行政管理部门为组织和管理生产经营活动而发生的管理费用、为筹集生产经营资金而发生的财务费用，以及用于销售产品而发生的销售费用，由于大多按时期发生，难于按产品归集，为了简化成本核算工作，都作为期间费用处理，直接计入当期损益，从当期利润中扣除，不计入产品成本。因此，实际工作中的产品成本，是指产品的生产成本，不是指产品所耗费的全部成本。

企业的销售费用、管理费用和财务费用，可以总称为企业的经营管理费用。为了促使企业节约费用，增加利润，这些经营管理费用也应作为成本会计的对象。

由此可见，企业成本会计的对象包括产品的生产成本和经营管理费用。

2. 成本会计的一般对象

成本会计不仅要在工业企业中进行，在其他行业企业中也要进行。例如，施工企业的基本经济活动是进行建筑工程的施工。工程施工要耗费工程成本；施工企业发生的管理费用和财务费用也不计入工程成本。商品流通企业的基本经济活动是商品的采购和销售，为此，要耗费商品的采购成本和销售成本；还要发生经营费用、管理费用和财务费用，这些费用总称商品流通费用。商品流通费用也不计入商品的采购和销售成本。旅游、饮食服务企业的基本经济活动是进行旅游、饮食服务的营业，要耗费营业成本；还要发生销售费用、管理费用和财务费用。这些费用也不计入营业成本。这些行业的商品流通费用、销售费用、管理费用和财务费用，也可以总称为经营管理费用。

综上所述，成本会计的对象可以概括为：各行业企业生产经营业务的成本和有关的经营管理费用，简称成本、费用。因此，成本会计实际上是成本、费用会计。

(三) 成本会计工作的原则

1. 通用原则

财务会计工作的原则同时又是成本会计工作的原则，包括真实性、相关性、可比性、一致性、及时性、明晰性、重要性、稳健性、按实际成本计价、权责发生制、收入与支出相配比、合理划分收益性支出和资本性支出的原则等。

2. 特殊原则

成本会计特有的原则主要包括效益性、灵活性、全面性（见表10-1）。

表10-1 成本会计特有的原则

效益性	效益性即成本会计的理论和方法要以提高经济效益为中心展开，成本会计的实际应用要能达到提高经济效益的目的
灵活性	成本会计是供企业内部经营管理者使用的会计。成本会计的性质和职能决定了成本会计除了要严格遵守国家规定的成本开支范围和开支标准外，其内容与方法应与企业内部管理的要求相适应，由企业自主确定，不受财务会计准则的规范和约束。相对于财务会计而言，成本计算的方法应更多地具有灵活性，更多地体现企业管理的要求，而不是企业外部会计信息使用者的需要
全面性	产品成本的形成涉及企业生产经营过程的各个部门、各个环节和各个方面，成本会计必须根据成本形成的这一特点，将成本核算与成本发生环节有机结合，同时又要注意各成本会计环节之间的相互协调，实行全面成本核算

（四）成本会计工作的组织

1. 成本会计的机构

企业的成本会计机构属于企业会计机构的组成部分，是企业内部直接从事成本会计工作的组织机构。由于成本管理的重要性和复杂性，通常应视企业规模的大小和生产经营管理的特点，设置若干层次的专门成本会计工作机构。一般应在厂部会计机构内设置成本会计科（组），在厂级各有关职能部门和下属各车间（班组）设置成本会计组或配备专（兼）职成本会计人员，厂部成本会计机构负责对企业内部各级成本会计机构进行业务上的指导和监督。

1) 企业成本会计机构的设置。由于成本会计工作是会计工作的一部分，因而企业的成本会计机构一般是企业会计机构的一部分。以工业企业为例，厂部的成本会计机构一般设在厂部会计部门中，是厂部会计处的一个科，或者厂部会计科的一个组。厂部供、产、销等职能部门和下属生产车间等，可以设置成本会计组或者配备专职或兼职的成本会计或成本核算人员；这些单位的成本会计机构或人员，在业务上都应接受厂部成本会计机构的指导和监督。

2) 成本会计机构内部的组织分工可以按成本会计的环节分工，如厂部成本会计科分为成本预测决策组、成本计划控制组、成本核算组和成本分析考核组；也可以按成本会计的对象分工，如分为产品成本组、经营管理费用组和专项成本组。为了科学地组织成本会计工作，还应按照分工建立成本会计岗位责任制，使每一项成本会计工作都有人负责；每一个成本会计人员都明确自己的责任。

3) 成本会计机构的工作与直接从事生产经营活动的各单位的工作行着密切的联系。成本会计机构要做好成本会计工作，必须加强同这些单位的协作，宣传和依靠有关单位的职工，执行成本会计的法规和制度，正确、及时地填制有关的原始凭证和原始记录，做好各项基础工作；应该组织职工群众管好用好财产物资，充分发挥机器设备的效能，提高劳动效率，结合本职工作厉行节约、降低成本、费用，提高经济效益。企业内部各单位也应遵守有关的法规和制度，会同、协助和配合各级成本会计机构做好成本会计工作，支持各单位中的成本会计人员做好本职工作。

为了充分发挥成本会计机构的职能作用，企业的总会计师和会计主管人员应该加强对成本会计机构的领导，经常研究成本会计工作，督促和检查成本会计机构做好各项业务工作，支持成本会计人员履行职责，帮助解决工作中存在的问题，并且以身作则，遵守有关的规章、制度。

2. 成本会计人员

在企业的成本会计机构中，配备适当数量政治上和业务上合格的成本会计人员，是做好成本会计工作的决定性因素。为了充分调动会计人员做好工作的积极性，国家规定了会计人员的技术职称以及会计人员的职责和权限。这些规定对于成本会计人员也完全适用。

1) 成本会计人员的职责。成本会计人员应该通过成本会计的各个环节，充分挖掘企业降低成本、费用的潜力，促使企业不断地降低成本、费用；应该从降低成本费用、提高经济效益出发，参与制订企业生产经营的决策，提出改进企业生产经营管理的建议，当好企业负责人的参谋。

企业成本会计机构的负责人是企业成本会计工作的领导者和组织者，应该在企业总会计师和会计主管人员领导下，按照有关的法规和制度，结合本企业的实际情况，拟订本企业的成本会计制度或办法，并督促成本会计人员和有关职工贯彻执行；应该经常总结经验，不断改进工作，使企业的成本会计工作更好地适应社会主义市场经济的需要；还应组织成本会计人员学习有关的业务理论和业务技术，不断更新专业知识，并对成本会计人员进行定期的考核，参与研究成本会计人员的任用和调配。

2) 成本会计人员的权限。成本会计人员有权要求企业有关单位和职工认真执行成本计划，严格遵守有关的法规和制度；有权参与制订企业生产经营计划和各项定额，参与与成本有关的生产经营管理的会议；有权督促检查企业内部各单位对成本计划和有关法规、制度的执行情况。

3) 成本会计人员应不断提高自身素质。成本会计人员应该认真履行自己的职责，正确行使自己的职权。既要从国家利益和企业降低成本费用、提高经济效益出发，坚持原则，执行有关的法规和制度；又要结合实际向有关人员和职工宣传、解释国家有关的方针、政策、法规和制度，防止主观武断，滥用职权。此外，还应以身作则，模范地遵守这些法规和制度。

二、成本核算综合知识

成本核算既是成本会计的核心内容，也是成本会计的基本环节。在社会主义市场经济条件下，企业要真正成为依法自主经营、自负盈亏、自我发展、自我约束的商品生产和经营单位，实现以销售收入补偿生产经营过程的成本费用，并获得盈利，进行严格的成本核算是必不可少的。

为加强企业产品成本核算，保证产品成本信息真实、完整，促进企业和经济社会的可持续发展，根据《中华人民共和国会计法》《企业会计准则》等国家有关规定，财政部2013年8月16日印发了《企业产品成本核算制度（试行）》（财会〔2013〕17号），自2014年1月1日起在除金融保险业以外的大中型企业范围内（包括制造业、农业、批发零售业、建筑业、房地产业、采矿业、交通运输业、信息传输业、软件及信息技术服务业、文化业以及其他行业的企业。其他未明确规定的行业比照以上类似行业的规定执行；不适用于金融保险业的企业）施行，鼓励其他企业执行。执行本制度的企业不再执行《国营工业企业成本核算办法》。小企业参照执行本制度。

(一) 企业费用要素和产品生产成本项目

为了科学地进行成本管理和成本核算，必须对企业的各种费用进行合理的分类。此处以工业企业为例。工业企业费用要素和产品生产成本项目，就是对工业企业各种费用的两种最基本的分类。

1. 工业企业费用要素

产品的生产经营过程，也是劳动对象、劳动手段和活劳动的耗费过程。因此，工业企业发生的各种费用按其经济内容（或性质）划分，主要有劳动对象方面费用、劳动手段方面费用和活劳动方面费用三大类。前两方面为物化劳动耗费，即物质消耗；后一方面为活劳动耗费，即非物质消耗。这三类可以称为工业企业费用的三大要素。为了具体地反映工业企业各种费用的构成和水平，还应在此基础上，将工业企业费用进一步划分为以下九个费用要素（见表10-2）。

表10-2　工业企业费用要素

外购材料	企业耗用的一切从外部购进的原料及主要材料、半成品、辅助材料、包装物、修理用备件和低值易耗品等
外购燃料	企业耗用的一切从外部购进的各种燃料，包括固体、液体、气体燃料。从理论上说，外购燃料应该包括在外购材料中，但由于燃料是重要能源，需要单独考核，因而单独列做一个要素进行计划和核算
外购动力	企业耗用的从外部购进的各种动力
工资	企业的职员和工人的工资
职工福利费	企业的职工福利费
折旧费	企业按照规定计算的固定资产折旧费用。出租固定资产的折旧费不包括在内
利息费用	企业应计入经营管理费用的银行借款利息费用减去利息收入后的净额
税金	企业应计入经营管理费用的各种税金，包括房产税、车船税、印花税、土地使用税等
其他费用	不属于以上各要素的费用，如邮电费、差旅费、租赁费、外部加工费等

2. 产品生产成本项目

工业企业的各种费用按其经济用途分类，首先应分为生产经营管理费用和非生产经营管理费用。生产经营管理费用还应分为计入产品成本的生产费用和不计入产品成本的经营管理费用。计入产品成本的生产费用在生产过程中的用途也各不相同。有的直接用于产品生产，有的间接用于产品生产。为了具体地反映计入产品生产成本的生产费用的各种用途，还应进一步划分为若干个项目，即产品生产成本项目，简称产品成本项目、成本项目。根据生产特点和管理要求，我国工业企业一般应该设立四个成本项目（见表10-3）。

表10-3　产品生产成本项目

原材料，也称直接材料	直接用于产品生产、构成产品实体的原料、主要材料以及有助于产品形成的辅助材料
燃料及动力	直接用于产品生产的外购和自制的燃料和动力
生产工资及福利费，简称工资及福利费，也称直接人工	直接参加产品生产的工人工资以及职工福利费
制造费用	直接用于产品生产，但不便于直接计入产品成本，因而没有专设成本项目的费用（如机器设备折旧费用），以及间接用于产品生产的各项费用（如机物料消耗、车间厂房折旧费用等）

为了使成本项目更好地适应工业企业的生产特点和管理要求，工业企业或主管企业的上级机构可以对上述成本项目进行适当的调整。在规定或者调整成本项目时，应该考虑：费用在管理上有无单独反映、控制和考核的需要；费用在产品成本中比重的大小；为某种费用专设成本项目所增加的核算工作量的大小。

将计入产品成本的生产费用划分为若干成本项目，可以按照费用的用途考核各项费用定额或计划的执行情况，分析费用支出是否合理、节约。因此，产品成本不仅要分产品计算，而且要分成本项目计算，要计算各种产品的各个成本项目的成本。产品成本计算的过程，也就是各种要素费用按其经济用途划分，最后计入本月各种产品成本，按成本项目反映完工产品和月末在产品成本的过程。

3. 工业企业费用的其他分类

1) 直接生产费用与间接生产费用。在构成产品成本的各项生产费用中，直接用于产品生产的费用，可以称为直接生产费用，如原料费用、主要材料费用、生产工人工资和机器设备折旧费用等；间接用于产品生产的费用，可以称为间接生产费用，如机物料消耗、辅助工人工资和车间厂房折旧费用等。这是生产费用按其与生产工艺的关系的分类。

2) 直接计入费用和间接计入费用。在构成产品成本的各项生产费用中，可以分清哪种产品所耗用、可以直接计入某种产品成本的费用，称为直接计入费用（一般简称为直接费用）；不能分清哪种产品所耗用、不能直接计入某种产品成本，而必须按照一定标准分配计入有关的各种产品成本的费用，称为间接计入（或分配计入）费用（一般简称为间接费用）。这是生产费用按其计入产品成本的方法的分类。

3) 生产费用按与工艺关系分类和按计入产品成本方法分类的联系与区别。直接生产费用大多是直接计入费用，如原料、主要材料费用大多能够直接计入某种产品成本；间接生产费用大多是间接计入费用，如机物料消耗大多只能按照一定标准分配计入有关各种产品成本。但也不都是如此。例如，在只生产一种产品的工业企业或车间中，直接生产费用和间接生产费用都可以直接计入该种产品成本，都是直接计入费用。在这种情况下，就没有间接计入费用。

(二) 产品成本核算的账户体系

1. 产品成本核算的主要账户

产品成本核算的主要账户是“生产成本”账户和“制造费用”账户。

为了进行产品成本的总分类核算，应设立“生产成本”总账科目。为了分别核算基本生产成本和辅助生产成本，还应在该总账科目下，分别设立“基本生产成本”和“辅助生产成本”两个二级科目。为了减少二级科目，简化会计分录，也可以将“生产成本”总账科目分为“基本生产”和“辅助生产”两个总账科目或者“基本生产成本”和“辅助生产成本”两个总账科目。

1) “生产成本—基本生产成本”账户核算各种产品（包括产成品、自制半成品、工业性劳务等）自制材料以及提供非工业性劳务等所发生的各项生产费用。企业发生的、能够确认为某一成本计算对象的直接材料、直接工资等直接费用，应直接记入该账户的借方，不能直接计入成本计算对象的间接费用，应先通过“制造费用”账户归集，再按一定标准分配转入该账户的借方；制造完成并验收入库的产成品、自制半成品等的实际成本，以及提供劳务的实际成本应记入该账户的贷方。该账户的月末借方余额，反映尚未加工完成的各项在产品的成本。

2) “生产成本—辅助生产成本”账户核算企业各个辅助生产部门或车间为基本生产车间及其他各个部门提供辅助产品，如各种工具、模具或劳务所发生的各项生产费用。属于辅助生产的直接材料、直接人工应直接记入“生产成本—辅助生产成本”账户的借方，间接费用通过“制造费用”账户归集后，再转入该账户的借方。月末，结转到有关账户的辅助生产提供产品或劳务的成本记入该账户的贷方。该账户月末一般没有余额，若有余额，表示辅助生产未完工的在产品成本。

企业根据需要，可以将“生产成本”总分类账户下的“基本生产成本”和“辅助生产成本”上升为总分类账户进行核算。

3) 为了归集和分配制造费用，应该设立“制造费用”总账科目。该账户核算独立经营企业内各个生产单位为组织和管理生产所发生的各项费用，以及不能直接计入产品成本的机器的折旧、修理等费用。平时归集所发生的间接制造费用时，记入该账户的借方，月末分配结转时，记入该账户的贷方。除季节性生产的企业外，该账户月末应无余额。

"制造费用"账户应按不同的车间、部门设置明细账，并按费用项目设置专栏进行明细核算。

4) 为了归集和结转销售费用、管理费用和财务费用，应该分别设立"销售费用""管理费用"和"财务费用"总账科目。企业如果单独核算废品损头和停工损失，还可以增设"废品损失"和"停工损失"总账科目。

在小型工业企业中，也可以将"生产成本"和"制造费用"两个总账科目合并为"生产费用"一个总账科目，下设"基本生产成本""辅助生产成本"和"制造费用"三个二级科目，其核算原理仍与上述相同。

此外，为了将销售费用、管理费用和财务费用直接计入当月损益，还涉及"本年利润"科目；为了登记非生产经营管理费用，计算在建工程成本等，还涉及"在建工程"和"固定资产"等科目。

2. 产品生产成本明细账

"生产成本"总分类账户提供了生产费用的总括核算资料，为了反映生产费用发生的详细情况并计算各种产品、各批产品或各步骤产品的成本，还必须按产品品种、产品批别和产品的生产步骤设置生产成本明细账。

生产成本明细账也称产品成本明细账，它是按照产品成本计算对象设置，分别成本项目登记和归集生产费用，用以计算产品总成本和单位成本的明细账。产品成本明细账应根据有关原始凭证和各种费用分配表，如材料、工资、燃料、磁力等费用分配表和间接制造费用分配表等进行登记。

产品成本明细账在会计实务中也被称为产品成本计算单，但两者并不完全等同。如当产品成本的计算比较复杂时，产品成本的汇总还需编制产品成本汇总表，这种产品成本汇总表也属于产品成本计算单，可作为结转完工产品成本的原始凭证，但不是产品成本明细账。

产品成本明细账的具体格式因产品成本计算方法和成本核算组织形式的不同而有所区别，但一般都采用多栏式，按照成本项目设置专栏，其格式见表10-4。

表10-4　产品成本明细账

产品名称：							
年		凭证号数	摘要	直接材料	直接人工	制造费用	合计
月	日						
			期初在产品成本				
			本月生产费用				
			合计				
			完工产品成本				
			单位成本				
			月末在产品成本				

(三) 成本核算程序

1) 确定成本计算对象。成本计算的最终目的是要将企业发生的成本费用归集到一定的成本计算对象上，计算出该对象的总成本和单位成本。因此，要进行成本计算，首先必须确定成本计算对象。

2) 确定成本项目。成本项目是指费用按经济用途划分成的若干项目。它可以反映产品生产过程中各种资金的耗费情况，便于分析各项费用的支出是否节约、合理。因此，企业在成本核算中，应根据自身的特点和管理的要求，确定成本项目。一般可确定直接材料、直接工资及福利费、制造费用三个成本项目。

3) 确定成本计算期。成本计算期是指每次计算成本的间隔期间，即多长时间计算一次成本。企业应根据产品生产组织的特点确定各成本对象的成本计算期。成本计算期分为定期和不定期两种。通常在大量大批生产的情况下，每月都有一定的产品完工，应定期按月计算产品成本，即成本计算期与会计核算期一致。在成批、单件生产的情况下，一般不要求定期按月计算产品成本，而是等一批产品完工才计算该批产品成本，所以成本计算期与生产周期一致。

4) 归集和分配生产费用。归集和分配生产费用时，首先必须对支出的费用进行审核和控制，确定各项费用是否应该开支，已开支的费用是否应该计入产品成本。其次，确定应计入本月产品成本的费用。企业应根据权责发生制原则和配比原则的要求，分清各项费用特别是跨期摊配费用的归属期：本月支付应由本月负担的生产费用，计入本月产品成本；以前月份支付应由本月负担的生产费用，分配摊入本月产品成本；应由本月负担而以后月份支付的生产费用，预先计入本月产品成本。最后，将应计入本月产品成本的原材料、燃料、动力、工资、折旧费等各种要素费用在各有关产品之间，按照成本项目进行归集和分配。对于为生产某种产品直接发生的生产费用，能分清成本计算对象的，直接计入该产品成本；对于由几种产品共同负担的，或为产品生产服务发生的间接费用，可先按发生地点和用途进行归集汇总，然后分配计入各受益产品。可见，产品成本的计算过程也就是生产费用的归集、汇总和分配过程。

5) 计算完工产品成本和月末在产品成本。将生产费用计入各成本计算对象后，对于既有完工产品又有月末在产品的产品，应采用适当的方法，把生产费用在其完工产品和月末在产品之间进行分配，求出完工产品和月末在产品的成本。

6) 编制成本计算单，计算完工产品总成本和单位成本。在产品成本的过程中，企业应编制成本计算单，将各完工产品成本从其明细账中转入成本计算单，并计算出单位成本。这样，成本计算单上就汇集了本月所有完工产品的总成本和单位成本。

(四) 企业成本核算的要求

1. 算管结合，算为管用

进行成本核算，首先要根据国家有关的法规和制度，以及企业的成本计划和相应的消耗定额，对企业的各项费用进行审核，看应不应该开支；已经开支的，应不应该计入生产经营管理费用；计入小产经营管理费用的，应不应该计入产品成本。为此，要对各项费用的发生情况，以及费用脱离定额或计划的差异进行日常的核算和分析，并及时进行反馈。属于不合法、不合理，不利于提高经济效益的超支、浪费或损失要制止；当时已经无法制止的，要追究责任、采取措施，防止以后再发生；属于定额或计划不符合实际情况而发生的差异，要按规定程序修订定额或计划。

其次，要对已经开支的生产经营管理费用进行归集：其中经营管理费用应按期间进行归集，并计入当期损益；其中生产费用应按产品进行归集，计算各种产品成本，以便为产品成本的定期分析和考核，进一步挖掘降低成本的潜力提供数据。计算产品成本，要防止为算而算，搞烦琐哲学，脱离成本管理和生产经营管理实际需要的做法；成本核算的成本与所取得的效益相比较，必须是合算的。但也要防止片面追求简化，以致不能为管理提供所需数据的做法。成本核算应该做到：简而有理，细而有用。

2. 正确划分各种费用界限

为了正确地核算生产费用和经营管理费用，正确地计算产品实际成本和企业损益，必须正确划分以下五个方面的费用界限。

1) 正确划分生产经营管理费用与非生产经营管理费用的界限。企业的经济活动是多方面的，除了生产经营活动以外，还有其他方面的经济活动，因而费用的用途也是多方面的，并非都应计入生产经营管理费用。例如企业购置和建造固定资产、购买无形资产以及进行对外投资，这些经济活动都不是企业日常的生产经营活动，其支出都属于资本性支出，不应计入生产经营管理费用；又如企业的固定资产盘亏损失、固定资产报废清理损失、由于自然灾害等原因而发生的非常损失，以及由于非正常原因发生的停工损失等，都不是由于日常的生产经营活动而发生的，也不应计入生产经营管理费用。用于产品的生产和销售、用于组织和管理生产经营活动，以及用于筹集生产经营资金所发生的各种费用，即收益性支出，则应计入生产经营管理费用。

2) 正确划分生产费用与经营管理费用的界限。工业企业的生产费用应计入产品成本。产品成本要在产品产成并销售以后才计入企业的损益；而当月投入生产的产品不一定当月产成、销售，当月产成、销售的产品不一定是当月投入生产的，因而本月发生的生产费用往往不是计入当月损益、从当月利润中扣除的产品销售成本。但是，企业发生的经营管理费用则作为期间费用处理，不计入产品成本，而直接计入当月损益、从当月利润中扣除。因此，为了正确地计算产品成本和经营管理费用，正确地计算企业各个月份的损益，还应将生产经营管理费用正确地划分为生产费用和经营管理费用，也就是划分为成本和费用。用于产品生产的原材料费用、生产工人工资费用和制造费用等，应该计入生产费用，并据以计算产品成本；由于产品销售、由于组织和管理生产经营活动和筹集生产经营资金所发生的费用，应该计入经营管理费用，并归集为销售费用、管理费用和财务费用，直接计入当月损益，从当月利润中扣除。应该防止混淆生产费用和经营管理费用的界限，也就是成本和费用的界限，将产品的某些成本计入期间费用。计入当月损益，或者将某些期间费用计入产品成本，借以调节各月产品成本和各月损益的错误做法。

3) 正确划分各个月份的费用界限。为了按月分析和考核产品成本和经营管理费用，正确计算各月损益，还应将应计入产品成本的生产费用和作为期间费用处理的经营管理费用，在各个月份之间进行划分。为此，本月发生的成本、费用都应在本月入账，不应将其一部分延到下月入账；也不应在月末以前提前结账，将本月成本、费用的一部分作为下月成本、费用处理。

4) 正确划分各种产品的费用界限。为了分析和考核各种产品的成本计划或成本定额的执行情况，应该分别计算各种产品的成本。因此，应该计入本月产品成本的生产费用还应在各种产品之间进行划分。属于某种产品单独发生，能够直接计入该种产品成本的生产费用，应该直接计入该种产品的成本；属于几种产品共同发生，不能直接计入某种产品成本的生产费用，则应采用适当的分配方法，分配计入这几种产品的成本。

5) 正确划分完工产品与在产品的费用界限。月末计算产品成本时，如果某产品都已完工，这种产品的各项生产费用之和，就是这种产品的完工产品成本；如果某种产品都未完工，这种产品的各项生产费用之和，就是这种产品的月末在产品成本；如果某种产品一部分已经完工，另一部分尚未完工，这种产品的各项生产费用，还应采用适当的分配方法在完工产品与月末在产品之间进行分配，分别计算完工产品成本和月末在产品成本。

以上五个方面费用界限的划分，都应贯彻受益原则，即何者受益何者负担费用，何时受益何时负担费用；负担费用多少应与受益程度大小成正比。这五个方面费用界限的划分全过程，也是产品成本的计算过程。

《企业产品成本核算制度（试行）》第五条：企业应当根据所发生的有关费用能否归属于使产品达到目前场所和状态的原则，正确区分产品成本和期间费用。

3. 正确确定财产物资的计价和价值结转的方法

企业拥有的财产物资，绝大部分是生产资料，它们的价值是要随着生产经营过程中的耗用，转移到产品成本和经营管理费用中去的。因此，这些财产物资的计价和价值结转的方法，也会影响成本和费用。其中与固定资产有关的有：固定资产原值计算方法、折旧方法、折旧率的种类和高低；固定资产修理费用是否采用待摊或预提方法以及摊提的期限长短等。与流动资产有关的有：材料价值（成本）的组成内容、材料按实际成本进行核算时发出材料单位成本的计算方法、材料按计划成本进行核算时材料成本差异率的种类（个别差异率、分类差异率还是综合差异率，本月差异率还是上月差异率）采用分类差异率时材料类距的大小等。与固定资产和流动资产共同相关的有：固定资产与低值易耗品的划分标准、低值易耗品的摊销方法、摊销期限的长短和摊销率的高低等。为了正确计算成本和费用，对于这些财产物资的计价和价值结转的方法都应既较合理又较简便。国家有统一规定的，应采用国家统一规定的方法。要防止任意改变财产物资计价和价值结转的方法（例如不按规定的方法和期限计算和调整材料成本差异），借以人为调节成本和费用的错误做法。

4. 做好各项基础工作

1) 定额的制订和修订。产品的消耗定额是编制成本计划、分析和考核成本水平的依据，也是审核和控制成本的标准。应该根据企业当前设备条件和技术水平，充分考虑职工群众的积极因素，制订和修订先进而又可行的原材料、燃料、动力和工时等项消耗定额，并据以审核各项耗费是否合理，是否节约，借以控制耗费，降低成本、费用。制订和修订产量、质量和消耗等各种定额，是搞好生产管理、成本管理和成本核算的前提。

2) 材料物资的计量、收发、领退和盘点。为了进行成本管理和成本核算，还必须对材料物资的收发、领退和结存进行计量，建立和健全材料物资的计量、收发、领退和盘点制度。材料物资的收发、领退，在产品、半成品的内部转移和产成品的入库等，均应填制相应的凭证，经过一定的审批手续，并经过计量、验收或交接，防止任意领发和转移。库存的材料、半成品和产成品，以及车间的在产品和半成品，均应按照规定进行盘点、清查，防止丢失、积压、损坏变质和被贪污盗窃。这些工作也是进行生产管理、物资管理和资金管理所必需的。

3) 原始记录。只有计量没有记录，核算就没有书面的凭证依据。为了进行成本的核算和管理，对于生产过程中工时和动力的耗费，在产品和半成品的内部转移，以及产品质量的检验结果等，均应做出真实的记录。原始记录对于劳动工资、设备动力、生产技术等方面管理，以及有关的计划统计工作，也有重要意义。

4) 厂内计划价格的制定和修订。在计划管理基础较好的企业中，为了分清企业内部各单位的经济责任，便于分析和考核内部各单位成本计划的完成情况，还应对材料、半成品和厂内各车间相互提供的劳务（如修理、运输等）制订厂内计划价格，作为内部结算和考核的依据。厂内计划价格应该尽可能接近实际并相对稳定，年度内一般不作变动。在制订了厂内计划价格的企业中，对于材料领用、半成品转移以及各车间、部门之间相互提供劳务，都应先按计划价格结算，月末再采用一定的方法；计算和调整价格差异，据以计算实际的成本、费用。按计划价格进行企业内部的往来结算，还可以简化和加速成本和费用的核算工作。

5. 适应生产特点和管理要求，采用适当的成本计算方法

产品成本是在生产过程中形成的，生产组织和工艺过程不同的产品，应该采用不同的成本计算方法。计算产品成本是为了管理成本，管理要求不同的产品，也应该采用不同的成本计算方法。

《企业产品成本核算制度（试行）》第六条：企业应当根据产品生产过程的特点、

生产经营组织的类型、产品种类的繁简和成本管理的要求，确定产品成本核算的对象、项目、范围，及时对有关费用进行归集、分配和结转。企业产品成本核算采用的会计政策和估计一经确定，不得随意变更。

第二节 产品成本核算基础知识

一、要素费用的会计处理

(一) 要素费用分配方法

企业应该根据在产品数量的多少、各月在产品数量变化的大小、各项费用比重的大小以及定额管理基础的好坏等具体条件，对费用在完工产品和月末在产品之间的分配采用适当的分配方法。

1. 在产品不计算成本法

采用这种分配方法时，虽然有月末在产品，但不计算成本。这种方法适用于各月月末在产品数量很小的产品。如果各月月末在产品的数量很小，那么，月初和月末在产品费用就很小，月初在产品费用与月末在产品费用的差额更小，算不算各月在产品费用对于完工产品费用的影响很小。因此，为了简化产品成本计算工作，可以不计算在产品成本。就是说，这种产品每月发生的生产费用，全部由该种完工产品成本负担，其每月生产费用之和也就是每月完工产品成本。

2. 在产品按固定成本计价法

采用这种分配方法时，各月末在产品的成本固定不变。这种方法适用于各月末在产品数量较小，或者在产品数量虽大，但各月之间变化不大的产品。

这是因为，如果月末的在产品数量不是很小而是较大，仍然不计算在产品成本，会使产品成本核算反映的在产品资金占用不实，不利于资金管理；这些在产品不计价入账，成为账外财产，还会影响对这些财产实行会计监督。对于月末在产品数量较小的产品来说，由于月初和月末在产品费用较小，月初在产品费用与月末在产品费用的差额很小，算不算各月在产品费用的差额对于完工产品费用的影响不大；对于各月末在产品数量较大的产品来说，月初和月末在产品费用虽然较大，但由于各月末在产品数量变化不大，因而月初、月末在产品费用的差额仍然不大，算不算各月在产品费用的差额对于完工产品费用的影响仍然不大。因此，为了简化产品成本计算工作，上述两种产品的每月在产品成本都可以固定不变。

采用这种分配方法的产品，每月发生的生产费用之和仍然就是每月该种完工产品的成本。但在年末，应该根据实际盘点的在产品数量，具体计算在产品成本，据以计算12月份产品成本，并将算出的年末在产品成本作为下一年度各月固定的在产品成本，以免相隔时间过长，在产品成本与实际出入过大，影响产品成本计算的正确性。炼铁企业和化工企业的产品，由于高炉和化学反应装置的容积固定，其在产品成本就可以这样计算。

3. 在产品按所耗原材料费用计价法

采用这种分配方法时，月末在产品只计算其所耗用的原材料费用，不计算工资及福利费等加工费用，就是说，产品的加工费用全部由完工产品成本负担。

这种分配方法适用于各月末在产品数量较大，各月在产品数量变化也较大，但原材料费用在成本中所占比重较大的产品。

这是因为，各月末在产品数量较大，各月在产品数量变化也较大的产品，既不能采用第一种方法，也不能采用第二种方法，而必须具体计算每月末的在产品成本。但是，由于该种产品的原材料费用比重较大，因而工资及福利费等加工费用比重不大，在产品成本中的加工费用，以及月初、月末在产品加工费用的差额不大，月初和月末在产品的加工费用基本上可以互相抵销。因此，为了简化计算工作，在产品可以不计算加工费用。这时，这种产品的全部生产费用，减去按所耗原材料费用计算的在产品成本，就是该种完工产品的成本。纺织、造纸和酿酒等工业的产品，原材料费用比重较大，都可以采用这种分配方法。

【例10-1】假定智董工厂某产品的原材料费用比重较大，在产品只计算原材料费用。该种产品月初在产品原材料费用8720元，本月原材料费用25105元，完工产品980件，月末在产品250件。原材料是在生产开始时一次投入的，因而不论完工产品还是在产品，也不论在产品完工程度大小，每件完工产品和在产品所耗原材料的数量相等，原材料费用可以按完工产品和在产品的数量分配：

$$原材料费用分配率=\frac{8720+25105}{980+250}=27.5\text{（元）}$$

完工产品原材料费用 $=980\times27.5=26950$（元）

月末在产品原材料费用（即月末在产品成本）$=250\times27.5=6875$（元）

如果在产品分布在几道不同的工序，而且经过每道工序加工，原材料都有一定的损耗，这时，应分别将各道工序在产品的原材料数量进行还原，折合成未经加工的原材料数量以后，再乘以原材料单价，计算在产品原材料费用。

由于：原材料消耗量 − 原材料消耗量 × 损耗率 = 在产品数量

所以：原材料消耗量 ×(1 − 损耗率) = 在产品数量

$$原材料消耗量=\frac{在产品数量}{1-损耗率}$$

用还原后的原材料消耗量乘以原材料单价，即为该道工序在产品的原材料费用。各道工序在产品原材料费用之和，即为该产品全部在产品的原材料费用，也就是该产品的全部在产品成本。

4. 约当产量比例法

采用这种分配方法时，将月末在产品数量按照完工程度折算为相当于完工产品的产量，即约当产量，然后按照完工产品产量（也是完工程度为100%的约当产量）与月末在产品约当产量的比例分配计算完工产品费用和月末在产品费用。

这种分配方法适用于月末在产品数量较大，各月末在产品数量变化也较大，产品成本中原材料费用和工资及福利费等加工费用的比重相差不多的产品。对于这种产品的完工产品和月末在产品既要分配计算原材料费用，又要分配计算各项加工费用，以提高产品成本计算的正确性。原材料一般是在生产开始时一次投入的，因而完工产品与月末在产品的原材料费用仍可按第三种方法分配计算；由于完工产品与不同完工程度的在产品所发生的加工费用不相等，因而完工产品与月末在产品的各项加工费用不能按它们的数量比例分配；而应采用约当产量比例法分配。其计算公式如下：

在产品约当产量 = 在产品数量 × 完工百分比

$$某项费用分配率=\frac{该项费用总额}{完工产品产量+在产品约当产量}$$

完工产品该项费用＝完工产品产量×该项费用分配率

在产品该项费用＝在产品约当产量×该项费用分配率

或＝该项费用总额－完工产品该项费用

1) 在产品完工率的计算。为了提高成本计算的正确性，并加速成本计算工作，可以根据各工序的累计工时定额数占完工产品工时定额数的比率，事前确定各工序在产品的完工率。在产品完工率的计算公式为

$$\text{某道工序在产品完工率}=\frac{\text{前面各道工序工时定额之和}+\text{本工序工时定额}\times 50\%}{\text{产品工时定额}}\times 100\%$$

在上列公式中，本工序（即在产品所在工序）的工时定额乘以50%，是因为该工序中各件在产品的完工程度也不同，为了简化完工率的测算工作，都按平均完工50%计算。在产品从上一道工序转入下一道工序时，其上一道工序已经完工，因而前面各道工序的工时定额应按100%计算。

2) 按在产品完工率计算的约当产量比例分配加工费用。在每月末计算产品成本时，根据各工序的在产品数量和既定的完工率，即可计算各工序在产品的约当产量，据以分配加工费用。

【例10-2】假定上例所举完工产品3800件。各工序月末在产品数量为：第1工序1200件；第2工序1500件；第3工序1100件。月初在产品和本月发生的燃料及动力费用共为162963元。该项费用分配计算如下：

第1工序在产品约当产量＝1201×16%＝192（件）

第2工序在产品约当产量＝1500×52%＝780（件）

第3工序在产品约当产量＝1100×86%＝946（件）

月末在产品约当产量总数＝192＋780＋946＝1918（件）

$$\text{燃料及动力费分配率}=\frac{162963}{3800+1918}=28.5\text{（元）}$$

完工产品燃料及动力费＝3800×28.5＝108300（元）

月末在产品燃料及动力费＝1918×28.5＝54663（元）

3) 按在产品完工率计算的约当产量比例分配原材料费用。在原材料不是在生产开始时一次投入，而是随着生产进度陆续投入的情况下，原材料费用也应采用约当产量比例法分配。如果原材料投入程度与生产工时投入的进度完全一致或基本一致，原材料费用也可采用上述方法确定的完工率分配计算；如果两者投入的进度不完全一致，为了提高原材料费用分配的正确性，应按每一工序原材料的消耗定额计算完工率。这就是说，约当产量可以用产品所用各种资源（包括劳动力资源或物质资源）的投入量来表示。

【例10-3】假定智董工厂某种产品由两道工序制成，其原材料分两道工序在每道工序开始时一次投入，其每道工序开始时一次投入的原材料定额及其完工率的计算如表10-5所示。

表10-5　原材料定额及其完工率的计算表

工序	工序开始时每件在产品一次投入的原材料定额	完工率计算
1	160公斤	$\frac{160}{250}\times 100\%=64\%$
2	90公斤	$\frac{160+90}{250}\times 100\%=100\%$
合计	250公斤	×

由于上述原材料在每道工序一开始就投入，因而同一道工序中各件在产品原材料的消耗定额，就是该工序的消耗定额，不应按50%折算。最后一道工序在产品的完工率均为100%。

假定上例两道工序的在产品数量为：第1工序200件；第2工序120件。完工产品792件，月初在产品和本月发生的原材料费用累计99112元。原材料费用分配计算如下：

第1工序在产品约当产量＝201×64%＝128（件）

第2工序在产品约当产量＝120×100%＝120（件）

在产品约当产量总数＝128＋120＝248（件）

$$原材料费用分配率=\frac{99112}{792+248}=95.3（元）$$

完工产品原材料费用＝792×95.3＝75477.60（元）

月末在产品原材料费用＝248×95.3＝23634.40（元）

5. 在产品按完工产品计算法

采用这种分配方法时，在产品视同完工产品分配费用。这种方法适用于月末在产品已经接近完工或者已经完工、只是尚未包装或尚未验收入库的产品。因为这种情况下的在产品成本已经接近完工产品成本，为了简化产品成本计算工作，在产品可以视同完工产品，按两者的数量比例分配原材料费用和各项加工费用。

【例10-4】假定智董工厂某种产品的月初在产品费用为：原材料费用24340元，工资及福利费7610元，制造费用27890元，合计59840元；其本月生产费用为：原材料费用62280元，工资及福利费13130元，制造费用28230元，合计103640元。本月完工产品810件，月末在产品410件。月末在产品都已完工，尚未验收入库，可以视同完工产品分配各项费用。分配计算如表10-6所示。

表10-6 费用分配计算表

成本项目	月初在产品费用	本月生产费用	生产费用分配率	费用分配率	完工产品		月末在产品	
					数量	费用	数量	费用
原材料	24340	62280	86620	71		57510		29110
工资及福利费	7610	13130	20740	17		13770		6970
制造费用	27890	28230	56120	46		37260		18860
合计	59840	103640	163480	134	810	108540	410	54940

上列各项费用分配率，应根据各该费用的累计数，除以完工产品，数量与月末在产品数量之和计算；以各项费用分配率分别乘以完工产品数量和月末在产品数量，即为各该费用的完工产品费用和月末在产品费用。

6. 在产品按定额成本计价法

采用这种分配方法时，月末在产品的各项费用按各该费用定额计算，亦即月末在产品成本按其数量和单位定额成本计算。某种产品的全部生产费用减去按定额单位成本计算的月末在产品成本，其余作为完工产品成本。就是说，每月生产费用脱离定额的差异（节约或超支）都计入当月完工产品成本。

这种分配方法适用于定额管理基础较好，各项消耗定额或费用定额比较准确、稳定，而且各月末在产品数量变动不大的产品。因为对于这种产品来说，不仅月初和月末单件在产品费用脱离定额的差异都不会大，而且月初在产品费用脱离定额差异总额与月末在产品费用脱离定额差异总额的差额也不会大，因而月末在产品按定额成本计价，不计算成本差异，对完工产品成本的影响不大，为了简化产品成本计算工作，可以这样分配计算。

采用这种分配方法，在修订消耗定额或费用定额的月份，月末在产品按新的定额成本计价所发生的差额，也要包括在当月完工产品成本中，例如上例月末在产品定额成本由于消耗定额降低而降低为23000元，则其按新定额成本计价所发生的差额1512（即24512－

23000）元，就计入当月完工产品成本中，使之提高为43670（即42158＋1512）元。这会给考核和分析完工产品成本带来一定的困难。例如上述完工产品成本提高不是由于当月生产耗费超支（不好的因素）的结果，而是由于以前月份技术进步、操作熟练程度提高等原因致使本月消耗定额降低（好的因素）的结果，而要在完工产品成本中看出这一因素，月末在产品就要按新旧两种定额成本计价，并计算两者的差额。这样核算又会增加成本核算和分析的工作。这也就是前面所述，采用这种分配方法，对于消耗定额或费用定额既要求比较准确，又要求比较稳定、不需要经常修订的原因。

在具备前面所述各项条件的情况下，采用这种分配方法能够既较正确又较简便地解决完工产品与月末在产品之间分配费用的问题。在采用这种分配方法时，如果产品成本中原材料费用所占比重较大，或者原材料费用与工资及福利费之和所占比重较大，为了进一步简化成本计算工作，月末在产品成本也可以只按定额原材料费用，或者按定额原材料费与定额工资及福利费之和计算。就是说，月末在产品的这一项或这两项费用脱离定额的差异，以及其他各项实际费用都可以计入完工产品成本。

7. 定额比例法

采用这种分配方法的产品，其生产费用按照完工产品与月末在产品定额消耗量或定额费用的比例进行分配。其中原材料费用，按原材料的定额消耗量或定额费用比例分配。工资及福利费等其他费用，可以按各该定额费用的比例分配；也可按定额工时（即工时的定额消耗量）比例分配。由于工资及福利费等其他费用的定额费用一般根据定额工时乘以每小时的各该费用定额计算，因而这些费用一般按定额工时比例分配，以节省各该定额费用的计算工作。

这种分配方法适用于定额管理基础较好，各项消耗定额或费用定额比较准确、稳定，但各月末在产品数量变动较大的产品。因为对于这种产品来说，月初和月末单位在产品费用脱离定额的差异虽然都不大，但月初在产品费用脱离定额差异总额与月末在产品费用脱离定额差异总额的差额会较大，如果仍采用上一种分配方法，在产品按定额成本计价，月初、月末在产品成本脱离定额差异的差额计入完工产品成本，就会对完工产品成本的正确性发生较大的影响，甚至出现完工产品成本是负数的很不合理现象。例如某种产品各月在产品数量变动很大，月初没有在产品，月末在产品为1000件，本月完工产品为1件，则1000件月末在产品所应负担的成本差异全部归由1件完工产品成本负担，这1件完工产品的成本就会很不正确、很不合理：如果成本差异是超支差异，这一件完工产品成本会高得不得了；如果成本差异是节约差异，这1件完工产品成本就会是一个负数，而且是一个很大的负数。因此，在上述条件下，就应采用定额比例法，分配计算完工产品和月末在产品的实际成本。

按定额消耗量比例分配的计算公式如下所示。

公式1

$$消耗量分配率=\frac{月初在产品实际消耗量+本月实际消耗量}{完工产品定额消耗量+月末在产品定额消耗量}$$

完工产品实际消耗量＝完工产品定额消耗量×消耗量分配率

完工产品费用＝完工产品实际消耗量×原材料单位（或单位工时的工资、费用）

月末在产品实际消耗量＝月末在产品定额消耗量×消耗量分配率

完工在产品费用＝月末在产品实际消耗量×原材料单位（或单位工时的工资、费用）

按照上列公式分配，不仅可以提供完工产品和在产品的实际费用资料，而且可以提供它们的实际消耗量资料，便于考核和分析各项消耗定额的执行情况；但是，这样分配的核算工作量较大，这在所耗原材料的品种较多的情况下更是如此。为了简化分配计算工作，也可以按照公式2分配：

$$原材料费用分配率=\frac{\text{月初在产品实际原材料费用}+\text{本月实际材料费用}}{\text{完工产品定额原材料费用}+\text{月末在产品定额原材料费用}}$$

完工产品原材料费用＝完工产品定额原材料费用×原材料费用分配率

月末在产品原材料费用＝月末在产品定额原材料费用×原材料费用分配率

或＝月初在产品实际原材料费用＋本月实际原材料费用－完工产品原材料费用

$$工资（其他费用）分配率=\frac{\text{月初在产品实际工资(其他费用)}+\text{本月实际工资(其他费用)}}{\text{完工产品定额工时}+\text{月末在产品定额工时}}$$

完工产品工资（其他费用）＝完工产品定额工时×工资（其他费用）分配率

月末在产品工资（其他费用）＝月末在产品定额工时×工资（其他费用）分配率

或=月末在产品实际工资（其他费用）+本月实际工资（其他费用）−完工产品工资（其他费用）

【例10-5】假定智董工厂某种产品月初在产品费用为：原材料费用86850元，燃料及动力费15400元，工资及福利费5790元，制造费用12360元，合计120400元；本月生产费用为：原材料费用114300元，燃料及动力费21750元，工资及福利费8481元，制造费用16962元，合计161493元；完工产品的定额原材料费用为170000元，定额燃料从动力费为32000元，定额工时为11000小时；月末在产品的定额此材料费用为30000元，定额燃料及动力费6000元，定额工时4000小时。在完工产品与月末在产品之间，原材料费用和燃料及动力费按各该定额费用比例分配，其他各项费用按定额工时比例分析。

根据上列资料，分配计算如表10-7所示。

表10-7 费用分配计算表

成本项目			原材料	燃料及动力	工资及福利费	制造费用	合计
①	月初在产品费用		86850	15400	5790	12360	120400
②	本月生产费用		114300	21750	8481	16962	161493
③＝①＋②	生产费用累计		201150	37150	14271	29322	281893
④＝③÷(⑤＋⑦)	费用分配率		1.00575	0.9776315	0.9514	1.9548	×
⑤	完工产品费用	定额	170000	32000	11000时		
⑥＝⑤×④		实际	170978	31284	10465	21503	234230
⑦	月末在产品费用	定额	30000	6000	4000时		
⑧＝⑦×④		实际	30172	5866	3806	7819	47663

在上列分配计算表中，费用分配率的计算公式就是前列第1.2两个公式。这一分配计算表，实际上就是采用定额比例法时产品成本明细账的格式之一。

按照上列第1.2两个公式分配费用，必须取得完工产品和月末在产品的定额消耗量或定额费用资料。完工产品的原材料定额消耗量和工时定额消耗量，可以根据完工产品数量乘以原材料消耗定额和工时消耗定额计算求得；月末在产品的原材料定额消耗量和工时定额消耗量，可以根据月末在产品盘存表和账面所记在产品结存数量乘以原材料消耗定额和工时消耗定额计算求得。完工产品和月末在产品的定额费用，可以根据完工产品和月末在产品的原材料定额消耗量和工时定额消耗量，乘以原材料计划单价或单位小时工资及福利费等定额求得。

采用上列两个公式分配费用，如果在产品的种类和生产工序繁多，计算工作量就很繁重。因此，有的企业，月末在产品定额资料不根据月末在产品数量具体计算，而采用简化的倒挤方法计算。其计算公式如下（以定额消耗量为例）：

月末在产品定额消耗量＝月初在产品定额消耗量＋本月股入的定额消耗量－本月完工产品定额消耗量

在上列公式中，除了本月完工产品定额消耗量按前述方法计算以外，月初在产品定额消耗量也就是上月末的在产品定额消耗量；本月投入的定额消耗量中的原材料定额消耗量，可以根据限额发料凭证所列原材料定额消耗量等资料计算求得，工时定额消耗量，可以根据有关定额工时的原始记录计算求得。根据这一公式计算月末在产品定额消耗量，虽然可以简化计算工作，但在发生在产品盘盈盘亏的情况下，据以计算求得的成本资料就不能如实反映产品成本的水平。为了保证在产品账实相符，计算在产品盈亏对完工产品的影响，提高成本计算的正确性，必须每隔一定时期（一季或半年）对在产品进行一次盘点，根据在产品的实存数计算一次定额消耗量。

在具备了月初、月末在产品定额消耗量（定额费用）本月投入生产的定额消耗量（定额费用），以及本月完工产品定额消耗量（定额费用）资料的情况下，既可按前列第1.2两个分配费用的公式分配费用，也可按下列公式3分配费用：

$$费用分配率=\frac{月初在产品实际费用+本月实际费用}{月初在产品定额消耗量(定额费用)+本月投入的定额消耗量(定额费用)}$$

完工产品和月末在产品费用的计算公式同前。

第1、2两个公式与第3个公式之所以可以通用，是因为分母中月初在产品与本月投入的定额消耗量（定额费用）之和，同完工产品与月末在产品的定额消耗量（定额费用）之和相等。

【例10-6】假定智董工厂某种产品月初在产品的定额费用为：原材料12500元，燃料及动力3800元，工资及福利费3550元，制造费用6390元，合计26240元；月初在产品的实际费用为：原材料13100元，燃料及动力4100元，工资及福利费3890元，制造费用6620元，合计27710元。本月定额费用为：原材料25200元，燃料及动力7700元，工资及福利费6930元，制造费用12474元，合计52304元。本月实际费用为：原材料24900元，燃料及动力7580元，工资及福利费7080元，制造费用13900元，合计53460元。本月完工产品的定额费用为：原材料13000元，燃料及动力4000元，工资及福利费3380元，制造费用6084元，合计26464元。

根据上列资料，分配计算如表10-8所示。

表10-8　费用分配计算表

成本项目			原材料	燃料及动力	工资及福利费	制造费用	合计
①	月初在产品费用	定额	12500	3800	3550	6390	26240
②		实际	13100	4100	3890	6620	27710
③	本月生产费用	定额	25200	7700	6930	12474	52304
④		实际	24900	7580	7080	13900	53460
⑤＝①＋③	生产费用累计	定额	37700	11500	10480	18864	78544
⑥＝②＋④		实际	38000	11680	10970	20520	81170
⑦＝⑥÷⑤	费用分配率		1.0079575	1.0156521	1.0467557	1.0877862	×
⑧	完工产品费用	定额	13000	4000	3380	6084	26464
⑨＝⑧×⑦		实际	13103	4063	3538	6618	27322
⑩	月末在产品费用	定额	24700	7500	7100	12780	52080
⑪＝⑩×⑦		实际	24897	7617	7432	13902	53848

在上列分配计算表中，费用分配率的计算公式为前列第3个公式。在采用这一公式分配费用时，产品成本明细账应该采用上列格式。其中，月末在产品定额费用可以根据各工序不同完工程度在产品的数量分别乘以各该费用的定额资料具体计算，也可以按照前列倒挤方法的公式计算。上列各项费用都是按定额费用比例分配的，这样分配可以根据本月发生的和完工产品的各项定额费用考核各该实际费用的水平，但计算各该定额费用的工作量较

大。为了简化计算工作，其中工资及福利费等加工费用都可以按定额工时比例分配。

上例中的月末在产品应分配的实际费用，也可以根据实际生产费用累计数减去完工产品应分配的实际费用计算求得。这时，看来可以不必计算月末在产品的定额资料。但为了求得下月月初在产品的定额资料，用来分配下月生产费用，仍需计算本月月末在产品的定额资料。

通过上述，可以看出，采用定额比例法分配完工产品与月末在产品费用，不仅分配结果比较合理，而且还便于将实际费用与定额费用相比较，考核和分析定额的执行情况。在采用前列第3个公式分配时，由于公式中的分子和分母都是月初在产品和本月发生的费用，分子是实际数，分母是定额数，便于互相比较，因而这一优点体现得更为明显。

但是采用定额比例法，在月初消耗定额或费用定额降低时，如果月末在产品定额费用是采用前述倒挤的简化方法计算的，那么，月初在产品定额费用应按新的定额重新计算。否则，由于本月定额费用和本月完工产品定额费用已按降低后的定额计算，月初在产品应降低而未降低的定额费用，全部挤入月末在产品定额费用中，使月末在产品定额费用虚增，从而使月末在产品所分配的实际费用虚增，影响完工产品与月末在产品之间费用分配的合理性。如果月末在产品定额费用是根据在产品数量和降低后的消耗定额、费用定额具体计算的，在采用第3个公式计算费用分配率的情况下，月初在产品定额费用也应按新的定额重新计算。否则，月初在产品应降低而未降低的定额费用，会使公式的分母数虚增，从而使费用分配率偏低，使实际费用分配不完。在月初消耗定额或费用定额不是降低而是提高时，则会发生相反的结果。而按新的定额重新计算月初在产品定额费用，要增加核算工作。这也就是前面所述，在采用定额比例法时，消耗定额或费用定额不仅要比较准确，而且要比较稳定的原因。

生产费用在各种产品之间以及在完工产品与月末在产品之间，进行横向和纵向分配和归集以后，就可以计算出各种完工产品的实际成本，据以考核和分析各该产品成本计划的执行情况。

工业企业的完工产品，包括产成品以及自制的材料、工具和模具等。在完工产品成本算出以后，它的成本应从“基本生产成本”科目和各种产品成本明细账的贷方转入各有关科目的借方：其中完工入库产成品的成本，应转入“库存商品”科目的借方；完工自制材料、工具、模具等的成本，应分别转入“原材料”和“周转材料”等科目的借方。“基本生产成本”科目的月末余额，就是基本生产在产品的成本，也就是占用在基本生产过程中的生产资金，应与所属各种产品成本明细账中月末在产品成本之和核对相符。

(二) 在产品数量的核算

每月末，当产品成本明细账中按照成本项目归集了设账产品的本月生产费用以后，如果产品已经全部完工，产品成本明细账中归集的生产费用（如果有月初在产品，还包括月初在产品生产费用）之和，就是该种完工产品的成本；如果产品全部没有完工，产品成本明细账中归集的生产费用之和，就是该种在产品成本；如果既有完工产品又有在产品，产品成本明细账中归集的生产费用之和，还应在完工产品与月末在产品之间，采用适当的分配方法进行纵向的分配和归集，以计算完工产品成本和月末在产品成本。

本月生产费用、本月完工产品费用和月初、月末在产品费用四者之间的关系，可用下列公式表明：

月初在产品费用＋本月费用＝本月完工产品费用＋月末在产品费用

在公式前两项已知的情况下，在完工产品和月末在产品之间分配费用的方法通常有两类：一类是先确定月末在产品费用，再计算完工产品费用；另一类是将前两项之和在后两项之间按照一定的分配比例进行分配，同时算出完工产品费用和月末在产品费用。但是，无论采用哪一类方法，都必须正确组织在产品收发结存的核算，取得在产品动态和结存的数量资料。

1. 在产品收发结存的会计处理

企业的在产品是指没有完成全部生产过程、不能作为商品销售的产品，包括正在车间加工中的在产品（正在返修的废品也在内）和已经完成一个或几个生产步骤、但还需继续加工的半成品（未经验收入库的产品和等待返修的废品也在内）两部分。对外销售的自制半成品，属于商品产品，验收入库后不应列入在产品之内。以上在产品，是从广义的或者就整个企业来说的在产品。从狭义的或者就某一车间或某一生产步骤来说，在产品只包括该车间或该生产步骤正在加工中的那部分在产品，车间或生产步骤完工的半成品不包括在内。

在产品结存的数量，同其他材料物资结存的数量一样，应同时具备账面核算资料和实际盘点资料。企业一方面要做好在产品收发结存的日常核算工作，另一方面要做好在产品的清查工作。做好这两项工作，既可以从账面上随时掌握在产品的动态，又可以清查在产品的实际数量。这不仅对正确计算产品成本，加强生产资金管理，以及保护企业财产有着重要意义，而且对掌握生产进度，加强生产管理也有着重要意义。

车间在产品收发结存的日常核算，通常是通过在产品收发结存账进行的。在实际工作中，这种账簿也叫在产品台账，应分别车间并且按照产品的品种和在产品的名称（如零、部件的名称）设立，以便用来反映车间各种在产品的转入、转出和结存的数量。根据生产的特点和管理的要求，有的还应进一步按照加工工序组织在产品的数量核算。

各车间应该认真做好在产品的计量、验收和交接工作，并在此基础上，根据领料凭证、在产品内部转移凭证、产成品检验凭证和产品交库凭证，及时登记在产品收发结存账。该账可由车间核算人员登记；也可由各班组工人核算员登记，由车间核算人员审核汇总。其基本格式如表10-9所示。

表10-9 在产品收发结存账

零部件名称、编号：2078　　　　车间名称：加工

月	日	摘要	收入		转出			结存		备注
			凭证号	数量	凭证号	合格号	废品	完工	未完工	
7	1		7101	100					100	
7	4		7102	90	7201	50		15	125	
7	10				7202	75	5	10	50	
		合计		600		539	9	20	32	

2. 在产品清查和清查结果的账务处理

为了核实在产品的数量，保护在产品的安全完整，企业必须认真做好在产品的清查工作。在产品应定期进行清查，也可以不定期进行轮流清查。如果车间没有建立在产品收发日常核算，每月月未都必须清查一次在产品，以便取得在产品的实际盘存资料，用来计算产品成本。在清查时，应动员车间职工群众把所有在产品同时清点一遍，以免重计或漏计。清查后，应根据盘点结果和账面资料编制在产品盘存表，填明在产品的账面数、实存数和盘存盈亏数，以及盈亏的原因和处理意见等；对于报废和毁损的在产品，还要登记残值。成本核算人员应对在产品盘存表所列各项资料进行认真的审核，并且根据清查结果进行账务处理。

在产品发生盘盈时，应按盘盈在产品的成本（一般按定额成本计算）借记“基本生产成本”科目，并记入相应的产品成本明细账各成本项目，贷记“待处理财产损溢—待处理流动资产损溢”科目。经过批准进行处理时，则应借记“待处理财产损溢—待处理流动资产损溢”科目，贷记“制造费用”科目，并从相应的制造费用明细账“在产品盘亏和毁损

（减盘盈）”项目中转出，冲减制造费用。

在产品发生盘亏和毁损时，应借记“待处理财产损溢—待处理流动资产损溢”科目，贷记“基本生产成本”科目，并从相应的产品成本明细账各成本项目中转出，冲减在产品成本。毁损在产品的残料价值，应借记“原材料”等科目，贷记“待处理财产损溢—待处理流动资产损溢”科目，冲减损失。经过审批进行处理时，应分别不同情况将损失从“待处理财产损溢—待处理流动资产损溢”科目的贷方转入各有关科目的借方：其中应由过失人或保险公司赔偿的损失，转入“其他应收款”科目的借方；由于意外灾害造成的非常损失，转入“营业外支出”科目的借方；由于车间管理不善造成的损失，转入“制造费用”科目的借方，并记入相应的制造费用明细账“在产品盘亏和毁损（减盘盈）项目”。

为了正确、及时地归集和分配制造费用，有关在产品盘存盈亏处理的核算，应该在制造费用结账以前进行。

如果在产品的盘存盈亏是由于没有办理领料或交接手续，或者由于某种产品的零件为另一种产品挪用，则应补办手续，及时转账更正。

辅助生产的在产品数量核算与基本生产基本相同，但辅助生产在产品清查的结果，应在“辅助生产成本”科目中核算，而不通过“基本生产成本”科目核算。

二、综合费用的会计处理

（一）要素费用核算的程序

1. 专设成本项目的直接生产费用的会计处理程序

由于基本生产成本明细账，即产品成本明细账按产品设立；账内按成本项目登记，因此，在发生材料、动力、工资等各种要素费用时，对于直接用于产品生产、专门设有成本项目的费用，即专设成本项目的直接生产费用，例如构成产品实体的原材料费用、工艺用燃料费用或生产用动力费用，应单独地记入“基本生产成本”总账科目。如果是某种产品的直接计入费用，还应直接记入这种产品成本明细账的“原材料”或“燃料及动力”成本项目；如果是几种产品的间接计入费用，还应采用适当的分配方法，单独地分配记入这几种产品成本明细账的“原材料”或“燃料及动力”成本项目。

所谓分配方法的适当，就是分配所依据的标准与所分配的费用多少有比较密切的联系，因而分配结果比较合理，而且分配标准的资料比较容易取得，计算比较简便。

分配间接计入费用的标准主要有三类：成果类，例如产品的重量、体积、产量、产值等；消耗类，如生产工时、生产工资、机器工时、原材料消耗量或原材料费用等；定额类，如定额消耗量、定额费用等。

分配间接计入费用的计算公式，可以概括为

$$费用分配率=\frac{待分配费用总额}{分配标准总额}$$

某种产品或某分配对象应负担的费用＝该产品或对象的分配标准额×费用分配率

2. 要素费用中其他用途费用的会计处理程序

对于直接用于辅助生产的费用、用于产品生产（基本生产和辅助生产）但没有专门设立成本项目的各项费用，应该分别记入“辅助生产成本”和“制造费用”总账科目和所属明细账进行归集；然后将其中用于基本生产产品的费用，通过一定的账务处理程序，转入“基本生产成本”总账科目和有关的产品成本明细账有关的成本项目。这样，在“基本生产成本”总账科目和所属各种产品成本明细账的各个成本项目中，就归集了应由本月基本生产各种产品负担的全部生产费用；将这些费用加上月初在产品费用，在完工产品和月末在产品之间进行分配，就可计算出各种完工产品和月末在产品的成本。

对于用于产品销售的费用、用于管理和组织生产经营活动的费用以及用于筹集生产经营资金的费用，则应分别记入“销售费用”“管理费用”和“财务费用”总账科目和所属明细账进行归集，然后全部转入“本年利润”科目，直接计入当月损益。

对于用于固定资产购置和建造等非生产经营管理费用，则应记入“在建工程”等科目，然后通过一定的账务处理程序转入“固定资产”等科目。

各种要素费用的分配都应编制相应的费用分配表，据以编制会计分录，并登记各种成本、费用等明细账和总账有关科目。

（二）原材料、周转材料费用

1. 材料发出的会计处理

材料发出应该根据领料单或领料登记表等发料凭证进行。会计部门应该对发料凭证所列材料的种类、数量和用途等进行审核，检查所领材料的种类和用途是否符合规定，数量有无超过定额或计划。只有经过审核、签章的发料凭证才能据以发料，并作为发料核算的原始凭证。为了更好地控制材料的领发，节约材料费用，应该尽量采用限额领料单，实行限额领料制度，即限额以内的材料根据限额领料单领用；超过限额的材料，应该另行填制领料单，并在单中说明理由，经过主管人员审批以后才能据以领料。

生产所剩余料，应该编制退料单，据以退回仓库。对于车间已领未用、下月需要继续耗用的材料，为了避免本月末交库、下月初又领用的手续，可以采用“假退料”办法，即材料实物不动，只是填制一份本月份的退料单，表示该项余料已经退库；同时编制一份下月份的领料单，表示该项余料又作为下月份的领料出库。为了进行材料收入、发出和结存的明细核算，应该按照材料的品种、规格设立材料明细账。账中根据收发料凭证（包括退料凭证）登记收发材料的数量和金额；并根据期初结存材料的数量和金额，以及本期收发材料的数量和金额，计算登记期末结存材料的数量和金额。

材料收发结存的日常核算，可以按照材料的实际成本进行；也可以先按材料的计划成本进行，月末计算材料成本差异率，将发出材料的计划成本调整为实际成本。

1) 在按实际成本进行材料日常核算的情况下，收料凭证按收入材料的实际成本计价。材料明细账中收入材料的金额，应该根据按实际成本计价的收料凭证登记；账中发出材料的金额，应该按照先进先出、后进先出、个别计价、全月一次加权平均或移动加权平均等方法计算登记，并按算出的实际单位成本对发料凭证进行计价。

为了进行材料收发结存的总分类核算，应该设立“原材料”“周转材料”等总账科目。原料及主要材料、辅助材料、外购半成品、修理用备件、包装材料和燃料，都在“原材料”总账科目中核算。原材料在产品成本中所占比重很大的企业，也可以将“原材料”总账科目分为“原料及主要材料”“外购半成品”“辅助材料”“修理用备件”和“燃料”等总账科目。

在按实际成本进行材料日常核算的情况下，上述这些科目应该按照材料的实际成本登记。这些科目可以根据收发料凭证直接登记；但为了简化登记总账的工作，一般都是在月末根据全部收料凭证汇总编制收料凭证汇总表，根据全部发料凭证汇总编制发料凭证汇总表，根据这两张汇总表汇总登记。

为了按照实际成本进行材料采购的总分类核算，还可以设立“材料采购”总账科目，用来归集材料采购的买价和运杂费等，计算材料采购的实际成本，然后转入有关的材料科目；但为了减少会计科目和转账手续，一般不设立“材料采购”总账科目。在后一种情况下，各材料总账科目既用来归集材料采购的实际成本，又用来反映材料的收发和结存的金额。

2) 在按计划成本进行材料日常核算的情况下，材料的收发凭证都按材料的计划单位成本计价。材料明细账中收入材料和发出材料的金额都应根据收发料凭证按计划成本登记。

在这种情况下，为了进行材料的总分类核算，也应设立“原材料”“周转材料”等总账科目，根据收料凭证和发料凭证或者它们的汇总表，按计划成本汇总登记。为了核算材料采购的实际成本、计划成本和成本差异，调整发出材料的成本差异，计算发出和结存材料的实际成本，还应设立“材料采购”和“材料成本差异”两个总账科目，并应按照材料类别设立材料采购明细账和材料成本差异明细账。

“材料采购”科目的基本结构是：借方反映采购材料的实际成本，应根据材料买价和运杂费等付款凭证或其汇总凭证登记；贷方反映验收材料的计划成本，应根据收料凭证或其汇总凭证登记。已经验收材料的实际成本大于计划成本的差额，为材料采购成本的超支差异，应从该科目的贷方转入“材料成本差异”科目的借方；已经验收材料的计划成本大于实际成本的差额，为材料采购成本的节约差异，应从该科目的借方转入“材料成本差异”科目的贷方。“材料采购”科目在转出材料采购成本差异以后，如果还有余额，余额一定在借方，为已经采购但尚未验收的在途材料的实际成本。

“材料成本差异”科目的借方反映材料成本的超支差异，应根据转账凭证从“材料采购”等科目的贷方转入；贷方反映材料成本的节约差异，应根据转账凭证从“材料采购”等科目的借方转入。“材料成本差异”科目的借方余额，为结存材料的成本超支；贷方余额为结存材料的成本节约。“原材料”等材料科目按计划成本反映的余额，加上“材料成本差异”科目的借方余额或者减去“材料成本差异”科目的贷方余额，即为结存材料的实际成本。

为了调整发出材料的成本差异，计算发出材料的实际成本，还应根据“原材料”等材料科目登记的月初结存材料和本月收入材料的计划成本，以及“材料成本差异”科目登记的月初结存材料和本月收入材料的成本差异，计算材料成本差异率。其计算公式如下：

$$材料成本差异率=\frac{月初结存材料成本差异+本月收入材料成本差异}{月初结存材料计划成本+本月收入材料计划成本}\times 100\%$$

根据材料成本差异率和发出材料的计划成本，可计算发出材料的成本差异和实际成本。其计算公式如下：

发出材料成本差异＝发出材料计划成本×材料成本差异率

发出材料实际成本＝发出材料计划成本×发出材料成本差异

上列各计算公式中的材料成本差异，如为超支差异按正数计算；如为节约差异，按负数计算。如果库存材料比较多，本月发出的材料全部或者大部分是以前月份购入的材料，也可以根据上月末、本月初结存材料的成本差异率计算本月发出材料的成本差异。这种材料成本差异率的计算公式如下：

$$材料成本差异率=\frac{月初结存材料成本差异}{月初结存材料计划成本}\times 100\%$$

采用上月末、本月初，也就是上月份的材料成本差异率，可以简化和加速发出材料成本差异的核算工作。材料成本差异率的计算方法一经确定，不应任意变更。

由于“材料成本差异”总账科目应按原材料、包装物和低值易耗品等材料类别设立明细账，因而材料成本差异率也应按照材料类别分别计算。

为了汇总反映发出材料的计划成本和成本差异，并据以计算发出材料的实际成本，发料凭证汇总表中的材料成本应按计划成本和成本差异分列。

2. 材料费用分配的会计处理

不论耗用外购材料还是耗用自制材料，其费用的分配，都应根据审核后的领退料凭证，按照材料的具体用途进行：将其中用于产品生产的材料费用计入各种产品成本有关的成本项目；将用于产品销售以及组织和管理生产经营活动的材料费用，计入销售费用和管理费用有关的费用项目；将用于建造固定资产的材料费用，计入在建工程支出；等等。

1) 原材料费用分配的核算主要介绍原材料费用分配的方法和原材料费用分配的账务处理。

①原材料费用分配的方法。直接用于产品生产、构成产品实体的原料和主要材料，例如冶炼用矿石、纺织用原棉和机械制造用钢材等，专门设有“原材料”（或“直接材料”）成本项目。这些原料和主要材料一般分产品领用，其费用属于直接计入费用，应根据领退料凭证直接计入某种产品成本的“原材料”项目。原料和主要材料也有不能分产品领用，而是几种产品共同耗用的，如化工生产中为几种产品共同耗用的原料。这些原材料费用属于间接计入费用，应采用适当的分配方法，分配计入各有关产品成本的“原材料”成本项目。由于原料和主要材料的耗用量一般与产品的重量、体积有关，因而原料和主要材料费用一般可以按产品的重量比例分配。例如，各种铁铸件所用原料生铁，可以按照铁铸件的重量比例分配。

在材料消耗定额比较准确的情况下，原料和主要材料费用也可以按照产品的材料定额消耗量的比例或材料定额费用的比例进行分配。消耗定额是指单位产品可以消耗的数量限额；定额消耗量是指一定产量下按照消耗定额计算的可以消耗的数量。费用定额和定额费用，则是消耗定额和定额消耗量的货币表现。材料费用定额和材料定额费用，就是材料消耗定额和材料定额消耗量的货币表现；工资定额和定额工资，则是工时消耗定额（也称工时定额）和工时定额消耗量（也称定额工时）的货币表现。

按材料定额消耗量比例分配材料费用的计算公式如下：

某种产品材料定额消耗量＝该种产品实际产量×单位产品材料消耗定额

$$材料消耗量分配率=\frac{材料实际总消耗量}{各种产品材料定额消耗量之和}$$

某种产品应分配的材料数量＝该种产品的材料定额消耗量×材料消耗量分配率

某种产品应分配的材料费用＝该种产品应分配的材料数量×材料单价

【例10-7】假定智董工厂A、B两种产品领用主要材料4950公斤，单价15元，共计74250元。本月投产的A产品为170件，B产品为210件。A产品的材料消耗定额为20公斤，B产品的材料消耗定额为10公斤。分配计算如下：

A产品的材料定额消耗量＝170×20＝3400（公斤）

B产品的材料定额消耗量＝210×10＝2100（公斤）

各种产品的材料定额消耗量合计5500（公斤）

$$材料消耗量分配率=\frac{4950}{5500}=0.9$$

A产品分配负担的材料消耗量＝3400×0.9＝3060（公斤）

B产品分配负担的材料消耗量＝2100×0.9＝1890（公斤）

各种产品的材料消耗量合计　　4950（公斤）

A产品分配负担的材料费用＝3060×15＝45900（元）

B产品分配负担的材料费用＝1890×15＝28350（元）

各种产品的材料费用合计　　74250（元）

上述分配计算的程序是：先按材料定额消耗量分配计算各种产品的材料实际消耗量，再乘以材料单价，计算各该产品的实际材料费用。这样分配，可以考核材料消耗定额的执行情况，有利于进行材料消耗的实物管理，但分配计算的工作量较大。为了简化分配计算工作，也可以按材料定额消耗量直接分配材料费用。仍以上列资料分配计算如下：

$$材料费用分配率=\frac{74250}{5500}=13.5$$

A产品分配负担的材料费用＝3400×13.5＝45900（元）

B产品分配负担的材料费用＝2100×13.5＝28350（元）

各种产品的材料费用合计　　　　74250（元）

上述两种分配程序的计算结果相同，但后一种分配程序不能反映各种产品所应负担的材料消耗数量，不利于加强材料消耗的实物管理。

在各种产品共同耗用原材料的种类较多的情况下，为了进一步简化分配计算工作，也可以按照各种材料的定额费用的比例分配材料实际费用，其分配计算的公式如下：

某种产品某种材料定额费用＝该种产品实际产量×单位产品该种材料费用定额

＝该种产品实际产量×单位产品该种材料消耗定额×该种材料计划单位

$$材料费用分配率=\frac{各种材料实际费用总额}{各种产品各种材料定额费用之和}$$

某种产品分配负担的材料费用＝该种产品各种材料定额费用之和×材料费用分配率

直接用于产品生产、有助于产品形成的辅助材料，如果是直接计入费用，应该直接计入各种产品成本的“原材料”项目。但在一般情况下，辅助材料属于几种产品共同耗用的间接计入费用，需要采用间接分配的方法分配。对于耗用在原料和主要材料上的辅助材料，例如油漆、染料、电镀材料等，应按原料和主要材料耗用量的比例分配；对于与产品产量直接有联系的辅助材料，例如某些包装材料，可按产品产量比例分配。在辅助材料消耗定额比较准确的情况下，也可按照产品定额消耗量或定额费用的比例分配辅助材料费用。

②原材料费用分配的账务处理。上述直接用于产品生产、专设成本项目的各种材料费用，应记入“基本生产成本”科目的借方及其所属各产品成本明细账“原材料”成本项目。直接用于辅助生产、专设成本项目的各种材料费用、用于基本生产和辅助生产但没有专设成本项目的各种材料费用、用于产品销售以及用于组织和管理生产经营活动等方面的各种材料费用，应分别记入“辅助生产成本”“制造费用”“销售费用”和“管理费用”等科目的借入。已发生的各种材料费用总额，应记入“原材料”科目的贷方。

在余料退库和废料回收时，应根据退料凭证和废料交库凭证，扣减原领的材料费用。月末车间已领未用的材料，如果下月生产还需用，应办理“假退料”手续，不能计入本月份的生产费用由本月产品成本负担。

在实际工作中，原材料费用的分配是通过原材料费用分配表进行的。这种分配表应根据领退料凭证和有关资料编制。其中退料凭证的数额可以从相应的领料凭证的数额中扣除。

【例10-8】智董工厂原材料费用分配表如表10-10所示。

表10-10　原材料费用分配表

智董工厂　　　　　　　　　　20××年×月

应借科目		成本或费用项目	直接计入	分配计入（分配率1.2）	原材料费用合计
基本生产成本	甲产品	原材料	83100	41280	124380
	乙产品	原材料	57300	25200	82500
	小计		140400	66480	206880
辅助生产成本	机修车间	原材料	19500		19500
	运输车间				
	小计		19500		19500
制造费用	基本车间	机物料	6300		6300
	机修车间	机物料	3200		3200

续表

应借科目		成本或费用项目	直接计入	分配计入（分配率1.2）	原材料费用合计
	运输车间	机物料	1100		1100
	小计		10600		10600
销售费用		包装费	2410		2410
管理费用		其他	1850		1850
在建工程		材料费	3420		3420
合计			178180	66480	244660

在上列原材料费用分配表中，直接计入的费用，应根据领退料凭证按照材料用途归类填列；分配计入的费用，应根据用于产品生产的领退料凭证和前列分配算式分配填列。从这里可以看出，所谓“费用分配”有广义和狭义两种含义。广义的费用分配就是费用划分，也就是前面所述五个方面费用界限的划分，其中包括不需要采用一定的分配方法的划分，例如将上列直接计入费用直接计入某种产品或某个车间、部门的成本；还包括需要采用一定的分配方法的划分，例如将上列分配计入费用按材料定额费用的比例分配计入各种产品的成本。狭义的费用分配则只指后者。各种要素费用的分配和上列原材料费用分配表的分配，都是指广义的费用分配；表中分配计入的分配则为狭义的费用分配。

根据上列原材料费用分配表，可以编制会计分录如下：

借：基本生产成本　　206880
　　辅助生产成本　　19500
　　制造费用　　10600
　　销售费用　　2410
　　管理费用　　1850
　　在建工程　　3420
　贷：原材料　　244660

2) 燃料费用分配的核算。

燃料实际上也是材料，因而燃料费用分配的程序和方法与上述原材料费用分配的程序和方法相同。但在燃料费用比重较大、与动力费用一起专门设立“燃料及动力”成本项目的情况下，应该增设“燃料”会计科目，并将燃料费用单独进行分配。

直接用于产品生产、专设成本项目的燃料费用，如果分产品领用，属于直接计入费用，应根据领退料单直接计入各该产品成本的“燃料及动力”成本项目；如果不能分产品领用，属于间接计入费用，应采用适当的分配方法，分配计入各有关产品成本的这一成本项目。分配的标准一般有产品的重量、体积、所耗原材料的数量或费用，以及燃料的定额消耗量或定额费用等。

【例10-9】假定上例企业所耗燃料和动力较多，为了加强对能源消耗的核算和控制，在材料总账科目中增设“燃料”科目，在成本项目中专设“燃料及动力”项目。该公司某年某月直接用于甲、乙两种产品生产的燃料费用共为10485元，按燃料的定额费用比例分配。根据耗用燃料的产品数量和单位产品的燃料费用定额算出的燃料定额费用（两者的乘积）为：甲产品7120元，乙产品4530元。燃料费用应分配如下：

$$燃料费用分配率=\frac{10485}{7120+4530}=0.9$$

$$甲产品燃料费用=7120\times0.9=6408（元）$$

乙产品燃料费用＝4530×0.9＝4077（元）

上述直接用于产品生产、专设成本项目的燃料费用，应单独地记入“基本生产成本”总账科目和所属有关产品成本明细账的借方（在明细账中记入“燃料及动力”项目）。直接用于辅助生产、专设成本项目的燃料费用，用于基本生产和辅助生产但没有专门设立成本项目的燃料费用，以及用于组织和管理生产经营活动的燃料费用等，则应分别记入“辅助生产成本”“制造费用”和“管理费用”等总账科目和所属明细账的借方。已领用的燃料总额，应记入“燃料”科目的贷方。

3. 包装物发出和摊销的会计处理

包装物是指为了包装本企业产品而储备的各种包装容器，如箱、桶、坛、瓶、袋等。

包装物按其用途，可以分为四类：生产过程中用于包装产品作为产品组成部分的包装物；随同产品出售而不单独计价的包装物；随同产品出售而单独计价的包装物；出租或出借给购买单位使用的包装物。

包装物从总的方面来说，属于材料的一个组成部分，但其性质和用途与材料中的原材料并不相同。为了单独进行包装物的收发和结存的核算，一般应该设立“包装物”总账科目，进行包装物的总分类核算，并应按照包装物的种类进行包装物的明细核算。

各种包装材料，如纸、绳、铁皮、铁丝等，属于原材料，应在“原材料”科目中核算；用于储存和保管产品、材料而不对外出售、出租或出借的包装物，按其价值大小和使用年限长短，分别属于固定资产或低值易耗品，应分别在“固定资产”科目或“周转材料”科目中核算；计划中单独列作商品产品的自制包装物，属于产成品，应在“库存商品”科目中核算。

包装物的采购、自制和验收入库的核算，与原材料的采购、自制和验收入库的核算相同。包装物日常核算的计价也与原材料日常核算的计价一样，既可以按计划成本进行，也可以按实际成本进行。

1) 包装物发出的核算。发向生产过程用于包装产品作为产品组成部分的包装物，属于直接用于产品生产、构成产品实体、专设成本项目的主要材料费用，应该借记“基本生产成本”等总账科目，并单独地直接计入或者分配计入有关产品成本明细账的“原材料”（或“直接材料”）成本项目；发向销售过程随同产品出售但不单独计价的包装物，属于销售费用，应借记“销售费用”科目；发向销售过程随同产品出售并单独计价的包装物，属于企业其他经营业务的费用，应借记“其他业务成本”科目。领用包装物的实际成本或计划成本总额，应贷记“周转材料”科目。按计划成本进行包装物日常核算的企业，还应按照发出包装物的计划成本和包装物的成本差异率，计算调整发出包装物的成本差异：借记“基本生产成本”“销售费用”和“其他业务成本”等科目，贷记“材料成本差异—包装物成本差异”科目（计划成本小于实际成本时，用蓝字补加；计划成本大于实际成本时，用红字冲减）。

【例10-10】假定智董工厂包装物按计划成本进行日常核算。某年某月包装物仓库发出包装物的计划成本为：生产过程中用于包装产品作为产品组成部分的包装物6840元（其中甲产品生产用3820元，乙产品生产用3020元），随同产品出售但不单独计价的包装物4180元，随同产品出售并单独计价的包装物2760元；发出包装物计划成本合计13780元。该月包装物的成本差异率为超支5%。应根据包装物的发出凭证、发出凭证汇总表或包装物费用分配表（格式从略），编制发出包装物的计划成本和调整成本差异的会计分录如下：

借：	基本生产成本	6840
	销售费用	4180
	其他业务成本	2760

贷：周转材料　　13780

借：基本生产成本　　342

销售费用　　209

其他业务成本　　138

贷：材料成本差异—包装物成本差异　　689

出借或出租给购买单位使用的包装物，由于发出以后报废以前，实物并未从企业中消失，因而不仅应该进行其发出的核算，而且往往还要进行其价值摊销的核算。

2) 出借、出租包装物摊销的核算。出借包装物出借给购买单位使用，是为产品销售提供的必要条件，因此，出借包装物的价值摊销和修理费等，应作为销售费用处理。出租包装物出租给购买单位，有租金收入，属于工业企业经营业务中的一种非主营业务，即其他业务。其租金收入属于其他业务收入，因此，与之相配比的出租包装物的价值摊销和修理费等，属于其他业务成本，应从其他业务收入中扣除，据以计算其他业务的利润。

出借、出租包装物价值的摊销，应视出借、出租包装物的业务是否频繁，出借、出租包装物的数量多少和金额大小，采用不同的核算方法，主要有一次转销法、五五摊销法和净值摊销法。

①一次转销法。采用这种方法，在第一次发出新的包装物出借、出租时，就将其价值全部转销，计入当月有关费用。发出出借包装物时，应借记“销售费用”科目，贷记“周转材料”科目；发出出租包装物时，应借记“其他业务成本”科目，贷记“包装物”科目。

出借、出租的包装物报废时，应按其残料价值扣减相应支出。残料计价入库时，应借记“原材料”等科目，贷记“销售费用”或“其他业务成本”科目。

一次转销法的核算工作很简便。由于出借、出租包装物的使用一般不止一个月，采用这种方法会使各月费用负担不太合理。这种方法一般适用于单位价值较低、使用期限较短或者容易破损的包装物。采用这种方法，应该设立出借、出租包装物的备查簿，登记收发和结存的数量，加强实物管理。

工业企业的包装物，如果数量不大，而且出借、出租包装物的价值都采用一次转销法转销，也可以不单独设立“周转材料”总账科目，而在“原材料”总账科目下分设二级科目进行核算。在这种情况下，包装物的成本差异也可以与原材料成本差异合并计算、调整，原材料发出和原材料费用分配的凭证中，也应包括包装物的金额。

②五五摊销法也称五成法。采用这种方法，出借、出租包装物在第一次领用新包装物时摊销其价值的一半；报废时再摊销其价值的另一半。采用这种方法的企业，应该单独设立“周转材料”总账科目；为了分别核算库存未用、库存已用和出借、出租的包装物以及包装物的摊销，还应在该总账科目下，分设“库存未用包装物”“库存已用包装物”“出借包装物”“出租包装物”和“包装物摊销”五个二级科目。其中前四个都应按包装物的实际成本或计划成本登记。“库存未用包装物”二级科目的明细核算与库存材料相同；“库存已用包装物”二级科目应按包装物的类别或品种进行明细核算；“出借包装物”和“出租包装物”二级科目应按借用和租用包装物的单位，再按包装物的类别或品种进行明细核算；“包装物摊销”二级科目用来登记包装物已摊销的价值，其性质和登记方法与“累计折旧”总账科目基本相同，该二级科目不再进行明细核算。

在按实际成本进行包装物日常核算的情况下，“周转材料”总账科目的期末余额，为期末库存未用包装物的实际成本以及出借、出租和库存已用包装物的摊余价值；在按计划成本进行包装物日常核算的情况下，“周转材料”总账科目期末余额与“材料成本差异—包装物成本差异“二级科目期末余额”的代数和（超支差异为两者之和，节约差异为两者之差），才是期末库存未用包装物的实际成本以及出借、出租和库存已用包装物的摊余价值。

企业出借库存未用过的包装物时，应借记“周转材料—出借包装物”科目，贷记“周转材料—库存未用包装物”科目；摊销出借新包装物的一半价值时，应借记“销售费用”科目，贷记“周转材料—包装物摊销”科目；分配出借新包装物应负担的成本差异时，应借记“销售费用”科目，贷记“材料成本差异—包装物成本差异”科目（超支差异用蓝字，节约差异用红字）；收回出借的包装物时，应借记“周转材料—库存已用包装物”科目，贷记“周转材料—出借包装物“科目；对出借包装物进行修理，发生修理费用时，应借记“销售费用”科目，贷记“银行存款”等科目；出借库存已用过的包装物时，应借记“周转材料—出借包装物”科目；贷记“周转材料—库存已用包装物”科目；出借包装物报废，摊销其另一半价值时，应借记“销售费用”科目，贷记“周转材料—包装物摊销”科目；报废包装物的残料计价入库冲减产品，销售费用时，应借记“原材料”等科目，贷记“销售费用”科目（以上两项分录也可以合并为一个分录）；注销报废的出借包装物及其摊销额时，应借记“周转材料—包装物摊销”科目，贷记“周转材料—出借包装物”科目（与出借包装物摊销和销售费用无关的会计分录从略）。

企业出租包装物摊销的核算，除了应以“周转材料—出租包装物”科目取代“周转材料—出借包装物”科目，以“其他业务成本”科目取代“销售费用”科目以外，其余与出借包装物摊销的核算基本相同，不再举例。

五五摊销法的核算工作量有所增加，但各月费用负担的合理程度有所提高。特别是：在出借、出租包装物报废以前，账面上一直保持其一半价值，有利于实行价值监督。净值摊销法。采用这种方法，出借、出租包装物的每月应计摊销额，根据包装物的摊余价值乘以规定的摊销率计算。包装物的摊余价值，就是包装物的原值（实际成本或计划成本）减去累计摊销额以后的余额，即净值。其计算公式如下：

每月应计摊销额＝当月末摊销前出借、出租包装物净值×摊销率

每月末摊销前出借、出租包装物净值＝当月末出借、出租包装物原值

－当月末摊销前出借、出租包装物累计摊销额

【例10-11】采用净值摊销法，每月包装物的摊销额呈递减的趋势。其计算方法举例如表10-11所示。

表10-11　净值法摊销额计算表

月末	月末包装物原值（计划成本）	累计摊销额	月末净值	摊销率	该月应计摊销额
	①	②	③＝①-②	④	⑤＝③×④
1	100	0	100	20%	20.00
2	100	20	80	20%	16.00
3	100	36	64	20%	12.80
4	100	48.80	51.20	20%	10.24
5	100	59.04	40.96	20%	8.19

采用这种方法，为了简化核算工作，出借、出租包装物的摊销额不是按包装物的品种计算，而是按全部出借包装物和出租包装物综合计算。出借、出租的包装物退回企业仓库作为库存已用过的包装物时，其累计摊销额也应转为库存已用包装物的累计摊销额。但退回包装物的新旧程度不同，如果按退回的每件包装物具体计算累计摊销额，工作量很大，因而一律按平均新度，即按原值的50%计算退回包装物的累计摊销额。出借、出租库存已用包装物时，其累计摊销额再按原值的50%转为出借、出租包装物的累计摊销额。在包装物报废时，也不具体计算其累计摊销额，而是假定该包装物的价值已全部摊销，以其原值减去残料价值后的余额，作为其累计摊销额进行注销。

净值摊销法所应设立的会计科目与五五摊销法基本相同。但“包装物摊销”二级科目应该划分为“包装物库存已用摊销”“包装物出借摊销”和“包装物出租摊销”三个二级科目，以便相互结转出借、出租和库存已用包装物的已计摊销额。

企业出借包装物摊销的核算，除了应以“周转材料—出借包装物”科目取代“周转材料—出租包装物”科目，以“销售费用”科目取代“其他业务成本”科目以外，其余与出租包装物摊销的核算基本相同，不再举例。

采用净值摊销法摊销出借、出租包装物的价值，可以使各月的费用负担比较合理，但核算的工作量比较大。这种方法适用于出借、出租包装物的种类多、数量大的企业。这是因为，在这种企业中，各种包装物可以综合计算摊销额，在一定程度上简化核算工作。

4. 低值易耗品摊销的会计处理

低值易耗品是指不作为固定资产核算的各种劳动手段，包括工具、管理用具、玻璃器皿，以及在经营过程中周转使用的包装容器等各种用具物品。

为了进行低值易耗品的收入、发出、摊销和结存的总分分类核算，应该设立“周转材料”总账科目，并应比照原材料的明细核算，设立明细账，按照低值易耗品的类别、品种、规格进行数量和金额的明细核算。低值易耗品的日常核算既可以按照实际成本进行，又可以按照计划成本进行。在后一种情况下，为了核算低值易耗品的成本差异，还应在“材料成本差异”总账科目下增设“低值易耗品成本差异”二级科目。

低值易耗品采购、在库阶段的核算与原材料核算相同；低值易耗品出库、在用阶段的核算则与出借、出租包装物核算有相同和相似之处。下面讲述低值易耗品在用、摊销的核算。低值易耗品在领用以后，其价值应该摊销计入有关的成本、费用中。低值易耗品摊销在产品成本中所占比重较小，没有专设成本项目，因此，用于生产、应计入产品成本的低值易耗品摊销应先计入制造费用；用于组织和管理生产经营活动的低值易耗品摊销，应计入管理费用；用于其他经营业务的低值易耗品摊销，则应计入其他业务成本等。

低值易耗品的摊销，应该根据具体情况采用一次摊销法、分次摊销法和五五摊销法。

1) 低值易耗品的一次摊销法。一次摊销法也称一次计入法。采用这种方法，在领用低值易耗品时，就将其全部价值一次计入当月成本、费用，借记“制造费用”“管理费用”和“其他业务成本”等科目，贷记“周转材料”科目。在低值易耗品报废时，应将报废的残料价值作为当月低值易耗品摊销的减少，冲减有关的成本、费用，借记“原材料”等科目，贷记“制造费用”“管理费用”或“其他业务成本”等科目。

在按计划成本进行低值易耗品日常核算的情况下，领用低值易耗品的会计分录应按其计划成本编制；月末，也应比照原材料成本差异的核算，调整领用低值易耗品的成本差异：借记“制造费用”“管理费用”和“其他业务成本”等科目，贷记“材料成本差异—低值易耗品成本差异”科目（调整超支的成本差异用蓝字编制分录以补加，调整节约的成本差异用红字编制分录，以冲减）。

【例10-12】假定智董工厂对于某些低值易耗品采用一饮摊销法摊销价值。某月领用属于这种低值易耗品的生产工具一批，其计划成本为600元；以前月份领用的生产工具一批在该月报废，其计划成本为500元，残料计价30元，已验收入库。该月低值易耗品的成本差异率为节约4%。应编制会计分录如下：

领用生产工具时：

借：制造费用	600
贷：周转材料	600

报废生产工具时：

借：原材料	30

贷：制造费用　　　　　　　　　　　　　　　30

月末调整当月所领生产工具的成本节约差异24（即600×4%）元时：

借：制造费用　　　　　　　　　　　　　　　24

贷：材料成本差异—低值易耗品成本差异　　　24

报废生产工具的计划成本500元已在领用时注销，其成本差异已在领用月份调整，因而不必再编制注销报废生产工具价值和调整其成本差异的会计分录。

一次摊销法的核算工作简便。低值易耗品的使用期一般不止一个月，因而采用这种方法会使各月成本、费用负担不太合理，并使低值易耗品从领用时起就成为账外财产，不利于对在用低值易耗品实行价值监督，容易造成浪费，发生弊端。这种方法适用于单位价值较低或使用期限较短，而且一次领用数量不多，以及玻璃器皿等容易破损的低值易耗品。

2) 低值易耗品的分次摊销法。采用分次摊销法，低值易耗品的价值要按其使用期限的长短或价值的大小分月摊入成本、费用；摊销期限超过一年的，转为长期待摊费用分月摊销。

报废低值易耗品时，收回的残料价值作为当月低值易耗品摊销额的减少，冲减有关的成本、费用，借记“原材料”等科目，贷记“制造费用”“管理费用”或“其他业务成本”等科目。如果低值易耗品的日常核算是按计划成本进行的，领用低值易耗品的会计分录应按计划成本编制，并应于月末调整所领低值易耗品的成本差异。

【例10-13】假定智董工厂新建一个车间，领取全套生产工具，其计划成本共计54000元，规定在一年半内分月平均摊销。低值易耗品的成本差异率为节约3%。领用月份应编制的会计分录如下：

领用生产工具时：

借：长期待摊费用　　　　　　　　　　　　　54000

贷：周转材料　　　　　　　　　　　　　　54000

月末摊销本月成本、费用应负担的生产工具的价值3000（即54000÷18）元时：

借：制造费用　　　　　　　　　　　　　　　3000

贷：长期待摊费用　　　　　　　　　　　　3000

月末调整所领生产工具的成本节约差异1620（即54000×3%）元时：

借：制造费用　　　　　　　　　　　　　　　1620

贷：材料成本差异—低值易耗品成本差异　　　1620

采用分次摊销法，各月成本、费用负担比较合理，但核算工作量较大，而且也会使低值易耗品从领用时起就成为账外财产，不利于实行价值监督。这种方法一般适用于单位价值较高、使用期限较长而且不易破损的低值易耗品。如果低值易耗品的单位价值不高、使用期限不长，但一次领用的数量较多，为了合理地计算各月成本、费用，也应采用这种方法。

3) 低值易耗品的五五摊销法。在这种方法下，低值易耗品在领用时摊销其价值的另一半；报废时再摊销其价值的一半。为了核算在库、在用低值易耗品的价值和低值易耗品的摊余价值，应在“周转材料”总账科目下，分设“在库低值易耗品”“在用低值易耗品”和“低值易耗品摊销”三个二级科目。其中前两个二级科目应按原值（实际成本或计划成本）登记。“在库低值易耗品”二级科目的明细核算与库存原材料相同。“在用低值易耗品”二级科目，一般应按使用的车间和部门以及低值易耗品的种类进行明细核算。“低值易耗品摊销”二级科目一般不再分设明细科目进行明细核算。在按计划成本进行低值易耗品日常核算的情况下，前两个二级科目应按计划成本登记，并在“材料成本差异”总账科目下，加设“低值易耗品成本差异”二级科目。

在领用低值易耗品时，应按其原值借记“周转材料—在用低值易耗品”科目，贷记“周转材料—在库低值易耗品”科目；同时按其价值的一半进行摊销，借记“制造费用”“管理费用”或“其他业务成本”等科目，贷记“周转材料—低值易耗品摊销”科目。在报废低值易耗品时，应按回收残料的价值借记“原材料”等科目，按报废低值易耗品价值的一半减去残料价值后的差额，借记“制造费用”“管理费用”或“其他业务成本”等科目；按报废低值易耗品价值的一半，贷记“周转材料—低值易耗品摊销”科目；同时应注销报废低值易耗品的价值及其累计摊销额，借记“周转材料—低值易耗品摊销”科目，贷记“周转材料—在用低值易耗品”科目。低值易耗品如果按计划成本进行日常核算，在领用月份的月末，也应调整所领低值易耗品的成本差异。

在这种方法下，“周转材料”总账科目的月末余额为月末低值易耗品（包括在库和在用的低值易耗品）按计划成本反映的摊余价值；再加上“材料成本差异—低值易耗品成本差异”科目的借方余额，或者减去这一成本差异科目的贷方余额，即为月末低值易耗品按实际成本反映的摊余价值。

【例10-14】假定智董工厂行政管理部门所用管理用具，采用五五摊销法摊销。某月份从仓库领用管理用具一批，其计划成本为4800元；报废在用管理用具一批，其计划成本为2200元，回收残料计价130元，已验收入库。该月低值易耗品的成本差异率为节约4%。应编制会计分录如下：

领用管理用具时：

借：周转材料—在用低值易耗品　　4800

　贷：周转材料—在库低值易耗品　　4800

摊销所领管理用具价值的一半2400（即4800×50%）元时：

借：管理费用　　2400

　贷：周转材料—低值易耗品摊销　　2400

摊销报废管理用具价值的一半1100（即2201×50%）元时：

借：原材料　　130

　　管理费用　　970

　贷：周转材料—低值易耗品摊销　　1100

注销报废管理用具的价值时：

借：周转材料—低值易耗品摊销　　2200

　贷：周转材料—在用低值易耗品　　2200

月末，调整本月所领管理用具的成本节约差异192（即4800×4%）元时：

借：管理费用　　192

贷：材料成本差异—低值易耗品成本差异　　192

采用五五摊销法摊销低值易耗品的价值，能够对在用低值易耗品实行价值监督；在各月成本、费用负担的合理程度和核算工作量方面，都介于一次摊销法与分次摊销法之间。这种方法一般适用于每月领用和报废的数量比较均衡，各月摊销额相差不多的低值易耗品。

（三）外购动力费用

外购动力费用是指向外单位购买电力、蒸气、煤气等动力所支付的费用。进行外购动力费用的核算，一要进行动力费用支出的核算，二要进行动力费用分配的核算。

1. 外购动力费用支出的会计处理

外购动力在付款时，按理应按动力的用途，直接借记有关的成本、费用科目，贷记“银行存款”科目。但在实际工作中一般通过“应付账款”科目核算，即在付款时先作为暂付款处理，借记“应付账款”科目，贷记“银行存款”科目；月末按照外购动力的用途和数量分配费用时，再借记各成本、费用科目，贷记“应付账款”科目，冲销原来记入“应付账款”科目借方的暂付款。需要这样核算的原因是：外购动力费用一般不是在每月末支付，而是在每月下旬的某日支付。如果支付时就直接借记各成本、费用科目，贷记“银行存款”科目，由于该日计入的动力费用并不完全是当月动力费用，而是上月付款日到本月付款日这一期间的动力费用。为了正确地计算当月动力费用，不仅要计算、扣除上月付款日到上月末的已付动力费用，而且还要分配、补记当月付款日到当月末的应付未付动力费用，核算工作量太大。如果通过“应付账款”科目核算，可以免去这些核算工作，每个月只需在月末分配登记一次动力费用，大大简化了核算工作。按照上述核算，“应付账款”科目借方所记，本月所付动力费用与贷方所记本月应付动力费用，往往不相等，从而出现月末余额。如果是借方余额，为本月支付款大于应付款的多付动力费用，可以抵冲下月应付款用；如果是贷方余额，为本月应付款大于支付款的应付未付动力费用，可以在下月支付。

如果每月支付动力费用的日期基本固定，而且每月付款日到月末的应付动力费用相差不多，也可以不通过“应付账款”科目核算，而将每月支付的动力费用作为应付动力费用，在付款时直接借记各成本、费用科目，贷记“银行存款”科目，每月分配、登记一次动力费用。这是因为，在这种情况下，各月付款日到月末的应付动力费用可以互相抵销，不影响各月动力费用核算的正确性。

2. 外购动力费用分配的会计处理

外购动力有的直接用于产品生产，如生产工艺用电力；有的用于产品生产，如生产车间照明用电力；有的则用于经营管理，如行政管理部门照明用电力。这些动力费用的分配，在有仪表记录的情况下，应根据仪表所示耗用动力的数量以及动力的单价计算；在没有仪表的情况下，可按生产工时的比例、机器功率时数（机器功率×机器时数）的比例，或定额消耗量的比例分配。各车间、部门的动力用电和照明用电一般都分别装有电表，因此，外购电力费用在各车间、部门的动力用电和照明用电之间，一般按用电度数分配；车间中的动力用电，一般不能按产品分别安装电表，因而车间动力用电费在各种产品之间一般按产品的生产工时比例、机器工时比例、定额耗电量比例或其他比例分配。

现以电力费用为例，列示分配的计算公式如下：

$$\text{电力费用分配率}=\frac{\text{电力费用总额}}{\text{各车间、部门动力和照明用电度数之和}}$$

某车间、部门照明用电力费用＝该车间、部门照明用电度数×电力费用分配率

某车间动力用电费用＝该车间动力用电度数×电力费用分配率

$$\text{某车间动力用电力费用分配率}=\frac{\text{该车间动力用电力费用}}{\text{该车间各种产品生产工时之和}}$$

该车间某产品动力用电力费用＝该车间该产品生产工时×该车间动力用电力费用分配率

为了加强对能源的核算和控制，生产工艺用动力一般与生产工艺用燃料合设一个成本项目。因此，直接用于产品生产的动力费用应该单独计入产品成本的“燃料及动力”成本项目。如果按产品分别装有记录动力耗用量的仪表，应该根据仪表所示各种产品的耗用数量和外购动力的单价，直接计入各种产品成本的这一成本项目；如果没有按产品安装这种仪表，应按上述适当的分配方法，单独地分配计入各该产品成本的这一成本项目。

直接用于产品生产、设有“燃料及动力”成本项目的动力费用，应单独地记入“基本生产成本”总账科目和所属有关的产品成本明细账的借方（在明细账中记入“燃料及动力”成本项目）。直接用于辅助生产、设有“燃料及动力”成本项目的动力费用，用于基本生产和辅助生产但未专设成本项目的动力费用（如生产车间照明用电费），用于组织和管理生产经营活动的动力费用（如行政管理部门照明用电费）等，则应分配记入“辅助生产成本”“制造费用”和“管理费用”等总账科目和所属明细账的借方。外购动力费用总额应根据有关的转账凭证或付款凭证，记入“应付账款”或“银行存款”科目的贷方。

(四) 工资薪酬

1. 工资总额的组成

工资总额是指各单位在一定时期内直接支付给本单位全部职工的全部劳动报酬总额。工业企业必须按照国家规定的工资总额的组成内容进行工资费用的核算，按照国家统计局规定，工资总额由下列六个部分组成。

1) 计时工资是按计时工资标准和工作时间支付给职工的劳动报酬。工资标准是指每位职工在单位时间（月、日或小时）内应得的工资额。为了贯彻按劳分配原则，应该为不同职务、不同工种和不同等级的职工分别规定不同的工资标准。计时工资包括：对已做工作按计时工资标准支付的工资；实行结构工资制的单位支付给职工的基础工资和职务（岗位）工资；新参加工作职工的见习工资（学徒的生活费）；运动员体育津贴。

2) 计件工资是对已做工作按计件单价支付的劳动报酬。计件单价是指完成单位工作应得的工资额。计件单价根据完成单位工作所需的工时定额，乘以从事该种工作所需要的那一等级工人的每小时工资标准（也称小时工资率）计算确定。计件工资包括：在实行超额累进计件、直接无限计件、限额计件和超定额计件等工资制度下，按照定额和计件单价支付给职工的工资；按工作任务包干方法支付给职工的工资；按营业额提成或利润提成办法支付给职工的工资。由于集体生产或连续操作，不能够按个人计算工作量的，也可以按参加工作的集体（一般为班组）计算、支付集体计件工资。集体计件工资还应在集体成员内部按照每一职工劳动的数量和质量进行分配。

3) 奖金是支付给职工的超额劳动报酬和增收节支的劳动报酬。包括：生产奖；节约奖；劳动竞赛奖；机关、事业单位的奖励工资；企业支付的其他奖金。应该按照国家和本单位有关规定计算、支付。

4) 津贴和补贴是为补偿职工特殊或额外的劳动消耗和因其他特殊原因支付给职工的津贴，以及为了保证职工工资水平不受物价影响支付给职工的物价补贴。津贴包括：补偿职工特殊或额外劳动消耗的津贴；保健性津贴；技术性津贴；年功性津贴；其他津贴。

补贴包括为保证职工工资水平不受物价上涨或变动影响而支付的各种物价补贴。津贴和补贴也应按照国家和本单位的规定计算、支付。

5) 加班加点工资是按规定支付的加班工资或加点工资。

6) 特殊情况下支付的工资包括两种情况。

①根据国家法律、法规和政策规定，由于疾病、工伤、产假、计划生育假、婚丧假、探亲假、定期休假、停工学习、执行国家或社会义务等原因按计时工资标准或这一标准的一定比例支付的工资。

②附加工资和保留工资。

在进行工资费用核算时，应该划清工资总额组成与非工资总额组成的界限。例如为生产工人购买劳动保护用品的支出，属于劳动保护费，应作为制造费用计入产品成本；又如职员出差的伙食补助和误餐补助，以及职工市内交通补助（属于差旅费），应作为管理费用开支。这些款项，有的虽然随同工资发给职工，但都不属于工资总额的组成内容，不应计作工资费用。

2. 工资费用的原始记录

1) 考勤记录是登记出勤和缺勤时间和情况的原始记录。认真进行考勤记录，不仅可以为计算计时工资费用提供正确的依据，而且可以加强劳动纪律，提高出勤率和工时利用率，提高劳动生产率。考勤记录一般采用考勤簿的形式。

考勤簿应该按照车间、生产小组和部门分月设置，根据各该单位在册人员的编号、姓名分行逐日登记，月末对月内出勤情况和缺勤原因进行归类汇总登记。各单位如有职工录用、内部调动或调离出厂，应根据人事部门通知，在考勤簿中进行人员变动的记录。生产小组的考勤簿一般由负责考勤的工人在车间专职人员指导下进行登记；车间管理人员考勤簿的登记和车间职工考勤记录的汇总，应由车间专职考勤人员或工资核算人员进行；各部门的考勤簿则由各该部门指定专人负责登记。

考勤记录也可采用考勤卡片形式。考勤卡片按职工分别设立，每人每年或每月一张，在年初、月初或职工录用、调入时设立。在人员发生变动时，应该根据人事部门的通知，将卡片在内部单位之间进行转移或注销。考勤卡片的登记项目与考勤簿相同。如果企业或车间安装了自动计时的考勤钟，职工上下班时，只要将卡片插入考勤钟内，考勤钟就会自动在卡片中打印出上下班的时间。

月末，考勤人员应该将经过车间、部门负责人检查、签章以后的考勤记录，送交会计部门审核。经过会计部门审核的考勤记录，即可据以计算每一职工的工资：根据出勤或缺勤日数，计算应发的计时工资；根据夜班次数和加班加点时数，计算夜班津贴和加班加点工资；根据病假日数计算病假工资等。

2) 产量记录也称产量及产品工时记录，是登记工人或生产小组在出勤时间内完成产品的数量、质量和生产产品所用工时数量的原始记录。认真做好产量记录，不仅可以为计算计件工资费用提供正确的依据，而且还为在各种产品之间分配与工时有关的费用提供合理的依据。由于在产量记录中不仅登记有实物产量和实用工时，而且登记有每件产品的工时消耗定额和按实物产量、工时定额计算的定额工时，因而它还是统计每种产品实物产量和各种产品按定额工时反映的综合产量的依据，监督生产作业计划和工时定额执行情况的依据，从而也是考核劳动生产率水平的重要依据。

在各种工业企业，甚至在同一企业的各个车间中，产量记录的内容和格式，由于生产特点和劳动组织不同而不同。一般包括的内容是：产品、作业或订单的名称和编号；生产车间、小组的名称；操作工人的编号和姓名；所用机器设备的名称和编号；收到加工的材料、毛坯、或零件的名称、编号和数量；完成的合格品和废品的数量；实用工时和定额工时等。此外，还应包括计件单价、合格品的计件工资，以及不是由于工人过失产生废品的废品工资。会计部门应该对产量记录进行审核。经过审核的产量记录，即可作为计算计件工资的依据。

①根据记录提供的每个工人或小组的合格产品产量和料废数量，按照计件单价计算每一工人或小组的计件工资。工废是工人操作造成的，不计算计件工资。计件工资可按产品产量和计件单价计算，也可按工人或小组完成的定额工时和该等级工人的小时工资率计算。

②根据记录提供的各种产品的计件工资额，计算各种产品成本中的工资费用。

3. 工资的计算

1) 职工的计时工资，是根据考勤记录登记的每一职工出勤或缺勤日数，按照规定的工资标准计算的。工资标准按其计算的时间不同，分为月薪、日薪或小时工资。

企业固定职工的计时工资一般按月薪计算；临时职工的计时工资大多按日薪计算，也有按小时工资计算的。采用月薪制，不论各月日历日数多少，每月的标准工资相同。为了按照职工出勤或缺勤日数计算应付的月工资，还应根据月工资标准计算日工资率，即每日平均工资。采用日薪制，每日工作时数为8小时。如果有出勤不满8小时的情况，还应根据日标准工资计算小时工资率，即每小时平均工资。下面着重讲述月薪制计时工资的计算方法。

采用月薪制计算应付职工薪酬—工资，由于各月日数不同，因而同一职工各月的日工资率不尽相同。在实际工作中，为了简化日工资的计算工作，日工资率一般按以下方法计算：每月固定按30日计算，以月工资标准除以30日，算出每月的日工资率；每月固定按年日历日数365日减去7个法定节假日和78个星期日，再除以12个月算出的平均工作日数23.33

日计算，以月工资标准除以23.33日算出每月的日工资率。此外，应付的月工资，可以按日工资率乘以出勤日数计算；也可以按月工资标准扣除缺勤工资（即日工资率乘以缺勤日数）计算。

综上所述，应付月工资一般有四种计算方法：按30日算月工资率，按出勤日数算月工资；按30日算工资率，按缺勤日数扣月工资；按23.33日算日工资率，按出勤日数算月工资；按23.33日算日工资率，按缺勤日数扣月工资。采用哪一种方法，由企业自行确定；确定以后，不应任意变动。

在按30日计算日工资率的企业中，由于节假日也算工资，因而出勤期间的节假日，也按出勤日算工资。事假病假等缺勤期间的节假日，也按缺勤日扣工资。在按23.33日计算日工资率的企业中，节假日不算、不扣工资。

【例10-15】假定智董工厂某工人的月工资标准为210元。10月份31日，病假3日，事假2日，星期休假6日，出勤20日。根据该工人的工龄，其病假工资按工资标准的90%计算。该工人的病假和事假期间没有节假日。现按上述四种方法计算该工人10月份的标准工资。

按30日算日工资率，按出勤日数算月工资

日工资率＝210÷30＝7（元）

应算出勤工资＝7×(20＋6)＝182（元）

应算病假工资＝7×3×90%＝18.90（元）

应付月工资＝182＋18.90＝200.90（元）

按30日算日工资率，按缺勤日数扣月工资

应扣缺勤病假工资＝7×3×(100－90)%＝2.10（元）

应扣缺勤事假工资＝7×2＝14（元）

应付月工资＝210-2.01-14＝193.90（元）

按23.33日算工资率，按出勤日数算月工资

日工资率＝210÷23.33＝9.0012858（元）

应算出勤工资＝9.0012858×20＝180.03（元）

应算病假工资＝9.0012858×3×90%＝24.30（元）

应付月工资＝180.03＋24.30＝204.33（元）

按23.33日算工资率，按缺勤日数扣月工资

应扣缺勤病假工资＝9.0012858×3×（100－90）%＝2.70（元）

应扣缺勤事假工资＝9.0012858×2＝18（元）

应付月工资＝210－2.70－18＝189.30（元）

计算计时工资的上述四种方法，各有利弊。但按23.33日计算日工资率，节假日不算工资，更能体现按劳分配的原则；而且职工缺勤日数总比出勤日数少，计算缺勤工资总比计算出勤工资简便。

2) 计件工资的计算。

①职工的计件工资，应根据产量记录中登记的每一工人的产品产量，乘以规定的计件单价计算。这里的产量包括合格品产量和不是由于工人本人过失造成的不合格品产量（如料废产品数量）；由于工人本人过失造成的不合格品，不计算、支付工资，有的还应由工人赔偿损失。同一工人在月份内可能从事计件工资单价不同的各种产品的生产，因而计件工资的计算公式应该是：

应付职工薪酬—工资＝∑月内每种产品的产量×该种产品的计件单价

产品的计件单价是根据工人生产单位产品所需要的工时定额和该级工人每小时的工资率计算求出的。因此，在同一工人生产不同计件单价产品的情况下，为了简化计件工资的

计算工作，也可以根据每一工人完成的定额工时总数和小时工资率计算计件工资。

【例10-16】假定智董工厂甲、乙两种产品均应由某级工人加工。甲产品的工时定额为20分钟；乙产品的工时定额为40分钟。该级工的小时工资率为0.35294元，则该两种产品的计件工资单价应为：

$$甲产品计件单价=0.35294\times\frac{20}{60}=0.11765\text{（元）}$$

$$乙产品计件单价=0.35294\times\frac{40}{60}=0.23529\text{（元）}$$

假定某该级工人加工甲产品5000件，乙产品4000件，其按产量和计件单价的计件工资为：

$0.11765\times5000+0.23529\times4000=1529.41$（元）

该工人完成的定额工时为：

$$甲产品定额工时=\frac{20}{60}\times5000=1666.67\text{（时）}$$

$$乙产品定额工时=\frac{40}{60}\times4000=2666.67\text{（时）}$$

该工人按完成的定额工时和小时工资率计算的计件工资为：

$0.35294\times(1666.67+2666.67)=1529.41$（元）

以上两种方法计算结果相同。由于产量记录中填有每种产品的定额工时数，而且每一个工人完成的各种产品的定额工时数可以加总，因而后一种方法比较简便。

②集体计件工资的计算。按生产小组等集体计件工资的计算方法与上述相同。不同之处是：集体计件工资还要在集体内部各工人之间按照贡献大小进行分配。由于工人的级别或工资标准一般体现工人劳动的质量和技术水平，工作日数一般体现劳动的数量，因而集体内部大多按每人的工资标准和工作日数（或工时数）的乘积为比例进行分配。

计时工资和计件工资以外的各种奖金、津贴、补贴、加班加点工资，以及特殊情况下支付的工资，按照国家和企业的有关规定计算，不再详述。

4. 工资结算和支付的会计处理

企业应付给每一职工的工资，包括计时工资或计件工资，再加奖金、津贴、补贴、加班加点工资，以及特殊情况下支付的工资，在实际工作中，为了减少现金收付工作，便利职工收付有关款项企业在向职工支付工资时，一般随同支付某些福利费和交通补助费等代发款项，并且扣除职工应付的房租费、水电费等代扣款项。因此，计算应付职工薪酬—工资和支付工资，实际上是企业与职工之间进行以工资为主的有关应收、应付款项的结算。支付工资时，实际应发给每位职工的现金为

应发金额＝应付职工薪酬—工资＋代发款项－代扣款项

1) 工资结算凭证一般采用工资结算单形式。工资结算单也称工资单，一般按车间、部门分别填制，每月一张，单内按职工分行填列应付职工薪酬—工资、代发款项、代扣款项和应发金额。该单一般一式复写三份：一份按职工姓名裁成“工资条”，连同应发金额发给职工，以便职工查对；一份作为劳动工资部门进行劳动工资统计的依据；一份经过职工签章以后，作为工资结算和支付的凭证，并据以进行工资结算的汇总核算。

【例10-17】按车间、部门填制的工资结算单，称为车间（部门）工资结算单，其格式举例如表10-12所示。

在上列工资结算单中，“应付职工薪酬—工资”各栏，应根据前述计算方法；和有关的规定计算填列；“代发款项”各栏，应根据有关规定计算填列；“代扣款项”各栏，应根据有关部门的扣款通知填列。

表10-12　车间（部门）工资结算单

基本生产车间　　　　20××年7月

组别	姓名	级别	应付职工薪酬—工资											代发款项		代扣缴项				应发金额	签收盖章
			月工资标准	日工资率	奖金	津贴和补贴		扣缺勤工资					应付职工薪酬—工资合计	福利补助费	交通补助费	房租费	托儿费	国库券	合计		
						补贴	津贴	病假			事假										
								天数	%	金额	天数	金额									
1	张三	2	61	2.3922	10	7.50	4	3	10	0.72	2	4.78	77.00	10	2		15	5	20	69.00	
1	李四	3	72	2.8235	20	7.50							99.50	10	2			5	5	106.50	
1	王五	4	84	3.2941	10	7.50	8				4	13.18	96.32	10		9		10	19	87.32	
1	小计	×	217	×	40	22.50	12	×	×	0.72	×	17.96	272.82	30	4	9	15	20	44	262.82	
生产工人合计			1520	×	185	195	79	×	×	10	×	45	1924	100	40	75	90	160	325	1739	
管理人员合计			225	×	15	30		×	×	3	×	6	261	12	6	10	18	25	53	226	
车间总计			1745	×	200	225	79	×	×	13	×	51	2185	112	46	85	108	185	378	1965	

工资发放期末，工资结算单中尚未盖章签收的工资，即为超过工资发放期限尚未发出的待领工资。对于待领工资，应该抄列清单或明细表，以便转账。在由各车间、部门分别发放工资的企业中，还应将尚未发出的现金退回会计部门。

为了汇总反映各车间、部门和整个企业的工资结算情况，并据以进行工资结算的总分类核算，还应根据各车间、部门的工资结算单，以及应计入营业外支出的全厂长期病假人员工资的结算单等资料，汇总编制全厂工资结算单（也称工资结算汇总表）。

【例10-18】全厂长期病假人员工资结算单和全厂工资结算单的格式举例见表10-13和10-14所示。

表10-13　全厂长期病假人员工资结算单

201×年7月

姓名	工龄	应付职工薪酬—工资					代扣房租	应发金额	签收盖章
		工资标准	应付%	标准工资	补贴	合计			
高某	12	350	60	210	7.50	217.50	5	212.50	（签章）
赖某	10	250	60	150	7.50	157.50		157.50	（签章）
合计		1450		870	75	945	15	930	

表10-14　全厂工资结算单

智董工厂　　　　20××年7月

车间和部门	应付职工薪酬—工资							福利补助费	交通补助费	合计	房租费	水电费	托儿费	合计	应发金额	实发金额
	月标准工资	奖金	津贴和补贴		扣缺勤工资		应付职工薪酬—工资合计									
			补贴	津贴	病假	事假										
基本生产车间																
生产工人	1520	185	195	79	10	45	1924	100	40	140	75	90	160	325	1739	11739

续表

车间和部门	应付职工薪酬—工资														应发金额	实发金额
	月标准工资	奖金	津贴和补贴		扣缺勤工资		应付职工薪酬—工资合计	福利补助费	交通补助费	合计	房租费	水电费	托儿费	合计		
			补贴	津贴	病假	事假										
管理人员	225	15	30		3	6	261	12	6	18	10	18	25	53	226	226
合计	1745	200	225	79	13	51	2185	112	46	158	85	108	185	378	1965	1965
行政管理部门	850	65	60	23	10	20	968	25	12	37	30	45	85	160	845	845
生活福利部门	200	20	15	2			237	10	4	14	10	9	15	34	217	217
长期病假人员	870		75				945				15			15	940	930
合计	4880	555	525	236	40	116	6040	225	84	309	200	252	660	1112	5237	5237

2) 工资结算支付的账务处理。为了总括地反映企业与职工之间有关工资的结算、支付和工资费用的分配情况，监督企业工资总额计划的执行情况，应该设立“应付职工薪酬—工资”总账科目。凡是包括在工资总额以内的各种工资、津贴、补贴和奖金等，不论是否在当月支付，均应通过该科目核算。发放工资时代发的款项，不属于工资总额的组成内容，不应通过该科目核算。

每月发放工资以前，应该根据全厂工资结算单中应发金额总数，向银行提取现金，借记“库存现金”科目，贷记“银行存款”科目。发放工资时，应该根据各车间、部门工资结算单中盖章签收的实付工资额，借记“应付职工薪酬—工资”科目，贷记“库存现金”科目。发放工资时的代扣款项，是从应付职工薪酬—工资中扣回的由企业垫付给有关单位的款项（为其他应收款的减少）或者从应付职工薪酬—工资中扣减后准备付给有关单位的款项（为其他应付款的增加），应该根据全厂工资结算单中代扣款项金额，借记“应付职工薪酬—工资”科目（这些代扣款项对企业来说，也是实付工资），贷记“其他应收款”或“其他应付款”科目。

超过工资发放期的待领工资，在由各车间、部门领取和发放工资的情况下，应该及时交回会计部门，交回的现金，应借记“库存现金”科目，贷记“其他应付款”科目；在由会计部门集中发放工资的情况下，也应及时转账，借记“应付职工薪酬—工资”科目，贷记“其他应付款”科目。通过上述核算，“应付职工薪酬—工资”科目的借方发生额合计，就是企业实际工资总额，与计划工资总额相比较，就可分析和考核工资总额计划的执行情况。月末进行工资费用分配时，应该根据工资费用的分配凭证（后面述及），按照工资费用的用途，借记有关的成本、费用等科目，贷记“应付职工薪酬—工资”科目。

【例10-19】现以前列全厂工资结算单资料为例，编制工资的结算和支付的会计分录如下：

企业根据单中所列应发金额5237元，开出现金支票，向银行提取准备发放工资和代发款项的现金时：

借：库存现金　　5237

　贷：银行存款　　5237

会计部门根据单中所列各车间、部门应发金额，将现金5237元（其中实发工资为应付职工薪酬—工资6040元减去代扣款项1112元后的余额，即4928元；代发应由应付职工薪酬—职工福利开支福利补助费225元；代发应由管理费用开支的交通补助费84元）发给各车间、部门负责发放工资的人员发放工资时：

借：应付职工薪酬—工资　　4928

　　应付职工薪酬—职工福利　　225

　　管理费用　　84

贷：库存现金　　　　　　　　　　　　　　　　5237

根据单和所列代扣款项1112元进行转账，将应付职工薪酬—工资转为其他应付款时：

借：应付职工薪酬—工资　　　　　　　　　　1112

贷：其他应付款　　　　　　　　　　　　　　1112

各车间、部门根据未领工资（假定为250元）编制待领工资明细表，将职工未领的款项250元交回会计部门，转为其他应付款时：

借：库存现金　　　　　　　　　　　　　　　250

贷：其他应付款　　　　　　　　　　　　　　250

未领工资的职工以后领取工资250元时：

借：其他应付款　　　　　　　　　　　　　　250

贷：库存现金　　　　　　　　　　　　　　　250

开出转账支票，向房管部门、幼儿园等单位支付代扣款项1112元时：

借：其他应付款　　　　　　　　　　　　　　1112

贷：银行存款　　　　　　　　　　　　　　　1112

5. 工资费用分配的会计处理

工资费用的分配是指将企业职工的工资，作为一种费用，按照它的用途分配计入各种产品成本、经营管理费用等，或由规定的资金来源开支。工资结算凭证所列各车间、部门各种用途的应付职工薪酬—工资额，就是分配工资费用的依据。

(1) 工资费用分配的一般程序

直接进行产品生产的生产工人工资，专门设有“工资及福利费”（或“直接工资”）成本项目。其中计件工资属于直接计入费用，应根据工资结算凭证直接计入某种产品成本的这一成本项目；计时工资一般属于间接计入费用，应按产品的生产工时（实际工时）比例，分配计入各有关产品成本的这一成本项目；奖金、津贴和补贴以及特殊情况下支付的工资等，一般也属于间接计入费用，应按直接计入的工资比例或生产工时比例，分配计入各有关产品成本的这一成本项目。

按产品的生产工时比例分配生产工人工资费用，能够将产品所分配的工资费用与劳动生产率联系起来。某种产品如果单位产品耗用的生产工时减少，说明劳动生产率提高，其所分配的工资费用就应减少。相反，如果单位产品耗用的生产工时增加，说明劳动生产率降低，其所分配的工资费用就应增加。因此，按产品的生产工时比例分配工资费用比较合理。其分配计算的公式为

$$生产工资费用分配率=\frac{各种产品生产工资总额}{各种产品生产工时之和}$$

某种产品应分配的生产工资＝该种产品生产工时×生产工资费用分配率

如果取得各种产品的实际生产工时数据比较困难，而各种产品的单件工时定额比较准确，也可以按产品的定额工时比例，分配工资费用。其分配计算的公式为

某种产品耗用的定额工时＝该种产品投产量×单位产品工时定额

$$生产工资费用分配率=\frac{各种产品生产工资总额}{各种产品生产工时之和}$$

某种产品应分配的生产工资＝该种产品生产工时×生产工资费用分配率

进行产品生产的工人工资设有“工资及福利费”成本项目，应单独地记入“基本生产成本”总账科目和所属明细账的借方（在明细账中记入“工资及福利费”成本项目）；直接进行辅助生产、设有“工资及福利费”成本项目的生产工人工资、间接进行基本生产和辅助生产没有专设成本项目的职工工资、专设的销售部门人员工资、行政管理部门人

员工资、应由应付职工薪酬—职工福利开支的生活福利部门人员工资、用于固定资产购建工程的工资，以及应计入营业外支出的长期病假人员工资等，则应分别记入“辅助生产成本”“制造费用”“销售费用”“管理费用”“应付职工薪酬—职工福利”“在建工程”和“营业外支出”等总账科目和所属明细账的借方。已分配的工资总额，应记入“应付职工薪酬—工资”科目的贷方。

工资费用的分配，应通过工资费用分配表进行。该表应根据工资结算单和有关的分配标准等资料编制。

(2) 工资费用分配和工资支付的数据

按照权责发生制原则，分配计入本月成本、费用的工资，应该是按照本月的考勤和产量记录算出的本月应付职工薪酬—工资。为了及时体现多劳多得原则，本月支付的工资应该是本月应付职工薪酬—工资。但是，在实际工作中，本月应付职工薪酬—工资要在月末根据全月考勤和产量记录提供的数据才能算出，而职工工资不能在月末算出工资以后才支付，一般在月中甚至月初就支付。因此，本月支付的工资，一般是按照上月考勤和产量等数据算出的上月应付职工薪酬—工资。这样，本月支付给职工的工资数额与本月分配计入成本、费用的工资数额并不相等。由于月末根据考勤和产量等数据计算本月应付职工薪酬—工资的工作量较大，按照本月应付职工薪酬—工资分配工资费用，会影响成本、费用核算的及时性，因此，在每月支付的工资（上月应付、本月支付的工资）与应付的工资（本月应付、下月支付的工资）数额相差不大，即各月工资总额比较稳定的企业中，就按本月支付工资数额作为本月应付职工薪酬—工资数额。这样，本月分配计入成本、费用的工资数额与本月支付工资数额相等。

综上所述，在实际工作中，对于工资的支付和工资费用的分配，有着两种不同的处理方法：按上月应付职工薪酬—工资数额支付本月工资，按本月应付职工薪酬—工资数额分配本月工资费用；按上月应付职工薪酬—工资数额支付本月工资，按本月支付工资数额作为本月应付职工薪酬—工资分配本月工资费用。这就是说，本月支付的工资都是上月应付职工薪酬—工资；本月分配的工资费用，有的是本月应付职工薪酬—工资，有的则是本月支付的工资。

按照本月支付的工资分配计算本月工资费用的优点是：可以提高成本、费用核算的及时性；可以使各月应付职工薪酬—工资的计算工作在下月发放工资日期以前分散地进行，从而均衡了工资的计算工作。缺点是会或多或少地影响各月成本、费用核算的正确性。

6. 职工福利费的会计处理

工业企业除了按照按劳分配原则支付给每一职工工资以外，还应按照国家规定对职工进行福利补助和生活困难补助。为此，每一个工业企业还应按照职工工资总额的规定比例计算应付职工薪酬—职工福利。

【例10-20】根据智董工厂的全厂工资编制该公司应付职工薪酬—职工福利分配表（如表10-15所示）。

表10-15 应付职工薪酬—职工福利分配表

智董工厂　　201×年7月

应借科目		成本或费用项目	工资	应付职工薪酬—职工福利（假设为工资的14%）
基本生产成本	甲产品	直接人工	1100	154.00
	乙产品	直接人工	824	115.36
	小计		1924	269.36

续表

<table>
<tr><th colspan="2">应借科目</th><th>成本或费用项目</th><th>工资</th><th>应付职工薪酬—职工福利
（假设为工资的14%）</th></tr>
<tr><td>辅助生产成本</td><td>辅助车间</td><td>直接人工</td><td>1462</td><td>204.68</td></tr>
<tr><td rowspan="3">制造费用</td><td>基本车间</td><td>福利费</td><td>261</td><td>36.54</td></tr>
<tr><td>辅助车间</td><td>福利费</td><td>243</td><td>34.02</td></tr>
<tr><td>小计</td><td></td><td>504</td><td>70.56</td></tr>
<tr><td>管理费用</td><td>行政、福利部门</td><td>福利费</td><td>1205</td><td>168.70</td></tr>
<tr><td></td><td>长期病假人员</td><td>福利费</td><td>945</td><td>132.30</td></tr>
<tr><td colspan="3">合计</td><td>6040</td><td>845.60</td></tr>
</table>

根据上列应付职工薪酬—职工福利分配表，应编制下列会计分录：

借：基本生产成本　　269.36
　　辅助生产成本　　204.68
　　制造费用　　70.56
　　管理费用　　168.70
　　营业外支出　　132.30
　贷：应付职工薪酬—职工福利　　845.60

（五）利息费用、税金和其他费用

1. 利息费用的会计处理

利息费用不是产品成本的组成部分，而是经营管理费用中的财务费用的组成部分。因此，不可能为利息费用设立成本项目，而只可能在财务费用中为利息费用设立一个费用项目。

企业银行存款的利息收入，则应作为利息费用的抵减数处理。接到银行通知，登记利息收入时，应借记“银行存款”科目，贷记“财务费用”科目，冲减财务费用。

2. 税金的会计处理

税金也不是产品成本的组成部分，它是经营管理费用中的管理费用的组成部分。因此，不可能为税金设立成本项目，而只可能在管理费用中按照税金的种类分设几个费用项目，或者为各种税金合设一个费用项目。

在这些税金中，有的税金，如印花税，可以用银行存款等货币资金直接交纳。交纳时，应借记“管理费用”总账科目和所属明细账（在明细账中记入“印花税”或“税金”费用项目），贷记“银行存款”等科目。有的税金，如房产税、车船税和土地使用税，需要预先计算应交金额，然后交纳。这些税金应该通过“应交税费”科目核算。算出应交税费时，应借记“管理费用”总账科目和所属明细账（在明细账中分别记入“房产税”“车船税”和“土地使用税”各费用项目，或全部记入“税金”一个费用项目），贷记“应交税费”科目；在交纳税金时，应借记“应交税费”科目，贷记“银行存款”等科目。

3. 其他费用的会计处理

工业企业各种要素费用中的其他费用，是指除了前面所述各要素以外的各种费用，包括邮电费、租赁费、印刷费、图书资料报刊办公用品订购费、试验检验费、排污费、差旅费、误餐补助费、交通费补贴、保险费、职工技术培训费等。这些费用有的是产品成本的组成部分，有的则不是。其中属于产品成本组成部分的各种费用也没有专门设立成本项目。因此，在发生这些费用时，应该按照发生的车间、部门和用途，分别借记“制造费用”“管理费用”“其他业务成本”等科目，贷记“银行存款”或“库存现金”等科目。

工业企业的各种要素费用通过以上所述的核算、分配，已经按照费用的用途分别记入“基本生产成本”“辅助生产成本”“制造费用”“销售费用”“管理费用”“财务费用”和“在建工程”等科目的借方进行归集。其中记入“基本生产成本”科目借方的费用，已经分别记入各有关产品成本叫细账的“原材料”（或“直接材料”）“燃料及动力”和“工资及福利费”（或“直接人工”）成本项目。这就是说，在工业企业成本、费用核算中，已经进行了生产经营管理费用与非生产经营管理费用的划分，并进行了生产经营管理费用中生产费用与经营管理费用的划分，亦即进行了前述第一、二两个方面费用界限的划分工作。

(六) 折旧费用

企业的固定资产在长期的使用过程中，虽然保持着原有的实物形态，但其价值会随着固定资产的损耗而逐渐减少。固定资产由于损耗而减少的价值就是固定资产的折旧。固定资产折旧应该作为折旧费用计入产品成本和经营管理费用。

进行折旧费用的核算，先要计算固定资产的折旧；然后分配折旧费用。

1. 固定资产折旧的计算

计算固定资产折旧，必须确定固定资产应计折旧额。固定资产在全部使用年限内的应计折旧额，并不是固定资产的全部原值。这是因为固定资产在报废清理时还有残值收入，如报废清理时拆下的零件、器材和残余材料等的价值。这部分残值收入应该在计算折旧时预先估计，从原值中减去。清理时还要发生清理费用，如拆卸、搬运等费用。这部分清理费用也应预先估计，从残值收入中减去。残值收入减去清理费用的余额，称为净残值。

固定资产的残值收入一般大于清理费用，因而净残值一般为正数。固定资产应计折旧额应该是固定资产原值减去预计净残值以后的余额。为了比较正确、简便地确定净残值，可以根据各类固定资产的历史统计资料或技术测定资料，确定预计净残值率，即原值与预计净残值的比率。其计算公式为

$$预计净残值率=\frac{预计净残值}{原值}\times 100\%$$

根据固定资产原值乘以规定的预计净残值率，即可确定预计净残值。因此，固定资产应计折旧额的计算公式是：

固定资产预计净残值＝固定资产原值×规定的预计净残值率

固定资产应计折旧额＝固定资产原值－预计净残值

计算折旧，更重要的是要确定每一个时期，例如每一个月的折旧额。这就需要采用适当的折旧计算方法。我国目前采用的折旧计算方法，主要是使用年限法和工作量（或工作时数）法等。

1) 使用年限法，应该按照固定资产的预计使用年限平均计算折旧。即

$$年折旧额=\frac{应计折旧额}{预计使用年限}$$

在实际工作中，使用年限法计算折旧时，折旧额是根据固定资产原值乘以折旧率计算的。固定资产折旧率是指一定时期内固定资产折旧额对固定资产原值的比率。其计算公式为

$$\begin{aligned}年折旧率&=\frac{年折旧额}{原值}\times 100\%\\&=\frac{原值\times(1-预计净残值率)}{原值}\times\frac{1}{原值}\times 100\%\\&=\frac{1-预计净残值率}{预计使用年限}\times 100\%\end{aligned}$$

为了正确地计算折旧，加强对固定资产折旧的宏观控制，国家不仅统一规定了固定资

产预计残值率的上下限度（3%～5%），而且还规定了固定资产的预计使用年限，称为折旧年限。折旧额应该按月计算，因而还应根据年折旧率，算出月折旧率：

$$月折旧率=\frac{年折旧额}{12}$$

折旧率计算确定以后，不应任意变动。每月计算折旧额时，只需以原值乘以月折旧率即可。其计算公式为

月折旧额＝原值×月折旧率

为了简化折旧的计算工作，一般按固定资产的类别规定固定资产的折旧年限和折旧率，按照同类固定资产原值之和，乘以该类固定资产的折旧率，计算该类固定资产的折旧额。

为了简化折旧的计算工作，月份内开始使用的固定资产，当月不计算折旧，从下月起计算折旧；月份内减少或停用的固定资产，当月仍计算折旧，从下月起停止计算折旧。这就是说，每月折旧额按月初固定资产的原值和规定的折旧率计算。

2) 工作量（或工作时数）法，应该按照固定资产完成的工作量或工作时数计算折旧：先计算、确定固定资产单位工作量（工作小时）折旧额，简称单位折旧额。每月用固定资产完成的工作数量或时数乘以单位折旧额，即可计算出各该月份的折旧额。其计算公式如下：

$$某项固定资产单位折旧额=\frac{该项固定资产应计折旧额}{该项固定资产预计使用年限内可完成的总工作量(或时数)}$$

该项固定资产月折旧额＝该项固定资产该月完成的工作数量（或时数）×单位折旧额

采用上述使用年限法和工作量法算出的折旧额，随着使用的月份、年数或完成的工作数量（或时数）成正比例增加，累计折旧额呈直线上升的趋势，因而可以概称为直线折旧法。

此外，我国某些企业，还可以按照国家规定采用某些加速折旧的方法。采用这些方法时，固定资产使用的早期多计折旧，后期少计折旧，年折旧额呈逐年递减的趋势，从而相对加快了折旧的速度。这些方法也可概称为递减折旧法。

折旧的方法以及折旧率和单位折旧额一经确定，不应任意变动，以免各月成本、费用数据不可比。应该防止利用改变折旧方法、折旧率或单位折旧额人为调节各月成本、费用的错误做法。

2. 折旧费用分配的会计处理

一种产品的生产往往需要使用多种机器设备，而每一种机器设备又可能生产多种产品。因此，机器设备的折旧费用虽然是直接用于产品生产的费用，但一般属于分配工作比较复杂的间接计入费用，为了简化产品成本的计算工作，没有专门设立成本项目，而与不是直接用于产品生产的车间其他固定资产的折旧费用一起计入“制造费用”。企业行政管理部门固定资产的折旧费用，用于其他经营业务的固定资产折旧费用，则应分别记入“管理费用”和“其他业务成本”。也就是说，折旧费用应该按照固定资产使用的车间、部门和用途，分别记入“制造费用”“管理费用”和“其他业务成本”等总账科目和所属明细账的借方（在明细账中记入“折旧费”费用项目）。固定资产折旧总额应记入“累计折旧”科目的贷方。

三、完工产品与在产品之间费用的分配

(一) 制造费用

制造费用是指工业企业为生产产品（或提供劳务）而发生，应该计入产品成本、但没有专设成本项目的各项生产费用。

制造费用由于大多是与产品的生产工艺没有直接联系，而且一般是间接计入费用，因而不能或不便于按照产品制订定额，而只能按照车间、部门和费用项目，按年、季、月编制制造费用计划加以控制。应该通过制造费用的归集和分配，反映和监督制造费用计划的

执行情况，并将费用正确、及时地计入各有关产品的成本。

1. 制造费用的项目

制造费用大部分是间接用于产品生产的费用，如机物料消耗，辅助工人工资及福利费用，车间生产用房屋及建筑物的折旧费、修理费、租赁费和保险费，车间生产用的照明费、取暖费、运输费、劳动保护费以及季节性停工和生产用固定资产修理期间的停工损失等。

制造费用还包括直接用于产品生产，但管理上不要求或者核算上不便于单独核算，因而没有专设成本项目的费用，如机器设备的折旧费、修理费、租赁费和保险费，生产工具摊销，设计制图费和试验检验费等。生产工艺用动力如果没有专设成本项目，也包括在制造费用中。

此外，制造费用还包括车间用于组织和管理生产的费用。这些费用虽然具有管理费用的性质，由于车间是企业从事生产活动的单位，它的管理费用与制造费用很难严格划分，为了简化核算工作，也作为制造费用核算。这些费用有：车间管理人员工资及福利费，车间管理用房屋和设备的折旧费、修理费、租赁费和保险费，车间管理用具摊销，车间管理用的照明费、水费、取暖费、差旅费和办公费等。

制造费用的费用项目一般应该包括：机物料消耗、工资及福利费、折旧费、修理费、租赁（不包括融资租赁）费、保险费、低值易耗品摊销、水电费、取暖费、运输费、劳动保护费、设计制图费、试验检验费、差旅费、办公费、在产品盘亏、毁损和报废（减盘盈）以及季节性及修理期间停工损失等。

工业企业可以根据费用比重大小和管理上的要求，对上列某些费用项目进行合并或进一步细分，也可以另行设立制造费用项目。但是，为了使各期成本、费用资料可比，制造费用项目一经确定，不应任意变更。

2. 制造费用归集的账务处理

制造费用的归集和分配，应通过“制造费用”科目进行。该科目应按不同的车间、部门设立明细账，账内按照费用项目设立专栏或专户，分别反映各车间、部门各项制造费用的发生情况，应根据有关的付款凭证、转账凭证和前述各种费用分配表进行登记。

生产车间发生的生产费用，有的应该借记“基本生产成本”或“辅助生产成本”科目，有的则应借记“制造费用”科目：基本生产车间发生的费用中，专设成本项目的费用（如直接用于产品生产的原材料费用），应借记“基本生产成本”总账科目，并记入所属有关产品成本明细账的这一成本项目（如“原材料”或“直接材料”成本项目）；不是专设成本项目，而是制造费用中的某项费用（如间接用于产品生产的机物料费用），应借记“制造费用”总账科目，并记入有关车间、部门的制造费用明细账相应的费用项目（如“机物料消耗”费用项目）。辅助生产车间发生的费用，如果辅助生产的制造费用是通过“制造费用”科目核算的，应比照基本生产车间发生的费用核算；如果辅助生产的制造费用不通过“制造费用”科目核算，则应全部借记“辅助生产成本”总账科目，并记入有关的辅助生产成本明细账中相应的项目（成本项目和制造费用项目结合设立的项目）。

月末，在“制造费用”总账科目和所属明细账的借方归集了制造费用以后，应该据以分析和考核制造费用计划的执行情况，并将制造费用分配计入各种产品的成本。

3. 制造费用分配的会计处理

(1) 制造费用分配的程序

在辅助生产的制造费用通过“制造费用”科目核算的企业中，应该先分配辅助生产的制造费用，将其计入辅助生产成本；然后分配辅助生产费用，将其中应由基本生产的制造费用负担的费用计入基本生产的制造费用，最后再分配基本生产的制造费用。由于各车间的制造费用水平不同，制造费用的分配应该按照车间分别进行。

在生产一种产品的车间中，制造费用是直接计入费用，应直接计入该种产品的成本。在生产多种产品的车间中，在各生产小组按产品品种分工的情况下，各小组本身发生的制造费用，也是直接计入费用，也应直接计入各该产品的成本；各小组共同发生的制造费用，是间接计入费用，应采用适当的分配方法分配计入各种产品的成本。在各小组按生产工艺分工的情况下，车间的全部制造费用都是间接计入费用，都应采用适当的分配方法，分配计入该车间各种产品的成本。

在企业的组织机构分为车间、分厂和总厂的情况下，分厂发生的制造费用也应比照车间发生的制造费用进行分配：在生产一种产品的情况下，直接计入该分厂该种产品的成本；在生产多种产品的情况下，采用适当的分配方法分配计入该分厂各种产品的成本。

制造费用的绝大部分是在生产单位（车间或分厂）中发生的，应如上所述按照不同的车间或分厂进行归集和分配；也可能有一部分是在企业的行政管理部门（厂部或总厂）中发生的，如设计制图费和试验检验费等，这一部分制造费用应由厂部或总厂进行归集，并在全厂或整个总厂的各种产品之间进行分配，计入各该产品的成本。

(2) 制造费用分配的方法

1) 生产工人工时比例分配法，简称生产工时比例法，是按照各种产品所用生产工人实际工时的比例分配费用的方法。其计算公式如下

$$制造费用分配率=\frac{制造用费总额}{产品生产工时总数}$$

某种产品应分配的制造费用=该种产品生产工时×制造费用分配率

按照生产工时比例分配制造费用，同分配工资费用一样，也能将劳动生产率与产品负担的费用水平联系起来，使分配结果比较合理。由于生产工时是分配间接计入费用常用的分配标准之一，因而必须正确组织产品生产工时的核算。如果产品的工时定额比较准确，制造费用也可以按生产工人定额工时的比例分配。

2) 生产工人工资比例分配法，简称生产工资比例法，是按照计入各种产品成本的生产工人实际工资的比例分配制造费用的方法。由于工资费用分配表中有着现成的生产工人工资的资料，因而采用这一分配方法，核算工作很简便。但是采用这一方法，各种产品生产的机械化程度应该相差不多，否则机械化程度高的产品，由于工资费用少，分配负担的制造费用也少，影响费用分配的合理性。这是因为，制造费用中包括不少与机械使用有关的费用，如机器设备的折旧费、修理费、租赁费和保险费等；产品生产的机械化程度高，应该多负担这些费用，而不应该少负担这些费用。

3) 机器工时比例分配法，是按照各种产品生产所用机器设备运转时间的比例分配制造费用的方法。这种方法适用在产品生产的机械化程度较高的车间。因为在这种车间的制造费用中，与机器设备使用有关的费用比重比较大，而这一部分费用与机器设备运转的时间有着密切的联系。采用这种方法，必须具备各种产品所用机器工时的原始记录。

采用这种方法时，如果车间中机器设备的类型不一，为了提高分配结果的合理性，也可以将机器设备划分为若干类别，按照机器设备的类别归集和分配制造费用。对于价值较高、折旧和维修费用较大的高级、精密的机器设备还可以单独归集费用，将归集的费用在利用这一机器设备进行生产的各种产品之间，按照机器工时比例进行分配。但这样做，要增加核算工作量。

4) 按年度计划分配率分配法。是按照年度开始前确定的全年度适用的计划分配率分配费用的方法。假定以定额工时作为分配标准，其分配计算的公式为

$$年度计划分配率=\frac{年度制造费用计划总额}{年度各种产品计划产量的定额工时总数}$$

某月某种产品应负担的制造费用＝该月该种产品实际产量的定额工时数×年度计划分配率

这一分配方法要以定额工时为分配标准，即分配率计算公式的分母要按定额工时计算，是因为各种产品的产量不能直接相加。采用这种分配方法，不管各月实际发生的制造费用多少，每月各种产品中的制造费用都按年度计划分配率分配。但在年度内如果发现全年的制造费用实际数和产量实际数与计划数可能发生较大的差额时，应及时调整计划分配率。

【例10-21】假定智董工厂某车间全年制造费用计划为61440元；全年各种产品的计划产量为：A产品2800件，B产品1300件；单件产品的工时定额为：A产品5小时，B产品4小时，则

A产品年度计划产量的定额工时＝2800×5＝14000（小时）

B产品年度计划产量的定额工时＝1300×4＝5200（小时）

$$制造费用年度计划分配率=\frac{61440}{14000+5200}=3.2$$

假定该车间5月份的实际产量为：A产品250件，B产品110件；该月实际制造费用为4530元。则

A产品该月实际产量的定额工时＝250×5＝1250（小时）

B产品该月实际产量的定额工时＝110×4＝440（小时）

该月A产品制造费用＝1250×3.2＝4000（元）

该月B产品制造费用＝440×3.2＝1408（元）

该车间该月应分配转出的制造费用＝4000＋1408＝5408（元）

该车间该月份的实际制造费用4530元（即制造费用明细账的借方发生额），小于按该月实际产量和年度计划分配率分配转出的制造费用5408元（即制造费用明细账的贷方发生额）。因此，采用这种分配方法时，制造费用明细账以及与之相联系的“制造费用”总账科目，不仅可能有月末余额，而且既可能有借方余额，也可能有贷方余额。

假定该公司只有一个车间，5月初制造费用余额为借方余额500元。则上列该月制造费用的实际发生额和分配转出额的登记结果如图10-1所示。

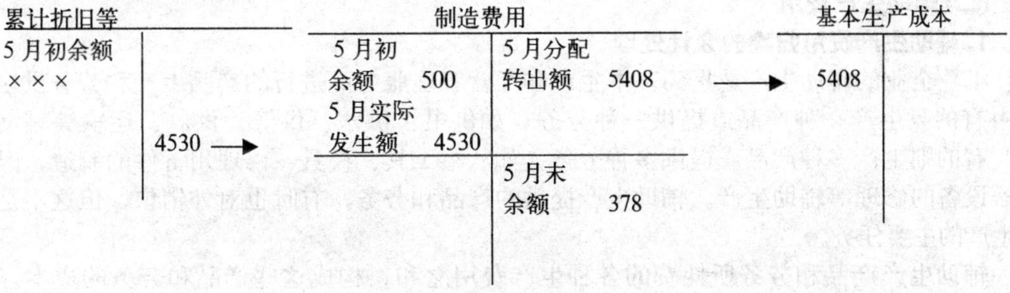

图10-1 5月制造费用的实际发生额和分配转出额的登记结果

“制造费用”科目如果有年末余额，就是全年制造费用的实际发生额与计划分配额的差额，一般应在年末调整计入12月份的产品成本；借记“基本生产成本”科目，贷记“制造费用”科目，如果实际发生额大于计划分配额，用蓝字补加；否则用红字冲减。

这种分配方法的核算工作很简便，特别适用于季节性生产企业。因为在这种生产企业中，每月发生的制造费用相差不多，但生产淡月和旺月的产量却相差悬殊，如果按照实际费用分配，各月单位产品成本中的制造费用将随之忽高忽低，而这不是由于车间工作本身引起的，因而不便于成本分析工作的进行。此外，这种分配方法还可以按旬或按日提供产

品成本预测所需要的产品应分配的制造费用资料，有利于产品成本的日常控制。但是，采用这种分配方法，必须有较高的计划工作的水平。否则年度制造费用的计划数脱离实际太大，就会影响成本计算的正确性。

(3) 制造费用分配转出的账务处理

无论采用哪一种分配方法，都应根据分配计算的结果，编制制造费用分配表；根据这种分配表进行制造费用分配的总分类核算和明细核算。在辅助生产的制造费用通过“制造费用”科目核算的情况下，“制造费用”科目应按基本生产和辅助生产并按车间分设明细账，先分配结转辅助生产的制造费用，借记“辅助生产成本”科目，贷记“制造费用—辅助生产××车间制造费用”科目。在“辅助生产成本”科目的借方归集了全部辅助生产费用以后，再分配辅助生产费用，其中直接用于产品生产、专设成本项目的费用（如专设成本项目、由辅助生产提供的动力费用），借记“基本生产成本”科目；为基本生产提供劳务（如修理）未专设成本项目的费用，应借记“制造费用—基本生产××车间制造费用”科目；用于其他方面的辅助生产费用，应分别借记“销售费用”“管理费用”和“在建工程”等科目；分配转出的辅助生产费用总额，则应贷记“辅助生产成本”科目。在“制造费用—基本生产××车间制造费用”科目的借方归集了基本生产车间的全部制造费用以后，再分配结转基本生产的制造费用，借记“基本生产成本”科目，贷记“制造费用—基本生产××车间制造费用”科目。此外，还应登记相应的明细账，如分配由基本生产成本负担的制造费用，一方面要登记有关的产品成本明细账的“制造费用”成本项目（登记分配转入数）；另一方面要登记有关的制造费用明细账（登记分配转出数）。在辅助生产的制造费用不通过“制造费用”科目核算的情况下，不需要单独进行辅助生产制造费用归集和分配的核算。

通过上述制造费用的归集和分配，除了采用按年度计划分配率分配法的企业以外，“制造费用”总账科目和所属明细账都应没有月末余额。

至此，在不单独核算废品损失和停工损失的企业中，应计入本月产品成本的生产费用，都已归集在“基本生产成本”总账科目的借方，并已在所属产品成本明细账的本月发生额中按照成本项目分别反映。

(二) 辅助生产费用

1. 辅助生产费用归集的会计处理

工业企业的辅助生产是指为基本生产和经营管理服务而进行的产品生产和劳务供应。其中有的只生产一种产品或提供一种劳务，如供电、供水、供气、供风、运输等辅助生产；有的则生产多种产品或提供多种劳务，如从事工具、模具、修理用备件的制造，以及机器设备的修理等辅助生产。辅助生产提供的产品和劳务，有时也对外销售，但这不是辅助生产的主要任务。

辅助生产产品和劳务所耗费的各种生产费用之和，构成这些产品和劳务的成本。但是，对于耗用这些产品或劳务的基本生产产品和各车间、部门来说，这些辅助生产产品和劳务的成本又是基本生产产品成本和经营管理费用中的一种费用。

辅助生产产品和劳务成本的高低，对于基本生产产品成本和经营管理费用的水平有着很大的影响；同时，只有辅助生产产品和劳务成本确定以后才能计算基本生产的成本和经营管理费用。因此，正确、及时地组织辅助生产费用的归集和分配，对于节约费用、降低成本以及正确及时地计算企业的产品成本和经营管理费用，都有重要的意义。

(1) 辅助生产费用归集的程序

辅助生产费用的归集和分配，是通过“辅助生产成本”科目进行的。该科目同“基本生产成本”科目一样，一般应按车间以及产品和劳务设立明细账，账中按照成本项目设立专栏或专行进行明细核算。辅助生产发生的各项费用，应记入该科目的借方进行归集。辅助生产费用归集的程序有两种。两者的区别在于辅助生产制造费用归集的程序上。

在一般情况下，辅助生产的制造费用应该与基本生产的制造费用一样，先通过“制造费用”科目进行单独归集，然后转入“辅助生产成本”科目，计入辅助生产产品或劳务的成本。在辅助生产车间规模很小、制造费用很少，而且辅助生产不对外提供商品产品，因而不需要按照规定的成本项目计算产品成本、编制产品生产成本报表的情况下，为了简化核算工作，辅助生产的制造费用也可以不通过“制造费用”科目单独归集，而直接记入“辅助生产成本”科目，计入辅助生产产品或劳务的成本。

(2) 辅助生产费用归集的账务处理

在辅助生产的制造费用通过“制造费用”科目进行单独归集的企业中，发生辅助生产费用时，专设成本项目的直接计入费用，应单独地直接记入“辅助生产成本”科目和所属有关明细账的借方；专设成本项目的间接计入费用，应单独地分配记入“辅助生产成本”科目和所属有关明细账的借方。辅助生产发生的制造费用，应先记入“制造费用”总账科目和所属辅助生产制造费用明细账的借方进行归集，然后再从其贷方直接转入或分配转入“辅助生产成本”总账科目和所属明细账的借方。

在辅助生产的制造费用不通过“制造费用”科目、不进行单独归集的企业中，在计算辅助生产成本时，可以将产品（或劳务）的成本项目与制造费用的费用项目结合起来，设立简化的成本或费用项目，并在辅助生产成本明细账中设立专栏或专行，归集费用、计算成本。在这些企业中，发生的辅助生产费用均单独地直接记入或分配记入“辅助生产成本”科目和所属有关的明细账的借方（在明细账中记入产品成本项目与制造费用项目结合设立的有关项目）。

不论采用哪一种程序归集辅助生产费用，辅助生产完工的产品或劳务成本，均应从“辅助生产成本”总账科目和所属明细账的贷方转出。该科目的余额在借方，为辅助生产的在产品成本，也就是辅助生产过程中占用的资金。

2. 辅助生产费用分配的会计处理

归集在“辅助生产成本”科目及其明细账借方的辅助生产费用，由于辅助生产车间所产产品和劳务的种类不同，其转出分配的程序也不一样。工具和模具车间生产的工具、模具和修理用备件等产品成本，应在产品完工入库时，从“辅助生产成本”科目及其明细账的贷方分别转入“周转材料”和“原材料”科目的借方（在低值易耗品和材料按计划成本进行日常核算的情况下，成本超支数还应转入“材料成本差异”科目的借方；成本节约数还应转入“材料成本差异”科目的贷方）。在有关车间、部门领用时，再从“周转材料”和“原材料”等科目的贷方，转入“制造费用”“销售费用”“管理费用”和“在建工程”等科目的借方。动力、机修和运输等车间生产和提供的电、气、水、修理和运输等产品和劳务所发生的费用，要在各受益单位之间按照所耗数量或其他比例进行分配。分配时，应从“辅助生产成本”总账科目和所属明细账的贷方转入“基本生产成本”“制造费用”“销售费用”“管理费用”和“在建工程”等科目的借方。

辅助生产费用的分配，应通过辅助生产费用分配表进行。

分配辅助生产费用的方法很多，通常采用的有直接分配法、顺序分配法、交互分配法、代数分配法和按计划成本分配法。

1) 辅助生产费用的直接分配法不考虑各辅助生产车间之间相互提供劳务或产品的情况，而是将各种辅助生产费用直接分配给辅助生产以外的各受益单位。采用这种分配方法，各辅助生产费用只进行对外分配，分配一次，计算工作最简便，但分配结果不正确，只宜在辅助生产内部相互提供劳务或产品不多、不进行费用的交互分配对辅助生产成本和企业产品成本影响不大的情况下采用。

【例10-22】假定智董工厂设有修理和运输两个辅助生产车间、部门。该公司201×年3月份在分配辅助生产费用以前，修理车间发生的费用为4773元，由于修理所用材料不多，修理费用都按修理工时分配。该车间3月份提供修理劳务2010小时。其中为运输部门修理48小时；为其他车间、部门提供的修理劳务为：基本生产的第一车间850小时，第二车间812小时，行政管理部门300小时，共1962小时。运输部门发生的费用为7324元，运输材料物资7400吨公里。其中为修理车间运输200吨公里；为其他车间、部门提供的运输劳务为：基本生产第一车间4250吨公里，第二车间1850吨公里；行政管理部门1100吨公里。共7200吨公里。该公司辅助生产的制造费用不通过“制造费用”科目核算。采用直接分配法的辅助生产费用分配表如表10-16所示。

表10-16 辅助生产费用分配表

（直接分配法）

201×年3月

<table>
<tr><td colspan="4">辅助生产车间名称</td><td>修理车间</td><td>运输部门</td><td>合计</td></tr>
<tr><td colspan="4">待分配辅助生产费用</td><td>4773</td><td>7324</td><td>12097</td></tr>
<tr><td colspan="4">供应辅助生产以外单位的劳务数量</td><td>1962</td><td>7200</td><td>×</td></tr>
<tr><td colspan="4">费用分配率（单位成本）</td><td>2.4327217</td><td>1.0172222</td><td>×</td></tr>
<tr><td rowspan="5">基本生产车间耗用</td><td rowspan="5">应借“制造费用”科目</td><td rowspan="2">第一车间</td><td>耗用数量</td><td>850</td><td>4250</td><td>×</td></tr>
<tr><td>分配金额</td><td>2067.81</td><td>4323.19</td><td>6391.00</td></tr>
<tr><td rowspan="2">第二车间</td><td>耗用数量</td><td>812</td><td>1850</td><td>×</td></tr>
<tr><td>分配金额</td><td>1975.37</td><td>1881.86</td><td>3857.23</td></tr>
<tr><td colspan="2">分配金额小计</td><td>4043.18</td><td>6205.05</td><td>10248.23</td></tr>
<tr><td rowspan="2">行政管理部门耗用</td><td rowspan="2">应借“管理费用”科目</td><td colspan="2">耗用数量</td><td>300</td><td>1100</td><td>×</td></tr>
<tr><td colspan="2">分配金额</td><td>729.82</td><td>1118.95</td><td>1848.77</td></tr>
<tr><td colspan="4">分配金额合计</td><td>4773</td><td>7324</td><td>12097</td></tr>
</table>

根据上列辅助生产费用分配表，应编制会计分录如下：

借：制造费用—第一车间　　6391.00
　　　　　　—第二车间　　3857.23
　　　　　　　　　　　　10248.23
　　管理费用　　1848.77
　贷：辅助生产成本—修理车间　　4773
　　　　　　　　　—运输部门　　7324
　　　　　　　　　　　　　　　12097

从上例可以看出，修理费用中没有包括运输费用，运输费用中没有包括修理费用；修理费用和运输费用都是在没有进行交互分配的情况下，按照对外（指辅助生产车间、部门以外）提供劳务的数量计算费用分配率（单位成本）直接进行对外分配的。其费用分配率的计算公式如下：

$$费用分配率=\frac{待分配辅助生产费用}{接受分配的各单位耗用劳务数量之和}$$

$$修理费用分配率=\frac{4773}{850+812+300}=2.4327217$$

$$运输费用分配率=\frac{7324}{4250+1820+1100}=1.0172222$$

2) 辅助生产费用的顺序分配法各种辅助生产之间的费用分配应按照辅助生产车间受益多少的顺序排列，受益少的排列在前，先将费用分配出去，受益多的排列在后，后将费用分配出去。例如，供电、供水和供气三个辅助生产车间中，供电车间耗用水和气都较少；供水车间耗用气虽较少，但耗用电较多；供气车间耗用电和水都较多。这样，就可以按照供电、供水和供气的顺序排列，顺序分配电、水、气的费用。

【例10-23】现仍按前例资料，列示顺序分配法的辅助生产费用分配表如表10-17所示。

表10-17　辅助生产费用分配表

（顺序分配法）

201×年3月

会计科目	辅助生产成本						制造费用				管理费用		分配金额合计
	运输部门			修理车间			第一车间		第二车间				
车间部门	劳务数量	待分配费用	分配率	劳务数量	待分配费用	分配率	耗用数量	分配金额	耗用数量	分配金额	耗用数量	分配金额	
	7400	7324		2010	4773								
分配运输费用	−7400	−7324	0.9897	200	197.94		4250	4206.23	1850	1830.95	1100	1088.88	7324
	修理费用合计				4970.94								
	分配修理费用			1962	−4970.94	2.5336	850	2153.56	812	2057.28	300	760.10	4970.94
				分配金额合计				6359.79		3888.23		1848.98	12097

在上列辅助生产费用分配表中，由于运输部门耗用修理车间的劳务费用少，因而运输部门排在前面先分配费用（包括分配给修理车间），修理车间排在后面，后分配费用（不分配给运输部门）。“辅助生产成本”栏中的劳务数量，对分配转出的车间、部门来说，是本车间、部门供应其他单位的劳务数量；对分配转入的车间、部门来说，是车间、部门耗用对方车间、部门的劳务数量。待分配费用包括原发生的费用和分配转入的其他辅助生产费用。表中的费用分配率计算如下

$$运输费用分配率=\frac{7324}{200+4250+1850+1100}=0.9897$$

$$修理费用分配率=\frac{4970.94}{850+812+300}=2.5336$$

分配的小数尾差计入管理费用中。

根据上列辅助生产费用分配表，应编制会计分录如下：

分配运输费用：

①借：辅助生产成本—修理车间	197.94
制造费用—第一车间	4206.23
—第二车间	1830.95
	6037.18
管理费用	1088.88
贷：辅助生产成本—运输部门	7324

分配修理费用：

②借：制造费用—第一车间	2153.56

—第二车间 2057.28

4216.84

管理费用 760.10

贷：辅助生产成本—修理车间 4970.94

上列会计分录记入辅助生产成本明细账（简化格式）的结果如表10-18所示。

表10-18 辅助生产成本明细账的结果

辅助生产成本—运输部门		辅助生产成本—修理车间	
待分配费用 7324	①7324	待分配费用 4773 ①197.94	②4970.94
合计 7324	合计 7324	合计 4970.94	合计 4970.94

上列辅助生产费用表的下线呈梯形，因而这种分配方法也称梯形分配法。采用这种分配方法，各种辅助生产费用虽然也只分配一次，但既分配给辅助生产以外的受益单位，又分配给排列在后面的其他辅助生产车间、部门，因而分配结果的正确性和计算的工作量都有所增加。由于排列在前面的辅助生产车间、部门不负担排列在后面的辅助生产车间、部门的费用，因而分配结果的正确性仍然受到一定的影响。

3) 辅助生产费用的交互分配法应先根据各辅助生产车间、部门相互提供的劳务或产品的数量和交互分配前的费用分配率（单位成本），进行一次交互分配；然后将各辅助生产车间、部门交互分配后的实际费用（即交互分配前的费用加上交互分配转入的费用，减去交互分配转出的费用），再按提供劳务或产品的数量，在辅助生产车间、部门以外的各受益单位之间进行分配。采用这种分配方法，由于辅助生产内部相互提供劳务全部进行了交互分配，因而提高了分配结果的正确性，但由于各种辅助生产费用都要计算两个费用分配率，进行两次分配，因而计算工作又有所增加。由于交互分配的费用分配率（单位成本）是根据交互分配以前的待分配费用计算的，不是各该辅助生产的实际单位成本，因而分配结果也不很正确。在各月辅助生产的费用水平相差不大的情况下，为了简化计算工作，也可用上月的辅助生产单位成本作为本月交互分配的费用分配率。

【例10-24】现仍以前例资料列示交互分配法的辅助生产费用分配表如表10-19示。

表10-19 辅助生产费用分配表

（交互分配法）

201×年3月

项目				交互分配			对外分配		
辅助生产车间名称				修理	运输	合计	修理	运输	合计
待分配辅助生产费用				4773	7324	12097	4856.96	7240.04	12097
供应劳务数量				2010	7400		1962	7200	
费用分配率（单位成本）				2.3746	0.9897		2.4755	1.0056	
辅助生产车间耗用	应借“辅助生产成本”科目	修理车间	耗用量数		200				
			分配金额		197.94	197.94			
		运输车间	耗用量数	48					
			分配金额	113.98		113.98			
		分配金额小计		113.98	197.94	311.92			

续表

项目				交互分配			对外分配		
基本生产车间耗用	应借“制造费用”科目	第一车间	耗用量数				850	4250	
			分配金额				2104.18	4273.63	6377.81
		第二车间	耗用量数				812	1850	
			分配金额				2010.11	1860.29	3870.40
		分配金额小计					4114.29	6133.92	10248.21
行政管理部门耗用		应借“管理费用”科目	耗用量数				300	1100	
		分配金额				742.67	1106.12	1848.79	
分配金额合计							4856.96	7240.04	12097

在上列辅助生产费用分配表中，交互分配的费用分配率是根据待分配的辅助生产费用，除以供应劳务的总数量计算求出的。对外分配的费用和对外供应劳务数量的算式为

对外分配费用：

修理费用＝4773＋197.94－113.98＝4856.96（元）

运输费用＝7324＋113.98－197.94＝7240.04（元）

对外供应劳务数量：

修理工时＝850＋812＋300＝1962（时）

运输吨公里＝4250＋1850＋1100＝7200（吨公里）

对外分配的费用分配率，根据对外分配费用除以对外供应劳务数量计算求出。

根据上列辅助生产费用分配表，应编下列会计分录：

交互分配：

①借：辅助生产成本—修理车间　　197.94
　　　　　　　　—运输部门　　113.98
　　　　　　　　　　　　　　　311.92
　贷：辅助生产成本—修理车间　　113.98
　　　　　　　　—运输部门　　197.94
　　　　　　　　　　　　　　　311.92

对外分配：

②借：制造费用—第一车间　　6377.81
　　　　　　—第二车间　　3870.40
　　　　　　　　　　　　　10248.21
　　管理费用　　　　　　　1848.79
　贷：辅助生产成本—修理车间　　4856.96
　　　　　　　　—运输部门　　7240.04
　　　　　　　　　　　　　　　12097

上列会计分录记入辅助生产成本明细账的结果如表10-20所示。

表10-20 辅助生产成本明细账的结果

辅助生产成本—修理车间

借方	贷方
待分配费用 4773 ①197.94	①113.98 ②4856.96
合 计 4970.94	合计 4970.94

辅助生产成本—运输部门

借方	贷方
待分配费用 7324 ①113.98	①197.94 ②7240.04
合计 7437.98	合计 7437.98

4) 辅助生产费用的代数分配法应先根据解联立方程的原理，计算辅助生产劳务或产品的单位成本，然后根据各受益单位（包括辅助生产内部和外部各单位）耗用的数量和单位成本分配辅助生产费用。采用代数分配法分配费用，分配结果最正确。但在分配以前要解联立方程，如果辅助生产车间、部门较多，未知数较多，计算工作比较复杂，因而这种方法在计算工作已经实现电算化的企业中采用比较适宜。

【例10-25】仍以上列资料进行假设和计算如下：

假设x＝每小时修理成本；y＝每吨公里运输成本

设立联立方程式如下：

①$4773+200y=2010x$

②$7324+48x=7400y$

将①式移项：

$200y=2010x-4773$

$$y=\frac{2010x-4773}{200}$$

将y代入②式：

$$7324+48x=7400\times\frac{2010x-4773}{200}$$

化简：$x=2.4747046$（元）

将x代入①式：

$4773+200y=2010\times2.4747046$

化简：$y=\frac{201.1562}{200}=1.005781$（元）

根据上列计算结果，应编制代数分配法的辅助生产费用分配表如表10-21所示。

表10-21　辅助生产费用分配表

（代数分配法）

201×年3月

辅助生产车间名称				修理车间	运输部门	合计
待分配辅助生产费用				4773	7324	12097
劳务供应数量				2010	7400	
用代数算出的实际单位成本				2.4747046	1.005781	
辅助生产车间耗用	应借“辅助生产成本”科目	修理车间	耗用量数		200	
			分配金额		201.16	201.16
		运输车间	耗用量数	48		
			分配金额	118.78		118.78
		分配金额小计		118.78	201.16	319.94
基本生产车间耗用	应借“制造费用”科目	第一车间	耗用量数	850	4250	
			分配金额	2103.50	4274.57	6378.07
		第二车间	耗用量数	812	1850	
			分配金额	2009.47	1860.69	3870.16
		分配金额小计		4112.97	6135.26	10248.23
行政管理部门耗用	应借“管理费用”科目		耗用量数	300	1100	
	分配金额		742.41	1106.36	1848.77	
分配金额合计				4974.16	7442.78	12416.94

根据上列辅助生产费用分配表，应编制会计分录如下：

借：辅助生产成本—修理车间 201.16

—运输部门 118.78

319.94

制造费用—第一车间 6378.07

—第二车间 3870.16

10248.24

管理费用 1848.77

贷：辅助生产成本—修理车间 4974.16

—运输部门 7442.78

12416.94

上列会计分录登记辅助生产成本明细账的结果如表10-22所示。

表10-22 辅助生产成本明细账的结果

辅助生产成本—修理车间

待分配费用4773	4974.16
210.16	
本月合计4974.16	本月合计4974.16

辅助生产成本—运输部门

待分配费用7324	7442.78
118.78	
本月合计7442.78	本月合计7442.78

5) 辅助生产费用的按计划成本分配法辅助生产为各受益单位（包括受益的其他辅助生产车间、部门在内）提供的劳务，都按劳务的计划单位成本分配；辅助生产车间实际发生的费用（包括辅助生产内部交互分配转入的费用在内）与按计划单位成本分配转出的费用之间的差额，即辅助生产劳务的成本差异，可以再分配给辅助生产以外各受益单位负担，但为了简化计算工作，一般全部计入管理费用。采用按计划成本分配法，各种辅助生产费用也只分配一次，而且劳务的计划单位成本是早已确定的，不必单独计算费用分配率，因而简化了计算工作。通过辅助生产成本差异的计算，还能反映和考核辅助生产成本计划的执行情况。由于辅助生产的成本差异一般全部计入管理费用，各受益单位所负担的劳务费用都不包括辅助生产成本差异因素（即客观的“价格差异”因素），因而还便于考核和分析各受益单位的成本，有利于分清企业内部各单位的经济责任。但是采用这种分配方法，辅助生产劳务的计划单位成本必须比较正确。这也是前面述及的为了加强成本核算所必须做到的一项基础工作。

【例10-26】假定上例企业确定的辅助生产劳务的计划单位成本为：修理每小时2元；运输每吨公里1元。现列示按计划成本分配法的辅助生产费用分配表如表10-23所示。

在辅助生产费用分配表中，劳务实际成本的算式为

修理劳务实际成本＝4773＋200＝4973（元）

运输劳务实际成本＝7324＋96＝7420（元）

表10-23 辅助生产费用分配表

（计划成本分配法）

201×年3月

辅助生产车间名称	修理车间	运输部门	合计
待分配辅助生产费用	4773	7324	12097
劳务供应数量	2010	7400	
计划单位成本	2	1	

续表

<table>
<tr><td colspan="4">辅助生产车间名称</td><td>修理车间</td><td>运输部门</td><td>合计</td></tr>
<tr><td rowspan="5">辅助生产车间耗用</td><td rowspan="5">应借“辅助生产成本”科目</td><td rowspan="2">修理车间</td><td>耗用量数</td><td></td><td>200</td><td></td></tr>
<tr><td>分配金额</td><td></td><td>200</td><td>200</td></tr>
<tr><td rowspan="2">运输车间</td><td>耗用量数</td><td>48</td><td></td><td></td></tr>
<tr><td>分配金额</td><td>96</td><td></td><td>96</td></tr>
<tr><td colspan="2">分配金额小计</td><td>96</td><td>200</td><td>296</td></tr>
<tr><td rowspan="5">基本生产车间耗用</td><td rowspan="5">应借“制造费用”科目</td><td rowspan="2">第一车间</td><td>耗用量数</td><td>850</td><td>4250</td><td></td></tr>
<tr><td>分配金额</td><td>1700</td><td>4250</td><td>5950</td></tr>
<tr><td rowspan="2">第二车间</td><td>耗用量数</td><td>812</td><td>1850</td><td></td></tr>
<tr><td>分配金额</td><td>1624</td><td>1850</td><td>3474</td></tr>
<tr><td colspan="2">分配金额小计</td><td>3324</td><td>6100</td><td>9424</td></tr>
<tr><td rowspan="2">行政管理部门耗用</td><td colspan="2">应借“管理费用”科目</td><td>耗用量数</td><td>300</td><td>1100</td><td></td></tr>
<tr><td colspan="2">分配金额</td><td>600</td><td>1100</td><td>1700</td><td></td></tr>
<tr><td colspan="4">按计划成本分配金额合计</td><td>4020</td><td>7400</td><td>11420</td></tr>
<tr><td colspan="4">辅助生产实际成本</td><td>4973</td><td>7420</td><td>12393</td></tr>
<tr><td colspan="4">辅助生产成本差异</td><td>+953</td><td>+20</td><td>+973</td></tr>
</table>

在上列实际成本中，由于分配转入的费用（即200与96元）是按计划单位成本计算的，因而这种实际成本不是“纯粹”的实际成本。

根据上列辅助生产费用分配表，应编制会计分录如下：

按计划成本分配：

①借：辅助生产成本—修理车间　　200
　　　　　　　　　—运输部门　　96
　　　　　　　　　　　　　　　　296
　　制造费用—第一车间　　　　　5950
　　　　　　—第二车间　　　　　3474
　　　　　　　　　　　　　　　　9424
　　管理费用　　　　　　　　　　1700
　贷：辅助生产成本—修理车间　　4020
　　　　　　　　　—运输部门　　7400
　　　　　　　　　　　　　　　　11420

将辅助生产成本差异计入管理费用：

②借：管理费用　　　　　　　　　973
　贷：辅助生产成本—修理车间　　953
　　　　　　　　　—运输部门　　20
　　　　　　　　　　　　　　　　973

上列第2项分录为调整成本差异的分录，不论成本超支差异还是节约差异，借贷对应科目都相同。但超支差异用蓝字补加，节约差异用红字冲减。

上列两项会计分录记入辅助生产成本明细账的结果如表10-24所示。

在将辅助生产费用进行归集和分配以后，应计入本月产品成本和经营管理费用的各种费用，都已分别归集在“基本生产成本”“制造费用”和“管理费用”等总账科目和所属明细账的借方；其中记入“基本生产成本”总账科目借方的费用，已在各产品成本明细账的本月发生额中按有关的成本项目反映。

表10-24　辅助生产成本明细账的结果

辅助生产成本—修理车间

借方	贷方
待分配费用 4773	①4020
①200	②953
合计 4973	合计 4973

辅助生产成本—运输部门

借方	贷方
待分配费用 7324	①7400
①96	②20
合计 7420	合计 7420

(三) 废品损失

废品损失是指在生产过程中发现的和入库后发现的不可修复废品的生产成本，以及可修复废品的修复费用，扣除回收的废品残料价值和应收赔款以后的损失。

生产中的废品是指不符合规定的技术标准，不能按照原定用途使用，或者需要加工修理才能使用的在产品、半成品或产成品。不论是在生产过程中发现的废品，还是在入库后发现的废品，都应包括在内。

废品分为可修复废品和不可修复废品两种。可修复废品是指经过修理可以使用，而且所花费的修复费用在经济上合算的废品（具备两个条件）。不可修复的废品指不能修复，或者所花费的修复费用在经济上不合算的废品（具备一个条件）。

经过质量检验部门鉴定不需要返修、可以降价出售的不合格品的成本与合格品的成本相同；其降价损失，应在计算销售损益时体现，不应作为废品损失处理。产成品入库后，由于保管不善等原因而损坏变质的损失，属于管理上的问题，应作为管理费用处理，也不作为废品损失处理。实行包退、包修、包换“三包”的企业，在产品出售以后发现的废品所发生的一切损失，也应计入管理费用，不包括在废品损失内。

正确组织废品损失的核算，对于改进生产技术、提高产品质量、降低产品成本，都有着重要意义。

质量检验部门发现废品时，应该填制废品通知单，列明废品的种类、数量、产生废品的原因和过失人等。废品分工废和料废。工废是由工人操作上的原因造成的废品，属于操作工人的责任；料废是由于送来的加工原材料或半成品的质量不符合要求所造成的废品，不属于操作工人的责任。成本会计人员应该同检验人员对废品通知单所列废品产生的原因和过失人等项目加强审核。只有经过审核的废品通知单，才能作为废品损失核算的根据。

1. 废品损失科目设置

为了单独核算废品损失，在会计科目中应增设“废品损失”科目；在成本项目中应增设“废品损失”项目。“废品损失”科目是为了归集和分配废品损失而设立的。该科目应按车间设立明细账，账内按产品品种分设专户，并按成本项目分设专栏或专行，进行明细核算。不可修复废品的生产成本和可修复废品的修复费用，都应在“废品损失”科目的借方进行归集。其中不可修复废品的生产成本，应根据不可修复废品损失计算表（后面述及），借记“废品损失”科目，贷记“基本生产成本”科目；可修复废品的修复费用，应根据前述各种费用分配表，借记“废品损失”科目，贷记“原材料”“应付职工薪酬—工资”“应付职工薪酬—职工福利”和“制造费用”等科目。因此，在单独核算废品损失的企业中，在编制各种费用分配表时，应该为修复废品而发生的费用，加填借记“废品损失”科目的行次。废品残料的回收价值和应收的赔款，应从“废品损失”科目的贷方转出，借记“原材料”和“其他应收款”等科目，贷记“废品损失”科目。“废品损失”科目上述借方发生额大于贷方发生额的差额，就是废品损失，应分配转由本月同种产品的成本负担，借记“基本生产成本”科目，贷记“废品损失”科目。

通过上述归集和分配，“废品损失”科目月末没有余额。

2. 不可修复废品损失归集和分配的会计处理

进行不可修复废品损失的归集，先应计算废品报废时已经发生的废品生产成本，然后扣除残值和应收赔款，算出废品损失。

不可修复废品的生产成本，可按废品所耗实际费用计算，也可按废品所耗定额费用计算。

(1) 按废品所耗实际费用计算和分配废品损失

在采用按废品所耗实际费用计算的方法时，由于废品报废以前发生的各项费用是与合格产品一起计算的，因而要将废品报废以前与合格品计算在一起的各项费用，采用适当的分配方法，在合格品与废品之间进行分配，计算出废品的实际成本，从“基本生产成本”科目的贷方转入“废品损失”科目的借方。

(2) 按废品所耗定额费用计算和分配废品损失。

在按废品所耗定额费用计算不可修复废品的成本时，废品的生产成本系按废品的数量和各项费用定额计算，而不考虑废品实际发生的生产费用是多少。

【例10-27】假定智董工厂某车间在生产乙种产品的过程中，产生不可修复废品50件，按所耗定额费用计算废品的生产成本。其原材料费用定额为210元，已完成的定额工时共计360小时，每小时的费用定额为：工资及福利费2.80元，制造费用13.5元。回收废品残料计价1200元。根据上列资料，应编制不可修复废品损失（报废损失）计算表如表10-25所示。

表10-25 不可修复废品损失计算表

（按定额成本计算）

车间：××车间 产品：乙 废品数量：50件 201×年×月

项目	原材料	定额工时	工资及福利费	制造费用	成本合计
每件或每小时费用定额	210		2.80	13.50	
废品定额成本	10500	360	1008	4860	16368
减：残料价值	1200				1200
废品报废损失	9300		1008	4860	15168

在上列不可修复废品损失计算表中，废品的定额原材料费用应根据原材料费用定额乘以废品数量计算；定额工资及福利费和定额制造费用，应根据各该费用定额乘以定额工时计算。根据该表所应编制的会计分录的科目对应关系，与按实际费用计算废品生产成本的方法相同，不再列示。

按废品的定额费用计算废品的定额成本，由于费用定额事先规定，不仅计算工作比较简便；而且还可以使计入产品成本的废品损失数额不受废品实际费用水平高低的影响，也就是说，废品损失大小只受废品数量差异（量差）的影响，不受废品成本差异（价差）的影响，从而有利于废品损失和产品成本的分析和考核。但是，采用这一方法计算和分配废品损失，必须具备比较准确的消耗定额和费用定额资料。

3. 可修复废品损失归集和分配的会计处理

可修复废品返修以前发生的生产费用，不是废品损失，不必计算其生产成本，而应留在“基本生产成本”科目和所属有关产品成本明细账中，不必转出。返修发生的各种费用，应根据前述各种费用分配表，记入“废品损失”科目的借方。其回收的残料价值和应收的赔款，应从“废品”科目的贷方，转入“原材料”和“其他应收款”科目的借方。废品修复费用减去残值和应收赔款后的废品净损失，也应从“废品损失”科目的贷方转入“基本生产成本”科目的借方，在所属有关的产品成本明细账中，记入“废品损失”成本项目。

在不单独核算废品损失的企业中，不设立“废品损失”会计科目和成本项目，只在回收废品残料时，借记“原材料”科目，贷记“基本生产成本”科目，并从所属有关产品成本明细账的“原材料”成本项目中扣除残料价值。“基本生产成本”科目和所属有关产品成本明细账归集的完工产品总成本，除以扣除废品数量以后的合格品数量，就是合格产品的单位成本。这样核算很简便，但由于合格产品的各成本项目中都包括不可修复废品的生产成本和可修复废品的修复费用，没有对废品损失进行单独的反映，因而会对废品损失的分析和控制产生不利的影响。

(四) 停工损失

停工损失是指生产车间或车间内某个班组在停工期间发生的各项费用，包括停工期间发生的原材料费用、工资及福利费和制造费用等。应由过失单位或保险公司负担的赔款，应从停工损失中扣除。为了简化核算工作，停工不满一个工作日的，一般不计算停工损失。计算停工损失的时间起点，由企业或主管企业的上级机构规定。

发生停工的原因很多，如电力中断，原材料不足、机器设备发生故障或进行大修理、发生非常灾害，以及计划减产等，都可能引起停工。可以取得赔偿的停工损失，应该索赔；由于自然灾害等引起的非正常停工损失，应计入营业外支出；其余停工损失，如季节性和固定资产修理期间的停工损失，应计入产品成本。

在停工时，车间应该填列停工报告单，并在考勤记录中进行登记。成本会计人员，应对停工报告单所列停工范围、时数及其原因和过失单位等事项进行审核。只有经过审核的停工报告单，才能作为停工损失核算的根据。

1. 停工损失归集的会计处理

为了单独核算停工损失，在会计科目中应增设“停工损失”科目；在成本项目中应增设“停工损失”项目。“停工损失”科目是为了归集和分配停工损失而设立的。该科目应按车间设立明细账，账内按成本项目分设专栏或专行，进行明细核算。停工期间发生、应该计入停工损失的各种费用，都应在该科目的借方归集，借记“停工损失”科目，贷记“原材料”“应付职工薪酬—工资”“应付职工薪酬—职工福利”和“制造费用”等科目。因此，在单独核算停工损失的企业中，在编制各种费用分配表时，应该将属于停工损失的费用，加填借记“停工损失”科目的行次；而在制造费用的费用项目中，则可不再设立“季节性和修理期间停工损失”费用项目。

2. 停工损失分配的会计处理

在“停工损失”科目借方归集的停工损失中，应取得赔偿的损失，以及应计入营业外支出的损失，应从该科目的贷方分别转入“其他应收款”和“营业外支出”科目的借方，应计入产品成本的损失；则应从该科目的贷方，转入“基本生产成本”科目的借方。

对于应计入产品成本的停工损失，如果停工的车间只生产一种产品，应直接记入该种产品成本明细账的“停工损失”成本项目；如果停工的车间生产多种产品，则应采用适当的分配方法（一般采用分配制造费用的方法），分配记入该车间各种产品成本明细账的“停工损失”成本项目。通过上述归集和分配，“停工损失”科目应无月末余额。

在不单独核算停工损失的企业中，不设立“停工损失”会计科目和成本项目。停工期间发生的属于停工损失的各种费用，直接记入“制造费用”和“营业外支出”等科目，分散反映。这样核算很简便，但对于停工损失的分析和控制会产生一定的不利影响。

以上所述停工损失，均指基本生产的停工损失。辅助生产由于规模一般不大，为了简化核算工作，都不单独核算停工损失。

至此，在单独核算废品损失和停工损失的企业中，也已将应计入本月产品成本的生产费用全部归集在“基本生产成本”科目的借方，并在各产品成本明细账的本月发生额中按“原材料”（或“直接材料”）“工资及福利费”（或“直接人工”）“制造费用”“废品损失”和“停工损失”等成本项目分别反映。生产费用在各种产品之间横向的分配和归集，即前面述及的第四方面费用界限的划分已经完毕。

第三节 产品成本核算具体方法

一、综合知识

(一) 产品成本核算的基本方法

为了适应各种类型生产的特点和管理要求，在产品成本计算工作中有着三种不同的产品成本计算对象，以及以产品成本计算对象为标志的三种不同的产品成本计算方法。

1) 品种法。按照产品的品种（不分批、不分步）计算产品成本。这种以产品品种为成本计算对象的产品成本计算方法，称为品种法。

2) 分批法。按照产品的批别（分批、不分步）计算产品成本。这种以产品批别为成本计算对象的产品成本计算方法，称为分批法。

3) 分步法。按照产品的生产步骤（分步、不分批）计算产品成本。这种以产品生产步骤为成本计算对象的产品成本计算方法，称为分步法。

(二) 产品成本核算的辅助方法

1) 分类法。在产品的品种、规格繁多的工业企业中，为了简化成本计算工作，还采用着一种简便的产品成本计算方法——分类法。

2) 定额法。在定额管理工作有一定基础的工业企业中，为了配合和加强生产费用和产品成本的定额管理，还采用着一种将符合定额的费用和脱离定额的差异分别核算的产品成本计算方法——定额法。

分类法和定额法，从计算产品实际成本的角度来说，不是必不可少的，因而可以通称辅助方法。但是，有的辅助方法也很重要，如定额法对于控制生产费用、降低产品成本，有着重要的作用。

二、品种法

(一) 品种法的特点

产品成本计算的品种法，是按照产品品种计算产品成本的一种方法，其特点是要求按照产品的品种计算成本。

在工业企业中，确定不同的产品成本计算对象，采用不同的产品成本计算方法，这主要是企业或者生产车间为了结合本身产品生产的特点，加强成本管理。主管工业企业的上级机构（或上级公司，下同）对所属各工业企业都只要求按照产品品种报送成本资料。这些上级机构根据这种资料，可以对工业企业和本系统的成本管理工作进行总的领导，并按规定为国民经济管理提供资料。因此，不论什么工业企业，不论什么生产类型的产品，也不论管理要求如何，最终都必须按照产品品种算出产品成本。这就是说，按照产品品种计算成本，是产品成本计算最一般、最起码的要求，品种法是最基本的成本计算方法。

(二) 品种法的适用范围

品种法适用于大量大批的单步骤生产，如发电、采掘等生产。在大量大批多步骤生产下，如果企业或车间的规模较小，或者车间是封闭式的，也就是从原材料投入到产品产出的全部生产过程，都在一个车间内进行，或者生产是按流水线组织的，管理上不要求按照生产步骤计算产品成本，也可以采用品种法计算产品成本。例如，小型水泥厂，虽然是多步骤生产，但可以采用品种法计算产品成本。又如大量大批生产的铸件熔铸和玻璃制品的熔制等，如果管理上不要求分熔炼与铸造或制造两个生产步骤计算产品成本，也可以采用品种法计算产品成本。此外，辅助生产的供水、供气、供电等单步骤的大量生产，也采用品种法计算成本。

(三) 品种法的计算程序

在采用品种法计算产品成本的企业或车间中，如果只生产一种产品，成本计算对象就是这种产品的产成品成本。计算产品成本时，只需要为这种产品开设一本产品成本明细账，账内按照成本项目设立专栏或专行。在这种情况下，发生的生产费用全部都是直接计入费用，可以直接记入该种产品成本明细账，没有在各个成本计算对象之间分配费用的问题。如果生产的产品不止一种，就要按照产品的品种分别开设产品成本明细账，发生的直接计入费用应直接记入各产品成本明细账，发生的间接计入费用则应采用适当的分配方法，在各个成本计算对象之间进行分配，然后记入各有关产品的成本明细账。

在月末计算产品成本时，如果没有在产品，或者在产品数量很少，就不需要计算月末在产品成本。这样，各种产品成本明细账中按照成本项目归集的全部生产费用，就是各该产品的产成品总成本；总成本除以产品产量，就是各该产品的单位成本。如果有在产品，而且数量较多，还需要将产品成本明细账中归集的生产费用，采用适当的分配方法，在完工产品和月末在产品之间进行分配，计算完工产品成本和月末在产品成本。

【例10-28】假定智董工厂设有一个基本生产车间，大量生产甲、乙两种产品，其生产工艺过程属于单步骤生产。根据生产特点和管理要求，确定采用品种法计算这两种产品成本。该公司还设有供电和机器修理两个辅助生产车间，为基本生产供电和修理机器。辅助生产的制造费用通过“制造费用”科目核算。该公司单独核算废品损失，产品成本包括“原材料（直接材料）”“燃料及动力”“工资及福利费（直接人工）”“制造费用”和“废品损失”五个项目。

下面以该公司201×年3月份的费用资料为例，说明甲、乙两种产品的成本计算程序和相应的账务处理：

1. 根据各项费用的原始凭证和其他有关资料，登记各项货币支出，编制各种费用分配表，分配各种要素费用。

(1) 根据按支出用途归类的3月份银行存款付款凭证汇总的货币支出登记各项费用（为简化举例，假定货币支出全部用银行存款支付）。汇总的货币支出如表10-26所示。

表10-26 汇总的货币支出

应借科目			金额
总账科目	明细科目	成本或费用项目	
辅助生产成本	供电车间	燃料及动力	15162
制造费用	基本生产车间	办公费	510
		劳动保护费	369
		其他	186
	供电车间	办公费	230
		劳动保护费	210
		其他	128

续表

应借科目			金额
总账科目	明细科目	成本或费用项目	
	机修车间	办公费	20
		劳动保护费	28
		其他	17
	小计		1698
管理费用		办公费	2430
		差旅费	810
		其他	2688
	小计		5928
预提费用	预提利息费用		4810
合计			27598

在实际工作中，支付货币资金的业务应逐项填制记账凭证，分别编制会计分录。这里为了简化举例，汇总编制会计分录，汇总记账。

会计分录①：

借：辅助生产成本　　15162

　　制造费用　　1698

　　管理费用　　5928

　　预提费用　　4810

　贷：银行存款　　27598

(2) 根据按材料用途归类的领退料凭证和有关的分配标准（用来分配直接用于产品生产的间接计入材料费用），编制材料费用分配表分配材料费用。材料费用分配表如表10-27所示。

表10-27　材料费用分配表（分配表3）

201×年3月

应借科目				原料及主要材料	辅助材料	其他材料	合计
总账科目	明细科目		成本或费用项目				
基本生产成本	甲产品		原材料	10800	5900		16700
	乙产品		原材料	43800	8900		52700
	小计			54600	14800		69400
辅助生产成本	机修车间		原材料		218		218
制造费用	基本生产车间		机物料		2320	800	3120
	劳动保护费1800			300	2100		
	辅助生产车间	供电车间	机物料		310	80	390
		机修车间	机物料			53	53
	小计			1800	2630	1233	5663
管理费用					700	300	1000
废品损失	乙产品			600	120		720
合计				57000	18468	1533	77001

会计分录②：

借：基本生产成本　　69400

辅助生产成本　　218
制造费用　　5663
管理费用　　1000
废品损失　　720
贷：原材料　　77001

(3) 编制工资及福利费分配表分配工资及福利费。工资及福利费分配表如表10-28所示。

表10-28　工资及福利费分配表（分配表3）

201×年3月

应借科目		生产工人工资		管理人员工资	工资合计	应付职工薪酬—职工福利（假设为工资的14%）	工资及福利费合计
总账科目	明细科目	生产工时	分配率2元/时				
基本生产成本	甲产品	2900	5800		5800	812	6612
	乙产品	4700	9400		9400	1316	10716
	小计	7600	15200		15200	2128	17328
废品损失	乙产品	500	1000		1000	140	1140
合格品和废品小计		8100	16200		16200	2268	18468
辅助生产成本	供电车间		1200		1200	168	1368
	机修车间		500		500	70	570
	小计		1700		1700	238	1938
制造费用	基本车间			2200	2200	308	2508
	供电车间			800	800	112	912
	机修车间			100	100	14	114
	小计			3100	3100	434	3534
管理费用				3300	3300	462	3762
合计			17900	6400	24300	3402	27702

在下列工资及福利费分配表中，合格品和废品的生产工人工资小计16200元，为基本生产车间的生产工人工资，均按生产工时比例在各种合格产品和废品（可修复废品）之间分配。

会计分录③：

借：基本生产成本　　15200
废品损失　　1000
辅助生产成本　　1700
制造费用　　3100
管理费用　　3300
贷：应付职工薪酬—工资　　24300

会计分录④：

借：基本生产成本　　2128
废品损失　　140
辅助生产成本　　238
制造费用　　434
管理费用　　462
贷：应付职工薪酬—职工福利　　3402

(4) 根据各车间、部门2月初固定资产的折旧额和2月份增、减固定资产的折旧额，编制折旧费用分配表分配折旧费用。折旧费用分配表如表10-29所示。

会计分录⑤：

借：制造费用　　　　　　　　　　　　　　　　9010

管理费用　　　　　　　　　　　　　　　　　　2870

　贷：累计折旧　　　　　　　　　　　　　　　11880

表10-29　固定资产折旧费用分配表（分配表3）

201×年3月

车间、部门	2月初固定资产折旧额	2月增加固定资产的折旧额	2月减少固定资产的折旧额	本月固定资产折旧额
基本生产车间	7100	750	40	7810
供电车间	940	130	20	1050
机修车间	190	30	70	150
车间小计	8230	910	130	9010
行政管理部门	2750	210	90	2870
合计	10980	1120	220	11880

2. 根据原材料和在产品的盘存表以及其他有关资料，计算原材料和在产品的盘存盈亏，并从有关费用中冲减盘盈价值，将盘亏和毁损损失计入生产费用。

(1) 原材料盘盈，按计划单位成本计价共为1450元；经审批，冲减当月管理费用：

会计分录⑥：

借：原材料　　　　　　　　　　1450

　贷：待处理财产损溢　　　　　1450

会计分录⑦：

借：待处理财产损溢　　　　　　1450

　贷：管理费用　　　　　　　　1450

(2) 乙产品的在产品盘亏和毁损10件，按定额成本计价：在产品的单位原材料费用定额为82元；盘亏和毁损在产品的定额工时为10小时，每小时费用定额为：燃料及动力0.80元，工资及福利费1.90元，制造费用2.10元。盘亏和毁损在产品的定额成本和净损失的计算如表10-30所示。

表10-30　在产品盘亏和毁损损失计算表（分配表3）

产品名称：乙　　（在产品盘亏和毁损成本按定额成本计算）盘亏和毁损

盘亏和毁损数量：10件　　201×年3月31日　　　　定额工时：10

项目	原材料	燃料及动力	工资及福利费	制造费用	合计
单价（或小时）费用定额	82	0.80	1.90	2.10	
盘亏和毁损在产品成本	820	8	19	21	868
减：回收残料价值	45				45
在产品盘亏和毁损损失	775	8	19	21	823
向过失者索赔					200
基本生产车间在产品盘亏和毁损净损失					623

会计分录⑧：

借：待处理财产损溢　　　　　　　　　　　868

　贷：基本生产成本　　　　　　　　　　　868

(3) 回收毁损在产品的残料，计价45元；经审批，盘亏和毁损在产品的过失人应赔偿损失200元，净损失计入当月基本生产车间制造费用：

会计分录⑨：

借：原材料　45

　　其他应收款　200

　　制造费用　623

　贷：待处理财产损溢　868

3. 根据待摊费用和预提费用明细账记录，编制待摊费用分配表和预提费用分配表，分配各该费用。

注：新准则没有设置“待摊费用”“预提费用”科目，但允许企业根据需要自行增设相应科目用于日常核算。

资产负债表日，对于执行新准则后发生的尚未摊销完毕的待摊费用余额，应根据其性质进行分析，在资产负债表“预付账款”“其他流动资产”等项目中填列。

资产负债表日，对于执行新准则后发生的尚未冲减完毕的预提费用余额，应根据其性质进行分析，在资产负债表“应付利息”“其他应付款”“其他流动负债”等项目中填列。

(1) 该公司扩建工程完工投入生产，本月新领低值易耗品一批。根据低值易耗品领用单归类汇总：基本生产车间新领工具24480元，厂部新领家具用具16200元，共计40680元，采用五成法摊销。由于一次领用数量较大，经审批，将领用时应摊的50%，列作待摊费用，从本月起分三个月平均摊入产品成本。

待摊低值易耗品摊销明细账如表10-31所示。

表10-31　待摊费用明细账

待摊费用种类：待摊低值易耗品摊销

月	日	摘 要	借方金额（费用发生额）	贷方金额（费用摊销额）	余额	
					借或贷	金 额
3	2	根据低值易耗品领用单，待摊额为：基本生产车间12240元，厂部8100元。由3、4、5月分摊	20340		借	20340
3	31	根据表(5)		6780	借	13560

会计分录⑩：

借：待摊费用　20340

　贷：周转材料—摊销　20340

上列待摊费用明细账中的贷方摊销额，应根据摊销低值易耗品的待摊费用分配表登记。当月的分配表如表10-32所示。

表10-32　待摊费用分配表（分配表3）

待摊费用种类：待摊低值易耗品摊销

201×年3月

摘要	应借科目		应贷（摊销）金额
	总账科目	明细科目	
基本车间：12240÷3＝4080 厂部：8100÷3＝2700	制造费用	基本生产车间-低值易耗品摊销	4080
	管理费用	低值易耗品摊销	2700
合计			6780

会计分录⑪：

借：制造费用　　4080

　　管理费用　　2700

　贷：待摊费用　　6780

(2) 该公司该年1月份进行厂房大修理，其大修理费用为：基本生产车间23928元，供电车间6000元，机修车间1200元，行政管理部门10920元，共计42048元。规定由1～12月份按月平均摊销。待摊大修理费用明细账如表10-33所示。

表10-33　待摊费用明细账

待摊费用种类：待摊大修理费用

月	日	摘 要	借方	贷方	余额	
					借或贷	金额
1	20	厂房大修理，大修理费用为：基本生产车间23928元，供电车间6000元，机修车间1200元，厂部10920元。从当月起，分12个月摊销	42048		借	42048
1	31	根据表×		3504	借	38544
2	28	根据表×		3504	借	35040
3	31	根据表(6)		3504	借	31536

上列待摊费用明细账中的一二月份发生额，已在该一二月登记；账中三月份的贷方摊销额，应根据当月摊销大修理费用的待摊费用分配表登记。该分配表如表10-34所示。

表10-34　待摊费用分配表（分配表3）

待摊费用种类：待摊大修理费用

201×年3月

摘要	应借科目		应贷金额
	总账科目	明细科目	
基本车间：23928÷12＝1994 供电车间：6000÷12＝500	制造费用	基本生产车间—修理费	1994
		供电车间—修理费	500
机修车间：1200÷12＝100 厂部：10920÷12＝910		机修车间—修理费	100
		小计	2594
	管理费用	修理费	910
合计			3504

会计分录⑫：

借：制造费用　　2594

　　管理费用　　910

　贷：待摊费用　　3504

(3) 该公司银行短期借款利息采用按月预提季末结算的办法。第一季度一二月份各预提1600元；季末（本月下旬）银行通知：全季利息支出为4810元，已用银行存款转付（见第1项分录）。预提利息费用明细账如表10-35所示。

上列预提费用明细账中的3月份计提额1610（即4810－1600×2）元，应根据当月预提利息费用的预提费用分配表登记。该分配表如表10-36所示。

表10-35 预提费用明细账

费用种类：预提利息费用

月	日	摘 要	借方金额（费用发生额）	贷方金额（费用预提额）	余额	
					借或贷	金 额
1	31	根据表×		1600	贷	1600
2	28	根据表×		1600	贷	3200
3	25	根据付款凭证	4810		借	1610
3	31	根据表(7)		1610		0

表10-36 预提费用分配表（分配表3）

预提费用种类：预提利息费用

201×年3月

摘要	应借科目		应贷（预提）金额
	总账科目	明细科目	
一、二两月各预提1600元，本月实付4810元，本月应提：4810-1600×2＝1610	财务费用	利息支出	1610

会计分录⑬：

借：财务费用　　　　1610

　贷：预提费用　　　　1610

4. 根据上列各种费用分配表和其他有关资料，登记辅助生产成本明细账和辅助生产的制造费用明细账，归集和分配辅助生产费用。

(1) 该公司采用按计划成本分配法分配辅助生产费用。供电车间本月供电103500度，计划单位成本为每度0.20元；机修车间提供机修劳务952小时，计划单位成本为每时2.50元。由于机修所用的材料很少，修理费用均按机修工时分配。其辅助生产成本明细账和辅助生产的制造费用明细账如表10-37、表10-38、表10-39、表10-40所示。

表10-37 辅助生产成本明细账

车间名称：供电车间

月	日	摘要	原材料	燃料及动力	工资及福利费	制造费用	合计	转出	余额
3		根据付款凭证		15162			15162		
3	31	根据表(2)			1368		1368		
3	31	待分配费用小计		15162	1368		16530		16530
3	31	根据表(8)						20700	
3	31	根据表(10)				4090	4090		80
3	31	根据表(8)						80	
3	31	合计		15162	1368	4090	20620	20620	0

表10-38 辅助生产成本明细账

车间名称：机修车间

月	日	摘要	原材料	燃料及动力	工资及福利费	制造费用	合计	转出	余额
3	31	根据表(1)	218				218		

续表

月	日	摘要	原材料	燃料及动力	工资及福利费	制造费用	合计	转出	余额
3	31	根据表(2)			570		570		
3	31	待分配费用小计	218		570		788		788
3	31	根据表(8)		1530			1530	2380	
3	31	根据表(10)				602	602		540
3	31	根据表(8)						540	
3	31	合计	218	1530	570	602	2920	2920	0

表10-39 制造费用明细账

车间名称：供电车间

月	日	摘要	工资及福利费	机物料	折旧费	修理费	劳动保护费	水电费	办公费	其他	合计	转出	余额
3		根据付款凭证					210		230	128	568		
3	31	根据表(1)		390							390		
3	31	根据表(2)	912								912		
3	31	根据表(3)			1050						1050		
3	31	根据表(6)				500					500		
3	31	待分配费用小计	912	390	1050	500	210		230	128	3420		3420
3	31	根据表(8)				670					670		4090
3	31	根据表(10)										4090	
3	31	合计	912	390	1050	1170	210		230	128	4090	4090	0

表10-40 制造费用明细账

车间名称：机修车间

月	日	摘要	工资及福利费	机物料	折旧费	修理费	劳动保护费	水电费	办公费	其他	合计	转出	余额
3		根据付款凭证					28		20	17	65		
3	31	根据表(1)		53							53		
3	31	根据表(2)	114								114		
3	31	根据表(3)			150						150		
3	31	根据表(6)				100					100		
3	31	待分配费用小计	114	53	150	100	28		20	17	482		482
3	31	根据表(8)						120			120		602
3	31	根据表(10)										602	
3	31	合计	114	53	150	100	28	120	20	17	602	602	0

在上列辅助生产成本明细账和辅助生产的制造费用明细账中，待分配费用小计是应通过后列辅助生产费用分配表分配的费用；该行以下各行所记的费用是通过后列各有关的费用分配表分配转入和转出的费用。

(2) 根据辅助生产成本明细账和辅助生产的制造费用明细账中的待分配费用小计数、供电度数和修理工时数，以及各该计划单位成本，编制辅助生产费用分配表分配辅助生产费用。分配表如表10-41所示。

表10-41 辅助生产费用分配表（分配表3）

（按计划成本分配）

201×年3月

项目				供电车间		机修车间		费用合计
				数量	费用	数量	费用	
待分配的数量和费用	“辅助生产成本”科目发生额			103500	16530	952	788	
	“制造费用”科目发生额				3420		482	
	小计			103500	19950	952	1270	
计划单位成本					0.20		2.50	
辅助生产车间耗用	应借“辅助生产成本”科目	机修车间	动力	7650	1530			1530
		供电车间						
	应借“制造费用”科目	供电车间	修理费			268	670	670
		机修车间	水电费	600	120			120
		小计			120		670	790
基本生产车间耗用	×	动力		69300	13860			13860
	应借“制造费用”科目	水电费		19600	3920			3920
		修理费				452	1130	1130
		小计			3920		1130	5050
行政管理部门耗用	应借“管理费用”科目	水电费		6350	1270			1270
		修理费				232	580	580
		小计			1270		580	1850
按计划成本分配金额合计					20700		2380	23080
辅助生产实际成本					20620		2920	23540
辅助生产成本差异					－80		＋540	＋460

在上列辅助生产费用分配表中，辅助生产的实际成本应按下列算式计算：

供电实际成本＝19950＋670＝20620（元）

机修实际成本＝1270＋1530＋120＝2920（元）

辅助生产的成本差异规定计入管理费用的“其他费用”项目。

表10-41中的基本生产车间动力费用13860元，由甲、乙两种产品共同耗用，不能分设电表计量，还应另编基本生产车间动力费用分配表，在该两种合格产品及其废品之间按实际机器工时比例进行分配。分配表如表10-42所示。

表10-42 基本生产车间动力费用分配表（分配表3）

201×年3月

应借科目		实际机器工时	动力费（分配率：9）
总账科目	明细科目		
基本生产成本	甲产品	560	5040
	乙产品	930	8370
	小计	1490	13410
废品损失	乙产品	50	450
合计		1540	13860

通过上列分配表，将基本生产车间动力费用13860元，分配为甲、乙两种合格产品动力费13410元，乙种废品动力费450元。

根据辅助生产费用分配表和基本生产车间动力费用分配表，编制辅助生产费用分配的会计分录（为了节省篇幅，前面各项分录未列示明细科目；为了便于理解基本生产车间动力费用分配表的作用和辅助生产费用归集、分配的账务处理，下面有关的分录按明细科目分别列示）。

会计分录⑭：

借：辅助生产成本—机修车间 1530

制造费用—供电车间 670

—机修车间 120

—基本生产车间 5050

基本生产成本—甲产品 5040

—乙产品 8370

废品损失—乙产品 450

管理费用 1850

贷：辅助生产成本—供电车间 20700

—机修车间 2380

(3) 将辅助生产费用分配表的各项分配数，亦即第14项会计分录记入各有关明细账以后，结算辅助生产的制造费用明细账，并据以编制辅助生产车间制造费用分配表，将各该车间的制造费用分配转入辅助生产成本明细账，归集各该辅助生产成本。

辅助生产车间制造费用分配表如表10-43所示。

表10-43 辅助生产车间制造费用分配表（分配表30）

201×年3月

应借科目		供电车间制造费用	机修车间制造费用	合计
总账科目	明细科目			
辅助生产成本	供电车间	4090		4090
	机修车间		602	602
合计		4090	602	4692

会计分录⑮：

借：辅助生产成本—供电车间 4090

—机修车间 602

贷：制造费用—供电车间 4090

—机修车间 602

按照计划成本分配登记辅助生产车间之间互供劳务的费用以后，再将辅助生产的制造费用分配转入各辅助生产成本明细账，也就是将辅助生产的制造费用全部（包括交互分配转入的制造费用在内）归集以后，再将辅助生产的制造费用分配转入各辅助生产成本明细账，可以避免辅助生产的制造费用分两次结转，从而简化核算工作。也正因此，前列辅助生产费用分配表中的待分配费用，要按“辅助生产成本”科目发生额和“制造费用”科目发生额分列两行。由于辅助生产费用分配转出数（“辅助生产成本”科目贷方发生额）中已经包括了待分配的制造费用，因而只有在将制造费用转入辅助生产成本（“辅助生产成本”科目借方发生额）以后，“辅助生产成本”科目才有可能结平。

(4) 将辅助生产费用分配表所列辅助生产成本差异，转入管理费用。

会计分录⑯：

借：管理费用　　　　　　　　　　　　　　　460

　贷：辅助生产成本—供电车间　　　　　　　　80

　　　　　　　　—机修车间　　　　　　　　540

5. 根据上列各种费用分配表和其他有关资料，登记基本生产的制造费用明细账，归集和分配基本生产车间的制造费用。

(1) 基本生产的制造费用明细账如表10-44所示。

表10-44　制造费用明细账

车间名称：基本生产车间

月	日	摘要	工资及福利费	机物料	低值易耗品摊销	折旧费	修理费	水电费	办公费	劳动保护费	在产品盘亏	其他	合计	转出	余额
3		根据付款凭证							510	369		186	1065		
3	31	根据表(1)		3120						2100			5220		
3	31	根据表(2)	2508										2508		
3	31	根据表(3)				7810							7810		
3	31	根据表(4)									623		623		
3	31	根据表(5)			4080								4080		
3	31	根据表(6)					1994						1994		
3	31	根据表(8)					1130	3920					5050		28350
3	31	根据表（11）												28350	
3	31	合计	2508	3120	4080	7810	3124	3920	510	2469	623	186	28350	28350	0

(2) 根据基本生产的制造费用明细账归集的该车间制造费用，以及甲、乙两种合格产品和废品（乙产品）的生产工时，编制基本生产车间制造费用分配表分配该车间制造费用。该分配表如表10-45所示。

表10-45　基本生产车间制造费用分配表（分配表31）

201×年3月

应借科目		实际生产工时	分配金额（分配率：3.5）
总账科目	明细科目		
基本生产成本	甲产品	2900	10150
	乙产品	4700	16450
	小计	7600	26600
废品损失	乙产品	500	1750
合计		8100	28350

会计分录⑰：

借：基本生产成本—甲产品　　　　　　　　　10150

　　　　　　　—乙产品　　　　　　　　　16450

　　　　　　　　　　　　　　　　　　　　26600

　　废品损失—乙产品　　　　　　　　　　　1750

　贷：制造费用—基本生产车间　　　　　　　28350

6. 根据上列各种费用分配表和其他有关资料，登记管理费用明细账和财务费用明细账，归集和结转管理费用和财务费用。

(1) 管理费用明细账如表10-46所示。

表10-46　管理费用明细账

月	日	摘要	工资及福利费	机物料	低值易耗品摊销	折旧费	修理费	水电费	办公费	劳动保护费	在产品盘亏	其他	合计	转出	余额
3		根据付款凭证							2430	810		2688	5928		
3	31	根据表(1)									1000		1000		
3	31	根据表(2)	3762										3762		
3	31	根据表(3)			2870								2870		
3	31	根据盘存凭证									1450		1450		
3	31	根据表(5)		2700									2700		
3	31	根据表(6)				910							910		
3	31	根据表(8)				580	1270						1850		
3	31	根据表(8)										460	460		18030
3	31	根据转账凭证												18030	
3	31	合计	3762	2700	2870	1490	1270	2430	810	1000	1450	3148	18030	18030	0

为了节省账页篇幅，多栏式费用明细账只按费用项目分设借方专栏，因而上列材料盘盈冲减管理费用贷记“管理费用”科目的金额（见第7项会计分录），用红字记入管理费用明细账借方“材料产品盘亏”专栏进行冲减。由此可见，在实际工作中，总账和明细账的平行登记，不一定都是用蓝字进行同方向登记；登记结果，总账科目借方或贷方发生额与所属明细账借方发生额之和或贷方发生额之和，不一定能核对相符；但总账科目余额与所属明细账余额之和，应该核对相符。

(2) 根据管理费用明细账编制转账凭证，将其归集的管理费用结转计入当月损益。

会计分录⑱：

借：本年利润　　18030

　贷：管理费用　　18030

(3) 财务费用明细账如表10-47所示。

表10-47　财务费用明细账

月	日	摘要	利息支出	汇兑损失	财务手续费	合计	转出	余额
3	31	根据表(7)	1610			1610		1610
3	31	根据转账凭证					1610	0
3	31	合计	1610			1610	1610	0

(4) 根据财务费用明细账编制转账凭证，将归集的财务费用结转计入当月损益。

会计分录⑲：

借：本年利润　　1610

　贷：财务费用　　1610

7. 根据上列各种费用分配表和不可修复废品成本等有关资料，编制不可修复废品损失计算表，登记废品损失明细账，归集和分配可修复废品和不可修复废品的损失。

(1) 该公司乙种产品发生若干废品，其中不可修复废品25件，已完成的定额工时为470小时，不可修复废品成本按定额成本计算，回收残料计价120元。编制不可修复废品损失计算表如表10-48所示。

表10-48 不可修复废品损失计算表（分配表32）

产品名称：乙　　（废品成本按定额成本计算）

废品数量：25件　　201×年3月　　废品定额工时：470

项目	原材料	燃料及动力	工资及福利费	制造费用	合计
单件（或小时）费用定额	82	0.80	1.90	2.10	×
废品定额成本	2050	376	893	987	4306
减：回收残料价值	120				120
废品报废损失	1930	376	893	987	4186

根据上列不可修复废品损失计算表，结转不可修复废品的生产，成本和回收残料价值：

会计分录⑳：

借：废品损失　　4306

　贷：基本生产成本　　4306

会计分录㉑：

借：原材料　　120

　贷：废品损失　　120

(2) 根据上列不可修复废品损失计算表和各种费用分配表中有关可修复废品的修复费用资料，登记废品损失明细账归集全部废品损失。废品损失明细账如表10-49所示。

表10-49 废品损失明细账

产品名称：乙

月	日	摘要	原材料	燃料及动力	工资及福利费	制造费用	合计
3	31	根据表(1)	720				720
3	31	根据表(2)			1140		1140
3	31	根据表(9)		450			450
3	31	根据表（11）				1750	1750
3	31	可修复废品修复费用小计	720	450	1140	1750	4060
3	31	根据表（12）	2050	376	893	987	4306
3	31	根据表（12）	120				120
3	31	废品损失合计	2650	826	2033	2737	8246
3	31	根据转账凭证					930
3	31	废品净损失					7316
3	31	根据表（13）					7316

*明细账中内的数字表示红色数字，为贷方发生额。

上列废品损失明细账只按成本项目分设借方专栏，未设贷方专栏，因而贷方发生额应用红字登记。

有关可修复废品修复费用的会计分录已在前面分别编制。为了计算废品净损失，还应结转应向过失人索赔的款项。经检查，应向过失人索赔930元，根据转账凭证进行转账。

会计分录㉒：

借：其他应收款　　930

　贷：废品损失　　930

(3) 根据废品损失明细账所记废品净损失，编制废品损失分配表，将净损失分配由同种合格产品成本负担。废品损失分配表如表10-50所示。

表10-50 废品损失分配表（分配表33）

201×年3月

应借科目		分配标准	分配金额
总账科目	明细科目		
基本生产成本	乙产品		7316

会计分录㉓：

借：基本生产成本　　　　7316

　贷：废品损失　　　　7316

8. 根据各种费用分配表和其他有关资料，登记产品成本明细账，分别归集甲、乙两种产品成本，并采用适当的分配方法，分配计算这两种产品的完工产品成本和月末在产品成本。

(1) 根据各种费用分配表，登记产品成本明细账的本月生产费用发生额。该两种产品成本明细账如表10-51、表10-52所示。

表10-51 产品成本明细账

产品名称：甲

月	日	摘要		产量（件）	原材料	燃料及动力	工资及福利费	制造费用	废品损失	成本合计
2	28	在产品费用			4800	520	715	1365		7400
3	31	根据表(1)			16700					16700
3	31	根据表(2)					6612			6612
3	31	根据表(9)				5040				5040
3	31	根据表（11）						10150		10150
3	31	本月生产费用小计			16700	5040	6612	10150		38502
3	31	生产费用累计			21500	5560	7327	11515		45902
3	31	产成品成本	总成本	300	14300	4744	5389	9373		33806
3	31		单位成本		47.67	15.81	17.96	31.25		112.69
3	31	在产品费用			7200	816	1938	2142		12096

表10-52 产品成本明细账

产品名称：乙

月	日	摘要	产量（件）	原材料	燃料及动力	工资及福利费	制造费用	废品损失	成本合计
2	28	在产品费用		7140	958	908	5160		14166
3	31	根据表(1)		52700					52700
3	31	根据表(2)				10716			10716
3	31	根据表(9)			8370				8370
3	31	根据表（11）					16450		16450
3	31	根据表（13）						7216	7316
3	31	本月生产费用小计		52700	8370	10716	16450	7316	95552
3	31	生产费用累计		59840	9328	11624	21610	7316	109718
3	31	不可修复废品成本（表32）		2050	376	893	987		4306

续表

月	日	摘要		产量(件)	原材料	燃料及动力	工资及福利费	制造费用	废品损失	成本合计
3	31	在产品盘亏成本（表3）			820	8	19	21		868
3	31	生产费用净额			56970	8944	10712	20602	7316	104544
3	31	费用分配率			1.036949	0.753496	0.902443	1.735636	×	×
3	31	产成品成本	定额		36900	9900时				
3			实际	450	38263	7460	8934	17183	7316	79156
3			单位成本		85.02	16.58	19.85	38.18	16.27	175.90
3	31	在产品费用	定额		18040	1970时				
3			实际		18707	1484	1778	3419		25388

在上列产品成本明细账中，月初在产品费用（即上月末在产品费用），加上本月生产费用小计，即为生产费用累计，应在本月完工产品与月末在产品之间分配。该公司产品的消耗定额比较准确、稳定，甲产品各月在产品数量变动不大，采用在产品按定额成本计价法进行分配。乙产品各月在产品数量变动较大，采用定额比例法进行分配：原材料费用按定额费用比例分配，其他各项费用均按定额工时比例分配。

(2) 根据在产品的盘存资料和费用定额资料编制月末在产品定额成本计算表，作为分配计算完工产品成本和月末在产品成本的依据。

甲、乙产品月末在产品定额成本计算表如表10-53所示。

表10-53 甲、乙产品月末在产品定额成本计算表

201×年3月

产品名称	所在工序	在产品数量(价)	原材料费用		累计工时定额	定额工时	燃料及动力(每时定额0.80元)	工资及福利费(每时定额1.90元)	制造费用(每时定额2.10元)	定额成本合计
			费用定额	定额费用						
①	②	③	④	⑤＝③×④	⑥	⑦＝③×⑥	⑧	⑨	⑩	⑪＝⑤＋⑧＋⑨＋⑩
甲	1	120			5	600				
	2	30			14	420				
甲产品合计		150	48	7200		1020	816	1938	2142	12096
乙产品合计		220	82	18040		1970	×	×	×	×

在上列月末在产品定额成本计算表中，各工序在产品的数量应根据在产品盘存凭证或在产品收发结存账填列；每件在产品的原材料费用定额和每小时费用定额，应根据有关的定额资料填列。由于原材料是在生产开始时一次投入的，因而各工序在产品的原材料费用定额相同。

甲产品第1道工序的工时定额为10小时，在产品按50%计算，为5小时；第2道工序的工时定额为8小时，其在产品的累计工时定额为

$10+8\times50\%=14$（小时）

在产品定额工时乘以各项费用的每小时定额，即为各该费用的定额费用。由于在产品定额成本不必分工序计算，因而定额费用不必分工序计算。由于乙产品的各项加工费用均按定额工时比例分，因而其在产品不必计算定额加工费用。

(3) 分配计算完工产品和月末在产品的实际成本。将甲产品月末在产品定额成本记入甲产品成本明细账，并从生产费用累计数中减去月末在产品定额成本，即可算出完工产品（产成品）的实际成本。

乙产品完工450件，完工产品的原材料定额费用为

450×82＝36900（元）

乙产品的工时定额为22小时，完工产品的定额工时为

450×22＝9900（小时）

将乙产品的完工产品和月末在产品的原材料定额费用和定额工时记入乙产品成本明细账，即可分配计算其完工产品（产成品）和月末在产品的实际成本。

在乙产品成本明细账中，在产品费用和本月生产费用与甲产品成本明细账一样，是借方的余额和发生额；不可修复废品成本，是从借方归集的生产费用中转出来的贷方发生额（见第20项分录）；应计入合格产品成本的废品净损失，记入本月生产费用（借方发生额）的“废品损失”项目（见第23项分录）。账中在产品盘亏成本，是从借方归集的生产费用中转出来的贷方发生额（见第8项分录）；应计入产品成本的在产品盘亏和毁损净损失，记入基本生产车间制造费用明细账以后，与其他制造费用一起分配转入本月生产费用的“制造费用”项目（见第9.17项分录）。账中生产费用净额为生产费用累计（借方发生额）减去不可修复废品成本和在产品盘亏成本（贷方发生额）以后，应在完工产品与月末在产品之间分配的费用。费用分配率为生产费用净额与完工产品和月末产品的定额费用（或定额工时）之和的比率。例如：

$$原材料费用分配率=\frac{56970}{36900+18040}=1.036949$$

$$燃料及动力分配率=\frac{8944}{9900+1970}=0.753496$$

产成品实际费用＝产成品定额费用（或定额工时）×费用分配率

月末在产品实际费用＝月末在产品定额费用（或定额工时）×费用分配率

或＝生产费用净额－产成品实际费用

例如：

产成品实际原材料费用＝36900×1.036949＝38263（元）

月末在产品实际原材料费用＝18040×1.036949＝18707（元）

产成品实际燃料及动力费用＝9900×0.753496＝7460（元）

月末在产品实际燃料及动理费用＝1970×0.753496＝1484（元）

乙产品成本明细账中的废品损失，全部由产成品成本负担，不必计算费用分配率，不必进行分配。

9. 根据甲、乙产品成本明细账中的产成品成本，汇编产成品成本汇总表，结转产成品成本。产成品成本汇总表如表10-54所示。

表10-54　产成品成本汇总表

201×年3月

产成品名称	单位	数量	原材料	燃料及动力	工资及福利费	制造费用	废品损失	成本合计
甲产品	件	300	14300	4744	5389	9373		33806
乙产品	件	450	38263	7460	8934	17183	7316	79156
合 计			52563	12204	14323	26556	7316	112962

会计分录24：

借：库存商品　　112962

　贷：基本生产成本　　112962

10. 根据上列各种费用分配表和汇总表以及有关的记账凭证，日记生产经营管理费用和产品成本的总账科目。

总账科目（简化格式）如图10-5所示。

11. 将总账科目月末余额与所属明细账月末余额进行核对。

总账“基本生产成本”科目月末借方余额37484元，等于甲产品成本明细账月末在产品成本12096元与乙产品成本明细账月末在产品成本25388元之和。

基本生产成本

借方		贷方	
月初余额	21566	(8)	868
(2)	69400	(20)	4306
(3)	15200	(24)	112962
(4)	2128		
(14)	13410		
(17)	26600		
(23)	7316		
本月合计	134054	本月合计	
月末余额	37484		118136

辅助生产成本

借方		贷方	
(1)	15162	(14)	23080
(2)	218	(16)	460
(3)	1700		
(4)	238		
(14)	1530		
(15)	4692		
本月合计	23540	本月合计	23540

制造费用

借方		贷方	
(1)	1698	(15)	4692
(2)	5663	(17)	28350
(3)	3100		
(4)	434		
(5)	9010		
(9)	623		
(11)	4080		
(12)	2594		
(14)	5840		
本月合计	33042	本月合计	33042

废品损失

借方		贷方	
(2)	720	(21)	120
(3)	1000	(22)	930
(4)	140	(23)	7316
(14)	450		
(17)	1750		
(20)	4306		
本月合计	8366	本月合计	8366

待摊费用

借方		贷方	
月初余额	35040	(11)	6780
(10)	20340	(12)	3504
本月合计	20340	本月合计	10284
月末余额	45096		

预提费用

借方		贷方	
(1)	4810	月初余额	3200
		(13)	1610
本月合计	4810	本月合计	1610

产成品

(24)	112962		
本月合计	112962		
本月余额	112962		

管理费用

(1)	5928	(7)	1450
(2)	1000	(18)	18030
(3)	3300		
(4)	462		
(5)	2870		
(11)	2700		
(12)	910		
(14)	1850		
(16)	460		
本月合计	19480	本月合计	19480

财务费用

(13)	1610	(19)	1610
本月合计	1610	本月合计	1610

本年利润

(18)	18030		
(19)	1610		

图10-2　总账科目月末余额与所属明细账月末余额对比

总账"辅助生产成本""制造费用""废品损失""预提费用""管理费用"和"财务费用"科目及其所属各明细账月末均无余额。其中总账"管理费用"科目本月借贷发生额均为19480元，而管理费用明细账本月借贷发生额均为18030元，前者大于后者1450元。这是因为，材料盘盈所冲减的管理费用1450元，在总账"管理费用"科目中是作为贷方发生额登记的，而在管理费用明细账中是用红字作为借方的冲减数登记的。

总账"待摊费用"科目月末借方余额45096元，等于待摊低值易耗品摊销明细账月末借方余额13560元与待摊大修理费用明细账月末借方余额31536元之和。

由于品种法是产品成本计算最基本的方法，因而品种法的计算程序，体现着产品成本计算的一般程序。各种成本计算方法，除了产品成本明细账的设立和登记程序有所不同外，其他的计算程序基本相同。

三、分批法

(一) 分批法的特点

产品成本计算的分批法，是按照产品批别计算产品成本的一种方法。这种方法的特点是不按产品的生产步骤而只按产品的批别（分批、不分步）计算成本。

(二) 分批法的适用范围

分批法适用于小批生产和单件生产，如精密仪器、专用设备、重型机械和船舶的制造，某些特殊或精密铸件的熔铸，新产品的试制和机器设备的大中修理，以及辅助生产的工具模具制造等。

在小批单件生产的企业中，产品的品种和每批产品的批量往往根据需用单位的订单确定，因而按照产品批别计算产品成本，往往也就是按照订单计算产品成本。所以产品成本计算的分批法，也称订单法。如果在一张订单中规定的产品不止一种，为了考核和分析各种产品成本计划的执行情况，并便于生产管理，还要按照产品的品种划分批别组织生产，计算成本。如果在一张订单中只规定一种产品，但这种产品数量较大，不便于集中一次投产，或者需用单位要求分批交货，也可以分为数批组织生产，计算成本。如果在一张订单中只规定一件产品，但这件产品属于大型复杂的产品，价值较大，生产周期较长（如大型船舶的制造），也可以按产品的组成部分分批组织生产，计算成本。如果同一时期内，在几张订单中规定有相同的产品，为了更加经济合理地组织生产，也可以将相同产品合为一批组织生产，计算成本。对于同一种产品也可能进行分批轮番生产，这也要求分批计算产品成本。由于各批产品往往耗用相同的原材料和半成品，在填列领料单、记录生产工时、进行在产品转移核算时，都应分清批别，防止“串批”。

(三) 分批法的计算程序

工业企业按照产品批别组织生产时，生产计划部门要签发生产通知单下达车间，并通知会计部门。在生产通知单中应对该批生产任务进行编号，称为产品批号或生产令号。会计部门应根据生产计划部门下达的产品批号，也就是产品批别，设立产品成本明细账。产品成本明细账的设立和结账，应与生产通知单的签发和结束密切配合，协调一致，以保证各批产品成本计算的正确性。

如果是单件生产，产品完工以前，产品成本明细账所记的生产费用，都是在产品成本；产品完工时，产品成本明细账所记的生产费用，就是完工产品的成本，因而在月末计算成本时，不存在在完工产品与在产品之间分配费用的问题。

如果是小批生产，批内产品一般都能同时完工。在月末计算成本时，或是全部完工，或是全部没有完工，因而一般也不存在在完工产品与在产品之间分配费用的问题。但在批内产品跨月陆续完工的情况下，月末计算成本时，一部分产品已完工，另一部分尚未完工，这时就要在完工产品与在产品之间分配费用，以便计算完工产品成本和月末在产品成本。

由于小批生产的批量不大，批内产品跨月陆续完工的情况不多，因而可以采用简便的分配方法，即按计划单位成本、定额单位成本或最近一期相同产品的实际单位成本计算完工产品成本；从产品成本明细账中转出完工产品成本后，各项费用余额之和即为在产品成本。为了正确考核和分析该批产品成本计划的执行情况，在该批产品全部完工时，还应计算该批产品的实际总成本和实际单位成本；但对已经转账的完工产品成本；不做账面调整。如果批内产品跨月完工的情况较多，月末批内完工产品的数量占全部批量的比重较大，为了提高成本计算的正确性，则应根据具体条件采用适当的分配方法，在完工产品和月末在产品之间分配生产费用，计算完工产品成本和月末在产品成本。

为了减少在完工产品与月末在产品之间分配费用的工作，提高成本计算的正确性和及时性，在合理组织生产的前提下，也可以适当缩小产品的批量，以较小的批量分批投产，尽量使同一批的产品能够同时完工，避免跨月陆续完工的情况。但是缩小产品批量，应有一定的限度。如果批量过小，不仅会使生产组织不合理、不经济，而且会使设立的产品成本明细账过多，加大核算工作量。

在实际工作中，还采用着一种按产品所用零件的批别计算成本的零件分批法：先按零件生产的批别计算各批零件的成本，然后按照各批产品所耗各种零件的成本，加上装配成本，计算各该批产品的成本。采用这种分批法，由于一批零件一般都能同时完工，因而也能减少在完工产品与月末在产品之间分配费用的工作；而且还能及时、深入地进行成本分析；还便于根据各个购买单位在订购产品时对于某些零部件的不同要求，组合计算不同订货的成本，拟订不同订货的价格。但是，这种方法的计算工作量较大，因而只能在自制零件种类不多或者成本计算工作已经实现电算化的情况下采用。

【例10-29】假定智董工厂按照购买单位的要求，小批生产甲、乙、丙等种产品，采用分批法计算各批产品成本。该公司4月份投产甲产品10件，批号为20401，5月（本月）份尚未完工。4月份投产乙产品5件，批号为20402，5月份全部完工入库。5月份投产丙产品15件，批号为20501，月末完工8件，在产品7件；其完工产品与月末在产品之间，直接材料费用按完工产品与月末在产品实际数量分配，其他费用均采用约当产量比例法分配。该三批产品的成本明细账如表10-55、表10-56、表10-57所示。

表10-55 产品成本明细账

批号：20401　　产品名称：甲　　开工日期：4/20

购货单位：HLXY工厂　　批量：10件　　完工日期：

月	日	摘要	直接材料	燃料及动力	直接人工	制造费用	合计
4	30	累计	37950	3640	5680	20450	67720
5	31	材料费用分配表	73780	1200			74980
5	31	动力费用分配表		6250			6250
5	31	工资及福利费分配表			9540		9540
5	31	制造费用分配表				33390	33390
5	31	累计	111730	11090	15220	53840	191880

表10-56 产品成本明细账

批号：20402　　产品名称：乙　　开工日期：4/13

购货单位：LH公司　　批量：5件　　完工日期：5/28

月	日	摘要	直接材料	燃料及动力	直接人工	制造费用	合计
4	30	累计	25600	2850	3940	14400	46790
5	31	材料费用分配表	52460	1130			53590
5	31	动力费用分配表		4590			4590
5	31	工资及福利费分配表			7890		7890
5	31	制造费用分配表				28610	28610
5	31	累计	78060	8570	11830	43010	141470
5	31	转产成品（5件）	78060	8570	11830	43010	141470
5	31	产成品单位成本	15612	1714	2366	8602	28294

表10-57 产品成本明细账

批号：20501　　产品名称：丙　　开工日期：5/1

购货单位：XYHK工厂　　批量：15件　　完工日期：5/28完工8件

月	日	摘要	直接材料	燃料及动力	直接人工	制造费用	合计
5	31	材料费用分配表	145680	2310			147990
5	31	动力费用分配表		12120			12120
5	31	工资及福利费分配表			13620		13620
5	31	制造费用分配表				46300	46300
5	31	合计	145680	14430	13620	46300	220030
5	31	转产成品（8件）	77696	9877	9323	31692	128588
5	31	产成品单位成本	9712	1235	1165	3962	16074
5	31	结余	67984	4553	4297	14608	91442

在上列丙产品成本明细账中，直接材料费用分配表的算式为

$$直接材料费用分配率=\frac{145680}{8+7}=9712$$

产成品直接材料费用＝9712×8＝77696（元）

月末在产品直接材料费用＝9712×7＝67984（元）

假定该产品由三道工序加工而成，其各工序月末在产品的数量、完工率，以及约当产量的计算如表10-58所示。

表10-58　丙产品月末在产品约当产量计算表

工序	完工率	盘存数	约当产量
①	②	③	④＝②×③
1	18.75%	3	0.5625
2	62.5%	2	1.25
3	93.75%	2	1.875
合 计		7	3.6875

$$燃料及动力费分配率=\frac{14430}{8+3.6875}=1234.6524$$

产成品燃料及动力费＝1234.6524×8＝9877（元）

月末在产品燃料及动力费＝1234.6524×3.6875＝4553（元）

直接人工和制造费用比照燃料及动力费进行分配。

(四) 简化的分批法

在小批单件生产的企业或车间中，同一月份内投产的产品批数往往很多，有的多至几十批，甚至几百批。在这种情况下，各种间接计入费用在各批产品之间按月进行分配的工作就极为繁重。因此，在投产批数繁多而且月末未完工批数较多的企业（如属于这种情况的机械修配厂）中，还采用一种简化的分批法，也就是不分批计算在产品成本的分批法。

采用这种方法，仍应按照产品批别设立产品成本明细账，但在各该批产品完工以前，账内只需按月登记直接计入费用（如直接材料费用）和生产工时，而不必按月分配、登记各项间接计入费用，计算各该批在产品的成本；只是在有完工产品的那个月份，才分配间接计入费用，计算、登记各该批完工产品的成本。各批全部产品的在产品成本只分成本项目以总数登记在专设的基本生产成本二级账中。从计算产品实际成本的角度来说，采用其他的成本计算方法，可以不设立基本生产成本二级账；但采用简化的分批法，则必须设立这种二级账，详见表10-59所示。

【例10-30】假定智董工厂小批生产多种产品，产品批数多，为了简化产品成本计算工作，采用简化的分批法计算成本。该公司6月（本月）份各批产品的情况是：

20408号：甲产品9件，4月投产，本月完工；

20519号：乙产品8件，5月投产，本月完工5件；

20523号：甲产品12件，5月投产，尚未完工；

20601号：丙产品10件，6月投产，尚未完工；

该公司设立的基本生产成本二级账如表10-67所示。

该公司的直接材料费用为直接计入费用；该公司采用计时工资制度，因而直接人工费用为间接计入费用。

表10-59　基本生产成本二级账
（各批全部产品总成本）

月	日	摘要	直接材料	生产工时	直接人工	制造费用	成本合计
5	31	在产品	123550	39780	35404	111383	270337
6	30	本月发生	40750	58420	52976	163577	257303
6	30	累计	164300	98200	88380	274960	527640
6	30	全部产品累计间接费用分配率			0.9	2.8	
6	30	本月完工转出	87130	48970	44073	137116	268319
6	30	在产品	77170	49230	44307	137844	259321

在上列基本生产成本二级账中，月初在产品的生产工时和各项费用系上月末根据上月的生产工时和生产费用资料计算登记。本月发生的直接材料费用和生产工时应根据本月各批产品原材料费用分配表、生产工时记录，与各该批产品成本明细账平行登记。本月发生的各项间接计入费用，应根据各该费用分配表登记。全部产品累计间接计入费用分配率计算如下（以直接人工费用为例）：

$$直接人工费用累计分配率=\frac{88380}{98200}=0.9$$

基本生产成本二级账中完工产品的直接材料费用和生产工时，应根据后列各批产品成本明细账中完工产品的直接材料费用和生产工时汇总登记。完工产品的各项间接计入费用，可以根据账中完工产品生产工时分别乘以各该费用累计分配率计算登记；也可以根据后列各批产品成本明细账中完工产品的各该费用分别汇总登记。基本生产成本二级账中月末在产品的直接材料费用和生产工时，可以根据账中累计的直接材料费用和生产工时分别减去本月完工产品的直接材料费用和生产工时计算登记；也可以根据后列各批产品成本明细账中月末在产品的直接材料费用和生产工时分别汇总登记。两者计算结果应该相符。基本生产成本二级账中月末在产品的各项间接计入费用，可以根据其生产工时分别乘以各该费用累计分配率计算登记；也可以根据各该费用的累计数分别减去完工产品的相应费用计算登记。由此可见，全部产品的按成本项目反映的在产品总成本仍然是计算登记的。

该公司设立的各批产品成本明细账如表10-60、表10-61、表10-62、表10-63所示。

表10-60　产品成本明细账

产品批号：20408　　产品名称：甲　　投产日期：4/12

订货单位：HXYL工厂　　产品批量：9件　　完工日期：6/28

月	日	摘要	直接材料	生产工时	直接人工	制造费用	成本合计
4	30	本月发生	31220	11220			
5	31	本月发生	18980	7590			
6	30	本月发生	12930	14220			
6	30	累计数及累计间接费用分配率	63130	33030	0.9	2.8	
6	30	本月完工产品转出	63130	33030	29727	92484	185341
6	30	完工产品单位成本	7014.44		3303.00	10276	20593.44

表10-61 产品成本明细账

产品批号：20519　　产品批量：乙　　投产日期：5/2

订货单位：PPXY公司　　产品批量：8件　　完工日期：5/30完工5件

月	日	摘要	直接材料	生产工时	直接人工	制造费用	成本合计
5	31	本月发生	38400	8620			
6	30	本月发生		15880			
6	30	累计数及累计间接费用分配率	38400	24500	0.9	2.8	
6	30	本月完工产品（5件）转出	24000	15940	14346	44632	82978
6	30	完工产品单位成本	4800		2869.20	8926.40	16595.60
6	30	在产品	14400	8560			

表10-62 产品成本明细账

产品批号：20523　　产品名称：甲　　投产日期：5/20

订货单位：BCXY工厂　　产品批量：12件　　完工日期：

月	日	摘要	直接材料	生产工时	直接人工	制造费用	成本合计
5	31	本月发生	34950	12350			
6	30	本月发生	15450	15110			

表10-63 产品成本明细账

产品批号：20601　　产品名称：丙　　投产日期：6/13

订货单位：GFHL公司　　产品批量：10件　　完工日期：

月	日	摘要	直接材料	生产工时	直接人工	制造费用	成本合计
6	30	本月发生	12370	13210			

在各批产品成本明细账中，对于没有完工产品的月份，只登记直接材料费用（一般只有直接材料费用是直接计入费用）和生产工时。这些月份发生的直接材料费用和生产工时，也就是各该月份月末在产品的直接材料费用和生产工时。因此，在各批产品成本明细账中，属于在产品的各个月份的直接材料费用或生产工时发生额之和，应该等于基本生产成本二级账所记在产品的直接材料费用或生产工时。

在上列各批产品成本明细账中，对于有完工产品（包括全批完工或批内部分完工）的月份，除了登记直接材料费用和生产工时，以及各该累计数以外，还应根据基本生产成本二级账登记各项间接计入费用的累计分配率。

第20408批产品，月末全部完工，因而其累计的直接材料费用和生产工时就是完工产品的直接材料费用和生产工时，以其生产工时分别乘以各项间接计入费用累计分配率，即为完工产品的各该间接计入费用。

第20519批产品，月末部分完工、部分在产，因而还应在完工产品与月末在产品之间分配费用。该种产品所耗直接材料在生产开始时一次投入，因而直接材料费用按完工产品与月末在产品的数量比例分配为

$$直接材料费用分配率=\frac{38400}{5+3}=4800$$

完工产品直接材料费用＝5×4800＝24000（元）

月末在产品直接材料费用＝3×4800＝14400（元）

假定月末在产品工时按工时定额计算，其定额工时共计8560小时。完工产品工时应为15940（即24500-8560）小时。以该工时分别乘以各项间接计入费用累计分配率，即为完工

产品的各该间接计入费用。

各批产品成本明细账登记完毕，其中完工产品的直接材料费用和生产工时应分别汇总记入基本生产成本二级账，并据以计算、登记各批全部完工产品的总成本。

四、分步法

(一) 分步法的特点

产品成本计算的分步法，是按照产品的生产步骤计算产品成本的方法。这种成本计算方法的特点是：不按产品的批别计算产品成本，而按产品的生产步骤计算产品成本。

(二) 分步法的适用范围

分步法适用于大量大批的多步骤生产，如冶金、纺织、造纸，以及大量大批生产的机械制造等。在这些生产企业中，产品生产可以分为若干个生产步骤进行，例如钢铁企业可分为炼铁、炼钢、轧钢等步骤；纺织企业可分为纺纱、织布等步骤。为了加强各生产步骤的成本管理，往往不仅要求按照产品品种计算成本，而且还要求按照生产步骤计算成本，以便为考核和分析各种产品及其各生产步骤的成本计划的执行情况提供资料。

(三) 分步法的计算程序

在采用分步法计算产品成本时，产品成本明细账应按生产步骤和产品品种设立；或者按生产步骤设立，账中按产品品种反映。

应该指出的是：产品成本计算的分步与实际的生产步骤不一定完全一致。为了简化成本计算工作，可以只对管理上有必要分步计算成本的生产步骤单独设立产品成本明细账，单独计算成本；管理上不要求单独计算成本的生产步骤，则可与其他生产步骤合并设立产品成本明细账，合并计算成本。例如，造纸企业的包装步骤，如果费用不大，为了简化成本计算工作，也可以与制纸步骤合并在一起计算成本。

此外，在按生产步骤设立车间的企业中，一般说来，分步计算成本也就是分车间计算成本。但是，如果企业生产规模很小，管理上不要求分车间计算成本，也可以将几个车间合并为一个步骤计算成本。相反，如果企业生产规模很大，车间内还可以分成几个生产步骤，管理上又要求分步计算成本，这时，也可在车间内分步计算成本。因此，分步计算成本和分车间计算成本，有时也不是一个概念。

由于大量大批多步骤生产的产品往往跨月陆续完工，因此，采用分步法计算产品成本时，记入各种产品、各生产步骤成本明细账中的生产费用，大多要采用适当的分配方法在完工产品和月末在产品之间进行分配，计算各该产品、各该生产步骤的完工产品成本和月末在产品成本；然后按照产品品种结转各步骤的完工产品成本，计算每种产品的产成品成本。

根据成本管理对于各生产步骤成本资料的不同要求（要不要计算各生产步骤的半成品成本）和对简化成本计算工作的考虑，各生产步骤成本的计算和结转，采用着逐步结转和平行结转两种方法。这样，分步法也就分为逐步结转分步法和平行结转分步法两种。需要计算和结转产品的各步成本，是分步法按生产步骤计算产品成本这一特点所引起的，因而这里着重讲述各步成本的结转方法。

(四) 逐步结转分步法

1. 逐步结转分步法的计算程序

在这种分步法下，计算各生产步骤产品成本时，上一步骤所产半成品成本，要随着半成品实物的转移，从上一步骤的产品成本明细账转入下一步骤相同产品的成本明细账中，以便逐步计算前面各个步骤的半成品成本和最后一个步骤的产成品成本。

逐步结转分步法的成本计算程序可列如图10-3所示。

在逐步结转分步法下，各步骤完工转出的半成品成本，应该从各该步骤的产品成本明细账中转出；各步骤领用的半成品的成本，构成下一步骤的一项费用，称为半成品费用，

应该记入各该步骤的产品成本明细账中。如果半成品完工后，不直接为下一步骤领用，

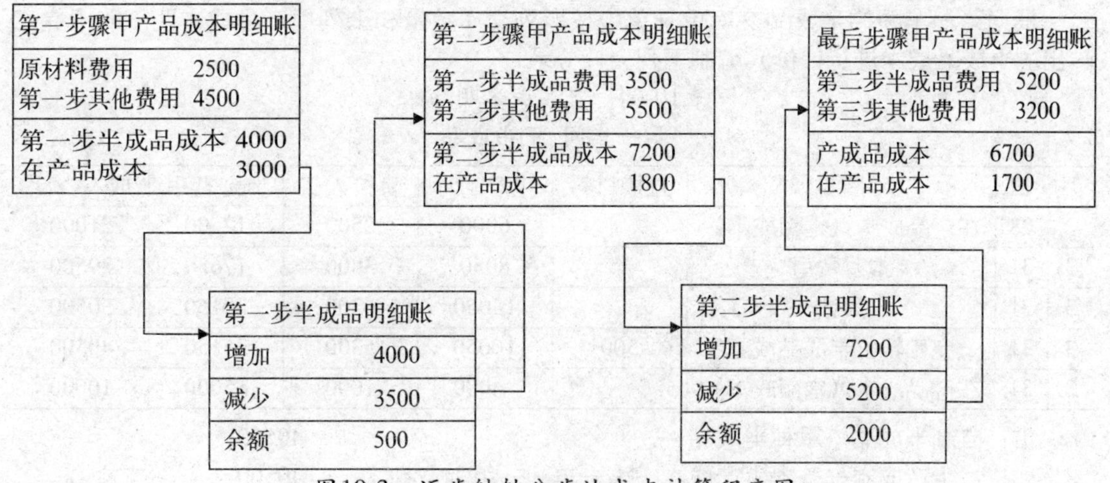

图10-3　逐步结转分步法成本计算程序图

而要通过半成品库收发（如图10-3），在验收入库时，应编制借记“自制半成品”科目，贷记“生产成本”科目的会计分录，在下一步骤领用时，再编制相反的会计分录。如果半成品完工后，不通过半成品库收发，而直接为下一步骤领用，半成品成本则应在各步骤的产品成本明细账之间直接结转，不编制上述会计分录。

每月月末，各项生产费用（包括所耗上一步骤半成品的费用）在各步骤产品成本明细账中归集以后，如果既有完工半成品，又有加工中的在产品（如图10-3），则应将各步骤的生产费用采用适当的分配方法在其完工半成品与加工中在产品（也就是狭义的在产品）之间进行分配，以便计算完工半成品成本。这样，通过半成品成本的逐步结转，在最后一个步骤的产品成本明细账中，即可计算出产成品的成本。

逐步结转分步法，按照半成品成本在下一步骤成本明细账中的反映方法，又可分为综合结转和分项结转两种方法。

(1) 综合结转法应将各步骤所耗用的半成品成本，以“原材料”“直接材料”或专设的“半成品”项目综合记入其成本明细账中

综合结转可以按照半成品的实际成本结转，也可以按照半成品的计划成本（或定额成本）结转。

1) 按实际成本综合结转。采用这种结转方法时，各步骤所耗上一步骤的半成品费用，应根据所耗半成品的数量乘以半成品的实际单位成本计算。由于各月所产半成品的单位成本不同，因而所耗半成品的单位成本要同材料费用核算一样，采用先进先出、后进先出或加权平均等方法计算。为了提高各步骤成本计算的及时性，在半成品月初余额较大，本月所耗半成品全部或者大部分是以前月份所产的情况下，本月所耗半成品费用也可按上月末的加权平均单位成本计算。

【例10-31】假定智董工厂的甲种产品生产分两个步骤，分别由两个车间进行。第一车间生产半成品，交半成品库验收；第二车间按照所需数量向半成品库领用。第二车间所耗半成品费用按全月一次加权平均单位成本计算。两个车间月末的在产品均按定额成本计价。其成本计算程序如下：

①根据各种费用分配表、半成品交库单和第一车间在产品定额成本资料，登记第一车间甲产品成本明细账如表10-64所示。

在上列产品成本明细账中，由于在产品按定额成本计价，因而完工转出的半成品成本

应根据生产费用的累计数，减去按定额成本计算的月末在产品成本计算。

根据第一车间的半成品交库单（单中按所列交库数量和上列甲产品成本明细账中完工转出的半成品成本进行计价）编制下列会计分录：

表10-64　产品成本明细账

第一车间　甲半成品

月	日	摘要	直接材料	生产工时	直接人工	制造费用	成本合计
2	28	在产品成本（定额成本）		6000	2500	12500	21000
3	31	本月费用		8050	3800	17650	29500
3	31	累计		14050	6300	30150	50500
3	31	完工转出半成品成本	500	10050	5300	25150	40500
3	31	在产品成本（定额成本）		4000	1000	5000	10000

借：自制半成品—甲种半成品　　40500

　贷：生产成本—基本生产成本—第一车间—甲种产品　　40500

②根据计价后的半成品交库单和第二车间领用半成品的领用单，登记自制半成品明细账如表10-65所示。

表10-65　自制半成品明细账

甲半成品

月份	月初余额		本月增加		累计			本月减少	
	数量	实际成本	数量	实际成本	数量	实际成本	单位成本	数量	实际成本
3	100	8700	500	40500	600	49200	82	540	44280
4	60	4920							

在上列自制半成品明细账中，本月增加的数量和实际成本，应根据计价后的半成品交库单登记；累计的单位成本是全月一次加权平均单位成本，应根据累计的实际成本除以累计的数量计算登记，本月减少的数量，应根据第二车间领用半成品的领用单登记；本月减少的实际成本，应根据本月减少数量乘以累计单位成本计算登记。

根据第二车间领用半成品的领用单（单中按所列领用数量和自制半成品明细账中累计单位成本计价），编制下列会计分录：

借：生产成本—基本生产成本

　　　　—第二车间—甲种产品　　44280

　贷：自制半成品—甲种半成品　　44280

③根据各种费用分配表、半成品领用单、产成品交库单，以及第二车间在产品定额成本资料，登记第二车间甲产品成本妇细账如表10-66所示。

表10-66　产品成本明细账

第二车间　甲产成品

月	日	摘要	直接材料	生产工时	直接人工	制造费用	成本合计
2	28	在产品成本（定额成本）		20800	4875	14625	40300
3	31	本月费用		44280	13000	39260	96540
3	31	累计		65080	17875	53885	136840
3	31	完工转出产成品成本	280	45880	12640	38180	96700
3	31	产成品单位成本		163.86	45.14	136.36	345.36
3	31	在产品成本（定额成本）		19200	5235	15705	40140

上列第二车间甲产品成本明细账增设了“半成品”成本项目，其中本月半成品费用就是根据计价后的半成品领用单登记的。

根据产成品交库单（单中按交库数量和上列甲产品成本明细账中完工转出的产成品成本进行计价），编制下列会计分录：

借：库存商品—甲种产成品　　96700

　贷：生产成本—基本生产成本—第二车间—甲种产品　　96700

2) 按计划成本综合结转。采用这种结转方法时，半成品的日常收发均按计划单位成本核算；在半成品实际成本算出以后，再计算半成品的成本差异率，调整所耗半成品的成本差异。按计划成本综合结转所用账表的特点在于：

①为了调整所耗半成品的成本差异，自制半成品明细账不仅要反映半成品收发和结存的数量和实际成本，而且要反映半成品的收发和结存的计划成本、成本差异额和成本差异率。

②在产品成本明细账中，对于所耗半成品，可以按照调整成本差异后的实际成本登记；为了分析上一步骤半成品成本差异对本步骤成本的影响，也可以按照所耗半成品的计划成本和成本差异分别登记。在后一种登记方法下，产品成本明细账“半成品”项目、“原材料”或“直接材料”项目，要分设“计划成本”“成本差异”和“实际成本”三栏。

2. 分项结转法

采用这种结转法是将各步骤所耗半成品费用，按照成本项目分项转入各步骤产品成本明细账的各个成本项目中。如果半成品通过半成品库收发，那么，在自制半成品明细账中登记半成品成本时，也要按照成本项目分别登记。

分项结转可以按照半成品的实际单位成本结转；也可以按照半成品的计划单位成本结转，然后按成本项目分项调整成本差异。

显然，后一种做法的计算工作量较大。因此，一般采用按实际成本分项结转的方法。

【例10-32】现仍以企业甲产品成本为例，说明按半成品实际成本进行分项结转的计算程序如下所述。

1）根据前列第一车间甲产品成本明细账，以及半成品的交库单和领用单，登记自制半成品明细账如表10-67所示。

表10-67　自制半成品明细账

甲半成品

月份	项目	数量（件）	实际成本			
			直接材料	直接人工	制造费用	成本合计
3	月初余额	100	2200	1200	5300	8700
3	本月增加	500	10050	5300	25150	40500
3	累计	600	12250	6500	30450	49200
3	单位成本		20.42	10.83	50.75	82
3	本月减少	540	11027	5848	27405	44280
4	月初余额	60	1223	652	3045	4920

在上列自制半成品明细账中，本月增加的数量，应根据第一车间半成品交库单所列交库数量登记；本月增加的实际成本，应根据第一车间甲产品成本明细账所记完工转出的半成品成本按成本项目登记；本月减少数量，应根据第二车间领用半成品的领用单所列领用数量登记；本月减少的实际成本，应根据领用数量乘以按成本项目分列的单位成本计算登记；月末余额，应根据累计的数量和实际成本减去本月减少的数量和实际成本计算登记。

2）根据各种费用分配表、半成品领用单、自制半成品明细账、产成品交库单和第二车间在产品定额成本资料，登记第二车间甲产品成本明细账如表10-68所示。

表10-68 产品成本明细账

第二车间 甲产成品

月	日	摘要	产量（件）	直接材料	直接人工	制造费用	成本合计
2	28	在产品成本（定额成本）		5200	7475	27625	40300
3	31	本月本步加工费用			13000	39260	52260
3	31	本月耗用半成品费用		11027	5848	27405	44280
3	31	累 计		16227	26323	94290	136840
3	31	完工转出产成品成本	280	11427	18688	66585	96700
3	31	产成品单位成本		40.81	66.74	237.81	345.36
3	31	在产品成本（定额成本）		4800	7635	27705	40140

在表10-78产品成本明细账中，本月本步加工费用，应根据工资及福利费和制造费用的分配表登记；本月耗用半成品费用，应根据半成品领用单和自制半成品明细账登记；完工转出的产量，应根据产成品交库单登记；完工转出的产成品成本，应根据生产费用累计数减去按定额成本计算的在产品成本计算登记。

账中产成品单位成本的合计数345.36元，与前列产成品成本还原计算表中的还原后产成品单位成本的合计数相同；但两者的成本结构并不相同。这是因为：产成品成本还原计算表中产成品所耗半成品各项费用是按本月所产半成品的成本结构还原算出的，没有考虑以前月份所产半成品，即月初结存半成品成本结构的影响；而上列产品成本明细账中产成品所耗半成品各项费用，不是按本月所产半成品的成本结构还原算出的，而是按其原始成本项目逐步转入的，包括了以前月份所产半成品成本结构的影响，是比较正确的。

（五）平行结转分步法

1. 采用平行结转分步法的可能性

在采用分步法的大量大批多步骤生产的企业中，有的企业（如这种生产类型的机械制造厂）各生产步骤所产半成品的种类很多，但并不需要计算半成品成本。因此，为了简化和加速成本计算工作，在计算各步骤成本时，可以不计算各步骤所产半成品成本，也不计算各步骤所耗上一步骤的半成品成本，而只计算本步骤发生的各项其他费用以及这些费用中应计入产成品成本的“份额”。将相同产品的各步骤成本明细账中的这些份额平行结转、汇总，即可计算出该种产品的产成品成本。这种结转各步成本的方法，就是平行结转分步法。平行结转分步法，是平行结转各生产步骤生产费用中应计入产成品成本的份额，然后汇总计算产成品成本的分步法，也称不计列半成品成本分步法。

2. 平行结转分步法的计算程序

这种分步法计算、结转各步成本的程序，如图10-4所示。

从图10-4平行结转分步法成本计算程序图中可以看出，各生产步骤不计算、也不逐步结转半成品成本，只是在企业的产成品入库时，才将各步骤费用中应计入产成品成本的份额，从各步骤产品成本明细账中转出，从“生产成本—基本生产成本”科目的贷方转入“库存商品”科目的借方。因此，采用这一方法，不论半成品是在各生产步骤之间直接转移，还是通过半成品库收发，都不通过“自制半成品”科目进行总分类核算。

采用平行结转分步法，每一生产步骤的生产费用也要在其完工产品与月末在产品之间进行分配。但这里的完工产品，是指企业最后完工的产成品；每一生产步骤完工产品的费用，都是该步骤生产费用中用于产成品成本的份额。与此相联系，这里的在产品是指尚未产成的全部在产品和半成品，包括：尚在本步骤加工中的在产品；本步骤已完工转入半成品库的半成品；已从半成品库转到以后各步骤进一步加工、尚未最后产成的在产品。这是就整个企业而言的广义在产品。因此，这里的在产品费用，是指这三个部分广义在产品的费用。其中后两部分的实物已经从本步骤转出，但其费用仍留在本步骤产品成本明细账中，尚未转出。由此可见，在平行结转分步法下，各步骤的生产费用（不包括所耗上步骤的半成品费用）要在产成品与广义在产品之间进行分配，计算这些费用在产成品成本和广义在产品成本中所占的份额。

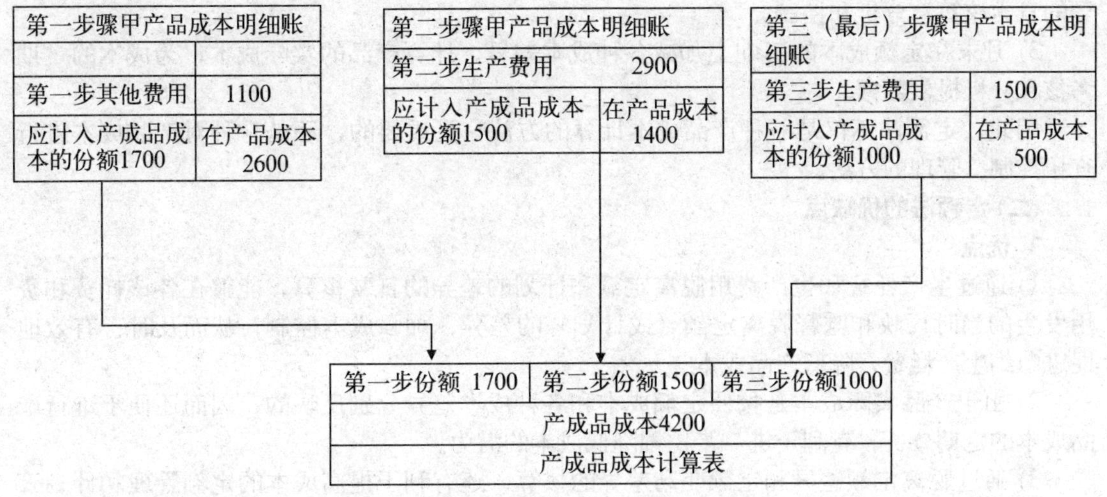

图10-4 平行结转分步法成本计算程序表

在平行结转分步法下，通常采用在产品按定额成本计价法或定额比例法。因为采用这两种方法，作为分配费用标准的定额资料比较容易取得：产成品的定额消耗量或定额费用，可以根据产成品数量乘以消耗定额或费用定额计算；在产品的定额消耗量或定额费用，由于广义在产品的实物分散在本步骤、半成品库和以后各步骤，具体的盘存、计算工作虽然比较复杂，但大多数月份可以采用简化的倒挤方法计算，因而也较简便。如果消耗定额或费用定额准确，这两种方法的分配结果也比较合理。

3. 平行结转分步法的优缺点

1) 优点：各步骤可以同时计算产品成本，平行汇总计入产成品成本，不必逐步结转半成品成本；能够直接提供按原始成本项目反映的产成品成本资料，不必进行成本还原，因而能够简化和加速成本计算工作。

2) 缺点：不能提供各个步骤的半成品成本资料；在产品的费用在最后产成以前，不随实物转出而转出，即不按其所在的地点登记，而按其发生的地点登记，因而不能为各个生产步骤在产品的实物管理和资金管理提供资料；各生产步骤的产品成本不包括所耗半成品费用，因而不能全面地反映各该步骤产品的生产耗费水平（第一步骤除外），不能更好地满足这些步骤成本管理的要求。

五、定额法

产品成本计算的定额法，就是为了及时地反映和监督生产费用和产品成本脱离定额的差异，加强定额管理和成本控制而采用的一种成本计算方法。

在前述各种成本计算方法一品种法、分批法、分步法和分类法下，生产费用的日常核算，都是按照生产费用的实际发生额进行的，产品的实际成本，也都是根据实际生产费用计算的。这样，生产费用和产品成本脱离定额的差异及其发生的原因，只有在月末时通过实际资料与定额资料的对比、分析，才能得到反映，而不能在费用发生的当时得到反映，因而不能更好地加强定额管理，加强成本控制，更有效地发挥成本核算对于节约生产费用、降低产品成本的作用。

(一) 定额法的特点

1) 事前制订产品的消耗定额、费用定额和定额成本作为降低成本的目标，对产品成本进行事前控制。

2) 在生产费用发生的当时，将符合定额的费用和发生的差异分别核算，加强对成本差异的日常核算、分析和控制。

3) 月末在定额成本的基础上加减各种成本差异，计算产品的实际成本，为成本的定期考核和分析提供数据。

因此，定额法不仅是一种产品成本计算的方法，更重要的，还是一种对产品成本进行直接控制、管理的方法。

(二) 定额法的优缺点

1. 优点

1) 通过生产耗费和生产费用脱离定额和计划的差异的日常核算，能够在各该耗费和费用发生的当时反映和监督脱离定额（或计划）的差异，加强成本控制，从而及时、有效地促进节约生产耗费，降低产品成本。

2) 由于产品实际成本是按照定额成本和各种成本差异分别反映的，因而还便于进行产品成本的定期分析，有利于进一步挖掘降低成本的潜力。

3) 通过脱离定额差异和定额变动差异的核算，还有利于提高成本的定额管理和计划管理工作的水平。

4) 由于有着现成的定额成本资料，因而还能够比较合理和简便地解决完工产品和月末在产品之间分配费用（即分配各种成本差异）的问题。

2. 缺点

定额法的缺点主要是：必须制订定额成本，单独核算脱离定额差异，在定额变动时还要修订定额成本，计算定额变动差异，因而要增加一些核算工作量。

(三) 定额法的适用范围和应用条件

定额法不是为了解决产品成本计算的对象问题而产生的，它与产品的生产类型没有直接的联系，因而适用于各种类型的生产。正因如此，定额法不能单独应用，而必须与确定产品成本计算对象的基本方法，即品种法、分批法或分步法结合起来应用。

此外，为了充分发挥定额法的作用，并且简化成本核算工作，采用定额法必须具备一定的条件：定额管理的制度比较健全，定额管理工作的基础比较好，产品的生产已经定型，消耗定额比较准确、稳定。由于大批大量生产比较容易具备这些条件，因而定额法最早应用在大批大量生产的机械制造企业中。

(四) 产品定额成本的会计处理

采用定额法，必须先制订单位产品的消耗定额、费用定额，并据以核算单位产品的定额成本。产品的消耗定额、费用定额和定额成本，既是日常控制生产耗费的依据，也是月末计算产品实际成本的基础。

1. 产品定额成本与产品计划成本的异同

产品的定额成本与计划成本既有相同之处，又有不同之处。相同之处是两者都是以产品生产耗费的消耗定额和计划价格为根据确定的目标成本。

产品原材料消耗定额×原材料计划单价＝原材料费用定额

产品生产工时定额×生产工资计划单价＝生产工资费用定额

产品生产工时定额×其他费用计划单价=其他费用定额

上列生产工资计划单价，就是计划每小时工资额，计划的生产正资分配率，也称计划工资率；上列其他费用是指制造费用等。这些费用通常按生产工时比例分配计入产品成本，因而其计划，单价通常是计划的每小时各该费用额，计划的各该费用分配率，简称计划费用率。上述各项费用额的合计数，就是单位产品的定额成本或计划成本。

两者不同之处是计算计划成本的消耗定额是计划期（一般为一年）内平均消耗定额，也叫计划定额，在计划期内通常不变。计算定额成本的消耗定额则是现行定额，它应随着生产技术的进步和劳动生产率的提高不断修订。此外，计算计划成本的原材料等的计划单价，在计划期内通常也是不变的。计算定额成本的生产工资和其他费用的计划单价，也就是每小时的生产工资和其他费用定额则可能变动。因此，计划成本在计划期内通常是不变的；定额成本在计划期内则是变动的。计划成本一般是国家或上级公司等管理机构在计划期内对企业进行成本考核的依据。定额成本是企业自行制定的，是企业内部当时进行成本控制和考核的依据。国家或上级机构没有规定成本计划的产品，企业可以不制定计划成本，但为了使这些产品成本有一个较长时期（例如一年或一年以上）的努力目标，也应制定计划成本。

由此可见，制订定额成本，能够使企业的成本控制和考核更加有效，更加符合实际，从而保证成本计划的完成。定额成本和计划成本的制定过程，都是对产品成本进行事前的反映和监督，实行事前控制的过程。

2. 产品定额成本的计算程序和计算方法

产品的定额成本包括零、部件定额成本和产成品定额成本，通常由计划、会计等部门共同制定。在零、部件不多的情况下，一般先制订零件定额成本，然后再汇总计算部件和产成品的定额成本。零、部件定额成本还可以作为在产品和报废零、部件计价的根据。如果产品的零、部件较多，为了简化成本计算工作，也可以不计算零件定额成本，而根据列有零件原材料消耗定额、工序计划和工时消耗定额的零件定额卡，以及原材料计划单价、计划的工资率和其他费用率，计算部件定额成本，后汇总计算产成品定额成本；或者根据零、部件的定额卡直接计算产成品定额成本。在不计算零、部件定额成本的情况下，在产品和报废零、部件的计价，就要根据零、部件定额卡和原材料计划单价、计划的工资率和其他费用率临时计算。为了便于进行成本考核和分析，定额成本包括的成本项目和计算方法，应该与计划成本、实际成本包括的成本项目和计算方法一致。

零件定额卡和部件定额成本计算表格式如表10-69、表10-70所示。

表10-69 零件定额卡

零件编号、名称：4321　　　201×年7月

材料名称、编号	计量单位	材料消耗定额
65432	公斤	4.5
工序	工时定额	累计工时定额
1	3	3
2	5	8
3	2	10
4	4	14

在上列部件定额成本计算表中，每种零件的材料消耗定额和工时定额，按每一零件的材料消耗定额和工时定额，分别乘以部件所用零件的数量计算；部件的工资及福利费和制造费用定额按部件的工时定额，分别乘以每小时工、费定额计算。

产成品定额成本计算表的格式与部件定额成本计算表的格式相类似，不另举例。

在实际工作中，产品的定额成本，由于是企业自行制订和修订的，国家或上级机构对企业没有约束力，修订定额成本的工作量又较大，降低消耗定额又会遇到一些阻力，因而有的企业一年甚至几年内长期不予修订，往往脱离实际。而产品的计划成本，由于国家或

上级机构每年一般要下达新的成本指标，每年修订一次，相对来说，比较符合实际。在这种情况下，定额成本就失去了它原有的作用。定额法采用的定额成本，不应该是长期特别是几年不变的定额成本。

表10-70　部件定额成本计算表

部件编号、名称：5432　　　　　　201×年7月

所用零件编号	零件数量	材料定额							工时定额
		65432			76543			金额合计	
		数量	计划单价	金额	数量	计划单价	金额		
4321	3	13.5	5.20	70.20				70.20	42
5421	4				11.3	6.40	72.32	72.32	37
装配									4
合计				70.20			72.32	142.52	83

定额成本项目					定额成本合计
原材料	工资及福利费		制造费用		
	每小时定额	金额	每小时定额	金额	
142.52	1.12	92.96	2.85	236.55	472.03

(五) 脱离定额差异的会计处理

要加强生产耗费的日常控制，必须进行脱离定额差异的日常核算，及时分析差异发生的原因，确定差异的责任，并且及时地采取措施进行处理：属于实际消耗中存在的浪费和损失等问题，应制止发生或防止以后再次发生；属于定额脱离实际；应按规定进行调整、修订。这样做，就能将生产耗费控制在既先进又切实可行的定额范围之内，节约生产耗费、降低产品成本。因此，及时、正确核算和分析生产费用脱离定额的差异，控制生产费用支出，是定额法的重要内容。为此，发生生产费用时，应该为符合定额的费用和脱离定额的差异，分别编制定额凭证和差异凭证，并在有关的费用分配表和明细账中分别予以登记。

在有条件的企业中，也可以将脱离定额差异的日常核算同车间或班组的经济核算或者责任成本核算结合起来，依靠广大职工群众管好生产耗费。

1. 原材料脱离定额差异的会计处理

在各成本项目中，原材料费用，包括自用半成品费用，一般占有较大的比重，而且属于直接计入费用，因而更有必要和可能在费用发生的当时就按产品核算定额费用和脱离定额差异，加强控制。原材料脱离定额差异的核算方法有限额法、切割核算法和盘存法。

(1) 原材料脱离定额差异核算的限额法

这种方法也叫差异凭证法。为了控制材料领用，在采用定额时，必须实行限额领料（或定额发料）制度，符合定额的原材料应根据限额领料单（或定额发料单）等定额凭证领发。如果增加产品产量，需要增加用料，在办理追加限额手续以后，也可根据定额凭证领发。由于其他原因需要超额领料或者领用代用材料，应根据专没的超额材料领料单、代用材料领料单等差异凭证，经过一定的审批手续领发。

为了减少凭证的种类，上述这些差异凭证也可用普通领料单代替，但应以不同的颜色或加盖专用的戳记加以区别。在差异凭证中，应该填明差异的数量、金额以及发生差异的原因。差异凭证的签发，必须经过一定的审批手续，其中由于采用代用材料、利用废料和材料质量低劣等原因而引起的脱离定额差异，通常由技术部门计算、审批。对于材料代用和废料利用，还应在有关的限额领料单中注明，并且从原定的限额内扣除。

在每批生产任务完成以后，应该根据车间余料编制退料单，处理退料手续；退料单也

应视为差异凭证。退料单中所列的原材料数额和限额领料单中的原材料余额，都是原材料脱离定额的节约差异。

采用限额法对于控制领料，促进节约用料有着重要作用。但是，上述差异凭证反映的差异往往只是领料差异，不一定是用料差异，不能完全控制用料。

【例10-33】限额领料单规定的产品数量为100件，每件产品的原材料消耗定额为2公斤，则领料限额为200公斤。假定实际领料为195公斤，其领料差异为少领5公斤。如果实际耗用所领原材料的产品数量，即投产的产品数量，符合限额领料单规定的产品数量，也是100件，则领料限额就是原材料定额消耗量，上述少领5公斤的领料差异就是用料脱离定额的节约差异。但是，投产的产品数量不一定等于规定的产品数量；所领原材料的数量也不一定等于原材料的实际消耗量，因为车间中可能有期初、期末余料。假定投产的产品数量小于规定的产品数量，为90件，车间期初余料为8公斤，期末余料为4公斤。则

原材料定额消耗量＝投产产品数量×消耗定额＝90×2＝180（公斤）

原材料实际消耗量＝本期领料量＋期初余料量－期末余料量＝195＋8－4＝199（公斤）

原材料脱离定额差异＝原材料实际消耗量－原材料定额消耗量

＝199－180＝＋19（公斤）、（超支）

由此可见，只有耗用材料的产品数量，即投产产品数量等于规定的产品批量，而且车间没有余料时，领料或发料差异才是用料脱离定额差异。因此，要控制用料不超支，不仅要控制领料不超过限额，而且还要控制投产的产品数量不少于计划规定的产品数量。

(2) 原材料脱离定额差异核算的切割核算法

为了核算用料差异，更好地控制用料，对于经过切割（下料）才能使用的材料，例如板材、棒材等，除了采用限额法以外，还应采用切割核算法，即通过材料切割核算单，核算用料差异，控制用料。

材料切割核算单应按切割材料的批别开立，单中填明发交切割材料的种类、数量、消耗定额和应切割成的毛坯数量；切割完毕，再填写实际切割成的毛坯数量和材料的实际消耗量。根据实际切割成的毛坯数量和消耗定额，即可计算求得材料定额消耗量，以此与材料实际消耗量相比较，即可确定用料脱离定额的差异。材料定额消耗量和脱离定额的差异，也应填入材料切割核算单中，并应注明发生差异的原因，由主管人员签证。

【例10-34】这种核算单的格式如表10-71所示。

表10-71 材料切割核算单

材料编号或名称：9876　　材料计量单位：公斤　　材料计划单价：8.50元

产品名称：甲　　零件编号或名称：8754　　图纸号：3210

切割工人工号和姓名：赖某　　机床编号：321

发交切割日期：201×年9月9日　完工日期：201×年9月11日

<table>
<tr><td colspan="2">发料数量</td><td colspan="3">退回余料数量</td><td colspan="2">材料实际消耗量</td><td>废料实际回收量</td></tr>
<tr><td colspan="2">121</td><td colspan="3">4</td><td colspan="2">117</td><td>11</td></tr>
<tr><td colspan="2">单价消耗定额</td><td colspan="2">单价回收废料定额</td><td>应割成的毛坯数量</td><td>实际割成的毛坯数量</td><td>材料定额消耗量</td><td>废料定额回收量</td></tr>
<tr><td colspan="2">5</td><td colspan="2">0.2</td><td>23</td><td>21</td><td>105</td><td>4.2</td></tr>
<tr><td colspan="2">材料脱离定额差异</td><td colspan="3">废料脱离定额差异</td><td colspan="2">差异原因</td><td>责任者</td></tr>
<tr><td>数量</td><td>金额</td><td>数量</td><td>单价</td><td>金额</td><td rowspan="2">未按规定要求操作，因而多留了边料，减少了毛坯</td><td rowspan="2"></td><td rowspan="2">切割工人</td></tr>
<tr><td>12</td><td>102</td><td>-6.8</td><td>0.50</td><td>-3.40</td></tr>
</table>

在上列切割核算单中，余料是指剩余的可以按照原来用途使用的材料，不是实际消耗的材料；废料是指剩余的不能按照原来用途使用的边角料，是实际消耗材料的一部分。材料实际消耗量117公斤除以消耗定额5公斤，为23.4件，因而应切割成的毛坯数量为23件。材料定额消耗量和废料定额回收量应按实际切割成的毛坯数量分别乘以材料消耗定额和废料回收定额计算。材料实际消耗量减去定额消耗量为材料脱离定额的差异数量；乘以材料计划单价，为差异金额。废料实际回收量减去定额回收量为废料脱离定额的差异数量；乘以废料单价，为差异金额。由于废料价值可以冲减材料费用，因而废料回收超过定额的差异，填为负数；不足定额的差异填为正数。上例废料超额回收6.8公斤，虽然可以冲减材料费用3.40元；但由于该项超额回收是在实际切割成毛坯数量比应该切割成毛坯数量少2件的情况下发生的，这使单价为8.50元的2件毛坯所用的好料变成了单价为0.50元的废料，单位毛坯的材料费用将因此增加。这种超额回收废料的差异是不利差异。在实际切割成毛坯数量等于甚至大于应该切割成毛坯数量的情况下，超额回收废料的差异，才会降低单位毛坯的材料费用，才是有利差异。

采用材料切割核算单进行材料切割的核算，可以及时反映材料的耗用情况和发生差异的具体原因，加强对材料耗用的监督。如果条件具备，材料切割的核算也可以与车间或班组的经济核算或者责任成本核算结合起来，由有关的经济核算或责任成本核算人员进行。

(3) 原材料脱离定额差异核算的盘存法

对于不能采用切割核算法的原材料，为了更好地控制用料，除了采用限额法以外，还应按期（按工作班、工作日或按周、旬等）通过盘存的方法核算用料差异。即：根据完工产品数量和在产品盘存（实地盘存或账面结存）数量算出投产产品数量，乘以原材料消耗定额，计算原材料定额消耗量；根据限额领料单和超额领料单等领、退料凭证和车间余料的盘存数量，计算原材料实际消耗量；然后将原材料的实际消耗量与定额消耗量相比较，计算原材料脱离定额差异。

由于：

期初在产品数量＋本期投产产品数量＝本期完工产品数量＋期末在产品数量

所以：

本期投产产品数量＝本期完工产品数量＋期末在产品数量－期初在产品数量

本期完工产品数量＝本期投产产品数量＋期初在产品数量－期末在产品数量

上列公式表明：投产产品数量与完工产品数量不同。本期完工产品所用的原材料包括了期初在产品中的上期用料，但未包括期末在产品中的本期用料，因而不能根据本期完工产品数量计算本期原材料的定额消耗量。只有本期投产产品数量才是本期实际用料的产品数量，才能据以计算本期原材料的定额消耗量和本期用料的脱离定额差异。

应该注意的是：按照上列公式计算本期投产产品数量，必须具备下述条件：即原材料在生产开始时一次投入，期初和期末在产品都不再耗用原材料。如果原材料随着生产进度连续投入，在产品还要耗用原材料，那么，上列公式中的期初和期末在产品数量应改为按原材料定额计算的期初和期末在产品的约当产量。

限额领料单中的产品数量一般按月规定。为了及时核算用料脱离定额差异，有效地控制用料，用料差异的核算期越短越好，应尽量按工作班或工作日进行核算。这样，差异核算期内的投产产品数量一般小于按月规定的产品数量。因此，除了经过切割才能使用的材料以外，大部分原材料应采用盘存法核算和控制用料差异。

2. 生产工时和生产工资脱离定额差异的核算

在计件工资制度下，生产工人工资属于直接计入费用，其脱离定额差异的核算与原材料脱离定额差异的核算相类似，符合定额的生产工人工资，应该反映在产量记录中，脱离定额的差异通常反映在专设的补付单等差异凭证中。工资差异凭证也应填明原因，并经过一定的审批手续。

在计时工资制度下，生产工人工资属于间接计入费用，其脱离定额的差异不能在平时按照产品直接计算，只有在月末实际生产工人工资总额确定以后，才能按照下列公式计算：

$$\text{计划每小时生产工资}=\frac{\text{某车间计划产量的定额生产工人工资}}{\text{该车间计划产量的定额生产工时}}$$

$$\text{实际每小时生产工资}=\frac{\text{该车间实际生产工人工资总额}}{\text{该车间实际生产工时总额}}$$

某产品的定额生产工资＝该产品实际完成的定额生产工时×计划每小时生产工资

该产品的实际生产工资＝该产品实际生产工时－实际每小时生产工资

该产品生产工资脱离定额的差异＝该产品实际生产工资－该产品定额生产工资

从上列计算公式可以看出，要降低单位产品的计时工资，必须降低单位小时的生产工资和单位产品的生产工时。为此，要进行以下三个方面的日常控制：

1) 控制生产工资总额不超过计划。

2) 控制非生产工时不超过计划，即在工时总数固定的情况下，充分利用工时，使生产工时总额不低于计划；这样，如果其他条件不变，可以控制单位小时的生产工资不超过计划。

3) 控制单位产品的生产工时不超过工时定额；这样，如果单位小时的生产工资不变，就可以控制单位产品的生产工资不超过定额。

从以上所述可以看出，在定额法下，产品计时工资费用的日常控制，应通过核算生产工时脱离定额差异的方法，监督生产工时的利用情况和工时消耗定额的执行情况，以便促使企业降低单位产品的工资费用。为此，要在日常核算中，按照产品核算定额工时、实际工时和工时脱离定额的差异，并且及时分析发生差异的原因。

此外，不论采用哪种工资形式，还应根据上述核算资料，按照成本计算对象汇编定额生产工资及脱离定额差异汇总表。表中汇总反映各种产品的定额工时和工资、实际工时和工资、工时和工资脱离定额的差异，以及产生差异的原因等资料，用以考核和分析各种产品生产工时和生产工资定额的执行情况，并据以计算产品的工资费用。

3. 制造费用脱离定额差异的核算

制造费用通常与计时工资费用一样，属于间接计入费用，在日常核算中不能按照产品直接核算脱离定额的差异，而只能根据月份的费用计划，按照费用发生的车间、部门和费用的项目核算脱离计划的差异，据以控制和监督费用的发生。对于其中材料费用，也可以采用前述限额领料单、超额领料单等定额凭证和差异凭证进行控制。领用生产工具、办公用品和发生零星费用，则可采用领用手折和费用限额卡等凭证进行控制；在这些凭证中，先要填明领用计划数，然后登记实际发生数和脱离计划的差异数；对于超过计划领用，也要经过一定的审批手续。因此，制造费用差异的日常核算，通常是指脱离费用计划的差异核算。各种产品所应负担的定额制造费用和脱离定额的差异，只有在月末时才能比照上述计时工资的计算公式计算确定。

由此可见，要控制产品的制造费用等间接计入费用不超过定额，不仅需要按照上述办法控制这些间接计入费用的总额不超过计划；同时也需要与控制生产工人计时工资一样，控制生产工时总额不低于计划，控制单位产品的工时不超过定额。

在单独核算废品损失的企业中，对于废品损失及其发生的原因，应该采用废品通知单和废品损失计算表单独反映，其中不可修复废品的成本应按定额成本计算。由于产品的定额成本一般不包括废品损失，因而发生的废品损失，通常作为脱离定额的差异处理。

在定额法下，生产费用既然是按照定额费用和脱离定额差异分别核算的，那么，根据产品的定额成本加上或者减去脱离定额的差异，即可求得产品的实际成本。计算公式如下：

产品实际成本＝产品定额成本±脱离定额差异

(六) 材料成本差异的分配

1. 产品所耗材料成本差异的分配

采用定额法，为了便于产品成本的考核和分析，材料的日常核算必须按计划成本进行。因此，原材料的定额费用和脱离定额差异都按原材料的计划成本计算。前者是定额消耗量乘以计划单位成本；后者是消耗数量差异乘以计划单位成本，即按计划单位成本反映的量差。两者之和，就是实际消耗数量乘以单位计划成本，即原材料的计划价格费用。因此，在月末计算产品的实际原材料费用时，还必须乘以由材料核算提供的原材料成本差异率，计算应该分配负担的原材料成本差异，即所耗原材料的价差。其计算公式如下：

某产品应分配的原材料成本差异＝(该产品原材料定额费用±原材料脱离定额差异)×原材料成本差异率

【例10-35】上例甲种产品9月份所耗原材料的定额费用为52970元，脱离定额差异为节约2300元。假定原材料的成本差异率为超支10%。则

甲种产品应分配的原材料成本差异＝(52970－2300)×(10%)＝＋5067（元）

2. 材料成本差异分配表的编制

在实际工作中，原材料成本差异的分配是在发料凭证汇总表或专设的材料成本差异分配表中进行的。

【例10-36】现仍以上列资料为例，编制该公司材料成本差异分配表如表10-72所示。

表10-72 原材料成本差异分配表

201×年9月

产品名称	定额费用	脱离定额差异	计划价格费用	材料成本差异率	材料成本差异
甲	52970	-2300	50670	＋10%	＋5067

在上列原材料成本差异分配表中，甲产品所耗原材料的定额费用、脱离定额差异和计划价格费用，均应根据前列该产品的原材料定额费用及脱离定额差异汇总表填列；材料成本差异率应根据材料核算的有关资料填列。

在多步骤生产中采用定额法时，如果逐步结转半成品成本，半成品的日常核算也应按照计划成本或定额成本进行。在月末计算产品实际成本时，也应比照原材料成本差异的分配方法，分配计算产品所耗半成品的成本差异。这时，产品实际成本的计算公式应为：

产品实际成本＝产品定额成本±脱离定额差异±原材料或半成品成本差异

(七) 定额变动差异的会计处理

定额变动差异，是指由于修订消耗定额或生产耗费的计划价格而产生的新旧定额之间的差额。在消耗定额或计划价格修订以后，定额成本也应随之及时修订。定额成本一般在月初、季初或年初定期进行修订，但在定额变动月份，月初在产品的定额成本并未修订，它仍然是按照旧的定额计算的。为了将按旧定额计算的月初在产品定额成本和按新定额计算的本月投入产品的定额成本，在新定额的同一基础上相加起来，以便计算产品的实际成本，还应计算月初在产品的定额变动差异，用以调整月初在产品定额成本。

1. 定额变动差异核算的系数折算法

月初在产品定额变动的差异，可以根据定额发生变动的在产品盘存数量或在产品账面结存数量和修订前后的消耗定额，计算月初亿产品消耗定额修订前和修订后的定额消耗

量，从而确定定额消耗幢的差异和差异金额。这种计算要按照零、部件和工序进行，工作量较大。为了简化计算工作，也可以按照单位产品采用下述系数折算的方法计算：

$$定额变动系数=\frac{按新定额计算的单位产品费用}{按旧定额计算的单位产品费用}$$

月初在产品定额变动差异＝按旧定额计算的月初在产品费用×(1－定额变动系数)

【例10-37】假定前例企业甲产品的某些零件从9月1日起修订原材料消耗定额，单位产品旧的原材料费用定额为125元，新的原材料费用定额为117.71元。则

$$甲种产品定额变动系数=\frac{117.71}{125}=0.94$$

假定该种产品8月31日在产品的原材料定额费用为18750元。则

甲种产品月初在产品定额变动差异＝18750×(1－0.94)＝1125（元）

2. 月初在产品定额变动差异计算表的编制

在实际工作中，月初在产品定额变动差异应通过专设的计算表计算、反映。

【例10-38】上例甲产品的月初在产品定额变动差异计算表如表10-73所示。

表10-73 月初在产品定额变动差异计算表

产品名称：甲 201×年9月

成本项目	单位产品		定额变动系数	月初在产品定额费用	月初在产品定额变动差异
	原费用定额	新费用定额			
原材料	125	117.71	0.94	18750	1125
合 计	125	117.71	×	18750	1125

由于上述系数是按照单位产品计算，而不是按照产品的零、部件和工序计算的，因而在零、部件生产不成套或成套性较差的情况下采用系数折算法，就会影响计算结果的正确性。例如某产品只是一部分零、部件的消耗定额做了修改，如果零、部件生产不成套，月初在产品所包括的零、部件又都不是消耗定额发生变动的零、部件。这时，采用上述方法计算，就会使本来不应有定额变动差异的月初在产品定额成本，不正确地做了调整。因此，这种方法，多在零、部件成套生产或零、部件生产的成套性较大的情况下采用。

消耗定额变动一般表现为不断降低的趋势，因而月初在产品定额变动差异，通常表现为月初在产品价值的降低，即贬值。这时，一方面应如上述从月初在产品定额费用中扣除该项差异；另一方面，还应将属于月初在产品生产费用实际支出的该项差异，加入本月产品成本中。相反，如果消耗定额不是降低，而是提高，月初在产品增值的差异则应加入月初在产品定额费用之中，同时从本月产品成本中予以扣除（因为实际上并未发生这部分支出）。这就是说，本月产品成本总额未变，即月初在产品费用与本月生产费用之和，或者本月完工产品费用与月末在产品费用之和都不变，只是内部的出现形式有所改变：定额降低时，减少了定额成本，增加了定额变动差异；定额提高时，情况相反。否则账目就不平。

在修订定额成本的月份，产品的实际成本应改按下列公式计算：

产品实际成本＝按现行定额计算的产品定额成本±脱离现行定额差异±原材料或半成品成本差异±月初在产品定额变动差异

(八) 完工产品实际成本和月末在产品成本的计算和分析

1. 完工产品和月末在产品定额成本的计算和各种成本差异的分配

上节所列公式中的产品，包括完工产品和月末在产品。某种产品如果既有完工产品又有月末在产品，也应在完工产品与月末在产品之间分配费用。

由于定额法的日常核算是将定额成本和各种成本差异分别核算的，因而分配费用时也应按定额成本和各种成本差异分别进行：首先计算完工产品和月末在产品的定额成本，然后分配各种成本差异。在定额法下，有着现成的定额成本资料，各种成本差异应采用定额比例法或在产品按定额成本计价法分配。前者将成本差异在完工产品与月末在产品之间按定额成本比例分配；后者将成本差异归由完工产品成本负担。

分配成本差异时，应按脱离定额差异、材料成本差异和月初在产品定额变动差异分别进行。差异金额不大，或者差异金额虽大但各月在产品数量变动不大的，可以归由完工产品成本负担差异金额较大而且各月在产品数量变动也较大的，应在完工产品与月末在产品之间按定额成本比例分配。但其中月初在产品定额变动差异，如果产品生产的周期小于一个月，定额变动的月初在产品在月内全部完工，那么，即使差异金额较大而且各月在产品数量变动也较大，也可以将其归由完工产品成本负担。

分配各种成本差异以后，根据完工产品的定额成本，加减应负担的各种成本差异，即可计算完工产品的实际成本；根据月末在产品的定额成本，加减应负担的各种成本差异，即可计算月末在产品的实际成本。

2. 完工产品实际成本的计算和分析

假定前例企业甲种产品由一个封闭式车间进行生产，不分步计算成本。该公司规定：该种产品的定额变动差异和材料成本差异归由完工产品成本负担；脱离定额差异按定额成本比例，在完工产品与月末在产品之间进行分配。

【例10-39】根据甲种产品的在产品成本、定额变动差异和各种费用分配表等资料，登记产品成本明细账如表10-74所示。

表10-74　产品成本明细账

产品名称：甲　　201×年9月　　产量：500件

成本项目	月初在产品成本		月初在产品定额变动		本月生产费用			生产费用累计				差异率	本月产成品成本					月末在产品成本	
	定额成本	脱离定额差异	定额成本调整	定额变动差异	定额成本	脱离定额差异	材料成本差异	定额成本	脱离定额差异	材料成本差异	定额变动差异	脱离定额差异	定额成本	脱离定额差异	材料成本差异	定额变动差异	实际成本	定额成本	脱离定额差异
	①	②	③	④	⑤	⑥	⑦	⑧=①+③+⑤	⑨=②+⑥	⑩=⑦	⑪=④	⑫=⑨÷⑧	⑬	⑭=⑬×⑫	⑮=⑩	⑯=⑪	⑰=⑬+⑭+⑮+⑯	⑱	⑲=⑱×⑫
原材料	18750	−1229.75	−1225	+1225	52970	−2300	+5067	70595	−3529.75	+5067	+1125	−0.05	58500	−2925	+5067	+1125	61767	12095	−604.75
工资及福利费	1021	+113.50			3829	+323		4850	+436.50			+0.09	4500	+405			4905	350	+31.50
动力费用	4084	-108			15316	+2242		19400	+2134			+0.11	18000	+1980			19980	1400	+154
制造费用	2042	+230			7658	+1807		9700	+2037			+0.21	9000	+1980			10890	700	+147
成本合计	25897	-994.25	-1125	+1125	79773	+2072	+5067	104545	+1077.75	+5067	+1125		90000	+1350	+5067	+1125	97542	14545	-272.25

在上列产品成本明细账中，月初在产品成本资料，应根据上月末在产品成本资料登记；由于材料成本差异和定额变动差异均由完工产品成本负担，因而月初在产品成本中不包括这两种成本差异。

月初在产品定额变动资料，应根据前列月初在产品定额变动差异计算表登记：定额成本调整数是用来调整按旧定额计算的月初在产品定额成本的（定额降低时为负数，定额提高时为正数）。定额变动差异数是应由本月产品成本负担的月初在产品定额变动差异（定额降低时为正数，定额提高时为负数）。两者数额相等，但正负方向相反。本月生产费用中的原材料的定额费用和脱离定额差异，应根据前列原材料定额费用和脱离定额差异汇总表登记；本月生产费用中的材料成本差异，应根据前列原材料成本差异分配表登记；本月生产费用中的工资及福利费以及制造费用的定额费用和脱离定额差异，应根据各该费用的分配表（本例略）登记。如果材料成本差异和定额变动差异也由完工产品和月末在产品成本共同负担，上列产品成本明细账中的差异率也应包括该两种成本的差异率。

上列产品成本明细账中的本月产成品的定额成本，应根据入库产成品数量乘以产品单位定额成本计算登记；本例甲种产品的单位定额成本为：原材料费用117元，工资及福利费9元，动力费用36元，制造费用18元，合计180元。

上列产品成本明细账中的月末在产品的定额成本，可以根据该种产品各工序各种在产品的盘存数量或账面结存数量，乘以各该新的费用定额计算登记，也可以根据定额成本累计数（第8栏）减去本月产成品定额成本（第13栏），即按照倒挤的方法计算登记；两者计算结果应该相等。月末在产品的脱离定额差异，可以根据其定额成本乘以脱离定额差异率计算登记，也可以根据脱离定额差异的累计数减去产成品脱离定额差异计算登记；两者计算结果也应相等。

从以上所述，可以看出，在月末在产品定额成本采用倒挤方法计算的情况下，在定额降低时，如果月初在产品定额成本不做降低的调整，由于本月生产费用和本月产成品成本中的定额成本已按降低后新的定额计算，月初在产品应降低而未降低的定额成本，即月初在产品定额变动差异，会全部计入月末在产品定额成本中，形成月末在产品定额成本虚增，使月末在产品分配负担的脱离定额差异也虚增（在定额提高时，情况相反），从而影响成本计算的正确性，并使产成品成本不能单独反映定额变动差异，从而影响成本分析工作的进行。在月末在产品定额成本根据月末在产品盘存数量（或账面结存数量）和新的费用定额计算的情况下，在定额降低时，如果月初在产品定额成本不做降低的调整，由于本月生产费用、本月产成品成本和月末在产品成本中的定额成本已按降低以后新的定额成本计算，则月初在产品成本和本月生产费用中的定额成本之和，与产成品成本和月末在产品成本中的定额成本之和不相等，会使账目不平（定额提高时也是如此）。在这种情况下，如果成本差异率仍按上列产品成本明细账中的计算公式计算，则会使成本差异分配不完。因为作为差异率计算公式分母的定额成本，大于产成品与月末在产品的定额成本之和（定额提高时，情况相反）。

根据上列产品成本明细账所列本月产成品成本资料，可以看出：产成品的定额成本为90000元，实际成本为97542元。

【例10-40】仍以上例甲产品的成本资料，说明采用定额法时完工产品实际成本的分析方法。

上例甲种产品的实际成本与定额成本相比较，超支7542元。其中由于脱离定额差异而超支1350元，即生产耗费超支（量差）1350元，这是生产车间工作的缺点。由于材料成本差异超支而超支5067元，这是材料供应部门的缺点。由于月初在产品定额变动（定额降低）而引起的超支1125元，这不仅不是车间工作的缺点，而且是车间工作的成绩；但这不是车间本月份工作的成绩，而是车间以前月份工作的成绩，也就是车间前一个时期提高生产技术或提高劳动生产率的结果。此外，这种分析还可以按照各个成本项目分别进行。由此可见，采用定额法，在完工产品成本中按成本项目分别反映定额成本和各种成本差异，便于进行成本的考核和分析。

六、分类法

（一）分类法的特点

产品成本计算的分类法，就是在产品品种、规格繁多，但可以按照一定标准分类的情况下，为了简化计算工作而采用的一种成本计算方法。

产品成本计算分类法的特点是：按照产品类别归集费用、计算成本；同一类产品内不同品种（或规格）产品的成本采用一定的分配方法分配确定。

(二) 分类法的优缺点和应用条件

采用分类法计算产品成本，每类产品内各种产品的生产费用，不论是间接计入费用还是直接计入费用，都采用分配方法分配计算，因而领料凭证、工时记录和各种费用分配表都可以按照产品类别填列，产品成本明细账也可以按照产品类别设立，从而简化成本计算工作，而且还能够在产品品种、规格繁多的情况下，分类掌握产品成本的水平。

分类法也是有缺点的。这是由于同类产品内各种产品的成本均按一定的比例分配计算，因而计算结果有着一定的假定性。

与上述优缺点相联系，产品的分类和分配标准（或系数）的确定是否适当，是采用分类法时能否做到既简化成本计算工作，又使成本计算相对正确的关键。因此，采用分类法，不仅需要对各种产品按照前述要求进行分类，而且在进行产品分类时，类距既不宜定得过小，使成本计算工作复杂，也不能定得过大，造成成本计算的“大锅烩”；在选择分配标准时，要选择与成本水平高低有密切联系的分配标准分配费用。当产品结构、所用原材料或工艺过程发生较大变动时，应该修订分配系数或考虑另选分配标准，以保证成本计算的正确。

(三) 分类法的计算程序

采用分类法计算产品成本，先要根据产品的结构、所用原材料和工艺过程的不同，将产品划分为几类，按照产品的类别设立产品成本明细账，归集产品的生产费用，计算各类产品成本；然后选择合理的分配标准，在每类产品的各种产品之间分配费用，计算每类产品内各种产品的成本。

同类产品内各种产品之间分配费用的标准，有定额消耗量、定额费用、售价，以及产品的体积、长度和重量等。选择分配标准时，应考虑分配标准是否与产品成本的高低关系较大。各成本项目可以采用同一分配标准分配；也可以按照成本项目的性质，分别采用不同的分配标准分配，以使分配结果更加合理。例如直接材料费用可按材料定额费用或材料定额消耗量比例分配，直接人工费用等其他费用可按定额工时比例分配。

为了简化分配工作，也可以将分配标准折算成相对固定的系数，按照固定的系数分配同类产品内各种产品的成本。确定系数时，一般是在同类产品中选择一种产量较大、生产比较稳定或规格折中的产品作为标准产品，把这种产品的分配标准额的系数定为“1”；用其他各种产品的分配标准额与标准产品的分配标准额相比，求出其他产品的分配标准额与标准产品的分配标准额的比率，即系数。系数一经确定，应相对稳定不变。在分类法中，按照系数分配同类产品内各种产品成本的方法，也叫系数法。因此，系数法是分类法的一种，也可称为简化的分类法。

1. 系数的确定

【例10-41】假定智董工厂甲、乙、丙三种产品的结构、所用原材料和工艺过程相近，合为一类计算成本。该类产品的直接材料费用按照各种产品的直接材料费用系数进行分配；直接材料费用系数按直接材料费用定额确定。该公司规定乙种产品为标准产品。各该产品所耗各种直接材料的消耗定额、计划单价以及费用定额和直接材料费用系数计算见表10-75。

只要系数计算表中所列产品的直接材料消耗定额和计划单价没有变动，表中计算确定的系数可以长期使用。

表10-75 直接材料费用系数计算表

产品名称	单位产品直接材料费用				直接材料费用系数
	直接材料名称或编号	消耗定额（公斤）	计划单价	费用定额	
甲	3214	27	12	324	$\frac{1980}{1650}=1.2$
	4653	35	24	840	
	8543	20	18	360	
	9632	30.4	15	456	
	小计			1980	
乙（标准产品）	3214	23	12	276	1
	4653	30	24	720	
	8543	28	18	504	
	9632	10	15	150	
	小计			1650	
丙	3214	21	12	252	$\frac{1485}{1650}=0.9$
	4653	28	24	672	
	8543	25	18	450	
	9632	7.4	15	111	
	小计			1485	

2. 各类和各种产品成本的计算

【例10-42】假定上例企业根据各种费用分配表和月初、月末在产品定额成本资料（在产品按定额成本计价），登记该类产品成本明细账如表10-76所示。

表10-76 某类产品成本明细账

月	日	摘要	直接材料	直接人工	制造费用	合计
6	30	在产品成本（定额成本）	9900	1881	4752	16533
7	31	本月生产费用	15180	3285	8219	26684
7	31	生产费用累计	25080	5166	12971	43217
7	31	完工转出产成品成本	14080	3038	7595	24713
7	31	在产品成本（定额成本）	11000	2128	5376	18504

该公司规定该类产品的直接人工费用和制造费用均按各种产品的定额工时比例分配，其工时定额为：甲产品28小时，乙产品31小时，丙产品17小时。7月份的产量为甲产品15件，乙产品19件，丙产品30件。

该类产品7月份的各种产成品成本计算表如表10-77所示。

表10-77 某类产品内务种产成品成本计算表

201×年7月

项目	产量（件）	直接材料费用悉数	直接材料费用总悉数	工时定额	定额工时	直接材料	直接人工	制造费用	成本合计
①	②	③	④＝②×③	⑤	⑥＝②×⑤	⑦＝④×率	⑧＝⑥×率	⑨＝⑥×率	⑩
费用分配率						220	2	5	

续表

项目	产量(件)	直接材料费用悉数	直接材料费用总悉数	工时定额	定额工时	直接材料	直接人工	制造费用	成本合计
产成品甲	15	1.2	18	28	420	3960	840	2100	6900
产成品乙	19	1	19	31	589	4180	1178	2945	8303
产成品丙	30	0.9	27	17	510	5940	1020	2550	9510
合 计			64		1519	14080	3038	7595	24713

在上例产成品成本计算表中，各项费用的合计数（即“合计”余额），是分配对象。应根据该类产品成本明细账完工转出的产成品成本登记。表中直接材料费用分配率，应根据直接材料费用合计数除以直接材料费用总系数的合计数计算填列；以该项费用分配率分别乘以各种产成品的直接材料费用总系数，即为各种产成品的直接材料费用。由此可见，按系数分配费用，实际上是按以产量加权的总系数分配费用。表中直接人工等项费用的分配率，应根据各项费用的合计数，分别除以定额工时的合计数计算填列；以各该费用分配率，分别乘以各种产成品的定额工时，即为各该种产成品的各该项费用。从上例可以看出，在按消耗定额或费用定额计算系数的情况下，按系数比例分配费用的结果与直接按定额消耗量或定额费用比例分配费用的结果相同，因为两者的比例关系是一致的。

(四) 副产品的成本计算

副产品是在主要产品的生产过程中附带生产出来的非主要产品。例如炼铁生产中产生的高炉煤气，提炼原油过程中产生的渣油、石油焦，以及制皂生产中产生的甘油等。如果副产品的比重较大，为了正确计算主、副产品的成本，应该将主、副产品视同联产品计算成本。如果副产品的比重不大，为了简化成本计算工作，可以采用与分类法相类似的方法计算成本。即将副产品与主产品合为一类设立产品成本明细账，归集费用、计算成本；然后将副产品按照一定的方法计价，从总成本中扣除，以扣除后的成本作为主产品的成本。

副产品的计价方法，可以按照售价减去按正常利润率计算的销售利润后的余额计价；也可以在此基础上确定固定的单价，以固定的单价计价。副产品的计价额，一般从总成本的“原材料”或“直接材料”项目中扣除。

对副产品进行正确的计价，对于正确计算主副产品的成本很重要。副产品计价既不能过高，以免把主产品的超支转嫁到副产品上；也不能过低，以免把销售副产品的亏损转嫁到主产品上。如果剐产品的售价不能抵偿其销售费用，则副产品不应计价，也就是说不从主产品成本中扣除副产品价值。

1. 主、副产品分离前后的成本计算

如果副产品与主产品分离后，还要进行加工，如在制皂过程中产生的含有甘油的盐水，在与主产品分离以后，还要加入某些辅助材料，经过一定的加工处理，才能生产出甘油，这时，还应根据副产品加工生产的特点和管理要求，采用适当方法单独计算副产品成本。

【例10-43】假定智董工厂在主产品—甲产品生产的过程中，还生产出可以加工成为副产品—乙产品的原料。甲产品的生产和乙产品的加工处理，都在同一个车间进行，不分步计算成本。副产品按固定单价每公斤0.50元计价，从甲产品的原材料费用中扣除。甲、乙产品的在产品都按原料的定额费用计价。其7月的产量为5600公斤，乙产品1020公斤。

根据在产品定额成本（定额原料费用）资料、各种费用分配表和产成品交库单登记该两种产品成本明细账如表10-78、表10-79所示。

表10-78 产品成本明细账

产品名称：甲（主产品）

月	日	摘要	产量（公斤）	原料	辅助材料	工资及福利费	制造费用	成本合计
6	30	在产品定额成本		59760				59760
7	31	本月生产费用		152910	42780	12840	27392	235922
7	31	减：副产品（乙产品原料）		2160				2160
7	31	生产费用累计		210510	42780	12840	27392	293522
7	31	本月产成品成本转出	5600	153310	42780	12840	27392	236322
7	31	产成品单位成本		27.38	7.64	2.29	4.89	42.20
7	31	在产品定额成本		57200				57200

表10-79 产品成本明细账

产品名称：乙（副产品）

月	日	摘要	产量（公斤）	原料	辅助材料	工资及福利费	制造费用	成本合计
6	30	在产品定额成本		560				560
7	31	本月生产费用		2160	988	945	2016	6109
7	31	生产费用累计		2720	988	945	2016	6669
7	31	本月产成品转出	1020	2224	988	945	2016	6173
7	31	产成品单位成本		2.18	0.97	0.93	1.97	6.05
7	31	在产品定额成本		496				496

在上例甲产品成本明细账中，本月生产费用为主、副产品分离前共同发生的费用。原料和辅助材料费用为直接计入费用，应根据领料凭证按照材料类别和用途汇总编制的材料费用分配表（本例略）登记；工资及福利费等其他费用，应根据后列工、费分配表登记。假定生产过程中产生副产品1080公斤，每公斤计价2元，共计2160元，从甲产品的原料费用中扣减。生产费用累计减去月末在产品定额成本，即为主产品甲的产成品成本。由于在产品定额成本只计算原料费用，因而在产品原料成本差异和其他各项费用均由产成品成本负担。

在上例乙产品成本明细账中，本月生产费用为本月副产品与主产品分离以后为加工乙产品所发生的费用。其中原料费用应根据副产品成本的结转凭证登记；辅助材料也是直接计入费用，应根据上述材料费用分配表（本例略）登记；工资及福利费等其他费用，应根据下列工、费分配表登记。账中生产费用累计减去按定额原料费用计算的在产品成本，即为副产品分离后加工制成的乙产品成本。工、费分配表如表10-80所示。

表10-80 工、费分配表

201×年7月

项目	生产工时	工资及福利费	制造费用
本月发生额	9190	13785	29408
工费分配率		1.5	3.2
甲产品（主产品）	8560	12840	27392
乙产品（副产品）	630	945	2016
合计	9190	13785	29408

在上述工、费分配表中，生产工时发生额应根据工时记录登记；工资及福利费等项费用发生额，为该车间主、副产品分离前发生的加工费用和对副产品进一步加工发生的加工费用，在甲、乙两种产品之间按照生产工时比例进行分配。前列两种产品成本明细账中本月各该项费用，就是根据上列工、费分配表登记的。

2. 副产品成本按计划单位成本计算

如果副产品加工处理所需时间不长，费用不大，为了简化成本计算工作，副产品也可以按计划单位成本计价，而不计算副产品的实际成本。这样，从主、副产品的生产费用总额中扣除按计划单位成本计算的副产品成本以后的余额，即为主产品的成本。在这种情况下，主、副产品（不论分离前还是分离后）的领料凭证、工时记录和产品成本明细账，都可以作为主产品而合并填列和设立。

【例10-44】假定上例中乙产品加工处理所需时间不长，费用不大，按计划单位成本计价，其计划单位成本为：原料2.20元，辅助材料0.95元，工资及福利费1元，制造费用2元，合计6.15元。这种计算方法下的甲产品成本明细账如表10-81所示。

表10-81　产品成本明细账

产品名称：甲（主产品）

月	日	摘要	产量（公斤）	原材料	辅助材料	工资及福利费	制造费用	成本合计
6	30	在产品定额成本		59760				59760
7	31	本月生产费用		152910	43768	13785	29408	239871
7	31	生产费用累计		212670	43768	13785	29408	299631
7	31	减：乙（副产品）成本	1020	2244	969	1020	2040	6273
7	31	本月产成本品成本转出	5600	153226	42799	12765	27368	236158
7	31	产成品单位成本		27.36	7.64	2.28	4.89	42.17
7	31	在产品定额成本		57200				57200

上述甲产品成本明细账就是按分离前和分离后的主、副产品合并设立的。其中本月辅助材料费用、工资及福利费和制造费用，均为前例中甲、乙两种产品本月生产费用之和。这是因为：在这种计算方法下，先按总的实际生产费用合并计算甲、乙两种产品的总成本，再按计划单位成本计算乙产品成本，并将其从总成本中减去，计算甲产品成本。其中辅助材料费用即为前列甲、乙两种产品成本明细账中本月辅助材料费用之和；工资及福利费、制造费用即为前列工、费分配表中各该费用本月发生额。账中本月原料费用则不应包括前列乙种产品成本明细账中的原料费用，因为后一项原料费用就是从甲产品成本明细账的原料费用中转入的。上列甲产品成本明细账中的生产费用累计数减去乙种产品计划成本和甲产品的在产品定额成本，即为甲产品的产成品成本。

将上述两种计算方法算出的甲种产成品单位成本进行比较，可以看出，只要符合前述条件，采用后一种简化的计算方法对于主产品成本正确性的影响不大。

第四节 期间费用的会计处理

一、销售费用的会计处理

销售费用是指企业在产品销售过程中所发生的费用，以及为销售本企业产品而专设的销售机构的经常费用。

(一) 销售费用归集的会计处理

销售费用不计入产品的成本，而按照期间（月份、季度或年度）核算，作为期间费用，直接计入当月损益。因此，这种费用应按年、季、月和费用项目编制费用计划加以控制和考核。通过这种费用的归集和结转，应该反映和监督其费用计划的执行情况，并将其正确、及时地计入当月损益。

销售费用的项目，有的按费用的经济用途设立，有的按费用的经济内容设立。一般包括运输费、装卸费、包装费、保险费、展览费、广告费、租赁费（不含融资租赁）、销售服务费和委托代销手续费等；在专设销售机构的企业中，还包括销售机构的工资及福利费、折旧费、修理费、物料消耗、低值易耗品摊销、差旅费和办公费等经常费用。

销售费用是通过“销售费用”科目进行归集和结转的。该科目所属明细账应按费用项目设立专户或专栏，分别反映各项销售费用的支出情况；如果专设的销售机构规模比较大，应另设明细账，按费用项目反映该销售机构的销售费用支出情况。

“销售费用”科目的借方用来归集产品的销售费用，应根据有关的付款凭证、转账凭证和前述各种有关的费用分配表登记：借记该科目，贷记“库存现金”“银行存款”“应付账款”“周转材料”“原材料”“应付职工薪酬—工资”和“应付职工薪酬—职工福利”等科目。月末，应根据该科目和所属明细账借方归集的各项费用，分析和考核销售费用计划的执行情况。

【例10-45】智董工厂销售费用明细账如表10-82所示。

表10-82 智董工厂销售费用明细账

月	日	摘要	运输费	包装费	保险费	广告费	工资及福利费	折旧费	修理费	物料费	差旅费	办公费	其他	合计	转出	余额
8		本月计划	1200	1300	2000	2500	3600	1100	1000	900	2500	850	400	17350	×	×
8		付款凭证	1230	890		2480					2620	850	430	8530		
8	31	原材料费用分配表		480						870				1350		
8	31	工资费用分配表					3170							3170		
8	31	福利费分配表					440							440		

续表

月	日	摘要	运输费	包装费	保险费	广告费	工资及福利费	折旧费	修理费	物料费	差旅费	办公费	其他	合计	转出	余额
8	31	待摊费用分配表			1910									1910		
8	31	预提费用分配表							930					930		
8	31	折旧费用分配表						1120						1120		17450
8	31	转出													17450	0
8	31	本月实际合计	1230	1370	1910	2480	3610	1120	930	870	2620	880	430	17450	17450	0
8	31	本月费用差异	+30	+70	−90	−20	+10	+20	−70	−30	+120	+30	+30	+100	×	×
8	31	本月末实际累计	9810	10950	15384	19170	28700	8980	7510	6950	20800	7080	3360	138694	×	×

在上列产品销售明细账中，本月计划数可以登记，也可以不登记；如果登记，应根据销售费用的年度分月计划登记。登记本月计划数，可以据以控制当月费用的实际支出，并可在月末与本月实际费用合计数相比较，分析和考核费用计划的执行情况。账中各项费用的实际数，应根据付款凭证和各种费用分配表逐日或于月末汇总登记。账中的本月末实际累计数，应根据本月实际合计数加上该账的上月末实际累计数计算登记。登记月末实际累计数，可以作为编制成本报表中销售费用明细表的依据（后面述及）。

(二) 销售费用结转的会计处理

由于销售费用不计入产品成本，而作为期间费用直接计入当期损益，因此，应该根据销售费用明细账所记每月实际费用合计数，编制转账凭证，直接转入本月损益，借记“本年利润”科目，贷记“销售费用”科目。

【例10-46】上例企业8月末结转销售费用的会计分录应为：

借：本年利润　　17450

　贷：销售费用　　17450

月末结转以后，“销售费用”总账科目和所属明细账应无余额。

二、管理费用的会计处理

管理费用是企业行政管理部门为组织和管理生产经营活动而发生的各项费用。行政管理部门在一般工业企业中是工厂厂部各职能管理部门；在按总厂和分厂组织的企业中，是总厂各职能管理部门；在按公司形式组织的企业中，还包括公司的各职能管理部门。

(一) 管理费用归集的会计处理

管理费用也不计入产品成本，而作为期间费用，直接计入当月损益。因此，这种费用也应按年、季、月和费用项目（或者既按部门又按费用项目）编制费用计划加以控制和考核。通过这种费用的归集和结转，应该反映和监督其费用计划的执行情况，并将其正确、及时地计入当月损益。

管理费用的费用项目一般有：工资及福利费、物料消耗、差旅费、办公费、低值易耗品摊销、折旧费、修理费、水电费、租赁费（不含融资租赁）、保险费、劳动保险费、待业保险费、工会经费、职工教育经费、咨询费、审计费、诉讼费、排污费、绿化费、税金、土地（或海域）使用费、土地损失补偿费、技术转让费、技术开发费、无形资产摊销、开办费摊销、业务招待费、董事会费、坏账损失，以及材料产品盘亏、毁损和报废（减盘盈）等。其中包括作为材料产品盘亏和毁损抵减数的材料产品盘盈。工业企业可以根据各项费用比重的大小和管理要求，对上列某些费用项目进行合并或者进一步细分，例如将其中税金项目细分为房产税、车船税、土地使用税和印花税；也可以另行规定费用项目。但是，为了使各期费用资料可比，费用项目一经确定，不应任意变更。

管理费用的归集和结转，是通过“管理费用”科目和所属明细账进行的。管理费用明细账应按费用项目设立专栏或专户，或者按管理部门分设专户，其中再按费用项目设立专栏，用来反映各项费用或各部门、各项费用的支出情况。该科目的借方用来归集企业的全部管理费用，应根据付款凭证、转账凭证和前述各种费用分配表，借记该科目，贷记“原材料”“应付职工薪酬—工资”“应付职工薪酬—职工福利”“累计折旧”“周转材料”“银行存款”和“库存现金”等科目。在发生上述材料产品盘盈时，则应按照盘盈价值，借记有关科目，贷记“管理费用”科目，以抵减管理费用。

上述抵减管理费用的金额，一方面应记入“管理费用”总账科目的贷方；另一方面应记入管理费用明细账的贷方。但在多栏式费用明细账中，由于只按费用项目分设借方专栏，因而在实际登记时应在管理费用明细账借方“材料产品盘亏、毁损和报废”专栏中用红字登记，从借方冲减。这样登记，不仅可以节省账页篇幅（不必为贷方再分设专栏），还便于计算这一费用项目的净额。因此，在这种情况下，总账科目与所属明细账之间，只能进行余额的核对，不能进行发生额的核对。

【例10-47】现列举上例工业企业的管理费用，明细账如表10-83所示。

表10-83　智董工厂管理费用

月	日	摘要	工资及福利费	物料消耗	折旧费	修理费	办公费	水电费	差旅费	保险费	税金	低值易耗品摊销	租赁费	劳动保险费	工会经费	咨询费	业务招待费	材料产品费	其他	合计	转出	余额
8		本月计划	17100	3900	7000	6500	7900	3100	4000	8600	5200	1900	4500	3700	5000	3500	3800		4600	90300	×	×
8	31	付款凭证				310	7850	3190	4140		5370		4590	3840	5160	3980	3870		4130	46430		
8	31	原材料费用分配表		4120																4320		
8	31	工资费用分配表	14900																	14900		
8	31	福利费分配表	2086																	2086		
8	31	待摊费用分配表								8764										8764		
8	31	预提费用分配表				6430														6430		
8	31	折旧费用分配表			6870															6870		
8	31	低值易耗品摊销表										1830								1830		
8	31	材料盘存凭证																5960		5960		
8	31	产成品盘存凭证																2810		2810		94780

续表

月	日	摘要	工资及福利费	物料消耗	折旧费	修理费	办公费	水电费	差旅费	保险费	税金	低值易耗品摊销	租赁费	劳动保险费	工会经费	咨询费	业务招待费	材料产品费	其他	合计	转出	余额
8	31	转出																			94780	0
8	31	本月实际合计	16986	4120	6870	6740	7850	3190	4140	8764	5370	1830	4590	3840	5160	3980	3870	3150	4330	94780	94780	0
8	31	本月费用差异	−114	+220	−130	+240	−50	+90	+140	+164	+170	−70	+90	+140	+160	+480	+70	+3150	−270	+4480	×	×
8	31	本月末实际累计	135100	31900	54900	51800	62120	24910	32720	69833	41880	14510	35930	29980	39790	31930	30910	25110	34570	747893	×	×

管理费用明细账的登记方法与销售费用明细账的登记方法基本相同。账中本月计划数、本月费用差异数，是为了对管理费用进行控制、考核和分析而登记的；账中本月末实际累计数，可以为编制管理费用明细表提供资料。

上列管理费用明细账“材料产品盘亏”栏与各项费用专栏一样，都是用来登记“管理费用”科目的借方发生额的。其中根据材料盘存凭证所记5960元的会计分录为：

材料盘亏时（假定盘亏金额为6100元）：

借：待处理财产损溢　　6100

　贷：原材料　　6100

经审核处理时（假定其中140元应由责任人员赔偿，5960元应计入管理费用）：

借：其他应收款　　140

　　管理费用　　5960

　贷：待处理财产损溢　　6100

在上列管理费用明细账“材料产品盘亏”栏中，根据产成品盘存凭证所记的红字2810元，为产成品盘盈冲减管理费用的金额。

其会计分录为：

产成品盘盈时：

借：库存商品　　2810

　贷：待处理财产损溢　　2810

经审核处理时：

借：待处理财产损溢　　2810

　贷：管理费用　　2810

上列第2项分录中的管理费用2810元，应记入“管理费用”总账科目的贷方，但在登记上列多栏式管理费用明细账时，由于明细账只按费用项目分设借方专栏，没有分设贷方专栏，因而只能用红字记入借方“材料产品盘亏”栏，据以冲减管理费用中的材料产品盘亏损失。这样登记的好处是：可以减少多栏式管理费用明细账的栏数，节省该明细账的篇幅；可以在该明细账中直接反映材料产品盘存亏盈的净额。从上述账务处理可以看出：总账科目与其所属多栏式明细账的借贷发生额，不一定能够核对相符，但两者的借方或贷方余额，仍应核对相符。

(二) 管理费用结转的会计处理

为了将管理费用作为期间费用，直接计入当期损益，月末，应该根据“管理费用”科目借方归集的管理费用（减去材料产品的盘盈数），编制转账凭证，借记“本年利润”科目，贷记“管理费用”科目。

三、财务费用的会计处理

财务费用是指企业为筹集生产经营所需资金而发生的各项费用。企业为购建固定资产而筹集资金所发生的费用，在固定资产尚未完工交付使用前发生的，应计入有关固定资产价值，不属于财务费用。

(一) 财务费用归集的会计处理

财务费用也不计入产品成本，而作为期间费用，直接计入当期损益。因此，这种费用也应按年、季、月和费用项目编制费用计划加以控制和考核。通过这种费用的归集和结转，应该反映和监督其费用计划的执行情况，并将其正确、及时地计入当期损益。

财务费用的项目一般有：利息费用（减利息收入）汇兑损失（减汇兑收益）调剂外汇手续费，以及金融机构手续费（例如委托金融机构发行债券的手续费）等。其中包括作为“利息费用”项目抵减数的利息收入和作为“汇兑损失”项目抵减数的汇兑收益。

财务费用的归集和结转，是通过“财务费用”科目和所属明细账进行的。财务费用的明细账应按费用项目设立专栏或专户，用来反映各项财务费用的支出情况。在发生利息收入和汇兑收益时，应根据有关的收款凭证等，借记“银行存款”等科目，贷记“财务费用”科目。这些抵减财务费用的金额，既应记入“财务费用”总账科目的贷方，又应记入财务费用明细账的贷方；但在多栏式费用明细账中，由于只按费用项目分设借方专栏，因而在实际登记时应在财务费用多栏式明细账借方“利息费用”和“汇兑损失”专栏中用红字登记，以示冲减。这样登记，与在多栏式管理费用明细账中用红字登记材料产品盘盈金额一样，即可以节省账页篇幅，又便于计算这些费用项目的净额。在这种情况下，总账科目与所属明细账之间，也只能进行余额的核对，不能进行发生额的核对。

【例10-48】现列示上例企业的财务费用明细账如表10-84所示。

表10-84　智董工厂财务费用明细账

月	日	摘要	利息费用	汇兑损失	手续费	其他	合计	转出	余额
		本月计划	2700	400	3100	200	6400	×	×
8	×	付款凭证			3250		3250		
8	×	转账凭证		1310			1310		
8	×	收款凭证	1870				1870		
8	×	收款凭证		970			970		
8	31	预提利息分配表	2930				2930		4650
8	31	转出						4650	0
8	31	本月实际合计	1060	340	3250		4650	4650	0
8	31	本月费用差异	−1640	−60	+150	−200	−1750	×	×
8	31	本月末实际累计	23100	2800	23400	1510	50810	×	×

财务费用明细账的登记方法与销售费用明细账和管理费用明细账的登记方法基本相同。财务费用明细账中本月末实际累计数，是为了编制财务费用明细表提供资料而登记的。

(二) 财务费用结转的会计处理

月末，财务费用也应作为期间费用，直接计入当月损益，应该根据“财务费用”科目归集的财务费用（扣减利息收入和汇兑收益以后的费用），编制转账凭证，借记“本年利润”科目，贷记“财务费用”科目。

至此，工业企业的各种生产费用均已计入产品成本，并已采用适当的成本计算方法算出完工产品和月末在产品的成本；各种经营管理费用也已进行归集，并已作为期间费用直接计入当月损益。

第十一章

利润

第一节 利润形成及利润分配

利润，更准确地应该称为收益，它是企业在一定会计期间的经营成果。

会计利润的确定目前普遍采用的是利润表法，即通过配比的方式，将当期的全部收入（广义的收入）与当期全部成本费用损失（广义的费用）等进行配比，以形成当期的财务成果。企业经营成果的形成和确定是投资者最为关注的，企业盈利的大小在很大程度上反映了企业生产经营的经济效益和经营能力。

从利润的构成看，既有从生产经营活动和投资活动中取得的净收益，又包括企业所处的客观经济环境因素变化的影响。利润会导致企业所有者权益的增加（亏损则相反），但经营期间内所有者权益的增加并非都是利润。企业所有者在期间内的增资或减资，以及向所有者分配利润而流出的资产与利润或亏损无关。

一、利润形成和会计处理

(一) 利润的分类

利润按其与企业经营活动的关系，可分为正常利润和非正常利润两类。

1) 正常利润是由企业生产经营活动所产生或实现或期望实现的利润，它包括企业从事生产、销售、投资等活动所实现的利润。营业利润和投资所得均属正常利润。

2) 非正常利润是与企业生产经营活动无关或虽与企业生产经营活动有关，但属于偶发性、边缘性事项所引起的盈亏，即前述利得和损失的净额。

前期损益调整项目不属于本期利润总额，而是留存利润的调整项目，在所有者权益变动表/利润分配表中予以反映。产生正常利润的经营活动，可由企业管理部门控制，而非正常利润则是不可控的，因此，将利润划分为正常利润和非正常利润有助于衡量管理部门的经营管理效率。

(二) 利润的构成

在我国《企业会计准则》中，利润包括收入减去费用后的净额、直接计入当期利润的利得和损失等。直接计入当期利润的利得和损失，是指应当计入当期损益、会导致所有者权益发生增减变动的、与所有者投入资本或者向所有者分配利润无关的利得或者损失。利润分为营业利润、利润总额和净利润。

1) 营业利润＝营业收入－营业成本-营业税金及附加－销售费用－管理费用－财务费用－资产减值损失＋（公允价值变动收益－公允价值变动损失）＋（投资收益－投资损失）

其中，营业收入是企业经营业务所确定的收入总额，包括主营业务收入和其他业务收入。营业成本是企业经营业务所发生的实际成本总额，包括主营业务成本和其他业务成本。资产减值损失是企业计提各项资产减值准备所形成的损失。公允价值变动收益（或损失）是企业交易性金融资产等公允价值变动形成的应计入当期损益的利得（或损失）。投资收益（或损失）是企业以各种方式对外投资所取得的收益（或发生的损失）。

2) 利润总额＝营业利润＋营业外收入－营业外支出

其中，营业外收入（或支出）是指企业发生的、与日常经营活动无直接关系的各项利得（或损失）。

3) 净利润＝利润总额－所得税费用

其中，所得税费用是指企业确认的应从当期利润总额中扣除的所得税费用。由于所得税法和《企业会计准则》是基于不同目的、遵循不同原则分别制定的，二者在资产与负债的计量标准、收入与费用的确认原则等诸多方面存在着一定的分歧，导致企业一定期间按税法规定计算的当期所得税往往不等于按《企业会计准则》的要求确认的所得税费用。

当期所得税是指根据所得税法的要求，按一定期间的应纳税所得额和适用税率计算的当期应交所得税，用公式表示为

当期所得税＝当期应纳税所得额×适用税率

应纳税所得额是指以一定期间税法规定的应税收入减去税法允许扣除项目后的余额。

所得税费用是指根据《企业会计准则》的要求确认的、应从当期利润总额中扣除的所得税费用，包括当期所得税和递延所得税费用（或收益），用公式表示为

所得税费用＝当期所得税＋递延所得税费用（－递延所得税收益）

递延所得税费用（或收益）＝递延所得税负债－递延所得税资产

(三) 营业外收支的会计处理

1. 营业外收入

营业外收入是指企业取得的、与日常生产经营活动没有直接关系的各项利得。营业外收入并不是由企业经营资金耗费所产生的，不需要企业付出代价，实际上是一种纯收入，不可能也不需要与有关费用进行配比。因此，在会计核算上应严格区分营业外收入和营业外支出的界限。营业外收入主要包括处置非流动资产利得、非货币性资产交换利得、债务重组利得、罚没利得、政府补助利得、确实无法支付而按规定程序经批准后转作营业外收入的应付款项、捐赠利得、盘盈利得等。

处置非流动资产利得主要包括处置固定资产利得和出售无形资产利得。其中，处置固定资产利得是企业出售固定资产所取得的价款或报废固定资产的材料价值和变价收入等，

扣除固定资产账面价值、清理费用、处置相关税费后的净收益。出售无形资产利得是指企业出售无形资产所取得的价款扣除无形资产账面价值以及相关税费后的净收益。

非货币性资产交换利得是在非货币性资产交换中换出资产为固定资产或无形资产的，换入资产的公允价值大于换出资产账面价值的差额，扣除相关费用后计入营业外收入的金额。

债务重组利得是指重组债务的账面价值超过清偿债务的现金、非现金资产的公允价值、所转股份的公允价值或者重组后债务账面价值之间的差额。

罚没利得是指企业收取的滞纳金、违约金以及其他形式的罚款，在弥补了由于对方违约而造成的经济损失后的净收益。

政府补助利得是指企业从政府无偿取得货币性资产或非货币性资产形成的利得。

无法支付的应付款项是由于债权单位撤销或其他原因而无法支付，或者将应付款项划转给关联方等其他企业而无法支付或无须支付，按规定程序报经批准后转入当期损益的应付款项。

捐赠利得是指企业接受外部现金和非现金资产捐赠而获得的利得。

盘盈利得是指企业对于现金等清查盘点中盘盈的现金等，报经批准后计入营业外收入的金额。

企业应当通过"营业外收入"科目，核算营业外收入的取得和结转情况。该科目可按营业外收入项目进行明细核算。期末，应将该科目余额转入"本年利润"科目，结转后该科目无余额。

2. 营业外支出

营业外支出是指企业发生的、与日常经营活动无直接关系的各项损失。营业外支出主要包括非流动资产处置损失、非货币性资产交换损失、债务重组损失、公益性捐赠支出、非常损失、盘亏损失等。

非流动资产处置损失包括固定资产处置损失和无形资产出售损失。固定资产处置损失指企业出售固定资产所取得价款或报废固定资产的材料价值和变价收入等，不足抵补处置固定资产的账面价值、清理费用、处置相关税费后的净损失。无形资产出售损失指企业出售无形资产所取得价款，不足抵补出售无形资产的账面价值及相关税费的净损失。

非货币性资产交换损失是指在非货币性资产交换中换出资产为固定资产、无形资产的，换入资产公允价值小于换出资产账面价值的差额，扣除相关费用后计入营业外支出的金额。

债务重组损失是指重组债权的账面余额与受让资产的公允价值、所转股份的公允价值或者重组后债权的账面价值之间的差额。

公益性捐赠支出是指企业对外进行公益性捐赠发生的支出。

罚款支出是指企业由于违反合同、违法经营、偷税漏税、拖欠税款等而支付的违约金、罚款、滞纳金等支出。

非常损失是指企业对于因客观因素（如自然灾害等）造成的损失，在扣除保险公司赔偿后计入营业外支出的净损失。

盘亏损失是指企业在财产清查中发现的固定资产实存数量少于账面数量而发生的资产短缺损失。

企业应通过"营业外支出"科目，核算营业外支出的发生及结转情况。该科目可按营业外支出项目进行明细核算。期末，应将该科目余额转入"本年利润"科目，结转后该科目无余额。

营业外收入和营业外支出所包括的收支项目互不相关，不存在配比关系，因此，通常不能以营业外支出直接冲减营业外收入，也不得以营业外收入抵补营业外支出，二者的发生金额应当分别核算。

(四) 本年利润的会计处理

企业应设置“本年利润”科目，核算企业当期实现的净利润（或发生的净亏损）。

企业期（月）末结转利润时，应将各损益类科目的金额转入本科目，结平各损益类科目。结转时，应将收入类科目贷方余额转入本科目的贷方登记，借记“主营业务收入”“其他业务收入”“营业外收入”等科目，贷记“本年利润”科目；将支出类科目借方余额转入本科目的借方登记，借记“本年利润”科目，贷记“主营业务成本”“营业税金及附加”“其他业务成本”“销售费用”“管理费用”“财务费用”“资产减值损失”“营业外支出”“所得税费用”等科目。“公允价值变动损益”“投资收益”科目如为净收益，应借记“公允价值变动损益”“投资收益”科目，贷记“本年利润”科目；如为净损失，应借记“本年利润”科目，贷记“公允价值变动损益”“投资收益”科目。

结转后“本年利润”科目的贷方余额为当期实现的净利润，借方余额为当期发生的净亏损。年度终了，应将本年收入和支出相抵后结出的本年实现的净利润，转入“利润分配”科目，借记本科目，贷记“利润分配—未分配利润”科目；如为净亏损，则作相反的会计分录。结转后本科目应无余额。

二、利润的分配

企业当期实现的净利润，加上年年初未分配利润（或减去年年初未弥补亏损）后的余额，为可供分配的利润。可供分配的利润，一般按下列顺序分配：

1) 提取法定盈余公积是指企业根据有关法律的规定，按照净利润的10%提取的盈余公积。法定盈余公积累计金额超过企业注册资本的50%以上时，可以不再提取。

2) 提取任意盈余公积是指企业按股东大会决议提取的任意盈余公积。

3) 应付现金股利或利润是指企业按照利润分配方案分配给股东的现金股利，也包括非股份有限公司分配给投资者的利润。

4) 转作股本的股利是指企业按照利润分配方案以分派股票股和的形式转作股本的股利，也包括非股份有限公司以利润转增的资本。

企业应当设置“利润分配”科目，核算利润的分配（或亏损的弥补）情况，以及历年积存的未分配利润（或未弥补亏损）。该科目还应当分别“提取法定盈余公积”“提取任意盈余公积”“应付现金股利或利润”“转作股本的股利”“盈余公积补亏”和“未分配利润”等进行明细核算。

企业按有关法律规定提取的法定盈余公积，借记“利润分配—提取法定盈余公积”科目，贷记“盈余公积—法定盈余公积”科目；按股东大会或类似机构决议提取的任意盈余公积，借记“利润分配—提取任意盈余公积”科目，贷记“盈余公积—任意盈余公积”科目；按股东大会或类似机构决议分配给股东的现金股利，借记“利润分配—应付现金股利或利润”科目，贷记“应付股利”科目；按股东大会或类似机构决议分配给股东的股票股利，在办理增资手续后，借记“利润分配—转作股本的股利”科目，贷记“股本”科目，如有差额，贷记“资本公积—股本溢价”科目。企业用盈余公积弥补亏损，借记“盈余公积—法定盈余公积或任意盈余公积”科目，贷记“利润分配—盈余公积补亏”科目。

年度终了，企业应将“利润分配”科目所属其他明细科目余额转入“未分配利润”明细科目。结转后，除“未分配利润”明细科目外，其他明细科目应无余额。

【例11-1】智董公司2×11年度实现净利润10000000元，按净利润的10%提取法定盈余公积，按净利润的15%提取任意盈余公积，向股东分派现金股利4000000元，同时分派每股面值1元的股票股利3000000股。

①提取盈余公积：

借：利润分配—提取法定盈余公积　　　　　　1000000

—提取任意盈余公积　　1500000
贷：盈余公积—法定盈余公积　　1000000
—任意盈余公积　　1500000
②分配现金股利：
借：利润分配—应付现金股利　　4000000
贷：应付股利　　4000000
③分配股票股利，已办妥增资手续：
借：利润分配—转作股本的股利　　3000000
贷：股本　　3000000
④结转“利润分配”其他明细科目余额：
借：利润分配—未分配利润　　9500000
贷：利润分配—提取法定盈余公积　　1000000
—提取任意盈余公积　　1500000
—应付现金股利　　4000000
—转作股本的股利　　3000000

第二节 每股收益

每股收益（Earnings Per Share，EPS）是指普通股股东每持有一股所能享有的企业利润或需承担的企业亏损。每股收益通常被用于反映企业的经营成果，衡量普通股的获利水平及投资风险，是投资者、债权人等信息使用者据以评价企业盈利能力、预测企业成长潜力，进而做出相关经济决策的重要财务指标之一。在进行财务分析时，每股收益指标既可用于不同企业间的业绩比较，以评价智董公司的相对盈利能力；也可用于企业不同会计期间的业绩比较，以了解该公司盈利能力的变化趋势；此外，还可用于企业经营实绩与盈利预测的比较，以掌握企业的管理能力。

在计算每股净收益时，通常要区分简单资本结构和复杂资本结构。简单资本结构是指公司没有发行可能稀释普通股每股收益的任何证券，如可更换的优先股、可转换的公司债券和认股权证等。如果公司发行了这类可能冲淡普通股每股净收益的证券，就属复杂资本结构。不同的资本结构，要求提供的普通股每股净收益不同，通常包括基本每股收益和稀释每股收益。基本每股收益仅考虑当期实际发行在外的普通股股份，而稀释每股收益的计算和列报主要是为了避免每股收益虚增可能带来的信息误导。普通股或潜在普通股已公开交易的企业，以及正处于公开发行普通股或潜在普通股过程中的企业，应当计算每股收益指标，并在招股说明书、年度财务报告、中期财务报告等公开披露信息中予以列报。

一、基本每股收益的计算

企业应当按照属于普通股股东的当期净利润，除以发行在外普通股的加权平均数计算基本每股收益。应归属于普通股的净利润，是从当期净利润中扣除不属于普通股股东的优先股股利后的净利润。计算公式如下：

每股收益＝（净收益－优先股应享股利）÷发行在外普通股的加权平均数

由于股数是时点数，在报告期不同的时点上存在变化，因此计算当期发行在外普通股股数的加权平均数要取得一个平均值，通常以时间天数为计算权重。其计算公式为

发行在外普通股加权平均数＝期初发行在外普通股股数＋当期新发行普通股股数×已发行时间÷报告期时间－当期回购普通股股数×已回购时间÷报告期时间

为了简化计算，在影响很小的情况下，时间可以用月数为权重计算，但要注意上述报告期期间要与净利润的期间相配比。

【例11-2】智董公司按月计算每股收益的时间权数。2×11年期初发行在外的普通股为20000万股；2月28日新发行普通股10800万股；12月1日回购普通股4800万股，以备将来奖励职工之用。该公司当年度实现净利润6500万元。则2×11年度基本每股收益计算如下：

发行在外普通股加权平均数为

20000×12÷12＋10800×10÷12－4800×1÷12＝28600（万股）

或者20000×2÷12＋30800×9÷12＋26000×1÷12＝28600（万股）

基本每股收益＝6500÷28000＝0.23（元）

新发行普通股股数应当根据发行合同的具体条款，从应收对价之日（一般为股票发行日）起计算确定。通常包括下列情况：

①为收取现金而发行的普通股股数，从应收现金之日起计算。

②因债务转资本而发行的普通股股数，从停计债务利息之日或结算日起计算。

③非同一控制下的企业合并，作为对价发行的普通股股数，从购买日起计算；同一控制下的企业合并，作为对价发行的普通股股数，应当计入各列报期间普通股的加权平均数。

④为收购非现金资产而发行的普通股股数，从确认收购之日起计算。

二、稀释每股收益的计算

当公司具有复杂资本结构时，那些可更换为普通股的证券及可履行认购普通股的证券一旦转换或履行认购，通常会冲淡（稀释）普通股每股净收益。一般来说，投资者使用稀释后的每股收益来判断公司股票业绩和评价公司股票的价值。为此一些国家规定若稀释影响超过一定限度，公司应对普通股每股收益作双重表述。如美国，稀释若对每股收益的影响超过3%时，则要求公司对每股收益作双重表述：一是基本每股净收益；二是稀释每股净收益。我国会计准则也规定：企业存在稀释性潜在普通股的，应当分别调整归属于普通股股东的当期净利润和发行在外普通股的加权平均数，并据以计算稀释每股收益。

(一) 潜在普通股和稀释性潜在普通股

潜在普通股是指赋予其持有者在报告期或以后期间享有取得普通股权利的一种金融工具或其他合同。目前，我国企业发行的潜在普通股主要有可转换公司债券、认股权证、股份期权等，潜在普通股通常对每股收益具有稀释的可能性。稀释性潜在普通股是指假设当期转换为普通股会减少每股收益的潜在普通股。计算稀释每股收益时，只考虑稀释性潜在普通股的影响，而不考虑不具有稀释性的潜在普通股。

这里需要指出的是，潜在普通股是否具有稀释性的判断标准是看其对持续经营每股收益的影响。假定潜在普通股当期转换为普通股，如果会减少持续经营每股收益或增加持续经营每股亏损，表明其具有稀释性；否则，具有反稀释性。一般情况下，每股收益是按照企业当期归属于普通股股东的全部净利润计算而得，但如果企业存在终止经营的情况，应当按照扣除终止经营净利润以后的当期归属于普通股股东的持续经营净利润进行计算。

(二) 分子和分母的调整

稀释每股收益是以基本每股收益为基础，假定企业所有发行在外的稀释性潜在普通股

均已转换为普通股，从而分别调整归属于普通股股东的当期净利润以及发行在外的普通股加权平均数计算的每股收益。在计算稀释每股收益时，在原先的每股净收益的基础上，分子、分母都应进行相应的调整。

1. 分子的调整

计算稀释每股收益时，应当根据下列事项对归属于普通股股东的当期净利润进行调整。

1) 当期已确认为费用的稀释性潜在普通股的利息。

2) 稀释性潜在普通股转换时将产生的收益或费用。上述调整应当考虑相关的所得税影响，即按照税后影响金额调整。对于包含负债和权益成分的金融工具，仅需调整属于金融负债部分的相关利息、利得或损失。

2. 分母的调整

计算稀释每股收益时，当期发行在外普通股的加权平均数应当为计算基本每股收益时普通股的加权平均数与假定稀释性潜在普通股转换为已发行普通股而增加的普通股股数的加权平均数之和。

假定稀释性潜在普通股转换为已发行普通股而增加的普通股股数，应当根据潜在普通股的条件确定。当存在不止一种转换基础时，应当假定会采取从潜在普通股持有者角度看最有利的转换率或执行价格。

假定稀释性潜在普通股转换为已发行普通股而增加的普通股股数应当按照其发行在外时间进行加权平均。以前期间发行的稀释性潜在普通股，应当假设在当期期初转换为普通股；当期发行的稀释性潜在普通股，应当假设在发行日转换为普通股；当期被注销或终止的稀释性潜在普通股，应当按照当期发行在外的时间加权平均计入稀释每股收益；当期被转换或行权的稀释性潜在普通股，应当从当期期初至转换日（或行权日）计入稀释每股收益中，从转换日（或行权日）起所转换的普通股则计入基本每股收益中。

（三）可转换公司债券

可转换公司债券是指发行公司依法发行、在一定期间内依据约定的条件可以转换成股份的公司债券。对于可转换公司债券，可以采用假设转换法判断其稀释性，并计算稀释每股收益。首先，假定这部分可转换公司债券在当期期初（或发行日）即已转换成普通股，从而一方面增加了发行在外的普通股股数；另一方面节约了公司债券的利息费用，增加了归属于普通股股东的当期净利润。然后，用增加的净利润除以增加的普通股股数，得出增量股的每股收益，与原来的每股收益比较。如果增量股的每股收益小于原每股收益，则说明该可转换公司债券具有稀释作用，应当计入稀释每股收益的计算中。

计算稀释每股收益时，以基本每股收益为基础，分子的调整项目为可转换公司债券当期已确认为费用的利息等的税后影响额；分母的调整项目为假定可转换公司债券当期期初（或发行日）转换为普通股的股数加权平均数。

【例11-3】智董上市公司2×11年归属于普通股股东的净利润为25500万元，期初发行在外普通股股数10000万股，年内普通股股数未发生变化。2×11年1月1日，公司按面值发行40000万元的3年期可转换公司债券，债券每张面值100元，票面固定年利率为2%，利息自发行之日起每年支付一次，即每年12月31日为付息日。该批可转换公司债券自发行结束后12个月以后即可转换为公司股票，即转股期为发行12个月后至债券到期日止的期间。转股价格为每股10元，即每100元债券可转换为10股面值为1元的普通股。债券利息不符合资本化条件，直接计入当期损益，所得税税率为25%。

假设不具备转换选择权的类似债券的市场利率为3%。公司在对该批可转换公司债券初始确认时，根据《企业会计准则第37号——金融工具列报》的有关规定将负债和权益成分进行了分拆。2×11年度稀释每股收益计算如下

每年支付利息 $=40000\times2\%=800$（万元）

负债成分公允价值 $=800\div(1+3\%)+800\div(1+3\%)^2+40800\div(1+3\%)^3=38868.56$（万元）

权益成分公允价值 $=40000-38868.56=1131.44$（万元）

假设转换所增加的净利润 $=38868.56\times3\%\times(1-25\%)=874.54$（万元）

假设转换所增加的普通股股数 $=40000\div10=4000$（万股）

增量股的每股收益 $=874.54\div4000=0.22$（元）

增量股的每股收益小于基本每股收益，可转换公司债券具有稀释作用。

稀释每股收益 $=(25500+874.54)\div(10000+4000)=1.88$（元）

(四) 认股权证和股份期权

认股权证是公司发行的、约定持有人有权在履约期间内或特定到期日按约定价格向本公司购买新股的有价证券。股份期权是指公司授予持有人在未来一定期限内以预先确定的价格和条件购买本公司一定数量股份的权利，股份期权持有人对于其享有的股份期权，可以在规定的期间内以预先确定的价格和条件购买公司一定数量的股份，也可以放弃该种权利。

对于盈利企业，认股权证、股份期权等的行权价格低于当期普通股平均市场价格时，具有稀释性。对于亏损企业，认股权证、股份期权的假设行权一般不影响净亏损，但增加普通股股数，从而导致每股亏损金额减少，实际上产生了反稀释作用，因此，在这种情况下，不应当计算稀释每股收益。

对于稀释性认股权证、股份期权，计算稀释每股收益时，一般无须调整分子净利润金额，只需要按照下列步骤调整分母普通股加权平均数。

1) 假设这些认股权证、股份期权在当期期初（或发行日）已经行权，计算按约定行权价格发行普通股将取得的股款金额。

2) 假设按照当期普通股平均市场价格发行股票，计算需发行多少普通股能够带来上述相同的股款金额。

3) 比较行使股份期权、认股权证将发行的普通股股数与按照平均市场价格发行的普通股股数，差额部分相当于无对价发行的普通股，作为发行在外普通股股数的净增加。也就是说，认股权证、股份期权行权时发行的普通股可以看成两部分：一部分是按照平均市场价格发行的普通股，这部分普通股由于是按照市价发行，导致企业经济资源流入与普通股股数同比例增加，既没有稀释作用也没有反稀释作用，不影响每股收益金额；另一部分是无对价发行的普通股，这部分普通股由于是无对价发行，企业可利用的经济资源没有增加，但发行在外普通股股数增加了，因此具有稀释性，应当计入稀释每股收益中。

增加的普通股股数 = 拟行权时转换的普通股股数 − 行权价格 × 拟行权时转换的普通股股数 ÷ 当期普通股平均市场价格

其中，普通股平均市场价格的计算，理论上应当包括该普通股每次交易的价格，但实务操作中通常对每周或每月具有代表性的股票交易价格进行简单算术平均即可。股票价格比较平稳的情况下，可以采用每周或每月股票的收盘价作为代表性价格；股票价格波动较大的情况下，可以采用每周或每月股票最高价与最低价的平均值作为代表性价格。无论采用何种方法计算平均市场价格，一经确定，不得随意变更，除非有确凿证据表明原计算方法不再适用。当期发行认股权证或股份期权的，普通股平均市场价格应当自认股权证或股份期权的发行日起计算。

4) 将净增加的普通股股数乘以其假设发行在外的时间权数，据此调整稀释每股收益的计算分母。

(五) 企业承诺将回购其股份的合同

企业承诺将回购其股份的合同中规定的回购价格高于当期普通股平均市场价格时，应当考虑其稀释性。在计算稀释每股收益时，与前面认股权证、股份期权的计算思路恰好相反，具体步骤如下所述。

1) 假设企业于期初按照当期普通股平均市场价格发行普通股，以募集足够的资金来履行回购合同；合同日晚于期初的，则假设企业于合同日按照自合同日至期末的普通股平均市场价格发行足量的普通股。在该假设前提下，由于是按照市价发行普通股，导致企业经济资源流入与普通股股数同比例增加，每股收益金额不变。

2) 假设回购合同已于当期期初（或合同日）履行，按照约定的行权价格回购本企业股票。

3) 比较假设发行的普通股股数与假设回购的普通股股数，差额部分作为净增加的发行在外普通股股数，再乘以相应的时间权数，据此调整稀释每股收益的计算分母数。

增加的普通股股数＝回购价格×承诺回购的普通股股数÷当期普通股平均市场价格

【例11-4】智董公司2×11年度归属于普通股股东的净利润为400万元，发行在外普通股加权平均数为1000万股。2×11年3月2日，该公司与股东签订一份远期回购合同，承诺一年后以每股5.5元的价格回购其发行在外的240万股普通股。假设该普通股2×11年3月至12月平均每股市场价格为5元。2×11年度每股收益计算如下

基本每股收益＝400÷1000＝0.4（元）

调整增加的普通股股数＝240×5.5÷5－240＝24（万股）

稀释每股收益＝400÷(1000＋24×10÷12)＝0.39（元）

(六) 多项潜在普通股

企业对外发行不同潜在普通股的，单独考察其中某潜在普通股可能具有稀释作用，但如果和其他潜在普通股一并考察时，可能恰恰变为反稀释作用。例如，智董公司先后发行甲、乙两种可转换债券（票面利率和转换价格均不同），甲债券导致的增量股每股收益为1.5元，乙债券导致的增量股每股收益为3.5元，假设基本每股收益为4元。如果分别考察甲、乙两种可转换债券，增量股每股收益小于基本每股收益，两种债券都具有稀释作用。由于增量股每股收益越小，其稀释作用越大，甲债券的稀释作用大于乙债券。然而，如果综合考察甲、乙两种可转换债券，先计入甲债券使得每股收益稀释为3.1元，若再计入乙债券则使得每股收益反弹为3.4元，因此，乙债券在这种情况下不再具有稀释作用，不应计入稀释每股收益中。

为了反映潜在普通股最大的稀释作用，应当按照各潜在普通股的稀释程度从大到小的顺序计入稀释每股收益，直至稀释每股收益达到最小值。稀释程度根据增量股的每股收益衡量，即假定稀释性潜在普通股转换为普通股的情况下，将增加的归属于普通股股东的当期净利润除以增加的普通股股数的金额。需要强调的是，企业每次发行的潜在普通股应当视作不同的潜在普通股，分别判断其稀释性，而不能将其作为一个总体考虑。通常情况下，股份期权和认股权证排在前面计算，因为其假设行权一般不影响净利润。

对外发行多项潜在普通股的企业，应当按照下列步骤计算稀释每股收益。

1) 列出企业在外发行的各潜在普通股。

2) 假设各潜在普通股已于当期期初（或发行日）转换为普通股，确定其对归属于普通股股东当期净利润的影响金额。可转换公司债券的假设转换一般会增加当期净利润金额；股份期权和认股权证的假设行权一般不影响当期净利润。

3) 确定各潜在普通股假设转换后将增加的普通股股数。值得注意的是，稀释性股份期权和认股权证假设行权后，计算增加的普通股股数不是发行的全部普通股股数，而应当是其中无对价发行部分的普通股股数。

4) 计算各潜在普通股的增量股每股收益，判断其稀释性。增量股每股收益越小的潜在普通股稀释程度越大。

5) 按照潜在普通股稀释程度从大到小的顺序，将各稀释性潜在普通股分别计入稀释每股收益中。分步计算过程中，如果下一步得出的每股收益小于上一步得出的每股收益，表明新计入的潜在普通股具有稀释作用，应当计入稀释每股收益中；反之，则表明具有反稀释作用，不计入稀释每股收益中。

6) 最后得出的最小每股收益金额即为稀释每股收益。

【例11-5】智董公司2×11年度归属于普通股股东的净利润为3750万元，发行在外普通股加权平均数为12500万股。年初已发行在外的潜在普通股有：

①认股权证4800万份，行权日为2×12年6月1日，每份认股权证可以在行权日以8元的价格认购1股本公司新发股票。

②按面值发行的5年期可转换公司债券50000万元，债券每张面值100元，票面年利率为2.6%，转股价格为每股12.5元，即每100元债券可转换为8股面值为1元的普通股。

③按币值发行的3年期可转换公司债券100000万元，债券每张面值100元，票面年利率为1.4%，转股价格为每股10元，即每100元债券可转换为10股面值为1元的普通股。当期普通股平均市场价格为12元，年度内没有认股权证被行权，也没有可转换公司债券被转换或赎回，所得税税率为25%。假设不考虑可转换公司债券在负债和权益成分的分拆，且债券票面利率等于实际利率。

2×11年度每股收益计算如下：

基本每股收益＝3750÷12500＝0.3（元）

计算稀释每股收益：

1) 假设潜在普通股转换为普通股，计算增量股每股收益并排序，如表11-1所示。

表11-1 增量股每股收益计算表

项目	净利润增加（万元）	股数增加（万股）	增量股的每股收益（元）	顺序
认股权证	—	1600①	—	1
2.6%债券	975②	4000③	0.24	3
1.4%债券	1050④	10000⑤	0.11	2

①（14800－4800×8÷12＝1600（万股）

②50000×2.6%×(1－25%)＝975（万元）

③50000÷12.5＝4000（万股）

④100000×1.4%×(1－25%)＝1050（万元）

⑤100000÷10＝10000（万股）

由此可见，认股权证的稀释性最大，票面年利率为2.6%可转换公司债券的稀释性最小。

2) 分步计入稀释每股收益，如表11-2所示。

表11-2 稀释每股收益计算表

项目	净利润（万元）	股数（万股）	每股收益（元）	稀释性
基本每股收益	3750	12500	0.3	
认股权证	0	1600		
	3750	14100	0.27	稀释
1.4%债券	1050	10000		
	4800	24100	0.20	稀释
2.6%债券	975	4000		
	5775	28100	0.21	反稀释

因此，稀释每股收益为0.20元。

(七) 子公司、合营企业或联营企业发行的潜在普通股

子公司、合营企业、联营企业发行能够转换成其普通股的稀释性潜在普通股，不仅应当包括在其稀释每股收益的计算中，而且应当包括在合并稀释每股收益以及投资者稀释每股收益的计算中。

【例11-6】智董公司2×11年度归属于普通股股东的净利润为48000万元（不包括子公司贵琛公司利润或贵琛公司支付的股利），发行在外普通股加权平均数为40000万股，持有贵琛公司80%的普通股股权。贵琛公司2×11年度归属于普通股股东的净利润为21600万元，发行在外普通股加权平均数为9000万股，该普通股当年平均市场价格为8元。年初，贵琛公司对外发行600万份可用于购买其普通股的认股权证，行权价格为4元，智董公司持有其中12万份认股权证，当年无认股权证被行权。假设除股利外，母子公司之间没有其他需抵销的内部交易；智董公司取得对贵琛公司投资时，贵琛公司各项可辨认资产等的公允价值与其账面价值一致。2×11年度每股收益计算如下

1) 子公司每股收益。

①基本每股收益＝21600÷9000＝2.4（元）

②调整增加的普通股股数＝600－600×4÷8＝300（万股）

稀释每股收益＝21600÷(9000＋300)＝2.32（元）

2) 合并每股收益。

①归属于母公司普通股股东的母公司净利润＝48000万元

包括在合并基本每股收益计算中的子公司净利润部分＝2.4×9000×80%＝17280（万元）

基本每股收益＝(48000＋17280)÷40000＝1.63（元）

②子公司净利润中归属于普通股且由母公司享有的部分＝2.32×9000×80%＝16704（万元）

子公司净利润中归属于认股权证且由母公司享有的部分＝2.32×300×12÷600＝13.92（万元）

稀释每股收益＝(48000＋16704＋13.92)÷40000＝1.62（元）

三、每股收益的重新计算

(一) 派发股票股利、公积金转增资本、拆股和并股

企业派发股票股利、公积金转增资本、拆股或并股等，会增加或减少其发行在外普通股或潜在普通股的数量，但并不影响所有者权益金额，这既不影响企业所拥有或控制的经济资源，也不改变企业的盈利能力，即意味着同样的损益现在要由扩大或缩小了的股份规模来享有或分担。因此，为了保持会计指标的前后期可比性，企业应当在相关报批手续全部完成后，按调整后的股数重新计算各列报期间的每股收益。上述变化发生于资产负债表日至财务报告批准报出日之间的，应当以调整后的股数重新计算各列报期间的每股收益。

【例11-7】智董公司2×11年和2×12年归属于普通股股东的净利润分别为665万元和770万元，2×11年1月1日发行在外的普通股400万股，2×11年4月1日按市价新发行普通股80万股，2×12年7月1日分派股票股利，以2×11年12月31日总股本480万股为基数每10股送3股，假设不存在其他股数变动因素。2×12年度比较利润表中基本每股收益的计算如下

2×12年度发行在外普通股加权平均数＝(400＋80＋144)×12÷12＝624（万股）

2×11年度发行在外普通股加权平均数

＝400×1.3×12÷12＋80×1.3×9÷12＝598（万股）

2×12年度基本每股收益＝770÷624＝1.23（元）

2×11年度基本每股收益＝665÷598＝1.11（元）

（二）配股

配股在计算每股收益时比较特殊，因为它是向全部现有股东以低于当前股票市价的价格发行普通股，实际上可以理解为按市价发行股票和无对价送股的混合体。也就是说，配股中包含的送股因素具有与股票股利相同的效果，导致发行在外普通股股数增加的同时，却没有相应的经济资源流入。因此，在计算基本每股收益时，应当考虑配股中的送股因素，将这部分无对价的送股（不是全部配发的普通股）视同列报最早期间期初就已发行在外，并据以调整各列报期间发行在外普通股的加权平均数，计算各列报期间的每股收益。为此，企业首先应当计算出一个调整系数，再用配股前发行在外普通股的股数乘以该调整系数，得出计算每股收益时应采用的普通股股数。

每股理论除权价格＝（行权前发行在外普通股的公允价值总额＋配股收到的款项）÷行权后发行在外的普通股股数

调整系数＝行权前发行在外普通股的每股公允价值÷每股理论除权价格

因配股重新计算的上年度基本每股收益＝上年度基本每股收益÷调整系数

本年度基本每股收益＝归属于普通股股东的当期净利润÷（配股前发行在外普通股股数×调整系数×配股前普通股发行在外的时间权重＋配股后发行在外普通股加权平均数）

【例11-8】智董公司2×11年度归属于普通股股东的净利润为9600万元，2×11年1月1日发行在外普通股股数为4000万股。2×11年6月10日，该公司发布增资配股公告，向截止到2×11年6月30日（股权登记日）所有登记在册的老股东配股，配股比例为每5股配1股，配股价格为每股5元，除权交易基准日为2×11年7月1日。假设行权前一日的市价为每股11元，2×10年度基本每股收益为2.2元。2×11年度比较利润表中基本每股收益的计算如下：

每股理论除权价格＝(11×4000＋5×800)÷(4000＋800)＝10（元）

调整系数＝11÷10＝1.1

因配股重新计算的2×10年度基本每股收益＝2.2÷1.1＝2（元）

2×11年度基本每股收益＝9600÷(4000×1.1×6÷12＋4800×6÷12)＝2.09（元）

需要说明的是，企业向特定对象以低于当前市价的价格发行股票的，不考虑送股因素，虽然它与配股具有相似的特征，即发行价格低于市价。后者属于向非特定对象增发股票；而前者往往是企业出于某种战略考虑或其他动机向特定对象以较低的价格发行股票，或者特定对象除认购股份以外还需以其他形式予以补偿。因此，倘若综合这些因素，向特定对象发行股票的行为可以视为不存在送股因素，视同发行新股处理。

第十二章

财务会计报告

第一节 综合知识

财务报表是对企业财务状况、经营成果和现金流量的结构性表述。

为了规范财务报表的列报，保证同一企业不同期间和同一期间不同企业的财务报表相互可比，根据《企业会计准则—基本准则》，财政部制定了《企业会计准则第30号——财务报表列报》（以下简称本准则），自2014年7月1日起施行（2014年1月26日 财会〔2014〕7号，财会〔2006〕3号中的《企业会计准则第30号——财务报表列报》同时废止）。为解决执行企业会计准则的企业在财务报告编制中的实际问题，规范企业财务报表列报，提高会计信息质量，针对2017年施行的《企业会计准则第42号——持有待售的非流动资产、处置组和终止经营》（财会〔2017〕13号）和《企业会计准则第16号——政府补助》（财会〔2017〕15号）的相关规定，财政部对一般企业财务报表格式进行了修订（《关于修订印发一般企业财务报表格式的通知》，2017年12月25日，财会〔2017〕30号）。执行企业会计准则的非金融企业应当按照企业会计准则和《关于修订印发一般企业财务报表格式的通知》要求编制2017年度及以后期间的财务报表。金融企业应当根据金融企业经营活动的性质和要求，比照一般企业财务报表格式进行相应调整。

为解决执行企业会计准则的企业在财务报告编制中的实际问题，规范企业财务报表列报，提高会计信息质量，针对2018年1月1日起分阶段实施的《企业会计准则第22号——金融工具确认和计量》（财会〔2017〕7号）《企业会计准则第23号——金融资产转移》（财会〔2017〕8号）《企业会计准则第24号——套期会计》（财会〔2017〕9号）《企业会计准则第37号——金融工具列报》（财会〔2017〕14号）（以上四项简称新金融准则）和《企业会计准则第14号——收入》（财会〔2017〕22号，简称新收入准则），以及企业会计准则实施中的有关情况，我国财政部对一般企业财务报表格式进行了修订（2018年6月15日，财会〔2018〕15号）。企业对不存在相应业务的报表项目可结合本企业的实际情况进行必要删减，企业根据重要性原则并结合本企业的实际情况可以对确需单独列示的内容增加报表项目。执行企业会计准则的金融企业应当根据金融企业经营活动的性质和要求，比照一般企业财务报表格式进行相应调整。财政部于2017年12月25日发布的《关于修订印发一般企业财务报表格式的通知》（财会〔2017〕30号）同时废止。

一、财务报表的组成

财务报表至少应当包括下列组成部分：资产负债表；利润表；现金流量表；所有者权益（或股东权益，下同）变动表；附注。

二、财务报表方面的基本要求

（一）依据各项会计准则确认和计量的结果编制财务报表

企业应当根据实际发生的交易和事项，遵循《企业会计准则—基本准则》（以下简称“基本准则”）各项具体会计准则及解释的规定进行确认和计量，并在此基础上编制财务报表。

企业应当在附注中对这一情况做出声明，只有遵循了企业会计准则的所有规定时，财务报表才应当被称为“遵循了企业会计准则”。同时，企业不应以在附注中披露代替对交易和事项的确认和计量，也就是说，企业采用的不恰当的会计政策，不得通过在附注中披露等其他形式予以更正，企业应当对交易和事项进行正确的确认和计量。

此外，如果按照各项会计准则规定披露的信息不足以让报表使用者了解特定交易或事项对企业财务状况、经营成果和现金流量的影响时，企业还应当披露其他必要信息。

（二）编制基础

企业应当以持续经营为基础，根据实际发生的交易和事项，按照基本准则和其他各项会计准则的规定进行确认和计量，在此基础上编制财务报表。企业不应以附注披露代替确认和计量，不恰当的确认和计量也不能通过充分披露相关会计政策而纠正。

如果按照各项会计准则规定披露的信息不足以让报表使用者了解特定交易或事项对企业财务状况和经营成果的影响时，企业还应当披露其他必要信息。

在编制财务报表的过程中，企业管理层应当利用所有可获得信息来评价企业自报告期末起至少12个月的持续经营能力。评价时需要考虑宏观政策风险、市场经营风险、企业目前或长期的盈利能力、偿债能力、财务弹性以及企业管理层改变经营政策的意向等因素。评价结果表明对持续经营能力产生重大怀疑的，企业应当在附注中披露导致对持续经营能力产生重大怀疑的因素以及企业拟采取的改善措施。

企业如有近期获利经营的历史且有财务资源支持，则通常表明以持续经营为基础编制财务报表是合理的。企业正式决定或被迫在当期或将在下一个会计期间进行清算或停止营业的，则表明以持续经营为基础编制财务报表不再合理。在这种情况下，企业应当采用其他基础编制财务报表，并在附注中声明财务报表未以持续经营为基础编制的事实、披露未以持续经营为基础编制的原因和财务报表的编制基础。

（三）编制原则

除现金流量表按照收付实现制编制外，企业应当按照权责发生制编制其他财务报表。在采用权责发生制会计的情况下，当项目符合基本准则中财务报表要素的定义和确认标准时，企业就应当确认相应的资产、负债、所有者权益、收入和费用，并在财务报表中加以反映。

(四) 列报的一致性

可比性是会计信息质量的一项重要质量要求，目的是使同一企业不同期间和同一期间不同企业的财务报表相互可比。财务报表项目的列报应当在各个会计期间保持一致，不得随意变更。这一要求不仅只针对财务报表中的项目名称，还包括财务报表项目的分类、排列顺序等方面。

在下列情况下，企业可以变更财务报表项目的列报。

1) 会计准则要求改变财务报表项目的列报。

2) 企业经营业务的性质发生重大变化或对企业经营影响较大的交易或事项发生后，变更财务报表项目的列报能够提供更可靠、更相关的会计信息。企业变更财务报表项目列报的，应当根据本准则的有关规定提供列报的比较信息。

(五) 依据重要性原则单独或汇总列报项目

关于项目在财务报表中是单独列报还是汇总列报，企业应当遵循如下规定。

1) 性质或功能不同的项目，一般应当在财务报表中单独列报，但是不具有重要性的项目可以汇总列报。

2) 性质或功能类似的项目，一般可以汇总列报，但是对其具有重要性的类别应该单独列报。

3) 项目单独列报的原则不仅适用于报表，还适用于附注。某些项目的重要性程度不足以在资产负债表、利润表、现金流量表或所有者权益变动表中单独列示，但对附注却具有重要性，在这种情况下应当在附注中单独披露。

4) 在财务报表中单独列报的项目，企业应当单独列报。其他会计准则规定单独列报的项目，企业应当增加单独列报项目。

重要性是判断财务报表项目是否单独列报的重要标准。重要性是指在合理预期下，如果财务报表某项目的省略或错报会影响使用者据此做出经济决策的，则该项目就具有重要性。企业在进行重要性判断时，应当根据所处环境，从项目的性质和金额大小两方面予以判断：一方面，应当考虑该项目的性质是否属于企业日常活动、是否显著影响企业的财务状况、经营成果和现金流量等因素；另一方面，判断项目金额大小的重要性，应当通过单项金额占资产总额、负债总额、所有者权益总额、营业收入总额、营业成本总额、净利润、综合收益总额等直接相关或所属报表单列项目金额的比重加以确定。企业对于各个项目的重要性判断标准一经确定，不得随意变更。

(六) 财务报表项目金额间的相互抵销

财务报表项目应当以总额列报，资产和负债、收入和费用、直接计入当期利润的利得项目和损失项目的金额不能相互抵销，即不得以净额列报，但企业会计准则另有规定的除外。例如，企业欠客户的应付款不得与其他客户欠本企业的应收款相抵销，否则就掩盖了交易的实质。

以下三种情况不属于抵销。

1) 一组类似交易形成的利得和损失以净额列示的，不属于抵销。例如，汇兑损益应当以净额列报，为交易目的而持有的金融工具形成的利得和损失应当以净额列报。但是，如果相关的利得和损失具有重要性，则应当单独列报。

2) 资产或负债项目按扣除备抵项目后的净额列示，不属于抵销。例如，资产计提的减值准备，实质上意味着资产的价值确实发生了减损，资产项目应当按扣除减值准备后的净额列示，这样才反映了资产当时的真实价值。

3) 非日常活动产生的利得和损失，以同一交易形成的收益扣减相关费用后的净额列示更能反映交易实质的，不属于抵销。例如，非流动资产处置形成的利得或损失，应当按处置收入扣除该资产的账面金额和相关销售费用后的净额列报。

（七）比较信息的列报

企业在列报当期财务报表时，至少应当提供所有列报项目上一个可比会计期间的比较数据，以及与理解当期财务报表相关的说明，目的是向报表使用者提供对比数据，提高信息在会计期间的可比性。列报比较信息的这一要求适用于财务报表的所有组成部分，即既适用于四张报表，也适用于附注。

通常情况下，企业列报所有列报项目上一个可比会计期间的比较数据，至少包括两期各报表及相关附注。当企业追溯应用会计政策或追溯重述或者重新分类财务报表项目时，按照《企业会计准则第28号——会计政策、会计估计变更和差错更正》等的规定，企业应当在一套完整的财务报表中列报最早可比期间期初的财务报表，即应当至少列报三期资产负债表、两期其他各报表（利润表、现金流量表和所有者权益变动表）及相关附注。其中，列报的三期资产负债表分别指当期期末的资产负债表、上期期末（即当期期初）的资产负债表以及上期期初的资产负债表。

企业根据本准则的规定确需变更财务报表项目列报的，应当至少对可比期间的数据按照当期的列报要求进行调整，并在附注中披露调整的原因和性质以及调整的各项目金额。但是，在某些情况下，对可比期间比较数据进行调整是不切实可行的，例如，企业在以前期间可能没有按照可以进行重新分类的方式收集数据，并且重新生成这些信息是不切实可行的，则企业应当在附注中披露不能调整的原因以及假设金额重新分类可能进行的调整的性质。

关于企业变更会计政策或更正差错时要求的对比较信息的调整，由《企业会计准则第28号——会计政策、会计估计变更和差错更正》规范。

（八）财务报表表首的列报要求

财务报表通常与其他信息（如企业年度报告等）一起公布，企业应当将按照企业会计准则编制的财务报告与一起公布的同一文件中的其他信息相区分。

企业在财务报表的显著位置（通常是表首部分）应当至少披露下列基本信息。

1) 编报企业的名称。如企业名称在所属当期发生了变更的，还应明确标明。

2) 对资产负债表而言，应当披露资产负债表日；对利润表、现金流量表、所有者权益变动表而言，应当披露报表涵盖的会计期间。

3) 货币名称和单位。按照《企业会计准则》的规定，企业应当以人民币作为记账本位币列报，并标明金额单位，如人民币元、人民币万元等。

4) 财务报表是合并财务报表的，应当予以标明。

（九）报告期间

企业至少应当按年编制财务报表。根据《中华人民共和国会计法》的规定，会计年度自公历1月1日起至12月31日止。因此，企业在编制年度财务报表时，可能存在年度财务报表涵盖的期间短于一年的情况，如企业在年度中间（如3月1日）开始设立等。在这种情况下，企业应当披露年度财务报表的实际涵盖期间及其短于一年的原因，并应当说明由此引起财务报表项目与比较数据不具可比性这一事实。

（十）单独列报的项目

本准则规定在财务报表中单独列报的项目，应当单独列报。其他会计准则规定单独列报的项目，应当增加单独列报项目。

第二节 资产负债表

资产负债表是反映企业在某一特定日期的财务状况的会计报表，即反映了某一特定日期关于企业资产、负债、所有者权益及其相互关系的信息。

一、资产负债表列报的总体要求

(一) 分类别列报

资产负债表列报应当如实反映企业在资产负债表日所拥有的资源、所承担的负债以及所有者所拥有的权益。资产负债表应当按照资产、负债和所有者权益三大类别分类列报。

(二) 资产和负债按流动性列报

资产负债表上资产和负债应当按照流动性分别分为流动资产和非流动资产、流动负债和非流动负债列示。流动性，通常按资产的变现或耗用时间长短或者负债的偿还时间长短来确定。企业应当先列报流动性强的资产或负债，再列报流动性弱的资产或负债。

对于一般企业（如工商企业）而言，通常在明显可识别的营业周期内销售产品或提供服务，应当将资产和负债分别分为流动资产和非流动资产、流动负债和非流动负债列示，有助于反映本营业周期内预期能实现的资产和应偿还的负债。但是，对于银行、证券、保险等金融企业而言，其销售产品或提供服务不具有明显可识别营业周期，在经营内容上也不同于一般企业，导致其资产和负债的构成项目也与一般企业有所不同，具有特殊性，金融企业的有些资产或负债无法严格区分为流动资产和非流动资产。在这种情况下，按照流动性列示往往能够提供可靠且更相关信息，因此，金融企业等特殊行业企业等可以大体按照流动性顺序列示所有的资产和负债。

对于从事多种经营的企业，可以采用混合的列报基础进行列报，即对一部分资产和负债按照流动资产和非流动资产、流动负债和非流动负债列报，同时对其他资产和负债按照流动性顺序列报，但前提是能够提供可靠且更加相关的信息。

(三) 列报相关的合计、总计项目

资产负债表中的资产类至少应当列示流动资产和非流动资产的合计项目；负债类至少应当列示流动负债、非流动负债以及负债的合计项目；所有者权益类应当列示所有者权益的合计项目。但是，按照企业的经济性质列报“流动资产合计”“非流动资产合计”“流动负债合计”“非流动负债合计”等项目不切实可行的，则无须列报这些项目。例如，金融企业等特殊行业企业的资产和负债按照流动性顺序列报的情况。

资产负债表遵循了“资产＝负债＋所有者权益”这一会计恒等式，把企业在特定时日所拥有的经济资源和与之相对应的企业所承担的债务及偿债以后属于所有者的权益充分反映出来。因此，资产负债表应当分别列示资产总计项目和负债与所有者权益之和的总计项目，并且这二者的金额应当相等。

二、资产的列报

资产应当按照流动资产和非流动资产两大类别在资产负债表中列示，在流动资产和非流动资产类别下进一步按性质分项列示。

(一) 流动资产和非流动资产的划分

资产满足下列条件之一的，应当归类为流动资产。

1) 预计在一个正常营业周期中变现、出售或耗用。这主要包括存货、应收账款等资产。需要指出的是，变现一般针对应收账款等而言，指将资产变为现金；出售一般针对产品等存货而言；耗用一般指将存货（如原材料）转变成另一种形态（如产成品）。

2) 主要为交易目的而持有。如一些根据《企业会计准则第22号——金融工具确认和计量》划分的交易性金融资产。但并非所有交易性金融资产均为流动资产，例如自资产负债表日起超过12个月到期且预期持有超过12个月的衍生工具应当划分为非流动资产或非流动负债。

3) 预计在资产负债表日起一年内（含一年，下同）变现。

4) 自资产负债表日起一年内，交换其他资产或清偿负债的能力不受限制的现金或现金等价物。

流动资产以外的资产应当归类为非流动资产。

对于同时包含资产负债表日后一年内和一年之后预期将收回或清偿金额的资产和负债单列项目，本准则还要求企业应当披露超过一年后预期收回或清偿的金额。例如，金融企业资产负债表中的资产和负债项目按照流动性顺序列示，有些资产或负债项目中同时包含了资产负债表日后一年内和一年之后预期收回或清偿的金额，针对这些项目，企业应当在附注中披露资产负债表日后一年之后预期收回或清偿的金额。

(二) 正常营业周期

本准则在判断流动资产、流动负债时所指的正常营业周期，是指企业从购买用于加工的资产起至实现现金或现金等价物的期间。

正常营业周期通常短于一年，在一年内有几个营业周期。但是，因生产周期较长等导致正常营业周期长于一年的，尽管相关资产往往超过一年才变现、出售或耗用，仍应当划分为流动资产。例如，房地产开发企业开发用于出售的房地产开发产品，造船企业制造的用于出售的大型船只等，从购买原材料进入生产，到制造出产品出售并收回现金或现金等价物的过程，往往超过一年，在这种情况下，与生产循环相关的产成品、应收账款、原材料尽管超过一年才变现、出售或耗用，仍应作为流动资产列示。当正常营业周期不能确定时，企业应当以一年（12个月）作为正常营业周期。

(三) 持有待售的非流动资产的列报

对于根据企业会计准则划分为持有待售的非流动资产（如固定资产、无形资产、长期股权投资等）的列报，被划分为持有待售的非流动资产应当归类为流动资产；本准则同时还规定，被划分为持有待售的非流动负债应当归类为流动负债。

持有待售的非流动资产既包括单项资产也包括处置组，处置组是指在一项交易中作为整体通过出售或其他方式一并处置的一组资产以及在该交易中转让的与这些资产直接相关的负债。因此，无论是被划分为持有待售的单项非流动资产还是处置组中的资产，都应当在资产负债表的流动资产部分单独列报；类似地，被划分为持有待售的处置组中的与转让资产相关的负债应当在资产负债表的流动负债部分单独列报。

三、负债的列报

负债应当按照流动负债和非流动负债在资产负债表中进行列示，在流动负债和非流动负债类别下再进一步按性质分项列示。

(一) 流动负债与非流动负债的划分

流动负债的判断标准与流动资产的判断标准相类似。负债满足下列条件之一的，应当归类为流动负债。

1) 预计在一个正常营业周期中清偿。

2) 主要为交易目的而持有。

3) 自资产负债表日起一年内到期应予以清偿。

4) 企业无权自主地将清偿推迟至资产负债表日后一年以上。

关于可转换工具负债成分的分类，本准则还规定，负债在其对手方选择的情况下可通过发行权益进行清偿的条款与在资产负债表日负债的流动性划分无关。

企业在应用流动负债的判断标准时，应当注意两点。

1) 企业对资产和负债进行流动性分类时，应当采用相同的正常营业周期。

2) 企业正常营业周期中的经营性负债项目即使在资产负债表日后超过一年才予清偿的，仍应划分为流动负债。经营性负债项目包括应付账款、应付职工薪酬等，这些项目属于企业正常营业周期中使用的营运资金的一部分。

(二) 资产负债表日后事项对流动负债与非流动负债划分的影响

流动负债与非流动负债的划分是否正确，直接影响到对企业短期和长期偿债能力的判断。企业在判断流动负债与非流动负债的划分时，对于资产负债表日后事项对流动负债与非流动负债划分的影响，需要特别加以考虑。总的判断原则是，企业在资产负债表上对债务流动和非流动的划分，应当反映在资产负债表日有效的合同安排，考虑在资产负债表日起一年内企业是否必须无条件清偿，而资产负债表日之后（即使是财务报告批准报出日前）的再融资、展期或提供宽限期等行为，与资产负债表日判断负债的流动性状况无关。

1. 资产负债表日起一年内到期的负债

对于在资产负债表日起一年内到期的负债，企业有意图且有能力自主地将清偿义务展期至资产负债表日后一年以上的，应当归类为非流动负债；不能自主地将清偿义务展期的，即使在资产负债表日后、财务报告批准报出日前签订了重新安排清偿计划协议，该项负债在资产负债表日仍应当归类为流动负债。

2. 在资产负债表日或之前企业违反长期借款协议

企业在资产负债表日或之前违反了长期借款协议，导致贷款人可随时要求清偿的负债，应当归类为流动负债。这是因为，在这种情况下，债务清偿的主动权并不在企业，企业只能被动地无条件归还贷款，而且该事实在资产负债表日即已存在，所以该负债应当作为流动负债列报。但是，如果贷款人在资产负债表日或之前同意提供在资产负债表日后一年以上的宽限期，在此期限内企业能够改正违约行为，且贷款人不能要求随时清偿的，在资产负债表日的此项负债并不符合流动负债的判断标准，应当归类为非流动负债。

企业的其他长期负债存在类似情况的，应当比照上述有关规定进行处理。

四、所有者权益的列报

资产负债表中的所有者权益类一般按照净资产的不同来源和特定用途进行分类，资产负债表中的所有者权益类应当按照实收资本（或股本）资本公积、其他综合收益、盈余公积、未分配利润等项目分项列示。

五、资产负债表的列报格式和列报方法

(一) 一般企业资产负债表的列报格式

资产负债表采用账户式的格式，即左侧列报资产方，右侧列报负债方和所有者权益方，且资产负债表中的资产各项目的合计等于负债和所有者权益各项目的合计。

企业需要提供比较资产负债表，以便报表使用者通过比较不同时点资产负债表的数据，掌握企业财务状况的变动情况及发展趋势。资产负债表还就各项目再分为“年初余额”和“期末余额”两栏分别填列，如表12-1和表12-2所示。

表12-1 资产负债表
（适用于已执行新金融准则或新收入准则的企业）

会企01表

编制单位：　　　　　　　　年　　月　　日　　　　　　　　单位：元

资产	期末余额	年初余额	负债和所有者权益（或股东权益）	期末余额	年初余额
流动资产：			流动负债：		
货币资金			短期借款		
交易性金融资产			交易性金融负债		
衍生金融资产			衍生金融负债		
应收票据及应收账款			应付票据及应付账款		
预付款项			预收款项		
其他应收款			合同负债		
存货			应付职工薪酬		
合同资产			应交税费		
持有待售资产			其他应付款		
一年内到期的非流动资产			持有待售负债		
其他流动资产			一年内到期的非流动负债		
流动资产合计			其他流动负债		
非流动资产：			流动负债合计		
债权投资			非流动负债：		
其他债权投资			长期借款		
长期应收款			应付债券		
长期股权投资			其中：优先股		
其他权益工具投资			永续债		
其他非流动金融资产			长期应付款		
投资性房地产			预计负债		
固定资产			递延收益		
在建工程			递延所得税负债		
生产性生物资产			其他非流动负债		
油气资产			非流动负债合计		
无形资产			负债合计		
开发支出			所有者权益（或股东权益）：		
商誉			实收资本（或股本）		
长期待摊费用			其他权益工具		
递延所得税资产			其中：优先股		
其他非流动资产			永续债		
非流动资产合计			资本公积		
			减：库存股		

续表

资产	期末余额	年初余额	负债和所有者权益（或股东权益）	期末余额	年初余额
			其他综合收益		
			盈余公积		
			未分配利润		
			所有者权益（或股东权益）合计		
资产总计			负债和所有者权益（或股东权益）总计		

表12-2　资产负债表

（适用于尚未执行新金融准则和新收入准则的企业）

会企01表

编制单位：　　　　　　　　　年　　月　　日　　　　　　　　　单位：元

资产	期末余额	年初余额	负债和所有者权益（或股东权益）	期末余额	年初余额
流动资产：			流动负债：		
货币资金			短期借款		
以公允价值计量且其变动计入当期损益的金融资产			以公允价值计量且其变动计入当期损益的金融负债		
衍生金融资产			衍生金融负债		
应收票据及应收账款			应付票据及应付账款		
预付款项			预收款项		
其他应收款			应付职工薪酬		
存货			应交税费		
持有待售资产			其他应付款		
一年内到期的非流动资产			持有待售负债		
其他流动资产			一年内到期的非流动负债		
流动资产合计			其他流动负债		
非流动资产：			流动负债合计		
可供出售金融资产			非流动负债：		
持有至到期投资			长期借款		
长期应收款			应付债券		
长期股权投资			其中：优先股		
投资性房地产			永续债		
固定资产			长期应付款		
在建工程			预计负债		
生产性生物资产			递延收益		
油气资产			递延所得税负债		
无形资产			其他非流动负债		

续表

资产	期末余额	年初余额	负债和所有者权益（或股东权益）	期末余额	年初余额
开发支出			非流动负债合计		
商誉			负债合计		
长期待摊费用			所有者权益（或股东权益）：		
递延所得税资产			实收资本（或股本）		
其他非流动资产			其他权益工具		
非流动资产合计			其中：优先股		
			永续债		
			资本公积		
			减：库存股		
			其他综合收益		
			盈余公积		
			未分配利润		
			所有者权益（或股东权益）合计		
资产总计			负债和所有者权益（或股东权益）总计		

（二）一般企业资产负债表的列报方法

企业应当根据资产、负债和所有者权益类科目的期末余额填列资产负债表“期末余额”栏，具体情况如下所述。

1. 根据总账科目的余额填列

“以公允价值计量且其变动计入当期损益的金融资产”“工程物资”“固定资产清理”“递延所得税资产”“短期借款”“以公允价值计量且其变动计入当期损益的金融负债”“应付票据”“应交税费”“应付利息”“应付股利”“其他应付款”“专项应付款”“预计负债”“递延收益”“递延所得税负债”“实收资本（或股本）”“库存股”“资本公积”“其他综合收益”“专项储备”“盈余公积”等项目，应根据有关总账科目的余额填列。

有些项目则应根据几个总账科目的余额计算填列，如“货币资金”项目，需根据“库存现金”“银行存款”“其他货币资金”三个总账科目余额的合计数填列；“其他流动资产”“其他流动负债”项目，应根据有关科目的期末余额分析填列。

其中，有其他综合收益相关业务的企业，应当设置“其他综合收益”科目进行会计处理，该科目应当按照其他综合收益项目的具体内容设置明细科目。企业在对其他综合收益进行会计处理时，应当通过“其他综合收益”科目处理，并与“资本公积”科目相区分。

2. 根据明细账科目的余额计算填列

“开发支出”项目应根据“研发支出”科目中所属的“资本化支出”明细科目期末余额填列；“应付账款”项目应根据“应付账款”和“预付账款”科目所属的相关明细科目的期末贷方余额合计数填列；“一年内到期的非流动资产”“一年内到期的非流动负债”项目，应根据有关非流动资产或负债项目的明细科目余额分析填列；“应付职工薪酬”项目应根据“应付职工薪酬”科目的明细科目期末余额分析填列；“长期借款”“应付债券”项目，应分别根据“长期借款”“应付债券”科目的明细科目余额分析填列；“未分配利润”项目应根据“利润分配”科目中所属的“未分配利润”明细科目期末余额填列。

3. 根据总账科目和明细账科目的余额分析计算填列

“长期借款”项目应根据“长期借款”总账科目余额扣除“长期借款”科目所属的明细科目中将在资产负债表日起一年内到期、且企业不能自主地将清偿义务展期的长期借款后的金额计算填列；“长期待摊费用”项目应根据“长期待摊费用”科目的期末余额减去将于一年内（含一年）摊销的数额后的金额填列；“其他非流动资产”项目应根据有关科目的期末余额减去将于一年内（含一年）收回数后的金额填列；“其他非流动负债”项目应根据有关科目的期末余额减去将于一年内（含一年）到期偿还数后的金额填列。

4. 根据有关科目余额减去其备抵科目余额后的净额填列

“可供出售金融资产”“持有至到期投资”“长期股权投资”“在建工程”“商誉”项目，应根据相关科目的期末余额填列，已计提减值准备的，还应扣减相应的减值准备；“固定资产”“无形资产”“投资性房地产”“生产性生物资产”“油气资产”项目，应根据相关科目的期末余额扣减相关的累计折旧（或摊销、折耗）填列，已计提减值准备的，还应扣减相应的减值准备，采用公允价值计量的上述资产，应根据相关科目的期末余额填列；“长期应收款”项目应根据“长期应收款”科目的期末余额，减去相应的“未实现融资费用”科目和“坏账准备”科目所属相关明细科目期末余额后的金额填列；“长期应付款”项目应根据“长期应付款”科目的期末余额，减去相应的“未确认融资费用”科目期末余额后的金额填列。

5. 综合运用上述填列方法分析填列

主要包括：“应收票据”“应收利息”“应收股利”“其他应收款”项目，应根据相关科目的期末余额，减去“坏账准备”科目中有关坏账准备期末余额后的金额填列；“应收账款”项目应根据“应收账款”和“预收账款”科目所属各明细科目的期末借方余额合计数，减去“坏账准备”科目中有关应收账款计提的坏账准备期末余额后的金额填列；“预付款项”项目应根据“预付账款”和“应付账款”科目所属各明细科目的期末借方余额合计数，减去“坏账准备”科目中有关预付款项计提的坏账准备期末余额后的金额填列；“存货”项目应根据“材料采购”“原材料”“发出商品”“库存商品”“周转材料”“委托加工物资”“生产成本”“受托代销商品”等科目的期末余额合计，减去“受托代销商品款”“存货跌价准备”科目期末余额后的金额填列，材料采用计划成本核算，以及库存商品采用计划成本核算或售价核算的企业，还应按加或减材料成本差异、商品进销差价后的金额填列；“划分为持有待售的资产”“划分为持有待售的负债”项目，应根据相关科目的期末余额分析填列等。

企业应当根据上年末资产负债表“期末余额”栏有关项目填列本年度资产负债表“年初余额”栏。如果企业发生了会计政策变更、前期差错更正，应当对“年初余额”栏中的有关项目进行相应调整；如果企业上年度资产负债表规定的项目名称和内容与本年度不一致，应当对上年年末资产负债表相关项目的名称和金额按照本年度的规定进行调整，填入“年初余额”栏。

第三节 利润表

利润表是反映企业在一定会计期间的经营成果的会计报表，反映了企业经营业绩的主要来源和构成。

一、利润表列报的总体要求

企业在利润表中应当对费用按照功能分类，分为从事经营业务发生的成本、管理费用、销售费用和财务费用等。企业的活动通常可以划分为生产、销售、管理、融资等，每一种活动上发生的费用所发挥的功能并不相同，因此，按照费用功能法将其分开列报，有助于使用者了解费用发生的活动领域。

但是，由于银行、保险、证券等金融企业的日常活动与一般企业不同，具有特殊性，金融企业可以根据其特殊性列示利润表项目。例如，商业银行将利息支出作为利息收入的抵减项目、将手续费及佣金支出作为手续费及佣金收入的抵减项目列示等。

与此同时，企业应当在附注中披露费用按照性质分类的利润表补充资料，可将费用分为耗用的原材料、职工薪酬费用、折旧费用、摊销费用等，以有助于报表使用者预测企业的未来现金流量。

二、综合收益的列报

综合收益是指企业在某一期间除与所有者以其所有者身份进行的交易之外的其他交易或事项所引起的所有者权益变动。综合收益总额项目反映净利润和其他综合收益扣除所得税影响后的净额相加后的合计金额。其他综合收益是指企业根据其他会计准则规定未在当期损益中确认的各项利得和损失。

企业应当以扣除相关所得税影响后的净额在利润表上单独列示各项其他综合收益项目，并且其他综合收益项目应当根据其他相关会计准则的规定分为两类列报。

(一) 以后会计期间不能重分类进损益的其他综合收益项目

1. 重新计量设定受益计划净负债或净资产导致的变动

有设定受益计划形式离职后福利的企业应当将重新计量设定受益计划净负债或净资产导致的变动计入其他综合收益，并且在后续会计期间不允许转回至损益。

2. 按照权益法核算的在被投资单位不能重分类进损益的其他综合收益变动中所享有的份额

投资方取得长期股权投资后，应当按照应享有或应分担的被投资单位其他综合收益的份额，确认其他综合收益，同时调整长期股权投资的账面价值。投资单位在确定应享有或应分担的被投资单位其他综合收益的份额时，该份额的性质取决于被投资单位的其他综合收益的性质，即如果被投资单位的其他综合收益属于“以后会计期间不能重分类进损益”类别，则投资方确认的份额也属于“以后会计期间不能重分类进损益”类别。

(二) 以后会计期间在满足规定条件时将分类进损益的其他综合收益项目

1. 按照权益法核算的在被投资单位可重分类进损益的其他综合收益变动中所享有的份额

投资方取得长期股权投资后，应当按照应享有或应分担的被投资单位其他综合收益的份额，确认其他综合收益，同时调整长期股权投资的账面价值。如果被投资单位的其他综合收益属于"以后会计期间在满足规定条件时将重分类进损益"类别，则投资方确认的份额也属于"以后会计期间在满足规定条件时将重分类进损益"类别。

2. 可供出售金融资产公允价值变动形成的利得或损失、持有至到期投资重分类为可供出售金融资产形成的利得或损失

可供出售金融资产公允价值变动形成的利得或损失，除减值损失和外币货币性金融资产形成的汇兑差额外，应当直接计入所有者权益（其他综合收益），在该金融资产终止确认时转出，计入当期损益；将持有至到期投资重分类为可供出售金融资产的，在重分类日，该投资的账面价值与其公允价值之间的差额计入所有者权益（其他综合收益），在该可供出售金融资产发生减值或终止确认时转出，计入当期损益。

3. 现金流量套期工具产生的利得或损失中属于有效套期的部分

现金流量套期利得或损失中属于有效套期的部分，应当直接确认为所有者权益（其他综合收益）；属于无效套期的部分，应当计入当期损益。对于前者，套期保值准则规定在一定的条件下，将原直接计入所有者权益中的套期工具利得或损失转出，计入当期损益。

4. 外币财务报表折算差额

企业对境外经营的财务报表进行折算时，应当将外币财务报表折算差额在资产负债表中所有者权益项目下单独列示（其他综合收益）；企业在处置境外经营时，应当将资产负债表中所有者权益项目下列示的、与该境外经营相关的外币报表折算差额，自所有者权益项目转入处置当期损益，部分处置境外经营的，应当按处置的比例计算处置部分的外币财务报表折算差额，转入处置当期损益。

5. 根据相关会计准则规定的其他项目

自用房地产或作为存货的房地产转换为以公允价值模式计量的投资性房地产在转换日公允价值大于账面价值部分计入其他综合收益；待该投资性房地产处置时，将该部分转入当期损益等。

三、利润表的列报格式和列报方法

(一) 一般企业利润表的列报格式

利润表采用多步式的格式，即通过对当期的收入、费用、支出项目按性质加以归类，按利润形成的主要环节列示一些中间性利润指标，便于使用者理解企业经营成果的不同来源。

企业需要提供比较利润表，以使报表使用者通过比较不同期间利润表的数据，判断企业经营成果的未来发展趋势。利润表还就各项目再分为"本期金额"和"上期金额"两栏分别填列。一般企业利润表的格式如表12-3和表12-4所示。

表12-3　利润表

（适用于已执行新金融准则或新收入准则的企业）

会企 02 表

编制单位：　　　　　　　年　　月　　　　　　　单位：元

项目	本期金额	上期金额
一、营业收入		
减：营业成本		
税金及附加		
销售费用		
研发费用		
研发费用		

续表

项目	本期金额	上期金额
财务费用		
其中：利息费用		
利息收入		
资产减值损失		
信用减值损失		
加：其他收益		
投资收益（损失以“-”号填列）		
其中：对联营企业和合营企业的投资收益		
净敞口套期收益（损失以“-”号填列）		
公允价值变动收益（损失以“-”号填列）		
资产处置收益（损失以“-”号填列）		
二、营业利润（亏损以“-”号填列）		
加：营业外收入		
减：营业外支出		
三、利润总额（亏损总额以“-”号填列）		
四、净利润（净亏损以“-”号填列）		
（一）持续经营净利润（净亏损以“-”号填列）		
（二）终止经营净利润（净亏损以“-”号填列）		
五、其他综合收益的税后净额		
（一）不能重分类进损益的其他综合收益		
1. 重新计量设定受益计划变动额		
2. 权益法下不能转损益的其他综合收益		
3. 其他权益工具投资公允价值变动		
4. 企业自身信用风险公允价值变动		
……		
（二）将重分类进损益的其他综合收益		
1. 权益法下可转损益的其他综合收益		
2. 其他债权投资公允价值变动		
3. 金融资产重分类计入其他综合收益的金额		
4. 其他债权投资信用减值准备		
5. 现金流量套期储备		
6. 外币财务报表折算差额		
……		
六、综合收益总额		
七、每股收益：		
（一）基本每股收益		
（二）稀释每股收益		

表12-4 利润表
（适用于尚未执行新金融准则和新收入准则的企业）

会企 02 表

编制单位： 年 月 单位：元

项目	本期金额	上期金额
一、营业收入		
减：营业成本		
税金及附加		
销售费用		
管理费用		
研发费用		
财务费用		
其中：利息费用		
利息收入		
资产减值损失		
加：其他收益		
投资收益（损失以“-”号填列）		
其中：对联营企业和合营企业的投资收益		
公允价值变动收益（损失以“-”号填列）		
资产处置收益（损失以“-”号填列）		
二、营业利润（亏损以“-”号填列）		
加：营业外收入		
减：营业外支出		
三、利润总额（亏损总额以“-”号填列）		
减：所得税费用		
四、净利润（净亏损以“-”号填列）		
（一）持续经营净利润（净亏损以“-”号填列）		
（二）终止经营净利润（净亏损以“-”号填列）		
五、其他综合收益的税后净额		
（一）不能重分类进损益的其他综合收益		
1. 重新计量设定受益计划变动额		
2. 权益法下不能转损益的其他综合收益		
……		
（二）将重分类进损益的其他综合收益		
1. 权益法下可转损益的其他综合收益		
2. 可供出售金融资产公允价值变动损益		
3. 持有至到期投资重分类为可供出售金融资产损益		
4. 现金流量套期损益的有效部分		

续表

项目	本期金额	上期金额
5. 外币财务报表折算差额		
……		
六、综合收益总额		
七、每股收益：		
（一）基本每股收益		
（二）稀释每股收益		

（二）一般企业利润表的列报方法

企业应当根据损益类科目和所有者权益类有关科目的发生额填列利润表“本年金额”栏，具体包括如下情况。

1)“营业收入”“营业成本”“营业税金及附加”“销售费用”“管理费用”“财务费用”“资产减值损失”“公允价值变动收益”“投资收益”“营业外收入”“营业外支出”“所得税费用”等项目，应根据有关损益类科目的发生额分析填列。

2)“其中：对联营企业和合营企业的投资收益”“其中：非流动资产处置利得”“其中：非流动资产处置损失”等项目，应根据“投资收益”“营业外收入”“营业外支出”等科目所属的相关明细科目的发生额分析填列。

3)“其他综合收益的税后净额”项目及其各组成部分，应根据“其他综合收益”科目及其所属明细科目的本期发生额分析填列。

4)“营业利润”“利润总额”“净利润”“综合收益总额”项目，应根据本表中相关项目计算填列。

5) 普通股或潜在普通股已公开交易的企业，以及正处于公开发行普通股或潜在普通股过程中的企业，还应当在利润表中列示每股收益信息，并在附注中详细披露计算过程，以供投资者投资决策参考。基本每股收益和稀释每股收益项目应当按照《企业会计准则第34号——每股收益》的规定计算填列。

企业应当根据上年同期利润表“本期金额”栏内所列数字填列本年度利润表的“上期金额”栏。如果企业上年该期利润表规定的项目的名称和内容与本期不一致，应当对上年该期利润表相关项目的名称和金额按照本期的规定进行调整，填入“上期金额”栏。

第四节 现金流量表

一、综述

现金流量是指现金和现金等价物的流入和流出。

企业的现金流量产生于不同的来源，也有不同的用途，如工业企业可通过销售商品、提供劳务收回现金，通过向银行借款收到现金等；为生产产品购买原材料、固定资产需要支付现金，职工工资也需要用现金进行支付等。现金净流量是指现金流入与流出的差额，可能是正数，也可能是负数。如果是正数，则为净流入；如果是负数，则为净流出。一般来说，现金流入大于流出反映了企业现金流量的积极现象和趋势。现金流量信息能够表明企业经营状况是否良好，资金是否紧缺，企业偿付能力大小，从而为投资者、债权人、企业管理者等提供非常有用的信息。

需要注意的是，企业现金形式的转换不会产生现金的流入和流出，如企业从银行提取现金，是企业现金存放形式的转换，并未流出企业，不构成现金流量；同样，现金与现金等价物之间的转换也不属于现金流量，例如，企业用现金购买将于短期到期的国库券。

（一）现金流量的分类

《企业会计准则第31号——现金流量表》第四条：现金流量表应当分别经营活动、投资活动和筹资活动列报现金流量。

1. 经营活动

经营活动是指企业投资活动和筹资活动以外的所有交易和事项。经营活动的范围很广，它包括了除投资活动和筹资活动以外的所有交易和事项。对于工商企业而言，经营活动主要包括销售商品、提供劳务、购买商品、接受劳务、支付税费等。

一般来说，经营活动产生的现金流入项目主要有：销售商品、提供劳务收到的现金，收到的税费返还，收到的其他与经营活动有关的现金。经营活动产生的现金流出项目主要有：购买商品、接受劳务支付的现金，支付给职工以及为职工支付的现金，支付的各项税费，支付的其他与经营活动有关的现金。

2. 投资活动

投资活动是指企业长期资产的购建和不包括在现金等价物范围内的投资及其处置活动。

其中，长期资产是指固定资产、无形资产、在建工程、其他资产等持有期限在一年或一个营业周期以上的资产。

需要注意的是，这里所讲的投资活动，既包括实物资产投资，也包括金融资产投资，它与其他有关准则所讲的“投资”是两个不同的概念。“投资”是指企业为通过分配来增加财富，或为谋求其他利益，而将资产让渡给其他单位所获得的另一项资产。购建固定资产不是“投资”，但属于投资活动。

这里之所以将“包括在现金等价物范围内的投资”排除在外，是因为已经将包括在现金等价物范围内的投资视同现金。

一般来说，投资活动产生的现金流入项目主要有：收回投资所收到的现金，取得投资收益所收到的现金，处置固定资产、无形资产和其他长期资产所收回的现金净额，收到的其他与投资活动有关的现金。投资活动产生的现金流出项目主要有：购建固定资产、无形资产和其他长期资产所支付的现金，投资所支付的现金，支付的其他与投资活动有关的现金。

3. 筹资活动

筹资活动是指导致企业资本及债务规模和构成发生变化的活动。

这里所说的资本，既包括实收资本（股本），也包括资本溢价（股本溢价）。这里所说的债务，指对外举债，包括向银行借款、发行债券以及偿还债务等。应付账款、应付票据等商业应付款等属于经营活动，不属于筹资活动。

一般来说，筹资活动产生的现金流入项目主要有：吸收投资所收到的现金，取得借款所收到的现金，收到的其他与筹资活动有关的现金。筹资活动产生的现金流出项目主要有：偿还债务所支付的现金，分配股利、利润或偿付利息所支付的现金，支付的其他与筹资活动有关的现金。

（二）现金流量的列报方法

《企业会计准则第31号——现金流量表》第五条：现金流量应当分别按照现金流入和现金流出总额列报。

但是，下列各项可以按照净额列报：

（一）代客户收取或支付的现金。

（二）周转快、金额大、期限短项目的现金流入和现金流出。

（三）金融企业的有关项目，包括短期贷款发放与收回的贷款本金、活期存款的吸收与支付、同业存款和存放同业款项的存取、向其他金融企业拆借资金以及证券的买入与卖出等。

（三）关于现金流量以总额或净额反映

现金流量一般应当以总额反映，从而全面揭示企业现金流量的方向、规模和结构。但是，对于那些代客户收取或支付的现金以及周转快、金额大、期限短的项目的现金收入和现金支出应当以净额列示。因为这些现金流量项目周转快，在企业停留的时间短，企业加以利用的余地比较小，净额更能说明其对企业支付能力、偿债能力的影响；反之，如果以总额反映，反而会对评价企业的支付能力和偿债能力、分析企业的未来现金流量产生误导。这些项目包括银行发放的短期贷款和吸收的活期储蓄存款等。还有代客户收取或支付的款项等，如证券公司代收的客户证券买卖交割费、印花税等；旅游公司代游客支付的房费、餐费、交通费、文娱费、行李托运费、门票费、票务费、签证费等费用。

金融企业由于其存贷款业务的数额巨大，比较频繁，因而这些项目应以净额列示：短期贷款发放与收回的贷款本金；活期存款的吸收与支付；同业存款和存放同业款项的存取；向其他金融企业拆借资金；经营证券业务的企业，证券的买入与卖出。

（四）特殊项目的列报

《企业会计准则第31号——现金流量表》第六条：自然灾害损失、保险索赔等特殊项目，应当根据其性质，分别归并到经营活动、投资活动和筹资活动现金流量类别中单独列报。

特殊项目是指企业日常活动之外特殊的、不经常发生的项目，如自然灾害损失、保险赔款、捐赠等。现金流量表通过揭示企业现金流量的来源和用途，为分析现金流量前景提供信息，对于那些日常活动之外特殊的、不经常发生的项目，应当归并到相关类别中，并单独反映，也就是在现金流量相应类别下单设一项。例如，对于自然灾害损失和保险赔款，如果能够确指，属于流动资产损失，应当列入经营活动产生的现金流量；属于固定资产损失，应当列入投资活动产生的现金流量。如果不能确指，则可以列入经营活动产生的现金流量。

（五）外币现金流量以及境外子公司的现金流量的列报

《企业会计准则第31号——现金流量表》第七条：外币现金流量以及境外子公司的现金流量，应当采用现金流量发生日的即期汇率或按照系统合理的方法确定的、与现金流量发生日即期汇率近似的汇率折算。汇率变动对现金的影响额应当作为调节项目，在现金流量表中单独列报。

编制现金流量表时，应当将企业外币现金流量以及境外子公司的现金流量折算成记账本位币。企业外币现金流量以及境外子公司的现金流量，应以现金流量发生日的即期汇率或按照系统合理的方法确定的、与现金流量发生日即期汇率近似的汇率折算。汇率变动对现金的影响，应作为调节项目，在现金流量表中单独列示。

汇率变动对现金的影响，指企业外币现金流量及境外子公司的现金流量折算成记账本位币时，所采用的是现金流量发生日的即期汇率或按照系统合理的方法确定的、与现金流量发生日即期汇率近似的汇率，而现金流量表“现金及现金等价物净增加额”中外币现金净增加额是按期末汇率折算的。这两者的差额即为汇率变动对现金的影响。

【例12-1】智董公司当期出口商品一批，售价1000000美元，销售实现时的汇率为1:8.28，收汇当日汇率为1:8.25；当期进口货物一批，价值500000美元，结汇当日汇率为1:8.30，资产负债表日汇率为1:8.31。假设当期没有其他业务发生。

汇率变动对现金的影响额计算如下：

经营活动流入的现金	1000000（美元）
汇率变动×0.06（8.31－8.25）	
汇率变动对现金流入的影响额	60000（人民币）
经营活动流出的现金	500000（美元）
汇率变动×0.01（8.31－8.30）	
汇率变动对现金流出的影响额	5000（人民币）
汇率变动对现金的影响额	55000（人民币）

现金流量表中：

经营活动流入的现金	8250000
经营活动流出的现金	4150000
经营活动产生的现金流量净额	4100000
汇率变动对现金的影响	55000
现金及现金等价物净增加额	4155000

现金流量表补充资料中：

现金及现金等价物净增加情况：

银行存款的期末余额　（500000×8.31）	4155000
银行存款的期初余额	0
现金及现金等价物净增加额	4155000

从上例可以看出，现金流量表中的最后一项“现金及现金等价物净增加额”数额与现金流量表补充资料中“现金及现金等价物净增加额”数额相等，应当核对相符。在编制现金流量表时，对当期发生的外币业务，也可不必逐笔计算汇率变动对现金的影响，可以通过现金流量表补充资料中“现金及现金等价物净增加额”数额与现金流量表中“经营活动产生的现金流量净额”“投资活动产生的现金流量净额”“筹资活动产生的现金流量净额”三项之和比较，其差额即为“汇率变动对现金的影响”。

二、经营活动产生的现金流量

编制现金流量表时，经营活动现金流量的列报方法有直接法和间接法，它们通常也被称之为现金流量表的报告方法。

直接法是指按现金收入和支出的主要类别直接反映企业经营活动产生的现金流量，如销售商品、提供劳务收到的现金；购买商品、接受劳务支付的现金等就是按现金收入和支出的来源直接反映的。在直接法下，一般是以利润表中的营业收入为起算点，调整与经营活动有关的项目的增减变动，然后计算出经营活动产生的现金流量。

采用直接法时，有关经营活动现金流量的信息，一般通过以下途径之一取得。

1) 企业的会计记录。

2) 根据以下项目对利润表中的营业收入、营业成本以及其他项目进行调整。

①当期存货及经营性应收和应付项目的变动。

②固定资产折旧、无形资产摊销等其他非现金项目。

③其现金影响属于投资或筹资活动现金流量的其他项目。

间接法是指以净利润为起算点，调整不涉及现金的收入、费用、营业外收支等有关项目，据此计算出经营活动产生的现金流量。

本准则规定采用直接法，同时要求在现金流量表附注中披露将净利润调节为经营活动现金流量的信息，也就是用间接法来计算经营活动的现金流量。

1. 销售商品、提供劳务收到的现金

本项目反映企业销售商品、提供劳务实际收到的现金，包括销售收入和应向购买者收取的增值税销项税额，具体包括：本期销售商品、提供劳务收到的现金以及前期销售商品、提供劳务本期收到的现金和本期预收的款项，减去本期销售本期退回的商品和前期销售本期退回的商品支付的现金。

需要注意的是，企业销售材料和代购代销业务收到的现金，也在本项目反映。

企业本期销售商品、提供劳务收到的现金可用如下公式计算得出：

销售商品、提供劳务收到的现金＝本期销售商品、提供劳务收到的现金＋本期收到前期的应收账款＋本期收到前期的应收票据＋本期的预收账款－本期因销售退回而支付的现金＋本期收回前期核销的坏账损失

【例12-2】智董公司本期销售一批商品，开出的增值税专用发票上注明的销售价款为2800000元，增值税销项税额为448000元，以银行存款收讫；应收票据期初余额为270000元，期末余额为60000元；应收账款期初余额为1000000元，期末余额为400000元；年度内核销的坏账损失为20000元。另外，本期因商品质量问题发生退货，支付银行存款30000元，货款已通过银行转账支付。

本期销售商品、提供劳务收到的现金计算如下：

本期销售商品收到的现金		3248000
加：本期收到前期的应收票据	（270000－60000）	210000
本期收到前期的应收账款	（1000000－400000－20000）	580000
减：本期因销售退回支付的现金		30000
本期销售商品、提供劳务收到的现金		4008000

2. 收到的税费返还

本项目反映企业收到返还的各种税费，如收到的增值税、所得税、消费税、关税和教育费附加返还款等。

3. 收到其他与经营活动有关的现金

本项目反映企业除上述各项目外，收到的其他与经营活动有关的现金，如经营租赁收到的租金、罚款收入、流动资产损失中由个人赔偿的现金收入等。其他与经营活动有关的现金，如果价值较大的，应单列项目反映。

4. 购买商品、接受劳务支付的现金

本项目反映企业购买材料、商品、接受劳务实际支付的现金，包括支付的货款以及与货款一并支付的增值税进项税额，具体包括：本期购买商品、接受劳务支付的现金以及本期支付前期购买商品、接受劳务的未付款项和本期预付款项，减去本期发生的购货退回收到的现金。企业购买材料和代购代销业务支付的现金，也在本项目反映。

企业本期购买商品、接受劳务支付的现金可用如下公式计算得出：

购买商品、接受劳务支付的现金＝本期购买商品、接受劳务支付的现金＋本期支付前期的应付账款＋本期支付前期的应付票据＋本期预付的账款－本期因购货退回收到的现金

【例12-3】智董公司本期购买原材料，收到的增值税专用发票上注明的材料价款为150000元，增值税进项税额为24000元，款项已通过银行转账支付；本期支付应付票据100000元；用银行汇票支付材料价款、收到银行转来银行汇票多余款收账通知，余款2340元，材料及运费99800元，其相应的增值税为15968元；购买工程用物资150000元，货款已通过银行转账支付。

本期购买商品、接受劳务支付的现金计算如下：

本期购买原材料支付的价款	150000
本期购买原材料支付的增值税进项税额	24000
本期购买材料支付的价款	99800
本期购买材料支付的增值税进项税额	15968
加：本期支付的应付票据	100000
购买商品、接受劳务支付的现金	389768

5. 支付给职工以及为职工支付的现金

本项目反映企业实际支付给职工的现金以及为职工支付的现金，包括本期实际支付给职工的工资、奖金、各种津贴和补贴等职工薪酬（包括代扣代缴的职工个人所得税）。不包括支付的离退休人员的各项费用和支付给在建工程人员的工资等。支付的离退休人员的各项费用，包括支付的统筹退休金以及未参加统筹的退休人员的费用，在“支付的其他与经营活动有关的现金”项目中反映；支付的在建工程人员的工资，在“购建固定资产、无形资产和其他长期资产所支付的现金”项目中反映。

注意，企业为职工支付的养老、失业等社会保险基金、企业年金（补充养老保险），支付给职工的住房困难补助，企业为职工交纳的商业保险金，企业支付给职工或为职工支付的其他福利费用等，应根据职工的工作性质和服务对象，分别在“购建固定资产、无形资产和其他长期资产所支付的现金”和“支付给职工以及为职工支付的现金”项目中反映。

6. 支付的各项税费

本项目反映企业按规定支付的各项税费，包括本期发生并支付的税费，以及本期支付以前各期发生的税费和预交的税金，如支付的增值税款、支付的所得税款、支付的除增值税、所得税以外的其他税费（支付的教育费附加、矿产资源补偿费、印花税、房产税、土地增值税、车船税）等。不包括计入固定资产价值、实际支付的耕地占用税等，也不包括本期退回的增值税、所得税。本期退回的增值税、所得税，在“收到的税费返还”项目中反映。

【例12-4】智董公司本期向税务机关交纳增值税32000元；本期发生的所得税3100000元已全部交纳；企业期初未交所得税280000元；期末未交所得税120000元。

本期支付的各项税费计算如下：

本期支付的增值税额		34000
加：本期发生并交纳的所得税额		3100000
前期发生本期交纳的所得税额	（280000－120000）	160000
支付的各项税费		3294000

7. 支付其他与经营活动有关的现金

本项目反映企业除上述各项目外，支付的其他与经营活动有关的现金，如经营租赁所支付的现金、罚款支出、支付的差旅费、业务招待费、保险费等。其他与经营活动有关的现金，如果价值较大的，应单列项目反映。

三、投资活动产生的现金流量

1. 收回投资所收到的现金

反映企业出售、转让或到期收回除现金等价物以外的对其他企业的权益工具、债务工具和合营中的权益。

不包括长期债权投资收回的利息，以及收回的非现金资产。长期债权投资收回的利息，不在本项目中反映，而在“取得投资收益所收到的现金”项目中反映。

【例12-5】智董公司某项权益性投资本金为5000000元，企业出售该投资，收回的全部投资金额为4800000元；某项债权性投资本金3500000元，企业出售该投资，收回的全部投资金额为4100000元，其中，600000元是债券利息。

本期收回投资所收到的现金计算如下：

	收回权益性投资金额	4800000
加：	收回债权性投资本金	3500000
	收回投资所收到的现金	8300000

2. 取得投资收益收到的现金

"取得投资收益收到的现金"项目，反映企业除现金等价物以外的对其他企业的权益工具、债务工具和合营中的权益投资分回的现金股利和利息等。股票股利不在本项目中反映；包括在现金等价物范围内的债券性投资，其利息收入在本项目中反映。

3. 处置固定资产、无形资产和其他长期资产收回的现金净额

本项目反映企业出售固定资产、无形资产和其他长期资产所取得的现金，减去为处置这些资产而支付的有关费用后的净额。处置固定资产、无形资产和其他长期资产所收到的现金，与处置活动支付的现金，两者在时间上比较接近，以净额反映更能反映处置活动对现金流量的影响，且由于金额不大，故以净额反映。由于自然灾害等原因所造成的固定资产等长期资产的报废、毁损而收到的保险赔偿收入，也在本项目中反映。

注意，固定资产报废、毁损的变卖收益及遭受灾害而收到的保险赔偿收入等，包括在本项目中反映；如处置固定资产、无形资产和其他长期资产所收回的现金净额为负数，则应作为投资活动产生的现金流量，在"支付的其他与投资活动有关的现金"项目中反映。

4. 处置子公司及其他营业单位收到的现金净额

"处置子公司及其他营业单位收到的现金净额"项目，反映企业处置子公司及其他营业单位所取得的现金减去相关处置费用以及子公司及其他营业单位持有的现金和现金等价物后的净额。

5. 收到其他与投资活动有关的现金

本项目反映企业除上述各项目外，收到的其他与投资活动有关的现金。其他与投资活动有关的现金，如果价值较大的，应单列项目反映。

6. 购建固定资产、无形资产和其他长期资产支付的现金

本项目反映企业购买、建造固定资产，取得无形资产和其他长期资产所支付的现金，包括购买机器设备所支付的现金及增值税款、建造工程支付的现金、支付在建工程人员的薪酬等现金支出，不包括为购建固定资产而发生的借款利息资本化部分，以及融资租入固定资产所支付的租赁费。为购建固定资产而发生的借款利息资本化部分，以及融资租入固定资产所支付的租赁费，应在"筹资活动产生的现金流量-支付其他与筹资活动有关的现金"项目中反映，不在本项目中反映。企业以分期付款方式购建的固定资产，其首次付款支付的现金在本项目中反映，以后各期支付的现金在"筹资活动产生的现金流量－支付的其他与筹资活动有关的现金"项目中反映。

7. 投资支付的现金

"投资支付的现金"项目，反映企业取得除现金等价物以外的对其他企业的权益工具、债务工具和合营中的权益所支付的现金以及支付的佣金、手续费等附加费用。

企业购买债券的价款中含有债券利息的，以及溢价或折价购入的，均按实际支付的金额反映。

需要注意的是，企业购买股票和债券时，实际支付的价款中包含的已宣告但尚未领取的现金股利或已到付息期但尚未领取的债券利息，应在"支付的其他与投资活动有关的现金"项目中反映；收回购买股票和债券时支付的已宣告但尚未领取的现金股利或已到付息期但尚未领取的债券利息，应在"收到的其他与投资活动有关的现金"项目中反映。

8. 取得子公司及其他营业单位支付的现金净额

"取得子公司及其他营业单位支付的现金净额"项目，反映企业购买子公司及其他营业单位购买出价中以现金支付的部分，减去子公司及其他营业单位持有的现金和现金等价物后的净额。

整体购买一个单位，其结算方式是多种多样的，如购买方全部以现金支付或一部分以现金支付而另一部分以实物清偿。同时，企业购买子公司及其他营业单位是整体交易，子公司和其他营业单位除有固定资产和存货外，还可能持有现金和现金等价物。这样，整体购买子公司或其他营业单位的现金流量，就应以购买出价中以现金支付的部分减去子公司或其他营业单位持有的现金和现金等价物后的净额反映。

【例12-6】经过协商，智董公司决定购买鑫裕公司的一子公司，出价1500000元，全部以银行存款转账支付。该子公司的有关资料如下：

该子公司有150000元的现金及银行存款，没有现金等价物，企业的实际现金流出为

购买子公司出价	1500000
减：子公司持有的现金和现金等价物	150000
购买子公司支付的现金净额	1350000

本准则要求企业在现金流量表附注中以总额披露当期购买和处置子公司及其他营业单位的下列信息：

1) 购买或处置价格。

2) 购买或处置价格中以现金支付的部分。

3) 购买或处置子公司及其他营业单位所取得的现金。

4) 购买或处置子公司及其他营业单位按主要类别分类的非现金资产和负债。

本例中，智董公司应在现金流量表附注中做如下披露：

购买子公司的基本情况：

购买价格	1500000
购买价格中以现金支付的部分	1500000
购买子公司所取得的现金	150000
非现金资产：存货	300000
固定资产原价	3000000
减：累计折旧	1500000
长期股权投资	600000
其他资产	50000
负债：短期借款	400000
应付账款	500000
长期应付款	200000

企业处置子公司及其他营业单位时，可适当参照上述作法进行处理。

9. 支付其他与投资活动有关的现金

本项目反映企业除上述各项目外，支付的其他与投资活动有关的现金。其他与投资活动有关的现金，如果价值较大的，应单列项目反映。

四、筹资活动产生的现金流量

1. 吸收投资收到的现金

本项目反映企业以发行股票、债券等方式筹集资金实际收到的款项净额（发行收入减去支付的佣金等发行费用后的净额）。

需要注意的是，以发行股票、债券等方式筹集资金而由企业直接支付的审计、咨询等

费用，不在本项目中反映，而在“支付的其他与筹资活动有关的现金”项目中反映；由金融企业直接支付的手续费、宣传费、咨询费、印刷费等费用，从发行股票、债券取得的现金收入中扣除，以净额列示。

【例12-7】智董公司对外公开募集股份10000000股，每股1元，发行价每股1.1元，代理发行的证券公司为其支付的各种费用，共计150000元。此外，智董公司为建设一新项目，批准发行20000000元的长期债券。与证券公司签署的协议规定：该批长期债券委托证券公司代理发行，发行手续费为发行总额的3.5%，宣传及印刷费由证券公司代为支付，并从发行总额中扣除。该公司至委托协议签署为止，已支付咨询费、公证费等5800元。证券公司按面值发行，价款全部收到，支付宣传及印刷费等各种费用114200元。按协议将发行款划至企业在银行的存款账户上。

本期吸收投资所收到的现金计算如下：

发行股票取得的现金		10850000
其中：发行总额	（10000000×1.1）	11000000
减：发行费用		150000
发行债券取得的现金		19185800
其中：发行总额		20000000
减：发行手续费	（20000000×3.5%）	700000
证券公司代付的各种费用		114200
吸收投资所收到的现金		30035800

本例中，已支付的咨询费、公证费等5800元，应在“支付的其他与筹资活动有关的现金”项目中反映。

2. 取得借款收到的现金

本项目反映企业举借各种短期、长期借款而收到的现金。

3. 收到其他与筹资活动有关的现金

本项目反映企业除上述各项目外，收到的其他与筹资活动有关的现金。其他与筹资活动有关的现金，如果价值较大的，应单列项目反映。本项目可根据有关科目的记录分析填列。

4. 偿还债务支付的现金

反映企业以现金偿还债务的本金，包括归还金融企业的借款本金、偿付企业到期的债券本金等。

需要注意的是，企业偿还的借款利息、债券利息，在“分配股利、利润或偿付利息所支付的现金”项目中反映，不在本项目中反映。

5. 分配股利、利润或偿付利息支付的现金

本项目反映企业实际支付的现金股利、支付给其他投资单位的利润或用现金支付的借款利息、债券利息所支付的现金。

需要说明的是，“分配股利或利润所支付的现金”“偿付利息所支付的现金”项目，应在“分配股利、利润或偿付利息所支付的现金”项目中反映。此外，不同用途的借款，其利息的开支渠道不一样，如在建工程、财务费用等，但均在本项目中反映。

【例12-8】智董公司期初应付现金股利为210000元，本期宣布并发放现金股利500000元，期末应付现金股利120000元。

本期分配股利、利润或偿付利息所支付的现金计算如下：

本期宣布并发放的现金股利		500000
加：本期支付的前期应付股利	（210000－120000）	90000
分配股利、利润或偿付利息所支付的现金		590000

6. 支付其他与筹资活动有关的现金

本项目反映企业除上述各项目外，支付的其他与筹资活动有关的现金（如“发生筹资费用所支付的现金”“融资租赁所支付的现金”“减少注册资本所支付的现金”）。其他与筹资活动有关的现金，如果价值较大的，应单列项目反映。

五、现金流量表的编制

现金流量表是反映企业一定会计期间现金和现金等价物流入和流出的报表。

编制现金流量表的主要目的是为会计报表使用者提供企业一定会计期间内现金和现金等价物流入和流出的信息，便于会计报表使用者了解和评价企业获取现金和现金等价物的能力，并据以预测企业未来现金流量。

(一) 现金流量表的编制基础

本准则采用现金和现金等价物作为现金流量表的编制基础，并将现金定义为企业的库存现金以及可以随时用于支付的存款。这一定义与世界上大多数国家对现金的定义基本相似。会计上所说的现金通常指企业的库存现金，而现金流量表中的“库存现金”不仅包括“库存现金”账户核算的库存现金，还包括企业“银行存款”账户核算的存入金融企业、随时可以用于支付的存款，也包括“其他货币资金”账户核算的银行汇票存款、银行本票存款、信用卡存款、信用证保证金存款和存出投资款等其他货币资金。需要注意的是，银行存款和其他货币资金中有些不能随时用于支取的存款，如，不能随时支取的定期存款等，不应作为现金，而应列作投资；提前通知金融企业便可支取的定期存款，则应包括在现金范围内。

(二) 现金流量表方面的基本要求

1) 企业应在年末编制年报时编报现金流量表。

2) 现金流量表应标明企业名称、会计期间、货币单位和报表编号。

3) 现金流量表应由制表人、单位负责人和主管会计工作的负责人、会计机构负责人（会计主管人员）签名并盖章；设置总会计师的单位，还须由总会计师签名并盖章。

4) 企业应当根据编制现金流量表的需要，做好有关现金账簿、有关辅助账簿的设置等会计基础工作。

5) 企业应当就现金等价物的确认标准，做出明确规定，并加以披露。现金等价物的确认标准如有变更，应对其加以说明，并应披露确认标准变更对现金流量的影响程度。

(三) 现金流量表的编制方法

1. 直接法

直接法是指按现金收入和现金支出的主要类别直接反映企业经营活动产生的现金流量，如销售商品、提供劳务收到的现金；购买商品、接受劳务支付的现金等就是按现金收入和支出的来源直接反映的。

在直接法下，一般是以利润表中的营业收入为起算点，调节与经营活动有关的项目的增减变动，然后计算出经营活动产生的现金流量。

在我国，采用直接法编制现金流量表时经营活动产生的现金流入项目主要包括：销售商品、提供劳务收到的现金；收到的税费返还；收到的其他与经营活动有关的现金。

经营活动产生的现金流出项目主要包括：购买商品、接受劳务支付的现金；支付给职工以及为职工支付的现金；支付的各项税费；支付的其他与经营活动有关的现金。

采用直接法编报的现金流量表，便于分析企业经营活动产生的现金流量的来源和用途，预测企业现金流量的未来前景；采用间接法编报现金流量表，便于将净利润与经营活动产生的现金流量净额进行比较，了解净利润与经营活动产生的现金流量差异的原因，从现金流量的角度分析净利润的质量。所以，本准则规定企业同时采用直接法和间接法两种方法编报现金流量表。

2. 间接法

间接法是指以净利润为起算点，调整不涉及现金的收入、费用、营业外收支等有关项目，据此计算出经营活动产生的现金流量。

由于净利润是按照权责发生制原则确定的，且包括了投资活动和筹资活动收益和费用，将净利润调节为经营活动现金流量，实际上就是将按权责发生制原则确定的净利润调整为现金净流入，并剔除投资活动和筹资活动对现金流量的影响。

具体来说，需要在净利润基础上进行调节的项目主要包括：资产减值准备；固定资产折旧；无形资产摊销；长期待摊费用摊销；处置固定资产、无形资产和其他长期资产的损益；固定资产报废损失；公允价值变动损益；财务费用；投资损益；递延所得税资产和递延所得税负债；存货；经营性应收项目；经营性应付项目。

1) 资产减值准备包括：坏账准备、存货跌价准备、长期股权投资减值准备、持有至到期投资减值准备、投资性房地产减值准备、固定资产减值准备、在建工程减值准备、无形资产减值准备、商誉减值准备、生产性生物资产减值准备、油气资产减值准备等。企业计提的资产减值准备，包括在利润表中，属于利润的减除项目，但没有发生现金流出。所以，在将净利润调节为经营活动现金流量时，需要加回。本项目可根据减值准备账户等科目记录分析填列，也可根据“管理费用”“投资收益”“营业外支出”等科目的记录分析填列。

2) “固定资产折旧”“油气资产折耗”“生产性生物资产折旧”项目，分别反映企业本期计提的固定资产折旧、油气资产折耗、生产性生物资产折旧。

企业计提的固定资产折旧，有的包括在管理费用中，有的包括在制造费用中。计入管理费用中的部分，作为期间费用在计算净利润时从中扣除，但没有发生现金流出，所以，在将净利润调节为经营活动现金流量时，需要予以加回。计入制造费用中的已经变现的部分，在计算净利润时通过销售成本予以扣除，但没有发生现金流出；计入制造费用中的没有变现的部分，由于在调节存货时，已经从中扣除，但是，也不涉及现金收支，所以，在此处将净利润调节为经营活动现金流量时，需要予以加回。本项目可根据“累计折旧”科目的贷方发生额分析填列。

3) 无形资产摊销、长期待摊费用摊销。企业摊销无形资产时，计入管理费用；长期待摊费用摊销时，有的计入管理费用，有的计入销售费用，有的计入制造费用。计入管理费用、销售费用中的部分，作为期间费用在计算净利润时已从中扣除，但没有发生现金流出，所以，在将净利润调节经营活动现金流量时，需要予以加回。计入制造费用中的已经变现的部分，在计算净利润时通过销售成本已经扣除，但没有发生现金流出；计入制造费用中的没有变规部分，由于在调节存货时，已经从中扣除，但不涉及现金收支，所以，在此处将净利润调节为经营活动现金流量时，需要予以加回。这两个项目可根据“无形资产”“长期待摊费用”科目的贷方发生额分析填列。

【例12-9】20×7年1月1日，智董股份有限公司无形资产余额为90000元；20×7年度内，曾购入无形资产30000元、转让无形资产35000元，摊销无形资产5000元；20×7年12月31日，无形资产余额为80000元。摊销的无形资产金额5000元，在将净利润调节为经营活动现金流量时应当加回。

4) “处置固定资产、无形资产和其他长期资产的损失”项目，反映企业本期处置固定资产、无形资产和其他长期资产发生的损失。企业处置固定资产、无形资产和其他长期资产发生的损益，属于投资活动产生的损益，不属于经营活动产生的损益，所以，在将净利润调节为经营活动现金流量时，需要予以剔除。如为损失，在将净利润调节为经营活动现金流量时，应当加回；如为收益，在将净利润调节为经营活动现金流量时，应当扣除。本项目可根据“营业外收入”“营业外支出”“其他业务收入”“其他业务成本”等科目所属有关明细科目的记录分析填列；如为净收益，以“－”号填列。

【例12-10】20×7年度内，智董股份有限公司曾处置设备一台，原价180000元，累计已提折旧110000元，收到现金80000元，产生处置收益10000元［80000－（180000－110000）］。处置固定资产的收益10000元，在将净利润调节为经营活动现金流量时应当扣除。

5)“固定资产报废损失”项目，反映企业本期固定资产盘亏发生的损失。

企业发生的固定资产报废损益，属于投资活动产生的损益，不属于经营活动产生的损益，所以，在将净利润调节为经营活动现金流量时，需要予以剔除。如为净损失，在将净利润调节为经营活动现金流量时，应当加回；如为净收益，在将净利润调节为经营活动现金流量时，应当扣除。本项目可根据“营业外支出”“营业外收入”等科目所属有关明细科目中固定资产盘亏损失减去固定资产盘盈收益后的差额填列。

6)“公允价值变动损失”项目，反映企业持有的采用公允价值计量、且其变动计入当期损益的金融资产、金融负债等的公允价值变动损益。

7) 企业发生的财务费用中，有些项目属于筹资活动或投资活动。例如，购买固定资产所产生的汇兑损益属于投资活动；支付的利息属于筹资活动。为此，应当将其从净利润中剔除。本项目可根据“财务费用”科目的本期借方发生额分析填列；如为收益，以“－”号填列。

在实务中，企业的“财务费用”明细账一般是按费用项目设置的，为了编制现金流量表，企业可在此基础上，再按“经营活动”“筹资活动”“投资活动”分设明细分类账。每一笔财务费用发生时，即将其归入“经营活动”“筹资活动”或“投资活动”中。

8) 企业发生的投资损益，属于投资活动产生的损益，不属于经营活动产生的损益，所以，在将净利润调节为经营活动现金流量时，需要予以剔除。如为净损失，在将净利润调节为经营活动现金流量时，应当加回；如为净收益，在将净利润调节为经营活动现金流量时，应当扣除。本项目可根据利润表中“投资收益”项目的数字填列；如为投资收益，以“－”号填列。

9) 递延所得税资产减少、递延所得税负债增加

“递延所得税资产减少”项目，反映企业资产负债表“递延所得税资产”项目的期初余额与期末余额的差额。“递延所得税负债增加”项目，反映企业资产负债表“递延所得税负债”项目的期初余额与期末余额的差额。

【例12-11】20×7年1月1日，智董股份有限公司递延所得税资产借方余额为5000元、递延所得税负债贷方余额为0元；20×7年12月31日，递延所得税资产借方余额为0元、递延所得税负债贷方余额为25000元。

20×7年度内，在将净利润调节为经营活动现金流量时应当加回30000元。

10) 存货的减少。期末存货比期初存货减少，说明本期生产经营过程耗用的存货有一部分是期初的存货，耗用这部分存货并没有发生现金流出，但在计算净利润时已经扣除，所以，在将净利润调节为经营活动现金流量时，应当加回。期末存货比期初存货增加，说明当期购入的存货除耗用外，还余留了一部分，这部分存货也发生了现金流出，但在计算净利润时没有包括在内，所以，在将净利润调节为经营活动现金流量时，需要扣除。当然，存货的增减变化过程还涉及应付项目，这一因素在“经营性应付项目的增加（减：减少）”中考虑。本项目可根据资产负债表中“存货”项目的期初数、期末数之间的差额填列；期末数大于期初数的差额，以“－”号填列。

需要注意的是，如果存货的增减变化过程属于投资活动，应当将这一因素剔除。

11)“经营性应收项目的减少”项目，反映企业本期经营性应收项目（包括应收票据、

应收账款、预付款项、长期应收款和其他应收款中与经营活动有关的部分及应收的增值税销项税额等）的期初余额与期末余额的差额。

经营性应收项目期末余额小于经营性应收项目期初余额，说明本期收回的现金大于利润表中所确认的销售收入，所以，在将净利润调节为经营活动现金流量时，需要加回。经营性应收项目期末余额大于经营性应收项目期初余额，说明本期销售收入中有一部分没有收回现金，但是，在计算净利润时这部分销售收入已包括在内，所以，在将净利润调节为经营活动现金流量时，需要扣除。

12)“经营性应付项目的增加”项目，反映企业本期经营性应付项目（包括应付票据、应付账款、预收款项、应付职工薪酬、应交税费、应付利息、应付股利、长期应付款、其他应付款中与经营活动有关的部分及应付的增值税进项税额等）的期初余额与期末余额的差额。

经营性应付项目期末余额大于经营性应付项目期初余额，说明本期购入的存货中有一部分没有支付现金，但是，在计算净利润时却通过销售成本包括在内，所以，在将净利润调节为经营活动现金流量时，需要加回；经营性应付项目期末余额小于经营性应付项目期初余额，说明本期支付的现金大于利润表中所确认的销售成本，所以，在将净利润调节为经营活动产生的现金流量时，需要扣除。

（四）现金流量表的编制程序

1. 工作底稿法下现金流量表的编制程序

采用工作底稿法编制现金流量表，就是以工作底稿为手段，以利润表和资产负债表数据为基础，对每一项目进行分析并编制调整分录，从而编制出现金流量表。

在直接法下，整个工作底稿纵向分成三段，第一段是资产负债表项目，其中又分为借方项目和贷方项目两部分；第二段是利润表项目；第三段是现金流量表项目。工作底稿横向分为五栏，在资产负债表部分，第一栏是项目栏，填列资产负债表各项目名称；第二栏是期初数，用来填列资产负债表项目的期初数；第三栏是调整分录的借方；第四栏是调整分录的贷方；第五栏是期末数，用来填列资产负债表各项目的期末数。在利润表和现金流量表部分；第一栏也是项目栏，用来填列利润表和现金流量表项目名称；第二栏空置不填；第三、第四栏分别是调整分录的借方和贷方；第五栏是本期数，利润表部分这一栏数字应和本期利润表数字核对相符，现金流量表部分这一栏的数字可直接用来编制正式的现金流量表。

采用工作底稿法编制现金流量表的程序如下所述。

第一步，将资产负债表的期初数和期末数过入工作底稿的期初数栏和期末数栏。

第二步，对当期业务进行分析并编制调整分录。调整分录大体有这样几类：第一类涉及利润表中的收入、成本和费用项目以及资产负债表中的资产、负债及所有者权益项目，通过调整，将权责发生制下的收入、费用转换为现金基础。第二类是涉及资产负债表和现金流量表中的投资、筹资项目，反映投资和筹资活动的现金流量。第三类是涉及利润表和现金流量表中的投资和筹资项目，目的是将利润表中有关投资和筹资方面的收入和费用列入到现金流量表投资、筹资现金流量中去。此外，还有一些调整分录并不涉及现金收支，只是为了核对资产负债表项目的期末、期初变动。

在调整分录中，有关现金和现金等价物的事项，并不直接借记或贷记现金，而是分别记入“经营活动产生的现金流量”“投资活动产生的现金流量”“筹资活动产生的现金流量”有关项目，借记表明现金流入，贷记表明现金流出。

第三步，将调整分录过入工作底稿中的相应部分。

第四步，核对调整分录，借贷合计应当相等，资产负债表项目期初数加减调整分录中的借贷金额以后，应当等于期末数。

第五步，根据工作底稿中的现金流量表项目部分编制正式的现金流量表。

2. T形账户法下现金流量表的编制程序

采用T形账户法，就是以T形账户为手段，以利润表和资产负债表数据为基础，对每一项目进行分析并编制调整分录，从而编制出现金流量表。

采用T形账户法编制现金流量表的程序如下所述。

第一步，为所有的非现金项目（包括资产负债表项目和利润表项目）分别开设T形账户，并将各自的期末期初变动数过入各该账户。

第二步，开设一个大的“现金及现金等价物”T形账户，每边分为经营活动、投资活动和筹资活动三部分，左边记现金流入，右边记现金流出。与其他账户一样，过入期末期初变动数。

第三步，以利润表项目为基础，结合资产负债表分析每一个非现金项目的增减变动，并据此编制调整分录。

第四步，将调整分录过入各T形账户，并进行核对，该账户借贷相抵后的余额与原先过入的期末期初变动数应当一致。

第五步，根据大的“现金及现金等价物”T形账户编制正式的现金流量表。

（五）现金流量表格式及列示说明

现金流量表格式分为一般企业、商业银行、保险公司、证券公司等企业类型予以规定。企业应当根据其经营活动的性质，确定本企业适用的现金流量表格式。

政策性银行、信托投资公司、租赁公司、财务公司、典当公司应当执行商业银行现金流量表格式规定，如有特别需要，可以结合本企业的实际情况，进行必要调整和补充。

担保公司应当执行保险公司现金流量表格式规定，如有特别需要，可以结合本企业的实际情况，进行必要调整和补充。

资产管理公司、基金公司、期货公司应当执行证券公司现金流量表格式规定，如有特别需要，可以结合本企业的实际情况，进行必要调整和补充。

1. 一般企业现金流量表格式

一般企业现金流量表格式如下表12-5和表12-6所示。

表12-5现金流量表

（适用于已执行新金融准则或新收入准则的企业）　　会企03表

编制单位：　　　　年　　月　　　　单位：元

项目	本期金额	上期金额
一、经营活动产生的现金流量：		
销售商品、提供劳务收到的现金		
收到的税费返还		
收到其他与经营活动有关的现金		
经营活动现金流入小计		
购买商品、接受劳务支付的现金		
支付给职工以及为职工支付的现金		
支付的各项税费		
支付其他与经营活动有关的现金		
经营活动现金流出小计		
经营活动产生的现金流量净额		

续表

项目	本期金额	上期金额
二、投资活动产生的现金流量：		
收回投资收到的现金		
取得投资收益收到的现金		
处置固定资产、无形资产和其他长期资产收回的现金净额		
处置子公司及其他营业单位收到的现金净额		
收到其他与投资活动有关的现金		
投资活动现金流入小计		
购建固定资产、无形资产和其他长期资产支付的现金		
投资支付的现金		
取得子公司及其他营业单位支付的现金净额		
支付其他与投资活动有关的现金		
投资活动现金流出小计		
投资活动产生的现金流量净额		
三、筹资活动产生的现金流量：		
吸收投资收到的现金		
取得借款收到的现金		
收到其他与筹资活动有关的现金		
筹资活动现金流入小计		
偿还债务支付的现金		
分配股利、利润或偿付利息支付的现金		
支付其他与筹资活动有关的现金		
筹资活动现金流出小计		
筹资活动产生的现金流量净额		
四、汇率变动对现金及现金等价物的影响		
五、现金及现金等价物净增加额		
加：期初现金及现金等价物余额		
六、期末现金及现金等价物余额		

表12-6 现金流量表

（适用于尚未执行新金融准则和新收入准则的企业）

编制单位： 年 月 单位：元

项目	本期金额	上期金额
一、经营活动产生的现金流量：		
销售商品、提供劳务收到的现金		
收到的税费返还		
收到其他与经营活动有关的现金		
经营活动现金流入小计		

续表

项目	本期金额	上期金额
购买商品、接受劳务支付的现金		
支付给职工以及为职工支付的现金		
支付的各项税费		
支付其他与经营活动有关的现金		
经营活动现金流出小计		
经营活动产生的现金流量净额		
二、投资活动产生的现金流量：		
收回投资收到的现金		
取得投资收益收到的现金		
处置固定资产、无形资产和其他长期资产收回的现金净额		
处置子公司及其他营业单位收到的现金净额		
收到其他与投资活动有关的现金		
投资活动现金流入小计		
购建固定资产、无形资产和其他长期资产支付的现金		
投资支付的现金		
取得子公司及其他营业单位支付的现金净额		
支付其他与投资活动有关的现金		
投资活动现金流出小计		
投资活动产生的现金流量净额		
三、筹资活动产生的现金流量：		
吸收投资收到的现金		
取得借款收到的现金		
收到其他与筹资活动有关的现金		
筹资活动现金流入小计		
偿还债务支付的现金		
分配股利、利润或偿付利息支付的现金		
支付其他与筹资活动有关的现金		
筹资活动现金流出小计		
筹资活动产生的现金流量净额		
四、汇率变动对现金及现金等价物的影响		
五、现金及现金等价物净增加额		
加：期初现金及现金等价物余额		
六、期末现金及现金等价物余额		

2. 金融保险企业现金流量表格式

(1) 关于金融保险企业的现金流量

金融保险企业经营活动的性质和内容与工商企业不同，从而直接影响其现金流量的分类。例如，利息支出在工商企业应作为筹资活动，而在金融企业，利息支出是其经营活动的主要支出，应列入经营活动产生的现金流量。再如，银行等金融企业吸收的存款是其主要经营业务，应作为经营活动产生的现金流量反映。因此，为了满足金融保险企业的特殊要求，本准则对金融保险企业特殊项目的现金流量以及归类单独做了规定。金融企业可根据本行业的特点及现金流量项目的实际情况，进行适当的归类。

为此，本准则列举了金融企业中属于经营活动现金流量的项目：对外发放的贷款和收回的贷款；吸收的存款和支付的存款本金；同业存款及存放同业款项；向其他金融企业拆借的资金；利息收入和利息支出；收回的已于前期核销的贷款；经营证券业务的企业，买卖证券所收到或支出的现金；融资租赁所收到的现金。

保险企业的与保险金、保险索赔、年金退款和其他保险利益条款有关的现金收入和现金支出项目，应作为经营活动产生的现金流量进行反映。

(2) 商业银行现金流量表格式如下表12-7所示

表12-7 现金流量表

会商银03表

编制单位： 年 月 单位：元

项目	本期金额	上期金额
一、经营活动产生的现金流量：		
客户存款和同业存放款项净增加额		
向中央银行借款净增加额		
向其他金融机构拆入资金净增加额		
收取利息、手续费及佣金的现金		
收到其他与经营活动有关的现金		
经营活动现金流入小计		
客户贷款及垫款净增加额		
存放中央银行和同业款项净增加额		
支付手续费及佣金的现金		
支付给职工以及为职工支付的现金		
支付的各项税费		
支付其他与经营活动有关的现金		
经营活动现金流出小计		
经营活动产生的现金流量净额		
二、投资活动产生的现金流量：		
收回投资收到的现金		
取得投资收益收到的现金		
收到其他与投资活动有关的现金		
投资活动现金流入小计		
投资支付的现金		
购建固定资产、无形资产和其他长期资产支付的现金		
支付其他与投资活动有关的现金		
投资活动现金流出小计		
投资活动产生的现金流量净额		
三、筹资活动产生的现金流量：		
吸收投资收到的现金		

续表

项目	本期金额	上期金额
发行债券收到的现金		
收到其他与筹资活动有关的现金		
筹资活动现金流入小计		
偿还债务支付的现金		
分配股利、利润或偿付利息支付的现金		
支付其他与筹资活动有关的现金		
筹资活动现金流出小计		
筹资活动产生的现金流量净额		
四、汇率变动对现金及现金等价物的影响		
五、现金及现金等价物净增加额		
加：期初现金及现金等价物余额		
六、期末现金及现金等价物余额		

(3) 保险公司现金流量表格式如下表12-8所示

表12-8　现金流量表

会保03表

编制单位：　　年　月　　单位：元

项目	本期金额	上期金额
一、经营活动产生的现金流量：		
收到原保险合同保费取得的现金		
收到再保业务现金净额		
保户储金及投资款净增加额		
收到其他与经营活动有关的现金		
经营活动现金流入小计		
支付原保险合同赔付款项的现金		
支付手续费及佣金的现金		
支付保单红利的现金		
支付给职工以及为职工支付的现金		
支付的各项税费		
支付其他与经营活动有关的现金		
经营活动现金流出小计		
经营活动产生的现金流量净额		
二、投资活动产生的现金流量：		
收回投资收到的现金		
取得投资收益收到的现金		
收到其他与投资活动有关的现金		
投资活动现金流入小计		
投资支付的现金		
质押贷款净增加额		
购建固定资产、无形资产和其他长期资产支付的现金		
支付其他与投资活动有关的现金		

续表

项目	本期金额	上期金额
投资活动现金流出小计		
投资活动产生的现金流量净额		
三、筹资活动产生的现金流量：		
吸收投资收到的现金		
发行债券收到的现金		
收到其他与筹资活动有关的现金		
筹资活动现金流入小计		
偿还债务支付的现金		
分配股利、利润或偿付利息支付的现金		
支付其他与筹资活动有关的现金		
筹资活动现金流出小计		
筹资活动产生的现金流量净额		
四、汇率变动对现金及现金等价物的影响		
五、现金及现金等价物净增加额		
加：期初现金及现金等价物余额		
六、期末现金及现金等价物余额		

(4) 证券公司现金流量表格式如下表12-9所示

表12-9 现金流量表

会证03表

编制单位：　　　　年　月　　　　单位：元

项目	本期金额	上期金额
一、经营活动产生的现金流量：		
处置交易性金融资产净增加额		
收取利息、手续费及佣金的现金		
拆入资金净增加额		
回购业务资金净增加额		
收到其他与经营活动有关的现金		
经营活动现金流入小计		
支付利息、手续费及佣金的现金		
支付给职工以及为职工支付的现金		
支付的各项税费		
支付其他与经营活动有关的现金		
经营活动现金流出小计		
经营活动产生的现金流量净额		
二、投资活动产生的现金流量：		
收回投资收到的现金		
取得投资收益收到的现金		
收到其他与投资活动有关的现金		
投资活动现金流入小计		
投资支付的现金		

续表

项目	本期金额	上期金额
购建固定资产、无形资产和其他长期资产支付的现金		
支付其他与投资活动有关的现金		
投资活动现金流出小计		
投资活动产生的现金流量净额		
三、筹资活动产生的现金流量：		
吸收投资收到的现金		
发行债券收到的现金		
收到其他与筹资活动有关的现金		
筹资活动现金流入小计		
偿还债务支付的现金		
分配股利、利润或偿付利息支付的现金		
支付其他与筹资活动有关的现金		
筹资活动现金流出小计		
筹资活动产生的现金流量净额		
四、汇率变动对现金及现金等价物的影响		
五、现金及现金等价物净增加额		
加：期初现金及现金等价物余额		
六、期末现金及现金等价物余额		

六、在会计报表附注的披露

(一) 将净利润调节为经营活动现金流量信息的披露

根据《企业会计准则第31号——现金流量表》第十六条的规定："企业应当在附注中披露将净利润调节为经营活动现金流量的信息。至少应当单独披露对净利润进行调节的下列项目：

（一）资产减值准备；

（二）固定资产折旧；

（三）无形资产摊销；

（四）长期待摊费用摊销；

（五）处置固定资产、无形资产和其他长期资产的损益；

（六）固定资产报废损失；

（七）公允价值变动损益；

（八）财务费用；

（九）投资损益；

（十）递延所得税资产和递延所得税负债；

（十一）存货；

（十二）经营性应收项目；

（十三）经营性应付项目。"

企业应在现金流量表补充资料中，通过债权债务变动、存货变动、应计及递延项目、投资和筹资现金流量相关的收益或费用项目，将净利润调节为经营活动现金流量。

调节公式是：

经营活动产生的现金流量净额＝净利润＋计提的资产减值准备＋当期计提的固定资产

折旧、油气资产折耗、生产性生物资产折旧＋无形资产摊销＋长期待摊费用摊销＋处置固定资产、无形资产和其他长期资产的损失（减：收益）＋固定资产报废损失－公允价值变动收益（加：损失）＋财务费用＋投资损失（减：收益）＋递延所得税负债增加＋递延所得税资产减少＋存货的减少（减：增加）＋经营性应收项目的减少（减：增加）＋经营性应付项目的增加（减：减少）＋其他

现金流量表附注适用于一般企业、商业银行、保险公司、证券公司等各类企业。

现金流量表补充资料披露格式如下表12-10所示。

企业应当采用间接法在现金流量表附注中披露将净利润调节为经营活动现金流量的信息。

表12-10 现流量表补充资料披露格式

补充资料	本期金额	上期金额
1. 将净利润调节为经营活动现金流量：		
净利润		
加：资产减值准备		
固定资产折旧、油气资产折耗、生产性生物资产折旧		
无形资产摊销		
长期待摊费用摊销		
处置固定资产、无形资产和其他长期资产的损失（收益以“－”号填列）		
固定资产报废损失（收益以“－”号填列）		
公允价值变动损失（收益以“－”号填列）		
财务费用（收益以“－”号填列）		
投资损失（收益以“－”号填列）		
递延所得税资产减少（增加以“－”号填列）		
递延所得税负债增加（减少以“－”号填列）		
存货的减少（增加以“－”号填列）		
经营性应收项目的减少（增加以“－”号填列）		
经营性应付项目的增加（减少以“－”号填列）		
其他		
经营活动产生的现金流量净额		
2. 不涉及现金收支的重大投资和筹资活动：		
债务转为资本		
一年内到期的可转换公司债券		
融资租入固定资产		
3. 现金及现金等价物净变动情况：		
现金的期末余额		
减：现金的期初余额		
加：现金等价物的期末余额		
减：现金等价物的期初余额		
现金及现金等价物净增加额		

(二) 以总额披露当期取得或处置子公司及其他营业单位的信息

《企业会计准则第31号——现金流量表》第十七条：“企业应当在附注中以总额披露

当期取得或处置子公司及其他营业单位的下列信息：

（一）取得或处置价格；

（二）取得或处置价格中以现金支付的部分；

（三）取得或处置子公司及其他营业单位收到的现金；

（四）取得或处置子公司及其他营业单位按照主要类别分类的非现金资产和负债。”

企业应当按下列格式（表12-11）披露当期取得或处置子公司及其他营业单位的有关信息。

表12-11　当期取得或处置子公司及其他营业单位的有关信息

项目	金额
一、取得子公司及其他营业单位的有关信息：	
1. 取得子公司及其他营业单位的价格	
2. 取得子公司及其他营业单位支付的现金和现金等价物	
减：子公司及其他营业单位持有的现金和现金等价物	
3. 取得子公司及其他营业单位支付的现金净额	
4. 取得子公司的净资产	
流动资产	
非流动资产	
流动负债	
非流动负债	
二、处置子公司及其他营业单位的有关信息：	
1. 处置子公司及其他营业单位的价格	
2. 处置子公司及其他营业单位收到的现金和现金等价物	
减：子公司及其他营业单位持有的现金和现金等价物	
3. 处置子公司及其他营业单位收到的现金净额	
4. 处置子公司的净资产	
流动资产	
非流动资产	
流动负债	
非流动负债	

（三）不涉及当期现金收支、但影响企业财务状况或在未来可能影响企业现金流量的重大投资和筹资活动的披露

《企业会计准则第31号——现金流量表》第十八条：“企业应当在附注中披露不涉及当期现金收支、但影响企业财务状况或在未来可能影响企业现金流量的重大投资和筹资活动。”

“不涉及现金收支的重大投资和筹资活动”项目，反映企业一定期间内影响资产或负债但不形成该期现金收支的所有投资和筹资活动的信息。这些投资和筹资活动虽然不涉及现金收支，但对以后各期的现金流量有重大影响。如融资租赁设备，记入“长期应付款”账户，当期并不支付设备款及租金，但以后各期必须为此支付现金，从而在一定期间内形成了一项固定的现金支出。

不涉及现金收支的投资和筹资活动主要有：债务转为资本、一年内到期的可转换公司债券、融资租入固定资产。“债务转为资本”项目反映企业本期转为资本的债务金额。“一年内到期的可转换公司债券”项目反映企业一年内到期的可转换公司债券的本息。“融资租入固定资产”项目反映企业本期融资租入固定资产的最低租赁付款额扣除应分期计入利息费用的未确认融资费用的净额。

（四）与现金和现金等价物有关的信息

我国《企业会计准则第31 号——现金流量表》第十九条规定："企业应当在附注中披露与现金和现金等价物有关的下列信息：

（一）现金和现金等价物的构成及其在资产负债表中的相应金额。

（二）企业持有但不能由母公司或集团内其他子公司使用的大额现金和现金等价物金额。"

企业应当按下列格式在附注中披露现金和现金等价物的构成、现金和现金等价物在资产负债表中列报项目的相应金额以及企业持有但不能由其母公司或集团内其他子公司使用的大额现金和现金等价物的金额，例如国外经营的子公司受当地外汇管制等限制而不能由集团内母公司或其他子公司正常使用的现金和现金等价物等。

现金和现金等价物的披露格式如下表12-12所示。

表12-12 现金和现金等价物的披露格式

项目	本期金额	上期金额
一、现金		
其中：库存现金		
可随时用于支付的银行存款		
可随时用于支付的其他货币资金		
可用于支付的存放中央银行款项		
存放同业款项		
拆放同业款项		
二、现金等价物		
其中：三个月内到期的债券投资		
三、期末现金及现金等价物余额		
其中：母公司或集团内子公司使用受限制的现金和现金等价物		

第五节 所有者权益变动表

所有者权益变动表是反映构成所有者权益的各组成部分当期的增减变动情况的报表。

所有者权益变动表应当全面反映一定时期所有者权益变动的情况，不仅包括所有者权益总量的增减变动，还包括所有者权益增减变动的重要结构性信息，有助于报表使用者理解所有者权益增减变动的根源。

一、所有者权益变动表列报的总体要求

所有者权益变动表应当反映构成所有者权益的各组成部分当期的增减变动情况。综合收益和与所有者（或股东）的资本交易导致的所有者权益的变动，应当分别列示。与所有者的资本交易，是指与所有者以其所有者身份进行的、导致企业所有者权益变动的交易。

二、所有者权益变动表的列报格式和列报方法

（一）一般企业所有者权益变动表的列报格式

企业应当反映所有者权益各组成部分的期初和期末余额及其调节情况。因此，企业应当以矩阵的形式列示所有者权益变动表：一方面，列示导致所有者权益变动的交易或事项，按所有者权益变动的来源对一定时期所有者权益变动情况进行全面反映；另一方面，按照所有者权益各组成部分（包括实收资本、资本公积、其他综合收益、盈余公积、未分配利润、库存股等）及其总额列示相关交易或事项对所有者权益的影响。

企业需要提供比较所有者权益变动表，所有者权益变动表还就各项目再分为“本年金额”和“上年金额”两栏分别填列。一般企业所有者权益变动表的格式如表12-13所示。

表12-13　所有者权益变动表

（适用于已执行新金融准则或新收入准则的企业）　　会企04表

编制单位：　　年度　　单位：元

项目	本年金额										上年金额									
	实收资本（或股本）	其他权益工具			资本公积	减：库存股	其他综合收益	盈余公积	未分配利润	所有者权益合计	实收资本（或股本）	其他权益工具			资本公积	减：库存股	其他综合收益	盈余公积	未分配利润	所有者权益合计
		优先股	永续债	其他								优先股	永续债	其他						
一、上年年末余额																				
加：会计政策变更																				
前期差错更正																				
其他																				
二、本年年初余额																				
三、本年增减变动金额（减少以“－”号填列）																				
（一）综合收益总额																				
（二）所有者投入和减少资本																				
1.所有者投入的普通股																				

续表

项目	本年金额										上年金额									
	实收资本（或股本）	其他权益工具			资本公积	减：库存股	其他综合收益	盈余公积	未分配利润	所有者权益合计	实收资本（或股本）	其他权益工具			资本公积	减：库存股	其他综合收益	盈余公积	未分配利润	所有者权益合计
		优先股	永续债	其他								优先股	永续债	其他						
2. 其他权益工具持有者投入资本																				
3. 股份支付计入所有者权益的金额																				
4. 其他																				
（三）利润分配																				
1. 提取盈余公积																				
2. 对所有者（或股东）的分配																				
3. 其他																				
（四）所有者权益内部结转																				
1. 资本公积转增资本（或股本）																				
2. 盈余公积转增资本（或股本）																				
3. 盈余公积弥补亏损																				
4. 设定受益计划变动额结转留存收益																				

续表

项目	本年金额										上年金额									
	实收资本(或股本)	其他权益工具			资本公积	减：库存股	其他综合收益	盈余公积	未分配利润	所有者权益合计	实收资本(或股本)	其他权益工具			资本公积	减：库存股	其他综合收益	盈余公积	未分配利润	所有者权益合计
		优先股	永续债	其他								优先股	永续债	其他						
5. 其他综合收益结转留存收益																				
6. 其他																				
四、本年年末余额																				

企业如有下列情况，应当在所有者权益变动表中调整或增设相关项目。

1) 高危行业企业如有按国家规定提取的安全生产费的，应当在“未分配利润”栏和“所有者权益合计”栏之间增设“专项储备”栏。

2) 金融企业的所有者权益变动表列报格式，应当遵循本准则的规定，并根据金融企业经营活动的性质和要求，比照上述一般企业的所有者权益变动表列报格式进行相应调整。

(二) 一般企业所有者权益变动表的列报方法

企业应当根据所有者权益类科目和损益类有关科目的发生额分析填列所有者权益变动表“本年金额”栏，具体包括如下情况。

1)“上年年末余额”项目，应根据上年资产负债表中“实收资本（或股本）”“资本公积”“其他综合收益”“盈余公积”“未分配利润”等项目的年末余额填列。

2)“会计政策变更”和“前期差错更正”项目，应根据“盈余公积”“利润分配”“以前年度损益调整”等科目的发生额分析填列，并在“上年年末余额”的基础上调整得出“本年年初金额”项目。

3)“本年增减变动额”项目分别反映如下内容。

①“综合收益总额”项目，反映企业当年的综合收益总额，应根据当年利润表中“其他综合收益的税后净额”和“净利润”项目填列，并对应列在“其他综合收益”和“未分配利润”栏。

②“所有者投入和减少资本”项目，反映企业当年所有者投入的资本和减少的资本，其中：“所有者投入资本”项目，反映企业接受投资者投入形成的实收资本（或股本）和资本公积，应根据“实收资本”“资本公积”等科目的发生额分析填列，并对应列在“实收资本”和“资本公积”栏。“股份支付计入所有者权益的金额”项目，反映企业处于等待期中的权益结算的股份支付当年计入资本公积的金额，应根据“资本公积”科目所属的“其他资本公积”二级科目的发生额分析填列，并对应列在“资本公积”栏。

③“利润分配”下各项目，反映当年对所有者（或股东）分配的利润（或股利）金额和按照规定提取的盈余公积金额，并对应列在“未分配利润”和“盈余公积”栏。其中：“提取盈余公积”项目，反映企业按照规定提取的盈余公积，应根据“盈余公积”“利润分配”科目的发生额分析填列。“对所有者（或股东）的分配”项目，反映对所有者（或股东）分配的利润（或股利）金额，应根据“利润分配”科目的发生额分析填列。

④“所有者权益内部结转”下各项目，反映不影响当年所有者权益总额的所有者权

益各组成部分之间当年的增减变动，包括资本公积转增资本（或股本）盈余公积转增资本（或股本）盈余公积弥补亏损等。其中："资本公积转增资本（或股本）"项目，反映企业以资本公积转增资本或股本的金额，应根据"实收资本""资本公积"等科目的发生额分析填列。"盈余公积转增资本（或股本）"项目，反映企业以盈余公积转增资本或股本的金额，应根据"实收资本""盈余公积"等科目的发生额分析填列。"盈余公积弥补亏损"项目，反映企业以盈余公积弥补亏损的金额，应根据"盈余公积""利润分配"等科目的发生额分析填列。

企业应当根据上年度所有者权益变动表"本年金额"栏内所列数字填列本年度"上年金额"栏内各项数字。如果上年度所有者权益变动表规定的项目的名称和内容同本年度不一致，应对上年度所有者权益变动表相关项目的名称和金额按本年度的规定进行调整，填入所有者权益变动表"上年金额"栏内。

【例12-12】沿用【例12-1】和【例12-2】的资料，智董公司2×15年度的其他相关资料为：提取盈余公积36960元，宣告向投资者分配现金股利20026.25元。

【讲解】根据上述资料，智董公司编制2×15年度的所有者权益变动表，如表12-14所示。

表12-14 所有者权益变动表

会企04表

编制单位：智董公司　　2×15年度　　单位：元

项目	本年金额							上年金额（略）						
	实收资本（或股本）	资本公积	减：库存股	其他综合收益	盈余公积	未分配利润	所有者权益合计	实收资本（或股本）	资本公积	减：库存股	其他综合收益	盈余公积	未分配利润	所有者权益合计
一、上年年末余额	5000000	0	0	31500	100000	200000	5331500							
加：会计政策变更														
前期差错更正														
二、本年年初余额														
三、本年增减变动金额（减少以"－"号填列）														
（一）综合收益总额				33000		369600	402600							
（二）所有者投入和减少资本														
1.所有者投入资本														

续表

项目	本年金额							上年金额（略）						
	实收资本（或股本）	资本公积	减：库存股	其他综合收益	盈余公积	未分配利润	所有者权益合计	实收资本（或股本）	资本公积	减：库存股	其他综合收益	盈余公积	未分配利润	所有者权益合计
2.股份支付计入所有者权益的金额														
3.其他														
（三）利润分配														
1.提取盈余公积					36960	−36960	0							
2.对所有者（或股东）的分配						−20026.25	−20026.25							
3.其他														
（四）所有者权益内部结转														
1.资本公积转增资本（或股本）														
2.盈余公积转增资本（或股本）														
3.盈余公积弥补亏损														
4.其他														
四、本年年末余额	5000000	0	0	64500	136960	512613.75	5714073.75							

第六节 附注

附注是对在资产负债表、利润表、现金流量表和所有者权益变动表等报表中列示项目的文字描述或明细资料，以及对未能在这些报表中列示项目的说明等。

一、附注披露的总体要求

附注相关信息应与资产负债表、利润表、现金流量表和所有者权益变动表等报表中列示的项目相互参照，有助于使用者联系相关联的信息，由此从整体上更好地理解财务报表。

企业在披露附注信息时，应当以定量、定性信息相结合，按照一定的结构对附注信息进行系统合理的排列和分类，便于使用者理解和掌握。

二、附注披露的主要内容

(一) 企业的基本情况

1) 企业注册地、组织形式和总部地址。

2) 企业的业务性质和主要经营活动，如企业所处的行业、所提供的主要产品或服务、客户的性质、销售策略、监管环境的性质等。

3) 母公司以及集团最终母公司的名称。

4) 财务报告的批准报出者和财务报告批准报出日。如果企业已在财务报表其他部分披露了财务报告的批准报出者和批准报出日信息，则无须重复披露；或者已有相关人员签字批准报出财务报告，可以其签名及其签字日期为准。

5) 营业期限有限的企业，还应当披露有关其营业期限的信息。

(二) 财务报表的编制基础

企业应当根据本准则的规定判断企业是否持续经营，并披露财务报表是否以持续经营为基础编制。

(三) 遵循《企业会计准则》的声明

企业应当声明编制的财务报表符合《企业会计准则》的要求，真实、完整地反映了企业的财务状况、经营成果和现金流量等有关信息，以此明确企业编制财务报表所依据的制度基础。如果企业编制的财务报表只是部分地遵循了《企业会计准则》，附注中不得做出这种表述。

(四) 重要会计政策和会计估计

1. 重要会计政策的说明

企业应当披露采用的重要会计政策，并结合企业的具体实际披露其重要会计政策的确定依据和财务报表项目的计量基础。其中，会计政策的确定依据主要是指企业在运用会计政策过程中所做的重要判断，这些判断对在报表中确认的项目金额具有重要影响。例如，企业如何判断持有的金融资产是持有至到期的投资而不是交易性投资，企业如何判断与租赁资产相关的所有风险和报酬已转移给企业从而符合融资租赁的标准，投资性房地产的判断标准是什么等。财务报表项目的计量基础包括历史成本、重置成本、可变现净值、现值和公允价值等会计计量属性，例如存货是按成本还是按可变现净值计量的等。

2. 重要会计估计的说明

企业应当披露重要会计估计，并结合企业的具体实际披露其会计估计所采用的关键假设和不确定因素。重要会计估计的说明包括可能导致下一个会计期间内资产、负债账面价值重大调整的会计估计的确定依据等。例如，固定资产可收回金额的计算需要根据其公允价值减去处置费用后的净额与预计未来现金流量的现值两者之间的较高者确定，在计算资产预计未来现金流量的现值时需要对未来现金流量进行预测，并选择适当的折现率，企业应当在附注中披露未来现金流量预测所采用的假设及其依据、所选择的折现率为什么是合理的等。又如，对于正在进行中的诉讼提取准备，企业应当披露最佳估计数的确定依据等。

(五) 会计政策和会计估计变更以及差错更正的说明

企业应当按照《企业会计准则第28号——会计政策、会计估计变更和差错更正》的规定，披露会计政策和会计估计变更以及差错更正的情况。

(六) 报表重要项目的说明

企业应当按照资产负债表、利润表、现金流量表、所有者权益变动表及其项目列示的顺序，采用文字和数字描述相结合的方式披露报表重要项目的说明。报表重要项目的明细金额合计，应当与报表项目金额相衔接。

企业还应当在附注中披露如下信息：

1. 费用按照性质分类的利润表补充资料，可将费用分为耗用的原材料、职工薪酬费用、折旧费用、摊销费用等

具体的披露格式如表12-15所示。

表12-15 费用按照性质分类的补充资料

项目	本期金额	上期金额
耗用的原材料		
产成品及在产品存货变动		
职工薪酬费用		
折旧费和摊销费用		
非流动资产减值损失		
支付的租金		
财务费用		
其他费用		
……		
合计		

2. 关于其他综合收益各项目的信息

1) 其他综合收益各项目及其所得税影响。

2) 其他综合收益各项目原计入其他综合收益、当期转出计入当期损益的金额。

3) 其他综合收益各项目的期初和期末余额及其调节情况。

上述(1) 和(2) 的具体披露格式如表12-16所示，(3) 的具体披露格式如表12-17所示。

表12-16 其他综合收益各项目及其所得税影响和转入损益情况

项目	本期发生额			上期发生额		
	税前金额	所得税	税后净额	税前金额	所得税	税后净额
一、以后不能重分类进损益的其他综合收益						
1.重新计量设定受益计划净负债或净资产的变动						
2.权益法下在被投资单位不能重分类进损益的其他综合收益中享有的份额						
……						
二、以后将重分类进损益的其他综合收益						
1.权益法下在被投资单位以后将重分类进损益的其他综合收益中享有的份额						
减：前期计入其他综合收益当期转入损益						
小计						
2.可供出售金融资产公允价值变动损益						
减：前期计入其他综合收益当期转入损益						

续表

项目	本期发生额			上期发生额		
	税前金额	所得税	税后净额	税前金额	所得税	税后净额
小计						
3.持有至到期投资重分类为可供出售金融资产损益						
减：前期计入其他综合收益当期转入损益						
小计						
4.现金流量套期损益的有效部分						
减：前期计入其他综合收益当期转入损益						
转为被套期项目初始确认金额的调整额						
小计						
5.外币财务报表折算差额						
减：前期计入其他综合收益当期转入损益						
小计						
……						
三、其他综合收益合计						

表12-17 其他综合收益各项目的调节情况

项目	重新计量设定受益计划净负债或净资产的变动	权益法下在被投资单位不能重分类进损益的其他综合收益中享有的份额	权益法下在被投资单位以后将重分类进损益的其他综合收益中享有的份额	可供出售金融资产公允价值变动损益	持有至到期投资重分类为可供出售金融资产损益	现金流量套期损益的有效部分	外币财务报表折算差额		其他综合收益合计
一、上年年初余额									
二、上年增减变动金额（减少以“－”号填列）									
三、本年年初余额									
四、本年增减变动金额（减少以“－”号填列）									
五、本年年末余额									

3．在资产负债表日后、财务报告批准报出日前提议或宣布发放的股利总额和每股股利金额（或向投资者分配的利润总额）

4．终止经营的收入、费用、利润总额、所得税费用和净利润，以及归属于母公司所有者的终止经营利润。企业披露的上述数据应当是针对终止经营在整个报告期间的经营成果

终止经营是指满足下列条件之一的已被企业处置或被企业被划归为持有待售的、在经营和编制财务报表时能够单独区分的组成部分。

1）该组成部分代表一项独立的主要业务或一个主要经营地区。

2）该组成部分是拟对一项独立的主要业务或一个主要经营地区进行处置计划的一部分。

3）该组成部分仅仅是为了再出售而取得的子公司。其中，企业的组成部分是指企业的一个部分，其经营和现金流量无论从经营上或从财务报告目的上考虑，均能与企业内其他部分清楚划分。企业组成部分在其经营期间是一个现金产出单元或一组现金产出单元，通常可能是一个子公司、一个事业部或事业群，拥有经营的资产，也可能承担负债，由企业高管负责。

同时满足下列条件的企业组成部分（或非流动资产）应当确认为持有待售。

1) 该组成部分必须在其当前状况下仅根据出售此类组成部分的通常和惯用条款即可立即出售。

2) 企业已经就处置该组成部分做出决议，如按规定需得到股东批准的，应当已经取得股东大会或相应权力机构的批准。

3) 企业已经与受让方签订了不可撤销的转让协议。

4) 该项转让将在一年内完成。其中：上述条件1)强调，被划分为持有待售的企业组成部分必须是在当前状态下可立即出售，因此企业应当具有在当前状态下出售该资产或处置的意图和能力，而出售此类组成部分的通常和惯用条款不应当包括出售方所提出的条件；上述条件2)至4)强调，被划分为持有待售的企业组成部分其出售必须是极可能发生的，实务中需要结合具体情况进行判断。

(七) 或有和承诺事项、资产负债表日后非调整事项、关联方关系及其交易等需要说明的事项

企业应当按照相关会计准则的规定进行披露。

(八) 有助于财务报表使用者评价企业管理资本的目标、政策及程序的信息

资本管理受行业监管部门监管要求的金融等行业企业，除遵循相关监管要求外，例如我国商业银行遵循中国银监会《商业银行资本管理办法（试行）》进行有关资本充足率等的信息披露，还应当按照本准则的规定，在财务报表附注中披露有助于财务报表使用者评价企业管理资本的目标、政策及程序的信息。企业应当基于可获得的信息充分披露如下内容。

1) 企业资本管理的目标、政策及程序的定性信息。

①对企业资本管理的说明。

②受制于外部强制性资本要求的企业，应当披露这些要求的性质以及企业如何将这些要求纳入其资本管理之中。

③企业如何实现其资本管理的目标。

2) 资本结构的定量数据摘要，包括资本与所有者权益之间的调节关系等。例如，有的企业将某些金融负债（如次级债）作为资本的一部分，有的企业将资本视作扣除某些权益项目（如现金流量套期产生的利得或损失）后的部分。

3) 自前一会计期间开始上述1)和2)中的所有变动。

4) 企业当期是否遵循了其受制的外部强制性资本要求；以及当企业未遵循外部强制性资本要求时，其未遵循的后果。

企业按照总体对上述信息披露不能提供有用信息时，还应当对每项受管制的资本要求单独披露上述信息，例如，跨行业、跨国家或地区经营的企业集团可能受一系列不同的资本要求监管。

第七节 分部报告

分部是指企业内部可区分的，专门用于向外部提供信息的一部分。

分部报告是指在企业的财务会计报告中，按照确定的企业内部组成部分提供的有关各组成部分收入、资产和负债等信息的报告。

《企业会计准则第35号——分部报告》第三条规定："企业应当以对外提供的财务报表为基础披露分部信息。对外提供合并财务报表的企业，应当以合并财务报表为基础披露分部信息。"

分部报告通常是作为财务会计报告的一个组成部分予以披露的。在企业财务会计报告披露合并财务报表的情况下，分部报告的披露以该合并财务报表为基础列报；而在其财务会计报告仅披露个别财务报表的情况下，则其分部报告的披露以个别财务报表为基础列报。分部报告通常作为财务报表附注的一个组成部分予以披露。

一、企业报告分部的确定

企业在披露分部报告时，首先必须确定报告主体的分部。

企业应当以内部组织结构、管理要求、内部报告制度为依据确定经营分部，以经营分部为基础确定报告分部，并按下列规定披露分部信息。原有关确定地区分部和业务分部以及按照主要报告形式、次要报告形式披露分部信息的规定不再执行。

(一) 重要性的标准－10%

一个分部是否作为报告分部，取决于其是否具有重要性，对于具有重要性的分部，则应将其作为报告分部。判断其重要性主要依据其是否达到下列各项目中至少一项标准。

1) 一个分部的收入（包括对外交易收入和对其他分部的交易收入）达到企业分部收入总额的10%以上。但当某一分部仅对内部其他分部提供产品和劳务，并不对外销售产品或提供劳务时，则不能将其作为报告分部对待。各分部从企业外部取得的利息收入，以及分部相互之间发生的应收款项（列入分部可辨认资产者）而取得的利息收入，应当将其作为分部收入处理。对其他分部预付款或贷款所发生的利息收入，则不能包括在分部收入中。但当企业内部设立有融资机构时，由于其主要业务为融资、贷款给其他部门，其贷款收入则应计入该融资分部的分部收入之中。

2) 一个分部的营业利润（或营业亏损），达到下列两项中绝对值较大者的10%：所有盈利分部的分部利润合计额；所有亏损分部的分部营业亏损合计额。

在这里，分部利润（或营业亏损）是指分部收入扣除分部费用后的余额。其中，分部费用是指分部从经营活动中产生的、可直接归属于该分部的费用，以及能按合理的基础分配给该分部的费用份额。

3) 分部资产达各分部资产总额的10%以上。但当某一分部的交易收入、营业利润或营业亏损及其可辨认的资产，每一项均达到全部分部合计数90%以上时，则企业的合并财务报表即可以提供该分部在风险及经营业绩的会计信息。此时，只需在财务报表附注中予以说明即可，而无必要提供分部报告。

（二）报告分部75%的标准

《企业会计准则第35号——分部报告》第十条：报告分部的对外交易收入合计额占合并总收入或企业总收入的比重未达到75%的，应当将其他的分部确定为报告分部，直到该比重达到75%。

在分部报告中披露的对外交易收入合计额必须达到合并总收入（或企业总收入）的75%。如果未达到总收入的75%的标准，则必须增加报告分部的数量，直到达到75%的比例。

（三）报告分部的数量不超过10个

作为报告分部的数量不宜过多，一般不得超过10个。因为如果将过多的分部作为报告分部，对其会计信息予以披露，则将导致披露的信息过多，使对外披露的会计信息流于琐碎，反而不利于会计信息使用者的使用。

除遵循上述标准外，某一分部确定是否应作为报告分部，还应当注意与其他会计期间的情况相比较，注意保持报告分部在不同会计期间的一贯性。对于某一分部，因某一会计年度特殊事项而导致其不符合上述标准时，在该会计年度仍然应当将其作为报告分部披露其会计信息。反之，在正常情况下不符合报告分部的定义，而由某一特殊事项而导致其达到10%的标准时，在该会计年度也不应将其作为报告分部披露其会计信息。但是，当某一分部以前年度未达到报告分部的标准，但在本会计年度达到上述标准，并且预计在以后的会计年度也将达到上述标准的要求时，则应将该分部作为报告分部披露其相关的会计信息。在这种情况下，对该报告分部以前会计年度相关的分部信息应当予以重编，以便该报告分部相关信息的相互可比。

二、分部会计信息的披露

（一）分部的日常活动是金融性质的，利息收入和利息费用的披露

分部的日常活动是金融性质的，利息收入和利息费用应当作为分部收入和分部费用进行披露。

（二）与合并财务报表或企业财务报表中的总额信息衔接

企业披露的分部信息，应当与合并财务报表或企业财务报表中的总额信息相衔接。

分部收入应当与企业的对外交易收入（包括企业对外交易取得的、未包括在任何分部收入中的收入）相衔接；分部利润（亏损）应当与企业营业利润（亏损）和企业净利润（净亏损）相衔接；分部资产总额应当与企业资产总额相衔接；分部负债总额应当与企业负债总额相衔接。

（三）分部间转移交易的披露

分部间转移交易应当以实际交易价格为基础计量。转移价格的确定基础及其变更情况，应当予以披露。

（四）分部会计政策的披露

分部会计政策是指编制合并财务报表或企业财务报表时采用的会计政策，以及与分部报告特别相关的会计政策。与分部报告特别相关的会计政策包括分部的确定、分部间转移价格的确定方法，以及将收入和费用分配给分部的基础等。

分部会计政策变更影响重大的，应当按照《企业会计准则第28号——会计政策、会计估计变更和差错更正》进行披露，并提供相关比较数据。提供比较数据不切实可行的，应当说明原因。

企业改变分部的分类且提供比较数据不切实可行的，应当在改变分部分类的年度，分别披露改变前和改变后的报告分部信息。

（五）前期比较数据的提供

企业在披露分部信息时，应当提供前期比较数据。但是，提供比较数据不切实可行的除外。

第八节 中期财务报告

中期财务报告指以中期为基础编制的财务报告。中期指短于一个完整的会计年度的报告期间。根据《中华人民共和国会计法》的规定，“会计年度自公历1月1日起至12月31日止”，所以，中期应是在这一会计年度之内、但短于一个会计年度的报告期间，它可以是一个月、一个季度或者半年，也可以是其他短于一个会计年度的期间，如1月1日至9月30日的期间等。

一、中期财务报告的内容

(一) 中期财务报告的组成

中期财务报告至少应当包括以下组成部分：资产负债表、利润表、现金流量表、财务报表附注。

这一规定规范了企业编制的中期财务报告的最基本内容，它包括几层含义。

1) 企业中期财务报告的组成至少应当包括资产负债表、利润表、现金流量表和财务报表附注四个部分。其中，资产负债表、利润表和现金流量表是三张基本报表，分别反映企业中期末的财务状况、中期的经营成果和现金流量状况；财务报表附注则是对上述财务报表项目的说明或者有助于理解企业中期期末财务状况、中期经营成果和现金流量的补充披露，它应当包括编制财务报表所采用的会计政策、对资产负债表、利润表和现金流量表等表内项目的说明或者更详细的分析，同时也应当包括那些在表内没有反映、但对于真实、完整反映企业财务状况、经营成果和现金流量却是必要的附加信息，如或有负债信息等。

2) 资产负债表、利润表、现金流量表和财务报表附注仅仅是企业在中期财务报告中至少应当披露的会计信息，因此，《企业会计准则第32号——中期财务报告》不反对也不禁止企业在中期财务报告中提供其他财务报表或者相关信息，例如企业在中期财务报告中提供所有者权益（或者股东权益）变动表等亦是允许的，但是这些财务报表或者其他相关信息一旦在中期财务报告中提供，就应当遵循《企业会计准则第32号——中期财务报告》关于中期财务报表的编制要求、会计政策的选择和其他有关确认、计量以及信息披露的规定。

3) 中期财务报表附注并不要求企业提供像年度财务报表那样完整的附注信息，它相对于年度财务报表附注而言可以适当简化，因此，中期财务报表附注的编制可以是选择性的，但应当遵循重要性原则。如果某项信息没有在中期财务报表附注中披露，会影响到投资者等信息使用者对企业财务状况、经营成果和现金流量判断的正确性，那么就认为这一信息是重要的，企业应当在中期财务报表附注中予以披露，《企业会计准则第32号——中期财务报告》第八条规范了中期财务报表附注至少应当披露的信息。

(二) 中期财务报表的格式和内容

在中期财务报告中根据《企业会计准则第32号——中期财务报告》要求所提供的各财务报表应当是完整的财务报表，其格式和内容应当与上年度财务报表相一致。如果法律、行政法规或者规章（如当年新施行的会计准则）对当年财务报表的格式和内容进行了修改，则中期财务报表应当按照修改后的报表格式和内容编制，与此同时，根据《企业会计准则第32号——中期财务报告》的要求在中期财务报告中提供的上年度比较财务报表的格式和内容也应当作相应的调整。也就是说，企业在编制中期财务报表时，中期财务报表（包括资产负债表、利润表和现金流量表）各项目的名称、内容及其含义、各项目在报表中的列报顺序等，均应当与上年度财务报表保持一致，企业不得随意增删财务报表项目或者随意改变财务报表项目的名称和内涵。关于本项规定，还应当说明以下几点。

1) 自上一会计年度末到本中期末期间，如果有新的会计准则或者有关法规对财务报表的格式和内容进行了修改并且生效，那么，中期财务报表的格式和内容就应当遵循新的会计准则或者有关法规的规定。在这种情况下，中期财务报表的格式和内容就有可能与上年度财务报表的格式和内容不相一致。为此，当企业在中期财务报告中提供上年度有关比较财务报表时，比较财务报表的格式和内容也应当按照新准则或者有关规定的要求做相应调整。

2) 在中期财务报告中，如果企业自愿提供除资产负债表、利润表和现金流量表三张基本报表之外的其他报表，例如所有者权益（或者股东权益）变动表等财务报表，则企业提供的这些财务报表格式和内容也应当与上年度有关财务报表的格式和内容相一致。

3) 在强调中期财务报表的格式和内容应当与上年度财务报表相一致的同时，各报表有关栏次应当按照中期财务报表的要求做相应调整。例如，在编制中期资产负债表时，资产负债表中的“××年12月31日”栏就应当改成中期期末日，即如果企业编制的是第1季度的财务报告，则该栏就应当改成“××年3月31日”，如果企业编制的是第二季度财务报告，则该栏就应当改成“××年6月30日”等；在编制中期利润表时，利润表表头中有关报告期间就应当改成“××年××中期（如××年××季度）”，利润表表格中有关期间数的栏次应当改成相应的中期期间，即如果企业编制的是第1季度财务报告，则应当改成“××年1月1日至3月31日”，如果企业编制的是第2季度财务报告，则应当改成两栏：一栏是“××年4月1日至6月30日”（反映第2季度经营成果）；一栏是“××年1月1日至6月30日”（反映年初至本季度未经营成果）等；在编制中期现金流量表时，现金流量表中的“本年数”栏就应当改成中期期间，即如果企业编制的是第1季度财务报告，则该栏就应当改成“××年1月1日至3月31日”，如果企业编制的是第2季度财务报告，则该栏就应当改成“××年1月1日至6月30日”。

（三）企业在中期财务报告中编制合并财务报表和提供母公司财务报表的要求

如果企业在上年度财务报告中编制的是合并财务报表，则企业在中期末也应当编制合并财务报表；如果企业在上年度财务报告中还包括母公司财务报表，则企业在中期财务报告中也应当提供母公司财务报表。如果企业上年度财务报告中既包括了合并财务报表，也包括了母公司财务报表，但是在报告中期内，企业处置了所有纳入上年度合并财务报表编制范围的子公司，则企业在中期财务报告中只需要提供母公司财务报表，但是根据《企业会计准则第32号—中期财务报告》要求提供的上年度比较财务报表应当包括合并财务报表，除非上年度可比中期的财务报告没有提供合并财务报表。本规定具体包括以下内容。

1) 在上年度财务报告中编报合并财务报表的企业，其中期财务报表也应当按照合并基础编报，即企业在中期财务报告中也应当编制合并财务报表，而且合并财务报表的合并范围、合并原则、编制方法和合并财务报表的格式与内容等也应当与上年度合并财务报表相一致。如果在本会计年度有新的会计准则或者有关法规对合并财务报表的编制原则和方法等做了新的规范和要求，则企业应当按照新准则或者法规的规定编制中期合并财务报表。

2) 如果企业在中期发生了合并财务报表合并范围变化的情况，则应当区别情况进行处理。

①在上一会计年度纳入合并财务报表合并范围的子公司在报告中期不再符合合并范围的要求。在这种情况下，企业在中期末编制合并财务报表时，就不必将该子公司的个别财

务报表纳入合并范围。需要说明的是，如果企业在报告中期内处置了所有纳入上年度合并财务报表编制范围的子公司，而且在报告中期又没有新增子公司，那么企业在其中期财务报告中就不必编制合并财务报表。尽管如此，企业根据《企业会计准则第32号——中期财务报告》要求提供的上年度比较财务报表仍然应当同时提供合并财务报表和母公司财务报表。除非在上年度可比中期末，企业没有应纳入合并财务报表合并范围的子公司（即上年度纳入合并财务报表合并范围的子公司是在上年度可比中期末之后新增的），因而在上年度可比中期的财务报告中并没有编制有关合并财务报表，在这种情况下，上年度可比中期的财务报表（即可比利润表和可比现金流量表）就不必提供合并财务报表了。

②中期内新增符合合并财务报表合并范围要求的子公司。在这种情况下，企业在中期末就需要将该子公司的个别财务报表纳入合并财务报表的合并范围中。

3) 对于应当编制合并财务报表的企业而言，如果企业在上年度财务报告中除了提供合并财务报表之外，还提供了母公司财务报表，那么在其中期财务报告中除了应当提供合并财务报表之外，还应当提供母公司财务报表。鉴于我国目前规定上市公司年度财务报告在提供合并财务报表的同时，必须提供母公司财务报表，企业没有选择性。因此，对于上市公司中期财务报告而言，应当同时提供合并财务报表和母公司财务报表。

(四) 比较财务报表的要求

企业在中期末除了需要编制中期末资产负债表、中期利润表和现金流量表之外，还应当提供前期比较财务报表，以提高财务报表信息的可比性和有用性。在中期财务报告中，企业应当提供以下财务报表。

1) 本中期末的资产负债表和上年度末的资产负债表。

2) 本中期的利润表、年初至本中期末的利润表以及上年度可比期间的利润表（上年度可比期间的利润表包括上年度可比中期的利润表和上年度年初至可比本中期末的利润表）。

3) 年初至本中期末的现金流量表和上年度年初至可比本中期末的现金流量表。以下分别举例说明企业在按半年度和按季度编制中期财务报告时，应当在中期财务报告中披露的财务报表。

【例12-13】我国企业会计年度为每年1月1日至12月31日（即公历年度），企业被要求按照半年度提供中期财务报告，则企业在截至2017年6月30日的上半年的财务报告中应当提供的财务报表如表12-18所示。

表12-18 2017年上半年的财务报表

报表类别	本年度中期财务报表时间（或者期间）	上年度比较财务报表时间（或者期间）
资产负债表	2017年6月30日	2016年12月31日
利润表	2017年1月1日、6月30日	2016年1月1日、6月30日
现金流量表	2017年6月30日、6月30日	2016年1月1日、6月30日

【例12-14】我国企业会计年度为每年1月1日至12月31日（即公历年度），企业被要求按照季度提供中期财务报告，则企业在截至2017年3月31日、6月30日和9月30日的各季度财务报告（即第1、2、3季度财务报告）中就应当分别提供如下财务报表。

①2017年第一季度财务报告应当提供的财务报表如表12-19所示。

表12-19 第一季度的财务报表

报表类别	本年度中期财务报表时间（或者期间）	上年度比较财务报表时间（或者期间）
资产负债表	2017年3月31日	2016年12月31日
利润表*	2017年1月1日、3月31日	2016年1月1日、3月31日
现金流量表	2017年1月1日、3月31日	2016年1月1日、3月31日

*在第一季度财务报告中，“本中期”与“年初至本中期末”的期间是相同的，所以在第一季度财务报告中只需提供一张利润表，因为在第一季度，本中期利润表即为年初至本中期末利润表，相应地，上年度的比较财务报表也只需提供一张利润表。

②2017年第二季度财务报告应当提供的财务报表如表12-20所示

表12-20 第二季度的财务报表

报表类别	本年度中期财务报表时间（或者期间）	上年度比较财务报表时间（或者期间）
资产负债表	2017年6月30日	2016年12月31日
利润表（本中期）	2017年4月1日、6月30日	2016年4月1日、6月30日
利润表（年初至本中期）	2017年1月1日、6月30日	2017年1月1日、6月30日
现金流量表	2017年1月1日、6月30日	2016年1月1日、6月30日

③2017年第三季度财务报告应当提供的财务报表如表12-21。

表12-21 第三季度的财务报表

报表类别	本年度中期财务报表时间（或者期间）	上年度比较财务报表时间（或者期间）
资产负债表	2017年9月30日	2016年12月31日
利润表（本中期）	2017年7月1日、9月30日	2016年7月1日、9月30日
利润表（年初至本中期）	2017年1月1日、9月30日	2017年1月1日、9月30日
现金流量表	2017年1月1日、9月30日	2016年1月1日、9月30日

需要说明的是，企业在中期财务报告中提供比较财务报表时，应当注意三点。

①企业在中期内如果由于新的会计准则或有关法规的要求，对财务报表项目的列报或分类进行了调整或者修订，或者企业出于便于报表使用者阅读和理解的需要，对财务报表项目做了调整，从而导致本年度中期财务报表项目及其分类与比较财务报表项目及其分类出现不同。在这种情况下，比较财务报表中的有关金额应当按照本年度中期财务报表的要求予以重新分类，以确保其与本年度中期财务报表的相应信息相互可比。同时，企业还应当在财务报表附注中说明财务报表项目重新分类的原因及其内容。

如果企业因原始数据收集、整理或者记录等方面的原因，导致无法对比较财务报表中的有关金额进行重新分类，在这种情况下，可以不对比较财务报表进行重新分类，但是，企业应当在本年度中期财务报表附注中说明不能进行重新分类的原因。

②企业在中期内如果发生了会计政策变更或者重大会计差错更正事项，则应当调整相关比较财务报表期间的净损益和其他有关项目，视同该项会计政策在比较财务报表期间一贯采用或者该重大会计差错在产生的当期已经得到了更正。对于比较财务报表可比期间以前的会计政策变更的累积影响数或者重大会计差错，应当根据规定调整比较财务报表最早期间的期初留存收益，财务报表其他相关项目的数字也应当一并调整。

③对于在本年度中期内发生的调整以前年度损益事项，企业应当调整本年度财务报表

相关项目的年初数，同时，中期财务报告中相应的比较财务报表也应当为已经调整以前年度损益后的报表。

(五) 中期财务报表附注编制的基本要求和至少应当包括的内容

1. 中期财务报表附注编制的基本要求

财务报表附注是对财务报表信息的补充说明，目的是使财务报表信息对会计信息使用者的决策更加相关、有用，但同时又必须顾及成本效益原则。为此，《企业会计准则第32号——中期财务报告》规定了以下几点中期财务报表附注编制的基本要求：

1) 中期财务报表附注应当提供比上年度财务报告更新的信息。

2) 中期财务报表附注应当遵循重要性原则。

3) 中期财务报表附注的编制应当以会计年度年初至本中期末为基础。

由于编制中期财务报告的目的是为了向报告使用者提供自上年度资产负债表日之后所发生的重要事项或者交易，因此，《企业会计准则第32号——中期财务报告》规定，中期财务报表附注的编制应当以“年初至本中期末”为基础，而不应当仅仅只披露本中期所发生的重要事项或者交易。

4) 中期财务报表附注还应当披露对于本中期重要的交易或者事项。《企业会计准则第32号——中期财务报告》在规定企业应当以“年初至本中期末”为基础编制中期财务报表附注的同时，又规定，“对与理解本中期财务状况、经营成果和现金流量有关的重要事项或者交易，也应当在中期财务报表附注中予以披露”。也就是说，企业除了应当按照“年初至本中期末”为基础的原则编制财务报表附注之外，还应当在财务报表附注中披露相对于本中期财务状况、经营成果和现金流量而言重要的交易或者事项。

2. 中期财务报表附注应当包括的内容

(1) 中期财务报表附注至少应当包括的内容

1) 中期财务报表所采用的会计政策与上年度财务报表相一致的声明。

会计政策发生变更的，应当说明会计政策变更的性质、内容、原因及其影响数；无法进行追溯调整的，应当说明原因。

2) 会计估计变更的内容、原因及其影响数，影响数不能确定的，应当说明原因。

3) 前期差错的性质及其更正金额；无法进行追溯重述的，应当说明原因。

4) 企业经营的季节性或者周期性特征。

5) 存在控制关系的关联方发生变化的情况；关联方之间发生交易的，应当披露关联方关系的性质、交易类型和交易要素。

6) 合并财务报表的合并范围发生变化的情况。

7) 对性质特别或者金额异常的财务报表项目的说明。

8) 证券发行、回购和偿还情况。

9) 向所有者分配利润的情况，包括在中期内实施的利润分配和已提出或者已批准但尚未实施的利润分配情况。

10) 根据《企业会计准则第35 号——分部报告》规定应当披露分部报告信息的，应当披露主要报告形式的分部收入与分部利润（亏损）。

11) 中期资产负债表日至中期财务报告批准报出日之间发生的非调整事项。

12) 上年度资产负债表日以后所发生的或有负债和或有资产的变化情况。

13) 企业结构变化情况，包括企业合并，对被投资单位具有重大影响、共同控制或者控制关系的长期股权投资的购买或者处置，终止经营等。

14) 其他重大交易或者事项，包括重大的长期资产转让及其出售情况、重大的固定资产和无形资产取得情况、重大的研究和开发支出、重大的资产减值损失情况等。

企业在提供上述5)和10)有关关联方交易、分部收入与分部利润（亏损）信息时，应当同时提供本中期（或者本中期末）和本年度年初至本中期末的数据，以及上年度可比本中期（或者可比期末）和可比年初至本中期末的比较数据。

需要说明的是，上述内容只是企业至少应当在中期财务报表附注中披露的内容。并非是企业中期财务报表附注应当披露的全部内容。如果企业除了上述附注信息之外，还有对中期财务报告信息使用者决策有用的其他重要信息，也应当在中期财务报表附注中予以披露。另外，中期财务报表附注除了应当包括对在中期财务报告中披露的各财务报表项目所反映的金额进行进一步的说明和分析之外，还应当包括不在中期财务报表内列报的、但对于真实、完整反映企业中期期末财务状况、中期经营成果和现金流量却是必要的附加信息，如或有负债信息等。当然，企业在中期财务报表附注中披露的信息都应当遵循前述的“提供比上年度财务报告更新的信息”“重要性原则”“以会计年度年初至本中期末为基础”和“披露对于本中期重要的交易或者事项”等要求。

(2) 中期财务报表附注至少应当包括的内容的说明及其举例

1) 关于会计政策的说明。

企业应当在中期财务报表附注中披露编制中期财务报表所采用的会计政策，其应予披露的内容视在中期内有无发生会计政策变更或者是否因发生了新的交易或者事项而采用了新的会计政策而有所不同。

①在中期内没有发生会计政策变更的情况：如果企业在中期没有发生会计政策变更的情况，即说明企业在编制中期财务报表时采用的是与上年度财务报表相一致的会计政策，那么企业在中期财务报表附注中所披露的有关会计政策的信息就比较简单，只需对中期财务报表的编制采用了与上年度相一致的会计政策这一情况加以说明即可。

②在中期内发生会计政策变更的情况：企业如果在中期（包括在本中期和从年初至本中期末的期间，下同）发生了会计政策变更，则应当按照《企业会计准则第 28号——会计政策、会计估计变更和差错更正》的要求，在财务报表附注中披露以下内容：

A. 会计政策变更的内容和理由。包括对会计政策变更的简要表述、变更的日期、变更前采用的会计政策和变更后采用的新会计政策以及会计政策变更的原因。

B. 会计政策变更的影响数。包括采用会计政策变更的追溯调整法时，计算出的会计政策变更累积影响数；会计政策变更对本中期、本会计年度年初至本中期末的期间以及比较财务报表相关期间净损益的影响金额；比较财务报表最早期间期初留存收益的调整金额等。

C. 如果会计政策变更的累积影响数不能合理确定，应当说明其理由，同时，还应当说明由于会计政策变更对中期经营成果的影响金额。

③在中期内因发生了新的交易或者事项而采用新的会计政策的情况：企业如果在中期内发生了新的交易或者事项，因而采用了新的会计政策来对该交易或者事项进行会计处理，则企业应当在中期财务报表附注中披露该项会计政策的内容以及采用该项会计政策的原因。

2) 关于会计估计变更的说明。

企业如果在中期发生了会计估计变更，则应当按照《企业会计准则第 28号——会计政策、会计估计变更和差错更正》的要求，在财务报表附注中披露以下内容：

①会计估计发生变更的内容和理由。包括会计估计变更内容的简要表述、会计估计变更的日期以及会计估计变更的原因等。

②会计估计变更的影响数。包括会计估计变更对本中期和本会计年度年初至本中期末损益的影响金额，以及对其他有关财务报表项目的影响金额。

③如果会计估计变更的影响数不能确定，应当说明不能确定的理由。

3) 关于重大会计差错的说明。

企业如果在中期发现了以前年度的重大会计差错或者本年度以前中期的重大会计差错，则企业应当按照《企业会计准则第 28号——会计政策、会计估计变更和差错更正》的要求，在财务报表附注中披露以下内容。

①重大会计差错的内容。包括重大会计差错的事项陈述、原因以及更正方法。

②重大会计差错的更正金额。包括重大会计差错对净损益的影响金额以及对其他财务报表项目的影响金额。

4) 关于企业经营的季节性或者周期性特征的说明。

《企业会计准则第32号—中期财务报告》规定，如果企业的经营存在明显的季节性或者周期性特征。企业应当在财务报表附注中予以说明。

①关于企业经营的季节性特征的说明：对于企业的经营活动受季节性因素影响较大的企业，《企业会计准则第32号—中期财务报告》要求在中期财务报表附注中披露其经营的季节性特征。这里所指的企业经营的季节性特征，主要是指企业营业收入的取得或者营业成本的发生主要集中在全年度的某一季节或者某段期间内，即它会随着季节的变化而在会计年度内发生较大的波动。例如，供暖企业的营业收入主要来自冬季；冷饮企业的营业收入主要来自夏季等。为了避免中期财务报告信息使用者直接将中期经营成果用于估计全年经营成果、误导决策，所以，对于经营业务明显受季节因素影响的企业，应当在中期会计报丧附注中对其经营的季节性特征做出说明，内容可以包括季节性经营的业务及其特征、相关的季节性收入及其对损益的影响等。

【例12-15】某冷饮企业为一家需要编制季度财务报告的企业，生产和销售主要集中在夏季，该公司在其2017年第2季度财务报告的财务报表附注中作如下披露：

企业经营的季节性特征的说明：本企业经营活动受季节性因素影响明显，生产和销售旺季集中在6、7、8三个月份，其他月份基本上处于半停产状态：企业在1～6月份共实现销售收入15000万元，其中，6月份实现销售收入12000万元，净利润4500万元，6月份的销售收入和净利润分别占2017年1～6月份销售收入和净利润总额的80%和90%。

②关于企业经营的周期性特征的说明：对于企业经营活动受周期性因素影响较大的企业，《企业会计准则第32号——中期财务报告》要求在其中期财务报表附注中披露其经营的周期性特征。这里所指的企业经营的周期性特征，主要是指企业每隔一个周期就会稳定地取得一定的收入或者发生一定的成本的情况，例如某房地产开发企业开发房地产通常需要一个周期，如需要2~3年才能完成开发，而该公司又不同时开发多个项目，这样在房地产开发完成并出售之前，企业不能确认收入，所发生的相关成本费用则作为房地产的开发成本，企业只有在将所开发完成的房地产对外出售之后才能确认收入，这类企业的经营就属于具有比较典型的周期性特征。这里周期的长短依据企业的经营特征或者有关合约、政策而定。由于这类企业的周期性收入（或者成本费用）通常在一个会计年度内发生次数较少，或者每隔几年才发生一次，因此，为了避免中期财务报告信息使用者直接将中期经营成果用于估计全年经营成果，误导决策，对于经营业务受周期性因素影响较大的企业，应当在中期财务报表附注中对其经营的周期性特征做出说明，内容可以包括周期性经营的业务及其特征，周期性收入（或者成本费用）的金额及其对损益的影响等情况。

【例12-16】HF公司为一家房地产开发企业，需要编制季度财务报告。公司的业务是开发房地产，而且公司业务的特点是：每开发完成一个房地产项目之后，再开发下一个房地产项目。该公司于2017年1月1日开始开发一住宅小区，小区建成完工约需2年。公司预计开发小区需发生成本1.2亿元，可实现收入1.8亿元。在2017年第1季度公司为小区建设发生开发成本2000万元，发生不能计入开发成本的管理费用等期间费用80万元。

本例中，HF公司的经营业务具有明显的周期性特征，公司只有在每隔一个周期，等房地产开发完成并实现对外销售后，才能确认收入，这样，公司在2017年第1季度，尽管已经开始开发住宅小区，发生相关的成本费用（该部分费用在符合规定的情况下可资本化，计入开发成本），但是不能确认收入，所以在第1季度因发生不能予以资本化的其他费用而可能出现亏损。但是，为了避免给投资者产生决策误导，公司就需要在其第1季度财务报告中对其经营的周期性特征予以说明（其他季度财务报告也是如此）。

据此，HF公司在其第1季度财务报告的财务报表附注中，应当做如下披露。

企业经营的周期性特征的说明：本公司经营业务主要为房地产开发，而且每开发完成一个房地产项目之后，再开发下一个房地产项目。本公司于2017年1月1日开始开发××住宅小区，小区开发周期为2年。同期无其他开发项目。由于所开发的房地产在完工并实现对外销售之前不能确认收入，所以本公司在本季度无收入可予确认。

5) 关于关联方披露。

企业在中期财务报告中披露关联方关系及其交易两方面的信息：一是存在控制关系的关联企业发生变化的信息；二是关联方交易的相关信息，具体如下所述。

①关于存在控制关系的关联企业发生变化情况的披露。企业应当在中期财务报表附注中披露“存在控制关系的关联企业发生变化的情况”，具体包含以下三层意思。

A. 在存在控制关系的情况下，关联方如为企业时，不论它们之间有无交易，都应当在年度财务报表附注中披露关联方关系的相关信息。但是在中期财务报表附注中，本着“提供比上年度财务报告更新信息”的原则，企业无须披露所有存在控制关系的关联企业情况，只需要披露自上年度资产负债表日之后，企业存在控制关系的关联企业发生变化的情况。

B. 企业在中期财务报表附注中披露存在控制关系的关联企业自上年度资产负债表日之后所发生的变化情况时，其披露要求应当遵循《企业会计准则第36 号——关联方披露》的规定，即应当披露企业的经济性质或者类型、名称、法定代表人、注册地、注册资本及其变化；企业的主营业务；所持股份或权益及其变化。

需要说明的是，在会计年度年初至本中期末期间，即使与关联企业的控制关系没有发生变化，但是该关联企业的经济性质或者类型、名称、法定代表人、注册地、注册资本、主营业务、所持股份或者权益等发生了变化的。也应当在中期财务报表附注中予以披露。

C. 如果自上年度资产负债表日之后，存在控制关系的关联企业没有发生任何变化，则企业需要在中期财务报表附注中对没有发生变化这一事实作一说明，不必再详细披露关联企业的有关内容。

【例12-17】怡昌祥公司为一家需要编制季度财务报告的企业。公司2016年年度财务报告中披露：与公司存在控制关系的关联企业有四家，它们分别是：怡昌祥公司的母公司M公司和怡昌祥公司的三家子公司A公司、B公司以及C公司，公司按要求披露了这些关联方的有关特征和关联方关系：在2017年1月1日至3月31日之间，怡昌祥公司的这些关联企业及其关联方关系没有发生变化，同时也没有新增其他存在控制关系的关联企业，则怡昌祥公司在2017年第l季度财务报告中，只需在财务报表附注中对与公司存在控制关系的关联企业没有发生变化这一事实予以说明即可。具体如下所述。

关联方关系及其交易的披露。

关联方关系：截至本季度末.与本公司存在控制关系的关联企业与2016年年度财务报告所披露的相同，没有发生任何变化。

②关于关联方交易的披露

根据《企业会计准则第32号——中期财务报告》的规定，关联方之间在中期发生交易的，应当披露关联方关系的性质、交易的类型和交易要素等，这里所指的交易要素一般包括：交易的金额或者相应比例、未结算项目的金额或者相应比例，以及交易过程中的定价政策（包括没有金额或者只有象征性金额的交易）等。上述信息的具体披露要求应当遵循《企业会计准则第36 号——关联方披露》的规定。需要说明的是，企业中期财务报告中披露关联方交易的金额或者相应比例时，还应当披露有关比较数据。如果所披露的关联方交易涉及利润表项目的，应当披露本中期和本会计年度年初至本中期末的数据，以及上年度可比本中期和年初至可比本中期末的比较数据；如果所披露的关联方交易涉及资产负债表项目的，应当披露本中期末的数据和上年度末的比较数据。

6) 关于合并财务报表合并范围变化情况的说明。

根据《企业会计准则第32号——中期财务报告》的规定，企业应当在财务报表附注中披露合并财务报表合并范围发生变化的情况。这里所指的合并财务报表合并范围发生变化的情况主要指由于公司在中期内发生兼并、收购、对于公司增资，或者控股子公司在中期发生关停并转、宣告破产等原因，导致中期内应当纳入合并财务报表范围的子公司与上年度财务报告相比，发生增加或者减少的情况。需要强调的是，在判断中期合并范围是否发生增减变化时，是相对于上年度而言的，不是相对于本年度以前中期而言的，即应当以“年初至本中期末”为基础。

企业合并财务报表的合并范围如果在中期内发生了增减变化，则应当在中期财务报表附注中披露合并范围发生变化的原因及其内容。

7) 对性质特别或者金额异常的财务报表项目的说明。

《企业会计准则第32号——中期财务报告》规定，当企业编制的中期财务报表项目的性质特别或者金额异常时，企业应当在财务报表附注中予以说明。这里所指的财务报表项目既包括企业资产、负债、所有者权益（或者股东权益）收入、费用和利润等资产负债表、利润表项目，也包括现金流量表项目。

对于应在财务报表附注中披露的性质特别项目需要根据具体情况而定。例如，智董公司的总经理挪用公司资金占为己有造成公司损失，即使金额不大，但是暴露出公司管理问题，对投资者的决策有用，应当将其作为性质特别项目在财务报表附注中予以披露；智董公司因生产产品造成环境污染而被处以罚款，尽管金额不大，但在环保意识日益增强的社会中，这一事项对于企业未来发展影响深远，因此也应当作为性质特别项目在财务报表附注中予以披露；再例如，企业收取承包经营费、受托经营其他企业资产、与知名高科技企业签订合作协议共同进行科研开发等，尽管这些收入或者费用在承包期、资产受托经营期或者合作开发期内都属于经常性项目，但是这些项目的性质较为特殊，对信息使用者的决策有用，企业也应当在财务报表附注中予以披露。当企业在中期财务报表附注中披露这些性质特别的项目时，应当对这些项目的内容、金额及其影响等作具体说明。

与此同时，如果中期财务报表中披露的财务数据与上年末资产负债表数据或者上年度可比期间的财务报表数据相比变动幅度较大，而且金额较大，则应当作为发生金额异常项目，在中期财务报表附注中对该项目的内容、金额及其异常情况和金额发生异常的原因等做出说明。

另外，对于企业在中期内因那些明显区别于正常生产经营活动的、预期不会经常发生或者不再复发的交易或者事项等所产生的损益项目，如企业因地震或者其他自然灾害所造成的损失、企业资产被征用所产生的损失等，企业应当分别项目在财务报表附注中披露其内容及其金额。

【例12-18】ABC公司为一家软件开发商，需要编制季度财务报告。公司于2017年6月1日与中国科学院软件研究所签订了一项总金额为3000万元的技术合作协议，合作开发新的软件产品，合作期限为3年，当月投入200万元。尽管此项目在2017年第2季度的发生金额并不大.但是从性质上讲，它属于性质特殊项目，因为该项目对于企业新产品的开发和长远发展均具有深远影响。所以，企业应当在财务报表附注中予以披露。

据此，ABC公司在其第2季度财务报告的财务报表附注中，应当作如下披露。

性质特别和金额异常项目的说明：本公司在今年6月1日与中国科学院软件研究所签订了一项总金额为3000万元、合作期限为3年的技术合作协议，合作开发软件新品，公司在本季度已经投入了200万元。

8) 证券的发行、回购和偿还情况。

当企业在中期存在发行、回购或者偿还债务性证券或者权益性证券等的交易或者事项时，企业应当在中期财务报表附注中披露中期发行、回购和偿还的证券的种类、日期、金额等相关信息。如果企业在中期内发生了资本公积转增资本（股本）情况，也视同企业增加了权益性证券，应当根据前述要求作相应披露。

9) 关于向所有者分配利润情况的说明。

《企业会计准则第32号——中期财务报告》规定，企业如果在中期内实施了向所有者分配利润的方案，或者在中期财务报告批准报出日之前提出或者批准了向所有者分配利润的预案但尚未实施的，企业均应当在中期财务报表附注中披露这一事项及其相关金额。这里所指的所有者在股份有限公司即为股东；向所有者分配的利润既包括向所有者分配的现金利润或者现金股利，也包括向所有者分配的股票股利；披露向所有者分配利润的相关金额则应当包括所分配的现金利润（或者现金股利）和股票股利的总额以及每股现金股利金额。

【例12-19】ABC公司为一家需要编制季度财务报告的企业。公司于2017年5月15日向股东实施了上年度财务报告提出的“每10股送3股并派发现金股利0.50元”的利润分配方案，该利润分配方案的实施以上年末总股本10000万股为基数。对此事项，公司需要在其第二季度财务报告中做如下披露。

利润分配情况的说明：公司以2016年年末10000万股总股本为基数，于2017年5月15 日向全体股东实施了2016年年度财务报告提出的“每10股送3股并派发现金股利0.50元”的利润分配方案，共计送股3000万股，派发现金500万元，其中每股派发现金股利为0.05元（含税）。

10) 关于分部报告信息。

《企业会计准则第32号——中期财务报告》规定，企业应当在中期财务报表附注中披露分部报告信息，披露的内容包括业务分部和地区分部的分部收入和分部利润（亏损）信息。需要说明的是，企业在中期财务报告中披露上述信息时，应当同时披露本中期和年初至本中期末的相关财务数据，与此同时，企业还应当提供上年度可比期间（包括可比本中期和年初至可比本中期末）的相关财务数据。

11) 关于资产负债表日后事项的披露。

《企业会计准则第32号——中期财务报告》规定，当企业在中期资产负债表日至中期财务报告批准报出日之间发生《企业会计准则第29号——资产负债表日后事项》规定的需要披露的非调整事项时，企业应当根据《企业会计准则第29号——资产负债表日后事项》的要求在其中期财务报表附注中予以披露。这些事项主要包括在中期资产负债表日之后、中期财务报告批准报出日之前发生的，会影响到中期财务报告使用者做出正确估计和决策的重要事项，如股票和债券的发行、对一个企业的巨额投资、自然灾害导致的资产损失、外汇汇率发生较大变动等事项。企业在中期财务报表附注中披露这些事项时，应当说明这些事项的内容，估计会对企业财务状况、经营成果和现金流量产生的影响等。如果无法估计这些事项对中期财务报表数据的影响数.则应当在中期财务报表附注中说明其原因。

12) 关于或有事项的说明。

根据《企业会计准则第32号——中期财务报告》的规定，企业应当在中期财务报表附注中披露自上年度资产负债表日以后所发生的或有负债或者或有资产的变化情况，具体包括以下三种情况。

①上年度资产负债表日已经存在的、并且在上年度财务报告中已经披露的或有负债或者或有资产在中期所发生的变化，包括这些或有负债或者或有资产发生的可能性的变化，预计的财务影响的变化等。

②在报告中期内新发生的应予披露的或有负债和或有资产。

③在本年度以前中期新发生而且已经在以前中期财务报告中披露的或有负债和或有资产在本中期发生的变化，包括这些或有负债和或有资产发生的可能性的变化和预计的财务影响的变化等。

当企业在中期发生上述或有负债或者或有资产的变化事项时，应当在中期财务报表附注中予以披露，披露的内容和要求应当遵循《企业会计准则第 13号——或有事项》。根据《企业会计准则第 13号——或有事项》规定，企业对于应予披露的或有负债，应当披露或有负债形成的原因、或有负债预计产生的财务影响（如无法预计，应说明理由）和获得补偿的可能性。对于或有资产，当其很可能会给企业带来经济利益时，应当在财务报表附注中披露其形成的原因；如果能够预计其产生的财务影响，还应当作相应披露。对于企业在中期发生的应予披露的或有负债和或有资产变化事项，企业应当据此在财务报表附注中做相关披露。

【例12-20】DSP公司是一家化工企业，需要编制季度财务报告。公司在生产过程中将产生的污水在没有经过严格净化处理的情况下排出厂外。周围居民王某、张某身患癌症，认为是由于DSP公司排放包括致癌物质的污水污染水质所致，于2016年11月10日将DSP公司告上法庭，要求DSP公司赔偿损失300万元。该案件在2016年12月31日尚未判决。由于居民王某、张某身患癌症与公司排污之间关系未明，公司在其于2017年3月1日公布的2016年度财务报告中，对这一事项作为或有负债作了披露。2017年，在案件的审理过程中，王某和张某根据自身的受损程度，于5月8日向法院提出，将要求DSP公司赔偿损失的金额提高到500万元，法院已予受理，但是，截止到6月30日，该诉讼案尚未判决。对于该或有负债情况的变化，公司需要在其编制的2017年第二季度财务报告的财务报表附注中做如下披露：

或有负债或者或有资产变化情况的说明：

或有负债：

本公司在上年度财务报告中披露的居民王某和张某起诉公司排放污水致癌事件在本季度又有新的进展，居民王某和张某在本季度5月8日将要求公司赔偿的金额由原来的300万元提高到500万元。目前，此案尚在审理过程之中。

13) 关于企业结构变化情况的说明。

根据《企业会计准则第32号—中期财务报告》的规定，如果在中期内企业结构发生了变化，应当在中期财务报表附注中对此予以说明。常见的企业结构变化的情况包括企业合并、对被投资单位具有重大影响、共同控制关系或者控制关系的长期股权投资的购买或者处置、终止营业等。对于这些事项，企业应当在中期财务报表附注中说明其内容和对企业财务状况、经营成果及现金流量的影响等。

14) 其他重大交易或者事项的说明。

除了上述事项之外，《企业会计准则第32号——中期财务报告》还规定，企业应当在中期财务报表附注中对在中期内发生的其他重大交易或者事项予以说明。这些重大交易或者事项包括重大的长期资产转让及其出售情况、重大的固定资产和无形资产取得情况、重大的研究和开发支出、重大的资产减值损失情况等。这里所指的重大的长期资产转让及其出售情况主要是指重大的固定资产、无形资产等长期资产的转让或者出售，重大的固定资产、无形资产取得情况主要是指企业为了购建固定资产、无形资产所发生的资本性支出情况。

【例12-21】KWL电力公司于2017年第1季度用银行存款9800万元购入一套先进的发电设备，该设备投入运营后，将使公司每年的发电能力增加2万千瓦·时。对此固定资产投资事项，企业应当在2017年度的中期财务报表附注中予以说明。

在实务中，上述有关财务报表附注的披露事项有可能会出现重复，例如，企业结构变化的事项（如企业合并）可能既涉及合并财务报表合并范围发生变化的情况，也涉及关联方关系及其交易事项。对此类事项，企业在编制财务报表附注时，可以在首次涉及该交易事项时，予以详细披露，其他地方则可适当简化。

(六) 关于在年度财务报表中的披露

《企业会计准则第32号——中期财务报告》规定，在同一会计年度内，如果以前中期财务报告中所披露的会计估计在最后一个中期发生了重大变更，而企业又不单独披露该最后中期的财务报告，则企业应当在其年度财务报表附注中披露该项会计估计变更的内容、理由及其影响金额。例如，智董公司为一家需要编制季度财务报告的企业，但是无须单独披露第4季度财务报告，假设公司在第4季度里，对第1、2或者3季度财务报表中所采用的会计估计（如固定资产折旧年限的估计、各项资产减值金额的估计、预计负债的估计、所得税的估计等）做了重大变更，则需要在其年度财务报表附注中，对此事项作特别说明，说明的内容应当依据《企业会计准则第 28号——会计政策、会计估计变更和差错更正》关于会计估计变更的规定。同样地，假如一家公司是需要编制半年度财务报告的企业，但不单独披露下半年的财务报告，则如果该公司对于上半年财务报告中所采用的会计估计在下半年做了重大变更，也应当在其年度财务报表附注中予以说明。

二、确认和计量

企业各中期财务报表的编制以确认和计量为基础，因此，中期财务报表能否真实、完整地反映企业财务状况、经营成果和现金流量，在很大程度上取决于企业在进行会计要素的确认和计量时所遵循的会计原则。

(一) 中期会计确认和计量的基本原则

1. 中期采用的会计政策原则上应当与年度财务报表相一致

企业应当在中期财务报表中采用与年度财务报表相一致的会计政策。即企业在中期进行确认和计量时所采用的会计政策应当与年度财务报表相一致，企业在中期不得随意变更会计政策，而应当保持前后各期会计政策的一贯性，以提高会计信息的可比性和有用性。

2. 中期变更会计政策应当符合规定

《企业会计准则第32号——中期财务报告》在强调中期会计政策应当与年度财务报表相一致的同时，又规定企业“如果在上年度资产负债表日之后发生了会计政策变更，且该变更了的会计政策将在本年度财务报表中采用，则中期财务报表应当采用该变更了的会计政策”。

3. 中期会计要素的确认和计量原则应当与年度财务报表相一致

中期财务报表中务会计要素的确认和计量原则应当与年度财务报表所采用的原则相一致。即企业在中期根据所发生交易或者事项，对资产、负债、所有者权益（股东权益）收入、费用和利润等务会计要素进行确认和计量时，应当符合这些会计要素的定义和确认、计量标准，不能够因为财务报告期间的缩短（相对于会计年度而言）而改变会计要素的确认和计量标准。

(1) 关于中期资产的确认和计量原则

在中期资产负债表中反映的资产首先应当符合资产的定义，即它应当是过去的交易、事项形成并由企业拥有或者控制的资源，该资源预期会给企业带来经济利益。企业在中期资产负债表日对某些项目（如一些支出、费用、损失项目）进行判断时，应当采用与年度财务报表一样的标准，即看其能否预期给企业带来未来经济利益。如果不具备资产确认条件，就不应当在中期资产负债表中递延，将其确认为一项资产。企业既不能够根据会计年度内以后中期将要发生的交易或者事项来判断当前中期的有关项目是否符合资产的定义，也不能够借中期财务报告来人为均衡会计年度内务中期的收益。例如，企业在中期资产负债表日对于待处理财产损溢项目，也应当像会计年度末一样，将其计入当期损益，不能够递延到以后中期，因为它已经不符合资产的定义和确认标准。

(2) 关于中期负债的确认和计量原则

在中期资产负债表中反映的负债也应当首先符合负债的定义，即它应当是过去的交易、事项形成的现时义务，履行该义务预期会导致经济利益流出企业。也就是说，企业在中期资产负债表日的负债必须反映的是当时的现时义务，并预期将导致企业未来经济利益的流出，这一判断标准是与年度财务报表相一致的。企业在中期资产负债表日既不能把潜在义务（即使该义务很可能在会计年度的以后中期变为现时义务）确认为负债，也不能把当时已经符合负债确认条件的现时义务（即使履行该义务的时间和金额还须等到会计年度以后中期才能够完全确定）递延到以后中期进行确认。

【例12-22】A公司是一家管理软件开发商，需要编制季度财务报告。2016年4月1日，A公司将其2016年新版MN×管理信息系统软件投放市场，市场前景看好。4月10日，A公司收到B公司（B公司为一家财务软件开发商）来函，声明MN×管理信息系统软件中的财务管理软件包与该公司开发的并已于2015年申请专利的财务管理系统相同，要求A公司停止侵权，并赔偿该公司损失1000万元。A公司不服，继续销售其新产品。B公司遂于4月15日将A公司告上法庭，要求A公司停止一切侵权行为，公开道歉，并赔偿该公司损失1000万元。法院受理了此案，随后做了数次调查取证，初步认定A公司的确侵犯了B公司的专利权，而且根据有关法律需赔偿B公司大约800万～1000万元的损失。为此，A公司在6月30日提出，希望能够庭外和解，B公司初步表示同意。8月2日，双方经过数次调解，没有达成和解协议，只能再次通过法律诉讼程序。9月20日，法院判决，A公司立即停止对B公司的侵权行为，赔偿B公司损失980万元，并在媒体上公开道歉。A公司不服，继续上诉。12月1日，二审判决，维持原判。2017年1月20日，根据最终判决，A公司被强制执行，向B公司支付侵权赔偿款980万元。

在本例中，尽管从2016年度财务报表的角度，该事项已经属于确定事项，980万元的赔偿款应当在A公司2016年年度资产负债表中确认为一项负债。但是，由于A公司需要编制季度财务报告，这样在2016年第二季度中，该事项属于或有事项，但是，在2016年第二季度末，A公司已经可以合理预计在诉讼案中公司将很可能会败诉，需要向B公司赔偿由于侵权导致的损失，公司在当时已经承担了一项现时义务，而且赔偿金额可以可靠估计，因此应当在2016年第二季度末就确认一项负债，即预计负债），金额为900万元〔(800＋1000)/2〕，而不是等到以后季度或者年末时再予确认。在2016年第三季度财务报表中，由于法院一审已经判决，要求A公司赔偿980万元，所以，A公司在第三季度财务报表中还应当再确认80万元负债，以反映A公司在第三季度末的现时义务。与此同时，作为预计负债和会计估计变更事项，A公司还应当根据《企业会计准则第32号——中期财务报告》第八条的规定在有关中期财务报表附注中作相应披露。

(3) 关于中期所有者权益的确认和计量原则

在中期资产负债表上反映的所有者权益也应当符合所有者权益的定义，即所有者权益应当是所有者在企业资产中享有的经济利益，其金额为资产减去负债后的余额，所有者权益应当反映企业的净资产的增减变动。在年度财务报表中应当确认为所有者权益的项目，在中期财务报表中也应当确认为所有者权益，两者的确认和计量标准应当一致。

(4) 关于中期收入的确认和计量原则

在中期利润表中反映的收入也应当首先符合收入的定义，即收入应当是企业在销售商品、提供劳务及让渡资产使用权等日常活动中所形成的经济利益的总流入。与年度财务报表一样，企业在中期也应当严格按照《企业会计准则第14号——收入》和《企业会计准则第15号——建造合同》等规定的收入确认条件和计量方法确认和计量收入，不能够在会计年度的各个中期内随意预计或者递延收入。

【例12-23】HBC图书出版公司对外征订图书，收到订单和购书款与发送图书分属于不同的中期，则企业在收到订单和购书款的中期就不能确认图书的销售收入，因为此与图书所有权有关的风险和报酬尚未转移，不符合收入确认的条件，企业只能在发送图书，并且与图书所有权有关的风险和报酬已经转移的中期才能确认收入。

(5) 关于中期费用的确认和计量原则

在中期利润表中反映的费用也应当首先符合费用的定义，即费用应当是企业为销售商品、提供劳务等日常活动所发生的经济利益的流出。企业在中期应当严格按照配比原则、权责发生制基础、划分资本性支出和收益性支出原则等会计原则来确认和计量费用，确认和计量标准应当和年度财务报表相一致。企业不能够在会计年度的各个中期内随意预提或者待摊所发生的费用。

(6) 关于中期利润的确认和计量原则

中期利润和年度利润一样，应当反映企业在中期期间内的经营成果，所以其确认和计量原则也应当与年度财务报表相一致。

4. 中期会计计量应当以年初至本中期末为基础

《企业会计准则第32号——中期财务报告》规定，企业财务报告的频率不应当影响其年度结果的计量，也就是说，无论企业中期财务报告的频率是月度、季度还是半年度，企业中期会计计量的结果最终应当与年度财务报表中的会计计量结果相一致。为了达到这一目的，企业中期财务报表的计量应当以年初至本中期末为基础，即企业在中期应当以年初至本中期末作为中期会计计量的期间基础，而不应当以本中期作为会计计量的期间基础。

【例12-24】ADC公司于2016年11月利用专门借款资金开工兴建一项固定资产。2017年3月1日，固定资产建造工程由于资金周转发生困难而停工。公司预计在一个半月内即可获得补充专门借款，解决资金周转问题，工程可以重新施工。根据我国《企业会计准则第 17号——借款费用》的规定，固定资产的购建活动发生非正常中断，并且中断时间连续超过三个月的，应当暂停借款费用的资本化，将其确认为当期费用，直至资产的购建活动重新开始。据此，在第一季度末，公司考虑到所购建固定资产的非正常中断时间将短于三个月，所以，在编制2017年第一季度财务报告时，没有中断借款费用的资本化，将3月份发生的符合资本化条件的借款费用继续资本化，计入在建工程成本。后来的事实发展表明，公司直至2017年6月15日才获得补充专门借款，工程才重新开工。这样，公司在编制2017年第二季度财务报告时，如果仅仅以第2季度发生的交易或者事项作为会计计量的基础，那么，公司在第2季度发生工程非正常中断的时间也只有两个半月，短于《企业会计准则第 17号——借款费用》规定的借款费用应当暂停资本化的三个月的期限，从而在第二季度内将4月1日至6月15日之间所发生的与购建固定资产有关的借款费用将继续资本化，计入在建工程成本。

显然，这样处理是错误的，因为，如果企业只需编制年度财务报表，不必编制季度财务报表，那么，从全年来看，企业建造固定资产工程发生非正常中断的时间为三个半月，企业应当暂停这三个半月内所发生借款费用的资本化。也就是说，如果以整个会计年度作为会计计量的基础，上述3月1日至6月15日之间发生的借款费用都应当予以费用化，计入当期损益。而如果仅仅以每一报告季度作为会计计量的基础，则上述3月1日至6月15日之间发生的相关借款费用都将继续资本化，计入在建工程成本季度计量的结果与年度计量的结果将发生不一致，而这种不一致的产生就是由于财务报告的频率由按年编报变为按季编报所致。毫无疑问，单纯以季度为基础对上述固定资产建造中断期间所发生的借款费用进行计量是不正确的。为了避免企业中期会计计量与年度会计计量的不一致，防止企业因财务报告的频率而影响其年度财务结果的计量，企业应当以年初至本中期末为期间基础进行中期会计计量。在本例中，当企业编制第二季度财务报告时，对于所购建固定资产中断期间所发生的借款费用的会计处理，应当以2017年1月1日至6月30日的期间为基础。显然，在1月1日至6月30日的期间基础之上，所购建固定资产的中断期间超过了三个月，应当将中断期间所发生的所有借款费用全部费用化，所以在编制第二季度财务报告时，不仅第2季度4月1日至6月15日之间发生的借款费用应当费用化，计入第二季度的损益，而且，上一季度已经资本化了的3月份的借款费用也应当费用化，调减在建工程成本，调增财务费用，这样计量的结果将能够保证中期会计计量结果与年度会计计量结果相一致，实现财务报告的频率不影响年度结果计量的目标。需要说明的是，本例还涉及会计估计变更事项，因此企业还应当根据《企业会计准则第32号——中期财务报告》的规定，在其第二季度财务报表附注中做相应披露。

5. 在中期会计计量过程中，会计估计变更的处理应当符合规定

《企业会计准则第32号——中期财务报告》规定，对于会计年度内以前中期的财务报表项目在以后中期发生了会计估计变更，则在以后中期财务报表中应当反映这种会计估计变更的金额，但对以前中期财务报告中已反映的金额不再做调整。也就是说，如果一个企业在一个会计年度内，前一个或者几个中期（如季度）的会计估计在以后一个中期或者几个中期（如季度）里发生了变更，则既不能对以前中期已经报告过的会计估计金额作追溯调整，也不能重编以前中期的财务报表，企业只需在变更当期或者以后期间按照变更后的会计估计进行会计处理即可。至于会计估计变更的影响数也只能计入变更当期，如果还影响到以后期间的话，则还应当将会计估计变更的影响数计入以后期间。即当企业在中期发生会计估计变更时，企业应当按照《企业会计准则第 28号——会计政策、会计估计变更和差错更正》规定的原则处理。

(二) 关于季节性、周期性或者偶然性取得的收入的确认和计量

通常情况下，企业的各项收入往往是在一个会计年度的各个中期内均匀发生的，各中期之间实现的收入差异不会很大。但是，企业因季节性、周期性或者偶然性取得的收入，则往往集中在会计年度的个别中期内，对于这些收入，《企业会计准则第32号——中期财务报告》规定企业应当在发生时予以确认和计量，不应当在中期财务报表中予以预计或者递延，即企业应当在这些收入取得并实现时及时予以确认和计量，不应当为了平衡各中期的收益而将这些收入在会计年度的各个中期之间进行分摊。与此同时，《企业会计准则第32号——中期财务报告》还规定，如果季节性、周期性或者偶然性取得的收入在会计年度末允许预计或者递延的，则在中期财务报表中也允许预计或者递延。这些收入的确认标准和计量基础应当严格遵循《企业会计准则第 14号——收入》《企业会计准则第 15号——建造合同》《企业会计准则第 21号——租赁》等的规定。

【例12-25】HF公司的主要业务是滚动开发房地产，即每开发完成一个房地产项目之后，再开发下一个房地产项目。该公司于2016年1月1日起开始开发一住宅小区，小区建成完工需2年。公司采取边开发、边销售楼盘的策略，假定该公司在2016年各季度分别收到楼盘销售款1000万元、3000万元、2500万元和2000万元，为小区建设分别发生开发成本2000万元、1500万元、2200万元和1800万元；在2017年各季度分别收到楼盘销售款2500万元、3000万元、3000万元和1000万元，为小区建设分别发生开发成本1000万元、1700万元、1500万元和300万元。小区所有商品房于2017年11月完工，12月全部交付给购房者，并办理完有关产权手续。

在本例中，HF公司的经营业务具有明显的周期性特征，公司只有在每隔一个周期，等房地产开发完成并实现对外销售后，才能确认收入，即公司只有在2017年12月所建商品房完工后，与商品房有关的风险和报酬已经转移给了购房者，符合收入确认标准后，才能确认收入。这一收入就属于周期性取得的收入，在2017年12月之前的各中期都不能预计收入，也不能将已经收到的楼盘销售款直接确认为收入，企业应当在收到这些款项时将其作为预收款处理。对于开发小区所发生的成本也应当首先归集在"开发成本"中，待到确认收入时，再结转相应的成本。当然该公司对于其经营的周期性特征，则应当根据《企业会计准则第32号——中期财务报告》第八条的要求在各有关中期财务报表附注中予以披露。

(三) 关于会计年度中不均匀发生的费用的确认和计量

通常情况下，与企业生产经营和管理活动有关的费用往往是在一个会计年度的各个中期内均匀发生的，各中期之间发生的费用不会有较大差异。但是，那些诸如员工培训费、年度财务报表审计费等，则往往集中在会计年度的个别中期内。对于这些会计年度中不均匀发生的费用，企业应当在发生时予以确认和计量，不应当在中期财务报表中予以预提或者待摊。

(四) 关于中期确认和计量原则

1. 存货

尽管企业的存货往往处于不断的流转过程之中，而且在每个中期末或者年末都涉及存货数量的确定、成本的计价等问题，但是，企业在编制中期财务报告时，应当采用与会计年度末相同的原则来确认和计量存货。当然，为了节约成本和时间，企业在各中期末对存货进行计量时，可以比会计年度末采用更多的会计估计。

2. 合同或者预计购买价格的变化

在中期末，企业如果可以判断购货折扣基本确定已经赚得或者将会赚得（或者销货折扣很可能已经发生或者将会发生），应当将其作为购货价格（或者销货价格）的抵减，以购货价格（或者销货价格）扣减数量折扣后的净额来确认和计量购货成本（或者销货收入），及时反映购货价格（或者销货价格）的变化。同样的，企业提供的劳务、发生的人工费等，如果合同规定存在数量折扣，企业亦应当以与上述购货或者销货折扣相同的原则进行处理。但是，对于合同没有规定、带有随意性的数量折扣则不能够事先预计。

3. 资产减值

在每一中期末，企业都应当按照规定计提减值准备，确认减值损失。中期末采用的资产减值测试、确认和转回的标准应当与会计年度末所采用的标准相一致，但是，这并不意味着企业在每个中期末都应当像会计年度末那样对各相关资产做全面、详细的减值测试和计算。企业在中期末可以只对自上一会计年度末以来所发生的重大减值迹象进行检查，如果检查发现存在重大的资产减值情况，再进行相关测试和计算，确认减值损失。

4. 预计负债

如果企业在中期发生的事项导致企业承担了一项现时义务（无论该义务是法定义务还是推定义务），而且履行该义务很可能会导致经济利益流出企业，同时该义务的金额又能够可靠地计量，企业就应当在中期末根据《企业会计准则第 13号——或有事项》的规定，将其确认为一项负债，计入预计负债，而且其确认和计量的标准应当与会计年度末相一致。导致经济利益流出企业的义务存在与否，与财务报告期间的长度无关。

当然，预计负债的金额是根据会计期末清偿该负债所需支出的最佳估计数确定的，但是随着事项的发展，如果清偿该负债的最佳估计数发生了变化，则企业应当对已经确认的预计负债金额作相应调增或者调减。

5. 建造合同

在中期末确认和计量建造合同收入和费用时，应当遵循《企业会计准则第 15号——建造合同》的规定。对于中期末尚未完工的建造合同，不论这些建造合同是否将在本年度内完工，企业都应当按照以下原则进行中期会计处理。

1) 如果建造合同的结果能够可靠地估计，企业应当根据完工百分比法在中期资产负债表日确认中期合同收入和费用。

2) 如果建造合同的结果不能可靠地估计，企业应当区别以下情况处理。

①合同成本能够收回的，中期合同收入应当根据能够收回的合同成本加以确认，合同成本在其发生的当期确认为费用。

②合同成本不可能收回的，企业应当在发生时立即确认为费用，不确认收入。

3) 如果合同预计总成本将超过合同预计总收入，应当将预计损失立即确认为当期费用。

6. 提供劳务

在中期末确认和计量劳务收入以及成本时，应当遵循《企业会计准则第 14号——收入》的规定。对于中期末尚未完成的劳务，不论这些劳务是否将在本年度内完成，企业都应当按照以下原则进行中期会计处理。

1) 在提供劳务的交易结果能够可靠估计的情况下，企业应当在中期资产负债表日按照完工百分比法确认相关的劳务收入。

2) 在提供劳务的交易结果不能够可靠估计的情况下，在中期资产负债表日，企业应当区别以下三种情况进行处理。

①如果已经发生的劳务成本能够得到补偿，应按照已经发生的劳务成本金额确认收入，并按相同金额结转成本；

②如果已经发生的劳务成本预计不能够全部得到补偿，应当按照能够得到补偿的劳务成本金额确认收入，并按已经发生的劳务成本确认当期费用，确认的收入金额小于已经发生的劳务成本的差额，确认为当期损失；

③如果已经发生的劳务成本全部不能够得到补偿，则不应当在中期资产负债表日确认收入，但应当将已经发生的劳务成本确认为当期费用。

7. 中期所得税

根据收入与费用相配比的原则，企业应当在中期确认所得税费用，不能够因为我国企业所得税实行按年计征的方式而不在中期财务报表中确认所得税费用。而且中期所得税的确认和计量原则应当与年度财务报表所采用的所得税确认和计量原则相一致。

（五）中期会计估计的原则

1. 中期会计估计的原则概述

企业在中期进行会计计量时，应当保证所提供的会计信息是可靠的，而且与理解企业财务状况、经营成果和现金流量相关的所有重要财务信息都能够得到恰当的披露。同时，在中期财务报告中的计量和年度财务报告一样，都应当基于合理的估计。但是，在编制中期财务报告时，一般需要比年度财务报告应用更多的会计估计。也就是说，基于中期财务报告编报时间比较短和成本—效益原则等方面的考虑，企业在编制中期财务报告时，可以比年度财务报告在更大程度上依赖于会计估计。

2. 中期会计估计原则的应用示例

(1) 存货

企业存货应当定期盘点，每年至少盘点一次。通常企业会在会计年度末对存货进行全面盘点，但是，在中期末并不一定要求企业对存货进行全面的实地盘点；这样，对于采用实地盘存制核算期末存货价值和当期销货成本的企业，在中期末可以以当期所售产品（或者商品）的销售毛利率为基础来估计当期销货成本和期末存货价值。

(2) 预计负债

在会计期末，企业要估计因产品质量保证、未决诉讼（尤其是与环境污染、侵权等有关的未决诉讼）等事项所引起的预计负债金额，往往比较复杂，通常有一定的技术难度，成本较高而且耗时长。为此，企业有时会在会计年度末邀请外部专家来协助计算，估计应确认的预计负债金额。但是在中期末基于时间上的限制和成本效益方面的考虑，企业不一定需要像年末一样邀请外部专家作新的估算，可以在上年末确认的预计负债金额的基础之上，再根据当年发生的一些新的情况来估计中期末应予确认的预计负债金额。

(3) 或有负债和或有资产

企业需要在财务报表附注中披露或有负债和很可能给企业带来经济利益的或有资产的相关信息。基于与预计负债同样的原因，对于这些或有负债和或有资产发生的可能性以及预计产生的财务影响等的判断有时也需要外部专家的意见。对于这些意见，在中期末由于时间上的限制和成本效益方面的考虑可能也并不一定需要，企业在中期末可以在更大程度上依赖于自己的判断来估计或有负债和或有资产发生的可能性及其预计产生的财务影响等。

(4) 编制合并财务报表时集团内公司间内部交易或者事项的抵销

合并财务报表是以整个企业集团作为一个会计主体，以组成企业集团的母公司和子公司的个别财务报表为基础，抵销母子公司之间发生的内部交易或者事项对个别财务报表的影响之后编制而成的。对于集团内母子公司之间的内部交易或者事项，企业在会计年度末编制合并财务报表时，通常需要进行全面而详细的抵销处理，但是，在中期末基于重要性原则的考虑，在编制合并财务报表进行内部交易或者事项的抵销处理时，企业就可以不必像会计年度末那样全面而详细。

(5) 特殊行业

某些特殊行业（如保险行业）在编制中期财务报表时，如果要像年度财务报表那样进行精确计量的话，技术复杂，成本较高，而且耗时甚多。因此，对于这些特殊行业的中期会计计量的精确性也可以比会计年度末小一些。

(六) 中期会计政策变更的处理

企业在中期如果发生了会计政策的变更，应当按照《企业会计准则第 28号——会计政策、会计估计变更和差错更正》的规定处理，并在财务报表附注中做相应披露。其中，在会计政策变更的累积影响数能够合理确定的情况下，除非国家规定了相关的会计处理方法，企业应当对根据《企业会计准则第32号——中期财务报告》要求提供的以前年度比较财务报表最早期间的期初留存收益和这些财务报表其他相关项目的数字追溯调整；同时，涉及本会计年度内会计政策变更以前各中期财务报表相关项目数字的，也应当予以追溯调整，视同该会计政策在整个会计年度和可比财务报表期间一贯采用。

企业在发生会计政策变更时，除非国家规定了相关的会计处理规定，否则，如果该会计政策变更的累积影响数能够合理确定，应当采用追溯调整法进行处理；如果累积影响数不能合理确定，应当采用未来适用法。这一会计政策变更的处理原则同样适用于企业在中期发生会计政策变更的情况。同时，还应当根据《企业会计准则第32号——中期财务报告》的要求在财务报表附注中做相应披露，即企业应当在财务报表附注中说明会计政策变更的内容、理由和影响数，如果会计政策变更的累积影响数不能合理确定的，也应当说明理由。

在实践中，对于一家需要编制季度财务报告的企业而言，在对累积影响数能够合理确定的中期会计政策变更进行具体处理时，通常又应当区别两种情况。

1. 会计政策变更发生在会计年度内第1季度的情况

如果企业的会计政策变更发生在会计年度的第一季度，则企业除了计算会计政策变更的累积影响数并作相应的账务处理之外，在财务报表的列报方面，只需要根据变更后的会计政策编制第一季度和当年度以后季度财务报表，并对根据《企业会计准则第32号——中期财务报告》要求提供的以前年度比较财务报表最早期间的期初留存收益和这些财务报表的其他相关项目数字做相应调整即可。在财务报表附注的披露方面，应当披露会计政策变更对以前年度的累积影响数（包括对比较财务报表最早期间期初留存收益的影响数和以前年度可比中期损益的影响数）和对第一季度损益的影响数，在当年度第一季度之后的其他季度财务报表附注中，则应当披露第一季度发生的会计政策变更对当季度损益的影响数和年初至本季度末损益的影响数。

2. 会计政策变更发生在会计年度内第1季度之外的其他季度

如果企业的会计政策变更发生在会计年度内第一季度之外的其他季度，如第二季度、第三季度等，其会计处理相对于会计政策变更发生在第1季度而言要复杂一些。

企业除了应当计算会计政策变更的累积影响数并作相应的账务处理之外，在财务报表的列报方面，还需要调整根据《企业会计准则第32号——中期财务报告》要求提供的以前年度比较财务报表最早期间的期初留存收益和比较财务报表其他相关项目的数字，以及在会计政策变更季度财务报告中或者变更以后季度财务报告中所涉及的本会计年度内发生会计政策变更之前季度财务报表相关项目的数字；在财务报表附注的披露方面，企业需要披露会计政策变更对以前年度的累积影响数[包括对比较财务报表最早期间期初留存收益的影响数和以前年度可比中期损益的影响数（这里所指的可比中期损益的影响数包括可比季度损益的影响数和可比年初至季度末损益的影响数）]，以及对当年度变更季度、年初至变更季度末损益的影响数和当年度会计政策变更前各季度损益的影响数，同时，在发生会计政策变更以后季度财务报表附注中也需要做相应披露。

第九节 合并财务报表

一、综合知识

合并财务报表是指反映母公司和其全部子公司形成的企业集团整体财务状况、经营成果和现金流量的财务报表。母公司是指控制一个或一个以上主体（含企业、被投资单位中可分割的部分，以及企业所控制的结构化主体等,下同）的主体。子公司是指被母公司控制的主体。为了规范合并财务报表的编制和列报，根据《企业会计准则——基本准则》，财政部制定了《企业会计准则第33号——合并财务报表》（以下简称“本准则”），自2014年7月1日起施行。

（一）合并财务报表的特点

1) 合并财务报表反映的对象是由母公司和其全部子公司组成的会计主体。

2) 合并财务报表的编制者是母公司，但所对应的会计主体是由母公司及其控制的所有子公司所构成的合并财务报表主体（简称为“合并集团”）。

3) 合并财务报表是站在合并财务报表主体的立场上，以纳入合并范围的企业个别财务报表为基础，根据其他有关资料，抵销母公司与子公司、子公司相互之间发生的内部交易，考虑了特殊交易事项对合并财务报表的影响后编制的，旨在反映合并财务报表主体作为一个整体的财务状况、经营成果和现金流量。

（二）合并财务报表的组成

合并财务报表至少应当包括下列组成部分：合并资产负债表；合并利润表；合并现金流量表；合并所有者权益（或股东权益，下同）变动表；附注。

企业集团中期期末编制合并财务报表的，至少应当包括合并资产负债表、合并利润表、合并现金流量表和附注。

（三）合并财务报表的编制者、编制合并财务报表的豁免规定

母公司应当编制合并财务报表。如果母公司是投资性主体，且不存在为其投资活动提供相关服务的子公司，则不应编制合并财务报表。除上述情况外，本准则不允许有其他情况的豁免。

本准则主要规范合并财务报表合并范围的确定及合并财务报表的编制和列报，以及特殊交易在合并财务报表中的处理，不涉及外币财务报表的折算和在子公司权益的披露。外币报表的折算由《企业会计准则第19号——外币折算》（以下简称“外币折算准则”）和《企业会计准则第31号——现金流量表》规范，在子公司权益的披露由《企业会计准则第41号——在其他主体中权益的披露》规范。

（四）外币财务报表折算

外币财务报表折算适用《企业会计准则第19号——外币折算》和《企业会计准则第31号——现金流量表》。

（五）在子公司权益的披露

关于在子公司权益的披露，适用《企业会计准则第41号——在其他主体中权益的披露》。

二、合并范围

合并财务报表的合并范围应当以控制为基础予以确定，不仅包括根据表决权（或类似权利）本身或者结合其他安排确定的子公司，也包括基于一项或多项合同安排决定的结构化主体。

控制是指投资方拥有对被投资方的权力，通过参与被投资方的相关活动而享有可变回报，并且有能力运用对被投资方的权力影响其回报金额。控制的定义包含三项基本要素：一是投资方拥有对被投资方的权力，二是因参与被投资方的相关活动而享有可变回报，三是有能力运用对被投资方的权力影响其回报金额。在判断投资方是否能够控制被投资方时，当且仅当投资方具备上述三要素时，才能表明投资方能够控制被投资方。

（一）投资方拥有对被投资方的权力

投资方拥有对被投资方的权力是判断控制的第一要素，这要求投资方需要识别被投资方并评估其设立目的和设计、识别被投资方的相关活动以及对相关活动进行决策的机制、确定投资方及涉入被投资方的其他方拥有的与被投资方相关的权利等，以确定投资方当前是否有能力主导被投资方的相关活动。

1. 评估被投资方的设立目的和设计

被投资方可能是一个有限责任公司、股份有限公司、尚未进行公司制改建的国有企业，也可能是一个合伙企业、信托、专项资产管理计划等。在少数情况下，也可能包括被投资方的一个可分割部分。在判断投资方对被投资方是否拥有权力时，通常要结合被投资方的设立目的和设计。评估被投资方的设立目的和设计，有助于识别被投资方的哪些活动是相关活动、相关活动的决策机制、被投资方相关活动的主导方以及涉入被投资方的哪一方能从相关活动中取得可变回报。

(1) 被投资方的设计安排表明表决权是判断控制的决定因素

当对被投资方的控制是通过持有其一定比例表决权或是潜在表决权的方式时，在不存在其他改变决策的安排的情况下，主要根据通过行使表决权来决定被投资方的财务和经营政策的情况判断控制。例如，在不存在其他因素时，通常持有半数以上表决权的投资方控制被投资方，但是，当章程或者其他协议存在某些特殊约定（如被投资方相关活动的决策需要三分之二以上表决权比例通过）时，拥有半数以上但未达到约定比例等并不意味着能够控制被投资方。

(2) 被投资方的设计安排表明表决权不是判断控制的决定因素

当表决权仅与被投资方的日常行政管理活动有关，不能作为判断控制被投资方的决定性因素，被投资方的相关活动可能由其他合同安排规定时，投资方应结合被投资方设计产生的风险和收益、被投资方转移给其他投资方的风险和收益，以及投资方面临的风险和收益等一并判断是否控制被投资方。

需要强调的是，在判断控制的各环节都需要考虑被投资方的设立目的和设计。

2. 识别被投资方的相关活动及其决策机制

(1) 被投资方的相关活动

被投资方为经营目的而从事众多活动，但这些活动并非都是相关活动，相关活动是对被投资方的回报产生重大影响的活动。

识别被投资方相关活动的目的是确定投资方对被投资方是否拥有权力。不同企业的相关活动可能是不同的，应当根据企业的行业特征、业务特点、发展阶段、市场环境等具体情况来进行判断，这些活动可能包括但不限于下列活动：商品或劳务的销售和购买，金融资产的管理，资产的购买和处置，研究与开发，融资活动。对许多企业而言，经营和财务活动通常对其回报产生重大影响。

(2) 被投资方相关活动的决策机制

投资方是否拥有权力，不仅取决于被投资方的相关活动，还取决于对相关活动进行决策的方式，例如，对被投资方的经营、融资等活动做出决策（包括编制预算）的方式，任命被投资方的关键管理人员、给付薪酬及终止劳动合同关系的决策方式等。

相关活动一般由企业章程、协议中约定的权力机构（如股东会、董事会）来决策，特殊情况下，相关活动也可能根据合同协议约定等由其他主体决策，如专门设置的管理委员会等。有限合伙企业的相关活动可能由合伙人大会决策，也可能由普通合伙人或者投资管理公司等决策。

被投资方通常从事若干相关活动，并且这些活动可能不是同时进行。当两个或两个以上投资方能够分别单方面主导被投资方的不同相关活动时，能够主导对被投资方回报产生最重大影响的活动的一方拥有对被投资方的权力，此时，通常需要考虑的因素包括：被投资方的设立目的和设计；影响被投资方利润率、收入和企业价值的决定因素；每一投资方有关上述因素的决策职权范围及其对被投资方回报的影响程度；投资方承担可变回报风险的大小。

3. 确定投资方拥有的与被投资方相关的权力

通常情况下，当被投资方从事一系列对其回报产生显著影响的经营及财务活动，且需要就这些活动连续地进行实质性决策时，表决权或类似权利本身或者结合其他安排，将赋予投资方拥有权力。但在一些情况下，表决权不能对被投资方回报产生重大影响（如表决权可能仅与日常行政活动有关），被投资方的相关活动由一项或多项合同安排决定。

(1) 投资方拥有多数表决权的权力

表决权是对被投资方经营计划、投资方案、年度财务预算方案和决算方案、利润分配方案和弥补亏损方案、内部管理机构的设置、聘任或解聘公司经理及确定其报酬、公司的基本管理制度等事项进行表决而持有的权利。表决权比例通常与其出资比例或持股比例是一致的，但公司章程另有规定的除外。通常情况下，当被投资方的相关活动由持有半数以上表决权的投资方决定，或者主导被投资方相关活动的管理层多数成员（管理层决策由多数成员表决通过）由持有半数以上表决权的投资方聘任时，无论该表决权是否行使，持有被投资方过半数表决权的投资方拥有对被投资方的权力，但两种情况除外。

1) 存在其他安排赋予被投资方的其他投资方拥有对被投资方的权力。例如，存在赋予其他方拥有表决权或实质性潜在表决权的合同安排，且该其他方不是投资方的代理人时，投资方不拥有对被投资方的权力。

2) 投资方拥有的表决权不是实质性权利。例如，有确凿证据表明，由于客观原因无法获得必要的信息或存在法律法规的障碍，投资方虽持有半数以上表决权但无法行使该表决权时，该投资方不拥有对被投资方的权力。

投资方在判断是否拥有对被投资方的权力时，应当仅考虑与被投资方相关的实质性权利，包括自身所享有的实质性权利以及其他方所享有的实质性权利。

①实质性权利是持有人在对相关活动进行决策时有实际能力行使的可执行权利。判断一项权利是否为实质性权利，应当综合考虑所有相关因素，包括权利持有人行使该项权利是否存在财务、价格、条款、机制、信息、运营、法律法规等方面的障碍；当权利由多方持有或者行权需要多方同意时，是否存在实际可行的机制使得这些权利持有人在其愿意的情况下能够一致行权；权利持有人是否可从行权中获利等。实质性权利通常是当前可执行的权利，但某些情况下当前不可行使的权利也可能是实质性权利。

对于投资方拥有的实质性权利，即便投资方并未实际行使，也应在评估投资方是否对被投资方拥有权力时予以考虑。有时，其他投资方也可能拥有可行使的实质性权利，使得投资方不能控制被投资方。其他投资方拥有的可行使的实质性权利包括提出议案的主动性权利和对议案予以批准或否定的被动性权利，当这些权利不仅仅是保护性权利时，其他方拥有的这些权利可能导致投资方不能控制被投资方。

②保护性权利仅为了保护权利持有人利益却没有赋予持有人对相关活动的决策权。通常包括应由股东大会（或股东会，下同）行使的修改公司章程，增加或减少注册资本，发行公司债券，公司合并、分立、解散或变更公司形式等事项持有的表决权。例如，少数股东批准超过正常经营范围的资本性支出或发行权益工具、债务工具的权利。再如，贷款方限制借款方从事损害贷款方权利的活动的权利，这些活动将对借款方信用风险产生不利影响从而损害贷款方权利，以及贷款方在借款方发生违约行为时扣押其资产的权利等。

保护性权利通常只能在被投资方发生根本性改变或某些例外情况发生时才能够行使，它既没有赋予其持有人对被投资方拥有权力，也不能阻止被投资方的其他投资方对被投资方拥有权力。仅享有保护性权利的投资方不拥有对被投资方的权力。

对于被投资方作为特许权经营方（被特许人）的情况，特许经营协议通常赋予特许人保护特许品牌的权利，也赋予特许人一些与被特许人经营相关的决策权。一般而言，这些权利并不限制其他方做出对被特许人回报产生重大影响的决策权利，也不一定使得特许人当前有能力主导对被特许人的相关活动。被特许人依据特许经营协议的条款能够自行决定其业务运营。在对被投资方进行分析时，需要区分两种不同的权利：一是当前有能力做出对被特许人回报产生重大影响的决策权利，二是有能力做出保护特许品牌的决策权利。被特许人的法律形式和资本结构等基本决策也可以由特许人之外的其他方行使并会对被特许人的回报产生重大影响。当其他方享有现时权利使其当前有能力主导被特许人的相关活动时，特许人没有拥有对被特许人的权力。特许人提供的财务支持越少，特许人面临的被特许人的，回报的可变性越小，则特许人就越有可能只拥有保护性权利。

投资方持有被投资方半数以上表决权的情况通常包括如下三种：一是投资方直接持有被投资方半数以上表决权，二是投资方间接持有被投资方半数以上表决权，三是投资方以直接和间接方式合计持有被投资方半数以上表决权。

(2) 投资方持有被投资方半数或以下表决权，但通过与其他表决权持有人之间的协议能够控制半数以上表决权

投资方自己持有的表决权虽然只有半数或以下，但通过与其他表决权持有人之间的协议使其可以持有足以主导被投资方相关活动的表决权，从而拥有对被投资方的权力。该类协议安排需确保投资方能够主导其他表决权持有人的表决，即其他表决权持有人按照投资方的意愿进行表决，而不是投资方与其他表决权持有人协商并根据双方协商一致的结果进行表决。

(3) 投资方拥有多数表决权但没有权力

确定持有半数以上表决权的投资方是否拥有权力，关键在于该投资方现时是否有能力主导被投资方的相关活动。当其他投资方现时有权力能够主导被投资方的相关活动，且其他投资方不是投资方的代理人时，投资方就不拥有对被投资方的权力。当表决权不是实质性权利时，即使投资方持有被投资方多数表决权，也不拥有对被投资方的权力。例如，被投资方相关活动被政府、法院、管理人、接管人、清算人或监管人等其他方主导时，投资方虽然持有多数表决权，但也不可能主导被投资方的相关活动。被投资方自行清算的除外。

(4) 持有被投资方半数或半数以下表决权

持有半数或半数以下表决权的投资方（或者虽持有半数以上表决权，但表决权比例仍不足以主导被投资方相关活动的投资方，本部分以下同），应综合考虑下列事实和情况，以判断其持有的表决权与相关事实和情况相结合是否赋予投资方拥有对被投资方的权力。

1) 投资方持有的表决权份额相对于其他投资方持有的表决权份额的大小，以及其他投资方持有表决权的分散程度。投资方持有的绝对表决权比例或相对于其他投资方持有的表决权比例越高，其现时能够主导被投资方相关活动的可能性越大；为否决投资方意见而需要联合的其他投资方越多，投资方现时能够主导被投资方相关活动的可能性越大。

2) 投资方和其他投资方持有的潜在表决权。潜在表决权是获得被投资方表决权的权利，例如，可转换工具、可执行认股权证、远期股权购买合同或其他期权所产生的权利。确定潜在表决权是否赋予其持有者权力时需要考虑下列三方面：

①潜在表决权工具的设立目的和设计，以及投资方涉入被投资方其他方式的目的和设计。

②潜在表决权是否为实质性权利，判断控制仅考虑满足实质性权利要求的潜在表决权。

③投资方是否持有其他表决权或其他与被投资方相关的表决权，这些权利与投资方持有的潜在表决权结合后是否赋予投资方拥有对被投资方的权力。

3) 其他合同安排产生的权利。投资方可能通过持有的表决权和其他决策权相结合的方式使其当前能够主导被投资方的相关活动。例如，合同安排赋予投资方能够聘任被投资方董事会或类似权力，机构多数成员，这些成员能够主导董事会或类似权力机构对相关活动的决策。但是，在不存在其他权利时，仅仅是被投资方对投资方的经济依赖（如供应商和其主要客户的关系）不会导致投资方对被投资方拥有权力。

(5) 权力来自表决权之外的其他权利

投资方对被投资方的权力通常来自表决权，但有时，投资方对一些主体的权力不是来自表决权，而是由一项或多项合同安排决定。例如，证券化产品、资产支持融资工具、部分投资基金等结构化主体。结构化主体，是指在确定其控制方时没有将表决权或类似权利作为决定因素而设计的主体。主导该主体相关活动的依据通常是合同安排或其他安排形式。有关结构化主体的判断见《企业会计准则第41号——在其他主体中权益的披露》。

由于主导结构化主体的相关活动不是来自表决权（或类似权利），而是由合同安排决定，这无形中加大了投资方有关是否拥有对该类主体权力的判断难度。投资方需要评估合同安排，以评价其享有的权利是否足够使其拥有对被投资方的权力。在评估时，投资方通常应考虑下列四个方面。

1) 在设立被投资方时的决策及投资方的参与度。在评估被投资方的设立目的和设计时，投资者应考虑设立被投资方时的决策及投资方的参与度，以判断相关交易条款与参与特点是否为投资方提供了足以获得权力的权利。参与被投资方的设立本身虽然不足以表明参与方控制被投资方，但可能使参与方有机会获得使其拥有对被投资方权力的权利。

2) 相关合同安排。投资方需考虑结构化主体设立之初的合同安排是否赋予投资方主导结构化主体相关活动的权利。例如，看涨期权、看跌期权、清算权等可能为投资方提供权力的合同安排。在评估对结构化主体是否拥有权力时，应当考虑投资方在这些合同安排中享有的决策权。

3) 仅在特定情况或事项发生时开展的相关活动。结构化主体的活动及其回报在其设计时就已经明确，除非特定情况或事项发生。当特定情况或事项发生时，只有对结构化主体回报产生重大影响的活动才属于相关活动。相应地，对这些相关活动具有决策权的投资方才享有权力。决策权依赖于特定情况或特定事件的发生这一事实本身并不表示该权利为保护性权利。

4) 投资方对被投资方做出的承诺。为确保结构化主体持续按照原定设计和计划开展活动，投资方可能会做出一些承诺（包括明确的承诺和暗示性的承诺），因而可能会扩大投资方承担的可变回报风险，由此促使投资方更有动机获取足够多的权利，使其能够主导结构化主体的相关活动。投资方做出的确保此类主体遵守原定设计经营的承诺可能是投资方拥有权力的迹象，但其本身并不赋予投资方权力，也不会阻止其他方拥有权力。

(二) 因参与被投资方的相关活动而享有可变回报

判断投资方是否控制被投资方的第二项基本要素是，因参与被投资方的相关活动而享有可变回报。可变回报是不固定的并可能随被投资方业绩而变动的回报，可能是正数，也可能是负数，或者有正有负。投资方在判断其享有被投资方的回报是否变动以及如何变动时，应当根据合同安排的实质，而不是法律形式。例如，投资方持有固定利率的交易性债券投资时，虽然利率是固定的，但该利率取决于债券违约风险及债券发行方的信用风险，因此，固定利率也可能属于可变回报。其他可变回报的例子包括：股利、被投资方经济利益的其他分配（如被投资方发行的债务工具产生的利息）投资方对被投资方投资的价值变动；因向被投资方的资产或负债提供服务而得到的报酬、因提供信用支持或流动性支持收取的费用或承担的损失、被投资方清算时在其剩余净资产中所享有的权益、税务利益，以及因涉入被投资方而获得的未来流动性。

(三) 有能力运用对被投资方的权力影响其回报金额

判断控制的第三项基本要素是，有能力运用对被投资方的权力影响其回报金额。只有当投资方不仅拥有对被投资方的权力、通过参与被投资方的相关活动而享有可变回报，并且有能力运用对被投资方的权力来影响其回报的金额时，投资方才控制被投资方。因此，拥有决策权的投资方在判断是否控制被投资方时，需要考虑其决策行为是以主要责任人（即实际决策人）的身份进行还是以代理人的身份进行。此外，在其他方拥有决策权时，投资方还需要考虑其他方是否是以代理人的身份代表该投资方行使决策权。

1. 投资方的代理人

代理人是相对于主要责任人而言的，代表主要责任人行动并服务于该主要责任人的利益。主要责任人可能将其对被投资方的某些或全部决策权授予代理人，但在代理人代表主要责任人行使决策权时，代理人并不对被投资方拥有控制。主要责任人的权力有时可以通过代理人根据主要责任人的利益持有并行使，但权力行使人不会仅仅因为其他方能从其行权中获益而成为代理人。

在判断控制时，代理人的决策权应被视为由主要责任人直接持有，权力属于主要责任人而非代理人，因此，投资方应当将授予代理人的决策权视为自己直接持有的决策权，即使被投资方有多个投资方且其中两个或两个以上投资方有代理人。

决策者在确定其是否为代理人时，应综合考虑该决策者与被投资方以及其他方之间的关系，尤其需要考虑下列四项。

(1) 决策者对被投资方的决策权范围

在评估决策权范围时，应考虑相关协议或法规允许决策者决策的活动，以及决策者对这些活动进行决策时的自主程度。与该评估相关的因素包括但不限于：被投资方的设立目的与设计、被投资方面临的风险及转移给其他投资方的风险，以及决策者在设计被投资方过程中的参与程度。例如，如果决策者参与被投资方设计的程度较深（包括确定决策权范围），则可能表明决策者有机会，也有动机获得使其有能力主导相关活动的权利，但这一情况本身并不足以认定决策者必然能够主导相关活动。允许决策者（如资产管理人）主导被投资方相关活动的决策权范围越广，越能表明决策者拥有权力，但并不意味着该决策者一定是主要责任人。

(2) 其他方享有的实质性权利

其他方享有的实质性权利可能会影响决策者主导被投资方相关活动的能力。其他方持有实质性罢免权或其他权利并不一定表明决策者是代理人。存在单独一方拥有实质性罢免权并能够无理由罢免决策者的事实，足以表明决策者是代理人。当拥有此权利者超过一方，且不存在未经其他方同意即可罢免决策者的一方时，这些权利本身不足以表明决策者为其他方的代理人。在罢免决策者时需要联合起来行使罢免权的各方的数量越多，决策者的其他经济利益（即薪酬和其他利益）的比重和可变动性越强，则其他方所持有的权利在判断决策者是否是代理人时的权重就越轻。

在判断决策者是否是代理人时，应考虑其他方所拥有的限制决策者决策的实质性权利，这与考虑上述罢免权的方法相似。例如，决策者决策所需取得认可的其他方的数量越少，该决策者越有可能是代理人。在考虑其他方持有的权利时，应评估被投资方董事会（或其他权力机构）可行使的权利及其对决策权的影响。

(3) 决策者的薪酬水平

相对于被投资方活动的预期回报，决策者薪酬的比重（量级）和可变动性越大，决策者越有可能不是代理人。同时满足下列两项时，决策者有可能是代理人：一是决策者的薪酬与其所提供的服务相称；二是薪酬协议仅包括在公平交易基础上有关类似服务和技能水平商定的安排中常见的条款、条件或金额。

(4) 决策者因持有被投资方的其他利益而承担可变回报的风险

持有被投资方其他利益表明该决策者可能是主要责任人。对于在被投资方持有其他利益（如对被投资方进行投资或提供被投资方业绩担保）的决策者，在判断其是否为代理人时，应评估决策者因该利益所面临的可变回报的风险。评估时，决策者应考虑两点。

1) 决策者享有的经济利益（包括薪酬和其他利益）的比重和可变动性。决策者享有的经济利益的比重和可变动性越大，该决策者越有可能是主要责任人。

2) 决策者面临的可变回报风险是否与其他投资方不同，如果是，这些不同是否会影响其行为。例如，决策者持有次级权益，或向被投资方提供其他形式的信用增级，表明决策者可能是主要责任人。

决策者还应评估所承担的可变回报风险相对于被投资方回报总体变动的风险而言的程度。该评估主要应根据预期从被投资方的活动中得到的回报，但也应考虑决策者通过持有其他利益而承担的被投资方可变回报的最大风险。

综合上述四项因素的分析，当存在单独一方持有实质性罢免权并能无理由罢免决策者时，决策者属于代理人。除此以外，需综合考虑上述四项因素以判断决策者是否作为代理人行使决策权。在不同事实和情况下（例如资产管理人的薪酬或其他因素不同），形成控制所要求的投资比例可能会不同。

2. 实质代理人

在判断控制时，投资方应当考虑与所有其他方之间的关系、他们是否代表投资方行动（即识别投资方的"实质代理人"），以及其他方之间、其他方与投资方之间如何互动。上述关系不一定在合同安排中列明。当投资方（或有能力主导投资方活动的其他方）能够主导某一方代表其行动时，被主导方为投资方的实质代理人。在这种情况下，投资方在判断是否控制被投资方时，应将其实质代理人的决策权以及通过实质代理人而间接承担（或享有）的可变回报风险（或权利）与其自身的权利一并考虑。

根据各方的关系，表明一方可能是投资方的实质代理人的情况包括但不限于：投资方的关联方；因投资方出资或提供贷款而取得在被投资方中权益的一方；未经投资方同意，不得出售、转让或抵押其持有的被投资方权益的一方（不包括此项限制系通过投资方和其他非关联方之间自愿协商同意的情形）；没有投资方的财务支持难以获得资金支持其经营的一方；被投资方权力机构的多数成员或关键管理人员与投资方权力机构的多数成员或关键管理人员相同；与投资方具有紧密业务往来的一方，如专业服务的提供者与其中一家重要客户的关系。

（四）对被投资方可分割部分的控制

投资方通常应当对是否控制被投资方整体进行判断。但在少数情况下，如果有确凿证据表明同时满足下列条件并且符合相关法律法规规定的，投资方应当将被投资方的一部分（以下简称"该部分"）视为被投资方可分割部分，进而判断是否控制该部分：

1) 该部分的资产是偿付该部分负债或该部分其他权益的唯一来源，不能用于偿还该部分以外的被投资方的其他负债。

2) 除与该部分相关的各方外，其他方不享有与该部分资产相关的权利，也不享有与该部分资产剩余现金流量相关的权利。

因此，实质上该部分的所有资产、负债及相关权益均与被投资方的其他部分相隔离，即该部分的资产产生的回报不能由该部分以外的被投资方其他部分使用，该部分的负债也不能用该部分以外的被投资方资产偿还。

如果被投资方的一部分资产和负债及相关权益满足上述条件，构成可分割部分，则投资方应当基于控制的判断标准确定其是否能够控制该可分割部分，包括考虑该可分割部分的相关活动及其决策机制，投资方是否有能力主导可分割部分的相关活动并据以从中取得可变回报等。如果投资方控制该可分割部分，则应将其进行合并。此时，其他方在考虑是否控制并合并被投资方时，应仅对被投资方的剩余部分进行评估，不包括该可分割部分。

（五）控制的持续评估

控制的评估是持续的，当环境或情况发生变化时，投资方需要评估控制的三项基本要素中的一项或多项是否发生了变化。如果有任何事实或情况表明控制的三项基本要素中的一项或多项发生了变化，投资方应重新评估对被投资方是否具有控制。

1) 如果对被投资方的权力的行使方式发生变化，该变化必须反映在投资方对被投资方权力的评估中。例如，决策机制的变化可能意味着投资方不再通过表决权主导相关活动，而是由协议或者合同等其他安排赋予其他方主导相关活动的现时权利。

2) 某些事件即使不涉及投资方，也可能导致该投资方获得或丧失对被投资方的权力。例如，其他方以前拥有的能阻止投资方控制被投资方的决策权到期失效，则可能使投资方因此而获得权力。

3) 投资方应考虑因其参与被投资方相关活动而承担的可变回报风险敞口的变化带来

的影响。例如，如果拥有权力的投资方不再享有可变回报（如与业绩相关的管理费合同到期），则该投资方将由于不满足控制三要素的第二要素而丧失对被投资方的控制。

4) 投资方还应考虑其作为代理人或主要责任人的判断是否发生了变化。投资方与其他方之间整体关系的变化可能意味着原为代理人的投资方不再是代理人；反之亦然。例如，如果投资方或其他方的权利发生了变化，投资方应重新评估其代理人或主要责任人的身份。

投资方有关控制的判断结论，或者初始评估其是主要责任人或代理人的结果，不会仅因为市场情况的变化（如因市场情况的变化导致被投资方的可变回报发生变化）而变化，除非市场情况的变化导致控制三要素的一项或多项发生了变化，或导致主要责任人与代理人之间的关系发生变化。

(六) 投资性主体

母公司应当将其全部子公司（包括母公司所控制的被投资单位可分割部分、结构化主体）纳入合并范围。如果母公司是投资性主体，则只应将那些为投资性主体的投资活动提供相关服务的子公司纳入合并范围，其他子公司不应予以合并，应按照公允价值计量且其变动计入当期损益。

一个投资性主体的母公司如果其本身不是投资性主体，则应当将其控制的全部主体，包括投资性主体以及通过投资性主体间接控制的主体，纳入合并财务报表范围。

1. 投资性主体的定义

投资性主体的定义中包含了三个需要同时满足的条件：一是该公司以向投资方提供投资管理服务为目的，从一个或多个投资者获取资金；二是该公司的唯一经营目的，是通过资本增值、投资收益或两者兼有而让投资者获得回报；三是该公司按照公允价值对几乎所有投资的业绩进行计量和评价。

(1) 以向投资方提供投资管理服务为目的

投资性主体的主要活动是向投资者募集资金，且其目的是为这些投资者提供投资管理服务，这是一个投资性主体与其他主体的显著区别。

(2) 唯一经营目的是通过资本增值、投资收益或两者兼有而获得回报

投资性主体的经营目的一般可能通过其设立目的、投资管理方式、投资期限、投资退出战略等体现出来，例如，一个基金在募集说明书中可能说明其投资的目的是为了实现资本增值、一般情况下的投资期限较长、制订了比较清晰的投资退出战略等，这些描述与投资性主体的经营目的是一致的；反之，一个基金的经营目的如果是与被投资方合作开发、生产或者销售某种产品，则说明其不是一个投资性主体。

(3) 按照公允价值对投资业绩进行计量和评价

投资性主体定义的基本要素之一是以公允价值作为其首要的计量和评价属性，因为相对于合并子公司财务报表或者按照权益法核算对联营企业或合营企业的投资而言，公允价值计量所提供的信息更具有相关性。公允价值计量体现在：在会计准则允许的情况下，在向投资方报告其财务状况和经营成果时应当以公允价值计量其投资；向其关键管理人员提供公允价值信息，以供他们据此评估投资业绩或做出投资决策。但投资性主体没有必要以公允价值计量其固定资产等非投资性资产或其负债。

2. 投资性主体的特征

(1) 拥有一个以上投资

一个投资性主体通常会同时持有多项投资以分散风险、最大化回报，但通过直接或间接持有对另一投资性主体（该主体持有多项投资）的一项投资的主体也可能是投资性主体。当主体刚设立、尚未寻找到多个符合要求的投资项目，或者刚处置了部分投资、尚未进行新的投资，或者该主体正处于清算过程中时，即使主体仅持有一项投资，该主体仍可

能为投资性主体。另外，如果某项投资要求较高的最低出资额，单个投资方很难进行如此高额的投资时，可能设立投资性主体用以募集多个投资方的资金进行集中投资。

(2) 拥有一个以上投资者

投资性主体通常拥有多个投资者，拥有多个投资者使投资性主体或其所在企业集团中的其他企业获取除资本增值、投资收益外的收益的可能性减小。当主体刚刚设立、正在积极识别合格投资者，或者原持有的权益已经赎回、正在寻找新的投资者，或者处于清算过程中时，即使主体仅拥有一个投资者，该主体仍可能符合投资性主体的定义。还有一些特殊的投资性主体，其投资者只有一个，但其目的是为了代表或支持一个较大的投资者集合的利益而设立的。例如，智董公司设立一个年金基金，其目的是为了支持该公司职工退休后福利，该基金的投资者虽然只有一个，但却代表了一个较大的投资者集合的利益，仍然属于投资性主体。

(3) 投资者不是该主体的关联方

投资性主体通常拥有若干投资者，这些投资者既不是其关联方，也不是所在集团中的其他成员，这一情况使得投资性主体或其所在企业集团中的其他企业获取除资本增值、投资收益外的收益的

可能性减小。但是，关联投资者的存在并非表明该主体一定不是投资性主体。例如，某基金的投资方之一可能是该基金的关键管理人员出资设立的企业，其目的是更好地激励基金的关键管理人员，这一安排并不影响该基金符合投资性主体的定义。

(4) 该主体的所有者权益以股权或类似权益存在

投资性主体通常是单独的法律主体，但没有要求投资性主体必须是单独的法律主体。但无论其采取何种形式，其所有者权益通常采取股权或者类似权益的形式（如合伙权益），且净资产按照所有者权益比例份额享有。然而，拥有不同类型的投资者，并且其中一些投资者可能仅对某类或某组特定投资拥有权利，或者不同类型的投资者对净资产享有不同比例的分配权的情况，并不说明该主体不是一个投资性主体。

3. 投资性主体的转换

投资性主体的判断需要持续进行，当有事实和情况表明构成投资性主体定义的三项要素发生变化，或者任何典型特征发生变化时，应当重新评估其是否符合投资性主体。

当母公司由非投资性主体转变为投资性主体时，除仅将为其投资活动提供相关服务的子公司纳入合并财务报表范围编制合并财务报表外，企业自转变日起对其他子公司不应予以合并，其会计处理参照部分处置子公司股权但不丧失控制权的处理原则：终止确认与其他子公司相关资产（包括商誉）及负债的账面价值，以及其他子公司相关少数股东权益（包括属于少数股东的其他综合收益）的账面价值，并按照对该子公司的投资在转变日的公允价值确认一项以公允价值计量且其变动计入当期损益的金融资产，同时将对该子公司的投资在转变日的公允价值作为处置价款，其与当日合并财务报表中该子公司净资产（资产、负债及相关商誉之和，扣除少数股东权益）的账面价值之间的差额，调整资本公积（资本溢价或股本溢价），资本公积不足冲减的，调整留存收益。

当母公司由投资性主体转变为非投资性主体时，应将原未纳入合并财务报表范围的子公司于转变日纳入合并财务报表范围，将转变日视为购买日，原未纳入合并财务报表范围的子公司于转变日的公允价值视为购买的交易对价，按照非同一控制下企业合并的会计处理方法进行会计处理。

三、合并程序

(一) 合并财务报表的编制原则

合并财务报表作为财务报表，必须符合财务报表编制的一般原则和基本要求，这些基

本要求包括真实可靠、内容完整、重要性等。合并财务报表的编制除了遵循财务报表编制的一般原则和要求外，还应遵循一体性原则，即合并财务报表反映的是由多个主体组成的企业集团的财务状况、经营成果和现金流量。在编制合并财务报表时应当将母公司和所有子公司作为整体来看待，视为一个会计主体，母公司和子公司发生的经营活动都应当从企业集团这一整体的角度进行考虑，包括对项目重要性的判断。

在编制合并财务报表时，对于母公司与子公司、子公司相互之间发生的经济业务，应当视为同一会计主体的内部业务处理，对合并财务报表的财务状况、经营成果和现金流量不产生影响。另外，对于某些特殊交易，如果站在企业集团角度的确认和计量与个别财务报表角度的确认和计量不同，还需要站在企业集团角度就同一交易或事项予以调整。

(二) 编制合并财务报表的前期准备工作

1. 统一母子公司的会计政策

会计政策是编制财务报表的基础。统一母公司和子公司的会计政策是保证母子公司财务报表各项目反映内容一致的基础。只有在财务报表各项目反映的内容一致的情况下，才能对其进行加总，编制合并财务报表。因此，在编制合并财务报表前，应统一要求子公司所采用的会计政策与母公司保持一致。对一些境外子公司，由于所在国或地区法律、会计政策等方面的原因，确实无法使其采用的会计政策与母公司所采用的会计政策保持一致，则应当要求其按照母公司所采用的会计政策，重新编报财务报表，也可以由母公司根据自身所采用的会计政策对境外子公司报送的财务报表进行调整，以重编或调整编制的境外子公司的财务报表，作为编制合并财务报表的基础。

需要注意的是，中国境内企业设在境外的子公司在境外发生的交易或事项，因受法律法规限制等境内不存在或交易不常见，企业会计准则未做出规范的，可以将境外子公司已经进行的会计处理结果，在符合基本准则的原则下，按照国际财务报告准则进行调整后，并入境内母公司合并财务报表的相关项目。

2. 统一母子公司的资产负债表日及会计期间

母公司和子公司的个别财务报表只有在反映财务状况的日期和反映经营成果的会计期间都一致的情况下，才能进行合并。为了编制合并财务报表，必须统一企业集团内母公司和所有子公司的资产负债表日和会计期间，使子公司的资产负债表日和会计期间与母公司的资产负债表日和会计期间保持一致，以便于子公司提供相同资产负债表日和会计期间的财务报表。对于境外子公司，由于当地法律限制确实不能与母公司财务报表决算日和会计期间一致的，母公司应当按照自身的资产负债表日和会计期间对子公司的财务报表进行调整，以调整后的子公司财务报表为基础编制合并财务报表，也可以要求子公司按照母公司的资产负债表日和会计期间另行编制报送其个别财务报表。

3. 对子公司以外币表示的财务报表进行折算

对母公司和子公司的财务报表进行合并，其前提必须是母子公司个别财务报表所采用的货币计量单位一致。外币业务比较多的企业应该遵循外币折算准则有关选择记账本位币的相关规定，在符合准则规定的基础上，确定是否采用某一种外币作为记账本位币。在将境外经营纳入合并范围时，应该按照外币折算准则的相关规定进行处理。

4. 收集编制合并财务报表的相关资料

合并财务报表以母公司和其子公司的财务报表以及其他有关资料为依据，由母公司合并有关项目的数额编制。为编制合并财务报表，母公司应当要求子公司及时提供有关资料：子公司相应期间的财务报表；采用的与母公司不一致的会计政策及其影响金额；与母公司不一致的会计期间的说明；与母公司及与其他子公司之间发生的所有内部交易的相关资料，包括但不限于内部购销交易、债权债务、投资及其产生的现金流量和未实现内部销售损益的期初、期末余额及变动情况等资料；子公司所有者权益变动和利润分配的有关资料；编制合并财务报表所需要的其他资料。

(三) 合并财务报表的编制程序

1. 设置合并工作底稿

合并工作底稿的作用是为合并财务报表的编制提供基础。在合并工作底稿中，对母公司和纳入合并范围的子公司的个别财务报表各项目的数据进行汇总、调整和抵销处理，最终计算得出合并财务报表各项目的合并数。

2. 将个别财务报表的数据过入合并工作底稿

将母公司和纳入合并范围的子公司的个别资产负债表、个别利润表、个别现金流量表及个别所有者权益变动表各项目的数据过入合并工作底稿，并在合并工作底稿中对母公司和子公司个别财务报表各项目的数据进行加总，计算得出个别资产负债表、个别利润表、个别现金流量表及个别所有者权益变动表各项目合计数额。

3. 编制调整分录和抵销分录

根据本准则第三十条、第三十四条、第四十一条和第四十五条等编制调整分录与抵销分录，进行调整抵销处理是合并财务报表编制的关键和主要内容，其目的在于将因会计政策及计量基础的差异对个别财务报表的影响进行调整，以及将个别财务报表各项目的加总数据中重复的因素等予以抵销或调整等。

4. 计算合并财务报表各项目的合并金额

在母公司和纳入合并范围的子公司个别财务报表项目加总金额的基础上，分别计算合并财务报表中各资产项目、负债项目、所有者权益项目、收入项目和费用项目等的合并金额。其计算方法如下所述。

1) 资产类项目：其合并金额根据该项目加总的金额，加上该项目调整分录与抵销分录有关的借方发生额，减去该项目调整分录与抵销分录有关的贷方发生额计算确定。

2) 负债类和所有者权益类项目：其合并金额根据该项目加总的金额，减去该项目调整分录与抵销分录有关的借方发生额，加上该项目调整分录与抵销分录有关的贷方发生额计算确定。

3) 有关收入、收益、利得类项目：其合并金额根据该项目加总的金额，减去该项目调整分录与抵销分录的借方发生额，加上该项目调整分录与抵销分录的贷方发生额计算确定。

4) 有关成本费用、损失类项目和有关利润分配的项目：其合并金额根据该项目加总的金额，加上该项目调整分录与抵销分录的借方发生额，减去该项目调整分录与抵销分录的贷方发生额计算确定。

5) “专项储备”和“一般风险准备”项目：由于既不属于实收资本（或股本）资本公积，也与留存收益、未分配利润不同，在长期股权投资与子公司所有者权益相互抵销后，应当按归属于母公司所有者的份额予以恢复。

5. 填列合并财务报表

根据合并工作底稿中计算出的资产、负债、所有者权益、收入、成本费用类以及现金流量表中各项目的合并金额，填列生成正式的合并财务报表。

合并所有者权益变动表也可以根据合并资产负债表和合并利润表进行编制。

(四) 报告期内增减子公司的处理

1. 增加子公司

母公司因追加投资等原因控制了另一个企业即实现了企业合并，应当根据《企业会计准则第20号——企业合并》的规定编制合并日或购买日的合并财务报表。在企业合并发生当期的期末和以后会计期间，母公司应当根据本准则的规定编制合并财务报表，分别情况进行处理：

(1) 同一控制下企业合并增加的子公司或业务

视同合并后形成的企业集团报告主体自最终控制方开始实施控制时一直是一体化存续下来的。编制合并资产负债表时，应当调整合并资产负债表的期初数，合并资产负债表的留存收益项目应当反映母子公司视同一直作为一个整体运行至合并日应实现的盈余公积和未分配利润的情况，同时应当对比较报表的相关项目进行调整；编制合并利润表时，应当将该子公司或业务自合并当期期初至报告期末的收入、费用、利润纳入合并利润表，而不是从合并日开始纳入合并利润表，同时应当对比较报表的相关项目进行调整。由于这部分净利润是因《企业会计准则第20号——企业合并》所规定的同一控制下企业合并的编表原则所致，而非母公司管理层通过生产经营活动实现的净利润，因此，应当在合并利润表中单列“其中：被合并方在合并前实现的净利润”项目进行反映；在编制合并现金流量表时，应当将该子公司或业务自合并当期期初到报告期末的现金流量纳入合并现金流量表，同时应当对比较报表的相关项目进行调整。

(2) 非同一控制下企业合并或其他方式增加的子公司或业务

应当从购买日开始编制合并财务报表，在编制合并资产负债表时，不调整合并资产负债表的期初数，企业以非货币性资产出资设立子公司或对子公司增资的，需要将该非货币性资产调整恢复至原账面价值，并在此基础上持续编制合并财务报表；在编制合并利润表时，应当将该子公司或业务自购买日至报告期末的收入、费用、利润纳入合并利润表；在编制合并现金流量表时，应当将该子公司购买日至报告期期末的现金流量纳入合并现金流量表。

2. 处置子公司

在报告期内，如果母公司处置子公司或业务，失去对子公司或业务的控制，被投资方从处置日开始不再是母公司的子公司，不应继续将其纳入合并财务报表的合并范围，在编制合并资产负债表时，不应当调整合并资产负债表的期初数；在编制合并利润表时，应当将该子公司或业务自当期期初至处置日的收入、费用、利润纳入合并利润表；在编制合并现金流量表时，应将该子公司或业务自当期期初至处置日的现金流量纳入合并现金流量表。

(五) 合并资产负债表

合并资产负债表应当以母公司和子公司的资产负债表为基础，在抵销母公司与子公司、子公司相互之间发生的内部交易对合并资产负债表的影响后，由母公司合并编制。

1) 母公司对子公司的长期股权投资与母公司在子公司所有者权益中所享有的份额应当相互抵销，同时抵销相应的长期股权投资减值准备。

子公司持有母公司的长期股权投资，应当视为企业集团的库存股，作为所有者权益的减项，在合并资产负债表中所有者权益项目下以“减：库存股”项目列示。

子公司相互之间持有的长期股权投资，应当比照母公司对子公司的股权投资的抵销方法，将长期股权投资与其对应的子公司所有者权益中所享有的份额相互抵销。

2) 母公司与子公司、子公司相互之间的债权与债务项目应当相互抵销，同时抵销相应的减值准备。

3) 母公司与子公司、子公司相互之间销售商品（或提供劳务，下同）或其他方式形成的存货、固定资产、工程物资、在建工程、无形资产等所包含的未实现内部销售损益应当抵销。

对存货、固定资产、工程物资、在建工程和无形资产等计提的跌价准备或减值准备与未实现内部销售损益相关的部分应当抵销。

4) 母公司与子公司、子公司相互之间发生的其他内部交易对合并资产负债表的影响应当抵销。

5) 因抵销未实现内部销售损益导致合并资产负债表中资产、负债的账面价值与其在所属纳税主体的计税基础之间产生暂时性差异的，在合并资产负债表中应当确认递延所得税资产或递延所得税负债，同时调整合并利润表中的所得税费用，但与直接计入所有者权益的交易或事项及企业合并相关的递延所得税除外。

子公司所有者权益中不属于母公司的份额，应当作为少数股东权益，在合并资产负债表中所有者权益项目下以“少数股东权益”项目列示。

(六) 合并利润表

合并利润表应当以母公司和子公司的利润表为基础，在抵销母公司与子公司、子公司相互之间发生的内部交易对合并利润表的影响后，由母公司合并编制。

1) 母公司与子公司、子公司相互间销售商品所产生的营业收入和营业成本应当抵销。

母公司与子公司、子公司相互之间销售商品，期末全部实现对外销售的，应当将购买方的营业成本与销售方的营业收入相互抵销。

母公司与子公司、子公司相互之间销售商品，期末未实现对外销售而形成存货、固定资产、工程物资、在建工程、无形资产等资产的，在抵销销售商品的营业成本和营业收入的同时，应当将各项资产所包含的未实现内部销售损益予以抵销。

2) 在对母公司与子公司、子公司相互之间销售商品形成的固定资产或无形资产所包含的未实现内部销售损益进行抵销的同时，也应当对固定资产的折旧额或无形资产的摊销额与未实现内部销售损益相关的部分进行抵销。

3) 母公司与子公司、子公司相互之间持有对方债券所产生的投资收益、利息收入及其他综合收益等，应当与其相对应的发行方利息费用相互抵销。

4) 母公司对子公司、子公司相互之间持有对方长期股权投资的投资收益应当抵销。

5) 母公司与子公司、子公司相互之间发生的其他内部交易对合并利润表的影响应当抵销。

子公司当期净损益中属于少数股东权益的份额，应当在合并利润表中净利润项目下以“少数股东损益”项目列示。

子公司当期综合收益中属于少数股东权益的份额，应当在合并利润表中综合收益总额项目下以“归属于少数股东的综合收益总额”项目列示。

母公司向子公司出售资产所发生的未实现内部交易损益，应当全额抵销“归属于母公司所有者的净利润”。

子公司向母公司出售资产所发生的未实现内部交易损益，应当按照母公司对该子公司的分配比例在“归属于母公司所有者的净利润”和“少数股东损益”之间分配抵销。子公司之间出售资产所发生的未实现内部交易损益，应当按照母公司对出售方子公司的分配比例在“归属于母公司所有者的净利润”和“少数股东损益”之间分配抵销。

子公司少数股东分担的当期亏损超过了少数股东在该子公司期初所有者权益中所享有的份额的，其余额仍应当冲减少数股东权益。

母公司在报告期内因同一控制下企业合并增加的子公司以及业务，应当将该子公司以及业务合并当期期初至报告期末的收入、费用、利润纳入合并利润表，同时应当对比较报表的相关项目进行调整，视同合并后的报告主体自最终控制方开始控制时点起一直存在。

因非同一控制下企业合并或其他方式增加的子公司以及业务，应当将该子公司以及业务购买日至报告期末的收入、费用、利润纳入合并利润表。

母公司在报告期内处置子公司以及业务，应当将该子公司以及业务期初至处置日的收入、费用、利润纳入合并利润表。

(七) 合并现金流量表

合并现金流量表应当以母公司和子公司的现金流量表为基础，在抵销母公司与子公司、子公司相互之间发生的内部交易对合并现金流量表的影响后，由母公司合并编制。

本准则提及现金时，除非同时提及现金等价物，均包括现金和现金等价物。

编制合并现金流量表应当符合下列要求。

1) 母公司与子公司、子公司相互之间当期以现金投资或收购股权增加的投资所产生的现金流量应当抵销。

2) 母公司与子公司、子公司相互之间当期取得投资收益、利息收入收到的现金，应当与分配股利、利润或偿付利息支付的现金相互抵销。

3) 母公司与子公司、子公司相互之间以现金结算债权与债务所产生的现金流量应当抵销。

4) 母公司与子公司、子公司相互之间当期销售商品所产生的现金流量应当抵销。

5) 母公司与子公司、子公司相互之间处置固定资产、无形资产和其他长期资产收回的现金净额，应当与购建固定资产、无形资产和其他长期资产支付的现金相互抵销。

6) 母公司与子公司、子公司相互之间当期发生的其他内部交易所产生的现金流量应当抵销。

合并现金流量表及其补充资料也可以根据合并资产负债表和合并利润表进行编制。

母公司在报告期内因同一控制下企业合并增加的子公司以及业务，应当将该子公司以及业务合并当期期初至报告期末的现金流量纳入合并现金流量表，同时应当对比较报表的相关项目进行调整，视同合并后的报告主体自最终控制方开始控制时点起一直存在。因非同一控制下企业合并增加的子公司以及业务，应当将该子公司购买日至报告期末的现金流量纳入合并现金流量表。

母公司在报告期内处置子公司以及业务，应当将该子公司以及业务期初至处置日的现金流量纳入合并现金流量表。

(八) 合并所有者权益变动表

合并所有者权益变动表应当以母公司和子公司的所有者权益变动表为基础，在抵销母公司与子公司、子公司相互之间发生的内部交易对合并所有者权益变动表的影响后，由母公司合并编制。

1) 母公司对子公司的长期股权投资应当与母公司在子公司所有者权益中所享有的份额相互抵销

子公司持有母公司的长期股权投资以及子公司相互之间持有的长期股权投资，应当按照本准则第三十条规定处理。

2) 母公司对子公司、子公司相互之间持有对方长期股权投资的投资收益应当抵销。

3) 母公司与子公司、子公司相互之间发生的其他内部交易对所有者权益变动的影响应当抵销。

合并所有者权益变动表也可以根据合并资产负债表和合并利润表进行编制。

有少数股东的，应当在合并所有者权益变动表中增加“少数股东权益”栏目，反映少数股东权益变动的情况。

第十节 在其他主体中权益的披露

在其他主体中的权益，是指通过合同或其他形式能够使企业参与其他主体的相关活动并因此享有可变回报的权益。

参与方式包括持有其他主体的股权、债权，或向其他主体提供资金、流动性支持、信用增级和担保等。企业通过这些参与方式实现对其他主体的控制、共同控制或重大影响。

其他主体包括企业的子公司、合营安排（包括共同经营和合营企业）联营企业以及未纳入合并财务报表范围的结构化主体等。

为了规范在其他主体中权益的披露，根据《企业会计准则——基本准则》，财政部制定了《企业会计准则第41号——在其他主体中权益的披露》（以下简称“本准则”），自2014年7月1日起施行。

企业披露的在其他主体中权益的信息，应当有助于财务报表使用者评估企业在其他主体中权益的性质和相关风险，以及该权益对企业财务状况、经营成果和现金流量的影响。

一、重大判断和假设的披露

(一) 对控制、共同控制、重大影响的判断

企业应当披露对其他主体实施控制、共同控制或重大影响的重大判断和假设，以及这些判断和假设变更的情况。

企业在其他主体中持有权益的，应当判断通过持有该权益企业能否对其他主体实施控制、共同控制或重大影响，并在财务报表附注中披露对控制、共同控制和重大影响的总体判断依据，针对某些具体情况做出的重大判断和假设，以及权益性质改变导致企业得出与原先不同的结论时所做的重大判断和假设。具体情况包括但不限于下列各项。

1) 企业持有其他主体半数或以下的表决权但仍控制该主体的判断和假设，或者持有其他主体半数以上的表决权但并不控制该主体的判断和假设。

2) 企业持有其他主体20%以下的表决权但对该主体具有重大影响的判断和假设，或者持有其他主体20%或以上的表决权但对该主体不具有重大影响的判断和假设。

3) 企业通过单独主体达成合营安排的，确定该合营安排是共同经营还是合营企业的判断和假设。

4) 确定企业是代理人还是委托人的判断和假设

企业应当根据合并财务报表准则的规定，判断企业是代理人还是委托人。

(二) 对投资性主体的判断及主体身份的转换

企业应当披露按照合并财务报表准则被确定为投资性主体的重大判断和假设，以及虽然不符合合并财务报表准则有关投资性主体的一项或多项特征但仍被确定为投资性主体的原因。合并财务报表准则规定了投资性主体的判断依据。企业被确定为投资性主体时，根据本准则，企业应当披露与这一认定相关的重大判断和假设。如果企业不具备合并财务报表准则中所列举的投资性主体特征中的一项或多项特征，但仍被确定为投资性主体的，企业应当披露做出这一认定的原因。

企业（母公司）由非投资性主体转变为投资性主体的，应当披露该变化及其原因，并披露该变化对财务报表的影响。企业被认定为投资性主体，根据合并财务报表准则，企业应当仅将为其投资活动提供相关服务的子公司（如有）纳入合并范围并编制合并财务报表；其他子公司不应当予以合并，母公司对其他子公司的投资应当按照公允价值计量且其变动计入当期损益。对停止纳入合并财务报表范围的子公司，相关权益的会计处理方法由成本法转为以公允价值计量且其变动计入当期损益，会计处理方法的转变会对企业的财务报表产生影响。针对这项变化，企业应当在变化当期的财务报表附注中披露下列信息。

①对其主体身份变化这一情况及其原因予以说明。

②对变化当日不再纳入合并财务报表范围子公司的投资的公允价值，以及按照公允价值重新计量产生的利得或损失以及相应的列报项目。

企业（母公司）由投资性主体转变为非投资性主体的，应当披露该变化及其原因。

二、在子公司中权益的披露

(一) 企业集团的构成情况

企业应当在合并财务报表附注中披露企业集团的构成，包括子公司的名称、主要经营地及注册地（一般指国家或地区）业务性质、企业的持股比例（或类似权益比例，下同）等。企业对子公司的持股比例不同于企业持有的表决权比例的，还应当披露该表决权比例。企业可以采用表12-22的格式来反映企业集团的构成情况。

表12-22 企业集团的构成情况

子公司名称	主要经营地	注册地	业务性质	持股比例

(二) 重要的非全资子公司的相关信息

子公司少数股东持有的权益对企业集团重要的，企业还应当在合并财务报表附注中披露下列信息。

1) 子公司少数股东的持股比例。子公司少数股东的持股比例不同于其持有的表决权比例的，企业还应当披露该表决权比例。

2) 当期归属于子公司少数股东的损益以及向少数股东支付的股利。

3) 子公司在当期期末累计的少数股东权益余额。

4) 子公司的主要财务信息。

除子公司主要财务信息外，企业可以采用表12-23的格式来披露上述要求的信息。

表12-23 非全资子公司的相关信息

子公司名称	少数股东的持股比例	当期归属于少数股东的损益	当期向少数股东支付的股利	期末累计少数股东权益

本准则要求企业披露重要非全资子公司的主要财务信息，以帮助财务报表使用者了解重要的少数股东权益对整个企业集团的业务活动和现金流量的影响。重要非全资子公司的主要财务信息包括流动资产、非流动资产、流动负债、非流动负债、营业收入、净利润、综合收益等。企业可以采用表12-24的格式来披露重要非全资子公司的主要财务信息。

表12-24 重要非全资子公司的主要财务信息

	本期数			上期数		
	智董公司	贵琛公司	……	智董公司	贵琛公司	……
流动资产						
非流动资产						
资产合计						
流动负债						
非流动负债						
负债合计						
营业收入						
净利润						
综合收益总额						
经营活动现金流量						

根据少数股东的持股比例计算出来的金额。本表数据还需要经过一定调整，包括以合并日子公司可辨认资产和负债的公允价值为基础进行的调整，以及因母公司与子公司会计

政策不一致而按照母公司会计政策对子公司财务报表进行的调整等，但不需要抵销企业集团成员企业之间的内部交易。

企业在子公司中的权益（或权益的一部分）按照《企业会计准则第30号——财务报表列报》划分为持有待售资产的，不需要披露该子公司的上述主要财务信息。

（三）对使用企业集团资产和清偿企业集团债务的重大限制

使用企业集团资产和清偿企业集团债务存在重大限制的，企业应当在合并财务报表附注中披露下列信息。

1) 该限制的内容；包括对母公司或其子公司与企业集团内其他主体相互转移现金或其他资产的限制，以及对企业集团内主体之间发放股利或进行利润分配、发放或收回贷款或垫款等的限制。

2) 子公司少数股东享有保护性权利，并且该保护性权利对企业使用企业集团资产或清偿企业集团负债的能力存在重大限制的，该限制的性质和程度。

3) 该限制涉及的资产和负债在合并财务报表中的金额。

企业集团成员企业使用企业集团资产和清偿企业集团债务可能因法律、行政法规的规定以及合同协议的约定而受到重大限制。本准则要求企业根据重要性原则判断限制是否重大，并在合并财务报表附注中披露对使用企业集团资产和清偿企业集团债务存在的重大限制。

此外，子公司的少数股东可能享有保护性权利。根据合并财务报表准则，保护性权利是指仅为了保护权利持有人利益却没有赋予持有人对相关活动决策权的一项权利。例如，根据协议，母公司动用子公司资产、清偿子公司债务必须经过子公司少数股东的批准。保护性权利对企业使用企业集团资产或清偿企业集团负债的能力存在重大限制的，企业应当披露该限制的性质和程度。上述重大限制对企业集团的资产和负债产生一定影响，企业应当在合并财务报表附注中披露该限制涉及的资产和负债在合并财务报表中的金额。

（四）纳入合并财务报表范围的结构化主体的相关信息

企业存在纳入合并财务报表范围的结构化主体的，应当在合并财务报表附注中披露与该结构化主体相关的风险信息。与结构化主体相关的风险主要是指企业或其子公司需要依合同约定或因其他原因向结构化主体提供财务支持或其他支持，包括帮助结构化主体取得财务支持。

支持不属于企业日常的经营活动，通常是由特定事项触发的交易。例如，当纳入合并财务报表范围的结构化主体流动性紧张或资产信用评级被降低时，企业作为母公司可能需要向结构化主体提供流动性支持，或与结构化主体进行资产置换来提高结构化主体的资产信用评级，使结构化主体恢复到正常的经营状态。“财务支持”（即直接或间接地向结构化主体提供经济资源）通常包括：向结构化主体无偿提供资金；增加对结构化主体的权益投资；向结构化主体提供长期贷款；豁免结构化主体所欠的债务；从结构化主体购入资产，或购买结构化主体发行的证券；按照偏离市场公允价值的价格与结构化主体进行交易，造成企业资源的净流出；企业就结构化主体的经营业绩向第三方提供保证或承诺；其他情形。“其他支持”通常是非财务方面的支持，例如提供人力资源管理或其他管理服务等。

1. 有合同约定的情况

对纳入合并财务报表范围的结构化主体，合同约定企业或其子公司向该结构化主体提供财务支持的，应当披露提供财务支持的合同条款，包括可能导致企业承担损失的事项或情况。

2. 没有合同约定的情况

对纳入合并财务报表范围的结构化主体，在没有合同约定的情况下，企业或其子公司当期向该结构化主体提供了财务支持或其他支持，企业应当披露所提供支持的类型、金额及原因，包括帮助该结构化主体获得财务支持的情况。其中，企业或其子公司当期对以前未纳入合并财务报表范围的结构化主体提供了财务支持或其他支持并且该支持导致企业控制了该结构化主体的，企业还应当披露决定提供支持的相关因素。

3. 向结构化主体提供支持的意图

对纳入合并财务报表范围的结构化主体，企业存在向该结构化主体提供财务支持或其他支持的意图的，应当披露该意图，包括帮助该结构化主体获得财务支持的意图。“意图”是企业基本决定将在未来期间向结构化主体提供财务支持或其他支持，具体表现为适当级别的企业高管批准了企业向结构化主体提供支持的计划或者方案。如果计划或者方案仅处于酝酿阶段，尚未获得企业高管批准，则不属于本准则所称的意图，也不需要进行披露。

（五）企业在其子公司的所有者权益份额发生变化的情况

1. 不丧失控制权的情况

企业在其子公司所有者权益份额发生变化且该变化未导致企业丧失对子公司控制权的，应当在合并财务报表附注中披露该变化对本企业所有者权益的影响。在不丧失控制权的情况下，子公司仍纳入合并财务报表范围，但这一交易会影响合并财务报表中少数股东权益等金额，对本企业所有者权益产生影响，本准则要求企业在合并财务报表附注中披露该变化对本企业所有者权益的影响。

【例12-26】智董公司持有贵琛公司80%的股权，能够对贵琛公司实施控制。20×4年1月，智董公司将其持有的贵琛公司的部分股份对外出售（占贵琛公司股份的20%），该项交易未导致智董公司丧失对贵琛公司的控制权。

智董公司在20×4年报的合并财务报表附注中对该项交易的披露如下：智董公司于20×4年1月处置部分对贵琛公司的投资（占贵琛公司股份的20%），但未丧失对贵琛公司的控制权。处置股权取得的对价为2600万元，该项交易导致少数股东权益增加2400万元，资本公积增加200万元。

2. 丧失控制权的情况

企业丧失对子公司控制权的，如果企业还有其他子公司并需要编制合并财务报表，应当在合并财务报表附注中披露按照合并财务报表准则计算的信息：由于丧失控制权而产生的利得或损失以及相应的列报项目；剩余股权在丧失控制权日按照公允价值重新计算而产生的利得或损失。

【例12-27】智董公司持有贵琛公司60%的股权，能够对贵琛公司实施控制。20×4年6月，智董公司将其持有的贵琛公司的部分股份对外出售（占贵琛公司股份的40%），该项交易导致智董公司丧失了对贵琛公司的控制权，但仍对贵琛公司具有重大影响。

智董公司在20×4年报的合并财务报表附注中对该项交易的披露如下：智董公司20×4年6月处置部分对贵琛公司的投资（占贵琛公司股份的40%），丧失了对贵琛公司的控制权。处置股权取得的对价为6000万元，该项交易的收益为720万元，列示在合并财务报表的“投资收益”项目中。处置当日剩余股权的公允价值为3000万元，剩余股权按照公允价值计量而产生的利得为200万元。

（六）投资性主体的相关信息

企业按照合并财务报表准则被确定为投资性主体，且存在未纳入合并财务报表范围的子公司，并对该子公司权益按照公允价值计量且其变动计入当期损益的，应当在财务报表附注中对该情况予以说明。同时，应披露该子公司的基础信息和与权益相关的风险信息。

1. 未纳入合并财务报表范围的子公司的基础信息

企业（母公司）是投资性主体的，对未纳入合并财务报表范围的子公司，企业应当披露的基础信息为：子公司的名称、主要经营地及注册地（一般指国家或地区）；企业对子公司的持股比例。

持股比例不同于企业持有的表决权比例的，企业还应当披露该表决权比例。企业的子公司也是投资性主体且该子公司存在未纳入合并财务报表范围的下属子公司的，企业应当按照上述要求披露该下属子公司的相关信息。

2. 与权益相关的风险信息

企业是投资性主体的，对其在未纳入合并财务报表范围的子公司中的权益，应当披露与该权益相关的风险信息。

1) 该未纳入合并财务报表范围的子公司以发放现金股利、归还贷款或垫款等形式向企业转移资金的能力存在重大限制的，企业应当披露该限制的性质和程度。

2) 企业存在向未纳入合并财务报表范围的子公司提供财务支持或其他支持的承诺或意图的，企业应当披露该承诺或意图，包括帮助该子公司获得财务支持的承诺或意图。在没有合同约定的情况下，企业或其子公司当期向未纳入合并财务报表范围的子公司提供财务支持或其他支持的，企业应当披露提供支持的类型、金额及原因。

3) 合同约定企业或未纳入合并财务报表范围的子公司向未纳入合并财务报表范围，但受企业控制的结构化主体提供财务支持的，企业应当披露相关合同条款，以及可能导致企业承担损失的事项或情况。在没有合同约定的情况下，企业或其未纳入合并财务报表范围的子公司当期向原先不受企业控制且未纳入合并财务报表范围的结构化主体提供财务支持或其他支持，并且所提供的支持导致企业控制该结构化主体的，企业应当披露决定提供上述支持的相关因素。

三、在合营安排或联营企业中权益的披露

(一) 合营安排和联营企业的基础信息

1) 合营安排或联营企业的名称、主要经营地及注册地。

2) 企业与合营安排或联营企业的关系的性质，包括合营安排或联营企业活动的性质，以及合营安排或联营企业对企业活动是否具有战略性等。

3) 企业的持股比例。持股比例不同于企业持有的表决权比例的，企业还应当披露该表决权比例。

对于重要的合营安排或联营企业，企业可以采用表12-25的格式披露合营安排或联营企业的基础信息。

表12-25 重要合营安排或联营企业的基础信息

企业名称	主要经营地	注册地	持股比例	业务性质	对企业活动是否具有战略性

(二) 重要的合营企业和联营企业的主要财务信息

对于重要的合营企业或联营企业，企业除了应当披露基础信息外，还应当披露对合营企业或联营企业投资的会计处理方法，从合营企业或联营企业收到的股利，以及合营企业或联营企业在其自身财务报表中的主要财务信息。合营企业或联营企业的主要财务信息，包括流动资产、非流动资产、流动负债、非流动负债、营业收入、净利润、终止经营的净利润、其他综合收益、综合收益总额等。由于企业对合营企业相关活动的参与程度更高，对于重要的合营企业，除披露上述信息外，还需要披露的信息有：现金和现金等价物；财务费用（能够区分利息收入和利息费用的，分别披露利息收入和利息费用）；所得税费用。

企业对重要的合营企业或联营企业投资采用权益法进行会计处理的，上述主要财务信息应当是按照权益法对合营企业或联营企业相关财务信息调整后的金额。同时，企业应当披露将上述主要财务信息按照权益法调整至企业对合营企业或联营企业投资账面价值的调节过程。企业对上述合营企业或联营企业投资采用权益法进行会计处理但该投资存在公开

报价的，还应当披露其公允价值。

对于重要的合营企业，企业对其投资按照权益法进行会计处理的，可以采用表12-26的格式披露合营企业的主要财务信息和相关信息。

表12-26 重要合营企业的主要财务信息

	本期数			上期数		
	智董公司	贵琛公司	……	智董公司	贵琛公司	……
流动资产						
其中：现金和现金等价物						
非流动资产						
资产合计						
流动负债						
非流动负债						
负债合计						
净资产						
按持股比例计算的净资产份额						
调整事项						
对合营企业权益投资的账面价值						
存在公开报价的权益投资的公允价值						
营业收入						
财务费用						
所得税费用						
净利润						
其他综合收益						
综合收益总额						
企业本期收到的来自合营企业的股利						

（注：存在终止经营的净利润的，还应当在本表中单列项目披露）

本表数据来源于重要合营企业的财务报表，不是根据持股比例计算出来的金额。来源于合营企业财务报表的数据还需要经过一定调整，例如，以取得投资时被投资方可辨认资产和负债的公允价值为基础进行的调整，或者因被投资方与企业的会计政策不一致而对被投资方财务信息进行的调整等，但不需要抵销企业与合营企业之间的内部交易。假设智董公司是对贵琛公司享有共同控制的合营方，在取得对贵琛公司的投资时，贵琛公司一项固定资产的账面价值为500万元，公允价值为600万元，剩余摊销年限为10年。在编制上表时，智董公司应当以600万元为基础调整贵琛公司财务报表的金额，按调整后的金额填列“非流动资产”项目“净利润”项目，以及“综合收益”项目等。

本表还包括企业当期从合营企业收到的股利、存在公开报价的投资的公允价值等信息，以及按照权益法调整至企业对合营企业投资账面价值的调节过程。本表中的“调整事项”包括取得投资时形成的商誉，即取得投资时企业的初始投资成本大于投资时应享有合营企业可辨认净资产公允价值份额的金额，还包括抵销企业与合营企业之间的内部交易、减值准备等其他事项。

对于重要的联营企业，企业对其投资按照权益法进行会计处理的，可以采用表12-27的格式披露联营企业的主要财务信息。除了在披露项目上简化外，表12-27的内容和编制方法与表12-26一致。

企业根据其他相关会计准则，对重要的合营企业或联营企业投资采用权益法以外的其他方法进行会计处理的，需要区分两种情况：

1.企业是投资性主体的，不需要披露合营企业或联营企业的主要财务信息。

2.企业不是投资性主体的，在财务报表附注中所披露的合营企业或联营企业的主要财务信息直接来源于合营企业或联营企业的财务报表，不需要经过调整，也不包括调节过程。

企业在合营企业或联营企业中的权益（或权益的一部分）按照《企业会计准则第30号——财务报表列报》划分为持有待售资产的，不需要披露合营企业或联营企业的上述主要财务信息。

表12-27　重要联营企业的主要财务信息

	本期数			上期数		
	智董公司	贵琛公司	……	智董公司	贵琛公司	……
流动资产						
非流动资产						
资产合计						
流动负债						
非流动负债						
负债合计						
净资产						
按持股比例计算的净资产份额						
调整事项						
对联营企业权益投资的账面价值						
存在公开报价的权益投资的公允价值						
营业收入						
净利润						
其他综合收益						
综合收益总额						
企业本期收到的来自联营企业的股利						

（注：存在终止经营的净利润的，还应当在本表中单列项目披露）

（三）不重要的合营企业和联营企业的汇总财务信息

企业在单个合营企业或联营企业中的权益不重要的，应当分别就合营企业和联营企业两类披露下列信息。

1）按照权益法进行会计处理的对合营企业或联营企业投资的账面价值合计数。

2）对合营企业或联营企业的净利润、终止经营的净利润、其他综合收益、综合收益等项目，企业按照其持股比例计算的金额的合计数。企业是投资性主体的，不需要披露上述信息。

对于不重要的合营企业或联营企业，企业可以采用表12-28的格式披露汇总财务信息。

表12-28 不重要合营企业和联营企业的汇总信息

项目	本期数	上期数
合营企业：		
投资账面价值合计		
下列各项按持股比例计算的合计数		
净利润		
其他综合收益		
综合收益总额		
联营企业：		
投资账面价值合计		
下列各项按持股比例计算的合计数		
净利润		
其他综合收益		
综合收益总额		

（注：存在终止经营的净利润的，还应当在本表中单列项目披露）

（四）与企业在合营企业和联营企业中权益相关的风险信息

1. 对转移资金能力的重大限制

合营企业或联营企业以发放现金股利、归还贷款或垫款等形式向企业转移资金的能力存在重大限制的，企业应当披露该限制的性质和程度。例如，某联营企业与银行（银行是独立第三方，不是联营企业的投资方）签订借款合同，合同约定：如果联营企业未能清偿到期债务，就不能向其投资方支付股利。在这种情况下，联营企业向企业（投资方）转移资金的能力就受到了限制，如果该项限制属于重大限制，企业应当在其财务报表附注中披露该项限制的性质和程度。

2. 超额亏损

企业对合营企业或联营企业投资采用权益法进行会计处理，被投资方发生超额亏损且投资方不再确认其应分担合营企业或联营企业损失份额的，应当披露未确认的合营企业或联营企业损失份额，包括当期份额和累积份额。在合营企业或联营企业发生超额亏损的情况下，企业可以采用表12-29的格式披露企业应分担的超额亏损，也可以用文字形式披露相关信息。

表12-29 企业对合营企业或联营企业发生超额亏损的分担额

被投资单位名称	前期累积未确认的损失份额	本期未确认的损失份额（或本期实现净利润的分享额）	本期末累积未确认的损失份额
合营企业：			
(1)			
小计			
联营企业：			
(1)			
小计			
合计			

3. 与对合营企业投资相关的未确认承诺

企业应当单独披露与其对合营企业投资相关的未确认承诺。未确认承诺是指企业已做出但未确认的各项承诺，既包括企业单独做出的未确认承诺，又包括企业与其他参与方共同作出的未确认承诺中企业所承担的份额。

未确认承诺的具体内容包括但不限于：

(1) 企业因下列事项而做出的提供资金或资源的未确认承诺

例如，企业对合营企业的出资承诺，对于合营企业承担的资本性支出企业将提供支持的承诺，企业承诺从合营企业购买或代表合营企业购买设备、存货或服务等无条件购买义务，企业向合营企业承诺提供贷款或其他财务支持，以及企业做出的与对合营企业投资相关的其他不可撤销的承诺。

(2) 企业购买合营企业其他参与方在合营企业的全部或部分权益的未确认承诺

企业是否需要履行这一承诺通常取决于特定事件是否在未来期间发生。

【例12-28】20×4年7月1日，智董公司、贵琛公司和欣郁公司共同出资设立丁企业，出资比例分别为50%、40%及10%，各参与方的表决权比例与其出资比例相同。假设根据协议，智董公司和贵琛公司对丁企业具有共同控制，且该合营安排为合营企业。协议约定，贵琛公司承诺欣郁公司在丁企业成立届满3年后，欣郁公司可以选择将其在丁企业中的财产份额全部转让给贵琛公司，由贵琛公司一次性全额向欣郁公司支付欣郁公司初始投资成本的120%。欣郁公司的初始投资成本为150万元，贵琛公司承担的未确认承诺为180万元。

贵琛公司在其20×4年报的财务报表附注中对该项未确认承诺披露如下：本公司对丁企业（20×4年7月成立）享有共同控制，表决权比例为40%。根据协议，如果丁企业的参与方欣郁公司选择在丁企业成立届满3年后将其在丁企业中财产份额转让给本公司，本公司需要一次性全额向欣郁公司支付180万元。

4. 或有负债

企业应当单独披露与其对合营企业或联营企业投资相关的或有负债，但不包括极小可能导致经济利益流出企业的或有负债。企业应当按照《企业会计准则第13号——或有事项》来判断某一事项是否属于或有负债。如果企业与合营企业的其他参与方、联营企业的其他投资方共同承担某项或有负债，企业应当在财务报表附注中披露在该项或有负债中企业所承担的份额。在或有负债较多的情况下，企业可以按照或有负债的类别进行汇总披露。

四、在未纳入合并财务报表范围的结构化主体中权益的披露

(一) 未纳入合并财务报表范围的结构化主体的基础信息

对于未纳入合并财务报表范围的结构化主体，企业应当披露该结构化主体的性质、目的、规模、活动及融资方式，包括与之相关的定性信息和定量信息。其中，结构化主体的规模通常以资产总额或者所发行证券的规模来表示，融资方式包括股权融资、债权融资以及其他融资方式。本准则不要求逐个披露结构化主体的信息，企业应当按照重要性原则来确定信息披露的详细程度，只要不影响财务报表使用者评价企业与结构化主体之间的关系及企业因涉入结构化主体业务活动而面临的风险，企业可以根据需要汇总披露相关信息。

(二) 与权益相关资产负债的账面价值和最大损失敞口

企业在未纳入合并财务报表范围的结构化主体中有权益的，还应当披露下列信息。

1) 在财务报表中确认的与企业在未纳入合并财务报表范围的结构化主体中权益相关的资产和负债的账面价值及其在资产负债表中的列报项目。

2) 在未纳入合并财务报表范围的结构化主体中权益的最大损失敞口及其确定方法

最大损失敞口应当是企业因在结构化主体中持有权益而可能发生的最大损失。在确定最大损失敞口时，不需要考虑损失发生的可能性，因为最大损失敞口并不是企业的预计损

失。企业不能量化最大损失敞口的，应当披露这一事实及其原因。

3) 在财务报表中确认的与企业在未纳入合并财务报表范围的结构化主体中权益相关的资产和负债的账面价值与其最大损失敞口的比较。

优先级债券列示在财务报表的“可供出售金融资产”项目中。最大损失敞口为优先级债券在资产负债表日的账面价值（公允价值）。

次级债券列示在财务报表的“持有至到期投资”项目中。最大损失敞口为次级债券在资产负债表日的账面价值（摊余成本）。

信用违约互换列示在财务报表的“衍生金融负债”项目中。最大损失敞口为相关贷款全部违约情况下企业需要偿付的本金和利息之和。

(三) 企业是结构化主体的发起人但在结构化主体中没有权益的情况

企业发起设立未纳入合并财务报表范围的结构化主体，资产负债表日在该结构化主体中没有权益的，企业不披露与权益相关的资产负债的账面价值及最大损失敞口。但作为发起人，企业通常与其发起的结构化主体之间保持着业务联系，仍可能通过涉入结构化主体的相关活动而承担风险。本准则要求此类企业披露下列信息。

1. 企业作为该结构化主体发起人的认定依据，即如何判断企业是该结构化主体的发起人

企业的发起人身份可能给企业带来一定风险。例如，当结构化主体的经营遇到困难时，企业作为发起人很可能向结构化主体提供财务支持或其他支持，在帮助结构化主体渡过难关的同时维护企业的声誉。存在下列情况的，可能说明企业是结构化主体的发起人。

1) 企业单独创建了结构化主体。

2) 企业参与创建结构化主体，并参与结构化设计的过程。

3) 企业是结构化主体的最主要的服务对象，例如，结构化主体为企业提供资金，或者结构化主体所从事的业务活动是企业主要业务活动的组成部分，企业即使没有发起结构化主体，自身也要开展这些业务活动。

4) 企业的名称出现在结构化主体的名称或结构化主体发行的证券的名称中。

5) 其他能够说明企业是结构化主体发起人的情形。

2. 分类披露企业当期从该结构化主体获得的收益及收益类型

企业作为发起人，即使在结构化主体中没有权益，也可能取得来自结构化主体的收益。例如，向结构化主体提供管理或咨询服务并收取服务费；向结构化主体转移资产而取得收益；以及原先在结构化主体中持有权益，当期处置了相关权益，虽然资产负债表日企业不再持有权益，但当期取得了处置收益。对当期从结构化主体获得的收益及其类型，企业应当分类披露。

3. 当期转移至该结构化主体的所有资产在转移时的账面价值

【例12-29】智董公司发起多个结构化主体，但在结构化主体中均不持有权益。

20×4年，智董公司从其发起的结构化主体获得收益的情况以及当期向结构化主体转移资产的情况，如表12-30所示。

表12-30　智董公司从结构化主体获得的收益及向结构化主体转移资产的情况　2×14年

单位：万元

结构化主体类型	当期从结构化主体获得的收益			当期向结构化主体转移资产账面价值
	服务收费	向结构化主体出售资产的利得（损失）	合计	
信用资产证券化	10	8	18	258
投资基金	5	-	5	-
合计	15	8	23	258

4. 向未纳入合并财务报表范围的结构化主体提供支持的情况

企业应当披露其向未纳入合并财务报表范围的结构化主体提供财务支持或其他支持的意图，包括帮助该结构化主体获得财务支持的意图。

在没有合同约定的情况下，企业当期向结构化主体（包括企业前期或当期持有权益的结构化主体）提供财务支持或其他支持的，还应当披露提供支持的类型、金额及原因，包括帮助该结构化主体获得财务支持的情况。

5. 未纳入合并财务报表范围结构化主体的额外信息披露

如果企业按照本准则要求披露的有关未纳入合并财务报表范围的结构化主体的信息，仍不能充分反映相关风险及其对企业的影响，企业还应当额外披露信息。

1) 合同约定企业在特定情况下需要向未纳入合并财务报表范围的结构化主体提供财务支持或其他支持的，企业应当披露相关的合同条款及有关信息，有关信息包括在何种情况下企业需要向结构化提供支持并可能因此遭受损失，是否存在其他约定对企业向结构化主体履行支持义务产生约束，在多方向结构化主体提供支持的情况下各方提供支持的先后顺序等。

2) 企业因在未纳入合并财务报表范围的结构化主体中持有权益而当期遭受损失的，企业应当披露损失的金额，包括计入当期损益的金额和计入其他综合收益的金额。

3) 企业在未纳入合并财务报表范围的结构化主体中持有权益，如果企业当期取得与该权益相关的收益，企业应当披露收益的类型。收益类型主要包括：服务收费；利息收入；利润分配收入；处置债权或股权的收益；以及企业向结构化主体转移资产取得的收益等。

4) 在合同约定企业和其他主体需要承担未纳入合并财务报表范围结构化主体的损失的情况下，企业应当披露企业和其他主体需要承担损失的最大限额以及承担损失的先后顺序。

5) 企业应当披露第三方提供的、对企业在未纳入合并财务报表范围的结构化主体中权益的公允价值或风险可能产生影响的流动性支持、担保、承诺等。

6) 企业应当披露当期未纳入合并财务报表范围的结构化主体在融资活动中遇到的困难，主要是指债务融资或股权融资遇到的困难。

7) 企业应当披露与未纳入合并财务报表范围的结构化主体融资业务有关的信息，包括融资形式（例如商业票据、中长期票据）及其加权平均期限。特别是当结构化主体投资长期资产但资金来源于短期负债时，企业需要分析该结构化主体资产和负债的期限结构，并披露这一情况。

第十三章

资产负债表日后事项

第一节　资产负债表日后事项综述

资产负债表日后事项是指资产负债表日至财务报告批准报出日之间发生的有利或不利事项。财务报告批准报出日是指董事会或类似机构批准财务报告报出的日期。

我国于1998年发布了《企业会计准则——资产负债表日后事项》。为了规范资产负债表日后事项的确认、计量和相关信息的披露，根据《企业会计准则——基本准则》，2006年财政部发布《企业会计准则第29号——资产负债表日后事项》（以下简称“本准则”）。

一、资产负债表日后事项的分类

（一）调整事项

调整事项是就资产负债表日已经存在的情况提供进一步证据的事项，以确定资产负债表日提供的财务信息是否与事实相符。这类事项所提供的新的追加的证据有助于对资产负债表日存在情况做出新的估计。例如，2016年10月智董公司有一诉讼事项，在2016年12月31日未结案，而是在2017年年初结案，则属于资产负债表日后调整事项。

（二）非调整事项

非调整事项是在资产负债表日后才发生的事项，这类事项不影响资产负债表日存在情况，但为了使财务报告使用者全面了解企业的财务状况、经营成果以及现金流量的变动，需要在财务报表附注中予以说明。资产负债表日后非调整事项是指表明资产负债表日后发生的情况的事项。

例如，智董公司在2016年年末批准进行债务重组，2017年1月重组完成，此为调整事项。

又如，智董公司在2017年初商讨进行债务重组，在2017年2月重组完成，此为非调整事项。

《企业会计准则第29号——资产负债表日后事项》第二条规定："……资产负债表日后事项包括资产负债表日后调整事项和资产负债表日后非调整事项。"

资产负债表日后事项包括资产负债表日至财务报告批准报出日之间发生的所有有利和不利事项。《国际会计准则第10号——或有事项和资产负债表日以后发生的事项》的有关定义中，也明确指出资产负债表日后事项包括有利的或不利的事项。在我们研究的其他国家准则中，只有法国规定，资产负债表日后事项仅包括那些预示着存在风险或损失的交易或事项，但在实务中通常也包括有利事项和不利事项。

《企业会计准则第29号——资产负债表日后事项》第三条："资产负债表日后事项表明持续经营假设不再适用的，企业不应当在持续经营基础上编制财务报表。"

资产负债表日后事项的分类如图13-1所示。

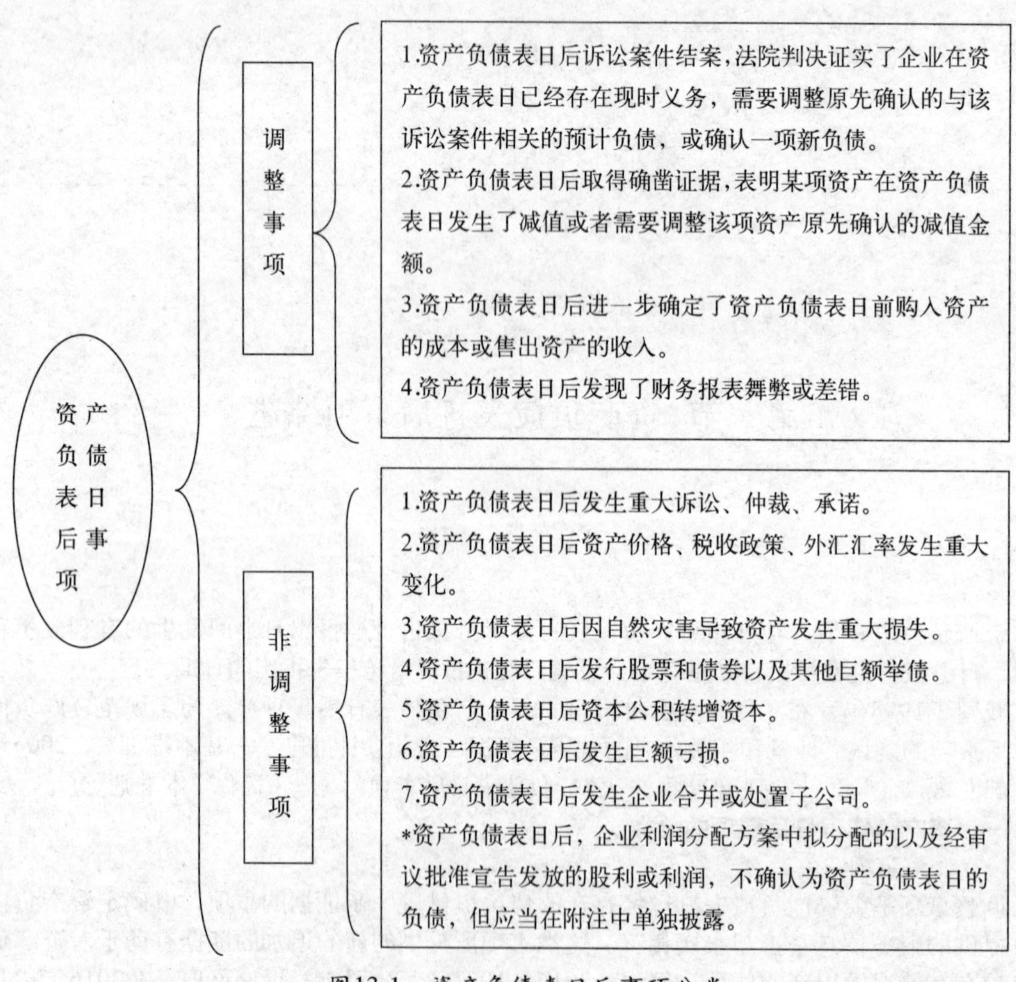

图13-1 资产负债表日后事项分类

二、资产负债表日后事项的几个特殊问题

（一）调整事项和非调整事项如何判断

同一性质的事项可以是调整事项，也可以是非调整事项，这取决于所涉及的情况是在

该公司的特定情况下是否已在报表日存在，而没有明确规定，这一事项是调整事项，另一事项是非调整事项。

【例13-1】智董公司2016年8月向贵琛公司购买商品，货款未付，反映在贵琛公司账上即有一笔应收智董公司的账款，如果2016年11月智董公司财务状况不佳，到年末还未偿付，贵琛公司已按应收账款的5%提取了坏账准备；到2017年2月，贵琛公司收到通知，智董公司已破产，无法偿还所欠货款，那么贵琛公司应将此事项作为调整事项，调整2016年度财务报表。

这是一个非常典型的调整事项的常见例子。在这个例子中，我们很容易理解的是，智董公司的破产不是一朝一夕的事，智董公司濒临破产可能已很久了，实际上在贵琛公司的资产负债表日已经无力偿还所欠货款，其后的破产只是间接证实了智董公司的货款在资产负债表日已经是收不回来的。

(二) 资产负债表日后事项与或有事项如何区分

资产负债表日后事项与或有事项有很密切的关系，但也有区别。这里以或有事项最常见的诉讼例子来说明。

【例13-2】智董公司在2017年10月涉及一个诉讼事项，到年末法庭还没有判决。那么，在年末，该诉讼事项是智董公司的或有事项，智董公司必须按照有关或有事项会计准则的要求，根据或有损失的可能性决定是否计提准备；由于在年末还没有判决，智董公司一般会根据律师的意见做出估计。如果在财务报告报出前，法庭做出判决，或律师修改其法律意见，该事项就成为一个应调整的资产负债表日后事项。

由上例可以看出，或有事项与资产负债表日后事项是相关的。首先在资产负债表日，我们应根据有关或有事项的会计准则来判断是否存在或有事项，以及应该为该或有事项所做的准备金额或可能带来的或有损失金额；若根据或有事项会计准则判断在资产负债表日存在一个或有事项，由此我们必须进一步考虑在资产负债表日后是否有相关的调整事项，影响我们对资产负债表日或有事项的估计和判断。判断或有事项的存在及有关金额，依据有关或有事项的会计准则。当或有事项确定下来并成为资产负债表日后事项时，则应依据本准则的要求，做出相关的会计处理或附注说明。

第二节 资产负债表日后调整事项

资产负债表日后调整事项是指对资产负债表日已经存在的情况提供了新的或进一步证据的事项。

一、资产负债表日后调整事项的性质

在资产负债表日以前，或资产负债表日已经存在，资产负债表日后得以证实的事项，是资产负债表日后事项中的调整事项，这类事项能对资产负债表日存在的有关情况提供追加的证据、并会影响编制财务报表过程中的内在估计。根据本准则的要求，资产负债表日后事项如属于调整事项，应对按照资产负债表日已编制的财务报表所反映的收入、费用、资产、负债以及所有者权益做相应的调整，并按调整后的数额重新编制财务报表，以便为财务报表使用者提供与报出日最为相关的财务信息。

二、资产负债表日后调整事项的处理原则

(一) 调整财务报表的资产和负债以及相关收入、费用等，以反映资产负债表日后事项的影响

支持这一方法的人认为，财务报表中列示的金额经常来自估计，而非准确的计量。这些金额一般包括很多近似值、分类、概括、判断和分配。例如，估计是用来确定诸如资产的折旧年限、不可收回的应收账款金额、可能发生的产品保修成本、销售退回和折让、由于减损而减记的资产公允价值，以及为履行采购义务而必须付出的金额等。企业资产的实际结果需要到交易结束才能确定，而这一结果常常发生在财务报告日以后。因此，尽管财务报告都被认为是准确的，但财务报表中的数据几乎无一例外都是基于估计的。支持这种可选方法者认为，在财务报告公布以前可以获得的全部信息都应为其使用者所利用，来评价作为估计基础的情况和条件，以便为其使用者做出正确的判断提供相关可靠的依据。因此，对资产负债表日后所取得的新的证明导致的任何估计的变化，均应调整财务报告。这一方法与权责发生制原则是一致的。

(二) 不调整财务报表上的相关数据，仅在财务报表附注中披露资产负债表日后事项对财务报表上相关项目预计产生的影响

支持这一可选方法者认为，通过在财务报表附注中或一些其他信息方式披露这些事项，可以很好地反映财务报表的原貌以及财务报表中估计的变化情况。

我们认为，资产负债表日后事项中的调整事项，是对资产负债表日所占有资料做出估计的一种追加证据，表明资产负债表日所做的估计与事实存在一定的差距。当新的证据证明原估计数存在差异时，应对根据资产负债表日存在状况编制的财务报表的相关数据进行调整，使对外公布的财务报表所估计的数字更加接近事实。因此，本准则采用了第一种方法。

《企业会计准则第29号——资产负债表日后事项》第四条规定："企业发生的资产负债表日后调整事项，应当调整资产负债表日的财务报表。"

三、资产负债表日后调整事项通常包括的情形

《企业会计准则第29号 ——资产负债表日后事项》第五条规定："企业发生的资产负债表日后调整事项，通常包括下列各项：

(一) 资产负债表日后诉讼案件结案，法院判决证实了企业在资产负债表日已经存在现时义务，需要调整原先确认的与该诉讼案件相关的预计负债，或确认一项新负债。

(二) 资产负债表日后取得确凿证据，表明某项资产在资产负债表日发生了减值或者需要调整该项资产原先确认的减值金额。

(三) 资产负债表日后进一步确定了资产负债表日前购入资产的成本或售出资产的收入。

(四) 资产负债表日后发现了财务报表舞弊或差错。"

【讲解】

1) 资产负债表日后取得确凿证据，表明某项资产在资产负债表日发生了减值或者需要调整该项资产原先确认的减值金额。

这一事项主要是指，在资产负债表日以前，或在资产负债表日，根据当时资料判断某项资产可能发生了损失或永久性减值，但没有最后确定是否会发生，因而按照当时最好的估计金额反映在财务报表中。但在资产负债表日至财务报告批准报出日之间，所取得的新的或进一步的证据能证明该事实成立，即某项资产已经发生了损失或永久性减值，则应对资产负债表日所做的估计予以修正。

【例13-3】智董公司应收贵琛公司账款560000元，按合同约定应在2016年11月10日前偿还。在2016年12月31日结账时智董公司尚未收到这笔应收账款，并已知贵琛公司财务状况不佳，近期内难以偿还债务，智董公司对该项应收账款提取2%的坏账准备。2017年2月10日，在智董公司报出财务报告之前收到贵琛公司通知，贵琛公司已宣告破产，无法偿付部分欠款。

从这一例子可见，智董公司于2016年12月31日结账时已经知道贵琛公司财务状况不佳，即在2016年12月31日资产负债表日，贵琛公司财务状况不佳的事实已经存在，但未得到贵琛公司破产的确切证据。2017年2月10日智董公司正式收到贵琛公司通知，得知贵琛公司已破产，并且无法偿付部分货款，即2017年2月10日对2016年12月31日存在的情况提供了新的证据，表明根据2016年12月31日存在情况提供的资产负债表所反映的应收贵琛公司账款中已有部分成为坏账，据此应对财务报表相关项目的数字进行调整。

2) 资产负债表日后进一步确定了资产负债表日前购入资产的成本或售出资产的收入。

以销售退回为例，这一事项是指，在资产负债表日以前或资产负债表日，根据合同规定所销售的物资已经发出，当时认为与该项物资所有权相关的风险和报酬已经转移，货款能够收回，根据收入确认原则确认了收入并结转了相关成本。即在资产负债表日企业确认为已经销售，并在财务报表上反映。但在资产负债表日后至财务报告批准报出日之间所取得的证据证明该批已确认为销售的物资确实已经退回，应作为调整事项进行相关的账务处理，并调整资产负债表日编制的财务报表有关收入、费用、资产、负债、所有者权益等项目的数字。值得说明的是，资产负债表日后事项中的销售退回，既包括报告年度销售的物资，在报告年度的资产负债表日后退回；也包括报告年度前销售的物资，在报告年度的资产负债表日后退回。《企业会计准则第29号——资产负债表日后事项》第九条规定："企业应当在附注中披露与资产负债表日后事项有关的下列信息：

(一) 财务报告的批准报出者和财务报告批准报出日。按照有关法律、行政法规等规定，企业所有者或其他方面有权对报出的财务报告进行修改的，应当披露这一情况。……"

【例13-4】智董公司2016年10月销售的一批商品，在当时确认了销售，但在2017年2月1日财务报告批准报出日前收到退回该批已销的商品。

从这一例子可见，智董公司2016年10月销售的商品，商品已经发出并符合收入确认原则，则企业根据当时的情况确认销售实现，计算了销售收入并结转了成本，该批销售商品的收入、成本、利润已经包括在2016年12月31日的财务报表中。2017年2月1日收到的新的证据证明该项销售已经退回，表明原确认的销售实现已经不能成立，则应当对2016年12月31日编制的财务报表进行调整，调整财务报表相关项目的数字。

3) 资产负债表日后诉讼案件结案，法院判决证实了企业在资产负债表日已经存在现时义务，需要调整原先确认的与该诉讼案件相关的预计负债，或确认一项新负债。以已确定获得或支付的赔偿为例，这一事项是指，在资产负债表日以前，或资产负债表日已经存在的赔偿事项，资产负债表日至财务报告批准报出日之间提供了新的证据，表明企业能够收到赔偿款或需要支付赔偿款，这一新的证据如果对资产负债表日所做的估计需要调整的，应对财务报表进行调整。

【例13-5】智董公司与鑫裕公司签订的经济合同中订明，智董公司应于2016年8月2日提供鑫裕公司一批商品，由于智董公司未按合同规定按时提供商品，致使鑫裕公司发生经济损失，鑫裕公司于2016年10月提出起诉，要求智董公司赔偿违约经济损失500000元。由于案件尚在审理过程中，并未做出最终判决，智董公司于2016年12月31日根据当时的资料判断可能会败诉，估计赔偿金额200000元，并按此估计金额计入了损益。但在2017年3月1日财务报告批准报出前经一审判决，智董公司需赔偿鑫裕公司经济损失450000元，智董公司和鑫裕公司均接受此判决，不再诉。

这一事项表明，资产负债表日后至财务报告批准报出日之间有了最终的结果，因而对资产负债表日存在的状况提供了进一步证据，这一新的证据如果表明对资产负债表日所作估计需要调整的，应对资产负债表日编制的财务报表进行调整。

四、资产负债表日后调整事项的具体会计处理

为简化处理，如未作专门说明，本节以下例子均假定如下：财务报告批准报出日是次年3月31日，所得税税率为33%，按净利润的10%提取法定盈余公积，提取法定盈余公积后不再做其他分配；调整事项按税法规定均可调整应交纳的所得税；涉及递延所得税资产的，均假定未来期间很可能取得用来抵扣暂时性差异的应纳税所得额。

(一) 资产负债表日后诉讼案件结案，法院判决证实了企业在资产负债表日已经存在现时义务，需要调整原先确认的与该诉讼案件相关的预计负债，或确认一项新负债

这一事项是指导致诉讼的事项在资产负债表日已经发生，但尚不具备确认负债的条件而未确认，因此法院判决后应确认一项新负债；或者虽已确认，但需要调整已确认负债的金额。

【例13-6】ABC公司因违约，于20×7年12月被XYZ公司告上法庭，要求ABC公司赔偿80万元。20×7年12月31日法院尚未判决，ABC公司按《企业会计准则第13号——或有事项》对该诉讼事项确认预计负债50万元。20×8年3月10日，经法院判决甲应赔偿乙60万元，ABC、XYZ双方均服从判决。判决当日，甲向乙支付赔偿款60万元。ABC、XYZ两公司20×7年所得税汇算清缴在20×8年4月10日完成（假定该项预计负债产生的损失不允许税前扣除）。

本例中，20×8年3月10日的判决证实了ABC、XYZ两公司在资产负债表日（即20×7年12月31日）分别存在现时赔偿义务和获赔权利，因此两公司都应将“法院判决”这一事项作为调整事项进行处理。

ABC公司的账务处理如下：

(1) 20×8年3月10日，记录支付的赔款，并调整递延所得税资产。

借：以前年度损益调整	100000
贷：其他应付款	100000
借：应交税费—应交所得税	33000
贷：以前年度损益调整（100000×33%）	33000
借：应交税费—应交所得税	165000
贷：以前年度损益调整	165000
借：以前年度损益调整	165000
贷：递延所得税资产	165000
借：预计负债	500000
贷：其他应付款	500000
借：其他应付款	600000
贷：银行存款	600000

注：①资产负债表日后事项如果涉及货币资金收支项目，均不调整报告年度资产负债表的货币资金项目和现金流量表各项目的数字。本例中，虽然当日已经支付了赔偿款，但在调整财务报表相关数字时，只需调整上述前五笔分录，第六笔分录应作为20×8年的会计事项处理。②20×7年末因确认预计负债50万元时已确认相应的递延所得税资产，日后事项发生后递延所得税资产不复存在，故应冲销相应记录。

2) 将“以前年度损益调整”科目余额转入未分配利润。

借：利润分配—未分配利润	67000
贷：以前年度损益调整	67000

3) 因净利润变动，调整盈余公积。

借：盈余公积（67000×10%）	6700
贷：利润分配—未分配利润	6700

4) 调整报告年度报表（略）。

XYZ公司的账务处理如下：

1) 20×8年3月10日，记录收到的赔款。

借：银行存款　　600000

　贷：以前年度损益调整　　600000

借：以前年度损益调整（600000×33%）　　198000

　贷：应交税费—应交所得税　　198000

2) 将“以前年度损益调整”科目余额转入未分配利润。

借：以前年度损益调整　　402000

　贷：利润分配—未分配利润　　402000

3) 因净利润增加，补提盈余公积。

借：利润分配—未分配利润　　40200

　贷：盈余公积（402000×10%）　　40200

4) 调整报告年度报表（略）。

(二) 资产负债表日后取得确凿证据，表明某项资产在资产负债表日发生了减值或者需要调整该项资产原先确认的减值金额

【例13-7】20×7年4月ABC公司销售给XYZ公司一批产品，货款为58000元（含增值税），XYZ公司于5月份收到所购物资并验收入库，按合同规定，XYZ公司应于收到所购物资后一个月内付款。由于XYZ公司财务状况不佳，到20×7年12月31日仍未付款。ABC公司于12月31日编制20×7年度财务报表时，已为该项应收账款提取坏账准备2900元；12月31日资产负债表上“应收账款”项目的金额为76000元，其中55100元为该项应收账款。ABC公司于20×8年2月2日（所得税汇算清缴前）收到法院通知，XYZ公司已宣告破产清算，无力偿还所欠部分货款。ABC公司预计可收回应收账款的40%。

本例中，ABC公司在收到法院通知后，首先可判断该事项属于资产负债表日后调整事项；然后应根据调整事项的处理原则进行处理。具体过程如下所述。

1) 补提坏账准备。

应补提的坏账准备＝58000×60%－2900＝31900（元）

借：以前年度损益调整　　31900

　贷：坏账准备　　31900

2) 调整递延所得税资产。

借：递延所得税资产　　10527

　贷：以前年度损益调整（31900×33%）　　10527

3) 将“以前年度损益调整”科目的余额转入利润分配。

借：利润分配—未分配利润　　21373

　贷：以前年度损益调整（31900－10527）　　21373

4) 调整利润分配有关数字。

借：盈余公积　　2137.30

　贷：利润分配—未分配利润（21373×10%）　　2137.30

5) 调整报告年度财务报表相关项目的数字（财务报表略）。

①资产负债表项目的调整：调减应收账款净值31900元；调增递延所得税资产10527元；调减盈余公积2137.30元；调减未分配利润19235.70元。

②利润表项目的调整：调增管理费用31900元；调减所得税费用10527元。

③所有者权益变动表项目的调整：调减净利润21373元，调减提取盈余公积2137.30元。

6) 调整20×8年2月份资产负债表相关项目的年初数（资产负债表略）。

ABC公司在编制20×8年1月份的资产负债表时，按照调整前20×7年12月31日的资产负债表的数字作为资产负债表的年初数，由于发生了资产负债表日后调整事项，ABC公司除了调整20×7年年度资产负债表相关项目的数字外，还应当调整20×8年2月份及以后月份资产负债表相关项目的年初数，其年初数按照20×7年12月31日调整后的数字填列。

(三) 资产负债表日后进一步确定了资产负债表日前购入资产的成本或售出资产的收入

这类调整事项包括两方面的内容。

1) 若资产负债表日前购入的资产已经按暂估金额等入账，资产负债表日后获得证据，可以进一步确定该资产的成本，则应该对已入账的资产成本进行调整。

2) 企业在资产负债表日已根据收入确认条件确认资产销售收入，但资产负债表日后获得关于资产收入的进一步证据，如发生销售退回等，此时也应调整财务报表相关项目的金额。需要说明的是，资产负债表日后发生的销售退回，既包括报告年度或报告中期销售的商品在资产负债表日后发生的销售退回，也包括以前期间销售的商品在资产负债表日后发生的销售退回。

资产负债表所属期间或以前期间所售商品在资产负债表日后退回的，应作为资产负债表日后调整事项处理。发生于资产负债表日后至财务报告批准报出日之间的销售退回事项，可能发生于年度所得税汇算清缴之前，也可能发生于年度所得税汇算清缴之后，其会计处理分别如下所述。

①涉及报告年度所属期间的销售退回发生于报告年度所得税汇算清缴之前，应调整报告年度利润表的收入、成本等，并相应调整报告年度的应纳税所得额以及报告年度应缴纳的所得税等。

【例13-8】ABC公司20×8年12月20日销售一批商品给LMN公司，取得收入100000元（不含税，增值税率16%）。ABC公司发出商品后，按照正常情况已确认收入，并结转成本80000元。此笔货款到年末尚未收到，ABC公司按应收账款的4%计提了坏账准备4680元。20×9年1月18日，由于产品质量问题，本批货物被退回。按税法规定，并经税务机关批准，在应收款项余额5‰的范围内计提的坏账准备可以在税前扣除，本年度除应收LMN公司账款计提的坏账准备外，无其他纳税调整事项。企业于20×9年2月28日完成20×8年所得税汇算清缴。

本例中，销售退回业务发生在资产负债表日后事项涵盖期间内，应属于资产负债表日后调整事项。

ABC公司的账务处理如下：

20×9年1月18日，调整销售收入

借：以前年度损益调整　　100000
　　应交税费—应交增值税（销项税额）　　16000
　贷：应收账款　　116000

调整坏账准备余额

借：坏账准备　　4680
　贷：以前年度损益调整　　4680

调整销售成本

借：库存商品　　80000
　贷：以前年度损益调整　　80000

调整应缴纳的所得税

借：应交税费—应交所得税　　4855*

贷：以前年度损益调整 4855

*注：4855＝（100000－80000－116000×5‰）×25%

调整已确认的递延所得税资产

借：以前年度损益调整 1025*

贷：递延所得税资产 1025

*注1025＝（4680－116000×5‰）×25%

将“以前年度损益调整”科目余额转入未分配利润

借：利润分配—未分配利润 11490*

贷：以前年度损益调整 11490

*注11490＝100000－80000－4680－4855＋1025

调整盈余公积

借：盈余公积 1149

贷：利润分配—未分配利润 1149

调整相关财务报表（略）

②资产负债表日后事项中涉及报告年度所属期间的销售退回发生于报告年度所得税汇算清缴之后，应调整报告年度会计报表的收入、成本等，但按照税法规定在此期间的销售退回所涉及的应缴所得税，应作为本年度的纳税调整事项。

【例13-9】沿用【例13-8】的资料，假定销售退回的时间改为20×9年3月5日（即报告期所得税汇算清缴后）。

ABC公司的账务处理如下所述

20×8年3月5日，调整销售收入

借：以前年度损益调整 100000

应交税费—应交增值税（销项税额） 16000

贷：应收账款 117000

调整坏账准备余额

借：坏账准备 4680

贷：以前年度损益调整 4680

调整销售成本

借：库存商品 80000

贷：以前年度损益调整 80000

调整所得税费用

借：应交税费—应交所得税 4855

贷：所得税费用 4855

调整已确认的递延所得税资产

借：以前年度损益调整 1025

贷：递延所得税资产 1025

将“以前年度损益调整”科目余额转入未分配利润

借：利润分配—未分配利润 16345

贷：以前年度损益调整 16345

*注16345＝100000＋1025－80000－4680

调整盈余公积

借：盈余公积 16345

贷：利润分配—未分配利润 16345

调整相关财务报表（略）

(四) 资产负债表日后发现了财务报表舞弊或差错

这一事项是指资产负债表日后发现报告期或以前期间存在的财务报表舞弊或差潜。企业发生这一事项后，应当将其作为资产负债表日后调整事项，调整报告年度的年度财务报告或中期财务报告相关项目的数字。

第三节 资产负债表日后非调整事项

资产负债表日后非调整事项是指表明资产负债表日后发生的情况的事项。

一、资产负债表日后非调整事项通常包括的情形

《企业会计准则第29号——资产负债表日后事项》第七条规定："企业发生的资产负债表日后非调整事项，通常包括下列各项：

（一）资产负债表日后发生重大诉讼、仲裁、承诺。

（二）资产负债表日后资产价格、税收政策、外汇汇率发生重大变化。

（三）资产负债表日后因自然灾害导致资产发生重大损失。

（四）资产负债表日后发行股票和债券以及其他巨额举债。

（五）资产负债表日后资本公积转增资本。

（六）资产负债表日后发生巨额亏损。

（七）资产负债表日后发生企业合并或处置子公司。"

《企业会计准则第29号——资产负债表日后事项》第八条规定："资产负债表日后，企业利润分配方案中拟分配的以及经审议批准宣告发放的股利或利润，不确认为资产负债表日的负债，但应当在附注中单独披露。"

(1) 资产负债表日后发行股票和债券以及其他巨额举债

这一事项是指企业在资产负债表日以后发行股票、债券以及其他巨额举债等。企业发行股票或债券以及其他巨额举债是比较重大的事项，虽然这一事项与企业资产负债表日的存在状况无关，但应对这一事项做出披露，以使财务报告使用者了解与此有关的情况及可能带来的影响。

(2) 资产负债表日后因自然灾害导致资产发生重大损失

这一事项是指资产负债表日后发生的，由于自然灾害导致的资产损失。自然灾害导致的资产损失，不是企业主观上能够决定的，是不可抗力所造成的。但这一事项对企业财务状况所产生的影响，如果不加以披露，有可能使财务报告使用者产生误解，导致做出错误的决策。因此，自然灾害导致的资产重大损失应作为一个非调整事项在财务报表附注中进行披露。

(3) 资产负债表日后资产价格、税收政策、外汇汇率发生重大变化

以外汇汇率发生重大变化为例，这一事项是指在资产负债表日后发生的外汇汇率的较大变动。由于企业已经在资产负债表日，按照当时的汇率对有关账户进行调整，因此，无

论资产负债表日后的汇率如何变化，均不应影响按资产负债表日的汇率折算的财务报表数字。但是，如果资产负债表日后汇率发生较大变化，应对由此产生的影响在财务报表附注中进行披露。

如何确定资产负债表日后发生的某一事项是调整事项还是非调整事项，是运用本准则的关键。调整和非调整事项是一个广泛的概念，就事项本身来说，可以有各种各样的性质，只要符合准则中对这两类事项的定义即可；同一性质的事项可能是调整事项，也可能是非调整事项，这取决于有关状况是在资产负债表日或资产负债表日以前存在，还是在资产负债表日后存在或发生。

【例13-10】因债务人破产而使应收账款发生损失。如果债权人在12月31日或之前根据所掌握的资料判断债务人有破产清算的可能，或债务人正处于破产清算的过程中，在资产负债表日债权人已经按该项应收账款10%计提了坏账准备。在资产负债表日后至财务报告批准报出日之间，接到债务人通知已宣告破产清算，债权人无法收回全部应收账款，由于应收账款可能受到损失的状况在资产负债表日已经存在，只是在资产负债表日后提供了受损的进一步证据，表明原估计的坏账准备不足，应重新调整。因此，这一事项应当作为调整事项；如果在12月31日债务人财务状况良好，没有任何财务情况恶化的信息，债权人按照当时所掌握的资料按应收账款的2%计提了坏账准备，但在债权人财务报告批准报出前，有资料证明债务人由于火灾发生重大损失，债权人的应收账款有可能收不回来，由于这一情况在资产负债表日并不存在，是资产负债表日后才发生或存在的事项。因此，应作为非调整事项在财务报表附注中进行披露。

又如，债务人由于遇到自然灾害而导致无法偿还债权人的应收账款。对于这一事项，如果债务人是在资产负债表日或资产负债表日以前即发生自然灾害，但由于种种原因，债权人在资产负债表日或之前不知道这一情况，在资产负债表日后才得知，应将这一事项作为调整事项，因为不论债权人知道与否，债务人遇到自然灾害的事实在资产负债表日已经存在，资产负债表日之后发生的情况只是对这一情况提供了进一步的证据；如果债务人的自然灾害是在资产负债表日后才发生的，即使债权人在灾害发生后立即得到消息，也应作为非调整事项在财务报表附注中披露，因为这是资产负债表日后才发生或存在的事项，与资产负债表日存在状况无关，不能据此对资产负债表日存在状况的有关金额进行调整。

本准则以列举的方式，说明了哪些属于调整事项，哪些属于非调整事项，但并没有包括所有调整和非调整事项，会计人员应按照本准则规定的判断原则，确定资产负债表日后发生的事项中哪些属于调整事项，哪些属于非调整事项。需要说明的是，资产负债表日后事项，已经作为调整事项调整财务报表有关项目数字的，除法律、法规以及其他会计准则另有规定外，不需要在财务报表附注中进行披露。

《企业会计准则第29号——资产负债表日后事项》第八条规定："资产负债表日后，企业利润分配方案中拟分配的以及经审议批准宣告发放的股利或利润，不确认为资产负债表日的负债，但应当在附注中单独披露。"

二、资产负债表日后非调整事项的具体会计处理

资产负债表日后发生的非调整事项，应当在报表附注中披露每项重要的资产负债表日后非调整事项的性质、内容，及其对财务状况和经营成果的影响。无法做出估计的，应当说明原因。

（一）资产负债表日后发生重大诉讼、仲裁、承诺

资产负债表日后发生的重大诉讼等事项，对企业影响较大，为防止误导投资者及其他财务报告使用者，应当在报表附注中进行相关披露。

(二) 资产负债表日后资产价格、税收政策、外汇汇率发生重大变化

【例13-11】ABC公司有一笔长期美元贷款，在编制20×7年12月31日的财务报表时已按20×7年末的汇率进行折算（假设20×7年末的汇率为1美元兑换7.83元人民币），假设国家规定从20×8年1月1日起进行外汇管理体制改革，外汇管理体制改革后人民币对美元的汇率发生重大变化。

本例中，ABC公司在资产负债表日已经按照当天的资产计量方式进行处理，或按规定的汇率对有关账户进行调整，因此，无论资产负债表日后的资产价格和汇率如何变化，均不应影响资产负债表目的财务状况和经营成果。但是，如果资产负债表日后资产价格、外汇汇率发生重大变化，应对由此产生的影响在报表附注中进行披露。同样，国家税收政策发生重大改变将会影响企业的财务状况和经营成果，也应当在报表附注中及时披露该信息。

(三) 资产负债表日后因自然灾害导致资产发生重大损失

【例13-12】ABC公司拥有某外国企业（XYZ公司）15%的股权，无重大影响，投资成本2000000元。XYZ公司的股票在国外的某家股票交易所上市交易。在编制20×7年12月31日的资产负债表时，ABC公司对XYZ公司投资的账面价值按初始投资成本反映。20×8年1月，该国发生海啸造成XYZ公司的股票市场价值大幅下跌，ABC公司对XYZ公司的股权投资遭受重大损失。

本例中，自然灾害导致的资产重大损失对企业资产负债表日后财务状况的影响较大，如果不加以披露，有可能使财务报告使用者做出错误的决策，因此应作为非调整事项在报表附注中进行披露。本例中海啸发生在20×8年1月，属于资产负债表日后才发生或存在的事项。应当作为非调整事项在20×7年度报表附注中进行披露。

(四) 资产负债表日后发行股票和债券以及其他巨额举债

企业发行股票、债券以及向银行或非银行金融机构举借巨额债务都是比较重大的事项，虽然这一事项与企业资产负债表日的存在状况无关，但这一事项的披露能使财务报告使用者了解与此有关的情况及可能带来的影响，故应披露。

(五) 资产负债表日后资本公积转增资本

企业以资本公积转增资本将会改变企业的资本（或股本）结构，影响较大，需要在报表附注中进行披露。

(六) 资产负债表日后发生巨额亏损

企业资产负债表日后发生巨额亏损将会对企业报告期以后的财务状况和经营成果产生重大影响，应当在报表附注中及时披露该事项，以便为投资者或其他财务报告使用者做出正确决策提供信息。

(七) 资产负债表日后发生企业合并或处置子公司

企业合并或者处置子公司的行为可以影响股权结构、经营范围等方面，对企业未来生产经营活动能产生重大影响。因此企业应在附注中披露处置子公司的信息。

(八) 资产负债表日后，企业利润分配方案中拟分配的以及经审议批准宣告发放的股利或利润

资产负债表日后，企业制定利润分配方案，拟分配或经审议批准宣告发放股利或利润的行为，并不会致使企业在资产负债表日形成现时义务，因此虽然发生该事项可导致企业负有支付股利或利润的义务，但支付义务在资产负债表日尚不存在，不应该调整资产负债表日的财务报告，因此，该事项为非调整事项。

但由于该事项对企业资产负债表日后的财务状况有较大影响，可能导致现金较大规模流出、企业股权结构变动等，为便于财务报告使用者更充分了解相关信息，企业需要在财务报告中适当披露该信息。

第四节 在会计报表附注的披露

一、应当在附注中披露与资产负债表日后事项有关的信息

(一)财务报告的批准报出者和财务报告批准报出日。

按照有关法律、行政法规等规定，企业所有者或其他方面有权对报出的财务报告进行修改的，应当披露这一情况。

(二)每项重要的资产负债表日后非调整事项的性质、内容，及其对财务状况和经营成果的影响。无法做出估计的，应当说明原因

企业在资产负债表日后取得了影响资产负债表日存在情况的新的或进一步的证据，应当调整与之相关的披露信息。

二、财务报告批准报出日

《企业会计准则第29号——资产负债表日后事项》第二条："财务报告批准报出日，是指董事会或类似机构批准财务报告报出的日期。"财务报告批准报出日，通常是指对财务报告的内容负有法律责任的单位或个人批准财务报告向企业外部公布的日期，这里的"对财务报告的内容负有法律责任的单位或个人"一般是指所有者、所有者中的多数、董事会或类似的管理单位，对于上市公司来说，根据《中华人民共和国公司法》的规定，董事会有权制订公司的年度财务预算方案、决算方案、利润分配方案和弥补亏损方案；股东大会有权审议批准公司的年度财务预算方案、决算方案、利润分配方案和弥补亏损方案。上市公司的财务报告是报送给股东大会审议批准的，在股东大会召开之前，财务报告已经报出，因而财务报告批准报出日不是股东大会审议批准的日期，更不是注册会计师出具审计报告的日期。

第十四章
关联方披露

第一节　关联方及关联方关系

一、关联方及关联方关系

(一) 关联方的概念

关联方一般是指有关联的各方。《企业会计准则第36号——关联方披露》规定，一方控制、共同控制另一方或对另一方施加重大影响，以及两方或两方以上同受一方控制、共同控制或重大影响的，构成关联方。

(二) 关联方关系的特点

关联方关系是指有关联的各方之间存在的内在联系。关联方关系主要有三个特点。

1) 关联方关系存在于两方或者多方之间，任何单独的个体不能构成关联方关系。

2) 关联方关系以各方之间的影响为前提。关联方之间的影响主要有：控制与被控制、共同控制与被共同控制、施加重大影响和被施加重大影响。

控制是指一种能决定一个企业的财务和经营政策的权力。控制的目的是从被控制企业的经营活动中获取利益。具有控制权的公司为母公司，被控制的公司习惯上被称作子公司。一个企业对另一个企业采取控制的途径主要有以下几种。

①以所有权方式达到控制的目的。一般情况下，当甲方拥有乙方50%以上的表决权资

本时，就可以判断甲方对乙方拥有控制权。甲方拥有乙方表决权资本的方式可以是直接拥有、间接拥有和直接加间接拥有。例如，甲方拥有乙方80%的表决权资本，乙方拥有丙方80%的表决权资本，那么甲方也拥有对丙方的控制。

②以其他方式达到控制的目的。

企业可以通过法律或者协议来达到对另一企业的控制。例如，红星企业对天方企业投资30%，并在天方企业的公司章程中规定，红星企业有权任免天方企业董事会的多数成员，则红星企业实现了对天方企业的控制。

③关联方关系可能影响交易的公允性。关联方关系的存在使这些企业之间的关系更加密切，利益具有高度的趋同性。这种关系使企业之间通过构造交易、粉饰报表达到一定的目的（如上市）的可能性增大。

二、关联方及关联方关系的判断

由于现实经济业务和经济关系的纷繁复杂性，对关联方及其关系的判断也比较困难。在判断中，需要把握一个前提和三个原则。一个前提是交易涉及的各方有没有损害公平交易的潜在可能性。如果有，则构成关联方交易；反之，则没有。在判断时应当把握的三个原则如下所述。

(一) 横向标准与纵向标准的结合

横向标准和纵向标准是从资金的来源上区分的。资金的纵向来源是指资金从上而下的投资关系，例如母子公司关系。资金的横向标准是指资金的横向分布，例如同受同一公司控制下的两家子公司。在判断关联方及其关系时，应当将两者结合起来考虑。

由于我国国有资本占主导地位的特殊国情，国有企业均受国家的控制，但是各国有企业之间的关系并不对公平交易构成威胁，因此同受国家控制的企业之间不应仅仅因为彼此同受国家控制而成为关联方。

(二) 数字标准与实质标准相结合

关联方及其关系的数字标准见表14-1。

表14-1 关联方及其关系的数字标准

类型	数字标准	关联关系
控制	表决权资本50%以上	母子公司
重大影响	表决权资本20%以上，50%以下	联营企业

对于共同控制的关联企业，没有具体的数字标准，主要根据合营合同或者投资协议中的合同进行判断。由于现实情况的复杂性，很多关联方及其关系必须把数字标准和实质重于形式的原则结合起来运用才能判断准确。

【例14-1】智董公司前四名股东的控股比例如表14-2所示。

表14-2 智董公司前四名股东的控股比例

控股股东名称	控股比例（具有表决权资本）、（%）
A有限责任公司	17
B股份有限责任公司	4
C股份有限责任公司	2
D有限责任公司	0.5

如果仅根据数字标准判断，智董公司和A有限责任公司之间并不存在关联方关系。但是，从表14-2可以看出，智董公司的股权比较分散，其他三个大股东所控制的具有表决权资本的总和为6.5%，小于第一大股东A有限责任公司的控股比例17%。因此，可以判断A有限

责任公司拥有对智董公司的控制，它们之间具有关联方关系。

(三) 过程和结果相结合

由于企业之间关系的复杂性，部分关联方交易从表面上看是公平的交易，通过分析其过程和最终的目的和结果，可以发现它们是在力图通过关联方关系进行非公平交易，以达到粉饰报表的目的。

【例14-2】智董公司是贵琛公司的母公司，鑫裕公司是智董公司的常年客户（贵琛公司和鑫裕公司之间不存在关联方关系，智董公司与鑫裕公司之间也不存在关联方关系）。2016年6月25日，智董公司与鑫裕公司商议，鑫裕公司以高出公允价值30%的价格购买贵琛公司的一条旧生产线。2017年1月3日，智董公司将所持有的贵琛公司的20%的股权，以低于公允价值25%的价格卖给鑫裕公司。如果仅从贵琛公司与鑫裕公司2016年6月25日的交易来看，贵琛公司和鑫裕公司之间的交易不应当属于关联方交易，但是从最后的目的来看，鑫裕公司之所以愿意高价买进贵琛公司的闲置生产线，缘于获得2017年1月股权交易的好处。因此，从结果来看，智董公司、贵琛公司和鑫裕公司之间存在关联方关系。

三、关联方及关联方关系的表现形式

虽然关联方及关联方关系的表现形式是多种多样的，但总体而言，根据联系关联方关系的纽带，可以将其分为四类：第一类是以资金为纽带的关联方关系；第二类是以人力资本为纽带的关联方关系；第三类是以人力资本和资金为纽带的关联方关系；第四类是以法律或者协议为纽带的关联方关系。各种表现形式见表14-3。

表14-3 关联方关系的表现形式

纽带	表现形式
资金	母子公司之间，同受母公司控制下的各子公司之间 企业与其合营企业 企业与其联营企业
人力资本	企业与主要投资者个人、关键管理人力或与其关系密切的家庭成员； 企业与母公司关键管理人员或与其关系密切的家庭成员
人力资本和资金	企业与受主要投资者个人、关键管理人员或与其关系密切的家庭成员直接控制的其他企业
法律或者协议	不存在投资关系，但存在控制和被控制关系的企业之间

第二节 关联方交易

关联方交易是指关联方之间转移资源、劳务或义务的行为，而不论是否收取价款。

一、关联方交易的动机

1) 减轻税负。关联方之间一般利用地区差异和税收优惠差异以及关联企业之间的盈利差异来避税，使整个集团的税收达到最小，提升集团的企业价值。例如，将利润转移到税率低或可以免税的关联企业，或者把盈利企业的利润转移到亏损企业等。

2) 粉饰业绩。为了取得配股资格、避免被摘牌退市、实现预定的盈利指标等，上市公司往往通过有利的转让价格实现利润转移，增强上市公司的获利能力，改善其财务状况。

3) 转移资金、资产或者利润。例如，跨国公司往往通过转移定价，以高价向处于对外商的红利汇出、股息支付有严格限制的国家的子公司发运货物或提供劳务，实现资金的转移。

4) 提供担保，突破银行贷款限制条件。上市公司信誉较好，取得银行贷款相对容易，母公司为了获得发展资金，往往利用上市公司作担保从银行获得贷款。

二、关联方交易的类型

1) 购买或销售商品。购买或销售商品是关联方交易比较常见的交易事项，例如，企业集团成员之间相互购买或者销售商品，从而形成关联方交易。

2) 购买或销售除商品之外的其他资产。例如，子公司购买母公司的无形资产。

3) 提供或者接受劳务。这种类型如关联方之间提供的修理劳务、修配劳务等。

4) 代理。代理主要是根据合同条款，一方可为另一方代理某些事务，例如代理销售货物，或者代理签订合同等。

5) 租赁。租赁包括经营租赁和融资租赁等，关联方之间的租赁合同是重要的交易事项。

6) 担保。当存在关联方关系时，一方往往为另一方提供取得贷款或买卖等经济活动所需担保。

7) 提供资金（贷款或股权投资）。例如，企业从其关联方无偿或者有偿取得资金，或权益性资金在关联方之间增减变动等。

8) 研究与开发项目的转移。当存在关联方关系时，有时某一企业研究与开发的项目会由于另一方的要求而放弃或者转移给其他企业。

9) 许可协议。关联方之间就商标或者其他无形资产达成的一方允许另一方使用的协议，也构成关联方交易的重要内容之一。

10) 代表企业或由企业代表另一方进行债务结算。代表企业或由企业代表另一方进行债务结算。

11) 关键管理人员报酬。由于关键管理人员在企业日常经营中的特殊地位，其同企业之间的关系构成了关联方关系，则企业支付给关键管理人员的报酬也构成关联方交易。

第三节 在会计报表附注的披露

一、关联方关系及交易的披露的范围和原则

关联方关系及交易因其对公允交易存在潜在的威胁，因此从理论上来说，应当披露所有企业的关联方关系及交易的类型和金额，但是企业的披露是要付出披露成本的，在成本效益原则和不影响使用者对报表的使用原则下，可以将披露的范围缩小，尤其是对其他信息已经包含或者已经披露过的信息。例如，同合并财务报表一同报送的母公司的报表，就可以只披露与合并财务报表范围以外的其他企业之间的关联方关系和关联方交易，因为合并财务报表中已经披露了母公司与子公司之间的关联方关系及交易。子公司对外单独提供合并财务报表的，则应当包括同母公司以及同受母公司控制的其他子公司之间的关联方关系及交易。

关联方关系及信息的披露也应当遵循重要性原则。披露中的重要性原则具有两层含义。

1) 零星和非重大关联方交易，在不影响报表使用者正确使用报表的情况下，可以将其按相同类型进行合并披露，并陈述重要交易内容。零星交易是指其对企业财务状况和经营成果几乎没有影响的关联方关系及交易。非重大关联方交易是指关联方交易对企业的财务状况和经营成果影响比较小的关联方关系及交易。

2) 对企业财务状况和经营成果有影响的关联方交易如果属于重大交易重要事项（如销售给关联方的商品的销售收入占本企业销售收入10%及以上的），应当分别按照关联方和交易类型进行单独披露。分别关联方披露是指分别各个关联企业和关联个人予以披露；分别交易类型披露是指按照交易的各种类型分别进行披露。

二、关联方关系及交易的披露内容及要求

(一) 具有控制权的母子公司之间

一般而言，企业如果没有发生关联方交易可以不进行披露，但是由于母子公司之间存在控制关系，其控制权在该时期的变化等对投资者而言也是重大信息之一，因此，具有控制权的母子公司之间，无论是否发生关联方交易，均应当在附注中披露与母公司和子公司有关的重要信息。

1. 母公司和子公司的名称

企业集团之间的关联方关系纷繁复杂，看似没有关系的企业之间可能存在同受某一方控制的关联方关系。这种关联方关系比较隐蔽，但是对投资者评价企业的财务状况和经营成果却是比较有用的。所以如果母公司不是该公司的最终控制方，应当披露最终控制方的名称。

2. 母公司和子公司的业务性质、注册地、注册资本（或实收资本、股本）及其变化

母公司和子公司的基本信息有助于外部投资者评价未来关联方交易发生的概率，故有必要提供。例如，母子公司之间的业务性质具有相似性或者纵向的扩张性，较完全没有交集的母子公司之间发生销售商品或者劳务类型的关联方交易的概率小。这些信息的披露中所说的母公司包括最终控制方、间接控制母公司、直接控制母公司。

3. 母公司对该公司或者该公司对子公司的持股比例和表决权比例

母子公司之间联系的纽带是控制权，因此母公司对子公司的持股比例和表决权比例变化是母子公司之间的关系的重要信息，应当披露。

(二) 其他公司之间

企业与关联方发生关联方交易的，如果交易对企业的财务状况和经营成果具有重大影响，应当分别关联方以及交易类型予以披露，以便相关利益关系人能据此评价企业的业绩，修正其投资组合的主观概率。因此，企业应在附注中披露的关联方及其交易的内容包括该关联方关系的性质、交易类型及交易要素。为了便于利益相关者对关联方交易进行评价，有必要提供关联方交易的金额变动信息，企业可以根据信息披露的成本效益原则，选择披露的比较年限，但应当不少于两年。其中，交易要素主要包括如下内容。

1. 交易的金额

在有交易金额的关联方交易中，交易金额是评价关联方交易重要性的指标之一，也是利益关系人评价某一项交易对企业的财务状况和经营成果的影响标准之一。企业根据披露的成本效益原则，可以选择对交易的相应比例进行披露或者不披露。

2. 未结算项目的金额、条款和条件，以及有关提供或取得担保的信息

某些项目的经营周期或者结算周期比较长，如房屋的建造等。关联方之间如果存在结算周期比较长的项目，实际的交易金额可能较小，甚至为零，但其未结算金额可能较大，可

能影响报表使用者使用报表的信息进行决策。结算条款和条件可能影响实际的结算金额，而提供或者获取的担保信息则有助于报表使用者对未结算项目的风险进行正确的评估。

3. 未结算应收项目的坏账准备金额

未结算应收项目的坏账准备金额是对未来不确定事项的估计，反映了管理当局对未来结算应收项目状况的估计，与报表使用者评价其未来的现金流量、现金流量的分布和概率相关。

4. 定价政策

定价政策是关联方交易的核心内容之一，报表使用者可以通过定价政策来判断关联方交易是否公允、名方收益情况以及对报表的影响。因此，关联方交易公允与否的判断核心在于定价政策。关联方交易的定价政策主要有三种。

1) 不加控制的可比价格法。该方法要求关联方企业之间进行交易的转让价格应当"参照非关联方之间在经济上可比的市场中买卖类似的商品所采用的价格"。当商品销售给第三方的比例大于20%时，一般采用此方法。

2) 转售价格法。将商品的销售价格扣除一定的毛利率和部分其他调整价格后作为关联方交易的定价。例如，商品在关联方之间转移后销售给没有关联方关系的第三方时，可以将销售给没有关联方关系的第三方的价格扣除毛利率和相应的销售费用后作为关联方之间的公允定价。

3) 成本加成法。该方法是指在参照同行业可比的销售毛利率的基础上，通过调整企业的制造成本，作为关联方交易定价的方法。该方法适用于企业仅对关联方进行销售的情况。

关联方交易价格与非关联方交易的价格之间的比较是关联方交易是否公允的简单有效的方法，企业就关联方交易价格是否与非关联方交易的价格一致进行说明，并对不一致的情况下的差异比例或金额进行披露，有利于报表使用者正确评价关联方交易。如果关联方之间进行的是没有金额或只有象征性金额的交易，关联方交易的程序和方式将是报表使用者关注的重点。关联方交易的定价方法、确定交易价格的原则、交易的收付款方式及条件也会影响报表使用者对关联方交易公允性的判断，这都构成关联方交易定价政策的主要内容。企业综合考虑上述各方面的影响后，对关联方交易是否公允进行评价将向报表使用者传递关联方交易是否公允的信号，因此，企业只有在提供确凿证据的情况下，才能披露关联方交易是公平交易。

第十五章

外币折算

第一节 外汇管理法律制度

外汇是指可以用作国际清偿的支付手段和资产。根据我国《外汇管理条例》的规定，我国的外汇包括外国货币、外汇支付凭证、外币有价证券、特别提款权、欧洲货币单位以及其他外汇资产。

外国货币包括外国的纸币和铸币。外币支付凭证包括票据、银行存款凭证和邮政储蓄凭证等。外币有价证券包括政府债券、公司债券和股票等。特别提款权是国际货币基金组织创设的一种用于会员国之间结算国际收支逆差的储备资产和记账单位，亦称“纸黄金”。它是基金组织成员分配给会员国的一种使用资金的权利，其定植是和“一篮子”货币挂钩，市值不是固定的。特别提款权不能直接用于贸易或非贸易的支付，使用时必须先换成其他货币。欧洲货币单位是由欧洲货币体系成员国的货币构成的综合货币单位。欧洲货币单位的币值以每个成员国的货币在欧洲共同体内部贸易和国民生产总值所占的比重，分别确定其在欧洲货币单位中的权数，并用加权平均法计算得出。欧洲货币单位以各个成员国缴纳本国20%的黄金储备和20%的外汇组成的“欧洲货币合作基金”为储备，向各成员国发行，从1999年1月1日起，欧洲货币单位以1:1的兑换汇率全部自动转换为欧元（EUR）。其他外汇资产是指上述以外的可用作国际清偿的支付手段和资产，如黄金、旅行支票等。

根据各国货币在国际清偿中的不同特点，外汇又分为自由外汇与记账外汇。自由外汇是指不需批准就可以在国际货币市场上自由兑换、自由转让的外币和支付凭证。记账外汇是指不经发行国批准就不能自由兑换成其他国货币或对第三者支付的外汇。

一、外汇管理概述

外汇管理又称外汇管制，是指一个国家为保持本国的国际收支平衡，对外汇的买卖、借贷、转让、收支、国际清偿、外汇汇率和外汇市场实行一定的限制措施的管理制度。外汇管制的目的在于保持本国的国际收支平衡，限制资本外流，防止外汇投机，促进本国的经济发展。

中华人民共和国成立以来一直实行外汇管制，从建国初起制定了一系列的外汇管理办法，1980年12月18日国务院制定发布了《中华人民共和国外汇管理暂行条例》，标志着我国的外汇管理进入新阶段。当时制定《外汇管理暂行条例》的目的，在于加强外汇管理，增加国家外汇收入，节约外汇支出，有利于促进国民经济的发展，并维护国家权益。随后，国家外汇管理部门又制定发布了一系列的外汇管理实施细则，如《对外汇、贵金属和外汇票证等进出国境的管理施行细则》《对外国驻华机构及其人员的外汇管理施行细则》《对个人的外汇管理施行细则》。1985年经国务院批准，国家外汇管理局发布了《违反外汇管理处罚施行细则》等规定，先后实行了高度集中的统收统支的外汇管理制度、外汇留成和外汇调剂制度。这些规定对加强我国的外汇管理，促进对外开放起了积极的作用。随着改革开放和我国经济的不断发展，我国的外汇管理也发生了变化。1993年底，经国务院决定，中国人民银行发布了《关于进一步改革外汇管理体制的公告》，决定从1994年1月1日开始，对经常性项目外汇实行银行结售汇制，取消外汇留成，实行银行售汇制，允许人民币在经常项目下有条件可兑换，建立银行间外汇市场，改进外汇形成机制，保持合理及相对稳定的人民币汇率等新的外汇管理制度。1996年1月29日国务院制定发布了《中华人民共和国外汇管理条例》，并在1997年1月14日作了修正。新的《外汇管理条例》明确规定，国家对经常性国际支付和转移不予限制，在中华人民共和国境内，禁止外币流通，并不得以外币计价结算，条例共分七章五十五条，对我国的外汇管理做了全面的规定。新的《外汇管理条例》的发布，标志着我国的外汇管理又进入了一个新的时期。

我国《外汇管理条例》第六条规定："国家实行国际收支统计申报制度。凡有国际收支活动的单位和个人，必须进行国际收支申报。"在《外汇管理条例》发布之前，经国务院批准，中国人民银行发布了《国际收支统计申报办法》，国家外汇管理局发布了《国际收支统计申报办法实施细则》，对我国的国际收支统计申报活动做了详细的规定。

国际收支是指一个国家或一个地区在某一特定时期内发生的全部对外收入和支出的总和。收支相等称为国际收支平衡，否则为不平衡。收入总额大于支出总额称为国际收支顺差，或国际收支盈余；支出总额大于收入总额称为国际收支逆差。这里讲的全部对外收入和支出不仅仅是指货币的收和支，而且还包含了全部对外经济交易的总和。全部对外经济交易包括货物、服务与货物、服务的交易（如易货贸易）；金融资产与金融资产的交易；无偿转让（即单方面转移）与货物、服务的交易；货物、服务与金融资产的交易；无偿转让（即单方面转移）与金融资产的交易。国际收支统计申报是指各对外经济交易行为主体按照规定向有关机关据实报告经济交易内容的活动。国际收支统计能反映出一国在一定时期内对外经济交往的全貌以及在某一时点上全部对外资产和负债的总量，对一国外汇政策的制定、本币与外币政策的协调以及整个宏观经济决策具有重要作用。

根据《国际收支统计申报办法》及其"实施细则"的规定，凡是中国居民与非中国居民之间发生的一切经济交易，都应当向国家外汇管理机关进行申报。

这里讲的中国居民是指：在中国境内居留1年以上的自然人，但外国及中国香港、澳门、台湾地区在中国境内的留学生、就医人员、外国驻华使馆外籍工作人员及其家属除外；中国短期出国人员（在境外居留时间不满1年）在境外留学人员、就医人员及中国驻外使馆工作人员及家属；在中国境内依法成立的企业法人和事业法人（含外商投资企业及外资金融机构）及境外法人的驻华机构（不含国际组织驻华机构、外国驻华使领馆）；中国国家机关（包括中国驻外使领馆）团体、部队。

国际收支统计申报实行交易主体申报的原则，采取间接申报与直接申报、逐笔申报与定期申报相结合的办法：中国居民通过境内金融机构与非中国居民进行交易的，均须在办理业务时通过金融机构向国家外汇管理局或其分支局逐笔申报交易内容。在中国境内的外商投资企业、在境外有直接投资的企业及其他有对外资产或者负债的非金融机构，应当填写直接投资统计申报表，并按规定直接向国家外汇管理局或其分支局申报其直接投资者与直接投资企业间的所有者权益、债权债务状况以及分红派息等情况。涉外证券投资，应按下列要求申报：一是通过中国境内证券交易所进行涉外证券交易，由境内证券登记机构或证券交易所填写证券投资申报表，并按规定向外汇局申报该交易以及相应的收支和分红派息情况；二是中国境内不通过境内证券交易所进行涉外证券交易的，由境内证券交易商或境内投资者填写证券投资统计申报表，并按规定直接向外汇局申报其交易以及相应的收支和分红派息情况；三是中国境内机构在境外发行证券的，应当填写证券投资统计申报表，并按规定直接向外汇局申报其境外证券发行以及相应的收支和分红派息等情况。中国境内的交易商以期货、期权等方式进行交易的，须进行申报，其中，中国境内通过境内交易所或交易中心以期货、期权等方式进行自营或代理客户进行对外交易的交易商，须按照《期货、期权交易申报表》的要求通过交易所或交易中心向外汇管理局申报其自营及其代理客户的交易以及相应的收支情况。中国境内的交易所或交易中心须向外汇管理局传送交易商申报的信息。中国境内不通过境内交易所（或交易中心）以期货、期权等方式进行白营或代理境内客户进行对外交易的交易商，须按照《离岸期货、期权交易申报表》的要求向外汇管理局申报其自营及其代理客户的交易以及相应的收支情况。中国境内直接从事各类国际金融业务的金融机构，须按照《金融机构对外资产负债申报表》的要求，直接向国家外汇管理局或其分支局申报自营对外业务情况，包括其对外资产负债及变动情况，相应的利润、利息收支情况，以及对外金融服务收支和其他收支情况，并应履行与中国居民通过其进行国际收支统计申报活动有关的义务。凡在中国境外开有账户的中国非金融机构，须按照《境外账户收支申报表》的要求，直接向国家外汇管理局或其分支局申报其通过境外账户与非中国居民发生的交易及账户余额。

由于国际收支统计数据属于申报人的商业秘密，《国际收支统计申报办法》还特别规定，国家外汇管理局及其分支局应当对申报者申报的具体数据严格保密，只将其用于国际收支统计。除法律另有规定外，国际收支统计人员不得以任何形式向任何机构和个人提供申报者报的具体数据。

二、我国《外汇管理条例》的适用范围

根据我国《外汇管理条例》的规定，境内机构、个人、驻华机构、来华人员的外汇收支或者经营活动，都属《外汇管理条例》的调整范围。但保税区、边境贸易和边民互市的外汇管理由国家外汇管理局根据《外汇管理条例》的原则另行制定。

境内机构是指在中华人民共和国境内的企业事业单位、国家机关、社会团体、部队等，包括外商投资企业。个人是指中国公民和在中华人民共和国境内居住满1年的外国人。驻华机构是指外国驻华外交机构、领事机构、国际组织驻华代表机构、外国驻华商务机构和国外民间组织驻华业务机构等。来华人员是指驻华机构的常驻人员、短期入境的外国人、应聘在中国境内机构工作的外国人以及外国留学生等。

保税区是指经国务院批准在我国境内设立的、海关实行封闭监管的特定区域，其基本功能是保税仓储、国际贸易转口和出口加工。对从境外进入保税区的货物，除国家禁止和限制进出口的货物外，都可以与国际市场自由流通，在区内企业间可以自由流通，对进入保税区的为生产出口产品而进口的原材料以及仓储货物不征税，这些货物加工复出口或转口复出口也不征税，但进入非保税区则须办理进口手续，照章纳税。保税区是国内同国际市场的连接点，有利于我国同世界各国的经济贸易交往。从1990年6月，国务院批准设立我国第一个保税区——上海外高桥保税区开始，到现在已批准有15个保税区。这15个保税区是：上海外高桥、天津、深圳福田、沙头角、大连、广州、张家港、海口、厦门、福州、宁波、青岛、汕头、珠海和深圳盐田港。

三、经常项目外汇管理

(一) 对境内机构的外汇管理

1. 境内机构的经常项目外汇收入管理

(1) 经常项目

根据国际货币基金组织《国际收支手册》的要求，结合我国实际情况，我国的外汇收支分为经常项目外汇和资本项目外汇。根据《外汇管理条例》以及国家外汇管理局《关于（结汇、售汇及付汇管理规定）中有关问题的解释和说明》的解释，经常项目是指国际收支中经常发生的交易项目。经常项目外汇收支包括贸易收支、劳务收支和单方面转移等。

贸易收支是一国出口商品所得收入和进口商品的外汇支出的总称。

劳务收支是指对外提供劳务或接收劳务而引起的货币收支，包括五项。

1) 海陆空运输的旅客、货物，对外提供或接受的通讯，对外提供港口码头。

2) 旅游收支，包括本国人到外国或外国人到本国旅游观光的交通费、食宿费、门票费、纪念品费等一切旅游收支。

3) 金融机构对外服务的手续费、利息、保险费。

4) 对国外直接投资与间接投资的股息、利润、利息。

5) 外交官的生活费支出、办公费、邮电费和广告费等。

单方面转移是指一国对外单方面的、无对等的、无偿的支付。分为私人单方面转移和政府单方面转移两类：私人单方面转移是指侨民汇款、年金、个人或团体赠予；政府单方面转移是指政府之间的相互援助及政府赠予收支。

经常性外汇收入包括下列各项。

1) 出口或先支后收转口货物及其他交易行为收入的外汇。

2) 境外贷款项下国际招标中标收入的外汇。

3) 海关监管下境内经营免税商品收入的外汇。

4) 交通运输（包括各种运输方式）及港口（包括海港、空港）邮电（不包括国际汇兑款）旅游、广告、咨询、展览、寄售、维修等行业及各类代理业务提供商品或服务收入的外汇。

5) 行政、司法机关收入的各项外汇规费、罚没款等。

6) 土地使用权、著作权、商标权、专利权、非专利技术、商誉等无形资产转让收入的外汇。

7) 出租房地产及其他资产收入的外汇。

8) 境外投资企业汇回的外汇利润、对外经援项下收回的外汇和境外资产的外汇收入。

9) 对外索赔收入的外汇、退回的外汇保证金等。

10) 保险机构受理外汇保险所得外汇收入。

11) 取得《经营外汇业务许可证》的金融机构经营外汇业务的收入。

12) 经营境外承包工程、向境外提供劳务、技术合作及其他服务业务的公司，在上述业务项目进行过程中收到的业务往来外汇。

13) 经批准经营代理进口业务的外（工）贸公司，从事外轮代理、船务代理、国际货运代理、船舶燃料代理、商标代理、专利代理、版权代理、广告代理、船检、商检代理业务的机构代收代付的外汇。

14) 境内机构暂收待付或暂收待付项下的外汇，包括境外汇入的投标保证金、履约保证金、先收后支的转口贸易收汇、邮电部门办理国际汇兑业务的外汇汇兑款、一类旅行社收取的国外旅游机构预付的外汇、铁路部门办理境外保价运输业务收取的外汇、海关收取的外汇保证金、抵押金等。

15) 经交通部批准，从事国际海洋运输业务的远洋运输公司，经外经贸部批准从事国际货运的外运公司和租船公司在境内外经营业务所收入的外汇。

16) 捐赠协议规定用于境外支付的捐赠外汇。

17) 外国驻华使领馆、国际组织及其他境外法人驻华机构的外汇。

18) 居民个人及来华人员个人的外汇下项各项。

经常项目外汇支出具体包括下列各项。

1) 贸易进口支付。

2) 进口项下的预付货款支付。

3) 出口项下的佣金（回扣）。

4) 进出口项下的运输费、保险费。

5) 进口项下的尾款。

6) 进出口项下的资料费、技术费、信息费等从属费用。

7) 从保税区购买商品以及购买国外入境展览展品的用汇。

8) 专利权、著作权、商标、计算机软件等无形资产的进口。

9) 出口项下对外退赔外汇。

10) 境外承包工程所需的投标保证金。

11) 民航、海运、铁道部门（机构）支付境外国际联运费、设备维修费、站场港口使用费、燃料供应费、保险费、非融资性租赁费及其他服务费用。

12) 民航、海运、铁道部门（机构）支付国际营运人员伙食、津贴补助。

13) 邮电部门支付国际邮政、电信业务费用。

14) 转口贸易项下先支后收发生的对外支付。

15) 偿还外债利息和外债转贷款利息。

16) 财政预算内的机关、事业单位和社会团体的非贸易非经营性用汇。

17) 在境外举办展览、招商、培训及拍摄影视片等用汇。

18) 对外宣传费、对外援助费、对外捐赠外汇、国际组织会费、参加国际会议的注册费、报名费。

19) 在境外设立代表处或办事机构的开办费和经费。

20) 国家教委国外考试协调中心支付境外的考试费。

21) 企业的出国费用。

22) 个人因私用汇，具体包括：出境探亲、会亲、定居、旅游和自费留学、朝觐的用汇，自费出境参加国际学术会议、做学术报告、被聘任教等，对方不提供旅途零用费的用汇；缴纳国际学术团体组织会员费的用汇；从境外邮购少量药品、医疗器具等特殊用汇；出境定居后，因生病或其他事故的用汇；出境定居后，需将离休金、离职金、退休金、抚恤金、人民币存款利息、房产出租收入的租金及其他资产收益汇出境外的用汇；出境定居后，无工资收入的境内居民需兑换外汇的用汇；未满14周岁儿童出国定居的用汇；个人因私用汇。

23) 境内机构支付境外的股息。

24) 外商投资企业利润、红利的汇出。

25) 外商投资企业外籍员工的工资及其他合法收入汇出。

26) 驻华机构及来华人员的合法人民币收入汇出境外。

27) 驻华机构及来华人员由外国或者港澳等地区携入或者在中国境内购买的自用物品、设备、用具等，出售后所得合法人民币款项的汇出。

(2) 银行结汇制

我国对经常项目下的外汇收入实行银行结汇制。境内机构的经常项目外汇收入必须汇回国内，并按照国家关于结汇、售汇及付汇管理的规定卖给外汇指定银行，或者经批准在外汇指定银行开立外汇账户。有些符合国家规定的经常项目外汇收入，经过批准后，可存放在国外。

根据国家《结汇、售汇及付汇管理规定》的规定，境内机构经常项目下的外汇收入应按规定卖给外汇指定银行或在外汇指定银行开立外汇账户。关于经常项目下的外汇收入，我们在前面已经谈到，其中应当结汇的包括前述第1) 项至第11) 项，以及国外捐赠、资助及援助的外汇和国家外汇管理局规定的其他应当结汇的外汇；其中可向国家外汇管理局及其分支局申请，在经营外汇业务的银行开立外汇账户，并按规定办理结汇的包括前述第12) 项至第15) 项；捐赠、资助及援助合同规定用于境外支付的外汇、外国驻华使领馆、国际组织及其他境外法人驻华机构的外汇、居民个人及来华人员的外汇可以保留。外商投资企业经常项目下外汇收入可在外汇管理局核定的最高金额以内保留外，其超出的部分应当卖给外汇指定银行，或者通过外汇调剂中心卖出。这里讲的外汇指定银行是指经人民银行批准经营结汇和售汇业务的金融机构，包括中资金融机构和外资金融机构。

2002年9月9日国家外汇管理局发布了《关于进一步调整经常项目外汇账户管理政策有关问题的通知》和《境内机构经常项目外汇账户管理实施细则》，对经常项目外汇账户管理有关政策进行调整。一是进一步放宽了中资企业的开户标准，统一中外资企业经常项目外汇账户开户条件。凡经有权管理部门核准或备案具有涉外经营权或有经常项目外汇收入的境内机构（含外商投资企业），均可以向所在地国家外汇管理局及其分支局（以下简称外汇局）申请开立经常项目外汇账户。二是将现行的经常项目外汇结算账户和外汇专用账户合并为经常项目外汇账户。经常项目外汇账户的收入范围为经常项目外汇收入，支出范围为经常项目外汇支出和经外汇局核准的资本项目外汇支出。三是对经常项目外汇账户统一实行限额管理。

为方便境内机构使用外汇，促进贸易便利化，国家外汇管理局于2005年8月2日发出关于放宽境内机构保留经常项目外汇收入有关问题的通知，决定再次提高境内机构经常项目外汇账户保留现汇的比例。

一是境内机构上年度经常项目外汇支出占经常项目外汇收入的比例在80%以下的，其经常项目外汇账户保留现汇的比例，由其上年度经常项目外汇收入的30%调整为50%。

二是境内机构上年度经常项目外汇支出占经常项目外汇收入的比例在80%（含）以上的，其经常项目外汇账户保留现汇的比例，由其上年度经常项目外汇收入的50%调整为80%。

三是新开立经常项目外汇账户的境内机构，如上年度没有经常项目外汇收入，其开立经常项目外汇账户的初始限额，由以前的不超过等值10万美元调整为不超过等值20万美元。

四是境内机构开立的捐赠、援助、国际邮政汇兑及国际承包工程等暂收待付项下的经常项目外汇账户，限额可按外汇收入的100%核定，具体办法按照《国家外汇管理局关于进一步调整经常项目外汇账户管理政策有关问题的通知》（汇发〔2002〕87号）和《国家外汇管理局关于调整国际承包工程等项下经常项目外汇账户管理政策有关问题的通知》（汇发〔2003〕90号）执行。

五是对于有实际经营需要的进出口及生产型企业，经各分局核准，可按其外汇收入的

100%核定经常项目外汇账户限额，具体办法按照《国家外汇管理局关于调整经常项目外汇账户限额管理办法的通知》（汇发〔2005〕7号）执行。

境内机构原则上只能开立一个经常项目外汇账户。在同一银行开立相同性质、不同币种的经常项目外汇账户无需另行由外汇局核准。在已使用账户系统的地区，符合开户条件的境内机构可根据其实际经营需要，向外汇局申请开立多个经常项目外汇账户，在开户个数、开户金融机构方面不受限制，开户金融机构必须按规定为境内机构办理开户手续，并通过账户系统向外汇局传送开户信息。境内机构开立多币种、两个或两个以上经常项目外汇账户的，外汇局必须为每一个币种经常项目外汇账户核定限额，具体限额分解可以由境内机构自行确定，但境内机构所有经常项目外汇账户限额总和不得超过规定的限额。境内机构经常项目外汇收入，在外汇局核定的经常项目外汇账户限额以内的，可以结汇，也可以存入其经常项目外汇账户；超出外汇局核定的经常项目外汇账户限额的外汇收入必须结汇。境内机构经常项目外汇账户余额超出经常项目外汇账户限额后，开户金融机构应当及时通知境内机构办理结汇手续。境内机构经常项目外汇账户余额超出核定限额后，超限额部分外汇资金仍可在外汇账户内存放90日。对于超过90日后仍未结汇或对外付汇的，开户金融机构须在90日期满之后5个工作日内，为境内机构办理超限额部分外汇资金结汇手续，并通知该境内机构。

境内机构原则上不得将经常项目外汇账户中的外汇资金转作定期存款，确需转作定期存款的境内机构须凭申请书、《外汇账户使用证》或《登记证》、原账户开立核准件、对账单向开户所在地外汇局申请。境内机构经常项目外汇账户的外汇资金转作定期存款，应当纳入其经常项目外汇账户限额的管理。在已使用账户系统的地区，境内机构可以将经常项目外汇账户中的外汇资金在开户金融机构中转作定期存款，但应当纳入其经常项目外汇账户限额的管理。开户金融机构应当按原转出户的账户开立核准件编号，填写定期存款账户开户信息后，报送开户所在地外汇局。同一境内机构在不同开户金融机构开立的相同性质经常项目外汇账户之间可以相互划转外汇资金。

2. 境内机构的经常项目用汇管理

境内机构的经常项目用汇，可按国家关于结汇、售汇及付汇管理的规定，持有效凭证和商业单据向外汇指定银行购汇支付。

(1) 经营性对外支付用汇管理

境内机构的经营性对外支付用汇分直接支付或兑付、先支付或兑付后核查和经审核后才支付或兑付三种情况。

1) 境内机构下列贸易及非贸易经营性对外支付用汇，持与支付方式相应的有效商业单据和所列有效凭证从其外汇账户中支付或者到外汇指定银行兑付。

①用跟单信用证/保函方式结算的贸易进口，如需在开证时购汇，持进口合同、进口付汇核销单、开证申请书；如需在付汇时购汇，还应当提供信用证结算方式要求的有效商业单据。核销时必须凭正本进口货物报关单办理。

②用跟单托收方式结算的贸易进口，持进口合同、进口付汇核销单、进口付汇通知书及跟单托收结算方式要求的有效商业单据。核销时必须凭正本进口货物报关单办理。

③用汇款方式结算的贸易进口，持进口合同、进口付汇核销单、发票、正本进口货物报关单、正本运输单据，若提单上的“提货人”和报关单上的“经营单位”与进口合同中列明的买方名称不一致，还应当提供两者间的代理协议。

④进口项下不超过合同总金额的15%或者虽超过15%但未超过等值10万美元的预付货款，持进口合同、进口付汇核销单。

上述第①项至第④项下进口，实行进口配额管理或者特定产品进口管理的货物，还应当提供有关部门签发的许可证或者进口证明；进口实行自动登记制的货物，还应当提供填好的登记表格。

⑤进口项下的运输费、保险费，持进口合同、正本运输费收据和保险费收据。

⑥出口项下不超过合同总金额2%的暗佣（暗扣）和5%的明佣（明扣）或者虽超过上述比例但未超过等值1万美元的佣金，持出口合同或者佣金协议、结汇水单或者收账通知；出口项下的运输费、保险费，持出口合同、正本运输费收据和保险费收据。

⑦进口项下的尾款，持进口合同、进口付汇核销单、验货合格证明。

⑧进出口项下的资料费、技术费、信息费等从属费用，持进口合同或者出口合同、进口付汇核销单或者出口收汇核销单、发票或者收费单据及进口或者出口单位负责人签字的说明书。

⑨从保税区购买商品以及购买国外入境展览展品的用汇，持上述第①项至第⑧项规定的有效凭证和有效商业单据

⑩专利权、著作权、商标、计算机软件等无形资产的进口，持进口合同或者协议。

⑪出口项下对外退赔外汇，持结汇水单或者收账通知、索赔协议、理赔证明和已冲减出口收汇核销的证明。

⑫境外承包工程所需的投标保证金持投标文件，履约保证金及垫付工程款项持合同。

2) 境内机构下列贸易及非贸易经营性对外支付，经营外汇业务的银行凭用户提供的支付清单先从其外汇账户中支付或者兑付，事后核查下列内容。

①经国务院批准的免税品公司按照规定范围经营免税商品的进口支付。

②民航、海运、铁道部门（机构）支付境外国际联运费、设备维修费、站场港口使用费、燃料供应费、保险费、非融资性租赁费及其他服务费用。

③民航、海运、铁道部门（机构）支付国际营运人员伙食、津贴补助。

④邮电部门支付国际邮政、电信业务费用。

3) 境内机构下列对外支付用汇，由国家外汇管理局审核其真实性后，从其外汇账户中支付或者到外汇指定银行兑付：

①进口项下超过合同总金额的15%且超过等值10万美元的预付货款。

②出口项下超过合同总金额2%的暗佣（暗扣）和5%的明佣（明扣）且超过等值1万美元佣金的。

③转口贸易项下先支后收的对外支付。

④偿还外债利息。

⑤超过等值1万美元的现钞提取。

境内机构偿还境内中资金融机构外汇贷款利息，持《外汇（转）贷款登记证》、借贷合同及债权人的付息通知单，从其外汇账户中支付或者到外汇指定银行兑付。

(2) 非经营性对外支付用汇管理

1) 属于预算内的机关、事业单位和社会团体非贸易非经营性用汇实行人民币预算限额控制购汇。购汇人民币限额由财政部门统一核定，由中国银行（含其分支机构）根据财政部门核定的购汇人民币限额为用汇单位建账立户并监督执行，年终账户余额由银行自动注销。预算内的非贸易非经营性用汇项目包括如下几种：出国留学、进修人员用汇；向国际组织缴纳会费、股金与基金用汇；对外援助、国际救济与捐款用汇；机关、驻外使领馆、事业单位及社会团体在境外设立代表处或办事机构的开办费和经费用汇；聘请外国专家用汇；因公临时出国访问、考察、办展览、学习、培训、出席国际会议等用汇；境外朝觐用汇；对外宣传费等用汇；经批准的其他人民币预算内用汇。

2) 预算外的境内机构非经营性用汇，须持有效凭证从其外汇账户中支付或者到外汇指定银行兑付。主要包括如下几种：

①在境外举办展览、招商、培训及拍摄影视片等用汇，持合同、境外机构的支付通知书及主管部门批准文件。

②对外宣传费、对外援助费、对外捐赠用汇，国际组织会费、参加国际会议的注册费、报名费，持主管部门的批准文件及有关函件。

③在境外设立代表处或办事机构的开办费和年度预算经费，持主管部门批准设立该机构的批准文件和经费预算书。

④中华人民共和国教育部国外考试协调机构支付境外的考试费，持对外合同和国外考试机构的账单或者结算通知书。

⑤在境外办理商标、版权注册、申请专利和法律、咨询服务等所需费用，持合同和发票。

⑥因公出国费用，持国家授权部门出国任务批件。

⑦其他非经营性用汇。

3. 境内机构外汇收支的核销管理

境内机构的出口收汇和进口付汇，应当按照国家关于出口收汇核销管理和进口付汇核销管理的规定办理核销手续。国家外汇管理局先后制定有《出口收汇核销管理办法》及实施细则，《进口付汇核销管理暂行办法》和《进口付汇核销操作规程》等规定，规定凡是出口货物的，在每笔货物出口申报时要进行登记，收汇后再逐笔按号核销；在进口货物，以外汇向境外支付货款等费用时，也要逐笔按号核销。2005年10月，国家外汇管理局发出关于进一步简化出口收汇核销手续有关问题的通知，对出口收汇核销手续做了进一步简化。

(二) 个人的外汇管理

对个人的外汇管理分为对居民个人的外汇管理和对非居民个人的外汇管理。“境内居民个人”（以下简称“居民个人”）是指居住在我国境内的中国人、定居在我国境内的外国人（包括无国籍人）以及在中国境内居留满一年（按申请人护照上登记的本次入境日期计算）以上的外国人及港澳台同胞。“非居民个人”系指外国自然人（包括无国籍人）港澳台同胞和持中华人民共和国护照但已取得境外永久居留权的中国自然人。

1. 对居民个人的外汇管理

(1) 对居民个人外汇收入的管理

居民个人外汇收入是指居民个人从境外获得的、拥有完全所有权、可以自由支配的外汇收入，包括经常项目外汇收入和资本项目外汇收入。经常项目外汇收入包括：专利、版权、稿费、咨询费、保险金、利润、红利、利息、年金、退休金、雇员报酬、遗产、赡家款、捐赠、居民个人合法获得的其他经常项目外汇收入。居民个人从境外汇入或携入的经常项目外汇收入，如需解付外币现钞或兑换人民币，按照如下办法办理：一次性解付外币现钞或兑换人民币等值1万美元（含1万美元）以下的，凭真实身份证明直接到银行办理；一次性解付外币现钞或兑换人民币等值1万美元以上、20万美元（含20万美元）以下的，银行须审核有关证明材料后予以办理，并登记备案；一次性解付外币现钞或兑换人民币等值20万美元以上的，应当持有关证明材料向所在地外汇局申请，经外汇局审核真实性后，凭外汇局的核准件到银行办理。

居民个人经常项目外汇收入如需解付外币现钞或者兑换成人民币，必须向银行或者外汇局提供相关证明。专利、版权收入须提供真实身份证明、专利或版权证书、转让或者使用协议以及境外完税证明；稿费收入须提供真实身份证明、已发表作品、境外完税证明；咨询费收入须提供真实身份证明、咨询协议以及境外完税证明；保险金收入须提供真实身份证明、保单、索赔书、理赔证明；利润、红利收入须提供真实身份证明、投资协议或者股权证明、利润分配决议或者红利支付书、境外完税证明；利息收入须提供真实身份证明、债券或者债券登记证或者存款利息清单、境外完税证明；年金、退休金须提供真实身份证明、在境外工作证明、境外完税证明；雇员报酬须提供真实身份证明、雇佣协议、境外完税证明；遗产继承外汇须提供真实身份证明、公证书、境外完税证明；赡家款须提供真实身份证明、亲属关系说明书；捐赠外汇须提供真实身份证明、捐赠协议；居民个人遇有其他经常项目外汇收入，且金额在等值1万美元（含1万美元）以上的，应当持真实身份证明和相关的证明材料向所在地外汇局申请，经外汇局审核真实性后，凭所在地外汇局的核准件到银行办理有关手续；等值20万美元（含20万美元）以上的，由所在地外汇局报国家外汇管理局审核，银行凭所在地外汇局的核准件办理有关手续。

(2) 对居民个人经常项目外汇支出的管理

居民个人外汇支出包括：居民个人出境旅游、探亲、会亲、朝觐、留学、就医、参加国际学术活动、被聘任教等用汇；居民个人缴纳国际学术团体组织的会员费的用汇；居民个人从境外邮购少量药品、医疗器械等用汇；居民个人在境外的直系亲属发生生病、死亡、意外灾难等特殊情况的用汇；在中国境内居留满一年以上的外国人及港澳台同胞从境外携入或者在境内购买的自用物品等出售后所得人民币款项汇出的用汇；居民个人经常项目的其他外汇支出。居民个人经常项目外汇支出，可以按规定向银行购汇汇出或者携带出境，也可以从其外汇账户中支付。居民个人资本项目的外汇支出，可以从其外汇账户中支出，但不得购汇支出。

为进一步满足境内居民个人合理的用汇需求，方便境内居民个人办理购汇手续，国家外汇管理局于2005年8月发出关于调整境内居民个人经常项目下因私购汇限额及简化相关手续的通知，决定提高境内居民个人经常项目下因私购汇指导性限额，简化相关购汇手续。

1) 提高境内居民个人经常项目下因私购汇指导性限额。

2) 境内居民个人持境内银行发行的外币卡在境外用于经常项目消费或提现形成的透支，持卡人按照《国家外汇管理局关于规范银行外币卡管理的通知》的规定可以到银行购汇偿还。

3) 进一步简化境内居民个人经常项目下因私购汇凭证。

4) 对于自费留学人员只有在汇出或在境内银行预交签证保证金后才能取得有效入境签证的特殊情况，允许其在银行交纳2000元人民币保证金后，持规定的证明材料办理购汇手续。

(3) 居民个人现汇汇出境外管理

1) 居民个人现汇账户存款汇出境外用于经常项目支出，按照如下办法办理：一次性汇出等值1万美元以下的，直接到银行办理；一次性汇出等值1万美元（含1万美元）以上，5万美元以下的，须持本办法第十七条规定的证明材料向所在地外汇局申请，经外汇局审核真实性后，凭外汇局的核准件到银行办理；一次性汇出等值5万美元（含5万美元）以上的，由所在地外汇局报国家外汇管理局审核，银行凭所在地外汇局的核准件办理汇出手续。

2) 居民个人现钞账户存款或者持有的外币现钞汇出境外用于经常项目支出，按照如下办法办理：一次性汇出等值2000美元以下的，直接到银行办理；一次性汇出等值2000美元（含2000美元）以上，1万美元以下的，须持有关证明材料和相应的外汇携入海关申报单或者银行单据或者银行证明向所在地外汇局申请，经外汇局审核真实性后，凭外汇局的核准件到银行办理；一次性汇出等值1万美元（含1万美元）以上的，由所在地外汇局报国家外汇管理局审核，银行凭所在地外汇局的核准件办理汇出手续。

3) 居民个人在境外进行直接投资或者间接投资的用汇，按照如下办法办理：一次性汇出等值1万美元以下的，应当持有关证明材料向所在地外汇局申请，经外汇局批准后，凭外汇局的批准文件到银行办理；一次性汇出等值1万美元（含1万美元）以上的，应当持有关证明材料向所在地外汇局申请；由所在地外汇局转报国家外汇管理局批准后，凭所在地外汇局的批准文件到银行办理。

(4) 居民个人外汇账户管理

居民个人由境外汇入的外汇或携入的外汇票据，均可以开立现汇账户存储；居民个人从境外携入或者持有的可自由兑换的外币现钞，均可以开立现钞账户存储。禁止境内居民个人将其外币现钞存储变为现汇存储。

居民个人将外汇收入存入外汇账户时，一次性存入等值1万美元以下的，直接到银行办理；一次性存入等值1万美元（含1万美元）以上的，须向银行提供真实的身份证明，银行登记备案后予以办理。

除境内居民个人本人境内同一性质外汇账户（含外币现钞账户）之间的资金可以划转外，境内居民个人外汇账户不得用于办理境内账户间的划转及结算。境内居民个人到银行办理本人同一性质外汇账户之间外汇划转时，须凭本人身份证办理。

(5) 居民个人从境外调回的资本项目外汇收入管理

1) 居民个人从境外调回的资本项目外汇收入，如需解付外币现钞或者兑换成人民币，按照如下办法办理：一次性解付外币现钞或兑换人民币等值20万美元以下的，应当持本办法第十二条规定的证明材料向所在地外汇局申请，经外汇局审批同意后，凭外汇局的核准件到银行办理；一次性解付外币现钞或兑换人民币等值20万美元（含20万美元）以上的，应当持本办法第十二条规定的证明材料向所在地外汇局申请，由所在地外汇局转报国家外汇管理局审批同意后，凭所在地外汇局的核准件到银行办理。

2) 居民个人资本项目外汇收入如需解付外币现钞或者兑换成人民币，必须向银行或者外汇局提供下列相关证明。

①境外直接投资调回的本金收入须提供国内境外投资有关主管部门境外直接投资的批准文件、境外直接投资回收的有关证明材料、境外完税证明。

②境外间接投资调回的本金收入须提供国内境外投资有关主管部门境外间接投资批准文件、出售境外各种有价证券收据的有关证明材料、境外完税证明。

3) 居民个人在境外进行直接投资或者间接投资，必须向银行或者外汇局提供下列相关证明：国内境外投资主管部门境外直接投资的批准文件、居民个人真实身份证明、投资协议证明；国内境外投资主管部门境外间接投资的批准文件、居民个人真实身份证明、投资协议证明。

(6) 居民个人外汇结汇管理

2004年，国家外汇管理局发出关于规范居民个人外汇结汇管理有关问题的通知，规定居民个人的合法外汇收入可以依规定到银行办理结汇。居民个人一次性结汇金额在等值1万美元（含1万美元）以下的，须凭本人真实身份证明办理；一次性结汇金额在1万美元以上、5万美元（含5万美元）以下的，由银行按照《境内居民个人外汇管理暂行办法》的有关规定，对居民真实身份证明和合法来源进行审核后予以办理；一次性结汇金额在5万美元以上的，居民个人持有关材料向当地外汇管理部门申请，经其审核后，凭当地外汇管理部门的核准件到银行办理。

2. 对非居民个人外汇的管理

(1) 非居民个人外汇流入管理

1) 非居民个人从境外汇入的外汇或携入的外币现钞，可以自己持有，也可以按照有关规定存入银行，提取外币现钞或办理结汇。

2) 非居民个人在境内银行开立外汇账户时，应遵循存款实名制原则。非居民个人持从境外汇入的外汇资金票据或银行通知单开立外汇现汇账户时，应凭本人真实身份证明的原件（包括外国护照、境外永久居留权证明原件等，以下简称“本人真实身份证明”）办理。非居民个人持外币现钞开立外币现钞账户时，每人每天存储等值5000美元以下（含等值5000美元，下同）的，凭本人真实身份证明办理；每人每天存储等值5000美元以上的，凭本人真实身份证明、本人携带外币现钞入境申报单原件（以下简称“本人入境申报单”）或原银行外币现钞提取单据的原件办理。银行应在本人入境申报单原件和银行外币现钞提取单据的原件上标注存款金额、存款日期和存款银行名称，并退给非居民个人保留。非居民个人从境外汇入的外汇资金应当开立外汇现汇账户存储。从境外携入的外币现钞应当开立外币现钞账户存储。

3) 非居民个人从境外汇入的外汇或境内外汇账户中提取外币现钞时，应凭本人真实身份证明到银行办理。每人每天提取外币现钞金额超过等值1万美元的，除提供本人真实身份证明外，还应如实填写《非居民个人外汇收支情况表》。银行应对非居民个人填写的内容与非居民个人提供的材料进行认真核对。

4) 非居民个人办理结汇时，应如实向银行说明外汇资金结汇用途，填写《非居民个外汇收支情况表》。银行应对非居民个人填写的内容与非居民个人提供的材料进行认真核对。居民个人从外汇账户中结汇时，每人每次结汇金额在等值1万美元以下的，直接在银行办理；每人每月累积结汇金额超过等值5万美元的，应向所在地外汇局提出申请，经外汇局审核确认合规用途（合规用途包括个人用于贸易结算、购买不动产及购买汽车等大宗耐用消费品等用途）后到银行办理。从境外汇入的外汇直接结汇时，除按照上述规定办理外，还须向银行或外汇局提供本人真实身份证明。非居民个人将持有的外币现钞结汇时，每人每次结汇等值5000美元以下的，凭本人真实身份证明办理；每人每次结汇等值5000美元以上的，凭本人真实身份证明、本人入境申报单原件或原银行外币现钞提取单据的原件办理。银行应在本人入境申报单原件和银行外币现钞提取单据的原件上标注结汇金额、结汇日期和结汇银行名称，并退给非居民个人、保留。

(2) 非居民个人外汇流出管理

1) 非居民个人需将现汇账户和现钞账户内的存款汇出境外时，直接到银行办理，并填写《非居民个人外汇收支情况表》。银行应对非居民个人填写的内容与非居民个人提供的材料进行认真核对。

2) 非居民个人持有的外币现钞需汇出境外时，汇出金额在等值5000美元以下的，凭本人真实身份证明到银行办理；汇出金额在等值5000美元以上的。凭本人真实身份证明和本人入境申报单办理。银行应在非居民个人入境申报单原件上标注汇出金额、汇出日期和汇出银行名称，并退给非居民个人保留。

3) 非居民个人在境内合法的人民币收益购汇汇出及出境时未用完的人民币兑回外汇，可以按现行有关规定办理。

非居民个人在境内办理上述业务时，可以由他人代为办理。如由他人代办，应提供书面委托证明、代办人的真实身份证明原件及复印件和上述各条规定的证明材料。

非居民个人携带外币现钞出入境，应当严格执行《携带外币现钞出入境管理暂行办法》中的有关规定。非居民个人从事B股交易等资本项下的外汇收支应当按照现行国家外汇管理局的有关规定执行。通过境内银行办理涉外收支业务的。均应当按照《国际收支统计申报办法》《国家外汇管理局关于加强B股等跨境资金流动进行统计监测有关事项的通知》等有关规定办理国际收支统计申报。银行办理非居民个人外汇业务时，应当按照《金融机构大额和可疑外汇资金交易报；告管理办法》中的相关规定申报有关交易信息。

四、资本项目外汇管理

(一) 资本项目外汇收支管理

1. 资本项目

资本项目是指国际收支中因资本输出和输入而产生的资产与负债的增减项目，包括直接投资、各类贷款、证券投资等。直接投资包括中国企业向境外的直接投资和境外企业在中国的直接投资。各类贷款包括国际组织贷款、外国政府贷款、银行借款等。证券投资包括债券、票据等。根据国家外汇管理局《关于（结汇、售汇及付汇管理规定）中有关问题的解释和说明》的解释，资本项目的外汇收入包括：境外法人或自然人作为投资汇入的收入；境内机构境外借款，包括外国政府贷款、国际金融组织贷款、国际商业贷款等；境内机构发行外币债券、股票取得的收入；境内机构向境外出售房地产及其他资产的收入；经国家外汇管理局批准的其他资本项目下外汇收入。

境内机构资本项目的外汇支出包括：偿还外债本金；对外担保履约用汇；境外投资；外商投资企业的外汇资本金的增加、转让或以其他方式处置；外商投资企业依法清算后的资金汇出；外商投资企业外方所得利润在境内增资或者再投资；投资性外商投资企业外汇资本金在境内增加投资；本国居民的资产向境外转移，向境外贷款。

2. 资本项目外汇收入管理

1) 境内机构的资本项目外汇收入，除国务院另有规定外，应当调回国内。不得擅自存放在境外。因特殊原因需要将其资本项目外汇收入暂时存放国外的，也须报国家外汇管理部门批准。

2) 境内机构的资本项目外汇收入，应当按照国家有关规定在外汇指定银行开立外汇账户；卖给外汇指定银行的，须经外汇管理机关批准。根据国家《结汇、售汇及付汇管理规定》，境内机构资本项目下的外汇应当在经营外汇业务的银行开立外汇账户。

境内机构下列范围内的外汇，未经外汇管理局批准，不得结汇：境外法人或自然人作为投资汇入的外汇；境外借款及发行外币债券、股票取得的外汇。

3) 经国家外汇管理局批准的其他资本项目项下外汇收入。除出口押汇外的国内外汇贷款和中资企业借入的国际商业贷款不得结汇。

3. 境内机构向境外投资的外汇管理

(1) 境内机构向境外投资的审批

境内机构向境外投资，在向审批主管部门申请前，须由外汇管理机关审查其外汇资金来源。境内机构向境外投资，须向国家发展和改革委员会、商务部和各省、自治区、直辖市、计划单列市人民政府报批。其中在境外设立金融机构的项目，报经中国人民银行审批。在此之前应将外汇资金的来源报经国家外汇管理局审批。根据《境外投资外汇管理办法》及补充通知的规定，境外投资项目用汇金额在100万美元以下的，由外汇管理局省级分局审批；100万美元以上或累计超过100万美元的，由外汇管理局省级分局报国家外汇管理局审批。根据《国家外汇管理局关于下放部分资本项目外汇业务审批权限有关问题的通知》的规定，境外上市外资股公司回购本公司境外上市流通股份涉及购、付汇及境外开户审批的，若购、付汇金额低于2500万美元，由所在地分局审批；若购、付汇金额高于2500万美元（含2500万美元），仍应通过所在分局报总局审批。

(2) 资金汇出

境内机构向境外的投资项目经有关部门批准后，就可到所在地外汇管理局办理投资资金的汇出手续。境内投资者以外汇资金向境外投资的，应向所在地外汇管理局缴存所投资金5%的资金，作为汇回利润保证金。以设备作为投资的，应按资本设备投资额的2.5%，以美元现汇或等值的人民币缴存作为汇回利润保证金。保证金应当存入国家外汇管理局在指定银行开立的保证金专用账户。境外企业在投资回收计划期限内汇回的利润累计达到中方实际投资额时，退还该保证金。境内机构在缴齐保证金后即可办理外汇资金汇出手续。

(二) 外债管理

1. 外债

外债是指境内机构对非居民承担的以外币表示的债务。境内机构是指在中国境内依法设立的常设机构，包括但不限于政府机关、金融境内机构、企业、事业单位和社会团体。非居民是指中国境外的机构、自然人及其在中国境内依法设立的非常设机构。

(1) 外债的分类

1) 按照债务类型划分，外债分为外国政府贷款、国际金融组织贷款和国际商业贷款。

外国政府贷款是指中国政府向外国政府举借的官方信贷，具有一定的援助或部分赠与性质。其特点是期限长，一般为20～30年，最长可达50年；低息优惠（一般为2%～4%）或无息贷款；具有政府间的开发援助的性质。外国政府贷款又分为完全由政府财政性资金提供的纯政府贷款和由政府财政性资金与商业性贷款组成的混合贷款。纯政府贷款一般无息或利率很低，还款期限较长。

国际金融组织贷款是指中国政府向世界银行、亚洲开发银行、联合国农业发展基金会和其他国际性、地区性金融机构举借的非商业性信贷。其他国际性、地区性金融机构主要有国际货币基金组织、国际结算银行和泛美开发银行等。目前向我国提供贷款的国际经济组织主要是世界银行、国际农业发展基金组织、亚洲开发银行和国际货币基金组织。

国际商业贷款是指境内机构向非居民举借的商业性信贷。包括：向境外银行和其他金融机构借款；向境外企业、其他机构和自然人借款；境外发行中长期债券（含可转换债券）和短期债券（含商业票据、大额可转让存单等）；买方信贷、延期付款和其他形式的贸易融资；国际融资租赁；非居民外币存款；补偿贸易中用现汇偿还的债务；其他种类国际商业贷款。

2) 按照偿还责任划分，外债分为主权外债和非主权外债

主权外债是指由国务院授权机构代表国家举借的、以国家信用保证对外偿还的外债。非主权外债是指除主权外债以外的其他外债。

此外，在外债中，还有因对外担保形成的潜在对外偿还义务的或有外债。对外担保是指境内机构依据国家有关法律、法规，以保证、抵押或质押方式向非居民提供的担保。主要包括融资担保、融资租赁担保、补偿贸易项目下的担保、境外工程承包中的担保等。根据《境内机构对外担保管理办法》的规定，可以对外出具担保的只能是经批准允许办理对外担保业的金融机构，或者是具有代为清偿能力的非金融企业法人。金融机构对外担保余额、境内外汇担保余额及外汇外债余额之和不得超过其自有资金的20倍；企业对外担保余额不得超过其净资产的50%，并不得超过其上年外汇收入。对外担保必须报经外汇管理机关批准，并接受外汇管理部门的监管。

(2) 外债的管理部门

国家对各类外债和或有外债实行全口径管理。根据我国新颁布的《外债管理暂行办法》的规定，国家发展计划委员会、财政部和国家外汇管理局是外债管理部门。

2. 举借外债和对外担保管理

(1) 国际金融组织贷款和外国政府贷款由国家统一对外举借

国家发展和改革委员会会同财政部等有关部门制定世界银行、亚洲开发银行、联合国农业发展基金会和外国政府贷款备选项目规划，财政部根据规划组织对外谈判、磋商、签订借款协议和对国内债务人直接或通过有关金融机构转贷。其中，世界银行、亚洲开发银行、联合国农业发展基金会和重点国别外国政府贷款备选项目规划须经国务院批准。

财政部代表国家在境外发行债券由财政部报国务院审批，并纳入国家借用外债计划。其他任何境内机构在境外发行中长期债券均由国家发展和改革委员会会同国家外汇管理局审核后报国务院审批；在境外发行短期债券由国家外汇管理局审批，其中设定滚动发行的，由国家外汇管理局会同国家发展和改革委员会审批。

(2) 对境内机构的外债管理

国家对国有商业银行举借中长期国际商业贷款实行余额管理，余额由国家发展和改革

委员会会同有关部门审核后报国务院审批。

境内中资企业等机构举借中长期国际商业贷款，须经国家发展和改革委员会批准。国家对境内中资机构举借短期国际商业贷款实行余额管理，余额由国家外汇管理局核定。

外商投资企业举借的中长期外债累计发生额和短期外债余额之和应当控制在审批部门批准的项目总投资和注册资本之间的差额以内。在差额范围内，外商投资企业可自行举借外债。超出差额的，须经原审批部门重新核定项目总投资。

境内机构不得为非经营性质的境机构提供担保。未经国务院批准，任何政府机关、社会团体、事业单位不得举借外债或对外担保。境内机构对外签订借款合同或担保合同后，应当依据有关规定到外汇管理部门办理登记手续。国际商业贷款借款合同或担保合同须经登记后方能生效。

3. 外债资金使用

外债资金应当主要用于经济发展和存量外债的结构调整。国际金融组织贷款和外国政府贷款等中长期国外优惠贷款重点用于基础性和公益性建设项目，并向中西部地区倾斜。

中长期国际商业贷款重点用于引进先进技术和设备以及产业结构和外债结构调整。境内企业所借中长期外债资金，应当严格按照批准的用途合理使用，不得挪作他用。确需变更用途的，应当按照原程序报批。

境内企业所借短期外债资金主要用作流动资金，不得用于固定资产投资等中长期用途。

使用外债资金的固定资产投资项目应当实行项目法人责任制，由项目法人对外债资金的使用效益负责。依据《中华人民共和国招标投标法》和国外贷款机构有关规定需要进行招标采购的，应当严格按照规定执行。

4. 外债偿还和风险管理

主权外债由国家统一对外偿还。主权外债资金由财政部直接或通过金融机构转贷给国内债务人的，国内债务人应当对财政部或转资金融机构承担偿还责任。非主权外债由债务人自担风险、自行偿还。

债务人可以用自有外汇资金偿还外债，也可经外汇管理部门核准用人民币购汇偿还外债。债务人无法偿还的外债，有担保人的，应当由担保人负责偿还。担保人按照担保合同规定需要履行对外代偿义务时，应当到外汇管理部门办理对外担保履约核准手续。

债务人应当加强外债风险管理，适时调整和优化债务结构。在不扩大原有外债规模的前提下，经国家发展计划委员会核准，债务人可以通过借入低成本外债、偿还高成本外债等方式，降低外债成本，优化债务结构，其中，涉及主权外债的，须经财政部核准。债务人可以保值避险为目的，委托具有相关资格的金融机构运用金融工具规避外债的汇率和利率风险。

5. 外债监管

外债管理部门应根据国家法律、法规以及有关规定，对外债和对外担保实施监管。外债管理部门履行监管职责时，有权要求债务人和相关单位提供有关资料，检查有关账目和资产。境内机构举借外债或对外担保时，未履行规定的审批手续或未按规定进行登记的，其对外签订的借款合同或担保合同不具有法律约束力。我国的外债登记制度建立于1987年，发布有《外债统计监测暂行规定》和《外债登记实施细则》等规定。凡是从国外筹借并需要以外汇偿还的债务都须按规定登记。登记方式分为定期登记和逐笔登记两种，由国家有关职能部门及中国银行归口负责筹借的国际金融组织贷款、外国政府贷款等需进行定期登记，其他的外债需逐笔登记。境内机构都应按照国务院关于外债统计监测的规定办理外债登记。外债登记由国务院外汇管理部门负责，并定期公布外债情况。

禁止违反利益共享、风险共担原则，以保证外商直接投资固定回报等方式变相举借外债。未经外债管理部门批准，境外中资企业不得将其自身承担的债务风险和偿债责任转移到境内。境内机构违反有关规定举借外债或对外担保的，由其主管部门对直接负责的主管人员和其他直接责任人员依法给予相应的行政处分。构成犯罪的，依法追究刑事责任。外债管理部门的工作人员徇私舞弊、滥用职权或玩忽职守，由其所在部门依法给予行政处分。构成犯罪的，依法追究刑事责任。

(三) 对依法终止的外商投资企业的外汇管理

外商投资企业经营期满或因其他原因无法继续经营而依法终止，依法终止的外商投资企业应当依法进行清理并照章纳税，清理纳税后的剩余财产属于外方投资者所有的人民币，可以向外汇指定银行购汇汇出或携带出境；属于中方投资者所有的外汇，应全部卖给外汇指定银行。

五、金融机构的外汇业务管理

(一) 金融机构经营外汇业务管理

对金融机构经营外汇业务的管理，《外汇管理条例》主要做了四个方面的规定。

1. 金融机构经营外汇业务必须持有经营外汇业务许可证

金融机构分银行金融机构和非银行金融机构，两者的业务范围不一样，在外汇业务上范围也不尽相同。但金融机构要经营外汇业务必须报经国家外汇管理机构批准，并领取经营外汇业务许可证。

2. 经营外汇业务的金融机构应按规定为客户开立账户，办理有关外汇业务

外汇账户的开立、使用和管理，按照国家外汇管理机关发布的外汇账户管理规定执行。

3. 金融机构经营外汇业务，应按规定交存外汇存款准备金，遵守外汇资产负债比例管理的规定，并建立呆账准备金

存款准备金是为应付存户提取存款和调控货币供应量所设置的准备金。有任意和法定两种，任意的存款准备金为金融机构自存准备，法定的存款准备金是国家规定的金融机构必须按照所收存款一定比率转存到中央银行的存款。我们通常所说的存款准备金一般是指法定存款准备金。存款准备金制度既是金融企业的一种后备制度，也是国家实施宏观调控的重要手段。存款准备金率随客观经济环境和宏观调控的需要而不断调整。

外汇呆账准备金是指金融机构专项用于冲销外汇呆账的外汇基金。外汇呆账是指债务人逾期未履行偿债义务超过3年，确实不能收回的外汇资金。外汇呆账准备金逐年按年末外汇贷款余额的0.3%～0.5%提取，计入管理费用。金融机构动用呆账准备金冲销呆账必须报国家外汇管理局备案。

4. 外汇指定银行办理结汇业务所需的人民币资金，应当使用自有资金

自有资金包括银行的资本金，银行吸收的客户存款，银行通过同业拆借拆入的资金和其他白有资金外汇指定银行的结算周转外汇，实行比例幅度管理，具体幅度由中国人民银行依实际情况核定。

(二) 金融机构经营外汇业务的监督管理

1. 金融机构经营外汇业务，应接受外汇管理机关的检查、监督

国家外汇管理机关对银行和非银行金融机构每3年至少进行一次全面检查，对银行的分支行每两年至少进行一次全面检查。国家外汇管理机关还可根据需要随时对银行和非银行金融机构外汇业务进行重点检查。

2. 经营外汇业务的金融机构应当向外汇管理机关报送外汇资产负债表、利润表以及其他财务会计报表和资料

这些报表包括：

1) 各种外币资产负债表及各种外币资产负债折成美元合并编制的外汇资产负债表（年报）。

2) 外币资产负债折成本币与本币资产负债合并编制的资产负债表（年报）。

3) 各种外币利润表及各种外币损益折成美元合并编制的外汇利润表（年报）。

4) 外汇损益折成本币与本币损益合并编制的利润表（年报）。

5) 其他外汇业务统计报表（半年报、季报和月报）。

六、人民币汇率管理

汇率是一国货币与另一国货币相互折算的比率，即以一国货币表示另一国货币的价格。汇率的高低由外汇市场供求关系和其他有关经济政治因素所决定，同时又对一国的国际收支和经济发展起着重要的反作用。各国的汇率制度主要有固定汇率制和浮动汇率制。固定汇率制是货币当局把本国货币对其他货币的汇率加以基本固定，波动幅度限制在一定的范围之内。浮动汇率是指两国的货币之间的汇率由外汇市场的供求状况自发决定。浮动汇率制又分为自由浮动汇率和管理浮动汇率两种。

我国过去一直实行单一的汇率制度。1979年实行改革开放政策以后，实行了外汇留成制度，并建立起了外汇调剂市场，实行有管理的浮动汇率制度，形成官方汇率和调剂市场汇率并存的双重汇率局面。1993年12月28日根据国务院的决定，中国人民银行发布了《关于进一步改革外汇管理体制的公告》，决定从1994年1月1日起，取消外汇留成，将两种汇率并轨，实行以市场供求为基础、单一的、有管理的浮动汇率制度。2005年7月21日，经国务院批准，中国人民银行发布了《关于完善人民币汇率形成机制改革的公告》，决定自2005年7月21日起，在我国开始实行以市场供求为基础，参考一篮子货币进行调节、有管理的浮动汇率制度。人民币汇率不再盯住单一美元，形成更高弹性的人民币汇率机制。新的汇率制度以市场供求为基础，中国人民银行于每个工作日闭市后公布当日银行间外汇市场美元等交易货币对人民币汇率的收盘价，作为下一个工作日该货币对人民币交易的中间价格。每日银行间外汇市场美元对人民币的交易价仍在人民银行公布的美元中间价上下3‰的幅度内浮动，非美元对人民币的交易价在人民银行公布的该货币交易中间价上下一定幅度内浮动。这一套新的汇率制度既是我国社会主义市场经济发展的需要，同时也符合国际货币基金组织的要求。这对于扩大我国的对外交往，充分发挥汇率的经济杠杆作用具有重要意义，也为我国最终实现人民币自由兑换创造了条件。

七、外汇市场管理

(一) 外汇市场交易的原则

外汇市场交易应当遵循公开、公平、公正和诚实信用的原则。外汇交易市场是指进行外汇买卖的场所。公开原则是外汇指定银行和其他经营外汇的金融机构在进行外汇交易时，应当公开进行。公开的内容应包括买卖外汇的金额和价格等，公开的形式可以是发布公告，或是将有关资料公布供查。公平原则即交易各方的权利义务应对等。公正即客观真实、公平对待。诚实信用是要从真实的事实出发，善意地表达自己的意思，并认真地去履行义务，不得弄虚作假，恶意欺诈。

(二) 外汇市场交易的币种和形式

在我国，外汇市场交易的币种和形式由国务院外汇管理部门规定和调整。目前允许交易的币种有人民币对美元、港元、日元、欧元等。交易的形式包括即期交易和远期交易。对银行间的外汇市场只允许进行即期交易，即只能进行现汇买卖，实际上是银行间调节资金余缺的外汇交易。对银行与客户之间则允许进行远明外汇交易，即允许买卖双方签约约定一个汇率，于未来一定日期买入或卖出一定数额的外汇。

八、违反外汇管理的法律责任

(一) 逃汇行为及其法律责任

1. 逃汇及其行为种类

逃汇是指境内机构或者个人，将外汇擅自存放境外、擅自汇出或带出境外，逃避我国的外汇管制的行为。下列行为都属于逃汇行为：

1) 违反国家规定，擅自将外汇存放在境外的。

2) 不按照国家规定将外汇卖给外汇指定银行的。

3) 违反国家规定，将外汇汇出或者携带出境的。

4) 未经外汇管理机关批准，擅自将外币存款凭证、外币有价证券携带或者邮寄出境的。

5) 其他逃汇行为。

2. 对逃汇行为的处罚

对逃汇行为的处罚视其行为方式和程度的不同而采取不同的处罚措施，具体为责令限期调回；强制收兑；罚款，罚款数额为逃汇金额的30%以上5倍以下，罚款可与上述处罚措施并处；刑事责任。

(二) 套汇行为及其法律责任

1. 套汇及其行为种类

套汇是指我国境内机构和个人采取一定方式私自向他人用人民币或者物资换取外汇或外汇收益的行为。下列行为属于套汇行为：

1) 违反国家规定，以人民币支付或者以实物偿付应当以外汇支付的进口货款或者其他类似支出的。

2) 以人民币为他人支付在境内的费用，由对方付给外汇的。

3) 未经外汇管理机关批准，境外投资者以人民币或者境内所购物资在境内进行投资的。

4) 以虚假或者无效的凭证、合同、单据等向外汇指定银行骗购外汇的。

5) 非法套汇的其他行为。

2. 对套汇的处罚

对套汇行为的处罚视其行为方式和程度的不同而采取不同的处罚措施，具体为警告；强制收兑；罚款，罚款数额为非法套汇金额的30%以上3倍以下，罚款可与上述处罚措施并处；刑事责任。

(三) 扰乱金融行为及法律责任

1. 扰乱金融及行为种类

扰乱金融是指违反国家规定，经营金融业务或者从事货币交易的行为。下列行为属于扰乱金融。

1) 未经外汇管理机关批准，擅自经营外汇业务的。

2) 外汇指定银行未按照国家规定办理结汇、售汇业务的。

3) 经营外汇业务的金融机构违反人民币汇率管理、外汇存贷利率管理或外汇交易市场管理的。

4) 以外币在境内计价结算的。

5) 擅自以外汇作质押的。

6) 私自改变外汇用途的。

7) 非法使用外汇的其他行为。

8) 私自买卖外汇、变相买卖外汇或者倒卖外汇的。

2. 对扰乱金融行为的处罚

1) 未经外汇管理机关批准，擅自经营外汇业务的，由外汇管理机关没收违法所得，并予以取缔；构成犯罪的，依法追究刑事责任。经营外汇业务的金融机构擅自超出批准的范围经营外汇业务的，由外汇管理机关责令改正，有违法所得的，没收违法所得，并处违法所得1倍以上5倍以下的罚款；没有违法所得的，处10万元以上50万元以下的罚款；情节严重或者逾期不改正的，由外汇管理机关责令整顿或者吊销经营外汇业务许可证；构成犯罪的，依法追究刑事责任。

2) 外汇指定银行未按照国家规定办理结汇、售汇业务的，由外汇管理机关责令改正，通报批评，没收违法所得，并处10万元以上50万元以下的罚款；情形严重的，停止其办理结汇、售汇业务。

3) 经营外汇业务的金融机构违反人民币汇率管理、外汇存贷款利率管理或者外汇交易市场管理的，由外汇管理机关责令改正，通报批评，有违法所得的没收违法所得，并处违法所得1倍以上5倍以下的罚款；没有违法所得的，处10万元以上50万元以下的罚款；情节严重的，由外汇管理机关责令整顿或者吊销经营外汇业务许可证。

4) 境内机构犯有前述扰乱金融行为第4项至第7项行为之一的，由外汇管理机关责令改正，强制收兑，没收违法所得，并处违法外汇金额等值以下的罚款；构成犯罪的，依法追究刑事责任。

5) 私自买卖外汇、变相买卖外汇或者倒买倒卖外汇的，由外汇管理机关给予警告，强制收兑，没收违法所得，并处违法外汇金额30%以上3倍以下的罚款；构成犯罪的，依法追究刑事责任。

(四) 违反外债管理行为及法律责任

1. 违反外债管理的行为

1) 擅自办理对外借款的。

2) 违反国家有关规定，擅自在境外发行外币债券的。

3) 违反国家有关规定，擅自提供对外担保的。

4) 有违反外债管理的其他行为的。

2. 对违反外债管理行为的处罚

警告；通报批评；罚款，罚款数额在10万元以上50万元以下，罚款可与上述处罚措施并处；刑事责任。

(五) 违反外汇账户管理的行为及法律责任

1. 违反外汇账户管理的行为

违反外汇账户管理的行为包括擅自在境内、境外开立外汇账户，出借、串用、转让外汇账户；改变外汇账户使用范围。

2. 对违反账户管理行为的处罚

责令改正；撤销外汇账户；通报批评；罚款，罚款数额为5万元以上30万元以下，罚款可与上述处罚措施并处。

(六) 违反外汇核销管理的行为及法律责任

1. 违反外汇核销管理的行为

1) 伪造、涂改、出借、转让或者重复使用出口核销单证的。

2) 未按规定办理核销手续的。

2. 对违反外汇核销管理行为的处罚

警告；通报批评；没收违法所得；罚款，罚款数额为5万元以上30万元以下，罚款可与上述处罚措施并处；刑事责任。

(七) 违反外汇经营管理的行为及法律责任

1. 违反外汇经营管理的行为

1) 不按规定交存外汇存款准备金的。

2) 违反外汇资产负债比例管理规定的。

3) 不接受外汇管理机关的检查、监督的。

4) 不按规定向外汇管理机关报送外汇资产负债表、利润表以及其他财务会计报表和资料的。

2. 对违反外汇经营管理行为的处罚

责令改正；通报批评；罚款，罚款数额为5万元以上30万元以下，罚款可与上述处罚措施并处。

境内机构违反外汇管理规定的，除要依上述措施接受处罚外，对直接负责的主管人员和其他直接责任人员应当给予纪律处分；构成犯罪的，依法追究刑事责任。

第二节 记账本位币的确定

记账本位币是指企业经营所处的主要经济环境中的货币。通常这一货币是企业主要收、支现金的经济环境中的货币。我国企业一般以人民币作为记账本位币。我国会计上所称的记账本位币，与国际会计准则中的功能货币，虽然名称不同，但实质内容是一致的。

一、记账本位币的确定

(一) 企业记账本位币的确定

我国《会计法》中规定，业务收支以人民币以外的货币为主的单位，可以选定其中一种货币作为记账本位币，但是编报的财务会计报告应当折算为人民币。《会计法》允许企业选择非人民币作为记账本位币，但是，究竟如何选择，《会计法》没有给出详细的说明，外币折算准则对如何选择记账本位币进行了规范。并规定了确定记账本位币需要考虑的因素。企业选定记账本位币，应当考虑综合考虑因素：一是该货币主要影响商品和劳务销售价格，通常以该货币进行商品和劳务销售价格的计价和结算；二是该货币主要影响商品和劳务所需人工、材料和其他费用，通常以该货币进行上述费用的计价和结算。

【例15-1】贵琛公司为国内一家婴儿配方奶粉加工企业，其原材料牛奶全部来自澳大利亚，主要加工技术、机器设备及主要技术人员均由澳大利亚方面提供，生产的婴儿配方奶粉面向国内出售。为满足采购原材料牛奶等所需澳元的需要，贵琛公司向澳大利亚某银行借款10亿澳元，期限为20年，该借款是贵琛公司当期流动资金净额的4倍。由于原材料采购以澳元结算，且企业经营所需要的营运资金，即融资获得的资金也使用澳元，因此，贵琛公司应当以澳元作为记账本位币。

需要说明的是，在确定企业的记账本位币时，上述因素的重要程度因企业具体情况不同而不同，需要企业管理当局根据实际情况进行判断，但是，这并不能说明企业管理当局可以根据需要随意选择记账本位币，企业管理当局根据实际情况确定的记账本位币只有一种货币。企业选择的记账本位币一经确定，不得改变，除非与确定记账本位币相关的企业经营所处的主要经济环境发生重大变化。

(二) 境外经营记账本位币的确定

境外经营是指企业在境外的子公司、合营企业、联营企业、分支机构。当企业在境内的子公司、联营企业、合营企业或者分支机构，选定的记账本位币不同于企业的记账本位币时，也应当视同境外经营。会计准则中所说的境外经营是个广义的概念，子公司、合营企业、联营企业、分支机构是否属于境外经营，不是以位置是否在境外为判定标准，而是要看其选定的记账本位币是否与企业相同。

企业选定境外经营的记账本位币，除考虑前面所讲的因素外，还应考虑下列因素。

1) 境外经营对其所从事的活动是否拥有很强的自主性。如果境外经营所从事的活动是视同企业经营活动的延伸，该境外经营应当选择与企业记账本位币相同的货币作为记账本位币，如果境外经营所从事的活动拥有极大的自主性，境外经营不能选择与企业记账本位币相同的货币作为记账本位币。

2) 境外经营活动中与企业的交易是否在境外经营活动中占有较大比重。如果境外经营与企业的交易在境外经营活动中所占的比例较高，境外经营应当选择与企业记账本位币相同的货币作为记账本位币，反之，应选择其他货币。

3) 境外经营活动产生的现金流量是否直接影响企业的现金流量、是否可以随时汇回。如果境外经营活动产生的现金流量直接影响企业的现金流量，并可随时汇回，境外经营应当选择与企业记账本位币相同的货币作为记账本位币，反之，应选择其他货币。

4) 境外经营活动产生的现金流量是否足以偿还其现有债务和可预期的债务。如果境外经营活动产生的现金流量在企业不提供资金的情况下，难以偿还其现有债务和正常情况下可预期的债务，境外经营应当选择与企业记账本位币相同的货币作为记账本位币，反之，应选择其他货币。

二、记账本位币的变更

企业选择的记账本位币一经确定，不得改变，除非与确定记账本位币相关的企业经营所处的主要经济环境发生了重大变化。主要经济环境发生重大变化，通常是指企业主要产生和支出现金的环境发生重大变化，使用该环境中的货币最能反映企业的主要交易业务的经济结果。企业因经营所处的主要经济环境发生重大变化，确需变更记账本位币的，应当采用变更当日的即期汇率将所有项目折算为变更后的记账本位币，折算后的金额作为新的记账本位币的历史成本。由于采用同一即期汇率进行折算，因此，不会产生汇兑差额。企业需要提供确凿的证据证明企业经营所处的主要经济环境确实发生了重大变化，并应当在附注中披露变更的理由。

企业记账本位币发生变更的，其比较财务报表应当以可比当日的即期汇率折算所有资产负债表和利润表项目。

第三节　外币交易的会计处理

外币折算准则规范的外币交易包括：买入或者卖出以外币计价的商品或者劳务；借入或者借出外币资金；其他以外币计价或者结算的交易。

买入或者卖出以外币计价的商品或者劳务，通常情况下指以外币买卖商品，或者以外币结算劳务合同。这里所说的商品是一个泛指的概念，可以是有实物形态的存货、固定资产等，也可以是无实物形态的无形资产、债权或股权等。

借入或者借出外币资金，指企业向银行或非银行金融机构借入以记账本位币以外的货币表示的资金，或者银行或非银行金融机构向人民银行、其他银行或非银行金融机构借贷以记账本位币以外的货币表示的资金，以及发行以外币计价或结算的债券等。

其他以外币计价或者结算的交易，指以记账本位币以外的货币计价或结算的其他交易。例如，接受外币现金捐赠等。

外币交易折算的会计处理主要涉及两个环节，一是在交易日对外币交易进行初始确认，将外币金额折算为记账本位币金额；二是在资产负债表日对相关项目进行折算，因汇率变动产生的差额记入当期损益。

一、折算汇率

无论是在交易日对外币交易进行初始确认时，还是在资产负债表日对外币交易余额进行处理，抑或对外币财务报表进行折算时，均涉及折算汇率的选择，外币折算准则规定了两种折算汇率，即期汇率和即期汇率的近似汇率。

(一) 即期汇率

汇率指两种货币相兑换的比率，是一种货币单位用另一种货币单位所表示的价格。根据表示方式的不同，汇率可以分为直接汇率和间接汇率。直接汇率是一定数量的其他货币单位折算为本国货币的金额，间接汇率是指一定数量的本国货币折算为其他货币的金额。我们通常见到的人民币汇率是以直接汇率表示，通常在银行见到的汇率有三种表示方式：买入价、卖出价和中间价。买入价指银行买入其他货币的价格，卖出价指银行出售其他货币的价格，中间价是银行买入价与卖出价的平均价，银行的卖出价一般高于买入价，以获取其中的差价。无论买入价，还是卖出价均是立即交付的结算价格，都是即期汇率，即期汇率是相对于远期汇率而言的，远期汇率是在未来某一日交付时的结算价格。为方便核算，准则中企业用于记账的即期汇率一般指当日中国人民银行公布的人民币汇率的中间价。但是，在企业发生单纯的货币兑换交易或涉及货币兑换的交易时，仅用中间价不能反映货币买卖的损益，需要使用买入价或卖出价折算。

中国人民银行每日仅公布银行间外汇市场人民币兑美元、欧元、日元、港元的中间价。企业发生的外币交易只涉及人民币与这四种货币之间折算的，可直接采用公布的人民币汇率的中间价作为即期汇率进行折算；企业发生的外币交易涉及人民币与其他货币之间折算的，应以国家外汇管理局公布的各种货币对美元折算率采用套算的方法进行折算，发生的外币交易涉及人民币以外的货币之间折算的，可直接采用国家外汇管理局公布的各种货币对美元折算率进行折算。

(二) 即期汇率的近似汇率

当汇率变动不大时，为简化核算，企业在外币交易日或对外币报表的某些项目进行折算时也可以选择即期汇率的近似汇率折算。即期汇率的近似汇率是“按照系统合理的方法确定的、与交易发生日即期汇率近似的汇率”，通常是指当期平均汇率或加权平均汇率等。以人民币兑美元的周平均汇率为例，假定人民币兑美元每天的即期汇率为：周一7.8，周二7.9，周三8.1，周四8.2，周五8.15，周平均汇率为（7.8＋7.9＋8.1＋8.2＋8.15）÷5＝8.03。月平均汇率的计算方法与周平均汇率的计算方法相同。月加权平均汇率需要采用当月外币交易的外币金额作为权重进行计算。

无论是采用平均汇率，还是加权平均汇率，抑或其他方法确定的即期汇率的近似汇率，该方法应在前后各期保持一致。如果汇率波动使得采用即期汇率的近似汇率折算不适当时，应当采用交易发生日的即期汇率折算。至于何时不适当，需要企业根据汇率变动情况及计算即期汇率的近似汇率的方法等进行判断。

二、交易日的会计处理

企业发生外币交易的，应当在初始确认时采用交易日的即期汇率或即期汇率的近似汇率将外币金额折算为记账本位币金额。

【例15-2】国内智董公司的记账本位币为人民币，属于增值税一般纳税企业。20×7年5月12日。从国外购入某原材料，共计50000美元，当日的即期汇率为1美元＝7.8元人民币，按照规定计算应缴纳的进口关税为39000元人民币，支付的进口增值税为68340元人民币，货款尚未支付，进口关税及增值税已由银行存款支付。

相关会计分录如下：

借：原材料　429000

　应交税费—应交增值税（进项税额）　68640

贷：应付账款—美元　390000

　银行存款　107640

三、会计期末或结算日对外币交易余额的会计处理

资产负债表日，企业应当分别外币货币性项目和外币非货币性项目进行处理。

（一）货币性项目的处理

货币性项目是企业持有的货币和将以固定或可确定金额的货币收取的资产或者偿付的负债。货币性项目分为货币性资产和货币性负债，货币性资产包括现金、银行存款、应收账款和应收票据以及准备持有至到期的债券投资等。货币性负债包括应付账款、其他应付款、短期借款、应付债券、长期借款、长期应付款等。

对于外币货币性项目，资产负债表日或结算日，因汇率波动而产生的汇兑差额作为财务费用处理，同时调增或调减外币货币性项目的记账本位币金额。汇兑差额指的是对同样数量的外币金额采用不同的汇率折算为记账本位币金额所产生的差额。例如，资产负债表日或结算日，以不同于交易日即期汇率或前资产负债表日即期汇率的汇率折算同一外币金额产生的差额即为汇兑差额。

【例15-3】国内智董公司的记账本位币为人民币。20×7年12月4日，向国外贵琛公司出口商品一批，货款共计80000美元，货款尚未收到，当日即期汇率为1美元＝7.8元人民币。假定20×7年12月31日的即期汇率为1美元＝7.9元人民币（假定不考虑增值税等相关税费），则：

对该笔交易产生的外币货币性项目“应收账款”采用20×7年12月31日的即期汇率1美元＝7.9元人民币折算为记账本位币为632000元人民币（80000×7.9），与其交易日折算为记账本位币的金额624000元人民币的差额为8000元人民币，应当计入当期损益，同时调整货币性项目的原记账本位币金额。相应的会计分录为：

借：应收账款　8000

贷：财务费用—汇兑差额　8000

假定20×8年1月31日收到上述货款（即结算日），当日的即期汇率为1美元＝7.85元人民币，智董公司实际收到的货款80000美元折算为人民币应当是628000（80000×7.85）元人民币，与当日应收账款中该笔货币资金的账面金额632000元人民币的差额为－4000元人民币。当日智董公司应作会计分录：

借：银行存款　628000

　财务费用—汇兑差额　4000

贷：应收账款　632000

【例15-4】国内智董公司的记账本位币为人民币。20×7年8月24日，向国外供货商怡昌祥公司购入商品一批，商品已经验收入库。根据双方供货合同，货款共计100000美元，货到后10日内智董公司付清所有货款。当日即期汇率为1美元＝7.8元人民币。假定20×7年8月31日的即期汇率为1美元＝7.9元人民币（假定不考虑增值税等相关税费），则：

对该笔交易产生的外币货币性项目“应付账款”采用8月31日即期汇率1美元＝7.9元人民币折算为记账本位币为790000元人民币（100000×7.9），与其交易日折算为记账本位币的金额780000元人民币（100000×7.8）的差额为10000元人民币，应计入当期损益，相应的会计分录为：

借：财务费用—汇兑差额　　　　　　　　　　10000

　贷：应付账款　　　　　　　　　　　　　　10000

9月3日，智董公司根据供货合同以自有美元存款付清所有货款（即结算日）。当日的即期汇率为1美元＝7.85元人民币。智董公司应作会计分录：

借：应付账款　　　　　　　　　　　　　　790000

　贷：银行存款　　　　　　　　　　　　　785000

　　　财务费用—汇兑差额　　　　　　　　　5000

(二) 非货币性项目的处理

非货币性项目是货币性项目以外的项目，如存货、长期股权投资、交易性金融资产（股票、基金）、固定资产、无形资产等。

1) 对于以历史成本计量的外币非货币性项目，已在交易发生日按当日即期汇率折算，资产负债表日不应改变其原记账本位币金额，不产生汇兑差额。

【例15-5】某外商投资企业怡昌祥公司的记账本位币是人民币。2007年8月15日，进口一台机器设备，设备价款500000美元，尚未支付，当日的即期汇率为1美元＝7.8元人民币。2007年8月31日的即期汇率为1美元＝7.9元人民币。假定不考虑其他相关税费，该项设备属于企业的固定资产，在购入时已按当日即期汇率折算为人民币3900000元。由于“固定资产”属于非货币性项目，因此，2007年8月31日，不需要按当日即期汇率进行调整。

但是，由于存货在资产负债表日采用成本与可变现净值孰低计量，因此，在以外币购入存货并且该存货在资产负债表日的可变现净值以外币反映的情况下，在计提存货跌价准备时应当考虑汇率变动的影响。

2) 对于以公允价值计量的股票、基金等非货币性项目，如果期末的公允价值以外币反映，则应当先将该外币按照公允价值确定当日的即期汇率折算为记账本位币金额，再与原记账本位币金额进行比较，其差额作为公允价值变动损益，记入当期损益。

【例15-6】国内智董公司的记账本位币为人民币。假定20×8年12月5日以每股1.5美元的价格购入贵琛公司B股10000股作为交易性金融资产，当日即期汇率为1美元＝7.8元人民币，款项已付。20×8年12月31日，由于市价变动，当月购入的贵琛公司B股的市价变为每股2美元，当日即期汇率为1美元＝7.6元人民币。假定不考虑相关税费的影响。

20×8年12月5日，该公司对上述交易应做以下财务处理：

借：交易性金融资产　　　　　　　　　　117000

　贷：银行存款　　　　　　　　　　　　117000

根据《企业会计准则第22号——金融工具》规定，交易性金融资产以公允价值计量。由于该项交易性金融资产是以外币计价，在资产负债表日，不仅应考虑美元市价的变动，还应一并考虑美元与人民币之间汇率变动的影响，上述交易性金融资产在资产负债表日的人民币金额为152000（即2×10000×7.6）元，与原账面价值117000元（即1.5×10000×7.8）的差额为35000元人民币，应计入公允价值变动损益。相应的会计分录为：

借：交易性金融资产　　　　　　　　　　35000

　贷：公允价值变动损益　　　　　　　　35000

35000元人民币既包含智董公司所购贵琛公司B股股票公允价值变动的影响，又包含人民币与美元之间汇率变动的影响。

20×9年2月27日，智董公司将所购贵琛公司B股股票按当日市价每股2.2美元全部售出（即结算日），所得价款为22000美元，按当日汇率为1美元＝7.4元人民币折算为人民币金额为162800元，与其原账面价值人民币金额152000元的差额为10800元人民币，对于汇率的变动和股票市价的变动不进行区分，均作为投资收益进行处理。因此，售出当日，智董公司应作会计分录为：

借：银行存款　　162800
　贷：交易性金融资产　　152000
　　　投资收益　　10800

(三) 货币兑换的折算

企业发生的外币兑换业务或涉及外币兑换的交易事项，应当以交易实际采用的汇率，即银行买入价或卖出价折算。由于汇率变动产生的折算差额计入当期损益。

【例15-7】智董公司的记账本位币为人民币，20×7年6月18日以人民币向中国银行买入5000美元，智董公司以中国人民银行公布的人民币汇率中间价作为即期汇率，当日的即期汇率为1美元＝7.8元人民币，中国银行当日美元卖出价为1美元＝7.85元人民币。智董公司当日应作会计分录为：

借：银行存款（美元）　　39000
　　财务费用—汇兑差额　　250
　贷：银行存款（人民币）　　39250

四、分账制记账方法

分账制记账方法是一种外币交易的账务处理方法，我国的许多金融保险企业均采用分账制记账方法。外币折算准则没有提及分账制记账方法，但在外币折算准则应用指南中对此做出了相应规定。金融保险企业的外币交易频繁，涉及外币币种较多，可以采用分账制记账方法进行日常核算。资产负债表日，应当分别货币性项目和非货币性项目进行处理：货币性项目按资产负债表日即期汇率折算，非货币性项目按交易日即期汇率折算，产生的汇兑差额计入当期损益。分账制记账方法下，为保持不同币种借贷方金额合计相等，需要设置"货币兑换"账户进行核算。实务中又可采取两种方法核算。

(一) 所有外币交易均通过"货币兑换"科目处理

在这种方法下，会计处理包括以下内容。

1) 企业发生的外币交易同时涉及货币性项目和非货币性项目的，按相同外币金额同时记入货币性项目和"货币兑换（外币）"科目，同时，按以交易发生日即期汇率折算为记账本位币的金额，记入非货币性项目和"货币兑换（记账本位币）"科目。

2) 企业发生的交易仅涉及记账本位币外的一种货币反映的货币性项目的，按相同币种金额入账，不需要通过"货币兑换"科目核算；如果涉及两种以上货币，按相同币种金额记入相应货币性项目和"货币兑换（外币）"科目。

3) 期末，应将所有以记账本位币以外的货币反映的"货币兑换"科目余额按期末汇率折算为记账本位币金额，并与"货币兑换（记账本位币）"科目余额相比较，其差额转入"汇兑损益"科目：如为借方差额，借记"汇兑损益"科目，贷记"货币兑换（记账本位币）"科目；如为贷方差额，借记"货币兑换（记账本位币）"科目，贷记"汇兑损益"科目。

4) 结算外币货币性项目产生的汇兑差额计入"汇兑损益"。

【例15-8】假定智董银行采用分账制记账方法，选定的记账本位币为人民币并以人民币列报财务报表。20×7年9月，智董银行发生以下交易：

①9月5日，收到投资者投入的货币资本100000美元，无合同约定汇率，当日汇率为1美

元＝7.8元人民币。

②9月10日，以2000美元购入一台固定资产，当日汇率为1美元＝7.75元人民币。

③9月15日，某客户以39000元人民币购入5000美元，当日美元卖出价为1美元＝7.8元人民币。

④9月20日，发放短期贷款5000美元，当日汇率为1美元＝7.85元人民币。

⑤9月25日，向其他银行拆借资金10000欧元，期限为1个月，年利率为3%，当日的汇率为1欧元＝9.5元人民币。

⑥9月30日的汇率为1美元＝8元人民币，1欧元＝10元人民币。

对于上述交易，企业应做如下会计分录：

①9月5日，收到美元资本投入

借：银行存款（美元）　　USD$100000

　贷：货币兑换（美元）　　USD$100000

借：货币兑换（人民币）　　RMB￥780000

　贷：实收资本　　RMB￥780000

②9月10日，以美元购入固定资产

借：固定资产　　RMBY15500

　贷：货币兑换（人民币）　　RMB￥15500

借：货币兑换（美元）　　USD$2000

　贷：银行存款（美元）　　USD$2000

③9月15日，售出美元

借：银行存款（人民币）　　RMB￥39000

　贷：货币兑换（人民币）　　RMB￥39000

借：货币兑换（美元）　　USD$5000

　贷：银行存款（美元）　　USD$5000

④9月20日，发放美元短期贷款

借：贷款（美元）　　USD$5000

　贷：银行存款（美元）　　USD$5000

⑤9月25日，向其他银行拆借欧元资金

借：银行存款（欧元）　　€10000

　贷：拆入资金（欧元）　　€10000

"货币兑换（美元）"账户的贷方余额为USD$93000（USD$100000－ USD$2000－USD$5000），按月末汇率折算为人民币金额余额为RMB￥744000（93000×8）。

"货币兑换（人民币）"账户有借方余额725500（780000－15500－39000）。

"货币兑换"账户的借方余额合计为RMB￥725500，贷方余额合计为RMB￥744000，借贷方之间的差额为－RMB￥18500，即为当期产生的汇兑差额，相应的会计分录为：

借：货币兑换（人民币）　　RMB￥18500

　贷：汇兑损益　　RMB￥18500

(二) 外币交易的日常核算不通过"货币兑换"科目，仅在资产负债表日结转汇兑损益时通过"货币兑换"科目处理

在外币交易发生时直接以发生的币种进行账务处理，期末，由于所有账户均需要折算为记账本位币列报，因此，所有以外币反映的账户余额均需要折算为记账本位币余额，其中，货币性项目以资产负债表日即期汇率折算，非货币性项目以交易日即期汇率折算。折算后，所有账户借方余额之和与所有账户贷方余额之和的差额即为当期汇兑差额，应当计入当期损益。

【例15-9】仍以【例15-8】为例，日常核算中相应会计分录如下：

①9月5日，收到美元资本投入

借：银行存款（美元）　　USD$100000

　贷：实收资本　　USD$100000

②9月10日，以美元购入固定资产

借：固定资产　　USD$2000

　贷：银行存款（美元）　　USD$2000

③9月15日，售出美元

借：银行存款（人民币）　　RMB￥39000

　贷：银行存款（美元）　　USD$5000

④9月20日，发放美元短期贷款

借：贷款（美元）　　USD$5000

　贷：银行存款（美元）　　USD$5000

⑤9月25日，向其他银行拆借欧元资金

借：银行存款（欧元）　　€10000

　贷：拆入资金（欧元）　　€10000

资产负债表日，编制账户科目余额（人民币）的调节表（表15-1）：非人民币货币性项目以资产负债表日即期汇率折算，非人民币非货币性项目以交易日即期汇率折算。

表15-1　账户科目余额的调节表

借方余额账户	币种	外币余额	汇率	人民币余额	贷方余额账户	币种	外币余额	汇率	人民币余额
银行存款	美元	88000	8	804000	拆入资金	欧元	10000	10	100000
	欧元	10000	10						
贷款	美元	5000	8	40000	实收资本	美元	100000	7.8	780000
固定资产	美元	2000	7.75	15500					
银行存款	人民币			39000					
人民币余额合计				898500	人民币余额合计				880000
汇兑损益									18500

相应会计分录为：

借：货币兑换（人民币）　　RMB￥18500

　贷：汇兑损益　　RMB￥18500

需要说明的是，无论是采用分账制记账方法，还是采用统账制记账方法，只是账务处理程序不同，但产生的结果应当相同，计算出的汇兑差额相同，相应的会计处理也相同，均计入当期损益。

第四节 外币财务报表的折算

一、境外经营的财务报表的折算

企业对境外经营的财务报表进行折算时，应当遵循下列规定：

（一）资产负债表中的资产和负债项目，采用资产负债表日的即期汇率折算，所有者权益项目除“未分配利润”项目外，其他项目采用发生时的即期汇率折算。

（二）利润表中的收入和费用项目，采用交易发生日的即期汇率折算；也可以采用按照系统合理的方法确定的、与交易发生日即期汇率近似的汇率折算。

按照上述（一）、（二）折算产生的外币财务报表折算差额，在资产负债表中所有者权益项目下单独列示。

比较财务报表的折算比照上述规定处理。

【例15-10】国内智董公司的记账本位币为人民币，该公司仅有一全资子公司贵琛公司，除此之外，无其他境外经营。贵琛公司设在美国，自主经营，所有办公设备及绝大多数人工成本等均以美元支付，除极少量的商品购自智董公司外，其余的商品采购均来自当地，贵琛公司对所需资金自行在当地融资、自担风险。因此，根据记账本位币的选择确定原则，贵琛公司的记账本位币应为美元。20×7年12月31日，智董公司准备编制合并财务报表（表15-7至表15-10），需要先将贵琛公司的美元财务报表折算为人民币表述。贵琛公司的有关资料如下（见表15-2至表15-4）。

20×7年12月31日的即期汇率为1美元＝8元人民币，20×7年的平均汇率为1美元＝8.2元人民币，实收资本为125000美元，发生日的即期汇率为1美元＝8.3元人民币，20×6年12月31日的即期汇率为1美元＝8.25元人民币，累计盈余公积为11000美元，折算为人民币90300元，累计未分配利润为20000美元，折算为人民币166000元，贵琛公司在年末提取盈余公积6000美元。

表15-2 利润表

贵琛公司　　　　(20×7年)　　　　单位：元

项目	本年累计数（美元）	汇率	折算为人民币金额
一、营业收入	105000	8.2	861000
减：营业成本	40000	8.2	328000
营业税金及附加	6000	8.2	49200
销售费用	8000	8.2	65600
管理费用	12000	8.2	98400
财务费用	10000	8.2	82000
二、营业利润	29090		237800
加：营业外收入	5000	8.2	41000

续表

项目	本年累计数（美元）	汇率	折算为人民币金额
减：营业外支出	4000	8.2	32800
三、利润总额	30000		246000
减：所得税费用	10000	8.2	82000
四、净利润	20000		164000
五、每股收益	-		-

表15-3 资产负债表

编制单位：贵琛公司 （20×7年12月31日） 单位：元

资产	期末数（美元）	汇率	折算为人民币金额	负债和股东权益	期末数（美元）	汇率	折算为人民币金额
流动资产：				流动负债：			
货币资金	20000	8	160000	短期借款	10000	8	80000
交易性金融资产	10000	8	80000	应付票据	2000	8	16000
应收票据	8000	8	64000	应付账款	15000	8	120000
应收账款	22000	8	176000	应付职工薪酬	12000	8	96000
存货	40000	8	320000	应交税费	3000	8	24000
流动资产合计	100000		800000	流动负债合计	42000		336000
非流动资产：				非流动负债：			
固定资产	120000	8	960000	长期借款	12000	8	96000
无形资产	30000	8	240000	长期应付款	20000	8	160000
非流动资产合计	150000		1200000	非流动负债合计	32000		256000
				所有者权益：			
				实收资本	125000	8.3	1037500
				盈余公积	17000		139500
				未分配利润	34000		280800
				报表折算差额	0		−49800
				所有者权益合计	176000		1408000
资产总计	250000		2000000	负债和所有者权益总计	250000		2000000

表15-4 所有者权益变动表

编制单位：贵琛公司 20×7年度 单位：元

	实收资本			盈余公积			未分配利润		外币报表折算差额	所有者权益合计
	美元	折算汇率	人民币	美元	折算汇率	人民币	美元	人民币		人民币
一、本年年初余额	125000	8.3	1037500	11000		90300	20000	166000		1293800

续表

	实收资本			盈余公积			未分配利润		外币报表折算差额	所有者权益合计
	美元	折算汇率	人民币	美元	折算汇率	人民币	美元	人民币		人民币
二、本年增减变动金额										
(一) 净利润							20000	164000		164000
(二) 直接计入所有者权益的利得和损失										
其中：外币报表折算差额									−49800	−49800
(三) 利润分配										
1.提取盈余公积				6000	8.2	49200	−6000	−49200		
三、本年年末余额	125000	8.3	1037500	17000		139500	34000	280800	−49800	1408000

在企业境外经营为其子公司的情况下，企业在编制合并财务报表时，应按少数股东在境外经营所有者权益中所享有的份额计算少数股东应分担的外币报表折算差额，并入少数股东权益列示于合并资产负债表。

母公司含有实质上构成对子公司（境外经营）净投资的外币货币性项目的情况下，在编制合并财务报表时，应分别以下两种情况编制抵销分录：

1) 实质上构成对子公司净投资的外币货币性项目以母公司或子公司的记账本位币反映，则该外币货币性项目产生的汇兑差额应转入“外币报表折算差额”。

2) 实质上构成对子公司净投资的外币货币性项目以母、子公司的记账本位币以外的货币反映，则应将母、子公司此项外币货币性项目产生的汇兑差额相互抵销，差额计入“外币报表折算差额”。

如果合并财务报表中各子公司之间也存在实质上构成对另一子公司（境外经营）净投资的外币货币性项目，在编制合并财务报表时应比照上述原则编制相应的抵销分录。

【例15-11】国内智董公司（系上市公司）以人民币为记账本位币，20×7年1月3日，以22960万元人民币从美国某投资商中购入该国贵琛公司80%的股权，从而使贵琛公司成为其子公司，贵琛公司为投资商全部以美元投资设立，其净资产在20×7年1月3日的公允价值等于其账面价值3500万美元，贵琛公司确定的记账本位币为美元。有关资料如下：

20×7年1月3日，智董公司的累计未分配利润为3696万元人民币，累计盈余公积为2600万元人民币，贵琛公司的实收资本为3410万美元，折算为人民币27962万元人民币，累计未分配利润为80万美元，折算为人民币656万元人民币，累积盈余公积为10万美元，折算为人民币82万元。20×7年4月1日，为补充贵琛公司经营所需资金的需要，智董公司以长期应收款形式借给贵琛公司500万美元，除此之外，智董公司、贵琛公司之间未发生任何交易。有关财务资料见表15-5、表15-6。

假定20×7年1月3日的即期汇率为1美元＝8.2元人民币，4月1日的即期汇率为1美元＝8元人民币，12月31日的即期汇率为1美元＝7.8元人民币，年平均汇率为1美元＝8元人民币。由于汇率波动不大，智董公司以平均汇率折算贵琛公司利润表。20×7年甲、贵琛公司采用相同的会计期间和会计政策，经分析，智董公司借给贵琛公司的500万美元资金实质上构成对贵琛公司的净投资的一部分。

表15-5 资产负债表

（20×7年12月31日）

单位：万元

资产	智董公司（人民币）	贵琛公司（美元）	负债和股东权益	智董公司（人民币）	贵琛公司（美元）
流动资产：			流动负债：		
货币资金	15280	1000	应付账款	9960	750
应收账款	16000	2000	流动负债合计	9960	750
存货	12000	1400	非流动负债：		
流动资产合计	43280	4400	长期借款	10000	
非流动资产：			长期应付款	2000	500
长期应收款	3900		非流动负债合计	12000	500
对子公司投资	29680	0	股东权益：		
固定资产	30000	1400	实收资本	60000	3410
非流动资产合计	63580	1400	盈余公积	4600	130
			未分配利润	20300	1010
			股东权益合计	84900	4550
资产总量	106860	5800	负债和股东权益总计	106860	5800

智董公司当年提取盈余公积2000万元人民币，贵琛公司当年提取盈余公积120万美元，除此之外，甲、贵琛公司的所有者权益均未发生其他变动。

表15-6 利润表

（20×7年）

单位：万元

项目	智董公司（人民币）	贵琛公司（美元）
一、营业收入	800000	8000
减：营业成本	650000	6000
管理费用	80000	300
财务费用	50100	200
加：投资收益	6720	0
二、营业利润	26620	1500
三、利润总额	26620	1500
减：所得税费用	8016	450
四、净利润	18604	1050
五、每股收益		

1) 20×7年1月3日，智董公司取得贵琛公司80%的股权时，账务处理如下：

借：长期股权投资　　22960

　贷：银行存款　　22960

2) 20×7年4月1日，智董公司向贵琛公司借出500万美元时，账务处理如下：

借：长期应收款—贵琛公司（美元） 4000

贷：银行存款—美元 4000

3) 20×7年12月31日，智董公司借给贵琛公司的500万美元因汇率变动产生的汇兑差额的账务处理如下：

借：汇兑差额 100

贷：长期应收款—贵琛公司（美元） 100

4) 20×7年12月31日，贵琛公司实现净利润1050万美元时，智董公司应做如下会计分录：

借：长期股权投资 6720

贷：投资收益 720

相关抵销分录如下：

①借：投资收益 6720

贷：长期股权投资 6720

②借：股本 27962

年初盈余公积 82

年初未分配利润 656

贷：长期股权投资 22960

少数股东权益 5740

③借：长期应付款—智董公司 3900

贷：长期应收款—贵琛公司（美元） 3900

④借：外币报表折算差额 100

贷：汇兑差额 100

⑤借：外币报表折算差额 －322

贷：少数股东权益 －322

表15-7 合并财务报表工作底稿

单位：万元

项目	智董公司（人民币）	贵琛公司（美元）	折算汇率	贵琛公司（人民币）	合计数	抵销分录		合并利润表	合并资产负债表
						借方	贷方		
货币资金	15280	1000	7.8	7800	23080				23080
应收账款	16000	2000	7.8	15600	31600				31600
存货	12000	1400	7.8	10920	22920				22920
长期应收款	3900	-	-	-	3900		③3900		0
对子公司投资	29680	0			29680		①6720 ②22960		0
固定资产	30000	1400	7.8	10920	40920				40920
资产总计	106860	5800		45240	152100		33580		118520
应付账款	9960	750	7.8	5850	15810				15810
长期借款	10000	-	-	-	10000				10000
长期应付款	2000	500	7.8	3900	5900	③3900			2000

续表

项目	智董公司（人民币）	贵琛公司（美元）	折算汇率	贵琛公司（人民币）	合计数	抵销分录		合并利润表	合并资产负债表
						借方	贷方		
股本	60000	3410	8.2	27962	87962	①27962			60000
盈余公积（年初数）	2600	10		82	2682	②82			2600
未分配利润（年初累计数）	3696	80		656	4352	②656			3696
外币报表折算差额				－1610	－1610	⑤－322 ④100			－1388
营业收入	800000	8000	8	64000	864000			864000	
减：营业成本	650000	6000	8	48000	698000			698000	
管理费用	80000	300	8	2400	82400			82400	
财务费用	50100	200	8	1600	51700		④100	51600	
加：投资收益	6720				6720	①6720		0	
营业利润	26620	1500		12000	38620	6720	100	32000	
利润总额	26620	1500		12000	38620	6720	100	32000	
减：所得税费用	8016	450	8	3600	11616			11616	
净利润	18604	1050		8400	27004	6720	100	20384	
盈余公积（本年提取数）	2000	120	8	960	2960			2960	2960
归属于母公司所有者的净利润								18704	18704
少数股东损益								1680	
少数股东权益							②5740 ⑤－322		7098
负债和股东权益总计	106860	5800		45240	152100		39098		118520

表15-8 合并资产负债表

编制单位：智董公司　　(20×7年12月31日)　　单位：万元

资产	金额	负债和股东权益	金额
流动资产：		流动负债：	
货币资金	23080	应付账款	15810
应收账款	31600	流动负债合计	15810
存货	22920	非流动负债：	
流动资产合计	77600	长期借款	10000
非流动资产：		长期应付款	2000
长期应收款	0	非流动负债合计	12000
固定资产	40920	股东权益：	
非流动资产合计	40920	股本	60000
		盈余公积	5560
		未分配利润	19440
		外币报表折算差额	－1388
		归属于母公司所有者权益合计	83612
		少数股东权益	7098
		股东权益合计	90710
资产总计	118520	负债和股东权益总计	118520

表15-9 合并利润表

编制单位：智董公司　　20×7年　　单位：万元

项目	合并利润表
一、营业收入	864000
减：营业成本	698000
管理费用	82400
财务费用	51600
加：投资收益	0
二、营业利润	32000
三、利润总额	32000
减：所得税费用	11616
四、净利润	20384
归属于母公司所有者的净利润	18704
少数股东损益	1680
五、每股收益	

表15-10 合并所有者权益变动表

编制单位：智董公司　　20×7年　　单位：万元

	归属于母公司所有者权益			外币报表折算差额	少数股东权益	所有者权益合计
	实收资本	盈余公积	未分配利润			
一、本年年初余额	60000	2600	3696		5740	72036

续表

	归属于母公司所有者权益			外币报表折算差额	少数股东权益	所有者权益合计
	实收资本	盈余公积	未分配利润			
二、本年增减变动金额						
（一）净利润			18704		1680	20384
（二）直接计入所有者权益的利得和损失						
其中：外币报表折算差额				－1388	－322	－1710
（三）利润分配						
1.提取盈余公积		2960	－2960			
三、本年年末余额	60000	5560	19440	－1388	7098	90710

企业选定的记账本位币不是人民币的，在按照《会计法》要求折算为人民币财务报表时，也应当按照上述规定进行折算。

二、处于恶性通货膨胀经济中的境外经营的财务报表的折算

企业对处于恶性通货膨胀经济中的境外经营的财务报表，应当按照下列规定进行折算。

对资产负债表项目运用一般物价指数予以重述，对利润表项目运用一般物价指数变动予以重述，再按照最近资产负债表日的即期汇率进行折算。

在境外经营不再处于恶性通货膨胀经济中时，应当停止重述，按照停止之日的价格水平重述的财务报表进行折算。

以下是准则应用指南的相关规定。

本准则第十三条规定了处于恶性通货膨胀经济中的境外经营的财务报表的折算。恶性通货膨胀经济通常按照以下特征进行判断：

（一）最近3年累计通货膨胀率接近或超过100%。

（二）利率、工资和物价与物价指数挂钩。

（三）公众不是以当地货币、而是以相对稳定的外币为单位作为衡量货币金额的基础。

（四）公众倾向于以非货币性资产或相对稳定的外币来保存自己的财富，持有的当地货币立即用于投资以保持购买力。

（五）即使信用期限很短，赊销、赊购交易仍按补偿信用期预计购买力损失的价格成交。

三、处置境外经营时的折算

企业在处置境外经营时，应当将资产负债表中所有者权益项目下列示的、与该境外经营相关的外币财务报表折算差额，自所有者权益项目转入处置当期损益；部分处置境外经营的，应当按处置的比例计算处置部分的外币财务报表折算差额，转入处置当期损益。

四、记账本位币不是人民币的财务报表的折算

企业选定的记账本位币不是人民币的，应当按照本准则第十二条规定将其财务报表折算为人民币财务报表。

第十六章 人力资源

第一节 职工薪酬会计

职工薪酬是指企业为获得职工提供的服务或解除劳动关系而给予的各种形式的报酬或补偿。企业提供给职工配偶、子女、受赡养人、已故员工遗属及其他受益人等的福利，也属于职工薪酬。

为了规范职工薪酬的确认、计量和相关信息的披露，根据《企业会计准则——基本准则》，财政部2006年2月发布了《企业会计准则第9号——职工薪酬》，2014年1月财政部对其进行了修订（2014年1月27日 财会〔2014〕8号，以下简称“本准则”），修订后的准则自2014年7月1日起施行。

企业应当遵循本准则的要求对短期薪酬、离职后福利、辞退福利和其他长期职工福利等职工薪酬进行确认、计量和披露。

对于企业年金基金，企业应当按照《企业会计准则第10号——企业年金基金》的相关规定进行会计处理。

对于企业向其职工发放的以股份为基础的支付，属于职工薪酬范畴，但其会计处理应当遵循《企业会计准则第11号——股份支付》的相关规定。

一、职工薪酬的组成

(一) 短期薪酬

短期薪酬是指企业预期在职工提供相关服务的年度报告期间结束后十二个月内将全部予以支付的职工薪酬，因解除与职工的劳动关系给予的补偿除外。因解除与职工的劳动关系给予的补偿属于辞退福利的范畴。

短期薪酬主要包括职工工资、奖金、津贴和补贴；职工福利费；医疗保险费、工伤保险费和生育保险费等社会保险费，住房公积金，工会经费和职工教育经费；短期带薪缺勤；短期利润分享计划等。

(二) 离职后福利

离职后福利是指企业为获得职工提供的服务而在职工退休或与企业解除劳动关系后，提供的各种形式的报酬和福利，属于短期薪酬和辞退福利的除外。

离职后福利计划是指企业与职工就离职后福利达成的协议，或者企业为向职工提供离职后福利制定的规章或办法等。离职后福利计划按照企业承担的风险和义务情况，可以分为设定提存计划和设定受益计划。其中，设定提存计划是指企业向独立的基金缴存固定费用后，不再承担进一步支付义务的离职后福利计划。设定受益计划，是指除设定提存计划以外的离职后福利计划。

(三) 辞退福利

辞退福利是指企业在职工劳动合同到期之前解除与职工的劳动关系，或者为鼓励职工自愿接受裁减而给予职工的补偿。

辞退福利主要包括：在职工劳动合同尚未到期前，不论职工本人是否愿意，企业决定解除与职工的劳动关系而给予的补偿；在职工劳动合同尚未到期前，为鼓励职工自愿接受裁减而给予的补偿，职工有权利选择继续在职或接受补偿离职。

辞退福利通常采取解除劳动关系时一次性支付补偿的方式，也采取在职工不再为企业带来经济利益后，将职工工资支付到辞退后未来某一期间的方式。

(四) 其他长期职工福利

其他长期职工福利是指除短期薪酬、离职后福利、辞退福利之外所有的职工薪酬，包括长期带薪缺勤、长期残疾福利、长期利润分享计划等。

二、短期薪酬

企业应当在职工为其提供服务的会计期间，将实际发生的短期薪酬确认为负债，并计入当期损益，其他会计准则要求或允许计入资产成本的除外。

(一) 职工工资、奖金、津贴和补贴

企业发生的职工工资、津贴和补贴等短期薪酬，应当根据职工提供服务情况和工资标准等计算应计入职工薪酬的工资总额，并按照受益对象计入当期损益或相关资产成本，借记“生产成本”“制造费用”“管理费用”等科目，贷记“应付职工薪酬”科目。发放时，借记“应付职工薪酬”科目，贷记“银行存款”等科目。

(二) 职工福利费

企业发生的职工福利费是企业向职工提供的生活困难补助、丧葬补助费、抚恤费、职工异地安家费、防暑降温费等，应当在实际发生时根据实际发生额计入当期损益或相关资产成本。

(三) 医疗保险费、工伤保险费和生育保险费等社会保险费，住房公积金，工会经费和职工教育经费

企业为职工缴纳的医疗保险费、工伤保险费、生育保险费等社会保险费和住房公积金，以及按规定提取的工会经费和职工教育经费，应当在职工为其提供服务的会计期间，

根据规定的计提基础和计提比例计算确定相应的职工薪酬金额，并确认相关负债，按照受益对象计入当期损益或相关资产成本，借记“生产成本”“制造费用”“管理费用”等科目，贷记“应付职工薪酬”科目。

(四) 短期带薪缺勤

短期带薪缺勤是指职工虽然缺勤但企业仍向其支付报酬的安排，包括年休假、病假、婚假、产假、丧假、探亲假等。长期带薪缺勤属于其他长期职工福利。带薪缺勤应当根据其性质及其职工享有的权利，分为累积带薪缺勤和非累积带薪缺勤两类。企业应当对累积带薪缺勤和非累积带薪缺勤分别进行会计处理。如果带薪缺勤属于长期带薪缺勤的，企业应当作为其他长期职工福利处理。

1. 累积带薪缺勤及其会计处理

累积带薪缺勤是指带薪权利可以结转下期的带薪缺勤，本期尚未用完的带薪缺勤权利可以在未来期间使用。企业应当在职工提供了服务从而增加了其未来享有的带薪缺勤权利时，确认与累积带薪缺勤相关的职工薪酬，并以累积未行使权利而增加的预期支付金额计量。

有些累积带薪缺勤在职工离开企业时，对于未行使的权利，职工有权获得现金支付。职工在离开企业时能够获得现金支付的，企业应当确认企业必须支付的、职工全部累积未使用权利的金额。企业应当根据资产负债表日因累积未使用权利而导致的预期支付的追加金额，作为累积带薪缺勤费用进行预计。

【例16-1】贵琛公司共有1000名职工，从2×14年1月1日起，该公司实行累积带薪缺勤制度。该制度规定，每个职工每年可享受5个工作日带薪年休假，未使用的年休假只能向后结转一个日历年度，超过1年未使用的权利作废；职工休年休假时，首先使用当年可享受的权利，不足部分再从上年结转的带薪年休假中扣除；职工离开公司时，对未使用的累积带薪年休假无权获得现金支付。

2×14年12月31日，每个职工当年平均未使用带薪年休假为2天。贵琛公司预计2×15年有950名职工将享受不超过5天的带薪年休假，剩余50名职工每人将平均享受6天半年休假，假定这50名职工全部为总部管理人员，该公司平均每名职工每个工作日工资为500元。

根据上述资料，贵琛公司职工2×14年已休带薪年休假的，由于在休假期间照发工资，因此相应的薪酬已经计入公司每月确认的薪酬金额中。与此同时，公司还需要预计职工2×14年享有但尚未使用的、预期将在下一年度使用的累积带薪缺勤，并计入当期损益或者相关资产成本。在本例中，贵琛公司在2×14年12月31日预计由于职工累积未使用的带薪年休假权利而导致预期将支付的工资负债即为75天（50×1.5天）的年休假工资金额37500元（75×500），并作如下账务处理：

借：管理费用　　　　　　　　　　　　　　　37500

　贷：应付职工薪酬—累积带薪缺勤　　　　　　37500

2. 非累积带薪缺勤及其会计处理

非累积带薪缺勤是指带薪权利不能结转下期的带薪缺勤，本期尚未用完的带薪缺勤权利将予以取消，并且职工离开企业时也无权获得现金支付。我国企业职工休婚假、产假、丧假、探亲假、病假期间的工资通常属于非累积带薪缺勤。由于职工提供服务本身不能增加其能够享受的福利金额，企业在职工未缺勤时不应当计提相关费用和负债。为此，企业应当在职工实际发生缺勤的会计期间确认与非累积带薪缺勤相关的职工薪酬。企业确认职工享有的与非累积带薪缺勤权利相关的薪酬，视同职工出勤确认的当期损益或相关资产成本。通常情况下，与非累积带薪缺勤相关的职工薪酬已经包括在企业每期向职工发放的工资等薪酬中，因此，不必额外做相应的账务处理。

(五) 短期利润分享计划

短期利润分享计划是指因职工提供服务而与职工达成的基于利润或其他经营成果提供薪酬的协议。长期利润分享计划属于其他长期职工福利。企业制订有短期利润分享计划的，如当职工完成规定业绩指标，或者在企业工作了特定期限后，能够享有按照企业净利润的一定比例计算的薪酬，企业应当按照本准则的规定，进行有关会计处理。

短期利润分享计划同时满足下列条件的，企业应当确认相关的应付职工薪酬，并计入当期损益或相关资产成本：企业因过去事项导致现在具有支付职工薪酬的法定义务或推定义务。因利润分享计划所产生的应付职工薪酬义务能够可靠估计。

属于下列三种情形之一的，视为义务金额能够可靠估计：

1) 在财务报告批准报出之前企业已确定应支付的薪酬金额。

2) 该利润分享计划的正式条款中包括确定薪酬金额的方式。

3) 过去的惯例为企业确定推定义务金额提供了明显证据。

企业在计量利润分享计划产生的应付职工薪酬时，应当反映职工因离职而没有得到利润分享计划支付的可能性。如果企业预期在职工为其提供相关服务的年度报告期间结束后十二个月内，不需要全部支付利润分享计划产生的应付职工薪酬，该利润分享计划应当适用本准则其他长期职工福利的有关规定。

企业根据经营业绩或职工贡献等情况提取的奖金，属于奖金计划，应当比照短期利润分享计划进行处理。

【例16-2】欣郁公司于2×14年初制订和实施了一项短期利润分享计划，以对公司管理层进行激励。该计划规定，公司全年的净利润指标为1000万元，如果在公司管理层的努力下完成的净利润超过1000万元，公司管理层将可以分享超过1000万元净利润部分的10%作为额外报酬。假定至2×14年12月31日，欣郁公司全年实际完成净利润1500万元。

假定不考虑离职等其他因素，则欣郁公司管理层按照利润分享计划可以分享利润50万元[(1500－1000)×10%]作为其额外的薪酬。

欣郁公司2×14年12月31日的相关账务处理如下：

借：管理费用　　　　　　　　　　　　　　500000

　贷：应付职工薪酬—利润分享计划　　　　　500000

(六) 非货币性福利

企业向职工提供非货币性福利的，应当按照公允价值计量。如企业以自产的产品作为非货币性福利提供给职工的，应当按照该产品的公允价值和相关税费确定职工薪酬金额，并计入当期损益或相关资产成本。相关收入的确认、销售成本的结转以及相关税费的处理，与企业正常商品销售的会计处理相同。企业以外购的商品作为非货币性福利提供给职工的，应当按照该商品的公允价值和相关税费确定职工薪酬的金额，并计入当期损益或相关资产成本。

【例16-3】智董公司是一家生产笔记本电脑的企业，共有职工2000名。2×14年1月15日，智董公司决定以其生产的笔记本电脑作为节日福利发放给公司每名职工。每台笔记本电脑的售价为1.40万元，成本为1万元。智董公司适用的增值税税率为16%，已开具了增值税专用发票。假定2000名职工中1700名为直接参加生产的职工，300名为总部管理人员。假定智董公司于当日将笔记本电脑发放给各职工。

根据上述资料，智董公司计算笔记本电脑的售价总额及其增值税销项税额如下：

笔记本电脑的售价总额＝1.40×1700＋1.40×300＝2380＋420＝2800（万元）

笔记本电脑的增值税销项税额＝1700×1.40×16%＋300×1.40×16%＝380.8＋67.2＝448（万元）

应当计入生产成本的职工薪酬金额＝2380＋380.8＝60.80（万元）

应当计入管理费用的职工薪酬金额＝420＋67.20＝487.20（万元）

智董公司有关账务处理如下：

借：生产成本 27608000

　管理费用 4872000

　贷：应付职工薪酬—非货币性福利 32480000

借：应付职工薪酬—非货币性福利 32480000

　贷：主营业务收入 28000000

　　应交税费—应交增值税（销项税额） 4480000

借：主营业务成本 20000000

　贷：库存商品 20000000

三、离职后福利

离职后福利计划是指企业与职工就离职后福利达成的协议，或者企业为向职工提供离职后福利制定的规章或办法等。

(一) 离职后福利计划的分类

企业应当按照企业承担的风险和义务情况，将离职后福利计划分类为设定提存计划和设定受益计划两种类型。

1. 设定提存计划

设定提存计划是指企业向单独主体（如基金等）缴存固定费用后，不再承担进一步支付义务的离职后福利计划。

2. 设定受益计划

设定受益计划是指除设定提存计划以外的离职后福利计划。

(二) 对设定提存计划的会计处理

对于设定提存计划，企业应当根据在资产负债表日为换取职工在会计期间提供的服务而应向单独主体缴存的提存金，确认为职工薪酬负债，并计入当期损益或相关资产成本。

【例16-4】智董公司根据所在地政府规定，按照职工工资总额的12%计提基本养老保险费，缴存当地社会保险经办机构。2×14年7月，智董公司缴存的基本养老保险费，应计入生产成本的金额为120万元，应计入制造费用的金额为24万元，应计入管理费用的金额为43.2万元。

智董公司2×14年7月的账务处理如下：

借：生成成本 1200000

　制造费用 240000

　管理费用 432000

　贷：应付职工薪酬—设定提存计划 1872000

(三) 对设定受益计划的会计处理

设定提存计划和设定受益计划的区分，取决于离职后福利计划的主要条款和条件所包含的经济实质。在设定提存计划下，企业的义务以企业应向独立主体缴存的提存金金额为限，职工未来所能取得的离职后福利金额取决于向独立主体支付的提存金金额，以及提存金所产生的投资回报，从而精算风险和投资风险实质上要由职工来承担。在设定受益计划下，企业的义务是为现在及以前的职工提供约定的福利，并且精算风险和投资风险实质上由企业来承担。当企业负有下列义务时，该计划就是一项设定受益计划。

1) 计划福利公式不仅仅与提存金金额相关，且要求企业在资产不足以满足该公式的福利时提供进一步的提存金。

2) 通过计划间接地或直接地对提存金的特定回报做出担保。

设定受益计划可能是不注入资金的，或者可能全部或部分地由企业（有时由其职工）向独立主体以缴纳提存金形式注入资金，并由该独立主体向职工支付福利。到期时已注资福利的支付不仅取决于独立主体的财务状况和投资业绩，而且取决于企业补偿独立主体资产不足的意愿和能力。企业实质上承担着与计划相关的精算风险和投资风险。因此，设定受益计划所确认的费用并不一定是本期应付的提存金金额。企业存在一项或多项设定受益计划的，对于每一项计划应当分别进行会计处理。

1. 确定设定受益计划义务的现值和当期服务成本

企业应当根据预期累计福利单位法，采用无偏且相互一致的精算假设对有关人口统计变量和财务变量等做出估计，计量设定受益计划所产生的义务，并确定相关义务的归属期间。企业应当根据资产负债表日与设定受益计划义务期限和币种相匹配的国债或活跃市场上的高质量公司债券的市场收益率确定折现率，将设定受益计划所产生的义务予以折现，以确定设定受益计划义务的现值和当期服务成本。

设定受益计划义务的现值是指企业在不扣除任何计划资产的情况下，为履行获得当期和以前期间职工服务产生的最终义务，所需支付的预期未来金额的现值。设定受益计划的最终义务受到许多变量的影响，如职工离职率、死亡率、职工缴付的提存金等。企业在折现时，即使预期有部分义务在报告期间结束后的十二个月内结算，企业仍应对整项义务进行折现。企业应当就至报告期末的任何重大交易及环境的其他重大变化（包括市场价格和利率的变化）进行调整，在每年年末进行复核。

企业应当通过预期累计福利单位法确定其设定受益计划义务的现值、当期服务成本和过去服务成本。根据预期累计福利单位法，职工每提供一个期间的服务，就会增加一个单位的福利权利，企业应当对每一单位的福利权利进行单独计量，并将所有单位的福利权利累计形成最终义务。企业应当将福利归属于提供设定受益计划的义务发生的期间。这一期间是指从职工提供服务以获取企业在未来报告期间预计支付的设定受益计划福利开始，至职工的继续服务不会导致这一福利金额显著增加之日为止。

企业在确定设定受益计划义务的现值、当期服务成本以及过去服务成本时，应当根据计划的福利公式将设定受益计划产生的福利义务归属于职工提供服务的期间，并计入当期损益或相关资产成本。

当职工后续年度的服务将导致其享有的设定受益计划福利水平显著高于以前年度时，企业应当按照直线法将累计设定受益计划义务分摊确认于职工提供服务而导致企业第一次产生设定受益计划福利义务至职工提供服务不再导致该福利义务显著增加的期间。在确定后续年度服务是否将导致职工享有的设定受益福利水平显著高于以前年度时，不应考虑仅因未来工资水平提高而导致设定受益计划义务显著增加的情况。

精算假设是指企业对影响离职后福利最终义务的各种变量的最佳估计。精算假设应当是客观公正和相互可比的，无偏且相互一致的。精算假设包括人口统计假设和财务假设。人口统计假设包括死亡率、职工的离职率、伤残率、提前退休率等。财务假设包括折现率、福利水平和未来薪酬等。其中，折现率应当根据资产负债表日与设定受益计划义务期限和币种相匹配的国债或活跃市场上的高质量公司债券的市场收益率确定。

经验调整是设定受益计划义务的实际数与估计数之间的差异。在某些情况下，设定受益计划对于未来福利水平调整未做出明确规定的，企业将有关福利水平的增加确认为精算假设与实际经验的差异（产生精算利得或损失），还是计划的修改（产生过去服务成本），需要运用职业判断。通常情况下，如果设定受益计划未明确规定未来福利水平的调整，过去的调整也并不频繁，同时如果精算假设中并无福利水平增长的假设，企业应将福利水平变化的影响归属于过去服务成本。

【例16-5】智董公司在2×14年1月1日设立了一项设定受益计划，并于当日开始实施。该设定受益计划规定：

1) 智董公司向所有在职员工提供统筹外补充退休金，这些职工在退休后每年可以额外获得12万元退休金，直至去世。

2) 职工获得该额外退休金基于自该计划开始日起为公司提供的服务，而且应当自该设定受益计划开始日起一直为公司服务至退休。

为简化起见，假定符合计划的职工为100人，当前平均年龄为40岁，退休年龄为60岁，还可以为公司服务20年。假定在退休前无人离职，退休后平均剩余寿命为15年。假定适用的折现率为10%。并且假定不考虑未来通货膨胀影响等其他因素。

计算设定受益计划义务及其现值见表16-1。计算职工服务期间每期服务成本见表16-2。

表16-1 计算设定受益计划义务及其现值 单位：万元

	退休后第1年	退休后第2年	退休后第3年	退休后第4年	……	退休后第14年	退休后第15年
(1) 当年支付	1200	1200	1200	1200	……	1200	1200
(2) 折现率	10%	10%	10%	10%	……	10%	10%
(3) 复利现值系数	09091	0.8264	0.7513	0.6830	……	0.2633	0.2394
(4) 退休时点现值＝(1) ×(3)	1091	992	902	820	……	316	287
(5) 退休时点现值合计	9127						

表16-2 计算职工服务期间每期服务成本 单位：万元

服务年份	服务第1年	服务第2年	……	服务第19年	服务第20年
福利归属			……		
-以前年度	0	456.35	……	8214.3	8670.65
-当年	456.35	456.35	……	456.35	456.35
-以前年度＋当年	456.35	912.7	……	8670.65	9127
期初义务	0	74.62	……	6788.68	7882.41
利息	0	7.46	……	678.87	788.24
当期服务成本	74.62*	82.08**	……	414.86***	456.35
期末义务	74.62	164.16	……	7882.41	9127****

*$74.62=\frac{456.35}{(1+10\%)^{19}}$ **$82.08=\frac{456.35}{(1+10\%)^{18}}$

***$414.86=\frac{456.35}{(1+10\%)}$ ****含尾数调整。

服务第1年至第20年的账务处理如下。

服务第1年年末，智董公司的账务处理如下：

借：管理费用（或相关资产成本） 746200

贷：应付职工薪酬—设定受益计划义务 746200

服务第2年年末，智董公司的账务处理如下：

借：管理费用（或相关资产成本） 820800

贷：应付职工薪酬—设定受益计划义务 820800

借：财务费用（或相关资产成本） 74600

贷：应付职工薪酬—设定受益计划义务　　　　　　74600

服务第3年至第20年，以此类推处理。

2. 确定设定受益计划净负债或净资产

设定受益计划存在资产的，企业应当将设定受益计划义务的现值减去设定受益计划资产公允价值所形成的赤字或盈余确认为一项设定受益计划净负债或净资产。

设定受益计划存在盈余的，企业应当以设定受益计划的盈余和资产上限两项的孰低者计量设定受益计划净资产。其中，资产上限是指企业可从设定受益计划退款或减少未来向独立主体缴存提存金而获得的经济利益的现值。

计划资产包括长期职工福利基金持有的资产、符合条件的保险单等，但不包括企业应付但未付给独立主体的提存金、由企业发行并由独立主体持有的任何不可转换的金融工具。

3. 确定应当计入当期损益的金额

报告期末，企业应当在损益中确认的设定受益计划产生的职工薪酬成本包括服务成本、设定受益净负债或净资产的利息净额。其中，服务成本包括当期服务成本、过去服务成本和结算利得或损失。设定受益净负债或净资产的利息净额包括计划资产的利息收益、设定受益计划义务的利息费用以及资产上限影响的利息。除非其他相关会计准则要求或允许职工福利成本计入资产成本，企业应当将服务成本和设定受益净负债或净资产的利息净额计入当期损益。

1) 当期服务成本是指因职工当期提供服务所导致的设定受益计划义务现值的增加额。在【例16-5】中，智董公司服务第1年年末应当计入当期损益的当期服务成本为74.62万元。

2) 过去服务成本是指设定受益计划修改所导致的与以前期间职工服务相关的设定受益计划义务现值的增加或减少。当企业设立或取消一项设定受益计划或是改变现有设定受益计划下的应付福利时，设定受益计划就发生了修改。

过去服务成本可以是正的，如设立或改变设定受益计划从而导致设定受益计划义务的现值增加，也可以是负的，如取消或改变设定受益计划从而导致设定受益计划义务的现值减少。如果企业减少了设定受益计划的应付福利，但同时增加了在该计划下针对相同职工其他应付福利，企业应当将变动的净额作为单项变动处理。

过去服务成本不包括下列各项：

①以前假定的薪酬增长金额与实际发生金额之间的差额，对支付以前年度服务产生的福利义务的影响。

②企业对支付养老金增长金额具有推定义务的，对于可自行决定养老金增加金额的高估和低估。

③财务报表中已确认的精算利得或计划资产回报导致的福利变化的估计。

④在没有新的福利或福利未发生变化的情况下，职工达到既定要求之后导致既定福利（即并不取决于未来雇佣的福利）的增加。

3) 结算利得和损失。企业应当在设定受益计划结算时，确认一项结算利得或损失。设定受益计划结算是指企业为了消除设定受益计划所产生的部分或所有未来义务进行的交易，而不是根据计划条款和所包含的精算假设向职工支付福利。设定受益计划结算利得或损失是下列两项的差额：在结算日确定的设定受益计划义务的现值；结算价格，包括转移的计划资产的公允价值和企业直接发生的与结算相关的支付。

4) 设定受益计划净负债或净资产的利息净额是指设定受益净负债或净资产在职工提供服务期间由于时间变化而产生的变动，包括计划资产的利息收益、设定受益计划义务的利息费用以及资产上限影响的利息。

企业应当通过将设定受益计划净负债或净资产乘以适当的折现率来确定设定受益计划

净负债或净资产的利息净额。企业应当在会计期间开始时确定设定受益计划净负债或净资产和折现率，并考虑该期间由于福利提存和福利支付所导致的设定受益计划净负债或净资产的变动，但不应当考虑设定受益计划净负债或净资产在本会计期间的任何其他变动（如精算利得和损失）。

企业应当通过将计划资产公允价值乘以折现率来确定计划资产的利息收益，作为计划资产回报的组成部分。企业应当将计划资产的利息收益和计划资产回报之间的差额包括在设定受益计划净负债或净资产的重新计量中。

企业计算设定受益计划净负债或净资产的利息净额时，应当考虑资产上限的影响。企业应当通过将资产上限的影响乘以折现率来确定资产上限影响的利息，作为资产上限影响总变动的一部分。企业应当在会计期间开始时确定资产上限的影响和折现率。企业应当将资产上限影响的利息金额与资产上限影响总变动之间的差额包括在设定受益计划净负债或净资产的重新计量中。

4. 确定应当计入其他综合收益的金额

企业应当将重新计量设定受益计划净负债或净资产所产生的变动计入其他综合收益，并且在后续会计期间不允许转回至损益，但企业可以在权益范围内转移这些在其他综合收益中确认的金额。重新计量设定受益计划净负债或净资产所产生的变动包括下列部分。

1) 精算利得或损失，即由于精算假设和经验调整导致之前所计量的设定受益计划义务现值的增加或减少。企业未能预计的过高或过低的职工离职率、提前退休率、死亡率、过高或过低的薪酬、福利的增长以及折现率变化等因素，将导致设定受益计划产生精算利得和损失。精算利得或损失不包括因设立、修改或结算设定受益计划所导致的设定受益计划义务的现值变动，或者设定受益计划下应付福利的变动。这些变动产生了过去服务成本或结算利得或损失。

2) 计划资产回报，扣除包括在设定受益净负债或净资产的利息净额中的金额。计划资产的回报指计划资产产生的利息、股利和其他收入，以及计划资产已实现和未实现的利得或损失。企业在确定计划资产回报时，应当扣除管理该计划资产的成本以及计划本身的应付税款，但计量设定受益义务时所采用的精算假设所包括的税款除外。管理该计划资产以外的其他管理费用不需从计划资产回报中扣减。

3) 资产上限影响的变动，扣除包括在设定受益计划净负债或净资产的利息净额中的金额。

四、辞退福利

辞退福利是指企业在职工劳动合同到期之前解除与职工的劳动关系，或者为鼓励职工自愿接受裁减而给予职工的补偿。由于导致义务产生的事项是终止雇佣而不是为获得职工的服务，企业应当将辞退福利作为单独一类职工薪酬进行会计处理。

企业在确定提供的经济补偿是否为辞退福利时，应当区分辞退福利和正常退休养老金。辞退福利是在职工与企业签订的劳动合同到期前，企业根据法律与职工本人或职工代表（如工会）签订的协议，或者基于商业惯例，承诺当其提前终止对职工的雇佣关系时支付的补偿，引发补偿的事项是辞退。

对于职工虽然没有与企业解除劳动合同，但未来不再为企业提供服务，不能为企业带来经济利益，企业承诺提供实质上具有辞退福利性质的经济补偿的，如发生“内退”的情况，在其正式退休日期之前应当比照辞退福利处理，在其正式退休日期之后，应当按照离职后福利处理。

企业向职工提供辞退福利的，应当在企业不能单方面撤回因解除劳动关系计划或裁减建议所提供的辞退福利时、企业确认涉及支付辞退福利的重组相关的成本或费用时两者孰早日，确认辞退福利产生的职工薪酬负债，并计入当期损益。

企业有详细、正式的重组计划并且该重组计划已对外公告时，表明已经承担了重组义务。重组计划包括重组涉及的业务、主要地点、需要补偿的职工人数及其岗位性质、预计重组支出、计划实施时间等。

实施职工内部退休计划的，企业应当比照辞退福利处理。在内退计划符合本准则规定的确认条件时，企业应当按照内退计划规定，将自职工停止提供服务日至正常退休日期间、企业拟支付的内退职工工资和缴纳的社会保险费等，确认为应付职工薪酬，一次性计入当期损益，不能在职工内退后各期分期确认因支付内退职工工资和为其缴纳社会保险费等产生的义务。

企业应当按照辞退计划条款的规定，合理预计并确认辞退福利产生的职工薪酬负债，并具体考虑下列情况。

1) 对于职工没有选择权的辞退计划，企业应当根据计划条款规定拟解除劳动关系的职工数量、每一职位的辞退补偿等确认职工薪酬负债。

2) 对于自愿接受裁减建议的辞退计划，由于接受裁减的职工数量不确定，企业应当根据《企业会计准则第13号——或有事项》规定，预计将会接受裁减建议的职工数量，根据预计的职工数量和每一职位的辞退补偿等确认职工薪酬负债。

3) 对于辞退福利预期在其确认的年度报告期间期末后十二个月内完全支付的辞退福利，企业应当适用短期薪酬的相关规定。

4) 对于辞退福利预期在年度报告期间期末后十二个月内不能完全支付的辞退福利，企业应当适用本准则关于其他长期职工福利的相关规定，即实质性辞退工作在一年内实施完毕但补偿款项超过一年支付的辞退计划，企业应当选择恰当的折现率，以折现后的金额计量应计入当期损益的辞退福利金额。

五、其他长期职工福利

其他长期职工福利是指除短期薪酬、离职后福利和辞退福利以外的其他所有职工福利。其他长期职工福利包括长期带薪缺勤、其他长期服务福利、长期残疾福利、长期利润分享计划和长期奖金计划等。

企业向职工提供的其他长期职工福利，符合设定提存计划条件的，应当按照设定提存计划的有关规定进行会计处理。企业向职工提供的其他长期职工福利，符合设定受益计划条件的，企业应当按照设定受益计划的有关规定，确认和计量其他长期职工福利净负债或净资产。在报告期末，企业应当将其他长期职工福利产生的职工薪酬成本确认为的组成部分：服务成本；其他长期职工福利净负债或净资产的利息净额；重新计量其他长期职工福利净负债或净资产所产生的变动。

为了简化相关会计处理，上述项目的总净额应计入当期损益或相关资产成本。

长期残疾福利水平取决于职工提供服务期间长短的，企业应在职工提供服务期间确认应付长期残疾福利义务，计量时应当考虑长期残疾福利支付的可能性和预期支付的期限；与职工提供服务期间长短无关的，企业应当在导致职工长期残疾的事件发生的当期确认应付长期残疾福利义务。

六、在会计报表附注的披露

在资产负债表中，企业应当根据应支付的职工薪酬负债流动性，对职工薪酬负债按照流动和非流动进行分类列报。短期薪酬、离职后福利中的设定提存计划负债、其他长期职工福利中的符合设定提存计划条件的负债、辞退福利中将于资产负债表日后十二个月内支付的部分应当在资产负债表的流动负债项下“应付职工薪酬”项目中列示。辞退福利中将于资产负债表日起十二个月之后支付的部分、离职后福利中设定受益计划净负债、其他长期职工福利中符合设定受益计划条件的净负债应当在资产负债表的非流动负债项下单独列示。

对于重新计量设定受益计划净负债或净资产所产生的变动，企业如在权益范围内转移这些在其他综合收益中确认的金额，应当在所有者权益变动表“（四）所有者权益内部结转”项下“3.盈余公积弥补亏损”和“4.其他”项目之间增设“4.结转重新计量设定受益计划净负债或净资产所产生的变动”项目（“其他”项目序号顺延）加以列示。

(一) 短期薪酬的披露

企业应当在附注中披露与短期薪酬有关的下列信息：

1) 应当支付给职工的工资、奖金、津贴和补贴及其期末应付未付金额。

2) 应当为职工缴纳的医疗保险费、工伤保险费和生育保险费等社会保险费及其期末应付未付金额。

3) 应当为职工缴存的住房公积金及其期末应付未付金额。

4) 为职工提供的非货币性福利及其计算依据。

5) 依据短期利润分享计划提供的职工薪酬金额及其计算依据。

6) 其他短期薪酬。

具体披露格式如表16-3所示。涉及上述第4第5项计算依据的，还需要额外披露。

表16-3 短期薪酬的披露格式

短期薪酬项目	本期应付金额	期末应付未付金额
一、工资、奖金、津贴和补贴		
二、职工福利费		
三、社会保险费		
其中：1.医疗保险费		
2.工伤保险费		
3.生育保险费		
四、住房公积金		
五、工会经费和职工教育经费		
六、短期带薪缺勤		
七、短期利润分享计划		
八、其他短期薪酬		
合计		

(二) 离职后福利的披露

1. 设定提存计划的披露要求

企业应当在附注中披露所设立或参与的设定提存计划的性质、计算缴费金额的公式或依据、当期缴费金额以及期末应付未付金额。其中，设定提存计划的当期缴费金额和期末应付未付金额的具体披露格式见表16-4。

表16-4 设定提存计划的披露格式

设定提存计划项目	当期缴费金额	期末应付未付金额
一、基本养老保险费		
二、失业保险费		
三、企业年金缴费		
……		
合计		

2. 设定受益计划的披露要求

(1) 设定受益计划的特征及与之相关的风险

企业应当披露设定受益计划的特征，通常包括设定受益计划所提供的福利的性质、企业在该计划管理中的职责、国家对该类计划的监管要求等。

企业应当披露设定受益计划相关的风险，即设定受益计划使企业面临的风险，并重点关注企业特有或计划特有的异常风险，以及重要风险的集中程度。例如，如果智董公司的设定受益计划资产主要投资于房地产，则该计划可能导致企业面临集中的房地产市场风险。

企业如有对计划的修改或结算的，还应当披露修改或结算计划的有关情况。

(2) 设定受益计划在财务报表中确认的金额及其变动

企业应当披露设定受益净负债（或净资产）及其组成部分，以及设定受益计划产生的职工薪酬成本及其组成部分的期初余额和期末余额的调节情况。具体披露格式如表16-5所示。企业不存在计划资产的，无须披露表16-5中的“设定受益义务现值”栏和“计划资产的公允价值”栏。企业存在计划资产的，应当按照计划资产的性质和风险按类别披露计划资产的公允价值，具体披露格式如表16-6所示。企业还应当说明各类计划资产是否存在活跃市场公开报价。

表16-5　期初余额和期末余额的调节情况

	设定受益计划义务现值		计划资产的公允价值		设定受益计划净负债（净资产）	
	本期金额	上期金额	本期金额	上期金额	本期金额	上期金额
一、期初余额						
二、计入当期损益的设定受益成本						
1.当期服务成本			-	-		
2.过去服务成本			-	-		
3.结算利得（损失以“-”表示）			-	-		
4.利息净额						
三、计入其他综合收益的设定受益成本						
设定受益计划净负债（净资产）的重新计量						
1.精算利得（损失以“-”表示）			-	-		
2.计划资产回报（计入利息净额的除外）						
3.资产上限影响的变动（计入利息净额的除外）						
四、其他变动						
1.结算时消除的负债						
2.已支付的福利						
……						
五、期末余额						

表16-6 计划资产的公允价值表

计划资产的构成	计划资产的公允价值	
	期末余额	期初余额
1.现金和现金等价物		
2.权益工具投资①		
(1) ……		
(2) ……		
3.债务工具投资②		
(1) ……		
(2) ……		
合计		

注：①按行业类型或公司规模或地域等分类；②按债务工具发行人类型或信用评级或地域等分类。

(3) 设定受益计划对企业未来现金流量金额、时间和不确定性的影响

企业应当披露影响设定受益计划未来缴存金额的有关筹资政策和计划、下一会计年度预期将缴存的金额，并披露设定受益义务有关到期情况的信息，如设定受益义务的加权平均期间、对有关福利支付的到期日分析等。

(4) 设定受益义务现值所依赖的重大精算假设及有关敏感性分析的结果

企业应当披露精算估计所采用的重大假设，具体披露格式如表16-7所示。

表16-7 精算估计的重大假设

精算估计的重大假设	本期期末	上期期末
折现率		
死亡率		
预计平均寿命		
薪酬的预期增长率		

企业应当按照表16-7所列的重大精算假设，披露各项重大精算假设对设定受益义务的敏感性分析，并披露用于编制敏感性分析的方法和假设，以及有关方法的局限性。企业用于编制敏感性分析的方法和假设如发生了变动，企业还应当披露这一事实，并说明变动的理由。

(三) 辞退福利的披露

企业应当在附注中披露本年度因解除劳动关系所提供辞退福利及其期末应付未付金额。

(四) 其他长期职工福利的披露

企业应当在附注中披露提供的其他长期职工福利的性质、金额，及其计算依据。

第二节 企业年金基金

一、企业年金综合知识

企业年金基金，是指根据依法制定的企业年金计划筹集的资金及其投资运营收益形成的企业补充养老保险基金。企业缴费属于职工薪酬的范围，其确认、计量及列报适用《企业会计准则第9号——职工薪酬》。

(一) 企业年金基金会计处理涉及的主要当事人

企业年金基金管理各方当事人包括委托人、受托人、账户管理人、托管人、投资管理人和中介服务机构等。受托人、托管人和投资管理人根据各自的职责，设置相应的会计科目和账户，对企业年金基金交易或事项进行会计处理。

1) 企业年金基金委托人是指设立企业年金基金的企业及其职工。企业和职工是企业年金计划参与者，作为缴纳企业年金计划供款的主体，按规定缴纳企业年金供款，并作为委托人与受托人签订书面合同，将企业年金基金财产委托给受托人管理运作。

2) 企业年金基金受托人是指受托管理企业年金基金的企业年金理事会或符合国家规定的养老金管理公司等法人受托机构，是编制企业年金基金财务报表的法定责任人。

受托人主要职责有：选择、监督、更换账户管理人、托管人、投资管理人以及中介服务机构；制订企业年金基金投资策略；编制企业年金基金管理和财务会计报告；根据合同对企业年金管理进行监督；根据合同收取企业和职工缴费，并向受益人支付企业年金待遇；接受委托人、受益人查询，定期向委托人、受益人和有关监管部门提供企业年金基金管理报告等。

3) 企业年金基金账户管理人是指受托管理企业年金基金账户的专业机构。

账户管理人主要职责有：建立企业年金基金企业账户和个人账户；记录企业、职工缴费以及企业年金基金投资收益；及时与托管人核对缴费数据以及企业年金基金账户财产变化状况；计算企业年金待遇；提供企业年金基金企业账户和个人账户信息查询服务；定期向受托人和有关监管部门提交企业年金基金账户管理报告等。

4) 企业年金基金托管人是受托提供保管企业年金基金财产等服务的商业银行或专业机构。

托管人主要职责有：安全保管企业年金基金财产；以企业年金基金名义开设的资金账户和证券账户；根据受托人指令，向投资管理人分配企业年金基金财产；根据投资管理人投资指令，及时办理清算、交割事宜；负责企业年金基金会计核算和估值，复核、审查投资管理人计算的基金财产净值；及时与账户管理人、投资管理人核对有关数据，按照规定监督投资管理人的投资运作；定期向受托人提交企业年金基金托管报告和财务会计报告；定期向有关监管部门提交企业年金基金托管报告；保存企业年金基金托管业务活动记录、账册、报表和其他资料等。

5) 企业年金基金投资管理人是指受托管理企业年金基金投资的专业机构。

投资管理人主要职责有：对企业年金基金财产进行投资；及时与托管人核对企业年金

基金会计核算和估值结果；建立企业年金基金投资管理风险准备金；定期向受托人和有关监管部门提交投资管理报告；保存企业年金基金会计凭证、会计账簿、年度财务会计报告和投资记录等。

6) 企业年金基金中介服务机构是指为企业年金基金管理提供服务的投资顾问公司、信用评估公司、精算咨询公司、会计师事务所、律师事务所等专业机构。

(二) 企业年金基金管理运作流程图

企业年金基金管理运作流程如图16-1所示。

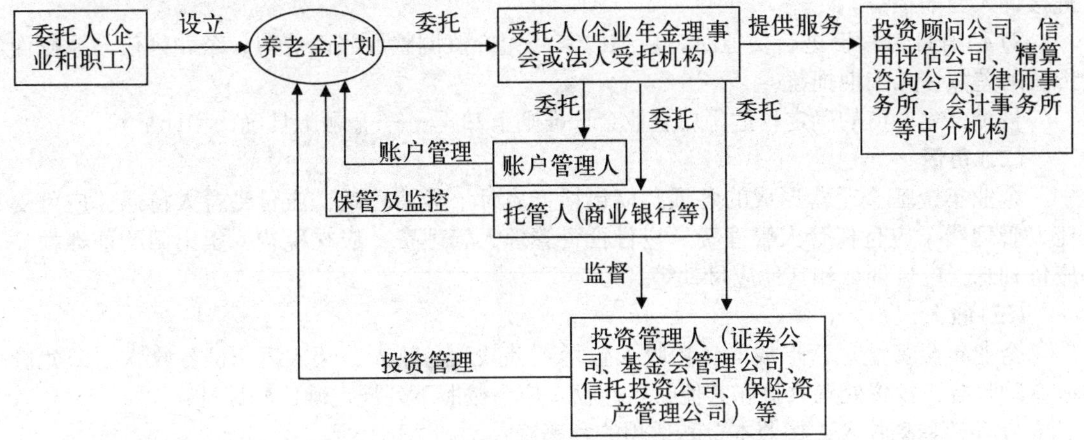

图16-1 企业年金基金管理运作流程图

(三) 企业年金基金是一个独立的会计主体

企业年金基金应当作为独立的会计主体进行确认、计量和列报。

委托人、受托人、托管人、账户管理人、投资管理人和其他为企业年金基金管理提供服务的主体，应当将企业年金基金与其固有资产和其他资产严格区分，确保企业年金基金的安全。企业年金基金由企业缴费、职工个人缴费和企业年金基金投资运营收益组成，实行完全积累，采用个人账户方式进行管理。企业缴费属于职工薪酬的范围，适用《企业会计准则第9号——职工薪酬》。

企业年金基金作为一种信托财产，独立于委托人、受托人、账户管理人、托管人、投资管理人等的固有资产及其他资产，应当存入企业年金基金专户，作为独立的会计主体进行确认、计量和列报。

(四) 企业年金基金会计的主要流程

企业年金基金的唯一用途就是进行投资，企业年金基金会计核算的所有内容均由投资活动引起，投资的核算是企业年金基金会计核算的核心。例如，委托人缴费形成银行存款，用银行存款购买股票形成股票投资，购买债券形成债券投资，购买基金形成基金投资，购买的股票、债券和基金会取得投资收益（如股利收入、利息收入、基金红利收入等），出售时会形成差价收入（如股票差价收入、债券差价收入、基金差价收入等），应支付的受托人、账户管理人、托管人及投资人的报酬会形成企业年金基金的负债，同时形成企业年金基金的费用，企业年金基金收入与费用的差额再减去应支付的企业年金基金待遇就形成一定时期企业年金基金净资产的变动额，与企业年金基金期初净资产相加，即可求得企业年金基金的期末净资产，这就是企业年金基金会计的主要流程。

二、企业年金的确认和计量

企业年金基金应当分别资产、负债、收入、费用和净资产进行确认和计量。

(一) 资产

企业年金基金缴费及其运营形成的各项资产包括：货币资金、应收证券清算款、应收利息、买入返售证券、其他应收款、债券投资、基金投资、股票投资、其他投资等。

企业年金基金在运营中根据国家规定的投资范围取得的国债、信用等级在投资级以上的金融债和企业债、可转换债、投资性保险产品、证券投资基金、股票等具有良好流动性的金融产品，其初始取得和后续估值应当以公允价值计量：

1) 初始取得投资时，应当以交易日支付的成交价款作为其公允价值。发生的交易费用直接计入当期损益。

2) 估值日对投资进行估值时，应当以其公允价值调整原账面价值，公允价值与原账面价值的差额计入当期损益。

投资公允价值的确定，适用《企业会计准则第22 号——金融工具确认和计量》。

(二) 负债

企业年金基金运营形成的各项负债包括：应付证券清算款、应付受益人待遇、应付受托人管理费、应付托管人管理费、应付投资管理人管理费、应交税费、卖出回购证券款、应付利息、应付佣金和其他应付款等。

(三) 收入

企业年金基金运营形成的各项收入包括：存款利息收入、买入返售证券收入、公允价值变动收益、投资处置收益和其他收入。收入应当按照下列规定确认和计量：

1) 存款利息收入，按照本金和适用的利率确定。

2) 买入返售证券收入，在融券期限内按照买入返售证券价款和协议约定的利率确定。

3) 公允价值变动收益，在估值日按照当日投资公允价值与原账面价值（即上一估值日投资公允价值）的差额确定。

4) 投资处置收益，在交易日按照卖出投资所取得的价款与其账面价值的差额确定。

5) 风险准备金补亏等其他收入，按照实际发生的金额确定。

(四) 费用

企业年金基金运营发生的各项费用包括：交易费用、受托人管理费、托管人管理费、投资管理人管理费、卖出回购证券支出和其他费用。费用应当按照下列规定确认和计量：

1) 交易费用，包括支付给代理机构、咨询机构、券商的手续费和佣金及其他必要支出，按照实际发生的金额确定。

2) 受托人管理费、托管人管理费和投资管理人管理费，根据相关规定按实际计提的金额确定。

3) 卖出回购证券支出，在融资期限内按照卖出回购证券价款和协议约定的利率确定。

4) 其他费用，按照实际发生的金额确定。

(五) 净资产

企业年金基金的净资产是指企业年金基金的资产减去负债后的余额。资产负债表日，应当将当期各项收入和费用结转至净资产。净资产应当分别企业和职工个人设置账户，根据企业年金计划按期将运营收益分配计入各账户。

净资产应当按照下列规定确认和计量：

1) 向企业和职工个人收取的缴费，按照收到的金额增加净资产。

2) 向受益人支付的待遇，按照应付的金额减少净资产。

3) 因职工调入企业而发生的个人账户转入金额，增加净资产。

4) 因职工调离企业而发生的个人账户转出金额，减少净资产。

企业年金基金投资运营应当遵循谨慎、分散风险的原则，充分考虑企业年金基金财产的安全性和流动性。企业年金基金应当严格按照国家相关规定进行投资。企业年金基金投资公允价值的确定，适用《企业会计准则第22号——金融工具确认和计量》。

初始取得投资时，应当以交易日支付的价款（不含支付的价款中所包含的、已到付息期但尚未领取的利息或已宣告但尚未发放的现金股利）计入投资的成本。发生的交易费用及相关税费直接计入当期损益。支付的价款中所包含的、已到付息期但尚未领取的利息或已宣告但尚未发放的现金股利，分别计入应收利息或应收股利。

投资持有期间被投资单位宣告发放的现金股利，或资产负债表日按债券票面利率计算的利息收入，应确认为投资收益。

企业年金基金的投资应当按日估值，或至少按周进行估值。估值日对投资进行估值时，应当以估值日的公允价值计量，公允价值与上一估值日公允价值的差额，计入当期损益（公允价值变动损益）。投资处置时，应在交易日按照卖出投资所取得的价款与其账面价值（买入价）的差额，确定为投资损益。

企业年金基金按规定向投资管理人支付的管理费，应当按照应付的金额计入当期损益（投资管理人管理费），同时确认为负债（应付投资管理人管理费）。企业年金基金取得投资管理人风险准备金补亏时，应当按照收到或应收的金额计入其他收入。

三、企业年金基金缴费

（一）企业年金基金缴费及其流程

企业年金基金由企业缴费、职工个人缴费和企业年金基金投资运营而形成的收益组成。现行法规制度规定，企业缴费每年不超过上年度工资总额的十二分之一，企业和职工个人缴费合计一般不超过上年度工资总额的六分之一。企业可以根据自身的经济效益情况和目标，在国家统一规定的范围内，自主决定企业缴费的具体比例，并按照企业年金计划约定的参保范围、企业年金种类和缴费方式，定期进行缴费。对企业来说，企业按照企业年金计划进行的缴费，属于企业职工薪酬范围，其确认、计量及报告适用《企业会计准则第9号——职工薪酬》。

企业年金基金缴费（供款）一般流程如下：

1) 企业年金计划开始时，委托人将相关职工缴费总额及明细情况通知受托人，受托人将相关信息提供给账户管理人。账户管理人据此进行系统设置和信息录入。

2) 缴费日前，账户管理人计算缴费总额及明细情况，生成企业缴费和职工个人缴费账单，报受托人确认。

3) 受托人收到账户管理人提供的缴费账单后，与委托人核对确认，核对无误后，将签字确认的缴费账单反馈给账户管理人。

4) 缴费日，受托人向委托人下达缴费指令，委托人向托管人划转缴费账单所列缴款总额，并通知受托人。

5) 受托人向托管人送达收账通知及企业缴费总额账单托管人收到款项后，核对实收金额与受托人提供的缴费总额账单，并向受托人和账户管理人送达缴费到账通知单。

6) 受托人核对托管人转来数据后，通知账户管理人进行缴费的财务处理。账户管理人将缴费明细数据和托管人通知的缴费总额核对无误后，根据企业年金计划的约定在已建立的个人账户之间进行分配。

（二）企业年金基金收到缴费的账务处理

为了核算企业年金基金收到缴费等业务，企业年金基金应当设置“企业年金基金”“银行存款”等科目。“企业年金基金”科目核算企业年金基金资产的来源和运用，应按个人账户结余、企业账户结余、净收益、个人账户转入、个人账户转出，以及支付受益人待遇等设置相应明细科目，本科目期末贷方余额，反映企业年金基金净值。企业年金基金银行账户主要有资金账户、证券账户等。资金账户包括银行存款账户、结算备付金账户等，其中银行存款账户又包括受托财产托管账户、委托投资资产托管账户；证券账户包括证券交易所证券账户和全国银行间市场债券托管账户等。

收到企业及职工个人缴费时，按实际收到的金额，借记"银行存款"科目，贷记"企业年金基金—个人账户结余""企业年金基金-企业账户结余"科目。

【例16-6】20×9年1月5日，智董公司年金基金收到缴费350万元，其中企业缴费200万元、职工个人缴费150万元，存入企业年金账户，实收金额与提供的缴费总额账单核对无误。按智董公司年金计划约定，企业缴费200万元中，归属个人账户金额为110万元，另90万元的权益归属条件尚未实现。

智董公司年金基金账务处理如下：

借：银行存款　　3500000

　贷：企业年金基金—个人账户结余（个人缴费）　　1500000

　　　　　　　　—个人账户结余（企业缴费）　　1100000

　　　　　　　　—企业账户结余（企业缴费）　　900000

企业年金基金收到缴费后，如需账户管理人核对后确认，可先通过"其他应付款—企业年金基金供款"科目核算，确认后再转入"企业年金基金"科目。

四、企业年金基金投资运营

（一）企业年金基金投资运营原则和范围

企业年金基金来自企业和职工的缴费等，是职工（受益人）退休后的补充养老保险，其安全性要求高，另外，企业年金基金个人账户转入、个人账户转出，以及支付受益人待遇等业务频繁，其流动性要求强。企业年金基金投资运营应当遵循谨慎、分散风险的原则，充分考虑企业年金基金财产的安全性和流动性，实行专业化管理，严格按照国家相关规定进行投资运营。

根据现行制度的规定，企业年金基金投资运营应当选择具有良好流动性的金融产品，其投资范围，限于银行存款、国债和其他具有良好流动性的金融产品，包括短期债券回购、信用等级在投资级以上的金融债和企业债、可转换债、投资性保险产品、证券投资基金、股票等。

为了确保企业年金基金投资运营的安全性和流动性，《企业年金基金管理试行办法》规定，企业年金基金的投资，按市场价计算应当符合下列规定：

1) 投资银行活期存款、中央银行票据、短期债券回购等流动性产品及货币市场基金的比例，不低于基金净资产的20%。

2) 投资银行定期存款、协议存款、国债、金融债、企业债等固定收益类产品及可转换债、债券基金的比例，不高于基金净资产的50%，其中投资国债的比例不低于基金净资产的20%。

3) 投资股票等权益类产品及投资性保险产品、股票基金的比例，不高于基金净资产的30%。其中，投资股票的比例不高于基金净资产的20%。

企业年金基金有关监管部门将根据金融市场变化和投资运营情况，适时对企业年金基金投资产品和比例等进行调整。

（二）企业年金基金投资运营流程

1) 受托人通知托管人和投资管理人企业年金基金投资额度。

2) 托管人根据受托人指令，向投资管理人分配基金资产，并将资金到账情况通知投资管理人。

3) 投资管理人进行投资运作，并将交易数据发送托管人；同时，对企业年金基金投资进行会计核算、估值。

4) 托管人将投资管理人发送的数据和交易所及中国证券登记结算公司发送的数据进行核对无误后，进行清算、会计核算、估值和投资运作监督，并将清算及估值结果反馈给投资管理人，托管人将交易数据、账务数据和估值数据发送受托人。如果发现投资管理人的违规行为，应立即通知投资管理人，并及时向受托人和有关监管部门报告。

5) 托管人复核投资管理人的估值结果，以书面形式通知投资管理人。

6) 托管人将估值结果（企业年金基金净值和净值增长率）通知受托人和账户管理人。

7) 账户管理人根据企业年金基金净值和净值增长率，将基金投资运营收益按日或按周足额记入企业年金基金企业账户和个人账户。

(三) 企业年金基金投资运营的账务处理

企业年金基金准则规定，企业年金基金在投资运营中，根据国家规定的投资范围取得的国债、信用等级在投资级以上的金融债等具有良好流动性的金融产品，其初始取得和后续估值应当以公允价值计量。企业年金基金投资公允价值的确定，适用《企业会计准则第22号——金融工具确认和计量》。

企业年金基金投资运营的会计核算一般需要设置“交易性金融资产”“公允价值变动收益”“证券清算款”“结算备付金”“交易保证金”“投资收益”“交易费用”“应收礼息”“应收股利”“应收红利”“本期收益”等科目。

“证券清算款”科目核算企业年金基金在投资运营中因买卖债券、基金、股票等业务而发生的，应与证券登记结算机构办理资金清算的款项。该科目应按不同证券登记结算机构设置明细账，其所属明细科目期末借方余额反映尚未收回的证券清算款，贷方余额反映尚未支付的证券清算款。“投资收益”科目核算企业年金基金投资持有期间，收到被投资单位发放的现金股利、基金红利，或资产负债表日按债券票面利率计算的利息收入，以及投资处置收益等；该科目按投资项目进行明细核算；期末，将该科目余额转入“本期收益”科目。“交易费用”科目核算企业年金基金投资运营中发生的、支付给代理机构、券商的手续费、佣金以及相关税费等。

1. 初始取得投资时的账务处理

企业年金基金初始取得投资的交易日，以支付的价款（不含支付的价款中所包含的、已到付息期但尚未领取的利息或已宣告但尚未发放的现金股利、基金红利）计入投资的成本，借记“交易性金融资产—成本”，按发生的交易费用及相关税费直接计入当期损益，借记“交易费用”科目，按支付的价款中所包含的、已到付息期但尚未领取的利息或已宣告但尚未发放的现金股利、红利，借记“应收利息”“应收股利”或“应收红利”科目，贷记“证券清算款”“银行存款”等科目。

资金交收日，按实际清算的金额，借记“证券清算款”科目，货记“结算备付金”“银行存款”等科目。

【例16-7】20×9年9月1日，智董公司年金基金通过证券交易所购入分期付息，一次还本国债500手，每手债券面值为1000元，成交金额600000元（含已到付息期但尚未领取的利息40000元），另发生手续费、佣金等相关税费2000元。票面年利率3.56%。

该公司年金基金账务处理如下：

交易日（T日，即9月1日）与证券登记结算机构清算应付证券款时

借：交易性金融资产—成本（债券）	560000
应收利息	40000
交易费用	2000
贷：证券清算款	602000

资金交收日（T+1日，即9月2日）与证券登记结算机构交收资金时

借：证券清算款　　　　　　　　　　　　　　602000
　贷：结算备付金　　　　　　　　　　　　　602000

2. 投资持有期间及估值日的账务处理

(1) 投资持有期间的账务处理

企业年金基金投资持有期间，被投资单位宣告发放的现金股利，或资产负债表日按债券票面利率计算的利息收入，应确认为投资收益，借记“应收股利”“应收利息”或“应收红利”科目，贷记“投资收益”科目。期末，将“投资收益”科目余额转入“本期收益”科目。

【例16-8】沿用【例16-7】，该公司年金基金持有国债期间，按债券票面价值和票面利率计提债券利息。假设一年按365天计算，每日计提利息，票面年利率3.56%。

该公司年金基金账务处理如下：

每日应计利息＝500000×3.56%÷365＝48.77（元）

每日计提利息时

借：应收利息　　　　　　　　　　　　　　　48.77
　贷：投资收益　　　　　　　　　　　　　　48.77

债券除息日（T日），借记“证券清算款”、贷记“应收利息”。

资金交收日（T+1日），借记“结算备付金”、贷记“证券清算款”。

(2) 估值日的账务处理

根据企业年金基金准则的规定，企业年金基金的投资应当按日估值，或至少按周进行估值。也就是说，每个工作日结束时，或者每周四或周五工作日结束时为估值日。

估值日对投资进行估值时，应当以估值日的公允价值计量。公允价值与上一估值日公允价值的差额，计入当期损益，并以此调整原账面价值。借记或贷记“交易性金融资产（公允价值变动）”，贷记或借记“公允价值变动损益”。

3. 投资处置的账务处理

企业年金基金的投资处置时，应在交易日按照卖出投资所取得的价款与其账面价值（买入价）的差额，确定为投资损益。

出售债券、基金、股票等证券时，应按出售成交日确认投资处置收益。卖出股票成交日，按应收金额，借记“证券清算款”科目，按买入时原账面价值（初始买价），贷记“交易性金融资产—成本”科目，按出售股票成交价总额与原账面价值（初始买价）的差额，作为投资处置收益金额，贷记或借记“投资收益”科目。同时，将原计入该投资的公允价值变动转出，借记或贷记“公允价值变动损益”科目，贷记或借记“投资收益”科目。

因债券、基金、股票的交易比较频繁，出售债券、基金、股票等证券时，其投资成本应一并结转。出售证券成本的计算方法可采用加权平均法、移动加权平均法、先进先出法等，成本计算方法一经确定，不得随意变更。

五、企业年金基金收入

(一) 企业年金基金收入的构成

企业年金基金收入是指企业年金基金在投资营运中所形成的经济利益的流入。企业年金基金收入能够带来企业年金基金资产的增加，也可能使企业年金基金负债减少，或二者兼而有之。企业年金基金应每F1或每周计算、确认基金收入，并进行账务处理。

企业年金基金收入包括：存款利息收入；买入返售证券收入；公允价值变动收益；投资收益；风险准备金补亏等其他收入。

(二) 企业年金基金收入的账务处理

企业年金基金收入项目中，公允价值变动收益、投资收益有关内容及其账务处理已在

第三节“企业年金基金投资运营”中进行了介绍。下面主要介绍存款利息收入、买入返售证券收入、其他收入账务处理有关内容。

1. 存款利息收入的账务处理

存款利息收入包括活期存款、定期存款、结算备付金、交易保证金等利息收入。根据企业年金基金会计准则及其应用指南的规定，企业年金基金应按日或至少按周确认存款利息收入，并按存款本金和适用利率计提的金额入账。

按日或按周计提银行存款、结算备付金存款等利息时，借记“应收利息”科目，贷记“存款利息收入”科目。

2. 买入返售证券收入的账务处理

买入返售证券业务是指企业年金基金与其他企业以合同或协议的方式，按一定价格买入证券，到期日再按合同规定的价格将该批证券返售给其他企业，以获取利息收入的证券业务。根据企业年金基金准则及其应用指南的规定，企业年金基金应于买入证券时，按实际支付的价款确认为一项资产，在融券期限内按照买入返售证券价款和协议约定的利率逐日或每周计提的利息确认买入返售证券收入。

企业年金基金应设置“买入返售证券”“买入返售证券收入”等科目，对买入返售证券业务进行账务处理。买入证券付款时，按实际支付的款项，借记“买入返售证券—××证券”科目，贷记“结算备付金”科目。计提利息时，借记“应收利息”科目，贷记“买入返售证券收入”科目。

买入返售证券到期时，按实际收到的金额，借记“结算备付金”科目；按买入时的价款，贷记“买入返售证券”科目；按已计未收利息，贷记“应收利息”科目；按本期应计利息，贷记“买入返售证券收入”科目。

期末将“买入返售证券收入”科目余额转入“本期收益”科目。

3. 其他收入的账务处理

其他收入是指除上述收入以外的收入，如风险准备金补亏。根据《企业年金基金管理试行办法》的规定，投资管理人应当按当期收取的投资管理人管理费的一定比例提取企业年金基金投资管理风险准备金，由托管人专户存储，作为专项用于弥补企业年金基金投资亏损。企业年金基金投资管理风险准备提取比例为20%，余额达到投资管理企业年金基金净资产的10%时可不再提取。企业年金基金取得投资管理风险准备金用于补亏时，应当按照实际收到金额计入其他收入。

【例16-9】20×9年1月10日，智董公司年金基金估值时确认当日亏损25万元。按规定，将企业年金基金投资管理风险准备金25万元用于补亏。已知：该公司年金基企业年金基金按日估值；投资管理人提取的风险准备金结余60万元。

该公司年金基金账务处理如下：

借：银行存款　　25

　贷：其他收入—风险准备金补亏　　25

六、企业年金基金费用

(一) 企业年金基金费用的构成

企业年金基金费用是指企业年金基金在投资营运等日常活动中所发生的经济利益的流出。企业年金基金费用可能表现为企业年金基金资产的减少，或企业年金基金负债的增加，或二者兼而有之。企业年金基金每日或每周确认、计算基金费用，并进行相应的账务处理。

企业年金基金费用包括：交易费用；受托人管理费；托管人管理费；投资管理人管理费；卖出回购证券支出；其他费用。

企业年金基金费用的开支范围受到法规制度的严格约束。如《企业年金基金管理试行办法》规定，受托人、托管人提取的管理费均不得高于企业年金基金净值的0.2%，投资管理人提取的管理费不得高于企业年金基金净值的1.2%。但账户管理费（每户每月不超过5元）不属于企业年金基金费用，由企业另行缴纳。

(二) 企业年金基金费用的账务处理

1) 交易费用是指企业年金基金在投资运营中发生的手续费、佣金以及相关税费，包括支付给代理机构、咨询机构、券商的手续费和佣金以及相关税费等其他必要支出。企业年金基金应设置“交易费用”科目，按照实际发生的金额，借记“交易费用”科目，贷记“证券清算款”“银行存款”等科目。

2) 受托人管理费、托管人管理费和投资管理人管理费，是指根据企业年金计划或合同文件规定的比例，提取的相应管理费。根据《企业年金基金管理试行办法》的规定，受托人、托管人提取的管理费均不得高于企业年金基金净值的0.2%，投资管理人提取的管理费不得高于企业年金基金净值的1.2%。企业年金基金应当设置“受托人管理费”“托管人管理费”“投资管理人管理费”“应付受托人管理费”“应付托管人管理费”“应付投资管理人管理费”等科目，对发生的上述管理费，分别进行账务处理。

企业年金基金计提相关费用时，应当按照应付的实际金额，借记“受托人管理费”“托管人管理费”“投资管理人管理费”科目，同时确认为负债，贷记“应付受托人管理费”“应付托管人管理费”“应付投资管理人管理费”科目。支付相关管理费用时，借记“受托人管理费”“托管人管理费”“投资管理人管理费”科目，贷记“银行存款”等科目。期末，将“受托人管理费”“托管人管理费”“投资管理人管理费”科目的借方余额全部转入“本期收益”科目。

【例16-10】20×9年4月1日，智董公司年金基金市值为10000000元。投资管理合同中约定：投资管理费年费率为基金净值（市值）的1.2%；一年按365天计算，按日估值。

当日应计提的投资管理费＝基金净值×年费率÷当年天数

＝10000000×1.2%÷365

＝28.77（元）

智董公司年金基金账务处理如下：

借：投资管理人管理费—××投资管理人　　328.77

　贷：应付投资管理人管理费　　328.77

3) 卖出回购证券业务，是指企业年金基金与其他企业以合同或协议的方式，按照一定价格卖出证券，到期日再按合同约定的价格买回该批证券，以获得一定时期内资金的使用权的证券业务。

根据企业年金基金准则及其应用指南的规定，企业年金基金应在融资期限内，按照卖出回购证券价款和协议约定的利率每日或每周确认、计算卖出回购证券支出。

企业年金基金应设置“卖出回购证券支出”“卖出回购证券款”等科目，对卖出回购证券业务进行账务处理。

卖出证券收到款时，按实际收到价款，借记“结算备付金”科目，同时确认一笔负债，贷记“卖出回购证券款—××证券”科目。证券持有期内计提利息时，按计提的金额，借记“卖出回购证券支出”科目，贷记“应付利息”科目。到期回购时，按卖出证券时实际收款金额，借记“卖出回购证券款—××证券”科目，按应计提未到期的卖出回购证券利息，借记“应付利息”科目，按借贷方差额，借记“卖出回购证券支出”科目，按实际支付的款项，贷记“结算备付金”科目。期末将“卖出证券支出”科目余额转入“本年收益”辩目。

4) 其他费用是指除上述三种费用以外的其他各项费用，包括注册登记费、上市年费、信息披露费、审计费用、律师费用等。

根据现行法律制度的规定，基金管理各方当事人因未履行义务导致的费用支出或资产的损失以及处理与基金运作无关的事项发生的费用不得列入企业年金基金费用。

企业年金基金应当设置“其他费用”等科目，按费用种类设置明细账，对发生的其他费用进行账务处理。

发生其他费用时，应按实际发生的金额，借记“其他费用”科目，贷记“银行存款”等科目。如发生的其他费用金额较大，例如大于基金净值十万分之一，也可以采用待摊或预提的方法，待摊或预提计入基金损益，但一经采用，不得随意变更，且年末一般无余额。

七、企业年金待遇给付及企业年金基金净资产

(一) 企业年金待遇给付及其账务处理

企业年金待遇是指企业年金计划受益人符合退休年龄等法定条件时，应当享受的企业年金养老待遇。企业年金计划受益人是指参加企业年金计划并享有受益权的职工及其继承人。企业年金养老待遇支付水平受到缴费金额、缴费时间、投资运营收益情况等因素影响。企业年金待遇给付方式，由企业年金计划约定，分次或一次支付。

企业年金待遇给付一般流程如下：

1) 委托人向受托人发送企业年金待遇支付或转移的通知。

2) 受托人通知账户管理人计算支付企业年金待遇。

3) 账户管理人将计算支付企业年金待遇结果反馈受托人，并与受托人核对。

4) 受托人核对后通知托管人和投资管理人进行份额赎回。

5) 受托人根据账户管理人提供的待遇支付表，通知托管人支付或转移金额，托管人将相应资金划入受托人指定专用账户，并向受托人和账户管理人报告。

6) 受托人指令账户管理人进行待遇支付的账户处理，账户管理人与托管人提供的支付结果核对，扣减个人账户资产，并向受益人提供年金基金的最终账户数据或向新年金计划移交账户资料。

企业年金基金应设置“企业年金基金-支付受益人待遇”“应付受益人待遇”等科目，按受益人设置明细账进行账务处理。给付企业年金待遇时，按应付金额，借记“企业年金基金-支付受益人待遇”科目，贷记“应付受益人待遇”科目；支付款项时，借记“应付受益人待遇”科目，贷记“银行存款”科目。

此外，根据企业年金基金准则的规定，因职工调离企业而发生的个人账户转出金额，相应减少基金净资产。因职工调入企业而发生的个人账户转入金额，相应增加基金净资产。企业年金基金应设置“企业年金基金—个人账户转入”“企业年金基金—个人账户转出”等科目，按受益人设置明细账进行账务处理。

【例16-11】20×9年11月5日，智董公司年金基金根据企业年金计划和委托人指令，支付退休人员企业年金待遇，金额共计70000元。

智董公司年金基金账务处理如下：

计算、确认给付企业年金待遇时

借：企业年金基金—支付受益人待遇　　70000

　贷：应付受益人待遇　　70000

支付受益人待遇时

借：应付受益人待遇　　70000

　贷：银行存款　　70000

(二) 企业年金基金净资产、净收益及其账务处理

1) 企业年金基金净资产，又称年金基金净值，是指企业年金基金受益人在企业年金基金财产中享有的经济利益，其金额等于企业年金基金资产减去基金负债后的余额。

企业年金基金净资产＝期初净资产＋本期净收益＋收取企业缴费＋收取职工个人缴费＋个人账户转入－支付受益人待遇－个人账户转出

2）企业年金基金净收益是指企业年金基金在一定会计期间已实现的经营成果，其金额等于本期收入减本期费用的余额。其中，本期收入包括存款利息收入、买入返售证券收入、公允价值变动收益、投资收益、其他收入等。本期费用包括交易费用、受托人管理费、投资管理人管理费、卖出回购证券支出、其他费用等。企业年金基金净收益直接影响基金净值的变动。需要说明的是，企业年金基金资产不仅包括委托给投资管理人管理的资产，还包括未委托给投资管理人管理的其他现金资产。

企业年金基金净值增长率，是当期基金净值与前期企业年金基金净值的差额除以前期基金财产净值的比例。计算公式如下：

$$\text{企业年金基金净值增长率}=\frac{\text{当期基金净资产}-\text{前期基金净资产}}{\text{前期基金净资产}}\times 100\%$$

企业年金基金账户管理人根据企业年金基金净值和净值增长率，按日或按周足额记入企业年金基金企业账户和个人账户。在收益记入日，账户管理人根据托管人提供的、经受托人复核的企业年金基金净值和净值增长率，并根据企业账户和职工个人账户前期余额，计算本期各账户应记入的投资运营收益。

其计算公式如下：

个人账户本期余额＝个人账户前期余额×(1＋企业年金基金净值增长率)

企业账户本期余额＝企业账户前期余额×(1＋企业年金基金净值增长率)

根据企业年金基金准则的规定，资产负债表日，应当将当期企业年金基金各项收入和费用结转至净资产，并根据企业年金计划按期将运营收益分配计入企业和职工个人账户。

企业年金基金应设置“本期收益”等科目。“本期收益”科目核算本期实现的基金净收益（或净亏损）。期末，结转企业年金基金净收益时，将“存款利息收入”“买入返售证券收入”“公允价值变动收益”“投资收益”“其他收入”等科目的余额转入“本期收益”科目贷方；将“交易费用”“受托人管理费”“托管人管理费”“投资管理人管理费”“卖出回购证券支出”“其他费用”等科目的余额转入“本期收益”科目借方。“本期收益”科目余额，即为企业年金基金净收益（或净亏损）。净收益转入企业年金基金时，借记“本期收益”科目，贷记“企业年金基金-净收益”科目；如为净亏损，做相反分录。将净收益按企业年金计划约定的比例转入个人和企业账户时，借记“企业年金基金-净收益”，贷记“企业年金基金—个人账户结余”“企业年金基金—企业账户结余”科目。

八、企业年金基金的列报

企业年金基金的财务报表包括资产负债表、净资产变动表和附注。

（一）企业年金基金财务报表编报主体

根据《企业年金基金管理试行办法》的规定，受托人负责编制企业年金基金管理和财务会计报告。这就是说，受托管理企业年金基金的企业年金理事会或符合国家规定的养老金管理公司等法人受托机构是编报企业年金基金财务报表的法定责任人，应当按照企业年金基金会计准则的规定，负责编制和对外报告企业年金基金财务报表。现行相关法规规定，受托人应当在年度结束后45日向委托人和监管机构提交经会计师事务所审计的企业年金基金年度财务报告。

此外，为了保证企业年金基金财务报表的真实和完整，托管人、投资管理人还要定期向受托人提供相关信息。现行相关法规规定，托管人在每季度结束10日内向受托人提交季度企业年金基金财务报告，并在年度结束后30日内向受托人提交经会计师事务所审计的年度企业年金基金财务报告。投资管理人在每季度结束后10日内向受托人提交经托管人确认的季度企业年金基金投资组合报告；并应当在年度结束后30日内向受托人提交经托管人确认的年度企业年金基金投资管理报告。账户管理人应当在每季度结束后10日内向受托人提交季度企业年金基金账户管理报告，并应当在年度结束后30日内向受托人提交年度企业年金基金账户管理报告。

(二) 资产负债表

资产负债表反映企业年金基金在某一特定日期的财务状况，应当按照资产、负债和净资产分类列示。

资产类项目至少包括：货币资金、应收证券清算款、应收利息、买入返售证券、其他应收款、债券投资、基金投资、股票投资、其他投资、其他资产。

负债类项目至少包括：应付证券清算款；应付受益人待遇；应付受托人管理费；应付托管人管理费；应付投资管理人管理费；应交税费；卖出回购证券款；应付利息；应付佣金；其他应付款。

净资产类项目列示企业年金基金净值。

资产负债表的格式如表16-8所示。

表16-8 资产负债表

会年金01表

编制单位： 年 月 日 单位：元

资产	行次	年初数	期末数	负债和净资产	行次	年初数	期末数
资产：				负债：			
货币资金				应付证券清算款			
应收证券清算款				应付受益人待遇			
应收利息				应付受托人管理费			
买入返售证券				应付托管人管理费			
其他应收款				应付投资管理人管理费			
债券投资				应交税费			
基金投资				卖出回购证券款			
股票投资				应付利息			
其他投资				应付佣金			
其他资产				其他应付款			
				负债合计			
				净资产：			
				企业年金基金净值			
资产总计				负债和净资产总计			

资产负债表的编制说明：

1) “货币资金”项目反映期末存放在金融机构的各种款项，应根据“银行存款”“结算备付金”“交易保证金”等科目的期末余额填列。

2) “应收证券清算款”项目反映期末尚未收回的证券清算款，应根据“证券清算款”科目所属明细科目期末借方余额填列。

3) “应收利息”项目反映期末尚未收回的各项利息，应根据“应收利息”科目期末余额填列。

4）“买入返售证券”项目反映期末已经买入但尚未到期返售证券的实际成本，应根据“买入返售证券”科目期末余额填列。

5）“其他应收款”项目反映除应收证券清算款、应收利息、应收红利、应收股利以外的，期末尚未收回的其他各种应收款、暂付款项等，应根据“其他应收款”等科目期末余额分析计算填列。

6）“债券投资”项目反映期末持有债券投资的公允价值，应根据“交易性金融资产”及其明细科目的期末余额分析填列。

7）“基金投资”项目反映期末持有基金投资的公允价值，应根据“交易性金融资产”及其明细科目的期末余额分析填列。

8）“股票投资”项目反映期末持有股票投资的公允价值，应根据“交易性金融资产”及其明细科目的期末余额分析填列。

9）“其他投资”项目反映期末持有的除上述投资以外的资产的公允价值，应根据“交易性金融资产”等相关科目的期末余额分析填列。

10）“其他资产”项目反映除上述资产以外的其他资产，应根据“交易性金融资产”等相关科目的期末余额分析填列。“应收红利”“应收股利”科目期末余额也填列在此项目。

11）“应付证券清算款”项目反映期末尚未支付的证券清算款，应根据“证券清算款”科目所属明细科目期末余额填列。

12）“应付受益人待遇”项目反映期末尚未支付受益人待遇的款项，应根据“应付受益人待遇”科目所属明细科目期末余额填列。

13）“应付受托人管理费”项目反映期末尚未支付受托人的管理费用，应根据“应付受托人费用”科目期末余额填列。

14）“应付托管人管理费”项目反映期末尚未支付托管人的管理费用，应根据“应付托管人管理费”科目期末余额计算填列。

15）“应付投资管理人管理费”项目反映期末尚未支付投资管理人的管理费用，应根据“应付投资管理人管理费”科目期末余额计算填列。

16）“应交税费”项目反映期末应交未交的相关税费，应根据“应交税费”科目的期末余额填列。

17）“卖出回购证券款”项目反映已经卖出但尚未到期回购的证券款，应根据“卖出回购证券款”科目的期末余额填列。

18）“应付利息”项目反映期末尚未支付的各项利息，应根据“应付利息”科目期末余额填列。

19）“应付佣金”项目反映期末尚未支付券商的佣金，应根据“应付佣金”科目的期末余额填列。

20）“其他应付款”项目反映除上述负债以外的其他负债，如暂收款、多收的款项等，应根据“其他应付款”等有关科目期末余额分析填列。

21）“企业年金基金净值”项目反映期末企业年金基金净值，应根据“企业年金基金”及其明细科目分析填列。

（三）净资产变动表

净资产变动表反映企业年金基金在一定会计期间的净资产增减变动情况，应当包括：期初净资产；本期净资产增加数，包含本期收入、收取企业缴费、收取职工个人缴费、个人账户转入；本期净资产减少数，包含本期费用、支付受益人待遇、个人账户转出；期末净资产。净资产变动表格式如表16-9所示。

表16-9 净资产变动表

会年金02表

编制单位: 年 月 单位: 元

项目	行次	本月数	本月累计数
一、期初净资产			
二、本期净资产增加数			
(一)本期收入			
1.存款利息收入			
2.买入返售证券收入			
3.公允价值变动收益			
4.投资处置收益			
5.其他收入			
(二)收取企业缴费			
(三)收取职工个人缴费			
(四)个人账户转入			
三、本期净资产减少数			
(一)本期费用			
1.交易费用			
2.受托人管理费			
3.托管人管理费			
4.投资管理人管理费			
5.卖出回购证券支出			
6.其他费用			
(二)支付受益人待遇			
(三)个人账户转出			
四、期末净资产			

净资产变动表的编制说明:

1)"期初净资产"项目反映企业年金基金期初净值,应根据上期末"企业年金基金"及其明细科目贷方余额分析填列。

2)"存款利息收入"项目反映本期存放金融机构各种存款的利息收入,应根据"利息收入"科目期末结转"本期收益"科目的数额填列。

3)"买入返售证券收入"项目反映本期买入返售证券业务而实现的利息收入,应根据"买入返售证券收入"科目期末结转"本期收益"科目的数额填列。

4)"公允价值变动收益"项目反映本期持有债券、基金、股票等投资的公允价值变动情况,应根据"公允价值变动收益"科目期末结转"本期收益"科目的数额填列。

5)"投资处置收益"项目反映本期投资处置时实现的收益,以及投资持有期间收到被投资单位发放的现金股利、红利,或按债券票面利率计算的利息收入。应根据"投资收益"科目期末结转"本期收益"科目的数额分析填列。

6)"其他收入"项目反映本期除以上收入外的其他收入,应根据"其他收入"科目期末结转"本期收益"科目的数额填列。

7)"收取的企业缴费"项目反映本期收到的企业缴费,应根据"企业年金基金"及其明细科目的余额分析填列。

8)“收取职工个人缴费”项目反映本期收到的职工个人缴费，应根据“企业年金基金”及其明细科目的余额分析填列。

9)“个人账户转入”项目反映本期从其他企业调入本企业职工个人账户转入的金额，应根据“企业年金基金—个人账户转入”科目的余额填列。

10)“交易费用”项目反映本期投资运营中发生的手续费、佣金及其他必要支出，应根据“交易费用”科目期末结转“本期收益”科目的数额填列。

11)“受托人管理费”项目反映本期按照合同约定计提的受托人管理费用，应根据“受托人管理费”科目期末结转“本期收益”科目的数额填列。

12)“托管人管理费”项目反映本期按照合同约定计提的托管人管理，应根据“托管人管理费”科目期末结转“本期收益”科目的数额填列。

13)“投资管理人管理费”项目反映本期按照合同约定计提的投资管理人管理费用，应根据“投资管理人管理费”科目期末结转“本期收益”科目的数额填列。

14)“卖出回购证券支出”项目反映本期发生的卖出回购证券业务的支出，应根据“卖出回购证券款”科目期末结转“本期收益”科目的数额填列。

15)“其他费用”项目反映本期除上述费用之外的其他各项费用，应根据“其他费用”科目期末结转“本期收益”科目的数额填列。

16)“支付受益人待遇”项目反映本期支付受益人待遇的金额，应根据“企业年金基金”及其明细科目的期末余额填列。

17)“个人账户转出”项目反映本期企业职工调出、离职等原因从个人账户转出的金额，应根据“企业年金基金—个人账户转出”科目的期末余额填列。

(四) 附注

附注应当披露：企业年金计划的主要内容及重大变化；投资种类、金额及公允价值的确定方法；各类投资占投资总额的比例；可能使投资价值受到重大影响的其他事项；

会计准则应用指南的相关规定如下：

“企业年金基金的账务处理和财务报表的编报

（一）受托人、托管人、投资管理人应当参照《企业会计准则——应用指南》（会计科目和主要账务处理）设置相应会计科目和账簿，对企业年金基金发生的交易或者事项进行会计处理。

（二）企业年金基金财务报表包括资产负债表、净资产变动表和附注。

受托人应当按照规定定期向委托人、受益人等提交企业年金基金财务报表。

托管人应当按照本准则的规定，定期向受托人提交企业年金基金财务报表。

（三）企业年金基金财务报表附注，除按本准则第二十条的规定进行披露外，还应当披露以下内容：

(1) 财务报表的编制基础。

(2) 重要会计政策和会计估计变更及差错更正的说明。

(3) 报表重要项目的说明，包括：货币资金、买入返售证券、债券投资、基金投资、股票投资、其他投资、卖出回购证券款、收取企业缴费、收取职工个人缴费、个人账户转入、支付受益人待遇、个人账户转出等。

(4) 企业年金基金净收入，包括本期收入、本期费用的构成。

(5) 资产负债表日后事项、关联方关系及其交易的说明等。

(6) 企业年金基金投资组合情况、风险管理政策等。”

第三节 股份支付

一、有关概念

(一) 股份支付

1. 定义

股份支付是指企业为获取职工和其他方提供服务而授予权益工具或者承担以权益工具为基础确定的负债的交易。企业授予职工期权、认股权证等衍生工具或其他权益工具，对职工进行激励或补偿，以换取职工提供的服务，实质上属于职工薪酬的组成部分，但由于股份支付是以权益工具的公允价值为计量基础，因此由《企业会计准则第11号——股份支付》进行规范。

2. 分类

股份支付分为以权益结算的股份支付和以现金结算的股份支付。以权益结算的股份支付是指企业为获取服务以股份或其他权益工具作为对价进行结算的交易。以现金结算的股份支付，是指企业为获取服务承担以股份或其他权益工具为基础计算确定的交付现金或其他资产义务的交易。

《企业会计准则第11号——股份支付》所指的权益工具是企业自身权益工具。

(二) 等待期

等待期是指可行权条件得到满足的期间。对于可行权条件为规定服务期间的股份支付，等待期为授予日至可行权日的期间；对于可行权条件为规定业绩的股份支付，应当在授予日根据最可能的业绩结果预计等待期的长度。

(三) 可行权日

可行权日是指可行权条件得到满足、职工和其他方具有从企业取得权益工具或现金的权利的日期。

(四) 行权日

行权日是指职工和其他方行使权利、获取现金或权益工具的日期。

(五) 授予日

授予日是指股份支付协议获得批准的日期。

二、以权益结算的股份支付

(一) 以权益结算的股份支付换取职工提供服务的

以权益结算的股份支付换取职工提供服务的，应当以授予职工权益工具的公允价值计量。

权益工具的公允价值，应当按照《企业会计准则第22号——金融工具确认和计量》确定。

1. 授予日（授予后立即可行权的）

授予后立即可行权的换取职工服务的以权益结算的股份支付，应当在授予日按照权益工具的公允价值计入相关成本或费用，相应增加资本公积。

2. 在等待期内的每个资产负债表日（授予后不能立即行权的）

完成等待期内的服务或达到规定业绩条件才可行权的换取职工服务的以权益结算的股份支付，在等待期内的每个资产负债表日，应当以对可行权权益工具数量的最佳估计为基础，按照权益工具授予日的公允价值，将当期取得的服务计入相关成本或费用和资本公积。

在资产负债表日，后续信息表明可行权权益工具的数量与以前估计不同的，应当进行调整，并在可行权日调整至实际可行权的权益工具数量。

3. 可行权日之后

企业在可行权日之后不再对已确认的相关成本或费用和所有者权益总额进行调整。

(二) 以权益结算的股份支付换取其他方服务的

1. 取得日

(1) 其他方服务的公允价值能够可靠计量的

“以权益结算的股份支付换取其他方服务的，应当分别下列情况处理：

（一）其他方服务的公允价值能够可靠计量的，应当按照其他方服务在取得日的公允价值，计入相关成本或费用，相应增加所有者权益。

……”

(2) 其他方服务的公允价值不能可靠计量但权益工具公允价值能够可靠计量的

“以权益结算的股份支付换取其他方服务的，应当分别下列情况处理：

……

（二）其他方服务的公允价值不能可靠计量但权益工具公允价值能够可靠计量的，应当按照权益工具在服务取得日的公允价值，计入相关成本或费用，相应增加所有者权益。”

2. 行权日

在行权日，企业根据实际行权的权益工具数量，计算确定应转入实收资本或股本的金额，将其转入实收资本或股本。

【例16-12】2007年1月1日，智董公司向500名管理人员授予股票期权100股/人，当日股票的市场价格为3元/股。授予的条件是要求职工必须自授予日起在公司工作3年。

由于在授予日该项股票期权不能立即行权，该项股份支付在授予日则不能予以确认，而应在年度末根据估计的在企业持续工作3年的职工数量确认可能支付的股票期权数量，按职工提供服务的时间，计算应计入本期生产的成本或费用。

2007年12月31日，与该公司签订该项股票期权协议的500名管理人员中有20人辞职，企业估计剩余的480名均会继续在本企业中工作至2009年底，则股份支付的会计处理如下：

预计可能支付的股票期权＝480×100＝48000（股）

应计入2007年的股份支付成本＝48000×3/3＝48000（元）

借：管理费用　　　　　　　　　　　　　　　　48000

　　贷：资本公积—股份支付　　　　　　　　　　48000

2008年末，如果480名员工仍在该公司工作，则企业同样应按职工完成的服务的时间计算应分摊的成本。会计分录与2007年相同。2008年和2009年底，企业股票的市场价格会发生变化，与权益授予日股票的市场价格有所不同，但确认各期应负担的股份支付成本或费用时，均以授予日股票的公允价值为基础，而不考虑之后其公允价值的变化。只有股份支付的数量发生的变化才会影响计入各期的股份支付的成本和资本公积中预计计提的股份支付的金额。

2009年12月31日，剩余的480名管理员工均可以按股票期权协议取得股票，则2009年底的会计处理为分摊2009年的股份支付成本：

借：管理费用　　　　　　　　　　　　　　　　48000

贷：资本公积—其他资本公积　48000

之后，行权日的会计分录为：

借：资本公积—其他资本公积　144000

贷：股本　48000

资本公积—股票溢价　96000

【例16-13】智董公司由于2007年企业效益大幅度上升，2008年3月10日股东大会通过，经相关主管部门批准，准备以增发的股票奖励企业生产员工，每名职工公司的普通股股票1000股，共计470000股，该公司股票目前市场价格为5元/股。2008年5月10日，办理相关过户手续，将股票支付给职工。此时该公司股票市场价格为5.5元/股。

2008年3月10日，股份授予日的会计分录为：

借：生产成本　2350000

贷：资本公积—其他资本公积　2350000

2008年5月10日，行权日的会计分录为：

借：生产成本　235000

资本公积—其他资本公积　2350000

贷：股本　470000

资本公积　25380000

(三) 回购股份进行职工期权激励

企业以回购股份形式奖励本企业职工的，属于权益结算的股份支付，应当进行以下处理。

1) 企业回购股份时，应当按照回购股份的全部支出作为库存股处理，同时进行备查登记。

2) 确认成本费用。按照《企业会计准则第11号——股份支付》对职工权益结算股份支付的规定，企业应当在等待期内每个资产负债表日按照权益工具在授予日的公允价值，将取得的职工服务计入成本费用，同时增加资本公积（其他资本公积）。

3) 职工行权。企业应于职工行权购买本企业股份收到价款时，转销交付职工的库存股成本和等待期内资本公积（其他资本公积）累计金额，同时，按照其差额调整资本公积（股本溢价）。

三、以现金结算的股份支付

以现金结算的股份支付，应当按照企业承担的以股份或其他权益工具为基础计算确定的负债的公允价值计量。

(一) 授予后立即可行权的以现金结算的股份支付

授予后立即可行权的以现金结算的股份支付，应当在授予日以企业承担负债的公允价值计入相关成本或费用，相应增加负债。

(二) 授予后不能立即行权的以现金结算的股份支付

完成等待期内的服务或达到规定业绩条件以后才可行权的以现金结算的股份支付，在等待期内的每个资产负债表日，应当以对可行权情况的最佳估计为基础，按照企业承担负债的公允价值金额，将当期取得的服务计入成本或费用和相应的负债。

(三) 当期承担债务的公允价值的调整

在资产负债表日，后续信息表明企业当期承担债务的公允价值与以前估计不同的，应当进行调整，并在可行权日调整至实际可行权水平。企业应当在相关负债结算前的每个资产负债表日以及结算日，对负债的公允价值重新计量，其变动计入当期损益。

【例16-14】2007年1月1日，智董公司确定公司高级管理人员的奖励机制为：如果公司达到了一定的业绩，公司将支付与公司股票价格5万股等值的现金奖励，公司现行股票价格为3元/股。预计公司会在2008年实现规定的业绩。2008年6月底，公司业绩就达到了规定，公司按承诺对高级管理人员进行奖励。2007年底，该公司股票的市场价格为3.5元/股，2008年6月底，股票价格为4元/股。

由于存在行权条件，授予日不需进行会计处理。等待期为2007年初至2008年底的两年时间。

等待期中，2007年底：

借：管理费用　　　　　　　　　　87500（=3.5×5/2=8.75万元）

　贷：其他应付款　　　　　　　　87500

2008年6月底，可行权日：

实际行权成本=4×5=20万元

借：管理费用　　　　　　　　　　112500

　贷：其他应付款　　　　　　　　112500

在实际支付奖励时：

借：其他应付款　　　　　　　　　200000

　贷：银行存款　　　　　　　　　200000

四、股份支付的会计处理

股份支付的确认和计量，应当以真实、完整、有效的股份支付协议为基础。

(一) 授予日通常不做会计处理

授予日除了立即可行权的股份支付外，无论权益结算的股份支付或者现金结算的股份支付，企业在授予日都不进行会计处理。授予日是指股份支付协议获得批准的日期。其中“获得批准”是指企业与职工或其他方就股份支付的协议条款和条件已达成一致，该协议获得股东大会或类似机构的批准。

(二) 等待期内每个资产负债表日的处理

等待期内的每个资产负债表日股份支付在授予后通常不可立即行权，一般需要在职工或其他方履行一定期限的服务或在企业达到一定业绩条件之后才可行权。

业绩条件分为市场条件和非市场条件。市场条件是指行权价格、可行权条件以及行权可能性与权益工具的市场价格相关的业绩条件，如股份支付协议中关于股价至少上升至何种水平才可行权的规定。非市场条件是指除市场条件之外的其他业绩条件，如股份支付协议中关于达到最低盈利目标或销售目标才可行权的规定。

等待期长度确定后，业绩条件为非市场条件的，如果后续信息表明需要调整等待期长度，应对前期确定的等待期长度进行修改；业绩条件为市场条件的，不应因此改变等待期长度。对于可行权条件为业绩条件的股份支付，在确定权益工具的公允价值时，应考虑市场条件的影响，只要职工满足了其他所有非市场条件，企业就应当确认已取得的服务。

1) 等待期内每个资产负债表日，企业应将取得的职工提供的服务计入成本费用，计入成本费用的金额应当按照权益工具的公允价值计量。

对于权益结算的涉及职工的股份支付，应当按照授予日权益工具的公允价值计入成本费用和资本公积（其他资本公积），不确认其后续公允价值变动；对于现金结算的涉及职工的股份支付，应当按照每个资产负债表日权益工具的公允价值重新计量，确定成本费用和应付职工薪酬。

对于授予的存在活跃市场的期权等权益工具，应当按照活跃市场中的报价确定其公允价值。对于授予的不存在活跃市场的期权等权益工具，应当采用期权定价模型等确定其公允价值，选用的期权定价模型应当考虑因素为：期权的行权价格；期权的有效期；标的股份的现行价格；股价预计波动率；股份的预计股利；期权有效期内的无风险利率。

2) 等待期内每个资产负债表日，企业应当根据最新取得的可行权职工人数变动等后续信息做出最佳估计，修正预计可行权的权益工具数量。在可行权日，最终预计可行权权益工具的数量应当与实际可行权数量一致。

根据上述权益工具的公允价值和预计可行权的权益工具数量，计算截至当期累计应确认的成本费用金额，再减去前期累计已确认金额，作为当期应确认的成本费用金额。

【例16-15】2007年12月，智董公司董事会批准了一项股份支付协议。协议规定，2008年1月1日，公司向其200名管理人员每人授予100份股票期权，这些管理人员必须从2008年1月1日起在公司连续服务3年，服务期满时才能够以每股4元购买100股智董公司股票。公司估计该期权在授予日（2008 年1月1日）的公允价值为￥15。

第一年有20 名管理人员离开智董公司，智董公司估计三年中离开的管理人员比例将达到20%；第二年又有10名管理人员离开公司，公司将估计的管理人员离开比例修正为15%；第三年又有15名管理人员离开。

费用和资本公积计算过程见下表16-10。

表16-10 费用和资本公积计算过程

年份	计算	当期费用	累计费用
2008	200×100×（1－20%）×15×1/3	80000	80000
2009	200×100×（1－15%）×15×2/3	90000	170000
2010	155×100×15－170000	62500	232500

会计处理：

①2008 年1 月1 日

授予日不做处理。

②2008 年12 月31 日

借：管理费用 80000

　贷：资本公积—其他资本公积 80000

③2009 年12 月31 日

借：管理费用 90000

　贷：资本公积—其他资本公积 90000

④2010 年12 月31 日

借：管理费用 62500

　贷：资本公积—其他资本公积 62500

【例16-16】2007年11月，智董公司董事会批准了一项股份支付协议。协议规定，2007 年1月1日，公司为其200名中层以上管理人员每人授予100份现金股票增值权，这些管理人员必须在该公司连续服务3年，即可自2009年12月31日起根据股价的增长幅度可以行权获得现金。

该股票增值权应在2011年12月31日之前行使完毕。智董公司估计，该股票增值权在负债结算之前每一个资产负债表日以及结算日的公允价值和可行权后的每份股票增值权现金支出额如表16-11。

表16-11 股票增值权现金支出额

年份	公允价值	支付现金
2007	14	
2008	15	
2009	18	16
2010	21	20
2011		25

第一年有20 名管理人员离开智董公司，智董公司估计三年中还将有15 名管理人员离开；第二年又有10 名管理人员离开公司，公司估计还将有10 名管理人员离开；第三年又有15 名管理人员离开。第三年末，假定有70 人行使股份增值权取得了现金。

(1) 费用和应付职工薪酬计算过程见表16-12。

表16-12　费用和应付职工薪酬计算过程

年份	负债计算(1)	支付现金(2)	当期费用(3)
2007	（200－35）×100×14×1/3＝77000		77000
2008	（200－40）×100×15×2/3＝160000		83000
2009	（200－45－70）×100×18＝153000	70×100×16＝112000	105000
2010	（200－45－70－50）×100×21＝73500	50×100×20＝100000	20500
2011	73500－73500＝0	35×100×25＝87500	14000
总额		299500	299500

其中：(3) ＝(2) －上期(1) ＋(2)

(2) 会计处理：

①2007 年1 月1 日

授予日不做处理。

②2007 年12 月31 日

借：管理费用　　77000

　贷：应付职工薪酬—股份支付　　77000

③2008 年12 月31 日

借：管理费用　　83000

　贷：应付职工薪酬—股份支付　　83000

④2009 年12 月31 日

借：管理费用　　105000

　贷：应付职工薪酬—股份支付　　105000

借：应付职工薪酬—股份支付　　112000

　贷：银行存款　　112000

(三) 可行权日之后的处理

1) 对于权益结算的股份支付，在可行权日之后不再对已确认的成本费用和所有者权益总额进行调整。企业应在行权日根据行权情况，确认股本和股本溢价，同时结转等待期内确认的资本公积（其他资本公积）。

【例16-17】沿用【例16-15】资料：2011年12月31日（第四年末），假设有10名管理人员放弃了股票期权，2012年12月31日（第五年末），剩余145名全部行权，智董公司股票面值为1元：

① 2011 年12 月31 日

不调整成本费用和资本公积。

②2012 年12 月31 日

借：银行存款　　58000

资本公积—其他资本公积　　2325500

　贷：股本　　14500

资本公积—资本溢价　　2369000

2) 对于现金结算的股份支付，企业在可行权日之后不再确认成本费用，负债（应付职工薪酬）公允价值的变动应当计入当期损益（公允价值变动损益）。

【例16-18】沿用【例16-16】资料：2010年12月31日（第四年末），有50人行使了股份增值权。2011年12月31日（第五年末），剩余35人全部行使了股份增值权。

①2010 年12 月31 日

借：公允价值变动损益　20500
　贷：应付职工薪酬—股份支付　20500
借：应付职工薪酬—股份支付　100000
　贷：银行存款　100000

②2011 年12 月31 日

借：公允价值变动损益　14000
　贷：应付职工薪酬—股份支付　14000
借：应付职工薪酬—股份支付　87500
　贷：银行存款　87500

(四) 会计科目及主要账务处理

1. 应付职工薪酬

(1) 会计科目核算内容

本科目核算企业根据有关规定应付给职工的各种薪酬。企业（外商）按规定从净利润中提取的职工奖励及福利基金，也在本科目核算。

本科目期末贷方余额，反映企业应付未付的职工薪酬。

(2) 明细核算

本科目可按“工资”“职工福利”“社会保险费”“住房公积金”“工会经费”“职工教育经费”“非货币性福利”“辞退福利”“股份支付”等进行明细核算。

(3) 企业发生应付职工薪酬的主要账务处理

企业以现金与职工结算的股份支付，在等待期内每个资产负债表日，按当期应确认的成本费用金额，借记“管理费用”“生产成本”“制造费用”等科目，贷记本科目。在可行权日之后，以现金结算的股份支付当期公允价值的变动金额，借记或贷记“公允价值变动损益”科目，贷记或借记本科目。企业（外商）按规定从净利润中提取的职工奖励及福利基金，借记“利润分配—提取的职工奖励及福利基金”科目，贷记本科目。

(4) 企业发放职工薪酬的主要账务处理

企业以现金与职工结算的股份支付，在行权日，借记本科目，贷记“银行存款”“库存现金”等科目。

2. 实收资本

(1) 会计科目核算内容

本科目核算企业接受投资者投入的实收资本。股份有限公司应将本科目改为“4001股本”科目。企业收到投资者出资超过其在注册资本或股本中所占份额的部分，作为资本溢价或股本溢价，在“资本公积”科目核算。本科目期末贷方余额，反映企业实收资本或股本总额。

(2) 明细核算

本科目可按投资者进行明细核算。企业（中外合作经营）在合作期间归还投资者的投资，应在本科目设置“已归还投资”明细科目进行核算。

(3) 实收资本的主要账务处理

以权益结算的股份支付换取职工或其他方提供服务的，应在行权日，按根据实际行权情况确定的金额，借记“资本公积—其他资本公积”科目，按应计入实收资本或股本的金额，贷记本科目。

3. 资本公积

(1) 会计科目核算内容

本科目核算企业收到投资者出资额超出其在注册资本或股本中所占份额的部分。直接计入所有者权益的利得和损失，也通过本科目核算。

本科目期末贷方余额，反映企业的资本公积。

(2) 明细核算

本科目应当分别“资本溢价（股本溢价）”“其他资本公积”进行明细核算。

(3) 资本公积的主要账务处理

以权益结算的股份支付换取职工或其他方提供服务的，应按照确定的金额，借记“管理费用”等科目，贷记本科目（其他资本公积）。

在行权日，应按实际行权的权益工具数量计算确定的金额，借记本科目（其他资本公积），按计入实收资本或股本的金额，贷记“实收资本”或“股本”科目，按其差额，贷记本科目（资本溢价或股本溢价）。

4. 库存股

(1) 会计科目核算内容

本科目核算企业收购、转让或注销的本公司股份金额。

本科目期末借方余额，反映企业持有尚未转让或注销的本公司股份金额。

(2) 库存股的主要账务处理

为奖励本公司职工而收购本公司股份的，应按实际支付的金额，借记本科目，贷记“银行存款”等科目，同时做备查登记。

将收购的股份奖励给本公司职工属于以权益结算的股份支付，如有实际收到的金额，借记“银行存款”科目，按根据职工获取奖励股份的实际情况确定的金额，借记“资本公积—其他资本公积”科目，按奖励库存股的账面余额，贷记本科目，按其差额，贷记或借记“资本公积—股本溢价”科目。

五、在会计报表附注的披露

企业应当在附注中披露与股份支付有关的下列信息：

1) 当期授予、行权和失效的各项权益工具总额。

2) 期末发行在外的股份期权或其他权益工具行权价格的范围和合同剩余期限。

3) 当期行权的股份期权或其他权益工具以其行权日价格计算的加权平均价格。

4) 权益工具公允价值的确定方法。

企业对性质相似的股份支付信息可以合并披露。

企业应当在附注中披露股份支付交易对当期财务状况和经营成果的影响，至少包括下列信息：

1) 当期因以权益结算的股份支付而确认的费用总额。

2) 当期因以现金结算的股份支付而确认的费用总额。

3) 当期以股份支付换取的职工服务总额及其他方服务总额。

|第十七章|
企业合并与长期股权投资

第一节 企业合并

一、企业合并的综合知识

企业合并，是指将两个或者两个以上单独的企业合并形成一个报告主体的交易或事项。

(一) 企业合并的方式

1) 控股合并：合并方（或购买方）在企业合并中取得对被合并方（或被购买方）的控制权，被合并方（或被购买方）在合并后仍保持其独立的法人资格并继续经营，合并方（或购买方）确认企业合并形成的对被合并方（或被购买方）的投资。

2) 吸收合并：合并方（或购买方）通过企业合并取得被合并方（或被购买方）的全部净资产，合并后注销被合并方（或被购买方）的法人资格，被合并方（或被购买方）原持有的资产、负债，在合并后成为合并方（或购买方）的资产、负债。

3) 新设合并：参与合并的各方在合并后法人资格均被注销，重新注册成立一家新的企业。

(二) 企业合并的目的、原因

企业合并最根本的目的在于谋求利益，最主要的原因是加速成长、降低成本、减少风险。企业的发展扩张，有其内在动力和外在压力，而通过与其他企业的合并，是其谋求利益、增强竞争力的有效途径。换言之，企业合并既有内在动因，也有外在动因。企业合并的内因表现为：谋求管理协同效应；谋求经营协同效应；谋求财务利益；实现战略重组，开展多元化经营；获得特殊资产；降低代理成本。企业合并的外因为：国家的产业政策；公司产权结构和治理结构的状况；激烈的市场竞争；资本市场和信用制度的发达程度；法律因素。

(三) 合并日或购买日的确定

企业应当在合并日或购买日确认因企业合并取得的资产、负债。

合并日或购买日是指合并方或购买方实际取得对被合并方或被购买方控制权的日期，即被合并方或被购买方的净资产或生产经营决策的控制权转移给合并方或购买方的日期。

(四) 企业合并的分类

企业合并分为同一控制下的企业合并和非同一控制下的企业合并。

1. 同一控制下的企业合并

参与合并的企业在合并前后均受同一方或相同的多方最终控制且该控制并非暂时性的，为同一控制下的企业合并。

同一方是指对参与合并的企业在合并前后均实施最终控制的投资者。

相同的多方通常是指根据投资者之间的协议约定，在对被投资单位的生产经营决策行使表决权时发表一致意见的两个或两个以上的投资者。

控制并非暂时性，是指参与合并的各方在合并前后较长的时间内受同一方或相同的多方最终控制。较长的时间通常指1年以上（含1年）。

同一控制下企业合并的判断，应当遵循实质重于形式要求。

2. 非同一控制下的企业合并

参与合并的各方在合并前后不受同一方或相同的多方最终控制的，为非同一控制下的企业合并。

非同一控制下的企业合并，在购买日取得对其他参与合并企业控制权的一方为购买方，参与合并的其他企业为被购买方。

购买日是指购买方实际取得对被购买方控制权的日期。

非同一控制下的企业合并有两个特点：第一，参与合并的各方不受同一方或相同的多方控制，企业合并大多是出自企业自愿的行为；第二，交易过程中各方出于自身的利益的考虑会进行激烈的讨价还价，交易以公允价值为基础，作价相对公平合理。

3. 同一控制与非同一控制的判断

(1) 同一控制下的企业合并

《企业会计准则第20号—企业合并》第五条规定，参与合并的企业在合并前后均受同一方或相同的多方最终控制且该控制并非暂时性的，为同一控制下的企业合并。

实施最终控制的一方，通常是指企业集团中的母公司或者有关主管单位。实施最终控制的一方为有关主管单位的，企业合并是指在某一主管单位主导下进行的合并，但如果有关主管单位并未参与企业合并过程中具体商业条款的制定，如并未参与合并定价、合并方式及其他涉及企业合并的具体安排等，不属于同一控制下的企业合并。

相同的多方是指根据投资者之间的协议约定，为扩大其中某一投资者对被投资单位股份的控制比例，或者巩固某一投资者对被投资单位的控制地位，在对被投资单位的生产经营决策行使表决权时发表相同意见的两个或两个以上的法人或其他组织。

控制并非暂时性，是指参与合并各方在合并前后较长的时间内受同一方或多方控制，控制时间通常在1年以上（含1年）。

一方或相同的多方控制下的企业合并，合并双方的合并行为不完全是自愿进行和完成的，这种企业合并不属于交易行为，而是参与合并各方资产和负债的重新组合。

(2) 非同一控制下的企业合并

《企业会计准则第20号——企业合并》第十条规定，参与合并的各方在合并前后不受同一方或相同的多方最终控制的，为非同一控制下的企业合并。

相对于同一控制下的企业合并而言，非同一控制下的企业合并是合并各方自愿进行的交易行为，作为一种公平的交易，应当以公允价值为基础进行计量。

(五) 不同合并方式下的会计处理

1. 在控股合并方式下

不论是同一控制下的企业合并或者非同一控制下的企业合并，在合并方（或购买方）的个别财务报表中，均体现为母公司（合并方或购买方）对子公司（被合并方或被购买方）的长期股权投资。

(1) 企业合并形成长期股权投资的初始投资成本

1) 同一控制下的控股合并，合并方在合并中形成的长期股权投资，应当以合并日取得被合并方账面所有者权益的份额作为其初始投资成本。合并方确认的初始投资成本与其付出合并对价账面价值的差额，应当调整资本公积；资本公积不足的，调整盈余公积和未分配利润。上述处理后，在合并日的合并财务报表中，对于被合并方在合并日以前实现的留存收益中归属于合并方的部分，应根据不同情况适当调整，自资本公积转入留存收益。

2) 非同一控制下的企业合并，购买方应以付出的资产、发生或承担的负债以及发行的权益性证券的公允价值加上为企业合并发生的各项直接相关费用之和，作为合并中形成的长期股权投资的初始投资成本。其中，作为合并对价付出净资产的公允价值与其账面价值的差额，应作为资产处置损益计入合并当期损益。

(2) 合并日或购买日的确定

按照《企业会计准则第20号——企业合并》第五条规定，合并日是指合并方实际取得对被合并方控制权的日期。即被合并方净资产或生产经营决策的控制权转移给合并方的日期。

同时满足以下条件的，可认定为实现了控制权的转移：

1) 企业合并协议已获股东大会通过。

2) 企业合并事项需要经过国家有关部门实质性审批的，已取得有关主管部门的批准。

3) 参与合并各方已办理了必要的财产交接手续。

4) 合并方或购买方已支付了合并价款的大部分（一般应超过50%），并且有能力支付剩余款项。

5) 合并方或购买方实际上已经控制了被合并方或被购买方的财务和经营政策，并享有相应的利益及承担风险。

非同一控制下企业合并中的购买日，也应按照上述规定的条件确定。

(3) 合并日或购买日编制合并财务报表

合并方或购买方可以编制合并日或购买日的合并财务报表，为合并当期期末及以后期间编制合并财务报表提供基础。

1) 同一控制下的控股合并，本质上是两个独立的企业或业务的整合，合并后主体视同在以前期间一直存在，母公司一般应编制合并日的合并财务报表，包括合并资产负债表、合并利润表及合并现金流量表。在合并利润表中，对于被合并方自合并当期期初至合并日实现的净利润，应当在“净利润”下单列“其中：被合并方在合并前实现的净利润”项目反映。合并当期资产负债表日，编制比较报表时，合并方应对比较报表有关项目的期初数进行调整，视同合并后主体在以前期间一直存在。

2) 非同一控制下的控股合并，本质上属于一次或多次完成的交易。被购买方在合并前实现的净利润已经包含在企业合并成本中，母公司在购买日可以编制合并资产负债表，不编制合并利润表和合并现金流量表。购买日的合并资产负债表反映购买方自购买日起能够控制的经济资源，其中对于被购买方有关资产、负债应当按照合并中确定的公允价值列示，合并成本大于合并中取得的各项可辨认资产、负债公允价值份额的差额，确认为合并资产负债表中的商誉。企业合并成本小于合并中取得的各项可辨认资产、负债公允价值份额的差额，在合并资产负债表中调整盈余公积和未分配利润。非同一控制下的控股合并，购买方应自购买日起设置备查簿，登记其在购买日取得的被购买方可辨认资产、负债的公允价值，为以后期间核算及合并财务报表的编制提供基础资料。

2. 在吸收合并和新设合并方式下

属于同一控制下的企业合并，合并方在合并日对合并中取得的被合并方资产、负债应按其原账面价值计量，支付的合并对价账面价值与取得净资产账面价值之间的差额，调整资本公积和留存收益。对于被合并方在合并前实现的留存收益中属于合并方的部分，应视情况进行调整，自资本公积转入留存收益；属于非同一控制下的企业合并，购买方在购买日对合并中取得的各项可辨认资产、负债应按其公允价值计量，合并成本与合并中取得的可辨认净资产公允价值的差额，按照上述关于非同一控制下控股合并的相关规定处理。

（六）业务合并的处理

除了一个企业对另外一个企业的合并外，《企业会计准则第20号——企业合并》第三条规定，涉及业务的合并比照《企业会计准则第20号——企业合并》规定处理，即应当区分同一控制下的业务合并与非同一控制下的业务合并进行处理。

业务是指企业内部某些生产经营活动或资产的组合，该组合一般具有投入、加工处理过程和产出能力，能够独立计算其成本费用或所产生的收入，但不构成独立法人资格的部分。例如，企业的分公司、独立的生产车间、不具有独立法人资格的分部等。

一个企业对另一企业某分公司、分部或具有独立生产能力的生产车间的并购均属于业务合并。

二、同一控制下的企业合并

同一控制下的企业合并，是从合并方出发，确定合并方在合并日对于企业合并事项应进行的会计处理。主要包括确定合并方和合并日、确定企业合并成本、确定合并中取得有关资产、负债的入账价值及合并差额的处理。

同一控制下企业合并的合并方及合并日的确定，与本章中关于非同一控制下企业合并中购买方及购买日的确定原则相同，具体参见本章关于非同一控制下企业合并部分的介绍。

（一）同一控制下企业合并的处理原则

对于同一控制下的企业合并，《企业会计准则第20号——企业合并》中规定的会计处理方法类似于权益结合法。该方法下，是将企业合并看作是两个或多个参与合并企业权益的重新整合，由于最终控制方的存在，从最终控制方的角度，该类企业合并一定程度上并不会造成构成企业集团整体的经济利益流入和流出，最终控制方在合并前后实际控制的经济资源并没有发生变化，有关交易事项不作为出售或购买。

对于同一控制下的企业合并，在合并中不涉及自少数股东手中购买股权的情况下，合并方应遵循以下原则进行相关处理。

1. 合并方在合并中确认取得的被合并方的资产、负债仅限于被合并方账面上原已确认的资产和负债，合并中不产生新的资产和负债

同一控制下的企业合并，从最终控制方的角度，其在企业合并发生前后能够控制的净资产价值量并没有发生变化，因此即便是在合并过程中，取得的净资产入账价值与支付的合并对价账面价值之间存在差额，同一控制下的企业合并中一般也不产生新的商誉因素，即不确认新的资产，但被合并方在企业合并前账面上原已确认的商誉应作为合并中取得的资产确认。

2. 合并方在合并中取得的被合并方各项资产、负债应维持其在被合并方的原账面价值不变

被合并方在企业合并前采用的会计政策与合并方不一致的，应基于重要性原则，首先统一会计政策，即合并方应当按照本企业会计政策对被合并方资产、负债的账面价值进行调整，调整后的账面价值应作为有关资产、负债的入账价值。进行上述调整的基本原因是将该项合并中涉及的合并方及被合并方作为一个整体对待，对于一个完整的会计主体，其对相关交易、事项应当采用相对统一的会计政策，在此基础上反映其财务状况和经营成果。

3. 合并方在合并中取得的净资产的入账价值相对于为进行企业合并支付的对价账面价值之间的差额，不作为资产的处置损益，不影响企业合并当期的利润表，有关差额应调整所有者权益相关项目

同一控制下的企业合并，本质上不作为购买，而是两个或多个会计主体权益的整合。合并方在企业合并中取得的价值量相对于所放弃价值量之间存在差额的，应当调整所有者权益。在根据合并差额调整合并方的所有者权益时，应首先调整资本公积（资本溢价或股本溢价），资本公积（资本溢价或股本溢价）的余额不足冲减的，应冲减留存收益。

4. 对于同一控制下的控股合并，应视同合并后形成的报告主体自最终控制方开始实施控制时一直是一体化存续下来的，体现在其合并财务报表上，即由合并后形成的母子公司构成的报告主体，无论是其资产规模还是其经营成果都应持续计算

编制合并财务报表时，无论该项合并发生在报告期的哪一时点，合并利润表、

合并现金流量表均反映的是由母子公司构成的报告主体自合并当期期初至合并日实现的损益及现金流量情况，相对应地，合并资产负债表的留存收益项目，应当反映母子公司如果一直作为一个整体运行至合并日应实现的盈余公积和未分配利润的情况。

对于同一控制下的控股合并，在合并当期编制合并财务报表时，应当对合并资产负债表的期初数进行调整，同时应当对比较报表的相关项目进行调整，视同合并后的报告主体在以前期间一直存在。

(二) 同一控制下企业合并的会计处理

1. 同一控制下的控股合并

同一控制下的控股合并中，合并方在合并日涉及两个方面的问题：一是对于因该项企业合并形成的对被合并方的长期股权投资的确认和计量；二是合并日合并财务报表的编制。

(1) 长期股权投资的确认和计量

按照《企业会计准则第2号——长期股权投资》的规定，同一控制下企业合并形成的长期股权投资，合并方应以合并日应享有被合并方账面所有者权益的份额作为形成长期股权投资的初始投资成本。

(2) 合并日合并财务报表的编制

编制合并日的合并财务报表时，一般包括合并资产负债表、合并利润表及合并现金流量表。

1) 合并资产负债表。被合并方的有关资产、负债应以其账面价值并入合并财务报表（合并方与被合并方采用的会计政策不同的，指按照合并方的会计政策，对被合并方有关资产、负债进行调整后的账面价值）。合并方与被合并方在合并日及以前期间发生的交易，应作为内部交易，按照规定进行抵销。

在合并资产负债表中，对于被合并方在企业合并前实现的留存收益（盈余公积和未分配利润之和）中归属于合并方的部分，应按以下规定，自合并方的资本公积转入留存收益：

①确认企业合并形成的长期股权投资后，合并方账面资本公积（资本溢价或股本溢价）贷方余额大于被合并方在合并前实现的留存收益中归属于合并方的部分，在合并资产

负债表中，应将被合并方在合并前实现的留存收益中归属于合并方的部分自“资本公积”转入“盈余公积”和“未分配利润”。在合并工作底稿中，借记“资本公积”项目，贷记“盈余公积”和“未分配利润”项目。

②确认企业合并形成的长期股权投资后，合并方账面资本公积（资本溢价或股本溢价）贷方余额小于被合并方在合并前实现的留存收益中归属于合并方的部分的，在合并资产负债表中，应以合并方资本公积（资本溢价或股本溢价）的贷方余额为限，将被合并方在企业合并前实现的留存收益中归属于合并方的部分自“资本公积”转入“盈余公积”和“未分配利润”。在合并工作底稿中，借记“资本公积”项目，贷记“盈余公积”和“未分配利润”项目。

因合并方的资本公积（资本溢价或股本溢价）余额不足，被合并方在合并前实现的留存收益中归属于合并方的部分在合并资产负债表中未予全额恢复的，合并方应当在会计报表附注中对这一情况进行说明，包括被合并方在合并前实现的留存收益金额、归属于本企业的金额及因资本公积余额不足在合并资产负债表中未转入留存收益的金额等。

【例17-1】智董公司、贵琛公司分别为更生公司控制下的两家子公司。智董公司于20×6年3月10日自母公司更生公司处取得贵琛公司100%的股权，合并后贵琛公司仍维持其独立法人资格继续经营。为进行该项企业合并，智董公司发行了600万股本公司普通股（每股面值1元）作为对价。假定智董公司、贵琛公司采用的会计政策相同。合并日，智董公司及贵琛公司的所有者权益构成如下表17-1所示。

表17-1　智董公司及贵琛公司的所有者权益构成　　单位：元

智董公司		贵琛公司	
项目	金额	项目	金额
股本	36000000	股本	6000000
资本公积	10000000	资本公积	2000000
盈余公积	8000000	盈余公积	4000000
未分配利润	20000000	未分配利润	8000000
合计	74000000	合计	20000000

智董公司在合并日应进行的账务处理为：

借：长期股权投资　　20000000
　贷：股本　　6000000
　　资本公积—股本溢价　　14000000

进行上述处理后，智董公司在合并日编制合并资产负债表时，对于企业合并前贵琛公司实现的留存收益中归属于合并方的部分（1200万元）应自资本公积（资本溢价或股本溢价）转入留存收益。本例中智董公司在确认对贵琛公司的长期股权投资以后。其资本公积的账面余额为2400万元（1000万＋1400万），假定其中资本溢价或股本溢价的金额为1800万元。在合并工作底稿中，应编制以下调整分录：

借：资本公积　　12000000
　贷：盈余公积　　4000000
　　未分配利润　　8000000

2) 合并利润表。合并方在编制合并日的合并利润表时，应包含合并方及被合并方自合并当期期初至合并日实现的净利润。例如，同一控制下的企业合并发生于20×6年3月31日，合并方当日编制合并利润表时，应包括合并方及被合并方自20×6年1月1日至20×6年3月31日实现的净利润。双方在当期发生的交易，应当按照合并财务报表的有关原则进行抵销。

为了帮助企业的会计信息使用者了解合并利润表中净利润的构成，发生同一控制下企业合并的当期，合并方在合并利润表中的“净利润”项下应单列“其中：被合并方在合并前实现的净利润”项目，反映因准则中的同一控制下企业合并规定的编表原则，导致由于该项企业合并在合并当期自被合并方带入的损益。

3) 合并现金流量表。合并方在编制合并日的合并现金流量表时，应包含合并方及被合并方自合并当期期初至合并日产生的现金流量。涉及双方当期发生内部交易产生的现金流量，应按照合并财务报表准则规定的有关原则进行抵销。

【例17-2】20×6年6月30日，更生公司向怡平公司的股东定向增发1000万股普通股（每股面值为1元）对怡平公司进行合并，并于当日取得对怡平公司100%的股权。参与合并企业在20×6年6月30日企业合并前，有关资产、负债情况如下表17-2所示。

表17-2 资产负债表（简表）

20×6年6月30日　　单位：元

	更生公司		怡平公司	
	账面价值		账面价值	公允价值
资产：				
货币资金	17250000		1800000	1800000
应收账款	12000000		8000000	8000000
存货	24800000		1020000	1800000
长期股权投资	20000000		8600000	15200000
固定资产	28000000		12000000	22000000
无形资产	18000000		2000000	6000000
商誉	0		0	0
资产总计	120050000		33420000	54800000
负债和所有者权益：				
短期借款	10000000		9000000	9000000
应付账款	15000000		1200000	1200000
其他负债	1500000		1200000	1200000
负债合计	26500000		11400000	11400000
实收资本（股本）	30000000		10000000	
资本公积.	20000000		6000000	
盈余公积	20000000		2000000	
未分配利润	23550000		4020000	
所有者权益合计	93550000		22020000	43400000
负债和所有者权益总计	12005000		33420000	

更生公司及怡平公司20×6年1月1日至6月30日的利润表如下表17-3所示。

表17-3 利润表（简表）

20×6年1月1日至6月30日　　单位：元

	更生公司	怡平公司
一、营业收入	42500000	12000000
减：营业成本	33800000	9550000
营业税金及附加	200000	50000

续表

	更生公司	怡平公司
销售费用	600000	200000
管理费用	1500000	500000
财务费用	400000	350000
加：投资收益	300000	100000
二、营业利润	6300000	1450000
加：营业外收入	500000	450000
减：营业外支出	450000	550000
三、利润总额	6350000	1350000
减：所得税费用	2100000	400000
四、净利润	4250000	950000

本例中假定更生公司和怡平公司为同一集团内两个全资子公司，合并前其共同的母公司为智董公司。该项合并中参与合并的企业在合并前及合并后均为智董公司最终控制，为同一控制下的企业合并。自20×6年6月30日开始，更生公司能够对怡平公司的净资产实施控制，该日即为合并日。有关合并报表见表17-4、表17-5。

更生公司对该项合并进行账务处理时：

借：长期股权投资　　22020000

　贷：股本　　10000000

　　资本公积　　12020000

假定更生公司与怡平公司在合并前未发生任何交易，则更生公司在编制合并日的合并财务报表时：

抵销分录：

借：实收资本　　10000000

　　资本公积　　6000000

　　盈余公积　　2000000

　　未分配利润　　4020000

　贷：长期股权投资　　22020000

将被合并方在企业合并前实现的留存收益中归属于合并方的部分，自资本公积（假定资本公积中“资本溢价或股本溢价”的金额为3000万元）转入留存收益，合并调整分录为：

借：资本公积　　6020000

　贷：盈余公积　　2000000

　　未分配利润　　4020000

表17-5　合并资产负债表（简表）

20×6年6月30日　　单位：元

	更生公司	怡平公司	抵销分录		合并金额
			借方	贷方	
资产：					
货币资金	17250000	1800000			19050000
应收账款	12000000	8000000			20000000
存货	24800000	1020000			25820000
长期股权投资	42020000	8600000		22020000	28600000

续表

	更生公司	怡平公司	抵销分录		合并金额
固定资产	28000000	12000000			40000000
无形资产	18000000	2000000			20000000
商誉	0	0			
资产总计	142070000	33420000		22020000	153470000
负债和所有者权益：					
短期借款	10000000	9000000			19000000
应付账款	15000000	1200000			16200000
其他负债	1500000	1200000			2700000
负债合计	26500000	11400000			37900000
实收资本（股本）	40000000	10000000	10000000		40000000
资本公积	32020000	6000000	12020000		26000000
盈余公积	20000000	2000000	0		22000000
未分配利润	23550000	4020000	0		27570000
所有者权益合计	115570000	22020000	22020000		115570000
负债和所有者权益总计	142070000	33420000			153470000

表17-5　合并利润表（简表）

20×6年1月1日至6月30日　　单位：元

	更生公司	怡平公司	抵销分录		合并金额
			借	贷	
一、营业收入	42500000	12000000			54500000
减：营业成本	33800000	9550000			43350000
营业税金及附加	200000	50000			250000
销售费用	600000	200000			800000
管理费用	1500000	500000			2000000
财务费用	400000	350000			750000
加：投资收益	300000	100000			400000
二、营业利润	6300000	1450000			7750000
加：营业外收入	500000	450000			950000
减：营业外支出	450000	550000			1000000
三、利润总额	6350000	1350000			7700000
减：所得税费用	2100000	400000			2500000
四、净利润	4250000	950000			5200000
其中：被合并方在合并前实现利润					950000

合并现金流量表略。

3) 比较报表的编制。同一控制下的企业合并，在编制合并当期期末的比较报表时，应视同参与合并各方在最终控制方开始实施控制时即以目前的状态存在。提供比较报表时，应对前期比较报表进行调整。因企业合并实际发生在当期，以前期间合并方账面上并不存在对被合并方的长期股权投资，在编制比较报表时，应将被合并方的有关资产、负债并入后，因合并而增加的净资产在比较报表中调整所有者权益项下的资本公积（资本溢价或股本溢价）。

【例17-3】沿用【例17-2】中有关资料，更生公司和怡平公司在20×5年12月31日的个别资产负债表（表17-6）及个别利润表（表17-7）如下表所示。假定更生公司与怡平公司在20×5年未发生内部交易。

表17-6 资产负债表（简表）

20×5年12月31日　　单位：元

	更生公司 账面价值	怡平公司 账面价值
资产：		
货币资金	12000000	2000000
应收账款	5700000	860000
存货	24000000	5110000
长期股权投资	20000000	8400000
固定资产	30000000	12400000
无形资产	21600000	2400000
商誉	0	0
资产总计	113300000	31170000
负债和所有者权益：		
短期借款	8000000	8000000
应付账款	14000000	1000000
其他负债	2000000	1100000
负债合计	24000000	10100000
实收资本	30000000	10000000
资本公积	20000000	6000000
盈余公积	19200000	1920000
未分配利润	20100000	3150000
所有者权益合计	89300000	21070000
负债和所有者权益总计	113300000	31170000

更生公司及怡平公司20×5年1月1日至12月31日的利润表如下所示。

表17-7 利润表（简表）

20×5年1月1日至12月31日　　单位：元

	更生公司	怡平公司
一、营业收入	86000000	11000000
减：营业成本	71900000	9860000
营业税金及附加	300000	20000
销售费用	800000	150000
管理费用	1200000	300000
财务费用	600000	50000
加：投资收益	400000	200000
二、营业利润	11600000	820000
加：营业外收入	1000000	600000

续表

	更生公司	怡平公司
减：营业外支出	400000	300000
三、利润总额	12200000	1120000
减：所得税费用	4200000	320000
四、净利润	8000000	800000

本例中更生公司在编制20×6年比较报表时，视同该项合并在以前期间即已发生。将被合并方的有关资产、负债在抵销内部交易的影响后并入合并财务报表，同时增加合并资产负债表中所有者权益项下的资本公积。在合并工作底稿中应做以下调整：

借：实收资本　　10000000
　　资本公积　　6000000
　　盈余公积　　1920000
　　未分配利润　　3150000
　贷：资本公积　　21070000

同时，对于怡平公司在20×5年以前实现的留存收益中归属于更生公司的部分，在合并工作底稿中应自资本公积转入留存收益：

借：资本公积　　5070000
　贷：盈余公积　　1920000
　　　未分配利润　　3150000

其20×6年合并财务报表中，比较资产负债表及比较利润表的编制如表17-8和表17-9所示。

表17-8 合并资产负债表（简表）

20×5年12月31日　　单位：元

	更生公司	怡平公司	调整或抵销分录		合并金额
	账面价值	账面价值	借方	贷方	
资产：					
货币资金	12000000	2000000			14000000
应收账款	5700000	860000			6560000
存货	24000000	5110000			29110000
长期股权投资	20000000	8400000			28400000
固定资产	30000000	12400000			42400000
无形资产	21600000	2400000			24000000
商誉	0	0			
资产总计	113300000	31170000			144470000
负债和所有者权益：					
短期借款	8000000	8000000			16000000
应付账款	14000000	1000000			15000000
其他负债	2000000	1100000			3100000
负债合计	24000000	10100000			34100000
实收资本	30000000	10000000	①10000000		30000000
资本公积	20000000	6000000	①6000000 ②5070000	①21070000	36000000

续表

	更生公司	怡平公司	调整或抵销分录		合并金额
	账面价值	账面价值	借方	贷方	
盈余公积	19200000	1920000	①1920000	②1920000	21120000
未分配利润	20100000	3150000	①3150000	②3150000	23250000
所有者权益合计	89300000	21070000			110370000
负债和所有者权益总计	113300000	31170000			144470000

表17-9 合并利润表（简表）

20×5年1月1日至12月31日　　单位：元

	更生公司	怡平公司	调整或抵销分录		合并金额
	账面价值	账面价值	借方	贷方	
一、营业收入	86000000	11000000			97000000
减：营业成本	71900000	9860000			81760000
营业税金及附加	300000	20000			320000
销售费用	800000	150000			950000
管理费用	1200000	300000			1500000
财务费用	600000	50000			650000
加：投资收益	400000	200000			600000
二、营业利润	11600000	820000			12420000
加：营业外收入	1000000	600000			1600000
减：营业外支出	400000	300000			700000
三、利润总额	12200000	1120000			13320000
减：所得税费用	4200000	320000			4520000
四、净利润	8000000	800000			8800000

2. 同一控制下的吸收合并

同一控制下的吸收合并中，合并方主要涉及合并日取得被合并方资产、负债入账价值的确定，以及合并中取得有关净资产的入账价值与支付的合并对价账面价值之间差额的处理。

(1) 合并中取得资产、负债入账价值的确定

合并方对同一控制下吸收合并中取得的资产、负债应当按照相关资产、负债在被合并方的原账面价值入账。注意的是，合并方与被合并方在企业合并前采用的会计政策不同的，首先应基于重要性原则，统一被合并方的会计政策，即应当按照合并方的会计政策对被合并方的有关资产、负债的账面价值进行调整，以调整后的账面价值确认。

(2) 合并差额的处理

合并方在确认了合并中取得的被合并方的资产和负债后，以发行权益性证券方式进行的该类合并，所确认的净资产入账价值与发行股份面值总额的差额，应记入资本公积（资本溢价或股本溢价），资本公积（资本溢价或股本溢价）的余额不足冲减的，相应冲减盈余公积和未分配利润；以支付现金、非现金资产方式进行的该类合并，所确认的净资产入账价值与支付的现金、非现金资产账面价值的差额，相应调整资本公积（资本溢价或股本溢价），资本公积（资本溢价或股本溢价）的余额不足冲减的，应冲减盈余公积和未分配利润。

【例17-4】沿用【例17-2】中有关资料，20×6年6月30日，更生公司向怡平公司的股东定向增发1000万股普通股（每股面值为1元，市价为4.34元）对怡平公司进行吸收合并，并

于当日取得怡平公司净资产。

本例中假定更生公司和怡平公司为同一集团内两家全资子公司，合并前其共同的母公司为智董公司。该项合并中参与合并的企业在合并前及合并后均为智董公司最终控制，为同一控制下的企业合并。自20×6年6月30日开始，更生公司能够对怡平公司的净资产实施控制，该日即为合并日。

因合并后怡平公司失去其法人资格，更生公司应确认合并中取得的怡平公司的各项资产和负债，假定更生公司与怡平公司在合并前采用的会计政策相同。更生公司对该项合并应进行的会计处理为：

借：货币资金	1800000
库存商品（存货）	1020000
应收账款	8000000
长期股权投资	8600000
固定资产	12000000
无形资产	2000000
贷：短期借款	9000000
应付账款	1200000
其他应付款（其他负债）	1200000
股本	10000000
资本公积	12020000

(3) 合并当期期末比较报表的提供

因被合并方在合并后失去法人资格，其所有的资产、负债均并入合并方的账簿和报表进行核算，合并方在合并当期期末编制的是其个别财务报表。对于同一控制下的吸收合并，在编制比较报表时，无须对以前期间已经编制的比较报表进行调整。

3. 合并方为进行企业合并发生的有关费用的处理

合并方为进行企业合并发生的有关费用，指合并方为进行企业合并发生的各项直接相关费用，如为进行企业合并支付的审计费用、资产评估费用以及有关的法律咨询费用等增量费用。企业专设的购并部门发生的日常管理费用，如果该部门的设置并不是与某项企业合并直接相关，而是企业的一个常设部门，其设置目的是为了寻找相关的购并机会等，维持该部门日常运转的有关费用，不属于与企业合并直接相关的费用，应当于发生时费用化计入当期损益。

同一控制下企业合并进行过程中发生的各项直接相关费用，应于发生时费用化计入当期损益。借记“管理费用”等科目，贷记“银行存款”等科目。但下两种情况除外。

1) 以发行债券方式进行的企业合并，与发行债券相关的佣金、手续费等应按照《企业会计准则第22号——金融工具确认和计量》的规定进行核算。该部分费用，虽然与筹集用于企业合并的对价直接相关，但其核算应遵照金融工具准则的原则，有关的费用应计入负债的初始计量金额中。

2) 发行权益性证券作为合并对价的，与所发行权益性证券相关的佣金、手续费等应按照《企业会计准则第37号——金融工具列报》的规定处理。即与发行权益性证券相关的费用，不管其是否与企业合并直接相关，均应自所发行权益性证券的发行收入中扣减，在权益性工具发行有溢价的情况下，自溢价收入中扣除，在权益性证券发行无溢价或溢价金额不足以扣减的情况下，应当冲减盈余公积和未分配利润。

三、非同一控制下的企业合并

非同一控制下的企业合并，主要涉及购买方及购买日的确定、企业合并成本的确定、合并中取得各项可辨认资产、负债的确认和计量以及合并差额的处理等。

(一) 非同一控制下企业合并的处理原则

非同一控制下的企业合并，是参与合并的一方购买另一方或多方的交易，基本处理原则是购买法。

1. 确定购买方

采用购买法核算企业合并的首要前提是确定购买方。购买方是指在企业合并中取得对另一方或多方控制权的一方。

非同一控制下的企业合并中，一般应考虑企业合并合同、协议以及其他相关因素来确定购买方。合并中一方取得了另一方半数以上有表决权股份的，除非有明确的证据表明不能形成控制，一般认为取得另一方半数以上表决权股份的一方为购买方。某些情况下，即使一方没有取得另一方半数以上有表决权股份，但存在以下情况时，一般也可认为其获得了对另一方的控制权。

1) 通过与其他投资者签订协议，实质上拥有被购买企业半数以上表决权。例如，智董公司拥有贵琛公司40%的表决权资本，C公司拥有贵琛公司30%的表决权资本，D公司拥有贵琛公司30%的表决权资本。智董公司与C公司达成协议，C公司在贵琛公司的权益由智董公司代表。在这种情况下，智董公司实质上拥有贵琛公司70%表决权资本的控制权，贵琛公司的章程等没有特别规定的情况下，表明智董公司实质上控制贵琛公司。

2) 按照法律或协议等的规定，具有主导被购买企业财务和经营决策的权力。例如，智董公司拥有贵琛公司45%的表决权资本，同时，根据法律或协议规定，智董公司可以决定贵琛公司的生产经营等政策，达到对贵琛公司的财务和经营政策实施控制。

3) 有权任免被购买企业董事会或类似权力机构绝大多数成员。这种情况是指，虽然投资企业拥有被投资单位50%或以下表决权资本，但根据章程、协议等有权任免被投资单位董事会或类似机构的绝大多数成员，以达到实质上控制的目的。

4) 在被购买企业董事会或类似权力机构中具有绝大多数投票权。这种情况是指，虽然投资企业拥有被投资单位50%或以下表决权资本，但能够控制被投资单位董事会等类似权力机构的会议，从而能够控制其财务和经营政策，达到对被投资单位的控制。

某些情况下可能难以确定企业合并中的购买方，如参与合并的两家或多家企业规模相当，这种情况下，往往可以结合一些迹象表明购买方的存在。在具体判断时，可以考虑下列相关因素。

①以支付现金、转让非现金资产或承担负债的方式进行的企业合并，一般支付现金、转让非现金资产或是承担负债的一方为购买方。

②考虑参与合并各方的股东在合并后主体的相对投票权，其中股东在合并后主体具有相对较高投票比例的一方一般为购买方。

③参与合并各方的管理层对合并后主体生产经营决策的主导能力，如果合并导致参与合并一方的管理层能够主导合并后主体生产经营政策的制定，其管理层能够实施主导作用的一方一般为购买方。

④参与合并一方的公允价值远远大于另一方的，公允价值较大的一方很可能为购买方。

⑤企业合并是通过以有表决权的股份换取另一方的现金及其他资产的，则付出现金或其他资产的一方很可能为购买方。

⑥通过权益互换实现的企业合并，发行权益性证券的一方通常为购买方。但如果有证据表明发行权益性证券的一方，其生产经营决策在合并后被参与合并的另一方控制，则其应为被购买方，参与合并的另一方为购买方。

判断企业合并中的购买方时，应考虑所有相关事实和情况，特别是企业合并后参与合并各方的相对投票权、合并后主体管理机构及高层管理人员的构成、权益互换条款等。

2. 确定购买日

购买日是购买方获得对被购买方控制权的日期，即企业合并交易进行过程中，发生控制权转移的日期。根据企业合并方式的不同，在控股合并的情况下，购买方应在购买日确认因企业合并形成的对被购买方的长期股权投资，在吸收合并的情况下，购买方应在购买日确认合并中取得的被购买方各项可辨认资产、负债等。

(1) 购买日的确定原则

确定购买日的基本原则是控制权转移的时点。企业在实务操作中，应当结合合并合同或协议的约定及其他有关的影响因素，按照实质重于形式的原则进行判断。同时满足了以下条件时，一般可认为实现了控制权的转移，形成购买日。

1) 企业合并合同或协议已获股东大会等内部权力机构通过。企业合并一般涉及的交易规模较大，无论是合并当期还是合并以后期间，均会对企业的生产经营产生重大影响，在能够对企业合并进行确认，形成实质性的交易前，该交易或事项应经过企业的内部权力机构批准，如对于股份有限公司，其内部权力机构一般指股东大会。

2) 按照规定，合并事项需要经过国家有关主管部门审批的，已获得相关部门的批准。按照国家有关规定，企业购并需要经过国家有关部门批准的，取得相关批准文件是对企业合并交易或事项进行会计处理的前提之一。

3) 参与合并各方已办理了必要的财产权交接手续。作为购买方，其通过企业合并无论是取得对被购买方的股权还是取得被购买方的全部净资产，能够形成与取得股权或净资产相关的风险和报酬的转移，一般需办理相关的财产权交接手续，从而从法律上保障有关风险和报酬的转移。

4) 购买方已支付了购买价款的大部分（一般应超过50%），并且有能力支付剩余款项。购买方要取得与被购买方净资产相关的风险和报酬，其前提是必须支付一定的对价，一般在形成购买日之前，购买方应当已经支付了购买价款的大部分，并且从其目前财务状况判断，有能力支付剩余款项。

5) 购买方实际上已经控制了被购买方的财务和经营政策，并享有相应的收益和风险。

(2) 分次实现的企业合并购买日的确定

企业合并涉及一次以上交换交易的，例如通过分阶段取得股份最终实现合并，企业应于每一交易日确认对被投资企业的各单项投资。交易日是指合并方或购买方在自身的账簿和报表中确认对被投资单位投资的日期。分步实现的企业合并中，购买日是指按照有关标准判断购买方最终取得对被购买企业控制权的日期。其具体判断原则和参考依据与通过单项交易实现的企业合并相同。例如，智董公司于20×5年10月20日取得贵琛公司30%的股权（假定能够对被投资单位施加重大影响），在与取得股权相关的风险和报酬发生转移的情况下，智董公司应确认对贵琛公司的长期股权投资，与所取得股权相关的风险和报酬转移的日期即为交易日。在已经拥有贵琛公司30%股权的基础上，智董公司又于20×6年12月8日取得贵琛公司30%的股权，在其持股比例达到60%的情况下，假定于当日开始能够对贵琛公司实施控制，则20×6年12月8日为第二次购买股权的交易日，同时因在当日能够对贵琛公司实施控制，形成企业合并的购买日。

3. 确定企业合并成本

企业合并成本包括购买方为进行企业合并支付的现金或非现金资产、发行或承担的债务、发行的权益性证券等在购买日的公允价值以及企业合并中发生的各项直接相关费用之和。具体来讲，企业合并成本包括购买方在购买日支付的下列项目的合计金额。

1) 作为合并对价的现金及非现金资产的公允价值。

2) 发行的权益性证券的公允价值。

3) 因企业合并发生或承担的债务的公允价值。

4) 当企业合并合同或协议中提供了视未来或有事项的发生而对合并成本进行调整时，符合《企业会计准则第13号——或有事项》规定的确认条件的，应确认的支出也应作为企业合并成本的一部分。

5) 合并中发生的各项直接相关费用。

非同一控制下企业合并中发生的与企业合并直接相关的费用，包括为进行合并而发生的会计审计费用、法律服务费用、咨询费用等，应当计入企业合并成本。与同一控制下企业合并进行过程中发生的有关费用相一致，这里所称合并中发生的各项直接相关费用，不包括与为进行企业合并发行的权益性证券或发行的债务相关的手续费、佣金等，该部分费用应比照本章关于同一控制下企业合并中类似费用的处理原则处理。

应予说明的是，对于通过多次交换交易分步实现的企业合并，其企业合并成本为每一单项交换交易的成本之和。

4. 企业合并成本在取得的可辨认资产和负债之间的分配

非同一控制下的企业合并中，购买方取得了对被购买方净资产的控制权，视合并方式的不同，应分别在合并财务报表或个别财务报表中确认合并中取得的各项可辨认资产和负债。

(1) 可辨认资产、负债的确认原则

1) 购买方在企业合并中取得的被购买方各项可辨认资产和负债，要作为本企业的资产、负债（或合并财务报表中的资产、负债）进行确认，在购买日，应当满足资产、负债的确认条件为：

①合并中取得的被购买方的各项资产（无形资产除外），其所带来的未来经济利益预期能够流入企业且公允价值能够可靠计量的，应单独作为资产确认。

②合并中取得的被购买方的各项负债（或有负债除外），履行有关的义务预期会导致经济利益流出企业且公允价值能够可靠计量的，应单独作为负债确认。

2) 企业合并中取得无形资产的确认条件。企业合并中取得的无形资产在其公允价值能够可靠计量的情况下应单独予以确认。企业合并中取得的需要区别于商誉单独确认的无形资产一般是按照合同或法律产生的权利，某些并非产生于合同或法律规定的无形资产，需要区别于商誉单独确认的条件是能够对其进行区分，即能够区别于被购买企业的其他资产并且能够单独出售、转让、出租等。公允价值能够可靠计量的情况下，应区别于商誉单独确认的无形资产一般包括：商标、版权及与其相关的许可协议、特许权、分销权等类似权利、专利技术、专有技术等。

3) 企业合并中产生或有负债的确认条件。为了尽可能反映购买方因为进行企业合并可能承担的潜在义务，对于购买方在企业合并时可能需要代被购买方承担的或有负债，在其公允价值能够可靠计量的情况下，应作为合并中取得的负债单独确认。企业合并中对于或有负债的确认条件，与企业在正常经营过程中因或有事项需要确认负债的条件不同。在购买日，可能相关的或有事项导致经济利益流出企业的可能性还比较小，但其公允价值能够合理确定的情况下，即需要作为合并中取得的负债确认。

企业合并中取得的或有负债在初始确认以后，企业持续持有该项负债的期间之内，应当按照以下两项金额孰高进行后续计量：一是按照《企业会计准则第13号——或有事项》应予确认的金额；二是其初始确认金额减去按照《企业会计准则第14号——收入》的原则确认的累计摊销额后的余额。

(2) 可辨认资产、负债的计量

企业合并中取得的资产、负债在满足确认条件后，应以其公允价值计量。确定企业合并中取得的有关可辨认资产、负债公允价值时，应当遵循《企业会计准则第20号——企业合并》应用指南的规定。

应当说明的是，对于被购买方在企业合并之前已经确认的商誉和递延所得税项目，购买方在对企业合并成本进行分配、确认合并中取得可辨认资产和负债时不应予以考虑。

在按照规定确定了合并中应予确认的各项可辨认资产、负债的公允价值后，其计税基础与账面价值不同形成暂时性差异的，应当按照所得税会计准则的规定确认相应的递延所得税资产或递延所得税负债。

5. 企业合并成本与合并中取得的被购买方可辨认净资产公允价值份额之间差额的处理

购买方对于企业合并成本与确认的被购买方可辨认净资产公允价值份额的差额，应视情况分别处理。

1) 企业合并成本大于合并中取得的被购买方可辨认净资产公允价值份额的差额，应确认为商誉。

视企业合并方式不同，控股合并情况下，该差额是指合并财务报表中应列示的商誉；吸收合并情况下，该差额是购买方在其账簿及个别财务报表中应确认的商誉。

按照购买法核算的企业合并，存在合并差额的情况下，《企业会计准则第20号——企业合并》中要求首先要对企业合并成本及合并中取得的各项可辨认资产、负债的公允价值进行复核，在取得的各项可辨认资产和负债均以公允价值计量并且确认了符合条件的无形资产以后，剩余部分构成商誉。

商誉在确认以后，持有期间不要求摊销，每一会计年度年末，企业应当按照《企业会计准则第8号——资产减值》的规定对其减值测试，按照账面价值与可收回金额孰低的原则计量，对于可收回金额低于账面价值的部分，计提减值准备，有关减值准备在提取以后，不能够转回。

2) 企业合并成本小于合并中取得的被购买方可辨认净资产公允价值份额的部分，应计入合并当期损益。

《企业会计准则第20号——企业合并》中要求该种情况下，首先要对合并中取得的资产、负债的公允价值、作为合并对价的非现金资产或发行的权益性证券等的公允价值进行复核，复核结果表明所确定的各项可辨认资产和负债的公允价值确定是恰当的，应将企业合并成本低于取得的被购买方可辨认净资产公允价值份额之间的差额，计入合并当期的营业外收入，并在会计报表附注中予以说明。

与商誉的确认相同，在吸收合并的情况下，上述企业合并成本小于合并中取得的被购买方可辨认净资产公允价值的差额，应计入合并当期购买方的个别利润表；在控股合并的情况下，上述差额应体现在合并当期的合并利润表中。

6. 企业合并成本或合并中取得的可辨认资产、负债公允价值暂时确定的情况

按照购买法核算的企业合并，基本原则是确定公允价值，无论是作为合并对价付出的各项资产的公允价值，还是合并中取得被购买方各项可辨认资产、负债的公允价值，如果在购买日或合并当期期末，因各种因素影响无法合理确定的，合并当期期末，购买方应以暂时确定的价值为基础进行核算。

1) 购买日后12个月内对有关价值量的调整。合并当期期末以暂时确定的价值对企业合并进行处理的情况下，自购买日算起12个月内取得进一步的信息表明需对原暂时确定的企业合并成本或所取得的可辨认资产、负债的暂时性价值进行调整的，应视同在购买日发生，即应进行追溯调整，同时对以暂时性价值为基础提供的比较报表信息，也应进行相关的调整。

2) 超过规定期限后的价值调整。自购买日算起12个月以后对企业合并成本或合并中取得的可辨认资产、负债价值的调整，应当按照《企业会计准则第28号——会计政策、会计估计变更和会计差错更正》的原则进行处理，即对于企业合并成本、合并中取得可辨认资产、负债公允价值等进行的调整，应视为会计差错更正，在调整相关资产、负债账面价值的同时，应调整所确认的商誉或是计入合并当期利润表中的金额，以及相关资产的折旧、摊销等。

3) 购买日取得的被购买方在以前期间发生的经营亏损等可抵扣暂时性差异，按照税法规定可以用于抵减以后年度应纳税所得额的，如在购买日因不符合递延所得税资产的确认条件未确认所产生的递延所得税资产，以后期间有关的可抵扣暂时性差异所带来的经济利益预计能够实现时，企业应确认相关的递延所得税资产，减少利润表中的所得税费用，同时将商誉降低至假定在购买日即确认了该递延所得税资产的情况下应有的金额，减记的商誉金额作为利润表中的资产减值损失。按照上述过程确认递延所得税资产，原则上不应增加因企业合并成本小于合并中取得的被购买方可辨认净资产公允价值的份额而计入合并当期利润表的金额。

【例17-5】某非同一控制下的企业合并，因按照会计准则规定与按照适用税法规定处理方法不同在购买日产生可抵扣暂时性差异300万元。假定购买日适用的所得税税率为33%。

购买日因预计未来期间无法取得足够的应纳税所得额，未确认与可抵扣暂时性差异相关的递延所得税资产99万元。购买日确认的商誉金额为2000万元。

该项合并一年以后，因情况发生变化，企业预计能够产生足够的应纳税所得额用来抵扣原合并时产生的300万元可抵扣暂时性差异的影响，企业应进行以下账务处理：

借：递延所得税资产　　990000
　贷：所得税费用　　990000
借：资产减值损失　　990000
　贷：商誉　　990000

本例中如果在合并发生1年以后，企业预计能够产生足够的应纳税所得额以利用可抵扣暂时性差异的影响时，因适用税收法规的变化导致适用税率变为25%，则企业应进行的账务处理为：

借：递延所得税资产　　750000
　贷：所得税费用　　750000
借：资产减值损失　　990000
　贷：商誉　　990000

7. 购买日合并财务报表的编制

非同一控制下的控股合并中，购买方一般应于购买日编制合并资产负债表，反映其于购买日开始能够控制的经济资源情况。在合并资产负债表中，合并中取得的被购买方各项可辨认资产、负债应以其在购买日的公允价值计量，长期股权投资的成本大于合并中取得的被购买方可辨认净资产公允价值份额的差额，体现为合并财务报表中的商誉；长期股权投资的成本小于合并中取得的被购买方可辨认净资产公允价值份额的差额，《企业会计准则第20号——企业合并》中规定应计入合并当期损益，因购买日不需要编制合并利润表，该差额体现在合并资产负债表上，应调整合并资产负债表的盈余公积和未分配利润。

另外，应予说明的是，非同一控制下的企业合并中，作为购买方的母公司在进行有关会计处理后，应单独设置备查簿，记录其在购买日取得的被购买方各项可辨认资产、负债的公允价值以及因企业合并成本大于合并中取得的被购买方可辨认净资产公允价值的份额应确认的商誉金额，或因企业合并成本小于合并中取得的被购买方可辨认净资产公允价值的份额计入当期损益的金额，作为企业合并当期以及以后期间编制合并财务报表的基础。

企业合并当期期末以及合并以后期间，应当纳入合并财务报表中的被购买方资产、负债等，是以购买日确定的公允价值为基础持续计算的结果。

(二) 非同一控制下企业合并的会计处理

1. 非同一控制下的控股合并

该合并方式下，购买方涉及的会计处理问题主要是两个方面：一是购买日因进行企业合并形成的对被购买方的长期股权投资初始投资成本的确定，该成本与作为合并对价支付的有关资产账面价值的差额处理；二是购买日合并财务报表的编制。

(1) 长期股权投资初始投资成本的确定

非同一控制下的控股合并中，购买方在购买日应当按照确定的企业合并成本（不包括应自被投资单位收取的现金股利或利润），作为形成的对被购买方长期股权投资的初始投资成本。

购买方为取得对被购买方的控制权，以支付非货币性资产为对价的，有关非货币性资产在购买日的公允价值与其账面价值的差额，应作为资产的处置损益，计入合并当期利润表。

(2) 购买日合并财务报表的编制

【例17-6】沿用【例17-2】更生公司在该项合并中发行1000万股普通股（每股面值1元），市场价格为每股3.5元，取得了怡平公司70%的股权。假定该项合并为非同一控制下的企业合并，编制购买方于购买日的合并资产负债表（表17-10）。

1) 计算确定商誉

假定怡平公司除已确认资产外，不存在其他需要确认的资产及负债，更生公司首先计算合并中应确认的合并商誉：

合并商誉＝企业合并成本－合并中取得被购买方可辨认净资产公允价值份额

$$=3500-4340\times70\%=462\text{（万元）}$$

2) 编制抵销分录

借：存货　780000
　　长期股权投资　6600000
　　固定资产　10000000
　　无形资产　4000000
　　实收资本　10000000
　　资本公积　6000000
　　盈余公积　2000000
　　未分配利润　4020000
　　商誉　4620000
　贷：长期股权投资　35000000
　　　少数股东权益　13020000

表17-10　合并资产负债表（简表）

20×6年6月30日　　单位：元

	更生公司	怡平公司	调整或抵销分录		合并金额
	账面价值	账面价值	借方	贷方	
资产：					
货币资金	17250000	1800000			19050000
应收账款	12000000	8000000			20000000
存货	24800000	1020000	780000		26600000

续表

	更生公司	怡平公司	调整或抵销分录		合并金额
	账面价值	账面价值	借方	贷方	
长期股权投资	55000000	8600000	6600000	35000000	35200000
固定资产	28000000	12000000	10000000		50000000
无形资产	18000000	2000000	4000000		24000000
合并商誉	0	0	4620000		4620000
资产总计	155050000	33420000			179470000
负债和所有者权益:					
短期借款	10000000	9000000			19000000
应付账款	15000000	1200000			16200000
其他负债	1500000	1200000			2700000
负债合计	26500000	11400000			37900000
实收资本（股本）	40000000	10000000	10000000		40000000
资本公积	45000000	6000000	6000000		45000000
盈余公积	20000000	2000000	2000000		20000000
未分配利润	23550000	4020000	4020000		23550000
少数股东权益				13020000	13020000
所有者权益合计	128550000	22020000			141570000
负债和所有者权益总计	155050000	33420000			179470000

2. 非同一控制下的吸收合并

非同一控制下的吸收合并，购买方在购买日应将合并中取得的符合确认条件的各项可辨认资产、负债，按其公允价值确认为本企业的资产和负债；作为合并对价的有关非货币性资产在购买日的公允价值与其账面价值的差额，应作为资产处置损益计入合并当期利润表；确定的企业合并成本与所取得的被购买方可辨认净资产公允价值之间的差额，视情况分别确认为商誉或计入企业合并当期损益。其具体处理原则与非同一控制下的控股合并类似，不同点在于非同一控制下的吸收合并中，取得的可辨认资产和负债是作为个别报表中的项目列示，合并中产生的商誉也是作为购买方账簿及个别财务报表中的资产列示。

（三）通过多次交易分步实现的非同一控制下企业合并

通过多次交换交易分步实现的非同一控制下企业合并，企业在每一单项交换交易发生时，应确认对被购买方的投资。投资企业在持有被投资单位的部分股权后，通过增加持股比例等达到对被投资单位形成控制的，应分别每一单项交易的成本与该交易发生时应享有被投资单位可辨认净资产公允价值的份额进行比较，确定每一单项交易中产生的商誉。达到企业合并时应确认的商誉（或合并财务报表中应确认的商誉）为每一单项交易中应确认的商誉之和。

通过多次交易分步实现的非同一控制下企业合并，实务操作中，应按以下顺序处理。

1）调整长期股权投资的账面余额。达到企业合并前长期股权投资采用成本法核算的，其账面余额一般无须调整；达到企业合并前长期股权投资采用权益法核算的，应进行调整，将其账面价值调整至取得投资时的初始投资成本，相应调整留存收益等。

2）比较每一单项交易的成本与交易时应享有被投资单位可辨认净资产公允价值的份额，确定每一单项交易应予确认的商誉或是应计入当期损益的金额。

3）对于被购买方在购买日与交易日之间可辨认净资产公允价值的变动，相对于原持股比例的部分，在合并财务报表（吸收合并是指购买方个别财务报表）中应调整所有者权益相关项目，其中属于原取得投资后被投资单位实现净损益增加的资产价值量，应调整留存收益，差额调整资本公积。

(四) 购买子公司少数股权的处理

企业在取得对子公司的控制权，形成企业合并后，自子公司的少数股东处取得少数股东拥有的对该子公司全部或部分少数股权，应当遵循以下原则分别母公司个别财务报表以及合并财务报表两种情况进行处理。

1) 母公司个别财务报表中对于自子公司少数股东处新取得的长期股权投资，应当按照《企业会计准则第2号——长期股权投资》第四条的规定确定其入账价值。

2) 在合并财务报表中，子公司的资产、负债应以购买日（或合并日）开始持续计算的金额反映。新增加的长期股权投资与按照新增持股比例计算应享有交易日被投资单位可辨认净资产公允价值份额的差额，确认为商誉；因购买少数股权新增加的长期股权投资成本与按照新取得的股权比例计算确定应享有子公司自购买日（或合并日）开始持续计算的可辨认净资产份额之间的差额，除确认为商誉的部分以外，应当调整合并财务报表中的资本公积（资本溢价或股本溢价），资本公积（资本溢价或股本溢价）的余额不足冲减的，调整留存收益。

【例17-7】智董公司于20×5年12月29日以8000万元取得贵琛公司70%的股权，能够对贵琛公司实施控制，形成非同一控制下的企业合并。20×6年12月25日，智董公司又出资3000万元自贵琛公司的少数股东处取得贵琛公司20%的股权。本例中智董公司与贵琛公司的少数股东在交易前不存在任何关联方关系。

20×5年12月29日，智董公司在取得贵琛公司70%股权时，贵琛公司可辨认净资产公允价值总额为10000万元。

20×6年12月25日，贵琛公司有关资产、负债的账面价值、自购买日开始持续计算的金额（对母公司的价值）以及在该日的公允价值情况如下表17-11所示（单位：万元）。

表17-11 公允价值表 单位：万元

	贵琛公司的账面价值	贵琛公司资产、负债自购买日开始持续计算的金额（对母公司的价值）	贵琛公司资产、负债在交易日公允价值（20×6年12月25日
存货	500	500	600
应收款项	2500	2500	2500
固定资产	4000	4600	5000
无形资产	800	1200	1300
其他资产	2200	3200	3400
应付款项	600	600	600
其他负债	400	400	400
净资产	9000	11000	11800

1. 确定智董公司对贵琛公司长期股权投资的成本

20×5年12月29日为该非同一控制下企业合并的购买日，智董公司取得对贵琛公司长期股权投资的成本为8000万元。

20×6年12月25日，智董公司在取得贵琛公司20%的少数股权时，支付价款3000万元。

该项长期股权投资在20×6年12月25日的账面余额为11000万元。

2. 编制合并财务报表时的处理

商誉的计算：

智董公司取得对贵琛公司70%股权时产生的商誉＝8000－10000×70%＝1000（万元）

智董公司购买贵琛公司少数股权进一步产生的商誉＝3000－11800×20%＝640（万元）

在合并财务报表中应体现的商誉总额为1640万元。

所有者权益的调整：

合并财务报表中，贵琛公司的有关资产、负债应以其对母公司智董公司的价值合并，即与新取得的20%股权相对应的被投资单位可辨认资产、负债的金额＝11000×20%＝2200（万元）。

因购买少数股权新增加的长期股权投资成本3000万元与按照新取得的股权比例（20%）计算确定应享有子公司自购买日开始持续计算的可辨认净资产份额2200万元之间的差额800万元，除确认的商誉640万元以外，差额160万元，在合并资产负债表中调整所有者权益相关项目，首先调整资本公积（资本溢价或股本溢价），在资本公积（资本溢价或股本溢价）的金额不足冲减的情况下，调整留存收益（盈余公积和未分配利润）。

(五) 被购买方的会计处理

非同一控制下的企业合并中，购买方通过企业合并取得被购买方100%股权的，被购买方可以按照合并中确定的可辨认资产、负债的公允价值调整其账面价值。除此之外，其他情况下被购买方不应因企业合并改记有关资产、负债的账面价值。

四、会计科目及主要账务处理

(一) 长期股权投资

1. 会计科目核算内容和明细核算

本科目核算企业持有的采用成本法和权益法核算的长期股权投资。

本科目可按被投资单位进行明细核算。长期股权投资采用权益法核算的，还应当分别“成本”“损益调整”“其他权益变动”进行明细核算。

2. 长期股权投资的主要账务处理

(1) 初始取得长期股权投资

同一控制下企业合并形成的长期股权投资，应在合并日按取得被合并方所有者权益账面价值的份额，借记本科目，按享有被投资单位已宣告但尚未发放的现金股利或利润，借记“应收股利”科目，按支付的合并对价的账面价值，贷记有关资产或借记有关负债科目，按其差额，贷记“资本公积—资本溢价或股本溢价”科目；为借方差额的，借记“资本公积—资本溢价或股本溢价”科目，资本公积（资本溢价或股本溢价）不足冲减的，借记“盈余公积”“利润分配—未分配利润”科目。

非同一控制下企业合并形成的长期股权投资，应在购买日按企业合并成本（不含应自被投资单位收取的现金股利或利润），借记本科目，按享有被投资单位已宣告但尚未发放的现金股利或利润，借记“应收股利”科目，按支付合并对价的账面价值，贷记有关资产或借记有关负债科目，按发生的直接相关费用，贷记“银行存款”等科目，按其差额，贷记“营业外收入”或借记“营业外支出”等科目。非同一控制下企业合并涉及以库存商品等作为合并对价的，应按库存商品的公允价值，贷记“主营业务收入”科目，并同时结转相关的成本。涉及增值税的，还应进行相应的处理。

以支付现金、非现金资产等其他方式（非企业合并）形成的长期股权投资，比照非同一控制下企业合并形成的长期股权投资的相关规定进行处理。

投资者投入的长期股权投资，应按确定的长期股权投资成本，借记本科目，贷记“实收资本”或“股本”科目。

(2) 长期股权投资核算方法的转换

将长期股权投资自成本法转按权益法核算的，应按转换时该项长期股权投资的账面价值作为权益法核算的初始投资成本，初始投资成本小于转换时占被投资单位可辨认净资产公允价值份额的差额，借记本科目（成本），贷记“营业外收入”科目。

长期股权投资自权益法转按成本法核算的，除构成企业合并的以外，应按中止采用权益法时长期股权投资的账面价值作为成本法核算的初始投资成本。

本科目期末借方余额，反映企业长期股权投资的价值。

(二) 商誉

1. 会计科目核算内容

本科目核算企业合并中形成的商誉价值。商誉发生减值的，可以单独设置“商誉减值准备”科目，比照“无形资产减值准备”科目进行处理。

本科目期末借方余额，反映企业商誉的价值。

2. 主要账务处理

非同一控制下企业合并中确定的商誉价值，借记本科目，贷记有关科目。

(三) 递延所得税资产

1. 会计科目核算内容和明细核算

本科目核算企业确认的可抵扣暂时性差异产生的递延所得税资产。

本科目期末借方余额，反映企业确认的递延所得税资产。

本科目应按可抵扣暂时性差异等项目进行明细核算。根据税法规定可用以后年度税前利润弥补的亏损及税款抵减产生的所得税资产，也在本科目核算。

2. 递延所得税资产的主要账务处理

企业合并中取得资产、负债的入账价值与其计税基础不同形成可抵扣暂时性差异的，应于购买日确认递延所得税资产，借记本科目，贷记“商誉”等科目。

与直接计入所有者权益的交易或事项相关的递延所得税资产，借记本科目，贷记“资本公积—其他资本公积”科目。

(四) 递延所得税负债

1. 会计科目核算内容和明细核算

本科目核算企业确认的应纳税暂时性差异产生的所得税负债。

本科目期末贷方余额，反映企业已确认的递延所得税负债。

本科目可按应纳税暂时性差异的项目进行明细核算。

2. 递延所得税负债的主要账务处理

企业合并中取得资产、负债的入账价值与其计税基础不同形成应纳税暂时性差异的，应于购买日确认递延所得税负债，同时调整商誉，借记“商誉”等科目，贷记本科目。

(五) 资本公积

1. 会计科目核算内容和明细核算

本科目核算企业收到投资者出资额超出其在注册资本或股本中所占份额的部分。直接计入所有者权益的利得和损失，也通过本科目核算。

本科目期末贷方余额，反映企业的资本公积。

本科目应当分别“资本溢价（股本溢价）”“其他资本公积”进行明细核算。

2. 资本公积的主要账务处理

同一控制下控股合并形成的长期股权投资，应在合并日按取得被合并方所有者权益账面价值的份额，借记“长期股权投资”科目，按享有被投资单位已宣告但尚未发放的现金股利或利润，借记“应收股利”科目，按支付的合并对价的账面价值，贷记有关资产科目或借记有关负债科目，按其差额，贷记本科目（资本溢价或股本溢价）；为借方差额的，借记本科目（资本溢价或股本溢价），资本公积（资本溢价或股本溢价）不足冲减的，借记“盈余公积”“利润分配—未分配利润”科目。

同一控制下吸收合并涉及的资本公积，比照上述原则进行处理。

(六) 库存股

1. 会计科目核算内容

本科目核算企业收购、转让或注销的本公司股份金额。

本科目期末借方余额，反映企业持有尚未转让或注销的本公司股份金额。

2. 库存股的主要账务处理

股东因对股东大会做出的公司合并、分立决议持有异议而要求企业收购本公司股份的，企业应按实际支付的金额，借记本科目，贷记"银行存款"等科目。

五、在会计报表附注的披露

(1) 企业合并发生当期的期末，合并方应当在附注中披露与同一控制下企业合并有关的下列信息。

1) 参与合并企业的基本情况。

2) 属于同一控制下企业合并的判断依据。

3) 合并日的确定依据。

4) 以支付现金、转让非现金资产以及承担债务作为合并对价的，所支付对价在合并日的账面价值；以发行权益性证券作为合并对价的，合并中发行权益性证券的数量及定价原则，以及参与合并各方交换有表决权股份的比例。

5) 被合并方的资产、负债在上一会计期间资产负债表日及合并日的账面价值；被合并方自合并当期期初至合并日的收入、净利润、现金流量等情况。

6) 合并合同或协议约定将承担被合并方或有负债的情况。

7) 被合并方采用的会计政策与合并方不一致所作调整情况的说明。

8) 合并后已处置或准备处置被合并方资产、负债的账面价值、处置价格等。

(2) 企业合并发生当期的期末，购买方应当在附注中披露与非同一控制下企业合并有关的下列信息

1) 参与合并企业的基本情况。

2) 购买日的确定依据。

3) 合并成本的构成及其账面价值、公允价值及公允价值的确定方法。

4) 被购买方各项可辨认资产、负债在上一会计期间资产负债表日及购买日的账面价值和公允价值。

5) 合并合同或协议约定将承担被购买方或有负债的情况。

6) 被购买方自购买日起至报告期期末的收入、净利润和现金流量等情况。

7) 商誉的金额及其确定方法。

8) 因合并成本小于合并中取得的被购买方可辨认净资产公允价值的份额计入当期损益的金额。

9) 合并后已处置或准备处置被购买方资产、负债的账面价值、处置价格等。

第二节 长期股权投资

投资是企业为了获得收益或实现资本增值向被投资单位投放资金的经济行为。

企业对外进行的投资，可以有不同的分类。从性质上划分，可以分为债权性投资与权益性投资等。权益性投资按对被投资单位的影响程度划分，可以分为对子公司投资、对合营企业投资和对联营企业投资等。

为了规范长期股权投资的确认、计量，根据《企业会计准则—基本准则》，财政部2006年2月15日发布了《企业会计准则第2号——长期股权投资》，2014年3月13日对其进行了修订（以下简称“本准则”），修订后准则自2014年7月1日起施行。

一、长期股权投资的综合知识

长期股权投资，是指投资方对被投资单位实施控制、重大影响的权益性投资，以及对其合营企业的权益性投资。

(一) 长期股权投资的构成

长期股权投资包括以下几个方面（见图17-1）。

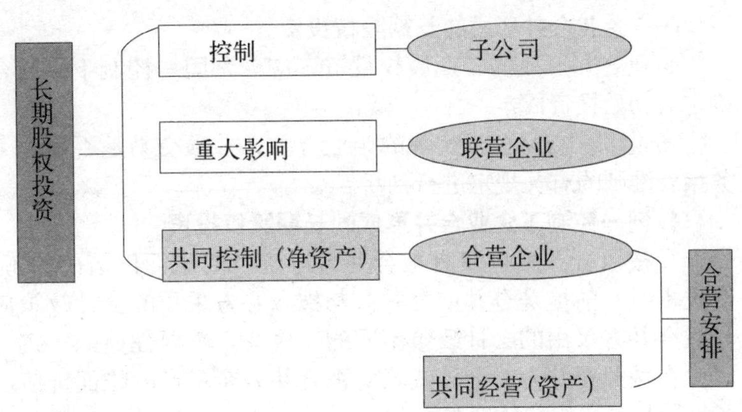

图17-1 长期股权投资的构成及与合营安排的关系

1. 投资方能够对被投资单位实施控制的权益性投资，即对子公司投资

1) 控制的概念控制是指投资方拥有对被投资单位的权力，通过参与被投资单位的相关活动而享有可变回报，并且有能力运用对被投资单位的权力影响其回报金额。

2) 对控制和相关活动的理解及具体判断。

①在确定能否对被投资单位实施控制时，投资方应当按照《企业会计准则第33号——合并财务报表》的有关规定进行判断。

②投资方能够对被投资单位实施控制的，被投资单位为其子公司。

③投资方属于《企业会计准则第33号——合并财务报表》规定的投资性主体且子公司不纳入合并财务报表的情况除外。

2. 投资方与其他合营方一同对被投资单位实施共同控制且对被投资单位净资产享有权利的权益性投资，即对合营企业投资

1) 共同控制是指按照相关约定对某项安排所共有的控制，并且该安排的相关活动必须经过分享控制权的参与方一致同意后才能决策。

2) 共同控制和合营企业的理解及具体判断。

在确定被投资单位是否为合营企业时，应当按照《企业会计准则第40号——合营安排》的有关规定进行判断。

3. 投资方对被投资单位具有重大影响的权益性投资，即对联营企业投资

1) 重大影响是指投资方对被投资单位的财务和经营政策有参与决策的权力，但并不能够控制或者与其他方一起共同控制这些政策的制定。

投资方能够对被投资单位施加重大影响的，被投资单位为其联营企业。

2) 重大影响判断。实务中，较为常见的重大影响体现为在被投资单位的董事会或类似权力机构中派有代表，通过在被投资单位财务和经营决策制定过程中的发言权实施重大影响。

投资方直接或通过子公司间接持有被投资单位20%以上但低于50%的表决权时，一般认为对被投资单位具有重大影响，除非有明确的证据表明该种情况下不能参与被投资单位的生产经营决策，不形成重大影响。

“在确定能否对被投资单位施加重大影响时，应当考虑投资方和其他方持有的被投资单位当期可转换公司债券、当期可执行认股权证等潜在表决权因素。”在确定能否对被投资单位施加重大影响时，一方面应考虑投资方直接或间接持有被投资单位的表决权股份，同时要考虑投资方及其他方持有的当期可执行潜在表决权在假定转换为对被投资单位的股权后产生的影响，如被投资单位发行的当期可转换的认股权证、股份期权及可转换公司债券等的影响。

(二) 长期股权投资的披露

长期股权投资的披露，适用《企业会计准则第41号——在其他主体中权益的披露》。

二、初始计量

(一) 企业合并形成的长期股权投资

企业合并形成的长期股权投资，应分别同一控制下控股合并与非同一控制下控股合并确定其初始投资成本。

通过多次交易分步实现的企业合并，各项交易是否属于“一揽子交易”，应按合并财务报表准则的有关规定进行判断。

1. 同一控制下企业合并形成的长期股权投资

在按照合并日应享有被合并方净资产的账面价值的份额确定长期股权投资的初始投资成本时，前提是合并前合并方与被合并方采用的会计政策应当一致。企业合并前合并方与被合并方采用的会计政策不同的，应基于重要性原则，统一合并方与被合并方的会计政策。在按照合并方的会计政策对被合并方净资产的账面价值进行调整的基础上，计算确定长期股权投资的初始投资成本。

(1) 以支付现金、转让非现金资产或承担债务方式作为合并对价

合并方以支付现金、转让非现金资产或承担债务方式作为合并对价的，应当在合并日按照所取得的被合并方在最终控制方合并财务报表中的净资产的账面价值的份额作为长期股权投资的初始投资成本。

被合并方在合并日的净资产账面价值为负数的，长期股权投资成本按零确定，同时在备查簿中予以登记。

如果被合并方在被合并以前，是最终控制方通过非同一控制下的企业合并所控制的，则合并方长期股权投资的初始投资成本还应包含相关的商誉金额。

长期股权投资的初始投资成本与支付的现金、转让的非现金资产及所承担债务账面价值之间的差额，应当调整资本公积（资本溢价或股本溢价）；资本公积（资本溢价或股本溢价）的余额不足冲减的，依次冲减盈余公积和未分配利润。

(2) 以发行权益性工具作为合并对价

合并方以发行权益性工具作为合并对价的，应按发行股份的面值总额作为股本，长期股权投资的初始投资成本与所发行股份面值总额之间的差额，应当调整资本公积（资本溢价或股本溢价）；资本公积（资本溢价或股本溢价）不足冲减的，依次冲减盈余公积和未分配利润。

合并方发生的审计、法律服务、评估咨询等中介费用以及其他相关管理费用，于发生时计入当期损益。与发行权益性工具作为合并对价直接相关的交易费用，应当冲减资本公积（资本溢价或股本溢价），资本公积（资本溢价或股本溢价）不足冲减的，依次冲减盈余公积和未分配利润。与发行债务性工具作为合并对价直接相关的交易费用，应当计入债务性工具的初始确认金额。

(3) 被合并方编制合并财务报表时，长期股权投资初始投资成本的确认

如果被合并方编制合并财务报表，则应当以合并日被合并方的合并财务报表为基础确

认长期股权投资的初始投资成本。

(4) 通过多次交易分步取得同一控制下被投资单位的股权而最终形成企业合并情况下，长期股权投资初始投资成本的确认

企业通过多次交易分步取得同一控制下被投资单位的股权，最终形成企业合并的，应当判断多次交易是否属于“一揽子交易”。

1) 属于一揽子交易的，合并方应当将各项交易作为一项取得控制权的交易进行会计处理。

2) 不属于“一揽子交易”的，取得控制权日，应按照以下步骤进行会计处理：

①确定同一控制下企业合并形成的长期股权投资的初始投资成本。在合并日，根据合并后应享有被合并方净资产在最终控制方合并财务报表中的账面价值的份额，确定长期股权投资的初始投资成本。

②长期股权投资初始投资成本与合并对价账面价值之间的差额的处理。合并日长期股权投资的初始投资成本，与达到合并前的长期股权投资账面价值加上合并日进一步取得股份新支付对价的账面价值之和的差额，调整资本公积（资本溢价或股本溢价），资本公积不足冲减的，冲减留存收益。

③其他综合收益、其他所有者权益变动、处置后剩余股权的会计处理。合并日之前持有的股权投资，因采用权益法核算或《企业会计准则第22号——金融工具确认和计量》核算而确认的其他综合收益，暂不进行会计处理，直至处置该项投资时采用与被投资单位直接处置相关资产或负债相同的基础进行会计处理；因采用权益法核算而确认的被投资单位净资产中除净损益、其他综合收益和利润分配以外的所有者权益其他变动，暂不进行会计处理，直至处置该项投资时转入当期损益。其中，处置后的剩余股权根据本准则采用成本法或权益法核算的，其他综合收益和其他所有者权益应按比例结转，处置后的剩余股权改按《企业会计准则第22号——金融工具确认和计量》进行会计处理的，其他综合收益和其他所有者权益应全部结转。

④编制合并财务报表。合并方应当按照《企业会计准则第20号——企业合并》和合并财务报表准则的规定编制合并财务报表。合并方在达到合并之前持有的长期股权投资，在取得日与合并方与被合并方同处于同一方最终控制之日孰晚日与合并日之间已确认有关损益、其他综合收益和其他所有者权益变动，应分别冲减比较报表期间的期初留存收益或当期损益。

2. 非同一控制下企业合并形成的长期股权投资

(1) 一般情况下

非同一控制下的控股合并中，购买方应当以《企业会计准则第20号——企业合并》确定的企业合并成本作为长期股权投资的初始投资成本。

企业合并成本包括购买方付出的资产、发生或承担的负债、发行的权益性工具或债务性工具的公允价值之和。

购买方为企业合并发生的审计、法律服务、评估咨询等中介费用以及其他相关管理费用，应于发生时计入当期损益；购买方作为合并对价发行的权益性工具或债务性工具的交易费用，应当计入权益性工具或债务性工具的初始确认金额。

(2) 特殊情况下（通过多次交易分步实现非同一控制下企业合并，改按成本法核算的初始投资成本）

①一般规定：企业通过多次交易分步实现非同一控制下企业合并的，在编制个别财务报表时，应当按照原持有的股权投资的账面价值加上新增投资成本之和，作为改按成本法核算的初始投资成本。

②购买日之前持有的股权采用权益法核算的。相关其他综合收益应当在处置该项投资时采用与被投资单位直接处置相关资产或负债相同的基础进行会计处理，因被投资方除净

损益、其他综合收益和利润分配以外的其他所有者权益变动而确认的所有者权益，应当在处置该项投资时相应转入处置期间的当期损益。其中，处置后的剩余股权根据本准则采用成本法或权益法核算的，其他综合收益和其他所有者权益应按比例结转，处置后的剩余股权改按《企业会计准则第22号——金融工具确认和计量》进行会计处理的，其他综合收益和其他所有者权益应全部结转。

③购买日之前持有的股权投资，采用《企业会计准则第22号——金融工具确认和计量》进行会计处理的，应当将按照该准则确定的股权投资的公允价值加上新增投资成本之和，作为改按成本法核算的初始投资成本，原持有股权的公允价值与账面价值之间的差额以及原计入其他综合收益的累计公允价值变动应当全部转入改按成本法核算的当期投资收益。

【例17-8】20×0年1月1日，智董公司以每股5元的价格购入某上市公司贵琛公司的股票100万股，并由此持有贵琛公司2%的股权。智董公司与贵琛公司不存在关联方关系。智董公司将对贵琛公司的投资作为可供出售金融资产进行会计处理。20×3年1月1日，智董公司以现金1.75亿元为对价，向贵琛公司大股东收购贵琛公司50%的股权，相关手续于当日完成。假设智董公司购买贵琛公司2%的股权和后续购买50%的股权不构成“一揽子交易”，智董公司取得贵琛公司控制权之日为20×3年1月1日，贵琛公司当日股价为每股7元，贵琛公司可辨认净资产的公允价值为2亿元，不考虑相关税费等其他因素影响。

购买日前，智董公司持有对贵琛公司的股权投资作为可供出售金融资产进行会计处理，购买日前智董公司原持有可供出售金融资产的账面价值为700万元（7×100）。

本次追加投资应支付对价的公允价值为17500万元。

购买日对子公司按成本法核算的初始投资成本为18200万元（17500＋700）。

购买日前智董公司原持有可供出售金融资产相关的其他综合收益为200万元[(7－5)×100]，购买日该其他综合收益转入购买日所属当期投资收益。

借：长期股权投资—投资成本	182000000
贷：可供出售金融资产	7000000
银行存款	175000000
借：其他综合收益	2000000
贷：投资收益	2000000

（二）以支付现金取得的长期股权投资

应当按照实际支付的购买价款作为初始投资成本。初始投资成本包括与取得长期股权投资直接相关的费用、税金及其他必要支出。

以支付现金取得长期股权投资的，应当按照实际应支付的购买价款作为初始投资成本，包括购买过程中支付的手续费等必要支出，但所支付价款中包含的被投资单位已宣告但尚未发放的现金股利或利润作为应收项目核算，不构成取得长期股权投资的成本。

（三）以发行权益性证券取得的长期股权投资

应当按照发行权益性证券的公允价值作为初始投资成本。与发行权益行证券直接相关的费用，应当按照《企业会计准则第37号——金融工具列报》的有关规定确定。

以发行权益性证券取得长期股权投资的，应当按照所发行证券的公允价值作为初始投资成本，但不包括应自被投资单位收取的已宣告但尚未发放的现金股利或利润。

投资方通过发行权益性证券（权益性工具）取得长期股权投资的，所发行工具的公允价值，应按《企业会计准则第39号——公允价值计量》等相关准则确定。为发行权益性工具支付给有关证券承销机构等的手续费、佣金等与工具发行直接相关的费用，不构成取得长期股权投资的成本。该部分费用应自所发行证券的溢价发行收入中扣除，溢价收入不足冲减的，应依次冲减盈余公积和未分配利润。

一般而言，投资者投入的长期股权投资应根据法律法规的要求进行评估作价，在公平交易当中，投资者投入的长期股权投资的公允价值，与所发行证券（工具）的公允价值不应存在重大差异。如有确凿证据表明，取得长期股权投资的公允价值比所发行证券（工具）的公允价值更加可靠的，以投资者投入的长期股权投资的公允价值为基础确定其初始投资成本。投资方通过发行债务性证券（债务性工具）取得长期股权投资的，比照通过发行权益性证券（权益性工具）处理。

【例17-9】20×0年3月，智董公司通过增发6000万股普通股（面值1元/股），从非关联方处取得贵琛公司20%的股权，所增发股份的公允价值为10400万元。为增发该部分股份，智董公司向证券承销机构等支付了400万元的佣金和手续费。相关手续于增发当日完成。假定智董公司取得该部分股权后能够对贵琛公司施加重大影响。贵琛公司20%的股权的公允价值与智董公司增发股份的公允价值不存在重大差异。不考虑相关税费等其他因素影响。

本例中，由于贵琛公司20%股权的公允价值与智董公司增发股份的公允价值不存在重大差异，智董公司应当以所发行股份的公允价值作为取得长期股权投资的初始投资成本，有关会计处理如下：

借：长期股权投资—投资成本　　104000000

　贷：股本　　60000000

　　资本公积—股本溢价　　44000000

发行权益性证券过程中支付的佣金和手续费，应冲减权益性证券的溢价发行收入，会计处理如下：

借：资本公积—股本溢价　　4000000

　贷：银行存款　　4000000

(四) 通过非货币性资产交换取得的长期股权投资

其初始投资成本应当按照《企业会计准则第7号——非货币性资产交换》的有关规定确定。

(五) 通过债务重组取得的长期股权投资

其初始投资成本应当按照《企业会计准则第12号——债务重组》的有关规定确定。

(六) 企业进行公司制改建

此时，对资产、负债的账面价值按照评估价值调整的，长期股权投资应以评估价值作为改制时的认定成本，评估值与原账面价值的差异应计入资本公积（资本溢价或股本溢价）。

三、后续计量

(一) 成本法和权益法的适用

长期股权投资在持有期间，根据投资方对被投资单位的影响程度分别采用成本法及权益法进行核算。

1. 投资性主体对子公司的会计处理

在个别财务报表中，投资性主体对子公司的会计处理应与合并财务报表原则一致。

关于投资性主体的理解及具体判断，见合并财务报表准则及其应用指南的相关内容。

2. 风险投资机构、共同基金以及类似主体

风险投资机构、共同基金以及类似主体（如投资连接保险产品）持有的、在初始确认时按照《企业会计准则第22号——金融工具确认和计量》的规定以公允价值计量且其变动计入当期损益的金融资产的，应当按照《企业会计准则第22号——金融工具确认和计量》进行后续计量。

3. 对子公司、合营企业、联营企业的长期股权投资

除上述以外，对子公司的长期股权投资应当按成本法核算，对合营企业、联营企业的长期股权投资应当按权益法核算，不允许选择按照《企业会计准则第22号——金融工具确认和计量》进行会计处理。

(二) 成本法

1. 成本法的适用范围

投资方持有的对子公司投资应当采用成本法核算，投资方为投资性主体且子公司不纳入其合并财务报表的除外。投资方在判断对被投资单位是否具有控制时，应综合考虑直接持有的股权和通过子公司间接持有的股权。在个别财务报表中，投资方进行成本法核算时，应仅考虑直接持有的股权份额。

长期股权准则要求投资方对子公司的长期股权投资采用成本法核算，主要是为了避免在子公司实际宣告发放现金股利或利润之前，母公司垫付资金发放现金股利或利润等情况，解决了原来权益法核算下投资收益不能足额收回导致超分配的问题。

2. 成本法下长期股权投资账面价值的调整及投资损益的确认

采用成本法核算的长期股权投资，在追加投资时，按照追加投资支付的成本的公允价值及发生的相关交易费用增加长期股权投资的账面价值。被投资单位宣告分派现金股利或利润的，投资方根据应享有的部分确认当期投资收益。

【例17-10】20×2年1月，智董公司自非关联方处以现金800万元取得贵琛公司60%的股权，相关手续于当日完成，并能够对贵琛公司实施控制。20×3年3月，贵琛公司宣告分派现金股利，智董公司按其持股比例可取得10万元。不考虑相关税费等其他因素影响。

智董公司有关会计处理如下：

20×2年1月：

借：长期股权投资—投资成本　　8000000

　贷：银行存款　　8000000

2×13年3月：

借：应收股利　　100000

　贷：投资收益　　100000

企业按照上述规定确认自被投资单位应分得的现金股利或利润后，应当考虑长期股权投资是否发生减值。在判断该类长期股权投资是否存在减值迹象时，应当关注长期股权投资的账面价值是否大于享有被投资单位净资产（包括相关商誉）账面价值的份额等类似情况。出现类似情况时，企业应当按照资产减值准则对长期股权投资进行减值测试，可收回金额低于长期股权投资账面价值的，应当计提减值准备。

值得注意的是，子公司将未分配利润或盈余公积直接转增股本（实收资本），且未向投资方提供等值现金股利或利润的选择权时，母公司并没有获得收取现金股利或者利润的权力，上述交易通常属于子公司自身权益结构的重分类，母公司不应确认相关的投资收益。

(三) 权益法

1. 综合规定

对合营企业和联营企业投资应当采用权益法核算。

投资方在判断对被投资单位是否具有共同控制、重大影响时，应综合考虑直接持有的股权和通过子公司间接持有的股权。在综合考虑直接持有的股权和通过子公司间接持有的股权后，如果认定投资方在被投资单位拥有共同控制或重大影响，在个别财务报表中，投资方进行权益法核算时，应仅考虑直接持有的股权份额；在合并财务报表中，投资方进行权益法核算时，应同时考虑直接持有和间接持有的份额。

按照权益法核算的长期股权投资，一般会计处理步骤如下所述。

1) 初始投资或追加投资时，按照初始投资成本或追加投资的投资成本，增加长期股权投资的账面价值。

2) 比较初始投资成本与投资时应享有被投资单位可辨认净资产公允价值的份额，前者大于后者的，不调整长期股权投资账面价值；前者小于后者的，应当按照二者之间的差额调增长期股权投资的账面价值，同时计入取得投资当期损益。

3) 持有投资期间，随着被投资单位所有者权益的变动相应调整增加或减少长期股权投资的账面价值，并分别以下情况处理。

①对因被投资单位实现净损益和其他综合收益而产生的所有者权益的变动，投资方应当按照应享有的份额，增加或减少长期股权投资的账面价值，同时确认投资损益和其他综合收益。

②对被投资单位宣告分派的利润或现金股利计算应分得的部分，相应减少长期股权投资的账面价值。

③对被投资单位除净损益、其他综合收益以及利润分配以外的因素导致的其他所有者权益变动，相应调整长期股权投资的账面价值，同时确认资本公积（其他资本公积）。

在持有投资期间，被投资单位编制合并财务报表的，应当以合并财务报表中净利润、其他综合收益和其他所有者权益变动中归属于被投资单位的金额为基础进行会计处理。

2. 具体规定

(1) 初始投资成本的调整

投资方取得对联营企业或合营企业的投资以后，对于取得投资时初始投资成本与应享有被投资单位可辨认净资产公允价值份额之间的差额，应区别情况处理。

1) 初始投资成本大于取得投资时应享有被投资单位可辨认净资产公允价值份额的。该部分差额是投资方在取得投资过程中通过作价体现出的与所取得股权份额相对应的商誉价值，这种情况下不要求对长期股权投资的成本进行调整。被投资单位可辨认净资产的公允价值，应当比照《企业会计准则第20号——企业合并》的有关规定确定。

2) 初始投资成本小于取得投资时应享有被投资单位可辨认净资产公允价值份额的。两者之间的差额体现为双方在交易作价过程中转让方的让步，该部分经济利益流入应计入取得投资当期的营业外收入，同时调整增加长期股权投资的账面价值。

(2) 投资损益的确认

采用权益法核算的长期股权投资，在确认应享有（或分担）被投资单位的净利润（或净亏损）时，在被投资单位账面净利润的基础上，应考虑以下因素的影响适当调整。

1) 被投资单位采用的会计政策和会计期间与投资方不一致的，应按投资方的会计政策和会计期间对被投资单位的财务报表进行调整，在此基础上确定被投资单位的损益。

权益法下，是将投资方与被投资单位作为一个整体对待，作为一个整体其所产生的损益，应当在一致的会计政策基础上确定，被投资单位采用的会计政策与投资方不同的，投资方应当基于重要性原则，按照本企业的会计政策对被投资单位的损益进行调整。

2) 以取得投资时被投资单位固定资产、无形资产等的公允价值为基础计提的折旧额或摊销额，以及有关资产减值准备金额等对被投资单位净利润的影响。

被投资单位利润表中的净利润是以其持有的资产、负债账面价值为基础持续计算的，而投资方在取得投资时，是以被投资单位有关资产、负债的公允价值为基础确定投资成本，取得投资后应确认的投资收益代表的是被投资单位资产、负债在公允价值计量的情况下在未来期间通过经营产生的损益中归属于投资方的部分。投资方取得投资时，被投资单位有关资产、负债的公允价值与其账面价值不同的，未来期间，在计算归属于投资方应享有的净利润或应承担的净亏损时，应考虑被投资单位计提的折旧额、摊销额以及资产减值准备金额等进行调整。

值得注意的是，尽管在评估投资方对被投资单位是否具有重大影响时，应当考虑潜在表决权的影响，但在确定应享有的被投资单位实现的净损益、其他综合收益和其他所有者权益变动的份额时，潜在表决权所对应的权益份额不应予以考虑。

【例17-11】20×3年1月10日，智董公司购入贵琛公司30%的股份，购买价款为2200万元，自取得投资之日起能够对贵琛公司施加重大影响。取得投资当日，贵琛公司可辨认净资产公允价值为6000万元，除表17-12所列项目外，贵琛公司其他资产、负债的公允价值与账面价值相同。

表17-12 贵琛公司其他资产、负债的公允价值与账面价值 单位：万元

项目	账面原价	已提折旧或摊销	公允价值	贵琛公司预计使用年限	智董公司取得投资后剩余使用年限
存货	500		700		
固定资产	1200	240	1600	20	16
无形资产	700	140	800	10	8
小计	2400	380	3100		

假定贵琛公司于20×3年实现净利润600万元，其中在智董公司取得投资时的账面存货有80%对外出售。智董公司与贵琛公司的会计年度及采用的会计政策相同。固定资产、无形资产等均按直线法提取折旧或摊销，预计净残值均为0。假定智董公司与贵琛公司间未发生其他任何内部交易。

20×3年12月31日，智董公司在确定其应享有的投资收益时，应在贵琛公司实现净利润的基础上，根据取得投资时贵琛公司有关资产的账面价值与其公允价值差额的影响进行调整（假定不考虑所得税及其他税费等因素影响）：

存货账面价值与公允价值的差额应调减的利润为160万元[(700－500)×80%]。

固定资产公允价值与账面价值差额应调整增加的折旧额为40万元（1600÷16－1200÷20）。

无形资产公允价值与账面价值差额应调整增加的摊销额为30万元（800÷8－700÷10）。

调整后的净利润为370万元（600－160－40－30）。

按照智董公司应享有份额为111万元（370×30%）。

确认投资收益的相关会计处理如下：

借：长期股权投资—损益调整 1110000

　贷：投资收益 1110000

3) 对于投资方或纳入投资方合并财务报表范围的子公司与其联营企业及合营企业之间发生的未实现内部交易损益应予抵销，即投资方与联营企业及合营企业之间发生的未实现内部交易损益，按照应享有的比例计算归属于投资方的部分，应当予以抵销，在此基础上确认投资损益。投资方与被投资单位发生的内部交易损失，按照资产减值准则等规定属于资产减值损失的，应当全额确认。

投资方与其联营企业和合营企业之间的未实现内部交易损益抵销与投资方与子公司之间的未实现内部交易损益抵销有所不同，母子公司之间的未实现内部交易损益在合并财务报表中是全额抵销的（无论是全资子公司还是非全资子公司），而投资方与其联营企业和合营企业之间的未实现内部交易损益抵销仅仅是投资方（或是纳入投资方合并财务报表范围的子公司）享有联营企业或合营企业的权益份额。

应当注意的是，投资方与联营、合营企业之间发生投出或出售资产的交易，该资产构成业务的，应当按照《企业会计准则第20号——企业合并》《企业会计准则第33号——合并财务报表》的有关规定进行会计处理。有关会计处理为：联营、合营企业向投资方出售

业务的，投资方应按《企业会计准则第20号——企业合并》的规定进行会计处理。投资方应全额确认与交易相关的利得或损失；投资方向联营、合营企业投出业务，投资方因此取得长期股权投资但未取得控制权的，应以投出业务的公允价值作为新增长期股权投资的初始投资成本，初始投资成本与投出业务的账面价值之差，全额计入当期损益。投资方向联营、合营企业出售业务，取得的对价与业务的账面价值之间的差额，全额计入当期损益。

投出或出售的资产不构成业务的，应当分别顺流交易和逆流交易进行会计处理。顺流交易是指投资方向其联营企业或合营企业投出或出售资产。逆流交易是指联营企业或合营企业向投资方出售资产。未实现内部交易损益体现在投资方或其联营企业、合营企业持有的资产账面价值中的，在计算确认投资损益时应予抵销。

①对于投资方向联营企业或合营企业投出或出售资产的顺流交易。

在该交易存在未实现内部交易损益的情况下（即有关资产未对外部独立第三方出售或未被消耗），投资方在采用权益法计算确认应享有联营企业或合营企业的投资损益时，应抵销该未实现内部交易损益的影响，同时调整对联营企业或合营企业长期股权投资的账面价值；投资方因投出或出售资产给其联营企业或合营企业而产生的损益中，应仅限于确认归属于联营企业或合营企业其他投资方的部分。即在顺流交易中，投资方投出资产或出售资产给其联营企业或合营企业产生的损益中，按照应享有比例计算确定归属于本企业的部分不予确认。

【例17-12】20×0年1月，智董公司取得了贵琛公司20%有表决权的股份，能够对贵琛公司施加重大影响。20×3年11月，智董公司将其账面价值为600万元的商品以900万元的价格出售给贵琛公司，贵琛公司将取得的商品作为管理用固定资产，预计使用寿命为10年，净残值为0。假定智董公司取得该项投资时，贵琛公司各项可辨认资产、负债的公允价值与其账面价值相同，两者在以前期间未发生过内部交易。贵琛公司20×3年实现净利润为1000万元。不考虑所得税及其他相关税费等其他因素影响。

本例中，智董公司在该项交易中实现利润300万元，其中的60万元（300×20%）是针对本公司持有的对联营企业的权益份额，在采用权益法计算确认投资损益时应予抵销，同时应考虑相关固定资产折旧对损益的影响，即智董公司应当进行以下会计处理：

借：长期股权投资—损益调整

　　[(10000000－3000000＋25000)×20%]　　1405000

　贷：投资收益　　1405000

②对于联营企业或合营企业向投资方投出或出售资产的逆流交易。

比照上述顺流交易处理。应当说明的是，投资方与其联营企业及合营企业之间发生的无论是顺流交易还是逆流交易产生的未实现内部交易损失，其中属于所转让资产发生减值损失的，有关未实现内部交易损失不应予以抵销。

(3) 被投资单位其他综合收益变动的处理

被投资单位其他综合收益发生变动的，投资方应当按照归属于本企业的部分，相应调整长期股权投资的账面价值，同时增加或减少其他综合收益。

(4) 取得现金股利或利润的处理

按照权益法核算的长期股权投资，投资方自被投资单位取得的现金股利或利润，应抵减长期股权投资的账面价值。在被投资单位宣告分派现金股利或利润时，借记“应收股利”科目，贷记“长期股权投资—损益调整”科目。

(5) 超额亏损的确认

《企业会计准则第2号——长期股权投资》规定，投资方确认应分担被投资单位发生的损失，原则上应以长期股权投资及其他实质上构成对被投资单位净投资的长期权益减记至零为限，投资方负有承担额外损失义务的除外。

这里所讲“其他实质上构成对被投资单位净投资的长期权益”通常是指长期应收项目，例如，投资方对被投资单位的长期债权，该债权没有明确的清收计划、且在可预见的未来期间不准备收回的，实质上构成对被投资单位的净投资。应予说明的是，该类长期权益不包括投资方与被投资单位之间因销售商品、提供劳务等日常活动所产生的长期债权。

投资方在确认应分担被投资单位发生的亏损时，应将长期股权投资及其他实质上构成对被投资单位净投资的长期权益项目的账面价值综合起来考虑，在长期股权投资的账面价值减记至零的情况下，如果仍有未确认的投资损失，应以其他长期权益的账面价值为基础继续确认。另外，投资方在确认应分担被投资单位的净损失时，除应考虑长期股权投资及其他长期权益的账面价值以外，如果在投资合同或协议中约定将履行其他额外的损失补偿义务，还应按《企业会计准则第13号——或有事项》的规定确认预计将承担的损失金额。

值得注意的是，在合并财务报表中，子公司发生超额亏损的，子公司少数股东应当按照持股比例分担超额亏损。即在合并财务报表中，子公司少数股东分担的当期亏损超过了少数股东在该子公司期初所有者权益中所享有的份额的，其余额应当冲减少数股东权益。

在确认了有关的投资损失以后，被投资单位以后期间实现盈利的，应按以上相反顺序分别减记已确认的预计负债、恢复其他长期权益和长期股权投资的账面价值，同时确认投资收益。即应当按顺序分别借记“预计负债”“长期应收款”“长期股权投资”等科目，贷记“投资收益”科目。

【例17-13】智董公司持有贵琛公司40%的股权，能够对贵琛公司施加重大影响。20×2年12月31日，该项长期股权投资的账面价值为4000万元。20×3年，贵琛公司由于一项主要经营业务市场条件发生变化，当年亏损6000万元。假定智董公司在取得该投资时，贵琛公司各项可辨认资产、负债的公允价值与其账面价值相等，双方所采用的会计政策及会计期间也相同。因此，智董公司当年度应确认的投资损失为2400万元。确认上述投资损失后，长期股权投资的账面价值变为1600万元。不考虑相关税费等其他因素影响。

如果贵琛公司20×3年的亏损额为12000万元，智董公司按其持股比例确认应分担的损失为4800万元，但长期股权投资的账面价值仅为4000万元，如果没有其他实质上构成对被投资单位净投资的长期权益项目，则智董公司应确认的投资损失仅为4000万元，超额损失在账外进行备查登记；在确认了4000万元的投资损失，长期股权投资的账面价值减记至零以后，如果智董公司账上仍有应收贵琛公司的长期应收款1600万元，该款项从目前情况看，没有明确的清偿计划，且在可预见的未来期间不准备收回（并非产生于商品购销等日常活动），则智董公司应进行以下会计处理：

借：投资收益　　40000000

　贷：长期股权投资—损益调整　　40000000

借：投资收益　　8000000

　贷：长期应收款　　8000000

(6) 被投资单位除净损益、其他综合收益以及利润分配以外的所有者权益的其他变动

被投资单位除净损益、其他综合收益以及利润分配以外的所有者权益的其他变动的因素，主要包括被投资单位接受其他股东的资本性投入、被投资单位发行可分离交易的可转债中包含的权益成分、以权益结算的股份支付、其他股东对被投资单位增资导致投资方持股比例变动等。投资方应按所持股权比例计算应享有的份额，调整长期股权投资的账面价值，同时计入资本公积（其他资本公积），并在备查簿中予以登记，投资方在后续处置股权投资但对剩余股权仍采用权益法核算时，应按处置比例将这部分资本公积转入当期投资收益；对剩余股权终止权益法核算时，将这部分资本公积全部转入当期投资收益。

(7) 投资方持股比例增加但仍采用权益法核算的处理

投资方因增加投资等原因对被投资单位的持股比例增加，但被投资单位仍然是投资方的联营企业或合营企业时，投资方应当按照新的持股比例对股权投资继续采用权益法进行核算。在新增投资日，如果新增投资成本大于按新增持股比例计算的被投资单位可辨认净资产于新增投资日的公允价值份额，不调整长期股权投资成本；如果新增投资成本小于按新增持股比例计算的被投资单位可辨认净资产于新增投资日的公允价值份额，应按该差额，调整长期股权投资成本和营业外收入。进行上述调整时，应当综合考虑与原持有投资和追加投资相关的商誉或计入损益的金额。

(四) 核算方法的变换

1. 公允价值计量转权益法核算

原持有的对被投资单位的股权投资（不具有控制、共同控制或重大影响的），按照《企业会计准则第22号——金融工具确认和计量》进行会计处理的，因追加投资等原因导致持股比例上升，能够对被投资单位施加共同控制或重大影响的，在转按权益法核算时，投资方应当按照《企业会计准则第22号——金融工具确认和计量》确定的原股权投资的公允价值加上为取得新增投资而应支付对价的公允价值，作为改按权益法核算的初始投资成本。原持有的股权投资分类为可供出售金融资产的，其公允价值与账面价值之间的差额，以及原计入其他综合收益的累计公允价值变动应当转入改按权益法核算的当期损益。

然后，比较上述计算所得的初始投资成本，与按照追加投资后全新的持股比例计算确定的应享有被投资单位在追加投资日可辨认净资产公允价值份额之间的差额，前者大于后者的，不调整长期股权投资的账面价值；前者小于后者的，差额应调整长期股权投资的账面价值，并计入当期营业外收入。

【例17-14】20×2年2月，智董公司以600万元现金自非关联方处取得贵琛公司10%的股权。智董公司根据《企业会计准则第22号——金融工具确认和计量》将其作为可供出售金融资产。20×3年1月2日，智董公司又以1200万元的现金自另一非关联方处取得贵琛公司12%的股权，相关手续于当日完成。当日，贵琛公司可辨认净资产公允价值总额为8000万元，智董公司对贵琛公司的可供出售金融资产的账面价值1000万元，计入其他综合收益的累计公允价值变动为400万元。取得该部分股权后，按照贵琛公司规定，智董公司能够对贵琛公司施加重大影响，对该项股权投资转为采用权益法核算。不考虑相关税费等其他因素影响。

本例中，20×3年1月2日，智董公司原持有10%股权的公允价值为1000万元，为取得新增投资而支付对价的公允价值为1200万元，因此智董公司对贵琛公司22%股权的初始投资成本为2200万元。

智董公司对贵琛公司新持股比例为22%，应享有贵琛公司可辨认净资产公允价值的份额为1760万元（8000万元×22%）。由于初始投资成本（2200万元）大于应享有贵琛公司可辨认净资产公允价值的份额（1760万元），因此，智董公司无须调整长期股权投资的成本。

20×3年1月2日，智董公司确认对贵琛公司的长期股权投资，进行会计处理如下：

借：长期股权投资—投资成本　　22000000
　　资本公积—其他资本公积　　4000000
　贷：可供出售金融资产　　10000000
　　　银行存款　　12000000
　　　投资收益　　4000000

2. 公允价值计量或权益法核算转成本法核算

投资方原持有的对被投资单位不具有控制、共同控制或重大影响的按照《企业会计准则第22号——金融工具确认和计量》进行会计处理的权益性投资，或者原持有对联营企业、合营企业的长期股权投资，因追加投资等原因，能够对被投资单位实施控制的，应按本指南有关企业合并形成的长期股权投资的指引进行会计处理。

3. 权益法核算转公允价值计量

原持有的对被投资单位具有共同控制或重大影响的长期股权投资，因部分处置等原因导致持股比例下降，不能再对被投资单位实施共同控制或重大影响的，应改按《企业会计准则第22号——金融工具确认和计量》对剩余股权投资进行会计处理，其在丧失共同控制或重大影响之日的公允价值与账面价值之间的差额计入当期损益。原采用权益法核算的相关其他综合收益应当在终止采用权益法核算时，采用与被投资单位直接处置相关资产或负债相同的基础进行会计处理，因被投资方除净损益、其他综合收益和利润分配以外的其他所有者权益变动而确认的所有者权益，应当在终止采用权益法核算时全部转入当期损益。

【例17-15】智董公司持有贵琛公司30%的有表决权股份，能够对贵琛公司施加重大影响，对该股权投资采用权益法核算。20×2年10月，智董公司将该项投资中的50%出售给非关联方，取得价款1800万元。相关手续于当日完成。智董公司无法再对贵琛公司施加重大影响，将剩余股权投资转为可供出售金融资产。出售时，该项长期股权投资的账面价值为3200万元，其中投资成本2600万元，损益调整为300万元，其他综合收益为200万元（性质为被投资单位的可供出售金融资产的累计公允价值变动），除净损益、其他综合收益和利润分配外的其他所有者权益变动为100万元。剩余股权的公允价值为1800万元。不考虑相关税费等其他因素影响。

智董公司有关会计处理如下：

确认有关股权投资的处置损益。

借：银行存款　　18000000

　贷：长期股权投资　　16000000

　　投资收益　　2000000

由于终止采用权益法核算，将原确认的相关其他综合收益全部转入当期损益。

借：其他综合收益　　2000000

　贷：投资收益　　2000000

由于终止采用权益法核算，将原计入资本公积的其他所有者权益变动全部转入当期损益。

借：资本公积—其他资本公积　　1000000

　贷：投资收益　　1000000

剩余股权投资转为可供出售金融资产，当天公允价值为1800万元，账面价值为1600万元，两者差异应计入当期投资收益。

借：可供出售金融资产　　18000000

　贷：长期股权投资　　16000000

　　投资收益　　2000000

4. 成本法转权益法

因处置投资等原因导致对被投资单位由能够实施控制转为具有重大影响或者与其他投资方一起实施共同控制的，首先应按处置投资的比例结转应终止确认的长期股权投资成本。然后，比较剩余长期股权投资的成本与按照剩余持股比例计算原投资时应享有被投资单位可辨认净资产公允价值的份额，前者大于后者的，属于投资作价中体现的商誉部分，不调整长期股权投资的账面价值；前者小于后者的，在调整长期股权投资成本的同时，调整留存收益。

对于原取得投资时至处置投资时（转为权益法核算）之间被投资单位实现净损益中投资方应享有的份额，一方面应当调整长期股权投资的账面价值，同时，对于原取得投资时至处置投资当期期初被投资单位实现的净损益（扣除已宣告发放的现金股利和利润）中应享有的份额，调整留存收益，对于处置投资当期期初至处置投资之日被投资单位实现的净

损益中享有的份额，调整当期损益；在被投资单位其他综合收益变动中应享有的份额，在调整长期股权投资账面价值的同时，应当计入其他综合收益；除净损益、其他综合收益和利润分配外的其他原因导致被投资单位其他所有者权益变动中应享有的份额，在调整长期股权投资账面价值的同时，应当计入资本公积（其他资本公积）。长期股权投资自成本法转为权益法后，未来期间应当按照《企业会计准则第2号——长期股权投资》规定计算确认应享有被投资单位实现的净损益、其他综合收益和所有者权益其他变动的份额。

【例17-16】智董公司原持有贵琛公司60%的股权，能够对贵琛公司实施控制。20×2年11月6日，智董公司对贵琛公司的长期股权投资的账面价值为6000万元，未计提减值准备，智董公司将其持有的对贵琛公司长期股权投资中的1/3出售给非关联方，取得价款3600万元，当日被投资单位可辨认净资产公允价值总额为16000万元。相关手续于当日完成，智董公司不再对贵琛公司实施控制，但具有重大影响。智董公司原取得贵琛公司60%股权时，贵琛公司可辨认净资产公允价值总额为9000万元（假定公允价值与账面价值相同）。自智董公司取得对贵琛公司长期股权投资后至部分处置投资前，贵琛公司实现净利润5000万元。其中，自智董公司取得投资日至20×2年年初实现净利润4000万元。假定贵琛公司一直未进行利润分配。除所实现净损益外，贵琛公司未发生其他计入资本公积的交易或事项。智董公司按净利润的10%提取盈余公积。不考虑相关税费等其他因素影响。

本例中，在出售20%的股权后，智董公司对贵琛公司的持股比例为40%，对贵琛公司施加重大影响。对贵琛公司长期股权投资应由成本法改为按照权益法核算。有关会计处理如下：

确认长期股权投资处置损益。

借：银行存款　　36000000
　贷：长期股权投资　　20000000
　　投资收益　　16000000

调整长期股权投资账面价值

剩余长期股权投资的账面价值为4000万元，与原投资时应享有被投资单位可辨认净资产公允价值份额之间的差额400万元（4000－9000×40%）为商誉，该部分商誉的价值不需要对长期股权投资的成本进行调整。

处置投资以后按照持股比例计算享有被投资单位自购买日至处置投资日期初之间实现的净损益为1600万元（4000×40%），应调整增加长期股权投资的账面价值，同时调整留存收益；处置期初至处置日之间实现的净损益400万元，应调整增加长期股权投资的账面价值，同时入当期投资收益。企业应进行以下会计处理：

借：长期股权投资　　20000000
　贷：盈余公积　　1600000
　　利润分配—未分配利润　　14400000
　　投资收益　　4000000

5. 成本法核算转公允价值计量

原持有的对被投资单位具有控制的长期股权投资，因部分处置等原因导致持股比例下降，不能再对被投资单位实施控制、共同控制或重大影响的，应改按《企业会计准则第22号——金融工具确认和计量》进行会计处理，在丧失控制之日的公允价值与账面价值之间的差额计入当期投资收益。

【例17-17】智董公司持有贵琛公司60%的有表决权股份，能够对贵琛公司实施控制，对该股权投资采用成本法核算。20×2年10月，智董公司将该项投资中的80%出售给非关联方，取得价款8000万元。相关手续于当日完成。智董公司无法再对贵琛公司实施控制，也不能施加共同控制或重大影响，将剩余股权投资转为可供出售金融资产。出售时，该项长期股权投资的账面价值为8000万元，剩余股权投资的公允价值为2000万元。不考虑相关税费等其他因素影响。

智董公司有关会计处理如下：

确认有关股权投资的处置损益。

借：银行存款　　80000000
　贷：长期股权投资　　64000000
　　　投资收益　　16000000

剩余股权投资转为可供出售金融资产，当天公允价值为2000万元，账面价值为1600万元，两者差异应计人0万元，两者差异应计入当期投资收益。

借：可供出售金融资产　　20000000
　贷：长期股权投资　　16000000
　　　投资收益　　4000000

四、期末计量

(一) 处置

企业持有长期股权投资的过程中，出于各方面的考虑，决定将所持有的对被投资单位的股权全部或部分对外出售时，应相应结转与所售股权相对应的长期股权投资的账面价值，一般情况下，出售所得价款与处置长期股权投资账面价值之间的差额，应确认为处置损益。

投资方全部处置权益法核算的长期股权投资时，原权益法核算的相关其他综合收益应当在终止采用权益法核算时采用与被投资单位直接处置相关资产或负债相同的基础进行会计处理，因被投资方除净损益、其他综合收益和利润分配以外的其他所有者权益变动而确认的所有者权益，应当在终止采用权益法核算时全部转入当期投资收益。

投资方部分处置权益法核算的长期股权投资，剩余股权仍采用权益法核算的，原权益法核算的相关其他综合收益应当采用与被投资单位直接处置相关资产或负债相同的基础处理并按比例结转，因被投资方除净损益、其他综合收益和利润分配以外的其他所有者权益变动而确认的所有者权益，应当按比例结转入当期投资收益。

企业部分处置持有的长期股权投资仍持有剩余股权时，在转换日的会计处理应参看本指南关于长期股权投资核算方法的转换的内容。

企业通过多次交易分步处置对子公司股权投资直至丧失控制权，如果上述交易属于一揽子交易的，应当将各项交易作为一项处置子公司股权投资并丧失控制权的交易进行会计处理；但是，在丧失控制权之前每一次处置价款与所处置的股权对应得长期股权投资账面价值之间的差额，在个别财务报表中，应当先确认为其他综合收益，到丧失控制权时再一并转入丧失控制权的当期损益。

(二) 相关所得税影响

符合条件的居民企业之间的股息、红利等权益性投资收益为免税收入。因此，通常情况下，当居民企业持有另一居民企业的股权意图为长期持有，通过股息、红利或者其他协同效应获取回报时，其实质所得税率为零，不存在相关所得税费用。只有当居民企业通过转让股权获取资本利得收益时，该笔资产转让利得才产生相应的所得税费用。

从资产负债表角度考虑，资产的账面价值代表的是企业在持续持有及最终处置某项资产的一定期间内，该项资产能够为企业带来的未来经济利益，而其计税基础代表的是在这一期间内，就该项资产按照税法规定可以税前扣除的金额。当资产的账面价值大于其计税基础的，两者之间的差额将会于未来期间产生应税金额，增加未来期间的应纳税所得额及应交所得税，对企业形成经济利益流出的义务。根据《企业会计准则第18号——所得税》的相关规定，企业对与子公司、联营企业、合营企业投资等相关的应纳税暂时性差异，应当确认递延所得税负债，只有在同时满足以下两个条件时除外：一是投资企业能够控制暂时性差异转回的时间；二是该暂时性差异在可预见的未来很可能不会转回。当投资方改变其持有投资意图拟对外出售时，不再符合上述条件，应确认其递延所得税影响。

五、相关会计科目和主要账务处理

(一) 长期股权投资

1. 核算内容和明细核算

本科目核算企业持有的长期股权投资。

本科目应当按照被投资单位进行明细核算。长期股权投资核算采用权益法的，应当分别“投资成本”“损益调整”“其他综合收益”“其他权益变动”进行明细核算。

2. 主要账务处理

(1) 企业合并形成的长期股权投资

同一控制下企业合并形成的长期股权投资，合并方以支付现金、转让非现金资产或承担债务方式作为合并对价的，应在合并日按取得被合并方所有者权益在最终控制方合并财务报表中的账面价值的份额，借记本科目（投资成本），按支付的合并对价的账面价值，贷记或借记有关资产、负债科目，按其差额，贷记“资本公积—资本溢价或股本溢价”科目；如为借方差额，借记“资本公积—资本溢价或股本溢价”科目，资本公积（资本溢价或股本溢价）不足冲减的，应依次借记“盈余公积”“利润分配—未分配利润”科目。合并方以发行权益性证券作为合并对价的，应当在合并日按照被合并方所有者权益在最终控制方合并财务报表中的账面价值的份额，借记本科目（投资成本），按照发行股份的面值总额，贷记“股本”，按其差额，贷记“资本公积—资本溢价或股本溢价”；如为借方差额，借记“资本公积—资本溢价或股本溢价”科目，资本公积（资本溢价或股本溢价）不足冲减的，应依次借记“盈余公积”“利润分配—未分配利润”科目。

非同一控制下企业合并形成的长期股权投资，购买方以支付现金、转让非现金资产或承担债务方式等作为合并对价的，应在购买日按照《企业会计准则第20号——企业合并》确定的合并成本，借记本科目（投资成本），按付出的合并对价的账面价值，贷记或借记有关资产、负债科目，按发生的直接相关费用（如资产处置费用），贷记“银行存款”等科目，按其差额，贷记“主营业务收入”“营业外收入”“投资收益”等科目或借记“管理费用”“营业外支出”“主营业务成本”等科目。购买方以发行权益性证券作为合并对价的，应在购买日按照发行的权益性证券的公允价值，借记本科目（投资成本），按照发行的权益性证券的面值总额，贷记“股本”，按其差额，贷记“资本公积—资本溢价或股本溢价”。企业为企业合并发生的审计、法律服务、评估咨询等中介费用以及其他相关管理费用，应当于发生时借记“管理费用”科目，贷记“银行存款”等科目。

(2) 以非企业合并方式形成的长期股权投资

以支付现金、非现金资产等其他方式取得的长期股权投资，应按现金、非现金货币性资产的公允价值或按照《企业会计准则第7号——非货币性资产交换》《企业会计准则第12号——债务重组》的有关规定确定的初始投资成本，借记本科目，贷记“银行存款”等科目，贷记“营业外收入”或借记“营业外支出”等处置非现金资产相关的科目。

(3) 采用成本法核算的长期股权投资的处理

长期股权投资采用成本法核算的，应按被投资单位宣告发放的现金股利或利润中属于本企业的部分，借记“应收股利”科目，贷记“投资收益”科目。

(4) 采用权益法核算的长期股权投资的处理

企业的长期股权投资采用权益法核算的，应当分别下列情况处理。

1) 长期股权投资的初始投资成本大于投资时应享有被投资单位可辨认净资产公允价值

份额的，不调整已确认的初始投资成本。长期股权投资的初始投资成本小于投资时应享有被投资单位可辨认净资产公允价值份额的，应按其差额，借记本科目（投资成本），贷记“营业外收入”科目。

2) 资产负债表日，企业应按被投资单位实现的净利润（以取得投资时被投资单位可辨认净资产的公允价值为基础计算）中企业享有的份额，借记本科目（损益调整），贷记“投资收益”科目。被投资单位发生净亏损做相反的会计分录，但以本科目的账面价值减记至零为限；还需承担的投资损失，应将其他实质上构成对被投资单位净投资的“长期应收款”等的账面价值减记至零为限；除按照以上步骤已确认的损失外，按照投资合同或协议约定将承担的损失，确认为预计负债。除上述情况仍未确认的应分担被投资单位的损失，应在账外备查登记。发生亏损的被投资单位以后实现净利润的，应按与上述相反的顺序进行处理。

取得长期股权投资后，被投资单位宣告发放现金股利或利润时，企业计算应分得的部分，借记“应收股利”科目，贷记本科目（损益调整）。

收到被投资单位发放的股票股利，不进行账务处理，但应在备查簿中登记。

3) 发生亏损的被投资单位以后实现净利润的，企业计算应享有的份额，如有未确认投资损失的，应先弥补未确认的投资损失，弥补损失后仍有余额的，依次借记“长期应收款”科目和本科目（损益调整），贷记“投资收益”科目。

4) 被投资单位除净损益、利润分配以外的其他综合收益变动和所有者权益的其他变动，企业按持股比例计算应享有的份额，借记本科目（其他综合收益和其他权益变动），贷记“其他综合收益”和“资本公积—其他资本公积”科目。

(5) 处置长期股权投资的处理

处置长期股权投资时，应按实际收到的金额，借记“银行存款”等科目，原已计提减值准备的，借记“长期股权投资减值准备”科目，按其账面余额，贷记本科目，按尚未领取的现金股利或利润，贷记“应收股利”科目，按其差额，贷记或借记“投资收益”科目。

处置采用权益法核算的长期股权投资时，应当采用与被投资单位直接处置相关资产或负债相同的基础，对相关的其他综合收益进行会计处理。按照上述原则可以转入当期损益的其他综合收益，应按结转的长期股权投资的投资成本比例结转原记入“其他综合收益”科目的金额，借记或贷记“其他综合收益”科目，贷记或借记“投资收益”科目。

处置采用权益法核算的长期股权投资时，还应按结转的长期股权投资的投资成本比例结转原记入“资本公积—其他资本公积”科目的金额，借记或贷记“资本公积—其他资本公积”科目，贷记或借记“投资收益”科目。

本科目期末借方余额，反映企业长期股权投资的价值。

(二) 长期股权投资减值准备

1) 本科目核算企业长期股权投资发生减值时计提的减值准备。

2) 本科目应当按照被投资单位进行明细核算。

3) 资产负债表日，企业根据《企业会计准则第8号——资产减值》（以下简称“资产减值准则”）确定长期股权投资发生减值的，接应减记的金额，借记“资产减值损失”科目，贷记本科目。

处置长期股权投资时，应同时结转已计提的长期股权投资减值准备。

4) 本科目期末贷方余额，反映企业已计提但尚未转销的长期股权投资减值准备。

(三) 应收股利

1) 本科目核算企业应收取的现金股利和应收取其他单位分配的利润。

2) 本科目应当按照被投资单位进行明细核算。

3) 应收股利的主要账务处理。

①被投资单位宣告发放现金股利或利润，按应归本企业享有的金额，借记本科目，贷记“投资收益”或“长期股权投资—损益调整”科目。

②收到现金股利或利润，借记“银行存款”等科目，贷记本科目。

4) 本科目期末借方余额，反映企业尚未收回的现金股利或利润。

(四) 投资收益

1) 本科目核算企业根据《企业会计准则第2号——长期股权投资》确认的投资收益或投资损失。

2) 本科目应当按照投资项目进行明细核算。

3) 投资收益的主要账务处理。

①长期股权投资采用成本法核算的，企业应按被投资单位宣告发放的现金股利或利润中属于本企业的部分，借记“应收股利”科目，贷记本科目。

②长期股权投资采用权益法核算的，资产负债表日，应按被投资单位实现的净利润（以取得投资时被投资单位可辨认净资产的公允价值为基础计算）中企业享有的份额，借记“长期股权投资—损益调整”科目，贷记本科目。

被投资单位发生亏损、分担亏损份额未超过长期股权投资账面价值或分担亏损份额超过长期股权投资账面价值而冲减实质上构成对被投资单位长期净投资的，借记本科目，贷记“长期股权投资—损益调整”“长期应收款”。除按照上述步骤已确认的损失外，按照投资合同或协议约定企业将承担的损失，借记本科目，贷记“预计负债”。发生亏损的被投资单位以后实现净利润的，企业计算的应享有的份额，如有未确认投资损失的，应先弥补未确认的投资损失，弥补损失后仍有余额的，借记“预计负债”“长期应收款”“长期股权投资—损益调整”等科目，贷记本科目。

③处置长期股权投资时，应按实际收到的金额，借记“银行存款”等科目，原已计提减值准备的，借记“长期股权投资减值准备”科目，按其账面余额，贷记“长期股权投资”科目，按尚未领取的现金股利或利润，贷记“应收股利”科目，按其差额，贷记或借记本科目。

处置采用权益法核算的长期股权投资时，应当采用与被投资单位直接处置相关资产或负债相同的基础，对相关的其他综合收益进行会计处理。按照上述原则可以转入当期损益的其他综合收益，应按结转长期股权投资的投资成本比例结转原记入“其他综合收益”科目的金额，借记或贷记“其他综合收益”科目，贷记或借记本科目。

处置采用权益法核算的长期股权投资时，还应按结转长期股权投资的投资成本比例结转原记入“资本公积—其他资本公积”科目的金额，借记或贷记“资本公积—其他资本公积”科目，贷记或借记本科目。

4) 期末，应将本科目余额转入“本年利润”科目，本科目结转后应无余额。

第三节 合营安排

为了规范合营安排的认定、分类以及各参与方在合营安排中权益等的会计处理，根据《企业会计准则——基本准则》，财政部制定了《企业会计准则第40号——合营安排》（以下简称本准则），自2014年7月1日起施行。

一、合营安排的综合知识

合营安排是指一项由两个或两个以上的参与方共同控制的安排。

(一) 合营安排的特征

1. 各参与方受到该安排的约束

合营安排通过相关约定对各参与方予以约束。相关约定是指据以判断是否存在共同控制的一系列具有执行力的合约。在形式上，相关约定通常包括合营安排各参与方达成的合同安排，如合同、协议、会议纪要、契约等，也包括对该安排构成约束的法律形式本身。

在内容上，相关约定包括但不限于对以下内容的约定：一是对合营安排的目的、业务活动及期限的约定；二是对合营安排的治理机构（如董事会或类似机构）成员的任命方式的约定；三是对合营安排相关事项的决策方式的约定，包括哪些事项需要参与方决策、参与方的表决权情况、决策事项所需的表决权比例等内容，合营安排相关事项的决策方式是分析是否存在共同控制的重要因素；四是对参与方需要提供的资本或其他投入的约定；五是对合营安排的资产、负债、收入、费用、损益在参与方之间的分配方式的约定。

2. 两个或两个以上的参与方对该安排实施共同控制

共同控制不同于控制，共同控制由两个或两个以上的参与方实施，而控制由单一参与方实施。共同控制也不同于重大影响，享有重大影响的参与方只拥有参与安排的财务和经营政策的决策的权力，但并不能够控制或者与其他方一起共同控制这些政策的制定。

(二) 合营方在合营安排中权益的披露

合营方在合营安排中权益的披露，适用《企业会计准则第41号——在其他主体中权益的披露》。

二、合营安排的认定和分类

(一) 合营安排的认定

要认定一项安排是否为合营安排，需要准确把握“共同控制”“参与方”等概念。其中，是否存在共同控制是判断一项安排是否为合营安排的关键。

1. 共同控制

共同控制是指按照相关约定对某项安排所共有的控制，并且该安排的相关活动必须经过分享控制权的参与方一致同意后才能决策。

在判断是否存在共同控制时，应当按照本准则，首先判断是否由所有参与方或参与方组合集体控制该安排，其次再判断该安排相关活动的决策是否必须经过这些参与方一致同意。

相关活动是指对某项安排的回报产生重大影响的活动。某项安排的相关活动应当根据具体情况进行判断，通常包括商品或劳务的销售和购买、金融资产的管理、资产的购买和处置、研究与开发活动以及融资活动等。

(1) 集体控制

如果所有参与方或一组参与方必须一致行动才能决定某项安排的相关活动，则称所有参与方或一组参与方集体控制该安排。在判断集体控制时，需要注意三点。

1) 集体控制不是单独一方控制。为了确定相关约定是否赋予参与方对该安排的共同控制，主体首先识别该安排的相关活动，然后确定哪些权利赋予参与方主导相关活动的权力。“参与方组合”仅泛指参与方的不同联合方式，并不是一个专门的术语。如果某一个参与方能够单独主导该安排中的相关活动，则可能为控制。如果一组参与方或所有参与方联合起来才能够主导该安排中的相关活动，则为集体控制。即在集体控制下，不存在任何一个参与方能够单独控制某安排的情况，而是由一组参与方或所有参与方联合起来才能控制该安排。

2) 尽管所有参与方联合起来一定能够控制该安排，但集体控制下，集体控制该安排的组合指的是那些既能联合起来控制该安排，又使得参与方数量最少的一个或几个参与方组合。

3) 能够集体控制一项安排的参与方组合很可能不止一个。

【例17-18】假定一项安排涉及三方：智董公司在该安排中拥有50%的表决权股份，贵琛公司和欣郁公司各拥有25%的表决权股份。智董公司、贵琛公司、欣郁公司之间的相关约定规定，该安排相关活动决策至少需要75%的表决权通过方可做出。

尽管智董公司拥有50%的表决权，但是智董公司没有控制该安排，因为智董公司对安排的，相关活动做出决策需要获得贵琛公司或欣郁公司的同意。在本例中，智董公司和贵琛公司的组合或智董公司和欣郁公司的组合均可集体控制该安排。这样，存在多种参与方之间的组合能够达到75%表决权的要求。在此情况下，该安排要成为合营安排，需要在相关约定中指明哪些参与方一致同意才能对相关活动做出决策。

(2) 有关相关活动的决策

主体应当在确定是由参与方组合集体控制该安排，而不是某一参与方单独控制该安排后，再判断这些集体控制该安排的参与方是否共同控制该安排。当且仅当相关活动的决策要求集体控制该安排的参与方一致同意时，才存在共同控制。

存在共同控制时，有关合营安排相关活动的所有重大决策必须经分享控制权的各方一致同意。一致同意的规定保证了对合营安排具有共同控制的任何一个参与方均可以阻止其他参与方在未经其同意的情况下就相关活动单方面做出决策。

一致同意中，并不要求其中一方必须具备主动提出议案的权力，只要具备对合营安排相关活动的所有重大决策予以否决的权力即可；也不需要该安排的每个参与方都一致同意，只要那些能够集体控制该安排的参与方意见一致，就可以达成一致同意。

实务中，各参与方不乏采取签署一致行动协议的方式，以实现共同控制。

在判断一致行动协议是否构成共同控制时，还需要考虑其他投资方持有表决权的分散程度。一致行动协议并不一定表明存在共同控制，在某些情况下可能是某一参与方实际获得了控制权。

有时，相关约定中设定的决策方式也可能暗含需要达成一致同意。例如，假定两方建立一项安排，在该安排中双方各持有50%的表决权。双方约定，对相关活动做出决策至少需要51%的表决权。在这种情况下，意味着双方同意共同控制该安排，因为如果没有双方的一致同意，就无法对相关活动做出决策。

当相关约定中设定了就相关活动做出决策所需的最低表决权比例时，若存在多种参与方的组合形式均能满足最低表决权比例要求的情形，则该安排就不是合营安排；除非相关约定明确指出，需要其中哪些参与方一致同意才能就相关活动做出决策。

如果存在两个或两个以上的参与方组合能够集体控制某项安排的，不构成共同控制。即，共同控制合营安排的参与方组合是唯一的。

存在集体控制仅说明该安排中，不存在任何一方单独控制该安排的情况。要想达到共同控制，还需要在集体控制的基础上，判断该安排相关活动的决策是否必须经过这些集体控制该安排的参与方一致同意才可做出。一般而言，如果一项安排仅存在一组参与方能够集体控制，该集体控制为共同控制。

在一项安排中，某一参与方可能被任命来管理该安排的日常运行。如果该安排的相关活动需要由各参与方共同做出决定，而且管理方在这一决定的框架内行事，则任何一个参与方作为管理方均不会影响该安排是合营安排的判断。但是，如果管理方能够单方面就该安排的相关活动做出决定，从而拥有对该安排的权力，通过参与该安排的相关活动而享有可变回报，并且有能力运用对该安排的权力影响其回报金额，则该管理方单方控制该安排，而不是和其他参与方共同控制该安排，该安排不是合营安排。

(3) 争议解决机制

在分析合营安排的各方是否共同分享控制权时，要关注对于争议解决机制的安排。相关约定可能包括处理纠纷的条款，如仲裁。这些条款可能允许具有共同控制权的各参与方在没有达成一致意见的情况下进行决策。这些条款的存在不会妨碍该安排构成共同控制的判断，因此，也不会妨碍该安排成为合营安排。但是，如果在各方未就相关活动的重大决策达成一致意见的情况下，其中一方具备“一票通过权”或者潜在表决权等特殊权力，则需要仔细分析，很可能具有特殊权力的一方实质上具备控制权。

在分析争议解决机制时，还需要关注参与方是否拥有期权等潜在表决权。

有时，协议中可能约定，各参与方意见均不一致时，哪个参与方拥有最终决策权。在判断合营安排的合营方时，也需要考虑最终决策者，但最终决策者未必就是控制方。

(4) 仅享有保护性权利的参与方不享有共同控制

保护性权利是指仅为了保护权利持有人利益却没有赋予持有人对相关活动进行决策的一项权利。保护性权利通常只能在合营安排发生根本性改变或某些例外情况发生时才能够行使，它既没有赋予其持有人对合营安排拥有权力，也不能阻止其他参与方对合营安排拥有权力。值得注意的是，对于某些安排，相关活动仅在特定情况或特定事项发生时开展，例如，某些安排在设计时就确定了安排的活动及其回报，在特定情况或特定事项发生之前不需要进行重大决策。这种情况下，权利在特定情况或特定事项发生时方可行使并不意味该权利是保护性权利。

如果一致同意的要求仅仅与向某些参与方提供保护性权利的决策有关，而与该安排的相关活动的决策无关，那么拥有该保护性权利的参与方不会仅仅因为该保护性权利而成为该项安排的合营方。因此，在评估参与方能否共同控制合营安排时，必须具体区别参与方持有的权利是否为保护性权利，该权利不影响其他参与方控制或共同控制该安排。

(5) 一项安排的不同活动可能分别由不同的参与方或参与方组合主导

在不同阶段，一项安排可能发生不同的活动，从而导致不同参与方可能主导不同相关活动，或者共同主导所有相关活动。不同参与方分别主导不同相关活动时，相关的参与方需要分别评估自身是否拥有主导对回报产生最重大影响的活动的权利，从而确定是否能够控制该项安排，而不是与其他参与方共同控制该项安排。

(6) 综合评估多项相关协议

有时，一项安排的各参与方之间可能存在多项相关协议。在单独考虑一份协议时，某参与方可能对合营安排具有共同控制，但在综合考虑该安排的目的和设计的所有情况时，该参与方实际上不一定对该安排并不具有共同控制。因此，在判断是否存在共同控制时，需要综合考虑该多项相关协议。

2. 合营安排中的不同参与方

只要两个或两个以上的参与方对该安排实施共同控制，一项安排就可以被认定为合营安排，并不要求所有参与方都对该安排享有共同控制。对合营安排享有共同控制的参与方（分享控制权的参与方）被称为合营方；对合营安排不享有共同控制的参与方被称为非合营方。

（二）合营安排的分类

合营安排分为共同经营和合营企业。共同经营是指合营方享有该安排相关资产且承担该安排相关负债的合营安排。合营企业是指合营方仅对该安排的净资产享有权利的合营安排。合营方应当根据其在合营安排的正常经营中享有的权利和承担的义务，来确定合营安排的分类。评价权利和义务时，企业应当考虑该合营安排的结构、法律形式以及合营安排中约定的条款、其他相关事实和情况等因素。

合营安排是为不同目的而设立的（如参与方为了共同承担成本和风险，或者参与方为了获得新技术或新市场），可以采用不同的结构和法律形式。一些安排不要求采用单独主体的形式开展其活动，另一些安排则涉及构造单独主体。实务中，主体可以从合营安排是否通过单独主体达成为起点，判断一项合营安排是共同经营还是合营企业。

1. 单独主体

本准则中的单独主体（下同），是指具有单独可辨认的财务架构的主体，包括单独的法人主体和不具备法人主体资格但法律所认可的主体。单独主体并不一定要具备法人资格，但必须具有法律所认可的单独可辨认的财务架构，确认某主体是否属于单独主体必须考虑适用的法律法规。

具有可单独辨认的资产、负债、收入、费用、财务安排和会计记录，并且具有一定法律形式的主体，构成法律认可的单独可辨认的财务架构。合营安排最常见的形式包括有限责任公司、合伙企业、合作企业等。某些情况下，信托、基金也可被视为单独主体。

2. 合营安排未通过单独主体达成

当合营安排未通过单独主体达成时，该合营安排为共同经营。在这种情况下，合营方通常通过相关约定享有与该安排相关资产的权利、并承担与该安排相关负债的义务，同时，享有相应收入的权利、并承担相应费用的责任，因此该合营安排应当划分为共同经营。

3. 合营安排通过单独主体达成

如果合营安排通过单独主体达成，在判断该合营安排是共同经营还是合营企业时，通常首先分析单独主体的法律形式，法律形式不足以判断时，将法律形式与合同安排结合进行分析，法律形式和合同安排均不足以判断时，进一步考虑其他事实和情况。

(1) 分析单独主体的法律形式

各参与方应当根据该单独主体的法律形式，判断该安排是赋予参与方享有与安排相关资产的权利、并承担与安排相关负债的义务，还是赋予参与方享有该安排的净资产的权利。也就是说，各参与方应当依据单独主体的法律形式判断是否能将参与方和单独主体分离。例如，各参与方可能通过单独主体执行合营安排，单独主体的法律形式决定在单独主体中的资产和负债是单独主体的资产和负债，而不是各参与方的资产和负债。在这种情况下，基于单独主体的法律形式赋予各参与方的权利和义务，可以初步判定该项安排是合营企业。

在各参与方通过单独主体达成合营安排的情形下，当且仅当单独主体的法律形式没有将参与方和单独主体分离（即单独主体持有的资产和负债是各参与方的资产和负债）时，基于单独主体的法律形式赋予参与方权利和义务的判断，足以说明该合营安排是共同经营。

通常，单独主体的资产和负债很可能与参与方在法律形式上明显分割开来。例如，根据《中华人民共和国公司法》（以下简称“《公司法》”）的有关规定，“公司是企业法人，有独立的法人财产，享有法人财产权。公司以其全部财产对公司的债务承担责任。有限责任公司的股东以其认缴的出资额为限对公司承担责任；股份有限公司的股东以其认购的股份为限对公司承担责任。”因此，当一项合营安排是按照《公司法》设立的有限责任公司或者股份有限公司时，其法律形式将合营安排对资产的权利和对负债的义务与该安排的参与方明显分割开来。

(2) 分析合同安排

当单独主体的法律形式并不能将合营安排的资产的权利和对负债的义务授予该安排的参与方时，还需要进一步分析各参与方之间是否通过合同安排赋予该安排的参与方对合营安排资产的权利和对合营安排负债的义务。合同安排中常见的某些特征或者条款可能表明该安排为共同经营或者合营企业。共同经营和合营企业的一些普遍特征的比较包括但不限于下表17-13所示。

表17-13　共同经营和合营企业对比表

对比项目	共同经营	合营企业
合营安排的条款	参与方对合营安排的相关资产享有权利并对相关负债承担义务	参与方对与合营安排有关的净资产享有权利，即单独主体（而不是参与方），享有与安排相关资产的权利，并承担与安排相关负债的义务
对资产的权利	参与方按照约定的比例分享合营安排的相关资产的全部利益（如权利、权属或所有权等）	资产属于合营安排自身，参与方并不对资产享有权利
对负债的义务	参与方按照约定的比例分担合营安排的成本、费用、债务及义务。第三方对该安排提出的索赔要求，参与方作为义务人承担赔偿责任	合营安排对自身的债务或义务承担责任。参与方仅以其各自对该安排认缴的投资额为限对该安排承担相应的义务。合营安排的债权方无权就该安排的债务对参与方进行追索
收入、费用及损益	合营安排建立了各参与方按照约定的比例（如按照各自所耗用的产能比例）分配收入和费用的机制。某些情况下，参与方按约定的份额比例享有合营安排产生的净损益不会必然使其被分类为合营企业，仍应当分析参与方对该安排相关资产的权利以及对该安排相关负债的义务	各参与方按照约定的份额比例享有合营安排产生的净损益
担保	参与方为合营安排提供担保（或提供担保的承诺）的行为本身并不直接导致一项安排被分类为共同经营	

有时，法律形式和合同安排均表明一项合营安排中的合营方反对该安排的净资产享有权利，此时，若不存在相反的其他事实和情况，该合营安排应当被划分为合营企业。

有时，仅从法律形式判断，一项合营安排符合共同经营的特征，但是，综合考虑合同安排后，合营方享有该合营安排相关资产并且承担该安排相关负债，此时，该合营安排应当被划分为共同经营。

合营安排各参与方可能为合营安排提供担保。例如，合营安排的某个参与方可能向第三方承诺以下事项：合营安排向第三方提供的服务将满足一定质量或性质要求；合营安排将偿还从第三方获取的资金；该参与方在合营安排处于困境时向该安排提供支持。

值得注意的是，不能仅凭合营方对合营安排提供债务担保即将其视为合营方承担该安排相关负债。担保所赋予担保人的是对被担保人债务的次级义务，而非首要义务，因此，担保不是承担债务义务的决定性因素。如果担保提供方在被担保人违约时须付款或履行责任，这可能表明相关事实和情况发生了变化，或者可能伴随该安排的合同条款发生了变化。这些变化可能引起对该安排是否仍具有共同控制的重新评估。另外，合营方承担向合营安排支付认缴出资义务的，不视为合营方承担该安排相关负债。

(3) 分析其他事实和情况

如果一项安排的法律形式与合同安排均没有将该安排的资产的权利和对负债的义务

授予该安排的参与方，则应考虑其他事实和情况，包括合营安排的目的和设计，其与参与方的关系及其现金流的来源等。在某些情况下，合营安排设立的主要目的是为参与方提供产出，这表明参与方可能按照约定实质上享有合营安排所持资产几乎全部的经济利益。这种安排下，参与方根据相关合同或法律约定有购买产出的义务，并往往通过阻止合营安排将其产出出售给其他第三方的方式来确保参与方能获得产出。这样，该安排产生的负债实质上是由参与方通过购买产出支付的现金流量而得以清偿。因此，如果参与方实质上是该安排持续经营和清偿债务所需现金流的唯一来源，这表明参与方承担了与该安排相关的负债。综合考虑该合营安排的其他相关事实和情况，表明参与方实质上享有合营安排所持资产几乎全部的经济利益，合营安排所产生的负债的清偿实质上也持续依赖于向参与方收取的产出的销售现金流，该合营安排的实质为共同经营。

在区分合营安排的类型时，需要了解该安排的目的和设计。如果合营安排同时具有以下特征，则表明该安排是共同经营：各参与方实质上有权享有，并有义务接受由该安排资产产生的几乎所有经济利益（从而承担了该经济利益的相关风险，如价格风险、存货风险、需求风险等），如该安排所从事的活动主要是向合营方提供产出等；持续依赖于合营方清偿该安排活动产生的负债，并维持该安排的运营。

参与方在合营安排中的产出分配比例与表决权比例不同，并不影响对该安排是共同经营还是合营企业的判断。参与方将获得的合营安排产出份额用于生产经营还是对外出售，并不影响对该安排是共同经营还是合营企业的判断。

如果合营安排有权自主决定销售价格和客户，参与方没有义务购买合营安排的产出，则表明该合营安排自身承担了价格风险、存货风险、需求风险等，合营方并不直接享有该合营安排相关资产并承担该合营安排相关负债。

值得注意的是，在考虑“其他事实和情况”时，只有当该安排产生的负债的清偿持续依赖于合营方的支持时，该安排才为共同经营。即强调参与方实质上是该安排持续经营所需现金流的唯一来源。

有时各参与方可能设立一个框架协议，该框架协议规定了参与方从事一项或多项活动需遵守的一般性合同条款，并可能要求各参与方设立多项合营安排，以分别处理构成框架协议组成部分的特定活动。即使这些合营安排与同一框架协议相关联，如果参与方在从事框架协议涉及的不同活动中具有不同的权利和义务，那么，这些合营安排的类型也可能有所不同。因此，当参与方从事同一框架协议中的不同活动时，共同经营和合营企业可能同时存在。在这种情况下，作为参与方之一的企业应当分别判断各项合营安排的分类。

值得注意的是，参与方判断其在合营安排中享有的权利和承担的义务均是在正常经营的情况下，非正常经营（如破产、清算）时的法律权利和义务的相关性是比较低的。例如，某合营安排通过合伙企业构建，合伙人之间的相关合同约定赋予了合伙人在合伙企业正常经营时享有该合伙企业资产的权利和承担其负债的义务。而在合伙企业清算阶段，合伙人不享有合伙企业的资产，而只能享有合伙企业清偿第三方债务之后应分得的剩余资产。这种情况下，该合伙企业（即合营安排）仍然可以被分类为共同经营，因为在正常经营中，合伙人对于合伙企业的资产和负债是享有权利和承担义务的。

图17-2说明了如何对合营安排进行分类。

三、共同经营参与方的会计处理

（一）共同经营中，合营方的会计处理

1. 一般会计处理原则

合营方应当确认其与共同经营中利益份额相关的下列项目，并按照相关企业会计准则的规定进行会计处理：一是确认单独所持有的资产，以及按其份额确认共同持有的资产；

二是确认单独所承担的负债，以及按其份额确认共同承担的负债；三是确认出售其享有的共同经营产出份额所产生的收入；四是按其份额确认共同经营因出售产出所产生的收入；五是确认单独所发生的费用，以及按其份额确认共同经营发生的费用。

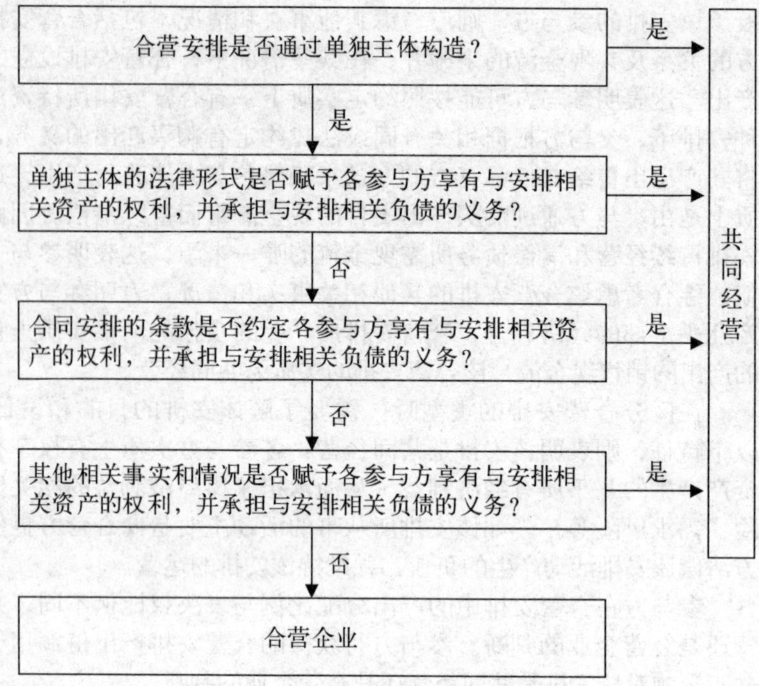

图17-2 合营安排类型判断图

合营方可能将其自有资产用于共同经营，如果合营方保留了对这些资产的全部所有权或控制权，则这些资产的会计处理与合营方自有资产的会计处理并无差别。

合营方也可能与其他合营方共同购买资产来投入共同经营，并共同承担共同经营的负债，此时，合营方应当按照企业会计准则相关规定确认在这些资产和负债中的利益份额。如按照《企业会计准则第4号——固定资产》来确认在相关固定资产中的利益份额，按照《企业会计准则第22号——金融工具确认和计量》来确认在相关金融资产和金融负债中的份额。

共同经营通过单独主体达成时，合营方应确认按照上述原则单独所承担的负债，以及按本企业的份额确认共同承担的负债。但合营方对于因其他股东未按约定向合营安排提供资金，按照我国相关法律或相关合同约定等规定而承担连带责任的，从其规定，在会计处理上应遵循《企业会计准则第13号——或有事项》。

合同安排通常描述了该安排所从事活动的性质，以及各参与方打算共同开展这些活动的方式。例如，合营安排各参与方可能同意共同生产产品，每一参与方负责特定的任务，使用各自的资产，承担各自的负债。合同安排也可能规定了各参与方分享共同收入和分担共同费用的方式。在这种情况下，每一个合营方在其资产负债表上确认其用于完成特定任务的资产和负债，并根据相关约定确认相关的收入和费用份额。

当合营安排各参与方可能同意共同拥有和经营一项资产时，相关约定规定了各参与方对共同经营资产的权利，以及来自该项资产的收入或产出和相应的经营成本在各参与方之间分配的方式。每一个合营方对其在共同资产中的份额、同意承担的负债份额进行会计处理，并按照相关约定确认其在产出、收入和费用中的份额。

【例17-19】20×3年1月1日，智董公司和贵琛公司共同出资购买一栋写字楼，各自拥有该写字楼50%的产权，用于出租收取租金。合同约定，该写字楼相关活动的决策需要智董公司和贵琛公司一致同意方可做出；智董公司和贵琛公司的出资比例、收入分享比例和费用分担比例均为各自50%。该写字楼购买价款为8000万元，由智董公司和贵琛公司以银行存款支付，预计使用寿命20年，预计净残值为320万元，采用年限平均法按月计提折旧。该写字楼的租赁合同约定，租赁期限为10年，每年租金为480万元，按月交付。该写字楼每月支付维修费2万元。另外，智董公司和贵琛公司约定，该写字楼的后续维护和维修支出（包括再装修支出和任何其他的大修支出）以及与该写字楼相关的任何资金需求，均由智董公司和贵琛公司按比例承担。假设智董公司和贵琛公司均采用成本法对投资性房地产进行后续计量，不考虑税费等其他因素影响。

本例中，由于关于该写字楼相关活动的决策需要智董公司和贵琛公司一致同意方可做出，所以智董公司和贵琛公司共同控制该写字楼，购买并出租该写字楼为一项合营安排。由于该合营安排并未通过一个单独主体来架构，并明确约定了智董公司和贵琛公司享有该安排中资产的权利、获得该安排相应收入的权利、承担相应费用的责任等，因此该合营安排是共同经营。

智董公司的相关会计处理如下：

出资购买写字楼时

借：投资性房地产　　40000000（8000万元×50%）

　贷：银行存款　　40000000

每月确认租金收入时

借：银行存款　　200000（480万元×50%÷12）

　贷：其他业务收入　　200000

每月计提写字楼折旧时

借：其他业务成本　　160000

　贷：投资性房地产累计折旧　　160000

（8000万元－320万元）÷20÷12×50%＝16（万元）

支付维修费时

借：其他业务成本　　10000（20000×50%）

　贷：银行存款　　10000

2. 合营方向共同经营投出或者出售不构成业务的资产的会计处理

合营方向共同经营投出或出售资产等（该资产构成业务的除外），在共同经营将相关资产出售给第三方或相关资产消耗之前（即未实现内部利润仍包括在共同经营持有的资产账面价值中时），应当仅确认归属于共同经营其他参与方的利得或损失。交易表明投出或出售的资产发生符合《企业会计准则第8号——资产减值》（以下简称“资产减值损失准则”）等规定的资产减值损失的，合营方应当全额确认该损失。

3. 合营方自共同经营购买不构成业务的资产的会计处理

合营方自共同经营购买资产等（该资产构成业务的除外），在将该资产等出售给第三方之前（即，未实现内部利润仍包括在合营方持有的资产账面价值中时），不应当确认因该交易产生的损益中该合营方应享有的部分。即此时应当仅确认因该交易产生的损益中归属于共同经营其他参与方的部分。当这类交易提供证据表明购入的资产发生符合资产减值损失准则等规定的资产减值损失的，合营方应当按其承担的份额确认该部分损失。

4. 合营方取得构成业务的共同经营的利益份额的会计处理

合营方取得共同经营中的利益份额，且该共同经营构成业务时，应当按照《企业会计准则第20号——企业合并》等相关准则进行相应的会计处理，但其他相关准则的规定不能与本准则的规定相冲突。企业应当按照《企业会计准则第20号——企业合并》的相关规定判断该共同经营是否构成业务。该处理原则不仅适用于收购现有的构成业务的共同经营中的利益份额，也适用于与其他参与方一起设立共同经营，且由于有其他参与方注入既存业务，使共同经营设立时即构成业务。

合营方增加其持有的一项构成业务的共同经营的利益份额时，如果合营方对该共同经营仍然是共同控制，则合营方之前持有的共同经营的利益份额不应按照新增投资日的公允价值重新计量。

(二) 对共同经营不享有共同控制的参与方的会计处理原则

对共同经营不享有共同控制的参与方（非合营方），如果享有该共同经营相关资产且承担该共同经营相关负债的，比照合营方进行会计处理。即共同经营的参与方，不论其是否具有共同控制，只要能够享有共同经营相关资产的权利、并承担共同经营相关负债的义务，对在共同经营中的利益份额采用与合营方相同的会计处理。否则，应当按照相关企业会计准则的规定对其利益份额进行会计处理。例如，如果该参与方对于合营安排的净资产享有权利并且具有重大影响，则按照《企业会计准则第2号——长期股权投资》等相关规定进行会计处理；如果该参与方对于合营安排的净资产享有权利并且无重大影响，则按照《企业会计准则第22号——金融工具确认和计量》等相关规定进行会计处理；向共同经营投出构成业务的资产的，以及取得共同经营的利益份额的，则按照合并财务报表及企业合并等相关准则进行会计处理。

四、合营企业参与方的会计处理

合营企业中，合营方应当按照《企业会计准则第2号——长期股权投资》的规定核算其对合营企业的投资。

对合营企业不享有共同控制的参与方（非合营方）应当根据其对该合营企业的影响程度进行相关会计处理：对该合营企业具有重大影响的，应当按照《企业会计准则第2号——长期股权投资》的规定核算其对该合营企业的投资；对该合营企业不具有重大影响的，应当按照《企业会计准则第22号——金融工具确认和计量》的规定核算其对该合营企业的投资。

第十八章

或有事项

第一节 或有事项的内涵和特征

一、或有事项的内涵

在市场经济条件下，企业经常面临诉讼、重组、对外提供债务担保和产品质量保证等具有较大不确定性的经济事项，在会计上称为或有事项。或有事项是过去的交易或者事项形成的，其结果需由某些未来事项的发生或不发生才能决定的不确定事项。

二、或有事项的特征

或有事项最大的特点是或有事项及其结果具有不确定性，当企业面临这些不确定情形时，会计人员要对结果的可能性做出分析和判断，这种“结果的可能性”在实际判断时通常有其大致对应的概率区间，如表18-1所示。

表18-1 或有事项“结果的可能性”的界定

结果的可能性	对应的概率区间
基本确定	大于95%但小于100%
很可能	大于50%但小于或等于95%
可能	大于5%但小于或等于50%
极小可能	大于0但小于或等于5%

(一) 或有事项是由过去的交易或事项形成的一种状况

或有事项作为一种不确定事项，是由企业过去的交易或事项引起的。因过去的交易或者事项形成，是指或有事项的现存状况是过去交易或者事项引起的客观存在。例如，产品质量保证是企业对已售出商品或已提供劳务的质量提供的保证，不是为尚未出售商品或尚未提供劳务的质量提供的保证。或有事项是现存的状况，说明或有事项是资产负债表日的一种客观存在。

或有事项是由过去的交易或事项形成这一特征，使得未来可能发生的自然灾害、未来可能发生的交通事故、未来可能发生的经营亏损等事项都不属于或有事项。

(二) 或有事项的结果具有不确定性

首先，或有事项的结果是否发生具有不确定性。例如，为其他单位提供债务担保，如果被担保方到期无力还款，那么担保方将负连带责任。对于担保方而言，担保事项构成其或有事项，但最后它是否应履行连带责任，在担保协议达成时是不能确定的。其次，或有事项的结果即使会发生，但具体发生的时间或发生的金额也具有不确定性。例如，ABC公司因生产排污治理不力并对周围环境造成污染而被起诉，如无特殊情况，该公司很可能败诉。但是，在诉讼成立时，该公司因败诉将何时支出多少金额，都是难以确知的。

(三) 或有事项的结果只能由未来发生的事项确定

由未来发生的事项确定，是指或有事项的结果在发生时难以证实，这种不确定性需要由未来不确定事项的发生或不发生来证实。或有事项对企业会产生有利影响还是不利影响，或虽已知是有利影响或不利影响，但影响有多大，在或有事项发生时是难以确定的。这种不确定性的消失，只能由未来不确定事项的发生或不发生证实。例如未决诉讼，其最终结果只能随案件的发展，由判决结果来确定。

或有事项的结果只能由未来发生的事项证实的特征，说明或有事项具有时效性。也就是说，随着影响或有事项结果的因素发生变化，或有事项最终会转化为确定事项。

(四) 影响或有事项结果的不确定因素不能由企业控制

或有事项本身具有不确定性，这说明影响或有事项结果的不确定因素不能由企业控制。例如，为其他企业提供债务担保，担保企业将来是否会因提供担保而履行连带责任，不是企业能控制得了的；未决诉讼的最终结果如何，也不是企业能控制的。这种不能由企业控制的因素给企业带来了风险。

上述四个方面的特征充分说明了或有事项是与不确定性密切联系在一起的，但在会计处理过程中存在不确定性的事项并不都是或有事项，企业应当按照或有事项的定义和特征进行判断，并要注意区别或有事项与其他不确定事项。

第二节 与或有事项有关的重要概念

一、或有事项的分类

或有事项按照性质不同分为损失性或有事项和收益性或有事项。

结果可能发生负债或减少资产的或有事项为损失性或有事项，由于损失性或有事项可能给企业带来损失，这种不确定的损失称为或有损失，相应形成的负债称为或有负债。或有损失并不就是指或有负债，或有负债在会计上有其特定的含义、特征。

结果可能减少负债或获得资产的或有事项称为收益性或有事项，由于收益性或有事项可能给企业带来收益，不确定的收益就称为或有利得，相应形成的企业资产称为或有资产。

由此可见，或有事项的结果可能产生或有损失、或有利得、或有负债、或有资产或者负债、资产。根据或有事项的特征和处理原则，可以把或有事项分为三种，即预计负债、或有负债和或有资产。

常见的或有事项主要包括未决诉讼、未决仲裁、产品质量保证（含产品安全保证）、商业承兑汇票背书转让或贴现、债务担保、建造合同、所得税、保险合同、租赁、亏损合同、重组义务（包括终止营业）、环境污染整治、承诺等。

二、或有负债

或有负债是指过去的交易或事项形成的潜在义务，其存在须通过未来不确定事项的发生或不发生予以证实；或过去的交易或事项形成的现时义务，履行该义务不是很可能导致经济利益流出企业或该义务的金额不能可靠计量。或有负债的特征为：或有负债是过去的交易或事项形成的；或有负债的结果具有不确定性。

例如，20×1年10月25日，ABC公司状告XYZ公司侵犯了其专利权。至20×1年10月31日，法院还没有对诉讼案进行公开审理，XYZ公司是否败诉尚难判断。对于XYZ公司而言，一项或有负债已经形成，它是由过去事项（XYZ公司“可能侵犯”ABC公司的专利权并受到起诉）形成的。再如，ABC公司涉及一桩诉讼案，根据以往的审判案例推断，ABC公司很可能败诉。但法院尚未判决，ABC公司无法根据经验判断未来将承担多少赔偿金额，因此该现时义务的金额不能可靠地计量，该诉讼案件即形成一项ABC公司的或有负债。

三、或有资产

或有资产是指过去的交易或事项形成的潜在资产，其存在需通过未来不确定事项的发生或不发生予以证实。或有资产特征为：或有资产由过去的交易或事项产生；或有资产的结果具有不确定性。例如，20×1年12月25日，A企业状告B企业侵犯了其专利权。至20×1年12月31日，法院还没有对诉讼案进行公开审理，A企业是否胜诉尚难判断。对于A企业而言，将来可能胜诉而获得的资产属于一项潜在资产，它是由过去事项（B企业“可能侵犯”A企业的专利权并受到起诉）形成的。再如，再如，沿用上例，A企业的或有资产是否真地会转化成其真正的资产，要由诉讼案件的调解或判决结果确定。如果终审判决结果是A企业胜诉，那么或有资产便转化为一项基本可以肯定收到的资产。如果终审判决结果是A企业败诉，那么或有资产便“消失”了；同时，还应承担一项支付诉讼费的义务。

第三节 或有事项的确认与计量

或有负债和或有资产不符合负债和资产的定义和确认条件，企业不应当确认或有负债和或有资产，而应当进行相应披露。但是，影响或有负债和或有资产的各种因素处在不断变化之中，企业应持续地评价这些因素。随着时间的推移和事态的发展，或有负债对应的潜在义务可能已转化成现时义务，原本不是很可能导致经济利益流出企业的现时义务也可能被证实将很可能导致经济利益流出企业，且该义务的金额能够可靠地计量，则企业应将该义务确认为一项负债。同样的，企业应持续地对与或有资产有关的因素进行评价，以判断或有资产给企业带来经济利益的可能性是否发生变化，并相应地做出处理。

或有事项的确认和计量通常是指预计负债的确认和计量。或有事项形成的或有资产只有在企业基本确定能够收到的情况下，才转变为真正的资产，从而应当予以确认。

一、预计负债的确认

与或有事项相关的义务同时满足下列条件的，应当确认为预计负债：该义务是企业承担的现时义务；履行该义务很可能导致经济利益流出企业；该义务的金额能够可靠计量。

(一) 该义务是企业承担的现时义务

该义务是企业承担的现时义务，是指与或有事项有关的义务为企业承担的现时义务而非潜在义务，企业没有其他现实的选择，只能履行该义务。例如，A公司与乙公司发生经济纠纷，调解无效。A公司遂于2×11年10月20日向法院提起诉讼。至2×11年12月31日，法院尚未判决，但法庭调查表明，乙公司的行为违反了国家的有关经济法规。这种情况表明，对乙公司而言，一项现时义务已经产生。此外，这里所指的义务包括法定义务和推定义务。

法定义务是指因合同、法规或其他司法解释等产生的义务，通常即企业在经济管理和经济协调中，依照经济法律、法规的规定必须履行的责任。例如，企业与其他企业签订购货合同产生的义务就属于法定义务。

推定义务是指因企业的特定行为而产生的义务。企业的“特定行为”，泛指企业以往的习惯做法、已公开的承诺或已公开宣布的经营政策；并且由于企业以往的习惯做法，或通过这些承诺或公开声明，企业向外界表明了它将承担特定的责任，从而使受影响的各方形成了其将履行哪些责任的合理预期。例如，A公司是一家化工企业，因扩大经营规模，到B国创办了一家分公司。假定B国尚未针对A公司这类企业的生产经营可能产生的环境污染制定相关法律，因而A公司的分公司对在B国生产经营可能产生的环境污染不承担法定义务。但是，A公司为在B国树立良好的形象，自行向社会公告，宣称将对生产经营可能产生的环境污染进行治理。A公司的分公司为此承担的义务就属于推定义务。

(二) 履行该义务很可能导致经济利益流出企业

履行该义务很可能导致经济利益流出企业，是指履行因或有事项产生的现时义务时，导致经济利益流出企业的可能性超过50%但小于或等于95%，尚未达到基本确定的程度。

企业因或有事项承担了现时义务，并不说明该现时义务很可能导致经济利益流出企业。例如，2×11年3月31日，C公司与D公司签订协议，承诺为D公司的2年期银行借款提供全额担保。对C公司而言，由于担保事项而承担了一项现时义务。这项义务的履行是否很可能导致经济利益流出企业，需依据D公司的经营情况和财务状况等因素来定。假定2×11年年末，D公司财务状况良好。此时，如果没有其他特殊情况，一般可以认定D公司不会违约，从而C公司履行承担的现时义务不是很可能导致经济利益流出。假定2×11年年末，D公司的财务状况恶化，且没有迹象表明可能发生好转。此种情况出现，表明D公司很可能违约，从而C公司履行承担的现时义务很可能导致经济利益流出企业。

(三) 该义务的金额能够可靠计量

该义务的金额能够可靠计量，是指因或有事项产生的现时义务的金额能够合理地估计。由于或有事项具有不确定性，因此，因或有事项产生的现时义务的金额也具有不确定性，需要估计。例如，A公司（被告）涉及一桩诉讼案，根据以往的审判案例推断，A公司很可能败诉，相关的赔偿金额也可以估算出一个范围。在这种情况下，可以认为A公司因未决诉讼承担的现时义务的金额能够可靠地估计，从而应对未决诉讼确认一项预计负债。

要对或有事项确认一项负债，其相关现时义务的金额应能够可靠估计。估计或有事项相关现时义务的金额，应当考虑的因素为：充分考虑与或有事项有关的风险和不确定性，在此基础上按照最佳估计数确定预计负债的金额；预计负债的金额通常等于未来应支付的金额，但未来应支付金额与其现值相差较大的，如油井或核电站的弃置费用等，应当按照未来应支付金额的现值确定；有确凿证据表明相关未来事项将会发生的，如未来技术进步、相关法规出台等，确定预计负债金额时应考虑相关未来事项的影响；确定预计负债的金额不应考虑预期处置相关资产形成的利得。

二、预计负债的计量

(一) 预计负债的初始计量

或有事项的计量主要涉及两个问题：最佳估计数的确定；预期可获得的补偿的处理。

1. 最佳估计数的确定

预计负债应当按照履行相关现时义务所需支出的最佳估计数进行初始计量。最佳估计数的确定可以分两种情况考虑。

1) 如所需支出存在一个连续范围，且该范围内各种结果发生的可能性相同，最佳估计数应当按照该范围内的上下限金额的平均数确定。

【例18-1】2×11年12月20日，A公司因合同违约而涉及一桩诉讼案。企业的法律顾问判断，最终的判决很可能对A公司不利。2×11年12月31日，A公司尚未接到法院的判决，因诉讼须承担的赔偿金额也无法准确地确定。不过，据专业人士估计，赔偿金额可能是100万元至120万元之间的某一金额，而且这个区间内每个金额的可能性都大致相同。

此例中，A公司应在2×11年12月31日的资产负债表中确认一项预计负债，金额为110万元[(100＋120)÷2]。

2) 如所需支出不存在一个连续范围，或者虽然存在一个连续范围，但该范围内各种结果发生的可能性不相同。这种情况下，最佳估计数应按如下方法确定。

①如果或有事项涉及单个项目，最佳估计数按照最可能发生的金额确定。“涉及单个项目”指或有事项涉及的项目只有一个，例如一项未决诉讼、一项未决仲裁或一项债务担保等。例如，M公司涉及一项诉讼，根据类似案件的经验以及公司所聘律师的意见判断，M公司在该诉讼中胜诉的可能性有40%，败诉的可能性有60%。如果败诉，将赔偿50万元。在这种情况下，M公司应确认的预计负债余额应为最可能发生的金额50万元。

②或有事项涉及多个项目时，最佳估计数按各种可能发生额及其发生概率计算确定。“涉及多个项目”指或有事项涉及的项目不止一个，如产品质量保证。在产品质量保证中，提出产品保修要求的可能有许多客户，相应的，企业对这些客户负有保修义务。例如，2×11年，G公司销售某种产品2000万元。G公司的产品质量保证条款规定，产品售出后1年内，如发生正常质量问题，G公司将免费负责修理。根据以往的经验，如果出现较小的质量问题，则发生的修理费为销售额的1%；而如果出现较大的质量问题，则发生的修理费为销售额的2%。据预测，本年度已售产品中，有80%不会发生质量问题，有15%将发生较小质量问题，有5%将发生较大质量问题。据此，2×11年年末，G公司应确认的预计负债金额为5万元[(2000×1%)×15%＋(2000×2%)×5%]。

2. 预期可获得的补偿的处理

企业清偿因或有事项而确认的预计负债所需支出全部或部分预期由第三方或其他方补偿，则补偿金额只能在基本确定能收到时，作为资产单独确认，且确认的补偿金额不应超过所确认预计负债的账面价值。可能获得补偿的情况通常有：发生交通事故等情况时，企业通常可以从保险公司获得合理的赔偿；在某些索赔诉讼中，企业可以通过反诉的方式对索赔人或第三方另行提出赔偿要求；在债务担保业务中，企业在履行担保义务的同时，通常可以向被担保企业提出额外追偿要求等。

企业预期从第三方获得的补偿是一种潜在资产，其最终是否真的会转化为企业真正的资产（即企业是否能够收到这项补偿）具有较大的不确定性，企业只有在基本确定能够收到补偿时才能对其进行确认。此外，根据资产和负债不能随意抵销的原则，预期可获得的补偿在基本确定能够收到时应当确认为一项资产，而不能作为预计负债金额的扣减。

补偿金额的确认，涉及两个问题：一是确认时间；二是确认金额。补偿金额只有在“基本确定”能收到时予以确认，“基本确定”能收到是指预期从保险公司、索赔人、被担保企业等获得补偿的可能性大于95%但小于100%的情形；确认的金额是基本确定能收到的金额，且不能超过相关预计负债的金额。例如，M公司因或有事项确认了一项负债50万元；同时，因该或有事项，M公司还可从N公司获得15万元的赔偿，且这项金额基本确定能收到。在这种情况下，M公司应分别确认一项负债50万元和一项资产15万元，而不能只确认一项金额为35万元的负债。此外，确认的补偿金额不应超过所确认的负债的账面价值。沿用以上例子，M公司所确认的补偿不能超过所确认的负债的账面价值50万元。

3. 预计负债计量需考虑的其他因素

企业在确定最佳估计数时，应当综合考虑与或有事项有关的风险、不确定性、货币时间价值和未来事项等因素。

1) 风险和不确定性。风险是对交易或事项结果的变化可能性的一种描述。企业在不确定的情况下进行判断需要谨慎，使得收入或资产不会被高估，费用或负债不会被低估。但是，不确定性并不说明应当确认过多的预计负债和故意夸大支出或费用。企业应当充分考虑与或有事项有关的风险和不确定性，在此基础上按照最佳估计数确定预计负债的金额。

2) 货币时间价值。预计负债的金额通常应当等于未来应支付的金额，但是，因货币时间价值的影响，资产负债表日后不久发生的现金流出，要比一段时间之后发生的同样金额的现金流出负有更大的义务。所以，如果预计负债的确认时点距离实际清偿有较长的时间跨度，货币时间价值的影响重大（通常时间为3年以上且金额较大），那么在确定预计负债的确认金额时，应考虑采用现值计量，即通过对相关未来现金流出进行折现后确认最佳估计数。

将未来现金流出折算为现值时，需要注意三点：一是用来计算现值的折现率，应当是反映货币时间价值的当前市场估计和相关负债特有风险的税前利率；二是风险和不确定性既可以在计量未来现金流出时作为调整因素，也可以在确定折现率时予以考虑，但不能重复反映；三是随着时间的推移，即使在未来现金流出和折现率均不改变的情况下，预计负债的现值也将逐渐增长。企业应当在资产负债表日对预计负债的现值进行重新计量。

3) 未来事项。企业应当考虑可能影响履行现时义务所需金额的相关未来事项。也就是说，对于这些未来事项，如果有足够的客观证据表明它们将发生，如未来技术进步、相关法规出台等，则应当在预计负债计量中考虑相关未来事项的影响，但不应考虑预期处置相关资产形成的利得。

预期的未来事项可能对预计负债的计量较为重要。例如，某核电企业预计，在生产结束时清理核废料的费用将因未来技术的发展而显著降低，那么，该公司因此确认的预计负债金额应当反映有关专家对技术发展以及清理费用减少做出的合理预测。但是，这种预计需要取得相当客观的证据予以支持。

（二）预计负债的后续计量

后续计量是指企业应当在资产负债表日对预计负债的账面价值进行复核，如有确凿证据表明该账面价值不能真实反映当前最佳估计数的，应当按照当前最佳估计数对该账面价值进行调整。例如，某化工企业对环境造成了污染，按照当时的法律规定，只需要对污染进行清理。随着国家对环境保护越来越重视，按照现在的法律规定，该公司不但需要对污染进行清理，还很可能要对居民进行赔偿。这种法律要求的变化，会对企业预计负债的计量产生影响。企业应当在资产负债表日对为此确认的预计负债金额进行复核，相关因素发生变化表明预计负债金额不再能反映真实情况时，需要按照当前情况下企业清理和赔偿支出的最佳估计数对预计负债的账面价值进行相应的调整。

第四节 或有事项的披露

对或有事项的相关信息进行披露，可以在很大程度上避免企业利用或有事项操纵利润、隐瞒风险的行为，提高会计信息的质量，从而向投资者传递对其决策有用的及时、完整的信息，以合理引导投资，避免决策失误。对或有负债、或有资产，因其不符合条件，所以不应予以确认，但相关信息应该予以披露，并要揭示其财务影响。

一、预计负债的披露

预计负债是因或有事项确认而形成的负债，它不仅应当在资产负债表中予以确认，还应在报表附注中予以披露。披露的内容应包括：预计负债的种类、形成原因以及经济利益流出不确定性的说明；预计负债的期初、期末余额和本期变动情况；与预计负债有关的预期补偿金额和本期已确认的预期补偿金额。

因或有事项而确认的负债的披露涉及的问题是，在资产负债表上，确认的负债应如何反映；在利润表上，与所确认的负债有关的损失或费用应如何反映。为使财务报表反映的信息详细而完整，企业应单独披露因或有事项而确认的负债，具体以“预计负债”反映。在利润表上，因或有事项而确认负债所确认的损失或费用，应与其他相关费用（例如“管理费用”）一并反映；如确认了补偿，补偿金额应预先扣除。

二、或有负债的披露

或有负债作为潜在义务，由于不符合负债的定义，因而不能确认；而或有负债作为特定的现时义务，虽然符合负债的定义，但却不符合负债的确认条件，因而也不能确认。总之，企业不应确认或有负债。

或有负债虽然不予确认，但作为企业的现时义务或潜在义务，内在的风险和不确定性却是明显的，将来还可能对企业的财务状况或经营成果产生不利影响，因此，从会计信息披露的充分性和完整性考虑，企业一般应在财务报表附注中披露有关或有负债的信息。

（一）企业应披露的或有负债的内容

我国或有事项会计准则规定，企业应当在会计报表附注中披露以下或有负债：已贴现商业承兑汇票形成的或有负债，未决诉讼、未决仲裁形成的或有负债，为其他单位提供债务担保形成的或有负债，其他或有负债（不包括极小可能导致经济利益流出企业的或有负债）。应披露的或有负债的内容包括：或有负债的种类及其形成原因，包括已贴现商业承兑汇票、未决诉讼、未决仲裁、对外提供债务担保等形成的或有负债；经济利益流出不确定性的说明；或有负债预计产生的财务影响，以及获得补偿的可能性；无法预计的，应当说明原因。

（二）或有负债披露的基本原则

或有负债披露的基本原则是，极小可能导致经济利益流出企业的或有负债一般不予披露。但某些经常发生的或对企业财务状况和经营成果有较大影响的或有负债，即使极小可能导致经济利益流出企业，也应披露，以使信息使用者获得足够充分和详细的信息。

(三) 或有负债披露的例外情况

从谨慎性原则出发，企业应对或有负债做充分披露。但在某些情况下，充分披露未决诉讼、未决仲裁形成的或有负债信息会对企业生产经营造成重大不利影响。例如，在诉讼过程中，如果企业公布本诉讼“很可能败诉”，已确认损失了“多少”，则无疑在客观上促成了诉讼的失败。因此，在涉及未决诉讼、未决仲裁的情况下，如按要求披露全部或部分信息预期会对企业造成重大不利影响，则企业无须披露这些信息。但这并不表明企业可以不披露任何相关信息，企业应至少披露该未决诉讼、未决仲裁的形成原因，这是国际通行的做法。

三、或有资产的披露

或有资产是一种潜在资产，不符合资产确认的条件，所以不应在财务报表中予以确认，因为确认或有资产可能导致那些永远不会实现的收益得到确认。出于稳健的考虑，一般情况下也不对或有资产进行披露，除非或有资产很可能导致未来经济利益流入企业。在这种情况下，企业应在会计报表附注中披露或有资产形成的原因、预计产生的财务影响等。在进行或有资产披露时，企业应特别谨慎，不能让会计信息使用者误以为所披露的或有资产肯定会实现，从而影响报表使用者的合理决策。

综合以上分析，对或有事项的确认、计量和披露可以用以下判断流程图加以描述，见图18-1。

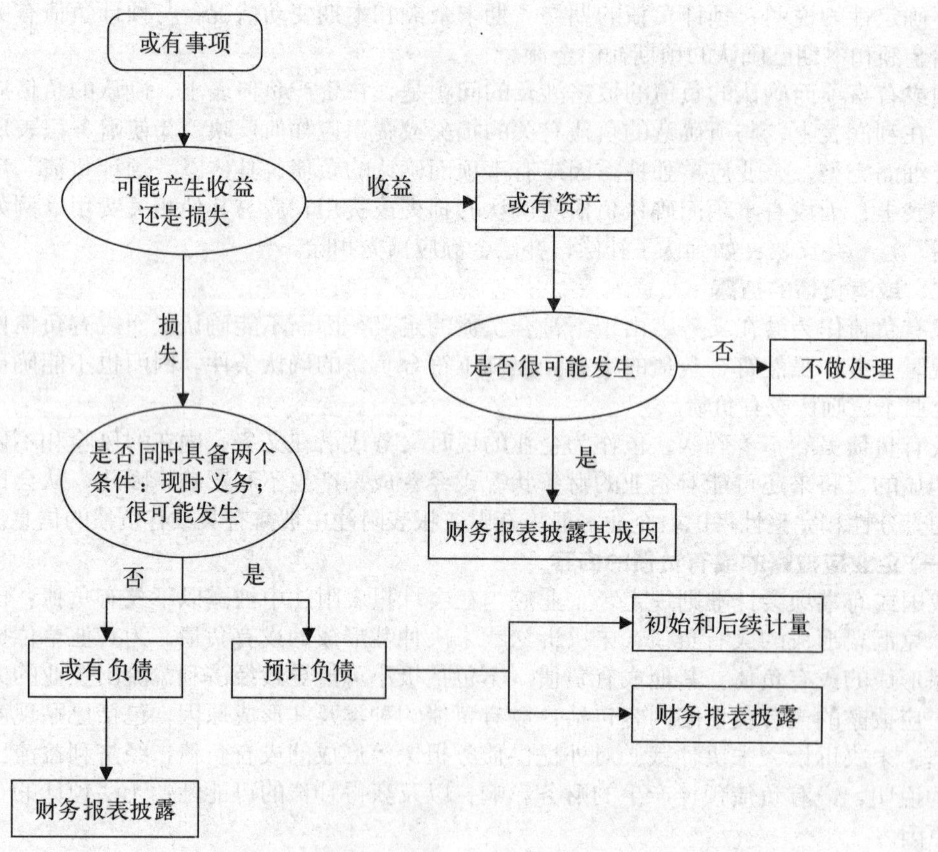

图18-1　或有事项的确认、计量和披露判断流程图

第五节 或有事项的具体会计处理

一、或有事项的会计处理原则

(一) 谨慎性原则

在或有事项的会计处理上应遵循谨慎性原则，即可以适度预计可能发生的或有负债和或有损失，而不预计可能发生的或有资产和或有收益。对于与或有事项相关的义务同时符合规定的条件的，应将其确认为负债，并在利润表中相应地确认为一项费用或损失；而对于或有资产或可能的收益，则不能予以进行表内确认。

(二) 重要性原则

企业对或有事项的会计处理应按其重要程度区别对待。或有事项的重要性可由其相对金额的大小和其发生概率来判定，具体可以划分成基本确定、很可能、可能、极小可能四个层次。当或有事项很可能发生、足以影响会计信息使用者做出判断时，或有事项就应予以表内确认或披露；而当或有事项极小可能发生、不足以影响决策信息时，可以不予披露。

(三) 实质重于形式原则

实质重于形式原则是指当某一事项或交易的经济实质与法律形式不一致时，会计应当根据事项或交易的经济实质而非法律形式进行确认、计量和披露。对或有事项的会计处理应充分体现该原则的要求。

(四) 充分披露原则

充分披露原则要求企业真实、公允、全面地披露对信息决策有重大影响的不确定信息。

(五) 持续评价原则

持续评价原则就是企业应持续地对与或有负债和或有资产有关的因素进行评价。影响或有负债的因素是多方面的，而且这些因素处在不断变化当中。企业应持续地评价这些因素，以判断潜在义务是否已转化成现时义务。如果或有负债对应的潜在义务已转化成现时义务，则应进一步判断履行该义务是否很可能导致经济利益流出企业、该义务的金额是否能够可靠地计量。如果履行该义务很可能导致经济利益流出企业，且该义务的金额能够可靠地计量，则企业应将该义务确认为一项负债；否则，应按规定做相关披露或不披露。同样的，企业应持续地对与或有资产有关的因素进行评价，以判断或有资产给企业带来经济利益的可能性是否发生变化，并相应地做出处理。

二、未决诉讼、未决仲裁的会计处理

诉讼是指当事人不能通过协商解决争议，因而在人民法院起诉、应诉，请求人民法院通过审判程序解决纠纷的活动。诉讼尚未裁决之前，对被告来说，可能形成一项或有负债或者预计负债；对原告来说，则可能形成一项或有资产。仲裁是指各方当事人依照事先约定或事后达成的书面仲裁协议，共同选定仲裁机构并由其对争议依法做出具有约束力裁决的一种活动。作为当事人一方，仲裁的结果在仲裁决定公布以前是不确定的，会构成一项潜在义务或现时义务，或者潜在资产。

应当注意的是，对于未决诉讼，企业当期实际发生的诉讼损失金额与已计提的相关预计负债之间的差额，应分别情况处理。

1) 企业在前期资产负债表日，依据当时实际情况和所掌握的证据合理预计了预计负债，应当将当期实际发生的诉讼损失金额与已计提的相关预计负债之间的差额，直接计入或冲减当期营业外支出。

2) 企业在前期资产负债表日，依据当时实际情况和所掌握的证据，原本应当能够合理估计诉讼损失，但企业所做的估计却与当时的事实严重不符（如未合理预计损失或不恰当地多计或少计损失），应当按照重大会计差错更正的方法进行处理。

3) 企业在前期资产负债表日，依据当时实际情况和所掌握的证据，确实无法合理预计诉讼损失，因而未确认预计负债，则在该项损失实际发生的当期，直接计入当期营业外支出。

4) 资产负债表日后至财务报告批准报出日之间发生的需要调整或说明的未决诉讼，按照资产负债表日后事项的有关规定进行会计处理。

三、为其他单位提供债务担保的会计处理

债务担保在企业中是较为普遍的现象。作为提供担保的一方，在被担保方无法履行合同的情况下，常常承担连带责任。从保护投资者、债权人的利益出发，客观、充分地反映企业因担保义务而承担的潜在风险是十分必要的。

【例18-2】2×11年10月，XYZ公司从银行贷款人民币2000万元，期限2年，由ABC公司全额担保；2×12年4月，LMN公司从银行贷款100万美元，期限1年，由ABC公司担保50%；2×12年6月，FGH公司通过银行从HJK公司贷款人民币1000万元，期限2年，由ABC公司全额担保。

截至2×13年12月31日，情况如下：XYZ公司贷款逾期未还，银行已起诉XYZ公司和ABC公司；LMN公司由于受政策影响和内部管理不善等原因，经营效益不如以往，可能不能偿还到期美元债务；FGH公司经营情况良好，预期不存在还款困难。

就XYZ公司而言，ABC公司很可能需履行连带责任，造成损失，但损失金额是多少目前还难以预计；就LMN公司而言，ABC公司可能需履行连带责任；就FGH公司而言，要求ABC公司履行连带责任的可能性极小。ABC公司应在2×13年12月31日的会计报表附注中做如下披露，见表18-2。

表18-2　会计报表附注中的披露

被担保单位	担保金额	财务影响
XYZ公司	担保金额人民币2000万元，20×3年10月到期	XYZ公司的银行借款已逾期。出借行××银行已起诉XYZ公司和本公司。由于对XYZ公司债务进行全额担保，预期诉讼结果将给本公司的财务造成重大不利影响
LMN公司	担保金额50万美元，20×3年4月到期	被担保公司LMN公司因受政策影响以及内部管理不善等原因，本年度效益不如以往，可能不能偿还到期债务。因此，本公司可能因承担相应的连带责任而发生损失
FGH公司	担保金额人民币1000万元，2×14年6月到期	FGH公司目前经营情况良好，预期不存在还款困难。因此，对FGH公司的担保极小可能给本公司造成不利影响

四、产品质量保证的会计处理

产品质量保证，通常是指销售商或制造商在销售产品或提供劳务后，对客户提供服务的一种承诺。在约定期内（或终身保修），若产品或劳务在正常使用过程中出现质量或与之相关的其他属于正常范围的问题，企业负有更换产品、免费或只收成本价进行修理等责任。为此，企业应当在符合确认条件的情况下，于销售成立时确认预计负债。

五、票据背书转让、贴现的会计处理

【例18-3】HJK公司因销售商品取得一张金额为400万元、到期日为2×12年4月3日的商业承兑汇票。2×11年11月3日，因急需资金，HJK公司将所持未到期票据向开户银行申请贴现。经审核，贴现银行同意了HJK公司的申请，并办理了有关手续。

在本例中，当贴现银行到时不能获得付款时，HJK公司负有全额偿付的责任，从而HJK公司因应收票据贴现而承担了一项现时义务，但经济利益是否很可能流出企业尚难确定。HJK公司应做如下披露：

或有负债：

2×11年11月3日，本公司将一张未到期商业承兑汇票向开户银行进行贴现。贴现票据金额为400万元，到期日为2×12年4月3日。开户银行到时不能获得付款时，本公司负有代为付款的义务。

六、企业重组的会计处理

重组是指企业制订和控制的，将显著改变企业组织形式、经营范围或经营方式的计划实施行为。属于重组的事项主要包括：1) 出售或终止企业的部分业务；2) 对企业的组织结构进行较大调整；3) 关闭企业的部分营业场所，或将营业活动由一个国家或地区迁移到其他国家或地区。

企业应当将重组与企业合并、债务重组区别开。重组通常是企业内部资源的调整和组合，谋求现有资产效能的最大化；企业合并是在不同企业之间的资本重组和规模扩张；而债务重组是债权人对债务人做出让步，债务人减轻债务负担，债权人尽可能减少损失。

(一) 重组义务的确认

企业因重组而承担了重组义务，并且同时满足预计负债确认条件时，才能确认预计负债。首先，同时存在下列情况的，表明企业承担了重组义务：

1) 有详细、正式的重组计划，包括重组涉及的业务、主要地点、需要补偿的职工人数、预计重组支出、计划实施时间等。

2) 该重组计划已对外公告。

其次，需要判断重组义务是否同时满足预计负债的三个确认条件，即判断其承担的重组义务是否是现时义务、履行重组义务是否很可能导致经济利益流出企业、重组义务的金额是否能够可靠计量。只有同时满足这三个确认条件，才能将重组义务确认为预计负债。

例如，ABC公司董事会决定关闭一个事业部。如果有关决定尚未传达到受影响的各方，也未采取任何措施实施该项决定，该公司就没有开始承担重组义务，不应确认预计负债；如果有关决定已经传达到受影响的各方，并使各方对企业将关闭事业部形成合理预期，通常表明企业开始承担重组义务，同时满足该义务很可能导致经济利益流出企业和金额能够可靠地计量的，应当确认预计负债。

(二) 重组义务的计量

企业应当按照与重组有关的直接支出确定预计负债金额。其中，直接支出是企业重组必须承担的直接支出，不包括留用职工岗前培训、市场推广、新系统和营销网络投入等支出。

由于企业在计量预计负债时不应当考虑预期处置相关资产的利得，在计量与重组义务相关的预计负债时，也不考虑处置相关资产（厂房、店面，有时是一个事业部整体）可能形成的利得或损失，即使资产的出售构成重组的一部分也是如此。

【例18-4】2×11年12月10日，ABC公司董事会决定关闭其甲产品事业部，停止生产甲产品，会上讨论并通过了详细的重组计划，最可能发生的重组支出为100万元。

(1) 若在资产负债表日（2×11年12月31日）之前，该项决定没有传达给受其影响的任何方，没有进行正式公布，也没有采取任何步骤来实施该项决定，则不符合企业重组确认预计负债的条件，因此不确认预计负债。

(2) 如果2×11年12月20日，关闭甲产品事业部的计划公布，相关信函已发给客户，提醒他们寻求可替代的供货渠道，同时详细通知已发给该事业部的职员，则表明企业已承担了该项重组义务，很可能导致经济利益流出企业，于是按照2×11年12月31日关闭事业部的支出的最佳估计数确认一项预计负债100万元。ABC公司应做如下披露：

预计负债：

2×11年12月10日，本公司董事会讨论并通过了关闭甲产品事业部的计划，相关可能发生的重组支出金额为100万元。2×11年12月20日，本公司通过各种方式公布了该项决议，并以信函的形式通知了相关客户，至此，本公司将很可能履行该项重组义务。

七、亏损合同的会计处理

亏损合同是指履行合同义务不可避免发生的成本超过预期经济利益的合同。这里所称“履行合同义务不可避免发生的成本”反映了退出该合同的最低净成本，即履行该合同的成本与未能履行该合同而发生的补偿或处罚两者之中的较低者。

待执行合同变为亏损合同，同时该亏损合同产生的义务满足预计负债的确认条件的，应当确认为预计负债。其中，待执行合同是指合同各方未履行任何合同义务，或部分履行了同等义务的合同。企业与其他企业签订的商品销售合同、劳务提供合同、租赁合同等，均属于待执行合同，待执行合同不属于或有事项。但是，待执行合同变为亏损合同的，应当作为或有事项。

企业对亏损合同进行会计处理，需遵循两点原则。

1) 如果与亏损合同相关的义务不需支付任何补偿即可撤销，企业通常不存在现时义务，不应确认预计负债；如果与亏损合同相关义务不可撤销，企业就存在现时义务，同时满足该义务很可能导致经济利益流出企业且金额能够可靠计量的，应当确认预计负债。

2) 待执行合同变为亏损合同时，合同存在标的资产的，应对标的资产进行减值测试并按规定确认减值损失，如果预计亏损超过该减值损失，应将超过部分确认为预计负债；合同不存在标的资产的：亏损合同相关义务满足预计负债确认条件时，应当确认为预计负债。

【例18-5】ABC公司2×11年1月1日采用经营租赁方式租入一条生产线生产C产品，租赁期4年。ABC公司利用该生产线生产的C产品每年可获利20万元。2×12年12月31日，ABC公司因市政规划调整不得不迁址，且因宏观政策调整决定停产C产品，但经营租赁合同不可撤销，还要持续2年，且生产线无法转租给其他单位。

本例中，ABC公司与其他公司签订了不可撤销的经营租赁合同，负有法定义务，必须继续履行租赁合同（交纳租金）。因此，ABC公司执行原经营租赁合同不可避免要发生的费用很可能超过预期获得的经济利益，该经营租赁合同变成亏损合同，应当在2×12年12月31日根据未来应支付的租金的最佳估计数确认预计负债。

第十九章

租赁

第一节 租赁概述

租赁是指在约定的期间内，出租人将资产使用权让与承租人，以获取租金的协议。

我国租赁会计准则不涉及：出租人以经营租赁方式租出的土地使用权和建筑物；电影、录像、剧本、文稿、专利和版权等项目的许可使用协议；出租人因融资租赁形成的长期债权的减值。

一、租赁的特征及其相关概念

(一) 租赁的特征

1) 租赁资产的所有权和经营权相分离。采取租赁方式，承租人不必购买这项资产就可以获得其使用权，在租赁期内，租赁资产的所有权属于出租人。至于租赁资产的所有权最终是否转移，就看签订的条款了，例如承租人在租期期满时享有廉价选购权，则廉价选购权实现之日即为所有权转移之时。

2) 租赁行为至少涉及出租人和承租人两方当事人，租赁条款至少由两方当事人自愿协商达成。

3) 租赁协议的标的物为有形物，且一方必然是实体性资产，另一方必然是现金或现金等价物，而非其他物。

4) 租赁协议的条款比较灵活。承租人不仅可以选择生产经营需要的租赁资产，还可以选择租赁时间。

(二)租赁的相关概念

1) 租赁开始日指租赁协议日与租赁各方就主要租赁条款做出承诺日中的较早者。承租人和出租人应当在租赁开始日将租赁分为融资租赁和经营租赁，并确定在租赁期开始日应确认的金额。

2) 租赁期开始日是指承租人有权行使其使用租赁资产权利的日期，表明租赁行为的开始。在租赁期开始日，承租人应当初始确认租入资产、最低租赁付款额和未确认融资费用；出租人应当对应收融资租赁款、未担保余值和未实现融资收益进行初始确认。

3) 租赁期也称租赁期限，是指租赁合同规定的不可撤销的租赁期间。如果承租人有权选择续租该资产，并且在租赁开始日就可以合理确定承租人将会行使这种选择权，不论是否再支付租金，续租期也包括在租赁期之内。如果租赁合同规定承租人享有优惠购买选择权，那么在租赁开始日就可以合理确定承租人将会行使这种选择权，则租赁期最长不得超过自租赁开始日起至优惠购买选择权行使之日止的期间。租赁合同签订后一般不可撤销，但下列情况除外：经出租人同意；承租人与原出租人就同一资产或同类资产签订了新的租赁合同；承租人支付一笔足够大的额外款项；发生某些很少会出现的或有事项。

4) 最低租赁付款额指在租赁期内，承租人应支付或可能被要求支付的各种款项（不包括或有租金和履约成本），加上由承租人或与其有关的第三方担保的资产余值。如果租赁合同规定承租人享有优惠购买选择权，而且在租赁开始日就可以合理确定承租人将会行使这种选择权，则最低租赁付款额包括各期租金之和加上优惠购买价格，即：最低租赁付款额＝∑各期租金＋优惠购买价格

5) 最低租赁收款额指最低租赁付款额加上独立于承租人和出租人，但在财务上有能力担保的第三方对出租人担保的资产余值。这是与最低租赁付款额相对应，从出租人的角度规定的一个概念，该金额中同样不包括或有租金和履约成本。

6) 担保余值，就承租人而言，担保余值是指由承租人或与其有关的第三方担保的资产余值；就出租人而言，担保余值是指就承租人而言的担保余值加上独立于承租人和出租人的第三方担保的资产余值。资产余值是指在租赁开始日估计的租赁期届满时租赁资产的公允价值。

7) 未担保余值指租赁资产余值中扣除就出租人而言的担保余值以后的资产余值。未担保余值是由出租人自我承担的那部分资产余值，它在租赁期满时能否收回，没有切实可靠的保证，所以它不能包括在应收融资租赁款中。

8) 或有租金指金额不固定、以时间长短以外的其他因素（如销售百分比、使用量、物价指数等）为依据计算的租金。

9) 履约成本指在租赁期内为租赁资产支付的各种使用成本，如技术咨询和服务费、人员培训费、维修费、保险费等。

10) 初始直接费用是指租赁双方在租赁谈判和签订租赁合同过程中发生的、可归属于租赁项目的相关费用，主要包括手续费、律师费、差旅费、印花税等。

11) 优惠购买选择权指在租赁开始日租赁合同即订有条款，约定承租人在租赁期届满或在约定的时间，有按低于公允价值的价格购买租赁资产的选择权。通常优惠购买价格远低于行使选择权时租赁资产的公允价值，一般低于5%，所以在租赁开始日即可确定承租人一定会购买。

12) 租赁内含利率指在租赁开始日，使最低租赁收款额的现值与未担保余值的现值之和等于租赁资产公允价值与出租人的初始直接费用之和的折现率。

二、租赁的分类

1. 在租赁开始日，承租人和出租人应该依据租赁资产所有权上有关的全部风险和报酬是否转移，将租赁分为融资租赁和经营租赁

《国际会计准则第17号——租赁会计》和我国《企业会计准则第21号——租赁》都认为：融资租赁是指实质上转移了与一项资产所有权有关的全部风险和报酬的租赁。其所有权最终可能转移，也可能不转移。除融资租赁以外的其他租赁都是经营租赁。

注意，租赁的分类不是根据所有权是否转移来划分，因为所有权的转移更多的是一种法律形式，从租赁分类角度看，这只是充分条件，而不是必要条件。

2. 承租人和出租人对同一项租赁资产所划归的类型应当一致

我国《企业会计准则第21号——租赁》的这一规定不同于美国财务会计准则公告第13号（SFAS 13）的规定，SFAS 13分别从承租人和出租人的角度规定了租赁资产类型的判定标准。

第二节 经营租赁

一、经营租赁的会计处理要求

(1) 我国《企业会计准则第21号——租赁》对经营租赁中承租人会计处理的一般要求

1) 对于经营租赁的租金，承租人应当在租赁期内各个期间按照直线法（其他方法更为系统合理的，也可以采用其他方法）计入相关资产成本或当期损益。

2) 承租人发生的初始直接费用，应当计入当期损益。

3) 或有租金应当在实际发生时计入当期损益。

(2) 承租人预付租金或者实际支付租金时，可借记“其他应付款”；确认的租金费用可通过“销售费用”“管理费用”等账户核算。

我国《企业会计准则第21号——租赁》对经营租赁中出租人会计处理的一般要求是：

1) 出租人应当按资产的性质，将用作经营租赁的资产包括在资产负债表中的相关项目内。

2) 对于经营租赁的租金，出租人应当在租赁期内各个期间按照直线法（其他方法更为系统合理的，也可以采用其他方法）确认为当期损益。

3) 出租人发生的初始直接费用，应当计入当期损益；金额较大的应当资本化，在整个经营租赁期间内按照与确认租金收入相同的基础分期计入当期损益。

4) 对于经营租赁资产中的固定资产，出租人应当采用类似资产的折旧政策计提折旧，对于其他经营租赁资产，应当采用系统合理的方法进行摊销。

5) 或有租金应当在实际发生时计入当期损益。出租人收取租金可通过“其他应收款”和“营业收入”等账户核算。

二、经营租赁的会计处理案例

【例19-1】20×6年1月1日，智董公司从贵琛公司租入全新办公设备一套，租期为3年。办公设备原账面价值为90000元，预计使用年限为10年。租赁合同规定，租赁开始日智董公司向贵琛公司一次性预付租金12000元，第一年年末和第二年年末各支付租金5000元，第三年年末支付租金8000元。租赁期满后预付租金不退回，贵琛公司收回办公设备使用权。

1. 承租人的会计处理

该租赁协议不符合融资租赁的任何一条标准，所以应该作为经营租赁处理。

根据我国《企业会计准则第21号——租赁》的规定，确认租金费用时，不能依据各期实际支付租金的金额确定，而应该采用直线法平均分摊确认各期的租金费用。此项租赁租金总额为30000元，按直线法每年应分摊的租金费用是10000元。

(1) 20×6年1月1日，预付租金

借：其他应付款 12000

贷：银行存款 12000

(2) 20×6年12月31日，支付第一年租金

借：管理费用—租赁费 10000

贷：银行存款 5000

其他应付款 5000

20×7年12月31日，支付第二年租金

借：管理费用—租赁费 10000

贷：银行存款 5000

其他应付款 5000

20×8年12月31日，支付第三年租金

借：管理费用—租赁费 10000

贷：银行存款 8000

其他应付款 2000

2. 出租人的会计处理

该项租赁协议不符合融资租赁的任何一条标准，所以应该作为经营租赁。

根据我国《企业会计准则第21号——租赁》的规定，确认租金收入时，不能依据各期实际收到租金的金额确定，而应该采用直线法平均分配确认各期的租金收入。此项租赁租金总额为30000元，按直线法每年应确认的租金收入是10000元。

(1) 20×6年1月1日，预收租金

借：银行存款 12000

贷：其他应收款 12000

(2) 20×6年12月31日，收到第一年租金

借：银行存款 5000

其他应收款 5000

贷：主营业务收入—经营租赁收入 10000

20×7年12月31日，收到第二年租金

借：银行存款 5000

其他应收款 5000

贷：主营业务收入—经营租赁收入 10000

20×8年12月31日，收到第三年租金

借：银行存款 8000

其他应收款 2000

贷：主营业务收入—经营租赁收入 10000

另外，假设出租人对该项租赁资产计提折旧费用时按可使用年限平均计提（期末无残值），则出租人须在每年年末计提折旧费用9000元，会计处理如下：

借：折旧费用　　　　9000
　贷：累计折旧　　　　9000

第三节 融资租赁

一、融资租赁的会计处理要求

(一) 承租人会计处理的一般要求

1. 对融资租赁，承租人应该予以资本化

即在租赁期开始日将其记为一项资产与一项负债，通常应当将租赁开始日租赁资产公允价值与最低租赁付款额的现值两者中较低者作为租入资产的入账价值，将最低租赁付款额作为长期应付款的入账价值，并将两者的差额记录为未确认融资费用。承租人在租赁谈判和签订租赁合同过程中发生的，可归属于租赁项目的初始直接费用，应当计入租入资产价值。

承租人在计算最低租赁付款额的现值时，一般按照下列顺序选择折现率：

1) 如果知悉出租人的租赁内含利率，应当采用出租人的租赁内含利率作为折现率。

2) 如果不能得到出租人的租赁内含利率，应当采用租赁合同规定的利率作为折现率。

3) 如果出租人的租赁内含利率和租赁合同规定的利率均无法知悉，应当采用同期银行贷款利率作为折现率。

2. 未确认融资费用应当在租赁期内各个期间进行分摊

承租人分摊未确认融资费用时，应当采用实际利率法。

未确认融资费用采用实际利率法分摊时，分配率的确定有几种情况。

1) 以最低租赁付款额的现值作为租赁资产的资本化金额，折现率就是未确认融资费用的分配率。

2) 以租赁开始日租赁资产公允价值作为资本化金额，此时应该重新计算折现率，该折现率应该使得租赁开始日最低租赁付款额的现值等于租赁开始日租赁资产公允价值。重新计算的折现率就是未确认融资费用的分配率。

3. 承租人应该对融资租赁资产计提折旧费用

1) 折旧政策。承租人采用与自有应折旧资产一致的折旧政策。如果是采用必须考虑残值的折旧方法，则计提折旧总额为租赁开始日租赁资产的入账价值扣除担保余值后的余额。

2) 折旧期间。如果能合理确定租赁期届满时将会取得租赁资产所有权的，应当以租赁开始日租赁资产尚可使用年限作为折旧期间；如果无法合理确定租赁期届满时是否能够取得租赁资产的所有权，应当以租赁期与租赁资产尚可使用年限两者中较短者作为折旧期间。

4. 或有租金和履约成本应当在实际发生时确认为当期费用

5. 承租人对融资租赁信息的列报

1) 承租人应当在资产负债表中，将与融资租赁相关的长期应付款减去未确认融资费用的差额，分别长期负债和1年内到期的非流动负债列示。

2) 承租人应当在附注中披露与融资租赁有关的下列信息。

①各类租入固定资产的期初和期末原价、累计折旧额。

②资产负债表日后连续3个会计年度每年将支付的最低租赁付款额，以及以后年度将支付的最低租赁付款额总额。

③未确认融资费用的余额，以及分摊未确认融资费用所采用的方法。

承租人对融资租赁会计处理的基本流程总结如图19-1所示。

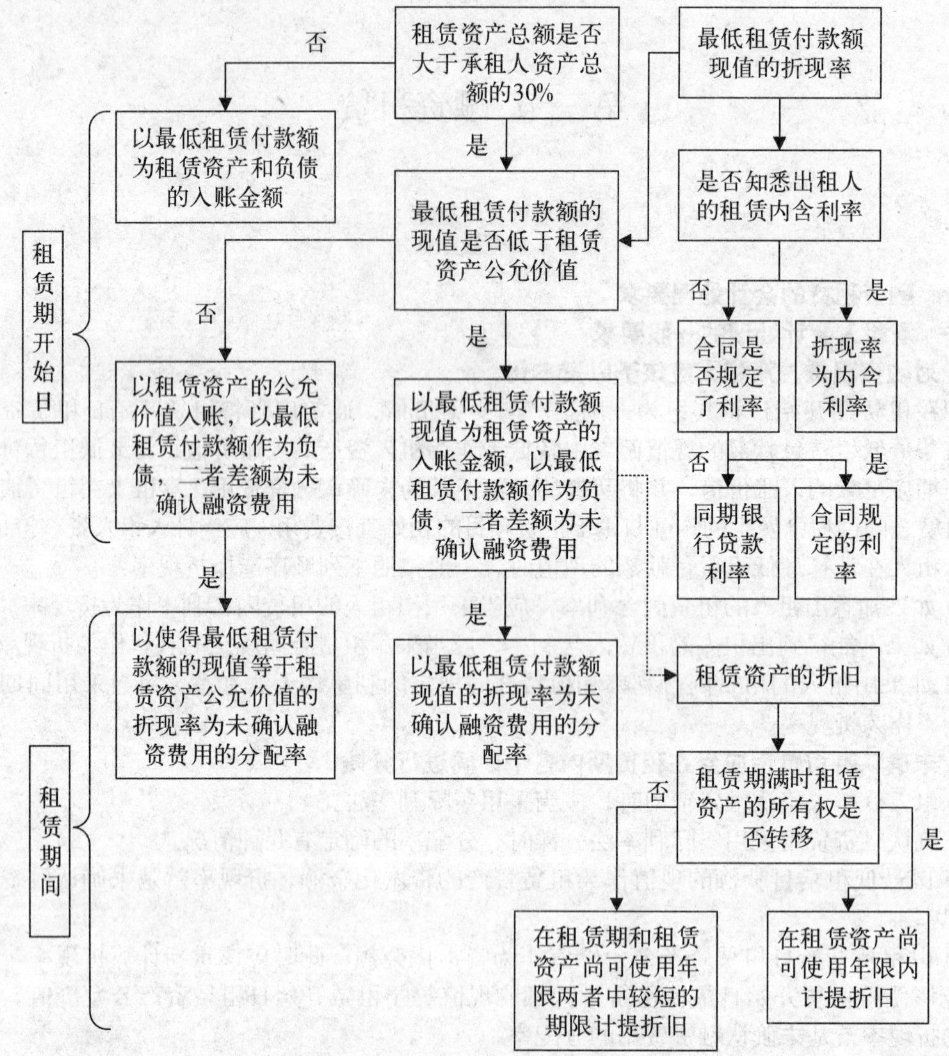

图19-1　承租人对融资租赁会计处理的基本流程

(二) 出租人会计处理的一般要求

1) 在租赁期开始日，出租人应当将租赁开始日最低租赁收款额与初始直接费用之和作为应收融资租赁款的入账价值，同时记录未担保余值；将最低租赁收款额、初始直接费用及未担保余值之和与其现值之和的差额确认为未实现融资收益。

我国《企业会计准则第21号——租赁》未将融资租赁做进一步的区分，但是出租人对于租赁资产公允价值与账面价值之间的差额，如何处理？由于直接融资型租赁不产生销售毛利，因此原则上最低租赁收款额与未担保余值之和的现值等于租赁资产的账面价值，而对于销售型租赁，出租人则会获得销售损益和未实现融资收益两种收入。可以参照美国会计准则的做法，在租赁期开始日，出租人应按最低租赁收款额、未担保余值的金额，借记

"最低租赁收款额""未担保余值"，按租赁资产账面价值与未担保余值现值之差，借记"营业成本"，按租赁资产账面价值，贷记"存货"，按最低租赁收款额现值，贷记"营业收入"，按最低租赁收款额及未担保余值之和与其现值之和的差额，贷记"未实现融资收益"。

2) 未实现融资收益应当在租赁期内各个期间进行分配。出租人的租金收入包括本金与利息两部分。出租人应当采用实际利率法计算当期应当确认的融资收入。

3) 出租人至少应当于每年年度终了对未担保余值进行复核。未担保余值增加的，不做调整。

有证据表明未担保余值已经减少的，应重新计算租赁内含利率，将由此引起的租赁投资净额的减少，计入当期损益；以后各期根据修正后的租赁投资净额和重新计算的租赁内含利率确认融资收入。

已确认损失的未担保余值得以恢复的，应当在原已确认的损失金额内转回，并重新计算租赁内含利率，以后各期根据修正后的租赁投资净额和重新计算的租赁内含利率确认融资收入。租赁投资净额是融资租赁中最低租赁收款额及未担保余值之和与未实现融资收益之间的差额。

4) 或有租金应当在实际发生时确认为当期损益。

5) 出租人对融资租赁信息的列报。

①出租人应当在资产负债表中，将应收融资租赁款减去未实现融资收益的差额，作为长期债权列示。

②出租人应当在附注中披露与融资租赁有关的信息：资产负债表日后连续3个会计年度每年将收到的最低租赁收款额，以及以后年度将收到的最低租赁收款额总额；未实现融资收益的余额，以及分配未实现融资收益所采用的方法。

二、融资租赁的会计处理案例

下面举例说明融资租赁的会计处理。

【例19-2】智董公司在20×4年12月20日与贵琛公司签订了一份生产设备租赁合同，合同主要条款如下：

(1) 租赁标的物为A产品生产设备。

(2) 起租日为20×4年12月31日。

(3) 租赁期为3年。

(4) 租金支付方式：每年年末支付租金200000元。

(5) 租赁期届满，A产品生产设备估计余值为110000元，其中由智董公司担保的余值为100000元，未担保余值为10000元。

(6) A产品生产设备在租赁开始日的公允价值为650000元，估计可使用年限为5年。

(7) 租赁合同规定的年利率为6%。

(8) 租赁期满后，智董公司将该生产设备归还给贵琛公司。

智董公司将该生产设备（假设不需要安装）在20×4年12月31日投入使用，智董公司对固定资产均采用平均年限法计提折旧。

(一) 承租人的会计处理

1. 计算租赁期开始日最低租赁付款额的现值，判断租赁类型

智董公司应该选择租赁合同规定的年利率6%作为计算最低租赁付款额现值的折现率。

最低租赁付款额＝各期租金之和＋担保余值＝200000×3＋100000＝700000（元）

最低租赁付款额的现值＝200000×（P/A，6%，3）＋100000×（P/S，6%，3）

查年金现值表、复利现值表可知：（P/A，6%，3）＝2.673，（P/S，6%，3）＝0.840

最低租赁付款额的现值＝200000×2.673＋100000×0.840＝618600（元）

最低租赁付款额的现值618600元大于租赁资产公允价值的90%，即585000元（650000×90%），符合租赁分类的第(4)条判断标准，所以这项租赁为融资租赁。

2. 确定租赁资产入账价值，计算未确认融资费用

根据孰低原则，租赁资产的入账价值应为最低租赁付款额的现值618600元。

未确认融资费用＝最低租赁付款额－租赁期开始日租赁资产的入账价值

＝700000-618600＝81400（元）

3. 在租赁期内采用实际利率法分摊未确认融资费用（见表19-2）

表19-2 未确认融资费用分摊表（实际利率法）

20×5年12月31日　　单位：元

日期	租金	确认的融资费用	应付本金减少额	应付本金余额
①	②	③＝年初⑤×6%	④＝②－③	年末⑤＝年初⑤－④
20×5-01-01				618600
20×5-12-31	200000	37116	162884	455716
20×6-12-31	200000	27343	172657	283059
20×7-12-31	200000	16941*	183059*	100000
合计	600000	81400	518600	

*是尾数调整：16941＝100000－（283059－200000），183059＝200000－16941。

4. 编制会计分录

(1) 20×4年12月31日，在租赁期开始日租赁资产入账：

借：固定资产—融资租入固定资产　　618600

　　未确认融资费用　　81400

　贷：长期应付款—应付融资租赁款　　700000

(2) 20×5年12月31日：

①支付租金：

借：长期应付款—应付融资租赁款　　200000

　贷：银行存款　　200000

②确认本年应分摊的融资费用：

借：财务费用　　37116

　贷：未确认融资费用　　37116

③计提折旧费用：

根据对承租人会计处理的一般要求，该项租赁资产的折旧期为3年，每年应计提折旧费172867元[(618600－100000)÷3]。

借：制造费用—折旧费　　172867

　贷：累计折旧　　172867

(3) 以后两年年末的会计分录与20×5年年末相同，未确认融资费用的分配参见表19-2。

(4) 20×7年12月31日，租赁期满归还租赁设备：

借：长期应付款—应付融资租赁款　　100000

　　累计折旧　　518600

　贷：固定资产—融资租入固定资产　　618600

(二) 出租人的会计处理

1. 判断租赁类型

根据上面的分析可知该项租赁应该确认为融资租赁。

2. 计算租赁内含利率

租赁内含利率就是使得租赁开始日最低租赁收款额现值与未担保余值现值之和等于租赁资产公允价值与初始直接费用之和的折现率。

200000×（P/A，r，3）+110000×（P/S，r，3）=650000

可以经过多次测试，用插值法计算租赁内含利率。

当r=5%时：

200000×2.723+110000×0.864=639640（元）

当r=4%时：

200000×2.775+110000×0.889=652790（元）

因此，4%<r<5%，用插值法计算：

5%，用插值法计算：

$$\frac{652790-650000}{652790-639640}=\frac{4\%-r}{4\%-5\%}$$

r=4.21%

租赁内含利率为4.21%。

3.计算租赁期开始日最低租赁收款额及其现值，确定未实现融资收益最低租赁收款额=200000×3+100000=700000（元）

未担保余值=10000元

最低租赁收款额现值+未担保余值的现值=650000（元）

未实现融资收益=(最低租赁收款额+初始直接费用+未担保余值)-(**最低租赁收款额现值+初始直接费用现值+未担保余值现值)**

=（700000+0+10000）-650000=60000（元）

4. 计算租赁期内各期应分配的未实现融资收益（见表19-3）

表19-3　未实现融资收益分配表（实际利率法）

20×5年12月31日　　　　单位：元

日期	租金	确认的融资收入	租赁投资净额减少	租赁投资净额余额
①	②	③=年初⑤×4.21%	④=②-③	年末⑤=年初⑤-④
20×5-01-01				650000
20×5-12-31	200000	27365	172635	477365
20×6-12-31	200000	20097	179903	297462
20×7-12-31	200000	12538*	187462*	110000
合计	600000	60000	540000	

*是尾数调整：16941=110000-（297462-200000）187462=200000-12538。

5. 编制会计分录

(1) 20×4年12月31日，按最低租赁收款额确认应收融资租赁款：

借：应收融资租赁款　　700000

　　未担保余值　　10000

　贷：融资租赁资产　　650000

　　　未实现融资收益　　60000

(2) 20×5年12月31日：

①收到租金：

借：银行存款　　　200000

　贷：应收融资租赁款　　　200000

②确认融资收入：

借：未实现融资收益　　　27365

　贷：租赁收入　　　27365

(3) 以后两年年末的会计分录与20×5年年末相同，未实现融资收益的分配参见表19-3。

(4) 收回生产设备：

借：融资租赁资产　　　110000

　贷：应收融资租赁款　　　100000

　　　未担保余值　　　10000

第四节 售后租回交易

售后租回交易是一种特殊形式的租赁业务，是指卖主（即资产所有者）将资产出售后，又将该项资产从买主（即资产新的所有者）租回。售后租回交易方式下，卖主同时是承租人，买主同时是出租人。

售后租回交易中资产的销售和租赁是相互关联的，通常认为它们是同一项交易，其实质是一种融资活动，而不是销售活动，因此，销售资产的损益应该分期摊销，而不能确认为资产销售当期的损益。

一、售后租回交易的会计处理要求

1) 承租人和出租人应当根据前述租赁的分类标准，将售后租回交易认定为融资租赁或经营租赁。

2) 售后租回交易认定为融资租赁的，售价与资产账面价值之间的差额应当予以递延，并按照该项租赁资产的折旧进度进行分摊，作为折旧费用的调整。

3) 售后租回交易认定为经营租赁的，有确凿证据表明售后租回交易是按照公允价值达成的，售价与资产账面价值的差额应当计入当期损益；售后租回交易如果不是按照公允价值达成的，售价低于公允价值的差额，应计入当期损益，但若该损失将由低于市价的未来租赁付款额补偿时，有关损失应予以递延（递延收益），并按与确认租金费用相一致的方法在租赁期内进行分摊；如果售价大于公允价值，其大于公允价值的部分应计入递延收益，并在租赁期内分摊。

4) 承租人和出租人应当披露售后租回交易以及售后租回合同中的重要条款。

二、售后租回交易的会计处理案例

为了真实、合理地反映售后租回交易，根据权责发生制原则，必须将售后租回交易所产生的损益在以后各个受益期间采用合理的方法进行分摊，因此不应该将售后租回损益确认为当期损益，而应予以递延；只有售后租回交易形成经营租赁，并且是按照公允价值达成的销售而形成的售后租回损益，才能计入当期损益。售后租回交易一般区分为四种情形。

1) 售后租回交易形成融资租赁、售价高于资产账面价值。

2) 售后租回交易形成融资租赁、售价低于资产账面价值。

3) 售后租回交易形成经营租赁、售价高于资产账面价值。

4) 售后租回交易形成经营租赁、售价低于资产账面价值。下面分别举例说明第一种和第四种情形的会计处理。

(一) 售后租回交易形成融资租赁、售价高于资产账面价值

【例19-3】假设在20×4年12月31日，智董公司将一台生产A产品的设备按550000元的价格（该设备的公允价值）销售给贵琛公司，该设备的账面价值为650000元，按平均年限法已提折旧130000元，估计还可继续使用5年。

同时，双方又签订了一份租赁合同，智董公司将该生产设备租回，合同主要条款如下：

(1) 起租日为20×4年12月31日，租赁期为3年。

(2) 租金支付方式：每年年末支付租金200000元。

(3) 租赁合同规定的年利率为6%。

(4) 租赁期届满时智董公司享有优惠购买选择权，估计该日租赁资产的公允值为110000元，购买价为5000元。

1. 卖主（承租人）的会计处理

(1) 租赁期开始日，判断租赁类型

由于租赁期届满时智董公司享有优惠购买选择权，$5000 \div 110000 \times 100\% = 4.5\% < 5\%$，所以判定该售后租回交易为融资租赁。

(2) 计算租赁期开始日最低租赁付款额及其现值，确定租赁资产入账价值，计算未确认融资费用：最低租赁付款额＝200000×3＋5000＝605000（元）

最低租赁付款额现值＝200000×（P/A，6%，3）＋5000×（P/S，6%，3）

＝200000×2.673＋5000×0.840＝538800（元）

由于最低租赁付款额现值538800元小于设备的公允价值550000元，因此以538800元作为租赁资产的入账价值。

未确认融资费用＝605000－538800＝66200（元）

(3) 计算未实现售后租回损益

未实现售后租回损益＝售价－资产的账面价值

＝550000－（650000－130000）＝30000（元）

(4) 编制会计分录：

①20×4年12月31日，销售生产设备：

借：银行存款　　550000

　贷：固定资产清理　　520000

　　　递延收益—未实现售后租回损益　　30000

②结转出售生产设备的成本：

借：固定资产清理　　520000

　　累计折旧　　130000

　贷：固定资产—A产品生产设备　　650000

③20×4年12月31日，在租赁期开始日租赁资产入账：

借：固定资产—融资租入固定资产　　538800

未确认融资费用　　616200

　贷：长期应付款—应付融资租赁款　　605000

④20×5年12月31日：

A.支付租金：

借：长期应付款—应付融资租赁款　　200000

　贷：银行存款　　200000

B.确认本年应分摊的融资费用：

借：财务费用　　32328

　贷：未确认融资费用　　32328

C.计提折旧费用：

由于存在优惠购买选择权，在租赁期开始日即可判定承租人最终会获得该项租赁资产的所有权，所以该项租赁资产的折旧期应该为5年，每年应计提折旧费106760元[(538800－5000)÷5]。

借：制造费用—折旧费　　106760

　贷：累计折旧　　106760

D.确认本年度应分摊的未实现售后租回损益：

在折旧期内根据折旧进度（按平均年限法）分摊未实现售后租回损益：30000÷5＝6000（元）

借：递延收益—未实现售后租回损益　　6000

　贷：制造费用—折旧费　　6000

⑤以后两年年末的会计分录与20×5年年末相同，未确认融资费用的分配见表19-4。

表19-4　未确认融资费用分摊表（实际利率法）

20×5年12月31日　　单位：元

日期	租金	确认的融资费用	应付本金减少额	应付本金余额
①	②	③＝年初⑤×6%	④＝②－③	年末⑤＝年初⑤－④
20×5－01－01				538800
20×5－12－31	200000	32328	167672	371128
20×6－12－31	200000	22268	177732	193396
20×7－12－31	200000	11604*	188396*	5000
合计	600000	66200	533800	

*是尾数调整：11604＝5000－（193396－200000），188396＝200000－11604。

⑥20×7年12月31日，行使优惠购买选择权，购买设备：

A.支付购买价：

借：长期应付款—应付融资租赁款　　5000

　贷：银行存款　　5000

B.转为自有设备：

借：固定资产　　538800

　贷：固定资产—融资租入固定资产　　538800

2. 买主（出租人）的会计处理

买主（出租人）的会计处理与一般融资租赁业务的会计处理相同，此略。

(二) 售后租回交易形成经营租赁、售价低于资产账面价值

【例19-4】沿用【例19-1】的资料，假设20×6年1月1日，智董公司按70000元的价格将一套全新办公设备销售给贵琛公司，并同时签订了一份租赁合同，合同条款与【例19-1】内容相同。

1. 卖主（承租人）的会计处理

(1) 租赁期开始日，判断租赁类型：

该租赁协议不符合融资租赁的任何一条标准，所以应该作为经营租赁处理。

(2) 计算未实现售后租回损益：

未实现售后租回损益＝售价－资产的账面价值

＝70000－90000＝（20000）（元）

(3) 会计分录：

①20×6年1月1日，销售办公设备：

借：银行存款　　70000

　　递延收益—未实现售后租回损益　　20000

　贷：固定资产清理　　90000

结转出售办公设备的成本：

借：固定资产清理　　90000

　贷：固定资产—办公设备　　90000

②20×6年1月1日：

A.预付租金：

借：其他应付款　　12000

　贷：银行存款　　12000

B.20×6年12月31日，支付租金：

借：管理费用—租赁费　　10000

　贷：银行存款　　5000

　　　其他应付款　　5000

C.20×6年12月31日，分摊未实现售后租回损益：

租赁期内租金支付比例：第一年和第二年都为0.28[5000÷(5000×2＋8000)]；第三年为0.44[8000÷(5000×2＋8000)]。

在租赁期内按租金支付比例分摊未实现售后租回损益：

20000×0.28＝5600（元）

借：管理费用　　5600

　贷：递延收益—未实现售后租回损益　　5600

　　　递延收益—未实现售后租回损益　　5600

③其他两年的会计分录，此略。

2. 买主（出租人）的会计处理与一般经营租赁业务的会计处理相同，此略。

第二十章

债务重组

第一节　债务重组综述

债务重组是指在债务人发生财务困难的情况下，债权人按照其与债务人达成的协议或者法院的裁定做出让步的事项。

为规范债务重组的确认、计量和相关信息的披露，财政部根据《企业会计准则——基本准则》，1998年制定了《企业会计准则——债务重组》，并于2001年进行了修订；2006年2月财政部在制定新的准则体系中，对该准则再次进行了修订，发布了《企业会计准则12号——债务重组》（以下简称“本准则”），自2007年1月1日起在上市公司范围内施行，鼓励其他企业执行。

一、债务重组的特征

债务人发生财务困难，是指因债务人出现资金周转困难、经营陷入困境或者其他原因，导致其无法或者没有能力按原定条件偿还债务。

债权人做出让步，是指债权人同意发生财务困难的债务人现在或者将来以低于重组债务账面价值的金额或者价值偿还债务。债权人做出让步的情形主要包括：债权人减免债务人部分债务本金或者利息，降低债务人应付债务的利率等。

二、债务重组的方式

债务重组的方式主要包括：以资产清偿债务；将债务转为资本；修改其他债务条件，

如减少债务本金、减少债务利息等，不包括上述前两种方式；以上三种方式的组合等。

三、用以清偿债务的非现金资产公允价值的计量

债务重组采用非现金资产清偿债务的，非现金资产的公允价值应当按照下列规定进行计量。

1) 非现金资产属于企业持有的股票、债券、基金等金融资产的，应当按照《企业会计准则第22号——金融工具确认和计量》的规定确定其公允价值。

2) 非现金资产属于存货、固定资产、无形资产等其他资产且存在活跃市场的，应当以其市场价格为基础确定其公允价值；不存在活跃市场但与其类似资产存在活跃市场的，应当以类似资产的市场价格为基础确定其公允价值；采用上述两种方法仍不能确定非现金资产公允价值的，应当采用估值技术等合理的方法确定其公允价值。

四、附注披露

债务人应当在附注中披露与债务重组有关的信息为：债务重组方式；确认的债务重组利得总额；将债务转为资本所导致的股本（或者实收资本）增加额；或有应付金额；债务重组中转让的非现金资产的公允价值、由债务转成的股份的公允价值和修改其他债务条件后债务的公允价值的确定方法及依据。

债权人应当在附注中披露与债务重组有关的信息为：债务重组方式；确认的债务重组损失总额；债权转为股份所导致的投资增加额及该投资占债务入股份总额的比例；或有应收金额；债务重组中受让的非现金资产的公允价值、由债权转成的股份的公允价值和修改其他债务条件后债权的公允价值的确定方法及依据。

第二节 债务重组的会计处理

债权人应当将重组债权的账面余额与受让资产的公允价值、所转股份的公允价值或者重组后债权的账面价值之间的差额，在满足《企业会计准则第22号——金融工具确认和计量》所规定的金融资产终止确认条件时，将其终止确认，计入营业外支出（债务重组损失）等。重组债权已计提减值准备的，应当先将上述差额冲减已计提的减值准备，冲减后仍有损失的，计入营业外支出（债务重组损失）；冲减后减值准备仍有余额的，应予转回并抵减当期资产减值损失。债权人收到存货、固定资产、无形资产、长期股权投资等非现金资产的，应当以其公允价值入账。

一、以低于债务账面价值的现金清偿债务

(一) 债务人的会计处理

以现金清偿债务的，债务人应当将重组债务的账面价值与实际支付现金之间的差额，计入当期损益。

(二) 债权人的会计处理

以现金清偿债务的，债权人应当将重组债权的账面余额与收到的现金之间的差额，计入当期损益。债权人已对债权计提减值准备的，应当先将该差额冲减减值准备，减值准备不足以冲减的部分，计入当期损益。

【例20-1】2017年2月10 日，智董公司销售一批材料给贵琛公司，不含税价格为100000元，增值税税率为17%。当年3月20日，贵琛公司财务发生困难，无法按合同规定偿还债务，经双方协议，智董公司同意减免贵琛公司20000元债务，余额用现金立即偿清。假如智董公司对该项债权计提了5850元的坏账准备。

债务人贵琛公司：

(1) 债务重组日，重组债务的账面价值与应支付的现金之间的差额＝117000－97000＝20000（元）

(2) 账务处理如下（单位：元）：

借：应付账款　　117000
　贷：银行存款　　97000
　　营业外收入—债务重组收益　　20000

债权人智董公司：

借：银行存款　　97000
　营业外支出—债务重组损失　　14150
　坏账准备　　5850
　贷：应收账款　　117000

二、以非现金资产清偿债务

(一) 债务人的会计处理

以非现金资产清偿债务的，债务人应当将重组债务的账面价值与转让的非现金资产公允价值之间的差额，计入当期损益。

转让的非现金资产公允价值与其账面价值之间的差额，计入当期损益。

【例20-2】2017年1月1日，智董公司销售一批材料给贵琛公司，含税价为105000元。2017年7月1 日，贵琛公司发生财务困难，无法按合同规定偿还债务，经双方协议，智董公司同意贵琛公司用产品抵偿该应收账款。该产品公允价值为80000元，增值税税率为17%，产品成本为70000元。贵琛公司为转让的材料计提了存货跌价准备500元，智董公司为债权计提了坏账准备5250元。假定不考虑其他税费。

债务人贵琛公司在债务重组日，重组债务的账面价值105000元，扣除所转让产品的公允价值80000元、增值税销项税额13600元（80000×17%），其差额11400元作为债务重组收益。

产品的公允价值80000元与其账面价值69500元（账面余额70000元与跌价准备500元的差额10500元）作为转让资产收益。会计处理如下（单位：元）：

借：应付账款　　105000
　贷：主营业务收入　　80000
　　应交税费—应交增值税（销项税额）　　13600
　　营业外收入—债务重组收益　　11400

借：主营业务成本　　69500
　存货跌价准备　　500
　贷：库存商品　　70000

债权人智董公司的会计处理如下（单位：元）：

借：应交税费—应交增值税（进项税额）　　13600
　坏账准备　　5250
　存货　　80000

营业外支出—债务重组损失 6150

贷：应收账款 105000

【例20-3】2017年5月31日，智董公司因遭受自然灾害，短期内无法偿还所欠贵琛公司货款280000元。经与贵琛公司协商，智董公司决定以采用公允价值计量的某投资性房地产偿还所欠贵琛公司货款。当日，该投资性房地产的账面余额为260000元，公允价值为280000元。假定不考虑相关税费。

智董公司的会计处理如下：

借：应付账款 280000

贷：投资性房地产 280000

借：投资性房地产 20000

贷：公允价值变动损益 20000

【例20-4】2017年5月31 日，智董公司因遭受自然灾害，短期内无法偿还所欠贵琛公司货款280000元。经与贵琛公司协商，智董公司决定以某生产性生物资产偿还所欠贵琛公司货款。当日，该生产性生物资产的账面原价为260000元，已计提累计折旧354000元，已计提减值准备16000元，公允价值200000元。假定不考虑相关税费。

智董公司的会计处理如下：

借：应付账款 280000

生产性生物资产累计折旧 54000

生产性生物资产减值准备 16000

贷：生产性生物资产 260000

营业外收入—债务重组收益 80000

—生物资产处置收益 10000

(二) 债权人的会计处理

以非现金资产清偿债务的，债权人应当对受让的非现金资产按其公允价值入账，重组债权的账面余额与受让的非现金资产的公允价值之间的差额，比照本准则第九条的规定处理。

(三) 用以清偿债务的非现金资产的公允价值计量

债务重组采用非现金资产清偿债务的，非现金资产的公允价值应当按照规定计量。

1) 非现金资产属于企业持有的股票、债券、基金等金融资产，且该金融资产存在活跃市场的，应当以金融资产的市价作为非现金资产的公允价值。

2) 非现金资产属于金融资产但该金融资产不存在活跃市场的，应当采用《企业会计准则第22 号——金融工具确认和计量》规定的估值技术等合理的方法确定其公允价值。

3) 非现金资产属于存货、固定资产、无形资产等其他资产，且存在活跃市场的，应当以其市场价格为基础确定其公允价值；该资产不存在活跃市场、但与其类似资产存在活跃市场的，应当以类似资产的市场价格为基础做适当调整后，确定其公允价值；在上述两种情况下仍不能确定非现金资产公允价值的，应当根据交易双方自愿进行的、公允的资产交易金额为依据确定其公允价值，交易双方协议的价格不公允的除外。

三、以债务转为资本

(一) 债务人的会计处理

将债务转为资本的，债务人应将债权人放弃债权而享有股份的面值总额确认为股本（或实收资本），股份的公允价值总额与股本（或实收资本）之间的差额确认为资本公积。

重组债务的账面价值与股份的公允价值总额之间的差额，计入当期损益。

(二) 债权人的会计处理

将债务转为资本的，债权人应当将享有股份的公允价值确认为对债务人的投资，重组债权的账面余额与股份的公允价值之间的差额，比照本准则第九条的规定处理。

【例20-5】2017年2月10日，智董公司销售一批材料给贵琛公司（股份有限公司），同时收到贵琛公司签发并承兑的一张面值100000元、年利率7%、6个月期、到期还本付息的票据。8月10旧，贵琛公司与智董公司协商，以其普通股抵偿该票据。贵琛公司用于抵债的普通股为10000股，股票市价为每股9.6元。假定印花税税率为0.4%，不考虑其他税费。

贵琛公司债务重组日，重组债务的账面价值103500元（100000＋3500），扣除债权人享有股份的公允价值96000元，差额7500元作为债务重组收益。会计处理如下：（单位：元）

借：应付票据　103500
　贷：股本　10000
　　资本公积—股本溢价　93500
　　营业外收入—债务重组收益　7500
借：管理费用—印花税　384
　贷：银行存款　384

智董公司长期股权投资金额＝股权的公允价值96100＋支付的印花税384＝96384（元）

债务重组损益＝债权的账面价值103500－享有股份的公允价值96000＝7500（元）、（损失）

借：长期股权投资　96384
　　营业外支出—债务重组损失　7500
　贷：应收票据　103500
　　银行存款　384

【例20-6】2017年2月10 日，智董公司销售一批材料给贵琛公司（非股份有限公司），同时收到贵琛公司签发并承兑的一张面值100000元、年利率7%、6个月期、到期还本付息的票据。8月10日，贵琛公司与智董公司协商，以其债务转为资本进行债务重组，智董公司因此获得贵琛公司0.1%的股权，对应的金额为100000元。假定不考虑相关税费。

贵琛公司在债务重组日，重组债务的账面价值103500元（100000＋3500），扣除债权人享有的股权份额100000元，差额3500元记入损益项目（单位：元）。

借：应付票据　103500
　贷：实收资本　100000
　　营业外收入—债务重组收益　3500

智董公司：

借：长期股权投资　100000
　　营业外支出—债务重组损失　3500
　贷：应收票据　103500

四、修改其他债务条件的债务重组

（一）债务人的会计处理

修改其他债务条件的，债务人应当将修改其他债务条件后债务的公允价值作为重组后债务的入账价值。重组债务的账面价值与重组后债务的入账价值之间的差额，计入当期损益。

修改后的债务条款如涉及或有应付金额，且该或有应付金额符合《企业会计准则第13号——或有事项》中有关预计负债确认条件的，债务人应当将该或有应付金额确认为预计负债。重组债务的账面价值，与重组后债务的入账价值和预计负债金额之和的差额，计入当期损益。

或有应付金额是指需要根据未来某种事项出现而发生的应付金额，而且该未来事项的出现具有不确定性。

(二) 债权人的会计处理

修改其他债务条件的债权人应当将修改其他债务条件后的债权的公允价值作为重组后债权的账面价值，重组债权的账面余额与重组后债权的账面价值之间的差额，比照本准则第九条的规定处理。

修改后的债务条款中涉及或有应收金额的，债权人不应当确认或有应收金额，不得将其计入重组后债权的账面价值。

或有应收金额，是指需要根据未来某种事项出现而发生的应收金额，而且该未来事项的出现具有不确定性。

(三) 修改其他债务条件涉及的或有应付（或者应收）金额

以修改其他债务条件进行债务重组涉及或有应付金额，且该或有应付金额符合《企业会计准则第13号——或有事项》中有关预计负债确认条件的，债务人应将该或有应付金额确认为预计负债。例如，债务重组协议规定，债务人在债务重组后一定期间内，其业绩改善到一定程度或者符合一定要求（如扭亏为盈、摆脱财务困境等），应向债权人额外支付一定款项，当债务人承担的或有应付金额符合预计负债确认条件时，应当将该或有应付金额确认为预计负债。

上述或有应付金额在随后会计期间没有发生的，企业应当冲销已确认的预计负债，同时确认营业外收入。

【例20-7】智董公司销售一批商品给贵琛公司，价款5200000元（含增值税）。按双方协议规定，款项应于2017年3月20日之前付清。由于连年亏损，资金周转发生困难，贵琛公司不能在规定的时间内偿付智董公司。经协商，2017年3月20日进行债务重组。重组协议如下：智董公司同意豁免贵琛公司债务200000元，其余款项于重组日起一年后付清；债务延长期间，智董公司加收余款2%的利息，利息与债务本金一同支付。假定智董公司为债权计提的坏账准备为260000元。假定贴现率10%。

贵琛公司在债务重组日时：

重组债务的账面价值＝5200000（元）

将来应付金额＝(5200000－200000)×(1＋2%)＝5100000（元）

将来应付金额的现值＝5100000÷(1＋10%)＝4636364（元）

差额为563636元作为债务重组收益。会计处理如下（单位：元）：

①债务重组日

借：应付账款	5200000
贷：应付账款—债务重组	4636364
营业外收入—债务重组收益	563636

②重组日后一年末贵琛公司偿付余款及应付利息

借：应付账款—债务重组	4636364
财务费用	463636
贷：银行存款	5100000

智董公司在债务重组日：

重组债权的账面价值＝账面余额5200000－坏账准备260000＝4940000（元）

将来应收金额＝5000000×(1＋2%)＝5100000（元）

将来应收金额的现值＝5100000÷(1＋10%)＝4636364（元）

差额为303636元（4940000－4636364）作为债务重组损失。会计处理如下：

①债务重组日

借：应收账款—债务重组	4636364

坏账准备　　260000

营业外支出—债务重组损失　　303636

贷：应收账款　　5200000

②重组日后一年末贵琛公司偿付余款及加收的利息

借：银行存款　　5100000

财务费用　　463636

贷：应收账款—债务重组　　4636364

五、混合重组方式

(一) 债务人

债务重组以现金清偿债务、非现金资产清偿债务、债务转为资本、修改其他债务条件等方式的组合进行的，债务人应当依次以支付的现金、转让的非现金资产公允价值、债权人享有股份的公允价值冲减重组债务的账面价值，再按照本准则第七条的规定处理。

债务人应当将重组债务的账面价值超过清偿债务的现金、非现金资产的公允价值、所转股份的公允价值或者重组后债务账面价值之间的差额，在满足《企业会计准则第22号——金融工具确认和计量》所规定的金融负债终止确认条件时，将其终止确认，计入营业外收入（债务重组利得）。非现金资产公允价值与账面价值的差额，应当分别不同情况进行处理：非现金资产为存货的，应当作为销售处理，按照《企业会计准则第14号——收入》的规定，以其公允价值确认收入，同时结转相应的成本；非现金资产为固定资产、无形资产的，其公允价值和账面价值的差额，计入营业外收入或营业外支出；非现金资产为长期股权投资的，其公允价值和账面价值的差额，计入投资损益。

(二) 债权人

债务重组采用以现金清偿债务、非现金资产清偿债务、债务转为资本、修改其他债务条件等方式的组合进行的，债权人应当依次以收到的现金、接受的非现金资产公允价值、债权人享有股份的公允价值冲减重组债权的账面余额，再按照本准则第十二条的规定处理。

第三节　会计科目及主要账务处理

一、应收账款

(一) 会计科目核算内容和明细核算

本科目核算企业因销售商品、提供劳务等经营活动应收取的款项。

企业（保险）按照原保险合同约定应向投保人收取的保费，可将本科目改为“1122 应收保费”科目，并按照投保人进行明细核算。

企业（金融）应收取的手续费和佣金，可将本科目改为“1124 应收手续费及佣金”科目，并按照债务人进行明细核算。

因销售商品、提供劳务等，采用递延方式收取合同或协议价款、实质上具有融资性质的，在“长期应收款”科目核算。

本科目期末借方余额，反映企业尚未收回的应收账款；期末如为贷方余额，反映企业预收的账款。

本科目可按债务人进行明细核算。

(二) 主要账务处理

企业与债务人进行债务重组，应当分别债务重组的不同方式进行处理。

1) 收到债务人清偿债务的款项小于该项应收账款账面价值的，应按实际收到的金额，借记“银行存款”等科目，按重组债权已计提的坏账准备，借记“坏账准备”科目，按重组债权的账面余额，贷记本科目，按其差额，借记“营业外支出”科目。

收到债务人清偿债务的款项大于该项应收账款账面价值的，应按实际收到的金额，借记“银行存款”等科目，按重组债权已计提的坏账准备，借记“坏账准备”科目，按重组债权的账面余额，贷记本科目，按其差额，贷记“资产减值损失”科目。

以下债务重组涉及重组债权减值准备的，应当比照此规定进行处理。

2) 接受债务人用于清偿债务的非现金资产，应按该项非现金资产的公允价值，借记“原材料”“库存商品”“固定资产”“无形资产”等科目，按重组债权的账面余额，贷记本科目，按应支付的相关税费和其他费用，贷记“银行存款”“应交税费”等科目，按其差额，借记“营业外支出”科目。涉及增值税进项税额的，还应进行相应的处理。

3) 将债权转为投资，应按享有股份的公允价值，借记“长期股权投资”科目，按重组债权的账面余额，贷记本科目，按应支付的相关税费和其他费用，贷记“银行存款”“应交税费”等科目，按其差额，借记“营业外支出”科目。

4) 以修改其他债务条件进行清偿的，应按修改其他债务条件后债权的公允价值，借记本科目，按重组债权的账面余额，贷记本科目，按其差额，借记“营业外支出”科目。

二、固定资产清理

(一) 会计科目核算内容和明细核算

本科目核算企业因出售、报废、毁损、对外投资、非货币性资产交换、债务重组等原因转出的固定资产价值以及在清理过程中发生的费用等。

本科目期末借方余额，反映企业尚未清理完毕的固定资产清理净损失。

本科目可按被清理的固定资产项目进行明细核算。

(二) 固定资产清理的主要账务处理

企业因出售、报废、毁损、对外投资、非货币性资产交换、债务重组等转出的固定资产，按该项固定资产的账面价值，借记本科目，按已计提的累计折旧，借记“累计折旧”科目，按其账面原价，贷记“固定资产”科目。已计提减值准备的，还应同时结转减值准备。

三、应付账款

(一) 会计科目核算内容和明细核算

本科目核算企业因购买材料、商品和接受劳务等经营活动应支付的款项。

企业（金融）应支付但尚未支付的手续费和佣金，可将本科目改为“2202 应付手续费及佣金”科目，并按照对方单位（或个人）进行明细核算。

企业（保险）应支付但尚未支付的赔付款项，可以单独设置“应付赔付款”科目。

本科目可按债权人进行明细核算。

(二) 主要账务处理

企业与债权人进行债务重组，应当分别债务重组的不同方式进行处理。

1) 以低于重组债务账面价值的款项清偿债务的，应按应付账款的账面余额，借记本科目，按实际支付的金额，贷记“银行存款”科目，按其差额，贷记“营业外收入—债务重组利得”科目。

2) 以非现金资产清偿债务的，应按应付账款的账面余额，借记本科目，按用于清偿债务的非现金资产的公允价值，贷记“主营业务收入”“其他业务收入”“固定资产清理”“无形资产”“长期股权投资”等科目，按应支付的相关税费和其他费用，贷记“应交税费”“银行存款”等科目，按其差额，贷记“营业外收入—债务重组利得”科目。

抵债资产为存货的，还应同时结转成本，记入“主营业务成本”“其他业务成本”等科目；抵债资产为固定资产、无形资产的，其公允价值和账面价值的差额，记入“营业外收入—处置非流动资产利得”或“营业外支出—处置非流动资产损失”科目；抵债资产为可供出售金融资产、持有至到期投资、长期股权投资等的，其公允价值和账面价值的差额，记入“投资收益”科目。

3) 以债务转为资本，应按应付账款的账面余额，借记本科目，按债权人因放弃债权而享有股权的公允价值，贷记“实收资本”或“股本”“资本公积—资本溢价或股本溢价”科目，按其差额，贷记“营业外收入—债务重组利得”科目。

4) 以修改其他债务条件进行清偿的，应将重组债务的账面余额与重组后债务的公允价值的差额，借记本科目，贷记“营业外收入—债务重组利得”科目。

本科目期末贷方余额，反映企业尚未支付的应付账款余额。

四、实收资本

(一) 会计科目核算内容和明细核算

本科目核算企业接受投资者投入的实收资本。股份有限公司应将本科目改为“4001股本”科目。企业收到投资者出资超过其在注册资本或股本中所占份额的部分，作为资本溢价或股本溢价，在“资本公积”科目核算。

本科目期末贷方余额，反映企业实收资本或股本总额。

本科目可按投资者进行明细核算。企业（中外合作经营）在合作期间归还投资者的投资，应在本科目设置“已归还投资”明细科目进行核算。

(二) 实收资本的主要账务处理

可转换公司债券持有人行使转换权利，将其持有的债券转换为股票，按可转换公司债券的余额，借记“应付债券—可转换公司债券（面值、利息调整）”科目，按其权益成分的金额，借记“资本公积—其他资本公积”科目，按股票面值和转换的股数计算的股票面值总额，贷记本科目，按其差额，贷记“资本公积—股本溢价”科目。如有现金支付不可转换股票，还应贷记“银行存款”等科目。

企业将重组债务转为资本的，应按重组债务的账面余额，借记“应付账款”等科目，按债权人因放弃债权而享有本企业股份的面值总额，贷记本科目，按股份的公允价值总额与相应的实收资本或股本之间的差额，贷记或借记“资本公积—资本溢价或股本溢价”科目，按其差额，贷记“营业外收入—债务重组利得”科目。

五、主营业务收入

(一) 会计科目核算内容和明细核算

本科目核算企业确认的销售商品、提供劳务等主营业务的收入。

期末，应将本科目的余额转入“本年利润”科目，结转后本科目应无余额。

本科目可按主营业务的种类进行明细核算。

(二) 主营业务收入的主要账务处理

以库存商品进行非货币性资产交换（非货币性资产交换具有商业实质且公允价值能够可靠计量）债务重组的，应按该产成品、商品的公允价值，借记有关科目，贷记本科目。

本期（月）发生的销售退回或销售折让，按应冲减的营业收入，借记本科目，按实际支付或应退还的金额，贷记“银行存款”“应收账款”等科目。

上述销售业务涉及增值税销项税额的，还应进行相应的处理。

六、其他业务收入

(一) 会计科目核算内容和明细核算

本科目核算企业确认的除主营业务活动以外的其他经营活动实现的收入，包括出租固定资产、出租无形资产、出租包装物和商品、销售材料、用材料进行非货币性交换（非货币性资产交换具有商业实质且公允价值能够可靠计量）或债务重组等实现的收入。

企业（保险）经营受托管理业务收取的管理费收入，也通过本科目核算。

期末，应将本科目余额转入“本年利润”科目，结转后本科目应无余额。

本科目可按其他业务收入种类进行明细核算。

(二) 主要账务处理

企业确认的其他业务收入，借记“银行存款”“其他应收款”等科目，贷记本科目等。

七、营业外收入

(一) 会计科目核算内容和明细核算

本科目核算企业发生的各项营业外收入，主要包括非流动资产处置利得、非货币性资产交换利得、债务重组利得、政府补助、盘盈利得、捐赠利得等。

期末，应将本科目余额转入“本年利润”科目，结转后本科目无余额。

本科目可按营业外收入项目进行明细核算。

(二) 主要账务处理

企业确认处置非流动资产利得、非货币性资产交换利得、债务重组利得，比照“固定资产清理”“无形资产”“原材料”“库存商品”“应付账款”等科目的相关规定进行处理。

确认的政府补助利得，借记“银行存款”“递延收益”等科目，贷记本科目。

八、营业外支出

(一) 会计科目核算内容和明细核算

本科目核算企业发生的各项营业外支出，包括非流动资产处置损失、非货币性资产交换损失、债务重组损失、公益性捐赠支出、非常损失、盘亏损失等。

期末，应将本科目余额转入“本年利润”科目，结转后本科目无余额。

本科目可按支出项目进行明细核算。

(二) 主要账务处理

企业确认处置非流动资产损失、非货币性资产交换损失、债务重组损失，比照“固定资产清理”“无形资产”“原材料”“库存商品”“应付账款”等科目的相关规定进行处理。

盘亏、毁损的资产发生的净损失，按管理权限报经批准后，借记本科目，贷记“待处理财产损溢”科目。

第二十一章
非货币性资产交换

第一节 综述

非货币性资产交换是指交易双方主要以存货、固定资产、无形资产和长期股权投资等非货币性资产进行的交换。该交换不涉及或只涉及少量的货币性资产（即补价）。

货币性资产是指企业持有的货币资金和将以固定或可确定的金额收取的资产，包括现金、银行存款、应收账款和应收票据以及准备持有至到期的债券投资等。

非货币性资产是指货币性资产以外的资产。

为了规范非货币性资产交换的确认、计量和相关信息的披露，财政部1998年根据《企业会计准则——基本准则》，制定了《企业会计准则——非货币性资产交易》，2001年进行了修订；2006年2月在此基础上修改发布了《企业会计准则第7号——非货币性资产交换》（以下简称本准则），自2007年1月1日起在上市公司范围内施行，鼓励其他企业执行。

一、非货币性资产交换的认定

认定涉及少量货币性资产的交换为非货币性资产交换，通常以补价占整个资产交换金额的比例低于25%作为参考。支付的货币性资产占换入资产公允价值（或占换出资产公允价值与支付的货币性资产之和）的比例，或者收到的货币性资产占换出资产公允价值（或占换入资产公允价值和收到的货币性资产之和）的比例低于25%的，视为非货币性资产交换，适用本准则；高于25%（含25%）的，视为以货币性资产取得非货币性资产，适用其他相关准则。

二、附注披露

企业应当在附注中披露与非货币性资产交换有关的信息为：换入资产、换出资产的类别；换入资产成本的确定方式；换入资产、换出资产的公允价值以及换出资产的账面价值；非货币性资产交换确认的损益。

第二节 确认和计量

一、具有商业实质的非货币性资产交换

非货币性资产交换同时满足下列条件的，应当以公允价值和应支付的相关税费作为换入资产的成本，公允价值与换出资产账面价值的差额计入当期损益：该项交换具有商业实质；换入资产或换出资产的公允价值能够可靠地计量。

换入资产和换出资产公允价值均能够可靠计量的，应当以换出资产的公允价值作为确定换入资产成本的基础，但有确凿证据表明换入资产的公允价值更加可靠的除外。

满足下列条件之一的非货币性资产交换具有商业实质：

①换入资产的未来现金流量在风险、时间和金额方面与换出资产显著不同。

②换入资产与换出资产的预计未来现金流量现值不同，且其差额与换入资产和换出资产的公允价值相比是重大的。

在确定非货币性资产交换是否具有商业实质时，企业应当关注交易各方之间是否存在关联方关系。关联方关系的存在可能导致发生的非货币性资产交换不具有商业实质。

二、不具有商业实质的非货币性资产交换

未同时满足本准则第三条规定条件的非货币性资产交换，应当以换出资产的账面价值和应支付的相关税费作为换入资产的成本，不确认损益。

三、发生补价的处理

(一) 在按照公允价值和应支付的相关税费作为换入资产成本的情况下

企业在按照公允价值和应支付的相关税费作为换入资产成本的情况下，发生补价的，应当分别情况处理：支付补价的，换入资产成本与换出资产账面价值加支付的补价、应支付的相关税费之和的差额，应当计入当期损益；收到补价的，换入资产成本加收到的补价之和与换出资产账面价值加应支付的相关税费之和的差额，应当计入当期损益。

(二) 在按照换出资产的账面价值和应支付的相关税费作为换入资产成本的情况下

企业在按照换出资产的账面价值和应支付的相关税费作为换入资产成本的情况下，发生补价的，应当分情况处理：支付补价的，应当以换出资产的账面价值，加上支付的补价和应支付的相关税费，作为换入资产的成本，不确认损益；收到补价的，应当以换出资产的账面价值，减去收到的补价并加上应支付的相关税费，作为换入资产的成本，不确认损益。

四、非货币性资产交换的会计处理

非货币性资产交换具有商业实质且公允价值能够可靠计量的，在发生补价的情况下，支付补价方，应当以换出资产的公允价值加上支付的补价（或换入资产的公允价值）和应支付的相关税费，作为换入资产的成本；收到补价方，应当以换出资产的公允价值减去补价（或换入资产的公允价值）加上应支付的相关税费，作为换入资产的成本。

换出资产公允价值与其账面价值的差额，应当分情况处理：换出资产为存货的，应当作为销售处理，按照《企业会计准则第14 号——收入》以其公允价值确认收入，同时结转相应的成本；换出资产为固定资产、无形资产的，换出资产公允价值与其账面价值的差额，计入营业外收入或营业外支出。换出资产为长期股权投资的，换出资产公允价值与其账面价值的差额，计入投资损益。

五、同时换入多项资产时的处理

非货币性资产交换同时换入多项资产的，在确定各项换入资产的成本时，应当分情况处理：非货币性资产交换具有商业实质，且换入资产的公允价值能够可靠计量的，应当按照换入各项资产的公允价值占换入资产公允价值总额的比例，对换入资产的成本总额进行分配，确定各项换入资产的成本；非货币性资产交换不具有商业实质，或者虽具有商业实质但换入资产的公允价值不能可靠计量的，应当按照换入各项资产的原账面价值占换入资产原账面价值总额的比例，对换入资产的成本总额进行分配，确定各项换入资产的成本。

第三节 以公允价值计量的处理

非货币性资产交换具有商业实质且公允价值能够可靠计量的，应当以换出资产的公允价值和应支付的相关税费作为换入资产的成本，除非有确凿证据表明换入资产的公允价值比换出资产公允价值更加可靠。

在以公允价值计量的情况下，不论是否涉及补价，只要换出资产的公允价值与其账面价值不相同，就一定会涉及损益的确认，因为非货币性资产交换损益通常是换出资产公允价值与换出资产账面价值的差额，通过非货币性资产交换予以实现。

非货币性资产交换的会计处理，视换出资产的类别不同而有所区别。

1) 换出资产为存货的，应当视同销售处理，根据《企业会计准则第14号——收入》按照公允价值确认销售收入，同时结转销售成本，相当于按照公允价值确认的收入和按账面价值结转的成本之间的差额，也即换出资产公允价值和换出资产账面价值的差额，在利润表中作为营业利润的构成部分予以列示。

2) 换出资产为固定资产、无形资产的，换出资产公允价值和换出资产账面价值的差额计入营业外收入或营业外支出。

3) 换出资产为长期股权投资、可供出售金融资产的，换出资产公允价值和换出资产账面价值的差额计入投资收益。

换入资产与换出资产涉及相关税费的，如换出存货视同销售计算的销项税额，换入资产作为存货应当确认的可抵扣增值税进项税额，以及换出固定资产、无形资产视同转让应交纳的增值税等，按照相关税收规定计算确定。

一、不涉及补价的情况

【例21-1】20×7年8月，智董公司以生产经营过程中使用的一台设备交换乙家具公司生产的一批办公家具，换入的办公家具作为固定资产管理。设备的账面原价为100000元，在交换日的累计折旧为35000元，公允价值为75000元。办公家具的账面价值为80000元，在交换日的公允价值为75000元，计税价格等于公允价值。贵琛公司换入智董公司的设备是生产家具过程中需要使用的设备。

假设智董公司此前没有为该项设备计提资产减值准备，整个交易过程中，除支付运杂费1500元外没有发生其他相关税费。假设贵琛公司此前也没有为库存商品计提存货跌价准备，销售办公家具的增值税税率为17%，其在整个交易过程中没有发生除增值税以外的其他税费。

整个资产交换过程没有涉及收付货币性资产，因此，该项交换属于非货币性资产交换。本例是以存货换入固定资产，对智董公司来讲，换入的办公家具是经营过程必需的资产，对贵琛公司来讲，换入的设备是生产家具过程中所必须使用的机器，两项资产交换后对换入企业的特定价值显著不同，两项资产的交换具有商业实质；同时，两项资产的公允价值都能够可靠地计量，符合非货币性资产交换准则规定以公允价值计量的两个条件，因此，智董公司和贵琛公司均应当以换出资产的公允价值为基础确定换入资产的成本，并确认产生的损益。

智董公司的账务处理如下：

借：固定资产清理　　65000
　　累计折旧　　35000
　贷：固定资产—设备　　100000
借：固定资产清理　　1500
　贷：银行存款　　1500
借：固定资产—办公家具　　75000
　贷：固定资产清理　　66500
　　营业外收入　　8500

贵琛公司的账务处理如下：

根据增值税的有关规定，企业以库存商品换入其他资产，视同销售行为发生，应计算增值税销项税额，缴纳增值税。

换出办公家具的增值税销项税额为75000×17%＝12750（元）

借：固定资产—设备　　87750
　贷：主营业务收入　　75000
　　应交税费—应交增值税（销项税额）　　12750
借：主营业务成本　　80000
　贷：库存商品—办公家具　　80000

【例21-2】20×9年6月，为了提高产品质量，智董冰箱制造公司以其持有的对丙公司的长期股权投资交换乙冰箱制造公司拥有的一项冰箱无霜专利技术。在交换日，智董公司持有的长期股权投资账面余额为670万元，已计提长期股权投资减值准备余额为40万元，在交换日的公允价值为650万元；贵琛公司专利技术的账面原价为800万元，累计已摊销金额为120万元，在交换日的公允价值为650万元，贵琛公司没有为该项专利技术计提减值准备。贵琛公司原已持有对丙公司的长期股权投资，从智董公司换入对丙公司的长期股权投资后，使丙公司成为贵琛公司的联营企业。假设整个交易过程中没有发生其他相关税费。

该项资产交换没有涉及收付货币性资产，因此属于非货币性资产交换。本例属于以长期股权投资换入无形资产。对智董公司来讲，换入无霜专利技术能够大幅度改善产品质量，相对于对丙公司的长期股权投资来讲，预计未来现金流量的时间、金额和风险均不相同；对贵琛公司来讲，换入对丙公司的长期股权投资，使其对丙公司的关系由既无控制、共同控制或重大影响，改变为具有重大影响，因而可通过参与丙公司的财务和经营政策等方式，对其施加重大影响，增加了借此从丙公司活动中获取经济利益的权力，与专利技术预计产生的未来现金流量在时间、风险和金额方面都有所不同。因此，该两项资产的交换具有商业实质；同时，两项资产的公允价值都能够可靠地计量，符合非货币性资产交换准则规定以公允价值计量的条件。智董公司和贵琛公司均应当以公允价值为基础确定换入资产的成本，并确认产生的损益。

智董公司的账务处理如下：

借：无形资产—专利权　　6500000

　　长期股权投资减值准备　　400000

　贷：长期股权投资　　6700000

　　　投资收益　　200000

贵琛公司的账务处理如下：

借：长期股权投资　　6500000

　　累计摊销　　1200000

　　营业外支出　　300000

　贷：无形资产—专利权　　8000000

二、涉及补价的情况

非货币性资产交换准则规定，在以公允价值确定换入资产成本的情况下，发生补价的，支付补价方和收到补价方应当分情况处理。

1) 支付补价方：应当以换出资产的公允价值加上支付的补价（即换入资产的公允价值）和应支付的相关税费作为换入资产的成本；换入资产成本与换出资产账面价值加支付的补价、应支付的相关税费之和的差额应当计入当期损益。

2) 收到补价方：应当以换入资产的公允价值（或换出资产的公允价值减去补价）和应支付的相关税费作为换入资产的成本；换入资产成本加收到的补价之和与换出资产账面价值加应支付的相关税费之和的差额应当计入当期损益。

在涉及补价的情况下，对于支付补价方而言，作为补价的货币性资产构成换入资产所放弃对价的一部分，对于收到补价方而言，作为补价的货币性资产构成换入资产的一部分。

第四节　以换出资产账面价值计量的处理

非货币性资产交换不具有商业实质，或者虽然具有商业实质但换入资产和换出资产的公允价值均不能可靠计量的，应当以换出资产账面价值为基础确定换入资产成本，无论是否支付补价，均不确认损益。

一般来讲，如果换入资产和换出资产的公允价值都不能可靠计量时，该项非货币性资

产交换通常不具有商业实质，因为在这种情况下，很难比较两项资产产生的未来现金流量在时间、风险和金额方面的差异，很难判断两项资产交换后对企业经济状况改变所起的不同效用，因而此类资产交换通常不具有商业实质。

【例21-3】智董公司拥有一台专有设备，该设备账面原价300万元，已计提折旧220万元，贵琛公司拥有一幢古建筑物，账面原价200万元，已计提折旧140万元，两项资产均未计提减值准备。智董公司决定以其专有设备交换贵琛公司该幢古建筑物拟改造为办公室使用，该专有设备是生产某种产品必需的设备。由于专有设备系当时专门制造、性质特殊，其公允价值不能可靠计量；贵琛公司拥有的建筑物因建筑年代久远，性质比较特殊，其公允价值也不能可靠计量。双方商定，贵琛公司以两项资产账面价值的差额为基础，支付智董公司10万元补价。假定交易中没有涉及相关税费。

该项资产交换涉及收付货币性资产，即补价10万元。对智董公司而言，收到的补价10万元÷换出资产账面价值80万元—12.5%<25%，因此，该项交换属于非货币性资产交换，贵琛公司的情况也类似。由于两项资产的公允价值不能可靠计量，因此，智董公司、贵琛公司换入资产的成本均应当按照换出资产的账面价值确定。

智董公司的账务处理如下：

借：固定资产清理	800000
累计折旧	2200000
贷：固定资产—专有设备	3000000
借：固定资产—建筑物	700000
银行存款	100000
贷：固定资产清理	800000

贵琛公司的账务处理如下：

借：固定资产清理	600000
累计折旧	1400000
贷：固定资产—建筑物	2000000
借：固定资产—专有设备	700000
贷：固定资产清理	600000
银行存款	100000

从上例可以看出，尽管贵琛公司支付了10万元补价，但由于整个非货币性资产交换是以账面价值为基础计量的，支付补价方和收到补价方均不确认损益。对智董公司而言，换入资产是建筑物和银行存款10万元，换出资产专有设备的账面价值为80（300－220）万元，因此，建筑物的成本就是换出设备的账面价值减去货币性补价的差额，即70（80－10）万元；对贵琛公司而言，换出资产是建筑物和银行存款10万元，换入资产专有设备的成本等于换出资产的账面价值，即70（60＋10）万元。由此可见，在以账面价值计量的情况下，发生的补价是用来调整换入资产的成本，不涉及确认损益问题。

第五节 涉及多项非货币性资产交换的处理

涉及多项非货币性资产交换的情况包括企业以一项非货币性资产同时换入另一企业的多项非货币性资产，或同时以多项非货币性资产换入另一企业的一项非货币性资产，或以多项非货币性资产同时换入多项非货币性资产，也可能涉及补价。在涉及多项非货币性资产的交换中，企业无法将换出的某一资产与换入的某一特定资产相对应。与单项非货币性资产之间的交换一样，涉及多项非货币性资产交换的计量，企业也应当首先判断是否符合非货币性资产交换准则以公允价值计量的两个条件，再分情况确定各项换入资产的成本。

涉及多项非货币性资产的交换一般可以分为几种情况。

1. 资产交换具有商业实质、且各项换出资产和各项换入资产的公允价值均能够可靠计量

在这种情况下，换入资产的总成本应当按照换出资产的公允价值总额为基础确定，除非有确凿证据证明换入资产的公允价值总额更可靠。各项换入资产的成本，应当按照各项换入资产的公允价值占换入资产公允价值总额的比例，对换入资产总成本进行分配，确定各项换入资产的成本。

2. 资产交换具有商业实质、且换入资产的公允价值能够可靠计量、换出资产的公允价值不能可靠计量

在这种情况下，换入资产的总成本应当按照换入资产的公允价值总额为基础确定，各项换入资产的成本，应当按照各项换入资产的公允价值占换入资产公允价值总额的比例，对换入资产总成本进行分配，确定各项换入资产的成本。

3. 资产交换具有商业实质、换出资产的公允价值能够可靠计量、但换入资产的公允价值不能可靠计量

在这种情况下，换入资产的总成本应当按照换出资产的公允价值总额为基础确定，各项换入资产的成本，应当按照各项换入资产的原账面价值占换入资产原账面价值总额的比例。对按照换出资产公允价值总额确定的换入资产总成本进行分配，确定各项换入资产的成本。

4. 资产交换不具有商业实质、或换入资产和换出资产的公允价值均不能可靠计量

在这种情况下，换入资产的总成本应当按照换出资产原账面价值总额为基础确定，各项换入资产的成本，应当按照各项换入资产的原账面价值占换入资产原账面价值总额的比例，对按照换出资产账面价值总额为基础确定的换入资产总成本进行分配，确定各项换入资产的成本。

实际上，上述前三种情况，换入资产总成本都是按照公允价值计量，但各单项换入资产成本的确定，视各单项换入资产的公允价值能否可靠计量而分别情况处理；第四种情况属于不符合公允价值计量的条件，换入资产总成本按照换出资产账面价值总额确定，各单项换入资产成本的确定，按照各单项换入资产的原账面价值占换入资产原账面价值总额的比例确定。

一、以公允价值计量的情况

【例21-4】20×7年5月，智董公司和贵琛公司均为增值税一般纳税人，适用的增值税税率均为17%。为适应业务发展的需要，经协商，智董公司决定以生产经营过程中使用的发电设备、车床以及库存商品换入贵琛公司生产经营过程中使用的货运车、轿车、客运汽车。智董公司发电设备的账面原价为150万元，在交换日的累计折旧为30万元，公允价值为100万元；车床的账面原价为120万元，在交换日的累计折旧为60万元，公允价值为80万元；库存商品的账面余额为300万元，公允价值为350万元，公允价值等于计税价格。贵琛公司货运车的账面原价为150万元，在交换日的累计折旧为50万元，公允价值为150万元；轿车的账面原价为200万元，在交换目的累计折旧为90万元，公允价值为100万元；客运汽车的账面原价为300万元，在交换日的累计折旧为80万元，公允价值为240万元。贵琛公司另外以银行存款向智董公司支付补价40万元。

假定智董公司和贵琛公司都没有为换出资产计提减值准备；整个交易过程中没有发生除增值税以外的其他相关税费；智董公司换入贵琛公司的货运车、轿车、客运汽车均作为固定资产使用和管理；贵琛公司换入智董公司的发电设备、车床作为固定资产使用和管理，换入的库存商品作为原材料使用和管理。智董公司开具了增值税专用发票。

本例涉及收付货币性资产，应当计算收到的货币性资产占智董公司换出资产公允价值总额的比例（等于支付的货币性资产占贵琛公司换出资产公允价值与支付的补价之和的比例），即：40万元÷(100＋80＋350)万元＝7.55%＜25%

可以认定这一涉及多项资产的交换行为属于非货币性资产交换，适用非货币性资产交换准则进行会计处理。对智董公司而言，为了拓展运输业务，需要客运汽车、轿车等，贵琛公司为了扩大产品生产，需要发电设备、车床等设备，换入资产对换入企业均能发挥更大的作用，因此，该项涉及多项资产的非货币性资产交换具有商业实质；同时，各单项换入资产和换出资产的公允价值均能可靠计量，因此，智董公司、贵琛公司均应当以公允价值为基础确定换入资产的总成本，确认产生的相关损益。同时，按照各单项换入资产的公允价值占换入资产公允价值总额的比例，确定各单项换入资产的成本。

智董公司的账务处理如下：

(1) 根据增值税的有关规定，企业以库存商品换入其他资产，视同销售行为发生，应计算增值税销项税额，缴纳增值税

换出原材料的增值税销项税额：350×17%＝59.5（万元）

(2) 计算换入资产、换出资产公允价值总额

换出资产公允价值总额＝100＋80＋350＝530（万元）

换入资产公允价值总额＝150＋100＋240＝490（万元）

(3) 计算换入资产总成本

换入资产总成本＝换出资产公允价值－补价＋应支付的相关税费

＝(100＋80＋350)－40＋350×17%＝549.5（万元）

(4) 计算确定换入各项资产的公允价值占换入资产公允价值总额的比例货运车公允价值占换入资产公允价值总额的比例：150÷(150＋100＋240)＝30.61%

轿车公允价值占换入资产公允价值总额的比例：100÷(150＋100＋240)＝20.41%

客运汽车公允价值占换入资产公允价值总额的比例：240÷(150＋100＋240)＝48.98%

(5) 计算确定换入各项资产的成本

货运车的成本：549.5×30.61%＝168.20（万元）

轿车的成本：549.5×20.41%＝112.15（万元）

客运汽车的成本：549.5×48.98%＝269.15（万元）

(6) 会计分录

借：固定资产清理 1800000
　　累计折旧 900000
　贷：固定资产—发电设备 1500000
　　　　　　　—车床 1200000
借：固定资产—货运车 1682000
　　　　　　—轿车 1121500
　　　　　　—客运汽车 2691500
　　银行存款 400000
　贷：固定资产清理 1800000
　　　主营业务收入 3500000
　　　应交税费—应交增值税（销项税额） 595000
借：主营业务成本 3000000
　贷：库存商品 3000000

贵琛公司的账务处理如下：

(1) 根据增值税的有关规定，企业以其他资产换入原材料，视同购买行为发生，应计算增值税进项税额，抵扣增值税

换入原材料的增值税进项税额：350 × 17% = 59.5（万元）

(2) 计算换入资产、换出资产公允价值总额

换入资产公允价值总额 = 100 + 80 + 350 = 530（万元）

换出资产公允价值总额 = 150 + 100 + 240 = 490（万元）

(3) 确定换入资产总成本

换入资产总成本 = 换出资产公允价值 + 支付的补价 − 可抵扣的增值税进项税额 = 490 + 40 − 59.5 = 470.5（万元）

(4) 计算确定换入各项资产的公允价值占换入资产公允价值总额的比例

发电设备公允价值占换入资产公允价值总额的比例：

100 ÷ (100 + 80 + 350) = 18.87%

车床公允价值占换入资产公允价值总额的比例：

80 ÷ (100 + 80 + 350) = 15.09%

原材料公允价值占换入资产公允价值总额的比例：

350 ÷ (100 + 80 + 350) = 66.04%

(5) 计算确定换入各项资产的成本

发电设备的成本：470.5 × 18.87% = 88.78（万元）

车床的成本：470.5 × 15.09% = 71.00（万元）

原材料的成本：470.5 × 66.04% = 310.72（万元）

(6) 会计分录

借：固定资产清理 4300000
　　累计折旧 2200000
　贷：固定资产—货运车 1500000
　　　　　　　—轿车 2000000
　　　　　　　—客运汽车 3000000
借：固定资产—发电设备 887800
　　　　　　—车床 710000

原材料　　3107200
应交税费—应交增值税（进项税额）　　595000
贷：固定资产清理　　4300000
银行存款　　400000
营业外收入　　600000

二、以账面价值计量的情况

【例21-5】20×7年6月，智董公司因经营战略发生较大转变，产品结构发生较大调整，原生产其产品的专有设备、专利技术等已不符合生产新产品的需要，经与贵琛公司协商，将其专用设备连同专利技术与贵琛公司正在建造过程中的一幢建筑物、贵琛公司对丙公司的长期股权投资进行交换。智董公司换出专有设备的账面原价为800万元，已提折旧500万元；专利技术账面原价为300万元，已摊销金额为180万元。贵琛公司在建工程截止到交换日的成本为350万元，对丙公司的长期股权投资账面价值为100万元。由于智董公司持有的专有设备和专利技术市场上已不多见，因此，公允价值不能可靠计量。贵琛公司的在建工程因完工程度难以合理确定，其公允价值不能可靠计量，由于丙公司不是上市公司，智董公司对丙公司长期股权投资的公允价值也不能可靠计量。假定智董公司、贵琛公司均未对上述资产计提减值准备。

本例不涉及收付货币性资产，属于非货币性资产交换。由于换入资产、换出资产的公允价值均不能可靠计量，智董公司、贵琛公司均应当以换出资产账面价值总额作为换入资产的总成本，各项换入资产的成本，应当按各项换入资产的账面价值占换入资产账面价值总额的比例分配后确定。

智董公司的账务处理如下：

(1) 计算换入资产、换出资产账面价值总额

换入资产账面价值总额＝350＋100＝450（万元）

换出资产账面价值总额＝300＋120＝420（万元）

(2) 确定换入资产总成本

换入资产总成本－换出资产账面价值＝420（万元）

(3) 计算各项换入资产账面价值占换入资产账面价值总额的比例

在建工程占换入资产账面价值总额的比例＝350÷(350＋100)＝77.8%

长期股权投资占换入资产账面价值总额的比例＝100÷(350＋100)＝22.2%

(4) 确定各项换入资产成本

在建工程成本＝420×77.8%＝326.76（万元）

长期股权投资成本＝420×22.2%＝93.24（万元）

(5) 会计分录：

借：固定资产清理　　3000000
累计折旧　　5000000
贷：固定资产—专有设备　　8000000

借：在建工程　　3267600
长期股权投资　　932400
累计摊销　　1800000
贷：固定资产清理　　3000000
无形资产—专利技术　　3000000

贵琛公司的账务处理如下：

(1) 计算换入资产、换出资产账面价值总额

换入资产账面价值总额＝300＋120＝420（万元）

换出资产账面价值总额＝350＋100＝450（万元）

(2) 确定换入资产总成本

换入资产总成本－换出资产账面价值＝450（万元）

(3) 计算各项换入资产账面价值占换入资产账面价值总额的比例：

专有设备占换入资产账面价值总额的比例：

300÷(300＋120)＝71.4%

专有技术占换入资产账面价值总额的比例：120÷(300＋120)＝28.6%

(4) 确定各项换入资产成本

专有设备成本＝450×71.4%＝321.3（万元）

专利技术成本＝450×28.6%＝128.7（万元）

(5) 会计分录：

借：固定资产—专有设备　　3213000

　　无形资产—专利技术　　128700

　贷：在建工程　　3500000

　　　长期股权投资　　1000000

第六节　会计科目及主要账务处理

一、固定资产清理

(一) 会计科目核算内容和明细核算

本科目核算企业因出售、报废、毁损、对外投资、非货币性资产交换、债务重组等原因转出的固定资产价值以及在清理过程中发生的费用等。

本科目期末借方余额，反映企业尚未清理完毕的固定资产清理净损失。

本科目可按被清理的固定资产项目进行明细核算。

(二) 主要账务处理

企业因出售、报废、毁损、对外投资、非货币性资产交换、债务重组等转出的固定资产，按该项固定资产的账面价值，借记本科目，按已计提的累计折旧，借记“累计折旧”科目，按其账面原价，贷记“固定资产”科目。已计提减值准备的，还应同时结转减值准备。

二、主营业务收入

(一) 会计科目核算内容和明细核算

本科目核算企业确认的销售商品、提供劳务等主营业务的收入。

期末，应将本科目的余额转入“本年利润”科目，结转后本科目应无余额。

本科目可按主营业务的种类进行明细核算。

(二) 主要账务处理

以库存商品进行非货币性资产交换（非货币性资产交换具有商业实质且公允价值能够

可靠计量）债务重组的，应按该产成品、商品的公允价值，借记有关科目，贷记本科目。

三、其他业务收入

(一) 会计科目核算内容和明细核算

本科目核算企业确认的除主营业务活动以外的其他经营活动实现的收入，包括出租固定资产、出租无形资产、出租包装物和商品、销售材料、用材料进行非货币性交换（非货币性资产交换具有商业实质且公允价值能够可靠计量）或债务重组等实现的收入。

企业（保险）经营受托管理业务收取的管理费收入，也通过本科目核算。

期末，应将本科目余额转入“本年利润”科目，结转后本科目应无余额。

本科目可按其他业务收入种类进行明细核算。

(二) 主要账务处理

企业确认的其他业务收入，借记“银行存款”“其他应收款”等科目，贷记本科目等。

四、营业外收入

(一) 会计科目核算内容和明细核算

本科目核算企业发生的各项营业外收入，主要包括非流动资产处置利得、非货币性资产交换利得、债务重组利得、政府补助、盘盈利得、捐赠利得等。

期末，应将本科目余额转入“本年利润”科目，结转后本科目无余额。

本科目可按营业外收入项目进行明细核算。

(二) 主要账务处理

企业确认处置非流动资产利得、非货币性资产交换利得、债务重组利得，比照“固定资产清理”“无形资产”“原材料”“库存商品”“应付账款”等科目的相关规定进行处理。

确认的政府补助利得，借记“银行存款”“递延收益”等科目，贷记本科目。

五、营业外支出

(一) 会计科目核算内容和明细核算

本科目核算企业发生的各项营业外支出，包括非流动资产处置损失、非货币性资产交换损失、债务重组损失、公益性捐赠支出、非常损失、盘亏损失等。

期末，应将本科目余额转入“本年利润”科目，结转后本科目无余额。

本科目可按支出项目进行明细核算。

(二) 主要账务处理

企业确认处置非流动资产损失、非货币性资产交换损失、债务重组损失，比照“固定资产清理”“无形资产”“原材料”“库存商品”“应付账款”等科目的相关规定进行处理。

盘亏、毁损的资产发生的净损失，按管理权限报经批准后，借记本科目，贷记“待处理财产损溢”科目。

第二十二章

会计政策、会计估计变更和差错更正

为了进一步提高会计信息的相关性和可靠性，本着与国际财务报告准则趋同的原则，财政部于2006年2月发布了修订后的会计政策、会计估计变更和差错更正会计准则，称为《企业会计准则第28号——会计政策、会计估计变更和差错更正》（以下简称本准则），自2007年1月1日起在上市公司范围内施行，鼓励其他企业执行。执行新的会计准则的企业不再执行原准则、《企业会计制度》和《金融企业会计制度》。

会计政策变更和前期差错更正的所得税影响，适用《企业会计准则第18号——所得税》。

第一节 会计政策变更

会计政策是指企业在会计确认、计量和报告中所采用的原则、基础和会计处理方法。企业采用的会计计量基础也属于会计政策。

会计政策变更是指企业对相同的交易或者事项由原来采用的会计政策改用另一会计政策的行为。

一、可以变更会计政策的情形

为保证会计信息的可比性，使财务报表使用者在比较企业一个以上期间的财务报表时，能够正确判断企业的财务状况、经营成果和现金流量的趋势，一般情况下，企业采用的会计政策，在每一会计期间和前后各期应当保持一致，不得随意变更。否则，势必削弱会计信息的可比性。但是，满足下列（一）、（二）条件之一的，可以变更会计政策。

(一) 法律、行政法规或者国家统一的会计制度等要求变更

这种情况是指，按照法律、行政法规以及国家统一的会计制度的规定，要求企业采用新的会计政策，则企业应当按照法律、行政法规以及国家统一的会计制度的规定改变原会计政策，按照新的会计政策执行。

(二) 会计政策变更能够提供更可靠、更相关的会计信息

由于经济环境、客观情况的改变，使企业原采用的会计政策所提供的会计信息，已不能恰当地反映企业的财务状况、经营成果和现金流量等情况。在这种情况下，应改变原有会计政策，按变更后新的会计政策进行会计处理，以便对外提供更可靠、更相关的会计信息。

需要注意的是，除法律、行政法规以及国家统一的会计制度要求变更会计政策的，应当按照国家的相关规定执行外，企业因满足上述第二个条件变更会计政策时，必须有充分、合理的证据表明其变更的合理性，并说明变更会计政策后，能够提供关于企业财务状况、经营成果和现金流量等更可靠、更相关的会计信息的理由。对会计政策的变更，企业仍应经股东大会或董事会、经理（厂长）会议或类似机构批准，并按照法律、行政法规等的规定报送有关各方备案。如无充分、合理的证据表明会计政策变更的合理性，或者未重新经股东大会或董事会、经理（厂长）会议或类似机构批准擅自变更会计政策的，或者连续、反复地自行变更会计政策的，视为滥用会计政策，按照前期差错更正的方法进行处理。

上市公司的会计政策目录及变更会计政策后重新制定的会计政策目录，除应当按照信息披露的要求对外公布外，还应当报公司上市地交易所备案。未报公司上市地交易所备案的，视为滥用会计政策，按照前期差错更正的方法进行处理。

(三) 不属于会计政策变更的情况。

1. 本期发生的交易或者事项与以前相比具有本质差别而采用新的会计政策

【例22-1】智董公司以往租入的设备均为临时需要而租入的，因此按经营租赁会计处理方法核算，但自本年度起租入的设备均采用融资租赁方式，则该公司自本年度起对新租赁的设备采用融资租赁会计处理方法核算。由于该公司原租入的设备均为经营性租赁，本年度起租赁的设备均改为融资租赁，经营租赁和融资租赁有着本质差别，因而改变会计政策不属于会计政策变更。

2. 对初次发生的或不重要的交易或者事项采用新的会计政策

【例22-2】智董公司初次签订一项建造合同，为另一企业建造三栋厂房，该公司对该项建造合同采用完工百分比法确认收入。由于该公司初次发生该项交易，采用完工百分比法确认该项交易的收入，不属于会计政策变更。

二、会计政策变更的会计处理

(一) 会计政策变更累积影响数

会计政策变更累积影响数，是指按照变更后的会计政策对以前各期追溯计算的列报前期最早期初留存收益应有金额与现有金额之间的差额

根据上述定义的表述，会计政策变更的累积影响数可以分解为以下两个金额之间的差额：在变更会计政策当期，按变更后的会计政策对以前各期追溯计算，所得到列报前期最早期初留存收益金额；在变更会计政策当期，列报前期最早期初留存收益金额。

上述留存收益金额，包括法定盈余公积、任意盈余公积以及未分配利润各项目，不考

虑由于损益的变化而应当补分的利润或股利。例如，智董公司由于会计政策变化，增加了以前期间可供分配的利润，该公司通常按净利润的20%分派股利。但在计算调整会计政策变更当期期初的留存收益时，不应当考虑由于以前期间净利润的变化而需要分派的股利。

在财务报表只提供列报项目上一个可比会计期间比较数据的情况下，上述第二项在变更会计政策当期，列报前期最早期初留存收益金额，即为上期资产负债表所反映的期初留存收益，可以从上年资产负债表项目中获得；需要计算确定的是第一项，即按变更后的会计政策对以前各期追溯计算所得到的上期期初留存收益金额。

累积影响数通常通过五步计算获得：第一步，根据新会计政策重新计算受影响的前期交易或事项；第二步，计算两种会计政策下的差异；第三步，计算差异的所得税影响金额；第四步，确定前期中的每一期的税后差异；第五步，计算会计政策变更的累积影响数。

(二) 追溯调整法

追溯调整法是指对某项交易或事项变更会计政策，视同该项交易或事项初次发生时，即采用变更后的会计政策，并以此对财务报表相关项目进行调整的方法。

追溯调整法的运用通常由四步构成：第一步，计算会计政策变更的累积影响数；第二步，编制相关项目的调整分录；第三步，调整列报前期最早期初财务报表相关项目及其金额；第四步，附注说明。

采用追溯调整法时，对于比较财务报表期间的会计政策变更，应调整各期间净损益各项目和财务报表其他相关项目，视同该政策在比较财务报表期间上一直采用。对于比较财务报表可比期间以前的会计政策变更的累积影响数，应调整比较财务报表最早期间的期初留存收益，财务报表其他相关项目的数字也应一并调整。因此，追溯调整法是将会计政策变更的累积影响数调整列报前期最早期初留存收益，而不计入当期损益。

(三) 不切实可行的判断

不切实可行是指企业在采取所有合理的方法后，仍然不能获得采用某项规定所必需的相关信息，而导致无法采用该项规定，则该项规定在此时是不切实可行的。

对于以下特定前期，对某项会计政策变更应用追溯调整法或进行追溯重述以更正一项前期差错是不切实可行的：

1) 应用追溯调整法或追溯重述法的累积影响数不能确定。

2) 应用追溯调整法或追溯重述法要求对管理层在该期当时的意图做出假定。

3) 应用追溯调整法或追溯重述法要求对有关金额进行重大估计，并且不可能将提供有关交易发生时存在状况的证据（例如，有关金额确认、计量或披露日期存在事实的证据，以及在受变更影响的当期和未来期间确认会计估计变更的影响的证据）和该期间财务报表批准报出时能够取得的信息这两类信息与其他信息客观地加以区分。

在某些情况下，调整一个或者多个前期比较信息以获得与当期会计信息的可比性是不切实可行的。例如，某个或者多个前期财务报表有关项目的数据难以收集，而要再造会计信息则可能是不切实可行的。

对根据某项交易或者事项确认、披露的财务报表项目应用会计政策时常常需要进行估计。本质上，估计是主观行为，而且可能在资产负债表日后才做出。当追溯调整会计政策变更或者追溯重述前期差错更正时，要做出切实可行的估计更加困难，因为有关交易或者事项已经发生了较长一段时间，要获得做出切实可行的估计所需要的相关信息往往比较困难。

在前期采用一项新会计政策或者更正前期金额时，不论是对管理层在某个前期的意图做出假定，还是估计在前期确认、计量或者披露的金额，都不应当使用"后见之明"。例如，按照《企业会计准则第22号——金融工具确认和计量》的规定，企业对于原先划归为持有至到期投资的金融资产计量的前期差错，即便管理层随后决定不将这些投资持有至到期，也不能改变它们在前期的计量基础，即该项金融资产应当仍然按照持有至到期投资进行计量。

（四）未来适用法

未来适用法是指将变更后的会计政策应用于变更日及以后发生的交易或者事项，或者在会计估计变更当期和未来期间确认会计估计变更影响数的方法。

在未来适用法下，不需要计算会计政策变更产生的累积影响数，也无须重编以前年度的财务报表。企业会计账簿记录及财务报表上反映的金额，变更之日仍保留原有的金额，不因会计政策变更而改变以前年度的既定结果，并在现有金额的基础上再按新的会计政策进行核算。

第二节 会计估计变更

会计估计变更是指由于资产和负债的当前状况及预期经济利益和义务发生了变化，从而对资产或负债的账面价值或者资产的定期消耗金额进行调整。

一、需要进行会计估计变更的情形

由于企业经营活动中内在的不确定因素，许多财务报表项目不能准确地计量。只能加以估计，估计过程涉及以最近可以得到的信息为基础所做的判断。但是，估计毕竟是就现有资料对未来所做的判断，随着时间的推移，如果赖以进行估计的基础发生变化，或者由于取得了新的信息、积累了更多的经验或后来的发展可能不得不对估计进行修订，但会计估计变更的依据应当真实、可靠。会计估计变更的情形包括两种。

（一）赖以进行估计的基础发生了变化

企业进行会计估计，总是依赖于一定的基础。如果其所依赖的基础发生了变化，则会计估计也应相应发生变化。

（二）取得了新的信息、积累了更多的经验

企业进行会计估计是就现有资料对未来所做的判断，随着时间的推移，企业有可能取得新的信息、积累更多的经验，在这种情况下，企业可能不得不对会计估计进行修订，即发生会计估计变更。

会计估计变更，并不意味着以前期间会计估计是错误的，只是由于情况发生变化，或者掌握了新的信息，积累了更多的经验，使得变更会计估计能够更好地反映企业的财务状况和经营成果。如果以前期间的会计估计是错误的，则属于会计差错，按会计差错更正的会计处理办法进行处理。

二、会计估计变更的会计处理

（一）会计估计变更仅影响变更当期的，其影响数应当在变更当期予以确认

【例22-3】智董公司原按应收账款余额的5%提取坏账准备，由于企业不能收回应收账款的比例已达10%，则企业改按应收账款余额的10%提取坏账准备。这类会计估计的变更，只影响变更当期，因此，应于变更当期确认。

（二）既影响变更当期又影响未来期间的，其影响数应当在变更当期和未来期间予以确认

会计估计变更的影响数应计入变更当期与前期相同的项目中。为了保证不同期间的财务报表具有可比性，会计估计变更的影响如果以前包括在企业日常经营活动的损益中，则以后也应包括在相应的损益类项目中；如果会计估计变更的影响数以前包括在特殊项目中，则以后也相应作为特殊项目反映。

（三）企业应当正确划分会计政策变更和会计估计变更，并按不同的方法进行相关会计处理

企业通过判断会计政策变更和会计估计变更划分基础仍然难以对某项变更进行区分的，应当将其作为会计估计变更处理。

第三节 前期差错更正

一、前期差错包括的情形

前期差错是指由于没有运用或错误运用下列两种信息，而对前期财务报表造成省略或错报。

1) 编报前期财务报表时预期能够取得并加以考虑的可靠信息。

2) 前期财务报告批准报出时能够取得的可靠信息。

前期差错通常包括计算错误、应用会计政策错误、疏忽或曲解事实以及舞弊产生的影响以及存货、固定资产盘盈等。

二、前期差错重要性的判断

如果财务报表项目的遗漏或错误表述可能影响财务报表使用者根据财务报表所做出的经济决策，则该项目的遗漏或错误是重要的。

重要的前期差错是指足以影响财务报表使用者对企业财务状况、经营成果和现金流量做出正确判断的前期差错。不重要的前期差错是指不足以影响财务报表使用者对企业财务状况、经营成果和现金流量做出正确判断的前期差错。

前期差错的重要性取决于在相关环境下对遗漏或错误表述的规模和性质的判断。前期差错所影响的财务报表项目的金额或性质，是判断该前期差错是否具有重要性的决定性因素。一般来说，前期差错所影响的财务报表项目的金额越大、性质越严重，其重要性水平越高。

企业应当严格区分会计估计变更和前期差错更正，对于前期根据当时的信息、假设等作了合理估计，在当期按照新的信息、假设等需要对前期估计金额做出变更的，应当作为会计估计变更处理，不应作为前期差错更正处理。

三、前期差错更正的会计处理

会计差错产生于财务报表项目的确认、计量、列报或披露的会计处理过程中，如果财务报表中包含重要差错，或者差错不重要但是故意造成的（以便形成对企业财务状况、经营成果和现金流量等会计信息某种特定形式的列报），即应认为该财务报表未遵循企业会计准则的规定进行编报。在当期发现的当期差错应当在财务报表发布之前予以更正。当重要差错直到下一期间才被发现，就形成了前期差错。

企业应当采用追溯重述法更正重要的前期差错，但确定前期差错累积影响数不切实可行的除外。追溯重述法，是指在发现前期差错时，视同该项前期差错从未发生过，从而对财务报表相关项目进行更正的方法。

(一) 不重要的前期差错的处理

对于不重要的前期差错，企业不需调整财务报表相关项目的期初数，但应调整发现当期与前期相同的相关项目。属于影响损益的，应直接计入本期与上期相的净损益项目；属于不影响损益的，应调整本期与前期相同的相关项目。

(二) 重要的前期差错的处理

对于重要的前期差错，企业应当在其发现当期的财务报表中，调整前期比较数据。具体地说，企业应当在重要的前期差错发现当期的财务报表中，通过下述处理对其进行追溯更正：追溯重述差错发生期间列报的前期比较金额；如果前期差错发生在列报的最早前期之前，则追溯重述列报的最早前期的资产、负债和所有者权益相关项目的期初余额。

对于发生的重要前期差错，如影响损益，应将其对损益的影响数调整发现当期的期初留存收益，财务报表其他相关项目的期初数也应一并调整；如不影响损益，应调整财务报表相关项目的期初数。

在编制比较财务报表时，对于比较财务报表期间的重要的前期差错，应调整各该期间的净损益和其他相关项目，视同该差错在产生的当期已经更正；对于比较财务报表期间以前的重要的前期差错，应调整比较财务报表最早期间的期初留存收益，财务报表其他相关项目的数字也应一并调整。

确定前期差错影响数不切实可行的，可以从可追溯重述的最早期间开始调整留存收益的期初余额，财务报表其他相关项目的期初余额也应当一并调整，也可以采用未来适用法。当企业确定前期差错对列报的一个或者多个前期比较信息的特定期间的累积影响数不切实可行时，应当追溯重述切实可行的最早期间的资产、负债和所有者权益相关项目的期初余额（可能是当期）；当企业在当期期初确定前期差错对所有前期的累积影响数不切实可行时，应当从确定前期差错影响数切实可行的最早日期开始采用未来适用法追溯重述比较信息；当企业确定所有前期差错（例如，采用错误的会计政策）累积影响数不切实可行时，应当从确定前期差错影响数切实可行的最早日期开始采用未来适用法追溯重述比较信息，为此在该日期之前的资产、负债和所有者权益相关项目的累积重述部分可以忽略不计。

第四节 应在附注披露的相关信息

一、会计政策变更的披露

(一) 会计政策变更的性质、内容和原因

对会计政策变更的简要阐述、变更的日期、变更前采用的会计政策和变更后所采用的新会计政策及会计政策变更的原因。例如，依据法律或会计准则等行政法规、规章的要求变更会计政策时，在财务报表附注中应当披露所依据的文件，如对于由于执行企业会计准则而发生的变更，应在财务报表附注中说明：依据《企业会计准则第×号——××》的要求变更会计政策……

(二) 当期和各个列报前期财务报表中受影响的项目名称和调整金额

采用追溯调整法时，计算出的会计政策变更的累积影响数；当期和各个列报前期财务报表中需要调整的净损益及其影响金额，以及其他需要调整的项目名称和调整金额。

(三) 无法进行追溯调整的，说明该事实和原因以及开始应用变更后的会计政策的时点、具体应用情况

无法进行追溯调整的事实；确定会计政策变更对列报前期影响数不切实可行的原因；在当期期初确定会计政策变更对以前各期累积影响数不切实可行的原因；开始应用新会计政策的时点和具体应用情况。

需要注意的是，在以后期间的财务报表中，不需要重复披露在以前期间的附注中已披露的会计政策变更的信息。

【例22-4】智董股份有限公司从20×7年起对其以交易为目的从股票市场购入的股票由成本与市价孰低改为公允价值计量，该公司保存的会计资料比较齐备，可以通过会计资料追溯计算。假设所得税税率为33%，税法按完工百分比法计算收入并计入应纳税所得额。该公司按净利润的10%提取法定盈余公积，按净利润的5%提取任意盈余公积。该公司发行股票份额为4500万股。两种方法计算的税前会计利润，见表22-1。

表22-1　两种方法计量的交易性金融资产　　单位：元

会计政策 / 年份	成本	市价	成本与市价孰低	公允价值
20×5年	4500000	5100000	4500000	5100000
20×6年	1100000	1300000	1100000	1300000

根据上述资料，智董公司的会计处理如下：

1. 计算改变交易性金融资产计量方法后的累积影响数，见表22-2

表22-2　改变交易性金融资产计量方法后的累积影响数　　单位：元

年度	公允价值	成本与市价孰低	税前差异	所得税影响	税后差异
20×5年	5100000	4500000	600000	198000	402000
20×6年	1300000	1100000	200000	66000	134000
总计	6400000	5600000	800000	264000	536000

智董公司20×7年12月31日的比较财务报表最早期初为20×6年1月1日。

智董公司在20×5年按公允价值计算的税前利润为5100000元，按成本与市价孰低计算的税前利润为4500000元，两者的所得税影响为198000元，两者差异的税后净影响额为402000元，即为该公司2006年期初由成本与市价孰低改为公允价值的累积影响数。

智董公司在20×6年按公允价值计算的税前利润为6400000元，按成本与市价孰低计算的税前利润为5600000元，两者的所得税影响为264000元，两者差异的税后净影响额为536000元，其中，402000元是调整20×6年累积影响数，134000元是调整20×6年当期金额。

2. 编制有关项目的调整分录

(1) 20×6年年初有关项目的调整分录：

①调整会计政策变更累积影响数。

借：交易性金融资产　　600000

贷：利润分配—未分配利润 402000

递延所得税负债 198000

②调整利润分配

借：利润分配—未分配利润（402000×15%） 60300

贷：盈余公积 60300

(2) 20×7年年初有关项目的调整分录：

①调整交易性金融资产。

借：交易性金融资产 800000

贷：利润分配—未分配利润 536000

递延所得税负债 264000

②调整利润分配

借：利润分配—未分配利润（536000×15%） 80400

贷：盈余公积 80400

3. 财务报表调整和重述（财务报表略）

智董公司在列报20×7年度的财务报表时，应调整资产负债表和20×7年年初数；利润表及股东权益变动表的上年数也应做相应调整。下表列示资产负债表年初数栏调整前和调整后的数字、利润表及股东权益变动表上年数栏调整前和调整后的数字的有关资料。20×7年12月31日资产负债表的期末数栏和利润表及股东权益变动表上本年累计数栏的年初未分配利润应按调整后的数字为基础编制。

①资产负债表项目的调整。

调增20×7年交易性金融资产年初数800000元；调增20×7年度递延所得税负债264000元；调增盈余公积804000元；调增未分配利润455600元。

②利润表项目的调整。

调增20×7年公允价值变动收益200000元；调增所得税费用66000元；调增净利润134000元；调增基本每股收益0.003元。

③股东权益变动表项目的调整。

调增盈余公积项目下会计政策变更影响数80400元；调增未分配利润项目下会计政策变更影响数455600元。

4. 附注说明

20×7年智董公司按照会计制度规定，对交易性金融资产计量由成本与市价孰低改为以公允价值计量。此项会计政策变更采用追溯调整法，20×6年的比较财务报表已重新表述。20×6年期初运用新会计政策追溯计算的会计政策变更累积影响数为402000元。调增20×6年的期初留存收益402000元，其中，调增未分配利润341700元。会计政策变更对20×7年度报告的损益的影响为增加净利润134000元。

二、会计估计变更的披露

企业应当在附注中披露与会计估计变更有关的信息为：会计估计变更的内容和原因。包括变更的内容、变更日期以及会计估计变更的原因；会计估计变更对当期和未来期间的影响数；会计估计变更的影响数不能确定的，披露这一事实和原因。

【例22-5】智董公司有一台管理用设备，原始价值为84000元，预计使用寿命为8年，净残值为4000元，自20×2年1月1日起按直线法计提折旧。20×6年1月，由于新技术的发展等原因，需要对原预计使用寿命和净残值做出修正，修改后的预计使用寿命为6年，净残值为2000元。假定税法允许按变更后的折旧额在税前扣除。智董公司对上述会计估计变更的会计处理如下：

1. 不调整以前各期折旧，也不计算累积影响数。

2. 变更日以后发生的经济业务改按新估计使用寿命提取折旧。

按原估计，每年折旧额为10000元，已提折旧4年，共计40000元，固定资产净值为44000元，则第5年相关科目的期初余额如下表：

固定资产	84000
减：累计折旧	40000
固定资产净值	44000

改变估计使用寿命后，20×6年1月1日起每年计提的折旧费用为21000元[(44000－2000)÷(6－4)]。20×6年不必对以前年度已提折旧进行调整，只需按重新预计的尚可使用寿命和净残值计算确定的年折旧费用，编制会计分录如下：

借：管理费用　　21000

　贷：累计折旧　　21000

3. 附注说明。

本公司一台管理用设备，原始价值为84000元，原预计使用寿命为8年，预计净残值为4000元，按直线法计提折旧。由于新技术的发展，该设备已不能按原预计使用寿命计提折旧，本公司于20×6年初变更该设备的使用寿命为6年，预计净残值为2000元，以反映该设备的真实耐用寿命和净残值。此估计变更影响本年度净利润减少数为7370元[(21000－10000)×(1－33%)]。

三、前期差错更正的披露

企业应当在附注中披露与前期差错更正有关的下列信息：前期差错的性质；各个列报前期财务报表中受影响的项目名称和更正金额；无法进行追溯重述的，说明该事实和原因以及对前期差错开始进行更正的时点、具体更正情况。

在以后期间的财务报表中，不需要重复披露在以前期间的附注中已披露的前期差错更正的信息。

【例22-6】重要的前期差错的会计处理

智董公司在20×6年发现，20×5年公司漏记一项固定资产的折旧费用150000元，但在所得税申报表中扣除了该项折旧。假设20×5年适用所得税税率为33%，对上述折旧费用记录了49500元的递延所得税负债，无其他纳税调整事项。该公司按净利润的10%提取法定盈余公积，按净利润的5%提取任意盈余公积。该公司发行股票份额为1800000股。

1. 分析差错的影响数

20×5年少计折旧费用	150000
少计累计折旧	150000
多计所得税费用（150000×33%）	49500
多计净利润	100500
多计递延所得税负债（150000×33%）	49500
多提法定盈余公积	10050
多提任意盈余公积	5025

2. 编制有关项目的调整分录

①补提折旧

借：以前年度损益调整　　150000

　贷：累计折旧　　150000

②调整递延税款

借：递延所得税负债　　49500

贷：以前年度损益调整　　　　　　　　　　　49500

③将“以前年度损益调整”科目的余额转入利润分配

借：利润分配—未分配利润　　　　　　　　　100500

贷：以前年度损益调整　　　　　　　　　　100500

④调整利润分配有关数字

借：盈余公积　　　　　　　　　　　　　　　15075

贷：利润分配—未分配利润　　　　　　　　　15075

3. 财务报表调整和重述（财务报表略）

智董公司20×6年度资产负债表的年初数和利润表及股东权益变动表表的上年数栏分别按调整前和调整后的金额列示如下，20×6年度资产负债表的期末数栏和利润表及股东权益，变动表的本年累计数栏的年初未分配利润，应该调整后的年初数为基础编制。

①资产负债表项目的调整。

调增累计折旧150000元；调减所得税负债49500元；调减盈余公积15075元；调减未分配利润85425元。

②利润表项目的调整。

调增营业成本150000元；调减所得税费用50500元；调增净利润100500元；调减基本每股收益0.0559元。

③股东权益变动表项目的调整。

调减盈余公积项目下前期差错更正影响数15075元。

4. 附注说明

本年度发现20×5年漏记固定资产折旧150000元，在编制20×5年与20×6年可比的财务报表时，已对该项差错进行了更正。由于此项错误的影响，20×5年虚增净利润及留存收益100500元，少计累计折旧150000元。